A HISTÓRIA DA
PRIMEIRA GUERRA MUNDIAL

DAVID STEVENSON

A HISTÓRIA DA PRIMEIRA GUERRA MUNDIAL
1914-1918

TRADUÇÃO
VALTER LELLIS SIQUEIRA

SÃO PAULO, 2019

A história da Primeira Guerra Mundial: 1914–1918
1914–1918: The history of the First World War

Copyright © 2004, 2012 by David Stevenson

Original english language edition first published by Penguin Books LTd, London
Text copyright © David Stevenson, 2012
The author and ilustrator has asserted his moral rights
All rights reserved

Copyright © 2019 by Novo Século Editora Ltda.

Reimpressão: out. 2020

EDIÇÃO: Luiz Vasconcelos
COORDENAÇÃO EDITORIAL: João Paulo Putini
TRADUÇÃO: Valter Lellis Siqueira
PREPARAÇÃO: Shirley Lima • Samuel Vidilli
DIAGRAMAÇÃO: João Paulo Putini
REVISÃO: Liana do Amaral • Elisabete Franczak Branco
CAPA: Dimitry Uziel

Texto de acordo com as normas do Novo Acordo Ortográfico da Língua Portuguesa (1990), em vigor desde 1º de janeiro de 2009.

Dados Internacionais de Catalogação na Publicação (CIP)
(Câmara Brasileira do Livro, SP, Brasil)

Stevenson, David
A história da Primeira Guerra Mundial: 1914-1918
David Stevenson ; [traduzido por Valter Lellis].
Barueri, SP : Novo Século Editora, 2019.

Título original: 1914-1918 : the history of the First World War.

1. Guerra Mundial, 1914-1918 2. Guerra Mundial, 1914-1918 - História I. Título.

16-01564   DD-940.3

Índice para catálogo sistemático:
1. Primeira Guerra Mundial, 1914-1918 : História 940.3

Alameda Araguaia, 2190 – Bloco A – 11º andar – Conjunto 1111
CEP 06455-000 – Alphaville Industrial, Barueri – SP – Brasil
Tel.: (11) 3699-7107 | Fax: (11) 3699-7323
www.gruponovoseculo.com.br | atendimento@gruponovoseculo.com.br

Este livro é dedicado, com respeito e afeição, aos meus sogros, Ida e Morris Myers, à minha mãe, Moira Stevenson, e à memória de meu pai, Edward Stevenson.

Sumário

Nota sobre a terminologia militar e naval   xv

Introdução   xvii

PARTE 1 – A DEFLAGRAÇÃO

1 A destruição da paz   3

2 O fracasso da Guerra de Movimento (verão-inverno de 1914)   49

PARTE 2 – A ESCALADA

3 Construindo um mundo novo (primavera de 1915-primavera de 1917)   113

4 A ampliação da guerra   120

5 Os objetivos da guerra e as negociações de paz   143

6 A guerra terrestre na Europa: a estratégia   171

7 Tecnologia, logística e tática   200

8 O elemento humano e o moral   222

9 Armamentos e economia   247

10 Guerra naval e bloqueio   275

11 A política dos fronts nacionais   298

PARTE 3 – AS CONSEQUÊNCIAS

12 A terceira fase (primavera de 1917 – outono de 1918)   337

13 A Revolução de Fevereiro e a intervenção americana (primavera de 1917)   341

14 Caminhando para a exaustão (verão-outono de 1917)   361

15 A última investida das Potências Centrais (outono de 1917-verão de 1918)   418

16 A reviravolta (verão-outono de 1918)   474

17 O cessar-fogo   524

PARTE 4 – O LEGADO

18 A paz, 1919-1920   565

19 A reconstrução, 1920-1929   594

20 A demolição, 1929-1945   630

21 Conclusão: A guerra se transforma em história   656

Bibliografia   671

Lista de mapas

1. Europa em 1914

2. A Frente Ocidental, 1914
(Inserção: Saliente de Ypres, 1914-1918)

3. A Frente Oriental, 1914-1918

4. Os Bálcãs e o estreito de Dardanelos
(Inserção: Estreito de Dardanelos, 1915)

5. Leste da Ásia e Pacífico Oeste

6. A África em 1914

7. O Oriente Médio, 1914-1918

8. A Frente Ocidental, 1915-1917

9. O front italiano, 1915-1918

10. A Frente Ocidental, 1918

11. As Potências Centrais em seu apogeu, 1918

12. O Mar do Norte

13. O acordo de paz europeu

Siglas

AC Austen Chamberlain Papers, Birmingham University Library (Documentos Austen Chamberlain, Biblioteca da Universidade de Birmingham)

AEF American Expeditionary Force (Força Expedicionária Americana)

AIF Australian Imperial Force (Força Imperial Australiana)

AMTC Allied Maritime Transport Council (Conselho Aliado do Transporte Marítimo)

AOK Armee Oberkommando (Alto-Comando Austro-Húngaro)

ASL Auxiliary Service Law (Lei do Serviço Auxiliar)

BA-MA Bundesarchiv-Militärarchiv (Arquivo Federal-Militar), Friburgo em Brisgóvia

BDFA British Documents on Foreign Affairs (Documentos Britânicos sobre Relações Exteriores)

BEF British Expeditionary Force (Força Expedicionária Britânica)

CAS Chief of the Admiralty Staff (Chefe do Almirantado)

CCAC Churchill College Archive Centre (Arquivo do Churchill College), Cambridge

CGS Chief of the General Staff (Chefe do Estado-Maior Geral)

CGT Confédération Générale du Travail (Sindicato dos Trabalhadores Franceses)

CGW Comrades of the Great War (Camaradas da Grande Guerra)

CIAMAC Conférence Internationale des Associations des Mutilés et des Anciens Combattants (Conferência Internacional das Associações de Mutilados e Ex-Combatentes)

CID Committee of Imperial Defence (Comitê Imperial de Defesa)

CIGS Chief of the Imperial General Staff (Chefe do Estado-Maior Geral Imperial)

CPI Committee on Public Information (Comitê de Informação Pública)

CUP Committee of Union and Progress (Comitê da União e Progresso)

DCG Deputy Commanding General (Comandante Representante-Geral, Alemanha)

DDP Deutsche Demokratische Partei (Partido Democrático Alemão)

DORA Defence of the Realm Act (Ato de Defesa do Reino)

EEF Egyptian Expeditionary Force (Força Expedicionária Egípcia)

EMA État-Major de l'Armée (Estado-Maior do Exército Francês)

EPD Excess Profits Duty (Imposto sobre Lucros Extraordinários)

FO Foreign Office (Ministério das Relações Exteriores)

FOCP Foreign Office Confidential Print (Imprensa Confidencial do Ministério do Interior)

FOO Forward Observation Officer (Oficial de Observação Avançada)

GGS Grosser Generalstab – Alemanha (Alto-Comando-Geral)

GHQ General Headquarters (Quartel-General)

GNP Gross National Product (Produto Interno Bruto)

GQG Grand Quartier Général (Alto-Comando Francês)

IRA Irish Republican Army (Exército Republicano Irlandês)

ISB International Socialist Bureau (Escritório Internacional Socialista)

ISNTUC International Secretariat of National Trade Union Centres (Secretariado Internacional dos Sindicatos Nacionais)

IWC Imperial War Cabinet (Gabinete Imperial de Guerra)

IWGC Imperial War Graves Commission (Comissão Imperial dos Túmulos de Guerra)

IWM Imperial War Museum (Museu Imperial da Guerra)

KDL Kyffhäuserbund der deutschen Landeskriegerverbände (Divisão Alemã de Forças Terrestres)

KPD Kommunistische Partei Deutschlands (Partido Comunista da Alemanha)

KRA Kriegsrohstoffabteilung (Divisão de Matéria-Prima para a Guerra)

KÜA Kriegsüberwachungsamt (Serviços de Radiotelefonia de Guerra)

LC Liddle Collection, Leeds University Library (Coleção Liddle, Biblioteca da Universidade de Leeds)

LHCMA Liddell Hart Centre for Military Archives (Centro Liddell Hart de Arquivos Militares)

MFGB Miners' Federation of Great Britain (Federação dos Mineiros da Grã-Bretanha)

MRC Military Revolutionary Committee (Comitê Militar Revolucionário)

NAA Northern Arab Army (Exército Árabe do Norte)

NADSS National Association of Discharged Soldiers and Sailors (Associação Nacional de Soldados e Marinheiros Dispensados)

NFDDSS National Federation of Discharged and Demobilized Soldiers and Sailors (Federação Nacional de Soldados e Marinheiros Dispensados e Desmobilizados)

NLS National Library of Scotland (Biblioteca National da Escócia)

NNP Net National Product (Produto Interno Bruto)

NOT Netherlands Overseas Trust (Fundação Holandesa para o Além-Mar)

N.S. New Style (Novo Estilo)

NUWSS National Union of Women's Suffrage Societies (Sindicato Nacional da União das Sociedades Sufragistas)

NWAC National War Aims Committee (Comitê Nacional dos Objetivos de Guerra)

OHL Oberste Heeresleitung (Alto-Comando Alemão)

O.S. Old Style (Velho Estilo)

PMR Permanent Military Representatives (of SWC) (Representantes Militares Permanentes) (de SWC)

PRC Parliamentary Recruiting Committee (Comitê de Recrutamento Parlamentar)

PSI Partito Socialista Italiano (Partido Socialista Italiano)

RFC Royal Flying Corps (Corpo de Aviadores Reais)

RKK Reichsbund der Kriegsbeschädigten und ehemaligen Kriegsteilnehmer (Associação dos Ex-Combatentes Mutilados de Guerra)

RMO Regimental Medical Officer (Oficial-Médico Regimentar)

SBR Small Box Respirator (Respirador Portátil)

SFIO Section Française de l'Internationale Ouvrière (Seção Francesa da Internacional Operária)

SHA Service Historique de l'Armée de Terre (Serviço Histórico do Exército Terrestre), Vincennes, França

SKL Seekriegsleitung (Comando de Guerra Naval)

SPD Sozialdemokratische Partei Deutschlands (Partido Social-Democrata Alemão)

SRS Socialist Revolutionaries (Revolucionários Socialistas), Rússia

SWC Supreme War Council (Supremo Conselho de Guerra)

TF Territorial Force (Força Territorial)

TUC Trades Union Congress (Congresso dos Sindicatos)

UDC Union of Democratic Control (União do Controle Democrático)

UF Union Fédérale (União Federal)

UGACPE Union des Grandes Associations Contre la Propagande Ennemie (União das Grandes Associações contra a Propaganda Inimiga)

UNC Union Nationale des Combattants (União Nacional dos Combatentes)

USPD Unabhängige Sozialdemokratische Partei Deutschlands (Partido Social-Democrata Independente da Alemanha)

VAD Voluntary Aid Detachment (Destacamento de Ajuda Voluntária)

VDK Volksbund deutscher Kriegsgräberfürsorger (Cuidados com os Túmulos de Guerra Alemães)

WIB War Industries Board (Quadro das Indústrias de Guerra)

WO War Office (Departamento de Guerra)

WSPU Women's Social and Political Union (Sindicato Social e Político Feminino)

NOTA SOBRE A TERMINOLOGIA MILITAR E NAVAL

EM 1914, UMA *DIVISÃO DE INFANTARIA*, com total poder de fogo, do exército alemão, compreendia 17.500 oficiais e homens, 72 peças de artilharia e 24 canhões; no exército francês, 15 mil oficiais e homens, 36 peças de artilharia e 24 canhões; no exército britânico, 18.073 oficiais e homens, 76 peças de artilharia e 24 canhões. Essas eram as forças regulares, e as forças de combate, depois do início da campanha, eram quase invariavelmente menores. Durante a guerra, a maior parte dos exércitos reduziu as forças regulares, embora tenha aumentado o poder de fogo. Contudo, as divisões americanas enviadas para combate na França em 1917 eram muito maiores que a norma europeia: cerca de 28 mil oficiais e homens em cada uma. Cada *corpo do exército* (unidade militar) era composto por duas divisões de infantaria, e um *exército*, por dois ou mais corpos do exército. Um *grupo do exército* (encontrado nos exércitos francês e alemão depois de 1914, equivalente aproximado dos "fronts" noroeste e sudeste do exército russo) compreendia certo número de exércitos, totalizando de 500 mil a mais de um milhão de homens. De modo inverso, os componentes normais das divisões de infantaria eram as *brigadas* (4 mil-5 mil homens), *regimentos* (2 mil-3 mil homens), *batalhões* (600-1.000), *companhias* (1-200), *pelotões* (30-50) e *esquadrões* ou *seções* (8-11 homens).

Uma *divisão de cavalaria* do exército alemão, em 1914, compreendia 5.200 oficiais e homens, 5.600 cavalos, 12 peças de artilharia e 6 canhões; do exército britânico, 9.269 oficiais e homens, 9.815 cavalos, 24 peças de artilharia e 24 canhões.

As peças de artilharia (neste texto, normalmente mencionadas como "armas") eram divididas em *canhão* (cano longo, com trajetória plana/horizontal para o projétil) e *howitzers* ou *morteiros* (cano curto e trajetória curva/descendente). Também eram caracterizadas por seu calibre (diâmetro do cano), embora muitos canhões britânicos fossem denominados de acordo com o peso da munição. Assim, o canhão leve padrão ("canhão de campo") tinha 75 mm no exército francês, 77 mm no exército alemão e 18 libras no exército britânico. Os *howitzers* de campo médios incluíam o alemão, com 120 mm e 15 mm, o francês (depois de 1915, com 155 mm) e o britânico, com 6 polegadas. Os canhões de campo mais pesados geralmente tinham um calibre de mais de 170 mm; os *howitzers* mais pesados variavam de 200 mm a 400 mm. Estes últimos incluíam os austríacos, com 305 mm, e os alemães, com 420 mm, capazes de arrasar uma fortaleza.

As *metralhadoras* dividiam-se em modelos leves e pesados. Todas as que estavam em uso em 1914 eram pesadas, com o peso mínimo de 40-69 kg, exigindo um grupo de três a seis homens para operá-las. As metralhadoras leves (9-14 kg) foram desenvolvidas durante a guerra, podendo ser carregadas por um único homem ou instaladas numa aeronave.

Neste texto, os navios de guerra de maior poder de fogo em 1914 são citados como "navios capitais". Eles compreendiam os *couraçados* e os *cruzadores*. Os cruzadores carregavam uma artilharia similar à dos couraçados, porém eram mais rápidos, por terem uma couraça mais leve. Os navios capitais mais modernos eram conhecidos como couraçados ou cruzadores "intrépidos" (cerca de 17 mil toneladas ou mais de deslocamento) se tivessem velocidade e poder de fogo comparáveis ou maiores que os do HMS *Dreadnought* (Intrépido). Contudo, em 1914 a maior parte das marinhas operava navios capitais intrépidos e pré-intrépidos (ou variantes híbridas). Os *cruzadores* eram divididos em pesados (ou "armados", com mais de 10 mil toneladas), com a função de navios de reconhecimento em ações da armada, ao lado dos navios capitais, e cruzadores leves (2 mil-14 mil toneladas), menos protegidos e com a finalidade de proteger as rotas comerciais ou as posições coloniais avançadas. Os destróieres (500-800 toneladas em 1914) eram normalmente dispostos em flotilhas e armados com torpedos e canhões leves.*

---

* Fontes: Barnett, *Swordbearers*, p. 363; Pope and Wheal, *Macmillan Dictionary of the First World War*; informações do professor MacGregor Knox.

INTRODUÇÃO

POR QUE AINDA LEMBRAR O DIA 11 DE NOVEMBRO? Por que homenagear os quase 10 milhões de militares mortos entre 1914-1918, quando 20 milhões em todo o mundo perderam a vida em acidentes rodoviários entre 1898 e 1998, e mais de 30 milhões na epidemia de gripe espanhola de 1918-19?[1] Em parte, a resposta a essa pergunta é que a Primeira Guerra Mundial assumiu características que a tornaram emblemática de outras guerras modernas, que se estenderam por todo o século XX e para além dele. Esse evento proporcionou horríveis e novas experiências aos combatentes, forçando uma mobilização sem precedentes em seus respectivos fronts nacionais. Além de ser um desastre por si só, tornou-se a precondição para novos desastres, inclusive a Segunda Guerra Mundial, cujo número de baixas atingiu outros milhões. Forçou, ainda, a criação de novos mecanismos sociais de combate diante das mortes em massa, das mutilações e das privações. No entanto, em muitas regiões do mundo, seus legados provocam derramamento de sangue até hoje. Por fim, foi um cataclismo de tipo especial, uma catástrofe artificial provocada por atos políticos, que, um século depois, ainda desperta emoções poderosas e dá origem a perguntas extremamente perturbadoras. Suas vítimas não morreram de um vírus invisível, nem de uma falha mecânica ou de um erro humano individual. Elas pereceram devido a uma política estatal deliberada, decidida por governos que, repetidamente, rejeitaram alternativas à violência e exigiram não apenas a aquiescência, como também o apoio efetivo de milhões de seus governados. Contemporâneos de ambos os lados repudiaram prontamente a carnificina, embora tenham se sentido impotentes para evitá-la, pois estavam engolfados por uma tragédia, no sentido clássico, de um conflito entre polos.

Quando a guerra se abateu sobre um continente pacífico, pareceu um retrocesso ao primitivo, uma insurgência atávica da violência interétnica. Contudo, engolfou as sociedades mais ricas e tecnologicamente mais avançadas daquela época, transformadas pela industrialização, democratização e globalização desde a convulsão mais recente comparável: as campanhas contra Napoleão um século antes. A Primeira Guerra Mundial tornou-se o protótipo de um novo modelo de conflito. Os quatro anos de luta testemunharam uma revolução militar notável, em que ambos os lados buscaram desajeitadamente – e acabaram por descobrir – métodos muito mais eficientes de empregar armas modernas. Particularmente depois do fracasso dos planos pré-engendrados, os contemporâneos mostravam-se plenamente conscientes da novidade da guerra e da exiguidade de seus precedentes históricos. Muitos sentiam que seus estadistas e generais estavam fora da realidade. Entretanto, se nenhum governo podia controlar o sistema internacional como um todo, cada um deles ainda podia decidir se seu país optaria pela guerra ou pela paz. Como Carl von Clausewitz, o teórico militar prussiano, concluiu a partir de suas meditações sobre a era napoleônica, a guerra contém um impulso inerente no sentido de uma destrubilidade ainda maior, sendo também, contudo e paradoxalmente, um ato político, um produto das emoções sobrecarregadas e da razão e da vontade.[2]

A guerra de 1914-1918 foi um conflito colossal, e a literatura a que deu origem é de proporções correspondentes. Nos últimos anos, surgiram importantes e novas sínteses e reinterpretações – um sintoma do fascínio permanente dessa guerra –, mas a abundância de pesquisa e literatura especializada ainda supera isso em muito. Os debates aparentemente resolvidos e calcificados têm sido revistos, e os eventos que pareciam familiares readquiriram seu frescor e sua estranheza. Assim, qualquer tentativa de escrever uma história geral do conflito se vê diante do dilema do que excluir. A essência da guerra está na ferida e no sofrimento, na captura, na mutilação e na matança de seres humanos, bem como na destruição de suas propriedades, por mais férteis que sejam nossos eufemismos linguísticos para esconder esse fato. Além disso, a guerra se caracteriza por ser um processo recíproco, uma competição de crueldade, capaz de transformar até os homens mais pacíficos em matadores e também em vítimas.[3] Voltando a citar Clausewitz, "a guerra é, assim, um ato de força para submeter o inimigo à nossa vontade".[4] No que se segue, procurei não esquecer essa essência, nem tornar óbvio o impacto avassalador do conflito sobre a vida dos indivíduos, o que outros autores souberam registrar de maneira comovente.[5] Não obstante, procurei representá-lo como uma totalidade, enfatizando o processo e as decisões subjacentes que equiparam milhões de homens com um devastador poder de fogo, colocando-os em combate mortal uns contra os outros e mantendo-os nas condições mais assustadoras ano após ano. As quatro partes desta obra concentram-se nas causas do início da violência, de sua gradativa expansão, de seu término e da natureza de seu impacto. Particularmente na Parte 2, emprego um tratamento temático na análise da dinâmica subjacente ao conflito, mas também procuro respeitar o padrão mais amplo do desenvolvimento cronológico. Homens e mulheres da época fizeram história sem a percepção tardia do que devia ter sido feito, e desdobrar a narrativa dos fatos é essencial para a transmissão de seu drama extraordinário, bem como a primeira chave para sua compreensão.

INTRODUÇÃO

Como outros que já escreveram sobre o assunto, eu o faço, em parte, porque minha própria família esteve ligada a ele. Meu avô, John Howard Davies, alistou-se em novembro de 1914 e serviu com os Fuzileiros Reais do País de Gales e os Fronteiriços do Sul do País de Gales. Em 1916, ele foi ferido por um tiro perto de Neuve Chapelle e, em 1917, por estilhaços perto de Ypres. Ele era um homem imperturbável, mas, 60 anos depois, com a clareza da lembrança que vem com a idade, a Frente Ocidental ainda lhe ocupava a mente às vésperas de sua morte. Enid Lea, de quem ele ficou noivo antes do serviço ativo e com quem se casou depois dele, era mais reticente: a guerra foi "horrível... horrível". Meu pai, Edward Stevenson, que serviu na Segunda Guerra Mundial, despertou meu interesse pela guerra antecessora ao me presentear, quando eu tinha 14 anos, com uma cópia de *The First World War: an Illustrated History* (A Primeira Guerra Mundial: uma história ilustrada), de A. J. Taylor. Embora, no que se segue, eu tenha modificado as interpretações de Taylor, tenho enorme dívida para com ele, bem como para com o notável documentário televisivo (recentemente relançado) *The Great War* (A Grande Guerra), produzido pela BBC. Contudo, uma síntese dessa espécie repousa necessariamente sobre a obra de dezenas de outros historiadores, amiúde de notável qualidade. Limitei deliberadamente as notas de cada capítulo, mas elas objetivam o reconhecimento dessas dívidas, e seria impraticável destacá-las todas aqui, guiando os curiosos para outras leituras.

Entre outros débitos que adquiri, cito o Service Historique de l'Armée, em Vincennes; o Bundesarchiv-Militärarchiv, de Friburgo em Brisgóvia; o Liddle Hart Centre for Military Archives, no King's College de Londres; a Coleção Liddell, na Biblioteca da Universidade de Leeds; a seção de manuscritos da Biblioteca da Universidade de Birmingham; o Churchill College Archive Centre; o Public Record Office (agora rebatizado como The National Archives) e o Museu Imperial da Guerra. Também gostaria de agradecer aos alunos que assistiram ao meu curso "A Grande Guerra, 1914-1918" na Escola de Economia e Ciência Política de Londres, bem como aos meus colegas do Departamento de História Internacional, em especial o Dr. Truman Anderson e o professor MacGregor Knox. Fico também em débito com o professor Roy Bridge, que leu e corrigiu o manuscrito em seus estágios finais, e com Christine Collins, por sua louvável e minuciosa edição do texto. Agradeço a Simon Winder, da Penguin Books, que me encomendou este livro e se mostrou incansavelmente entusiasmado com ele, além de ter se mostrado um crítico construtivo durante sua preparação. Fico particularmente agradecido a Chip Rossetti, da Basic Books, por sua cuidadosa leitura e comentários editoriais. Richard Duguid e Chloe Campbell, ambos da Penguin, forneceram-me valiosa ajuda. Por fim, um agradecimento especial, por sua paciência, aos membros de minha família, especialmente minha esposa Sue, que suportou o árduo processo de escrita por um tempo bastante longo. Espero que todos os que me ajudaram compartilhem do meu prazer ao verem este livro publicado. Desnecessário acrescentar que assumo total responsabilidade pelas falhas que esta obra ainda possa conter.

DAVID STEVENSON\
Agosto de 2003

NOTAS

1. BBC TV *Horizon*, 8 jan. 1998; Crosby, *Epidemic and Peace*, p. 207.
2. Heuser, *Reading Clausewitz*, cap. 2.
3. Scarry, *Body in Pain*, cap. 2.
4. Howard and Paret (eds.), *Clausewitz: On War*, p. 75.
5. Para a Grã-Bretanha, ver Middlebrook, *First Day*; *Kaiser's Battle*; MacDonald; *1914*; *1915*; *Somme*; *Passchendaele*; *Spring 1918*.

MAPAS

MAPA 1. Europa em 1914

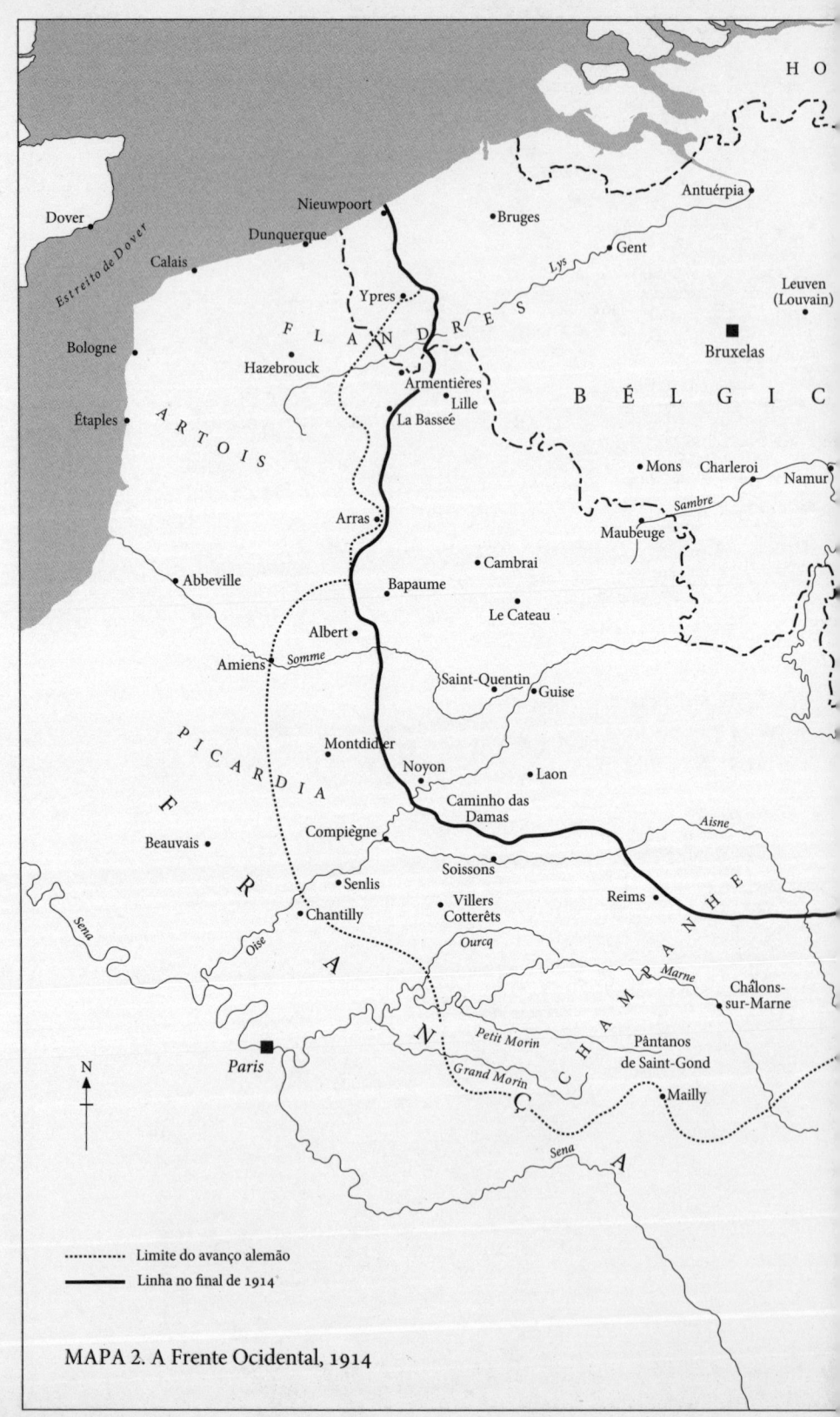

MAPA 2. A Frente Ocidental, 1914

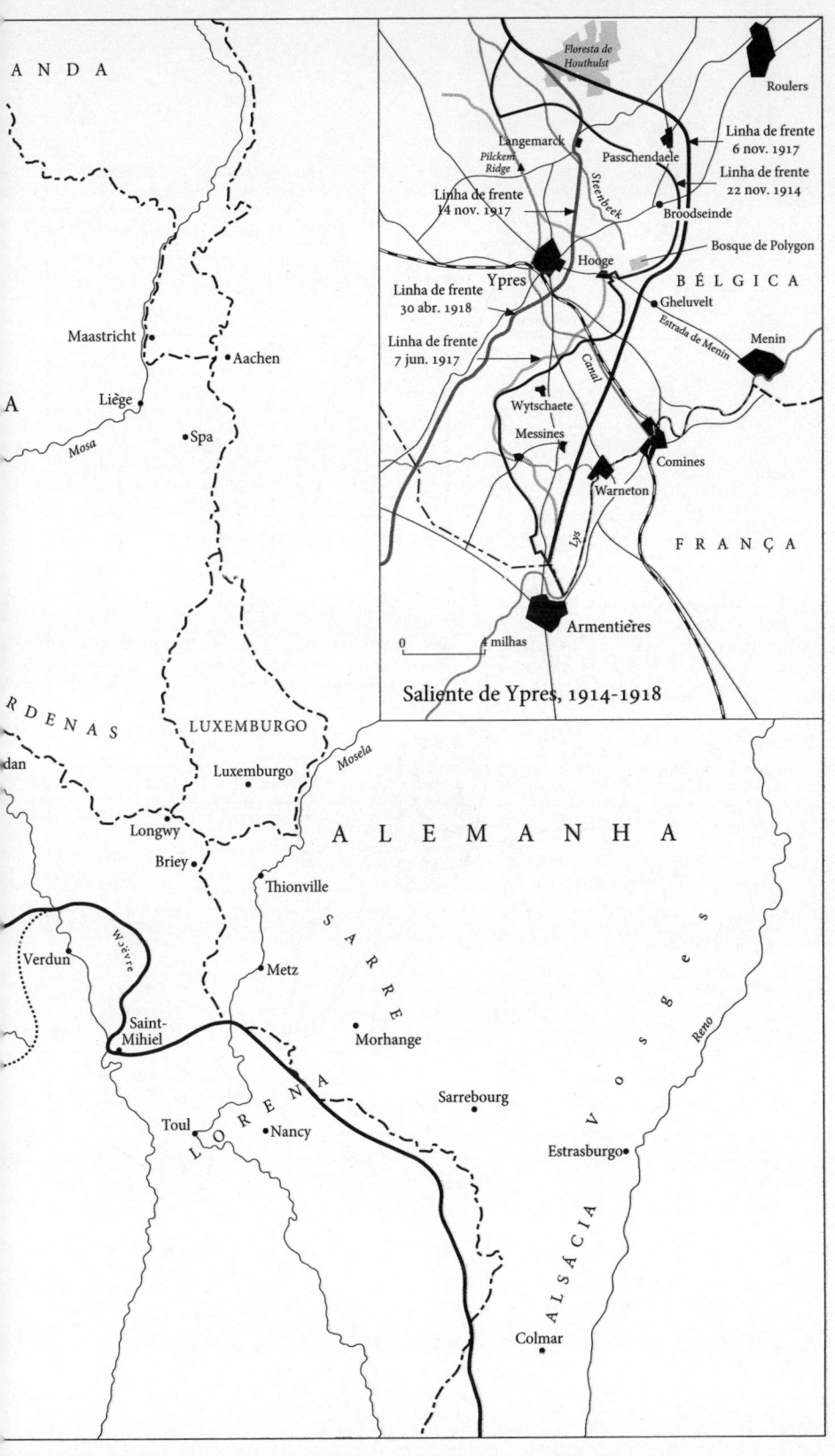

Saliente de Ypres, 1914-1918

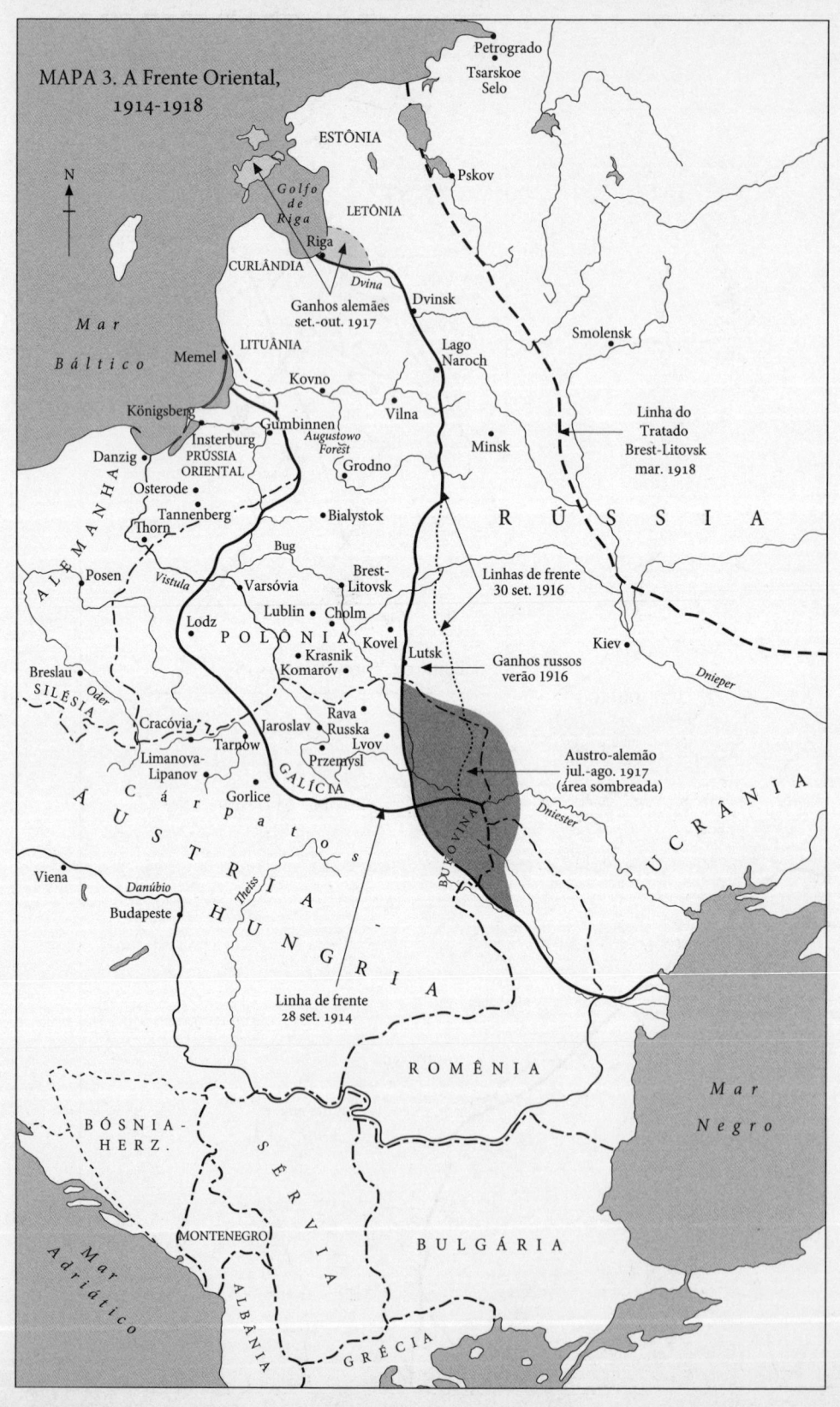

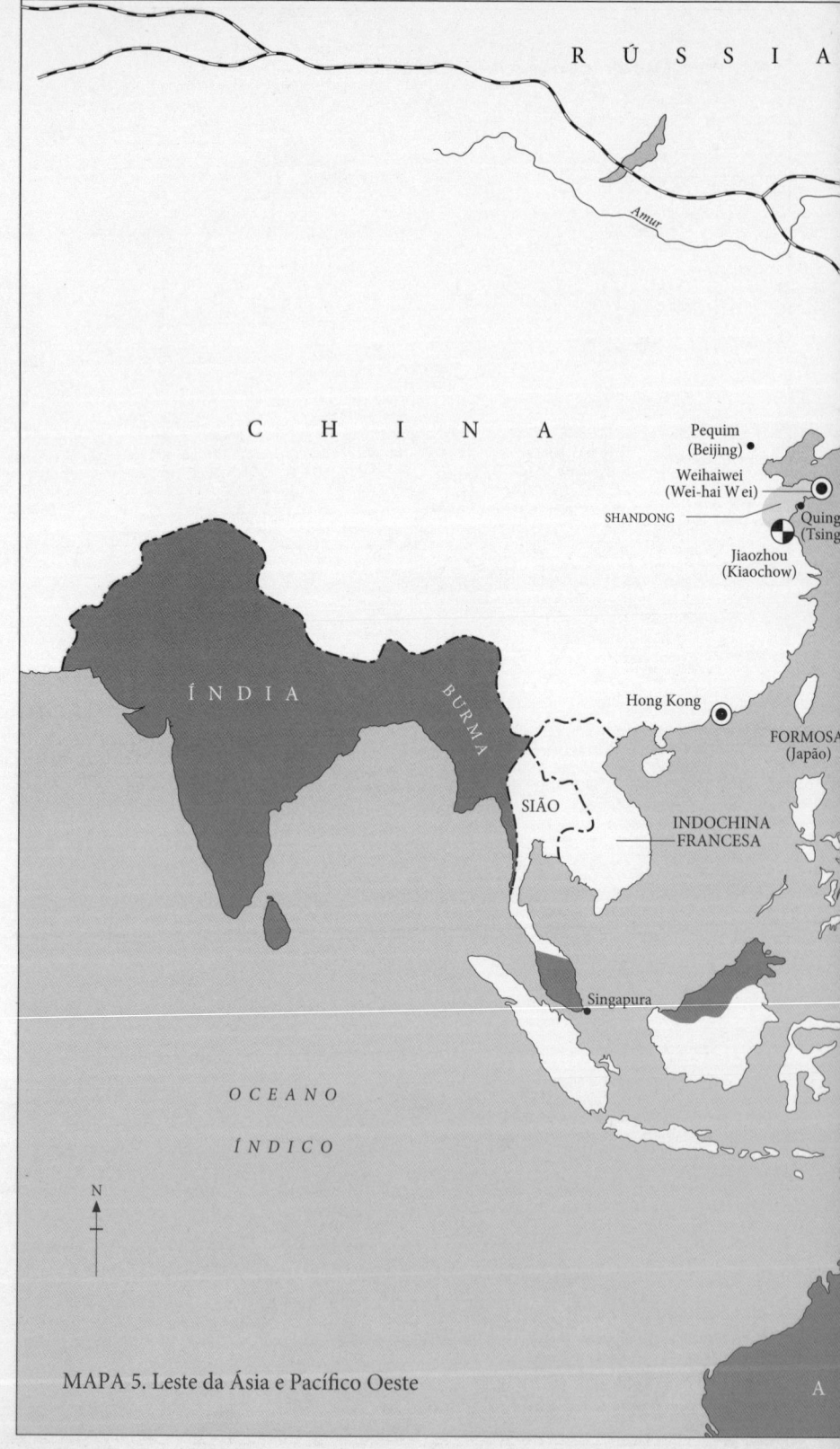

MAPA 5. Leste da Ásia e Pacífico Oeste

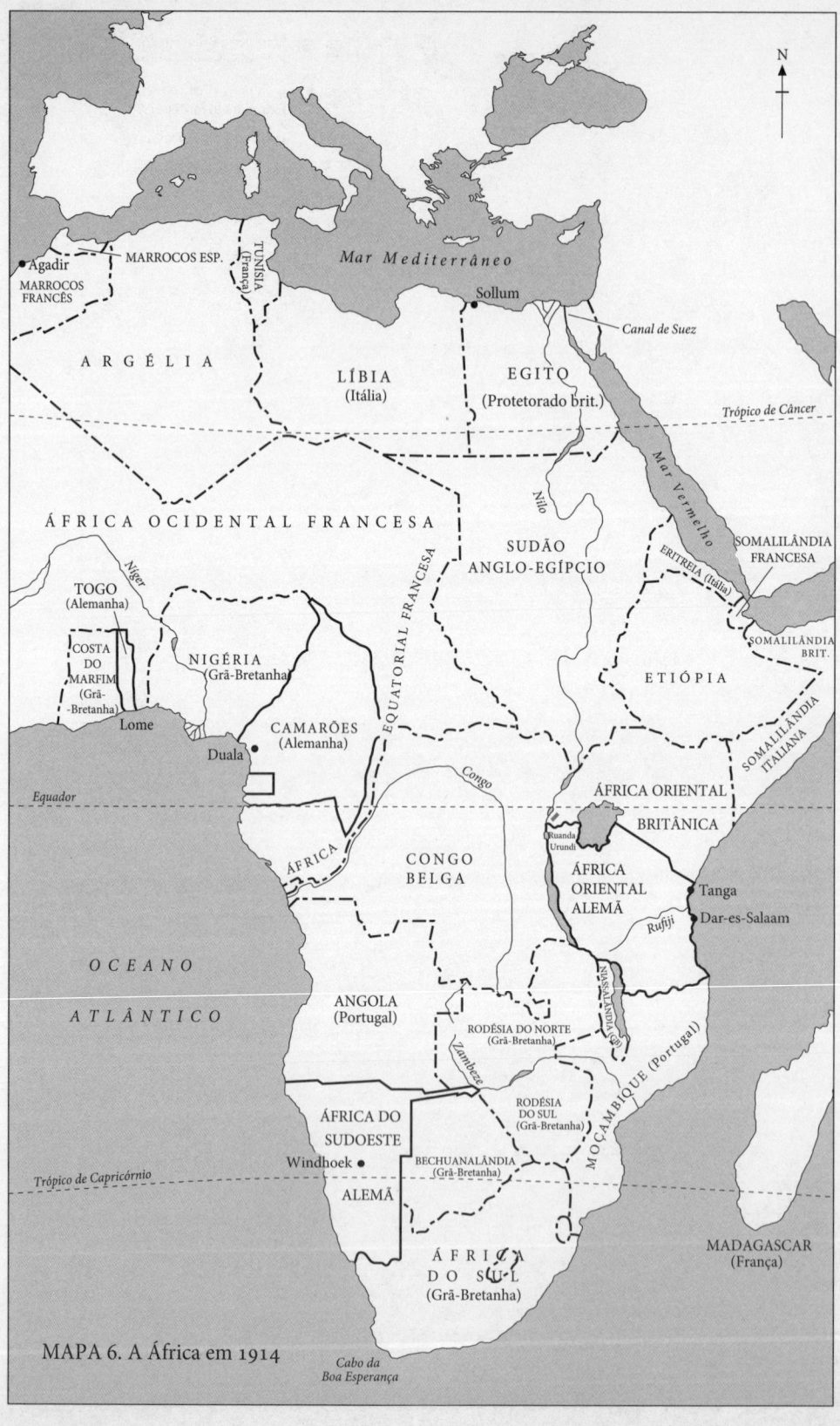

MAPA 6. A África em 1914

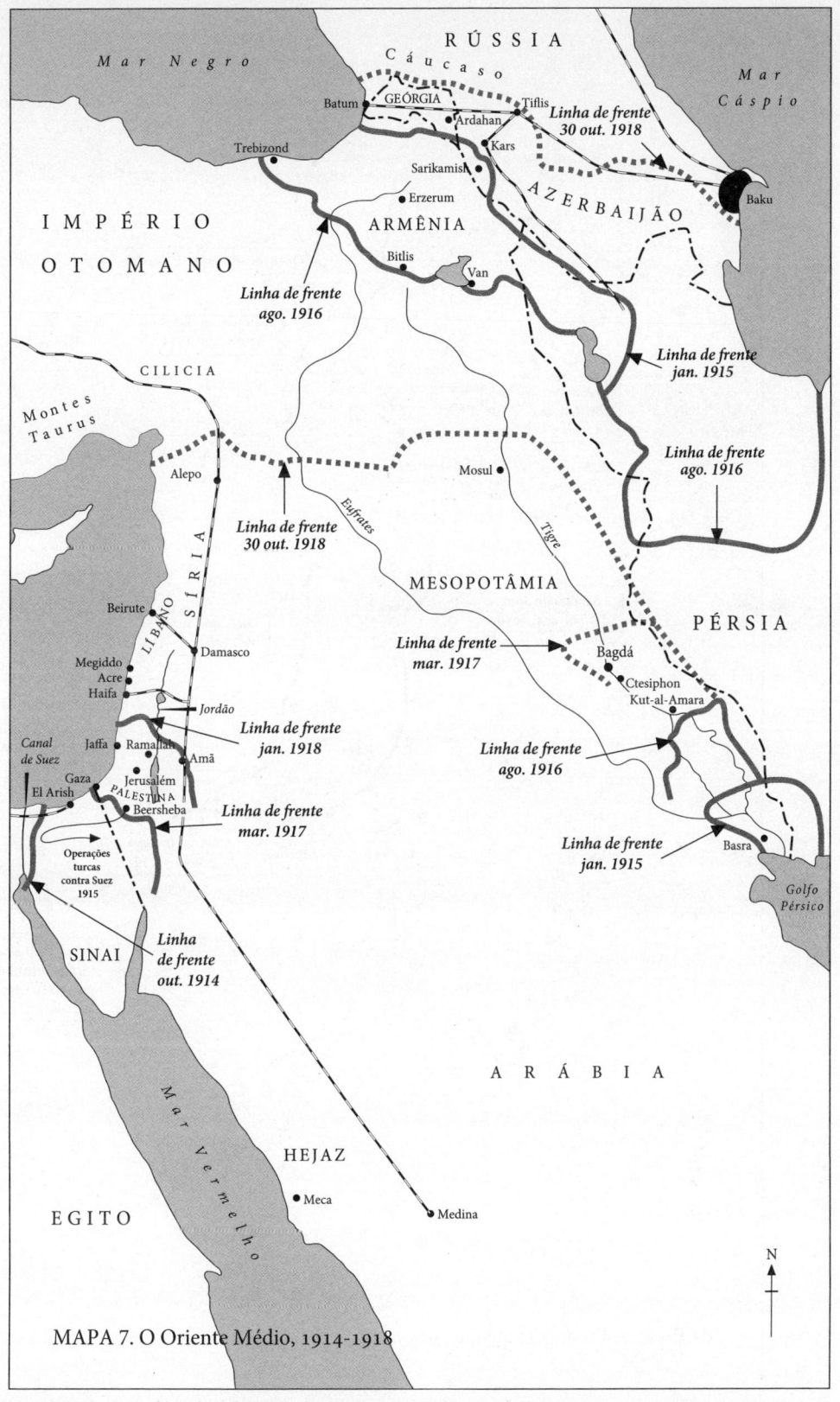

MAPA 7. O Oriente Médio, 1914-1918

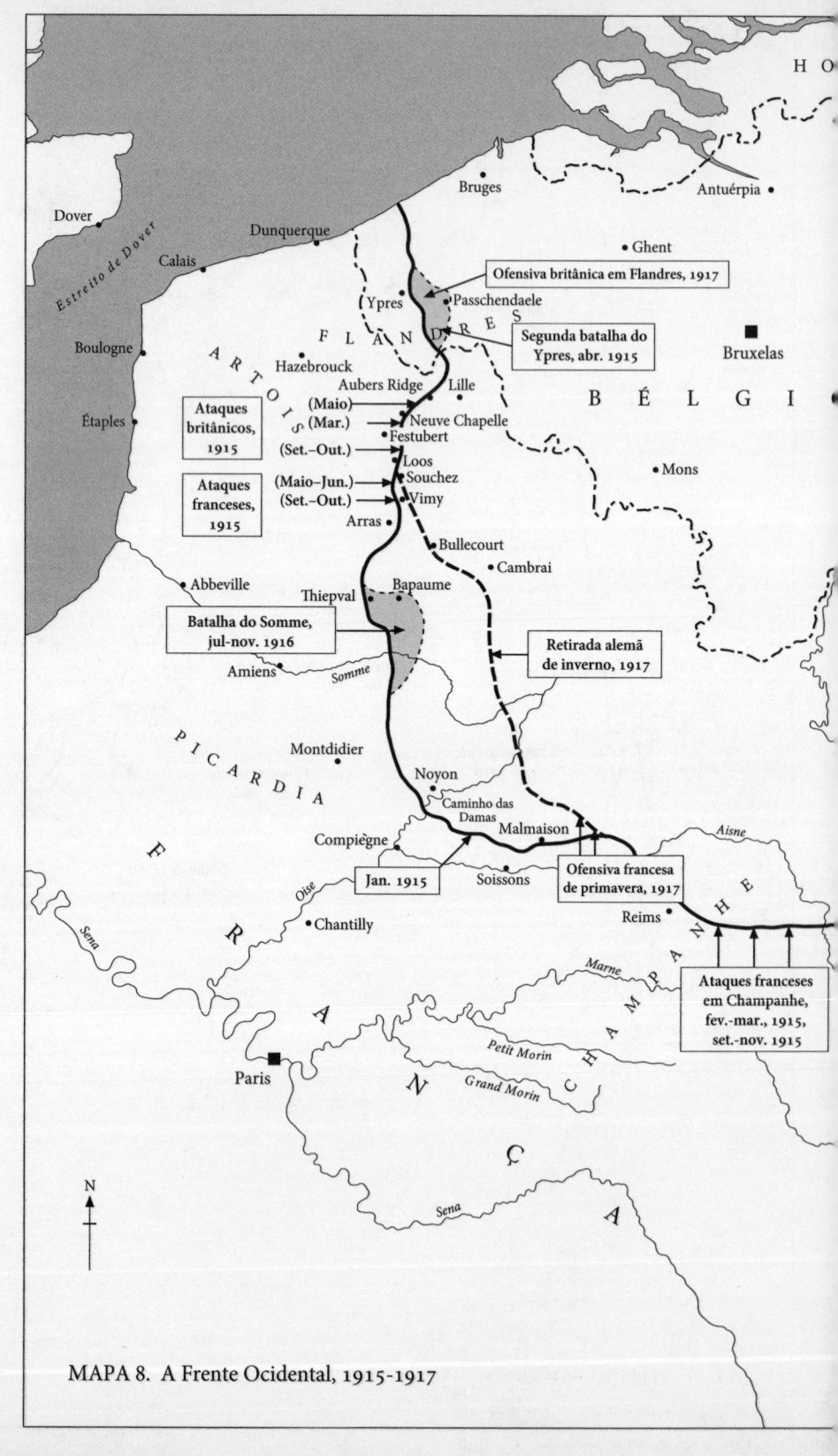

MAPA 8. A Frente Ocidental, 1915-1917

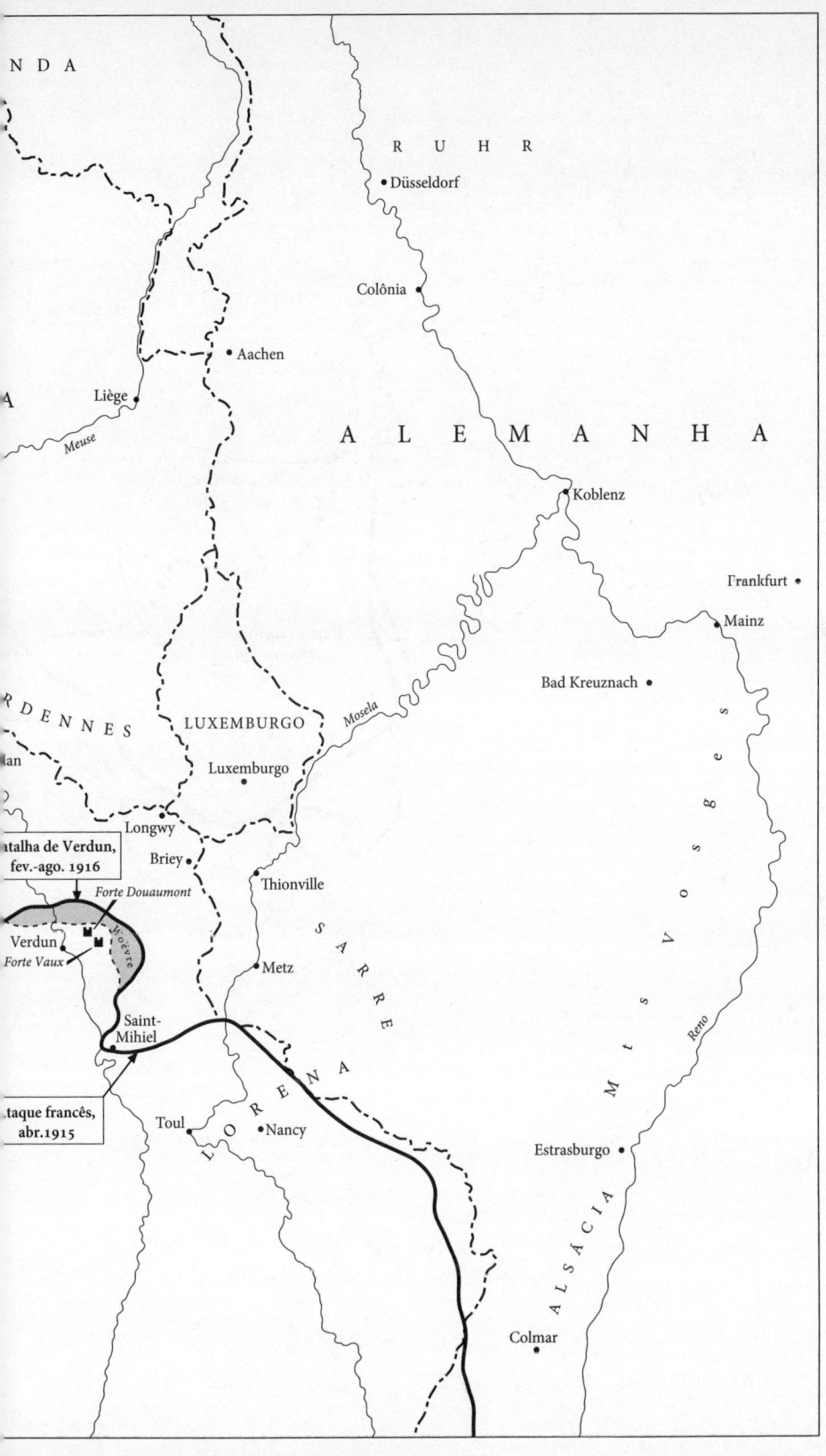

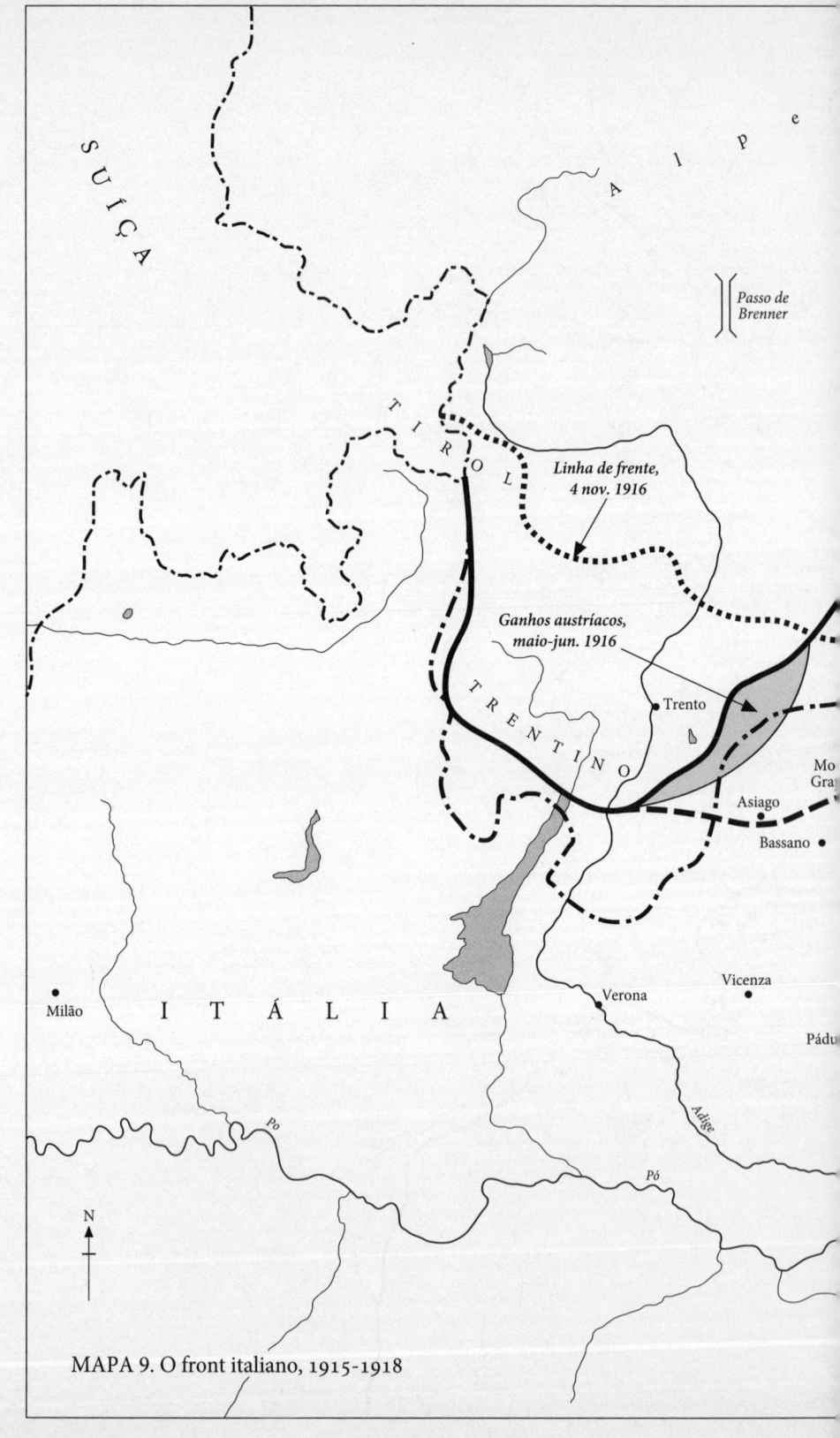

MAPA 9. O front italiano, 1915-1918

ÁUSTRIA – HUNGRIA

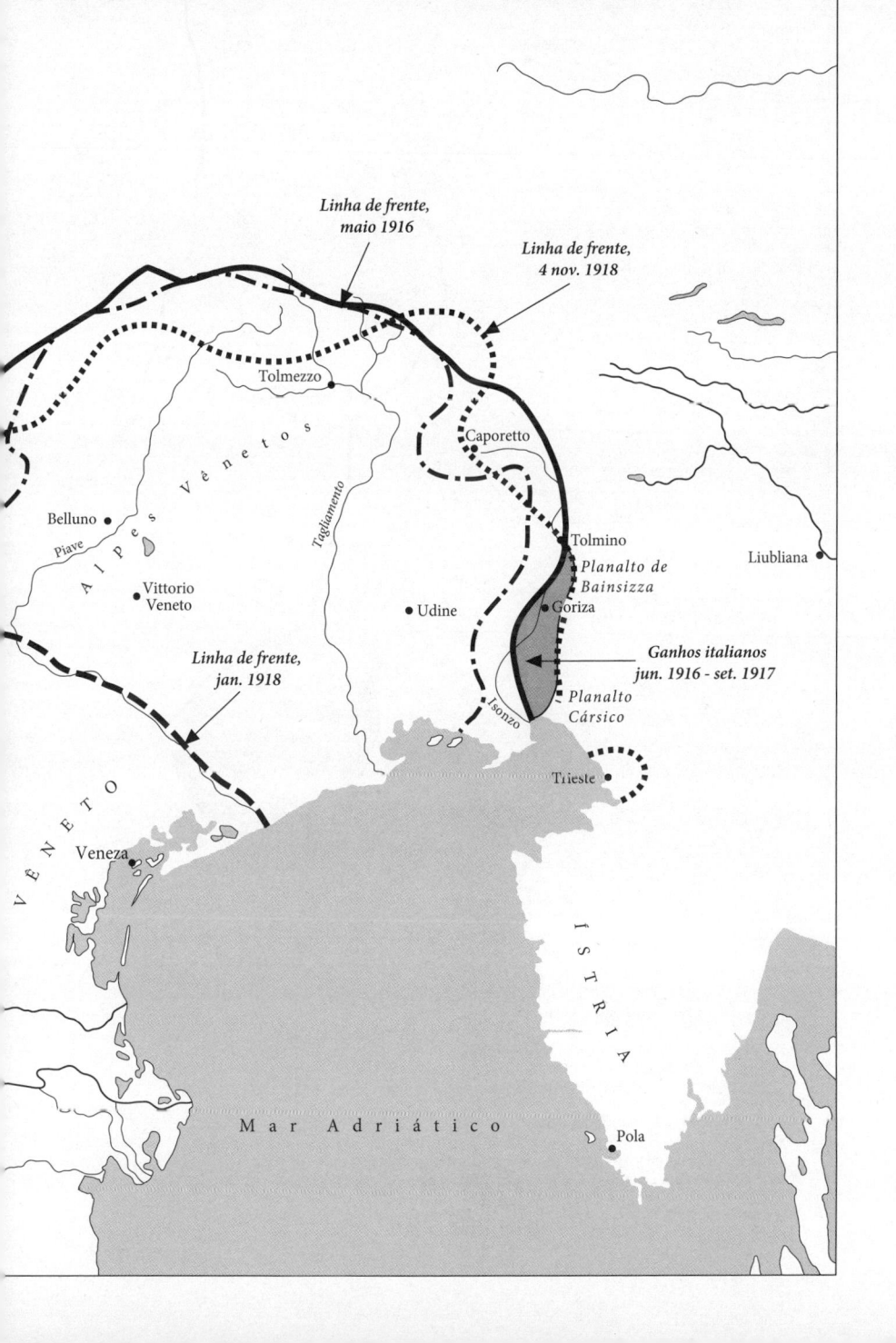

Linha de frente, maio 1916

Linha de frente, 4 nov. 1918

Tolmezzo

Caporetto

Belluno

Piave

Alpes Vênetos

Tagliamento

Tolmino

Planalto de Bainsizza

Liubliana

Vittorio Veneto

Udine

Goriza

Ganhos italianos jun. 1916 - set. 1917

Linha de frente, jan. 1918

Isonzo

Planalto Cársico

Trieste

VENETO

Veneza

ISTRIA

Mar Adriático

Pola

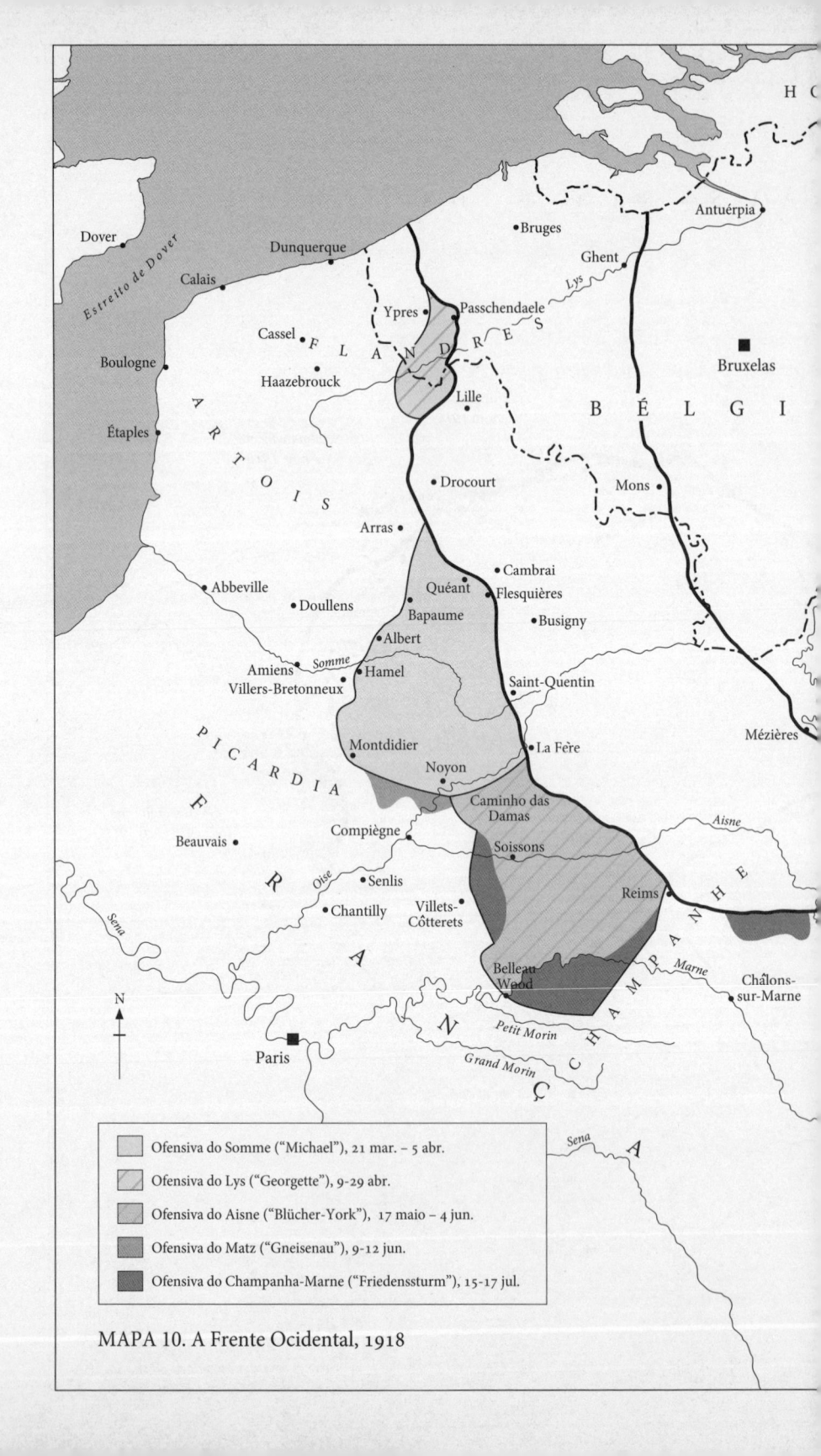

	Ofensiva do Somme ("Michael"), 21 mar. – 5 abr.
	Ofensiva do Lys ("Georgette"), 9-29 abr.
	Ofensiva do Aisne ("Blücher-York"), 17 maio – 4 jun.
	Ofensiva do Matz ("Gneisenau"), 9-12 jun.
	Ofensiva do Champanha-Marne ("Friedenssturm"), 15-17 jul.

MAPA 10. A Frente Ocidental, 1918

Map

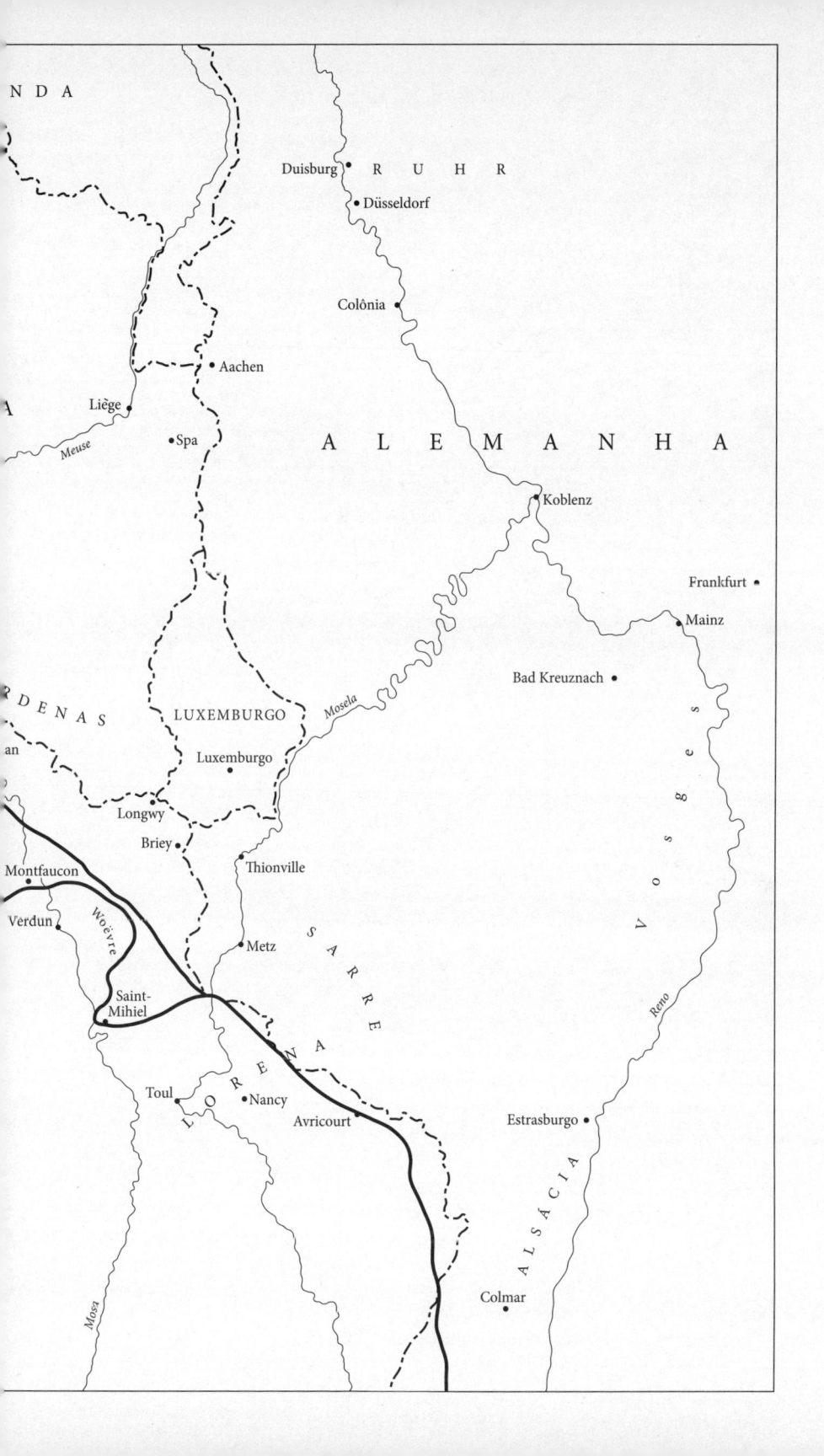

- Duisburg
- RUHR
- Düsseldorf
- Colônia
- Aachen
- Liège
- Spa
- ALEMANHA
- Koblenz
- Frankfurt
- Mainz
- Bad Kreuznach
- LUXEMBURGO
- Luxemburgo
- Mosela
- Longwy
- Briey
- Thionville
- Montfaucon
- Verdun
- Woëvre
- Saint-Mihiel
- Metz
- SARRE
- LORENA
- Vossges
- Estrasburgo
- Reno
- Toul
- Nancy
- Avricourt
- ALSÁCIA
- Colmar
- Meuse
- ARDENAS
- Masa

MAPA 11. As Potências Centrais em seu apogeu, 1918

Extensão máxima de território controlado pelas Potências Centrais, 1918

INLÂNDIA
L. Omega
L. Ladoga
Golfo da Finlândia
Petrogrado
singfors
ESTÔNIA
LIVÔNIA
LETÔNIA
CURLÂNDIA
LITUÂNIA
Minsk
ÚSSIA
IENTAL
Niemen
Volga
Moscou
Montes Urais
Ural
R Ú S S I A
Don
Volga
Varsóvia
Cholm
OLÔNIA
Kiev
Kharkov
Donets
Dnieper
istula
GALÍCIA
UCRÂNIA
Cárpatos
BESSARABIA
STRIA
Jassy
dapeste
Odessa
CRIMEIA
Mar Cáspio
Baku
Foçsani
Sebastopol
ROMÂNIA
DOBRUDJA
Mar Negro
Batumi
GEÓRGIA
Ardahan
Cáucaso
AZERBAIJÃO
Kars
ARMÊNIA
Belgrado
Bucareste
SÉRVIA
BULGÁRIA
Sófia
PÉRSIA
ALBÂNIA
Constantinopla
IMPÉRIO OTOMANO
Salônica
Tigre
Mar Egeu
GRÉCIA
Eufrates
Atenas
CRETA
CHIPRE
(Grã-Bretanha)
ARÁBIA
PALESTINA
Alexandria
Cairo
EGITO
(Grã-Bretanha)
Nilo
A
(Itália)

MAPA 12. O Mar do Norte

- · — · · — Fronteiras internacionais, c. 1926
- — — — Fronteiras internacionais, 1914
- Zona da Renânia sob Ocupação Aliada depois de 1919

1. Área de Plebiscito do Sarre (sob a Liga das Nações, 1919-35)
2. Limite da área desmilitarizada da Renânia depois de 1919
3. Cidade livre de Danzig
4. Território de Memel (para a Lituânia, 1923)
5. Território de Klagenfut (para a Áustria, 1920)
6. Território de Burgenland (para a Áustria, 1921)
7. Estado Livre de Fiume (1920-4)

MAPA 13. O acordo de paz europeu

PARTE 1
A DEFLAGRAÇÃO

1
A DESTRUIÇÃO DA PAZ

ATUALMENTE, VIAJAR POR QUALQUER LOCAL da Europa Ocidental implica cruzar uma paisagem marcada por prosperidade e paz. Entre shoppings, autoestradas e blocos de edifícios residenciais, encontram-se fábricas, estradas de ferro e habitações coletivas construídas pela industrialização do século XIX. Em meio a isso tudo, existem relíquias de um mundo mais antigo de igrejas, chalés e palácios: um mundo há muito desaparecido. Ao contemplar essa paisagem, o viajante pode, compreensivelmente, conceber a história da Europa como uma ampla e sossegada estrada rumo ao moderno crescimento econômico e à integração supranacional. Entretanto, em meio às ondas de expansão e prosperidade entre os séculos XIX e XX, esse continente suportou três décadas de ruína e empobrecimento, de estagnação industrial e cataclismo político. Os traços dessa era também estão gravados na cena contemporânea, embora discerni-los exija uma observação mais perspicaz. Sua marca na geração que os suportou duraria pelo resto de sua vida. Ela engloba os dois grandes conflitos separados por 20 anos, mesmo que, ao se afastarem de nós, possam emergir como fases de um único conflito. Essa era teve início com a guerra de 1914-18.

A Primeira Guerra Mundial transformou-se num conflito global, embora tenha se originado na Europa, estilhaçando um século de paz. Desde a derrota da Revolução Francesa e de Napoleão em 1792-1815 – o conflito até então conhecido, em língua inglesa, como a "Grande Guerra" –,[1] não tinha havido um conflito geral que envolvesse todas as grandes potências. Os governos e povos europeus estavam acostumados com guerras imaginárias em perspectiva, nas visões dos planejadores militares e dos sucessos literários com visões utópicas do futuro que proliferaram nas décadas anteriores a 1914. Eles estavam um pouco mais bem equipados em face à nossa realidade, atualmente, com relação a um conflito nuclear.[2] Contudo, as convenções e os rituais do estado de guerra eram familiares a partes da vida europeia, e a memória de conflitos anteriores constituía parte de sua cultura. Até o século XVIII, ela vivenciara poucos anos em que nenhuma de suas grandes potências tivesse deixado de se engajar numa luta. Foi só depois disso que surgiu o modelo de décadas de paz pontuadas por guerras sucessivamente mais abrangentes. A paz – mesmo no sentido simples de ausência de matança – era um fenômeno moderno, e a Europa nunca havia conhecido nada comparável à grande paz que terminou em 1914.[3]

Essa paz, contudo, era frágil. As décadas centrais do século XIX assistiram a cinco conflitos armados mais limitados: a Guerra da Crimeia de 1854-6; a Guerra Italiana de 1859; a Guerra das Sete Semanas de 1866; a Guerra Franco-Prussiana de 1870-71 e a Guerra Russo-Turca de 1877-8. A Guerra da Crimeia ceifou 400 mil vidas, enquanto a Guerra Franco-Prussiana envolveu batalhas travadas no coração da Europa Ocidental, bem como o cerco e o bombardeamento de Paris durante seis meses, ocasião em que milhares de civis pereceram. As guerras fora da Europa foram ainda maiores. A Guerra Civil Americana de 1861-5 matou 600 mil pessoas, e a rebelião de 1850-64, em Taiping, na China, matou milhões delas. Além disso, nos anos pré-1914, diversas potências europeias travaram guerras consideráveis fora do continente: a Grã-Bretanha contra os bôeres da África do Sul, em 1899-1902; a Rússia contra o Japão, em 1904-5; e a Itália contra os turcos na Líbia, em 1911-12. Os Estados balcânicos combateram, primeiro, a Turquia e, em seguida, uns aos outros nas Guerras dos Bálcãs de 1912-13. Mas nem mesmo a ausência de luta excluía o perigo por ela representado, como bem sabia o público leitor de jornais. As décadas que antecederam a guerra foram pontilhadas por crises diplomáticas, quando as potências entraram em choque quanto ao que julgavam ser seus interesses vitais, e os estadistas debatiam se deviam assumir compromissos ou lutar.[4] Por vezes, essas crises eram incidentes isolados; outras vezes, ocorriam numa rápida sucessão, como parte de uma intensificação geral da tensão internacional. Assim foi na década de 1880 e, novamente, entre 1905 e 1914.

Só as grandes potências podem promover grandes guerras, e seis Estados europeus reconheciam-se capazes disso: Grã-Bretanha, França, Rússia, Áustria-Hungria (dividida, desde 1867, nessas duas metades, que compartilhavam de uma soberania comum), Itália (criada sob a liderança do Piemonte em 1861) e Alemanha (forjada sob o domínio prussiano em 1871). Embora desiguais em termos de influência política e poderio militar, todas (pelo menos no papel) eram mais fortes que qualquer um de seus vizinhos. Todas deviam seu surgimento, em parte, à violência, e todas se mostravam dispostas a empregá-la. Essa disposição comprovou ser o calcanhar de Aquiles da brilhante, embora imperfeita, civilização moldada durante séculos de supremacia europeia. Sem dúvida, depois da derrota de Napoleão, seus inimigos vitoriosos haviam concordado, em reuniões de cúpula regulares, em incentivar o consenso entre si. Mas, em apenas uma década, esse sistema entrou em colapso e, no início do século XX, seus vestígios – a que normalmente nos referimos como o "Concerto da Europa" – eram somente uma sombra do que haviam sido. O Concerto não tinha regras escritas ou instituições permanentes. Consistia no entendimento entre as grandes potências de que, em tempos de crise, qualquer uma poderia propor uma conferência entre seus representantes. Seu canto do cisne foi a Conferência de Londres de 1912-13, que se dispôs a discutir as Guerras dos Bálcãs. Mas, em 1914, embora a Grã-Bretanha tivesse proposto uma conferência, a Áustria-Hungria e a Alemanha a recusaram. Não pela primeira vez, o sistema curvou-se à pressão, enfatizando sua fraqueza. O Concerto só podia funcionar com a aquiescência das potências: tratava-se de um recurso conveniente para salvar as aparências, mas representava pouco mais que isso. Faltavam à Europa instituições políticas comuns (e, fora da Europa, sequer havia algo equivalente ao Concerto), e ela contava apenas com um rudimentar quadro de direito internacional. Movimentos progressistas, em particular na Grã-Bretanha e nos Estados Unidos, incitavam as potências a resolver as disputas por meio da arbitragem e a humanizar o combate por meio de um quadro de regras. Mas, apesar de a Conferência de Paz de Haia de 1899 ter estabelecido uma corte internacional de arbitragem, os governos só recorriam a ela quando lhes convinha, o que raramente ocorria.[5] De forma similar, embora, em 1914, um conjunto de convenções internacionalmente ratificadas tenha sido definido para proteger os combatentes e os civis durante as hostilidades,[6] assim que a guerra irrompeu essas regras foram descartadas.

Portanto, a organização internacional pouco fez para conter as potências. Nesse sentido, o sistema europeu poderia parecer um sobrevivente anacrônico de uma era anterior. Contudo, a longa paz havia testemunhado mudanças tremendas, que – assim supunham os comentaristas otimistas – poderiam tornar a guerra cada vez mais hipotética. O progresso tecnológico e econômico havia disparado o que hoje chamamos de globalização e democratização. Esse progresso também tornou a arte da guerra muito mais destrutiva, fortalecendo, potencialmente, a repressão. No entanto, apesar de esses novos avanços poderem ter influenciado as circunstâncias e condições em que os governos recorreram à força, nada os impediu de assim proceder.

A era pré-1914 foi de globalização, e os níveis da interdependência econômica não se repetiram até bem depois da Segunda Guerra Mundial. O noroeste da Europa foi o epicentro desse fenômeno, que se apoiava na revolução vitoriana das comunicações – a ferrovia, o telégrafo e o navio a vapor –, bem como nos maciços aumentos da produtividade na agricultura e na indústria. Em 1913, as exportações respondiam por entre um quinto e um quarto da produção nacional britânica, francesa e alemã. O investimento externo em todo o mundo (mais de três quartos dele procedentes da Europa) quase dobrou entre 1900 e 1914, embora, enquanto os países continentais exportassem bens e capitais uns aos outros, o comércio e o investimento britânicos se encontrassem especialmente fora da Europa.[7] Esses mesmos anos assistiram a uma onda de emigração, abrindo novas fronteiras agrícolas dos pampas às Rochosas e ao sertão australiano, colocando a Europa como centro de uma cadeia mundial de interligações econômicas.[8] Na década anterior a 1914, todos os países europeus se haviam tornado parte de um ciclo econômico de amplitude continental, que se estendia para além do Atlântico.[9] A França, a Alemanha e os Países Baixos compartilharam a criação de um complexo interdependente de indústrias pesadas na bacia do Reno, unidos por empresas multinacionais, trabalhadores migrantes (poloneses no Ruhr, italianos na Lorena) e fluxos de carvão e aço para além das fronteiras.[10]

A crescente interdependência econômica poderia ter forçado as potências à cooperação, mas, na verdade, seu impacto foi limitado.[11] Os governos assinavam convenções internacionais postais, telegráficas e radiofônicas, e harmonizavam os horários de trens internacionais, mas sua contribuição mais importante à nova economia consistia em não obstruí-la. A recessão industrial e a importação de grãos americanos elevaram as tarifas aduaneiras depois da década de 1870, mas, ainda às vésperas da Primeira Guerra Mundial, as tarifas eram mais baixas do que tornariam a ser durante décadas. A partir da década de 1890, as potências europeias (junto com os Estados Unidos e o Japão) estavam ligadas por uma união monetária de fato, o padrão-ouro internacional,[12] por meio do qual, sem regras escritas, suas moedas eram livremente convertidas entre si, com o ouro a uma cotação fixa. Contudo, também esse sistema foi estabelecido por uma série de decisões individuais, e não por acordos multilaterais que unissem as potências. A ação conjunta *ad hoc* ocasional por parte dos bancos centrais bastava para mantê-lo. A economia aberta mundial, como o Concerto da Europa, repousava sobre um mínimo de cooperação organizada e, em 1914, todos pereceram juntos. Contrariamente à análise de um *best-seller* pré-guerra, *A grande ilusão*, de Norman Angell, a interdependência financeira não tornou as hostilidades impensáveis, e o crescimento de um mercado internacional unido na verdade facilitou o financiamento da guerra.[13] O almirantado de Londres calculou que a guerra econômica comprometeria mais a Alemanha que a Grã-Bretanha; o governo de Berlim, por sua vez, esperava que a Alemanha continuasse a comercializar com o mundo exterior enquanto esmagava seus inimigos continentais.

A globalização pré-1914 não foi apenas econômica. Foi também cultural e política, tendo a expansão imperialista como sua manifestação mais conspícua. O imperialismo projetou as rivalidades da Europa por todo o mundo. Entre 1800 e 1914, a proporção da superfície da Terra ocupada pelos europeus, sob a forma de colônias ou antigas colônias, cresceu de 35% para 84,4%.[14] Se a Grã-Bretanha entrasse numa guerra continental, suas colônias – inclusive os domínios autogovernados – estariam automaticamente implicadas. A expansão europeia também envolveu os remanescentes

Estados independentes. Depois da divisão da África, na década de 1880, a China, na virada do século, parecia destinada a segui-la e, como o Império Turco-Otomano e a Pérsia, já estava dividida informalmente em esferas de influência. Os Estados Unidos derrotaram a Espanha em 1898, expulsando-a de Cuba e das Filipinas. O Japão derrotou a Rússia em 1904-5. Mas nenhum desses países representava um grande peso nas questões estratégicas europeias. A economia do Japão continuava atrasada, e suas forças armadas eram eficientes, porém remotas. A economia americana já era a mais forte do mundo, e sua marinha era grande e moderna, mas esperava-se que Washington permanecesse neutro diante de um conflito europeu, até porque seu exército era diminuto. Se os Estados europeus se desentendessem, nenhuma potência externa parecia suficientemente poderosa para refreá-los.

O desenvolvimento econômico também transformou a política nacional europeia. Num país após o outro, em que cidades se espalhavam, uma burguesia e uma classe trabalhadora se tornavam autoconscientes, e as monarquias haviam aceitado os parlamentos eleitos e as liberdades civis para obter um consenso mais ativo por parte dos governados. Na Grã-Bretanha, o Ato de Reforma de 1832 havia tentado colocar a classe média por trás da Constituição; no Império Alemão, criado em 1871, a monarquia prussiana coexistia incomodamente com um Reichstag (ou Câmara Baixa do parlamento), para o qual todos os homens podiam votar. Até na Rússia, a partir de 1905, o czar havia aceitado uma assembleia eleita. Em 1915, os europeus adultos eram geralmente livres para formar sindicatos, grupos de pressão e partidos políticos, embora isso ocorresse sob vigilância policial. A maioria dos países contava com um grande meio de comunicação não censurado, o que, em sua essência, significava a imprensa. Os jornais, ligados por cabos telegráficos e novas agências aos eventos ao redor do globo, sendo entregues por ferrovias e vapores a preços acessíveis, eram o principal canal de comentários e informações. Seus números refletiam isso: uma cidade desenvolvida como Berlim tinha mais de 50 títulos, e o pequeno e empobrecido reino da Sérvia tinha 24 diários.[15] A guerra e a política externa eram temas de acalorados debates.[16]

Desde a desintegração, na década de 1990, do bloco soviético, triunfantes analistas políticos ocidentais têm insistido que as democracias nunca pelejarão entre si.[17] Essa tese já foi moeda corrente entre os liberais pré-1914. Contudo, a democratização efetivamente não conseguiu erradicar o conflito armado. Isso se deveu, em parte, ao fato de o processo ter permanecido incompleto. A Terceira República francesa, estabelecida em 1870, provavelmente tinha a Constituição mais progressista da Europa, mas, mesmo nesse caso, o escrutínio parlamentar com relação ao planejamento diplomático e militar era frágil. Na Áustria-Hungria, Alemanha e Rússia, as dinastias governantes dos Habsburgo, Hohenzollern e Romanov, respectivamente, exerciam amplo poder arbitrário sobre a política externa. Além disso, se a opinião pública efetivamente exercia alguma influência, esta podia não ser pacífica. A maioria dos países continentais contava com partidos socialistas, que (em comum com as classes médias progressistas) se opunham à guerra, exceto em caso de autodefesa. Os partidos de centro e de direita, contudo, normalmente invocavam uma firmeza no tratamento dos interesses nacionais, sendo apoiados pela maioria dos jornais e por uma pletora de grupos de pressão. Em 1914, a maioria dos políticos e chefes militares reconhecia que uma guerra mais ampla exigia apoio público, mas nem a globalização nem a democratização tornavam as hostilidades impensáveis.

A terceira consequência da moderna industrialização foi a transformação da tecnologia militar. Isso aconteceu em duas fases principais. A primeira centrou-se na propulsão a vapor. A partir da década de 1840, os navios de guerra foram convertidos da vela para o vapor (e dos cascos de madeira para os de aço), e as ferrovias transportavam e supriam exércitos muito maiores. Depois da Guerra Franco-Prussiana, em que as tropas alemãs transportadas por ferrovias ultrapassaram em número e derrotaram as francesas, os exércitos amplamente recrutados e uma intensa construção de ferrovias transformaram-se em norma. A segunda fase de transformação centrou-se no poder de fogo. No final do século XIX, os produtos químicos altamente explosivos tornaram a pólvora obsoleta. As armas carregadas pela culatra (e não mais pela boca) e guarnecidas com raias (ou seja, equipadas com um encaixe em espiral dentro do tambor para fazer girar o projétil) atiravam mais longe, mais rápido e de maneira mais precisa. As Marinhas equipavam seus navios de guerra a vapor com visor telescópico e canhões de fogo rápido que lançavam bombas altamente explosivas. No início do século XX, esses navios puderam lutar, pela primeira vez, em alto-mar, longe da terra, e com um alcance de até 7,5 km.[18] Entretanto, a Batalha de Tsushima, em 1905, em que o poder de fogo japonês aniquilou a frota russa, não se transformou em portento do futuro, pois outro grupo de inovações – torpedos, minas e submarinos – agora tornava os navios de guerra mais vulneráveis e mais relutantes em buscar ação. Em terra, uma revolução comparável no poder de fogo também ampliou a capacidade destrutiva dos exércitos, ao preço de sua liberdade de manobra. Os mosquetes foram substituídos por rifles carregados pela culatra, que a infantaria podia operar deitando-se no chão e – como as câmaras de rifle de repetição e a pólvora sem fumaça transformaram-se em padrão – atirar repetidamente sem trair sua localização. O aprimoramento, a partir da década de 1880, da pesada metralhadora Maxim, capaz de disparar 600 vezes por minuto, multiplicou ainda mais o poder de fogo defensivo. A partir da década de 1890, os exércitos introduziram a arma de campo de fogo rápido, equipada com um pistão hidráulico que impedia o recuo do cano. Essa arma lançava até 20 bombas altamente explosivas por minuto, sem exigir reposição. Mas a arma de campo era tão útil na defesa quanto no ataque, ampliando a devastação provocada por metralhadoras e rifles, enquanto a moderna artilharia pesada, que podia arrasar os defensores inimigos, desenvolveu-se com muito mais lentidão. As mudanças na tecnologia naval e na terrestre militavam contra os conflitos rápidos, baratos e decisivos.

Esses avanços deveriam ter estabilizado o equilíbrio de poder, ao tornarem o uso da força menos atraente. Na prática, isso não ocorreu.[19] Os líderes europeus estavam familiarizados com a noção de que os preparativos militares podiam desestimular a agressão. Por muitos anos, depois de 1870, os alemães acreditaram que seu exército era suficientemente poderoso para fazer isso. Contudo, ainda não se tratava de um lugar-comum que as hostilidades seriam tão destrutivas que ninguém venceria. O banqueiro russo Ivan Bloch chegou a fazer tal sugestão em seu livro *O futuro da guerra*, que foi amplamente lido. Ele previu uma carnificina prolongada e destrutiva, em que a defesa seria mais forte que o ataque, provocando caos econômico e social.[20] Ainda assim, a maioria dos exércitos europeus concluiu, a partir de suas observações da Guerra Russo-Japonesa, que a infantaria podia capturar trincheiras protegidas por arame farpado e metralhadoras, desde que seu moral se recuperasse rapidamente.[21] Os estados-maiores entenderam que uma guerra europeia seria extremamente sangrenta e provavelmente longa, mas esconderam suas apreensões dos chefes políticos.[22] Quando aconselharam contra o risco de uma guerra, fizeram-no porque viam pouca possibilidade de vencê-la, e não porque achassem que a mudança tecnológica tivesse tornado as hostilidades obsoletas. Se ambos os lados acreditavam que a guerra seria necessária e que seriam os vencedores, a dissuasão talvez não lograsse êxito. Os novos fatores da globalização, do envolvimento popular, da industrialização e dos armamentos científicos, então, tornaram o conflito ainda mais devastador.

Fundamentais para os cálculos da coibição e da vantagem estratégica eram os grandes blocos de alianças. As parcerias básicas eram a aliança austro-alemã, assinada em 1879, e a franco-russa, negociada entre 1891 e 1894. Essas alianças eram defensivas, basicamente direcionadas contra a Rússia e a Alemanha, respectivamente. A partir de 1882, a Itália estava frouxamente ligada ao primeiro bloco, e, a partir de 1907, a Grã-Bretanha ligou-se ainda mais frouxamente ao segundo. Esses alinhamentos de longo prazo em tempos de paz eram novos na política europeia, de certa forma prenunciando as décadas de confronto, depois de 1945, entre os blocos ocidental e oriental. Por muitos anos, eles realmente se empenharam na dissuasão mútua; embora seus termos fossem secretos, sua existência não era. Eles, contudo, também queriam dizer que qualquer choque entre as duas potências desencadearia um confronto entre duas coligações, e que estavam trabalhando a partir dos pressupostos de outro fenômeno novo naquele período: o planejamento estratégico institucionalizado. Aqui, mais uma vez, as guerras alemãs de unificação de 1866 e 1870 estabeleceram o modelo. Esses confrontos bélicos pareceram triunfos não apenas da tecnologia, mas também da preparação superior do Estado-Maior prussiano, então sob o comando de Helmuth von Moltke, o Velho, seu chefe durante toda uma geração. No futuro, as forças militares seriam ainda maiores e mais complexas, e seu controle e coordenação ainda mais desafiadores. Portanto, as outras potências imitavam, mais ou menos, o modelo prussiano, o que implicava a criação de um corpo de elite de oficiais selecionados por meio de um exame competitivo. Alguns oficiais seriam indicados para divisões e comandos do exército, a fim de garantir que suas decisões refletissem uma filosofia única. Outros participavam em rodízio do Estado-Maior, no qual estudavam história militar, simulavam campanhas por meio de jogos de guerra, manobras e incursões, formulavam doutrinas táticas e definiam planos. Planejar as informações necessárias sobre os inimigos potenciais, como, por exemplo, as obtidas pelo serviço secreto (boa parte supervisionada por oficiais do Estado-Maior alocados no exterior como adidos militares), tornou-se rotina. Delineados como arranjos de contingência, sem que houvesse necessariamente interesse em sua aplicação, os planos estratégicos poderiam ter-se tornado curiosidades históricas como suas contrapartidas da Guerra Fria, ou seja, os acordos nucleares trocados entre as duas margens do Elba. Mas o pressuposto subjacente era que, se a dissuasão fracassasse, seria perfeitamente apropriado usá-los. E, de fato, entre 1905 e 1914, as bases da dissuasão ruíram à medida que as duas grandes alianças iam se aproximando de uma equiparação em termos militares, enquanto a corrida armamentista entre elas se intensificava e o antagonismo político – estimulado por uma sucessão de crises diplomáticas ao redor do Mediterrâneo e nos Bálcãs – só aumentava. Embora nenhum dos lados visse a guerra como inevitável, ambos mostravam-se cada vez mais dispostos a considerá-la. Em 1914, a Áustria-Hungria sentia-se cercada e ameaçada no sudeste da Europa, e a Alemanha sentia-se de maneira similar com relação ao equilíbrio europeu como um todo. O conflito regional e a tensão europeia geral acabaram por se juntar. Da interação entre eles, nasceu a Grande Guerra.

***

A fagulha foi provocada por um ato de terrorismo no centro atormentado da Europa.[23] Em 28 de junho de 1914, em Sarajevo, capital da província austro-húngara da Bósnia, um sérvio-bósnio de 19 anos, Gavrilo Princip, matou com um tiro o arquiduque Francisco Ferdinando, herdeiro do trono austríaco, e a esposa do arquiduque, a duquesa de Hohenberg. Francisco Ferdinando era um homem sem atrativos, autoritário, colérico e xenófobo, mas era devotado à duquesa, com quem se casara contra a vontade do imperador Francisco José, pois a linhagem aristocrática da moça pouco atendia às exigências dos Habsburgo. Visitar Sarajevo para assistir às manobras anuais do exército seria uma rara oportunidade para ela se apresentar em público com ele. Contudo, esse ato de gentileza pressagiava um desastre. Data cheia de simbolismo, o dia 18 de junho era o aniversário da Batalha de Kosovo de 1389, uma catástrofe para o reino medieval da Sérvia, após a qual um sérvio assassinou o sultão turco.[24] Apesar da iminência de um movimento terrorista que tivesse por alvo os oficiais Habsburgo, os cuidados com a segurança para a visita de Estado foram extraordinariamente frouxos. No dia fatal, a despeito de um atentado a bomba contra o cortejo de carros por outro membro do grupo de Princip, o arquiduque prosseguiu seu caminho, fazendo uma imprevista mudança de itinerário para consolar um ferido. Isso levou seu veículo para bem perto de Princip, que não perdeu a oportunidade.

Esses detalhes devem ser levados em conta porque, no verão de 1914, embora a tensão internacional fosse crítica, uma guerra geral não era inevitável, e, se não tivesse irrompido nesse momento, talvez jamais irrompesse. Foi a resposta da monarquia Habsburgo a Sarajevo que provocou a crise. Inicialmente, tudo o que aparentemente se deveria fazer era ordenar uma investigação. Mas os austríacos obtiveram, secretamente, a promessa de apoio da Alemanha a uma retaliação drástica. Em 23 de julho, apresentaram um ultimato a seus vizinhos sérvios. Princip e seus companheiros eram bósnios (e, portanto, súditos dos Habsburgo), mas o ultimato alegava que eles haviam concebido o ataque em Belgrado, que os funcionários e oficiais sérvios lhes haviam fornecido armas e que as autoridades de fronteira da Sérvia os tinham ajudado a cruzar a fronteira. O ultimato também exigia que a Sérvia denunciasse todas as atividades separatistas, banisse as publicações e organizações hostis à Áustria-Hungria e cooperasse com os oficiais Habsburgo na supressão da subversão e num inquérito judicial. A resposta do governo de Belgrado, somente apresentada quase no final do prazo fatal de 48 horas, aceitava praticamente todas as exigências, mas só concordaria com um envolvimento austríaco num inquérito judicial se esse inquérito estivesse sujeito à Constituição da Sérvia e às leis internacionais. Em Viena, os líderes austríacos agarraram-se a esse pretexto para um imediato rompimento de relações e, no dia 28 de julho, declararam guerra.[25] O ultimato impressionou a maior parte dos governos europeus por suas exigências draconianas, ainda que a cumplicidade sérvia fosse, como alegava o grosso do documento, duvidosamente moderada. Mas o exíguo limite temporal entregou o jogo, bem como a peremptória rejeição à resposta de Belgrado. O ultimato tivera a intenção de dar início a uma revelação de intenções, com a habilidosa resposta da Sérvia reforçando a impressão de que Viena, e não Belgrado, era responsável pela provocação.

Até que ponto as acusações austro-húngaras eram verdadeiras, e por que o Império estava assumindo uma posição tão arrogante?

Boa parte das queixas da Áustria era justificável.[26] Embora o movimento terrorista bósnio fosse autóctone, gozava do apoio sérvio. Depois de séculos de domínio turco-otomano, a Bósnia e o território adjacente da Herzegovina haviam sido transferidos para a administração austro-húngara em 1878. A Bósnia era a fronteira colonial da Áustria-Hungria, um ermo selvagem e montanhoso ao qual o Império levara estradas, escolas e um parlamento de curta existência. Não obstante, muitos sérvio-bósnios, que compunham 42,5% da população (22,9% eram croatas e 32,2%, muçulmanos), ressentiam-se do domínio Habsburgo.[27] Em 1908-9, a despeito dos veementes protestos da Sérvia e de uma prolongada crise internacional, a Áustria-Hungria anexou as duas províncias. Depois da crise, a Sérvia comprometeu-se a não permitir atividades subversivas em seu território. No entanto, grupos propagandistas, como o Narodna Odbrana (ou Defesa do Povo), continuaram a apoiar os sérvios fora da Sérvia, bem como a imprensa de Belgrado e a Mão Negra (União ou Morte), fundada em 1911, uma organização secreta comprometida com a unificação de todos os sérvios pela violência. Os assassinos de Sarajevo pertenciam a um grupo conhecido como Jovem Bósnia, em grande parte composto por estudantes. Eles queriam destruir a autoridade Habsburgo e unir todos os eslavos do sul (incluindo os estados independentes da Sérvia e Montenegro e os sérvios, croatas e eslovenos da Áustria-Hungria) numa nova Federação Iugoslava. O ultimato austríaco acusava o Narodna Odbrana de ajudá-los, porém a verdadeira culpada era a Mão Negra, cujo líder, o coronel Dragutin Dimitrijević, ou Apis, era chefe da inteligência militar sérvia.[28]

A Mão Negra havia fornecido pistolas e bombas a Princip e seu círculo, treinara-os e os ajudara a cruzar a fronteira, e os austríacos estavam certos em alegar que funcionários e oficiais sérvios faziam parte do complô, embora o gabinete e o primeiro-ministro Nikola Pašić parecessem não ter compartilhado dessa ajuda aos terroristas. Pašić era inimigo político de Apis, a quem seu governo, mais tarde, julgou e executou. O premiê foi informado de que homens armados haviam cruzado a fronteira, mas só enviou aos austríacos um alerta ambíguo; seu governo tampouco condenou os assassinatos.[29] Na verdade, o exército e o serviço de inteligência da Sérvia estavam fora de controle. Os militares sérvios estavam divididos entre apoiadores e oponentes dos conspiradores (dos quais Apis era um dos cabeças), que haviam assassinado o governante anterior e conduzido o rei Petro Karageorgević ao trono, num golpe de 1903. Em 1914, Pašić estava tentando restaurar a autoridade civil, apoiado pelo príncipe Alexandre, que assumira como regente no lugar de Pedro em 11 de junho. Contudo, nenhuma das facções sérvias acreditava que o momento fosse oportuno para uma guerra. A Sérvia ainda estava se recuperando da Guerra dos Bálcãs, que havia dobrado seu território e elevado sua população de 2,9 para 4,4 milhões, mas também havia incorporado muitos albaneses, a quem os sérvios estavam impondo uma limpeza étnica com grande selvageria.³⁰ Pašić queria tempo para se rearmar, Apis temia uma investida preventiva dos austríacos e, erroneamente, supôs que Francisco Ferdinando comandava a facção pró-guerra dos Habsburgo. Na verdade, o arquiduque era o mais declarado defensor da moderação.

A evidência do comportamento sérvio confirma que a Áustria-Hungria tinha bons motivos para suas exigências rigorosas. Mas também mostra que o governo de Belgrado ansiava por uma saída pacífica da crise, enquanto os austríacos queriam usá--la como pretexto para a violência. O Conselho Conjunto de Ministros da Áustria--Hungria decidiu, em 7 de julho, que o ultimato deveria ser tão rigoroso que "tornaria uma recusa quase certa, de modo que o caminho para uma solução radical por meio da ação militar fosse aberto". Em 19 de julho, o Conselho concordou em partilhar a Sérvia com a Bulgária, a Albânia e a Grécia, deixando apenas um pequeno Estado residual sob o domínio econômico Habsburgo.³¹ No entanto, Viena havia sido, previamente, menos belicosa: o então chefe do comando-geral, Franz Conrad von Hötzendorff, havia feito pressão em favor da guerra contra a Sérvia desde a sua nomeação em 1906, mas seus apelos haviam sido rejeitados. O imperador Francisco José era um governante cauteloso e de vasta experiência, que se lembrava bem das derrotas anteriores. Ele e seus conselheiros só foram à guerra porque acreditavam estar encarando um problema intolerável para o qual as soluções pacíficas se haviam exaurido.

Pelos padrões atuais, a Áustria-Hungria era um regime realmente estranho, um conglomerado de diversos territórios adquiridos pelos Habsburgo por meio da guerra e de casamentos.³² Em contraste com a Sérvia, era a antítese do princípio nacional, contendo 11 grupos étnicos principais. O Império só era moderadamente repressor, mas não constituía nenhuma democracia pluralista ao estilo suíço, e seus líderes não desejavam sê-lo. À medida que, cada vez mais, novas nacionalidades, por toda a Europa, aspiravam à autodeterminação, sua destruição parecia predeterminada. As duas nacionalidades mais influentes, os falantes de alemão e de húngaro, constituíam menos da metade da população total. Se as outras se desligassem do Império, elas teriam pouco incentivo para permanecer unidas, e a Monarquia Dupla provavelmente se desintegraria. O Império compreendia um mosaico de subsistemas políticos, unidos por meio da pessoa de Francisco José.

QUADRO 1
Composição étnica da
Áustria-Hungria, 1910, em milhões

Alemães	12,0
Magiares	10,1
Checos	6,6
Poloneses	5,0
Rutenos	4,0
Croatas	3,2
Romenos	2,9
Eslovacos	2,0
Sérvios	2,0
Eslovenos	1,3
Italianos	0,7
Total	50,8[33]

O *Ausgleich*, ou Compromisso, realizado por Francisco José e pelos magiares em 1867, estabeleceu as regras básicas. Ele era imperador das terras austríacas e rei das terras húngaras. Ele e seus conselheiros regiam a política externa e o exército e a marinha comuns. Mas as duas metades da dupla monarquia contavam, em separado, com parlamentos, governos, orçamentos e até forças armadas (estas últimas conhecidas como Landwehr na metade austríaca e Honvéd na húngara). Os dois premiês (e os três ministros comuns das Relações Exteriores, da Guerra e da Fazenda) reuniam-se no Conselho Conjunto de Ministros, e os representantes dos parlamentos deliberavam juntos (embora não na mesma câmara), como "as Delegações". O Reichsrat (ou Câmara Baixa) do parlamento da metade austríaca era eleito pelo voto masculino, mas, em 1914, foi suspenso, e o governo (comandado pelo conde Karl Stürgkh) atuou por decreto, pois não conseguiu maioria. Na metade húngara, o governo (comandado por Stephen Tisza) era mais estável, embora também mais autoritário. Dentro do reino húngaro, os croatas tinham uma assembleia em separado, mas, em 1912, ela foi suspensa depois de uma aliança servo-croata nacionalista ter obtido maioria, e a legislatura da própria Budapeste foi eleita por um sistema fraudulento de votação que negou representatividade a todos, com exceção dos magiares.

O sistema dualista teve sérias implicações na política externa. O premiê húngaro tinha de ser consultado antes da decisão de declaração de guerra. A repressão dos húngaros contra seus dois milhões e meio de falantes de romeno na Transilvânia desagradava o governo romeno, que, tradicionalmente, era o único aliado confiável de Viena nos Bálcãs. Além disso, os governos das duas metades decidiam o tamanho e o orçamento do exército comum e eram parcimoniosos.[34] A pressão húngara por maior uso do magiar como língua de comando causou uma crise constitucional em 1904-5 e postergou a cunhagem de medalhas do exército até 1912. Cada vez mais, esses intermináveis impasses geravam um fatalismo perigoso. Muitos dos conselheiros de Francisco José passaram a ver a guerra como a última oportunidade de forçar uma reforma interna.[35] Entretanto, no geral, os partidos políticos que representavam as diferentes nacionalidades não exigiam independência, embora efetivamente desejassem uma autoadministração mais ampla e direitos linguísticos iguais. O exército comum continuava leal, bem como a burocracia imperial. A dupla monarquia vivenciara seus dilemas internos durante décadas e, no passado, por vezes esses dilemas pareceram mais desesperadores que em 1914.

O problema dos eslavos do sul, contudo, era peculiarmente complicado e poderia abrir precedentes para outros súditos subjugados. Os servos, os croatas e os eslovenos estavam começando a cooperar, tal como esperavam os entusiastas iugoslavos. Em 1914, uma campanha terrorista tivera início na Croácia e também na Bósnia. Mas a característica mais exasperante da agitação era o apoio da Sérvia a essa campanha, principalmente depois do golpe de 1903, que instalou o rei Pedro em Belgrado. Anteriormente, um tratado secreto havia garantido o veto austro-húngaro à política externa sérvia. Agora, a Sérvia tornava-se mais independente, e sua postura, mais nacionalista. Na "guerra dos porcos" de 1906-11, a Áustria-Hungria retaliara boicotando as exportações de rebanhos da Sérvia, mas os sérvios encontraram mercados alternativos e se voltaram de Viena para Paris como seu maior fornecedor de armas. De modo similar, a despeito das esperanças austríacas, em 1908, de que anexar a Bósnia-Herzegovina dissiparia os sonhos dos eslavos do sul de unificação, o apoio disfarçado dos sérvios ao separatismo bósnio persistia. A sublevação seguinte ocorreu em 1912-13, quando Sérvia, Bulgária, Grécia e Montenegro derrotaram a Turquia na Primeira Guerra dos Bálcãs, antes que a Bulgária atacasse seus antigos aliados e fosse, por sua vez, derrotada na Segunda. A pressão austríaca limitou o sucesso dos sérvios, ao forçá-los a evacuar a costa adriática (onde esperavam obter acesso ao mar) e ao patrocinar a criação da Albânia como um novo Estado para contrabalançá-los. Não obstante, as guerras aumentaram a ameaça à fronteira sudeste da Áustria-Hungria. Turquia e Bulgária ficaram enfraquecidas como aliados potenciais da Áustria e, na Segunda Guerra, a Romênia lutou ao lado da Sérvia. De parceiro secreto da Áustria-Hungria, Bucareste tornou-se outro inimigo, com vistas aos falantes de romeno na Transilvânia. Por fim, o novo ministro das Relações Exteriores de Francisco José, Leopold Berchtold, concluiu a partir das Guerras dos Bálcãs que trabalhar com as outras potências por meio do Concerto da Europa pouco resultava. Ele obteve resultados quando, na primavera de 1913, ameaçou usar a força a menos que Montenegro, então aliado da Sérvia, transferisse a cidade de Scutari para a Albânia, e novamente em outubro, quando exigiu que a própria Sérvia evacuasse o território albanês. A essa altura, muitos líderes austro-húngaros concordavam com Conrad que só a violência poderia resolver o problema sérvio. As grandes exceções eram Tisza e Francisco Ferdinando – e, depois dos assassinatos em Sarajevo, apenas Tisza.

Esse contexto ajuda a explicar por que os austríacos usaram os assassinatos para forçar uma guerra que já consideravam inevitável. O ultraje confirmou o apoio de Berchtold e Francisco José às posições de Conrad. Tisza foi derrotado por um acordo segundo o qual a Áustria-Hungria não mais anexaria os eslavos do sul, graças à evidência de que a Romênia ficaria neutra, e – acima de tudo – pelas notícias de que a Alemanha apoiava a ação militar. Dada a posição da Rússia, esse apoio era indispensável. A Áustria-Hungria, havia muito, competia com os russos no sudeste da Europa, mas em 1897 as duas potências chegaram a um entendimento para que os Bálcãs fossem mantidos "no gelo", e, por uma década, enquanto os russos concentraram sua atenção na Ásia, esse entendimento foi mantido. No entanto, aqui, mais uma vez, a crise da anexação da Bósnia, um triunfo de curto prazo, exacerbou as condições austro-húngaras de longo prazo. Em 1908, os russos, ainda vacilantes após sua derrota para o Japão, nada podiam fazer para apoiar seus irmãos eslavos na Sérvia, embora não esquecessem sua humilhação. Em 1912, em contraste, ajudaram a criar a Liga Balcânica servo-búlgara, que atacou a Turquia na Primeira Guerra dos Bálcãs, e mobilizaram milhares de tropas para evitar a intervenção austro-húngara. Embora os russos incitassem a Sérvia a aceitar um acordo nas crises de Scutari e da Albânia de 1914, estavam se tornando mais agressivos. Em 1914, quase todos os líderes austro-húngaros achavam que uma guerra contra a Sérvia também significaria uma guerra contra a Rússia e, sem o apoio alemão, não se teriam arriscado a isso. E, enquanto os austríacos estavam tão concentrados em seus dilemas nos Bálcãs que aceitavam uma guerra europeia geral sem mesmo discuti-la de forma séria, os alemães estavam muito mais conscientes do que faziam. Em última instância, é em Berlim que devemos buscar as chaves para a destruição da paz.

Antes de despachar seu ultimato para Belgrado, os austríacos enviaram o chefe do gabinete particular de Berchtold, o conde Hoyos, à Alemanha. Hoyos levava um memorando de Berchtold e uma carta de Francisco José, e ambos os documentos sugeriam veementemente uma guerra contra a Sérvia, embora não de forma explícita. Porém, quando o imperador alemão Guilherme II encontrou-se com Hoyos em 5 de junho, ele respondeu que os austro-húngaros deveriam "marchar contra a Sérvia", com o apoio da Alemanha, mesmo que isso resultasse numa guerra contra a Rússia. No dia seguinte, o chanceler alemão (o chefe do governo), Theobald von Bethmann Hollweg, reconfirmou a mensagem.[36] Em seguida a essa garantia secreta – à qual normalmente nos referimos como "cheque em branco" –, Guilherme foi fazer um cruzeiro no Báltico, enquanto Bethmann e seu ministro das Relações Exteriores, Gottlieb von Jagow, instavam os austríacos primeiro a enviar o ultimato e, em seguida, a declarar guerra sem demora, ao mesmo tempo em que os aconselhavam a não levar em consideração as propostas britânicas de submeter a crise a uma conferência. Só entre 28 e 29 de julho, depois de os austro-húngaros terem declarado guerra à Sérvia, foi que os alemães instaram Viena a entrar num acordo. Mas, depois que ficou claro que a Rússia estava apoiando a Sérvia e tinha dado início aos preparativos militares, os alemães apressaram-se em enviar ultimatos à Rússia e aos seus aliados franceses em 31 de julho, declarando guerra aos dois países em 1º e 3 de agosto, respectivamente. Ao exigir, ao mesmo tempo, que a Bélgica desse livre passagem às tropas alemãs, eles também envolveram a Grã-Bretanha, que declarou guerra à Alemanha em 4 de agosto. A Alemanha desejava uma guerra local entre a Áustria-Hungria e a Sérvia, mas arriscou deliberadamente uma guerra continental contra a França e a Rússia e, por fim, provocou efetivamente esse tipo de conflito.

A conduta extraordinária dos líderes de Berlim na Crise de Julho tornou-se a questão central da guerra, com seus oponentes rejeitando toda e qualquer volta à paz enquanto os autores da agressão não fossem punidos. Contudo, a pesquisa histórica sobre a Alemanha imperial não revelou um regime compromissado, como o de Hitler, com planos premeditados de agressão e conquista.[37] Ao contrário da República de Weimar, depois de 1918 a Alemanha de Guilherme não era mais uma excluída internacional e tinha grande participação no *status quo*. Em guerras anteriores, havia humilhado a Áustria e a França, expandindo seu território; sua economia era uma das que mais crescia na Europa. Otto von Bismarck, o primeiro chanceler da Alemanha unificada, reconheceu que seu país nada ganharia com uma nova guerra, a menos que visasse evitar a recuperação da França depois de 1870, mas a França restabeleceu suas defesas, e o momento de uma guerra preventiva havia passado. Moltke, o Velho, que se tornou o primeiro comandante-geral do Império, chegou a duvidar de que uma guerra contra a França e a Rússia pudesse ser vencida.[38] Em 1888, contudo, Moltke se aposentou e, em 1890, o recém-entronizado Guilherme II despediu Bismarck – nenhum chanceler posterior gozou de autoridade comparável. De 1897 a 1908, Guilherme interferiu reiteradas vezes nas tomadas de decisão políticas e sempre exerceu influência considerável sobre a diplomacia e os assuntos militares e navais.[39] Contudo, sua influência era errática. Guilherme era inteligente e de mente aberta, mas também era inquieto e presunçoso, tendo passado boa parte de seu reinado velejando e caçando, e seus assessores sempre tinham de encontrar formas de trabalhar sem ele. De qualquer modo, ele era o rosto público da Alemanha. Embora, em tempos de crise, ele quase sempre se mostrasse cauteloso, dava a impressão de que seu governo era agressivo e militarista (o que normalmente não era), além de caprichoso e imprevisível (o que certamente era). Sua presença durante mais de um quarto de século no trono de um país tão poderoso lamentavelmente minou a estabilidade europeia.

Não menos perigosa que a agressividade de Guilherme era sua incapacidade de liderança consistente numa sociedade e num sistema político fragmentados. Ao contrário da Áustria-Hungria, a Alemanha era etnicamente homogênea – as minorias polonesas, dinamarquesas e alsacianas formavam apenas cerca de 10% da população –, mas a consciência nacional permanecia subdesenvolvida. O império não tinha um hino nacional, a bandeira nacional raramente era usada[40] e as divisões religiosas, de classe e regionais eram profundas. Além disso, a Alemanha era uma federação cujos estados membros conservavam amplos poderes. A Prússia era o maior deles – contava com votos suficientes para vetar uma mudança constitucional, seu rei era também o imperador germânico, e seu primeiro-ministro também atuava normalmente como o chanceler imperial –, mas a Baváira, Baden, Saxônia e Württemberg também tinham seus próprios reis, governos e exércitos. O governo imperial (ou Reich) só podia arrecadar impostos indiretos, ocupando-se principalmente da diplomacia e das forças armadas. A estratégia do exército era assunto do Grosser Generalstab, ou GGS, que era independente do chanceler e respondia diretamente ao imperador, assim como o almirantado, sua contrapartida naval. Nomeações e promoções nos serviços eram realizadas pelos representantes dos gabinetes militar e naval do círculo do imperador. Nessas circunstâncias, harmonizar a política externa com a militar era algo particularmente difícil e, como o Reich não contava com um órgão como o Comitê de Defesa Imperial da Grã-Bretanha (ou o Conselho de Segurança Nacional dos Estados Unidos pós-1945), a responsabilidade repousava em Guilherme, que a exerceu de maneira incompetente. As consequências disso incluíram a intromissão militar e naval na diplomacia, bem como o hábito de enfrentar os problemas políticos como soluções técnicas simplistas que só agravaram a situação da Alemanha.[41]

O sistema não era nem representativo nem coerente. A maioria dos alemães podia votar para o Reichstag, mas a Câmara Alta da legislatura imperial, o Bundesrat, representava os governos estaduais, e as eleições para a Câmara Baixa da Prússia (o Landtag) empregava uma concessão de "três classes", que privilegiava os proprietários de terra. O chanceler e seus ministros não eram representantes do Reichstag, nem mesmo políticos, e o Reichstag, ao contrário da Câmara dos Comuns ou da Câmara dos Deputados francesa, não podia opor-se a eles. Entretanto, eles precisavam de sua aprovação para a criação de impostos e de leis, inclusive aquelas que diziam respeito ao recrutamento para as forças armadas e à construção de navios de guerra. Os partidos Conservador e

Liberal Nacional (com os quais, em geral, o governo podia contar) estavam perdendo apoio, principalmente devido ao crescimento do Partido Social-Democrata (Sozialdemokratische Partei Deutschlands ou SPD), que, nas eleições de 1912, tornara-se o mais forte da Alemanha. Apesar de sua retórica anticapitalista, o SPD era principalmente observador da lei e contrário à revolução, mas seus líderes realmente aspiravam por uma democracia maior, assim como os do Partido Progressista, liberal de esquerda. O Partido de Centro, que representava um terço da população da Alemanha, formado pelos católicos, mantinha o equilíbrio, mas estava imprensado entre as tendências de esquerda e as de direita. Nos anos que precederam 1914, havia boatos da substituição da Constituição por outra mais autoritária, uma ideia que atraía o aparente sucessor de Guilherme, o príncipe herdeiro. À medida que o equilíbrio político doméstico ia se tornando mais difícil, crescia a tentação dos governantes alemães de unificar seu país por meio de iniciativas na política externa.

Com Bismarck, abrira-se um precedente: suas guerras de 1866 e 1870 haviam tido a intenção de superar os impasses políticos domésticos, da mesma forma que sua aquisição de colônias ultramarinas para a Alemanha. O mesmo se aplicava à nova atitude assumida no final da década de 1890, conhecida como "política mundial" ou *Weltpolitik*. A segurança continental agora não era mais suficiente, e Guilherme e seus conselheiros declaravam ostensivamente o direito da Alemanha de participar das decisões no Império Otomano (onde ele se declarava protetor dos muçulmanos), na China (onde a Alemanha arrendou o porto de Jiaozhou) e na África do Sul (onde Guilherme apoiou o presidente do Transvaal, Paul Kruger, em 1896). Entretanto, a mais substancial manifestação da *Weltpolitik* foram as Leis Navais de 1898 e 1900. Com a aprovação do Reichstag, o ministro da Marinha de Guilherme, Alfred von Tirpitz, começou a construir uma frota de navios de guerra de pequeno alcance destinada à ação no mar do Norte. Guilherme, Tirpitz e Bernhard von Bülow (chanceler de 1900 a 1909) não tinham a intenção de combater a Grã-Bretanha, mas de exercer uma influência que a incentivaria a entrar em acordo e fazer concessões em futuras crises. Internamente, eles esperavam que o programa naval unisse os partidos de direita, os estados governados por soberanos e a classe média em apoio à autoridade monárquica.[42]

Esse raciocínio era plausível na virada do século, quando a Grã-Bretanha estava às turras com Rússia e França, e um *boom* econômico inchava o recolhimento de impostos e tornava acessível a expansão naval. Contudo, o eventual impacto da *Weltpolitik* na segurança externa e na estabilidade interna da Alemanha – e, por extensão, na paz europeia – foi desastroso, antagonizando o governo de Londres, em vez de intimidá-lo, e isolando a Alemanha, em vez da Grã-Bretanha. Os britânicos trouxeram de volta seus navios de guerra de águas mais distantes e incrementaram sua construção. O momento culminante surgiu depois de 1906, quando a Marinha Real lançou o *dreadnought*, um navio de guerra revolucionário, com motores de turbina e canhões de 12 polegadas (a norma nos navios precedentes eram canhões de 4 polegadas), o que o tornava mais veloz e mais pesadamente armado que qualquer outro. Tirpitz decidiu que a Alemanha devia seguir esse exemplo e, com a nova Lei Marítima de 1908, estabeleceu a meta de quatro novos navios de guerra do tipo *dreadnought*, ou cruzadores, por ano. Alarmado durante o inverno de 1908-9 pelos temores de que ele estivesse secretamente ambicionando acelerar a construção de um número ainda maior de navios de guerra, o governo liberal de Londres decidiu construir oito novos *dreadnoughts* em um ano, assumindo decisivamente a dianteira nessa competição. Depois de 1912, a construção alemã caiu de quatro para dois novos *dreadnoughts* por ano, e fundos foram desviados para o exército.[43] Quanto à diplomacia, as negociações de 1898-1901 em favor de uma aliança anglo-germânica foram abortadas.[44] Em vez de aliança, os britânicos resolveram suas disputas extraeuropeias por meio de acordos com a França (a *Entente Cordiale*), em 1904, e com a Rússia, em 1907. Em 1904-5, os alemães tiraram vantagem da derrota da Rússia no Extremo Oriente, buscando uma aliança com a Rússia e a França contra a Grã-Bretanha, mas a Rússia rejeitou esse acordo. Na Primeira Crise Marroquina (a primeira das grandes crises diplomáticas pré-guerra), entre 1905-6, os alemães tentaram separar Londres e Paris obstruindo os esforços da França por estabelecer controle sobre o Marrocos, que a *Entente Cordiale* obrigara a Grã-Bretanha a apoiar. Os britânicos ficaram ao lado dos franceses, e as ligações entre eles se fortaleceram. Depois de 1907, Londres, Paris e São Petersburgo formavam um alinhamento diplomático (ou Tríplice Entente – embora o termo desagradasse à Grã-Bretanha) contra a Alemanha e a Áustria-Hungria, enquanto os alemães censuravam esse "envolvimento". E, em nível doméstico, longe de unir as forças conservadoras em apoio a Guilherme, os gastos navais tornaram deficitário o orçamento do Reich e desencadearam uma luta política interna com relação aos aumentos de impostos, o que levou à renúncia de Bülow em 1909 e à sua substituição por Bethmann Hollweg. A herança do novo chanceler era sombria.

Na virada do século, as circunstâncias externas da Alemanha haviam sido relativamente favoráveis. As tensões internas do império incentivavam uma decisão fiel em relação à *Weltpolitik*. Mas, com Bethmann, a situação internacional tornou-se mais ameaçadora, e o envolvimento era sua característica-chave. A Alemanha, havia muito, encarara o perigo potencial devido à anexação, em 1871, das províncias francesas da Alsácia e Lorena. Nenhum governo francês se mostrava disposto a renunciar definitivamente ao território. Por outro lado, Paris não desencadearia uma guerra de retaliação enquanto a Alemanha fosse militarmente mais poderosa,[45] e Bismarck impedia essa tentação mantendo a França em quarentena. Essa foi uma das razões para sua aliança com a Áustria-Hungria em 1879, à qual ele acrescentou a Itália por meio da Tríplice Aliança

Austro-Germânica-Italiana de 1882. Durante a década de 1880, ele também manteve ligação com a Rússia, mas seus sucessores não conseguiram renovar seu Tratado de Resseguro com o czar, que preferiu gravitar dentro de uma aliança francesa. As consequências foram controláveis enquanto Paris e São Petersburgo se mantiveram tão hostis com relação a Londres quanto eram com relação a Berlim. Tornaram-se muito mais graves, contudo, depois que a Grã-Bretanha resolveu suas diferenças com a França e a Rússia, enquanto, em 1902, a Itália e a França concordaram que, basicamente, em nenhuma circunstância possível, iriam à guerra. A França agora escapava do isolamento e podia considerar a Rússia e a Grã-Bretanha aliados em perspectiva. A diplomacia e o poder financeiro da França (particularmente em relação aos empréstimos ao governo russo) ajudaram a virar a mesa, mas os alemães também tinham de culpar a si mesmos. A década de 1907 a 1917 testemunharia esforços cada vez mais intensos, por parte da Alemanha, de dividir seus inimigos, pois se debatia numa rede que apertava cada vez mais. Contudo, para começar, Bethmann tentou a conciliação. Em 1910, ele concordou com os russos quanto às zonas de influência econômica na Turquia e na Pérsia, mas os franceses opuseram-se a isso estreitando os laços militares com São Petersburgo, e em 1911 asseguraram-se de uma promessa secreta da Rússia de atacar a Alemanha no 15º dia, no caso de uma guerra. Bethmann também buscou negociações com a Grã-Bretanha, cujo lorde chanceler, Richard Burdon Haldane, visitou Berlim em 1912. Mas a Missão Haldane não chegou a um acordo quanto à corrida naval, e a Grã-Bretanha recusou-se a pôr em perigo suas ententes com a França e a Rússia, prometendo neutralidade incondicional num futuro conflito.[46] Embora Londres e Berlim tivessem chegado a uma *détente* em 1912-1914, o modelo subjacente de alinhamentos permaneceu intacto. Dado que a Itália era inconstante (e se enfraquecera com sua guerra na Líbia em 1911-12), a Áustria-Hungria era a única grande potência aliada da Alemanha – e somente após uma guerra ter começado nos Bálcãs, onde os interesses dos Habsburgo estavam claramente implícitos. Assim como os austríacos, os alemães sentiam que, agora, a estrutura dos alinhamentos lhes era fundamentalmente desfavorável, e os dois mostravam-se relutantes em usar o mecanismo do Concerto da Europa caso constituíssem uma minoria dentro dele.

Enquanto isso, as dificuldades internas do governo persistiam, e o sucesso do SPD nas eleições de 1912 para o Reichstag os intensificou, embora os argumentos para que a Alemanha fosse à guerra a fim de prevenir a revolução não fossem convincentes. Apesar de todas as suas divisões, o império constituía uma sociedade próspera e ordeira, com sua classe trabalhadora menos alienada que em décadas anteriores e, em junho de 1914, Bethmann previu que uma guerra viria minar, e não consolidar, a ordem existente.[47] Não obstante, a política interna e a externa estavam ligadas via armamentos.[48] Outra consequência nefasta da expansão naval foi a diminuição do exército. Reconhecidamente, o Ministério da Guerra havia resistido a expandi-lo, acreditando que seria um estorvo, que o dinheiro seria mais bem empregado na modernização dos armamentos e que, se um exército maior incluísse mais oficiais da classe média (e não da aristocracia) e mais tropas da classe trabalhadora (e de camponeses), não seria confiável para a repressão interna. Apesar de sua reputação como altamente militarizada,[49] a Alemanha concentrava menos da metade do efetivo da França e gastava menos de seu Produto Interno Bruto na defesa que a França ou a Rússia.[50] Nos últimos anos que precederam a guerra, contudo, essa complacência evaporou. A Rússia se recuperou de maneira rápida e inesperada de sua derrota diante do Japão, auxiliada por uma grande reorganização militar em 1910, que lhe possibilitou mover-se ainda mais rápido no caso de uma guerra terrestre e ameaçar a fronteira oriental da Alemanha. Uma segunda crise no Marrocos, em 1911, convenceu os líderes alemães de que sua capacidade de deter uma França recém-confiante estava enfraquecendo. Eles, então, reviram sua política armamentista e deram prioridade ao exército, criando uma lei de expansão do exército em 1912. Quase imediatamente, as Guerras dos Bálcãs agravaram a situação, tornando a Áustria-Hungria ainda mais vulnerável. Agora, a Alemanha poderia ter de enfrentar, praticamente sem ajuda, o risco de uma guerra em duas frentes contra a Rússia e a França, e em 1914 seus líderes rapidamente aprovaram uma nova lei do exército, a maior em sua história de tempos de paz. Mas o governo criou um novo imposto para financiar o programa apenas com a cooperação do SPD, que se mostrava disposto a apoiar a nova taxação como medida de distribuição de riqueza. Embora a economia da Alemanha pudesse suportar um rearmamento maior, as autoridades estavam praticamente no limite político de sua capacidade de pagar por ele, e as finanças públicas austro-húngaras haviam sido ainda mais severamente ampliadas.

Em contraste, a Grã-Bretanha ultrapassava os gastos alemães com a corrida naval. Com esse objetivo em mente, David Lloyd George, como ministro das Finanças, introduziu novos impostos progressivos em seu Orçamento do Povo de 1909, e os liberais se saíram bem na eleição de janeiro de 1910, conseguindo quebrar a oposição ao orçamento por parte da Câmara dos Lordes. França e Rússia enfrentaram menos obstáculos domésticos que a Áustria-Hungria e a Alemanha para aumentar o financiamento de armamentos por meio de impostos. Politicamente, ambas eram unitárias, e não Estados federais, e as duas reagiram ao aumento de poderio militar da Alemanha. A França aprovou uma lei em 1913 para aumentar o tempo do serviço militar de dois para três anos, e a Rússia aprovou, em 1914, um Grande Programa para ampliar seu exército em 40% no prazo de três anos. Em janeiro de 1914, em troca de um empréstimo para financiar a construção de ferrovias comerciais, os russos concordaram com os franceses acerca de um programa de construção de ferrovias estratégicas na Polônia e da fronteira ocidental até o interior da Rússia, que, de 1917 a 1918, aceleraria seu deslocamento militar em cerca de 50%.⁵¹ Enquanto, antes de 1911, a corrida armamentista mais dinâmica e perigosa da Europa havia sido a rivalidade naval entre Grã-Bretanha e Alemanha, entre 1912 e 1914 uma corrida armamentista terrestre entre os blocos austro-germânico e franco-russo acabou por eclipsá-la. Na primavera de 1914, os alemães haviam posto em prática a maior parte de sua lei de 1913 e mal podiam garantir uma nova etapa, enquanto as medidas retaliatórias da França e da Rússia só teriam efeito no prazo de dois a três anos. Se uma guerra estava realmente se aproximando, 1914-15 era a época certa para isso, como bem compreendeu o GGS, influenciando Bethmann e Guilherme.

A corrida por armas terrestres assumiu seu total significado à luz dos planos de guerra dos dois blocos.⁵² Durante 1912-13, os da França e da Rússia eram geralmente defensivos, refletindo sua posição mais fraca. Entretanto, o Plano XVII da França, aprovado na primavera de 1913, refletia a crescente confiança de seu comando-geral com vistas a uma ofensiva imediata, conjugada com um ataque russo a leste. De maneira correspondente, a Variante A, a versão padrão do Plano de Revisão 19, de 1912, da Rússia, previa a abertura de ofensivas contra a Áustria-Hungria e a Alemanha. Da mesma forma, os austríacos previam um ataque aberto e, embora estivessem incertos quanto a seu principal inimigo ser a Sérvia ou a Rússia, também tiveram de estabelecer mais de uma variante. Com frequência, o plano dos alemães é chamado de Plano Schlieffen, numa referência a Alfred von Schlieffen, chefe do comando-geral alemão em 1890-1905, mas seu sucessor, Helmuth von Moltke, o Jovem (sobrinho do Velho), ampliou-o de maneira tão significativa que Plano Schlieffen-Moltke é uma denominação mais precisa. As inovações chave de Schlieffen prescreviam que, numa guerra de duas frentes, o ataque principal deveria ser a oeste, e que, para flanquear as fortalezas fronteiriças da França, a ponta-direita da Alemanha deveria invadir pela Bélgica e pelo extremo sul do território holandês, contornando Maastricht.⁵³ Contrastando com isso, Moltke fortaleceu sua ponta-esquerda na fronteira francesa e abandonou a ideia de invadir pela Holanda (na esperança de continuar comercializando através da Holanda se esta permanecesse neutra). Assim, ele manteve suas opções em aberto, mas, sob outro aspecto, ele as fechou ao planejar a tomada da importante junção ferroviária em Liège através de um ataque inesperado durante os primeiros dias de mobilização. Assim, para a Alemanha, isolada entre as potências, a mobilização e a guerra se tornaram quase idênticas, e o comando-geral manteve o golpe de Liège desconhecido do chanceler até julho de 1914, um claro exemplo de relação deficiente entre civis e militares. No entanto, Bethmann, Jagow e Guilherme estavam todos bem cientes da análise que Moltke fazia do equilíbrio militar e das condições gerais do plano estratégico. Eles sabiam que o fator tempo seria decisivo, pois a Alemanha enfrentaria o desastre se a maioria de suas forças permanecesse no leste enquanto os russos ameaçassem Berlim. A reorganização do exército russo de 1910 – e, além disso, o Grande Programa do acordo ferroviário franco-russo – significava que os dias do plano estavam contados.

Mas esses cenários seriam meramente hipotéticos? Todos os lados pareciam ter visto as medidas de ampliação dos exércitos de 1912-14 como persuasivas e defensivas – para dissuadir o inimigo de invadir e para se defender se o fizesse –, e não como preparativos para o início das hostilidades.[54] Contudo, o governo alemão mostrava-se cada vez mais disposto a considerar a opção de iniciar uma guerra. Para entender o motivo disso, é necessário acrescentar ao cerco e à corrida armamentista terrestre um terceiro elemento na deterioração do ambiente internacional: uma sucessão de crises diplomáticas cujo ápice foi a de julho de 1914.[55] Entre a década de 1880 e 1904, essas crises tiveram início, principalmente, devido à competição colonial, envolvendo potências individuais, por exemplo, Grã-Bretanha e Alemanha, em 1896, com relação à África do Sul, e Grã-Bretanha e França, em 1898, com relação ao Sudão. Mas, da década anterior à guerra, uma nova série de crises se aproximava cada vez mais da Europa e colocava os dois blocos em posição de defesa. Em 1905-6, na Primeira Crise do Marrocos, a Alemanha conseguiu frustrar as tentativas da França (com o apoio da Grã-Bretanha) de estabelecer sua predominância no Marrocos. Em 1908-9, a Áustria-Hungria, com decisivo apoio alemão, forçou a anexação da Bósnia. O primeiro desses eventos consolidou o cerco alemão, enquanto o segundo aprofundou o antagonismo entre Áustria-Hungria e Alemanha, de um lado, e entre Sérvia e Rússia, do outro. Além disso, no auge da crise da anexação, em março de 1908, Bülow e Moltke prometeram apoiar os austríacos se estes atacassem a Sérvia e a Rússia interviesse, reinterpretando, assim, a natureza originalmente defensiva da aliança austro-germânica de 1879 e abrindo um precedente que se repetiria em 1914.

Com Bethmann, os eventos movimentaram-se ainda mais rapidamente ao longo de uma trilha de pólvora rumo à catástrofe. Em 1911, na Segunda Crise do Marrocos, a Alemanha voltou à sua exigência de negociações com a França ao despachar uma canhoneira, a Pantera, para o porto de Agadir. Imperturbável, a França, novamente com o ostensivo apoio da Grã-Bretanha, garantiu um protetorado sobre o Marrocos em troca apenas de concessões menores à Alemanha no Congo.[56] A frustração com o resultado precipitou apenas a retomada da política armamentista da Alemanha. A absorção do Marrocos também predispôs a Itália a invadir a Líbia, mas isso, por sua vez, distraiu o Império Romano e fez com que os estados balcânicos decidissem atacá-lo. As Guerras dos Bálcãs, então, intensificaram a interação entre os eventos em pontos localizados e aumentou a tensão geral.[57] A Primeira Guerra dos Bálcãs precipitou a lei do exército alemão de 1913, que, por sua vez, precipitou a Lei de Três Anos da França e o Grande Programa da Rússia. Durante o confronto de 1912, causado pela resistência austro-húngara contra a reivindicação sérvia de um acesso ao Adriático, os governos russo, austro-húngaro e alemão realizaram reuniões de alto nível para decidir uma luta. Num domingo, 8 de dezembro, Guilherme II, enfurecido com a advertência de que a Grã-Bretanha interviria num conflito europeu, convocou uma conferência secreta de emergência em Potsdam com seus conselheiros militares e navais. Ele, então, afirmou que tinha em vista uma luta com o apoio austro-húngaro, e Moltke comentou que, quanto mais cedo uma guerra tivesse início, melhor seria, mas Tirpitz objetou que a marinha ainda precisava de 12 a 18 meses para se preparar. Na verdade, esse "Conselho de Guerra" (como o ausente Bethmann o chamou sarcasticamente) não decidiu o começo de um conflito europeu, mas mostrou que os alemães estavam considerando essa possibilidade a fim de dar assistência a seu aliado e a romper seu cerco.[58] Embora, durante a disputa Scutari na primavera de 1913, eles tivessem contido Berchtold, no confronto de outubro de 1913 com relação às fronteiras albanesas, eles apoiaram completamente o ultimato à Sérvia, temendo que, se não o fizessem, a Áustria-Hungria viesse a perder a confiança neles.[59] Esse pesadelo envolvendo a perda de seu último aliado também os assaltou em julho de 1914.

No inverno de 1913-14, a Guerra dos Bálcãs levou a uma nova medida de força: o caso Liman von Sanders. Liman era um general alemão enviado para chefiar uma missão militar a Constantinopla e reconstruir o exército turco. Além disso, ele deveria comandar a divisão turca que guardava a capital otomana e o estreito de Dardanelos, um ponto nevrálgico para os russos, que dependiam dessa via marítima como principal saída para suas exportações de grãos. Embora, depois dos protestos russos, Liman tivesse perdido sua função de comando, a missão militar prosseguiu, conferindo-lhe grande influência sobre o exército turco e, portanto, sobre a política turca. Alemanha e Rússia agora se haviam chocado diretamente, sem que isso tivesse sido provocado pela retirada do apoio austro-húngaro à Alemanha. Seguiu-se uma agourenta guerra de imprensa entre os dois países, e os líderes alemães ficaram ainda mais nervosos com relação ao rearmamento russo. São Petersburgo reagiu ao caso assinando um acordo ferroviário estratégico com a França (com relação ao qual antes havia hesitado) e reforçando a Tríplice Entente, com os britânicos concordando com as conversações navais secretas em junho de 1914. Quando um informante da embaixada russa em Londres deixou vazar a informação para os alemães (e o ministro britânico das Relações Exteriores escondeu as conversações da Câmara dos Comuns), o cerco alemão pareceu apertar-se mais que nunca, e a nova *détente* que Bethmann havia conseguido junto à Grã-Bretanha parecia uma miragem.

Em 1914, as crises, as corridas armamentistas e a fobia do cerco de Berlim haviam assumido uma dinâmica mutuamente reforçadora. Ambos os blocos estavam se consolidando e pareciam mais dispostos a encarar o próximo teste: a Rússia e a França se haviam rearmado o suficiente para agir com mais audácia, enquanto a Alemanha e a Áustria-Hungria previam que a balança penderia para seu lado. Os confrontos recorrentes impeliam os estadistas a considerar a luta uma alternativa aos intermináveis medos e ameaças. As crises também (notadamente na Alemanha e na França) energizavam os grupos de pressão nacionalistas e direcionavam boa parte da opinião pública para uma política externa agressiva. As probabilidades eram contrárias à resolução de outro grande choque de maneira pacífica, embora isso não significasse que qualquer potência tomara, desde o início, a decisão premeditada de dar início a uma guerra geral. Na verdade, a emissão pela Alemanha, em julho de 1914, de um "cheque em branco" ilustra bem a natureza *ad hoc* de suas tomadas de decisão. Guilherme não convocou nenhum Conselho da Coroa para deliberar sobre as opções com seus assessores antes de dar o mergulho. Em vez disso, prejulgou a situação dando apoio a Hoyos antes de conferir com Bethmann, embora o chanceler endossasse sua ação. Guilherme havia sido amigo de Francisco Ferdinando e considerava os assassinatos um ultraje à autoridade dinástica. Seus conselheiros temiam que conter Viena a alienaria. Dessa forma, parecer ter concordado com a guerra era a única alternativa contra a Sérvia. Eles queriam e incentivaram a ação militar da Áustria-Hungria, embora duvidassem que os austríacos quisessem negociar, e deram o "cheque em branco" com mais facilidade devido à incerteza de que Berchtold o descontaria. Além disso, tanto Guilherme quanto Bethmann raciocinavam que um conflito austro-sérvio provavelmente se manteria localizado. Eles viam uma forte possibilidade de que a Rússia ficasse de fora, e que a Grã-Bretanha e a França fossem favoráveis a que ela assim permanecesse. Mas aceitavam com tranquilidade a perspectiva de uma conflagração europeia se isso não acontecesse, com seu ministro da Guerra, Erich von Falkenhayn, declarando que o exército estava pronto, e Moltke afirmando, repetidas vezes, que era melhor agir agora do que esperar. Na intimidade, Moltke reconhecia que seria difícil derrotar a França, e ele e seus planejadores parecem ter esperado uma longa luta, mas, se a guerra era inevitável, pelo menos que tivesse início no momento mais oportuno.[60] Bethmann e Jagow, que ficaram encarregados de administrar a crise enquanto Guilherme fazia um cruzeiro no Báltico, parecem ter visto o momento adequado como um *blitzkrieg* nos Bálcãs que imobilizasse a Sérvia, apoiasse a Áustria-Hungria e talvez rompesse a aliança franco-russa, mas mostravam-se dispostos a uma guerra continental se São Petersburgo interviesse. Eles fizeram um jogo duplo, como Bismarck em 1870.[61] Agora tudo dependia da resposta da Rússia.

Para a Tríplice Entente, a Crise de Julho de 1914 começou verdadeiramente com o ultimato austro-húngaro. Berchtold o postergou para garantir o apoio alemão e trazer Tisza para bordo, permitir que as tropas de Conrad voltassem de sua licença de quatro semanas e esperar que o presidente francês Raymond Poincaré e o primeiro-ministro René Viviani terminassem uma visita oficial a São Petersburgo, no cálculo equivocado de que a postergação até a volta dos dois homens fosse paralisar a reação russo-francesa. Na verdade, a postergação fortaleceu a impressão de que a Áustria-Hungria não estava reagindo de cabeça quente, mas, deliberadamente, explorava os assassinatos para esmagar a Sérvia e apresentar aos russos um *fait accompli* (fato consumado). Entretanto, o czar Nicolau II e seus conselheiros não tinham pressa de uma guerra europeia, e seu comando-geral queria tempo para continuar se rearmando, pois sabiam muito bem que seu país precisava de paz. Eles se concentraram menos nos acertos e erros da disputa austro-sérvia que nas forças políticas mais amplas da Europa.[62]

Os conflitos internos da Rússia eram os mais graves do continente. Em fevereiro de 1914, um memorando premonitório de um antigo ministro do Interior, Peter Durnovo, a Nicolau previa que a guerra terminaria em derrota e agitação social cataclísmica.[63] Como a Áustria-Hungria, o Império russo era um conglomerado multinacional, com finlandeses, bálticos, poloneses, russos brancos, ucranianos e judeus, em suas fronteiras ocidentais, e caucasianos e muçulmanos da Ásia Central nas fronteiras ao sul, totalizando mais de metade de sua população total e habitando suas províncias mais valiosas. Mas, além disso, ele enfrentava um movimento revolucionário social e urbano, além de uma latente violência camponesa. Enquanto o SPD alemão era basicamente legal e, na Áustria-Hungria, terroristas como Princip eram raros, os czares vinham travando uma guerra interna contra setores de sua *intelligentsia* havia décadas. Em parte por esse motivo, eles ficaram atrelados à autocracia. Reconhecidamente, depois dos desastres da política externa que haviam levado à guerra com o Japão, Nicolau II aceitou, com certa relutância, uma experiência com um governo de gabinete, o Conselho de Ministros. A fim de ordenar a difusa inquietação em todo o país depois da derrota, ele concordou com um parlamento, a Duma, e um conjunto de "leis fundamentais", incluindo direitos civis limitados. Na década seguinte, a Rússia gozou de um sistema político mais aberto que não se conheceria novamente antes da década de 1990. A maioria dos partidos políticos era legal, e os jornais eram numerosos e vociferantes. Contudo, esse sistema não era particularmente estável. Depois de 1909, uma série de boas colheitas ajudou a aquietar o campo e ampliar a coleta de impostos – e boa parte deles patrocinava o rearmamento.[64] Mas o governo restringiu unilateralmente a autonomia da Duma, a fim de ter de volta uma assembleia mais complacente. Assim, em 1904, a cooperação com o legislativo estava se rompendo. Em fevereiro de 1914, o Conselho de Ministros também estava enfraquecido, com Nicolau substituindo seu presidente, Vladimir Kokovtsov, pelo ineficiente Ivan Goremykin, de modo que pudesse agir com os ministros individualmente, e não *en bloc*.⁶⁵ Como na Alemanha, a coordenação civil-militar era fraca, e essa manobra exacerbou o problema. Em 1914, irrompeu uma greve geral em São Petersburgo, com barricadas nas ruas. A situação interna fornecia excelentes motivos para que os russos se concentrassem nele.

Então, por que a Rússia simplesmente não abandonou a Sérvia? Nenhum tratado de aliança a obrigava a ajudar Belgrado. Apesar dos laços religiosos e linguísticos, além de uma tradição histórica de apoio, os russos não eram motivados pela solidariedade eslava irracional. Em 1908-9 e 1912-13, eles haviam instado a Sérvia a mostrar moderação.⁶⁶ Mas, em 1914, afirmaram-lhe que não podiam "ficar indiferentes" ao destino do país,⁶⁷ possivelmente incentivando os sérvios a não aceitarem o ultimato em sua totalidade, presenteando, assim, a Áustria-Hungria com seu pretexto para a guerra.⁶⁸ Embora o interesse econômico russo na Sérvia fosse negligenciável, seus líderes acreditavam que os russos tinham interesses comerciais vitais no Dardanelos, que poderiam ficar ameaçados se o que Sazonov chamava de "equilíbrio político balcânico" pendesse contra eles.⁶⁹ A Sérvia também era estrategicamente importante, visto que podia forçar os Habsburgo a dividir suas forças numa guerra austro-russa. Além disso, em 1914, a ameaça era muito mais drástica que em 1909 e 1912, quando os austríacos haviam tentado conter a expansão da Sérvia em vez de destruir sua independência. Assim, as questões balcânicas eram realmente importantes, mas, numa reunião crucial do Conselho de Ministros, em 24 de julho, Sazonov enfatizou que, por trás da Áustria-Hungria, estava a Alemanha. Durante boa parte do século XIX, São Petersburgo e Berlim haviam gozado de boas relações, como monarquias conservadoras semelhantes, ambas hostis ao liberalismo e com o interesse comum de manter contida a Polônia (cujos últimos remanescentes eles haviam dividido, em 1815, com a Áustria). Contudo, no século XX, a Alemanha estava apoiando os austro-húngaros nos Bálcãs, os conflitos de interesse econômico (por exemplo, a exportação a preços baixos de grãos russos) haviam crescido e uma xenofobia racista popular se desenvolvera nos dois países.⁷⁰ O apoio alemão à Turquia no caso Liman von Sanders parecia ameaçar os interesses vitais da Rússia, e a Alemanha e a Rússia eram rivais na corrida armamentista. Sazonov e o Conselho de Ministros tinham uma visão sombria das intenções de Berlim e julgaram que as concessões apenas incentivariam uma provocação maior. Decidiram, então, que chegara a hora de mostrar firmeza, quaisquer que fossem os riscos, na esperança de evitar a guerra e proteger a Sérvia, e os ministros da Guerra e da Marinha apoiaram essa linha comum. Mas esse era um raciocínio questionável, dado que os esforços de rearmamento russos não se concretizariam antes de três ou quatro anos, mas o desafio a seus interesses era visto como intolerável, e o rearmamento havia avançado o suficiente para se tornar uma opção factível, pelo menos se a França lutasse ao lado da Rússia.

Elemento decisivo para a escalada do processo foi a decisão russa de não apenas se manter ao lado da Sérvia, mas também de iniciar a militarização da crise. Até 23 de julho, a Áustria-Hungria e a Alemanha haviam tomado pouquíssimas medidas militares, em parte para evitar o alarme antecipado aos inimigos. Mesmo depois do ultimato, os alemães permaneceram inativos, esperando, assim, ajudar a localizar o conflito. Mas, em 26 de julho, os russos embarcaram nas medidas pré-mobilização – por eles chamadas de "período preparatório para a guerra" – ao longo das fronteiras austro-húngaras e alemãs. Sob os sistemas de alistamento que todas as potências europeias, com exceção da Grã-Bretanha, haviam adotado, os rapazes aptos para o serviço militar eram (tipicamente) convocados com a idade de 20 anos para servir durante dois ou três anos no exército regular, período após o qual, até as vésperas dos 30 anos, eram treinados regularmente como reservistas. A mobilização significa convocar novamente todos os reservistas a suas unidades e torná-los móveis, ou seja, fornecendo-lhes os cavalos e o equipamento de que necessitavam para avançar. Essa medida triplicaria ou quadriplicaria o tamanho do exército regular. A mobilização precedia a "concentração" (o avanço das unidades mobilizadas até a fronteira – em geral, por via férrea) e o deslocamento para o combate. As medidas russas pré-mobilização envolviam etapas como o cancelamento das licenças e a limpeza das linhas férreas de fronteira, de modo que a mobilização propriamente dita (que era mais lenta a oeste) pudesse ser acelerada. Portanto, foi isso que soou o alarme para os austríacos e alemães quando seus serviços de inteligência a detectaram, o que ocorreu quase de imediato.[71] Parece que os russos a viram como precaução, mas os eventos logo mostraram que uma dissuasão diplomática era inviável. Apesar dos protestos russos, em 28 de julho, os austríacos deram início a uma mobilização parcial nos Bálcãs e declararam guerra à Sérvia. No dia 29, bombardearam Belgrado e, no mesmo dia, Bethmann advertiu a Rússia de que, se prosseguisse com as medidas de pré-mobilização, a Alemanha seria forçada a retaliar e, provavelmente, isso conduziria a hostilidades. Como Sazonov não estava preparado para retroceder e cancelar as medidas, ele e os chefes militares (o então ministro da Guerra, Vladimir Sukhomlinov, e o chefe do comando-geral, N. Janushkevich) concluíram que a guerra estava próxima de qualquer modo, e o que importava não era apenas preparar-se para ela ordenando a mobilização total. Sazonov e Nicolau sabiam que, virtualmente, essa mobilização significaria um grande conflito e, como Nicolau dissera, o envio de centenas de milhares de homens para a morte. O czar estava angustiado, primeiro substituindo um decreto de mobilização parcial apenas contra a Áustria-Hungria, mas, finalmente, em 30 de julho, autorizando a mobilização contra Viena e Berlim, com vigência já para o dia seguinte. A menos que Nicolau e Sazonov estivessem preparados para aquiescer com o esmagamento da Sérvia pela Áustria-Hungria, provavelmente estavam corretos em assumir que uma guerra geral era inevitável. Assim que deram início à mobilização geral, a Alemanha exigiu que a detivessem por 12 horas, mas eles prosseguiram mesmo assim. Em outras palavras, prosseguiram conscientes rumo a seu destino.[72] Nenhum dos dois lados abriria mão da questão central, e, se a Alemanha lançasse o desafio, a Rússia o aceitaria. Portanto, em 31 de julho, os alemães deram início a intensos preparativos militares e enviaram um ultimato peremptório à Rússia para que cessasse a mobilização. Em 1º de agosto, alemães, russos e austríacos começaram suas mobilizações gerais e, no mesmo dia (embora o Império Austro-Húngaro ainda tenha aguardado alguns dias), a Alemanha declarou guerra à Rússia. Nesse momento, tiveram início as hostilidades das grandes potências. Dois fatores facilitaram as decisões dos líderes russos. O primeiro foi as condições da opinião pública, que parecia favorável à guerra. A maioria da Duma e da imprensa pedia que o governo ficasse ao lado da Sérvia, com Sazonov advertindo Nicolau de que, *a menos* que apoiasse a Sérvia, ele se arriscaria à "revolução e à perda do trono".[73] O ministro do Interior, embora intimamente atormentado por pressentimentos, relatou, durante a crise, que as províncias estavam tranquilas e o país deveria obedecer à ordem de convocação.[74] Em segundo lugar, parecia haver a possibilidade razoável de a Rússia e seus aliados vencerem a guerra. Sazonov estava completamente incerto quanto ao apoio da Grã-Bretanha (mais tarde, ele viria a argumentar que o envolvimento mais decisivo da Grã-Bretanha poderia ter derrotado a Alemanha). Entretanto, o embaixador francês, Maurice Paléologue (que parecia determinado a que a Rússia, em caso de guerra, apoiasse rapidamente a França),[75] garantiu-lhe que a França se manteria na aliança, e por dois anos os militares franceses afirmaram às suas contrapartes russas que os auspícios eram favoráveis. São Petersburgo e Paris previram corretamente que, num conflito de duas frentes, a Alemanha primeiro atacaria a ocidental e, se os franceses conseguissem derrotar os alemães, a Rússia certamente venceria os austríacos. Na época da crise da Bósnia, teria sido inconcebível que o exército czarista desse início a uma grande guerra, mas, cinco anos depois, diante de um desafio aos interesses russos, seu exército estava preparado para defendê-los.

A decisão da Rússia, portanto, não pode ser completamente explicada sem se fazer referência a seu aliado francês.[76] É provável que, antes que Poincaré e Viviani deixassem São Petersburgo, os franceses e os russos já tivessem uma ideia do que viria pela frente, mas se limitaram a discutir uma resposta diplomática à situação.[77] De 23 a 29 de julho, contudo, Poincaré e Viviani já estavam navegando de volta à França, em pleno contato por rádio com Paris, enquanto os alemães tentavam sabotar suas comunicações. Longe da falta de inibir uma resposta franco-russa decisiva, ela foi provavelmente incentivada ao permitir a livre ação de Paléologue. Quando Poincaré e Viviani chegaram a Paris, telegrafaram aos russos para que não tomassem nenhuma decisão que pudesse incentivar a mobilização alemã, mas a mensagem chegou tarde demais para impedir o decreto de mobilização de Nicolau. Depois da emissão desse decreto, os alemães deram um ultimato a Paris e a São Petersburgo ao mesmo tempo, exigindo a neutralidade francesa numa guerra russo-alemã. Poincaré e Viviani recusaram-se a abandonar uma aliança que viam como essencial aos interesses franceses, embora a Rússia se tivesse mobilizado sem consultá-los. Em 3 de agosto, com base nas ruidosas alegações de que as tropas francesas haviam atravessado a fronteira e aviões franceses tinham bombardeado Nuremberg, a Alemanha declarou guerra.

A contribuição da França à deflagração da guerra consiste basicamente em suas ações anteriores a julho de 1914. Os alemães, havia muito, viam os franceses como seu principal antagonista militar; somente às vésperas da guerra os russos os alarmaram da mesma forma.[78] Ao vender armas para a Sérvia, a França minou a posição austro-húngara nos Bálcãs; ao emprestar dinheiro para a Rússia em troca da construção de ferrovias estratégicas, intensificou o complexo envolvimento alemão. Mas, na crise propriamente dita, Paris mostrou-se passiva e não provocativa, mantendo deliberadamente um passo atrás da Alemanha em seus preparativos militares e ordenando que as tropas francesas ficassem a 10 km da fronteira. As razões para essa atitude eram parte internas e parte externas. Internamente, a França – única entre as potências europeias – era uma república, com um chefe de Estado, o presidente, escolhido por um colégio eleitoral. Os primeiros-ministros e os gabinetes dependiam da maioria da Câmara dos Deputados, eleita por homens adultos. Dado o fragmentado sistema partidário, eles duravam uma média de apenas nove meses. Os planejadores estratégicos do exército estavam subordinados ao ministro da Guerra, ao primeiro-ministro e ao presidente. O crescimento da tensão europeia anterior a 1914 havia polarizado a opinião pública, estimulando um "despertar nacionalista" entre os estudantes e intelectuais parisienses, bem como entre a direita política, mas também beneficiava o partido socialista, a SFIO, que se opunha à lei dos três anos de serviço militar, e em maio-junho de 1914 as eleições parlamentares ampliaram o número de seus seguidores. A SFIO e Jean Jaurès, seu carismático líder, limitavam-se a incitar uma guerra de autodefesa; a principal federação sindical, a CGT, opunha-se a qualquer tipo de guerra. Poincaré havia servido como primeiro-ministro e ministro das Relações Exteriores em 1912 e, então, como presidente a partir de 1913, com o objetivo de fortalecer a aliança russa e preparar a França militar e psicologicamente para um possível conflito, embora pareça que sua filosofia foi muito mais de dissuasão que de provocação.[79] Viviani, em contraste, que se tornara primeiro-ministro em junho de 1914, era um socialista independente que havia se oposto à lei dos três anos, embora tivesse concordado em não tentar impedi-la por algum tempo. Até o topo, a política francesa equilibrava-se de maneira precária, e só quando enfrentou o que parecia uma agressão flagrante e não provocada foi que o país se aprumou.

A segunda razão para a precaução dos líderes franceses era a incerteza quanto à Grã--Bretanha, que, até dois anos antes de sua intervenção, parecia desejar a neutralidade. O fato de os alemães compartilharem dessa incerteza (bem como os próprios britânicos) ficou evidente durante a rodada final de tomada de decisões em Berlim, entre 28 de julho e 1º de agosto. Depois do oferecimento do "cheque em branco", Guilherme e Bethmann haviam se preparado, se a Rússia apoiasse a Sérvia, mais para lutar que para retroceder. Se os russos iniciassem os preparativos militares, dada a natureza detonadora do Plano Schlieffen-Moltke, Berlim teria de retaliar imediatamente. No momento em que os russos iniciaram suas medidas pré-mobilização, o destino da paz na Europa estava virtualmente selado. De todo modo, houve exames de consciência de última hora. Primeiro, o Kaiser, ao desembarcar do Báltico no dia 28 de julho, instou a Áustria-Hungria a se contentar com a ocupação de Belgrado (que ficava bem perto, do outro lado da fronteira) como garantia de que os sérvios honrariam suas promessas. No dia seguinte, Bethmann também pressionou por esse plano de Pausa em Belgrado, principalmente devido a uma advertência do secretário de Estado britânico, Sir Edward Grey, de que a Grã-Bretanha interviria rapidamente num conflito europeu. Até esse ponto, a diplomacia britânica se mostrara notavelmente suave, com Grey buscando cooperação com Berlim, na esperança de que os alemães pudessem conter Viena. Esse foi um julgamento gravemente equivocado, embora tenha sido incentivado por Bethmann. Ele acalmava os alemães na esperança de que a Grã-Bretanha permanecesse à parte. Consequentemente, no dia 29, Bethmann fez um apelo grosseiro à neutralidade britânica, prometendo que, em troca, a Alemanha não ocuparia nenhuma parte da Bélgica ou da França na Europa – admitindo, assim, sua intenção de invadir a Bélgica e revelando seus objetivos com relação às colônias francesas. A advertência de Grey no mesmo dia (numa iniciativa pessoal do secretário, visto que o gabinete a desconhecia e ainda estava longe de um comprometimento com essa intenção), portanto, cruzou com essa notável oferta. A advertência deixou Bethmann numa situação ainda mais delicada e, se tivesse sido apresentada mais cedo, poderia ter feito com que ele e Guilherme freassem os austríacos e os militares, mas, naquele momento, já era tarde demais. Moltke minou os esforços de Bethmann no sentido de refrear Viena, pedindo que Conrad concentrasse seus exércitos contra a Rússia e também a Sérvia, e os austríacos rejeitaram a proposta da Pausa em Belgrado, alegando que isso apenas postergaria uma solução para o problema sérvio. No dia 30, abundavam os relatórios não apenas sobre as medidas militares russas, mas também sobre as francesas e belgas, e Moltke juntou-se ao ministro da Guerra Falkenhayn na insistência de que a Alemanha deveria dar início a seus próprios preparativos. Bethmann concordou em não esperar além do meio-dia do dia 31, mas, na verdade, nesses dias confirmaram-se as notícias da mobilização russa, capacitando-o, assim, a apresentar a mobilização da Alemanha em 1º de agosto, em resposta à agressão czarista. Esse fator era decisivo para manter a unidade interna, que ele e Moltke tornaram mais difícil, visto que os contatos com os líderes do SPD haviam revelado que sua atitude dependeria de a guerra ser de autodefesa contra o regime reacionário de Nicolau II.[80] Nova hesitação seguiu-se a um despacho equivocado de 1º de agosto e permitiu que a Alemanha se concentrasse apenas contra a Rússia. Guilherme ordenou que a marcha para o oeste fosse detida, ignorando os protestos de Moltke de que ele não conseguiria improvisar uma alternativa de deslocamento de última hora. Muitos comentaristas usaram esse episódio para destacar o poder dos militares, mas, na verdade, isso também demonstra que Guilherme podia controlar esse poder.[81] No entanto, depois de ter ficado claro que o despacho de Londres havia sido ilusório, Guilherme autorizou que a ala oeste do exército avançasse, aceitando, assim, a probabilidade de uma guerra não apenas contra a França e a Rússia, mas também contra a Grã-Bretanha. Provavelmente, os alemães supuseram que, se a França e a Rússia fossem derrotadas, a Grã-Bretanha pouco poderia fazer, e que seria melhor aceitar as hostilidades contra Londres que desistir. Quando os britânicos exigiram que a Alemanha se mantivesse longe da Bélgica, foram ignorados.

Se os líderes alemães mostravam-se dispostos a aceitar uma guerra contra a Grã-Bretanha (e o Estado-Maior pouco se importava com as seis divisões que a Grã-Bretanha podia enviar para o continente), sua preferência era uma guerra localizada nos Bálcãs e, se isso não acontecesse, um conflito continental apenas contra a França e a Rússia. Enquanto Berlim declarava guerra a Paris e São Petersburgo, Londres declarava guerra a Berlim. De uma guerra nos Bálcãs e um conflito continental, a intervenção da Grã-Bretanha deu início a um novo estágio da escalada rumo a uma guerra mundial. Quase com certeza, a Grã-Bretanha impediria a Alemanha de derrotar a França e a Rússia em questão de meses. Contudo, a decisão fora tomada por um gabinete liberal-progressista, cuja maioria dos membros, até 2 de agosto, era favorável à permanência fora do conflito, contando com o provável apoio da maioria dos membros liberais do parlamento.[82] A questão belga foi indispensável para provocar essa reviravolta, mas só oferece parte da explicação.[83]

Em um primeiro momento, a Grã-Bretanha declarou guerra porque a Alemanha não obedecera ao ultimato de respeitar a independência e a integridade da Bélgica. As grandes potências haviam dado essa garantia à Bélgica pelo Tratado de Londres de 1839, logo após a criação do novo reino. Em 1870, a França e a Prússia haviam honrado esse compromisso. Em 1914, os franceses mostravam-se dispostos a assim proceder (na verdade, Poincaré havia descartado uma invasão preventiva da Bélgica, em parte com a Grã-Bretanha em mente), mas enviar o flanco direito do avanço ocidental através da Bélgica era algo que integrava os planos de guerra alemães, e em 2 de agosto eles exigiram que Bruxelas permitisse a passagem de suas tropas. O rei Alberto I e o governo de Charles de Broqueville decidiram resistir e apelaram para o socorro externo.[84] Como o primeiro-ministro britânico Herbert Arquith afirmou, o ultimato da Alemanha "simplifica as coisas".[85] Ele criou uma questão moral, uma agressão brutal contra um pequeno vizinho que pedia que a Grã-Bretanha o defendesse. A Bélgica forneceu um ponto de honra para aplacar a consciência dos liberais e dos céticos do gabinete. Mas isso também implicava a segurança nacional, dado que a costa belga ficava diante de Londres e do estuário do Tâmisa, bem como o comprometimento tradicional de manter os Países Baixos fora do controle de uma potência hostil. Foi por essas razões que a Grã-Bretanha assinou o tratado de 1839, embora, àquela altura, tendo a França como inimigo potencial. Isso explica a importância da Bélgica para a oposição unionista[*] e para o governo liberal (para não mencionar seu significado para os membros nacionalistas do parlamento irlandês e sua pequena nação católica).

Entretanto, a questão belga não era o que aparentava ser. O gabinete decidiu resistir apenas à "violação substancial" da Bélgica.[86] Se os alemães simplesmente (como muitos esperavam) cruzassem a ponta extremo-sul da Bélgica, nas Ardenas, a situação poderia ser diferente. O gabinete julgou que, na verdade, a Grã-Bretanha não se via forçada a ajudar, e a decisão de fazê-lo seria "mais política que de obrigação legal".[87] Se a França tivesse invadido a Bélgica, é pouco provável que a maioria do gabinete ou dos Comuns tivesse apoiado uma guerra contra ela. O ponto vital não era a invasão, mas o fato de a Alemanha ser o invasor e de o governo britânico e boa parte do público verem o domínio alemão sobre a Europa Ocidental como algo perigoso. A Bélgica uniu o gabinete (apenas dois ministros renunciaram) e permitiu que a Grã-Bretanha agisse prontamente (o que se provou importante), mas Grey e Asquith já acreditavam que a Grã-Bretanha não devia permitir que a França fosse subjugada, como fizeram Winston Churchill (o Primeiro Lorde do Almirantado) e Lloyd George.

Embora a tensão anglo-germânica tivesse abrandado havia pouco tempo, a memória do antagonismo anterior pesava ainda mais. As relações anglo-germânicas haviam se deteriorado desde a década de 1890, fosse o governo liberal ou unionista.[88] No entanto, embora a Alemanha contasse com um sistema político mais autoritário, as considerações ideológicas não inibiram a cooperação britânica com a Rússia, ainda mais aristocrática. Tampouco foram cruciais as considerações comerciais. Na virada do século, a Alemanha

---

[*] Nesse período, os conservadores eram normalmente chamados de unionistas, pois se opunham à devolução de um parlamento a Dublin ao verem isso como um perigo para a união entre a Grã-Bretanha e a Irlanda.

havia desafiado o domínio britânico sobre o comércio mundial de manufaturados, prejudicando o mercado interno britânico. Mas, quando as exportações britânicas reviveram no *boom* comercial que precedeu 1914, a competição alemã tornou-se menos contenciosa. A Alemanha aumentou suas tarifas em 1879 e 1902 (um dos fatores que convenceu os unionistas a assumirem o protecionismo), mas os liberais venceram as eleições de 1906 e 1910, e a Grã-Bretanha permaneceu como uma nação de livre-comércio. Embora a Grã-Bretanha apresentasse um déficit com a Alemanha no comércio de mercadorias, contava com um superávit em serviços como navegação e seguro, sendo a relação econômica geral mais complementar que competitiva. De modo mais significativo, contudo, havia a expansão industrial mais rápida da Alemanha, especialmente nos setores relacionados com os militares, como engenharia, produtos químicos e siderúrgicas. Em 1870, a Alemanha produzia quase tanto aço quanto a Grã-Bretanha, mas em 1914 já produzia o dobro. Sem dúvida, o crescimento da Alemanha fica menor quando comparado ao dos Estados Unidos, que, em 1914, produziram quase tanto aço quanto a Grã-Bretanha, a França e a Alemanha juntas. A Alemanha, contudo, não ficava do outro lado do Atlântico, mas do mar do Norte, e os usos que fazia de seus recursos em expansão, numa época de sensação generalizada de que a Grã-Bretanha já passara de seu apogeu vitoriano, pareciam agourentos. Era aqui que a imprevisibilidade da política alemã sob a liderança de Guilherme realmente importava. O aspecto diplomático da *Weltpolitik* pouco representou para a segurança imperial depois da virada do século. O envolvimento de Guilherme no sul da África havia tocado num nervo exposto, pois a província do Cabo guardava uma de suas grandes rotas marítimas (com Suez) para a Índia, mas, ao derrotar os bôeres em 1899-1902, a Grã-Bretanha estabelecera firme controle sobre a região. Dali em diante, a *Weltpolitik* foi mais um desafio para a França (no Marrocos) e para a Rússia (nos estreitos turcos). Em 1912-14, a Grã-Bretanha e a Alemanha negociaram as esferas de influência na África e no golfo Pérsico. Mas o desafio naval era muito mais significativo e provavelmente fizesse mais que qualquer outra coisa para persuadir a opinião pública britânica de que a Alemanha era um inimigo, o vilão de numerosos livros de terror sobre uma invasão e da agitação provocada pelos *dreadnoughts* de 1908-9. Os modernos serviços de inteligência britânicos tiveram origem na necessidade de reunir informações sobre a indústria naval bélica da Alemanha e também sobre os boatos relativos às redes de espiões e sabotadores na Grã-Bretanha.[89] Mesmo assim, depois de 1912, o governo sabia que o desafio naval estava desacelerando, e o Almirantado nunca havia tratado a possibilidade de invasão de maneira muito séria.[90] Isso deixava a questão do equilíbrio de poder. Embora preferindo conter a Alemanha a lutar contra ela, Grey e seu Ministério do Exterior temiam que, se esse país esmagasse a França e a Rússia, a Grã-Bretanha seria a próxima da lista. Daí as advertências de que a Grã-Bretanha interviria numa guerra europeia, feitas durante a crise do Adriático, em dezembro de 1912 e 29 de julho de 1914; e daí também a razão básica para a política de entendimento de Grey.

A política de entendimento era controversa na época e assim permaneceu.[91] Suas origens não eram especificamente antigermânicas, mas estavam numa reação contra o isolamento da Grã-Bretanha na década de 1890, quando Rússia, França, Alemanha e Estados Unidos pareciam todos inimigos em potencial. Na virada do século, a Grã-Bretanha resolveu suas disputas com os americanos; em 1902, concluiu uma aliança com o Japão; e os acordos de 1904 e 1907 resolveram a maior parte das diferenças com a França e a Rússia. O que transformou os entendimentos da liquidação dos desacordos africanos e asiáticos em cooperação diplomática dentro da Europa, contudo, foi a suspeita de Grey e seus conselheiros (apesar da fraca evidência) de que a Alemanha tinha ambições de uma hegemonia "napoleônica". A Grã-Bretanha precisava deter essas ambições e incentivar Paris e São Petersburgo a manter sua independência. Por outro lado, como a França e a Rússia não se sentiram superconfiantes, e a Câmara dos Comuns não ratificaria tratados de aliança com nenhuma das duas, Grey alinhou-se com elas enquanto se evadia do compromisso. Isso significava apoiar a França no Marrocos e a Rússia nos Bálcãs, bem como envolvia um planejamento secreto de contingência com os franceses para a cooperação militar e naval.[92] Em 1911, os dois comandos-gerais concordaram que uma Força Expedicionária Britânica (BEF) de até seis divisões podia ser enviada ao flanco norte francês. Em 1913, as duas marinhas concordaram que a França assumiria a responsabilidade pelo Mediterrâneo e pelo canal da Mancha ocidentais, enquanto a Grã-Bretanha, por sua vez, seria responsável pelo Mediterrâneo oriental e o estreito de Dover. Não obstante, uma troca de correspondências, em 1912, explicitava que, se a paz da Europa fosse ameaçada, os britânicos só se obrigavam a consultar os franceses, mas não a ativar planos conjuntos de contingência ou ir à guerra. Em 1914, Grey confirmou que a Grã-Bretanha tinha uma obrigação de honra, mas o gabinete não concordou com ele. Em 1º de agosto, ele teve de dizer ao embaixador francês que Paris precisava decidir sozinha como responder ao ultimato alemão, sem garantia do apoio britânico.

O dia decisivo para o gabinete foi 2 de agosto, um sábado, durante o qual ele se reuniu três vezes para decidir se agiria contra uma substancial violação da neutralidade belga e se impediria a frota alemã de atacar os navios ou a costa da França. Esta última decisão foi o máximo que se conseguiu de acordo com Paris e, como os alemães mostravam-se dispostos a se manter fora do canal da Mancha, isso não teria provocado a intervenção britânica.[93] Quanto à Rússia, nem mesmo Grey teria favorecido o envolvimento numa guerra confinada à Europa Oriental. Ele temia que, se a França e a Rússia vencessem, e a Grã-Bretanha permanecesse neutra, isso provocasse uma retaliação por parte dos parceiros abandonados, e a Índia, então, ficaria vulnerável a uma agressão czarista.[94] Mas essas preocupações eram secundárias para a decisão do gabinete, que se concentrou na segurança britânica contra a Alemanha e o iminente ataque à Bélgica. Contudo, as considerações partidárias também desempenharam seu papel. A Grã-Bretanha foi a única potência a debater no parlamento a questão da entrada na guerra e, embora a Câmara dos Comuns não votasse, seu apoio era essencial. Desde 1910, os liberais mantinham maioria só em conjunto com o Partido Trabalhista e os Nacionalistas Irlandeses, e a política britânica havia conhecido tempos conturbados. Os liberais se haviam oposto aos unionistas ao abolirem o veto legislativo absoluto da Câmara dos Lordes, tendo sido arrasados pela militância sindical e pela agitação das *suffragettes* em favor do voto feminino. Acima de tudo, sua lei de Administração Interna para um parlamento autônomo em Dublin havia encontrado veemente resistência por parte dos protestantes do Ulster, que ameaçavam usar a força e recebiam o apoio dos unionistas. Em 1914, homens do Ulster e nacionalistas irlandeses estavam recrutando soldados e importando armas e, quando o governo se preparou para usar a força, vários oficiais protestantes do exército optaram por renunciar em vez de cooperar. Durante o mês de julho de 1914, até o ultimato austríaco, a imprensa e o gabinete não se concentraram nos Bálcãs, mas na Irlanda. Mesmo assim, embora Asquith estivesse aliviado pelo fato de o apoio de todos os partidos à intervenção ter impedido a agitação social, isso não significava, absolutamente, que o gabinete tivesse optado pela guerra como antídoto ao conflito doméstico. Pelo contrário, o governo temia que isso pudesse interromper o suprimento de alimentos na Inglaterra e, assim, intensificar a luta de classes. Inicialmente, foram retidas duas divisões da BEF, em parte como precaução contra a agitação interna. Mais significativo como influência doméstica foi o abismo entre os liberais e os unionistas, com muitos ministros acreditando que o extremismo dos últimos os havia tornado inadequados ao posto que ocupavam. Mas, no dia 2 de agosto, seu líder, Andrew Bonar Law, insistiu que a Grã-Bretanha desse apoio imediato à França e à Rússia. Grey ameaçou renunciar se nenhuma garantia fosse dada à França e à Bélgica, e Asquith mostrava-se disposto a renunciar com ele. Se o gabinete insistisse na neutralidade, portanto, era provável que se desintegrasse, provavelmente levando a uma coalizão unionista com os intervencionistas liberais, e a Grã-Bretanha entraria no conflito de qualquer modo. De maneira inversa, apoiar a intervenção prometia salvaguardar a unidade partidária e as carreiras dos ministros, bem como proteger os princípios liberais em tempos de guerra. Na ausência de uma revolta do gabinete contra Grey e Asquith (aqui, a atitude de Lloyd George foi crucial), a oposição no partido entrou em colapso abruptamente.[95] O governo ainda se viu às voltas com as expectativas quanto ao tipo de guerra que a Grã-Bretanha travaria. No dia 2 de agosto, os ministros deliberaram com base na suposição de que a BEF não teria de ir à França. A decisão de enviá-la, ao fim e ao cabo, foi tomada por um comitê do gabinete, três dias depois. A contribuição da Grã-Bretanha seria, de forma tradicional, naval, colonial e financeira, talvez com pequenos efetivos profissionais no continente. Se a luta se prolongasse, o Almirantado acreditava que poderia manter o comando dos mares e abalar a economia da Alemanha de maneira mais efetiva que a Alemanha poderia afetar a da Grã-Bretanha.[96] Grey sabia tanto dessa avaliação quanto da avaliação de Henry Wilson, o diretor das Operações Militares no Gabinete de Guerra, que o envio da BEF poderia alterar o equilíbrio entre França e Alemanha, e deveria ser realizado rapidamente. Lorde Kitchener, o herói-soldado que havia conquistado o Sudão e ajudado a esmagar os bôeres, foi chamado como secretário de Estado para a Guerra, prevendo um conflito que duraria dois anos ou mais, porém sua visão era excepcional.[97] Como as outras potências, a Grã-Bretanha estava dando um salto no escuro, mas o otimismo a ajudava nesse salto. Este último ponto levou a outro mais amplo: a facilidade com que a oposição à entrada na guerra se desintegrou pela Europa afora. Os governos podiam destruir a paz apenas por causa da fraqueza das forças políticas contrárias à guerra e porque a maior parte da população concordara com o conflito. Em geral, a oposição às hostilidades concentrava-se nos sindicatos e nos movimentos socialistas. O caso da Grã-Bretanha era excepcional, pois nela o Trades Union Congress (Congresso dos Sindicatos) era menos politizado que suas contrapartidas continentais, enquanto o Partido Liberal ainda não estava comprometido com o socialismo, e os liberais o eclipsavam como principal porta-estandarte da esquerda. Até o dia 2 de agosto, a oposição ao envolvimento britânico era generalizada. A cidade de Londres entrou em pânico diante da perspectiva de conflito: Lorde Rothschild insistiu que o jornal *The Times* baixasse o tom contra os líderes intervencionistas (embora seu pedido tenha sido rejeitado), e o presidente do Banco da Inglaterra implorou que Lloyd George mantivesse a Grã-Bretanha fora do conflito. Todos os jornais liberais e alguns unionistas opunham-se à intervenção, assim como três quartos dos membros liberais do parlamento (segundo Asquith) e os que convocaram uma enorme demonstração em Trafalgar Square. Contudo, depois que a Alemanha ameaçou a Bélgica e a França e o gabinete se comprometeu a ajudá-las, os Comuns deram rapidamente sua aquiescência, deixando a oposição sem líderes e sem tempo para se organizar. C. P. Scott, então editor do *Manchester Guardian*, até então neutro, achou que agora que a Grã-Bretanha havia entrado no conflito o que importava era vencer, mesmo que depois algum questionamento se fizesse necessário. A ambivalência quanto ao envolvimento existiu desde o princípio e, mais tarde, voltaria a surgir, levantando suspeitas de que a empreitada fora equivocada o tempo todo.[98]

No continente, havia um mecanismo para a organização da resistência, sob a forma da Segunda Internacional Socialista, organização fundada em 1889. Seus partidos-membros não conseguiram empregá-la, assim como os governos não conseguiram usar o Concerto da Europa – em parte, por razões similares.[99] Ela excluía a esquerda não socialista, bem como os sindicatos, cujo grupo em separado, o Secretariado Internacional das Centrais Sindicais (SICS), fundado em 1901, incluía a central sindical alemã, mas deixava de fora a britânica TUC e a francesa CGT.[100] Além disso, os partidos-membros tendiam a ser radicalmente antimilitaristas onde eram menores e mais alienados, como na Rússia e na Sérvia. Os partidos mais fortes eram o francês SFIO e o alemão SPD, ambos muito mais moderados, porém a cooperação entre eles era ilusória. Os sindicatos franceses eram ideologicamente mais extremados que os alemães, além de numericamente mais fracos. Os sindicatos alemães tinham fortes ligações com o SPD, mas a CGT mantinha sua independência com relação à SFIO. Assim, era improvável que os partidos-membros da Internacional pudessem traduzir suas resoluções em ações contundentes que conseguissem paralisar ferrovias e fábricas de armamentos. Ações coordenadas atingiram principalmente a Alemanha, pois seus sindicatos eram os mais fortes. Mas deixar o critério de ação para cada movimento nacional afetaria principalmente a França, cujos trabalhadores eram os maiores candidatos a largar suas ferramentas. A Internacional tentou abordar essa questão depois do começo das crises pré-guerra, mas a concordância dizia mais respeito ao diagnóstico que ao remédio. A resolução de 1907 do Congresso de Stuttgart acusou o capitalismo de provocar a guerra, mas não conseguiu consenso quanto a uma ação concertada em caso de ameaça de guerra, principalmente devido à resistência alemã. O movimento postergou, repetidas vezes, uma decisão final quanto à questão, e, nesse ínterim, a resolução de Stuttgart permaneceu válida. Em 29 de julho de 1914, representantes das lideranças partidárias reuniram-se em Bruxelas numa reunião de emergência convocada pelo secretariado (o "Bureau") da Internacional, mas constataram que pouco de comum havia entre eles, delegando a ação a um congresso especial que, no entanto, nunca aconteceu.

A Internacional só poderia obter a coordenação de esforços se a liderança partidária nacional assim desejasse, pois não tinha o poder de exigir isso. Em 1914, Jaurès e suas contrapartes alemãs demonstravam certa complacência. A sucessão de crises resolvidas pacificamente havia sugerido a alguns teóricos que, no capitalismo moderno, a guerra era um anacronismo. Além disso, os próprios Marx e Engels haviam aprovado as guerras que julgavam historicamente progressistas e, para a SFIO, uma guerra contra a Alemanha – e, para o SPD, uma contra a Rússia – atenderia a esse julgamento. A ideologia tampouco era a única consideração. Marx e Engels forneciam pouca indicação em termos de questões internacionais, e os partidos francês e alemão eram ecléticos na seleção de fontes que endossassem suas opiniões. Ambos aceitavam como justificável uma guerra de autodefesa, e a guerra de 1914 parecia ser uma delas, e não um produto do imperialismo capitalista denunciado em Stuttgart. A partir de 25 de julho, o SPD organizou grandes, embora controladas, manifestações contra a guerra, enquanto, em reuniões secretas com ministros, seus líderes indicavam que sua atitude dependeria de saber se a guerra tinha natureza defensiva ou se representaria um apoio à agressão austríaca. A mobilização russa os persuadiu e podou o movimento popular, e a tática de Bethmann, no sentido de esperar para culpar a Rússia, mostrou-se justificada, com quase todos os deputados do Reichstag do SPD votando, em 4 de agosto, a favor do crédito da guerra. A resistência, calculavam eles, seria inútil e, se suprimidas, suas organizações seriam incapazes de proteger seus membros em futuros julgamentos. Também na França, para começar, a SFIO e a CGT organizaram demonstrações em favor da paz, mas o evento catalítico foi o assassinato de Jaurès por um monarquista fanático, em 31 de julho. Poincaré deixou de lado as diferenças dos tempos de paz e honrou sua memória, enquanto o líder da CGT, Léon Jouhaux, discursou junto a seu túmulo em favor da unidade nacional. O governo tratou de parecer prudente e cauteloso, descartando o "Carnet B", a lista de esquerdistas a serem presos. Por fim, a França pareceu uma vítima tão grande de agressão que é provável que, se Jaurès tivesse sobrevivido, também teria dado apoio ao governo. Todos os partidos franceses endossaram a "sagrada união", ou trégua política, embora suspendessem, mas não liquidassem, suas diferenças dos tempos de paz, esperando um ganho político com essa postura e supondo que a emergência seria breve.[101]

Com a cooptação dos partidos socialistas (em que todos, exceto os da Rússia e da Sérvia, votaram a favor da guerra), os protestos foram eliminados. Ainda assim, o entusiasmo patriótico e em favor da guerra estava amplamente confinado às grandes cidades, tendo surgido depois das demonstrações iniciais em favor da paz. Poincaré e Viviani sentiam-se enlevados pelas manifestações pró-França e em favor das tropas quando estas retornaram a Paris em 29 de julho; dois dias depois, o entusiasmo das multidões berlinenses humilhou Guilherme e Bethmann. Mas, em geral, essas demonstrações exerciam pouca influência sobre os governantes, e representavam mais uma consequência que uma causa da crise. Em Paris, Berlim e Londres, os cidadãos se reuniam na frente das sedes dos jornais à espera das últimas edições, em vez de ficarem em casa colados a aparelhos de rádio, como na década de 1920, ou na frente dos televisores, durante a crise dos mísseis cubana. Dessas reuniões públicas, irromperam as primeiras demonstrações de patriotismo nas cidades alemãs a partir de 25 de julho, aumentando à medida que os eventos iam se aproximando de seu clímax.

Sua amplitude e exclusividade foram muito exageradas pela direita, que, subsequentemente, elaborou um mito de unidade nacional transcendente, quando a realidade se mostrava mais acanhada. Com certeza, muitas testemunhas oculares ficaram impressionadas com a recém-descoberta solidariedade. Os comentários da imprensa mais crítica sobre as demonstrações, contudo, observavam que os participantes eram, em grande medida, estudantes de classe média e jovens profissionais. Embora os bairros da classe trabalhadora de Berlim tenham hasteado as cores do Hohenzollern pela primeira vez, seu ânimo era sério e ansioso.[102] Houve corrida aos bancos e aos gêneros de primeira necessidade. Na França, relatos de prefeitos e professores sugeriam que o choque, a consternação e a descrença eram as reações predominantes nas vilas diante das notícias da mobilização. Se o ânimo se tornava mais resoluto quando os homens marchavam para a guerra, isso não se referia nem à Alsácia-Lorena nem à vingança por 1870, mas à obrigação de se defender contra um ataque injustificado de um antigo agressor.[103] Mesmo assim, o consenso nacional francês provavelmente tenha sido mais profundo que o alemão.[104] Na Áustria-Hungria, os socialistas de língua alemã apoiavam a guerra (como suas contrapartidas do SPD) por motivos antirrussos, e Viena também reunia multidões de patriotas. O mais surpreendente foi que os políticos checos, a princípio, também se mostraram leais, bem como muitos dos eslavos do sul (particularmente os eslovenos), embora os croatas estivessem divididos e os poloneses temessem ser enviados contra seus compatriotas sob o domínio russo.[105] Quando ficou claro que essa seria uma guerra europeia, e não apenas contra a Sérvia, o apoio a ela diminuiu, mas o ânimo resoluto ainda surpreendia os observadores acostumados com a tendência à divisão da dupla monarquia. Por fim, na Rússia do pré-guerra, o movimento grevista se dissipou (possivelmente devido à prisão de seus líderes) e os partidos da Duma, anteriormente divididos, apoiaram quase unanimemente os esforços de guerra, embora, no interior do país, as comunidades camponesas recebessem as notícias sem compreendê-las e, quando muito, resignando-se a elas, com, no mínimo, medo e raiva.[106]

Por todo o continente, o sentimento no campo e em pequenas cidades – de onde procedia a maioria das unidades e onde a maioria dos europeus ainda vivia – era de mais apreensão e abatimento que nas capitais. Entre os intelectuais, embora muitos estivessem encantados com as manifestações de unidade nacional e dessem as boas-vindas à guerra, pela oportunidade de depuração e regeneração, outros a viam com horror e repúdio, como uma provável reversão ao primitivo.[107] Contudo, essas reações não conseguem se traduzir em resistência efetiva. Na Grã-Bretanha, o serviço no exército e na marinha era voluntário, e os reservistas que estavam voltando à vida civil obedeceram à ordem de nova convocação. O movimento sindical não pensava em eliminar esse caráter voluntário. No continente, a mobilização dependia de milhões de conscritos se apresentando às suas unidades. As autoridades austro-húngaras esperavam que um em cada dez homens se recusasse a fazê-lo;[108] os franceses acreditavam em uma taxa de resistência de 13%.[109] Somente na Rússia havia uma oposição generalizada, principalmente nas áreas rurais. Distúrbios irromperam em metade dos distritos do império, e centenas morreram, embora a taxa de resposta acabasse por ser de 96%.[110] No entanto, mesmo ali, a mobilização e a concentração aconteciam tranquilamente, e a velocidade com que isso aconteceu surpreendeu os inimigos da Rússia. Na Europa Ocidental, os franceses e alemães se preparavam pontualmente, e o BEF desembarcava em sua zona-alvo no norte da França, antes que os alemães soubessem que haviam cruzado o canal da Mancha. Quaisquer que fossem os presságios com que os europeus partiam para a guerra, pouco era necessário fazer para forçá-los a isso. A convocação em massa e os sistemas de treinamento de reservistas desenvolvidos durante uma geração haviam ensinado o que fazer aos mobilizados, e a ampliação da alfabetização, da imprensa nacional e dos festivais, como o Dia da Bastilha, na França, e o Dia de Sedan, na Alemanha, havia fortalecido o senso de comunidade nacional. Quando este se fazia ausente – entre os poloneses e os alsacianos na Alemanha, as minorias eslavas da Áustria-Hungria ou o campesinato em boa parte da Rússia –, o apoio popular à guerra era mais problemático desde o início, agravando-se mais tarde.[111] Naquele momento, contudo, em toda parte havia gente suficiente para o início da luta.

***

Esses foram eventos extraordinários, vistos naquela época e desde então como um salto rumo ao desconhecido e o início de uma nova era. O que fez com que a longa paz entrasse em colapso tão rapidamente? Uma resposta, focada nas características do sistema internacional, retrata as potências como vítimas; outra, que enfatiza as decisões de governos individuais, define-as como mais agressoras. Ambas as abordagens são esclarecedoras. No nível geral, a paz era frágil, e essa fragilidade vinha crescendo. As potências tinham a capacidade, senão necessariamente a intenção, de provocar uma grande guerra e, devido a essa capacidade, estavam sempre propensas a fazê-lo. Nem o Concerto da Europa, nem a Segunda Internacional podiam detê-las. Os sistemas de alistamento e os arsenais construídos a partir de 1870 podiam, depois da mobilização, provocar milhares de baixas em horas. Na década anterior a 1914, todos os comandos--gerais reorientaram seus planos de guerra para as ofensivas imediatas, e a corrida armamentista deslocava suas tropas com grande presteza. As crises recorrentes com relação ao Mediterrâneo e aos Bálcãs acostumaram os governos a encarar a contingência da guerra e a debater se deveriam iniciá-la. Esses fatores ajudaram a divulgar a opinião (que, com frequência, está presente nos documentos militares do período) de que o confronto entre os blocos era inevitável.[112]

Não apenas isso, mas também as sucessivas crises provavelmente enfraqueceram os socialistas, dando a seus líderes a falsa sensação de segurança e incentivando outros partidos políticos a se reunirem em torno de seus governos. Em 1914, a oposição à guerra estava perdendo ímpeto, deixando os estadistas não apenas com os meios técnicos de dar início a ela, mas também, se conseguissem manipular o fato com habilidade, de garantir o apoio público.

Tais condições de estratégias mais ofensivas, uma corrida armamentista, repetidas crises e a crescente adaptação à guerra assemelham-se àquelas de outros períodos, como as décadas de 1880 e de 1930, bem como aos picos da tensão da Guerra Fria em 1948-53, 1958-62 e 1979-83. Contudo, essa mesma lista mostra que tais condições não precisavam terminar em hostilidades. Para explicar o que tornou esse período diferente, temos de reverter o foco das características mais amplas do sistema internacional para as potências individuais. Aqui, a ênfase tem sido na iniciativa dos governos, com o apoio popular essencial, embora suplementar. Para que a guerra acontecesse, os governos dos dois lados tinham de declará-la e pôr suas máquinas militares em ação. A paz europeia podia ser um castelo de cartas, mas, ainda assim, alguém teria de derrubá-lo. Costumava-se argumentar que 1914 foi um caso clássico de guerra iniciada por meio de um acidente e um erro, que nenhum estadista a desejava, mas todos foram dominados pelos fatos.[113] Tal opinião agora é insustentável. Com certeza, no final de julho, a frenética circulação de telegramas tornou-se impressionante, mas os governos tinham clareza suficiente para saber o que estavam fazendo. Um conflito geral não era o melhor resultado para nenhum deles, mas era preferível àquilo que pareciam ser alternativas piores. Embora Berlim e São Petersburgo de fato tenham feitos cálculos equivocados, todos os lados mostravam-se dispostos a correr o risco da guerra, e não a ceder.[114] A guerra desenvolveu-se a partir de um confronto nos Bálcãs em que nem a Áustria-Hungria nem a Rússia cederiam, e nem a Alemanha nem a França o conteriam. Uma vez que o conflito se espalhou do leste para o oeste da Europa, também a Grã-Bretanha preferiu intervir a ver a Bélgica invadida e a França derrotada. Em Viena, Conrad havia muito insistia na guerra contra a Sérvia, mas Francisco José, Berchtold e Tisza só se moveram gradativamente em direção à ação militar porque acreditavam que as alternativas haviam falhado, e só depois de considerar como a força seria usada. Em contraste, mostravam-se totalmente despreocupados quanto à guerra com a Rússia, aceitando-a como possível, mas supondo que, com a ajuda alemã, seriam capazes de vencê-la. Os alemães arriscaram a guerra contra a Rússia e a Grã-Bretanha sem ter uma ideia precisa de como derrotá-las (e com o plano que seu comando-geral sabia ser falho contra a França). Tampouco ponderaram muito sobre como a guerra resolveria seus problemas políticos, embora pareça que Guilherme imaginou que a Rússia perderia a Polônia, e Bethmann, que a França perderia suas colônias, mesmo que se mostrassem dispostos (se a Grã-Bretanha ficasse de fora) a respeitar a integridade da França na Europa e a da Bélgica. Como os austríacos, os alemães haviam buscado soluções diplomáticas para seu problema de isolamento, mas constataram que eram ineficientes e perceberam que dispunham de um prazo de apenas dois ou três anos. Contudo, enquanto para os austríacos as penalidades para a inércia pareciam evidentes – a agitação interna combinada com a intervenção externa para apoiar os eslavos do sul –, as ameaças à Alemanha eram muito mais sombrias. Bethmann falou de maneira soturna, durante a Crise de Julho, sobre uma futura invasão russa, mas a Alemanha era mais coesa e resistente que a monarquia dos Habsburgo, com forças armadas muito mais poderosas. O perigo por ela enfrentado era menos a derrota militar que a incapacidade de apoiar seus desejos por meio de uma força militar crível e, portanto, a perda do status de grande potência, a *Selbstentmannung* ("autocastração"), segundo a frase reveladora de Bethmann.[115] Em vez de aceitar isso, arriscaria uma explosão europeia. Mas os alemães não estavam sozinhos em sua visão do mundo nesses termos. Os líderes russos haviam tido uma recente e dolorosa experiência de humilhação numa grande crise e também temiam o status de potência de segunda classe, a menos que reagissem à provocação. Na verdade, os russos, franceses e britânicos estavam unidos em sua lúgubre visão das ambições alemãs. Nicolau II e Sazonov preferiam arriscar a guerra a aceitar a submissão e, nos estágios finais da crise, convenceram-se de que a guerra viria de qualquer modo e que seria imperativo preparar-se para ela, fosse qual fosse o risco para a paz.

Enquanto os franceses e britânicos encaravam suas decisões cruciais, a guerra no leste da Europa era um fato, e cabia a eles decidir como responder. Para Poincaré, e provavelmente para Viviani, era axiomático que a França não poderia repudiar a aliança russa – ou então, mais uma vez, o status de segunda classe, a perda da independência e a vulnerabilidade à arbitrariedade a ameaçariam. Para Asquith, Grey e Bonar Law, apesar de seu afastamento maior, o domínio alemão do continente também parecia ameaçador, mesmo se as considerações da *Realpolitik* não garantissem, sem a invasão da Bélgica, a pronta intervenção britânica. Os britânicos se encontravam num dilema indesejável. Provavelmente, estavam certos em sua sombria leitura das ambições alemãs, mas subestimaram – como todos os outros – o custo de frustrá-las. Quando a crise espalhou-se para além dos Bálcãs, todos os envolvidos só contavam com péssimas opções. O velho mundo que as potências estavam destruindo era, para todas elas, um lugar mais feliz que qualquer outro que a violência pudesse criar.

Só os austríacos formularam seus objetivos com bastante clareza e, mesmo assim, apenas com relação à arena balcânica. As outras potências – inclusive a Alemanha

– encararam a perspectiva de uma iminente guerra geral de maneira tão repentina que lhes faltou tempo para estabelecer objetivos políticos concretos, que elas só definiram depois, em retrospecto. Elas lutaram apenas para evitar o que era negativo (a perda do status de grande potência) e pouco hesitaram em sacrificar, para isso, as vidas e a felicidade de seus cidadãos. Numa palavra, lutaram porque tiveram medo. As questões remanescentes são por que os estadistas acreditaram que a guerra poderia aplacar esse medo e, particularmente, por que os dois lados acharam que isso seria possível. A resposta jaz, em parte, na evolução pré-guerra da corrida armamentista até o ponto de os dois blocos estarem muito mais próximos da igualdade do que haviam estado após a derrota da Rússia para o Japão. Em 1914, os franceses e os russos, embora tivessem preferido lutar três anos antes, podiam pensar em fazê-lo agora. De maneira inversa, o Estado-Maior alemão (pelo menos, foi o que ele aconselhou a seu governo) acreditava que a vitória ainda seria possível – ou, pelo menos, que, se a luta era inevitável, o melhor seria não esperar. Ambos os lados se aproximavam do equilíbrio (e, na verdade, estavam completamente equiparados, como os três anos seguintes viriam a demonstrar), mas de um equilíbrio instável, em que um lado se movia para cima e o outro, para baixo, um ponto mais de "transição de poder" que um nivelamento estável de terror.[116] Essa referência à "destruição mutuamente assegurada da Guerra Fria" é um lembrete de que, por mais poderosas que fossem as armas de 1914, seu uso não era inconcebível. A possibilidade da guerra ainda não parecia tão destrutiva, assim como a de que todos seriam perdedores e a "vitória" nada significaria. As paradas militares públicas ainda remetiam a uma visão folclórica das batalhas registradas, com uniformes reluzentes, pífaros e tambores.[117] Os pontos de referência dos governos eram os conflitos europeus de meados do século XIX e os choques mais recentes, como os de 1899-1902 e 1912-13. Estes haviam terminado de maneira decisiva, embora os custos envolvidos fossem cada vez maiores. Mas extrapolar esses precedentes para embates na Bélgica e na Polônia entre exércitos de 2 milhões de homens exigia um salto de imaginação dificilmente atingível. No final, depois de duas coalizões pesadamente armadas, altamente industrializadas e de força comparável terem se engajado com a moderna tecnologia militar, o resultado, quase imediato, seria um empate prodigiosamente custoso que conduziu os governos europeus e seus infelizes povos a um mundo novo, sombrio e cruel.

Notas

1. Em alemão, "der grosse Krieg", em alusão à Guerra dos Trinta Anos, *War Land*, p. 39.
2. Clarke, *Voices Prophesying War*; Pick, *War Machine*.
3. Hinsley, *Power and the Pursuit*; Howard, *Invention of Peace*.
4. Dülffer *et al.* (eds.), *Vermiedene Kriege*.

5. Hinsley, *Power and the Pursuit*; Langhorne, *Collapse of the Concert*; Dülffer, *Regeln*.
6. Best, *Humanity in Warfare*, cap. 3.
7. Kuznets, "Quantitative Aspects", p. 19; Kenwood and Lougheed, *Growth of the International Economy*, cap. 2.
8. Offer, *First World War: Agrarian Interpretation*, pt. 2.
9. Craig and Fisher, *Integration of the European Economy*.
10. Strikwerda, "Troubled Origins".
11. Lyons, *Internationalism*, pt. 1.
12. Eichengreen and Flandreau (eds.), *Gold Standard*; deCecco, *Money and Empire*.
13. Ferguson, *Pity of War*, cap. 5; cf. Angell, *Great Illusion*.
14. Fieldhouse, *Economics and Empire*, p. 3.
15. Berlim: Verhey, *Spirit of 1914*, p. 15; Sérvia: Petrovich, *History of Modern Serbia*, v. 2, p. 586.
16. McLean, *Royalty and Diplomacy*, cap. 2; ver Mayer, *Persistence*.
17. M. E. Brown *et al.* (eds.), *Debating the Democratic Peace* (Cambridge, Mass., 1996).
18. Lautenschläger, "Technology", pp. 12-14.
19. Snyder, *Ideology of the Offensive*, cap. 1.
20. Dawson, "Preventing".
21. Howard, "Men against Fire".
22. Strachan, *First World War: To Arms*, pp. 1.005-1014.
23. Para as origens da guerra, Albertini, *Origins*, and Joll, *Origin*s. Sobre Sarajevo, Dedijer, *Sarajevo*; Strachan, *To Arms*, cap. 1-2.
24. Judah, *The Serbs*, p. 31.
25. Petrovich, *Serbia*, v. 2, pp. 613-17.
26. Sobre a Sérvia, ver Cornwall in Wilson (ed.), *Decisions for War*, cap. 3; Petrovich, *History of Serbia*; Malcolm, *Bosnia*, cap. 11.
27. Judah, *The Serbs*, p. 155.
28. Petrovich, *Serbia*, vol. 2, pp. 608-609.
29. Strachan, *To Arms*, p. 68.
30. Judah, *The Serbs*, p. 85.
31. Geiss (ed.), *July 1914*, docs. 9, 19.
32. Sobre a Áustria-Hungria: Williamson, *Austria-Hungary*; Bridge, *Habsburg Monarchy*; Rauchensteiner, *Tod des Doppeladlers*.
33. Sked, *Decline and Fall*, p. 278.
34. Stone, "Army and Society".
35. Leslie, "Antecedents".
36. Geiss (ed.), *July 1914*, docs. 6, 8.
37. Fischer, *Germany's Aims*; *War of Illusions*; Berghahn, *Germany and the Approach of War*.
38. Förster, "Facing 'People's War'".
39. Clark, *Kaiser Wilhelm II*, e a bibliografia multivolumes de John Röhl.
40. Hughes, *Nationalism and Society*, pp. 154, 128-9.
41. Sobre a constituição, Craig, *Germany, 1866-1945*, cap. 2.
42. Steinberg, *Yesterday's Deterrent*; Berghahn, *Germany and the Approach of War*.

43. Epkenhans, *Wilhelminischen Flottenrü stung*; Marder, *Dreadnought to Scapa Flow*, v. 1; Lambert, *Fisher's Naval Revolution*.
44. Kennedy, *Anglo-German Antagonism*, cap. 13; Charmley, *Splendid Isolation?*, cap. 17.
45. Joly, "La France et la revanche".
46. Steinberg, "Diplomatie als Wille".
47. Kaiser, "Germany and the Origins".
48. Ferguson, "Domestic Origins"; Ferguson, *Pity of War*, cap. 4, 5. Sobre armamentos, Stevenson, *Armaments*; Herrmann, *Arming of Europe*; Förster, *Doppelte Militarismus*.
49. Stargardt, *German Idea of Militarism*.
50. Stevenson, *Armaments*, p. 6.
51. *Ibid*.
52. Generally Kennedy (ed.), *War Plans*; Snyder, *Ideology of the Offensive*.
53. Ritter, *Schlieffen Plan*; Bucholz, *Moltke, Schlieffen, and War Planning*; Zuber, "Schlieffen Plan"; W. Dieckmann, "Der Schlieffenplan" (n.d.), BA-MAW-10/50220.
54. Fischer, n *War of Illusions*, pp. 177-89, viu a Lei do Exército da Alemanha de 1913 como parte de uma preparação premeditada para a guerra, mas essa opinião não tem sido em geral aceita.
55. Crises de modo geral, Albertini, *Origins*, v. 1; Stevenson, *Armaments*.
56. Barraclough, *Agadir to Armageddon*; Allain, *Agadir 1911*; Oncken, *Panthersprung*.
57. Helmreich, *Diplomacy of Balkan Wars*; Hall, *Balkan Wars*.
58. Fischer, *War of Illusions*, cap. 9; Röhl, "Admiral von Müller"; Röhl (ed.), "An der Schwelle".
59. Crampton, *Hollow Détente*, pp. 111, 117.
60. Förster, "Der deutsche Generalstab", seções 4 e 5.
61. Offer, "Going to War in 1914".
62. Sobre a Rússia, Geyer, *Russian Imperialism*; Lieven, *Russia*.
63. Lieven, *Russia*, pp. 77-83.
64. Gatrell, *Government, Industry, and Rearmament*, caps. 3, 4, 7.
65. For the context, McDonald, *United Government and Foreign Policy*.
66. Jelavich, *Russia's Balkan Entanglements*, pp. 241-8.
67. Albertini, *Origins*, v. 2, pp. 352-62.
68. *Ibid*. Sobre a Sérvia, Cornwall em Wilson (ed.), *Decisions for War*, pp. 76-81, apresenta uma visão diferente.
69. Geiss (ed.), *July 1914*, doc. 77.
70. Showalter, *Tannenberg*, cap. 1.
71. Trumpener, "War Premeditated?".
72. Trachtenberg, *History and Strategy*, pp. 93-5.
73. Rogger, "Russia in 1914", p. 109.
74. Mayer, "Domestic Causes", p. 293.
75. Hayne, *French Foreign Office*, p. 294.
76. Sobre a França, Keiger, *France*; and Keiger, *Raymond Poincaré*.
77. Stevenson, *Armaments*, pp. 377-8.
78. Hewitson, "Germany and France", p. 600.
79. Keiger, *France*, pp. 44, 55-6.

80. Groh, "The 'Unpatriotic Socialists'", pp. 178-9.
81. Young, "Misunderstanding"; Valone, "Misunderstanding"; Trachtenberg, *History and Strategy*, pp. 58-9.
82. Strachan, *First World War: To Arms*, p. 95.
83. Em geral, Steiner and Neilson, *Britain*.
84. Sobre a Bélgica, Stengers, in Wilson (ed.), *Decisions for War*.
85. Brock (ed.), *Asquith: Letters to Venetia Stanley*, p. 150.
86. Brock, in Evans and Pogge von Strandmann (eds.), *Coming of the First World War*, pp. 150-60.
87. Tomas, *Belgian Independence*, pp. 511-13.
88. Kennedy, *Anglo-German Antagonism*, caps. 12-14.
89. Andrew, *Secret Service*, cap. 2; French, "Spy Fever".
90. Gooch, *Prospect of War*, pp. 9-14; Marder, *Dreadnought*, v. I, pp. 344-58.
91. Wilson, *Policy of the Entente*; Ferguson, *Pity of War*; Charmley, *Splendid Isolation?*
92. Coogan, "British Cabinet and Anglo-French Staff Talks"; Williamson, *Politics of Grand Strategy*.
93. Wilson, "Britain's 'Moral Commitment'".
94. Wilson, "Imperial Interests".
95. Hazelhurst, *Politicians at War*; Gilbert, "Pacifist to Interventionist".
96. Offer, *First World War: Agrarian Interpretation*, cap. 21.
97. French, *Britain's Strategy and War Aims*, pp. 24-5.
98. Keiger, "Britain's 'Union sacrée' in 1914", in Becker and Audoin-Rouzeau (eds.), *Sociétés européennes*.
99. Joll, *Second International*; Haupt, *Socialism*.
100. Milner, *Dilemmas of Internationalism*; Howorth, "French Workers".
101. Becker, *1914*; Becker, "Union sacrée et idéologie bourgeoise".
102. Verhey, *Spirit of 1914*.
103. Becker, *1914*, p. 580; Flood, *France, 1914-1918*, cap. 1.
104. Raithel, "*Wunder*", p. 500.
105. Michel, "L'Autriche et l'entrée dans la guerre", pp. 6-10.
106. Sanborn, "Mobilization of 1914".
107. Ferguson, *Pity of War*, p. 182.
108. Strachan, *First World War: To Arms*, p. 156.
109. Gorce, *La France et son armée*, p. 131.
110. Strachan, *First World War: To Arms*, p. 158.
111. Sanborn, "Mobilization of 1914".
112. Mommsen, "Topos"; Dülffer and Holl (eds.), *Bereit zum Kriege*.
113. Taylor, *War by Timetable*; Lebow, "Agency *versus* Structure".
114. Levy, "Preferences, Constraints, and Choices".
115. Joll, "1914: the Unspoken Assumptions", in Koch (ed.), *Origins*, p. 311.
116. Levy, "Causes of War", p. 148.
117. Vogel, *Nationen im Gleichschritt*, p. 288.

2
O FRACASSO DA GUERRA DE MOVIMENTO (VERÃO-INVERNO DE 1914)

A CAMPANHA INICIAL DEU ORIGEM a todo um novo conjunto de questões a serem acrescentadas às que já dividiam as potências. No Natal de 1914, os exércitos beligerantes já haviam entrado em choque repetidas vezes, provocando centenas de mortos e feridos. Contudo, na Europa Oriental, estavam pouco distantes de seus pontos de partida e, na Europa Ocidental, estagnados em um impasse que duraria mais quatro anos. Embora suspender o conflito fosse algo quase impossível, nenhum dos dois lados vislumbrava uma saída rápida para vencê-lo. Durantes esses meses dramáticos, a política normal ficou em suspenso. Na França, encarando uma possível invasão maciça, a Assembleia Nacional, em 4 de agosto, deu créditos de confiança ao governo e também o poder de governar por decreto, antes de encerrar suas atividades, em 1º de dezembro.[1] Na Grã-Bretanha, o parlamento aprovou, de maneira similar, poderes extraordinários por meio do Ato de Defesa do Reino (DORA).[2] Na Alemanha, o Reichstag aprovou o governo por decreto para a Bundesrat (que representava os governos estaduais), e a responsabilidade pela distribuição de alimentos e leis, bem como poder de movimentação para os comandantes gerais (DCGs) nos 24 distritos militares do império.[3] A Duma russa concordou com sua autodissolução, enquanto, em Viena, o Reichsrat já estava suspenso. Os governos e os altos-comandos tiveram autorização para conduzir as operações como julgassem necessário, embora variasse a extensão das concessões dos políticos aos generais. Joseph Joffre, o comandante-chefe francês, tinha, virtualmente, poderes totais, enquanto, na Alemanha, Moltke sentia-se constantemente inseguro. De início, contudo, o dinheiro não foi problema. Os ministros das Finanças abandonaram o padrão-ouro doméstico (ou seja, o papel-moeda não era mais conversível no metal precioso) para expandir a emissão de notas. A maioria conseguia empréstimos de seus cidadãos sem dificuldade, embora – o que é mais surpreendente – mantivessem o crédito no além-mar.[4] Nas batalhas iniciais, os comandantes podiam concentrar os recursos de uma civilização generosa na busca pela vitória a qualquer custo. Essas considerações tornaram os primeiros cinco meses excepcionais. Depois disso, a guerra ficou, até certo ponto, normalizada.

A Frente Ocidental, no norte da França e nos Países Baixos, era decisiva para a luta como um todo. Ali, os exércitos francês e alemão, os mais poderosos da Europa, ficaram face a face. Seus planos de guerra haviam atraído muita atenção – muito mais do que mereciam, em vista da observação de Helmuth von Moltke, o Velho, de que nenhum plano sobrevive ao primeiro contato com o inimigo.[5] Esses planos provavelmente influenciaram menos o resultado que o poder de suas divisões e canhões. Mas efetivamente determinaram onde e como as batalhas iniciais ocorreriam, e seu fracasso quase ininterrupto em atingir seus objetivos deixou os beligerantes perdidos. Vamos, em primeiro lugar, fazer referência ao exército alemão e, em seguida, a seus oponentes.

Como os franceses eram fracos demais para derrotar os alemães, a guerra no oeste da Europa poderia ter terminado rapidamente se os alemães tivessem conseguido sobrepujar seus inimigos. O governo alemão tinha ido à guerra com essa esperança em mente, embora pareça que os estrategistas militares alemães não compartilhavam dela. Na década de 1920, contudo, antigos membros do comando-geral, que passaram a escrever como historiadores, alegaram que Schlieffen, quando estava no CGS, havia elaborado um plano que lhe teria proporcionado vencer a guerra de forma decisiva, se Moltke não o tivesse desvirtuado e aplicado mal. Depois da Segunda Guerra Mundial, o Plano Schlieffen, sob a forma de um memorando escrito em 1905, foi redescoberto por outro historiador, Gerhard Ritter, que, em contrapartida, o avaliou como uma aposta irrealizável e irresponsável.[6] A maioria dos comentaristas subsequentes concordou com ele, concluindo que o plano primeiramente incentivou a Alemanha a começar a guerra e, então, mostrou-se incapaz de conseguir a vitória. Hoje, parece questionável que o memorando de Schlieffen tenha provocado muito impacto.[7] Na verdade, o CGS revisava constantemente seus planos de guerra, num ciclo anual (do qual poucos registros sobreviveram), e a mudança sempre era incrementada. Durante seu tempo de serviço, de 1890 a 1905, Schlieffen fez duas modificações fundamentais. A primeira foi não mais adotar uma posição defensiva a oeste com vistas a um contra-ataque depois de repelir uma invasão francesa, mas, em vez disso, atacar imediatamente ali com a maior parte do exército, embora mantendo planos de contingência para um deslocamento basicamente para o leste. Schlieffen raciocinou que, como os russos estavam acelerando sua mobilização, seria mais difícil pegá-los desprevenidos, enquanto os franceses também estavam se tornando mais poderosos. Sua segunda nova ideia era invadir a França via Bélgica, utilizando, assim, a densa malha ferroviária belga e evitando a ameaça de um cerco prolongado, caso atacasse o complexo de fortalezas ao longo da fronteira franco-alemã.[8] Seu memorando de 1905 visava a um cerco mais intenso de Paris a partir do oeste e à imobilização das forças francesas, pressionando-as contra suas fortalezas do leste. No entanto, advertia ele, se os franceses escapassem ou os alemães perdessem o ímpeto, a campanha seria interminável. Ele reconhecia que a manobra de cerco, com que, no papel, ele trabalhou em números muito maiores dos que a Alemanha realmente dispunha, excedia a capacidade de seu exército. O memorando foi, portanto, mais uma especulação que um plano operacional, e as sugestões de Schlieffen em 1904-5 apontam para o fato de que ele ainda visualizava a possibilidade de, inicialmente, pôr-se primeiro na defensiva.[9]

O sucessor de Schlieffen também manteve abertas as opções alemãs. Moltke, de forma semelhante, planejou seu esforço principal com vistas ao oeste, abandonando, em 1913, o trabalho com um deslocamento a leste. Ele também tinha planos de violar a neutralidade belga, com o Kaiser apoiando essa possibilidade quando o ministro das Relações Exteriores a questionou.[10] Mas Moltke mostrava-se menos autoconfiante que Schlieffen e mais politicamente atento. Ele teve de agir em condições mais arriscadas, em que o poder relativo da França e da Rússia estava aumentando, enquanto o da Áustria-Hungria se deteriorava, e a intervenção britânica parecia provável. Ele não arriscou expor o sudoeste da Alemanha a uma invasão francesa. Isso explica sua opção por uma frente direita, três vezes mais forte que seu centro, em vez de sete vezes, como recomendado por Schlieffen. Ele e seus conselheiros previam uma luta prolongada,[11] e ele abandonou os planos de Schlieffen de invadir a Holanda, na esperança de preservá--la como um "escape" neutro, através do qual pudesse contornar eventual bloqueio britânico. Essa correção tornou imperativo assegurar as vias férreas e rodoviárias através da Bélgica para capturar Liège assim que a guerra fosse declarada.[12] Não obstante essas mudanças, os oficiais do Estado-Maior que comandaram a campanha ocidental de 1914 ainda seguiram Schlieffen, na tentativa de flanquear a França invadindo a Bélgica. Mas, ao procederem assim, como ele havia previsto, eles embarcaram em uma aventura que ultrapassava seus recursos.

Sujeito à aprovação de Guilherme, o GGS tinha total independência em termos de planejamento estratégico, mas o tamanho, a estrutura e o equipamento do exército eram decisivamente estabelecidos pelos ministros da Guerra da Prússia e dos estados menores, que estavam subordinados ao Estado e aos parlamentos imperiais. A força resultante era pequena demais. A maioria dos países continentais adotou o princípio de que todos os homens adultos estavam capacitados ao serviço militar, mas poucos o aplicavam. Em 1906, a França alistava 0,75% de seus cidadãos (mas cerca de três quartos correspondiam a jovens saudáveis e em idade compatível), a Áustria-Hungria, 0,29%, e a Alemanha, 0,47%. A despeito de sua população menor (c. 39 milhões, comparada com c. 65 milhões), a França dispunha de um exército quase tão grande quanto o da Alemanha em 1914. No mesmo ano, de 10,4 milhões de homens entre 20-45 anos na Alemanha, 5,4 milhões não tinham treinamento militar apropriado.[13] Embora, depois das leis do exército de 1912 e 1913, o ministro da Guerra pudesse convocar, a cada ano, cerca de metade da reserva remanescente de homens não treinados, esse aumento levaria anos para se transformar em força mobilizada. Contudo, numa guerra prolongada, a Alemanha teria maior reserva humana que a França, mas não que as forças da Entente combinadas. Além disso, o que faltava ao exército alemão em números era substancialmente compensado por uma competência superior. Os motivos dessa superioridade incluíam a combinação da descentralização com um propósito unificado fornecido pelo sistema do Estado-Maior, que oferecia mais oportunidade de aprender com os erros[14] que nos exércitos mais hierárquicos da entente. A posição de oficial era provavelmente mais prestigiosa que em outros lugares e atraía pessoas mais capazes; não era mais uma reserva da nobreza, com os nobres caindo de 65% para 30% do corpo de oficiais prussiano entre 1865 e 1914. O exército alemão tinha três vezes mais NCOs que o francês,[15] e seu equipamento era mais adequado à guerra moderna.[16] As ferramentas de abrir trincheiras eram padronizadas, e os soldados, treinados a usá-las. As unidades de infantaria tinham armas como morteiros leves que faltavam aos inimigos e eram as mais bem equipadas da Europa com metralhadoras. As divisões alemãs e da Entente tinham 24 metralhadoras cada uma em 1914, mas os alemães agruparam-nas em baterias para torná-las mais eficientes.[17] Elas também tinham vantagens decisivas na artilharia, que seria a exterminadora relevante em 1914-18. Desde a introdução do canhão francês de 75 mm em 1897-8, todos os principais exércitos haviam se reequipado com canhões de campo de fogo rápido. O C-96nA dos alemães tinha um calibre menor que 75 mm, mas só eles complementavam seus novos canhões de campo ao também introduzirem os *howitzers* de campo de 105 mm, 150 mm e 210 mm, que eram facilmente transportáveis pela parelha padrão de seis cavalos da artilharia de campo. Essas armas lançavam bombas mais pesadas que os canhões de campo, e em ângulos mais elevados (até 45°, em vez de 16°), infligindo uma destruição muito maior às fortalezas e trincheiras nas áreas rurais com bosques e colinas, onde ocorreu boa parte da luta em 1914.[18]

Apesar disso, no início da guerra no oeste, os alemães eram numericamente inferiores, situação que se estenderia até 1918. Um exército de campo alemão com cerca de 1,7 milhão de homens enfrentou cerca de 2 milhões de franceses, bem como um exército de campo belga com mais de 100 mil homens e um britânico de (inicialmente) um pouco abaixo desse número.[19] As contribuições da Bélgica e da Grã-Bretanha foram, portanto, secundárias. A Bélgica era um país rico, com uma sofisticada indústria bélica, mas, em termos de defesa, ficava bem atrás de seus vizinhos. Embora, em 1913, sua legislação tivesse dobrado sua força mobilizada de 180 mil para 340 mil homens, isso não fez nenhuma diferença quando irrompeu a guerra. Seu exército, com apenas um período de 15 meses de serviço, contava com pouco profissionalismo ou distinção social. Em 1914, era principalmente composto por reservistas apressadamente reconvocados.[20] Além disso, o apego da Bélgica à sua neutralidade havia inibido o avanço do planejamento. Joffre definiu seu Plano XVII sem saber se poderia pô-lo em prática lá e, embora os britânicos ensaiassem conversações militares em 1905-6 e 1911, Bruxelas as interrompeu.[21] O rei Alberto e o primeiro-ministro de Broqueville viam a Alemanha como a principal ameaça, mas alguns de seus chefes militares não confiavam tanto na Grã-Bretanha e na França. Além disso, não contavam com nenhum plano de concentração pré-elaborado e tiveram de improvisar.

Os britânicos, contudo, em boa medida graças a Henry Wilson, haviam preparado um detalhado deslocamento de uma força expedicionária de até seis divisões de infantaria e uma divisão de cavalaria para o flanco norte do exército francês, perto de Hirson, no 13º dia de mobilização.[22] Ao contrário dos exércitos continentais, a BEF compreendia um serviço regular prolongado e reservistas bem-treinados, muitos dos quais já haviam estado em ação. Eles contavam com bons e modernos rifles Lee Enfield e canhões de campo de 18 libras, embora tivessem poucos armamentos mais pesados. Mas o orçamento do exército britânico permanecia estático desde 1906 (enquanto o da marinha britânica aumentara em dois terços), e as armas de campo dos franceses e alemães eram em número quase vinte vezes maior que as da BEF.[23] Joffre tampouco pressupôs antecipadamente que poderia usar a BEF, o que se comprovou algo sensato. Em agosto de 1914, Kitchener instruiu Sir John French, seu comandante, a "apoiar Joffre e cooperar com ele", mas também enfatizou que seu comando era independente, que deveria consultar Londres antes de empreender ofensivas e, em geral, minimizar as perdas e zelar pelas únicas tropas profissionais que a Grã-Bretanha possuía.[24]

O golpe inicial de Moltke, portanto, deveria recair principalmente sobre os franceses, cujo plano de guerra indiretamente o favorecia, ainda que de modo menos amplo, como já afirmaram seus críticos.[25] Os políticos franceses viam o exército como uma ameaça potencial à república, devido ao fato de seus oficiais serem monarquistas e clericais. Na virada do século, o caso Dreyfus, em que o exército acusou erroneamente um oficial judeu de atuar como espião para a Alemanha, havia reforçado essas suspeitas. A França tinha um comando-geral (o État-Major de l'Armée, ou EMA), mas, ao contrário de Schlieffen e Moltke, seus chefes eram subordinados ao ministro da Guerra, seu tempo de oficialato era curto e não comandavam os exércitos em batalha. Contudo, quando Joffre se tornou CGS em 1911, no auge da Segunda Crise do Marrocos, recebeu maior independência, sendo designado comandante-chefe putativo, o que ele se tornaria de fato em 1914. Como mostrou o Plano XV de 1903, os estrategistas franceses propunham uma postura defensiva inicial, seguida de um contra-ataque na Lorena, onde estaria concentrado o grosso do exército. O Plano XVI (de 1909) era similar, mas posicionava mais forças perto da Bélgica.[26] Por essa época, os franceses talvez soubessem mais sobre os preparativos alemães que vice-versa. Eles previram que o principal assalto inimigo viria do oeste e, por meio de documentos interceptados e do serviço de inteligência referente à construção alemã de ferrovias, esperavam que viesse através da Bélgica.[27] Contudo, a opinião predominante era de que o exército alemão estacionaria ao sul do rio Mosa, pois pressupunham, equivocadamente, que era um exército pequeno demais para uma investida mais ampla. Essa suposição provinha da crença errônea de que os alemães não usariam formações de reserva na linha de frente, algo que os próprios franceses resistiam a fazer. O predecessor de Joffre pensou em ampliar o Plano XVI para fazer maior uso das formações de reserva, a fim de enfrentar um ataque alemão vindo do norte do Mosa, mas a ideia foi rejeitada.[28] Em contraste, no Plano XVII, que passou a ter efeito em abril de 1914, Joffre propunha não um contra-ataque, mas "ir para a batalha com todas as minhas forças".[29] Provavelmente influenciado pelos defensores da ofensiva tática e estratégica, tais como Ferdinand Foch, que lecionava na École Supérieure de Guerre, e Loyzeaux de Grandmaison, chefe do centro de operações no EMA, ele queria um ataque imediato, com o objetivo de deter o avanço alemão antes que este ganhasse força. Parte da linguagem de Foch e Grandmaison presta-se à caricatura como "culto da ofensiva", em que a força de vontade prevaleceria sobre o poder de fogo, embora, na verdade, o Plano XVII emanasse, em parte, de uma detalhada conclusão de que o equilíbrio estratégico estava se inclinando para o lado da Entente.[30] Além disso, o plano não prescrevia a direção do ataque, deixando-a para o comandante da época. Puramente como plano de concentração, ele tinha seus méritos, pois as forças francesas avançariam mais do que o previsto e podiam enfrentar um avanço alemão vindo da Lorena ou pela Bélgica e por Luxemburgo.[31] Contudo, isso se revelou um grave erro. O governo endossou o princípio de um ataque imediato, embora rejeitasse (provavelmente por medo de entrar em choque com a Grã-Bretanha) uma incursão preventiva na Bélgica. Entretanto, a alternativa de invadir a Alsácia e a Lorena rapidamente deparou com formidáveis defesas contra as quais Joffre dissiparia sua força.

Apesar das desvantagens do Plano XVII, os franceses começaram com duas grandes vantagens. A primeira era numérica. A lei do serviço militar de três anos de 1913 havia ampliado significativamente o exército permanente, embora apenas pela convocação de dois grupos de jovens recrutados sem preparo, no outono de 1913, em vez de um. O mais importante era que, graças a décadas de recrutamento intensivo, a França contava com uma grande fonte de reservistas que lhe permitia mobilizar um exército quase igual ao de seu rival em tamanho, chegando a ultrapassá-lo na cena ocidental. A segunda vantagem era que, se a mobilização e a concentração dos franceses em 1870 haviam sido lentas e caóticas, agora sua eficiência equiparava-se à de seus equivalentes alemães (admitidamente maiores). Os franceses usaram 10 mil trens para a mobilização, enquanto os alemães, 20,8 mil (transportando 2,07 milhões de homens, 11,8 mil cavalos e 400 mil toneladas de suprimentos). Para a concentração, os franceses usaram cerca de 11,5 mil trens, transportando seis ou sete vezes mais homens e cavalos que em 1870, embora com um atraso máximo de duas horas. A capacidade de organização do EMA foi, em parte, responsável por esse sucesso, mas os franceses também haviam melhorado muito sua rede ferroviária, que seria de capital importância durante toda a guerra. Em 1890, equiparavam-se aos alemães nos números de linhas-tronco ao longo da fronteira comum e, desde então, aprimoraram suas linhas transversais de comunicação. Podiam transportar homens rapidamente para a fronteira e, da mesma forma, deslocá-los lateralmente.[32]

Essas vantagens tornavam improvável que a França voltasse a ser derrotada, especialmente porque a Rússia se comprometera a atacar rapidamente, e a neutralidade da Itália acabou com a necessidade de a França desviar forças para os Alpes. Entretanto, sérias deficiências tornavam-na incapaz de lançar o inapto golpe preventivo desejado por Joffre. Boa parte de seu orçamento para equipamentos, desde 1870, havia sido gasta em fortalezas. Estas, pelo menos no principal complexo em torno de Verdun, haviam sido protegidas com concreto reforçado e torres retráteis contra a pesada artilharia moderna, embora muitos fortes menores continuassem presas fáceis.[33] Mas a consequência (como em 1940) foi a negligência para com o exército de campo. Seu canhão de campo de 75 mm era superior ao equivalente alemão, mas as divisões francesas possuíam apenas essa arma de artilharia. Devido à usura parlamentar e às lutas internas no Ministério da Guerra, não contavam com nenhum equivalente aos *howitzers* alemães. O serviço de artilharia pesada que Joffre reuniu depois de 1913 compreendia apenas cerca de 300 canhões, a maioria anterior às armas de fogo rápido e pirateadas das fortalezas, usadas por grupos do exército e não no nível das divisões. O rifle Lebel era durável, porém inferior ao Mauser alemão. Mais uma vez, por motivos de parcimônia e de um conservadorismo equivocado (do parlamento, e não do exército), a infantaria, a única da Europa, não havia adotado a camuflagem e lutava com um vistoso uniforme vermelho e azul. Os historiadores têm dedicado muita atenção aos entusiastas das táticas ofensivas, que influenciaram os regulamentos da infantaria.[34] Contudo, eles provavelmente provocaram dano menor que a fraqueza básica: o exército de campo francês era bem menos treinado e equipado que o alemão, e mal preparado para a tarefa a ele atribuída. Assim, o argumento ainda sugere que o impasse na Frente Ocidental era previsível desde o início. No entanto, não foi predeterminado. Qualquer explicação para os destinos da guerra engloba os papéis da oportunidade, da liderança e do moral. Por mais eficiente que fosse a mobilização francesa, os resultados pouco se beneficiariam desses papéis, a menos que suas tropas se mostrassem capazes e dispostas a lutar. Nesse caso, a guerra começou com semanas de desastres dos Aliados* antes do contra-ataque que ficou famoso como a Batalha do Marne. O restante da campanha ocidental de 1914 confirmou que, embora os alemães fossem incapazes de suplantar seus inimigos, estes também foram incapazes de derrotar os invasores. Não é de surpreender que essa reviravolta tenha atraído mais atenção que quase todos os outros momentos da guerra.

A fase de abertura do movimento foi um curioso interlúdio que, possivelmente, se pareceu mais com uma guerra do século XIX do que com o que se seguiu. Tropas montadas eram essenciais para o reconhecimento e a manobra rápida, com os alemães deslocando 77 mil cavaleiros, e a BEF, cerca de 10 mil. A cavalaria francesa ainda usava peitorais; os oficiais britânicos carregavam espadas de combate.[35] Contudo, se os aspectos dessa campanha relembravam caricaturas de revistas de 1870, as tropas e seus comandantes que avançavam para além dos terminais ferroviários ainda estavam mergulhando num vasto e terrificante desconhecido. Agora pode parecer incrível que, apenas 90 anos atrás, os europeus estavam derrubando postos de fronteira para se massacrar massivamente, e o espetáculo, na época, não parecia menos perturbador.[36] De qualquer modo, a maioria dos homens silenciava suas objeções íntimas. Já em 4 de agosto, soldados alemães entraram na Bélgica e iniciaram a matança – o que incluiu a execução de civis.[37]

O plano de guerra de Moltke exigia que o Segundo Exército tomasse Liège assim que começasse a mobilização, antes de avançar para a França ao longo do corredor do Mosa. Os 12 fortes principais em torno da cidade foram construídos com concreto reforçado, e os maiores tinham de oito a nove torreões.[38] Mas a Krupp alemã não havia entregado os canhões modernos a ela encomendados, e os torreões não haviam sido modernizados para se tornar retráteis. Os fortes precisavam de um anel externo de defesa nas fortificações de campo para manter a artilharia de cerco do inimigo fora de alcance, e, para começar, o comandante de Liège, o general Leman, possuía uma divisão de infantaria reforçada de cerca de 24 mil homens. Contudo, em 7 de agosto, as forças alemãs comandadas por Erich Ludendorff – que, como chefe de operações de Moltke até 1913, havia colaborado bastante na definição do plano de guerra e agora fora enviado para supervisionar sua execução – atacaram a cidade de Liège, e a infantaria de Leman bateu em retirada, deixando as fortalezas expostas. Para bombardeá-las, os invasores usaram

---

* As potências da Entente e seus parceiros, a partir daqui, serão chamadas de Aliados, embora, tecnicamente, só pudessem ser chamadas assim depois de terem assinado o Pacto de Londres, em 5 de setembro, que obrigava os participantes a não negociarem a paz em separado.

pesados *howitzers* Skoda de 305 mm emprestados pelos austríacos, bem como *howitzers* Krupp de 420 mm, secretamente desenvolvidos e que podiam ser montados no local. Tiros diretos contra os torreões esmagaram a artilharia defensora, por vezes detonando explosões internas que destruíam completamente os fortes. Antes que o último soldado se rendesse, as tropas alemãs passaram além de Liège e, a partir de 18 de agosto, com a concentração completa, embarcaram no grande avanço para oeste.[39]

Moltke estacionou um corpo reserva em Schleswig-Holstein, contra um possível desembarque britânico, e 9 divisões de infantaria e 12 brigadas de Landwehr (unidades de guarnição compostas por homens velhos demais ou sem treinamento para o exército de campo) na Prússia Oriental, mas alinhou 78 divisões de infantaria e 10 de cavalaria, agrupadas em 7 exércitos, no palco ocidental. O complexo de fortificações de Thionville-Metz, na Lorena, serviu como centro; 52 divisões dispostas ao norte avançaram através de Luxemburgo e da Bélgica, enquanto as dispostas ao sul inicialmente não avançaram.[40] Pela direita, o Primeiro Exército de von Kluck, com 320 mil homens, o Segundo, de von Bülow, com 260 mil, e o Terceiro, de von Hausen, com 180 mil, avançaram mais e encontrariam forças muito mais fracas: os belgas, a BEF e o Quinto Exército francês de Lanrezac, com 254 mil homens.[41] Evitando a Holanda e chegando, no máximo, a Bruxelas, ao cruzarem a Bélgica, em vez de chegarem ao litoral, os alemães, não obstante, começaram com um poderoso movimento de flanqueamento, embora não tenha ficado claro o que Moltke pretendia exatamente com isso.

A princípio, os alemães encontraram pouca resistência, em grande medida devido à falta de coordenação dos Aliados. O rei Alberto apelou por socorro assim que recebeu o ultimato alemão, mas, durante o mês de agosto, a cooperação franco-belga mostrou-se ausente. Embora o rei concentrasse a maior parte de suas divisões do exército no rio Gette, no centro da Bélgica, à medida que o avanço se desenvolvia, ele se retirou para o "reduto nacional" fortificado da Antuérpia. Kluck destacou duas divisões de reserva para sitiar a cidade, mas, nos dois meses seguintes, a principal força belga pouco fez, privando os Aliados de sua vantagem numérica quando mais precisavam dela. Albert enviou uma divisão para defender os nove fortes do complexo de Namur, cerca de 48 km rio acima, ao longo do Mosa, a partir de Liège, porém, entre 20 e 25 de agosto, os alemães usaram sua artilharia de assédio para derrubar as defesas de Namur, evitando assaltos da infantaria.[42] Do lado francês, Joffre lamentou a decisão de Alberto de se desligar dos Aliados, em vez de lutar com eles.[43] Mas, apesar de ele ter autorizado o Quinto Exército de Lanrezac a avançar pela Bélgica para a linha Sambre-Mosa, isso foi de pouca ajuda para Namur.

Dois fatores contribuiriam para que Joffre subestimasse o perigo vindo do norte: sua preferência por atacar na Alsácia-Lorena e sua incerteza quanto às intenções de

Moltke. Já em 8 de agosto, as tropas francesas entraram em Mulhouse, na Alsácia. Ali, os habitantes as receberam com aclamação, mas logo tiveram de se retirar. Assim que Joffre completou sua concentração, enviou o Primeiro e o Segundo Exércitos para Lorena, na esperança de que pudessem alcançar o Reno e distrair os alemães de seu principal ataque. Embora, a princípio, essa operação tenha sido bem-sucedida, os dois exércitos de Joffre estavam conectados apenas por mensagens telegráficas esporádicas, enquanto o Quarto e o Quinto Exércitos alemães que os enfrentavam beneficiavam-se de um único comando-geral, eram mais fortes do que ele imaginara e estavam intencionalmente retrocedendo. Na batalha de Morhange-Sarrebourg, em 20 de agosto, as tropas francesas que tentavam galgar uma colina foram fustigadas por rajadas de metralhadoras e fogo de artilharia diretamente lançados de aeronaves. Os alemães contra-atacaram, e os invasores retrocederam para além da fronteira, perdendo 150 canhões e deixando 20 mil homens prisioneiros.[44] Mas o pior estava por vir, pois, em 21 de agosto, Joffre decidiu-se por seu assalto principal. O Plano XVII lhe dava a liberdade de decidir quando e onde colocá-lo em prática, e ele postergou essa decisão enquanto seu serviço de inteligência esclarecia a escala e a direção do assalto inimigo. Mesmo assim, ele agiu prematuramente. Surpreendido pela força da frente esquerda dos alemães na Lorena e da direita na Bélgica, ele inferiu erroneamente que seu centro deveria estar enfraquecido. Ele ordenou que seus Terceiro e Quarto Exércitos atacassem nas Ardenas, ameaçando, assim, o movimento de flanqueamento de Moltke próximo de seu centro, enquanto o Quinto Exército empreendia um ataque de apoio no rio Sambre. O resultado foi um desastre múltiplo. As forças francesas que estavam entrando nas Ardenas eram mais fracas que as alemãs em cavalaria de reconhecimento e, na manhã do dia 22 de agosto, a neblina não deixou seus aviões decolarem. Avançando às palpadelas, em escalões, pelas poucas estradas que cortavam a floresta, elas tropeçaram não em forças mais fracas, mas em 21 divisões, contra as 20 que possuíam. Seus canhões de campo de 75 mm eram ineficientes em terreno acidentado e contavam com uma ligação telefônica ineficiente com a infantaria; os franceses não conseguiam responder às metralhadoras e aos *howitzers* alemães, que os devastaram. Na batalha de Charleroi, travada mais ao noroeste, no mesmo dia, o Quinto Exército de Lanrezac não obteve melhor resultado. Nesse encontro, ambos os lados estavam avançados, com os alemães se deparando com uma força francesa menor, que não havia preparado sua posição, e os contra-ataques franceses fracassaram, com pesadas baixas.[45] No dia 23, Lanrezac decidiu bater em retirada, abandonando os fortes remanescentes de Namur e abrindo uma séria brecha (literal e metaforicamente) com relação aos britânicos. A pedido dos franceses, esses últimos haviam desembarcado a BEF ao redor de Maubeuge (mais adiante do que fora previamente planejado) e ordenado que ela entrasse na Bélgica, onde se colocou atrás do canal de Mons-Condé. Ali, em 23 de agosto, o Primeiro Exército alemão de Augusto Kluck avançou contra ela. A cavalaria de Kluck não localizou os britânicos (enquanto a neblina, mais uma vez, cegava os aviões), e os alemães, alarmados, deram início a um assalto mal-organizado contra tropas experientes que eram protegidas por chalés de mineiros e montanhas de lixo, contando com Lee Enfields que disparavam 15 vezes por minuto. Duas divisões britânicas detiveram seis divisões alemãs, infligindo baixas três vezes maiores que as 1.850 que sofreram.[46] À tarde, contudo, os *howitzers* alemães entraram em ação, e os britânicos teriam sido forçados a resistir por mais tempo, se não tivessem sido obrigados a se retirar durante a noite devido à ordem de Lanrezac, que autorizou a retirada sem consultá-los. A situação se agravou devido à suposição errônea dos franceses de que o comandante da BEF havia sido instruído a obedecer às ordens de Joffre. Além disso, Sir John French, embora fosse popular entre seus homens, demonstrou-se, em 1914, instável e prontamente influenciado por antagonismos pessoais, um dos quais já o afastara de Lanrezac. De qualquer modo, o sucesso da BEF em deter os alemães foi eclipsado pelo imenso fracasso dos Aliados na Batalha das Fronteiras (como são coletivamente conhecidos os embates de 20-24 de agosto). No final de agosto, cerca de 75 mil soldados franceses já haviam morrido (dos quais 27 mil apenas no dia 22), e o número total de mortos e feridos chegou a 260 mil, contra baixas alemãs muito menores.[47] No dia 24, Joffre relatou a seu ministro da Guerra que o ataque geral havia fracassado definitivamente e que os Aliados deveriam reverter para a defensiva.[48]

Quando os Aliados deram início à sua Grande Retirada, os alemães pareciam mais próximos que nunca da vitória, o que não voltaria a acontecer. Contudo, embora os invasores tivessem repelido seus oponentes, estes se retiraram tão rapidamente que evitaram o cerco, logo diminuindo suas perdas. Em contraste, à medida que os alemães iam avançando, as falhas logísticas do Plano de Schlieffen-Moltke acabaram por desgastá-los.[49] Muitos desses problemas eram comuns a todos os grandes exércitos invasores de 1915. Para além dos terminais ferroviários de fronteira, as tropas tinham de marchar com pesadas mochilas e botas desgastadas num calor abafado, com os homens de Kluck cobrindo 500 km em um mês.[50] Homens e cavalos tinham de carregar os suprimentos; o exército alemão inteiro dispunha de apenas cerca de 4 mil caminhões e, antes de atingir o Marne, 60% deles já haviam quebrado.[51] À medida que os alemães iam adentrando mais profundamente na Bélgica, encontravam uma sistemática sabotagem ferroviária, com todas as pontes sobre o Mosa sendo destruídas, assim como a maioria dos túneis. No início de setembro, apenas 440 km dos 4 mil da rede ferroviária belga estavam em operação, e o exército de Kluck estava a 128 km de seu terminal mais próximo, enquanto o de Bülow estava a 160 km.[52] Depois que as linhas foram reparadas, a munição tinha prioridade absoluta, e a ala direita recebeu suprimentos adequados, enquanto as tropas, marchando através de um campo fértil no alto verão, alimentavam-se por meio de confisco (com exceção da notável ausência de pão). Seus cavalos, contudo, cujas necessidades eram muito maiores, não podiam ser sustentados com forragem: o trigo verde os deixava doentes, e havia poucos veterinários. Como os 84 mil cavalos de Kluck precisavam de mil toneladas de forragem por dia, as estradas ficaram cobertas de animais moribundos, e as armas pesadas foram deixadas para trás. Os alemães tampouco conseguiam evitar a perda de homens, já que os soldados tombavam devido à exaustão e aos ferimentos. Em setembro, muitas unidades haviam caído para a metade de sua força inicial.[53]

O avanço confuso também prejudicava as comunicações. Enquanto os franceses podiam usar um denso e intacto sistema telegráfico, os alemães padeciam – e de maneira muito mais acentuada – de problemas que haviam prejudicado o avanço dos franceses na Lorena. Moltke deslocou seu quartel-general de Coblença para Luxemburgo em 29 de agosto, mas ainda estava distante demais para alcançar seus comandantes, via terrestre, de maneira conveniente, e até o dia 11 de setembro nem ele nem seu chefe de operações, Gerhard Tappen, haviam visitado nenhum deles. Os comandantes comunicavam-se entre si por meios de homens a cavalo ou pelo rádio – e poucos aparelhos estavam disponíveis, pois eram grandes e difíceis de usar. Assim, em vez de perder tempo com mensagens em código, os alemães as enviavam *en clair*, permitindo sua intercepção pelos franceses. Entre setembro e novembro, os Aliados leram cerca de 50 mensagens de rádio dos alemães, o que traía a fraqueza do sistema de comando de seus inimigos antes do Marne e suas intenções na subsequente "corrida para o mar".[54]

Além das dificuldades com os suprimentos e a comunicação, as decisões do comando erodiram a superioridade alemã. À medida que iam avançando, eles despachavam tropas para guardar as linhas de suprimentos e conter uma resistência insubmissa. Um corpo do exército foi despachado para isolar a Antuérpia, e um segundo, para cercar Maubeuge, bem como uma brigada para defender Bruxelas. Reconhecidamente, na Antuérpia, os alemães bloquearam forças belgas maiores, mas essa decisão enfraqueceu ainda mais seu flanco direito, bem como duas outras ações que, em retrospecto, foram ferozmente criticadas. A primeira, consecutiva à vitória em Morhange-Sarrebourg, foi a ordem de Moltke para uma ofensiva por seu flanco esquerdo na Lorena – para a surpresa de seu comandante do Sexto Exército, embora o planejamento pré-guerra tivesse previsto esse contra-ataque. Ele enviou nada menos que 16 divisões para atacar Nancy, mas não conseguiu impedir que Joffre transferisse unidades do leste para o norte.[55] Aparentemente, Moltke acreditava que não podia ter agido de maneira diferente, pois as ferrovias estavam danificadas. Na verdade, ele provavelmente teria podido mover as tropas de seu flanco esquerdo para o direito a uma velocidade suficiente para fazer diferença antes da batalha do Marne, mas, até 5 de setembro, ele sequer tentou fazer isso.[56] A segunda decisão de Moltke, em 25 de agosto, foi deslocar três corpos do exército (dois dos quais foram efetivamente deslocados) para conter a invasão russa da Prússia Oriental, apenas para descobrir que os russos já haviam batido em retirada antes da chegada de seus homens. Mais tarde, ele admitiu que essa foi uma avaliação seriamente equivocada, que, em parte, parecia atribuível à confiança excessiva de seus quartéis (*Oberste Heeresleitung*, ou OHL) de que a batalha no oeste estava virtualmente vencida.[57] Parte dos reforços veio diretamente do Segundo Exército de Bülow, mas este o aconselhou a poupá-la, e Moltke confiou nessa sugestão.[58]

As ações de Moltke, nesse momento, sugerem que ele estava determinado a proteger o território alemão, na Prússia Ocidental ou na Alsácia, mas disposto a atacar onde o inimigo parecesse fraco, em vez de arriscar tudo em seu flanco direito. Efetivamente, suas instruções gerais do dia 27 de agosto visavam atacar ao longo de toda a linha. Seus Quarto e Quinto Exércitos deveriam avançar até a Lorena francesa, enquanto seu flanco direito avançaria de sul para oeste, o Primeiro Exército em direção ao baixo Sena e o Segundo para Paris.[59] Essa foi sua diretiva mais ambiciosa, e o conceito por trás dela permanece obscuro, embora o que se seguiu, em 2 de setembro, deixasse claro que sua principal preocupação não era tomar a capital, mas flanquear o exército francês. Assim, ele passou a ordenar que Kluck avançasse rumo a sudeste (e, portanto, para o leste, e não para o oeste, de Paris), a fim de proteger o flanco de Bülow enquanto este atacava os franceses, embora, na verdade, essa diretiva endossasse o desvio na direção sudeste que Kluck já havia iniciado. Como ele supunha que seu tio tivesse feito em 1870, Moltke cultivava um desenvolto estilo de liderança, em parte fazendo da virtude uma necessidade, em vista da demora nas comunicações com seus comandantes. Ele delegou a Kluck e Bülow a responsabilidade pela perseguição. Até 29 de agosto, Kluck ficou sob as ordens de Bülow, mas depois foi dispensado delas, o que criou um vácuo no flanco direito, do qual nem Moltke nem qualquer um de seus subordinados estavam encarregados. Isso logo provou que era a receita ideal para a desordem.

Enquanto os alemães perdiam o ímpeto, os Aliados o recuperavam. Durante a Grande Retirada, duas batalhas forçaram os invasores a fazerem uma pausa. Depois de Mons, a BEF, em retirada, dividiu-se entre suas duas partes constituintes para passar pelos dois lados da floresta de Mormal. Em 26 de agosto, o comandante do Segundo Corpo, Horace Smith-Dorrien, manteve-se firme na batalha de Le Cateau, com 55 mil homens contra os 140 mil do exército de Kluck. Embora ele retardasse o avanço inimigo, teve a sorte de escapar (com ajuda francesa), e seus homens sofreram 7.812 baixas.[60] Ainda mais significativo foi o golpe infligido ao Segundo Exército de Bülow pelo Quinto Exército francês três dias depois, em Gise, com Kluck inicialmente mudando seu rumo para sudeste, a fim de responder a um pedido de ajuda de Bülow. Mas a história subjacente desse período foi a definição e a implementação por Joffre de um plano de retirada. Por um lado, ele estava entre os generais mais velhos e menos competentes, e, no início de setembro, um terço de seus comandantes mais velhos haviam sido substituídos por demissão ou baixa.[61] Por outro lado, já em 24-25 de agosto, ele pensou em se desviar para Verdun, retirando seu flanco esquerdo para ganhar tempo, enquanto constituía uma nova força tirada do flanco direito e do interior francês que pudesse flanquear os alemães pelo oeste. "Nosso principal motivo para tentar resistir", escreveu ele depois, "era a esperança de que Moltke desviasse suas forças contra os russos, embora, até 31 de agosto, o serviço de inteligência francesa não tivesse descoberto trens com tropas alemãs indo para o leste".[62] Nesse ínterim, os franceses usavam suas ferrovias transversais intensamente para transportar suas tropas na direção noroeste,[63] onde um novo Sexto Exército, sob o comando de Michael-Joseph Maunoury, começou a se formar em torno de Amiens, ameaçando as linhas de comunicação de Kluck.

Ao pôr em ação seus planos de recuperação, Joffre encarou dois principais obstáculos. O primeiro foi Sir John French, que estava acostumado com as guerras coloniais e fora instruído a manter seu exército. Abalado pelas perdas em Le Cateau, os franceses recusaram-se a tomar parte em Guise. Em 30 de agosto, ele disse a Joffre que tinha a intenção de se retirar para além do Sena, a fim de descansar e se recompor. Depois de Joffre ter, compreensivelmente, apelado para Henry Wilson, o gabinete despachou Kitchener, que se reuniu com Sir John em 1º de setembro e insistiu para que ele permanecesse nas linhas e se conformasse aos movimentos do exército francês. Sir John foi deposto por uma decisão política (e ele nunca perdoou Kitchener por isso), mas, como resultado, a BEF contribuiu significativamente para a batalha do Marne.[64] O segundo problema de Joffre era a ameaça a Paris. Inicialmente, ele tivera a intenção de contra-atacar bem ao norte da cidade, na linha Amiens-Laon-Reims, mas os alemães também avançaram rapidamente.[65] Parecia que eles se dirigiam diretamente para a capital, onde um governo de coalizão nacional fora formado em 26 de agosto, e o novo ministro da Guerra, Alexandre Millerand, fez uma rara intervenção na estratégia. Joffre estava principalmente preocupado em criar uma nova força de campo, mas Millerand insistiu para que elementos do Sexto Exército fossem acrescentados à guarnição de Paris, embora o governo tivesse temporariamente abandonado a capital em 2 de setembro, transferindo-se para Bordeaux. O imperativo de defender a cidade, portanto, complicou a estratégia francesa, enquanto a proximidade da cidade alentava os alemães exaustos. Não obstante, o exército da França, e não a capital do país, era o principal objetivo de Kluck e Moltke. Sua decisão de se voltarem para leste provavelmente salvou Paris de uma batalha campal em seus subúrbios que Joffre teria sido fraco demais para evitar.

Enquanto os alemães ficavam num beco sem saída entre Paris e Verdun, os Aliados discutiam o momento certo para o contra-ataque contra o flanco oeste exposto de Kluck.[66] Posteriormente, os comentaristas franceses discutiriam se Joffre ou o general Joseph Gallieni, o governador militar de Paris, haviam sido os primeiros a vislumbrar essa oportunidade. É provável que tenha sido Gallieni; depois que uma aeronave aliada relatou, no dia 3 de setembro, que Kluck estava se voltando para o leste de Paris, ele deu instruções ao Sexto Exército de Maunoury para que preparasse um ataque. Joffre, contudo, recebeu a confirmação independente do desvio alemão por interceptação de transmissão de rádio e acrescentou a sugestão de Gallieni a uma ordem mais ampla, datada de 4 de setembro, para uma ofensiva geral no dia 6. Depois de um encontro exaltado com Joffre, Sir John French prometeu que a BEF tomaria parte do ataque. A informação de Joffre era que as baixas de suas tropas haviam sido preenchidas, seu moral estava alto e que não viam a necessidade de retroceder mais. Ele planejou atacar em ambos os flancos, nas direções de Paris e Verdun, enquanto mantinha fogo firme no centro. Mas o ataque começou um dia antes, quando as unidades do Primeiro Exército de Kluck e do Sexto Exército de Maunoury entraram em choque perto do rio Ourcq, e o que a história registrou como a batalha do Marne (o termo foi criação francesa) na verdade consistiu em uma série de conflitos interligados ao longo de uma frente de 160 km, em que ambos os lados estavam na ofensiva e boa parte da batalha favoreceu os alemães.

No leste, o movimento de pinça dos franceses a partir de Verdun pouco conseguiu, e os alemães tentaram isolar a fortaleza penetrando pelas fortificações até o sul delas, ao longo do Mosa. Eles não tiveram êxito nessa tentativa, pois perceberam que, se tivessem de retroceder, teria de ser ao norte do Marne, para uma linha depois do rio Aisne.[67] No setor central da batalha, nos pântanos de Saint-Gond, o Segundo Exército alemão interrompeu uma ofensiva do recém-formado Nono Exército francês, sob o comando de Foch, empurrando-o de volta para o Sena. A oeste, ao longo do Ourcq, o comandante do Segundo Corpo de Kluck, von Gronau, controlava um cume de colina ao norte de Meaux e repeliu os ataques de Maunoury, enquanto Kluck recuava dois outros corpos do flanco ocidental para se juntarem a ele. Apesar dos reforços franceses enviados (num célebre episódio) de Paris em carros de aluguel, em 8 de setembro, a batalha também se inclinava para o lado alemão. A única exceção a essa inclinação ocorreu ao longo do Grand e do Petit Morin, dois afluentes do Marne que correm para o sul do rio. Ali, a transferência de tropas feita por Kluck em direção ao Ourcq criou um vácuo entre seu exército e o de Bülow, pelo qual a BEF avançou cautelosamente, encontrando pouca resistência. O flanco direito alemão fora tão desgastado que, na metade oeste do campo de batalha, os Aliados, com o reforço das movimentações ferroviárias de Joffre e seus atritos (e os de Kitchener) com Sir John French, tiraram proveito de uma vantagem numérica, possivelmente de 20 a 30 divisões.[68] Além disso, os franceses haviam aprimorado suas táticas. Agora, eles usavam canhões ocultos de 75 mm com guia aérea para deter os ataques alemães e apoiar os franceses, embora empregassem a maioria de sua munição nesse processo. Assim, suas reservas de bombas de 75 mm na mobilização chegaram a 530 mil e, no dia 5 de setembro, a 465 mil, mas, dias depois, eram de apenas 33 mil.[69] A artilharia de campo alemã, nesse ínterim, estava ficando sem munição.[70] Contudo, mesmo com números superiores, tropas descansadas e intenso consumo de munição, os franceses ainda estavam sendo forçados a bater em retirada. Mais alguns dias e os alemães provavelmente teriam rechaçado o contra-ataque de Joffre, chegando a uma surpreendente distância de Paris e do tronco ferroviário entre a capital e a Lorena.[71] Mas, para o OHL, o quadro parecia muito mais sombrio e, em 8-9 de setembro, resolveu interromper a ação. Moltke não arrancou, exatamente, a vitória das mandíbulas, mas, certamente, teria garantido uma situação melhor se tivesse persistido.

A retirada alemã, em grande parte, se devia à falta de percepção e comunicação. Kluck e Bülow tinham estilos de comando que contrastavam entre si, com o primeiro se mostrando mais otimista e agressivo. Os cabos de comunicação ao longo dos 56 km que os separavam só foram estabelecidos na tarde de 9 de setembro, depois de as decisões cruciais terem sido tomadas.[72] Nenhum dos dois podia dar ordens ao outro, e ambos falharam em estabelecer contato, com Kluck nada dizendo a Bülow antes de reforçar sua frente em Ourcq. Tampouco eles pediram orientação a Moltke. Mas, de qualquer modo, ele mal poderia tê-la fornecido, pois estava cerca de 300 km distante e fora de contato. Entre 5 e 9 de setembro, o OHL não emitiu nenhuma ordem e, entre 7 e 9 de setembro, Kluck e Bülow não lhe enviaram nenhum relatório.[73] No dia 8, uma conferência do comando, presidida por Moltke, por fim designou o chefe do serviço de inteligência externa, o tenente-coronel Richard Hentsch, para visitar os comandantes do exército. A missão de Hentsch transformou-se no veículo pelo qual os pessimistas triunfaram sobre os otimistas, mantendo-se controversa por muitos anos. Um inquérito de 1917 descobriu que Moltke havia instruído Hentsch apenas oralmente de que, se o flanco direito tivesse começado a bater em retirada (o fato de o OHL não saber disso enfatiza sua notável ignorância), ele deveria conduzi-la de modo a fechar a lacuna entre Kluck e Bülow. Hentsch descobriu que Bülow realmente decidira retroceder para depois do Marne e, quando ele visitou o Primeiro Exército de Kluck, ordenou que ele fizesse o mesmo. A investigação de 1917 concluiu que ele não havia abusado de sua autoridade, nesse apoio de Hentsch contra Moltke e Tappen, os quais, por sua vez, afirmavam que isso havia acontecido.[74] Hentsch estava provavelmente certo, mas, como ele faleceu em 1918 e Moltke em 1916, a história oficial alemã nunca se aprofundou no assunto. O que parece claro é que, nos dias

8 e 9 de setembro, Hentsch, que tinha grande reputação como profissional, mas era conhecido por seu pessimismo, esteve com Bülow, que tinha tendências similares. Ambos concordaram que o Segundo Exército devia bater em retirada se a BEF cruzasse o Marne (o que aviadores alemães confirmaram no dia 9), e que, se o Segundo Exército retrocedesse, um relutante Primeiro Exército deveria fazer o mesmo, com Hentsch transmitindo a decisão a von Kuhl, o chefe dos assistentes de Kluck. Depois que Hentsch retornou ao OHL, Moltke não tentou nem repreendê-lo nem repudiá-lo, mas, depois de ele mesmo ter visitado os comandantes do exército em 11 de setembro, ordenou que o Terceiro, o Quarto e o Quinto Exércitos também batessem em retirada.[75] Além disso, Moltke era o mais pessimista de todos, um homem que sempre havia duvidado de suas habilidades, atabalhoando o plano antes e durante a campanha, e, em setembro, caiu presa de uma depressão e de uma ansiedade que assustaram os que estavam à sua volta.[76] O contraste com Joffre, que comia com apetite e dormia profundamente, exibindo um ar de calma monumental, comunicando-se com seus generais e intervindo com frequência, é inevitável. É verdade que o comandante alemão, ao enfrentar a BEF, sentiu-se tenso e vulnerável, mas a queda de Maubeuge, no dia 8 de setembro, deixou disponível um corpo do exército que poderia ter preenchido a lacuna até que Kluck tivesse derrotado Maunoury e voltado para negociar com os britânicos. Provavelmente, não havia necessidade de bater em retirada – o que não significa que, se os alemães tivessem aguentado firmes, um colapso francês fosse iminente. O resultado mais provável ainda seria um empate, embora mais perigoso para Paris e Verdun.

Por outro lado, se os alemães tivessem ficado estacionados, eles teriam ocupado, de maneira decisiva, uma posição natural no rochedo de calcário que se erguia 150 metros acima do rio Aisne, para o qual se retiraram entre 9 e 14 de setembro. Moltke já havia mencionado esse local a Hentsch como linha de defesa e, então, ele ordenou às suas tropas que o fortificassem. A infantaria tinha pás e engenheiros de campo; por anos, durante as manobras, havia praticado a abertura de trincheiras protegidas por arame farpado.[77] O Sétimo Corpo de Reservas de Maubeuge ocupou o espaço entre Kluck e Bülow, logo seguido por dois outros corpos da Bélgica.[78] Enquanto isso, os Aliados avançavam no frio e na chuva (o tempo mudou em 10 de setembro) e estavam com escassez de cavalos e projéteis. Quando chegaram ao Aisne, a chuva impediu o reconhecimento aéreo. Cruzaram o rio em 12 de setembro, mas foram forçados a retroceder. Dois dias depois, Joffre ordenou um ataque frontal, que falhou em quase todas as partes. Posteriormente, ele argumentou que um avanço mais rápido poderia ter desalojado os alemães antes que estes recebessem reforços, o que pode ter sido verdade, mas é preciso levar em consideração a exaustão de suas tropas.[79] Embora a luta prosseguisse por mais duas semanas, a do Aisne aparece, em retrospecto, como a primeira das batalhas paradigmáticas na Frente Ocidental, caracterizada por repetidos assaltos infrutíferos contra soldados entrincheirados e na defensiva. O sucesso dos alemães lança outras dúvidas quanto ao fato de eles terem sido realmente derrotados, tanto quanto de terem sido vítimas de sua própria desorganização. Depois de terem atacado, detinham os inimigos com facilidade. Com certeza, o Marne trouxe importantes ganhos aos Aliados – a parte da França sob ocupação caiu de 7,5% para 4%,[80] e cidades históricas e centros ferroviários, como Reims e Amiens, foram liberados, embora o mesmo não tenha acontecido com a área industrial ao norte e com os depósitos de minério de ferro da Lorena. Contudo, por mais desanimadora que fosse a retirada para as tropas alemãs, o OHL não a viu como impossibilidade de uma breve vitória, mas como uma manobra que diminuiria a linha e tornaria possível uma segunda tentativa.[81] Como as trincheiras se estendiam da Suíça ao canal da Mancha, parecia uma virada mais significativa. Mas, mesmo antes do Marne, esse processo já estava se desenvolvendo. Trincheiras apareceram no setor oriental do palco do conflito durante agosto e, quando da batalha do Marne, elas já se estendiam da Suíça até Verdun. Em 9 de setembro, alcançaram o acampamento de Mailly, e a retirada do Aisne acrescentou-lhes 100 km.[82] Os dois lados improvisavam furiosamente os sistemas logísticos necessários para sustentar centenas de milhares de combatentes em campo aberto. Um impasse tático começou a surgir na Frente Ocidental nas primeiras semanas e, em três meses, estava virtualmente completo, estendendo-se, então, até 1918. Depois que os Aliados, por fim, encontraram um meio de rompê-lo, os alemães se renderam quase imediatamente. Tudo isso ressalta a probabilidade de que o Marne e o Aisne meramente tenham estabelecido o tempo do eclipse de uma guerra de movimento que, de qualquer modo, estava virtualmente destinada a terminar.

***

Neste ponto, devemos nos voltar para a Frente Oriental. Ela tem sido muito menos estudada que a Ocidental. Das três potências responsáveis pela maior parte da luta, os alemães estacionaram, no máximo, um terço de seu exército ali.[83] A Áustria-Hungria separou-se em 1918, e a União Soviética preferiu esquecer o que Lênin havia denunciado como conflito imperialista. Contudo, na maior parte do período de 1914 a 1917, havia tantos homens servindo no leste quanto na França e na Bélgica, e também entre eles as baixas eram enormes, ainda que relativamente mais baixas fossem causadas por doenças e menos pelos ferimentos em combate. Embora a guerra pudesse ser vencida ou perdida no oeste, o leste tinha, repetidas vezes, impacto crítico no conflito como um todo, começando com os dois corpos de exército que Moltke desviou para lá em detrimento de seu flanco direito no Marne.

O exército imperial da Rússia era o maior das forças em luta. Em agosto de 1914, compreendia 21 divisões de infantaria contra a Alemanha (cujas divisões, no palco dos conflitos, chegavam a 13) e cerca de 53 contra a Áustria-Hungria, que contava com 37 divisões menores de infantaria contra a Rússia.[84] O número total de divisões era cerca de três quartos em relação às do oeste, e a Rússia ultrapassava, em número, as duas Potências Centrais.

No entanto, a força mobilizada pelo império czarista não era muito maior que a da França ou da Alemanha, com suas populações muito menores. Tradicionalmente, a Rússia mantinha um grande exército de prontidão, a fim de guardar suas extensas fronteiras e para a repressão interna.[85] Além disso, seu alto-comando acreditava que um período mais longo seria necessário no oeste, a fim de incorporar recrutados com educação rudimentar e confiabilidade incerta. A lei do serviço militar de 1874 previa generosas isenções entre as classes educadas e, dos remanescentes, o exército selecionava o quantitativo de que precisava por sorteio. Boa parte do orçamento ia para o suprimento das forças regulares, de um total coberto pela pobreza da Rússia por quase uma década de estagnação econômica e crise fiscal, entre 1900 e 1909. Daí em diante, um *boom* espetacular permitiu que as autoridades gastassem mais, porém elas só convocaram cerca de um quarto dos homens disponíveis a cada ano, com o resultado de apenas 2,8 milhões de reservistas treinados de primeira classe, a serem acrescentados a um exército regular de cerca de 1,4 milhão.[86]

Os recrutados tampouco eram particularmente bem-equipados. Uma das razões para isso era o fato de que, em 1914, a Rússia, na verdade, estava gastando mais que a Alemanha em sua marinha, embora, como os estaleiros russos levavam seis anos (comparados com os três do Ocidente) para construir um navio de guerra, os russos tivessem pouco a mostrar como o dinheiro fora gasto. Além disso, a Rússia gastava pesadamente em fortificações, e não no exército de campo, um assunto que causou muita dissensão no período anterior à guerra, mas que foi resolvido quando o ministro da Guerra, Sukhomlinov, ordenou que algumas fortificações polonesas deveriam ser descartadas, e uma dúzia delas, modernizadas.[87] Sukhomlinov era uma figura controversa que, em 1915, foi preso por corrupção e, depois da Revolução, acusado de traição. Embora, de forma geral, ele exercesse uma influência reformadora, o corpo de oficiais ficou dividido entre seus *protégés* e seus inimigos. Ele sabia que as fortificações eram vulneráveis e preferiu abandoná-las, mas foi obrigado a transigir. Em 1914, elas dispunham de 2.813 canhões modernos, enquanto o exército de campo contava com apenas 240 armas móveis pesadas.[88] Portanto, como os franceses, os russos tinham pouca artilharia pesada que seria decisiva para os ataques bem-sucedidos. Eles possuíam números adequados de bons canhões de campo de disparo rápido, mas apenas mil bombas disponíveis para cada um deles, em comparação com 1,4-2 mil dos franceses e 3 mil dos alemães.[89] De maneira similar, seus 4,5 milhões de rifles (o Mosin M.91 de 7,2 mm) foram suficientes para a mobilização inicial, mas pouco mais que isso. E, embora todos os observadores concordem acerca da coragem e da resistência dos soldados russos comuns, eles contavam com pouquíssimos oficiais e NCOs. Em 1903, a Alemanha tinha 12 NCOs realistados por companhia, a França, seis, e a Rússia, apenas dois.[90] O Grande Programa, aprovado em 1914, deveria ter aumentado a quota de recrutamento anual de 455 mil para 580 mil e reforçado a artilharia, mas o início da guerra arquivou esse projeto e o acordo ferroviário franco-russo de 1914. Em sua ausência, o exército foi para a guerra com muitas das fraquezas das forças francesas, mas sem a compensação de uma rede ferroviária de primeira linha. Em particular, a Polônia Russa, uma saliência cercada pela Prússia Oriental ao norte e pelas províncias da Galícia e da Bucovina ao sul, foi deliberadamente privada de ligações rodoviárias e ferroviárias, pois as autoridades a viam mais como corredor de invasão para o interior da Rússia que como trampolim para o avanço rumo ao oeste.[91] Em 1914, o rearmamento havia feito progressos consideráveis, mas ainda tinha um longo caminho a percorrer.

Apesar disso, os russos agora desfeririam golpes simultâneos contra seus dois inimigos. Sua adoção de um plano ofensivo de guerra era recente. Os dias de glória do exército russo estavam no século XVIII e início do XIX. Desde então, seu atraso tecnológico com relação ao Ocidente se ampliara significativamente. Depois da derrota para o Japão, o alto-comando havia aconselhado a Rússia a evitar uma guerra europeia. A reforma militar de 1910 havia apressado a mobilização, mas o plano de guerra russo de 1910, o Plano XIX, era o mais cauteloso em muitos anos. Devido principalmente a Yuri Danilov, o grande planejador operacional do Estado-Maior, ele previa uma invasão alemã inicial contra a qual a Rússia deveria empregar suas principais forças defensivamente e ao longo da fronteira oriental da saliência polonesa, destinando contingentes menores contra os austríacos. Contudo, em 1914, essa ênfase seria revertida. Uma das razões foi a pressão dos franceses em favor de um ataque logo de início, pois esperavam que a principal ofensiva alemã ocorresse rumo a oeste (como o serviço de inteligência russo verificou). A Rússia precisava impedir que a França caísse e, em 1911, seu CGS prometeu uma invasão da Alemanha para breve. Mas a pressão da aliança não foi o único fator em ação. Dentro do exército russo, uma facção liderada por Mikhail Alekseyev, o chefe do Estado-Maior do Distrito Militar de Varsóvia, mostrava-se cada vez mais confiante nas perspectivas de um ataque, fazia objeção a abandonar a Polônia e queria atacar a Áustria-Hungria, porque duvidavam de que uma invasão da Prússia Oriental teria sucesso, por causa de sua hostilidade com o tradicional antagonista Habsburgo. Portanto, em 1902, a Rússia adotou um esquema radicalmente revisado, o Plano XIX

Alterado. A variante "G" ainda propunha uma postura defensiva se a Alemanha atacasse o leste, mas a variante "A" pressupunha que esse ataque seria a oeste, prevendo ofensivas contra a Prússia Oriental e a Galícia Austríaca, com as forças maiores dirigidas contra esta última. Em 1914, um novo plano, o Plano 20, prevendo uma ofensiva ainda mais prematura e mais intensa, foi proposto para adoção a partir de setembro, parecendo-se muito com o que havia sido implementado em agosto.[92] Na ocasião, a Rússia lançou duas ofensivas desnecessariamente fracas, enquanto, quase com certeza, teria se saído melhor se tivesse se concentrado em uma das frentes, embora continuando a atacar a outra.

Felizmente para os russos, seu principal adversário também adotaria uma ofensiva dupla e de uma posição ainda mais fraca. O orçamento do exército russo era mais que o dobro do exército comum austro-húngaro e, embora a população da Monarquia Dupla excedesse a da França, a força de guerra de seu exército era menos que a metade da francesa. Uma proporção menor dos jovens do império foi convocada, sendo menor que a de qualquer outra grande potência, e muitos deles cumpriam um período muito curto de alistamento.[93] Enquanto os russos constituíam a maioria étnica do exército czarista, o corpo de oficiais do exército Habsburgo tinha três quartos de austro-alemães,[94] mas suas fileiras refletiam cuidadosamente a composição multinacional da Áustria-Hungria. Elas incluíam boas unidades, como os combatentes montanheses do Tirol, mas, mesmo antes da guerra, a confiabilidade de seus checos e eslavos do sul era incerta. Além disso, uma divisão comum do exército contava apenas com 42 canhões de campo (e uma divisão Landwehr ou Honvéd, com 24), em comparação com 48 de uma divisão russa e 72 peças leves e médias de uma alemã.[95] Ao contrário dos alemães, os austríacos não possuíam *howitzers* de disparo rápido. Tinham menores estoques de bombas por canhão que os russos, e menos NCOs por regimento. Na década de 1880, haviam construído uma rede de ferrovias de concentração através dos Cárpatos, que formava um baluarte natural contra uma invasão russa, e a planície da Galícia, ao norte, era guardada por uma cadeia de fortificações, com destaque para Lemberg (Lwów), Przemysl e Cracóvia. Mas, desde a virada do século, haviam se concentrado nos preparativos de sua fronteira sudoeste contra a Itália, e os russos os ultrapassaram. Em 1914, o Estado-Maior da Áustria-Hungria estimava que a Rússia podia movimentar 260 trens por dia para uma zona de concentração, contra os 153[96] dos austro-húngaros. Quase todos os critérios de avaliação mostravam que as forças dos Habsburgo estavam, em termos quantitativos e qualitativos, em desvantagem.

A Áustria-Hungria ainda apresentava a desvantagem de possuir muitos possíveis antagonistas. Embora os russos enfrentassem o Japão, a China, a Turquia e a Suécia, eles avaliavam corretamente que podcriam concentrar-se principalmente nas fronteiras ocidentais. Os austríacos tinham de considerar não apenas a Rússia, mas também a Sérvia e Montenegro. Havia muito tinham a Itália como inimigo potencial e, em 1915, a Romênia parecia prestes a se juntar ao campo russo. Daí, o Estado-Maior de Viena ter elaborado planos de contingência para o Caso I (Itália), B (Bálcãs) e R (Rússia). Até Conrad duvidava de que pudesse combater em todas as três frentes, mas fez planos para enfrentar hostilidades contra a Rússia e a Sérvia, e somente contra a Sérvia, mas seu problema é que ele não sabia se ou quando a Rússia interviria num conflito nos Bálcãs. Para enfrentá-lo, ele buscou uma flexibilidade operacional e tentou deixar claros os planos alemães. Assim, suas forças mobilizadas seriam divididas em três grupos. O A-Staffel (Contingente-A) defenderia a fronteira na Galícia, o Minimalgruppe Balkan (Grupo Mínimo Balcânico) faria o mesmo contra a Sérvia, e o B-Staffel atacaria a Sérvia numa guerra balcânica localizada, ou iria para o norte numa guerra contra a Rússia ou em outra contra os dois países. Numa guerra de duas frentes, portanto, ele sabiamente previa colocar-se na defensiva contra os sérvios, menos perigosos, e mandar o grosso do exército para a Galícia. Contudo, mais problemático seria um conflito austro-sérvio em que a Rússia interviesse. Conrad podia esperar uma semana antes de mandar o B-Staffel para o sul ou para o norte, mas, se a Rússia entrasse depois que ele o tivesse concentrado nos Bálcãs, seu deslocamento seria lento e difícil. No início de 1909, portanto, como a crise de anexação da Bósnia se aproximava de seu clímax, ele havia sondado Moltke. Este respondera que, se a Áustria-Hungria invadisse a Sérvia em resposta à provocação, e a Rússia interviesse militarmente, a Alemanha teria argumentos para uma guerra contra a aliança russo-francesa. Mas Conrad ainda temia ser atraído para uma ofensiva contra a Rússia enquanto estivesse simultaneamente lutando nos Bálcãs. Ele advertiu que avançaria a partir da Galícia apenas se a Alemanha atacasse simultaneamente da Prússia Oriental, imobilizando a Polônia Russa num movimento de pinça. Moltke garantiu-lhe que o Oitavo Exército da Alemanha efetivamente lançaria esse ataque e, em 1914, Conrad parece ter pressuposto que essa garantia ainda era válida. Em março, ele estava trabalhando em um novo plano, em vista da crescente força da Rússia. Segundo esse plano, as tropas austríacas se distribuiriam bem atrás da fronteira e abandonariam o leste da Galícia, mas seu compromisso com uma ofensiva permanecia.[97]

No fim, os alemães enviaram para a Prússia Oriental apenas contingentes de segunda classe. O Oitavo Exército compreendia 13 divisões de infantaria e uma divisão de cavalaria com 774 canhões, cerca de um décimo de suas forças totais.[98] Três das seis divisões da infantaria do exército eram divisões de reserva, recebendo seus oficiais e NCOs apenas em caso de mobilização. Contrariamente aos esforços de 1909, Moltke instruiu o comandante, Max von Prittwitz, a não empreender a ofensiva, mas defender a Prússia Oriental enquanto "apoiava" o avanço austríaco, atraindo as forças russas para ele. Ele deu a Prittwitz a opção de se retirar para o rio Vístula *in extremis*, embora advertindo que fazer isso seria desastroso.[99] Estrategicamente, os russos tiveram a prudência de se manter na defensiva contra a Áustria-Hungria e se concentrar na Alemanha, a fim de ameaçar Berlim e coordenar a pressão com os franceses. Mas, politicamente, sentiram-se compelidos a ajudar a Sérvia. Enviaram menos da metade de seu exército contra a Prússia Oriental e, além disso, comprometeram ainda mais expectativas ao dividirem suas forças. Provavelmente, seu melhor método de ação teria sido avançar com todas as forças, a partir do leste, contra Königsberg, a capital provincial. Em vez disso, tentaram uma operação em pinça, em parte devido à geografia refratária da Prússia Oriental. A província não era fértil e se encontrava escassamente habitada, com boa parte dela coberta por florestas e água. Uma cadeia de lagos de 80 km, conhecida como Angerapp Stellung, ou Posição Angerapp, formava uma barreira em seu centro. O Primeiro Exército russo, sob o comando de Paul von Rennenkampf (homens de origem alemã eram comuns na elite czarista), invadiu o nordeste dos lagos, e o Segundo Exército, sob o comando de Alexander Samsonov, o sudoeste. Rennenkampf tinha seis divisões e meia de infantaria e cinco divisões e meia de cavalaria, mais 492 canhões, sendo, portanto, mais fraco que os defensores alemães; Samsonov, por sua vez, tinha 14 divisões e meia de infantaria e quatro divisões de cavalaria, mais 1.160 canhões, número maior que o dos alemães, mas não muito. Daí o perigo de os alemães usarem a ferrovia lateral Interburg-Osterose para defender duas forças em separado. Contudo, em contraste com o Plano Schlieffen-Moltke, que era de inerente alto risco, os russos possuíam tamanha superioridade que deveriam ter sido capazes de forçar os alemães para Königsberg ou em direção ao Vístula. Não terem feito isso se deveu, em boa parte, à sua incompetência.[100]

Na verdade, havia problemas tecnológicos. Como outras forças invasoras e contrariamente aos defensores, os russos não tinham acesso às redes locais de ferrovias, telégrafo e telefone. O Segundo Exército só contava com 25 telefones. O rádio não os substituía. Mesmo os alemães só contavam com 40 estações de rádio para seu exército inteiro; os russos tinham ainda menos.[101] Cifrar e decifrar mensagens de rádio eram tarefas complexas que exigiam tempo, e os exércitos russos perdiam seus próprios códigos, tendo, portanto, de enviar mensagens *en clair*, que os alemães liam (entre estes, ocorrera a mesma coisa, embora com resultados menos desastrosos).[102] Se a comunicação interna dentro do Segundo Exército logo foi interrompida, muito mais entre os dois quartéis-generais. Tais dificuldades foram acompanhadas pela estrutura do comando russo, ou pela falta dela. Nicolau nomeou seu tio, o grão-duque Nicolau, como comandante-chefe, e Janushkevich como seu chefe do Estado-Maior, embora a figura mais importante do quartel general supremo das forças armadas da Rússia (ou Stavka) fosse o general Danilov. Depois da decisão do Stavka de invadir a Prússia Oriental (onde esperavam encontrar apenas quatro divisões alemãs), a situação dos russos ficou ainda mais precária que a de Moltke a oeste. O exército russo estava distante do front, e as comunicações eram difíceis; havia poucos oficiais para executar planos, e poucas reservas à disposição. A deficiente rede ferroviária polonesa não ajudava em nada a situação; tampouco havia um comboio de caminhões entre a Prússia Oriental e os palcos de combate da Galícia. Os russos efetivamente empregaram comandos do front para coordenar os exércitos em operação contra cada um de seus inimigos (depois das campanhas iniciais, a maior parte dos exércitos da Primeira Guerra Mundial adotaria um sistema similar de "grupo de exército"), mas a facção endêmica que brigava no corpo de oficiais acabou por miná-los. Yahou Zhilinski era o comandante do front noroeste (a Prússia Oriental), ele e Samsonov eram da facção de Sukhomlinov, mas Rennenkampf não era, e nem Zhilinski e Rennenkampf, nem Rennenkampf e Samsonov cooperavam entre si de maneira profissional.[103] Se as coisas dessem errado, eles teriam poucas condições de improvisar.

Não obstante, a campanha não teve um mau início, e foram os alemães que primeiro experimentaram uma crise de comando. A mobilização russa contra a Prússia Oriental estava em grande parte completa em 11 de agosto, e as hostilidades começaram um pouco mais tarde que na Bélgica. Rennenkampf foi o primeiro a cruzar a fronteira, embora seu avanço fosse lento. Quando os alemães interceptaram uma mensagem de rádio de que ele faria uma pausa em 20 de agosto, o general Hermann von François, comandante do Primeiro Corpo de Prittwitz, decidiu atacar. Para a maioria dos envolvidos, a resultante batalha de Gumbinnen foi a primeira experiência de combate, não revelando grande vantagem qualitativa alemã, com o Oitavo Exército atacando diretamente após ter marchado e sem um adequado bombardeamento anterior. Nos dois flancos, os alemães repeliram os russos, mas os que avançavam no centro contra a infantaria russa abrigados em fazendas e vilas não fizeram nenhum progresso. Depois de sofrer 8 mil baixas em poucas horas (de uma força de cerca de 30 mil homens), eles fugiram.[104] Nesse ínterim, interceptações de rádio e a aviação alemã revelaram que Samsonov estava invadindo a retaguarda de Prittwitz e avançando para oeste mais do que se esperava, pondo em perigo sua linha de retirada. Numa sombria conversa telefônica, Prittwitz contou a Moltke que queria se reagrupar no Vístula, com o resultado de que, no dia 22 de agosto, Moltke (que interviera muito mais aqui que a oeste) ordenou sua substituição por Paul von Hindenburg, e do chefe do Estado-Maior de Prittwitz, Georg von Waldersee, por Ludendorff. Segundo o tradicional costume alemão, este último foi a indicação chave, pois Ludendorff era um figura de muita dignidade desde seu papel em Liège. Hindenburg, que foi reconvocado de sua aposentadoria, era mais resoluto, embora menos imaginativo e enérgico.[105] Na verdade, o comando do Oitavo Exército já tinha noção de como salvar a situação, e Prittwitz poderia muito bem ter endossado suas propostas se ele tivesse permanecido em seu posto.[106] Essas propostas não diziam respeito à retirada, mas ao uso de ferrovias secundárias para transportar a maior parte do Oitavo Exército para o sudoeste contra Samsonov, uma manobra já cogitada nas reuniões do Estado-Maior antes de 1914. O chefe de operações do Oitavo Exército, Max Hoffman, sabia do antagonismo entre Rennenkampf e Samsonov, mas a manobra não era apenas ideia dele, embora sua afirmativa de que era seu autor intelectual fosse amplamente aceita. O rearranjo de Moltke pode, portanto, ter sido supérfluo, e seu subsequente despacho de dois corpos extras certamente o foi, como já avisara Ludendorff na época. A leitura que Moltke fazia da guerra no leste como uma civilização contra o barbarismo aqui pode ter desempenhado algum papel, embora, na verdade, os russos tratassem os alemães civis de uma forma razoavelmente correta. Ele e seus conselheiros foram incentivados pela Batalha das Fronteiras e provavelmente aspirassem a uma vitória sem a ajuda austro-húngara. Em outras palavras, essa decisão, que lhes custaria muito caro, proveio menos da ansiedade que do excesso de autoconfiança.[107]

As intervenções de Moltke dificultaram um avanço alemão maior, mas, pelo menos, ele não bloqueou seus comandantes locais. Zhilinski, em oposição, estabeleceu-se 320 km atrás do Primeiro e do Segundo Exércitos, e mandou que Rennenkampf, em 26 de agosto, cercasse Köningsburg, em vez de ajudar Samsonov. Mesmo depois de aprimorar suas ordens, suas instruções para a ajuda não eram nem urgentes nem específicas. Além disso, ele as transmitiu decodificadas, e os alemães as interceptaram,[108] confirmando suas observações, a partir de reconhecimento aéreo, que, depois de Gumbinnen, Rennenkampf (que havia usado boa parte de sua munição e cujos suprimentos eram caóticos) não os perseguiria. Em vez disso, ele marcou o tempo do avanço de Samsonov em direção a seu destino. Como os alemães no Marne, Samsonov estava muito distante do terminal ferroviário mais próximo, que ficava 50 km além da fronteira e só era alcançado por estradas de terra. Devido à insistência do Stavka, ele prolongou sua marcha, avançando para noroeste, e não para o norte, provavelmente para cortar a retirada de Prittwitz. Desembaraçando-se do exército de Rennenkampf depois de 20 de agosto, os alemães fizeram contato com Samsonov quatro dias depois. Embora a subsequente batalha de Tannenberg (nome coletivo para uma série de ações entre 14 e 31 de agosto) se tornasse a maior operação de cerco de guerra, isso não fazia parte das expectativas iniciais de Ludendorff. François, que havia atacado Rennenkampf antes de Gumbinnen, em desafio a Prittwitz, agora desafiava Ludendorff, que queria um ataque lateral precipitado antes que as tropas de François tivessem desembarcado. Quando François atacou pesadamente o flanco esquerdo de Samsonov, no dia 27, tinha por objetivo isolar os russos de suas linhas de retirada e, na essência, conseguiu isso, embora Ludendorff também contribuísse para o cerco ao mover suas forças contra o flanco direito russo. Talvez a maior responsabilidade pela debacle, contudo, fosse do próprio Samsonov, que havia perseguido o 20º Corpo alemão, tendo demorado a perceber que estava em perigo. Em 28 de agosto, ele ordenou um avanço que levou suas forças mais para o fundo da armadilha que se desenvolvia, em vez de evitá-la. Desmoralizados e com suas rações e munição já no fim, os russos começaram a se render, com Samsonov abandonando o comando e se suicidando. No final, sua força havia perdido 92 mil homens feitos prisioneiros, 500 canhões e talvez 50 mil mortos e feridos, contra baixas alemãs estimadas em 10 mil a 15 mil homens.[109]

Os alemães haviam mantido suas tropas mais bem equipadas, estavam mais bem informados e se aproveitaram das oportunidades com maior rapidez. Seu comando descentralizado, que funcionava mal no Marne, havia permitido a formação de um plano de recuperação e permitido que François tomasse a iniciativa de sua execução.[110] Contudo, o espetacular resultado se deveu, em boa parte, aos erros russos, e Tannenberg assumiu um significado místico que excedia o estratégico. Este começou com o nome da batalha, tirado de uma vila próxima, onde poloneses e lituanos haviam derrotado a Ordem Teutônica* em 1410. Agora, os publicistas podiam afirmar que aquela humilhação havia sido vingada, com as hordas asiáticas repelidas e Berlim liberada. A vitória também, de maneira não totalmente merecida, lançou Hindenburg e Ludendorff numa trajetória de carreira que deixou até Guilherme II relutante em desafiá-los e dar-lhes domínio sobre a grande estratégia alemã na segunda metade da guerra. Entretanto, os russos substituíram suas perdas rapidamente, e Tannenberg, na verdade, não conseguiu eliminar a ameaça ao solo alemão. Ela tampouco foi seguida por um triunfo comparável contra Rennenkampf. Na batalha dos lagos Masurianos, travada de 5 a 13 de setembro, Ludendorff lançou suas tropas novamente contra o Primeiro Exército russo, que se posicionara a leste da região dos lagos. Ele agora recebera os dois corpos do exército liberados por Moltke e começara com uma vantagem numérica. François tornou a romper o flanco esquerdo dos russos e abriu caminho por trás deles, mas, apesar de os alemães terem feito 30 mil prisioneiros, Ludendorff não conseguiu completar outro cerco ao romper o centro do inimigo, e Rennenkampf retirou-se a tempo. Depois que os vitoriosos iniciaram uma perseguição através da fronteira, começaram a padecer dos problemas usuais dos exércitos invasores, incluindo a exaustão e o consumo

---

* A Ordem dos Cavaleiros Teutônicos de Santa Maria de Jerusalém (em alemão, Deutscher Orden, e em latim, Domus Sanctae Mariae Theutonicorum) era uma ordem militar cruzada ligada à Igreja Católica pelo papa Clemente III, no final do século XII. Foi uma das mais poderosas e influentes da Europa, com membros pertencentes à nobreza, inclusive à família real da Prússia. (N.T.)

dos suprimentos. No dia 25 de setembro, os russos contra-atacaram, empurrando os alemães de volta para a linha Angerapp. A luta de setembro custou ao Oitavo Exército cerca de 100 mil baixas e, apesar de infligir um dano ainda maior aos russos, acabou em empate.¹¹¹ Tannenberg foi uma vitória importante, mas muito longe de decisiva.

Embora a campanha da Prússia Oriental seja mais bem conhecida, as batalhas de agosto na Galícia envolveram forças maiores de ambos os lados e não tiveram maiores consequências. Dado o impasse prussiano no leste, uma combinação de fracasso para a Alemanha no oeste com o desastre austro-húngaro no leste era de mau agouro para as Potências Centrais. Esse desastre era previsível, dada a inferioridade austríaca em números e equipamento, embora a má fé alemã e os erros austríacos que podiam ter sido evitados tenham contribuído nesse sentido. Na mobilização, o arquiduque Frederico tornou-se o comandante-chefe titular austro-húngaro, mas, na prática, Conrad e seus conselheiros (agora constituídos como Alto-Comando do Exército ou Armee Oberkommando, AOK) comandavam as operações na Galícia. Durante a Crise de Julho, Conrad viu-se na situação que havia muito temia: uma guerra iminente contra a Sérvia sem o comprometimento russo. Contudo, ele sabia que a intervenção russa era virtualmente certa, o que tornava seu comportamento ainda mais confuso. Depois que Belgrado rejeitou o ultimato, ele autorizou a mobilização parcial do Minimalgruppe Balkan e do B-Staffel, mas não do A-Staffel, sem levar em consideração os russos, que ele afirmava estarem blefando. Contudo, no dia 31 de julho, em vista das exortações de Moltke, ele optou pelo Caso R. A mobilização geral foi ordenada para o dia seguinte, e Conrad inquiriu se o B-Staffel poderia ser redirecionado dos Bálcãs para a Galícia. Seu principal planejador de deslocamentos ferroviários, von Straub, ficou horrorizado e respondeu que não, e o AOK decidiu transportar parte do B-Staffel primeiro em direção sul, para a fronteira sérvia, e, então, para o norte contra os russos, enquanto postergava a mobilização do A-Staffel para liberar o material circulante necessário. Provavelmente, os especialistas em transporte ferroviário improvisaram de maneira mais decisiva, porém a culpa maior pelo fiasco parece estar na insistência de Conrad (possivelmente por motivos políticos) em precipitar uma guerra contra a Sérvia. O efeito foi postergar sua concentração na Galícia até 19-23 de agosto, época em que Moltke havia advertido que só atacaria da Prússia Oriental se a Rússia se mantivesse passiva diante da Alemanha. Esse fato surgiu como uma surpresa completa e indesejada para Conrad, que, contudo, persistiu em sua planejada ofensiva, esperando ajuda alemã em seis semanas devido às expectativas demasiadamente otimistas no que dizia respeito à rapidez com que a França poderia ser abatida.¹¹² Contudo, ele também decidiu desembarcar seus soldados bem além da fronteira, no deslocamento que seu comando, ao prever a necessidade de cautela diante da superioridade russa, havia investigado em março. Dali, eles teriam de marchar rumo à zona de combate, lá chegando cansados e erodindo ainda mais seu fraco comando em tempos de mobilização.[113] Entretanto, no final de agosto, suas forças na Galícia chegaram a 500 mil homens em 31 divisões, subindo para 37 quando o B-Staffel chegou em 4 de setembro. O Primeiro, o Segundo, o Quarto e o Terceiro Exércitos foram agrupados, nessa ordem, de oeste para leste, indo do sul de Lublin ao rio Dniester. Conrad sabia que a principal concentração russa ficava mais a leste, tencionando avançar para o norte ao longo de uma frente de 109 km, com os principais objetivos a cargo dos exércitos de seu flanco esquerdo. Essas forças deveriam espalhar-se, cortar as ferrovias polonesas e atingir a retaguarda do avanço russo em direção à Prússia Oriental, ajudando, assim, indiretamente a marcha dos alemães contra Paris, ao mesmo tempo em que demonstrava a habilidade austro-húngara de vencer uma campanha importante sem ajuda.[114]

Os austríacos já haviam sido superados em número. No final de agosto, os russos haviam posto em alerta 45 divisões de infantaria e mais de 18 divisões de cavalaria contra eles, com outras 8 divisões e meia de infantaria sendo formadas. Como as unidades russas eram maiores que as austríacas (cada infantaria russa possuía de 60% a 70% a mais de homens, uma artilharia 30% mais pesada e um número oito vezes maior de canhões),[115] elas contavam com cerca de 750 mil homens nos quatro exércitos (do oeste para o leste, o Quarto, o Quinto, o Terceiro e o Oitavo). A direção geral era propiciada pelo front sudoeste, comandado por Nikolai Ivanov e seu chefe do Estado-Maior, Alekseyev, uma equipe muito mais capaz que no noroeste, embora aqui também as divisões no corpo de oficiais prejudicassem as operações. O front sudoeste pretendia atacar do norte em direção à fortificação e ao entroncamento ferroviário de Cracóvia; o Stavka preferia uma abordagem mais indireta a partir do leste, avançando paralelamente aos Cárpatos. Os russos adotaram a solução característica de fazer as duas coisas, tentando um "fechamento duplo" dos inimigos, mas o ataque do leste provocou o dano. No norte, onde ambos os lados tinham números quase iguais, os austríacos saíram vitoriosos dos primeiros embates em Krasnik em 23-24 e, em Komarów, em 26-31 de agosto. Mas, no início de setembro, seus suprimentos já estavam se exaurindo, com a população polonesa incapaz de lhes dar o apoio esperado, e um novo Nono Exército russo marchava contra eles. Nesse ínterim, os russos fechavam o cerco a leste, com o Oitavo Exército do general Alexei Brusilov derrotando o Terceiro Exército austríaco na batalha de Gnila Lipa (26-30 de agosto), e tomando Lemberg em 3 de setembro. Conrad tentou, sem sucesso, um contra-ataque contra o flanco russo na batalha de Rawa Russka, em 8-10 de setembro, mas foi obrigado a ordenar uma retirada geral para junto aos Cárpatos, ao sul, e para o rio Dunajec, a leste de Cracóvia, onde, no final de setembro, o front se estabilizou. A essa altura, os exércitos de Conrad ao norte também haviam sido derrotados. Agora os russos eram os invasores, lutando em estradas alagadas, ferrovias inadequadas de bitola mais estreita que a deles e um inimigo que sabia ler suas mensagens de rádio, além de se encontrarem bloqueados pela grande fortaleza de Przemysl, que contava com 100 mil homens e era cercada por 50 km de trincheiras.[116] Poderia parecer que, como em outras partes, o impasse havia se estabelecido, mas os russos haviam atingido os austríacos de maneira mais severa que os alemães com relação aos russos ou aos franceses. Na verdade, o ataque de Danilov contra o flanco oriental de Conrad foi a única ofensiva de agosto de 1914 que atingiu seus objetivos de modo substancial. Os austríacos perderam a Bucovina e boa parte do leste da Galícia, inclusive petróleo, ricas terras férteis, as fortificações de Lemberg e Jaroslav e um ponto de partida para o flanco sul da Polônia Russa. Eles talvez tenham sofrido 100 mil baixas, com 222 mil feridos e 100 mil homens feitos prisioneiros, bem como a perda de 216 canhões, mil locomotivas e pesadíssimas baixas entre seus oficiais e NCOs.[117] Hoje, é difícil visualizar essas batalhas, muito menos documentadas que as ocorridas na França, em que as tropas Habsburgo avançaram entusiasmadas por planícies descaracterizadas, com pouco reconhecimento efetivo da cavalaria de ambos os lados, lançando-se desajeitadamente sobre forças russas superiores cuja artilharia sofreu terríveis baixas. Essas perdas foram provocadas, em parte, pelos ataques frontais suicidas de sua infantaria, sancionados por uma doutrina tática anterior a 1914. Os russos também sofreram cerca de 250 mil baixas (incluindo 40 mil prisioneiros), mas estas eram baixas menores num exército maior. O grande número de prisioneiros de ambos os lados, em parte, refletia o caráter móvel da campanha, mas também traía um moral abatido. Isso se aplicava especialmente ao exército Habsburgo, cujas unidades checa, sérvia e italiana já estavam se revelando não confiáveis, e a perda de tantos de seus melhores soldados e oficiais exacerbaria esse problema.[118] A Áustria-Hungria já estava perto de se mostrar incapaz de lutar contra os russos sem a ajuda dos alemães, e assim permaneceria pelo resto da guerra. Conrad logo lamentou ter atacado sozinho e fez vários apelos de ajuda, depois responsabilizando a Alemanha pela calamidade e considerando uma paz em separado. Mas, quanto mais os alemães ajudavam seus aliados na Frente Oriental, mais difícil consideravam reunir uma força esmagadora na Frente Ocidental.

A última ofensiva fracassada de agosto de 1914 foi o primeiro ataque austro-húngaro à Sérvia. Os austríacos fizeram o que seu planejamento pré-guerra havia rejeitado, lançando ofensivas fracas na Polônia e nos Bálcãs, sem obter sucesso em nenhuma. Foram humilhados por um país que sequer era uma grande potência e, em muitos aspectos, mal-equipado para a luta. É verdade que o exército da Sérvia era grande. Com menos de um décimo da população do Império Austro-Húngaro, ela mobilizou mais de sua população masculina que qualquer outro país da Europa:[119] cerca de 350 mil homens, dos quais 185 mil eram combatentes de linha de frente, agrupados em 11 divisões de infantaria e uma divisão de cavalaria, formando três exércitos. Contava com hábeis comandantes (ao contrário da maioria dos outros comandantes europeus), com uma recente experiência em 1912-13, incluindo o chefe do comando supremo, Vojvoda Radomir Putnik, que estivera em Budapeste durante a Crise de Julho, mas a quem Francisco José, num gesto cavalheiresco de prudência dúbia, deu permissão de retornar a seu país. De maneira incomum entre os comandantes de 1914, Putnik concentrou suas forças principais na defesa do centro do país, prontas para um contra-ataque no caso de uma invasão. Mas, em outros aspectos, os sérvios eram mais vulneráveis. Montenegro, seu aliado, era de pouca valia. Seu rei, Nikita, estava próximo da bancarrota. Ele mobilizou uma milícia de 35 mil a 40 mil homens, que os sérvios supriram com cem canhões.[120] O próprio exército da Sérvia teve de ser reequipado na década que antecedeu a guerra, mas em 1912-13 havia perdido cerca de 36 mil homens mortos em combate e por doenças, com 55 mil gravemente feridos. O país ganhou novos recrutas de seus novos territórios e teve de treiná-los contra os insurgentes albaneses e a ameaça de retaliação búlgara. O Tesouro só permaneceu solvente graças a um empréstimo francês. Assim, embora o exército contasse com modernos canhões franceses de disparo rápido, faltava-lhe o básico. Ele estava apenas começando a substituir as bombas usadas nas Guerras dos Bálcãs. Faltavam calçados para os recrutas, muitos dos quais andavam descalços, e principalmente rifles, que a Sérvia não podia nem fabricar internamente nem importar. Os russos entregaram-lhe 120 mil rifles no final de agosto de 1914, mas esse número não dava para que cada soldado recebesse uma arma moderna. Em contraste, todas as unidades austro-húngaras tinham rifles modernos, duas vezes o número de metralhadoras e canhões de campo com estoques mais generosos de munição, bem como um transporte muito melhor e uma infraestrutura industrial por trás.[121]

Não obstante, a invasão inicial da Sérvia pelos austro-húngaros terminou em outro desastre. Dado o posicionamento defensivo dos sérvios, o mais prudente teria sido não fazer nada nos Bálcãs e se concentrar na Rússia. Mas as circunstâncias em que a guerra se havia iniciado tornaram isso politicamente difícil. Além disso, o Quinto e o Sexto Exércitos dos Habsburgo (o Minimalgruppe Balkan do pré-guerra), estacionados nas fronteiras norte e noroeste da Sérvia, passaram para o comando do general Oskar Potiorek, um rival de Conrad que respondia diretamente a Francisco José e era independente do AOK.[122] Potiorek estava ansioso por atacar. Seus dois exércitos totalizavam 140 mil homens, menor que as forças sérvias, mas o Segundo Exército, a porção do B-Staffel que fora enviada para os Bálcãs antes de ser removida para a Galícia, ficou estacionado na fronteira sérvia até 18 de agosto, proporcionando, assim, um breve desvio de atenção, enquanto Potiorek lançava os outros dois exércitos num ataque convergente, partindo de pontos distanciados 100 km um do outro, avançando lentamente através de uma região montanhosa com poucas estradas. Depois que Putnik percebeu que o principal perigo estava a oeste, fez um rápido giro de 90 graus em suas tropas, atacou o flanco do Quinto Exército numa noite e irrompeu em seu centro na batalha da montanha Cer em 16-19 de agosto. Potiorek ordenou que suas tropas recuassem e, no dia 24, o solo sérvio estava livre dos invasores. As baixas sérvias foram cerca de 17 mil, enquanto as austríacas foram quase 24 mil, incluindo 4.500 prisioneiros de guerra. Os exércitos austríacos estavam separados demais para que se ajudassem mutuamente e, no combate corpo a corpo durante a noite, os sérvios mostraram sua superioridade em termos de experiência e moral elevado sobre os invasores (dos quais 40% eram eslavos do sul), embora os sérvios tenham usado boa parte de sua munição: cerca de 6,5 milhões de cartuchos e 36 mil bombas.[123] A batalha reproduziu em miniatura o que estava acontecendo em boa parte da Europa. Defensores determinados e uma chuva de projéteis derrotaram um plano de ataque apressado e executado com forças inadequadas. Os sérvios se beneficiaram da falta de coordenação de seus invasores, mas não conseguiram liquidá-los durante a retirada, propiciando, assim, uma nova incursão.

***

Em meados de setembro, as frentes invasoras iniciais haviam fracassado em toda parte, embora os russos tivessem assolado uma parte valiosa do território austríaco e os alemães tivessem tomado boa parte do norte da França e da Bélgica. Todas as forças atacantes viram-se em severa desvantagem, tanto tática (contra os rifles, metralhadoras e artilharia de fogo rápido dos defensores) quanto operacionalmente (perdendo acesso ao transporte e às comunicações seguras, bem como revelando falta de reconhecimento confiável depois de terem cruzado as fronteiras). Todos precisavam de uma superioridade numérica – que só a Rússia possuía no leste da Galícia – para atingir seus objetivos. Em cada palco da luta, essas dificuldades cumulativas, cedo ou tarde, acabavam por deter as ofensivas, embora somente após incríveis números de baixas que, no restante da guerra, raras vezes seriam igualados. Contudo, os dois lados estavam longe de querer admitir que estivessem num conflito estático ou num impasse. Durante o resto da campanha, tentaram salvaguardar suas posições numa série de batalhas ferozes, estabelecendo padrões de luta que perdurariam pelos três anos seguintes.

Até novembro, os alemães deram prioridade à Frente Ocidental. Conrad foi mantido desinformado sobre o Marne, e os comunicados de sua lacônica imprensa minimizavam o revés.[124] Tampouco foi revelado que, na noite de 14 de setembro, Moltke sofrera um colapso nervoso. Falkenhayn substituiu-o imediatamente, como CGS (oficialmente, a partir de 3 de novembro), exercendo, assim, função dupla, como CGS e ministro da Guerra.[125] Sua nomeação foi unanimemente impopular, já que ele era visto como alguém que subira devido às suas ligações com a corte, e sua arrogância e seu sarcasmo renderam-lhe muitos inimigos. Além disso, um aspecto substancial logo o afastou de Hindenburg e Ludendorff, que esperavam, depois de Tannenberg, acabar com os russos numa segunda batalha de cerco, enquanto Falkenhayn preferia renovar a ofensiva na França. O OHL via a derrota no Marne como séria, mas não irreparável, com Falkenhayn explicando a Bethmann e Jagow que ela havia postergado a vitória, sem, contudo, impedi-la. Tappen (que continuava como chefe de operações) insistia na necessidade de se manter o território conquistado, devido a seus recursos industriais e para proteger o Ruhr e a fronteira ocidental da Alemanha.[126] Além disso, Falkenhayn tinha por objetivo capturar baluartes como Verdun e Antuérpia, bem como consolidar o controle da ferrovia lateral que ia da Bélgica, passando por Reims, a Argonne. Assim, em 19-20 de setembro, apenas dez dias após a retirada, ele lançou novas ofensivas a leste e a oeste de Verdun. A ofensiva a leste avançou mais de 60 km para construir a chamada saliência de Saint-Mihiel, escondendo os alemães no Mosa e reduzindo as comunicações francesas com Verdun a uma pequena ferrovia. A do oeste cortou a linha Verdun-Toul e deixou a Paris-Nancy ao alcance da artilharia.[127] Sua principal ambição, contudo, era flanquear os Aliados pela esquerda. Como Joffre, de maneira inversa, esperava expulsar os alemães flanqueando-os pela direita,[128] o combate mais encarniçado do outono ocorreu ao longo do flanco entre o Marne e o canal da Mancha. Uma série de ações confusas, normalmente conhecida (embora erroneamente) como "corrida para o mar", espalhou-se pelas províncias da Picardia e de Artois até Flandres. Em 17 de setembro, o Sexto Exército Francês tentou manobras em torno dos alemães ao longo do rio Oise; no dia 27, as forças francesas e alemãs entraram em choque na região do Somme, em torno de Albert; no dia 2 de outubro, três corpos do exército alemão atacaram Arras. Cidades tranquilas que logo foram ganhando notoriedade, à medida que os dois lados cavavam trincheiras e a nova geografia do front se cristalizava.

Ambos os lados lutavam com sérias desvantagens. Falkenhayn já fora criticado por não reformar ainda mais seu flanco direito, mas a maioria das ferrovias atrás de seu front ficara fora de ação. Os franceses, apesar de operarem do lado externo de um arco, tinham acesso a uma rota não danificada e a mensagens de rádio interceptadas. Infelizmente, perderam cerca de dez dias movendo-se para o norte, pois tinham de dividir as ferrovias com a BEF, que, no mês de outubro, foi transportada de Aisne para a Bélgica. Isso foi ideia de Kitchener (embora Sir John French também desejasse ficar perto dos portos do canal da Mancha), e Joffre preferiu postergá-la, subsequentemente culpando-a pela perda de Lille.[129] Além disso, os franceses agora enfrentavam um problema que logo atingiria todo o exército: a falta de bombas. Durante a batalha do Marne, eles haviam disparado boa parte de seu estoque inicial (ao contrário dos alemães), e suas possibilidades de reabastecimento eram apenas paliativas. Em 24 de setembro, Joffre advertiu que, com aqueles índices de consumo, o exército logo seria incapaz de lutar. Cada canhão de campo de 75 mm foi limitado a 200 disparos,[130] e os canhões do século XIX, que desconheciam os disparos rápidos, foram postos novamente em serviço. Nesse ínterim, metade da mão de obra de Schneider-Creusot, o maior fabricante particular de armas da França, havia sido convocada, e a saída diária de bombas de 75 mm dos arsenais do estado totalizava apenas de 8 mil a 10 mil unidades, embora algumas baterias disparassem mil por dia. Joffre protestou junto a Millerand, o ministro da Guerra, que convocou uma conferência de emergência com os industriais franceses em 20 de setembro e prometeu atingir a produção de 30 mil por dia em um mês, não conseguindo, contudo, atingir essa cifra.[131] Até 1915, faltariam bombas aos franceses, principalmente de alta capacidade de explosão, enquanto os alemães consolidavam suas defesas.

Em outubro, o impasse que surgia estendeu-se até Armentières, perto da fronteira norte da França, e a Bélgica tornou a se transformar no olho da tormenta. Agora ela era o único flanco aberto remanescente, e Falkenhayn decidiu-se por uma grande ofensiva em Flandres. No entanto, antes de iniciá-la, os alemães ocuparam Bruges e Ghent, atingindo a costa perto de Nieuwpoort. Além disso, a partir de 28 de setembro, deram início a seu assalto à Antuérpia. Suas forças eram pequenas demais para vencer as maciças fortificações concêntricas da cidade, que recebeu reforços, principalmente um contingente de fuzileiros britânicos enviados por iniciativa de Winston Churchill (que os acompanhou), embora fosse improvável que sua ação pudesse postergar o resultado.[132] Mais uma vez, os canhões alemães arrasaram as fortalezas, embora Joffre, provavelmente com razão, havia muito tivesse descrito a Antuérpia como causa perdida. Ele tinha poucas tropas com que pudesse auxiliar, tendo uma opinião desfavorável do exército belga, que ele queria que evacuasse a cidade.

Felizmente, com o cerco não tendo sido completado, Albert e boa parte de suas tropas puderam sair, para depois serem transportados até a linha do rio Yser, bem abaixo da costa. Os que permaneceram (inclusive muitos britânicos) foram presos pelos holandeses ou capturados quando a Antuérpia se rendeu no dia 9 de outubro. Mas a queda da Antuérpia também liberou três divisões alemãs e, simultaneamente, quatro novos corpos do exército ficaram à disposição de Falkenhayn, compostos principalmente por civis que haviam sido treinados desde o início da guerra. Três quartos deles eram voluntários estudantes da universidade e das escolas.[133] Apesar das dúvidas fundamentadas do ministro da Guerra de que estivessem prontos, Falkenhayn lançou-os na ofensiva, que teve início em 20 de outubro, com o objetivo de desalojar os Aliados de Flandres e tomar os portos do canal da Mancha. Dessa forma, ele esperava deter o avanço dos britânicos no continente, capturar bases por meio de ataques aéreos e marítimos contra as Ilhas Britânicas, proteger suas conquistas recém-adquiridas[134] e, possivelmente, reverter o jogo decisivamente em seu favor. Mas Joffre estava igualmente determinado a deter o novo avanço,[135] e os ataques alemães e dos Aliados aconteciam de maneira impetuosa.

A luta por Flandres passou por várias fases. Ao sul de Ypres, em Armentières e La Bassée, as tropas britânicas repeliram o Sexto Exército alemão, empurrando-o para além do rio Lys, mas não fizeram outros progressos. Ao norte de Ypres, o Quarto Exército alemão, composto pelos quatro novos corpos, avançou pela costa até o Yser, onde os belgas os detiveram abrindo as comportas do sistema de drenagem e criando uma planície inundada que entrou 5 km pelo continente. Com os dois flancos assim fixados, a luta se concentrou em torno de Ypres. A Primeira Batalha de Ypres começou como um ataque recíproco pelos dois lados, mas cada vez mais os Aliados se punham na defensiva. À medida que as tropas extras alemãs iam chegando, Sir John pensou em bater em retirada para Boulogne. Mas Joffre o ignorou e decidiu manter o que estava surgindo como a infame "saliência de Ypres", curvando-se para leste da cidade, embora provavelmente fosse mais sensato permanecer na linha do canal, mais curta e reta, em direção oeste.[136] Os britânicos também ficaram sem bombas, e Sir John procurou racionar seus disparos diários. Durante a maior parte da batalha, os alemães tiveram maior poder de fogo, bem como tropas mais numerosas, e muitas de suas baixas foram provocadas pelo fogo de pequenas armas da BEF quando atacavam em grandes massas. Os Aliados se abrigavam atrás de riachos e casas de fazenda, cavando cada vez mais trincheiras, embora, a princípio, elas fossem rasas e só intermitentemente protegidas por arame farpado. Alternativamente, usavam barreiras de proteção erguidas acima da superfície, pois a grande concentração de água da argila de Flandres tornava as trincheiras passíveis de inundação. Depois de ataques mais dispersos, de 21 a 30 de outubro, os alemães concentraram seu assalto em Ypres entre 31 de outubro e 2 de novembro, repelindo os britânicos de Messines para o sul e quase irrompendo em suas linhas. A resistência bem-sucedida aumentou a reputação de Sir Douglas Haig, o comandante do Primeiro Corpo de Sir John. Depois de outro grande assalto geral ter falhado, em 11 de novembro, os ataques alemães tornaram-se mais esporádicos, e Falkenhayn finalmente resolveu desistir, não só devido à falta de avanço e às enormes baixas, mas também porque não havia mais bombas para a artilharia pesada.[137] Embora os alemães apresentassem alguns ganhos importantes, os Aliados ainda mantinham os portos do canal da Mancha, bem como Ypres, uma bela cidade medieval fabricante de tecidos que os bombardeios haviam reduzido a escombros, mas agora uma cidade-heroína cuja posse se transformara em uma questão de prestígio. Os Aliados também conservavam a saliência, uma posse dúbia que expunha seus defensores a constantes bombardeios da artilharia sobre seus cimos elevados. Para obter esses resultados, eles pagaram um preço alto: na batalha do Yser, os belgas sofreram 20 mil baixas, ou 35% de seu exército remanescente, os franceses (que defendiam a linha que ia do norte da saliência até as inundações e cujo papel no resgate de Ypres havia sido negligenciado) perderam 50 mil homens, e a BEF 58 mil, contra 130 mil baixas alemãs. O número de baixas na Primeira Batalha de Ypres era comparável (dado o menor período de tempo) ao da terrível terceira batalha, travada com armamentos muito mais pesados três anos depois. Na Grã-Bretanha, ela seria lembrada pela destruição da antiga BEF; na Alemanha, pelo *Kindermord*, ou "massacre dos inocentes", ou seja, os estudantes voluntários, principalmente em um ataque em Langemark em 22 de outubro, que assumiu um status mítico.[138] As baixas nas divisões de estudantes (cerca de 25 mil deles agora jazem no cemitério de Langemark) atingiram 60%. O final da batalha, quando Guilherme aceitou o conselho de Falkenhayn para desviar a atenção para o leste, se revelaria uma importante reviravolta. Ela estabeleceu o modelo da guerra em 1915, na medida em que, agora, Falkenhayn ordenava que suas forças a oeste ampliassem e aprofundassem as trincheiras improvisadas que haviam cavado desde a batalha do Aisne, criando um sistema contínuo de duas ou mais linhas.[139] Ele ainda via isso como um expediente temporário, para salvar vidas e liberar as tropas para operações móveis em outras partes, mas Joffre sabia que, sem maiores recursos em termos de artilharia, munição e homens, os franceses teriam muito trabalho para desalojar o inimigo do imenso reduto que estava construindo.[140] De qualquer modo, a decisão quanto ao Marne não havia sido revogada.

Embora Falkenhayn se concentrasse em Flandres, não conseguia reforçar o leste de maneira significativa. Em suas primeiras discussões durante setembro com Hindenburg e Ludendorff, este, apoiado por Conrad, queria atacar da Prússia Oriental para cercar os exércitos russos enquanto este último perseguia os austríacos.[141] Falkenhayn rejeitou essa proposta porque não queria liberar os homens, mas também porque as chuvas de outono impediriam a mobilidade, e ele queria ajudar os austríacos mais diretamente. Assim, ele tirou três corpos do Oitavo Exército para formar um novo Nono Exército, do qual Hindenburg foi nomeado comandante, Ludendorff, chefe do alto-comando, e Hoffman, chefe de operações. Usando 750 trens, ele deslocou essa força para o sul para um lugar junto a Conrad, no flanco esquerdo dos austríacos, onde ele preparou a tropa perto de Cracóvia. Dessa posição, ele podia deter um avanço russo pelos Cárpatos em direção à Boêmia, ou uma ameaça à Silésia, cujo carvão e indústria Falkenhayn julgava essenciais para o esforço de guerra alemão.[142] Contudo, ele também concordou com uma ofensiva limitada para proteger esse território e ganhar tempo para executar seus planos a oeste. Portanto, no final de setembro, o Nono Exército e os austríacos começaram a avançar rumo a noroeste, para o rio Vístula e Varsóvia. Nesse ponto, os russos ainda tinham 98 divisões de infantaria na Europa, contra 70 a 80 divisões alemãs e austríacas.[143] Eles também travavam um debate quanto à estratégia, que terminou em outro compromisso entre o Stavka e os comandantes do front em favor de duas ofensivas. O general Ruszkii, que havia substituído Zhilinski como comandante do front noroeste, teve a permissão de invadir a Prússia Oriental mais um vez, depois da batalha dos lagos Masurianos, mas foi detido na batalha da floresta de Augustowo (29 de setembro-5 de outubro). Enquanto isso, o grão-duque Nicolau, em parte para aliviar a pressão sobre os franceses, moveu tropas do sul da Polônia, concentrando-as em torno de Varsóvia, e, enquanto os alemães e os austríacos se aproximavam da cidade em meados de outubro, ele desferiu um ataque surpresa. Conrad autorizou o comandante do Primeiro Exército, o general Dankl, a deixar que os russos cruzassem o Vístula em Ivangorod, na esperança de atacá-los pelo flanco, mas a manobra deu errado, e as Potências Centrais foram forçadas a bater em retirada, resultando em recriminações de Hindenburg e Ludendorff contra seus aliados. A retirada foi ordeira e terminou quando os russos alcançaram seus terminais ferroviários. Na verdade, agora eles também padeciam de suas primeiras faltas de bombas, cartuchos e rifles, para não falar em roupas de inverno.[144] Não obstante, os alemães sofreram 100 mil baixas (das quais 36 mil foram de mortos), enquanto, do lado austríaco, só o exército de Dankl perdeu de 40 mil a 50 mil homens. As Potências Centrais nada ganharam com a batalha de Varsóvia e acabaram por retornar a seu ponto de partida.

Uma última campanha seguiu-se no palco oriental da luta antes do final da estação, em que o modelo estabelecido em Varsóvia, de certa forma, foi repetido. Quando Falkenhayn encontrou Ludendorff em Berlim, em 30 de outubro, concordou que Hindenburg e Ludendorff assumissem o Ober Ost, um novo comando supremo dos exércitos alemães no leste (o general August von Mackensen substituindo Hindenburg no comando do Nono Exército), mas recusou seus pedidos de tropas ou que se aprovasse mais que outra ofensiva limitada.[145] Nesse ínterim, os russos estavam preparando um novo ataque à Prússia Oriental e uma investida contra a Alemanha a partir do oeste da Polônia. Os alemães, contudo, ainda contavam com duas das vantagens que já tinham antes de Tannenberg. Ao lerem as mensagens de rádio dos russos, eles souberam dos eixos de ataque planejados. Além disso, eles tinham uma ferrovia intacta que corria paralelamente à fronteira oriental, ao longo da qual Ludendorff transportou o Nono Exército para o norte, da Silésia para Thorn, em seu terceiro uso de um movimento ferroviário lateral para proteger o território alemão. Ele planejava atingir o flanco do projetado avanço russo atacando do sudeste a partir de Thorn em direção a Lodz através de um terreno agora endurecido pelo gelo. A princípio, a operação foi bem. Quando o Nono Exército atacou em 11 de novembro, surpreendeu e desbaratou um corpo de siberianos, e os alemães fizeram 136 mil prisioneiros quando se aproximaram de Lodz, uma semana depois. Os russos cancelaram a invasão da Prússia Oriental e recuaram para a cidade, contra a qual Ludendorff ordenou um assalto frontal. Mas, a partir desse ponto, a tradicional dinâmica da Frente Oriental foi reafirmada. O Nono Exército ficou sem munição, enquanto Lodz era um depósito de suprimentos, com os defensores recuperando sua força de resistência. Em uma das ações mais dramáticas da guerra, travada na neve e no gelo, os alemães a princípio pareciam prestes a cercar os russos, mas, então, mal conseguiram evitar seu próprio cerco, com seu 25º Corpo de Reserva abrindo caminho num cordão de isolamento em 18-25 de novembro, antes de bater em retirada, levando consigo 25 mil prisioneiros. Embora houvesse uma vantagem numérica de dois para um, os russos, mais uma vez, ficaram sem rifles e bombas, limitando sua artilharia a dez tiros por dia.[146] No início de dezembro, ajudados pela chegada de quatro corpos liberados de Flandres depois que Falkenhayn recuou para Ypres, os alemães finalmente tomaram Lodz. Logo depois, uma nova ofensiva do Terceiro Exército russo, com o objetivo de tomar Cracóvia e ameaçar a Silésia, foi detida pelos austríacos, em uma de suas poucas operações independentes bem-sucedidas, na batalha de Limanova-Lipanow. Os russos retrocederam para os rios Nida e Sunajec, e no centro da Polônia colocaram-se em posições entrincheiradas a oeste de Varsóvia, embora essas trincheiras fossem menos sofisticadas que no oeste, e a densidade das forças nelas instaladas fosse menor. Nas complexas lutas a partir de Tannenberg, nenhum dos dois lados havia conseguido uma vantagem clara e, na batalha de Varsóvia, a primeira das limitadas ofensivas das Potências Centrais havia fracassado. Contrastando com isso, a despeito de mal ter conseguido escapar do desastre em Lodz, sua segunda ofensiva havia feito os russos retrocederem para bem longe da fronteira alemã, enquanto em Limanova Conrad os havia expulsado da Cracóvia. Os exércitos czaristas nunca mais voltariam a penetrar tão profundamente em território Habsburgo ou ameaçar seriamente a Prússia Oriental e a Silésia. A crise de suprimentos os prejudicaria durante meses e os deixaria sem defesa, quando, na primavera seguinte, Falkenhayn finalmente autorizou um grande ataque. A guerra de movimento na Frente Oriental ainda não estava terminada, mas os russos haviam alcançado seu auge.

***

Em Tannenberg e Varsóvia, os russos atacaram duas vezes para aliviar a pressão sobre os franceses. De maneira similar, sua implacável pressão sobre os austro-húngaros os impediu de subjugar a Sérvia. Em seguida a seu sucesso em agosto, os sérvios (por insistência dos russos e dos franceses) levaram a guerra para o território do inimigo, atacando a Hungria, invadindo a Bósnia e chegando a apenas 30 km de Sarajevo. Mas o levante que eles esperavam não chegou a se materializar: outra evidência de que as expectativas dos austríacos com relação a seus súditos eslavos do sul haviam sido exageradas. Além disso, o exército sérvio estava com pouca munição e sofria muitas baixas com deserções, quando, em novembro, Potiorek lançou uma segunda invasão, muito maior que a primeira. Mais uma vez, suas forças avançaram do norte e do oeste, mas também cruzaram o Danúbio e capturaram Belgrado. No início de dezembro, contudo, suas tropas a oeste haviam marchado durante semanas, dispersando-se ao longo da curva de uma frente de 100 km, para além de suas bases de suprimentos. Os interrogatórios de prisioneiros revelaram aos sérvios que a infantaria dos Habsburgo estava cansada e deprimida. Nesse ínterim, Putnik apelou para severas medidas a fim de restaurar a disciplina, removeu todas as tropas do norte para atacar o oeste e foi reforçado por um contingente estudantil e uma remessa de bombas francesas. Suas forças atacaram os flancos austríacos numa série de operações conhecida como batalha do Kolubara (3-15 de dezembro) antes de recapturar Belgrado. Potiorek perdeu seu comando, com seu exército mais uma vez retrocedendo para o ponto de partida, com 28 mil mortos, 120 mil feridos e 76,5 mil prisioneiros. Contudo, as perdas sérvias de 22 mil mortos, 92 mil feridos e 19 mil homens feitos prisioneiros ou desaparecidos foram comparáveis e sustentadas por uma força menor. A Sérvia agora estava debilitada demais para ameaçar o território Habsburgo e, em 1915, os austríacos conseguiram retirar suas tropas da fronteira dos Bálcãs, o que, em vista da intervenção italiana contra eles, foi uma sorte.[147] Nos Bálcãs e na Polônia, o inverno de 1914 acabou por se revelar o ponto máximo das ações dos Aliados.

***

Concentrar-se nos detalhes dessas campanhas pode obscurecer o quadro mais amplo. Constantemente, no oeste e no leste, ofensivas de ambos os lados perdiam o ímpeto e terminavam com mortandades terríveis. Por toda parte, atacar forças no território inimigo exigia o enfrentamento de problemas similares. Elas avançavam para além do alcance de suas redes de telefone e cabo, ficando na dependência de mensagens de rádio que seus oponentes podiam interceptar; deixavam bem para trás as ferrovias necessárias ao fornecimento de munição para suas armas, comida, roupas e cuidados médicos para seus homens e cavalos. Lutar nas condições de 1914 impunha desafios sem precedentes para os generais, em termos da interpretação da enorme quantidade de informações dos serviços de inteligência e de agir em resposta a elas com exércitos que eram mais pesados e morosos (já que maiores e mais logisticamente vorazes) que os das guerras napoleônicas.[148] Todos os comandantes supremos tinham dificuldade em dirigir seus subordinados, e a estratégia – no exército russo, por exemplo – podia resultar de acertos obtidos em meio a uma luta burocrática. Os comandantes tinham algum controle sobre onde e quando seus homens abririam fogo, mas não muito mais que isso, e o moderno poder de fogo exigia incríveis sacrifícios de tropas com frequência mal preparadas, na prática e teoricamente, para abrir trincheiras ou atacar individualmente. Portanto, muitas considerações beneficiavam mais os que se defendiam que os que atacavam, além dos fatores básicos de aproximada igualdade numérica entre ambos os lados, nos fronts ocidental, oriental e dos Bálcãs, bem como as inexploradas reservas humanas para serem perdidas. Tudo isso provocou o mais importante resultado nas campanhas terrestres, ou seja, o fracasso dos alemães em obter uma rápida vitória no oeste, primeiro no Marne e, em seguida, em Flandres. Mas, a despeito desse fracasso, os alemães se haviam consolidado num território em que nem a França nem a Grã-Bretanha poderiam ter permitido que ficassem sem admitir a derrota. Daí eles poderem colocar-se na defensiva enquanto seus inimigos se desgastavam atacando suas posições, o que fizeram na maior parte dos três anos que se seguiram. Eles não haviam conseguido vencer de imediato, mas a possibilidade de prevalecer devido à exaustão dos Aliados continuava real. Ainda mais porque o exército russo havia falhado repetidas vezes em capturar o território alemão, mesmo quando o máximo das forças alemãs estava no oeste. O exército russo havia ocupado território austríaco, mas este tinha menor significado. Por outro lado, uma guerra longa poderia pôr a Alemanha em desvantagem, devido às maiores oportunidades dos Aliados de mobilizar recursos do mundo exterior, por meio de seus impérios coloniais e via ligações comerciais com os países neutros. Para conseguir essa mobilização, os Aliados precisavam controlar os oceanos, o que efetivamente conseguiram nos primeiros meses da guerra, enquanto os alemães perderam sua melhor chance de desbaratar esse controle. O choque decisivo aguardado pela opinião pública (embora não a participação das marinhas) dos dois lados não conseguiu se materializar, e no mar como em terra o ano se encerrou com um impasse. O comando global dos mares pelos Aliados e o equilíbrio naval em águas europeias agora seriam exercidos alternadamente.

Fora da Europa, os Aliados – particularmente os britânicos – começaram com grandes vantagens. Eles detinham a maior parte da tonelagem mercante do mundo, e boa parte do que as Potências Centrais possuíam estava encurralada em portos neutros. Os Aliados cortaram as linhas telegráficas internacionais dos alemães quando a guerra teve início, forçando a dependência das comunicações diplomáticas, navais e militares em telegramas codificados via cabos neutros ou em mensagens de rádio, e em ambos os casos os Aliados podiam interceptá-los, pois haviam aprendido a decifrá-los. A marinha da Áustria-Hungria estava inteiramente estacionada no Adriático; a Alemanha tinha uma rede mundial de portos e estações de abastecimento de carvão, mas somente Qingdao (na China) estava equipado para atender os modernos navios de guerra;[149] e as forças do Império Britânico, francesas e japonesas logo invadiram a maioria das possessões ultramarinas do Reich.* Embora a marinha alemã, antes da guerra, tivesse aventado ataques de cruzadores contra o comércio britânico, não tinha planos detalhados para isso e pouco fez durante a Crise de Julho para enviar navios de guerra ou embarcações pré-posicionadas com suprimentos.[150] Assim, os cruzadores que já estavam além das águas territoriais em tempos de paz representavam a principal ameaça aos navios britânicos fora da Europa, mas essa ameaça era contornável. O que foi uma sorte, pois o Almirantado pouco havia feito para enfrentá-la, acreditando que a Marinha Real poderia concentrar suas forças contra a principal frota inimiga, que esta não poderia controlar toda a rota marítima e que, se os navios mercadores se dispersassem e evitassem as rotas tradicionais, as perdas inevitáveis seriam suportáveis.[151] O mais formidável navio alemão fora da Europa era o cruzador *Goeben*, que, junto com o *Breslau*, um cruzador leve, constituía o esquadrão mediterrâneo, sob o comando do almirante Wilhelm Souchon.

Em 3 de agosto, o governo alemão, que havia acabado de firmar uma aliança secreta com a Turquia, ordenou que o esquadrão rumasse para os Dardanelos, aonde chegou uma semana depois. Um destacamento britânico de quatro cruzadores armados, no mar Jônico, podia tê-lo interceptado, mas os canhões do *Goeben* eram mais pesados e de alcance mais longo, e o comandante, o contra-almirante Ernest Troubridge, levando ao pé da letra as ordens que tinha de evitar o confronto com uma força superior, fez meia-volta e deixou Souchon à vontade. Troubridge foi submetido à corte marcial, mas não sofreu condenação. A escapada dos dois navios mais tarde contribuiu para a entrada da Turquia na guerra e comprometeu as forças britânicas, fazendo-lhes sombra no Egeu, mas, pelo menos, não mais ameaçavam os navios aliados no Mediterrâneo ou as embarcações que transportavam tropas francesas do norte da África para a Europa.

Os navios alemães remanescentes no além-mar mal chegavam a uma dúzia de embarcações dispersas. O *Karlsruhe*, no Caribe quando rebentou a guerra, operava nas costas do Brasil, afundando 15 navios mercantes antes de explodir misteriosamente. O *Königsberg*, nas costas da África Oriental, afundou um velho cruzador britânico, mas ficou inoperante por falta de carvão. Ele ficou hibernando no delta do rio Rufiji, onde, em 1915, uma expedição britânica o destruiu. O *Leipzig* paralisou brevemente os navios aliados nas costas da Califórnia, mas ele e o *Dresden* se juntaram ao mais perigoso

---

* Ver livro 2 ("A escalada"), cap. 2.

desafio fora da Europa para os Aliados, o esquadrão de cruzadores do leste asiático do vice-almirante Maximiliano Graf von Spee. Este também contava com dois modernos cruzadores blindados, o *Scharnhorst* e o *Gneisenau*, além dos cruzadores leves *Emden* e *Nuremberg*. Quando a guerra irrompeu, seus navios foram dispersos, a maioria para longe de sua base em Qingdao. Os britânicos não haviam modernizado sua frota de cruzadores, como tinham feito com seus couraçados, e seus cruzadores nas vizinhanças eram lentos ou só dispunham de armas leves para enfrentar os alemães.[152] Assim, o problema mais imediato de Spee era o combustível. Ele reuniu seus navios nas ilhas Marianas e decidiu operar ao longo da costa pacífica das Américas, onde o carvão podia ser comprado, mas despachou o *Emden* para o oceano Índico. Ali, ele provocou uma devastação, bombardeando Madras e Penang, além de afundar um cruzador russo, um destróier francês e sete vapores comerciais britânicos antes de o cruzador australiano *Sydney* fazê-lo encalhar nas ilhas dos Cocos em 9 de novembro. Em todos esses episódios, os Aliados se beneficiaram de um bocado de sorte, mas não da prevenção: tiveram a sorte de encontrar o *Königsberg* e o *Emden*, e de o *Karlsruhe* explodir, e a sorte também os ajudaria contra Spee, embora não antes de um desastre preliminar. O desastre foi a Batalha do Coronel próximo à costa chilena em 1º de novembro de 1915, quando Spee encontrou um esquadrão britânico comandado pelo contra-almirante Christopher Cradock, compreendendo dois velhos cruzadores, o *Good Hope* e o *Monmouth*, um cruzador leve, o *Glasgow*, e um navio mercante armado, o *Otranto*, com uma tripulação inexperiente. O *Good Hope* e o *Monmouth* afundaram com todos os homens, inclusive Cradock, sem praticamente infligir nenhum dano a seus inimigos. Cradock não devia ter enfrentado navios mais velozes e mais pesadamente armados,[153] e não ficou claro por que ele o fez, embora o exemplo de Troubridge possa ter pesado em sua decisão. O Almirantado lhe havia ordenado que se concentrasse contra a força de Spee, mas foi ambíguo quanto a ele tentar destruí-la. Foi-lhe pedido que não se engajasse sem o antiquado encouraçado *Canopus*, mas este era tão lento que, quando Cradock avançou do Atlântico Sul para o Pacífico, ele o deixou para trás. Quando o Almirantado finalmente ordenou-lhe que aguardasse, essa ordem chegou dois dias depois da batalha.[154] Contudo, como a Marinha Real havia sofrido sua primeira derrota num combate naval por mais de um século, Sir John Fisher, o recém-nomeado Primeiro Lorde Marítimo, viu Coronel não apenas como uma humilhação, mas também como uma ameaça para os Aliados em todo o Atlântico Sul e Norte, já que era incerto onde Spee tornaria a aparecer. Apesar da estreita margem de superioridade da Grã-Bretanha sobre a Alemanha no mar do Norte, o Almirantado enviou dois cruzadores pesados para o Atlântico Sul (o *Invincible* e o *Inflexible*) sob o comando do vice-almirante Sir Doveton Sturdee, e um terceiro para a Nova Escócia, além de concentrar esquadrões de cruzadores ao largo do cabo da Boa Esperança e da África Ocidental, bem como usando couraçados japoneses como escolta no Pacífico. A emergência podia ter amarrado os recursos navais de primeira classe dos Aliados por um longo tempo se Spee não tivesse deixado o Pacífico para voltar para a Alemanha. Entretanto, em 8 de dezembro, ele parou em Porto Stanley, nas ilhas Falkland, para atacar sua estação de rádio e os depósitos de carvão. Quando chegou, no início da manhã, esperando encontrar o local sem defesa, descobriu os navios de Sturdee ancorados para o reabastecimento de carvão. Spee não tinha nenhuma ideia de que os cruzadores pesados estivessem pelas vizinhanças, e os dois lados se surpreenderam. Se ele tivesse atacado de imediato, poderia ter infligido pesados danos, mas, em vez disso, ele retrocedeu, possivelmente devido a um disparo do *Canopus*, que o Almirantado havia atracado nas ilhas. Sturdee o perseguiu e, como seus cruzadores pesados podiam desenvolver 26 nós, contra os 18 dos alemães (e era um dia incomumente claro e ensolarado de verão do hemisfério sul), ele alcançou os alemães à tarde e os bombardeou com três vezes o poder de fogo das artilharias alemãs, de uma distância mais longa do que elas conseguiam alcançar.[155] Em contraste com as condições do mar do Norte, nem minas nem torpedos foram usados: essa foi uma batalha tradicional, decidida pelo poder de fogo, em que os britânicos não eram particularmente precisos, mas acertaram tiros suficientes para destruir os navios alemães com quase tão pouco dano na força superior quanto o que os britânicos haviam infligido em Coronel. Spee dividiu sua esquadra na esperança de que seus navios menores conseguissem escapar, mas, enquanto o *Invincible* e o *Inflexible* afundavam o *Scharnhorst* e o *Gneisenau*, os cruzadores de Sturdee afundaram o *Leipzig* e o *Nuremberg*. O *Dresden* escapou, mas foi afundado depois que dois cruzadores britânicos o descobriram em águas chilenas, em março de 1915. Mais uma vez, a boa sorte permitiu aos britânicos localizar o inimigo na vastidão dos oceanos do sul, mas Sturdee mereceu o crédito por saber aproveitar a oportunidade de cabeça fria, como haviam feito Fisher e Churchill, seu superior, ao despacharem Sturdee para o mar. Além disso, os cruzadores pesados dos britânicos nas Falklands comprovaram a concepção original que Fisher fizera deles, durante seu primeiro período como Primeiro Lorde Marítimo, entre 1904 e 1910, como força de interceptação imperial, mais leves que os *dreadnoughts*, mas com mais canhões e muito mais rápidos.[156] A batalha das Falklands eliminou virtualmente a ameaça dos cruzadores alemães que havia interrompido a navegação e as disposições navais dos Aliados a uma extensão bastante desproporcional a seu tamanho. Devido à ameaça, as tropas australianas e neozelandesas adiaram sua partida para a Europa de setembro para novembro de 1914.[157] No todo, os cruzadores alemães afundaram mais de 50 navios britânicos, responsáveis por cerca de 2% da tonelagem do Império, embora essa cifra deva ser contrastada com os 133 navios alemães que os britânicos capturaram nas três primeiras semanas da guerra.[158] Não obstante, no início de 1915, excluindo-se incursões ocasionais de navios mercantes alemães, os Aliados gozaram de comando quase total dos mares, com exceção do Báltico e do Adriático. Enquanto, em terra, os alemães controlavam um território do qual era imperativo para os Aliados os desalojarem, no mar – antes da ameaça dos U-Boats* – o mapa da guerra favorecia seus inimigos.

A localização quase sem saída para o mar das Potências Centrais dava aos britânicos vantagens que se fizeram ausentes em guerras anteriores contra a França e a Espanha. As Ilhas Britânicas já foram comparadas a um gigantesco quebra-mar, posicionado para barrar o acesso alemão ao Atlântico via mar do Norte e da Mancha.[159] Mas a maior parte do que os alemães chamavam inapropriadamente de Esquadra do Alto-Mar (em especial, seus navios-capitanias) foi construída como força de curta distância. Os alemães tinham 74 cruzadores em 1914 e provavelmente teriam se saído melhor se usassem mais deles no além-mar, mas até uma vitória alemã sobre a Grande Esquadra Britânica poderia ter causado pouco dano às colônias britânicas, pois poucos navios alemães conseguiam alcançá-las. Contudo, poderia ter tornado difícil proteger a navegação em torno das Ilhas Britânicas, inclusive a travessia do canal da Mancha por navios transportando tropas. Também poderia ter tornado difícil para os Aliados bloquear seus inimigos, e ter exposto o Reino Unido a bombardeios e a uma possível invasão. Como os Aliados já comandavam a maior parte do alto-mar, a destruição da marinha alemã teria muito menos impacto sobre o equilíbrio geral das forças na primeira fase da guerra (embora, posteriormente, depois que os ataques de submarinos alemães começaram para valer, teriam liberado belonaves adicionais dos Aliados para a proteção das rotas comerciais). Para os britânicos (e, por extensão, para os franceses e os russos, devido ao fato de não poderem dispensar a participação britânica), era vital evitar a derrota no mar; para as Potências Centrais, não.

No final, durante os dois primeiros anos da guerra, as duas principais frotas nunca ficaram ao alcance dos tiros mútuos. Isso foi uma surpresa para a opinião pública da Grã-Bretanha e da Alemanha, que, sensibilizada pela corrida naval, esperava um embate mais prematuro. Os planos e as disposições do pré-guerra sugerem que a surpresa foi menor para os comandantes navais. A precaução operacional da marinha alemã contrastava acentuadamente com a ousadia do exército e com os agressivos programas de construção de Tirpitz. Em tese, o planejamento estratégico não dizia respeito ao Escritório Imperial da Marinha, mas ao Chefe do Almirantado (CAS). Na prática, o

---

* Do alemão *Unterseeboot*, literalmente "pequeno barco debaixo d'água". O termo deriva do costume da marinha alemã de nomear seus submarinos com um "U" seguido de um número. O principal alvo dos U-Boats eram os navios de carga que transportavam suprimentos e material bélico. (N. T.)

CAS não tinha a autoridade do CGS no exército, e, ao contrário dele, o CAS nunca foi o comandante de fato em tempo de guerra. Tirpitz exercia considerável influência sobre a estratégia, e suas decisões quanto ao formato e ao tamanho da esquadra limitavam o que era possível realizar de alguma forma. Em 1914, Hugo von Pohl, o CAS, e Friedrich von Ingenohl, o comandante da esquadra, eram ambos seus protegidos, e Guilherme ordenou que o comando-geral deveria coordenar suas sugestões com as dele. Entretanto, os pronunciamentos de Tirpitz sobre a missão da esquadra sempre haviam sido ambíguos, e os almirantes não conseguiram formular um plano operacional comum contra a Grã-Bretanha.[160] Quando a guerra eclodiu, o secretário da Marinha foi se tornando uma figura cada vez mais marginal. Guilherme estava perdendo a confiança nele, mostrando-se menos disposto a delegar os rumos da guerra no mar que na terra. Ele se recusava a consolidar o controle da guerra naval nas mãos de Tirpitz, como este esperava, e, depois que as hostilidades tiveram início, o chefe do Almirantado e o comandante da esquadra cresceram em influência.[161] Isso era importante porque o momento mais oportuno para a Frota do Alto-Mar tomar uma decisão era o início da guerra. Era nisso que Tirpitz insistia na época e em retrospectiva.[162] Contudo, o que prevalecia não era sua opinião. Em dezembro de 1912, Guilherme havia indicado que, em caso de guerra, a esquadra devia atingir o máximo possível as forças de um bloqueio e lutar com todas as suas forças se as circunstâncias fossem favoráveis.[163] Mas, em agosto de 1914, ele ordenou sua permanência no porto e que não fosse em busca da Marinha Real ou de atacar os navios transportando tropas da BEF. As instruções gerais da esquadra estabeleciam como sua primeira tarefa abalar a Marinha Real com minas, ataques de submarinos e seus navios na baía de Heligoland. Só depois de ter atingido a igualdade, ela deveria buscar condições favoráveis para a batalha.[164] O exército queria que a marinha detivesse os desembarques costeiros, e Bethmann afirmava que ela deveria ficar "a salvo" como cartada para as negociações de paz; Guilherme concordava com isso e partilhava da opinião de Pohl de que era cedo demais para arriscar um engajamento total. Apesar das objeções de Tirpitz, contudo, Ingenohl foi persuadido a preservar a esquadra; ele não deveria arriscar-se a entrar em ação, a menos que a vitória fosse provável.[165]

Em parte, os líderes da marinha alemã mostravam-se cautelosos porque sabiam que sua esquadra era menos numerosa que a dos inimigos e, embora contasse com algumas vantagens qualitativas, não era possível compensar a fraqueza numérica. Quando a guerra irrompeu, a Grã-Bretanha tinha 22 navios de guerra do tipo *dreadnought* em serviço e 13 em construção, enquanto a Alemanha tinha 15, com 5 em construção; os britânicos tinham 9 cruzadores pesados em serviço e um em construção, contra os 5 em serviço e 3 em construção da Alemanha. A Grã-Bretanha também possuía 40 navios de guerra pré-*dreadnought*, contra 22 da Alemanha; 121 cruzadores em todas as categorias, contra 40 dos alemães; 221 destróieres contra 90; e 72 submarinos contra 31. Reconhecidamente, devido à maior dispersão das forças britânicas, os números do mar do Norte eram muito mais equilibrados: 21 contra 13 navios de guerra do tipo *dreadnought* e 42 contra 90 destróieres.[166] Além disso, a Alemanha possuía minas, torpedos e bombas mais confiáveis, e seus navios tinham uma couraça mais espessa, que os cobria de maneira mais completa, além de uma largura maior, que lhes conferia maior estabilidade em caso de avaria.[167] Contudo, muitas dessas forças só ficariam visíveis em caso de ação e eram contrabalanceadas por pontos fracos, tais como a decisão de Tirpitz de instalar um canhão de calibre de 13,5 polegadas nos cruzadores alemães mais recentes, o que significava que estes já estariam em desvantagem com relação aos novos navios de guerra britânicos da linha *Queen Elizabeth*, com canhões de 15 polegadas. Além disso, em 1914, os alemães sabiam que a Marinha Real provavelmente não montaria um bloqueio interno (no continente) de seus portos. Se eles desejavam que os britânicos lutassem, teriam de fazer isso bem longe de suas próprias costas, o que se constituía em argumento favorável a uma postura defensiva, endossado pela geografia dos estuários alemães do mar do Norte. Seus encouraçados e cruzadores estavam atracados na foz do Jade, os pré-*dreadnoughts* na do Elba, e uma força de cruzadores e torpedeiros no estuário mais avançado, o do Ems. Campos minados e bancos de areia os protegiam bem, mas impediam a saída, exceto na maré alta, e podiam fazer com que a frota fosse encurralada no mar.[168] Uma grande batalha parecia improvável, a menos que os encouraçados britânicos se aventurassem até o esconderijo do inimigo.

Mas as disposições estratégicas britânicas também contribuíram para o impasse. Como Primeiro Lorde Marítimo, em 1904-10, Fisher havia revolucionado a organização de combate e os programas de construções, porém em detrimento do planejamento estratégico. Um Almirantado só foi criado em 1912, depois que Winston Churchill iniciou seu mandato de 1911-15 como Primeiro Lorde do Almirantado. Em 1914, a marinha não contava com nenhuma estratégia para a destruição agressiva da frota alemã, o que acabou por se revelar sensato. Os planos de guerra esboçados em 1906-8 haviam previsto um bloqueio próximo, ataques costeiros e a tomada de ilhas próximas à costa para forçar os alemães a lutarem, mas o exército tinha por objetivo o provimento de tropas, ao verem essas operações como forma de evitar a ajuda aos franceses. Numa reunião do subcomitê do gabinete, conhecido como Comitê de Defesa Imperial (CID, em inglês), em 23 de agosto de 1911, o CIGS qualificou as ideias da marinha de "loucura". Asquith ordenou que ela se concentrasse na escolha da BEF à França rapidamente.[169] Além disso, depois de 1912, impressionada pela ameaça das minas e dos torpedos, a marinha abandonou os bloqueios costeiros em favor de um bloqueio "de observação" (uma linha de cruzadores e destróieres ao largo da baía de Heligoland) e, em julho de 1914, adotou uma estratégia de bloqueio "distante" para guardar as saídas do mar do Norte. A Grã-Bretanha tinha poucos cruzadores e destróieres para um bloqueio de observação, e poucos submarinos para serem usados como instrumento alternativo a um bloqueio próximo. O bloqueio remoto era uma estratégia descuidada, embora tenha acabado por se mostrar eficiente. A ideia era simples: encurralar os alemães no mar do Norte e no Báltico bloqueando suas rotas de fuga, sem expor as forças britânicas a um risco indevido. No começo da guerra, a Grã-Bretanha construiu seus navios de guerra mais modernos e maiores, incluindo 20 couraçados do tipo *dreadnought* e 4 cruzadores pesados, formando a Grande Frota sob o comando do almirante Sir John Jellicoe, no ancoradouro de Scapa Flow, nas ilhas Órcades. Ele via o objetivo de sua missão como uma forma de manter o bloqueio da Alemanha e o comando britânico dos mares.[170] Ele entendeu bem o arsenal superior do inimigo e as deficiências de seus próprios navios de guerra, comentando em um memorando de 14 de julho que "é altamente perigoso considerar que nossos navios sejam, como um todo, superiores ou mesmo iguais a máquinas de guerra".[171] A Esquadra do canal da Mancha (Channel Fleet, em inglês), de 18 encouraçados pré-*dreadnought* e 4 cruzadores, estava baseada em Portland. Forças de cruzadores, destróieres e submarinos relativamente grandes operavam a partir de Harwich e Dover, enquanto a marinha francesa aportava 14 cruzadores com embarcações de apoio na parte oeste do canal da Mancha. Para alcançar o alto-mar, os alemães tinham uma opção pouco invejável: podiam enfrentar o estreito de Dover e os 360 km do canal, que, em breve, seriam protegidos por minas e destróieres com torpedos. De maneira alternativa, podiam contornar a Escócia, fazendo uma viagem de quase 2 mil km para alcançar as rotas marítimas do Atlântico, com a Grande Esquadra entre eles e a base. O risco era maior porque os cruzadores britânicos podiam operar longe do porto e tinham canhões de longo alcance, e seria difícil levar navios-tanque para reabastecimento até as águas do norte.[172]

No primeiro caso, o bloqueio era dirigido contra a Esquadra do Alto-Mar, mas forças leves baseadas entre a Escócia e a Noruega também detinham os navios mercantes alemães. A Divisão de Inteligência Naval do Almirantado havia, durante uma década, investigado um bloqueio econômico e a dependência alemã de suprimentos de além-mar, e em 1912 o CID endossou um relatório recomendando completo bloqueio do comércio alemão, inclusive limitando as importações à Holanda e à Bélgica, se estas permanecessem neutras. Os primeiros passos para travar o comércio alemão com o além-mar foram dados imediatamente em 1914.[173] O bloqueio remoto, com belonaves disponíveis em Scapa e Dover para apoiar a interceptação de navios mercantes no mar do Norte e no canal da Mancha, era suficiente para dar apoio a essa estratégia, tanto para proteger a passagem da BEF como para desencorajar uma invasão da Grã-Bretanha, coisa em que os alemães nunca pensaram seriamente.[174] Na verdade, tanto os britânicos quanto os alemães superestimaram a possibilidade de desembarques armados. Moltke mantinha tropas em Schleswig-Holstein, e os britânicos mantiveram no país duas divisões da BEF, em parte com temor de um desembarque alemão, cavando três sistemas de trincheiras no sentido norte-leste de Londres.[175] Contudo, Scapa Flow ficava muito distante do canal da Mancha, o que foi uma escolha curiosa para a localização das belonaves mais poderosas dos britânicos, e, se os alemães tivessem atacado os navios transportando tropas da BEF, a Grande Frota teria estado longe demais para defendê-los.[176] Em parte, a estratégia britânica funcionou porque os alemães se intimidaram.

Foi bom essa estratégia não ter sido testada. O ambiente tecnológico das marinhas havia mudado de forma ainda mais acentuada que o dos exércitos. A partir de 1900, enormes avanços foram obtidos na ciência da artilharia, o que significava que as futuras batalhas provavelmente seriam travadas em velocidade e alcance muito maiores. Elas podiam ocorrer em águas infestadas de minas e torpedos, possivelmente lançados de submarinos. Nessas circunstâncias, os marinheiros poderiam muito bem achar que estavam indo para a guerra em cascas de ovo e, como as belonaves levavam três anos para ser construídas, era muito mais difícil substituí-las que as armas pesadas em terra. Além disso, seu poder de destruição se desenvolvera mais rapidamente que a habilidade de seus comandantes em manejá-lo. As belonaves britânicas e alemãs haviam adotado canhões de grande calibre e longo alcance, sem sistemas de controle de fogo adequados para alinhá-los simultânea e adequadamente, ou permitir variações de velocidade e direcionamento. Poucos dos projéteis disparados atingiam seus alvos. Além disso, a comunicação por rádio ainda era uma tecnologia emergente. Em batalhas terrestres, a infantaria não podia usá-la para pedir a ajuda da artilharia. O peso e o volume dos primeiros transmissores não representavam obstáculos para que fossem colocados nas belonaves, mas a telegrafia naval não podia enviar mensagens de voz, mas apenas em código Morse, o que levava de 10 a 15 minutos para codificar, enviar, decodificar e escrever. Isso era lento demais para ser usado em ação e deixava pouca alternativa à comunicação com bandeiras, em meio a escuras nuvens de fumaça e detritos das explosões de bombas. No total, a eficácia dos recursos à disposição dos almirantes e a extrema incerteza que enfrentavam foram responsáveis pela cautela não só das marinhas britânica e alemã, as maiores, mais bem treinadas e mais tecnologicamente sofisticadas da época, mas também das outras, de modo que o impasse no mar do Norte se reproduziu por toda parte. Assim, a frota russa no Báltico possuía três naves do tipo pré-*dreadnought*, mas nenhuma belonave moderna. No papel, não era páreo para os alemães, mas estes só mantinham forças pequenas e obsoletas para enfrentar a frota russa, embora, se necessário, pudessem enviar reforços do mar do Norte, via canal de Kiel. Eles tampouco desejavam sofrer baixas no que julgavam um palco secundário de ação, desde que sua costa báltica e os carregamentos de ferro suecos não fossem molestados. Nicolau II se lembrava da destruição de sua antiga esquadra báltica pelos japoneses e também queria evitar riscos.[177] Em contraste, no Mediterrâneo, se a Itália se juntasse à Áustria-Hungria, a França e a Grã-Bretanha poderiam ser bastante pressionadas a conter seus inimigos e, mesmo com a Itália neutra, os austro-húngaros tinham três couraçados do tipo *dreadnought* em Pola, contra dois da França e nenhum da Grã-Bretanha. Além disso, os franceses tinham dificuldade em sustentar operações no Adriático, visto que sua base mais próxima era Malta. Mas o almirante austríaco Haus, apoiado por Francisco José, preferiu não arriscar sua frota contra a França caso a Itália – um inimigo muito mais detestado – mais tarde interviesse.[178] Depois da fuga do *Goeben* e do *Breslau*, os Aliados dominaram o Mediterrâneo até a chegada dos submarinos alemães.

Os acontecimentos dos primeiros seis meses reforçaram a cautela de ambos os lados. Os franceses terminaram suas incursões no Adriático depois que um submarino austríaco torpedeou sua nau capitânia, preferindo manter um bloqueio remoto do estreito de Otranto. Os russos se tornaram mais audaciosos no Báltico depois que perceberam que estavam enfrentando apenas forças alemãs de segunda classe, mas, depois que um submarino afundou um cruzador russo, eles se limitaram a lançar minas para a proteção de Petrogrado.* No mar do Norte, as voltas da roda da fortuna enervaram, sucessivamente, ambos os lados. Assim, a primeira ação importante, a batalha da baía de Heligoland, travada em 28 de agosto, alarmou os alemães, mas sugeriu aos britânicos que a ousadia a Nelson podia ser compensatória. Essa batalha teve origem em um plano pelos comandantes de Dover e Harwich, Roger Keys e Reginald Tyrwhit, para atacar as patrulhas alemãs na baía de Heligoland. A luta começou de maneira confusa entre destróieres britânicos e alemães em meio à neblina do início da manhã. Os cruzadores alemães saíram do Jade para investigar, mas seus encouraçados não puderam segui-los porque a maré era baixa. Consequentemente, quando os destróieres britânicos pediram ajuda, e quatro cruzadores pesados (sob o comando do vice-almirante David Beatty), com quatro cruzadores de batalha destacados da Grande Frota, aventuraram-se a entrar na escaramuça, afundaram rapidamente três cruzadores leves e fugiram antes da chegada dos reforços alemães. Tiveram sorte, pois o desempenho de seus comandantes era ineficiente e eles quase perderam um cruzador, atingido por um de seus próprios submarinos. Não obstante, Guilherme agora insistia que, no futuro, a Esquadra do

---

* São Petersburgo foi rebatizada de Petrogrado (uma versão eslavizada do nome da cidade) depois do início da guerra.

Alto-Mar não deveria afastar-se demais da baía de Heligoland, e seu comandante deveria solicitar sua autorização antes de entrar em ação.

Contudo, nas semanas seguintes, os fatos conspiraram para ameaçar a margem britânica de superioridade. A ameaça veio (como Jellicoe temia) dos submarinos e minas. Em 22 de setembro, o submarino alemão *U9* torpedeou e afundou três velhos cruzadores britânicos, o *Cressy*, o *Aboukir* e o *Hogue*, enquanto patrulhavam a costa holandesa, com o segundo vitimado quando parou para resgatar sobreviventes. Mais de 1.400 homens perderam a vida, muitos deles reservistas de meia-idade. Depois que o *U9* afundou outro cruzador, em 9 de setembro, a Grande Frota temporariamente abandonou Scapa (que não tinha proteção contra submarinos, onde, em novembro, o *U18* chegou perto de entrar), refugiando-se em Lough Silly, na costa noroeste da Irlanda. No entanto, em 27 de novembro, um de seus encouraçados mais novos, o *Audacious*, bateu numa mina e afundou. Os britânicos haviam negligenciado o uso de minas. As deles eram em menor número e menos eficientes que as da Alemanha, e a Grande Frota só contava com seis navios varredores de minas. Então, começaram a empregar traineiras para ajudar a lançar minas e, a partir de 1915, as belonaves britânicas estavam equipadas com o paravane, um aparelho que destruía minas cortando-lhes as amarras. Mas, se os varredores precedessem a frota, esta deveria navegar com os navios mais próximos uns dos outros, tornando-se, assim, um alvo mais fácil dos submarinos, e se dispusesse uma barreira de destróieres contra os U-Boats, os destróieres só teriam combustível para 1.800 milhas, em comparação com as 5 mil dos couraçados de batalha.[179] A superioridade alemã em número de minas e os submarinos restringiram as operações navais muito antes de ameaçar os navios mercantes britânicos, e Jellicoe temia que sua vantagem estivesse sendo reduzida. Ele avaliava que só tivesse 7 belonaves e 5 encouraçados contra os 15 e 4, respectivamente, da Alemanha, e enquanto os novos cruzadores leves alemães entravam em serviço, as falhas mecânicas tiraram de ação 4 dessas belonaves britânicas. Em 30 de outubro, ele solicitou que o Almirantado concordasse que a Grande Frota só poderia navegar ao norte do mar do Norte e retroceder em vez de se arriscar a cair numa emboscada de minas e torpedos. E, apesar da crescente inquietação da opinião pública quanto à falta de atividade da marinha, Churchill e Fisher concordaram com ele.[180]

Nesse quadro, a decisão de enviar dois cruzadores pesados ao Atlântico Sul depois da batalha de Coronel foi realmente audaciosa e, depois das notícias sobre as Falklands, os alemães sabiam que seus inimigos estavam perdendo o ímpeto. Em 16 de dezembro, eles tentaram provocar os britânicos para a luta antes que o esquadrão de Sturdee retornasse, com o esquadrão de couraçados do contra-almirante Franz von Hipper bombardeando Scarborough, Whitby e Hartlepool, matando 122 civis.

Mensagens de rádio interceptadas haviam prevenido os britânicos do ataque, mas não para o fato de que a Esquadra do Alto-Mar estaria presente para ajudar Hipper. Então, Jellicoe enviou os encouraçados de Beatty e um esquadrão de seis belonaves e, se tivessem se deparado com a principal força inimiga, os alemães teriam conseguido destruir uma quantidade suficiente de navios britânicos para que os números dos dois oponentes se equalizassem. Mas Ingenohl temia ter de enfrentar a Grande Frota inteira, algo que Guilherme não o havia autorizado a fazer. Ele se afastou antes que as belonaves de ambos os lados estivessem uma ao alcance da outra. Subsequentemente, Hipper escapou de seus oponentes devido a uma combinação de má visibilidade, sinalização confusa e falta de iniciativa do comandante britânico – a fraqueza britânica que voltaria mais tarde. Os dois lados escaparam por pouco do que poderia ter sido um desastre, mas os alemães haviam perdido sua melhor chance de ataque no momento em que os britânicos se mostraram mais vulneráveis. Depois da batalha seguinte, a de Dogger Bank, em 24 de janeiro de 1915, eles praticamente cessaram de tentar esse ataque. Dessa feita, a ação começou com um reconhecimento de Hipper na zona de pesca de Dogger Bank, onde ele suspeitava de que os navios de vigília dos britânicos estivessem disfarçados como traineiras. Ele reuniu três cruzadores de batalha e um cruzador encouraçado, o *Blücher*, que era mais lento e tinha canhões menores. Os britânicos, mais uma vez prevenidos por mensagens de rádio decifradas, enviaram Beatty e quatro cruzadores de batalha, com as belonaves de Jellicoe a certa distância, prontas a auxiliá-lo. Numa perseguição que durou três horas, a nau capitânia de Beatty, o *Lion*, ficou tão avariada que teve de ser abandonada, e ele perdeu o controle das operações. Sinais equivocados fizeram com que os britânicos concentrassem seu fogo no *Blücher*, que eles afundaram, enquanto os três cruzadores de batalha de Hipper se afastaram. A batalha foi travada em alta velocidade, com o enorme alcance de quase 1.500-1.800 metros. Dos 1.150 tiros disparados pelos britânicos, apenas seis (com exceção dos que foram dirigidos contra o avariado *Blücher*) atingiram seus alvos. Então, embora o público britânico aplaudisse, Beatty ficou muitíssimo desapontado, e as falhas britânicas se tornaram, mais uma vez, expostas. O cruzador de batalha alemão *Seydlitz* foi atingido na torre e quase explodiu, mas os alemães haviam aprendido na prática a melhorar a proteção das torres de suas belonaves. Nos anos seguintes, eles fizeram grandes mudanças em seus principais navios, aprimorando a couraça, colocando canhões mais pesados com maior elevação e aprimorando o controle de fogo, e tudo isso significava que eles estariam mais bem equipados de uma próxima vez.[181] Por outro lado, Guilherme reafirmou que a esquadra deveria ser protegida como "instrumento político", não devendo entrar em confronto fora da baía de Heligoland. Ele substituiu Ingenohl por Pohl, com o vice-almirante

Gustav Bachmann sucedendo-o como CAS. Em vista da orientação do Almirantado a Jellicoe para não entrar em combate ao norte do mar do Norte, um choque entre a Grande Frota e a Esquadra do Alto-Mar tornou-se extremamente improvável. Além disso, as vantagens do serviço de inteligência e de um programa mais amplo de construção de navios estavam prestes a reforçar a liderança britânica. Na fase marítima seguinte, as duas frotas se tornariam menos ativas, mas a guerra contra o comércio conheceu uma enorme escalada.

***

O calor e o céu sem nuvens do primeiro mês da guerra na Europa Ocidental desapareceram depois da batalha do Marne. A eles, seguiram-se um outono chuvoso e um dos invernos mais frios de que se tinha memória.[182] Nos conflitos anteriores, os exércitos podiam recolher-se a seus quartéis de inverno, mas agora os suprimentos (pelo menos a comida enlatada) à disposição das sociedades industrializadas permitiam-lhes permanecer em contato. Na Polônia, nos Cárpatos e nos Bálcãs, a luta prosseguiu até meados de dezembro. Depois da Primeira Batalha de Ypres, Joffre lançou uma nova ofensiva na Champanhe que se arrastou de dezembro a março e custou 100 mil baixas francesas, com ganhos minúsculos.[183] No meio dessa carnificina, ocorreu um dos momentos mais pungentes da guerra, a Trégua de Natal de 1914. No dia 24 de dezembro, árvores de Natal iluminadas apareceram nas trincheiras alemãs em Flandres, e ambos os lados entoaram hinos. Na manhã do Natal, soldados britânicos e alemães se reuniram em terreno neutro, conversaram, fumaram, jogaram futebol, posaram para fotografias e enterraram seus mortos. Muitas vezes, o cessar-fogo se estendia por vários dias, até ser interrompido (com pedidos de desculpa das unidades em ação) por insistência dos altos-comandos, que garantiam que, nos Natais subsequentes, aquilo aconteceria com menos frequência, se é que voltaria a acontecer.[184] O episódio parece demonstrar a ausência de rancor entre muitos soldados da linha de frente que – agora que os impetuosos primeiros dias haviam passado – se encontravam presos numa máquina de matar por uma pressão que vinha de cima. Tréguas não oficiais e acordos tácitos para moderar a violência continuavam a caracterizar a Frente Ocidental durante 1915, no setor francês (onde a Trégua de Natal foi menos predominante) e também no britânico.[185] No entanto, parece que todos os participantes esperavam que a trégua fosse temporária e, em dezembro, a divergência entre os dois lados aparentava ser mais ampla que em agosto. Não foram apenas as diferenças que levaram a uma guerra ainda sem resolução, mas também toda uma gama de novos obstáculos à reconciliação se havia somado a elas.

O maior desses obstáculos era a incrível escalada de matança desde o início das hostilidades. A guerra aberta cobrou um preço ainda mais alto que a campanha de trincheiras que a sucedeu e, em 1914, os índices de baixas estavam, proporcionalmente, entre os piores da guerra. O exército francês teve 528 mil mortos, feridos e desaparecidos entre agosto de 1914 e janeiro de 1915, número mais elevado que durante suas ofensivas aniquiladoras de 1915 e a batalha de Verdun de 1916.[186] Seu número total de mortos chegou a 265 mil. O exército belga perdeu praticamente metade de sua força de combate, e as baixas da BEF, até 30 de novembro, foram de 89.969.[187] Das tropas britânicas que chegaram ao continente em agosto, um terço foi morto e, de 84 batalhões da BEF (originalmente, com mil homens cada) em 1º de novembro, apenas 9 contavam com mais de 300 efetivos.[188] As baixas russas foram de 1,8 milhão, das quais quase 396 mil foram de mortos e 486 mil prisioneiros;[189] os austro-húngaros tiveram 1,25 milhão de baixas.[190] Só as perdas alemãs foram mais baixas em 1914 que nos anos posteriores da Guerra, embora eles também tenham sofrido cerca de 800 mil baixas (ou cerca de metade de seu exército de campo), das quais 116 mil foram mortes, com 85 mil delas provenientes da Frente Ocidental.[191] As dimensões totais dessa calamidade não foram de conhecimento público, embora, em setembro, já ficasse evidente, nas vilas francesas, que as baixas eram muito piores que em 1870.[192] Entretanto, a carnificina estava apenas começando. Além disso, a guerra móvel expunha diretamente os civis aos exércitos que avançavam (enquanto a guerra de trincheiras os protegia). Invasão significava destruição: os russos queimaram fazendas na Prússia Oriental, e os alemães puseram fogo na biblioteca medieval de Louvain e bombardearam o Cloth Hall (Lakenhal) de Ypres* e a catedral gótica de Reims, alegando que os franceses estavam usando esta última como posto de observação da artilharia. A invasão também significava brutalidade contra os ocupados. Embora, na Prússia Oriental, pareça que os russos se comportaram corretamente na maior parte do tempo, na Galícia eles roubaram, saquearam e mataram dezenas de civis, principalmente judeus.[193] Durante as duas invasões da Sérvia, as forças austríacas executaram centenas de pessoas. Acima de tudo, na Europa Ocidental, a evidência proporcionada pelos diários dos soldados alemães, juntamente com as descobertas dos inquéritos judiciais mais sóbrios dos Aliados e relatos de refugiados belgas, sugerem que os alemães mataram deliberadamente 5.521 civis belgas em 1914 (a maioria em agosto) e mais 906 na França, principalmente devido a suspeitas de que fossem *partisans*. Os soldados alemães, que avançavam com grande perigo pessoal através de terreno hostil e conheciam as atividades da guerrilha francesa em 1870, estavam sempre propensos a suspeitar de

---

* Um dos maiores edifícios comerciais da Idade Média, ocasião em que serviu como mercado para a próspera indústria têxtil da cidade.

um ataque, mas suas suspeitas eram, em grande parte, infundadas. Não obstante, realizaram dezenas de execuções (matando 674 pessoas só na cidade de Dinant) e queimaram centenas de edifícios, bem como frequentemente usavam civis como escudos humanos.[194]

O destino da Bélgica cresceu na propaganda dos Aliados, não só por causa de sua heroica resistência, mas também pela ameaça a mulheres e crianças, com Lloyd George alegando, por exemplo, que os invasores haviam matado três civis por soldado.[195] Como esse também era o inimigo que havia bombardeado Scarborough (tema de um célebre pôster britânico) e bombardeado Liège (depois seguida por Paris e Londres) com zepelins, muitos dos países aliados acreditavam que estavam enfrentando um desafio à civilização. A guerra assumiu uma dimensão ideológica, como uma cruzada para preservar os valores liberais e humanitários.

A polarização política foi ainda mais ameaçadora porque, como os sistemas ocidentais de trincheiras aumentaram, uma rápida solução militar do conflito parecia cada vez mais remota. No mar, a experiência havia tornado todas as marinhas ainda mais relutantes ao perigo. Fora da Europa, as Potências Centrais haviam sido decisivamente removidas, pelo menos da superfície dos oceanos, mas isso levaria um longo tempo para influenciar a guerra como um todo. Em terra, os primeiros planos de guerra haviam fracassado em toda parte, com a possível exceção da Galícia, e outros turnos da luta confirmaram esse fracasso. Em dezembro, estava claro que os alemães teriam de lutar uma guerra de duas frentes com um aliado ineficiente e, portanto, teriam dificuldade de vencer no leste ou oeste, embora os Aliados parecessem impossivelmente distantes do Ruhr e de Berlim. Contudo, se os eventos militares não pressagiavam uma solução breve, tampouco a pressagiavam a diplomacia e a política. A diplomacia falhou na Crise de Julho, e o restante do ano oferecia-lhe pouco campo de ação. O então presidente americano Woodrow Wilson ofereceu-se como mediador, mas foi prontamente rechaçado;[196] apelos do papa e dos países europeus neutros caíram em ouvidos moucos. Depois de falhar na Primeira Batalha de Ypres, os líderes alemães pensaram seriamente numa negociação, mas Falkenhayn e Bethmann queriam uma paz em separado com um de seus inimigos, e não um acordo geral.[197] Mas nenhum governo aliado mostrava-se disposto a considerar essa paz e, pelo Pacto de Londres de 5 de setembro, a Rússia, a França e a Grã-Bretanha comprometiam-se a não negociar nem assinar a paz de forma independente. Os Aliados não mostravam nenhum interesse em conversações antes que ficasse claro que seu território e o equilíbrio militar haviam se alterado a seu favor, o que acreditavam que acabaria por acontecer. A agressão da Alemanha havia unido ainda mais seus antagonistas e reforçado seu isolamento.* Se a diplomacia parecia ter pouco a oferecer, os fronts nacionais não pareciam dispostos a vacilar. A campanha móvel criou um período de emergência nacional, durante o qual todos os beligerantes continentais foram invadidos, e até a Grã-Bretanha conheceu o medo da invasão em novembro[198] e, no final de agosto, quando chegaram notícias das derrotas dos Aliados na França, os postos de recrutamento londrinos ficaram apinhados de voluntários.[199] Durante essa emergência, quando os políticos e o público (e talvez até mesmo os generais) ainda esperavam uma guerra breve, as legislaturas foram suspensas e a política normal, interrompida. Os franceses formaram uma coalizão nacional; em outros países, todos os principais partidos aceitavam tréguas eleitorais e aprovavam créditos de guerra. Todos os beligerantes censuravam suas imprensas. Na França, os militares racionaram estritamente as informações e os censores suprimiam itens vistos como passíveis de dividir ou desmoralizar o público. Na Alemanha, os DCGs assumiram função similar. Na Grã-Bretanha, o governo confiava cada vez mais na autocensura, por meio de um acordo com os proprietários de jornais, embora apoiados por seus direitos garantidos pelo DORA.[200] É questionável até que ponto esses poderes emergenciais eram necessários, visto que os primeiros meses da guerra conheceram uma calma anormal nos fronts nacionais recentemente tão turbulentos. Os nacionalistas e unionistas irlandeses abriram mão da iminência de uma luta civil, e homens das duas comunidades apresentaram-se aos milhares; depois da mobilização, as cidades e o campo russos se aquietaram, assim como os eslavos do sul da Áustria-Hungria. Paris não se rebelou depois das derrotas na fronteira, como havia feito em 1870, a despeito de a economia da cidade ter sido afetada pelo fechamento de estabelecimentos e do desemprego haver disparado.

Em Londres e Berlim, o desemprego e as perdas na produção foram apenas breves e, em poucas semanas, os lares se beneficiaram da pensão de separação para os que tiveram seus arrimos de família engajados, enquanto a inquietação nas indústrias se dissipava.[201] Na ausência de uma política normal, os governos passaram a governar por decreto e, no continente, delegavam essa atribuição cada vez mais aos militares. Na Alemanha, isso significa os DCGs; na França, o GQG (*Grand Quartier General*, o alto-comando francês) na "zone des étapes" (zona das etapas), por trás das linhas de frente; na Áustria, o AOK. Os estadistas raramente interferiam nas operações em terra (Winston Churchill e Guilherme II, contudo, eram mais intervencionistas no mar), embora tomassem parte nas grandes questões. Assim, Kitchener insistia que Sir John France permanecesse na linha dos Aliados; o governo francês aprovou a estratégia de recuperação de Joffre, depois das derrotas na fronteira, mas lhe pediu que deixasse

---

* Ver livro 2 ("A escalada"), cap. 3.

tropas em Paris; Guilherme substituiu Moltke por Falkenhayn e concordou com este último em cancelar a Primeira Batalha de Ypres. Com essas exceções, a estratégia em terra foi principalmente deixada para os generais, que, nesse momento, pouco dependiam dos políticos. Embora a mobilização industrial começasse, na França, a partir do fim de setembro, depois de Joffre ter solicitado bombas a Millerand, as campanhas de 1914 foram, em grande parte, travadas com a munição e os equipamentos disponíveis no início da guerra. Os governos tinham de pagar a seus exércitos e comprar equipamento militar, mas, como o padrão-ouro havia sido suspenso e os parlamentos aprovavam créditos de guerra, eles, em curto prazo, conseguiram o que precisavam sem aumentar os impostos.

A outra necessidade eram os homens para a luta, mas no continente a convocação já era praxe. Os franceses convocaram sua lista de 1914 (jovens que alcançavam a idade para prestar serviço militar naquele ano) em agosto-setembro, e sua classe de 1915 em dezembro;[202] a Rússia e a Áustria-Hungria também convocaram novas classes.[203] Na Grã-Bretanha, o Ministério da Guerra enviou exércitos territoriais e tropas imperiais (inclusive indianos) para além do canal da Mancha em dezembro, embora os voluntários que haviam se apresentado em agosto só tenham viajado em 1915. No continente, em contraste, a apresentação voluntária de homens mais jovens e isentos rapidamente forneceu um suplemento considerável. Na Alemanha, seus números, durante 1914, podem ter ultrapassado 300 mil.[204] O Ministério da Guerra prussiano começou, assim que a guerra explodiu, a treinar corpos extras (muitos dos quais estudantes voluntários) que Falkenhayn desperdiçou em Langemark.[205] Um número suficiente de homens extras estava disponível para substituir as temíveis baixas, ainda que, com frequência, só contassem com pouco equipamento.

A presteza dos jovens em arriscar suas vidas esclarece as forças mais profundas que sustentaram o esforço de guerra e continuariam a fazê-lo depois da emergência de 1914. A opinião pública continuava a se expressar, por exemplo, nos pronunciamentos favoráveis à guerra do clero protestante e católico e nos manifestos rivais dos intelectuais e acadêmicos alemães e aliados.[206] Se os publicitários franceses e britânicos falavam em uma cruzada pela civilização, suas contrapartes reafirmavam que a Alemanha representava valores espirituais de honra, sacrifício e heroísmo, em oposição ao materialismo superficial do Ocidente. É questionável a ressonância que essas afirmativas obtiveram, e a Trégua de Natal tem sido apropriadamente vista como algo que as põe em dúvida. Mas, se no continente os voluntários normalmente eram homens das escolas e universidades, na Grã-Bretanha provinham de todas as camadas da população,[207] e sua história deixa claro que a disposição de lutar (se não, necessariamente, o ódio pelo inimigo) não era simplesmente um fenômeno da elite. Em sua determinação de ver a luta até a vitória, os governos beligerantes ainda enfrentaram uma íntima inquietação e oposição, e viam muitos sinais de forte e generalizado apoio. Assim, longe de retroceder devido ao impasse operacional, o conflito, no final de 1914, estava pronto para uma nova escalada e para a evolução rumo a algo historicamente sem precedentes, uma nova forma de guerra total.

Notas

1. Renouvin, *Forms of War Government*, pp. 18-52.
2. Wilson, *Myriad Faces*, p. 154.
3. Chickering, *Imperial Germany*, p. 33.
4. Strachan, *First World War: To Arms*, p. 850.
5. Kennedy (ed.), *War Plans*; Snyder, *Ideology*; Bucholz, *Moltke, Schlieffen and Prussian War Planning*.
6. Ritter, *Schlieffen Plan*.
7. Zuber, "Schlieffen Plan Reconsidered".
8. Em geral, Bucholz, *Moltke, Schlieffen and Prussian War Planning*; W. Dieckmann, "Der Schlieffen Plan", BA-MA W-10 50220.
9. Ver também a controvérsia entre Zuber, "Schlieffen Plan Reconsidered" e "Terence Holmes", Holmes, "Reluctant March", e Foley, "Origins of the Schlieffen Plan".
10. Stevenson, *Armaments*, p. 301.
11. Strachan, *First World War: To Arms*, p. 1.005.
12. Ritter, *Schlieffen Plan*, p. 166.
13. Stevenson, *Armaments*, pp. 47, 50.
14. Samuels, *Command or Control?*, cap. 1; Mosier, *Myth*, cap. 2.
15. Stevenson, *Armaments*, pp. 41, 93.
16. Brose, em *The Kaiser's Army*, enfatiza a modernização inadequada do exército, em parte por causa da falta de recursos.
17. Livesey, *Viking Atlas*, p. 15.
18. Mosier, *Myth*, cap. 2.
19. Strachan, *First World War: To Arms*, pp. 207,210; Wilson, *Myriad Faces*, p. 41.
20. Stevenson, *Armaments*, pp. 299, 301.
21. Helmreich, *Belgium and Europe*, pp. 153-66.
22. Williamson, *Grand Strategy*, pp. 181, 315.
23. Stevenson, *Armaments*, p. 6.
24. Holmes, *Little Field Marshal*, pp. 200-201.
25. Porch, "The Marne and After", pp. 365-8.
26. Williamson, *Grand Strategy*, caps. 1, 5.
27. May (ed.), *Knowing One's Enemies*, caps. 5, 6; memorando sem data por Greiner sobre o conhecimento alemão dos planos franceses, 1885-1914, BA-MA W-1050267.
28. Snyder, *Ideology*, cap. 3; Stevenson, *Armaments*, pp. 217-18.
29. Stevenson, *Armaments*, pp. 306-7, 330.

30. EMA 3rd Bureau, "Plan XVI I: Bases du Plan" (April 1913?) SHA 1.N.11.
31. Mosier, *Myth*, pp. 22-3.
32. Stevenson, "War by Timetable?", pp. 167-9, 175-6.
33. Mosier, *Myth*, p. 45.
34. Guinard et al., *Inventaire*, v. 1, pp. 58-60.
35. Holmes, "The Last Hurrah", p. 280.
36. Glover and Silkin (eds.), *First World War Prose*, pp. 27, 93.
37. Horne and Kramer, *German Atrocities*, p. 13.
38. Mosier, *Myth*, p. 57.
39. Ibid., cap. 3; Strachan, *First World War: To Arms*, pp. 211-12.
40. Renouvin, *Crise européenne*, pp. 238-9.
41. Barnett, *Swordbearers*, pp. 26-7.
42. Mosier, *Myth*, pp. 60-62.
43. Joffre, *Mémoires*, v. 1, p. 277.
44. Strachan, *First World War: To Arms*, p. 213; Keegan, *First World War*, p. 101.
45. Smith, *Between Mutiny and Obedience*, cap. 3.
46. Keegan, *First World War*, p. 107.
47. Strachan, *First World War: To Arms*, p. 230; Mosier, *Myth*, p. 80.
48. Joffre, *Mémoires*, v. 1, p. 299.
49. Barnett, *Swordbearers*, p. 59.
50. Mombauer, *Moltke*, p. 253.
51. Van Creveld, *Supplying War*, p. 126.
52. Ibid., pp. 129-32; memorando sem data: "Marnefeldzug und Eisenbahnen", BA-MA W-10 50799.
53. Van Creveld, *Supplying War*, pp. 124-5, 135.
54. Ferris (ed.), *British Army and Signals Intelligence*, p. 5.
55. Herwig, *First World War*, p. 98.
56. Memorando, "Marnefeldzug und Eisenbahnen", BA-MA W-10 50799; cf. Mombauer, *Moltke*, p. 243.
57. Ibid., pp. 244-7; Barnett, *Swordbearers*, p. 52; Plessen diary, 25 August 1914, BA-MA W-10 506/6.
58. Jäschke, "Marne-Schlacht", p. 325.
59. Barnett, *Swordbearers*, pp. 63-70.
60. Cassar, *Tragedy of Sir John French*, pp. 120-23.
61. Strachan, *First World War: To Arms*, pp. 226-7.
62. Joffre, *Mémoires*, v. 1, pp. 352-3; Joffre circular 25 August, GQG minute 30 August 1914, SHA 16.N.1709.
63. Peschaud, *Politique et Fonctionnement*, p. 513.
64. Cassar, *Tragedy of Sir John French*, pp. 128-38; Holmes, *Little Field Marshal*, pp. 228-35.
65. Joffre, *Mémoires*, v. 2, pp. 312, 324.
66. Sobre o Marne, Strachan, *First World War: To Arms*, pp. 242-62, e Tyng, *Campaign of the Marne*.
67. Mosier, *Myth*, pp. 92-8.
68. Renouvin, *Crise européenne*, p. 247.
69. Jäschke, "Marne-Schlacht", pp. 336-7; Strachan, *First World War: To Arms*, p. 994.
70. Brose, *Kaiser's Army*, p. 210.
71. Barnett, *Swordbearers*, p. 77.

72. Jäschke, "Marne-Schlacht", p. 336.
73. Herwig, *First World War*, p. 102.
74. Hindenburg circular, 24 May 1917, BA-MA PH 3160; Hentsch para Hindenburg, 14 de maio, 1917, BA--MA W-10 51062.
75. Jäschke, "Marne-Schlacht", pp. 337-47.
76. Mombauer, *Moltke*, pp. 258, 265 ss.
77. Keegan, *First World War*, p. 135; Herrmann, *Arming*, p. 90.
78. Cruttwell, *History of the Great War*, p. 36.
79. Joffre, *Mémoires*, v. 2, p. 424.
80. Contarmine, *Victoire de la Marne*, p. 375.
81. Afflerbach, *Falkenhayn*, p. 190.
82. Contarmine, *Victoire de la Marne*, p. 289.
83. Liulevicius, *War Land*, p. 14.
84. Stone, *Eastern Front*, pp. 57-8, 84.
85. Fuller, *Civil-Military Conflict*, pp. 52-3.
86. Jones, "Imperial Russia's Forces", pp. 278-9.
87. Stone, *Eastern Front*, pp. 30-35; Stevenson, *Armaments*, pp. 155-6, 159.
88. Stone, *Eastern Front*, p. 32.
89. Jones, 'Imperial Russia's Forces', p. 262.
90. Ibid., p. 281.
91. Keegan, *First World War*, p. 152.
92. Snyder, *Ideology*, cap. 7.
93. Stone, "Army and Society", p. 107.
94. Herwig, *First World War*, p. 14.
95. Rothenberg, "Austro-Hungarian Campaign", p. 129.
96. Stevenson, *Armaments*, p. 356.
97. Stone, "Mobilmachung", pp. 68-77; Stone, "Moltke and Conrad", pp. 225-30.
98. Stone, *Eastern Front*, p. 57.
99. Showalter, "Even Generals", p. 67.
100. Stone, *Eastern Front*, p. 58.
101. Ibid., p. 51.
102. Keegan, *First World War*, pp. 160-61.
103. Ibid., p. 58.
104. Showalter, *Tannenberg*, pp. 172 ss.
105. Asprey, *German High Command*, cap. 5.
106. Showalter, "Even Generals", pp. 74-80.
107. Showalter, *Tannenberg*, p. 293; Mombauer, *Moltke*, p. 247.
108. Asprey, *German High Command*, p. 78.
109. Herwig, *First World War*, p. 86.
110. Showalter, *Tannenberg*, p. 378.
111. Stone, *Eastern Front*, pp. 67-9.
112. Stone, "Moltke and Conrad", pp. 233-42.

113. Stone, "Mobilmachung", p. 91.
114. Strachan, *First World War: To Arms*, pp. 347-51.
115. Herwig, *First World War*, pp. 89-90.
116. Stone, *Eastern Front*, pp. 83-90.
117. Herwig, *First World War*, pp. 94-5.
118. Rachamimov, *POWs*, cap. 1.
119. Keegan, *First World War*, p. 166.
120. Stevenson, *Armaments*, p. 354; Lyon, "A 'Peasant Mob'", p. 492.
121. Lyon, "'A Peasant Mob'", pp. 487-501; Rothenberg, "Austro-Hungarian Campaign", pp. 134-5.
122. Herwig, *First World War*, pp. 87-8.
123. Djordjevic´, "Vojvoda Putnik", pp. 576-9.
124. Afflerbach, *Falkenhayn*, pp. 190-91; Lange, *Marneschlacht*, pp. 45-9.
125. Mombauer, *Moltke*, pp. 165-70.
126. Falkenhayn, *General Headquarters*, p. 23; Afflerbach, *Falkenhayn*, pp. 190-93.
127. Mosier, *Myth*, pp. 104-15
128. Joffre, *Mémoires*, v. 1, p. 148.
129. Ibid., pp. 457-8; Cassar, *Tragedy of Sir John French*, pp. 154-5.
130. Strachan, *First World War: To Arms*, p. 993; Joffre, *Mémoires*, v. 1, pp. 429-30.
131. Joffre, *Mémoires*, v. 1, pp. 429-30; and Hardach, "Industrial Mobilization", p. 59.
132. Strachan, *First World War: To Arms*, pp. 272-3.
133. Asprey, *German High Command*, p. 122.
134. Falkenhayn, *General Headquarters*, p. 29; Afflerbach, *Falkenhayn*, pp. 191 ss.
135. Joffre, *Mémoires*, v. 1, pp. 467, 478.
136. Holmes, *Little Field Marshal*, p. 246; Cassar, *Tragedy of Sir John French*, p. 164.
137. Plessen diary, 18 November 1914, BA-MA W-10 50656.
138. Unruh, *Langemark*; and Hüppauf, "Langemark, Verdun", pp. 71-85.
139. Falkenhayn, *General Headquarters*, pp. 34-7, 40-42.
140. GQG memo, 26 November 1914, SHA 16.N.1709; Joffre, *Mémoires*, v. 1, pp. 481-2.
141. Asprey, *German High Command*, p. 112.
142. Falkenhayn, *General Headquarters*, pp. 18, 21; Herwig, *First World War*, p. 106.
143. Stone, *Eastern Front*, p. 93.
144. Asprey, *German High Command*, p. 125.
145. Afflerbach, *Falkenhayn*, pp. 196-7; Falkenhayn, *General Headquarters*, pp. 25 ss.
146. Keegan, *First World War*, pp. 180ss.
147. Rothenberg, "Austro-Hungarian Campaign", pp. 141-3; Djordjevic´, "Vojvoda Putnik", pp. 581-4; Schindler, "Disaster on the Drina", p. 191.
148. Showalter, "Even Generals", p. 69.
149. Strachan, *First World War: To Arms*, p. 448.
150. Ibid., p. 454.
151. Halpern, *Naval History*, p. 69. O melhor estudo sobre guerra no mar.
152. Keegan, *First World War*, pp. 231 ss.
153. Marder, *Dreadnought*, v. 2, pp. 101-17.

154. Halpern, *Naval History*, pp. 91-3.
155. Strachan, *First World War: To Arms*, pp. 476-8.
156. Sumida, *In Defence of Naval Supremacy*, cap. 2.
157. Halpern, *Naval History*, p. 84.
158. Strachan, *First World War: To Arms*, pp. 480; Cruttwell, *History of the Great War*, p. 75.
159. Marder, *Dreadnought*, v. 2, p. 1. Também sobre guerra naval na Europa, Goldrick, *King's Ships*.
160. Lambi, *Navy and German Power Politics*, p. 405.
161. Gemzell, *Organization, Conflict, and Innovation*, pp. 176-7.
162. Tirpitz, *Memoirs*, v. 2, p. 366.
163. Keegan, *First World War*, p. 289.
164. Gemzell, *Organization, Conflict, and Innovation*, pp. 177-9, 138.
165. Marder, *Dreadnought*, v. 2, pp. 42-3; Halpern, *Naval History*, pp. 23, 27.
166. Halpern, *Naval History*, pp. 6-9.
167. Tarrant, *Jutland*, pp. 16-19.
168. Strachan, *First World War: To Arms*, pp. 406-7.
169. Williamson, *Politics of Grand Strategy*, pp. 187-93.
170. Halpern, *Naval History*, pp. 23-4.
171. Barnett, *Swordbearers*, p. 116.
172. Halpern, *Naval History*, pp. 24-5; Marder, *Dreadnought*, v. 2, p. 1.
173. Offer, *First World War: Agrarian Interpretation*, caps. 16, 21.
174. Marder, *Dreadnought*, v. 1, pp. 60-61.
175. Cruttwell, *History of the Great War*, p. 67.
176. Barnett, *Swordbearers*, p. 110.
177. Halpern, *Naval History*, p. 17; Strachan (ed.), *Illustrated History*, pp. 109-110.
178. Halpern, *Naval History*, pp. 11-15, 59-60.
179. Marder, *Dreadnought*, v. 1, pp. 55, 66-75.
180. Patterson, *Jellicoe*, pp. 70-71.
181. Strachan, *First World War: To Arms*, pp. 435-6.
182. Eksteins, *Rites of Spring*, pp. 150-51.
183. Mosier, *Myth*, pp. 143-4.
184. Brown and Seaton, *Christmas Truce*.
185. Ashworth, *Trench Warfare*, pp. 24ss.
186. Guinard et al., *Inventaire*, v. 1, p. 45.
187. Strachan, *First World War: To Arms*, p. 278.
188. Mosier, *Myth*, p. 121.
189. Wildman, *End of the Russian Imperial Army*, v. 1, p. 85.
190. Stone, *Eastern Front*, p. 122.
191. Foley, "East or West?", p. 122; Mosier, *Myth*, p. 12.
192. Becker, *Great War and the French People*, p. 47.
193. Horne and Kramer, *German Atrocities*, p. 82.
194. Horne and Kramer, "German 'Atrocities'"; *German Atrocities*, pp. 43, 74-6.
195. Gullace, "Sexual Violence", p. 735.

196. Stevenson, *French War Aims*, pp. 13-14.
197. Farrar, *Short-War Illusion*, pp. 118-19; Sweet, "Leaders and Policies".
198. Marder, *Dreadnought*, v. 1, p. 63.
199. Simkins, *Kitchener's Army*, cap. 3.
200. Becker, *Great War and the French People*, pp. 48-63; Hopkin, "Domestic Censorship", pp. 153-5; Deist, "Censorship and Propaganda", pp. 201-4.
201. Lawrence, Dean, and Robert, "Outbreak of War".
202. Guinard *et al.*, *Inventaire*, v. 1, p. 204.
203. Stone, *Eastern Front*, pp. 123, 216.
204. Ullrich, and Ziemann (eds.), *Frontalltag*, p. 114.
205. Afflerbach, *Falkenhayn*, p. 194.
206. Boa discussão em Strachan, *First World War: To Arms*, cap. 12.
207. Simkins, *Kitchener's Army*, cap. 4; Dewey, "Military Recruiting".

PARTE 2
A ESCALADA

3
CONSTRUINDO UM MUNDO NOVO
(PRIMAVERA DE 1915-PRIMAVERA DE 1917)

DALI EM DIANTE, O DRAMA SE DESENVOLVERIA SEM ROTEIRO. Os planos de guerra haviam sido testados e falharam, com centenas de milhares de mortos e feridos como consequência. Apenas esse fato praticamente excluía um retorno negociado ao *status quo*, com sua implicação de que aqueles homens haviam morrido em vão. Os alemães foram capazes de capturar Paris, aniquilar o exército francês ou ocupar os portos do canal da Mancha. Os franceses e britânicos não liberaram o norte da França e da Bélgica nem reconquistaram a Alsácia-Lorena, e as defesas contra eles continuavam a se fortalecer. Seja pelo número de tropas e armas pesadas, seja pela escala das baixas, a Frente Ocidental continuava a ser o principal palco da luta, e o congelamento de suas linhas de trincheiras assinalou uma nova fase da guerra como um todo. Mas também em outros aspectos o inverno de 1914-15 representou uma reviravolta. Ambos os lados agora incrementavam suas indústrias e convocavam mais homens para uma luta prolongada. Os dois procuravam parceiros, e a adesão da Turquia Otomana às Potências Centrais em outubro abriu todo o Oriente próximo como nova arena de hostilidades. No mar, na primavera de 1915, a Alemanha testou uma guerra irrestrita com submarinos, e os Aliados, com um bloqueio total de seus inimigos. Nesse período intermediário da guerra, entre o final de 1914 e a próxima virada significativa na primavera de 1917, as potências criaram um estilo de combate que, em retrospectiva, parecia encapsular o conflito como um todo. Seus traços-chave foram a escalada e o impasse, com ambos os lados aplicando crescentes níveis de violência, embora não conseguindo encerrar o impasse. A guerra tornou-se mais total e mais global, e a partir dessas características seguiu-se boa parte de seu prolongado impacto. No entanto, o aparente equilíbrio não era estático, mas dinâmico, com a iniciativa passando de um lado para outro, conforme cada lado lutava por se antecipar ou frustrar a eficácia do outro e tentava novos expedientes para desequilibrar o adversário.

Durante seis meses, depois da batalha do Marne, a vantagem pendeu principalmente para os Aliados. Durante o inverno, os franceses mantiveram a pressão, atacando na Champanhe e no Woëvre. Os russos repeliram um ataque turco no Cáucaso, e os britânicos fizeram o mesmo no canal de Suez, enquanto, em fevereiro, belonaves aliadas deram início a uma tentativa de penetrar no Dardanelos. Contudo, o mais sério perigo para as Potências Centrais era a emergência militar que encarava a Áustria-Hungria, com Przemysl cercado e a Rússia pressionando nos Cárpatos, ao mesmo tempo em que a Itália e mais Estados balcânicos esforçavam-se por uma adesão aos Aliados. Mas, depois que Przemysl caiu, em março, os alemães socorreram os austríacos, e a grande história de 1915 foi o avanço das Potências Centrais no leste. Entre maio e setembro, elas reconquistaram a maioria do território austro-húngaro perdido anteriormente e expulsaram os russos da Polônia e da Lituânia. Então, voltaram-se para o sul e (com a ajuda de um novo parceiro, a Bulgária) invadiram a Sérvia e Montenegro. No oeste, restringiram-se a um ataque limitado com gás venenoso na Segunda Batalha de Ypres, que abrangeu a transferência de tropas para o ataque contra a Rússia. Em contraste, as iniciativas dos Aliados geralmente acabavam em enorme desastre. As ofensivas francesas e britânicas em Artois e na Champanhe, na primavera e no outono de 1915, não serviram de alívio para os russos, e forças alemãs menores as detiveram, provocando pesadas baixas. Depois que a Itália se juntou aos Aliados, em maio, suas tropas se lançaram desordenadamente contra as defesas austríacas no rio Isonzo. Em outubro, o estabelecimento de uma base aliada em Salônica tampouco ajudou os sérvios, exceto por funcionar como refúgio a seu exército derrotado. Operações contra os otomanos revelaram-se ainda mais desastrosas. Uma expedição da Índia atingiu os arredores de Bagdá em novembro de 1915, mas os turcos forçaram-na a se render em Kut-al-Amara em abril do ano seguinte. Depois que as marinhas britânica e francesa desistiram de tentar forçar os estreitos turcos, tropas aliadas desembarcaram na península de Galípoli em abril e agosto de 1915, apenas para se depararem com outro beco sem saída de trincheiras. Antes de serem evacuadas, sofreram 250 mil baixas. Enquanto a derrota sérvia abria uma ponte terrestre ligando Berlim e Viena a Constantinopla, os Aliados, no oeste, não conseguiram estabelecer uma rota marítima passando por Dardanelos para chegar à Rússia. Se, no começo de 1915, a Áustria-Hungria era o beligerante mais pressionado, no final do ano a Rússia assumiu seu lugar. As batalhas no mar também propiciaram pouco alívio. Os protestos americanos fizeram mais que as contramedidas aliadas para conter a primeira campanha irrestrita de submarinos da Alemanha, enquanto o bloqueio das Potências Centrais era lento demais para surtir algum efeito. Em resumo, o registro aliado de 1916 foi de um desapontamento quase sem nenhum alívio.

Mas essas aparências eram enganadoras, pois, apesar da maior eficiência alemã em termos táticos e operacionais, os Aliados foram gradativamente mobilizando seus recursos e ampliando sua coordenação. O exército russo registrou notável recuperação e, no início de 1916, era maior e mais bem equipado que antes de sua retirada. O exército italiano aumentou seus armamentos e efetivos. A Grande Armada Britânica ampliou sua vantagem sobre a Frota do Alto-Mar dos alemães, e a BEF beneficiou-se da chegada em massa de divisões de voluntários e bombas. Em Chantilly, no mês de dezembro, os Aliados planejaram um assalto sincronizado para o verão seguinte. Em 1915, houve ofensivas aliadas na primavera e contra-ataques austro-germânicos no verão e no outono; em 1916, o padrão inverteu-se. Os austro-húngaros atacaram os italianos no Trentino (maio-junho), submarinos lançaram uma segunda campanha contra os navios aliados, a frota alemã bateu os britânicos na batalha da Jutlândia, e Falkenhayn tentou aniquilar o exército francês durante meses de uma luta selvagem em torno de Verdun, entre fevereiro e julho. Contudo, nenhum desses esforços atingiu seus objetivos. O sucesso dos turcos contra os britânicos em Kut ficou significativamente reduzido em face de sua perda da maior parte da Armênia para os russos. Os italianos controlaram a ofensiva do Trentino; o presidente americano, mais uma vez, instou os U-Boats a suspender seus afundamentos; a Jutlândia realmente confirmou a vantagem naval britânica, e Verdun deixou o exército francês perigosamente afetado, embora ainda eficiente e capaz de retaliar.

Embora os ataques de primavera das Potências Centrais comprometessem as ofensivas de verão dos Aliados, obrigando-os a começar mais cedo e com força reduzida, esses ataques, não obstante, afetaram os planos dos austro-húngaros e alemães, e, pela primeira vez em um ano, restaurou a iniciativa de seus inimigos. O avanço deslanchado pelo general russo Brusilov em junho forçou a Áustria-Hungria a remover tropas do Trentino, e os alemães a deslocar reservas do oeste; a ofensiva de Somme, em julho, fez com que a Alemanha relaxasse as operações em Verdun (onde dois ataques franceses, no outono, recapturaram quase todos os ganhos de Falkenhayn). Os sucessos de Brusilov permitiram que a Romênia interviesse em agosto e invadisse a Transilvânia, enquanto os italianos se livraram de outro ataque no Isonzo, e os Aliados em Salônica avançaram para o interior. Com a Áustria-Hungria novamente na defensiva, as Potências Centrais encararam sua pior emergência desde a primavera de 1915. Reconhecidamente, a nova equipe de Hindenburg e Ludendorff, que assumiu o alto-comando de Falkenhayn em agosto, respondeu de forma enérgica. Os reforços alemães detiveram Brusilov; tropas de todas as quatro Potências Centrais surpreenderam os romenos e ocuparam dois terços de seu território; o avanço franco-britânico no Somme ficou limitado a cerca de 10 km; e, embora os italianos capturassem Gorizia e o exército de Salônica tomasse Monastir, os Aliados, mais uma vez, terminaram o ano tendo conquistado menos território que seus inimigos. Mas o equilíbrio agora parecia estar se deslocando enfaticamente contra as Potências Centrais e, no rigoroso inverno de 1916-17, a fome pairava sobre Berlim e Viena. Foi num clima de desespero calculado que os alemães decidiram renovar uma irrestrita atividade de seus submarinos a partir de fevereiro, avaliando que, mesmo que os Estados Unidos (como eles esperavam) declarassem guerra, o impacto seria minimizado se os ataques dos U-Boats forçassem a Grã-Bretanha a negociar.

Os planos dos Aliados para o novo ano, esboçados em outra conferência em Chantilly, em novembro de 1916, referiam-se à renovação de suas ofensivas sincronizadas, embora com início mais cedo, pois estavam mais bem preparados que nas campanhas da temporada anterior e porque temiam ser deixados para trás mais uma vez. Mas isso acabou por acontecer. Em fevereiro, os alemães retiraram suas posições mais avançadas na França para a recém-construída Linha Hindenburg, interrompendo os preparativos do novo comandante-chefe francês, Robert Nivelle. Ainda mais impactantes foram a eclosão da revolução em Petrogrado e a abdicação de Nicolau II em março, o que postergou indefinidamente a contribuição russa à ofensiva aliada. O desenvolvimento industrial que capacitou a Rússia a reequipar seu exército depois de 1915 contribuiu tanto para a tensão em seu tecido social que ele agora se desintegrava, atrapalhando os Aliados no momento em que planejavam um golpe decisivo. Os Aliados do leste atacaram mesmo assim em abril e maio, e os britânicos obtiveram alguns sucessos na batalha de Arras, mas a ofensiva francesa no Caminho das Damas obteve muito menos do que Nivelle havia prometido. Nesse ínterim, contra os turcos, embora uma nova expedição britânica tivesse tomado Bagdá em junho de 1916, duas tentativas de invasão da Palestina através das linhas otomanas e iniciadas em junho de 1916 foram de pouca ajuda aos Aliados. Depois de dez meses de ataques em todos os palcos de batalha, os Aliados haviam perdido o ímpeto. Agora, encaravam o momento mais difícil da guerra. Com a Revolução Russa, os motins franceses depois da ofensiva de Nivelle e o clímax dos ataques à navegação com U-Boats, até mesmo a intervenção americana em abril de 1917 poderia ser intempestiva para salvá-los. De qualquer modo, os tumultos da primavera e do verão de 1917 marcaram a entrada do conflito em sua terceira e última fase.

O período médio da guerra deve ser visto com relação a seu predecessor e seu sucessor. A "ilusão da guerra breve", que havia ajudado a causar o conflito, não terminou em 1914. Pelo contrário, tanto os soldados quanto os civis, privados do luxo da visão retrospectiva, eram em parte sustentados pela confiança de que mais um enfrentamento determinado traria o triunfo. A paridade de forças entre as coalizões em oposição que havia contribuído para provocar a guerra também a prolongou e intensificou assim que ela teve início. Por ora, os Aliados eram incapazes de derrotar sequer um oponente vulnerável como a Turquia, e sua ineficiência operacional já foi justamente identificada como uma das principais razões do impasse de 1915 e 1916.[1] No entanto, as placas tectônicas que se movimentavam contra as Potências Centrais desde 1909 continuaram a operar, a despeito dos esforços ainda mais violentos para contra-atacá-la. Também nesse sentido, o aparente impasse entre o inverno de 1914 e a primavera de 1917 foi ilusório, pois, durante esses meses, as bases foram lançadas para o subsequente colapso tanto da Áustria-Hungria quanto da Alemanha (para não falar da Rússia czarista), embora seja discutível precisar até que ponto os esforços dos Aliados nessa fase contribuíram para sua eventual vitória.

Portanto, é inadequado caracterizar o período médio da guerra como apenas o de um impasse. Realmente, até os alemães se retirarem para a Linha Hindenburg, nenhum dos lados conseguiu avançar na Frente Ocidental por mais de mil metros. As frotas de guerra no mar do Norte só se enfrentaram uma vez, e nem o bloqueio dos Aliados nem a campanha de submarinos das Potências Centrais chegaram perto do sucesso. As frentes italiana e de Salônica foram pouco menos rígidas que a Ocidental e, embora a Frente Oriental fosse mais fluida, deslocou-se muito menos (além de ter se estendido pela Romênia) depois de setembro de 1915. Estados menores, como Sérvia, Montenegro e Romênia, podiam ser invadidos (embora nenhum deles tenha se rendido), mas as grandes potências permaneceram por trás deles. Contudo, embora o mapa dos fronts sugerisse que pouco havia mudado, exatamente porque o equilíbrio estava tão igualado, cada lado buscou ampliar o conflito juntando-se a novos parceiros e se aventurando em novas áreas geográficas, bem como intensificando a luta pela introdução de novas tecnologias armamentistas e pela aplicação das já existentes de maneira ainda mais destrutiva. A luta se espalhou do norte da Europa para os Bálcãs, o Mediterrâneo, a África e o Oriente Médio. O combate não era mais bidimensional, estendendo-se pelos céus e por sob as ondas. Nenhum dos lados resistiu à tentação de violar as restrições internacionalmente acordadas ao escopo do conflito armado, e os dois atacavam civis e homens de uniforme. Se a Alemanha, de modo geral, tomou a iniciativa nesse sentido, seus inimigos já estavam plenamente prontos para retaliar. Gás venenoso e lança-chamas nas frentes de batalha foram acompanhados de bombardeios, por mar e por ar, de cidades indefesas, pelo torpedeamento de navios mercantes e de carreira, pelo bloqueio aliado de todos os tipos de suprimento para as Potências Centrais, inclusive comida e remédio, e pelos massacres turcos dos armênios. Mas a guerra também quebrou novos recordes no peso do bombardeamento da artilharia pesada com explosivos de grande poderio (a causa de muito mais mortes que as provocadas pelo gás venenoso ou pelos lança-chamas) em batalhas que, em 1916, duraram meses sem-fim. No mar, a batalha da Jutlândia foi a maior ação naval já vista, travada com uma quantidade muito maior de bombas que a de Trafalgar, embora com baixas não muito mais altas.[2] Em terra, os franceses e alemães, em Verdun, dispararam cerca de 23 milhões de bombas entre fevereiro e julho de 1916, uma média de mais de 100 por minuto, e no Some os números foram ainda mais altos.[3] Nada do que já fora visto antes se comparava com essas maciças concentrações de poder de fogo e de sofrimento humano em espaços tão confinados, por períodos tão longos, e com resultados tão magros. À medida que a escalada das baixas foi se tornando de conhecimento público, os contemporâneos sentiam um orgulho melancólico de ter entrado em novos campos da experiência, e que sua Grande Guerra excedia em horror qualquer conflito anteriormente conhecido.

O massacre não poderia prosseguir sem uma mobilização igualmente sem precedente nos fronts de cada país. Já no auge da corrida armamentista pré-1914, os gastos com defesa não haviam excedido 5% do Produto Nacional Bruto das potências.[4] Ao contrário, os gastos militares dos mais beligerantes provavelmente representaram mais da metade do PIB de 1916, comparáveis com os níveis atingidos pela Segunda Guerra Mundial.[5] Na Alemanha, por exemplo, os gastos públicos (principalmente com a guerra) subiram, entre 1914 e 1917, de 18% para 76% do PIB.[6] Essa drástica realocação de recursos exigia uma radical reorganização do mercado de trabalho e desafiava as hierarquias tradicionais do local de trabalho, inclusive as prerrogativas da mão de obra especializada e as vantagens dos homens sobre as mulheres. A realocação foi paga por meio de financiamento inflacionário que colocava em risco o padrão de vida de todos que não estavam engajados na produção de armamentos. Para preparar suas sociedades a aceitar esses sacrifícios, os governos e os formadores de opinião incentivaram a mobilização psicológica por meio do controle do fluxo de informações e pelo uso de propaganda para erguer o moral e a confiança. Por trás da trégua política que se desgastava, uma disputa se desenvolveu entre o apoio do consenso patriótico e as pressões que abalariam a disciplina militar e a coesão social em um país beligerante após o outro em 1917-18.

Para analisar esse período de impasse, bem como sua inerente dinâmica cada vez mais crescente, uma abordagem cronológica não constitui o método mais esclarecedor. Portanto, aqui o exame será temático, sob a forma de oito eixos principais. O primeiro a ser investigado é a ampliação da guerra: a expansão do conflito pela entrada de novos beligerantes, pelas campanhas travadas fora da Europa contra o Império Otomano e as colônias alemãs, e pelo impacto mais amplo de fatores extraeuropeus. A energia devotada pelos Aliados às campanhas na África e na Ásia neutralizou, em parte, os benefícios oferecidos por seus impérios ao esforço de guerra, embora esses benefícios provavelmente ainda fossem uma vantagem indispensável. O segundo é a evolução dos objetivos de guerra de ambos os lados, objetivos pelos quais os governos e seus povos supunham que estivessem lutando, e os obstáculos a um comprometimento com a paz. Também na diplomacia, um crescente processo estava em andamento e, em 1917, ambos os lados estavam ainda mais profundamente divididos que no começo. O terceiro – e básico – tópico é o das estratégias adotadas pelas principais frentes terrestres: as estradas que levavam às ofensivas das Potências Centrais na Polônia e em Verdun e aos contra-ataques coordenados dos Aliados no verão de 1916 e na primavera de 1917. O quarto eixo é o das considerações táticas, tecnológicas e logísticas que frustraram essas estratégias, produzindo as grandes batalhas de atrito, enquanto o quinto é o de como os beligerantes recrutaram seus exércitos e marinhas, e o que possibilitou que os soldados suportassem coisas que, para uma geração posterior, parecem intoleráveis. O sexto é como as economias foram mobilizadas para a produção de guerra e como essa produção foi financiada, e o fracasso dos Aliados em explorar completamente suas aparentes vantagens. A discussão, então, desvia-se dos acontecimentos em terra para os marítimos. No início de 1915, os Aliados haviam estabelecido o comando dos oceanos e passaram o resto da guerra resistindo aos esforços dos navios de superfície e dos submarinos alemães para destituí-los desse comando. Entretanto, seus esforços para explorar sua superioridade naval foram lentos demais para que pudessem funcionar. A última discussão considera a resiliência da unidade política e do moral civil nos fronts nacionais, e o papel desempenhado pela repressão em oposição ao consenso genuíno. Também reúne os elementos da análise, explorando as interconexões entre os fatores que levaram ao conflito e considerando quais eram decisivos para a explicação da catástrofe de que a geração de 1914 caiu vítima.

Notas

1. Ferguson, *Pity of War*, cap. 10; Kennedy, "Military Effectiveness", p. 345.
2. Keegan, *Price of Admiralty*, p. 90.
3. Sobre Verdun: Cruttwell, *History of the Great War*, p. 251; Gilbert, *First World War*, pp. 299-300. Sobre Somme: Winter, *Haig's Command*, p. 46.
4. Stevenson, *Armaments*, p. 6.
5. Harrison, *Economics of World War II*, p. 21.
6. Ferguson, *Pity of War*, p. 320.

4
A AMPLIAÇÃO DA GUERRA

NA GRÃ-BRETANHA DA ÉPOCA, quando não simplesmente chamado de "a guerra", o conflito era conhecido como "a grande guerra", evocando a antiga luta contra Napoleão; na França, *"la guerre"* ou *"la grande guerre"* era a denominação costumeira. "Guerra mundial" e *"guerre mondiale"* só passaram a ser usados a partir da década de 1930. Na Alemanha, em contrapartida, *"Weltkriege"* foi a denominação preferida desde o início, e os líderes de Berlim entendiam que estavam lutando pelo poder mundial e que seus inimigos estavam concentrando os recursos de seus impérios contra eles. Os americanos também preferiam, em geral, chamar o conflito de "a guerra mundial" (a chamá-la de "a guerra europeia") após terem entrado nele e, em 1917, quase todos os países maiores e mais poderosos em todo o globo haviam realmente se tornado beligerantes.[1] Entretanto, desde muito cedo, homens e recursos de outros continentes foram direcionados para a Frente Ocidental, e o impasse nas cenas centrais do conflito levou ambos os lados a buscar novos parceiros e novos campos de batalha. As principais operações ocorreram no Oriente Médio, África e Ásia. Contudo, embora a luta fora da Europa tenha envolvido muito mais tropas aliadas que austro-germânicas, os Aliados tinham acesso muito mais livre ao mundo como um todo. A dimensão da guerra fora da Europa contribuiu não apenas para o impasse de 1915-17, mas também para o eventual sucesso aliado. Esta seção examina tal dimensão de três perspectivas: a intervenção de novos beligerantes, as campanhas no Oriente Médio e a guerra como um choque entre potências colonialistas.

Os alemães, acertadamente, perceberam que a entrada da Grã-Bretanha foi o primeiro e decisivo passo para transformar a guerra de algo essencialmente europeu em um fenômeno global. Em 1914, o Império Britânico englobava 14,5 milhões de km quadrados e cerca de 348 milhões de pessoas; oficialmente, os habitantes de domínios autogovernados como a Austrália faziam parte da "nação britânica" e seus cidadãos tinham passaporte britânico; eles não constituíam Estados soberanos e foram automaticamente envolvidos nas hostilidades quando o monarca britânico declarou-os como tal. Tais circunstâncias poderiam ter gerado uma questão de legitimidade democrática, mas isso não aconteceu. A única exceção à regra foi a África do Sul, onde a Grã-Bretanha havia suprimido as repúblicas de origem africâner do Estado Livre de Orange e do Transvaal, cerca de uma década antes, absorvendo-os numa nova união com Natal e a Colônia do Cabo, ambas britânicas. Em outubro de 1914, os africâneres se rebelaram contra a convocação para as operações contra a colônia da África Ocidental Alemã e, embora o governo da união, comandado pelo africâner Louis Botha, esmagasse o movimento, a contribuição da África do Sul para o esforço de guerra permaneceu relativamente limitada e velada.[2] Na Austrália, por outro lado, durante a Crise de Julho, o governo de Camberra colocou sua marinha sob o comando britânico e ofereceu-se para enviar uma força expedicionária, com políticos e jornais de todas as orientações disputando a confirmação de apoio à pátria-mãe.[3] O entusiasmo na Nova Zelândia foi similar. No Canadá, o apoio partiu não apenas dos falantes de inglês e de Robert Borden, o primeiro-ministro conservador (que prometeu enviar tropas sem convocar o parlamento), mas também de Sir Wilfred Laurier, chefe da oposição liberal e principal político de Quebec. Da mesma forma, em Déli, os políticos indianos do Conselho Legislativo expressaram entusiasmada lealdade e aprovaram a ajuda militar, da mesma forma que Mohandas Gandhi.[4] Em décadas recentes, a comunicação por telégrafo e a intensificação dos investimentos e da imigração haviam reforçado as ligações britânicas com seus domínios: na verdade, muitos dos líderes australianos eram britânicos de nascimento. Fora das elites políticas e intelectuais, o apoio à guerra provavelmente fosse mais contido e, à medida que o confronto se prolongava e se tornava mais dispendioso, rachaduras na fachada de unidade começaram a surgir no além-mar, assim como na Europa. Não obstante, para começar, o envolvimento na guerra foi aceito com notável e pouca recusa, e menos ainda nos impérios francês e russo, mais autoritários.

Além da participação automática dos impérios coloniais, a guerra também se globalizou pela decisão de Estados independentes de nela intervir. Vários dos que entraram no conflito (principalmente na América Latina) fizeram-no, em grande parte, pelo gesto. Os derradeiros a entrar com verdadeiro impacto foram o Japão e o Império Otomano, em agosto e outubro de 1914, respectivamente; a Itália e a Bulgária, em agosto de 1916; Portugal e Romênia, em março e agosto de 1916; e os Estados Unidos, Grécia e China, em abril, julho e agosto de 1917. Aqui, nossa discussão envolverá eventos até a entrada da Romênia, traçando a extensão dos combates nos Bálcãs e no Adriático, bem como no Leste asiático e no Levante. Se os beligerantes originais podiam justificar-se por não ter previsto o que seria a guerra, os que chegaram depois tinham menos desculpas. Contudo, compartilharam da "ilusão da guerra breve" os italianos, por exemplo, supondo que só lutariam por alguns meses.[5] Particularmente na Europa Oriental, o conflito parecia uma luta do tipo pingue-pongue, em que a vantagem oscilava entre os dois lados. As dificuldades de previsão nessas circunstâncias ajudam a explicar por que a Turquia e a Bulgária escolheram os perdedores, enquanto a Itália e a Romênia subestimaram o custo de se juntar aos vencedores. Como na Crise de Julho, as alianças preexistentes influenciaram as decisões em favor da guerra menos que as considerações de interesse nacional. Mas, ao contrário de 1915, os últimos a entrarem no conflito tiveram tempo para definir suas necessidades e negociar com ambos os lados. Embora esse cronograma sem pressa pudesse ter permitido maior debate público, na verdade a maioria das intervenções foi conduzida por governos autoritários, não apenas para defender seus interesses externos, mas também para dobrar seus rivais internos.

Fato incomum entre os participantes retardatários, o Japão era suficientemente forte e remoto com relação à Europa para se manter seguro quem quer que fosse o vencedor. O principal defensor de sua intervenção, o ministro das Relações Exteriores Kato Takoaki, declarou ao gabinete que a Grã-Bretanha seria a vencedora, mas, se ela perdesse, o Japão pouco sofreria.[6] Os termos do tratado de aliança de 1902 entre Japão e Grã-Bretanha não exigiam que o país fosse à guerra, já que a Alemanha não ameaçava as colônias britânicas na Ásia. Mas, em agosto de 1914, o Almirantado, temendo que submarinos de Spee provocassem estragos no Pacífico, solicitou a assistência naval japonesa. O apelo de Grey ajudou Kato a ampliar o apoio ao envolvimento entre os ministros e o *genro*, um grupo de velhos estadistas que aconselhava o imperador e tinha poder de veto quanto às relações externas. Porém, embora Kato afirmasse que estava demonstrando solidariedade aos britânicos, seu verdadeiro objetivo era a expansão. Suas principais preocupações eram três. Em primeiro lugar, ele queria as ilhas alemãs do Pacífico Norte e seu território de Qingdao, mantido na China por arrendamento e que compreendia a base naval de Jiaozhou e uma ferrovia rumo ao interior, rico em minérios. Em segundo, ele estava assustado pela revolta chinesa de 1911-12, que havia derrubado a dinastia Manchu em favor de um novo presidente, o general antijaponês Yuan Shih-kai. Em 1913, ele havia advertido Grey de que no "momento psicológico" certo agiria para salvaguardar os arrendamentos ferroviários do Japão na Manchúria contra os chineses.[7] Em terceiro, a recuperação russa da derrota em 1904-5 (e o término da ferrovia Transiberiana) também preocupava os japoneses. Suas forças armadas haviam sido negligenciadas, mas as tentativas, em 1912-13, de expandi-las encontraram obstinada resistência e derrubaram dois governos. Kato esperava que a entrada na guerra facilitasse o rearmamento. Grey estava cauteloso com os motivos ulteriores do Japão e chegou até mesmo a tentar revogar seu pedido de ajuda em vista de sua preocupação quanto a eles, mas Kato garantiu-lhe que Tóquio ficaria fora do Pacífico Sul e não buscaria nenhuma expansão na China. Além disso, antes de se envolver, Kato percebeu que, se limitasse suas ambições, os Estados Unidos provavelmente não agiriam contra ele. Não obstante, o ultimato do Japão em 15 de agosto de 1914 exigia que a Alemanha entregasse Qingdao imediatamente, com sua possível devolução à China só ocorrendo posteriormente. Depois da declaração de guerra no dia 23, Kato e sua equipe começaram a trabalhar nas draconianas "21 Exigências" que apresentaram a Pequim em janeiro de 1915, e quando o Regime insistiu em resistir ao rearmamento, o governo o dissolveu e venceu as novas eleições. Embora o entusiasmo popular inicial pela guerra logo se dissipasse, a beligerância do Japão deu-lhe uma direção nacionalista e autocrática.[8]

O mesmo se aplicava ao Império Otomano. Ao contrário do Japão, o Império Otomano não era uma nação unificada, mas um vasto conglomerado multiétnico. Devido a seu endividamento crônico e sua derrota em guerras anteriores, bem como seu tratamento equivocado aos povos a elas sujeitos, as potências europeias supervisionaram suas finanças públicas e se reservaram o direito de intervir para proteger os cristãos armênios e libaneses. Com a Revolução dos Jovens Turcos de 1908, o império tentara modernizar suas instituições políticas e as forças armadas, mas perdeu a Líbia para a Itália em 1911-12 e a maioria de seu território europeu na Primeira Guerra dos Bálcãs de 1912-13. Assim, era fácil prever a divisão de suas terras asiáticas a seguir e, às vésperas da guerra, as potências estavam negociando acordos provisórios quanto às suas fatias do bolo, embora nenhuma ainda desejasse uma separação. Em reação às derrotas, um golpe de estado, em 1913, levou os líderes dos Jovens Turcos – um movimento nacionalista conspiratório conhecido como CUP, ou Comitê para a União e o Progresso – a posições-chave ministeriais. O grão-vizir, Said Halim, o equivalente aproximado de um primeiro-ministro e o funcionário com que os diplomatas aliados se reuniam com mais frequência, pôde ser superado pelo triunvirato da CUP: Djemal Pasha (Marinha), Talat Pasha (Interior) e Enver Pasha (Guerra).[9]

Antes da guerra, os turcos não estavam firmemente ligados a nenhum dos lados. A Alemanha provavelmente fosse a potência de que eles menos suspeitavam de eventuais desejos de anexação com relação a eles e, desde 1913, uma influente missão militar alemã fora comandada pelo general Liman von Sanders, que foi nomeado inspetor-geral do exército turco. Porém, apesar de Enver e seus associados terem assinado uma aliança secreta com a Alemanha em 2 de agosto de 1914 – caracteristicamente não informando seus colegas de gabinete –, eles permaneceram inicialmente neutros, pois continuavam divididos entre si, e o país não estava pronto para a luta. Antes de "cruzar o Rubicão", eles continuaram a conversar com os Aliados, mas estes pouco fizeram para cativá-los. A Grã-Bretanha parecia ter dúvidas quanto ao fato de alguma coisa tornar a Turquia sinceramente favorável aos Aliados; os britânicos também parecem ter subestimado sua bravura militar, com o gabinete em Londres preocupando-se principalmente com a possibilidade de Constantinopla, e não os Aliados, provocar uma ruptura. Além disso, a potência que os turcos mais temiam era seu inimigo hereditário, a Rússia, contra a qual eles desejavam uma garantia anglo-francesa – que Londres e Paris não podiam oferecer. O máximo que ofereceriam era a garantia da integridade do império, sob a condição de que ele se mantivesse estritamente neutro, mas os turcos temiam que isso capacitasse a Rússia a importar todos os armamentos de que necessitava através dos estreitos, tornando-se mais forte que nunca. Para impedir essa ameaça, eles fecharam os estreitos, no final de setembro, à navegação estrangeira, um ato declaradamente contrário aos Aliados.[10]

Ainda faltava um fator que impulsionasse os turcos. Já no início de agosto, os britânicos haviam decidido suspender a entrega das belonaves que a Turquia havia encomendado aos estaleiros britânicos, mas que agora a Marinha Real desejava para si mesma. As belonaves dariam vantagem aos otomanos sobre a frota russa do mar Negro, e haviam sido pagas por subscrição pública. Ofendidos, portanto, os turcos mostraram-se receptivos quando as belonaves alemãs *Goeben* e *Breslau* enganaram seus perseguidores britânicos no Mediterrâneo e alcançaram o Dardanelos. Constantinopla concordou em "comprá-los", mas eles conservaram suas tripulações alemãs e seu comandante, Souchon, que se tornou o comandante-chefe da marinha turca. Como tal, suas ligações com o Enver Paxá concederam vantagem crucial à Turquia na guerra. Foram os navios de Souchon que desencadearam as hostilidades quando, em 29 de outubro, conduziram uma flotilha turca ao mar Negro, atacando carregamentos russos e bombardeando Odessa, ao que os Aliados responderam declarando guerra à Turquia. O sultão, então, proclamou uma guerra santa contra eles. Contudo, os alemães haviam insistido que Souchon só navegasse com autorização dos turcos e, ao fornecer as ordens necessárias, Enver funcionou como o principal incentivador de Constantinopla, da mesma forma que Kato funcionara em Tóquio. Se Kato era anglófilo e ex-embaixador em Londres, Enver fora adido militar em Berlim, admirado pelo exército alemão, e mantinha até um retrato de Frederico, o Grande acima de sua escrivaninha. Insistindo que a Alemanha venceria, ele queria que a Turquia se juntasse a ela, se alinhasse com os muçulmanos governados pela Rússia no Cáucaso e reconquistasse os antigos territórios otomanos no norte da África. Seus colegas menos impetuosos do CUP hesitavam depois da batalha do Marne, mas os sucessos da Alemanha contra a Rússia na Polônia os incentivaram a envolver-se depois de terem fortalecido as defesas no Dardanelos, e Berlim ter-lhes entregado um pagamento no valor de 2 milhões de liras turcas para financiar o rearmamento do país. Tendo restringido Enver anteriormente, eles agora lhe davam carta branca. Embora o grão-vizir denunciasse o ataque a Odessa, diante de uma maioria da liderança do CUP, o governo aceitou o *fait accompli*, e seus elementos mais liberais e moderados foram marginalizados.[11]

A última grande potência a entrar na primeira metade da guerra foi a Itália, cujo secreto Tratado de Londres com os Aliados, assinado em 26 de abril de 1915, obrigava-a a se juntar a eles em um mês.¹² Ao contrário da Turquia e do Japão, a Itália parecia estar mudando de lado. Contudo, a Tríplice Aliança de 1882 entre Itália, Alemanha e a Áustria-Hungria não obrigava os italianos a participarem de um ataque à Sérvia, especialmente porque, em 1915, seus parceiros não os consultaram previamente. Da perspectiva de Roma, a Áustria-Hungria era, na verdade, o principal inimigo e, durante uma década, esses dois supostos aliados estiveram fortificando suas fronteiras mútuas e construindo marinhas rivais no Adriático. Eles competiam pela influência sobre os Bálcãs, e a *Itália irredenta* ("Itália indomada") – os cerca de 800 mil falantes de italiano sob o domínio Habsburgo no Trentino e ao redor de Triste – era a grande prioridade dos nacionalistas italianos. Como os italianos eram fracos demais para atacar a Áustria-Hungria e consideravam o exército da Alemanha o melhor da Europa, a Tríplice Aliança fazia sentido para eles em tempos de paz, mas, como a Alemanha estava combatendo a França e a Rússia, a Itália não tinha nenhum interesse em se reunir às Potências Centrais, a menos que eles tivessem a possibilidade de sair vitoriosos. Dada a vulnerabilidade da Itália à marinha britânica, que podia bombardear suas cidades costeiras e suas ferrovias, impedindo suas importações de trigo e carvão, a neutralidade era a escolha óbvia em 1915 e contava com o apoio público geral.

Os principais líderes italianos eram o primeiro-ministro Antonio Salandra e seu ministro das Relações Exteriores desde outubro de 1914, Sidney Sonnino, que mantinham o gabinete no escuro e podiam contar com o apoio do rei Vítor Emanuel III. No período de neutralidade, as negociações prosseguiram com a Alemanha e a Áustria-Hungria, mas sem boa-fé de ambos os lados. A despeito da pressão de Berlim, os austríacos prometeram à Itália apenas parte do Trentino. No entanto, recusaram-se a transferi-lo imediatamente, comprometendo-se a só fazê-lo depois da guerra, temendo abrir um precedente a outros predadores. Os Aliados, cientes de que estavam num leilão, cederam com certa relutância às exigências estabelecidas por Salandra e Sonnino em março de 1915. Os italianos queriam ganhos coloniais na África e na Ásia Menor, mas suas principais exigências diziam respeito a fronteiras defensáveis nos Alpes (até a linha do Passo de Brennero) e na Ístria, bem como às ilhas e litoral da Dalmácia, para que pudessem controlar o Adriático. Seu propósito não era apenas completar a unidade étnica da Itália, mas também obter segurança militar e naval, além de limitar a expansão eslava, estabelecendo novas fronteiras que incluiriam um quarto de milhão de falantes de alemão no Tirol do Sul e cerca de 700 mil eslovenos e croatas. Em vez de romper com a Áustria-Hungria, eles tencionavam mantê-la como ponto de equilíbrio em relação à Sérvia, enquanto esta, apoiada pela Rússia, opunha-se às pretensões italianas.

A cada estágio do caminho até a intervenção italiana, os destinos nos campos de batalha eram críticos. A batalha do Marne convenceu Salandra de que os Aliados venceriam, e era do interesse da Itália juntar-se a eles. O início de um ataque ao Dardanelos (em que ele esperava obter sucesso e submeter os Estados balcânicos) incentivou-o a negociar seriamente. Salandra, Sonnino e o CGS, Luigi Cadorna, achavam que a paz logo seria obtida. Exigindo apenas um modesto empréstimo dos Aliados, eles se apressaram a entrar, pois isso lhes daria força política, embora o exército não estivesse preparado. Por fim, a procrastinação do avanço dos russos na Frente Oriental em abril minou o poder de veto de Petrogrado e persuadiu os russos a valorizar a entrada da Itália à custa da Sérvia, tornando possível um compromisso pelo qual, além das promessas de compensação colonial e das exigências referentes ao Trentino, Tirol do Sul, Trieste e Ístria, a Itália anexaria a costa norte da Dalmácia, com a porção sul permanecendo neutra. Contudo, com os invasores de Galípoli imobilizados em suas cabeças de ponte, e os russos sendo desviados de seu objetivo, no mês seguinte à conclusão do Tratado de Londres, em abril, os líderes italianos seriam pressionados a obter aprovação parlamentar para sua ação.

A entrada da Itália na guerra era ímpar, no sentido de ter sido precedida por uma crise doméstica, desencadeada por uma oferta pública da Alemanha e da Áustria-Hungria de ceder o Trentino e tornar Trieste uma cidade livre. Se (e era um "se" enorme) Berlim e Viena fossem confiáveis, a Itália estava garantindo praticamente tudo o que podia justificar com base na autodeterminação. Se, mesmo assim, ela fosse à guerra, seria por objetivos imperialistas e contra a oposição doméstica. A maioria da imprensa defendia a ligação com os Aliados, bem como os políticos conservadores, a Associação Nacionalista Italiana e socialistas patrióticos como Benito Mussolini, mas os oficiais das províncias relatavam que a maioria do público se mostrava indiferente ou hostil. A Igreja Católica opunha-se à intervenção, bem como o principal partido socialista, o PSI, que não via um motivo premente (como o que havia atingido suas contrapartidas francesa e alemã) para uma solidariedade nacional contra um agressor reacionário. Além disso, Giovanni Giolitti, o rival político mais progressista de Salandra e seu predecessor como premiê, afirmava que "muito" seria obtido se o país se conservasse neutro e que a guerra deveria ser evitada, a menos que fosse absolutamente necessária. Quando a maioria dos deputados declarou seu apoio a Giolitti, Salandra renunciou. Sua ação desencadeou o chamado "maio radiante" de demonstrações intervencionistas nas cidades maiores, em geral demonstrações burguesas ordeiras, embora em Roma a multidão tenha invadido o prédio do parlamento e intimidado os seguidores de Giolitti. De qualquer modo, a facção contra a guerra estava sem liderança. Como Giolitti reconheceu que Viena havia oferecido tanto só porque havia sido ameaçada, ele se recusou a formar um governo, sendo imitado por outros dois candidatos. Quando o rei reconvocou Salandra, a oposição entrou em colapso, e o governo garantiu ampla maioria, embora o PSI decidisse só se opor ao esforço de guerra, mas não sabotá-lo. Assim, embora a entrada da Itália fosse obtida por meios constitucionais, isso significava uma derrota para a esquerda e o centro. O governo previa uma breve e limitada operação apenas contra a Áustria-Hungria, não declarando guerra à Alemanha. Os italianos subestimaram perigosamente o preço da beligerância e intervieram sem o apoio geral. O resultado foi minar a ordem política e social que Salandra tinha esperança de consolidar.

Quanto às outras entradas tardias, a Alemanha declarou guerra a Portugal em março de 1915, depois que Lisboa concordou com uma solicitação britânica de apreender navios alemães detidos em seus portos. Subsequentemente, Portugal enviou uma pequena expedição à Frente Ocidental. Sua política foi influenciada por preocupações que diferenciavam o país da neutra Espanha e garantiam apoio aos Aliados para preservar seu império na África.[13] Com relação aos dois últimos países a serem considerados, a Bulgária e a Romênia, estes eram, até certo ponto, imagens no espelho um do outro. A opção da Bulgária pelas Potências Centrais serviu-a muito bem no início, mas muito mal posteriormente; a da Romênia pelos Aliados foi, na maior parte da guerra, calamitosa, mas, no final, revelou-se melhor, embora provavelmente – como a Itália – o país pudesse ter obtidos os mesmos resultados a custo mais baixo se tivesse se limitado a esperar. Na Bulgária, a soberania contava: o rei Ferdinando conduzia a política externa juntamente com seu premiê, Vasil Radoslavov, cujo governo suspendeu o parlamento e amordaçou a imprensa para silenciar a oposição mais pró-Rússia. Em contrapartida, o rei da Romênia (outro Ferdinando, que sucedeu o voluntarioso Carol logo que a guerra explodiu) acedeu ao primeiro-ministro Dmitri Bratianu, que se beneficiara de um consenso em favor dos Aliados. Os alinhamentos na região haviam sido influenciados significativamente pela Segunda Guerra dos Bálcãs, que deixou a Bulgária derrotada e antagonista da Sérvia, Romênia, Turquia e Grécia, enquanto a Romênia ocupou território da Bulgária e esperava mais da Áustria-Hungria. Como a prioridade da Bulgária era a Macedônia, ocupada pelos sérvios, e a da Romênia, a Transilvânia, governada pela Hungria, as Potências Centrais optaram por uma vantagem automática em Sófia, e os Aliados, em Bucareste. Embora os dois países negociassem com ambos os lados, assim o faziam em grande parte para aumentar as ofertas dos parceiros que preferiam e dos quais podiam esperar obter mais.

Os Aliados prometeram à Bulgária ganhos na Turquia, mas nada fora bem definido na Grécia e na Romênia, que eles queriam do lado deles. Tentaram seduzir a Sérvia oferecendo-lhe parte da Macedônia, mas com numerosas condições.

As Potências Centrais ofereceram à Bulgária todo território sérvio que desejasse, bem como terras gregas, se Atenas se juntasse aos Aliados. Os turcos, que precisavam desesperadamente de uma rota de suprimentos através dos Bálcãs a partir da Alemanha, concederam à Bulgária, de má vontade, uma faixa de terra ao longo do rio Maritsa, embora essa transferência se tornasse uma questão delicada. Mesmo assim, as primeiras vitórias da Sérvia e a entrada da Itália na guerra fizeram Radoslavov e Ferdinando hesitarem. Só o colapso militar da Rússia no verão de 1915 conseguiu fazê-los reagir. Eles assinaram um acordo com as Potências Centrais em 6 de setembro e entraram na guerra poucas semanas depois.[14]

A situação da Romênia lembrava a da Itália. Sua aliança secreta de 1883 com a Áustria-Hungria e a Alemanha não era válida nas circunstâncias de 1914, sendo invalidada por suas resoluções quanto aos falantes de romeno na Transilvânia. Em agosto de 1915, os Aliados concordaram em apoiar as exigências de Bratianu com relação não apenas à Transilvânia, mas também àquelas referentes a dois outros territórios austro-húngaros: a Bucovina (que etnicamente era, em parte, ucraniana) e o Banat de Temesvar (que etnicamente, em parte, era sérvio e faria com que a Romênia chegasse quase às portas de Belgrado). Então, as derrotas dos Aliados fizeram Bratianu hesitar, enquanto os russos desestimulavam a entrada da Romênia, vendo-a como um potencial estorvo estratégico. Contudo, depois do sucesso da ofensiva de Brusilov em junho de 1916, o Stavka mudou de ideia e quis que a Romênia entrasse na guerra para logo romper com a Áustria-Hungria. Bratianu também desejou aproveitar a oportunidade, mas perdeu dois meses regateando território extra e ajuda. Quando ele assinou uma aliança em 17 de agosto, as Potências Centrais estavam se recuperando. No entanto, ele comprometeu seu país com o que achou que poderia vir a ser um desastre, temendo perder toda a credibilidade com os Aliados se postergasse ainda mais sua decisão.[15]

O avanço nas negociações territoriais e as flutuações nos destinos militares decidiram a intervenção dos participantes tardios, mas as aspirações anteriores a 1914 determinaram qual lado eles favoreceriam. Essas intervenções criaram uma série de guerras paralelas, na medida em que cada um seguia suas agendas individuais, complicando a árdua tarefa da coordenação estratégica. O Japão, contra o desejo da Grã-Bretanha, expandiu sua ocupação da China; a Itália inicialmente declarou guerra apenas à Áustria-Hungria, na esperança de limitar seu envolvimento; a Romênia atacou a Transilvânia. De modo similar, a contribuição da Bulgária para a derrota da Sérvia em 1915 foi a invasão da Macedônia, aproveitando-se de uma ofensiva austro-germânica contra a própria Sérvia. De qualquer modo, os dois lados incorporaram os Bálcãs e os fronts italianos em suas estratégicas europeias gerais em 1916.* No

---

*   Ver cap. 6.

entanto, isso ocorreu muito menos no Oriente Médio, onde a entrada dos otomanos efetivamente criou uma guerra inteiramente nova.

A Turquia provou ser um antagonista mais formidável que o esperado, exigindo mais dos recursos aliados que a Itália e a Romênia com relação aos dos austríacos, e com exceção dos Estados Unidos, teve mais impacto que qualquer outro novo beligerante no curso total do conflito. Lloyd George e Ludendorff estimaram (provavelmente com exagero e *a posteriori*) que a intervenção turca teria prolongado a guerra por dois anos.[16] Contudo, os turcos tinham muitos pontos fracos. A despeito de sua imponente extensão, a população do império era de apenas cerca de 20 milhões e boa parte dela não era turca, embora a maioria das minorias étnicas permanecesse leal. O país só conseguia produzir armamentos básicos, e sua rede ferroviária era rudimentar, não oferecendo uma linha contínua de Constantinopla nem até a fronteira russa nem até a Síria e a Palestina. Havia muito as finanças do governo eram precárias: a dívida nacional triplicou durante a guerra e, em comparação com as de outros beligerantes, as autoridades turcas eram descuidadas em seus gastos. Os preços subiram cinco vezes em 1917 e 26 vezes quando do armistício. No entanto, o governo recrutou um total de 3 milhões de soldados (embora a metade tenha desertado) e cerca de 325 mil foram mortos ou feridos. O exército cresceu de 36 (notoriamente pequenas) divisões em 1914 para 70. As tropas eram mais fracas que as europeias na artilharia, mas eram muito bem equipadas com canhões e tinham grande disposição para abrir trincheiras. Ajudados por conselheiros alemães e pelo aparato alemão, cuja passagem a Romênia permitia, defenderam bem o império por mais de um ano.[17] A guerra da Turquia, até 1917, pode ser dividida em três fases: as ofensivas otomanas iniciais contra os britânicos e os russos e seus próprios cidadãos armênios; ofensivas aliadas fracassadas no Dardanelos e na Mesopotâmia; e, por fim, avanços aliados mais bem-sucedidos no Cáucaso e contra Bagdá, que mostraram que a resistência turca começava a falhar.

Os otomanos começaram pela ofensiva. Declararam sua intenção de unir "todos os ramos de nossa raça", e o sultão proclamou uma *jihad*, ou guerra santa. Ajudada por pontões construídos por engenheiros alemães, uma força turca de 22 mil homens tentou, em fevereiro de 1915, cruzar o canal de Suez, mas um exército britânico maior, apoiado por belonaves, facilmente os repeliu, embora os britânicos tivessem reforçado sua guarnição egípcia como consequência. Mas o principal esforço proveio do Cáucaso, onde Enver ordenou que 150 mil homens avançassem em dezembro de 1914. Os russos eram em número inferior e defendiam uma fronteira remota entre populações principalmente muçulmanas que haviam conquistado no século anterior. Mas Enver estava operando em terreno montanhoso, numa distância de 400 km do terminal ferroviário mais próximo e sob temperaturas bem abaixo de zero. A maioria de suas tropas sucumbiu pela doença e pelo frio, e não pelos russos, mas depois do último ataque na Batalha de Sarikamish, em dezembro de 1914 e início de janeiro de 1915, os turcos bateram em retirada e menos de um quarto dos homens que empregaram na ofensiva sobreviveu a ela.[18] As repercussões foram imensas. Um apelo por ajuda do grão-duque Nicolau deu início ao processo que levou a campanha aliada a tomar o Dardanelos, e o genocídio armênio de 1915 teve início quando o Império Otomano se viu diante da emergência, com seu principal exército expulso e sua capital sob ameaça.

Entre 1,5 e 2 milhões de armênios viviam sob o governo otomano, quase metade no planalto armênio a noroeste.[19] Quando a guerra irrompeu, seus líderes mostraram-se publicamente leais e pediram a seu povo que atendesse à ordem de convocação, efetivamente atendida por cerca de 100 mil homens. Contudo, eles se recusaram a impelir seus compatriotas de além-fronteira a se levantarem contra a autoridade do czar, e esses compatriotas se alistaram no exército russo. Contudo, embora o governo turco afirmasse estar retaliando contra a deslealdade e os preparativos para uma insurreição, os armênios otomanos parecem não ter sido culpados nem de uma coisa nem de outra até a ação contra eles ter início, depois de Sarikamish, no final de fevereiro de 1915. Primeiro, os armênios do exército foram segregados, desarmados e assassinados ou forçados a trabalhar até caírem de cansaço. Os que não haviam se alistado foram caçados em suas vilas, torturados e mortos. Com os homens saudáveis aniquilados, a segunda fase, de abril a agosto, concentrou-se nas deportações dos armênios remanescentes em longas marchas forçadas através de campos de detenção no norte da Mesopotâmia, onde eles morreram aos milhares, se já não tivessem perdido a vida *en route*. É verdade que Zeitan, a primeira cidade a ser atacada, estava resistindo violentamente à convocação, mas, quando os armênios da cidade de Van se rebelaram (sendo, durante algum tempo, tranquilizados pelos russos), em abril-maio, estavam claramente agindo assim para evitar o destino de seus compatriotas. Não obstante, o levante de Van levou as coisas ao clímax. Centenas de armênios da própria Constantinopla foram presos e mortos; o restante do planalto armênio foi dizimado, e os Aliados advertiram que responsabilizavam o governo turco pelo massacre, bem como os oficiais nele diretamente envolvidos. Quanto aos alemães, embora seus conselheiros deplorassem os massacres de forma tão intensa quanto os missionários e diplomatas neutros, o Ministério das Relações Exteriores de Berlim hesitou em insistir no assunto, por medo de pôr em risco a aliança. No todo, provavelmente mais de um milhão de pessoas morreram no que, sem dúvida, foi uma campanha planejada pelo governo central, inspirada pelos líderes do CUP e implementada pelas Organizações Especiais, sob o controle do partido e do Ministério da Guerra. Ainda é duvidoso quem tomou a decisão e por qual motivo, e os documentos relevantes foram destruídos ou escondidos. Em particular, não ficou claro se uma operação de segurança para proteger a fronteira do Cáucaso foi intensificada devido à resistência armênia e à indisciplina das Organizações Especiais, ou se o objetivo, desde o início, era o extermínio dos armênios. Algumas das declarações dos líderes dos Jovens Turcos dão credibilidade a essa última possibilidade e, em sua implementação, a política foi realmente genocida.

O massacre foi o mais horroroso dos muitos sinais, em 1915, de que essa seria uma guerra de intensidade até então desconhecida e de que as restrições que o século XIX impusera à conduta de hostilidades estavam entrando em colapso. Esses massacres aconteceram quando a aposta dos Jovens Turcos na intervenção parecia estar desastradamente equivocada, embora isso não diminua a gravidade do problema. Contudo, em contrapartida, na segunda fase, no Oriente Médio, os Aliados assumiram a ofensiva, embora os turcos a tenham repelido com sucesso, contendo os ataques russos do verão de 1915 no Cáucaso e repelindo um avanço das forças indianas sobre Bagdá e uma empenhada tentativa francesa de tomar Constantinopla. Durante as operações no Dardanelos, de fevereiro de 1915 a janeiro de 1916, o estreito substituiu o Cáucaso como principal palco de operações.[20] No auge da luta, 350 mil soldados otomanos se concentraram na região do Dardanelos, contra apenas 150 mil no nordeste. No final da campanha, 410 mil homens do Império Britânico e 79 mil soldados franceses haviam passado por ele, entre os quais as baixas foram, respectivamente, de 205 mil e 47 mil. Os britânicos avaliaram que as perdas turcas haviam sido de 251 mil, mas o verdadeiro número total pode ser substancialmente mais elevado.[21] Na Austrália e na Nova Zelândia, que perderam cerca de 8 mil e 2 mil homens, respectivamente, a campanha assumiu um significado trágico e duradouro por haver despertado um senso de relevância nacional, em comparação com uma liderança britânica incompetente e aferrada à superioridade de classe, com o primeiro Dia de Anzac sendo comemorado na Austrália já em 1916.[22] Em termos de sua extensão e custo, a luta eclipsou as grandes batalhas da Frente Ocidental de 1916-17. No entanto, se os soldados otomanos (muitos dos quais falavam árabe) tiveram êxito na defesa de sua capital contra um invasor infiel, parece que as baixas dos Aliados não contribuíram em nada para o objetivo maior de vencer a guerra.

De qualquer modo, foi como um empreendimento para vencer a guerra que a campanha havia sido concebida. Inicialmente, foi uma resposta ao pedido de ajuda do grão-duque Nicolau antes de Sarikamish, mas isso evoluiu de um debate preexistente, com muitos membros do governo britânico (e particularmente Winston Churchill como Primeiro Lorde do Almirantado) já considerando que uma vitória na Frente Ocidental era improvável e, portanto, buscando alternativas mais promissoras. Churchill considerava a possibilidade de um desembarque na ilha Borkum do mar do Norte, antes das operações no Báltico, mas seus conselheiros acertadamente ponderaram que as minas alemãs e as defesas litorâneas tornariam isso impraticável. Entretanto, eles acabaram concordando (sem entusiasmo) com um ataque naval no Dardanelos.[23] Se os navios de guerra alcançassem o mar de Mármara, eles poderiam interromper o fornecimento de alimentos a Constantinopla ou bombardear a cidade, embora se esperasse que sua simples presença provocasse um golpe contra o CUP ou intimidaria os turcos, fazendo-os se renderem. Se a Turquia caísse, o canal de Suez e os campos petrolíferos britânicos na Pérsia estariam assegurados, assim como a fronteira da Rússia no Cáucaso, e a única rota marítima livre do gelo até a Rússia seria reaberta. A Itália e os Estados balcânicos poderiam juntar-se aos Aliados, possibilitando um ataque articulado contra a Áustria-Hungria. Tudo isso poderia ser conseguido com encouraçados pré-*dreadnought*, que, de qualquer modo, eram inúteis no mar do Norte, enquanto os franceses também se mostrassem dispostos a participar, pelo menos para impedir uma vitória só da Grã-Bretanha numa região na qual eles tinham interesse financeiro e de prestígio.[24] Essas considerações, veementemente exigidas por Churchill, dobraram o Conselho de Guerra do governo e, em 19 de fevereiro, a armada conjunta anglo-francesa começou a bombardear os fortes do Dardanelos.

Quase certamente, essa concepção estratégica era basicamente falha. Incentivados pelas notícias de contatos secretos entre o Djemal Paxá e seus agentes, os britânicos subestimaram a determinação dos líderes do CUP e a segurança com que se equilibravam na ativa. Ainda que a força naval chegasse a Constantinopla, não contava com forças em terra, e os turcos não estavam dispostos a evacuar a cidade. Parecia improvável que o regime que ordenara as deportações armênias se intimidasse diante de navios de guerra ao longo da costa. Se os turcos mantivessem a calma, os encouraçados teriam de bater em retirada. De qualquer modo, os Aliados ocidentais, às voltas com seus próprios problemas de falta de munição, tinham poucas bombas disponíveis para a Rússia. É menos implausível que um sucesso tivesse atraído a Grécia e mantido a Bulgária neutra, embora Bratianu se mostrasse tão cauteloso que é bastante incerto que a Romênia tivesse se envolvido. Para a maioria dos Estados balcânicos, o destino militar da Rússia importava muito mais que os acontecimentos no Dardanelos. O único prognóstico aliado justificado foi que a campanha incentivou a Itália a negociar seriamente, embora os Aliados pudessem ter obtido isso de qualquer forma.[25]

Também em termos operacionais, Churchill subestimou as dificuldades. Os canhões navais de trajetória plana eram menos eficientes contra os fortes da Turquia do que haviam sido os *howitzers* alemães e austríacos contra as fortificações belgas. Tampouco podiam silenciar as baterias móveis de artilharia que guardavam os campos minados do Dardanelos, cujo fogo impedia os arrastões manejados por pescadores voluntários – os únicos varredores de minas inicialmente disponíveis – de realizar sua tarefa. Os canhões de 15 polegadas do *superdreadnought Queen Elizabeth*, que o Almirantado, relutantemente, cedeu para a aventura, eram imprecisos, sem aviões observadores – os britânicos tinham pouquíssimos deles. Quando o principal ataque ocorreu, com 16 encouraçados, em 18 de março, três foram afundados e outros três colocados fora de combate, principalmente porque a esquadra entrou num campo recém-minado à sua volta, com a maioria das minas não tendo sido varrida e as baterias ainda intactas na praia. Os navios eram velhos, mas a perda em vidas foi pesada (mais de 600 homens só no encouraçado francês *Bouvet*), e os canhões turcos tinham munição abundante. Essa foi a razão de, embora alguns destróieres especialmente equipados tivessem chegado para limpar as minas, os defensores ainda poderem mantê-los a distância.[26] Mas, depois do dia 18 de março, o Conselho de Guerra deixou que o comandante local, o almirante John de Robeck, decidisse como proceder e, em conferência com o líder da força terrestre designada, Sir Ian Hamilton, ele resolvesse que o exército deveria seguir para a praia, a fim de subjugar as defesas.

Outra das atrações da campanha naval havia sido a suposição de que ela poderia, se necessário, ser interrompida sem danos. Essa suposição também se revelou ilusória. Grey acreditava que o sucesso militar seria vital para sua diplomacia nos Bálcãs, e os ministros temiam que a humilhação pelos turcos pusesse em risco a autoridade do Império Britânico sobre seus súditos muçulmanos.[27] Londres aceitou a decisão dos homens imediatamente. Embora a Força Expedicionária Mediterrânea de Hamilton tivesse sido formada na suposição de que provavelmente não seria usada, no dia 25 de abril 30 mil soldados britânicos, indianos, australianos, neozelandeses e franceses desembarcaram em cinco praias ao redor do cabo Helles, na ponta sul da península de Galípoli e no que passou a ser conhecido como a Cova de Anzac (em homenagem aos Corpos do Exército da Austrália e da Nova Zelândia) na costa oeste. Alguns desembarques não encontraram resistência, mas os Fuzileiros de Lancashire, na praia W, os Fuzileiros de Munster e o Regimento de Hampshire, na praia V, ficaram debaixo de intenso fogo cruzado de armas pequenas, sofrendo mais de 2 mil baixas. Depois que as cabeças de ponte Helles chegaram, os invasores avançaram para o interior, mas, pouco mais de 3 km do cabo, nas encostas da colina de Achi Baba e em torno da vila de Krythia, seus repetidos assaltos frontais durante os meses seguintes fizeram progressos insignificantes. Ambos os lados cavaram sistemas de trincheiras quase tão elaborados quanto os da França, embora mais rasas e com linhas de frente bem próximas uma das outras, e quase a mesma coisa aconteceu nas colinas acima da Cova Anzac. As zonas de desembarque dos Aliados apresentavam praias estreitas, encostas elevadas e ausência de água no solo, além de áreas para descanso fora do alcance da artilharia; os defensores contavam com água e campos de descanso.[28] Apesar disso, nos dias 6 e

7 de agosto, depois de Londres ter liberado três novas divisões, Hamilton tentou outro ataque coordenado. O elemento central era uma ofensiva noturna implacável subindo da Cova Anzac e apoiada por divisões de assalto de Helles, bem como um novo desembarque, mais ao norte, na baía de Suvla. Inicialmente, este último quase não enfrentou resistência, mas seus líderes avançaram para o interior ainda mais lentamente e, tal como ocorrera nos desembarques anteriores, este não conseguiu atingir os cumes das elevações que formam a espinha rochosa da península. Depois de uma última ofensiva no fim de agosto, o governo rejeitou os pedidos de Hamilton de enviar mais homens, dando prioridade à ofensiva de setembro da Frente Ocidental e à força expedicionária enviada em outubro para o golfo de Salônica. Depois de aniquilar a Sérvia no mesmo mês, as Potências Centrais podiam transportar canhões pesados por terra para os turcos, e os Aliados corriam o risco de serem varridos de suas estreitas cabeças de ponte nas praias. Os agitados mares de outono impediam outras operações ou mesmo novos suprimentos para as posições existentes. Tendo sido castigadas, durante o verão, pelo calor, sede, moscas e disenteria, as tropas agora suportavam uma chuva torrencial, nevascas e congelamento. Churchill defendeu sua ideia até perder seu posto no outono, e o governo da Índia temia um desastre que abalasse seu prestígio se a empreitada fosse abortada, mas, em outubro, Hamilton foi substituído por Sir Charles Monro, que recomendou a retirada, e Londres deu a autorização. De maneira surpreendente, em dezembro Suvla e Anzac foram evacuados sem derramamento de sangue, e Helles em janeiro, com os turcos não fazendo nenhum esforço para impedir a saída dos invasores.

Por essa época, qualquer chance de uma alternativa rápida e fácil de derrotar a Alemanha na Frente Ocidental havia muito estava perdida, e a debacle desacreditava os defensores dessas estratégias alternativas. O que dera errado?[29] Os Aliados desembarcaram sem surpresa e concederam muito tempo aos turcos para se preparar. Kitchener, temendo um ataque alemão no oeste ou mesmo uma invasão da Grã-Bretanha, foi lento em retirar sua 29ª Divisão, o único contingente de soldados regulares da Força Expedicionária. Mais tempo ainda foi perdido quando Hamilton ordenou que seus navios de suprimentos retornassem ao Egito, pois suas cargas haviam sido dispostas na ordem errada. Enquanto isso, depois do início do bombardeio naval, os turcos fortificaram e reforçaram a península. Se a operação tivesse sido combinada desde o início, com o ataque naval postergado e as preparações de desembarque antecipadas, poderia ter tido um sucesso maior. Entretanto, os Aliados mal conseguiam esconder os enormes preparativos em Alexandria e na baía de Mudros, na ilha grega de Lemnos, e parece pouco provável que o elemento surpresa pudesse ser obtido. Os eventos posteriores aos desembarques também lançaram dúvidas sobre o quanto uma vitória fácil estava prestes a acontecer. Hamilton nunca chegou perto de desativar as baterias de praia no estreito.

Em 25 de abril, ele atacou seis divisões de defesa com cinco das suas, com uma maioria de soldados novos e mais equipados para uma expedição colonial do que para uma Frente Ocidental em miniatura. Eles usaram rapidamente a maioria de suas bombas[30] e não conseguiram quase nenhum território em meses de ataques frontais. Depois de maio, a chegada de submarinos alemães forçou os encouraçados a deixar as águas próximas à praia (ocasião em que dois deles foram afundados), mas, de qualquer maneira, os canhões nos navios eram imprecisos demais para danificar as trincheiras turcas, e a artilharia aliada não conseguiu silenciar os canhões de campo e as metralhadoras que os turcos esconderam nas colinas locais e que repetidamente interrompiam os ataques da infantaria. A falta de bombas foi um motivo menos crítico para esse fracasso que o ponto mais básico de que, em Galípoli, como na França, os atiradores britânicos ainda tinham de desenvolver as táticas necessárias para silenciar essas defesas.[31] Por tudo isso, as memórias turcas e alemãs sugerem que na Cova de Anzac, em abril, e na baía de Suvla, em agosto, os defensores foram surpreendidos, tendo sido salvos por enérgicos comandantes locais, principalmente o líder da República Turca pós-guerra, Mustafá Kemal. Em contraste, a liderança aliada foi falha. Os subordinados de Hamilton exibiram tanto prevaricação quanto agressão impensada. Ele mesmo, afastando-se da praia sem comunicação direta com suas unidades em terra, mostrou-se relutante em desembarcar, mas especialmente em Suvla, onde houve uma confusão e uma incompetência indescritíveis nas primeiras horas, e sua meticulosidade teve trágicas consequências. Entretanto, permanece incerto se o que iludiu os britânicos foi mais que um sucesso local e, mesmo que o exército tivesse limpado o sul da península, a frota ainda teria de alcançar Constantinopla e os turcos para então submetê-los, acontecimentos que parecem improváveis.[32] Com poucas tropas para o combate terrestre até Constantinopla, o que exigiria recursos muito maiores do que os que estavam disponíveis aos Aliados, é difícil ver como a campanha poderia ter obtido o que desejava.

O fracasso em Galípoli ajudou a precipitar a Grã-Bretanha num segundo desastre, na Mesopotâmia. O governo da Índia em Déli havia despachado a Força D (compreendendo uma divisão medíocre) para o golfo Pérsico antes mesmo de a Turquia ter declarado guerra, e, em novembro de 1914, ocupou Basra. Por ordem de Churchill, o governo britânico havia recentemente comprado um número majoritário das ações da Companhia Anglo-Persa de Petróleo, que fornecia petróleo para a esquadra em Abadan, na Pérsia, mas o principal objetivo da expedição era menos proteger as reservas petrolíferas que fortalecer o controle de Déli nos contatos com os governantes árabes locais, muitos dos quais se opunham aos otomanos, bem como para salvaguardar os interesses britânicos se a desordem se estabelecesse no golfo.[33] A expedição repeliu um ataque turco (o que incentivou os britânicos a subestimar a resistência em Galípoli), e antes de Sir John Nixon, um novo e impetuoso chefe, assumir o comando da Mesopotâmia em abril de 1915, Déli e Londres aprovaram sucessivos avanços subindo o rio Tigre até Kut-al-Amara.

Em outubro, o gabinete deliberou se concordava com o desejo de Nixon de que a Força D avançasse até Bagdá, ciente de que ela estava cansada, atacada por doenças e enfraquecida, para enfrentar unidades turcas que se concentravam em massa à sua frente, havendo pouco transporte fluvial para suprir sua linha de mais de 300 km de extensão. O comandante da Força D (e subordinado a Nixon), Sir Charles Townshend, precisava de mais de 200 toneladas de suprimentos diários, mas estava recebendo apenas 150. Contudo, Lorde Hardinge, o então vice-rei da Índia, que queria controlar a Mesopotâmia permanentemente como dispensa imperial e destino para a emigração indiana, previu uma "imensa impressão" em outras partes da Ásia se Bagdá caísse, compensando os danos ao prestígio britânico de Galípoli. O gabinete deixou a decisão para ele, que autorizou o avanço. Ao sul de Bagdá, na batalha de Ctesifonte, em novembro, Townshend não conseguiu romper as posições turcas, compostas por tropas mais numerosas e bem armadas do que a inteligência britânica havia previsto. Ele, então, voltou para Kut, onde, depois de vários meses, rendeu-se em abril de 1916, com cerca de 13 mil homens; tentativas britânicas frustradas de romper o cerco provocaram 23 mil baixas. Dos que caíram prisioneiros dos turcos, quase um terço pereceu antes do final da guerra.[34]

Galípoli e Kut provocaram não apenas desapontamento na Grã-Bretanha, mas também indignação. Em 1916, o governo de Asquith aceitou formar comissões de inquéritos para investigar os dois episódios, o que muito contribuiu para destruir sua reputação de competência. Entretanto, Kut marcou o ponto mais baixo das ações britânicas e, em 1916-17, a sorte dos Aliados contra os turcos reacendeu-se, ainda que à custa de um envolvimento muito maior. Mesmo em Galípoli, nos últimos estágios, a infantaria turca estava perdendo a eficácia, mas foram os russos que desferiram o golpe mais pesado. Entre novembro de 1915 e março de 1917, eles provocaram três quartos de baixa entre as forças otomanas.[35] Numa campanha comandada pelo general Nicolai Yudenich, os russos invadiram a maior parte da Armênia na primavera de 1916, antes que os turcos conseguissem deslocar suas tropas do Dardanelos.

Quando oito divisões liberadas pela evacuação de Galípoli por fim alcançaram o Cáucaso, os russos as derrotaram. Erzerum caiu em fevereiro, Bitlis em março, e um assalto anfíbio tomou o porto de Trebizonda, no mar Negro, em abril. Em contraste a isso, duas divisões de Galípoli foram para a Mesopotâmia, onde, no ano de 1916, o Departamento de Guerra assumiu a responsabilidade pelo governo da Índia e formou uma força de 150 mil homens (dois terços deles indianos). Com o tempo mais frio de dezembro, Sir Stanley Maude deu início a um novo avanço com uma generosa artilharia e grande preponderância numérica, para não mencionar 446 rebocadores e lanchas a vapor, 774 barcaças e 414 barcos motorizados, em contraste com os seis vapores e os oito rebocadores à disposição de Townshend.[36] Soldado metódico e cauteloso, Maude retomou Kut em fevereiro de 1917 e entrou em Bagdá em março. Outro homem metódico, Sir Archibald Murray, assumiu o comando da Força Expedicionária Egípcia em março de 1916. Desde o ataque turco ao canal de Suez, os britânicos mantinham numerosas forças no Egito, num total que, depois da evacuação do Dardanelos, atingiu 300 mil homens. Murray foi autorizado a cruzar a península do Sinai até El Arish, que ele alcançou em dezembro, construindo uma ferrovia e um oleoduto à medida que ia avançando e derrotando um contra-ataque russo. Contudo, quando um novo governo britânico, encabeçado por Davie Lloyd George, aprovou um avanço na Palestina com dois ataques frontais, em março e abril de 1917, contra as defesas com metralhadoras e arame farpado de Gaza, que foram repelidas, Murray perdeu o comando. Contudo, Gaza foi o último dos sucessos defensivos otomanos. Em 1917, tanto sua economia quanto seus exércitos começavam a atrofiar. O governo de Lloyd George comprometeu-se com a expansão do Oriente Médio para restaurar o prestígio imperial e levantar o moral do país, mas também visava ficar permanentemente na Palestina e na Mesopotâmia. Tropas britânicas e indianas, num total de 890 mil homens, basearam-se na Mesopotâmia durante a guerra, contra as forças otomanas, que perfaziam metade desse número.[37] Os turcos não eram mais suficientemente fortes para repelir a invasão, embora permanecessem importantes para as Potências Centrais, por fazerem os Aliados desperdiçar seus recursos.

Em comparação com o Dardanelos e o Cáucaso, os outros palcos de ação extraeuropeus eram pequenos.[38] No Pacífico, os neozelandeses tomaram a Samoa Alemã em agosto de 1914, e os australianos invadiram a Nova Guiné Alemã, com sua estação de rádio em Rabaul, em setembro. Os japoneses ocuparam as ilhas Marianas, as Carolinas e as Marshall no mês seguinte, e entre setembro e novembro uma força japonesa de 50 mil homens, apoiada por navios de guerra e por mais de cem canhões pesados e *howitzers*, cercou e assolou as defesas de Qingdao. Das colônias alemãs na África, a Togolândia, cuja estação de rádio coordenava os movimentos dos navios alemães nas águas locais, foi invadida por forças francesas e britânicas em agosto de 1915, enquanto (depois da supressão da rebelião africâner de 1914) 50 mil homens, principalmente sul-africanos, conquistaram o Sudoeste Africano Alemão entre janeiro e julho de 1915. Contudo, as duas campanhas remanescentes foram mais longas e difíceis, pois em ambas os alemães tomaram a ofensiva. Dos Camarões, uma grande extensão de florestas e colinas nebulosas, a guarnição alemã de mil soldados europeus e 3 mil africanos atacou a Nigéria e repeliu uma invasão britânica inicial, mas, embora os Aliados tenham invadido o porto de Duala em setembro de 1914, foi só em fevereiro de 1916 que superaram a última resistência no interior. Na África Oriental Alemã, a mais valiosa das colônias do Kaiser, com uma área semelhante à da França e da Alemanha combinadas, o comandante local, Paul von Lettow-Vorbeck, seguiu uma estratégia preestabelecida de lutar de maneira agressiva em território inimigo, ameaçando a ferrovia da Uganda britânica, para comprometer o máximo de forças opositoras. Em novembro de 1914, ele derrotou uma ofensiva das tropas britânicas indianas no porto de Tanga, e a maior parte da África Oriental Alemã foi conquistada (mais uma vez, principalmente por tropas sul-africanas, sob o comando de Jan Christian Smuts) somente em 1916, com forças belgas do Congo ocupando os territórios de Ruanda e Urundi, na faixa ocidental da colônia alemã. Mesmo agora, Lettow-Vorbeck prosseguia com suas operações em Moçambique e, depois, no norte da Rodésia, onde finalmente se rendeu, duas semanas depois do armistício na Europa, em novembro de 1918.[39] Em Camarões e na África Oriental, a campanha devastou grandes porções do território, com um impacto muito maior que o número relativamente pequeno de tropas envolvidas possa sugerir. Como boa parte ocorreu em áreas centrais infestadas de doenças, sem ferrovias, rios navegáveis ou estradas, ambos os lados dependiam de carregadores africanos arrebanhados à força, que carregavam tudo o que era preciso, amiúde durante meses, sem rações adequadas ou assistência médica. Em Camarões, cerca de 7 mil tropas francesas e 11 mil britânicas (quase todas africanas) operavam com milhares de carregadores. Na África Oriental, as forças de Lettow-Vorbeck em luta atingiram cerca de 3 mil soldados europeus e 12.100 africanos (askaris) com 45 mil carregadores, enquanto os Aliados empregaram mais de 130 mil combatentes. Só os britânicos contribuíram com mais de 50 mil askaris e mais de um milhão de carregadores, com a doença (especialmente a disenteria) e os ferimentos matando mais de 10 mil dos primeiros e talvez 100 mil dos segundos. Essas listas de baixas num palco de luta esquecido equiparavam-se às dos grandes banhos de sangue europeus.[40]

As operações contra os turcos e as colônias alemãs envolveram centenas de milhares de tropas aliadas, apesar de que provavelmente os japoneses e os askaris (a maioria de indianos britânicos) nelas engajados, de qualquer maneira, nunca teriam sido enviados à Frente Ocidental. Esforços em prol da subversão imperialista bebiam de outras fontes. É verdade que os dois lados podiam ter usado essa arma, com os britânicos fazendo alianças, em 1914, com Ibn Saud e o Idrisi de Asir, na península Arábica, que eram nominalmente súditos otomanos, mas concordaram em permanecer neutros.[41] Além disso, havia negociações secretas com Sharif Hussein de Meca e seu filho, conduzidas em junho de 1915, na irrupção da erroneamente denominada Revolta Árabe. Na verdade, essa revolta envolveu de 10 a 15 mil soldados tribais pouco disciplinados, que garantiram a maioria dos portos do golfo de Hejaz e do mar Vermelho contra a fraca resistência turca, mas não conseguiram espalhar a rebelião pelo restante das terras árabes ou pelos contingentes de língua árabe do exército otomano, avançando apenas com os suprimentos britânicos de armas, dinheiro e apoio naval.[42] Mas, inversamente, numa explosão de cólera, em 31 de julho de 1914, Guilherme declarou que a intervenção da Inglaterra devia custar-lhe a Índia, e os alemães e os turcos tinham muito mais território para atacar. Berlim e Constantinopla apelaram para o nacionalismo e para o Islã, e, à primeira vista, os impérios dos Aliados estavam vulneráveis. Numa população de cerca de 300 milhões, a Índia britânica continha, em tempos de paz, 1.200 funcionários brancos no Serviço Público Indiano, 700 policiais brancos e 77 mil soldados britânicos, ao lado de 173 mil soldados indianos. De modo similar, algumas centenas de administradores britânicos e de 4 a 5 mil soldados brancos, com 13 mil nativos, governavam 12,5 milhões de egípcios. Essas estruturas de autoridade exigiam não apenas a aquiescência das massas, mas também a colaboração ativa de milhares de funcionários e líderes comunitários das populações nativas, e os líderes britânicos sabiam que seu império, segundo as palavras do secretário de gabinete Maurice Hankey, "dependia do prestígio e do blefe".[43] No entanto, a certa altura da guerra, as tropas britânicas na Índia caíram para 15 mil; na Costa do Ouro, os militares ali baseados diminuíram em um terço; e Paris ordenou que o governador do Marrocos, Hubert Lyautey, enviasse todos os soldados que pudesse e abrisse mão do interior do país (coisa que ele não fez).[44] Na maioria das colônias, as condições de guerra significavam inflação, corte nos investimentos europeus e nas importações da metrópole por falta de navios, bem como o alistamento em massa para o serviço ou a carreira militar e a requisição de alimentos e outros bens. Na verdade, o alistamento foi um dos motivos do Levante de Chilembwe na Niassalândia em 1915, bem como das revoltas na África Ocidental Francesa em 1915-17, embora esses movimentos fossem facilmente reprimidos.[45] A combinação da luta europeia com as dificuldades econômicas criou solo fértil para movimentos anticolonialistas.

Não obstante, a atividade subversiva alemã foi surpreendentemente falha. A *jihad* convocada pela Turquia tampouco teve o impacto que os britânicos temiam. Os muçulmanos indianos – fortemente representados no exército indiano – permaneceram leais em sua maioria quando as tropas britânicas ameaçaram Constantinopla, a sede do califado;[46] as derrotas de Galípoli e Kut não provocaram inquietação significativa. O principal movimento nacionalista indiano, o Congresso Nacional Indiano, tornou-se mais radical e ampliou seu apoio depois de 1916, mas esse fato nada devia à Alemanha. Os agentes alemães não conseguiram persuadir o Afeganistão a atacar a fronteira noroeste da Índia, apesar de ela estar destituída de tropas; os diplomatas alemães na América compraram armas para os revolucionários indianos, mas não conseguiram embarcá-las para a Ásia. A inteligência britânica quebrou um círculo de revolucionários bengalis, para os quais a Alemanha havia mandado dinheiro, e subornou o governo da Tailândia com relação aos revolucionários sikhs que os alemães estavam treinando na fronteira de Burma.[47] Da Espanha, os alemães enviaram dinheiro, rifles e propaganda para os rebeldes que lutavam contra o domínio francês no Marrocos, mas os franceses interceptaram as comunicações codificadas entre a embaixada em Madri e Berlim, bem como boa parte do material antes de sua entrega.[48] A convocação da *jihad* pode ter incentivado a rebelião da fraternidade religiosa Senussi no norte da África, que, com a ajuda otomana, confinou os italianos ao litoral da Lívia e, em novembro de 1915, tomou o porto egípcio de Sollum. Em outras partes, seus efeitos foram superficiais. Ao sul do Saara, revoltas esparsas contra o alistamento ocorreram em boa parte da África Ocidental Francesa e da África britânica. Contudo, os impérios francês e britânico revelaram-se mais robustos que os alemães e turcos esperavam e que seus governantes temiam. A contrainteligência britânica e francesa, a remota distância geográfica da Alemanha e a falta de controle dos mares foram em parte responsáveis por isso, da mesma forma que as demonstrações de força. Os Senussis foram expulsos de Sollum, e 35 mil soldados foram deslocados para proteger o Egito contra eles; os franceses selaram as fronteiras de suas colônias no norte da África e, em setembro de 1915, enviaram uma cavalaria de 15 mil homens para o Saara.[49] Em suma, os Aliados deslocaram recursos substanciais para garantir suas posses de além-mar, além de destruírem as da Alemanha e invadirem o território otomano. Além disso, as preocupações com o prestígio imperial desviaram a estratégia britânica para os desembarques em Galípoli e o envio da Força D para Bagdá. Por seu lado, as colônias britânicas e francesas forneceram generosa quantidade de mão de obra, *commodities* e manufaturados para as pátrias mães.* Em termos de equilíbrio – e cada vez mais, à medida que a guerra ia avançando –, o segundo fator pesava mais que o primeiro. O fato de os Aliados, enquanto comandassem os mares, poderem concentrar na Europa recursos de outras partes do mundo dava-lhes uma margem de manobra indispensável que, embora não fosse suficiente para explicar sua vitória, era uma provável precondição a ela. Contudo, levou muito tempo para que seus recursos globais superiores prevalecessem sobre as vantagens das Potências Centrais nos campos de batalha da Europa, e é para a dinâmica desse conflito central que agora nos voltamos.

Notas

1. Reynolds, "Origins of the Two 'World Wars'", pp. 29-33.
2. Holland, "British Empire", p. 118.
3. Andrews, *Anzac Illusion*, pp. XIV, 8, 13, 40-41.
4. Brown and Louis (eds.), *Oxford History of the British Empire*, v. 4, p. 115; Ferguson, *Empire*, p. 303.

---

*   Discutido em mais detalhes nos caps. 6 e 7.

5. Renzi, *Shadow of the Sword*, p. 265.
6. Nish, *Japanese Foreign Policy*, p. 93.
7. Ibid., pp. 83-97; Nish, *Alliance in Decline*, cap. 7; Lowe, *Great Britain and Japan*, caps. 6, 7.
8. Sims, *Political History of Modern Japan*, pp. 115-35; Barnhart, *Japan and the World*, cap. 4; Nish, in Wilson (ed.), *Decisions for War*, cap. 8; Dickinson, *War and National Reinvention*.
9. Em geral, Strachan, *First World War: To Arms*, cap. 8; Gottlieb, *Studies in Secret Diplomacy*; Kent (ed.), *Great Powers and the End of the Ottoman Empire*; MacFie, *End of the Ottoman Empire*; Yapp, *Modern Near East*; Yasamee, em Wilson (ed.), *Decisions for War*, cap. 9.
10. Heller, "Sir Louis Mallet"; Kurat, "How Turkey Drifted".
11. Kurat, "How Turkey Drifted", e Trumpener, *Germany and the Ottoman Empire*.
12. Renzi, *Shadow of the Sword* é agora o melhor relato. Ver também Bosworth, *Italy the Least of the Great Powers*; Lowe and Marzari, *Italian Foreign Policy*; Salandra, *Italy and the Great War*; Gottlieb, *Studies in Secret Diplomacy*; Jones, "Antonio Salandra"; Valiani, *End of Austria-Hungary*.
13. Beckett, *Great War*, pp. 85-6; Stevenson (ed.), *British Documents*, v. 2, docs. 273, 274.
14. Crampton, *Bulgaria*; Robbins, "British Diplomacy"; Smith, *Russian Struggle for Power*, pp. 309-35; Silberstein, *Alliance*, cap. 7.
15. Vinogradov, "Romania"; Torrey, "Rumania"; Silberstein, *Troubled Alliance*, caps. 8-10; Spector, *Rumania*, pp. 5-39.
16. Yasamee, in Wilson (ed.), *Decisions for War*, p. 229.
17. Trumpener, in Strachan (ed.), *Oxford Illustrated History*, cap. 6; Strachan, *First World War: To Arms*, pp. 680-93; Emin, *Turkey*, pp. 78 ss.
18. Strachan, *First World War: To Arms*, pp. 712-29.
19. Sobre a Armênia: Hovanissian, *Armenia*, and Hovanissian (ed.), *Armenian Genocide*; Walker, "Armenian Genocide"; Dyer, "Turkish 'Falsifiers'".
20. Sobre o Dardanelos, ver especialmente: Travers, "Ottoman Crisis"; Travers, *Gallipoli, 1915*; Rhodes James, *Gallipoli*. Para relatos de memória, ver Hamilton, *Gallipoli Diary*; Churchill, *World Crisis*, v. 2.
21. Travers, *Gallipoli*, p. 229; Aspinall-Oglander, *Military Operations: Gallipoli 1915*, v. 2, p. 488.
22. Andrews, *Anzac Illusion*, pp. 51-63.
23. Ben-Moshe, "Churchill's Strategic Conception".
24. Cassar, *French and the Dardanelles*.
25. French, "Origins of the Dardanelles Campaign"; French, *British Strategy and War Aims*, cap. 3-5.
26. Travers, *Gallipoli 1915*, p. 32, corrige as primeiras fontes a respeito desse ponto; cf. também Marder, "Dardanelles Reconsidered".
27. French, "Dardanelles, Mecca, and Kut".
28. Doyle and Bennett, "Military Geography... Gallipoli Campaign".
29. Para uma discussão mais aprofundada, ver Travers, *Gallipoli 1915*, pp. 163-76, 221-9; Liddle, *Men of Gallipoli*.
30. Hamilton, *Gallipoli Diary*, v. 1, pp. 62, 196, 204.
31. Travers, *Gallipoli 1915*, cap. 8.
32. Travers, "Command and Leadership Styles", p. 433.
33. Cohen, "Genesis of the British Campaign".
34. Barker, *Neglected War: Mesopotamia*; Goold, "Lord Hardinge"; Galbraith, "No Man's Child".

35. MacFie, *End of the Ottoman Empire*, pp. 149-50.
36. Kennedy, "Britain in the First World War", p. 71.
37. Trumpener, in Strachan (ed.), *Oxford Illustrated History*, p. 88.
38. Melhor relato in Strachan, *First World War: To Arms*, caps. 6, 7.
39. Sobre a África, ver também Farwell, *Great War in Africa*; Page (ed.), *Africa*; *Journal of African History*, v. 19, nº 1 (1978).
40. Strachan, *First World War: To Arms*, pp. 498-505.
41. Goldberg, "Origins of British-Saudi Relations".
42. Karsh, "Myth in the Desert".
43. French, "Dardanelles, Mecca, and Kut", p. 45.
44. Porter, *Lion's Share*, p. 238; Ellinwood and Pradham (eds.), *India*, p. 26; Burke, "Moroccan Resistance", p. 440.
45. Sobre a África Ocidental: Michel, *L'Appel a l'Afrique*, p. 469.
46. Omissi, *Sepoy and the Raj*, pp. 135, 137, 148.
47. Fraser, "Germany and Indian Revolution".
48. Burke, "Moroccan Resistance".
49. Deakin, "Imperial Germany and the 'Holy War'"; sobre a subversão alemã, em geral, ver Fischer, *Germany's Aims*, cap. 4; Strachan, *First World War: To Arms*, cap. 9.

5
OS OBJETIVOS DA GUERRA E AS NEGOCIAÇÕES DE PAZ

UM DOS MOTIVOS BÁSICOS PARA O IMPASSE e a escalada no período médio da guerra foi a inabilidade de negociar de ambos os lados. Essa inabilidade resultava da incompatibilidade entre os objetivos políticos dos governos em oposição – ou objetivos de guerra. Essa abordagem representa apenas uma possível interpretação da dinâmica da luta, levantando muitas questões de maneira apenas oblíqua: em particular, por que um conflito gerado por motivos mais modestos que os de 1939-45 foi travado com tamanha intensidade. Não obstante, perguntar por que os governos insistiram numa empreitada que se mostrou muito diferente das expectativas iniciais provavelmente seja a melhor maneira de adentrar na questão labiríntica dos objetivos da guerra.

"Objetivos de guerra" foi um termo usado nos países beligerantes na época. "Meu objetivo de guerra" – afirmou Georges Clemenceau, premiê francês em 1917--19 – "é vencer".[1] Contudo, a vitória em si mesma não era um objetivo de guerra, mas sua precondição; os objetivos de guerra eram os termos (cessão territorial, indenizações, desarmamento) a serem impostos depois da vitória. Alguns objetivos podiam ser absolutos (a exigência da recuperação da Alsácia-Lorena pela França ou a de independência da Bélgica, por parte da Grã-Bretanha, são bons exemplos), sem que nenhum compromisso com relação a eles fosse possível sem uma derrota completa. Outros objetivos eram os bônus a serem incluídos se a vitória permitisse. Eles podiam ser moderados se uma potência em oposição desertasse de seus Aliados e negociasse em separado, permitindo que termos mais radicais fossem impostos a seus antigos parceiros. Mas até 1917 nenhum governo solicitou a paz, e nenhuma sondagem levou a negociações substanciosas. As tentativas dos neutros de mediar foram invariavelmente ignoradas, e quando, em dezembro de 1916, as Potências Centrais ofereceram-se publicamente para conversações, os Aliados as recusaram com indignação. O estudo detalhado dos objetivos das Potências mostra pouco espaço para um compromisso (ou "espaço de barganha"),[2] e nenhum lado desejava negociações seriamente até que tivesse vencido de maneira decisiva, com seu bloco de alianças intacto. Nenhuma iniciativa de paz desse período chegou perto do sucesso.

Os objetivos de paz eram interligados. As percepções de ambos os lados com relação ao equilíbrio militar e às perspectivas de suas campanhas foram vitalmente importantes, embora mais para a decisão de prioridade entre os objetivos que para a determinação desses próprios objetivos. Mas a opinião pública e as considerações políticas domésticas também desempenharam papéis muito fortes. Os objetivos de guerra e as negociações de paz, portanto, não deveriam ser vistos isoladamente, e os objetivos dos dois lados estavam em fluxo constante. Em benefício da clareza, contudo, as Potências Centrais serão aqui discutidas em primeiro lugar, antes de voltarmos nossa atenção para seus inimigos.[3]

* * *

Embora os objetivos da Alemanha tivessem muito mais peso entre as Potências Centrais que os de qualquer Estado-membro individual entre os Aliados, os parceiros de Berlim não devem ser negligenciados. Antes de sua intervenção, a Bulgária definiu seus termos, que eram, na essência, reverter a Segunda Guerra dos Bálcãs. Ela recebeu uma faixa do território da Turquia, juntamente com a parte da Macedônia recebida pela Sérvia, por ela ocupada a partir de 1915. Suas reivindicações provocaram um grande choque em 1918, quando a Turquia ameaçou se retirar da aliança. Os próprios turcos tinham a ambição de expulsar as potências europeias do norte da África e os russos da Ásia Central, mas eles também estavam lutando para proteger seu império, bem como expandi-lo. Eles obtiveram um sucesso importante em 1916, quando acordaram com a Alemanha que nenhum dos dois faria a paz enquanto o território do outro estivesse sob ocupação inimiga. Assim, Berlim comprometia-se a lutar até os exércitos aliados deixarem o solo otomano e serem impedidos de um acerto com Petrogrado para vender Constantinopla, embora tivesse virtualmente descartado essa opção.[4]

Os objetivos da Áustria-Hungria eram muito mais importantes para as preocupações alemãs. A dupla monarquia havia feito uma sugestão aos russos durante sua crise militar na primavera de 1915, que eles ignoraram, pois representava muito pouco, mas, enquanto Francisco José vivesse, os alemães tinham poucos motivos para recear que seu aliado os deixasse. Além disso, assim que sua situação melhorou, o império exibiu ambições territoriais. Contra a Itália, a despeito da incomum unanimidade da opinião pública da Áustria-Hungria em condenar um antigo aliado traidor, a dupla monarquia pouco desejava além de mudanças menores de fronteira. Como logo demonstraram as campanhas dos Alpes e das Dolomitas, a fronteira existente oferecia uma barreira tão formidável que estendê-la seria inútil e apenas traria mais italianos para o domínio dos Habsburgo. Mas, nos Bálcãs, os austríacos haviam concordado, em julho de 1914, que a Sérvia deveria ser dividida, e depois das vitórias do outono de 1915, o Conselho de Ministros, em Viena, decidiu que a Sérvia deveria perder mais da metade de sua população, e que o litoral de Montenegro deveria ser anexado, cercando, assim, o que restava dos dois reinos eslavos do sul entre a Áustria-Hungria e um "protetorado" Habsburgo na Albânia. Como a Itália havia se juntado aos Aliados e a Alemanha tinha pouco interesse nos Bálcãs ocidentais, Viena, por algum tempo, teve liberdade para dominar a região.[5] No entanto, isso não valeu para sua terceira área de interesse, a Polônia, que ela reclamava para a soberania Habsburgo depois que os russos foram expulsos do país. Aqui, os alemães tinham interesses próprios e decisivos, e o futuro da Polônia tornou-se um ponto controverso pelo restante da guerra.

Embora Berlim impusesse obstáculos aos pedidos de seus aliados, a capital alemã era a usina de força de sua coalizão e, se solicitasse a paz, seus parceiros teriam de proceder da mesma forma. A base para toda a pesquisa subsequente sobre seus objetivos foi o estudo de Fritz Fischer *Os objetivos da Alemanha na Primeira Guerra Mundial*, publicado em 1961.[*] Fischer interpretou os objetivos alemães como um desejo ambicioso e agressivo de estabilizar a monarquia dos Hohenzollern e consolidar o "status de potência mundial" da Alemanha. Esses objetivos contavam com o apoio consensual dos círculos oficiais e das elites não oficiais, exibindo continuidade ao longo da guerra.[6] A exposição central das intenções alemãs foi o Programa de Setembro de objetivos de guerra aprovado por Bethmann Hollweg em 9 de setembro de 1914, que, como argumenta Fischer, estabeleceu o modelo para os objetivos de guerra nos quatro anos seguintes.

A essa altura, a batalha do Marne ainda estava em andamento, e a vitória parecia provável, se não iminente. O programa de Bethmann – iniciado pelo chanceler, mas delineado por seu secretário particular, Kurt Riezler – partia da premissa de que "o objetivo geral da guerra" era a "segurança para o Reich alemão no oeste e no leste por todo o tempo imaginável" e que, para esse fim, "a Rússia deve ser afastada o máximo possível da fronteira alemã oriental, e seu domínio sobre povos vassalos não russos, interrompido", enquanto a França "deve ser enfraquecida de modo a tornar sua reabilitação como grande potência impossível para todo o sempre". No entanto, Bethmann estava preocupado em alcançar esses objetivos enquanto minimizava o número de não alemães absorvidos pelo Reich. No além-mar, ele queria uma faixa contínua de território colonial de costa a costa na África Central, mas as anexações que pretendia na Europa Ocidental eram limitadas, quando estrategicamente significativas: Luxemburgo, Liège e Antuérpia, as reservas de minério de ferro de Briey, pertencentes à França,

---

*   Discutido em mais detalhes no livro 4 ("O legado"), cap. 4.

as montanhas Vosges Ocidentais e, possivelmente, a costa da Mancha em torno de Dunquerque e Boulogne. Em vez de anexar, a força econômica alemã – na qual Riezler depositava notável confiança – seria o principal instrumento de controle político. A França seria enfraquecida por uma indenização paralisante e por um tratado comercial que a tornaria "economicamente dependente da Alemanha". A Bélgica se tornaria um "Estado vassalo", sob ocupação militar e "economicamente uma província alemã", enquanto uma "associação de aduanas centro-europeias", incluindo a França e a Escandinávia, "estabilizaria o domínio econômico" sobre seus membros.[7] Contudo, apesar da linguagem implacável do programa, o chanceler provavelmente o viu como alternativa moderada para o "anexionismo" extremo dos militares e dos círculos em torno de Guilherme, e Fischer exagerou o significado do documento. Por exemplo, Fischer enfatiza particularmente o projeto para uma associação aduaneira da Europa Central (ou *Mitteleuropa*), que, na verdade, continuou a ser um objetivo alemão pelo tempo que durou o conflito, mas que teve origem como um plano de políticos e nunca gozou de apoio significativo por parte do comércio e da lógica econômica, dado que a maioria dos mercados de exportação da Alemanha ficava fora da área coberta pelo projeto. Embora precedido por intensa consulta entre os líderes alemães, o programa não era uma proposta política séria (não tendo sido, por exemplo, assinado pelo imperador).[8] Modestamente descrito como "esboço provisório" para uma paz na Europa Ocidental, ele nada dizia sobre as exigências da Alemanha à Grã-Bretanha, e suas exigências à Rússia só apareciam de maneira resumida. Tampouco se tratava de um compromisso público: o documento permaneceu secreto por mais de 40 anos. Por todos esses motivos, seu significado precisa ser especificado, embora ele continue sendo um guia essencial para o pensamento de Bethmann. Propostas similares (embora menos radicais) para a paz na Europa Ocidental surgiram em documentos referentes aos objetivos de guerra pelo resto do conflito, e o planejamento para a união aduaneira e a Bélgica como "Estado vassalo" teve início imediato. O programa continuou a ser relevante, mas, depois da retirada do Marne, os eventos o suplantaram.

Assim, em 18 de novembro de 1914, Bethmann e Falkenhayn discutiam a situação da Alemanha em circunstâncias muito menos favoráveis. Mas agora estava claro que não haveria uma vitória rápida, e os dois homens concordaram que, se a Rússia, a França e a Grã-Bretanha permanecessem juntas, a Alemanha não conseguiria derrotá-las. A única chance de uma paz "aceitável", ponderava Falkenhayn, era oferecer termos generosos a Petrogrado, na esperança de que primeiro a Rússia, e depois a França, entrassem em acordo, isolando o arqui-inimigo da Alemanha: a Grã-Bretanha. Bethmann endossava boa parte dessa análise, embora se mostrasse cético quanto à possibilidade de a Rússia negociar, e mesmo que o fizesse, de a Alemanha contar com uma vitória no oeste. Mas ele concordava em sondar primeiro a Rússia e oferecer a paz baseada no *status quo ante*, o que, diante daquilo que as Potências Centrais haviam conquistado até então, ou seja, pouco território russo, tendo perdido mais ainda de seu próprio território, não era um grande sacrifício. À luz dessa reavaliação, as grandes esperanças do Programa de Setembro parecem uma aberração: dois meses depois, os alemães voltaram à difícil situação de enfrentar uma aliança coesa de cerco, com maiores reservas de força. Eles retomaram sua política pré-guerra de tentar dividi-la, mas, dessa feita, combinando diplomacia e violência.[9]

Logo ficou claro que uma abordagem mais modesta não livraria os alemães do perigo da exaustão em uma luta prolongada contra um inimigo superior. Na verdade, eles estavam divididos entre o Programa de Setembro e a preocupação em dividir os inimigos, como ficou evidente nos contatos com a Bélgica e a Rússia. O rei Alberto agora estava em exílio na costa norte da França, em La Panne. Sem consultar seus ministros, ele permitiu que seu emissário, o professor Waxweiler, se reunisse com o enviado alemão, o conde Törring, no inverno de 1915-16. Törring exigiu um alinhamento pró-Alemanha na política externa (que Alberto se mostrava disposto a considerar), mas também quis uma série de garantias, inclusive o desarmamento belga, a ocupação alemã e o direito de trânsito, uma base naval na costa e a Alemanha como cotista majoritária das ferrovias belgas, além de uma união aduaneira mais estreita. Mas, mesmo que Alberto tivesse aceitado essas condições, seu governo não o teria feito.[10] O caso mostrou que os alemães, na verdade, não estavam preparados para reduzir suas exigências com relação à Bélgica para uma paz em separado, a despeito de suas esperanças de que um acordo com Alberto complicaria a Grã-Bretanha e a dissuadiria de prosseguir. Falkenhayn estava determinado a colocar a Bélgica sob domínio alemão, e os ministros das Relações Exteriores e do Interior viram que a Alemanha poderia controlar suas relações externas, ocupar suas costas e florestas, fazer uma união monetária e alfandegária com o Reich e fundir os dois sistemas ferroviários. Em outubro de 1915, Guilherme aprovou o pedido da marinha de ocupar indefinidamente o triângulo Ostend-Zeebrugge-Bruges, uma base para ataques de pequeno alcance de U-Boats contra navios britânicos. Além disso, ao incentivar uma administração em separado e uma educação em sua própria língua para os flamengos, os alemães esperavam enfraquecer a unidade belga e a autoridade da elite francófona que governava o país. O consenso entre os líderes alemães era mais ou menos aquilo a que o Programa de Setembro visava: que a Bélgica não fosse anexada, e que sua soberania fosse apenas nominal.[11]

No entanto, a grande decepção foi o destino dos contatos com Petrogrado. Estes eram feitos, basicamente, por meio de um intermediário dinamarquês, Andersen, embora os alemães também travassem contato com o antigo ministro russo da

Fazenda, o conde Witte, que era conhecido por sua oposição à guerra. Mas eles tiveram pouca sorte, pois Witte faleceu em março, e o czar e seus conselheiros permaneceram fiéis aos Aliados, recusando-se, ao contrário de Alberto, até mesmo a conversar. Bethmann e Jagow deram a entender que só buscavam um acordo comercial favorável e pequenos ganhos fronteiriços, mas não se mostravam, na verdade, dispostos a nenhum acordo.[12] Bethmann havia ficado impressionado, antes da guerra, com o crescimento russo; em contraste com Falkenhayn, ele considerava isso, pelo menos, um perigo de longo prazo tão grande quanto a Grã-Bretanha. Ele apoiou o projeto em discussão secreta na burocracia berlinense de anexar uma "faixa de fronteira" russa no norte e no oeste da Polônia, da qual a população judia e polonesa seria deportada e substituída por colonos alemães. Uma reunião ministerial realizada em julho de 1915 aprovou esse plano, segundo o qual, se a Alemanha tivesse vencido a guerra, provavelmente teria sido implementado.[13] Os alemães limitaram deliberadamente seu avanço de 1915 para o leste, a fim de tornar mais fácil que a Rússia negociasse, mas em agosto, depois de meses de rejeições, eles estavam mais inclinados a descartar Petrogrado e adotar uma política expansionista. Durante o verão e o outono, tropas alemãs e austríacas avançaram contra toda a Polônia Russa, chegando à costa báltica. A paz com a Rússia agora implicaria sacrificar o território pelo qual milhares de soldados haviam morrido, e (como temiam Bethmann e Falkenhayn) o avanço dos exércitos das Potências Centrais cristalizaria seus esforços de guerra, reduzindo a flexibilidade das negociações a leste.

A Polônia era a questão crucial. Antes de 1914, seus distritos a oeste e norte haviam sido governados pela Alemanha; a Galícia ao sul pela Áustria-Hungria; e Varsóvia, o centro e o leste pela Rússia. Boa parte dela era uma planície aberta, e era importante para todos os três impérios como rota de invasão, bem como por suas indústrias e recursos minerais. Se no século XIX os três partilharam do interesse de manter a Polônia dividida, o rompimento das relações entre eles abriu uma disputa pelo apoio polonês. Guilherme comentou, durante a Crise de Julho, que, independentemente do que acontecesse, a Rússia deveria perder a Polônia. Os russos, em agosto de 1914, defenderam publicamente a união das porções alemã e austríaca com a porção russa numa província autogovernada dentro de seu império. A conquista da Polônia forçou as Potências Centrais a considerarem o que desejavam para si, com os austríacos temendo agitação entre os poloneses da Galícia se ela continuasse dividida ou se caísse sob o domínio alemão. Portanto, em agosto de 1915, propuseram unir a Galícia com a Polônia Russa em um reino autônomo sob a soberania dos Habsburgo – a chamada "solução austríaca" para a questão polonesa. Além disso, nesse outono, como os exércitos alemães invadiram os Bálcãs e os trens tornaram a correr de Berlim a Constantinopla, a ideia da *Mitteleuropa* ou Bloco Central

Europeu incendiou a imaginação do público alemão e assumiu nova proeminência na política alemã.¹⁴ Falkenhayn, decepcionado com a falta de resposta da Rússia e temendo que os Aliados buscassem uma "guerra de exaustão", esperava uma aliança duradoura e um acordo econômico entre a Alemanha e a Áustria-Hungria que desmoralizasse seus inimigos.¹⁵ Bethmann temia que uma monarquia tríplice austro-húngaro-polonesa fosse menos confiável que uma Monarquia Dupla, mas preferia essa opção a trazer milhões de poloneses e judeus para o controle da Alemanha.

Em novembro, portanto, o chanceler concordou, em tese, com a "solução austríaca", mas sob a condição de uma faixa fronteiriça, com os interesses econômicos alemães na Polônia salvaguardados, a garantia territorial austro-germânica mútua, um acordo econômico austro-germânico de 30 anos referente às reduções tarifárias mútuas e uma eventual união aduaneira. Como previsto no Programa de Setembro, a integração econômica consolidaria o controle alemão sobre seus vizinhos. Mas, pelo mesmo motivo, o pacote era suspeito para os governos austríaco e húngaro, que concordaram em conversar, mas depois hesitaram. Ambos temiam perder a independência política, e (exceto entre os austríacos de língua alemã) a *Mitteleuropa* contava com pouco apoio popular. Entretanto, o próprio Bethmann logo mudou de opinião. Preocupado com a possibilidade de que a solução austríaca incrementasse a influência eslava sobre a monarquia Habsburgo, ele se voltou para um modelo belga: uma Polônia nominalmente autônoma, ligada à Alemanha por laços militares e econômicos. A essa altura, os acontecimentos militares tornaram a forçar a discussão sobre os objetivos da guerra. Em junho de 1916, o êxito da "ofensiva Brusilov" da Rússia demonstrou que a Áustria-Hungria não era uma guardiã confiável dos avanços orientais da Alemanha, forçando-a a buscar ajuda alemã e, portanto, enfraquecendo sua posição de barganha. Assim, os acordos de Viena, em agosto, atenderam ao desejo de Bethmann de um Estado fantoche nominalmente independente na antiga Polônia Russa, sem uma política externa independente, com a Alemanha comandando seus exércitos e suas ferrovias sob o controle das Potências Centrais. A crise militar do verão teve outra consequência, ou seja, quando Hindenburg e Ludendorff substituíram Falkenhayn em agosto, reconheceram uma gritante necessidade de mão de obra. Sua resposta foi uma sucessão de iniciativas frouxamente consideradas que incluíam a deportação de trabalhadores da indústria da Bélgica e a introdução da lei do Serviço Auxiliar Patriótico na Alemanha.* Na Polônia, com sua história de ressentimento antirrusso, pensaram ver um reservatório de voluntários para o serviço militar. Sob a pressão dos generais, Bethmann concordou, em 5 de novembro, em emitir uma proclamação conjunta com a Áustria-Hungria prometendo um futuro reino polonês independente. Isso provocou pouco entusiasmo entre os

---

* Ver cap. 9.

poloneses, resultando apenas em um mínimo de voluntários. Mas foi um compromisso público e explícito que não podia ser desfeito e criava outro obstáculo para uma paz russo-germânica em separado.[16]

No outono de 1916, os objetivos alemães estavam endurecendo e assumiam uma forma mais definida. A Bélgica e a Polônia Russa seriam Estados fantoches, perdendo Liège e possivelmente a Antuérpia, bem como uma "faixa de fronteira", ficando ligadas à Alemanha em termos de política externa, defesa e integração econômica. Arranjos similares foram planejados para a Lituânia e a Curlândia, com suas minorias urbanas de fala alemã e uma aristocracia rural, ocupadas pela Alemanha no outono de 1915. Bethmann garantia que essas províncias não voltariam para a Rússia, e o plano era que fossem nominalmente autônomas, mas ligadas à Alemanha pelos tradicionais arranjos ferroviários, militares e tarifários.[17]

Com relação à França, contudo, dizia-se que o ministro alemão na Suíça, Romberg, fizera contato com apenas alguns jornalistas desapontados e políticos de oposição secundários. A batalha de Verdun, na primavera de 1916, não conseguiu provocar um colapso no moral dos franceses nem predispô-los a negociar, como Falkenhayn esperava que acontecesse. As exigências básicas dos alemães eram as mesmas com relação à bacia do Briey (a mais importante fonte francesa de minério de ferro e local de boa parte de sua indústria siderúrgica) e à pesada indenização, porém termos mais severos seriam considerados se Paris se recusasse a assinar uma paz em separado. Além disso, a *Mitteleuropa* ainda era desejável se a Áustria-Hungria concordasse com ela, embora, em 1916, boa parte das empresas alemãs estivesse se voltando decisivamente contra essa ideia se isso significasse que os Aliados retaliariam, impedindo a Alemanha de negociar com seus mercados de além-mar.[18] Por fim, o Ministério Colonial reclamou o território rico em minerais da África Central, e a marinha queria os portos de Flandres e também uma cadeia de bases no Mediterrâneo, no Atlântico e Índico. Se implementadas, essas exigências salvaguardariam as fronteiras oriental e ocidental da Alemanha, protegeriam seus suprimentos de alimentos e matérias-primas, enfraqueceriam a França e a Rússia na Europa e ameaçariam as comunicações marítimas mundiais da Grã-Bretanha. Elas eram inegociáveis, mas parecia que ninguém do outro lado estava disposto a discuti-las.

Fischer acertou plenamente ao mostrar consenso entre os líderes alemães, pelo menos até o final de 1916, embora logo depois Bethmann e a equipe de Hindenburg--Ludendorff tenham se separado. Falkenhayn divergia de Bethmann como sobre lidar com a Rússia, mas esses desacordos eram essencialmente de nuance e, em geral, ele concordava com o chanceler quanto aos objetivos de guerra. A chancelaria e o Ministério das Relações Exteriores eram as principais fontes de definição de políticas, com Guilherme intervindo apenas esporadicamente. Antes de a guerra ter início, Bethmann já havia pensado na expansão na África Central, à custa de colônias de Portugal e da Bélgica, e estava tentando desunir a Entente. Mas, no início de 1914, o governo havia rejeitado uma mudança na política tarifária, sugerindo que, naquele estágio, uma união aduaneira centro-europeia não era seu objetivo. Assim, apesar de algumas continuidades com relação à política pré-guerra, parece que os líderes alemães primeiro declararam guerra e, depois, definiram o motivo pelo qual estavam lutando. Basicamente, seu objetivo era a segurança, a ser alcançada por meio de uma rede de Estados fantoches fronteiriços e pelo enfraquecimento da França e da Rússia, embora Bethmann previsse que forçar esses arranjos poderia sobrecarregar o poderio alemão e reduzir sua coesão interna. No futuro, seria preciso manter grandes forças armadas e guarnições de ocupação além de suas fronteiras, e a menos que a marinha se expandisse ainda mais, suas bases e as colônias do além-mar ficariam reféns da retaliação britânica. Tampouco a dominação econômica era a panaceia que o Programa de Setembro apresentava, já que os Aliados controlavam uma fatia enorme dos alimentos, minérios e mercados do mundo. Assim, um confronto permanente entre blocos econômicos opostos poderia deixar a Alemanha ainda mais empobrecida que na economia mundial relativamente liberal do pré-guerra. Os objetivos de guerra alemães ofereciam uma solução questionável para seus problemas, além de isolamento e vulnerabilidade a seus inimigos, como muitos de seus líderes percebiam.

Os objetivos de guerra das Potências Centrais, contudo, não foram esboçados apenas com circunstâncias externas em mente. Os líderes austro-húngaros queriam eliminar a ameaça dos eslavos do sul por motivos de segurança interna, evitando, contudo, absorver mais sérvios. Em sua fronteira norte, em contrapartida, a solução a que chegaram os Acordos de Viena era pouquíssimo atraente para eles, pois temiam que incutisse antagonismo entre seus súditos poloneses, aceitando-a apenas por pressão da emergência militar. Os alemães também se mostravam ansiosos para evitar grandes anexações de súditos coagidos, voltando-se, como alternativas, para os planos de ter a Bélgica como "Estado vassalo" e uma faixa da fronteira polonesa. De maneira mais fundamental, os líderes alemães acreditavam que a vitória seria essencial para a estabilidade política, e afirmavam isso com muito mais frequência que suas contrapartidas aliadas. Em novembro de 1914, Bethmann se opôs a uma paz geral porque seus termos "pareceriam ao povo recompensas insuficientes para sacrifícios tão terríveis". Seu representante, Clemens von Delbrück, esperava que, depois da guerra, o aumento do poderio da Alemanha tornaria possível "satisfazer todos os partidos e, assim, resolver todos os problemas políticos".[19] De maneira similar, Jagow preocupava-se com as "dificuldades financeiras domésticas muito sérias" que se seguiriam a um compromisso geral (o que poderia significar, por exemplo, que os subscritores dos bônus de guerra do governo não poderiam ser reembolsados).[20] Os objetivos de guerra da Alemanha tinham, sem dúvida, a intenção de melhorar sua situação internacional, mas também podem ser vistos como mais uma cadeia de expedientes, que remonta à construção naval na década de 1890 e às aquisições coloniais da década de 1880, destinada a estabilizar a autocracia dos Hohenzollern por meio do expansionismo.

Enormes ganhos eram exigidos não apenas pela burocracia da Alemanha, porém ainda mais pelos lobistas externos, embora Bethmann tentasse evitar o que temia ser um debate público divisor, ao censurar a discussão pela imprensa dos objetivos de guerra até 1916.[21] De modo amplo, como ocorreu em outros países europeus, a questão polarizou a esquerda contra a direita. Os líderes do SPD opunham-se às anexações, dizendo que só apoiavam uma guerra defensiva e, em troca, aconselhando Bethmann a atender às suas reivindicações, suas expectativas de uma democratização interna. Mas achavam difícil manter essa linha de equilíbrio de centro. Uma seção dissidente do partido parlamentar, formada em 1916, opunha-se totalmente à guerra, enquanto outra simpatizava com a maioria anexionista do Reichstag. Além do SPD, todos os partidos parlamentares apoiavam uma declaração de 1915 de que, nas negociações de paz, "os interesses militares, econômicos, financeiros e políticos da Alemanha devem ser [...] garantidos em sua totalidade e por todos os meios, incluindo-se aí as necessárias aquisições territoriais". Anexações no leste e no oeste foram também apoiadas pelos príncipes representados na Câmara Alta (o Bundesrat)[22] por uma "Petição dos Intelectuais", com 1.347 assinaturas (incluindo 352 professores universitários) em julho de 1915, e pela "Petição das Seis Associações Econômicas" de maio de 1915, representando as principais organizações de empregadores e os principais grupos latifundiários. É questionável até que ponto as "associações econômicas" representavam as empresas participantes, pois parece que muitas, inclusive, mantiveram-se indiferentes ou moderadas.[23] Ambas as petições, além de serem verdadeiras bênçãos para a propaganda aliada, testemunhavam a capacidade lobista dos nacionalistas extremos da Liga Pangermânica. Naturalmente, a propaganda aliada as combinou com as opiniões do governo – com certo exagero, claro, mas não algo totalmente injusto. A despeito da preferência de Bethmann por minimizar as anexações, à medida que o "movimento dos objetivos de guerra" expansionista no Reichstag e no país crescia em 1915-16, ele moderou o tom de seus discursos, instando a Alemanha a buscar "segurança" na paz e pedindo que nem no leste nem na Bélgica fosse restaurado o *status quo ante*.[24]

Tanto a opinião não oficial como o planejamento governamental estavam se radicalizando. Seria possível esperar que a emergência militar do verão de 1916 provocasse uma reconsideração, como havia ocorrido com a derrota no Marne, mas, na verdade, os objetivos alemães tornaram-se mais draconianos que nunca. Embora a nota de paz das Potências Centrais de 12 de dezembro de 1916 parecesse ser uma esperança de acordo, os Aliados estavam justificados quando a rejeitaram como algo insincero.

Programada para se seguir à vitória das Potências Centrais na Romênia, essa nota tinha um tom arrogante e simplesmente propunha discussões de paz sem especificar os termos correspondentes. Enquanto o ministro das Relações Exteriores da Áustria-Hungria, Stephen Burián, desejava estabelecer condições, Bethmann o ignorou, preferindo não atar suas mãos. O chanceler duvidava que a iniciativa tivesse sucesso, e seu principal objetivo era convencer os socialistas de que a guerra seria defensiva, enquanto minava a unidade interna dos Aliados. Ele esperava logo ser forçado a um confronto com os Estados Unidos por causa dos ataques de submarinos, e acreditava que um gesto pacífico tornaria Washington menos propenso a se juntar aos inimigos da Alemanha. Todos esses objetivos tiveram pouco sucesso: o front doméstico alemão fragmentou-se durante o inverno, e uma ruptura com os Estados Unidos ficou mais próxima. Mas, de qualquer modo, sob a influência de Hindenburg e Ludendorff, Bethmann fora obrigado a endurecer os objetivos de guerra do governo, os quais, como já estavam em discussão durante o mês de novembro de 1916, foram definidos de modo mais sistemático que antes. Luxemburgo deveria ser anexado; a Bélgica deveria ceder Liège, e sua economia e ferrovias seriam postas sob controle alemão; a França deveria ceder Briey; a Polônia, tal como a Bélgica, deveria ficar subordinada e ceder duas faixas de fronteira; e a Rússia também deveria ceder a Lituânia e a Curlândia. Depois de os Aliados rejeitarem a nota, Hindenburg exigiu outras anexações, e a marinha assumiu o controle do Báltico e das costas belgas, bem como de uma cadeia mundial de bases. Bethmann resistiu e se apegou aos termos de novembro de 1916, encaminhando um resumo deles ao presidente americano, como guia para os objetivos da Alemanha. O chanceler ainda controlava a diplomacia alemã, embora, com relação à declaração polonesa e ao programa de novembro de 1916, tivesse aceitado termos mais radicais e maiores restriçoes do que acharia prudente à sua liberdade de ação. Contudo, com os exércitos da Alemanha sob uma pressão sem precedentes e a economia começando a cair em espiral, Hindenburg e Ludendorff apelaram para pretensões anexionistas mais radicais, ao mesmo tempo em que mobilizavam o país para a vitória total. Não havia, portanto, nenhuma correlação simples entre a posição dos militares e os objetivos de guerra da Alemanha, mas, com ambos separados e as negociações gerais aparentemente canceladas, parecia haver pouca alternativa à luta, na esperança de que a ação dos U-Boats permitisse à Alemanha impor termos mais severos.[*]

* * *

A crescente pressão por anexação da opinião pública alemã e dos militares representava o maior obstáculo às esperanças de Bethmann de conseguir a paz por

---

[*] Ver também cap. 8.

meio da divisão dos Aliados. No entanto, mais formidável ainda foi a recusa dos Aliados de se dividirem, algo básico para sua política de objetivos de guerra e sua resposta às iniciativas de paz. Essa recusa foi concretizada com o Pacto de Londres de setembro de 1914, proposto pela Rússia e prontamente aceito pela Grã-Bretanha e a França, segundo o qual, individualmente, nenhum deles poderia firmar a paz nem oferecer condições sem a prévia concordância dos outros. Como nenhum dos Aliados predominava como a Alemanha do outro lado, para entendermos por que eles aceitaram esse compromisso temos de tecer algumas considerações a respeito de cada um deles.

A Rússia é o melhor ponto de partida, já que era o alvo principal dos alemães em 1915, e o país cujos fracassos no campo de batalha tornaram-no mais suscetível a eles. Na verdade, os russos, como os alemães e contrariamente aos britânicos e franceses, foram rápidos em definir seus objetivos. Tendo-o feito nas circunstâncias relativamente favoráveis do inverno de 1914-15, ativeram-se a eles quase sem nenhum desvio ao longo das dificuldades maiores que se seguiram. A despeito de certa hesitação, a elite russa permaneceu leal ao Pacto de Londres até a revolução cancelá-lo.[25]

A principal disputa territorial da Rússia com as Potências Centrais era a Polônia. No entanto, sua proclamação de agosto de 1914, convocando os poloneses a "se unirem sob o cetro do imperador russo [...] com liberdade de fé, língua e governo próprio", não era exatamente o que parecia. Sazonov, sua força motora, queria apoio dos poloneses e da opinião pública do Ocidente;[26] outros ministros temiam que as concessões fizessem os poloneses exigirem mais e abrissem precedente para as outras minorias do império. Assim, a proclamação foi emitida pelo grão-duque Nicolau, e não pelo czar, com o "governo próprio" sendo substituído por "autonomia".[27] Em março de 1915, o Conselho de Ministros decidiu que a política externa, as forças armadas, as finanças públicas e o transporte da Polônia permaneceriam sob controle russo, e quando em julho de 1916 Sazonov pressionou por um compromisso mais estrito, sob a forma de uma carta-patente constitucional, ele foi substituído.[28] Além disso, embora a proclamação claramente implicasse a expansão à custa da Alemanha e da Áustria-Hungria, o governo nunca definiu até que ponto ela iria. Por todos esses motivos, a proclamação polonesa deve ser vista como, em grande parte, propagandista.

No entanto, no clima de otimismo provocado pela conquista russa da Galícia e por seus sucessos nos campos de batalha no outono de 1915, o governo revelou um amplo programa de objetivos de guerra à Grã-Bretanha e à França, sob a forma dos "Treze Pontos" de Sazonov, em meados de setembro, bem como das declarações feitas em 21 de novembro por Nicolau a Paléologue, o embaixador francês. Embora houvesse discrepâncias entre os dois manifestos (o do czar era mais ambicioso), as similaridades predominavam. Os líderes russos civis estavam em acordo substancial quanto ao que desejavam, sem dúvida mais que suas contrapartidas alemãs. Eles eram mais anexionistas que Bethmann. Para a Rússia, o próprio Sazonov desejava tomar o baixo rio Niemen da Alemanha e o leste da Galícia da Áustria-Hungria; da Polônia, ele e Nicolau queriam a província de Posen; a Silésia, da Alemanha; e o oeste da Galícia da Monarquia Dupla. O Stavka queria toda a Prússia Oriental até o Vístula, mas o czar distanciou-se dessa pretensão. A Alemanha permaneceria unida, mas perderia território no leste e pagaria indenizações. Para Sazonov, "o principal objetivo seria atingir o poderio alemão e suas pretensões a um domínio militar e político", e para Nicolau era "a destruição do militarismo alemão, o fim do pesadelo com o qual a Alemanha nos fez sofrer por mais de 40 anos" e impedir qualquer guerra de retaliação.[29] A Áustria-Hungria deveria ser tratada de maneira ainda mais dura. Sazonov propôs que os austro-húngaros perdessem seus poloneses, ucranianos e eslavos do sul, e em 17 de setembro uma proclamação aos "Povos da Áustria-Hungria" prometia "liberdade e a realização de vossos anseios nacionais". Entretanto, os russos mostravam-se relutantes em se manifestar abertamente em favor da autodeterminação nacional e da ruptura com a monarquia dos Habsburgo, porque temiam que a Alemanha pudesse absorver os austro-alemães e também por causa do perigoso precedente que seria aberto para seu próprio império multinacional. Em particular, não se comprometiam publicamente com a independência para os checos, o que faria a diferença entre uma Áustria-Hungria diminuída, mas ainda viável, e seu desaparecimento do mapa. Nicolau, intimamente, ansiava por esse desaparecimento, e a política de seu governo não deveria incentivá-lo.[30]

A intervenção da Turquia acrescentou um elemento novo aos objetivos da Rússia e, por algum tempo, tornou a guerra ainda mais amplamente popular. Lutar ao lado do Ocidente liberal contra as conservadoras Potências Centrais havia sido algo problemático para alguns membros da direita russa, mas uma cruzada contra o tradicional inimigo muçulmano era mais aceitável. Nos primeiros meses, poucos partidos políticos, exceto os bolcheviques, haviam se oposto à guerra, e Sazonov sentiu-se pressionado pelos militares e pela Duma, com a imprensa exigindo dele mais ponderação.[31] O ressentimento contra a agressão otomana concentrou-se em Constantinopla – o centro religioso que os nacionalistas ortodoxos russos havia muito aspiravam por controlar – e no Dardanelos, o portal marítimo cujo fechamento prejudicava os suprimentos russos vindos de além-mar e seu equilíbrio econômico.[32] Mesmo antes da entrada dos turcos, Sazonov dizia a seus aliados que desejava uma administração internacional para o estreito de Dardanelos. Em novembro de 1914, Grey e o rei Jorge V prometeram a aprovação britânica a qualquer decisão da Rússia. Sazonov agora sabia que seus parceiros dificilmente ofereceriam dificuldade, e seu momento surgiu com o bombardeio aliado do Dardanelos. Temendo que os britânicos e os franceses ocupassem o portal marítimo ou – o que seria ainda pior – que desembarcassem tropas gregas, ele exigiu que, se a guerra terminasse com sucesso, a Grã-Bretanha e a França concordariam com a anexação russa de Constantinopla e do lado europeu do Dardanelos, bem como da margem asiática do Bósforo. Essa exigência ia além das necessidades de segurança marítima e violava a autodeterminação, bem como lançava as bases para uma presença naval russa no Mediterrâneo. Não obstante, com Sazonov dando a entender que a recusa poderia pôr em risco a aliança, em março de 1915 os britânicos e os franceses deram sua aquiescência, embora exigindo, em troca, que a Rússia apoiasse suas próprias exigências territoriais. Assim, enquanto os alemães expandiam seus tentáculos em direção a Petrogrado, os parceiros da Rússia prometiam-lhe quase tudo o que ela desejava.[33]

O acordo do Dardanelos era só um dos motivos pelos quais os russos rejeitavam uma paz em separado, apesar de suas fragorosas derrotas de 1915. Além disso, o governo czarista parecia estar confiante de que os Aliados venceriam, pois sua longa preparação para a guerra lhes dava vantagem. Os russos desprezavam a Áustria-Hungria e a Turquia, desejando que eles mesmos e seus protegidos se expandissem às custas de Viena e Constantinopla. Quando, na primavera de 1915, a Áustria-Hungria fez o que parece ter sido sua única tentativa importante de paz sob Francisco José, Petrogrado a rechaçou, e fez objeções veementes às sondagens de Paris e Londres.[34] Acima de tudo, os russos desejavam enfraquecer a Alemanha drástica e permanentemente, não apenas em termos territoriais, mas também penalizando os interesses comerciais alemães em solo russo. Com a tamanha evidência da inferioridade militar de seu país, eles acreditavam poder garantir segurança apenas pela manutenção da aliança antigermânica depois da guerra. Esse objetivo era uma das maiores preocupações de sua diplomacia, da mesma forma que os imperativos da aliança influenciaram repetidamente sua estratégia. Essas considerações também militavam contra uma paz em separado. Por fim, embora a Rússia fosse a mais autocrática das potências e durante a guerra tenha se tornado ainda mais, há evidência de que o czar e seus ministros acreditavam que deveriam satisfazer uma opinião pública patriótica e temiam (como os alemães) que uma paz humilhante abalasse as bases de seu regime.[35] Assim, durante os dias sombrios da retirada de 1915, enfrentando o pânico em Petrogrado e Moscou, bem como uma torrente de críticas domésticas, Nicolau e seus conselheiros rejeitaram repetidamente as aproximações alemãs, a despeito das advertências de Bethmann de que eles poderiam perder a Polônia em definitivo e sofrer imposições muito piores.

A despeito das decepções militares de 1916, também nesse ano os líderes czaristas em geral se apegavam ao conjunto de objetivos do início da guerra. De certa forma, chegaram a expandi-los. Depois da ofensiva russa da primavera que expulsou os turcos de boa parte da Armênia, em abril de 1916 a Grã-Bretanha e a França reconheceram o direito russo de anexar Erzerum e Trebizonda, recém-conquistadas, e ganhar uma esfera de influência no Curdistão. Sazonov também queria ter predominância na Armênia Ocidental e acesso ao Mediterrâneo, embora nesse ponto ele tenha cedido à resistência dos franceses, que haviam deixado clara sua reivindicação dessa área como seu *quid pro quo* para o acordo de Dardanelos. Mas, por essa época, Sazonov estava começando a duvidar se a Rússia chegaria a obter Constantinopla e, em novembro, Nicolau declarou, desanimadamente, ao embaixador britânico que a Rússia provavelmente voltaria às suas fronteiras europeias anteriores a 1914, pois expandi-las custaria vidas demais. Os embaixadores estavam ficando mais preocupados com a lealdade da Rússia, especialmente depois que Boris Stürmer, suspeito de germanofilia, substituiu Sazonov como ministro das Relações Exteriores em julho. Contudo, embora Nicolau se mostrasse mais propenso a deixar que seus agentes ouvissem as propostas dos alemães, ele continuava a rejeitá-las. No outono, Stürmer foi derrubado, e o governo, apoiado pela maior parte da imprensa russa, juntou-se aos outros aliados na rejeição às notas de paz divulgadas pelas Potências Centrais e pelo presidente americano em dezembro. No Natal, Nicolau reafirmou sua determinação de unificar a Polônia e, em fevereiro-março de 1917, os russos chegaram a um acordo secreto com os franceses, o Acordo de Doumergue, por meio do qual prometiam apoio aos Estados fantoches franceses na Renânia, em troca do apoio francês para a expansão das fronteiras polonesas para o leste. Nada disso sugere que as ambições de 1914 – aniquilar as Potências Centrais derrotando-as, privando-as de território e mantendo a aliança contra elas – haviam sido abandonadas. Como mostrariam os acontecimentos posteriores a março de 1917, contudo, se as elites russas continuassem a se apegar a seus antigos objetivos, as outras camadas da população a apoiariam cada vez menos.[36]

* * *

Apesar dos repetidos fracassos e das baixas significativas, os líderes franceses eram ainda mais unânimes que os russos na rejeição de uma paz em separado ou um compromisso com ela, e em 1917 definiram um programa de objetivos de guerra comparável aos de Bethmann e Sazonov. Contudo, em julho de 1917, só tinham uma vaga ideia de seus objetivos. Sua preocupação imediata era impedir que a Alemanha derrotasse a Rússia e se tornasse a potência mais forte da Europa, e esse continuou a ser um dos principais objetivos. A segurança preocupava o governo e o público, e os estadistas franceses acreditavam que não conseguiriam alcançar essa segurança sozinhos, dados os recursos superiores da Alemanha e seu histórico, como eles viam, de provocação.

Como os russos, eles esperavam que a aliança dos tempos de guerra ainda fosse necessária depois da paz, recusando-se até mesmo a ouvir os emissários inimigos. Também se opunham a todos os esforços de mediação. Só uma vitória decisiva, afirmavam eles, asseguraria que a tarefa não teria de ser repetida. Em nenhum momento, até 1917, eles acharam que o momento de negociar havia chegado.[37]

Embora enfatizando que a vitória seria necessária, os governos franceses foram lentos na definição dos objetivos dessa vitória. Eles estavam sob menos pressão interna que seus congêneres alemães sobre a definição de seus objetivos, temendo que, ao fazê-lo, pudessem provocar controvérsia e minar a trégua política doméstica. Assim, censuraram as discussões pela imprensa dos objetivos de guerra até 1916. Como não quisessem negociações antes de melhorar sua posição, definir os termos era um exercício hipotético, embora a emergência criada pela invasão forçasse muitas outras exigências de sua atenção. Durante o mandato de Viviani como premiê, as informações públicas sobre os objetivos franceses permaneceram esparsas. Ele disse ao parlamento, em dezembro de 1914, que a França buscaria a restauração da independência da Bélgica e "indenizações" por suas regiões devastadas, além de quebrar o "militarismo prussiano". A França não selaria a paz sem reconquistar a Alsácia-Lorena; e essa insistência, visto que a Alemanha só estava disposta a ceder algumas vilas fronteiriças, impossibilitava qualquer compromisso. Por trás da cena, em contrapartida, Théophile Delcassé, o ministro das Relações Exteriores de Viviani, conseguiu um *quid pro quo*, por meio do acordo de Dardanelos, em que a Rússia prometia apoio a qualquer demanda da França contra o Império Otomano "e em outras partes" – acordo pelo qual Nicolau II deixava claro que se referia à Renânia. De posse dessa garantia, contudo, os franceses tinham ainda menos incentivo para esclarecer seus objetivos.[38]

O mandato de Aristide Briand como premiê e ministro das Relações Exteriores, de novembro de 1915 a março de 1917, foi ainda mais agitado. Em comparação com Delcassé e com Poincaré (que foi presidente ao longo da guerra), Briand era mais volátil e oportunista, e também menos consistentemente antigermânico, mas a essa altura estava comprometido em prosseguir com a luta de modo ainda mais vigoroso e em coordenar os esforços dos Aliados. Fora da Europa, os franceses responderam às iniciativas britânicas, mas nesse continente eles imprimiam o ritmo. Quando Briand partiu, o resultado foi um impressionante conjunto de acordos entre os Aliados.

Na África, a Grã-Bretanha e a França já haviam concordado com fronteiras provisórias na Togolândia em agosto de 1914, e um acordo selado em fevereiro de 1916 dava à França o controle sobre a maior parte de Camarões, tornando provável que ela ficasse com esses territórios permanentemente. O Oriente Médio, contudo, era muito mais importante para a maioria dos ministros e oficiais franceses, muitos dos quais pertenciam a grupos de pressão colonialista cujo pequeno tamanho desmentia sua influência desproporcional. Um bom exemplo era François Georges-Picot, antigo cônsul-geral em Beirute, que Briand escolhera como seu representante nas negociações com a Grã-Bretanha sobre o futuro do Império Otomano que levaram ao acordo Sykes-Picot, iniciado em janeiro de 1916 e finalizado em maio. Após o ímpeto proporcionado pelo acordo de Dardanelos, os Aliados decidiram que estava na hora de acertar uma partilha da Turquia asiática. Picot exigia toda a Síria (onde a França tinha missionários e investimentos ferroviários e portuários), a Palestina e o distrito petrolífero de Mosul, no norte da Mesopotâmia. Os britânicos, representados por Sir Mark Sykes, concordaram que os franceses tivessem a "administração ou controle direto ou indireto" de uma "área azul" que cobria a Cilícia e o litoral sírio e libanês, enquanto uma similar "área vermelha" britânica cobria o centro e o sul da Mesopotâmia, além de Acre e Haifa na Palestina. A "área marrom" no restante da Terra Santa ficaria sob uma "administração internacional", e o espaço entre as áreas vermelha e azul ficaria ostensivamente sob um governo árabe independente, mas seria dividido em uma área "A", ao norte, e uma área "B", ao sul, com a França e a Grã-Bretanha, respectivamente, tendo direitos exclusivos de nomear conselheiros e gozar da preferência na concessão de empréstimos e contratos. O acordo Sykes-Picot foi ampliado em abril de 1916, com a Rússia ficando com a Armênia e lançando as bases para um sistema de colônias e protetorados abrangendo o Oriente Médio árabe. Embora os franceses tenham abdicado de sua pretensão à Palestina, obtiveram a maior parte da Síria, e Masul passou para sua influência como parte da área "A". A despeito de sua fraqueza militar na região, os franceses garantiram a maior parte de seus objetivos. Contudo, a expansão no Oriente Médio foi mais um motivo potencial valioso que um motivo central para que eles continuassem na guerra.[39]

Na Europa, porém, o ministério de Briand também obtinha um ponto favorável. Quando ele resolveu tomar novas decisões, já havia muitas ideias para elas. Em 1915, a discussão dos objetivos da França tivera início na imprensa (até o ponto permitido pela censura), no exército, no parlamento, nos círculos financeiros e em vários comitês investigativos oficiais e semioficiais.[40] Algumas dessas discussões referiam-se ao desequilíbrio industrial entre França e Alemanha; outras, aos territórios, embora as duas questões estivessem interligadas. A maioria chegou à conclusão de que a simples retomada da Alsácia-Lorena com suas fronteiras anteriores a 1870, apesar de dar à França quase toda a jazida de ferro de Lorena-Luxemburgo, seria inadequada, já que forneceria apenas uma fronteira parcial no Reno e deixaria o país mais dependente da importação de carvão. Partindo dessas premissas, a lógica apontava para a adição da jazida carbonífera do Sarre e até mesmo para o controle de toda a margem esquerda do Reno.

Briand trouxe ao gabinete Etienne Clémentel, o dinâmico ministro do Comércio, que dominou o planejamento econômico da França entre 1915 e 1918. Clémentel queria uma resposta para o projeto aduaneiro da *Mitteleuropa*. Ele também queria que terminasse a dependência pré-guerra da França com relação à Alemanha em termos de produtos como substâncias químicas e explosivas, e que houvesse a garantia de que o país obteria as matérias-primas necessárias à sua reconstrução. Portanto, Briand propôs – contando com a aquiescência dos outros Aliados – uma conferência econômica que se realizaria em Paris, em junho de 1916. A conferência assentiu com a aplicação de tarifas discriminatórias contra as Potências Centrais depois da guerra, com a garantia de que os Aliados teriam acesso aos recursos naturais mútuos e de que seria eliminada a dependência com relação aos manufaturados estratégicos e às matérias-primas do inimigo. As resoluções de Paris pareciam um triunfo para a diplomacia francesa e foram muito mais longe que quaisquer outros planos econômicos acordados pelas Potências Centrais, que ficaram muito alarmadas com essas resoluções. Mas nem a Rússia nem a Itália desejavam pôr em riscos suas exportações para a Alemanha após a guerra, e os Estados Unidos protestaram veementemente contra um bloco comercial do qual ficaram excluídos. As resoluções nunca foram incrementadas por acordos de implementação.[41] As salvaguardas econômicas eram necessárias para o futuro da França, mas eram menos fundamentais que a proteção contra outra invasão. Briand e Poincaré exigiram publicamente "garantias" à segurança francesa, fazendo eco à linguagem codificada de Bethmann na Alemanha. Contudo, só no verão de 1916 é que o Conselho Francês de Ministros pôs-se a considerar detalhadamente como deveriam ser essas garantias. O debate no país em geral (facilitado pelo relaxamento da censura à imprensa) foi um dos motivos dessa mudança, mas os acontecimentos externos foram mais importantes. Por um lado, a recente e imprevista melhoria no desempenho militar dos Aliados sugeria que a vitória podia estar próxima; por outro lado, Paléologue advertia que a Rússia de Stürmer poderia aceitar a paz apenas quando se sentisse amparada por novos objetivos de guerra, enquanto os britânicos também desejavam uma discussão em torno do assunto. Comunicados por memorandos do Ministério das Relações Exteriores e do alto-comando, os ministros decidiram, em outubro, exigir uma ajuda de seus aliados para a decisão do futuro da margem esquerda do Reno. Em 1915, a Rússia já havia prometido isso, e a carta de Cambon, enviada confidencialmente e com a aprovação do Conselho de Ministros em 1917 ao embaixador em Londres, Paul Cambon, exigia "voz preponderante" para a França na definição da questão. A carta insistia que a soberania alemã sobre a margem esquerda do Reno deveria cessar (embora isso deixasse o futuro da região em aberto), e que a França deveria recuperar a Alsácia-Lorena com sua fronteira de 1790 e, portanto, incorporando boa parte do Sarre. Cambon só mostrou o documento aos britânicos em julho, quando as circunstâncias haviam mudado tanto que o documento se transformou em constrangimento. Mas Gaston Doumergue, o ministro das Colônias, usou-o como base para uma discussão ao visitar Petrogrado em fevereiro, conseguindo um entendimento mais ambicioso e preciso. Consoante o acordo secreto de Doumergue, a França receberia "no mínimo" o Sarre inteiro, e a margem esquerda seria dividida em Estados fantoches nominalmente independentes e sob seu controle, enquanto a Rússia prometia "completa liberdade" para a fixação de suas fronteiras ocidentais. Briand endossou o acordo, embora sem consultar o Conselho de Ministros, em que uma maioria provavelmente teria se oposto ao pacto, considerando--o demasiadamente expansionista. Como o premiê foi destituído logo depois, a carta de Cambon deve ser vista mais como uma declaração dos objetivos de guerra da França. Os ministros aprovaram a carta num momento em que os Aliados ainda tinham motivo para esperar maiores sucessos nas ofensivas de primavera. Ela antecipava as exigências apresentadas pela França na conferência de paz de 1919, embora sugerisse que os governantes franceses compartilhariam da relutância dos alemães para empreender extensas anexações de súditos relutantes, que prefeririam confiar em salvaguardas indiretas por meio da ocupação militar e de providências econômicas. De qualquer modo, dado o simultâneo endurecimento dos objetivos de guerra da Alemanha, no final de 1916 havia pouca perspectiva de uma rápida resolução do conflito.[42]

* * *

O pensamento britânico seguiu evolução similar, embora em Londres nunca tivesse surgido nenhum programa de acordo quanto ao futuro do continente. Embora Falkenhayn identificasse a Grã-Bretanha como o inimigo mais implacável da Alemanha, as evidências não endossam essa hipótese. Os ministros britânicos eram tão hostis quanto suas contrapartidas francesas e russas com relação a um compromisso de paz (que, segundo eles, só representaria um empecilho) e opunham-se a negociações em separado, embora, com sua tradição de desligamento da diplomacia europeia, estivessem menos comprometidos com um bloco antigermânico de longa duração. O apoio público à expansão territorial era mais fraco que nos países continentais, e a pressão pacifista e internacionalista por parte da esquerda era mais intensa, embora os líderes britânicos, assim como seus colegas franceses e alemães, preferissem manter vagas suas declarações públicas sobre os objetivos de guerra, em favor da harmonia doméstica.[43] Os britânicos também se diferenciavam no sentido de os acordos territoriais europeus não serem sua principal preocupação. Eles combinavam imprecisão com relação ao continente com precisão quanto a seus objetivos fora da Europa.

Seus ministros liberais e unionistas pareciam ter como favas contadas que a Alemanha perderia sua marinha depois da guerra, isso se seus navios não fossem bombardeados ou afundados durante o confronto. A Alemanha também deveria perder a posse de suas colônias, especialmente depois dos inesperados esforços exigidos para a conquista delas. Os fatos haviam demonstrado que, como estações de rádio e de abastecimento de carvão, elas podiam apoiar as investidas de submarinos e cruzadores contra as rotas comerciais e de acesso às colônias britânicas, também podendo servir como reserva para o recrutamento de "exércitos negros" que podiam ameaçar seus vizinhos. A própria Grã-Bretanha estava mais interessada na África Oriental Alemã, pela qual travou uma longa e intensa batalha, já que era vista como uma ameaça ao controle britânico do oceano Índico, mas talvez só os britânicos estivessem dispostos a devolver algumas colônias que os Domínios, a França e o Japão exigiam como espólio e para quem tinham altíssimo significado.[44]

Considerações sobre o apaziguamento de outros também influenciaram os britânicos no Oriente Médio, mas eles também tinham seus próprios imperativos estratégicos. Tanto o canal de Suez quanto o golfo Pérsico eram tidos como de interesse essencial.[45] Depois que o Império Otomano transformou-se em inimigo, a Grã-Bretanha decidiu que o mesmo não deveria ser mais preservado e que estava na hora de fazer exigências para salvaguardar os interesses britânicos na partilha. Dardanelos, ao contrário de Suez, não era mais visto como estrategicamente vital, valendo a pena abandoná-lo para manter a Rússia amistosa e distraí-la de sua expansão próxima da Índia (na Pérsia, por exemplo). O acordo Sykes-Picot protegeu Suez, mantendo a França fora da Palestina. A Grã-Bretanha conservaria as partes da Mesopotâmia que havia conquistado (protegendo, assim, o golfo Pérsico), enquanto uma zona fantoche dominada pelos franceses separaria a Mesopotâmia dos russos. Um problema de longo prazo com relação ao Sykes-Picot, que ainda permanece controverso, era sua questionável compatibilidade com a "correspondência McMahon-Hussein" que precedeu a Revolta Árabe.[46] Hussein, o Sharif, ou governante local de Meca, governava nominalmente sob soberania otomana, mas, na prática, era autônomo, embora temesse que os turcos tivessem a intenção de restabelecer o controle sobre ele. Em julho de 1915, ofereceu uma aliança aos britânicos em troca de ajuda para que ele substituísse o sultão turco como califa dos muçulmanos sunitas, além de obter independência para quase todas as partes habitadas por árabes do Império Otomano. Inicialmente cética, a administração britânica no Cairo (que conduziu as negociações sob supervisão particularmente ambígua do Ministério das Relações Exteriores) ficou em pânico quando recebeu um relatório equivocado de que os turcos e os alemães haviam cedido a todas as exigências dos grupos nacionalistas que haviam se formado entre os oficiais árabes que serviam o exército otomano na Síria (com quem Hussein afirmava ter ligações). A carta decisiva foi enviada por Sir

Henry McMahon (o alto-comissário britânico no Egito) em 24 de outubro. Ela prometia "reconhecer e apoiar" a independência árabe nas áreas especificadas por Hussein, mas excluía a Cilícia, o oeste da Síria e, no geral, as localidades em que a França tinha algum interesse, bem como uma zona de "acordos administrativos especiais" (ou seja, domínio britânico) no sul e no centro da Mesopotâmia. O *quid pro quo* seria uma aliança anglo-árabe, com o objetivo de expulsar os turcos das terras árabes.[47]

Essa carta foi esboçada rápida e desajeitadamente, tendo sido enviada sem a necessária consulta. Incluía numerosas ambiguidades, que o restante da correspondência não conseguiu dissipar. McMahon foi calculadamente liberal com as promessas, para obter o compromisso dos árabes. É provável que tivesse a intenção de excluir Palestina da região árabe independente, e as negociações Sykes-Picot se desenvolveram com base nessa exclusão.[48] Entretanto, Hussein rebelou-se sem receber os prometidos esclarecimentos quanto às demandas francesas e ainda ignorando as complexidade da posição dos britânicos, que, depois de Lloyd George se tornar primeiro-ministro, tornaram-se ainda mais complexas. Na primavera de 1917, um relatório de um comitê chefiado por Lorde Curzon para o Gabinete Imperial de Guerra (IWC), composto pelos seis ministros britânicos mais importantes e pelos primeiros-ministros dos Domínios, recomendou que a Mesopotâmia e a Palestina permanecessem "sob controle britânico" após a guerra, ou seja, que esta última não ficasse nem sob controle árabe, nem internacional. O IWC aceitou o relatório como declaração não obrigatória de prioridades para uma eventual conferência de paz. Lloyd George detestava os turcos, e sua determinação em destruir o que considerava um governo corrupto e inescrupuloso juntou-se às preocupações dos imperialistas ao seu redor. Os otomanos eram vistos como uma ferramenta para a influência alemã e uma ameaça para o canal de Suez, o golfo Pérsico e, em última instância, para a Índia. A Palestina era um potencial terminal mediterrâneo dos oleodutos e ficava nas proximidades do canal; ela deveria ficar sob controle britânico. Em parte para tranquilizar seus aliados e atrair Hussein, e em parte para garantir seus próprios interesses imperialistas, a Grã-Bretanha, em 1917, havia adotado objetivos de guerra no Oriente Médio que deixavam pouca possibilidade de uma paz negociada.[49]

Com relação à Alemanha, a vertente econômica dos objetivos de guerra britânicos era menos importante que para a França. A posição financeira da Grã-Bretanha era muito mais sólida, pois ela não havia sido invadida e devastada, e a Alemanha fora seu segundo maior parceiro comercial no mercado de exportação anterior à guerra.[50] Londres tomou providências para defender suas indústrias estratégicas, aceitou as resoluções da Conferência Econômica de Paris de 1916 e discutiu com os Domínios maior autossuficiência imperial, mas a ideia de uma tarifa externa comum para o império não avançou. Tampouco foi uma política britânica (na verdade, não mais que a francesa) buscar altas reparações financeiras após a guerra. Pelo contrário, a Câmara de Comércio duvidava da possibilidade de tentar reclamar o custo do conflito se uma "pressão permanente" contra a Alemanha fosse desejável. O pensamento britânico (sem chegar a conclusões definitivas) inclinava-se mais para a reintegração da Alemanha que para seu isolamento ou controle.⁵¹

O mesmo se aplicava, grosso modo, às questões territoriais europeias, com relação às quais, de maneira semelhante, não havia essa fixação de objetivos em Paris. A exceção era a Bélgica, com os ministros britânicos empenhando-se, desde o início, em restaurar sua independência e integridade. O uso da Bélgica pelos alemães como corredor de acesso à França e como base dos U-Boats enfatizava a necessidade de arrancar o país dos alemães. Os governos aliados sabiam dos contatos de Alberto com os alemães – um dos motivos pelos quais estes emitiram a Declaração de Sainte-Addresse em fevereiro de 1916, prometendo lutar até a Bélgica ter sido compensada pelos danos que havia sofrido e ter recuperado sua independência. No entanto, mesmo esse objetivo britânico-europeu mais fundamental era menos simples do que parecia. Os franceses queriam uma futura cooperação militar e uma união aduaneira com a Bélgica, e os próprios belgas, embora desejando anexar Luxemburgo e partes do território da Holanda, esperavam que os britânicos apoiassem as pretensões francesas. Os britânicos, contudo, apegaram-se ao compromisso de restaurar o *status quo* pré-Guerra em vez de ver a Bélgica como expandida ou realinhada como satélite francês.⁵²

Além disso, a posição britânica permanecia vaga. Na primeira metade da guerra, a Grã-Bretanha, por exemplo, não se comprometeu a restituir a Alsácia-Lorena à França ou a libertar a Polônia, embora, no final de 1916, a Grã-Bretanha e a França tentassem fazer uma oferta maior que a das Potências Centrais, endossando publicamente a promessa do czar de autonomia para a Polônia. Isso não implicava uma derrogação na Polônia ou em qualquer outro local da Europa Central e Oriental. Contudo, em agosto de 1916, mais ou menos simultaneamente aos esforços de Briand em definir os objetivos de guerra dos franceses, Asquith solicitou memorandos referentes aos objetivos britânicos, solicitação devidamente submetida ao Ministério das Relações Exteriores, ao Almirantado, à Câmara de Comércio e ao chefe do Estado-Maior Imperial, Sir William Robertson. Os motivos parecem ter sido a confiança (como na França) de que, devido às ofensivas de verão, uma vitória decisiva parecia iminente, o medo de que os franceses já estivessem formulando seus objetivos e a expectativa de uma mediação americana. Na prática, nenhuma reunião de gabinete resultou disso, mas os memorandos forneceram uma indicação do pensamento de Whitehall. Eles revelaram (especialmente no Ministério das Relações Exteriores) uma cautelosa preferência pela aplicação do princípio de autodeterminação às disputas territoriais no continente, o que favoreceria a França na Alsácia-Lorena, mas, por outro lado, implicava um tratamento moderado da Alemanha na Europa, embora a destruindo como rival naval e colonial. Robertson deixou explícito o que outros, sem dúvida, pensavam: o interesse da Grã-Bretanha não era destruir a Alemanha de maneira tão completa que ela cessasse de se equilibrar entre a França e a Rússia.[53] Essa seria uma questão difícil de contornar, mas o relatório do Comitê Curzon ao IWC na primavera seguinte chegou a conclusões similares. Esse documento recomendava que a Sérvia e a Bélgica fossem restauradas, e que a Alsácia-Lorena e a Polônia fossem definidas segundo a vontade de seus povos e dos interesses de uma paz duradoura. A declaração de Lloyd George ao IWC em 20 de março insistiu na democratização da Alemanha e no desejo de mostrar ao país que essa agressão não compensava.[54] Provavelmente, a maioria dos políticos britânicos achava que seria preciso eliminar a Alemanha como rival no além-mar e forçá-la a renunciar às suas tentativas de dominar o continente, mas não enfraquecê-la excessivamente na Europa.

Nesse ínterim, os ministros concordaram que o essencial seria prosseguir até a vitória e honrar as obrigações do Pacto de Londres para com os Aliados. Contudo, eles tiveram de equilibrar esse acordo com a crescente dependência britânica dos Estados Unidos e com as ambições de mediação da administração Wilson. O exemplo mais notável foi o secreto Memorando House-Grey, de 22 de fevereiro de 1916, definido numa troca de cartas entre o ministro britânico das Relações Exteriores e o coronel Edward House (conselheiro e emissário pessoal de Wilson) durante uma das visitas deste último para explorar as perspectivas de mediação. De acordo com o memorando, House preferia, como termos de paz, a independência da Bélgica, a devolução da Alsácia-Lorena à França (com compensação para a Alemanha fora da Europa) e uma saída para o mar para a Rússia (possivelmente em Dardanelos). Esses termos (que haviam sido sugeridos primeiro por Grey) atenderiam a diversos objetivos básicos dos Aliados e a nenhum das Potências Centrais, e o memorando previa que, no momento em que França e Grã-Bretanha o escolhessem como árbitro, Wilson convocaria uma conferência de paz e, "provavelmente", declararia guerra se a Alemanha se recusasse a participar dessa conferência ou se fracassasse devido à "irracionalidade" de Berlim. Wilson endossou essa previsão sem consultar seu gabinete ou o Congresso, o que é duvidoso, uma vez que ele tinha autoridade interna para fazê-lo. Possivelmente para sua sorte, os franceses não tinham nenhum interesse na paz intermediada pelos americanos, e o mesmo se podia afirmar com relação aos britânicos. O gabinete de Asquith estava atormentado quanto ao custo da guerra, mas, no final, decidiu apostar numa vitória na batalha do Somme em vez de fazer o jogo dos americanos.[55]

Depois de falhar em sua missão de mediador em cooperação com Londres, Wilson assumiu uma postura muito menos favorável aos Aliados, e sua próxima grande iniciativa, uma nota de 18 de dezembro de 1916 conclamando ambos os lados a expor seus motivos de guerra, foi precedida pela pressão financeira sobre a Grã-Bretanha pelo Fundo da Reserva Federal.* Embora tenha surgido uma semana depois da nota de paz das Potências Centrais, a mensagem de Wilson foi enviada independente e apressadamente, a fim de manter aberta a possibilidade de negociação antes que os Aliados desprezassem o gesto do inimigo. Além disso, ele queria ser imparcial, mas, ao sugerir que os objetivos de ambos os lados pareciam os mesmos, enfureceu os Aliados. Os franceses queriam uma resposta desafiadora que nada especificasse, e foi por insistência da Grã-Bretanha que os Aliados responderam em 10 de janeiro de 1917 com uma declaração pública de seus objetivos de guerra – nem com muita precisão nem com muita correspondência a seus reais objetivos, mas, ainda assim, mais concretos que qualquer coisa publicada antes ou que os alemães estivessem dispostos a oferecer. Assim, os Aliados obtiveram uma vitória propagandista e recuperaram o crédito junto a Wilson num momento crítico.[56] No entanto, animar o presidente não implicava reduzir a disposição dos britânicos de prosseguir. Então, em novembro, Lorde Lansdowne sugeriu num memorando de gabinete que, em vista da falta de avanços no Somme, a Grã-Bretanha deveria considerar objetivos de guerra em que uma libra valesse menos de 20 xelins. A sugestão não contou com nenhum respaldo e foi veementemente repudiada por Grey e Robertson, com o apoio de Lloyd George.[57]

A ascensão desse último ao cargo de primeiro-ministro, no mínimo, tornou o gabinete mais obstinado com relação à Alemanha e à Turquia. Os britânicos podiam não saber o que fariam com a vitória, mas estavam determinados a conquistá-la.

* * *

Grã-Bretanha, França e Rússia eram os membros principais de uma coalizão contra a Alemanha, e seus parceiros estavam, de alguma forma, lutando uma guerra própria. A Itália interveio para completar sua unificação e estabilizar as fronteiras estratégicas e, depois de se unir aos Aliados, manteve-se mais ou menos firme com relação ao Tratado de Londres de 1915. Em St-Jean de Maurienne, em abril de 1917, Grã-Bretanha e França fizeram-lhe a promessa adicional de uma zona "verde" de administração direta e de uma zona "C" de influência indireta no sul da Ásia Menor, embora, como a Rússia nunca ratificasse essa extensão do acordo Sykes-Picot, ela tenha permanecido letra morta em termos técnicos.[58] De maneira similar, foi prometida à Romênia uma parcela do território Habsburgo em troca de sua entrada na guerra, e

---

* Ver caps. 9 e 13.

os Aliados expressaram simpatia pelas aspirações da Sérvia em se unir aos eslavos do sul da Áustria-Hungria, embora os dois povos nunca tivessem se unido para que essas aspirações se concretizassem. No Oriente, em contrapartida, a Grã-Bretanha prometeu secretamente, em fevereiro de 1917, apoiar as aspirações do Japão com relação às ilhas do Pacífico Norte pertencentes à Alemanha, bem como a Jiaozhou, em troca dos encouraçados japoneses enviados para escoltar a navegação aliada pelo Mediterrâneo e pelo apoio japonês às aspirações britânicas pelas colônias alemãs do Pacífico Sul. Quatorze destróieres japoneses foram devidamente enviados para proteger comboios e navios transportadores de tropas, e França e Itália deram apoio similar às aspirações japonesas logo depois.[59] Entretanto, as colônias alemãs foram apenas uma das iniciativas que atraíram o Japão para a guerra, sendo a outra o desejo de tirar proveito do vácuo de poder no leste da Ásia, avançando em sua posição na China. O resultado foram as notórias 21 Demandas apresentadas a Pequim em janeiro de 1915, depois de uma consulta entre o Ministério Japonês das Relações Exteriores, seus interesses comerciais e o Dragão Negro, uma sociedade nacionalista. Os japoneses tinham preocupações específicas: tomar Shandong, ampliar seu porto e seus investimentos ferroviários na Manchúria, além de salvaguardar seus interesses industriais na China contra a nacionalização – mas a Parte V das Demandas foram além, ao solicitar a Pequim que empregasse conselheiros japoneses, reduzindo, assim, a China a um protetorado abstrato. Depois de uma crise que durou até maio, os chineses aceitaram a maior parte dos pontos mais específicos, mas conseguiram resistir à Parte V, com os japoneses retrocedendo nessa questão principalmente porque Grey advertiu que, se persistissem, isso poderia pôr em risco a aliança anglo-japonesa. Isso impressionou o *genro*, e Kato, o principal autor das Demandas, renunciou ao cargo de ministro das Relações Exteriores.[60] Sob um sucessor mais flexível, os japoneses tentaram se reconciliar com os britânicos, unindo-se ao Pacto de Londres em outubro e relaxando a pressão sobre a China. Embora travassem contatos secretos com os alemães em 1916, era improvável que se desligassem dos outros aliados, mesmo tendo feito muito pouco para ajudá-los. Os acordos de 1917 reforçaram essa solidariedade.

Os detalhes não devem obscurecer o quadro mais amplo. Os objetivos de guerra foram necessariamente conjuntos hipotéticos e transitórios de opiniões. Poucos deles exigiram comprometimentos incondicionais. Os termos de paz pretendidos pelos governos variavam segundo suas perspectivas militares e diplomáticas, bem como sua consideração pela opinião nacional. Em último caso, seus objetivos eram produtos do medo e da insegurança que haviam assombrado as grandes potências antes da Crise de Julho e cujo desenvolvimento se intensificara, embora também fossem expressões características do nacionalismo e do imperialismo europeus.

Aqui, o que mais pesa é sua contribuição ao impasse e à escalada de 1915-16. Ambos os lados estavam divididos demais para que os que sondavam a possibilidade de paz tivessem muitas chances. Os pontos mais fracos eram, em parte, as disputas por território – Bélgica, Polônia e Alsácia-Lorena – e os projetos coloniais e econômicos dos rivais. Além disso, as Potências Centrais viam os que sondavam a paz basicamente como um meio de dividir os inimigos, enquanto os Aliados (que tinham poucos sondadores da paz) recusavam-se a ser divididos. Na verdade, boa parte da estratégia e da diplomacia dos Aliados era direcionada à ampliação de sua coalizão e às formas de conservá-la, por meio de concessões à Rússia no Dardanelos ou de decisões estratégicas como o compromisso da Grã-Bretanha de uma ofensiva no Somme, que, em parte, foi assumido para manter a França na guerra. Os Aliados tinham certeza de que a Alemanha (cujos ganhos continentais compensavam suas perdas coloniais) estava disposta a obter mais das negociações de paz, pelo menos se acontecessem antes que o equilíbrio militar as tivesse comprometido. Depois de conquistar a Polônia e a Sérvia em 1915, as Potências Centrais tinham vantagem territorial a leste e a oeste, e os alemães achavam que abandonar a Bélgica ou a Polônia seria o reconhecimento de uma derrota que poderia ter fatais consequências internas. Em 1916-17, as Potências Centrais ampliaram seus objetivos de guerra, embora achassem que estavam perdendo, mas os Aliados, por sua vez, também ampliaram os seus. Na primavera de 1917, a distância entre os dois lados era maior que nunca, e as possibilidades de barganha ainda menores; portanto, a escalada no plano diplomático mantinha-se no mesmo passo que a escalada em outras esferas. Mas examinar o que dividia os governos fornece-nos apenas uma explicação unidimensional para a escalada e o prolongamento do conflito. Agora devemos considerar a maneira como a guerra foi travada e por que os governos podiam contar com a aquiescência de seus povos.

Notas

1. Stevenson, *French War Aims*, p. 95.
2. Goemans, *War and Punishment*, p. 16.
3. Para visões gerais dos objetivos de guerra, Ibid.; também Stevenson, *First World War and International Politics*, cap. 3; e Soutou, *L'Or et le sang*.
4. Trumpener, *Germany and the Ottoman Empire*, pp. 131-4.
5. Komjáthy (ed.), *Protokolle*, pp. 352-72; Scherer and Grünewald (eds.), *L'Allemagne*, v. 1, docs. 86, 144, 151, 162, 164; Ritter, *Sword*, v. 3, pp. 83-9.
6. Fischer, *Germany's Aims*, p. 106.
7. Ibid., pp. 103-5.
8. Soutou, "Kriegsziele", pp. 29-30, Soutou, *L'Or et le sang*, cap. 2; Thompson, "September Program".

9. Farrar, *Short-War Illusion*, cap. 9; Scherer and Grünewald (eds.), *L'Allemagne*, v. 1, docs. 13, 14, 16, 20, 21.
10. Scherer and Grünewald (eds.), *L'Allemagne*, v. 1, docs. 172, 183, 206; Fischer, *Germany's Aims*, pp. 215-24.
11. Ibid., cap. 8.
12. Scherer and Grünewald (eds.), *L'Allemagne*, v. 1; docs. 52, 75; Linke, *Zarische Russland*, pp. 102-4.
13. Geiss, *Polnische Grenzstreifen*, p. 91.
14. Meyer, *Mitteleuropa*, cap. 9.
15. Afflerbach, *Falkenhayn*, pp. 321-2.
16. Sobre a Polônia: Scherer and Grünewald (eds.), *L'Allemagne*, v. 1, docs. 131, 140, 165, 167, 221, 227, 261, 296, 303-5; Fischer, *Germany's Aims*, pp. 236-44, 271-3.
17. Fischer, *Germany's Aims*, pp. 228-30; Scherer and Grünewald (eds.), *L'Allemagne*, v. 1, docs. 243, 255, 350, 384.
18. Soutou, *L'Or et le sang*, cap. 11.
19. Goemans, *War and Punishment*, p. 85.
20. Farrar, *Divide and Conquer*, p. 23.
21. Jarausch, *Enigmatic Chancellor*, pp. 200, 217.
22. Sobre esse tópico, ver Janssen, *Macht und Verblendung*.
23. Soutou, *L'Or et le sang*, cap. 2.
24. Jarausch, *Enigmatic Chancellor*, pp. 214-16; Fischer, *Germany's Aims*, pp. 193-4.
25. Sobre a Rússia: Linke, *Zarische Russland*; Smith, *Russian Struggle*; Dallin (ed.), *Russian Diplomacy*.
26. Bobroff, "Devolution", pp. 512-14.
27. Linke, *Zarische Russland*, pp. 131-2.
28. Bobroff, "Devolution", pp. 522-7.
29. Smith, *Russian Struggle*, pp. 45-50, 97-108; Renzi, "Sazonov's Thirteen Points".
30. Renzi, "Sazonov's Thirteen Points", p. 18; Dallin (ed.), *Russian Diplomacy*, cap. 2; Perman, *Shaping of the Czechoslovak State*, cap. 1.
31. Sazonov, *Fateful Years*, p. 252.
32. Para uma revisão, ver Bodger, "Russia", in Kent (ed.), *Great Powers and the End of the Ottoman Empire*, cap. 4.
33. Smith, *Russian Struggle*, pp. 185-238; Gottlieb, *Studies in Secret Diplomacy*, caps. 4-6; Kerner, "Russia, the Straits, and Constantinople".
34. Stevenson, *French War Aims*, p. 28; Dallin (ed.), *Russian Diplomacy*, p. 89.
35. Goemans, *War and Punishment*, pp. 128-32.
36. Smith, *Russian Struggle*, pp. 363-82, 418-24; Linke, *Zarische Russland*, pp. 54-60.
37. Stevenson, *French War Aims*, cap. 1.
38. Ibid., pp. 17, 27.
39. Andrew and Kanya-Forstner, *France Overseas*, cap. 4; Nevakivi, *Britain, France*, pp. 36-44.
40. Soutou, *L'Or et le sang*, cap. 5.
41. Soutou, *L'Or et le sang*, cap. 7; Trachtenberg, "'New Economic Order': Clémentel".
42. Stevenson, *French War Aims*, pp. 38-56.
43. Rothwell, *British War Aims*, Introdução. Sobre a Grã-Bretanha, ver Ibid., e French, *British Strategy and War Aims*.

44. Louis, *Great Britain and Germany's Lost Colonies*, cap. 2.
45. Kent, "Britain", in Kent (ed.), *Great Powers and the End of the Ottoman Empire*, cap. 7.
46. Kedourie, *Anglo-Arab Labyrinth*; Friedman, *Palestine: a Twice Promised Land?*, cap. 5.
47. Hurewitz (ed.), *Diplomacy in the Near and Middle East*, v. 2, doc. 8.
48. Friedman, *Palestine: a Twice-Promised Land?*, cap. 1-2.
49. Rothwell, *British War Aims*, pp. 70-75.
50. Steiner and Neilson, *Britain and the Origins of the First World War*, p. 66.
51. Rothwell, *War Aims*, pp. 266 ss.; Bunselmeyer, *Cost of the War*, caps. 2-5.
52. Stevenson, "Belgium, Luxemburg, and the Defence of Western Europe".
53. Rothwell, *British War Aims*, pp. 38-52.
54. Lloyd George, *War Memoirs*, v. 1, pp. 1.049-50.
55. French, *British Strategy and War Aims*, pp. 191-4, 210; Hankey MSS, CCAC, 1/1, Diary 14, 15, 21 March, 24 May 1916.
56. Scott (ed.), *War Aims and Peace Proposals*, pp. 26-9, 35-8; Kernek, "British Government's Reaction"; Stevenson, *French War Aims*, pp. 45-7.
57. Asquith, *Memories and Reflections*, v. 2, pp. 138-47; Lowe and Dockrill, *Mirage of Power*, v. 2, pp. 244-5.
58. Lowe and Dockrill, *Mirage of Power*, v. 2, pp. 223-7; Seton-Watson, *Italy*, pp. 462-7.
59. Nish, *Alliance in Decline*, cap. 11; Halpern, *Naval History*, p. 393.
60. Jansen, *Japanese and Sun Yat-sen*, cap. 8; La Fargue, *China*, caps. 2-3; Nish, *Japanese Foreign Policy*, cap. 5; Lowe, *Great Britain and Japan*, cap. 8.

6
A GUERRA TERRESTRE NA EUROPA: A ESTRATÉGIA

SE OS OBJETIVOS DE GUERRA DETERMINAVAM para que se lutava, a estratégia decidia onde e quando isso deveria acontecer. Contudo, os governos supervisionavam as decisões-chave dos comandantes, e as escolhas estratégicas básicas assumidas em função da guerra eram tanto políticas quanto técnicas. Além disso (e esse é um aspecto amiúde subestimado), as estratégias de ambos os lados interagiam, cada qual refletindo uma avaliação das intenções da outra. Tanto os Aliados quanto as Potências Centrais comprometeram-se a aumentar os níveis de violência, culminando nas intensas batalhas nas Frentes Ocidental e Oriental de 1916. E, quando essas batalhas não conseguiam produzir resultados decisivos, os dois lados recorriam à bancarrota estratégica. Aqui, mais uma vez, os temas subjacentes são, portanto, o impasse e a escalada. Eles serão examinados em cinco principais tópicos: o avanço de 1915 das Potências Centrais rumo ao leste e a resposta dos Aliados; os ataques da primavera de 1916 das Potências Centrais e os contra-ataques de verão de seus inimigos; e, por fim, as ofensivas de abril de 1917 dos Aliados.

* * *

Até sua renúncia em agosto de 1916, Falkenhayn foi a principal influência sobre a estratégia das Potências Centrais. Os altos-comandos turco e búlgaro submetiam-se a ele. Conrad não o fazia – e a relutância do OHL e do AOK em cooperar provocariam sérias dificuldades –, mas a fraqueza austríaca dava a Falkenhayn a devida influência. Dentro do exército alemão, sua responsabilidade para a alocação de recursos entre o oeste e o leste provocava tensão com seus comandantes nos dois palcos da guerra, e Ludendorff o detestava. Ele também não tinha boas relações com o chanceler, a quem não respeitava nem mantinha bem informado. Em janeiro de 1915, Bethmann Hollweg conspirou com Hindenburg e Ludendorff para descartá-lo, aproveitando-se do resultado decepcionante da Primeira Batalha de Ypres. A equipe de Guilherme resolveu a crise resultante – durante a qual Hindenburg ameaçou renunciar – por meio de um compromisso segundo o qual Falkenhayn tinha de renunciar a seu cargo como primeiro-ministro, em favor de seu vice, Adolph Wild von Hohenborn. No entanto, ele permaneceria como CGS. Falkenhayn continuou a gozar do apoio do imperador e da corte e, durante 1916, ele e outros líderes alemães concordaram que a Frente Oriental deveria ter prioridade, mesmo que não estivessem de acordo até que ponto.[1] Falkenhayn aceitou isso com certa relutância, já que sua preferência para o novo ano teria sido outro ataque contra os britânicos. Duas circunstâncias modificaram sua posição. A primeira foi a conspiração de janeiro, depois da qual ele abrandou a determinação de Hindenburg e Ludendorff de enviar tropas extras para uma nova ofensiva na Prússia Oriental contra os russos. O resultado – a chamada batalha de inverno dos lagos Mesurianos entre 7 e 21 de fevereiro – foi a morte de 200 mil russos e, por fim, o solo alemão foi desobstruído, mas tornou a fracassar na realização do cerco de Tannenberg e provocou pesadas baixas entre os próprios alemães. A segunda e mais importante circunstância foi a emergência militar da Áustria-Hungria. Desde o início, o exército dos Habsburgo era pequeno, mal-equipado e malcomandado. Ele perdeu muitos de seus oficiais mais experientes em 1914, suas tropas eram compostas por soldados de infantaria maltreinados, e seus homens checos e ucranianos logo demonstraram ser pouco confiáveis ao lutarem contra seus irmãos eslavos. Em janeiro de 1915, Conrad envolveu-o na ofensiva contra os Cárpatos. que prosseguiu mesmo em temperaturas abaixo de zero, numa vã tentativa de levantar o cerco a Przemysl. As baixas nos Cárpatos, entre janeiro e abril (principalmente devido ao frio e à doença), alcançaram a incrível soma de quase 800 mil,[2] e em março a fortaleza e sua guarnição de 117 mil homens acabou por se render, notícias que levaram até o estoico Francisco José às lágrimas. Enquanto isso, os contra-ataques russos chegaram ao alto dos Cárpatos, e eles planejavam avançar até a planície húngara. Com a Itália e, possivelmente, a Romênia tentadas a se juntar aos Aliados, a ameaça à Áustria-Hungria parecia terminal, e Conrad advertiu que poderia negociar uma paz em separado.[3] Portanto, depois da queda de Przemysl, Falkenhayn decidiu enviar mais tropas, mas nada disse a Conrad até que os trens com os soldados começassem a rodar, e ele manteve os reforços sob o comando alemão em um novo 11º Exército, com August von Mackensen à frente. Na verdade, ele não era visto com bons olhos nem pelos austríacos, nem por Hindenburg e Ludendorff, a quem se contrapunha rejeitando suas propostas de uma gigantesca operação em pinça com que as forças alemãs, invadindo a Polônia do Norte, se reuniriam às austríacas vindas do sul. Ele não apenas duvidava da possibilidade dessa manobra, como também não queria que a Rússia fosse completamente derrotada. Pelo contrário, ele acreditava que a Alemanha deveria desvencilhar-se da guerra dividindo seus inimigos.⁴ Profundamente afetado pelo enorme número de baixas e pelo fracasso de definir a Primeira Batalha de Ypres, Falkenhayn, em contraste com os líderes do Ober Ost, duvidava que um resultado decisivo nas linhas de 1870 fosse possível, observando que, se a Alemanha não queria perder a guerra, teria de ganhá-la.⁵ A pressão militar era necessária para fazer a Rússia negociar, mas não deveria humilhá-la nem conquistar território que pudesse obstruir o compromisso.

Além de ter poderosos motivos para se voltar para o leste, Falkenhayn comandava os recursos para fazê-lo. Convencido da eficiência superior de suas tropas, ele criou unidades extras tirando um regimento de cada uma de suas divisões da Frente Ocidental, mas deu a estas mais metralhadoras para compensar a diminuição no número de homens. Ele reduziu as baterias de canhões da Frente Ocidental de seis para quatro em cada uma delas, mas deixou-as com o mesmo total de projéteis. Enquanto a falta de projéteis dos Aliados era grave, na Alemanha havia uma abundante nova produção, e o poder de fogo foi substituído por homens, no que se tornaria uma tendência crescente da guerra.⁶ Assim, na primavera de 1915 Falkenhayn pôde transportar grandes forças do oeste para o leste. Enquanto fazia isso, tentou antecipar uma contraofensiva anglo-francesa, lançando o primeiro ataque com gás da Alemanha na Frente Ocidental, na Segunda Batalha de Ypres, travada entre abril e maio. Suas tropas forçaram os britânicos a retroceder a uma faixa mais estreita que mal cobria as ruínas da cidade, mas faltavam aos atacantes as reservas para explorar a brecha que a nova arma havia aberto, e Falkenhayn sempre achara que essa operação seria limitada.* O verdadeiro objetivo desses preparativos foi o golpe de 2 de maio que desmantelou o front russo em Gorlice-Tarnow. No setor de ataque, a Alemanha e a Áustria-Hungria contavam com 352 mil homens, contra 219 mil russos, 1.272 canhões contra 675, e 334 armas pesadas e 96 morteiros contra 4 armas pesadas russas. Eles efetuaram o maior bombardeio já visto no leste, contra posições fracamente fortificadas num zona tranquila. Embora os russos tivessem sido advertidos, sua resistência caiu rapidamente, e os alemães avançaram em cunha entre dois corpos do exército czarista, percorrendo quase 13 km em dois dias. Os russos não conseguiram deter o avanço e, no final de junho, os alemães e austríacos retomaram Przemysl e praticamente liberaram um território Habsburgo, capturando cerca de 284 mil prisioneiros e 2 mil canhões. Falkenhayn agora avançava em território inimigo, autorizando operações ainda maiores que, em setembro, espalharam-se por toda a Polônia Russa e a Lituânia. As baixas russas talvez tenham totalizado 1,4 milhão, e seus exércitos retrocederam cerca de 480 km, embora as baixas alemãs e austríacas no leste durante esse ano também tenham excedido 1 milhão.⁷ Esse avanço foi o grande feito estratégico de 1915. Entretanto, Falkenhayn ainda exibia certo comedimento e

---

* Ver mais detalhes no cap. 5.

esperava que a campanha decisiva da guerra viesse mais tarde, pelo oeste. Em Gorlice-Tarnow, ele atacou pelo centro do front austro-húngaro para empurrar os russos de volta, em vez de avançar para o sul a fim de cercá-los. Quando ultrapassou a Galícia e entrou na Polônia Russa, autorizou Hindenburg e Ludendorff a avançar do norte e encontrar Mackensen, que vinha do sul, capturando, assim, Varsóvia e as fortalezas das vizinhanças em julho e agosto, mas ele rejeitou os constantes pedidos do Ober Ost para que avanços em pinça aumentassem seu escopo.

Em setembro, ele permitiu que Hindenburg e Ludendorff invadissem a Lituânia, mas insistiu que não deveriam avançar além de uma posição defensiva. Ele negou que fosse sua intenção "aniquilar" os russos, e resistiu a se envolver na campanha de maneira mais intensa. Ele tinha em mente a catastrófica invasão napoleônica da Rússia, a ineficiência austro-húngara, o contínuo perigo na Frente Ocidental e seu elevado conceito das qualidades dos russos como soldados.[8] Com quase toda certeza, ele estava certo. Hindenburg e Ludendorff subestimavam persistentemente os russos, e estradas e ferrovias inadequadas impediam manobras rápidas, com as chuvas de outono contribuindo ainda mais para isso. Os exércitos czaristas recuperaram-se suficientemente para deter os alemães a leste de Vilna, e uma ofensiva austro-húngara que tomou Lutsk em agosto (deslanchada num esforço para garantir a contínua independência de Conrad) tornou a perdê-la em setembro num contra-ataque. A Frente Oriental, seguindo a Ocidental um ano antes, estabilizou-se ao longo de uma linha menos extensa.

Falkenhayn admitiu que um cerco mais amplo poderia ter encurralado mais russos, porém é provável que a maioria tivesse escapado. Uma operação tão ambiciosa teria encarado adversidades mais duradouras na Polônia em 1915 que na França em 1914. Mas as aspirações mais modestas de Falkenhayn também demonstraram ser impraticáveis. Ele acreditava que havia destruído a capacidade ofensiva russa e que, portanto, agora podia concentrar-se no oeste, o que foi demasiadamente otimista. Além disso, ele ocupou a Polônia Russa em parte porque Petrogrado havia rejeitado os negociadores de paz de Bethmann, mas a vitória deixou os anexionistas alemães mais desejosos de desvincular a Polônia da Rússia permanentemente, embora a derrota não tenha levado Nicolau II a se mostrar disposto a conversar. A contínua busca de Falkenhayn por uma paz em separado com a Rússia ajuda a explicar por que, em setembro de 1914, ele desviou sua atenção para os Bálcãs, com Bethmann lembrando-o de que, enquanto a Rússia aspirasse a conquistar Constantinopla, negociar seria pouco provável. Derrotar a Sérvia ajudaria a desmantelar essas esperanças, dando às Potências Centrais o controle de um acesso por terra à Turquia, além de maior ajuda aos austríacos. Na verdade, Bethmann e o Ministério das Relações Exteriores em Berlim haviam desejado essa operação desde a primavera, mas Falkenhayn, impressionado pela bravura militar dos sérvios e as dificuldades do terreno dos Bálcãs, esperou até ter certeza de que poderia contar com a ajuda da Bulgária.⁹ Depois que Sófia se comprometeu a fazer isso, contudo, pouca dúvida restou sobre o resultado. Desde seus sucessos no ano anterior, o exército sérvio fora devastado pelo tifo. As forças alemãs, austro-húngaras e búlgaras eram numericamente superiores, em proporção superior a dois para um. Em contraste com os ataques de Potiorek em 1915, na montanhosa fronteira ocidental da Sérvia, dessa vez a Alemanha e a Áustria-Hungria capturaram Belgrado e avançaram pelo vale do Morava até o coração do país, antes que os búlgaros avançassem do leste. Os Aliados pouco puderam fazer. Os italianos deslancharam uma ofensiva de apoio em seu front, mas a Rússia não estava em condição de ajudar, e a força de ajuda desembarcada pela França e a Grã-Bretanha em Salônica, no norte da Grécia, era pequena demais, além de haver chegado muito tarde para auxiliar. Os sérvios retrocederam numa terrível marcha, em pleno inverno, através das montanhas da Albânia, perdendo quase metade de seus homens antes de os navios aliados os resgatarem da costa adriática e os levarem para Salônica, com seu governo tendo se exilado em Corfu. Os austríacos conquistaram Montenegro no início de 1916 e ocuparam o norte da Albânia. Com seu primeiro trem chegando a Constantinopla em janeiro, as Potências Centrais dominaram os Bálcãs Ocidentais, e os objetivos da Alemanha de auxiliar a Turquia e a Áustria-Hungria haviam sido triunfalmente alcançados. Mesmo assim, o objetivo mais fundamental de uma paz em separado com a Rússia continuava tão distante quanto nunca estivera.

* * *

A preponderância alemã entre as Potências Centrais contrastava com a difusa autoridade entre seus inimigos. Na primeira metade de 1915, os Aliados dissiparam seus recursos em campanhas descoordenadas. Na segunda metade, abalados pelos desastres na Polônia e na Sérvia, começaram a aprimorar sua conexão, embora só no ano seguinte começassem a se beneficiar disso. Nesse ínterim, era praticamente impossível falar de uma estratégia unificada, embora todos os principais Aliados estivessem na ofensiva. Assim, a estratégia britânica era tradicionalmente vista como algo disputado por "ocidentalistas", que queriam concentrar-se na França, e os "orientalistas", que prefeririam operações em outras partes, mas, na verdade, ela também refletia a ambiguidade dos objetivos de guerra dos britânicos, que estavam divididos entre o medo com relação a Berlim e a desconfiança com relação a Petrogrado e Paris.¹⁰ A estratégia era responsabilidade, primeiro, do Conselho de Guerra do governo liberal e, depois (no governo de coalizão formado por Asquith como primeiro-ministro em maio de 1915), do gabinete do Comitê de Dardanelos, embora Kitchener, na condição de secretário de Estado para a Guerra, fosse o principal conselheiro dos dois corpos. As considerações políticas influenciaram a expectativa de Kitchener de que ele poderia postergar o envolvimento das tropas britânicas nas principais ofensivas terrestres na Europa Ocidental. Ele queria que os alemães se exaurissem primeiro em assaltos infrutíferos, uma aspiração que Falkenhayn não tinha a mínima intenção de concretizar. Apesar dos apelos de Sir John French e de Joffre, Kitchener demorou a enviar os Novos Exércitos – as recém-recrutadas divisões de voluntários – para o continente. Prevendo que o momento decisivo talvez não ocorresse antes da primavera de 1917, ele queria que a França e a Rússia assumissem os esforços de luta, possibilitando à Grã-Bretanha intervir decisivamente no clímax e exercer influência decisiva na conferência de paz. Nesse ínterim, durante o inverno de 1914-15, os britânicos pensaram em operações anfíbias no Báltico, contra os portos de Flandres, em Salônica e na Síria, antes de se decidir pela operação Dardanelos, e, até quando optaram por esta última, esperavam que suas tropas terrestres não fossem necessárias.

Entretanto, se os britânicos queriam minimizar as perdas e evitar o comprometimento de seu poder de luta prematuramente, também temiam que seus parceiros entrassem em colapso. Kitchener mostrava-se cético quanto à capacidade militar da França e previa que, se os alemães derrotassem a Rússia e concentrassem suas forças no oeste, eles poderiam atravessar as linhas aliadas e ameaçar as ilhas britânicas do canal da Mancha. Assim, ele e o gabinete não podiam desconsiderar a pressão francesa. Eles autorizaram o BEF a atacar na batalha de Neuve Chapelle em 10 de março de 1915, em parte para mostrar a Joffre que deviam ser levados a sério. Uma combinação dos pesados bombardeios com a surpresa permitiu às tropas britânicas e indianas irromper as linhas alemãs (com pouca penetração nesse estágio), embora, à noite, as reservas inimigas tenham reagido e logo detido um avanço maior.[11] De maneira similar, os próximos ataques britânicos, em Festubert e no cume de Aubers, ambos com resultados ainda menores que os de Neuve Chapelle, foram operações de apoio para uma ofensiva francesa. Não obstante, até o verão de 1915, os britânicos limitaram estritamente sua presença na Frente Ocidental, ao mesmo tempo em que enviavam pouquíssimas tropas para Galípoli.[12] Depois disso, o avanço de Falkenhayn na Polônia forçou-os a reconsiderar suas atitudes.

Contudo, ao longo de todo o ano, o envolvimento da França no oeste superou o britânico, seja em termos de extensão do front, seja do número de tropas ou de perdas. Joffre atacou na Champanhe entre dezembro de 1914 e março de 1915, e no Woëvre em abril (bem como em numerosas pequenas operações), antes de deslanchar seu maior esforço em Artois em maio-junho.[13] Os franceses tinham vários motivos para essas ofensivas, cujo custo lhes foi alto, com um total de baixas, entre dezembro de 1914 e novembro de 1915, de cerca de 465 mil homens.[14] Na emergência de 1914, os políticos haviam delegado o controle da estratégia a Joffre e, apesar da legislatura reconvocada em 1915, seu prestígio como vencedor da batalha do Marne ainda lhe concedia grande independência, embora Millerand o protegesse contra qualquer crítica. Joffre e o GQG acreditavam que deveriam continuar tomando a iniciativa, e que uma defensiva passiva abateria o moral. Ele queria uma vitória rápida, embora o exército francês pareça ter dado a maior contribuição à vitória, maximizando, assim, o peso dos franceses nas negociações de paz. Os políticos e a opinião pública compartilhavam de sua impaciência com relação à liberação dos territórios invadidos e ao fim da guerra antes do inverno seguinte. Além disso, quando do ataque de Artois, estava se tornando imperativo auxiliar a Rússia. Tampouco havia a noção de ruptura das linhas inimigas, já que o sistema inimigo de trincheiras ainda era recente e rudimentar (e os Aliados contavam com superioridade numérica), além de extravagante.[15] Joffre advertiu os políticos franceses de que poderia vencer em alguns meses, e seu GQG persistentemente superestimava as baixas alemãs e subestimava suas reservas humanas.[16] Contudo, os obstáculos táticos mostraram-se inflexíveis. Os números de canhões pesados e *howitzers* disponíveis eram muito menores que em etapas posteriores da guerra. Embora quantidades sem precedentes de artilharia e infantaria fossem envolvidas na operação Artois e, já no primeiro dia, os corpos do general Philippe Pétain tivessem atingido o campo aberto, as reservas francesas estavam longe demais para explorar a abertura antes que os alemães a fechassem. Um mês de contínuos ataques não fez nenhuma diferença.[17] As operações dos franceses e britânicos na primavera e no verão de 1915 liberaram apenas parcelas insignificantes do território, sem conseguir deslocar forças das operações alemãs no leste. De maneira similar, Galípoli desviou forças turcas do Cáucaso, mas nada fez pela Rússia na Europa. Nesse ínterim, o grão-duque Nicolau comunicou aos Aliados, em dezembro de 1914, que estava praticamente sem rifles e projéteis de artilharia, e que precisaria de vários meses para substituí-los.[18] Isso significava uma postura defensiva contra os alemães, embora não para os austríacos e, na primavera de 1915, o grão-duque ainda esperava que, atravessando os Cárpatos enquanto a Itália e a Romênia atacavam as outras fronteiras da Áustria-Hungria, ele poderia dobrar os Habsburgo.[19] Mas, a despeito da crise dos austríacos nesses meses, os Aliados não conseguiram, com sua vantagem, pressionar seus países. Como resultado do regateio que precedeu o Tratado de Londres, a Itália postergou sua entrada até depois da batalha de Gorlice-Tarnow, perdendo, assim, o momento mais oportuno. Sonnino acreditava que a completa desintegração da Áustria-Hungria iria contra os interesses italianos e não conseguiu travar contato com os romenos antes da intervenção. Joffre esperava coordenar a ofensiva de Artois em maio, com o começo das operações italianas, mas Luigi Cadorna, o comandante italiano, postergou seu primeiro avanço até junho.[20] A Sérvia, sem desejar o lançamento de uma ofensiva de apoio e, assim, ajudando a Itália a observar seus compatriotas eslavos, permaneceu inativa. Dessa forma, a desejada pressão dos quatro lados da

Áustria-Hungria não conseguiu impor-se. Apesar de meses de preparação e das lições de outros fronts, o exército italiano, em 1915, tinha menos metralhadoras, bombas, aviões e peças de artilharia pesada que os austríacos[21] e se mostrou muito lento para se mobilizar e deslocar. O objetivo potencial da Itália de se apoderar de território dos Habsburgo exigia uma estratégica ofensiva, e Cadorna tentou se apoderar do que pôde da região montanhosa do Trentino, mas seu principal e projetado avanço era em sentido norte-leste, através do rio Isonzo e em direção a Liubliana, parando ali para se reunir aos outros aliados, a fim de atacar Viena.[22] Na prática, os italianos mal haviam conseguido cruzar a fronteira quando foram detidos. As quatro batalhas do Isonzo, travadas entre 24 de maio e 30 de novembro de 1915, custaram-lhes 62 mil mortos e 170 mil doentes e feridos.[23] Uma guerra contra a Itália não lembrava em nada a ambivalência sentida entre as populações eslavas da Áustria-Hungria na luta contra a Rússia e, embora os austríacos deslocassem algumas unidades da Galícia e dos Bálcãs, conseguiram, com cerca de 300 mil homens, repelir as forças atacantes, que eram três vezes mais fortes.

Depois que os Aliados ultrapassaram a marca da maré alta, em maio de 1915, sua estratégia tornou-se mais reativa. Os russos detiveram o avanço de Ludendorff na Polônia e na Lituânia, além de expulsarem os austríacos de Lutsk. Mas eram fracos demais para reagir aos ataques alemães e, durante três meses após a ofensiva de Artois, Joffre pouco respondeu aos avanços do Stavka, apesar das advertências dos embaixadores britânico e francês em Petrogrado de que a opinião pública estava se tornando pacifista e contrária aos Aliados.[24] Joffre precisava de preparativos mais longos para seu novo plano, que objetivava não apenas ajudar os russos, como também avançar através da França antes do inverno. Para esse fim, o GQG acreditava que um ataque numa frente mais ampla se faria necessário, de modo que as tropas, ao agirem como pontas de lança, estariam fora do alcance da artilharia alemã em seus flancos.[25] Com o auxílio de canhões pesados removidos das fortalezas francesas, o primeiro fogo de barragem seria maior do que nunca, e um ataque preliminar em Artois afastaria as reservas do inimigo do principal ataque em Champanhe. Assim, os Aliados atingiriam os dois lados do "bojo Noyon", a grande saliência da linha alemã que apontava para Paris. Joffre parece ter acreditado sinceramente que a operação poderia romper as defesas alemãs. Seu governo, mais cético, concordou com a Rússia em mente e com a estipulação de que o GQG a interromperia se não houvesse um sucesso rápido.[26] O papel dos britânicos nesse esquema seria o de atacar perto de Loos, à esquerda dos franceses em Artois, num setor em que o inimigo estava abrigado atrás de montes de lixo, em cabanas de mineiros. Os comandantes da BEF não gostaram dessa opção, mas Kitchener, embora compartilhasse de seu ceticismo, ordenou-lhes que, se necessário, aceitassem "baixas realmente pesadas".[27] Pela primeira vez, os Novos Exércitos entrariam em ação, e a batalha de Loos seria muito maior que os primeiros ataques a Berlim, mas a aprovação do governo mostrou-se relutante (agora que não havia mais esperança em Galípoli), com medo de que, de outra forma, a França ou a Rússia pedissem paz. Essa decisão marcou um estágio transitório com relação ao empenho britânico mais apreciado de uma ofensiva na Frente Ocidental em 1916, enfatizando, mais uma vez, a importância das considerações políticas.[28] Na ausência de uma artilharia adequada, os britânicos colocaram, em Loos, suas esperanças no gás venenoso liberado de cilindros, mas no primeiro dia o ar estava parado e o gás estava suspenso em terra de ninguém, ou mesmo era soprado contra as linhas britânicas. Não obstante, o flanco direito do ataque tomou a cidade de Loos e a primeira linha alemã. Entretanto, Sir John French havia mantido, até então, suas duas divisões--reserva do Novo Exército tão afastadas que, no segundo dia, sem praticamente nenhum bombardeio preliminar contra um arame farpado intocado e bem preparados manipuladores de metralhadoras, sofreram milhares de baixas em uma hora. Embora a confusão quanto às divisões de reserva acabasse com a reputação dos franceses, as falhas da artilharia provavelmente eram, mais uma vez, a verdadeira causa do fracasso.[29] De maneira similar, o ataque ao Artois francês, em Souchez, capturou alguns alvos importantes, mas nunca chegou perto de representar um avanço considerável. Embora, a princípio, o principal ataque em Champanhe obtivesse um êxito moderado e alcançasse a segunda linha dos alemães, a chegada de reservas inimigas, como sempre, frustrou os esforços subsequentes de ampliar esse avanço. Embora provocando centenas de milhares de outras baixas,[30] as ofensivas de setembro não liberaram partes significativas do território francês nem ajudaram muito os russos, que foram salvos principalmente por seus próprios esforços e pelas chuvas de outono, bem como pelos limites autoimpostos de Falkenhayn a seus objetivos.

Os esforços dos Aliados para deter os alemães nos Bálcãs tampouco tiveram grande sucesso. O principal deles foi a expedição anglo-francesa a Salônica.[31] Políticos como Lloyd George, em Londres, e Briand, em Paris, haviam considerado esse embarque, durante alguns meses, como base para uma ofensiva nos Bálcãs contra a Áustria-Hungria e uma alternativa à Frente Ocidental. O que tornou possível a ação no outono de 1915 foi a existência de uma aliança greco-sérvia e a disposição do primeiro--ministro grego, Eleutherios Venizelos, de enviar 150 mil soldados para ajudar a Sérvia se a Grã-Bretanha e a França fornecessem um contingente de igual número. Contudo, a verdadeira força motivadora da expedição foi a política interna francesa. Em julho, Joffre havia demitido o comandante do Terceiro Exército, Maurice Sarrail, um dos poucos generais franceses ligados à esquerda. Em face da decrescente credibilidade de Joffre como estrategista e de uma endêmica suspeita dos oficiais franceses com relação ao GQG, o "caso Sarrail" provocou tamanho furor que ameaçou a maioria do governo no parlamento e o consenso favorável do país quanto à guerra.[32] A operação Salônica ofereceu ao governo a oportunidade de encontrar um comando compensatório para

Sarrail, concordando com a proposta de Venizelos sem consultar a Grã-Bretanha, que relutou em aceitar o *fait accompli*. Os franceses queriam enviar uma pequena expedição rapidamente. No final, desacordos entre os Aliados postergaram seu envio, mas o número de homens enviado ainda era pequeno demais para conseguir intervir, de maneira eficiente, em apoio aos sérvios.[33] Além disso, mal as tropas começaram a desembarcar, Venizelos perdeu o posto, e o rei Constantino (que desejava manter-se afastado da guerra) nomeou um sucessor que negou que a aliança obrigava a Grécia a ajudar a Sérvia. Sarrail entrou na Bulgária, mas tarde demais para auxiliar os sérvios, e suas forças, portanto, retrocederam para a Grécia, ali permanecendo como presença indesejável em um país neutro. Em Londres, os militares e a maior parte do gabinete queriam que a expedição fosse suspensa, mas não insistiram nisso, basicamente e mais uma vez, por medo de que, se assim procedessem, um governo neutro ou pró-Alemanha viesse a se instalar em Paris. Briand, depois de suceder Viviani como premiê francês em outubro, queria permanecer em Salônica, não apenas para controlar o problema Sarrail, mas também para fortalecer a diplomacia aliada e a influência francesa no Oriente Próximo. Assim, a força expedicionária permaneceu, e em 1917 essa força subiu para quase meio milhão de homens. Ela ocupou homens que eram necessários na Frente Ocidental, além de desviar navios que já eram escassos. Seu principal inimigo, além da malária, eram as tropas búlgaras, cujo governo não as deixava atuar em outras partes. Salônica foi o melhor exemplo de desperdício dos recursos aliados e um espetáculo que em quase nada contribuiu, até o fim da guerra, para a derrota da Alemanha.

Para as Potências Centrais, 1915 foi o ano mais bem-sucedido da guerra. Nenhuma iniciativa aliada produziu grande coisa, e os russos e os sérvios foram expulsos. Joffre agora assumia a liderança na busca por uma resposta concertada. Em conferência realizada em seu quartel de Chantilly, em dezembro, representantes dos altos-comandos dos Aliados concordaram em se concentrar em ofensivas sincronizadas no oeste, no leste e nos fronts italianos, depois de março de 1916.[34] E, se as Potências Centrais atacassem um Aliado, os outros o ajudariam. Ataques preliminares de menor porte avaliariam a taxa de "desgaste" (*usure*) do inimigo, embora, diante da iminente exaustão de recursos humanos por parte da França, essa avaliação fosse de responsabilidade britânica, italiana e russa. O Stavka também estava tendendo a uma doutrina de desgaste,[35] o que também poderia acontecer com relação ao Estado-Maior britânico, que apoiou a maioria dos princípios de Chantilly. Apesar da subsequente má fama do conceito, o desgaste inicialmente implicava uma economia de baixas,[36] pelo menos na fase preliminar. Para o principal ataque, um plano alternativo do Stavka, envolvendo ataques combinados contra os austro-húngaros, foi rejeitado, com os britânicos e os franceses insistindo que o terreno montanhoso e as dificuldades logísticas enfrentadas por sua força em Salônica tornavam impossível essa alternativa.³⁷ O inimigo contra o qual era preciso concentrar-se era a Alemanha, e o objetivo consistia em impedir que as Potências Centrais distribuíssem reservas pelas linhas internas de comunicação a fim de repelir os ataques gradativos dos Aliados. A guerra seria vencida por ofensivas coordenadas mais ambiciosas que as de setembro de 1915, e um grande aumento de baixas e destruição seriam a consequência inevitável.

Os acordos de Chantilly foram firmados entre os chefes militares, mas as decepções de 1915 facilitaram sua aprovação pelos governos aliados. Quando Briand se tornou premiê francês, pediu uma ligação mais forte entre os Aliados, acreditando que Chantilly servia aos interesses franceses. Briand fortaleceu Joffre ao nomeá-lo generalíssimo de todos os exércitos franceses, incluindo as tropas de Sarrail em Salônica. Nesse ínterim, em setembro, na Rússia o czar destituiu o grão-duque Nicolau, e ele mesmo assumiu o supremo comando. Na prática, isso significava que a estratégia seria comandada pelo CGS, Mikhail Alekseyev, que se revelara disposto a consultar os aliados da Rússia e ajudá-los em caso de dificuldade. Finalmente, em dezembro, Sir Douglas Haig substituiu French como comandante da BEF (e, no geral, relacionou-se melhor que French em relação a Joffre), e, em Londres, Sir William Robertson tornou-se CIGS. Robertson insistiu em ser designado como único conselheiro estratégico do governo e em assinar todas as diretivas operacionais para os comandantes de campo, marginalizando, dessa forma, Kitchener. Homem áspero e violento, ele concordou com Haig que, para vencer, a Grã-Bretanha precisaria bater o exército alemão na Europa Ocidental (e que a Grã-Bretanha deveria desempenhar o papel mais importante nessa vitória). Se isso significava pesadas baixas, que assim fosse. Ele compartilhava do otimismo de Joffre de que o equilíbrio da guerra estava se movendo em favor dos Aliados, em face de seu superior potencial humano e expansão da produção.³⁸ Eles precisavam de persistência e coordenação. Na etapa seguinte do combate, os fatos, a princípio, pareciam comprovar esse otimismo, para mais tarde destruí-lo.

* * *

Os eventos da primavera de 1916 não seriam dominados por Joffre, mas por Falkenhayn. A ofensiva dos alemães em Verdun, de fevereiro a julho, foi seu único grande ataque a oeste, entre o Marne e 1918. Era um novo tipo de batalha. Incluindo os contra-ataques franceses realizados em outubro e dezembro, essa ofensiva durou dez meses e, talvez, tenha infligido 377 mil baixas francesas e 337 mil alemãs (embora a média dos mortos e desaparecidos tenha sido estimada em cerca de 160 mil a 71.504).³⁹ Ela quebrou os recordes anteriores de duração e concentração de mortes e destruição, embora Somme e Ypres logo rivalizassem com ela. Embora tenha sido campo de teste para novas tecnologias, como, por exemplo, os lança-chamas e o gás fosgênio, representou, acima de tudo, uma luta entre artilharias, com a infantaria sendo reduzida à ocupação de terreno tomado com uma intensidade sem precedentes. No entanto, o máximo avanço dos alemães mal atingiu 8 km. Falkenhayn compartilhava da avaliação dos Aliados de que o equilíbrio de longo termo pendia a seu favor. Ele achava que a economia e o moral público da Alemanha não conseguiriam durar mais um ano. Outros avanços no leste poderiam conquistar os trigais da Ucrânia, mas também absorveriam mais tropas e ampliariam suas linhas de comunicação. Ele precisava de um remédio mais forte.[40] Em seu Memorial de Natal apresentado a Guilherme em dezembro de 1915 (embora a autenticidade desse documento não tenha sido comprovada, podendo ter sido forjado por Falkenhayn depois da guerra), ele rejeitou um ataque contra a BEF, pois exigiria homens demais e seria impossível até a lama de Flandres ter secado após o inverno.[41] Em vez disso, ele desafiaria a Grã-Bretanha com ataques de submarinos e procuraria abater o ânimo dos franceses. Nenhuma ruptura das linhas inimigas como a de Gorlice-Tarnow parecia possível a oeste, mas ele planejou infligir um número tão grande de baixas que os franceses – cujo poder de recuperação ele subestimou – implorariam pela paz. Verdun serviu a seus propósitos devido às suas associações históricas e à repercussão emocional: embora tenha sido uma importante fortaleza francesa desde o tempo de Luís XIV, ela caiu nas mãos dos prussianos em 1792, o que desencadeou a primeira revolução republicana em Paris. Ela fora cercada em 1870, transformando-se no principal fator da retirada de Joffre em 1914. A fortaleza também estava em meio a uma topografia adequada. Fortalezas cercavam Verdun nas colinas cobertas de bosques a leste e oeste do rio Mosa. Se os alemães tomassem as colinas, poderiam bombardear livremente tanto a cidade como seus defensores, que teriam de atacar subindo a colina para desalojá-los. Uma ferrovia corria por trás do front alemão, facilitando o suprimento de munições, enquanto as rotas francesas de acesso limitavam-se a uma estrada e uma ferrovia de bitola estreita. Por fim, as florestas e encostas, combinadas com as neblinas de inverno e a vantagem da atmosfera local, criavam a potencialidade de um ataque surpresa. Até pouco antes do ataque, boa parte da preparação foi cancelada, com a artilharia ficando escondida entre as árvores, e as tropas de assalto, em *bunkers*. De qualquer modo, em termos de meio, se não de fins, Verdun foi planejada como uma operação limitada. Falkenhayn não tencionava nem avançar em campo aberto nem – provavelmente – tomar a cidade, embora o comandante de seu Quinto Exército, o príncipe herdeiro da Prússia, proclamasse essa tomada como seu objetivo.[42] Com apenas um pequeno excedente de tropas disponível e consciente de que estava defendendo duas frentes amplas, Falkenhayn alocou apenas nove divisões para o assalto. O objetivo era tomar as colinas a leste do Mosa, e que a artilharia provocasse um verdadeiro desastre quando os franceses contra-atacassem. Se os britânicos lançassem um ataque de socorro, eles também seriam rechaçados. Refletindo a evolução do pensamento estratégico dos Aliados, Falkenhayn esperava vencer por meio de uma versão ofensiva de desgaste administrada por meio de enormes quantidades de artilharia pesada e bombas altamente explosivas, transportadas para o setor por 1.300 trens de munição durante sete semanas. Esse bombardeio superaria até Gorlice-Tarnow e, no dia 21 de fevereiro de 1916, cerca de 1.220 armas, metade composta por morteiros ou peças de artilharia pesada, lançaram dois milhões de bombas em oito horas ao longo de uma frente de cerca de 12 km antes de a infantaria atacar. Depois de fevereiro, o GQG passou a sofrer uma crítica justificada por sua complacência. Verdun havia sido um setor tranquilo, com poucas guarnições e trincheiras incompletas, mas suas fortalezas perderam a maior parte de seus canhões para ser usada como artilharia de campo. Em janeiro, Joffre enviou seu representante, Curières de Castelnau, para inspecionar o setor, e os franceses foram advertidos, mas subestimaram o que estava prestes a acontecer. Verdun poderia ter sido salvo pelo mau tempo, que postergou o ataque em nove dias. O bombardeio não conseguiu aniquilar os defensores, que não se renderam como os russos em Gorlice. Apesar do uso alemão de sofisticadas táticas de infiltração – pequenos esquadrões equipados com granadas, lança-chamas e morteiros leves precedendo a infantaria regular e apoiados por bombardeio aéreo –, a resistência prosseguiu. Não obstante, o avanço dos primeiros dias excedeu em muito o das ofensivas aliadas em 1915 e, em 24 de fevereiro, o forte Douaumont, o mais poderoso a leste do Mosa, caiu praticamente sem defesa por causa de um ataque ofensivo de sorte. Mas no final da primeira semana o avanço foi detido, sem conseguir controlar as colinas, e cinco meses depois os alemães ainda não haviam conseguido esse feito.

Falkenhayn conseguiu envolver os franceses numa luta de desgaste. O GQG queria descartar Verdun como algo inviável, mas Briand, acreditando que o moral nacional e a sobrevivência de seu governo estivessem em jogo, foi até Chantilly no meio da noite, acordou Joffre e insistiu que a cidade deveria ser tomada.[43] Joffre indicou Philippe Pétain para comandar o Segundo Exército em Verdun, e Pétain rapidamente organizou a defesa. Ao longo da *voie sacrée* (via sagrada) – o caminho solitário que ligava Verdun ao restante da França –, caminhões passavam noite e dia, em ambas as direções, a cada 14 segundos. As divisões francesas, ao contrário das alemãs, revezavam-se para não servir na linha de frente, de maneira contínua, por mais de duas semanas, mesmo que isso significasse que cerca de 70 de 96 divisões da Frente Ocidental francesa passariam pelo inferno (o total alemão era de 46,5).[44] Finalmente, os fortes remanescentes foram rearmados e os canhões franceses a oeste do Mosa foram enfileirados diante dos alemães, na margem leste. Falkenhayn, ansioso por racionar sua infantaria, havia ignorado a sugestão de atacar em ambas as margens em fevereiro, mas em março e abril ele afinal tentou varrer a margem oeste, dessa feita sem o benefício da surpresa – outro sinal de que Verdun estava deixando de ser a operação cuidadosamente calibrada que ele havia previsto. A batalha não só exigiu mais divisões do que ele imaginava, como também se tornou bastante detestada e desmoralizadora para as tropas alemãs e as francesas, afastando-o ainda mais de seus comandantes.

Ele pensou em cancelar a operação, mas precisaria de pelo menos um mês para preparar outra ofensiva terrestre em outro local, supondo, equivocadamente, que a proporção de baixas era de cinco para dois em favor dos alemães, quando, na verdade, depois da fase inicial, essa proporção era mais equilibrada. Dado o fracasso da tomada total do complexo da fortaleza de Verdun, apenas infligir baixas tornou-se a orientação básica do OHL para a campanha.[45] Além disso, o número crescente de baixas dos alemães a estava transformando numa batalha prestigiosa também para ele. Os homens de Falkenhayn por fim conseguiram tomar as colinas da margem oeste de Mort Homme e Côte 304 antes de se voltarem para leste, onde, em maio e junho, fizeram mais progresso, tomando outra importante fortaleza, o Fort Vaux, e se aproximando do sopé das colinas. Joffre temia que a batalha comprometesse toda a sua estratégia para Chantilly e, tal como ocorrera em 1914, estava determinado a obter recursos para um contra-ataque. Ele capturou os homens e a artilharia alocados no setor e promoveu Pétain a um comando de supervisão, transferindo a responsabilidade da batalha para Robert Nivelle, um homem de mentalidade menos defensiva. Essa decisão exigiu nervos de aço, pois o moral das tropas francesas estava baixo, e em 12 de junho só havia uma brigada de reserva para ser usada. Contudo, nesse ponto crítico, Falkenhayn fez uma pausa e enviou três divisões para o leste. Quando os alemães fizeram seu esforço supremo, em 23 de junho, auxiliados pelo primeiro uso de bombas de gás fosgênio, já estavam fracos demais para vencer. Eventos ocorridos em outras partes ajudaram no socorro dos franceses.

Joffre percebeu rapidamente que, em Verdun, a Alemanha não vencera a guerra por um triz e solicitou ajuda recorrendo ao acordo de Chantilly. Os russos responderam em 18 de março com um ataque ao lago Naroch. Eles gozavam de uma superioridade numérica local de quase dois para um e estavam confiantes em obter sucesso enquanto os alemães estavam sendo distraídos. Contudo, o ataque foi contido com 100 mil baixas e os alemães empregando apenas três divisões extras, nenhuma delas vinda do oeste.[46] Quanto aos britânicos, Haig recusou-se a usar suas tropas nos ataques preliminares previstos em Chantilly, e Joffre não o pressionou, frustrando, assim, as esperanças de que a BEF lançasse uma fútil ofensiva de auxílio. Entretanto, foi o fracasso de Falkenhayn em obter ajuda de Conrad que por fim desmontou a estratégia alemã. Ao longo de 1915, apesar dos choques de personalidade, os dois homens haviam buscado objetivos similares. Mas, para 1916, Conrad planejara um ataque a partir do Trentino que expulsaria os italianos dos Alpes ou mesmo os separaria de seu exército de Isanzo, acabando por alcançar Veneza. Ele solicitou nove divisões alemãs para essa *Strafexpedition* ("expedição punitiva"), anunciando que um colapso italiano liberaria 250 mil homens da Áustria-Hungria para a luta em outras partes. Ignorando o problema de que o governo alemão não estava em guerra com a Itália, e nem desejava estar, Falkenhayn duvidou que a operação levaria a

Itália a se render e, mesmo que isso ocorresse, se isso proporcionaria uma vitória alemã. Em vez disso, ele enviou as divisões solicitadas para Verdun e não disse nada a Conrad sobre essa operação até um pouco antes de seu início. Ele não tentou deter a *Strafexpedition*, mas pediu que Conrad não enfraquecesse a Frente Oriental, apesar de este haver deslocado seis de suas melhores divisões da Galícia para o Trentino. Assim, os austríacos adquiriram uma pequena superioridade numérica na zona de ataque e uma vantagem de três para um em armas pesadas, que foram arduamente erguidas em posição de combate usando uma via férrea e um funicular especialmente construídos para isso. Como em Verdun, o mau tempo provocou o adiamento da luta e impossibilitou os ataques-surpresa, mas depois de lançada, em 15 de maio, a ofensiva avançou cerca de 20 km até a borda do planalto de Asiago, provocando consternação em Roma. Como Joffre, Cadorna havia sido complacente, mas ele também soube manter o controle, deslocando reforços por estradas de ferro (que eram superiores às austríacas) e em caminhões Fiat. No dia 2 de junho, os italianos contra-atacaram, recuperando metade do território perdido.[47] Mas, nesse ínterim, Cadorna e Vítor Emanuel haviam apelado, com extrema urgência, para que os russos adiantassem sua contribuição ao assalto aliado previsto no acordo de Chantilly. Mais uma vez, os russos cumpriram com a palavra. Nesse ponto, pela primeira vez em mais de um ano, os Aliados retomaram a iniciativa.

* * *

A ofensiva Brusilov, da Rússia, começou em 4 de junho; o ataque anglo-francês ao Somme teve início em 1º de julho; a Itália iniciou a sexta batalha do Isonzo em 6 de agosto; a Romênia reuniu-se aos Aliados em 17 de agosto; e, em setembro, Sarrail avançou terreno adentro a partir de Salônica. Apesar das batalhas de Verdun e Asiago, as ofensivas de Chantilly tiveram prosseguimento, mais tarde e menos simultaneamente que o planejado, embora aplicando uma pressão sem precedentes sobre as Potências Centrais e contribuindo para a queda de Falkenhayn. Não obstante, em outubro, a Áustria-Hungria e a Alemanha haviam contido a emergência, e o final do ano encontrou ambos os lados cada vez mais desesperados, com os alemães dispostos a apostar numa guerra de submarinos irrestrita, e os Aliados na impressionante certeza de Nivelle de que, em 48 horas, poderiam irromper pelas trincheiras inimigas como desejassem.

A precondição para as ofensivas de Chantilly era um incremento aliado em termos de armas e homens. As forças armadas da Itália elevaram-se de 1 milhão em 1915 para cerca de 1,5 milhão; a BEF cresceu na primeira metade de 1916 para uma contagem similar. As tropas das linhas de frente da Rússia subiram, no início de 1916, de 1,7 para 2 milhões, restaurando a força reguladora de suas unidades. Os oficiais russos dobraram seu número de 40 mil, em 1915, para 80 mil, em 1916, e agora todos os homens tinham rifles, enquanto cada canhão de campo podia disparar mil projéteis.[48] Por outro lado, principalmente porque estavam ficando sem homens treinados, os líderes russos convenceram-se de que precisavam vencer logo. Assim, mostraram-se dispostos a trabalhar com o programa de Chantilly. Alekseyev temia que, a menos que os Aliados tomassem a iniciativa, a Alemanha tornasse a fazer da Rússia seu principal alvo. Embora ainda precisasse de mais artilharia pesada, ele sentiu que não podia esperar. Informou Joffre que, a partir de maio, estaria pronto para atacar.[49]

Essa situação deixava em aberto onde desferir o golpe. Anteriormente, a Áustria-Hungria fora o principal objetivo da Rússia, mas o avanço de Ludendorff, em 1915, ao longo do Báltico ameaçava Petrogrado diretamente.[50] Contudo, depois da debacle do lago Naroch, os generais Kuropatkin e Evert, que comandavam os grupos do exército central e do norte que enfrentavam os alemães, não se mostravam dispostos a atacar. Em contraste com essa atitude, Alexei Brusilov, o novo comandante do front sudoeste que enfrentava os austro-húngaros, estava ávido por fazê-lo, e o fato de, mais uma vez, ter conseguido o que desejava enfatiza o espaço permitido ao grupo de comandantes do exército pelo sistema russo descentralizado. Uma conferência do Stavka, realizada no dia 14 de abril, presidida por um Nicolau entediado e passivo, permitiu que Brusilov assumisse a ofensiva, embora não recebesse reforços, e sua operação deveria ser preliminar à principal ofensiva realizada por Evert.[51] Depois que a Itália solicitou ajuda, Alekseyev propôs a data do início, temendo que, de outro modo, a Itália não contribuísse para os ataques de Chantilly e que escapasse outra oportunidade de pressão acordada sobre a Áustria-Hungria.[52]

A cautela de outros comandantes deveu-se, em parte, à falta de ortodoxia das táticas propostas por Brusilov. Como lhe faltasse superioridade numérica, ele pretendia atacar com um mínimo de alarde em numerosos pontos de sua frente de quase 500 km de extensão, embora os principais ataques devessem partir da extremidade norte e (para auxiliar Evert) do sul, ao longo dos Cárpatos (o que incentivaria a intervenção romena). Suas forças fizeram um detalhado reconhecimento (inclusive fotografias aéreas) das posições austríacas, deslocou a artilharia secretamente e cavou *bunkers* (como os alemães haviam feito em Verdun) para ocultar as tropas de assalto perto de seus pontos de partida. No dia combinado, um breve, porém intenso, bombardeio com *howitzers* e gás foi suficiente para cortar o arame e atacar as baterias de campo e as metralhadoras do inimigo. Muitas das melhores unidades dos Habsburgo estavam na Itália, e os comandantes austríacos, que haviam fortificado suas posições desde dezembro, subestimaram sua vulnerabilidade. Dois terços da infantaria estavam na linha de frente, e as tropas checas se renderam em massa, enquanto suas reservas chegaram tarde demais. Em dois dias, Brusilov havia conseguido abrir uma brecha de 20 km de largura e 75 de profundidade.[53]

O que se seguiu a esse espetacular início foi mais decepção, em parte porque as Potências Centrais tiveram tempo para respirar antes de outros ataques em Chantilly. No centro da frente de Brusilov, uma divisão alemã manteve-se firme, limitando os avanços ao norte e ao sul. Ao longo dos Cárpatos, suas tropas avançavam na frente dos suprimentos. Os alemães haviam transferido 15 divisões para a Frente Oriental em 15 de setembro e, embora o Stavka reforçasse Brusilov com relação aos outros grupos do exército, o que ele realmente desejava era o ataque de Evert – que, quando foi tardiamente lançado, não fez nenhum avanço. Agora, os métodos russos tornavam-se mais ortodoxos, focados em uma série de ataques frontais direcionados à cidade de Kovel, um entroncamento ferroviário. As operações consistiam em pesados bombardeios e assaltos defensivos de infantaria, o estilo de Brusilov de preparações elaboradas descartadas por serem longas demais e impróprias para tropas não treinadas, e o que havia funcionado contra os austríacos não funcionaria contra os alemães. Assim, os russos empreenderam sua própria versão de ofensivas de desgastes a oeste, sem maior sucesso, até que, depois de outubro, Brusilov saiu em socorro da Romênia.[54] Apesar de tudo, sua ofensiva representou o maior sucesso dos Aliados desde o Marne. Ela avançou a linha de frente entre 48 e 96 km, embora a única cidade importante tomada fosse Czernowitz. Ao capturar 400 mil prisioneiros e provocar 600 mil mortos e feridos, destruiu metade do exército austro-húngaro na Frente Oriental, bem como conquistou a Romênia, forçando Conrad a abandonar sua ofensiva no Trentino e Falkenhayn a suspender Verdun. Mais uma vez, os russos devem ter sentido que haviam salvado a França da derrota, porém mais uma vez suas baixas foram enormes: provavelmente mais de 1 milhão de mortos, feridos e capturados. A menos que conseguissem derrotar a Alemanha, parecia que realizariam pouco e, no final da estação, muita gente em Petrogrado se perguntava se seria possível vencer a guerra.

Apesar de tudo, Brusilov produziu ganhos mais tangíveis que a batalha do Somme, outra hecatombe que, entre 1º de julho e 19 de novembro, infligiu 420 mil baixas entre os britânicos e 194 mil entre os franceses. As baixas alemãs permaneceram imprecisas, mas podem ter chegado a meio milhão.[55] Aqui, a luta foi ainda mais concentrada que em Verdun, com os britânicos e os alemães atirando um total de cerca de 30 milhões de bombas uns nos outros. Ela rivalizou com Verdun em número de mortos por quilômetro quadrado.[56] No entanto, nenhuma linha importante de comunicação ou complexo industrial jazia por trás das linhas alemãs, e os britânicos se viram lutando em uma elevação longa e escarpada, cujos sopés estavam pontilhados de matagais e vilas fortificadas, contra algumas das posições mais poderosas da Frente Ocidental. Quem hoje visita Somme deve ficar imaginando por que esse lugar foi escolhido. Na verdade, ele atraía Joffre como a junção entre o setor britânico e o seu, onde a BEF podia lutar ao lado dele e ampliar a linha de ataque no que ele, a princípio, havia concebido como uma operação predominantemente francesa. Talvez o Somme atraísse o comandante britânico pelo mesmo motivo, embora Haig possa tê-lo visto meramente como um ataque preliminar e tenha se preparado simultaneamente para uma ofensiva em Flandres que se seguiria assim que as reservas alemãs estivessem esgotadas.[57] Dessa vez, Joffre e Foch (comandante francês do exército do norte) não tinham a intenção de um novo avanço como o de setembro de 1915, mas o inverso de Verdun: uma metódica campanha de atrito em que repetidos assaltos limitados e a recém-incrementada artilharia dos franceses desgastariam a coesão alemã.[58] Em fevereiro, Joffre e Haig concordaram em atacar em conjunto no Somme naquele verão. Em abril, o Comitê de Guerra do governo Asquith endossou a participação britânica, em boa parte devido a novas advertências de que, caso contrário, os franceses poderiam não prosseguir na empreitada. Os ministros sabiam que eles estavam apostando nisto: a luta prolongada e as pesadas baixas eram prováveis, o que exigiria a convocação de homens casados e o desafio à capacidade britânica de fabricar os itens de exportação necessários ao financiamento das compras essenciais nos Estados Unidos. Contudo, esses riscos pareciam preferíveis às alternativas de deixar a Alemanha intocada e pôr em risco a aliança com a França.[59]

Os altos-comandos haviam concordado com o plano de Somme antes do início de Verdun, e Joffre estava determinado a não permitir um posterior desvio de seu esquema. Embora ele se recusasse quando Haig sugeriu um adiamento até 5 de agosto, os dois homens parecem ter se contentado com o final de junho como data de início. Não é verdade que a catástrofe britânica no primeiro dia de batalha tenha sido provocada pelo início prematuro do ataque francês sob pressão, embora Verdun tenha realmente reduzido a contribuição de divisões planejada por Joffre de 39, em fevereiro, para 22 em maio. Como a Grã-Bretanha contribuiria com 19 delas, a batalha agora seria um esforço aproximadamente igual e menos ambicioso que em sua concepção original, embora Haig ainda fosse suficientemente ambicioso. Ele manteve reservas em Flandres para uma ofensiva seguinte e rejeitou, por julgá-lo cauteloso demais, o plano do comandante de seu Quarto Exército, Sir Henry Rawlinson. Rawlinson propunha uma operação do tipo "morder e assoprar": ocupar uma área limitada depois de desalojar os defensores pelo fogo da artilharia, de modo que os alemães seriam forçados a sofrer baixas nos contra-ataques. Mas Haig insistia que o bombardeio preliminar deveria ter como objetivo a segunda e a terceira linhas do inimigo, bem como a primeira, uma das várias indicações (inclusive a convocação da cavalaria) de que ele desejava romper a linha alemã e avançar. Enquanto Falkenhayn havia atacado em Verdun ao longo de um setor de 12 km – suficientemente estreito para deixar a infantaria exposta a um fogo enfiado –, Haig atacaria ao longo de um setor de 36 km, mas, depois de ele ter duplicado a área alvo ao acrescentar as linhas de retaguarda, seus mil canhões de campo e 400 armas pesadas revelaram-se insuficientes. Muitas das bombas por eles disparadas não explodiram – dois terços eram projéteis de metralha, com pouca intensidade de explosão, e a acuidade da pontaria deixava a desejar. Depois da infeliz experiência em Loos, a BEF tampouco usou gás, embora nada mais pudesse ter neutralizado as trincheiras abertas no solo argiloso da Picardia até uma profundidade de 12 metros. Na manhã do dia 1º de julho, a maior parte da primeira linha alemã oposta ao setor britânico (incluindo sua cerca de arame, metralhadoras, artilharia de campo e guarnição) estava intacta, em contraste com o setor francês, onde o bombardeio havia sido duas vezes mais pesado. Essa falha na preparação, exacerbada pela tática britânica de, em muitos setores, enviar a infantaria do Novo Exército em ondas, em passo de marcha, preparou o massacre. Dos cerca de 120 mil soldados participantes, foram cerca de 57 mil feridos e mais de 19 mil mortos; as baixas francesas foram de 7 mil e as alemãs, de 10 a 12 mil. Os franceses atingiram e até mesmo excederam a maior parte de seus objetivos do primeiro dia; os britânicos, exceto em seu setor sul, não obtiveram nenhum ganho.[60]

Depois de 1º de julho, Haig aparentemente pensou em lançar o ataque, mas Joffre insistiu em adiar seus preparativos em Flandres. Em vez de atacar, ele e Rawlinson concentraram-se no setor sul, onde um ataque, ao amanhecer do dia 14 de julho (seguindo-se a um bombardeio muito mais intenso e de surpresa), tomou a maior parte da segunda linha alemã. A BEF, entretanto, não conseguiu repetir esse modelo bem-sucedido em embates posteriores. Pelo contrário, a batalha ficou paralisada, com os britânicos sofrendo outras 82 mil baixas em dezenas de operações menores entre 15 de julho e 14 de setembro, com o objetivo de reparar a linha antes do ataque geral seguinte. Nesse ínterim, Falkenhayn insistia que o terreno deveria ser conservado e, durante todo o curso do Somme, estima-se que os alemães tenham lançado 330 contra-ataques.[61] Nessa fase intermediária, destacaram-se os contingentes dos Domínios, seguindo o exemplo do Primeiro Regimento da Terra Nova, que havia sofrido 91% de baixas em 1º de julho. A Brigada Sul-Africana tomou a maior parte de Delville e a conservou, apesar dos pesados bombardeios alemães; de maneira similar, a 1ª Divisão Australiana tomou a vila de Pozières em 23 de julho, mas sofreu 6.800 baixas devido ao bombardeio e aos ataques e contra-ataques posteriores, antes de ser rechaçada. Os neozelandeses também realizaram um ataque bem-sucedido em setembro.[62] A eficiência tática dos britânicos realmente melhorou, com a artilharia mais disposta a apoiar a infantaria, que usava crescentes barragens (que se estendiam à frente das forças de assalto) e com fogo de contrabateria contra os canhões de campo do inimigo.[63] Duas ofensivas gerais, realizadas nos dias 15 e 25 de setembro, ambas com tanques, tomaram a maior parte da terceira linha original dos alemães. Mas agora os alemães haviam construído uma quarta e uma quinta linha entre o campo de batalha e a cidade de Bapaume (que havia sido um dos objetivos da primeira fase), enquanto os franceses foram detidos ao longo do Somme. Depois de setembro, os alemães movimentaram novas tropas e mais artilharia, ficando claro que não haveria nenhum resultado decisivo naquele ano, embora, no final do mês, os britânicos tomassem Thiepval, a posição dominante do final das colinas. Ataques limitados prosseguiram sob um tempo que só piorou até a última "batalha do Ancre" em meados de novembro, que tomou as vilas de Beaumont Hamel e Beaucourt. Tendo capturado as colinas ao norte do Somme, os britânicos agora desciam novamente, atingindo, no máximo, 12 km a partir de seu ponto de partida, e sem sequer uma justificativa tática para seu avanço contínuo.

Haig foi para o Somme com um modelo conhecido como "luta de desgaste", que foi a precondição inevitável para um resultado decisivo.[64] Ele persistiu (apesar das crescentes dúvidas em Londres) porque, em parte, essa era uma contribuição acordada com um esforço conjunto dos Aliados e, em parte, devido ao otimismo (alimentado por John Charteris, o chefe do serviço de inteligência) com relação ao fato de os alemães estarem se aproximando do ponto de ruptura. No final da batalha, ele argumentava, um tanto equivocado, que seu modelo havia auxiliado Verdun, fixando as forças alemãs na Frente Ocidental até provocar sua exaustão.[65] Ele efetivamente contribuiu para o primeiro desses objetivos, com Falkenhayn ordenando uma "defesa estrita" em Verdun em 11 de julho.[66] Entretanto, não impediu a Alemanha de enviar tropas suficientes para o leste, a fim de conter Brusilov e também de esmagar a Romênia. Quanto ao terceiro argumento de Haig, o testemunho dos alemães não deixa dúvida de que eles se sentiram severamente pressionados e surpresos com o novo peso do poderio de fogo aliado, embora fraco se comparado com o de estágios posteriores da guerra.[67] O dano ao moral dos alemães, embora inqualificável, foi suficientemente real, apesar de o moral dos Aliados ter sido afetado de forma não menos intensa. Contudo, os defensores sofreram menos baixas que os atacantes, e foi mais fácil os alemães compensarem as perdas que os franceses (embora isso não se aplique aos britânicos). Como em novembro de 1916, as perdas dos Aliados pareciam bastante desproporcionais com relação a seus ganhos. As repercussões mais importantes do Somme foram duradouras: o embate, em última instância, apressou as decisões de Hindenburg e Ludendorff de incrementar a produção de armamentos, intensificar a campanha alemã de submarinos e diminuir suas linhas a oeste.* Apenas a última dessas atitudes, contudo, pode ser vista como consequência direta dos ataques anglo-franceses.

---

* Ver caps. 3, 7 e 8.

O terceiro choque para as Potências Centrais, ocorrido no verão de 1916, foi a entrada da Romênia na guerra.⁶⁸ Isso ocorreu quando a Áustria-Hungria estava cercada não apenas na Polônia, mas também na Itália. Em julho, Cadorna deteve sua contraofensiva no Trentino e correu para o Isonzo com suas armas pesadas. Ali, no início de agosto, suas tropas conseguiram surpreender e tomar Gorizia, sua primeira conquista significativa, embora logo ficassem encurraladas nas colinas a leste da cidade, com seus ataques de outono ao planalto de Carso fracassando por completo. Entretanto, foram os sucessos de Brusilov que desencadearam a decisão de Bucareste. A Romênia era rica em recursos naturais e havia fornecido petróleo e alimentos para as Potências Centrais, inclusive 30% da necessidade de grãos da Áustria-Hungria em 1914-15. Seu exército contava com cerca de 600 mil homens, embora fosse mal comandado e dispusesse de pouco equipamento moderno e pouquíssimas bombas. Mesmo assim, sua intervenção criou uma nova emergência, pois a fronteira com a Hungria na Transilvânia estava sem defesa.

Em troca da ajuda alemã, a Áustria-Hungria teve de abrir mão de boa parte de sua independência estratégica. Um supremo comando de guerra para as quatro Potências Centrais foi criado em setembro, e era dominado, na prática, pelo OHL, embora seu líder fosse Guilherme. Esse era um novo OHL, pois em Berlim a crise teve impacto ainda maior. Verdun, a ofensiva de Brusilov e o Somme haviam privado Falkenhayn da maior parte do que restava do exército e, mais uma vez, Bethmann fazia intrigas para substituí-lo por Hindenburg e Ludendorff, pessoas que ele, equivocadamente, acreditava poderem lhe oferecer prestígio para cobrir uma nova iniciativa de paz. Guilherme, contudo, sentia-se ameaçado por Ludendorff e não o suportava. Foi a intervenção romena – que Falkenhayn havia previsto apenas para mais tarde, se é que aconteceria – que deixou Guilherme em pânico, temendo que a guerra estivesse perdida e comprometendo sua resistência. Em agosto, Hindenburg tornou-se chefe do Estado-Maior, e Ludendorff, seu principal assistente (embora, na prática, continuasse a atuar como a força motriz da parceria), como Primeiro General Intendente.⁶⁹

Depois de recuperarem o autocontrole, as Potências Centrais logo recobraram também sua postura. Como os italianos antes deles, os romenos "perderam o trem". Bratianu postergou sua decisão depois de Brusilov ter sido detido, e os romenos invadiram a Transilvânia em vez de atacar a Bulgária, como os russos haviam aconselhado. Eles se defrontaram com uma inesperada e enérgica resistência de forças locais improvisadas, e a princípio o Stavka os ajudou com apenas três divisões, e a provável causa disso foi a relutância em ajudá-los a construir uma Grande Romênia. Os sérvios avançaram de Salônica e tomaram a cidade de Monastir em setembro, enquanto os ataques de Cadorna impediam os austro-húngaros de movimentar mais que umas poucas brigadas do front italiano. No entanto, entre agosto e dezembro, a Alemanha e a Áustria-Hungria movimentaram, contra a Romênia, cerca de 33 divisões de infantaria e oito de cavalaria, algumas transportadas de Verdun e outras da Rússia. Os romenos lutaram bravamente, e foram suplantados em termos qualitativos e quantitativos. Forças búlgaras, turcas e alemãs, sob o comando de Mackensen, atacaram do sul, enquanto os alemães e os austríacos, sob o comando do degradado Falkenhayn, repeliram a invasão da Transilvânia, atravessaram os passos dos Cárpatos antes das neves de outono e se juntaram a Mackensen para empurrar os romenos de volta ao rio Sereth. No estágio final, a Rússia ofereceu uma ajuda importante, enviando 36 divisões de infantaria e 11 de cavalaria para ajudar a estabilizar a nova linha. Não obstante, três quartos da Romênia foram ocupados, inclusive Bucareste, o porto de Constanza no mar Negro, os campos de petróleo de Ploesti e as regiões produtoras de grãos mais ricas. Como resultado de assumir a defesa da Romênia, os russos ampliaram seu front e diminuíram sua reserva estratégica. Com a Romênia controlada, a ofensiva do Somme paralisada e a Itália e a Rússia exauridas, as Potências Centrais mais uma vez terminaram o ano controlando mais território europeu que no início do conflito, tendo ainda sobrevivido ao massacre de Chantilly.

* * *

Os eventos ao longo de 1916 arruinaram a grande estratégia de Falkenhayn e puseram em questão a dos Aliados. Ainda em maio, Falkenhayn supunha que estava no rumo certo para atingir seus objetivos de tornar a Rússia inofensiva e quebrar a resistência da França. Brusilov e o Somme destruíram essa suposição e mostraram que a Alemanha continuava longe de dividir seus inimigos. Hindenburg e Ludendorff levaram uma nova energia e uma nova abertura ao OHL. Eles abandonaram Verdun por completo e adotaram uma defesa mais elástica no Somme, com uma linha de frente mais limitada, deixando mais tropas e artilharia na reserva para lançar contra-ataques.[70] Contudo, mostraram-se menos sensíveis que Falkenhayn ao risco maior de esgotar os recursos da Alemanha. Eles estabeleceram objetivos de produção de armas mais que ambiciosos, resistiram ao compromisso de definir objetivos de guerra e apoiaram uma nova campanha de submarinos, ainda que isso implicasse uma guerra com os Estados Unidos. Contudo, enquanto esperavam que os U-Boats fossem entregues, planejaram novos assaltos terrestres. Hindenburg recusou divisões extras a Conrad, que desejava realizar outro ataque no Trentino na primavera de 1917. Na verdade, o OHL, prevendo corretamente uma nova ofensiva anglo-francesa no oeste, retirou-se, em fevereiro, para uma nova posição defensiva com 480 km de comprimento, conhecida nos setores onde ocorreram as maiores retiradas como *Siegfried Stellung*, embora tenha sido batizada como Linha Hindenburg pelos britânicos. A desmobilização diminuiu o front em 58 km e liberou dez divisões. Combinada com as reorganizações da infantaria e da artilharia, bem como com os convocados em 1897, ela possibilitou a criação de uma reserva estratégica de 1,3 milhão de homens.[71] Entretanto, embora a nova equipe tenha respondido efetivamente à crise imediata, parecia não ter ideia – a menos que os submarinos da Alemanha se encarregassem da tarefa – de como vencer a guerra como um todo.

Os chefes militares aliados concluíram, a partir de suas experiências de 1916, que deveriam tentar repeti-las. Uma nova conferência em Chantilly, realizada em 15 de novembro, concordou em preparar um novo esforço concertado em fevereiro para evitar um novo golpe como Verdun. O principal esforço seria no oeste, apoiado por ataques russos e italianos. Haig e Joffre concordaram em retomar as operações no Somme, mas com os franceses contribuindo com forças maiores ao sul do rio.[72] Mais uma vez, os Aliados atacariam numa frente ampla, de modo a retrair as reservas inimigas antes de, finalmente, obter, como esperavam, um resultado decisivo.

Essa estratégia negligenciava o quanto os próprios Aliados estavam desgastados e acabou por se revelar insustentável. Na Itália, a *Strafexpedition* havia abalado a reputação e a confiança de Cadorna. Embora em 1917 seu exército aumentasse para 2,2 milhões de homens,[73] ele estava obcecado pelo risco de um novo ataque no Trentino. Em janeiro, em uma conferência realizada em Roma, Lloyd George propôs que os outros aliados deveriam suprir artilharia pesada para um ataque italiano contra Trieste, mas Cadorna não ficou entusiasmado, dizendo que também queria três ou quatro corpos anglo-franceses para defender o Trentino se o inimigo atacasse primeiro. Ele se recusou a começar antes de 1º de maio, e esperaria até que a situação na Frente Ocidental e as intenções do inimigo fossem esclarecidas.[74] Quanto à Rússia, o Stavka esperava retomar a ofensiva no setor de Brusilov, mas o moral do exército havia sido severamente abalado por seus fracassos de 1916, e sua sustentação logística estava se desintegrando, com os soldados não mais sendo devidamente alimentados. Em outra conferência que reuniu os Aliados, realizada em fevereiro, em Petrogrado, os russos disseram que eles tampouco estariam prontos antes de 1º de maio, que tinham menos reservas que um ano antes e que a ajuda à Romênia os levara além dos limites normais.[75] Em um mês, Nicolau II abdicou, e o novo Governo Provisório solicitou tempo para restabelecer a disciplina antes que pudesse sequer pensar em uma nova ofensiva.[76]

Até na Grã-Bretanha e na França a estratégia Chantilly estava sendo criticada. Quando Lloyd George se tornou primeiro-ministro em dezembro de 1916, ele, na privacidade, era profundamente crítico acerca dos resultados do Somme e suspeitava que os generais franceses eram melhores que os britânicos. Muitos outros ministros compartilhavam de suas reservas e, a princípio, sua posição política era suficientemente forte para que ele tentasse manipular Haig e Robertson. Seu governo intensificou os esforços britânicos na Mesopotâmia e na Palestina. Na conferência de Roma, ele tentou, em vão, incentivar os italianos a assumir suas perdas. Contudo, em algumas semanas, os franceses lhe ofereceram uma nova alternativa.[77] As decepções de 1916 não só derrubaram Falkenhayn e Asquith, como também abalaram o ministério de Briand e provocaram a queda de Joffre. Muitos suspeitavam que Joffre havia cochilado em Verdun, e a derrota da Romênia também o desacreditava. Em dezembro, Briand percebeu que, a menos que se livrasse do generalíssimo, seu governo estaria correndo perigo. Sua solução foi fazer de Joffre marechal da França e "conselheiro técnico-militar" do governo, posto a que Joffre renunciou quando percebeu que nada significava. O comando da Frente Ocidental passou para Nivelle, mas ele não herdou suas habilidades de comando dos exércitos franceses. Um Comitê de Guerra de Ministros agora exerceria a suprema autoridade em termos estratégicos. Contudo, o maior envolvimento civil não pôs fim à participação francesa na ofensiva.[78]

Nivelle deveu sua promoção aos ataques que realizou em outubro-dezembro de 1916 em Verdun, que retomaram os fortes Vaux e Douaumont e boa parte do território a leste do Mosa. Intensos bombardeios preparatórios usando canhões "superpesados" de 400 mm, bem como um eficiente contrafogo de bateria e um fogo de barragem móvel, permitiram um progresso rápido contra os exauridos defensores alemães, centenas dos quais se entregaram, embora, já que as posições defensivas mais sérias ficavam além dos fortes, o sucesso tenha sido parcialmente ilusório.[79] Nivelle tinha charme, autoconfiança e capacidade persuasiva, bem como ligações políticas com a esquerda. Ele afirmava que, com as novas armas móveis de 155 mm (na verdade, de número ainda reduzido), barragens móveis e táticas de dispersar, havia descoberto como romper as linhas inimigas e oferecia uma alternativa ao processo de desgaste lento e custoso empregado no Somme. Suas táticas prenunciaram a campanha com maior mobilidade de 1918, embora ele as exagerasse em seu valor. A estratégia por ele proposta lembrava a de setembro de 1915: um ataque preliminar franco-britânico, seguido por um ataque principal desfechado pelos franceses contra o Caminho das Damas ao norte do Aisne. Ele obteve apoio não apenas de Briant, mas também de Lloyd George, que, numa conferência realizada em Calais, em fevereiro, conseguiu um *fait accompli* contra seus generais ao aceitar o plano de Nivelle e colocar Haig sob o comando desse último durante o tempo que durasse a campanha. Na verdade, como ocorrera em 1916, Haig – e talvez também o governo – planejava operações combinadas como prelúdio a uma ofensiva em Flandres comandada pelos britânicos. Mas, nesse ínterim, o plano de Nivelle significava que os franceses sofreriam as baixas mais pesadas, e um comandante britânico, de cuja competência Lloyd George duvidava, ficaria sob as ordens de um francês que falava inglês fluentemente e havia dobrado o gabinete. Essas eram áreas movediças sobre as quais se fez a primeira experiência dos Aliados com um único comandante-chefe.[80]

A partir desse ponto, a boa estrela de Nivelle começou a perder o brilho. A retirada alemã para a Linha Hindenburg não foi um impedimento, já que os setores de ataque em Arras e no Aisne foram pouco atingidos, e, embora os alemães agora mantivessem linhas menores, os Aliados (como observara Nivelle) começaram a fazer o mesmo. Mas a revolução em Petrogrado frustrou as esperanças de apoio russo, com a Itália permanecendo inativa, e a iminente intervenção americana lançava dúvidas quanto ao fato de os Aliados realmente precisarem correr o risco. Em março, Briand foi substituído como premiê por Alexandre Ribot, cujo ministro da Guerra, Paul Painlevé, mostrava-se francamente cético quanto ao plano e incentivava os subordinados de Nivelle a expressar suas dúvidas. Nivelle insistia que não atacar levaria a outro ataque alemão como Verdun, e que as forças da França estavam se desvanecendo, enquanto Ludendorff recuperava a vantagem alemã. Os riscos de não fazer nada eram maiores que os riscos de agir. Por fim, e com a condição de que cancelaria a operação depois de dois dias se ela não fosse bem-sucedida, o governo lhe deu permissão para prosseguir.[81]

A ofensiva britânica preliminar em Arras que teve início em 9 de abril sugeria que a BEF também havia aprendido com o Somme. O bombardeio inicial foi duas vezes mais intenso (menos bombas falharam e foram disparadas com mais precisão), rastilhos "106", novos e mais sensíveis, cortaram o arame e quantidades de gás sem precedente mataram os cavalos de transporte alemães e silenciaram seus canhões As tropas de assalto moveram-se através de túneis ou se esconderam em porões na cidade, num total de 18 divisões contra 7; os alemães esperavam um bombardeio mais amplo e mantiveram suas reservas por tempo demais na retaguarda. Num feito que se tornou tão emblemático para seu Domínio quanto Galípoli o fora para os Anzacs, as tropas canadenses atacaram as colinas de Vimy à esquerda do avanço, tomando 13 mil prisioneiros e 200 canhões. Embora o ataque de 9 de abril de 1917 tenha ocorrido numa escala quase tão grande quanto a da ofensiva de 1º de julho de 1916, as baixas britânicas nos três primeiros dias corresponderam à metade daquelas da fase inicial do Somme, e a infantaria avançou até 5,5 km. No entanto, Arras não era vista como uma operação de avanço, e a tentativa de um ataque da cavalaria durante uma nevasca no segundo dia foi um fracasso previsível. Mais uma vez, Haig prolongou a batalha para além da semana originalmente planejada. Os ataques australianos no flanco direito do setor, que (ao contrário do resto da ofensiva) avançou contra a Linha Hindenburg, estabeleceram uma cabeça de ponte nas posições alemãs, mas a um custo muito elevado. As operações prosseguiram até maio (ao preço de 150 mil baixas britânicas contra 100 mil alemãs), principalmente para apoiar os franceses, de cujos ataques ao Caminho das Damas se esperava muito mais e cujos resultados medíocres foram, portanto, mais mortíferos.[82]

O Caminho das Damas era onde os Aliados haviam se baseado depois do Marne. Do alto das colinas, os alemães, auxiliados pela superioridade aérea no setor, podiam ver bem abaixo deles. Depois de ter tomado posse de documentos franceses decisivos durante os ataques de fevereiro, eles tinham bastante informação e tempo para se preparar, concentrando 21 divisões na linha e 15 divisões de contra-ataque atrás dela. O bombardeio preliminar dos franceses de 11 milhões de bombas cobriu uma frente de quase 50 km; no final, ele perdeu a força e não foi suficientemente intenso, em parte porque Nivelle insistiu (como Haig, em 1916) que deveria cobrar até o fim das posições alemãs em vez de se concentrar na linha de frente. Em 16 de abril, os franceses atacaram em meio a uma nevasca, colocando 10 mil senegaleses no setor decisivo. As tropas coloniais não tinham experiência para lutar nessas condições, e mais da metade foi aniquilada.[83] Os canhões alemães incendiaram os tanques Schneider franceses, e a infantaria teve de abrir caminho através de zonas fortificadas infestadas de metralhadoras montadas em casamatas. Depois de duas semanas, as tropas de Nivelle tomaram a maior parte das colinas, ao custo de 130 mil mortos e feridos, mas o avanço nunca pareceu tão próximo. Em maio, Painlevé o substituiu por Pétain, que deteve as operações, embora já fosse tarde demais para impedir que as unidades nelas envolvidas se rebelassem.[84] O embate enfraqueceu Lloyd George aos olhos dos militares britânicos e encerrou, de maneira infame, a primeira experiência com o supremo comando dos Aliados. Os britânicos voltaram-se para sua prioridade em Flandres e, durante os meses que se seguiram, a estratégia aliada não foi mais eficiente que em 1915. Na verdade, ela quase voltou ao ponto de partida.

Se os grandes sistemas de trincheiras foram a grande novidade estratégica de 1915, as imensas batalhas de desgaste travadas em 1916 em Verdun, no Somme e no leste foram ainda mais sem precedentes. Ambos os lados haviam seguido caminhos contrastantes para chegar a esse matadouro. Do lado das Potências Centrais, durante 1915, Falkenhayn perseguiu grandes ofensivas, embora ainda limitadas, para garantir as fronteiras orientais da Alemanha e da Áustria-Hungria, bem como para forçar a Rússia a assinar uma paz em separado, ou pelo menos destruir sua capacidade ofensiva. Ele conseguiu o suficiente para, na primavera de 1916, tornar a atacar a oeste, como havia desejado o tempo todo, mas numa operação cuja intenção era menos tomar território que evitar grandes baixas até a França não se aguentar mais. Contudo, essa empreitada revelou-se quase tão danosa para o exército alemão quanto para o francês e, quando os Aliados retaliaram, ele foi forçado a retroceder. Hindenburg e Ludendorff contiveram a crise imediata, mas não houve remédio, além da campanha de submarinos e da maior produção de armamentos, para o enigma estratégico maior. Os inimigos da Alemanha eram fortes demais para isso.

Os Aliados, em contraste, por lhes faltar uma liderança central, buscaram uma série de guerras paralelas até as derrotas de 1915, que possibilitaram que Joffre (com o apoio de Briand) os atraísse para o plano Chantilly. O plano poderia atender aos interesses franceses, mas também coordenaria os esforços aliados. Recusando-se a entrar em pânico devido às ofensivas de Falkenhayn e Conrad na primavera de 1916, os Aliados retomaram a iniciativa no verão, e Haig, Foch, Brusilov e Cadorna seguiram Falkenhayn ao infligirem e sofrerem grandes perdas. Mesmo que os militares desejassem prosseguir com a estratégia de Chantilly e com a ofensiva de desgaste em 1917, nenhum dos governos aliados tinha a vontade política necessária para fazê-lo, e a derrota de Nivelle, seguida pelas revoltas francesas e a Revolução Russa, deixou-os tão carentes quanto seus inimigos de uma estratégia viável. Alemanha, Áustria-Hungria, França e Rússia, todos esses países enfrentaram grandes crises de falta de material humano que o aumento de poder de fogo só podia compensar parcialmente. Grã-Bretanha e Itália estavam chegando a uma situação similar, despertando em todos a pergunta sobre a possibilidade de ainda se ganhar a guerra, e se "ganhar" ainda tinha muito significado. Um conceito estratégico após o outro havia naufragado em realidades que envolviam tática, tecnologia e logística, e são essas realidades que agora devemos analisar.

Notas

1. Afflerbach, *Falkenhayn*, pp. 233-54; Foley, "East or West?", pp. 123-30.
2. Rachamimov, POWs, p. 38.
3. Stone, *Eastern Front*, cap. 6; Rauchensteiner, *Tod des Doppeladlers*, pp. 199-211.
4. Herwig, *First World War*, pp. 130-34; Falkenhayn, *General Headquarters*, pp. 53-64; cf. cap. 5.
5. Afflerbach, "Planning Total War?", p. 119.
6. Strachan, *First World War: To Arms*, p. 1.037; Falkenhayn, *General Headquarters*, pp. 43-5.
7. Tucker, *Great War*, p. 76; Afflerbach, *Falkenhayn*, p. 312. Sobre esta campanha, ver Stone, *Eastern Front*, caps. 6, 8.
8. Falkenhayn, *General Headquarters*, pp. 114, 127-9, 145-51; Afflerbach, *Falkenhayn*, pp. 294-313.
9. Afflerbach, *Falkenhayn*, pp. 336-7; Falkenhayn, *General Headquarters*, pp. 159-62.
10. Ver French, *British Strategy and War Aims*, pp. IX-XIV.
11. Clark, *Donkeys*, caps. 3, 4; Prior and Wilson, *Command*, pp. 19 ss.
12. French, *British Strategy and War Aims*, cap. 4; Neilson, "Kitchener", pp. 207, 217, 225.
13. Mosier, *Myth*, cap. 8.
14. Guinard *et al.* (eds.), *Inventaire*, v. 1, p. 219.
15. Stevenson, "French Strategy", pp. 305-6.
16. Mosier, *Myth*, pp. 125, 148, 181-2.
17. Ibid., pp. 145, 149. Baixas, Maio-Junho: Alemanha 73 mil; França 102 mil; Grã-Bretanha, 37 mil (Tucker, *Great War*, p. 65).
18. Relatório de Paléologue, 25 dez. 1914: SHA 6.N.34.
19. Relatório de Laguiche, 19 mar. 1915: SHA 6.N.34.
20. Mosier, *Myth*, pp. 148-52.

21. Gooch, "Italy in the First World War", p. 162.
22. Millett and Murray (eds.), *Military Effectiveness*, v. 1, pp. 165-6.
23. Melograni, *Storia politica*, p. 44.
24. Poincaré, *Au Service de la France*, v. 7, pp. 36-7, 68-9; Stevenson (ed.), *British Documents*, v. 2, doc. 123.
25. Notas de Nudant e do Operations Bureau, 18 e 20 jun. 1915: SHA 16.N.1709.
26. Poincaré, *Au Service de la France*, v. 7, pp. 36-8, 68-9.
27. Haig MSS, NLS, Box 96, diário 19 ago. 1915.
28. French, *British Strategy and War Aims*, cap. 6.
29. Prior and Wilson, *Command on the Western Front*, pp. 100 ss.; Wilson, *Myriad Faces*, pp. 254-8.
30. Champagne: França, 144 mil; Alemanha, 85 mil. Artois: Grã-Bretanha, 62 mil; França, 48 mil; Alemanha, 51 mil (Tucker, *Great War*, pp. 51, 70).
31. Ver Dutton, *Politics of Diplomacy*.
32. Tanenbaum, *Maurice Sarrail*; King, *Generals and Politicians*, pp. 67-88.
33. Prete, "Imbroglio par excellence".
34. Philpott, "Squaring the Circle"; Conclusões de conferências, LHCMA Robertson MSS I/9.
35. Fuller, "Eastern Front", p. 45.
36. French, "Meaning of Attrition".
37. Réplicas britânica e francesa, 16 e 27 dezembro de 1915, SHA 5.N.118.
38. Robertson, *Soldiers and Statesmen*, v. 1, pp. 184, 239-40, 253.
39. Horne, *Price of Glory*, p. 327; cf. Mosier, *Myth*, pp. 225, 227.
40. Falkenhayn, *General Headquarters*, pp. 209-32; Afflerbach, *Falkenhayn*, pp. 351-69.
41. Afflerbach, "Planning Total War?", pp. 121-3; Krumeich, "'Saigner la France'?", Sheffield, *Somme*, p. 15.
42. Horne, *Price of Glory*, p. 48.
43. King, *Generals and Politicians*, pp. 89-100.
44. Horne, *Price of Glory*, p. 299.
45. Krumeich, "'Saigner la France'?"
46. Stone, *Eastern Front*, pp. 227-9.
47. Herwig, *First World War*, pp. 204ss.
48. Keegan, *First World War*, p. 297; Brown, *British Logistics*, p. 112; Stone, *Eastern Front*, p. 212.
49. Relatório do general Pau, 5 mar., 9 abr. 1916, SHA 5.N.139.
50. Relatório de Pau, 9 mar. 1916, SHA 5.N.139.
51. Brusilov, *Mémoires*, pp. 184-8.
52. Relatório de de Laguiche, 3 jun. 1916, SHA 5.N.139.
53. Brusilov, *Mémoires*, pp. 187-202, 208.
54. Stone, *Eastern Front*, pp. 247-62, 270-73.
55. Sheffield, *Somme*, p. 151. A história oficial britânica inflou as perdas alemãs para mais de 600 mil: Williams, "Treatment of German Losses", pp. 69-74.
56. Winter, *Haig's Command*, p. 45.
57. Ibid., pp. 49-63; Philpott, *Anglo-French Relations*, cap. 7; Greenhalgh, "Why the British Were on the Somme". Ver também a recente controvérsia: Philpott, "Why the British Were Really on the Somme",

Greenhalgh, "Flames over the Somme".
58. Foch, *Mémoires*, v. 2, pp. xv-xvii; GQG memo, 16 maio 1916, SHA 16.N.1710.
59. French, *British Strategy and War Aims*, cap. 10; memorando de Chamberlain, 17 jan. 1916, AC 13/3/14.
60. Middlebrook, *First Day on the Somme*; Prior and Wilson, *Command on the Western Front*, caps. 15-17; Travers, *Killing Ground*, caps. 6, 7; Sheffield, *Somme*, pp. 41-68.
61. Sheffield, *Somme*, p. 88.
62. Ibid., pp. 89-90, 94-6, 120; Andrews, *Anzac Illusion*, pp. 96-8.
63. Griffith, *Battle Tactics*, pp. 65 ss.
64. Travers, *Killing Ground*, pp. 86, 127-8; diário de Haig, 1, 12, 22 de agosto, 2, 5, 15 de outubro, 3, 12 nov. 1916, Haig MSS, NLS, Box 97.
65. Greenhalgh, "Why the British Were on the Somme", p. 148.
66. Afflerbach, *Falkenhayn*, pp. 417-20.
67. Krumeich, "Le Soldat allemand", p. 168; Jünger, *Storm of Steel*, pp. 92-110.
68. Torrey, "Rumanian Campaign".
69. Janssen, "Wechsel"; Janssen, *Der Kanzler und der General*, cap. 24; Afflerbach, *Falkenhayn*, cap. 23.
70. Wynne, *If Germany Attacks*, pp. 128-30.
71. Herwig, *First World War*, p. 249.
72. Joffre, *Mémoires*, v. 2, pp. 346-7, GQG memorandos, 31 out., 10 dez. 1916, SHA 16.N. 1710.
73. Melograni, *Storia politica*, p. 238.
74. Relatório de Gondrecourt, 22 jan. 1917, SHA 5.N.144.
75. Relatórios de Janin, 18 de janeiro, e de de Castelnau, 2 fev. 1917, SHA 5.N.140.
76. Reunião com o ministro da Guerra russo, 2 fev. 1917, SHA 5.N.140.
77. French, *Strategy of the Lloyd George Coalition*, cap. 2.
78. King, *Generals and Politicians*, pp. 135-9; Joffre, *Mémoires*, v. 2, cap. 6.
79. Mosier, *Myth*, p. 272.
80. Philpott, *Anglo-French Relations*, cap. 8; Winter, *Haig's Command*, cap. 5.
81. Stevenson, "French Strategy", pp. 312-14; Miquel, *Chemin des Dames*, caps. 1-3; justificativa de Nivelle in SHA 5.N.255.
82. Wynne, *If Germany Attacks*, pp. 165-6, 170-84. Wilson, *Myriad Faces*, pp. 450-56.
83. Mosier, *Myth*, pp. 273-4.
84. Para relatos gerais, ver Spears, *Prelude to Victory* e Miquel, *Chemin des Dames*.

7
TECNOLOGIA, LOGÍSTICA E TÁTICA

A HISTÓRIA DAS ESTRATÉGIAS DE AMBOS OS LADOS, de 1915 à primavera de 1917, foi de frustração e fracasso. Para explicar os motivos disso, é necessário reexaminar como as batalhas foram travadas, como as tropas e seus equipamentos foram deslocados, bem como quais eram as armas disponíveis. Um impasse no nível tático levou os dois lados a estratégias impiedosas: os Aliados, a doses cada vez maiores de atritos, e os alemães, em direção a Verdun e à irrestrita campanha de submarinos. Mas esse não era um equilíbrio estático, e atacantes e defensores incrementavam sua sofisticação tática e o número e poderio das armas à sua disposição. Avanços em andamento romperiam o impasse depois de 1917. Aqui, nossa ênfase recairá, em primeiro lugar, sobre as condições de defesa e ataque a oeste, e, em seguida, sobre uma consideração a respeito de até que ponto essas condições também funcionaram em outras partes.

* * *

A Frente Ocidental tem sido associada às defesas externas do Império Romano e da Cortina de Ferro que dividiu em duas a Europa da Guerra Fria, mas, na verdade, ela não teve paralelo histórico. As trincheiras do cerco de Petersburg, já no final da Guerra Civil Americana, tinham 85 km de extensão; mas tanto elas como as que ficavam em torno de Mukden na Guerra Russo-Japonesa foram algumas vezes flanqueadas. Em contraste, a Frente Ocidental se estendia por cerca de 760 km e não conseguiram flanqueá-la, pela impossibilidade de uma violação da neutralidade holandesa ou suíça ou por um desembarque aliado em Flandres.[1] Do final de 1914 até 1918, ela mal avançou, com exceção da retirada voluntária da Alemanha para a Linha Hindenburg, mais de 8 km em cada direção. Também foi o mais decisivo e obstinado dos fronts, onde se concentraram mais tropas e armas que em qualquer outro palco da guerra, bem como o cemitério não apenas do grande objetivo de Falkenhayn em Verdun, mas também de sucessivas iniciativas dos Aliados na Champanhe, no Somme e no Caminho das Damas.

A defesa suprema foi a infantaria: soldados alemães, franceses e do Império Britânico, todos exibindo uma obstinação e um poder de recuperação que faltavam a muitas unidades russas e austro-húngaras. Entretanto, como todos os três exércitos exibiam a mesma determinação no ataque, a moral variante importava menos que em outros fronts ou em períodos posteriores da guerra. A Frente Ocidental era diferente não apenas devido à qualidade de combate das tropas, mas também por seus números. Os exércitos francês e alemão eram várias vezes maiores que seu tamanho em 1870, e um enorme exército britânico mais tarde se juntou a eles. Cada lado contava com cerca de 5 mil soldados por quilômetro e meio de front,[2] o suficiente para guarnecê-lo intensamente e propiciar forças de contra-ataque na reserva. Favorável era o fato de os cerca de 160 km mais ao sul, um terreno acidentado e coberto de florestas, serem menos adequados a operações em grande escala, tendo testemunhado pouca luta além de uma série de ataques franceses nas montanhas Vosges em 1915. Mesmo entre Verdun e Ypres, muitos setores eram tranquilos e nunca presenciaram grandes batalhas. Os setores mais ativos ficavam em Flandres e nos dois flancos do monte Noyon, em Artois, e na Champanhe.[3] Contudo, embora a alta proporção força/espaço tenha sido um motivo essencial para a imobilidade da Frente Ocidental, ela deve ser considerada em conjunto com as fortificações de campo e suas infraestruturas de apoio, as armas usadas para defendê-las e a tática defensiva.

Os alemães tomaram a iniciativa na criação do sistema de trincheiras. As trincheiras podiam ser claustrofóbicas, infectas, fedidas, úmidas e frias, mas ofereciam a melhor proteção possível contra explosões e balas, tendo salvado muitas vidas. A maioria dos exércitos sofreu as baixas proporcionalmente mais pesadas durante a campanha móvel das primeiras semanas da guerra. As trincheiras deram à Alemanha proteção à sua fronteira ocidental, enquanto consolidava seu controle sobre a França e sobre quase toda a Bélgica, a fim de garantir posse perpétua ou negociação. Essa proteção liberou forças para atacar em outras partes, em Ypres no outono de 1914 ou, posteriormente, na Polônia e na Sérvia, e o OHL reconheceu-a como um mal menor que, no mínimo, deteria o avanço dos Aliados.[4]

Em janeiro de 1915, Falkenhayn declarou que a linha deveria ser tão bem organizada que uma pequena força conseguisse mantê-la por um longo tempo contra eventual superioridade numérica. Uma forte primeira posição deveria ser a espinha dorsal da resistência, a ser mantida a qualquer custo e imediatamente retomada se alguma de suas partes fosse capturada. Ligada a ela por trincheiras de comunicação, deveria haver uma segunda linha, para abrigar a guarnição quando a primeira fosse bombardeada. Outras linhas na retaguarda deveriam ficar fora do alcance dos canhões de campo do inimigo. Falkenhayn queria diminuir as baixas mantendo a linha de frente com pouca cobertura, mas, se a guarnição principal estivesse muito para trás, a guarda avançada teria mais probabilidade de se render e a artilharia não poderia protegê-la. Alguns de seus comandantes opunham-se, a princípio, a uma segunda linha, pois tornaria a defesa da primeira menos resistente. Não obstante, à luz da experiência, o OHL ordenou em maio que uma linha reserva deveria ser construída a 1,8-2,7 km depois da primeira ao longo de toda a frente, um empreendimento colossal que foi completado no final do ano.[5] Os alemães tinham a vantagem de poder selecionar um terreno mais elevado e mais seco, com possibilidade de cavar acima do lençol freático, o que se prestava à observação da artilharia. As grandes batalhas em Champanhe, no Somme e em Arras, portanto, consistiram em ataques aliados colina acima contra defesas que, em 1916-17, chegavam a 5,5 metros de profundidade, contra os 95 centímetros característicos das defesas britânicas.[6] As do Somme, que seguiram estritamente as prescrições de Falkenhayn, ficavam atrás de duas cercas de arame farpado, com altura entre 1 metro e 1,5 metro, e 2,76 metros de profundidade. A "linha de frente" compreendia três trincheiras com uma distância de 18 metros entre si – a primeira para grupos de sentinelas, a segunda para a guarnição principal e a terceira para as tropas de apoio. As trincheiras avançadas dos alemães (como as dos britânicos) não eram contínuas, mas interrompidas, a cada 9 metros, por um "parapeito" ou curva fechada, que protegia os soldados contra as explosões de bombas ou do fogo enfiado se o inimigo capturasse uma seção da linha. Os alemães construíram trincheiras mais profundas: de 1,82 a 2,75 metros em 1915, e de 7,6 a 9,15 metros no Somme. Cerca de mil metros atrás da primeira posição ficava uma linha intermediária de metralhadoras; e, por trás dela, trincheiras de comunicação levavam à posição de reserva (a "segunda linha" do memorando de Falkenhayn), tão pesadamente cercada de arame farpado quanto a primeira e fora do alcance da artilharia aliada, que, portanto, precisava ser deslocada para apoiar eventual ofensiva sobre ela. Cerca de 2,5 km atrás, ficava a terceira posição, acrescentada depois da experiência de setembro de 1915, quando os franceses alcançaram a segunda linha alemã. Cabos telefônicos correndo a cerca de 2 metros do chão ligavam a artilharia na retaguarda com a primeira trincheira. No Somme, os britânicos só capturaram a maior parte da terceira linha no final de setembro.[7]

A "terra de ninguém" entre as linhas de frente podia ser uma faixa que variava de apenas 9 a 900 metros, mas tinha, em média, de 90 a 360 metros. Para além dela, quando os alemães atacavam, encontravam um sistema de trincheira menos sólido e elaborado que o deles, embora ainda adequado. Os belgas controlavam um setor que se estendia por 24 km, da costa ao interior, no final de 1914, mas por mais de 160 km no início de 1917. Não obstante, até os americanos chegarem, os franceses guardavam pelo menos três quartos da linha aliada. Em janeiro de 1915, Joffre ordenou que suas tropas dividissem a linha de frente entre o setor "ativo" e o "passivo". Os pontos fortes do primeiro cobririam o segundo, que seria fortemente cercado de arame, mas guardado apenas por sentinelas. Abrigos antibomba por trás dos pontos fortes acomodariam as companhias de contra-ataque, e uma segunda linha seria cavada 3 km atrás. Todo o complexo seria guarnecido com poucas tropas, para economizar os homens e evitar baixas. Nas florestas dos Vosges e nos bosques emaranhados de Verdun, havia fortes separados, e não uma defesa contínua.[8] A zona britânica ficava entre a francesa e a alemã. Sua linha de frente tinha mais fortificações que a francesa, e os britânicos podiam ceder menos terreno sem perder suas ferrovias laterais ou ser empurrados para o mar. Normalmente, eles tinham três posições paralelas: a linha de frente, a de apoio e a das reservas. A primeira linha era construída com uma barricada de sacos de areia, bem como cavada na terra; em áreas alagadiças, as "trincheiras" podiam ficar principalmente acima do solo. A primeira linha compreendia as trincheiras de fogo e de comando, separadas por cerca de 18 metros. Na trincheira de fogo, pequenas unidades avançadas ocupavam as "baías" entre os parapeitos; a trincheira do comando continha pontos fortes, abrigos e latrinas. As travessas de comunicação estendiam-se até a trincheira de apoio, situada de 60 a 90 metros atrás, continha mais arame farpado e era mais profunda; a cerca de 400 metros para trás, ficava a trincheira de reserva, com mais pontos fortes e abrigos; e, por trás dela, a artilharia. Na prática, o sistema era muito menos organizado do que exigiam os regulamentos, ou que o arremedo criado em Kensington Gardens para o público londrino. Nos setores ativos, as trincheiras eram continuamente sacudidas por minas e bombardeamentos; aproximar-se da linha de frente significava vencer um labirinto de crateras e obstáculos, cuja complexidade exigiria verdadeiros guias experientes.[9]

À sua maneira, as trincheiras eram uma imponente obra de engenharia, principalmente se levarmos em consideração a imensa infraestrutura por trás delas. Compreendia hospitais, quartéis, campos de treinamento, depósito de munição, área da artilharia e redes de telefone, bem como estradas e canais militares, mas, acima de tudo, ferrovias. A Frente Ocidental ficava em uma das partes mais densamente percorridas da Europa, e os dois lados acrescentaram centenas de quilômetros de bitolas padrão e estreitas. Em 1914, os alemães tomaram a ferrovia que ia de Metz a Lille (e prosseguia a leste do Ypres, em direção ao mar); a luta se estabilizou entre essa parte e as linhas principais que passavam pela retaguarda do front aliado, indo de Nancy a Amiens, via Paris. No setor britânico, duas linhas transversais se estendiam em direção norte de Amiens a Hazebrouck e Dunquerque, e uma terceira, até Arras, foi acrescentada depois do Somme.[10] Os dois lados pré-posicionaram forças de apoio perto de setores vulneráveis de suas frentes, mas as ferrovias possibilitavam a chegada de reforços maiores. No segundo dia em Neuve Chapelle, o número de defensores alemães havia subido de 4 mil para 20 mil;[11] os franceses se deslocaram em 832 trens de reforço para

Verdun nas três primeiras semanas dessa batalha; e, na primeira semana do Somme, a Alemanha movimentou até dez divisões em 494 trens.[12] Além dos terminais ferroviários, os dois lados dependiam muito de cavalos e, em última instância, de homens para transportar suprimentos para suas artilharias e linhas de frente,[13] mas as ferrovias deram aos defensores vantagem decisiva para convergir seus reforços antes que os atacantes pudessem consolidar e expandir suas posições.

Além da rede ferroviária, os defensores da Frente Ocidental se beneficiavam da panóplia de inovações introduzidas pela revolução na tecnologia militar do século XIX. Em mãos treinadas, um rifle de carregamento pela culatra podia disparar 15 vezes por minuto, com alcance de 800 metros. Usando pólvora sem fumaça e atirando debruçados, os atiradores eram quase invisíveis, e a energia cinética de uma bala rotatória de alta velocidade dava-lhe um impacto contra ossos e tecidos completamente desproporcional a seu tamanho.[14] Mas as metralhadoras e a artilharia de campo eram os assassinos em massa. Todos os exércitos europeus possuíam versões da metralhadora Maxim e eram equipados com metralhadoras leves e pesadas à medida que a guerra ia avançando. Uma típica metralhadora pesava de 40 a 60 quilos, mesmo sem sua carga e os cinturões de munição, exigindo de três a seis homens para operá-la. As metralhadoras leves (como a britânica Lewis e a alemã MG 08/15) pesavam de 9 a 14 quilos, e eram mais eficazes como armas defensivas, já que um homem podia – embora com certa dificuldade – manejar uma delas. Em agosto de 1914, um regimento padrão da infantaria alemã compreendia 12 companhias de carabineiros e apenas uma de operadores de metralhadora (com seis armas), mas em 1915 mais seis metralhadoras foram acrescentadas, o mesmo ocorrendo em 1916, o que elevou a proporção metralhadoras/rifles de 1:12 para 1:4. Em 1917, a proporção em muitas divisões era de 1:2.[15] Uma metralhadora pesada podia disparar até 60 vezes por minuto, o equivalente a 14 carabineiros. Seu alcance era maior e ela podia "bater" (ou seja, preencher com chumbo aéreo) uma elipse de 2.286 metros de comprimento e 457 metros de largura.[16] Enquanto seus manipuladores a abasteciam com cintos de balas e a resfriavam com líquido, essa arma podia prosseguir com ação letal. Uma delas, em Loos, disparou 12.500 vezes numa única tarde.[17] Em Neuve Chapelle, duas metralhadoras detiveram os britânicos até a chegada de reforços; e duas metralhadoras detiveram os franceses em Neuville Saint-Vaast no primeiro dia do ataque de maio de 1915.[18] No segundo dia em Loos, as metralhadoras alemãs infligiram milhares de baixas às divisões novatas da BEF, enquanto seu lado quase não sofreu nenhuma. Contudo, em 1º de julho de 1916, muitas baixas britânicas foram causadas pela artilharia, e não por metralhadoras.[19] Os dois lados mantinham metralhadoras de campo apontadas para a terra de ninguém e para a linha oposta, a fim de poderem responder de imediato ao "fogo de SOS" se as sentinelas lhes enviassem sinais de luz. Em setembro de 1915, na Champanhe, os alemães haviam aperfeiçoado a arte de dispor suas metralhadoras de campo nas "encostas reversas", de modo que, quando os Aliados venciam um cume e começavam a descer uma encosta, eram totalmente vistos pela artilharia alemã, que a mesma encosta mantinha invisível dos atiradores aliados.[20] Em Verdun, a artilharia francesa a oeste do Mosa desbaratou o plano de ataque de Falkenhayn, enquanto, no Caminho das Damas, as metralhadoras alemãs provocaram destruição nos tanques de Nivelle. Nesse período da guerra, havia uma combinação de trincheiras, ferrovias, rifles, metralhadoras e artilharia para ser vencida pelas forças atacantes.

* * *

A principal arma à disposição dos atacantes eram os bombardeios. Tanto o GHQ quanto o GQG alteraram a doutrina técnica durante 1915 para destacar seu papel vital na destruição das posições inimigas antes que a infantaria pudesse ocupá-las.[21] Calcula-se que as bombas tenham causado 58% das mortes de militares na guerra.[22] Contudo, a artilharia era um instrumento deficiente.[23] A trajetória plana dos disparos da metralhadora de campo tornava-a pouco eficiente contra as trincheiras, especialmente porque, em 1915, a maioria não era de alta explosão, mas de estilhaço, espalhando fragmentos que caíam sobre a infantaria em campo aberto, mas sem nenhum poder de explosão nas trincheiras. De qualquer modo, os Aliados tinham poucas bombas de qualquer tipo no primeiro inverno da guerra. Foi exatamente por isso que os alemães puderam proteger-se contra os canhões franceses de 75 mm, cavando trincheiras. Além disso, as divisões francesas não eram equipadas como as alemãs com *howitzers* leves (cuja trajetória curva era muito mais apropriada contra as trincheiras), com todo o exército possuindo apenas 780 *howitzers* de 105 mm em junho de 1915.[24] Seu estoque de artilharia pesada era pequeno, superado e mantido sob o controle central do GQG. Mas a situação acabou por melhorar. Em Champanhe, em setembro de 1915, os franceses atacaram com 1.100 metralhadoras pesadas, em comparação com as 400 em Artois, em maio, e depois de um bombardeio que não durou quatro horas, mas diversos dias.[25] De maneira similar, antes do Somme, os britânicos tinham no total duas vezes mais metralhadoras que em Loos, e quatro vezes o número de *howitzers*.[26] Mas ainda não era suficiente, e não apenas porque as defesas alemãs iam ficando cada vez mais sofisticadas. Bombas altamente explosivas precisavam de um pesado invólucro de metal para impedi-las de desintegrar: os explosivos equivaliam a apenas 900 das 12 mil toneladas de munição usadas antes do Somme.[27] Mesmo assim, muitas bombas não detonaram ou detonaram dentro de seus próprios canhões. Além disso, o fogo de artilharia era extremamente impreciso. Na campanha inicial de 1915, os canhões podiam operar como nas guerras anteriores por meio do "fogo direto": seus operadores podiam ver o alvo e avaliar o alcance do tiro antes de dispará-lo. Mas, nessas condições, também podiam ficar bastante visíveis e, no fogo rápido do campo de batalha, a visibilidade era arriscada. Na guerra de trincheiras, o "fogo indireto" de uma posição oculta contra um alvo invisível tornou-se a norma. Num procedimento conhecido como "registro", os atiradores ajustavam o alcance, a elevação do cano e a carga explosiva, sob a orientação de um oficial de observação avançada (FOO), telefonando, de preferência, da linha de frente ou comunicando-se pelo rádio de um observador numa aeronave.[28] A comunicação era lenta e dava tempo para que o inimigo se prevenisse, embora o FOO pudesse ficar privado de visão pela chuva ou pela fumaça, ou sua linha telefônica pudesse ser cortada (e, numa batalha, isso ocorria com frequência, o que tornava a comunicação dependente de pombos-correio ou corredores). Os alemães podiam ouvir as conversas telefônicas dos britânicos num raio de 1,5 km, embora em 1915-16 os britânicos já tivessem desenvolvido métodos de comunicação mais seguros, como o Fullerphone e o "alarme de circuito" (*power buzzer*, em inglês).[29] Mesmo quando um canhão localizava seu alvo, a velocidade do vento – que muda sempre –, a pressão atmosférica e a temperatura podiam alterar a queda do projétil, além de também poder explodir no cano. Por todos esses motivos, repetidas vezes a preparação da artilharia resultava em frustração. No primeiro dia de Verdun, um bombardeio alemão de intensidade sem precedentes não conseguiu aniquilar uma defesa francesa incompleta, mas inteligentemente dispersa. Quando as tropas de assalto avançaram, ficaram sob fogo pesado. No Somme, os britânicos lançaram mais de 1,5 milhão de bombas em cinco dias, mas, na maior parte da frente, não conseguiram cortar o arame farpado alemão, atingir seus abrigos ou silenciar seus canhões. Os comandantes britânicos operavam por conjetura e não conseguiram calcular (na verdade, subestimaram grosseiramente) o bombardeio necessário para destruir a linha de frente inimiga. Eles chegaram à fórmula correta acidentalmente em Neuve Chapelle, onde concentraram secretamente a maior parte da artilharia da BEF contra uma única linha de defesa, mas não conseguiram repetir essa densidade de bombas antes de Arras, dois anos depois.[30] Contudo, tamanha quantidade era necessária apenas para a primeira posição, que não era capaz de destruir toda a profundidade das trincheiras inimigas, e, ao tentarem fazer isso, Haig, no Somme, e Nivelle, no Caminho das Damas, garantiram a ineficiência de suas artilharias. Além disso, à medida que a batalha do Somme ia se desenvolvendo, os alemães abandonaram suas trincheiras durante o fogo de barragem e se dispersaram pelas crateras abertas por bombas, criando um alvo tão disperso que nenhum bombardeio conseguiria destruir. Aumentar e ampliar o bombardeio na esperança de abrir uma passagem pelo peso dos explosivos e do metal foi uma empreitada infrutífera.

O fator "dependência" em relação à preparação da artilharia também contribuiu para a inflexibilidade tática e tornou o fator surpresa virtualmente inatingível. Preparar uma ofensiva na Frente Ocidental equivalia a um importante projeto de engenharia civil. Os britânicos usaram 21 mil sul-africanos negros nos batalhões de trabalho na Europa. No fim da guerra, eles representavam mais de 25% da mão de obra na Frente Ocidental.[31] Os franceses importaram trabalhadores da China e do Vietnã. Mas os soldados propriamente ditos executavam a maior parte do trabalho, e uma parte integral da experiência das trincheiras constituiu um esforço manual árduo e incessante. Os preparativos no Somme começaram em dezembro de 1915, numa região de difícil acesso à qual faltavam alojamentos, estradas, ferrovias e até mesmo água potável, devido ao terreno calcário. Em julho de 1916, os britânicos haviam efetuado 2,96 milhões de disparos de artilharia, estendido cerca de 110 mil km de cabos telefônicos (11 mil numa profundidade de mais de 1,80 metro) e construído 88 km de ferrovia de bitola padrão para uma batalha que exigiria 128 trens por dia.[32] Os franceses trabalharam durante dois meses antes da ofensiva de setembro de 1915 e do ataque de abril de 1917 – embora, no segundo caso, precisassem de mais tempo que o permitido pela impaciência de Nivelle, porque os empecilhos da localização proposta incluíam meios de transporte deficientes.[33] Entre os motivos pelos quais Falkenhayn insistiu em Verdun, Haig no Somme e Nivelle no Caminho das Damas estava a proporção do investimento preliminar em cada campo de batalha, e a demora e as despesas implícitas na preparação de novos ataques em outros locais.

Dadas as limitações da artilharia pesada, não foi surpresa que ambos os lados tenham buscado soluções alternativas, mobilizando suas comunidades científicas e industriais para esse fim. Para começar, os alemães eram não apenas mais bem treinados e equipados que seus oponentes na construção de trincheiras, como também estavam mais bem providos de armas de assalto. Granadas de mão eram obrigatórias no exército alemão em 1914, assim como morteiros leves. A bomba de Mills, que se tornou a principal granada britânica, causou muitos acidentes ao ser adotada, e só em 1916 uma versão mais segura foi empregada. O morteiro Stokes, desenvolvido pela iniciativa privada e encomendado por Lloyd George como ministro das Munições, esteve, de forma similar, presente no serviço geral apenas a partir de 1916.[34] Os alemães também introduziram um lança-chamas, empregado pela primeira vez na Frente Ocidental em fevereiro de 1915. Praticamente todos os lança-chamas do exército alemão foram empregados contra as fortalezas e os portos em Verdun, mas usados com menor intensidade nos últimos estágios da batalha, pois tinham alcance limitado e, assim, seus operadores só apontavam para alvos fáceis. No Somme, os britânicos também empregaram lança-chamas, mas, apesar dos horríveis ferimentos e do pânico que podiam gerar, foram mais espetaculares que eficientes.³⁵ Contudo, todas essas armas eram mais apropriadas para incursões ou para a limpeza das trincheiras inimigas que para ajudar a cruzar a terra de ninguém numa ofensiva. Três outras tecnologias prometiam mais nesse último aspecto. A primeira era a construção de túneis sob as fronteiras inimigas para a instalação de minas, que teve início no inverno de 1914-15 e foi principalmente característico do front anglo-germânico. As minas explodiram no primeiro dia do Somme, embora, ao serem detonadas dez minutos antes da zero hora, tenham servido como alerta do assalto. A instalação de minas era uma atividade ainda mais lenta e mais arriscada que a preparação com artilharia pesada, contudo, quando mantida em segredo, podia propiciar o benefício da surpresa. Contudo, só se prestava a ser um recurso suplementar de ataque.

Os dois recursos restantes – gás venenoso e tanques – foram muito mais importantes no curso da guerra. Ambos foram projetados para superar o impasse nas trincheiras. Os britânicos haviam experimentado o gás antes da guerra, e os franceses dispararam projéteis de rifles e podem ter usado granadas de gás no inverno de 1914- -15, mas as substâncias envolvidas eram mais irritantes que letais.³⁶ Embora haja motivos plausíveis para se afirmar que os Aliados teriam usado o gás se a Alemanha não o tivesse feito, os alemães são corretamente responsabilizados por tê-lo introduzido, o que constituiu uma das acusações de crime de guerra feitas contra eles na Conferência de Paz. Depois de experimentar gás lacrimogêneo contra os russos na tarde do dia 22 de abril de 1915, eles iniciaram a segunda batalha do Ypres lançando uma nuvem de cloro que deu início à intensa guerra química que diferenciou a Primeira Guerra Mundial dos conflitos armados precedentes e da maioria dos subsequentes. No total, 124.208 toneladas de gás foram usadas durante a guerra, metade dela apenas pela Alemanha. A quantidade quadriplicou de 1915 a 1916, dobrou em 1917 e tornou a dobrar em 1918. Em 1918, a tecnologia empregava cerca de 75 mil civis em grandes e perigosas operações de fabricação, bem como milhares de tropas especializadas. O uso do gás talvez tenha provocado meio milhão de baixas na Frente Ocidental (incluindo 25 mil mortes), além de 10 mil na Itália e um número alto, porém não registrado, na Rússia. Mas o uso do gás foi um microcosmo do conflito como um todo em sua combinação de escalada com impasse. A melhor chance de o gás haver se tornado uma tecnologia de ruptura das linhas inimigas foi no momento de seu primeiro uso, mas, se esse momento efetivamente existiu, foi, como de costume, perdido.

A Alemanha ultrapassou em muito a Grã-Bretanha e a França em capacidade de produção de gás e na pesquisa de produtos químicos, e até o final da guerra produziu gases tóxicos em massa, de maneira mais rápida e eficiente. Falkenhayn via o gás como uma ferramenta tática que poderia facilitar o resultado decisivo pelo qual ele ansiava no oeste, além de compensar a falta de bombas. Os alemães estavam convencidos de que poderiam conciliar suas ações com uma leitura arrogante da Convenção de Haia de 1899, e o consultor técnico de Falkenhayn, Fritz Haber, disse-lhe que a retaliação antecipada seria improvável. A maioria dos comandantes do exército era hostil e temia que, se os Aliados retribuíssem na mesma moeda, a Alemanha estaria em desvantagem devido aos ventos do oeste que prevaleciam sobre a França e Flandres. O comandante em Ypres estava disposto a tentar, mas ficou evidente que o gás apresentava muitas falhas. Para economizar bombas, decidiu-se liberar o cloro de quase 6 mil cilindros posicionados com antecedência, que eram volumosos para o transporte e difíceis de esconder (embora os Aliados tenham ignorado as advertências de seu serviço de inteligência). Também apresentavam a possibilidade de vazar e, portanto, eram extremamente impopulares entre as tropas. O sucesso dependia de um vento favorável, que levou semanas para soprar. O OHL, portanto, não esperava resultados espetaculares, mas buscava uma operação limitada que interrompesse as ofensivas de primavera dos Aliados, desviasse a atenção dos movimentos de tropas da Alemanha para a Rússia e (capturando a serra de Pilckem) tornasse a fortaleza de Ypres indefensável. No final, quando a nuvem de gás foi liberada às cinco horas da manhã contra os argelinos, que, em sua maioria, entraram em pânico e fugiram, abriu-se uma brecha de mais de 7 km ao norte de Ypres, mas os alemães tinham poucas tropas reservas disponíveis e as que enviaram para a frente não possuíam máscaras. Os Aliados usaram a noite para fechar a brecha, e uma segunda liberação de gás, contra os canadenses, dois dias depois, teve menor impacto. Em junho, respiradores primitivos haviam sido distribuídos em massa aos exércitos aliados e, em setembro, os franceses usaram gás em Champanhe, e os britânicos em Loos. Haig tinha grandes esperanças e estava confiante de que o gás lhe possibilitaria romper a linha alemã, apesar de sua contínua falta de bombas, mas, na manhã do ataque em Loos, o ar estava parado e, embora a nuvem tenha funcionado em alguns lugares, sufocou mais seus próprios homens que o inimigo.[37] Depois de Loos, houve poucas expectativas, de ambos os lados, de que o gás pudesse ser uma arma para vencer a guerra, embora os dois continuassem a usá-lo (os alemães contra os russos durante a campanha de verão na Polônia em 1915, e na Frente Ocidental, uma dúzia de vezes até agosto de 1916). Em média, o gás era mais eficiente no ataque sobre as defesas. Embora ambos os lados tivessem introduzido respiradores melhores (notavelmente, o britânico Respirador de Caixa Pequena, ou SBR), mais gases venenosos e novos métodos de liberá-los também foram adotados. O fosgênio, seis vezes mais tóxico que o cloro, foi usado pelos franceses em Verdun, armazenado em bombas e, portanto, dependente do vento; os alemães usaram difosgênio ou bombas "Cruz Verde" antes de seu ataque culminante em Verdun, em 23 de junho (embora logo suspendessem o bombardeio e as máscaras francesas fossem razoavelmente eficientes contra o gás).[38] No primeiro dia em Arras, os britânicos lançaram grande quantidade de fosgênio de uma nova arma semelhante a um morteiro, o projetor Livens. Era muito mais fácil carregar o projetor que os cilindros, e os alemães o temiam muito, pois não oferecia nenhum indício de seu lançamento. Em geral, os Aliados estiveram na dianteira, na guerra do gás, até julho de 1917, quando os alemães atacaram os britânicos com gás mostarda, abrindo uma nova e importante fase. Embora ambos os lados observassem, com certa justiça, que o gás provocava ferimentos muito menos terríveis e menos mortes que os altos explosivos, ele continuou a evocar um horror característico, o que tornou ainda mais difícil a vida dos soldados da linha de frente. Depois que a bomba de gás substituiu os cilindros, seu uso tornou-se muito mais generalizado. Contudo, ela continuava a ser uma arma auxiliar e fustigante que, na Segunda Batalha de Ypres e nas batalhas de Verdun e Arras, possibilitou sucessos temporários, mas não produziu resultados radicais.

Esses resultados eram ainda mais improváveis de ser obtidos com os tanques, que os britânicos usaram no Somme em setembro de 1916 e em Arras, e os franceses na ofensiva de Nivelle. Os tanques foram primeiro empregados, e de maneira independente, pelos britânicos e franceses, com os alemães sem nenhuma reação até que vissem as armas aliadas em ação. Na França, o visionário por trás delas era o coronel J. E. Estienne, que conseguiu uma audiência com Joffre em 1915 e foi autorizado a trabalhar em conjunto com a companhia de armamentos Schneider. Contudo, foi na Grã-Bretanha que o primeiro tanque pronto para combate, o Mark I, foi construído por Foster & Co., uma companhia de máquinas agrícolas, sob a liderança do Comitê de Máquinas Terrestres do Almirantado, que Churchill havia definido e fundado. Churchill, por sua vez, havia sido dispensado por um memorando que Hankey submetera ao gabinete depois de se encontrar com o equivalente inglês de Estienne, o tenente-coronel Ernest Swinton. Swinton e Estienne tinham visto o trator Holt, um veículo americano com esteiras, e os dois o viram como modelo para uma máquina capaz de cruzar as trincheiras. E, se o apoio de Joffre foi decisivo para Estienne, Swinton (que comandava um novo Destacamento de Tanques, criado em fevereiro de 1916) contava com o apoio entusiasmado de Haig, pois este ouvira falar do projeto. Na verdade, Swinton julgou o entusiasmo excessivo: ele preferia esperar até que um ataque em massa pudesse ser lançado sem nenhuma advertência.[39] Mesmo assim, nem o uso de tanques por Haig no Somme, nem seu uso de gás em Loos sugerem que ele estivesse resistindo cegamente às novas tecnologias.

A essa altura, os tanques tiveram pouco sucesso, não por causa da obstrução dos militares, mas porque estavam longe de serem as armas de 1939-45. Mesmo que tivessem sido empregados massivamente, não poderiam ter restaurado a guerra aberta. O problema básico era que tinham pouca potência. Os tanques britânicos do Mark I ao Mark V pesavam aproximadamente 30 toneladas e tinham motores de até 100 cavalos; os Sherman e os T-34 da Segunda Guerra Mundial tinham peso similar, mas motores de 430 e 500 cavalos, respectivamente.[40] O Mark I atingia a velocidade máxima de 4,8 a 6,4 km/h, e uma autonomia de ação de, no máximo, oito horas. Portava armas leves, com metralhadoras e dois pequenos canhões. Era difícil de dirigir, quente e cheio de monóxido de carbono, alvo fácil para a artilharia e altamente suscetível a falhas mecânicas. Apesar de seu peso, as novas balas de penetração de blindagem dos alemães podiam atravessá-lo. Não conseguia transpor os bosques arruinados do Somme e se tornava vulnerável nas vilas. Tampouco conseguia subir encostas mais inclinadas e se livrar dos buracos provocados por bombas. Dos 49 tanques prontos para entrar em ação no dia 15 de setembro de 1916, 13 não conseguiram alcançar a linha de partida. A barragem preparatória deixou "caminhos" pelos quais os tanques podiam trafegar sem problemas, mas, como não conseguiram avançar, a infantaria de apoio foi ao encontro de metralhadoras alemãs intactas. Contudo, três deles chegaram ao destino e ajudaram a capturar Flers, a 1,5 km do ponto de partida, e dois avançaram até a vila seguinte antes que os canhões alemães os detivessem. No primeiro dia em Arras, 60 tanques estavam disponíveis, porém, mais uma vez, muitos quebraram antes do início da ofensiva, para a qual pouco contribuíram. No segundo dia, 11 tanques foram designados para dar apoio a um ataque australiano à vila de Bullecourt, tendo, contudo, falhado por completo, e um assalto sem nenhum apoio da infantaria foi rechaçado, com 3 mil baixas, produzindo um legado de amargura contra o alto-comando britânico e as frotas de tanques.[41] No Caminho das Damas, os pesados modelos Schneider dos franceses sofreram falhas mecânicas ainda mais sérias, pois seus tanques de combustível estavam situados onde podiam facilmente incendiar, e o fogo alemão fez isso com muitos deles. As máquinas Saint-Chamond, construídas pelo Estado, representaram alvos ainda mais fáceis.[42] A estreia dos tanques foi desigual, para dizer o mínimo. Eles pareciam mais adequados para dar apoio à infantaria de pequena escala, esmagando arame farpado, silenciando metralhadoras, elevando o moral das tropas aliadas e enervando seus oponentes. Esses resultados foram suficientes para convencer o GHQ de que mais centenas deveriam ser encomendadas, enquanto os franceses respondiam à debacle do Caminho das Damas depositando sua confiança em veículos Renault mais leves que comportavam dois homens. No período central da guerra, contudo, nem gás nem tanques conseguiram restaurar a mobilidade.

Assim, a expectativa máxima ficava com a infantaria e a artilharia, com uma coordenação melhor entre elas. Outra nova tecnologia – o avião – foi muitíssimo importante, precisamente por aprimorar a eficiência da artilharia, por meio da observação direta (usada pelos britânicos já em setembro de 1914, na batalha do Aisne) e especialmente por meio da fotografia aérea, que foi usada a partir da primavera de 1915.[43] Em 1914, o avião teve proeminente função de reconhecimento – um avião francês havia observado o Primeiro Exército de von Kluck voltando-se para o leste de Paris, e aviões alemães haviam monitorado os movimentos russos antes diante de Tannenberg –, mas essa função se tornou menos decisiva depois que os fronts se estabilizaram. Um papel independente de ataque terrestre estava apenas começando, essencialmente porque o avião não tinha capacidade para carregar pesada carga útil, embora os aviões alemães despejassem bombas na fase inicial de Verdun, enquanto os britânicos bombardearam cinco trens inimigos durante a batalha do Loos e alvejaram tropas alemãs, despejando 50 toneladas de bombas durante a batalha no Somme.[44] Por fim, um estratégico papel de bombardeio também foi desempenhado em seu início, que não começou com o avião propriamente dito, mas com as aeronaves zeppelin da marinha alemã, que permaneceram sem uso devido à inatividade da Frota do Alto-Mar. Atacando inicialmente a costa leste da Grã-Bretanha, eles atingiram Londres pela primeira vez em maio de 1915, matando 127 pessoas e ferindo 352 durante o ano. De maneira típica, as naves zeppelin chegavam em noites limpas, sem lua, e, embora os britânicos logo aprendessem como detectar seus movimentos interceptando suas mensagens de rádio, a princípio não havia um meio capaz de destruí-las.[45] Em 1916, elas passaram a ter maior alcance, chegando às Midlands e à Escócia, forçando blecautes generalizados. No entanto, a partir de setembro de 1916, os defensores entenderam a extensão do problema, localizando as aeronaves por meio da interceptação de suas mensagens de rádio e, então, derrubando diversas com artilharia antiaérea e com aviões de combate que disparavam um novo tipo de munição explosiva. A partir de 1917, os bombardeiros Gotha substituíram as aeronaves como principal arma contra a Grã-Bretanha. As naves zeppelin abriram precedente para as novas formas de ataque a civis e reforçaram a percepção do público britânico de que o comportamento de seus inimigos era inaceitável, mas o dano que causavam ao esforço de guerra dos Aliados era negligenciável.[46]

Assim, o apoio à artilharia era o papel crucial da nova arma. Em 1915, os aviões britânicos eram equipados com rádio, e códigos especiais foram desenvolvidos para a comunicação com os pilotos e o monitoramento do efeito de seu fogo, mas a tarefa da observação direta foi desempenhada principalmente por balões com cordas, ligados por cabos telefônicos às suas baterias.[47] Contudo, os balões eram alvos óbvios para o inimigo e, logo, os combates aéreos começaram a ser travados em torno deles. Os aviões defendiam os balonistas e também faziam reconhecimento fotográfico. Em geral, a vantagem dessas operações ficava com os Aliados, particularmente com os franceses, que tinham muito mais aviões e pilotos que os britânicos ou os russos em 1914 e contavam com a maior indústria aeronáutica do mundo. Os Corpos da Real Força Aérea (RFC) ficaram bem atrás da França e da Alemanha nos primeiros dois anos da guerra.

Contudo, a princípio, não houve uma guerra aérea no sentido literal, já que nenhum avião de ambos os lados era equipado com metralhadoras, e muitas baixas resultaram mais de acidentes que da ação inimiga. A maioria das aeronaves tinha motores de propulsão situados atrás do piloto, embora fornecessem menos potência e qualidade de manobra que um propulsor de "trator" na frente, mas o problema com este último é que uma metralhadora fixa poderia danificar a hélice. Contudo, na primavera de 1915, o aviador francês Roland Garros equipou sua aeronave com uma metralhadora que atirava através da hélice, que tinha suas pás revestidas com placas de metal para desviar as balas que as atingissem. Os alemães derrubaram e capturaram sua máquina, e a companhia Fokker usou a informação obtida para lançar um dispositivo de sincronização pioneiro, que possibilitava instalar uma metralhadora dianteira que atirava através do propulsor de um novo monomotor sem atingir as pás. Durante meses, no inverno e na primavera de 1915-16, o "flagelo Fokker" colocou os alemães em vantagem, embora mais pela intimidação criada por seu monopólio da nova tecnologia que pelo número de aviões aliados abatidos. Ao concentrarem o poderio aéreo em torno de Verdun, os alemães esconderam parcialmente seus preparativos para a batalha e contaram com o controle dos céus nas primeiras semanas da ação. Mas, em maio, já o haviam perdido; os Aliados capturaram um avião Fokker, desenvolveram seu próprio sistema de sincronização e introduziram novos modelos com propulsores "de avanço" que não precisavam mais desse equipamento e, mesmo assim, saíam-se melhor que os aviões alemães.[48] Nas fases iniciais do Somme, o comandante dos RFC, Hugh Trenchard, compartilhou com Haig o compromisso de uma "ofensiva implacável e incessante", bem como de expulsar os alemães de seu espaço aéreo, mesmo que isso significasse negligenciar a defesa de aviões britânicos de reconhecimento e a aceitação de baixas entre seus pilotos.[49] Tendo começado a batalha com 426 pilotos, os RFC perderam 308 deles, entre mortos, feridos e desaparecidos, e outros 268 foram mandados de volta para casa, para serem substituídos por outros rapidamente treinados cuja expectativa de vida, no outono, era inferior a um mês.[50] Contudo, em setembro, uma nova geração de caças alemães Albatrós D.III estava ajudando a restabelecer o equilíbrio e, na "semana sangrenta" de abril de 1917, os "circos" alemães, ou grupos de caças, infligiram um número sem precedentes de baixas aos RFC em Arras, comandando os céus sobre o Caminho das Damas, praticamente impedindo o reconhecimento fotográfico e as observações de balão dos franceses. Somente em maio e junho, com a chegada de uma nova geração de aeronaves, incluindo o SE.5 e o Sopwith Pup britânicos e o Spad francês, foi que os Aliados reconquistaram vantagem nos combates.[51] Nos céus como no solo, portanto, a iniciativa afigurou-se completa, embora o combate aéreo, em última instância, ainda fosse algo secundário. A enorme superioridade nos ares ajudou bem pouco a Grã-Bretanha em 1º de julho de

1916, e sua perda não a impediu de obter sucessos muito maiores no primeiro dia em Arras, mesmo que, em outras ocasiões (a primeira fase de Verdun, o último estágio do Somme, o Caminho das Damas), a superioridade aérea dos alemães tenha reforçado sua eficiência no solo.

Contudo, a observação e a fotografia aéreas contribuíram, de maneira menos glamourosa, porém significativa, para a maior eficiência da artilharia. Em 1917, os franceses e os britânicos possuíam armas mais pesadas e em maior número, lançando uma quantidade maior e mais confiável de bombas, além de uma proporção mais alta de altos explosivos com menos estilhaços. Os Aliados também estavam conquistando maior precisão. Exemplo dessa precisão era o "tiro no mapa": a capacidade de atingir uma coordenada no mapa sem prevenir o inimigo e revelar a própria posição. Isso ficou ainda mais fácil depois que a BEF preparou mapas em larga escala de toda a frente britânica, providência que estava associada a um segundo recurso, que era o fogo aperfeiçoado das contrabaterias, com os britânicos usando novas técnicas como a detecção com luz e som para se equiparar à tecnologia dos franceses na detecção de armas inimigas.[52] Essas eram técnicas altamente sofisticadas, e foram necessários meses ou até mesmo anos para que os civis tomassem conhecimento delas.[53] A terceira foi a barreira de rastejo, que foi tentada pela primeira vez em Loos e se generalizou nos últimos estágios do Somme. A infantaria seguia o mais próximo possível atrás de um fogo de barragem que avançava apenas 18 metros à frente dela e cujo propósito era menos destruir que neutralizar as defesas inimigas, ao forçarem os alemães a se esconder até que os atacantes estivessem praticamente sobre eles, impedindo-os, depois que o fogo de barragem fosse suspenso, de reassumir suas posições de ataque no parapeito. Seus efeitos foram ainda maiores quando combinados (a partir de Arras) com os novos rastilhos 106, que detonavam as bombas quando estas atingiam o chão, e não depois de serem enterradas, causando, assim, muito mais danos ao arame farpado.[54] Nos ataques aliados de 1917 – especialmente no final desse ano –, mais artilharia alemã foi silenciada de antemão e a infantaria que atacava estava mais bem protegida. Até certo ponto, a própria conduta da infantaria quando atacava foi alterada. As notáveis ondas de homens seguindo em frente a pé, no primeiro dia do Somme, eram atípicas nesse estágio da guerra. Os alemães começaram em 1915 a experimentar ataques e incursões de surpresa por unidades prototípicas para suas posteriores tropas de assalto: esquadrões especialmente treinados e equipados que se movimentavam de maneira independente e usando lança-chamas, morteiros contra trincheiras, metralhadoras leves e granadas. No primeiro dia de Verdun, unidades pioneiras com corta-arames e explosivos destruíram o arame farpado francês, os lança-chamas foram voltados para os pontos fortes e, embora o assalto principal tenha ocorrido numa onda, seguiu-se por trás de uma barragem rastejante. Quando Ludendorff assumiu o OHL, solicitou um esquadrão de assalto para cada exército e deu novas instruções sobre as táticas de assalto.[55] Do lado francês, Pétain usou a fotografia aérea já em maio de 1915, a fim de ajudar seus artilheiros antes do ataque à serra de Vimy, treinando sua infantaria para avançar assim que o fogo de barragem fosse erguido. Os franceses aperfeiçoaram sua doutrina tática depois das ofensivas de 1915 e Verdun, e no início do Somme sua infantaria avançou em pequenos grupos que davam cobertura uns aos outros para confundir a defesa. Os contra-ataques de Nivelle em Verdun seguiram modelo similar,[56] e os franceses criaram suas próprias formações especiais de assalto, os *grenadiers d'élite*, em janeiro de 1917.[57] Essas novas práticas previram um transformação em termos de doutrina. O panfleto *O ataque na guerra de trincheiras*, do capitão francês André Laffargue, escrito à luz de suas experiências na ofensiva do Artois, em maio de 1915, despertou muita atenção dos historiadores como uma afirmação pioneira da necessidade das táticas de infiltração, embora não fosse nem completamente inovador nem a única fonte das mudanças doutrinárias. Não obstante, foi usado como manual do exército francês e, em 1916, foi traduzido para o inglês e para o alemão, influenciando Nivelle e o OHL.[58] Até os britânicos, cujos comandantes parecem ter seguido suas táticas imaginativas em 1º de julho, por duvidarem de que os Novos Exércitos tivessem essa habilidade, experiência ou coesão para se comportar de maneira mais independente, reconsideraram suas posições à luz do Somme e emitiram novas orientações já no início de 1917.[59] Em suma, Verdun e o Somme representaram um processo de aprendizagem, embora nenhuma combinação de táticas sem a maciça superioridade material parecesse poupar as forças atacantes de um avanço lento e difícil a um alto custo.

Um último motivo para o impasse tático foi que os defensores também estavam numa curva ascendente de aprendizagem.[60] A insistência de Falkenhayn em manter a primeira linha foi cada vez mais criticada pela Seção de Operações do OHL em 1915-16, com seus oficiais prevendo que, à medida que a artilharia aliada se aprimorava, o custo de seu enfrentamento aumentaria. Ambos os lados sofreram em Verdun para concentrar homens nas primeiras trincheiras e, nos primeiros estágios do Somme, os alemães tornaram a padecer disso. À medida que a batalha ia se desenvolvendo, eles montavam uma defesa cada vez mais dispersa, com Fritz von Lossberg, chefe do Estado-Maior do Segundo Exército, incentivando essa dispersão ao transferir decisões táticas aos comandantes dos batalhões e reconhecer que as mensagens dos quartéis de divisão levavam de oito a dez horas para alcançá-los. Depois de Hindenburg e Ludendorff terem encerrado as operações em Verdun, novas tropas e armamentos se tornaram disponíveis, enquanto os alemães desafiavam a superioridade aérea dos Aliados, conseguindo, assim, depois de setembro de 1916 (ajudados pelo tempo), deter praticamente todo o avanço anglo-francês e repelir as ofensivas com contra-ataques. Em resposta ao maior peso da artilharia inimiga, eles desenvolveram um sistema de defesa mais flexível, apesar das apreensões de seus próprios comandantes. Ludendorff queria travar uma batalha mais econômica a oeste e tinha a mente mais aberta que Falkenhayn a respeito de como fazê-lo. Além de aprovar, em setembro de 1916, a construção do que se tornou a Linha Hindenburg, ele pediu à sua equipe que preparasse um novo texto sobre doutrina defensiva, que foi publicado – não sem críticas – em dezembro de 1916. Seus autores advogavam uma linha de frente menos densa que seria enganosa para os atacantes, levando-os a uma zona de batalha extensa, onde seriam alvejados de todos os lados, antes de serem expulsos por contra-ataques de novas tropas estacionadas além do alcance da artilharia na retaguarda. Assim, em abril de 1917, as linhas de frente estavam efetivamente menos guarnecidas que em julho de 1916. Em Arras, o Sexto Exército alemão foi surpreendido com suas divisões de contra-ataque 24 km à frente, quando os britânicos atacaram às 5h30 de uma manhã nevada de abril, com seu fogo de barragem erguendo-se bem antes do que fora previsto pelos defensores. No Caminho das Damas, em contrapartida, onde os alemães sabiam exatamente o que esperar, eles mantiveram a linha de frente menos densa, e a infantaria francesa que foi além das primeiras defesas viu-se atingida por postos de metralhadora construídos em concreto. Se Arras demonstrou como os métodos e a tecnologia de ataque haviam evoluído, o Caminho das Damas deixou claro que a defesa também havia evoluído e ainda conservava a vantagem geral.

* * *

Até que ponto essa análise pode ser estendida a outros palcos da batalha? A península de Galípoli era uma débil frente de batalha, em que as proporções entre força e espaço eram ainda maiores que na Europa Ocidental. Como não houvesse ferrovias no local, ambos os lados eram supridos por mar, os britânicos e os franceses a partir de Mudros, e os turcos de Constantinopla através do mar de Mármara. Os Aliados dispunham de menos munição e suprimentos de todos os tipos do que na Frente Ocidental, contavam com menos apoio aéreo e perderam o suporte dos canhões dos navios quando a ameaça dos U-Boats ameaçou o Almirantado de retirar seus navios de guerra. Não obstante, eles tentaram lutar em colinas mais íngremes que as da França contra um inimigo determinado e equipado com modernos rifles e metralhadoras. Como as Potências Centrais podiam transportar a artilharia pesada por ferrovia até Constantinopla, os Aliados tinham pouca alternativa de ação. Em termos gerais, as proporções maiores de força e espaço e a revolução do poder de fogo operaram de maneira similar em Galípoli e na França.

O mesmo se aplicava ao front italiano, onde, em 1916, 1,5 milhão de soldados italianos enfrentaram talvez a metade desse número de austríacos. Embora a fronteira italiana com a Áustria-Hungria tivesse cerca de 600 km, seus dois setores ativos – o Isonzo e o Trentino – formavam apenas uma pequena porção do todo, tendo o front de Isonzo cerca de 96 km de extensão.⁶¹ Assim, as médias de força em relação a espaço eram novamente elevadas. Ao longo da maior parte da fronteira, os Alpes se erguiam como um paredão acima da planície italiana do norte, efetivamente inibindo os atacantes. Aqui, as condições eram muito piores que na França: as trincheiras tinham de ser cavadas na rocha com explosivos, ou cortadas nos lados das geleiras. Milhares de soldados morreram congelados, asfixiados pelas elevadas altitudes ou soterrados por avalanches. No setor do Isonzo, havia uma estreita faixa entre os Alpes Julianos e o planalto de calcário conhecido como o Carso, mas o próprio rio Isonzo formava uma barreira, e os austríacos estabeleceram posições fortificadas paralelas a ele. O impasse se estabeleceu de imediato no Isonzo e persistiu até 1917, enquanto o ataque austríaco de 1916 no Trentino, embora conquistando mais terreno (e em área mais montanhosa) que os italianos no Isonzo, fora contido antes que a ofensiva de Brusilov distraísse Conrad. Em 1915, os austríacos estavam em número relativamente menor que o dos alemães na França, mas gozavam do benefício da topografia – um planalto árido e rochoso erguendo-se a leste e um rio de águas rápidas – e vinham aprimorando sua infraestrutura ferroviária havia anos. Os italianos eram menos bem supridos de armas pesadas e munições que os franceses e os britânicos, e os austríacos os superavam em número de metralhadoras. Deter os ataques revelou-se algo inesperadamente fácil. De acordo com um observador francês, a artilharia italiana, dispersa ao longo de uma frente extensa demais, simplesmente não conseguiu destruir os canhões e as trincheiras austríacas, e o alto-comando parecia não saber quando seria necessário haver uma preparação.⁶² Um ano depois, a situação era similar: como a artilharia italiana não havia conseguido destruir as defesas austríacas da segunda linha, seu fogo de contrabateria era fraco, sua infantaria correu em direção a um fogo de barragem preciso e aos contra-ataques. Eles fizeram mais prisioneiros e conquistaram mais território que em 1915, mas ainda avançavam com certa dificuldade.⁶³ Embora Cadorna tivesse à sua disposição um número cada vez maior de soldados e armas à medida que a guerra avançava, seu exército parecia ter aprendido pouco com a Frente Ocidental, ganhando experiência com o fogo de barragem apenas na primavera de 1917 e reformando a tática de sua infantaria muito lentamente.⁶⁴ Entretanto, os próprios austríacos eram fracos demais para atacar, e a resistência do soldado italiano comum não devia ser subestimada. Até a chegada dos alemães em 1917, nenhum dos dois lados conseguiu romper esse impasse.

Se em Galípoli e no front italiano a dinâmica tática do combate lembrava a da França e da Bélgica, em outras partes isso era menos verdadeiro. As proporções entre força e espaço no Oriente Médio e na África foram infinitamente menores, e as circunstâncias logísticas, extremamente diferentes. O problema inicial pode ter residido na localização do inimigo, e não no reconhecimento do que estava depois da terra de ninguém. É difícil comparar o front do Cáucaso, um palco desconhecido, com ápices de clima e terreno, com qualquer outra coisa na Europa, embora a guerra de montanha dos Cárpatos e do Trentino possa oferecer analogia. Por outro lado, as forças atacantes foram frustradas pelos defensores entrincheirados com rifles e metralhadoras em Tanga, em novembro de 1914, em Ctesifonte um ano depois, e quando a força britânica de auxílio fracassou em romper o cerco turco em torno de Kut. Quando Murray atacou Gaza na primavera de 1917, lançou ataques de tanques contra o arame farpado e a defesa das trincheiras, embora os turcos tivessem deixado um flanco aberto para o interior, que os britânicos mais tarde viriam a explorar. Apesar das circunstâncias extremamente diferentes fora da Europa, as condições táticas da Frente Ocidental ainda tendiam a se desenvolver onde quer que as armas modernas coexistissem com altas proporções entre força e espaço.

A Frente Oriental e a dos Bálcãs ficavam numa categoria a meio caminho entre França, Flandres, Isonzo e Galípoli, de um lado, e Mesopotâmia e África, do outro. Com a extensão de 2.560 km no início de 1915, a Frente Oriental era duas vezes mais longa que a Ocidental, embora a retirada russa a tenha reduzido para cerca de 990 km antes de a campanha romena tê-la expandido em mais 400 km. Como os exércitos que ali lutavam eram significativamente menores que a oeste, as proporções força-espaço eram mais baixas. No inverno de 1915-16, os Aliados do oeste dispunham de 2.134 homens por quilômetro de front, e a Rússia de apenas 1.200.[65] No leste, a Alemanha concentrava uma divisão e meia por setor, enquanto França ou Bélgica concentravam cinco; a Áustria-Hungria tinha seis vezes mais homens em seu front italiano que no russo.[66] A concentração de metralhadoras e artilharia também era menor no leste, e a terra de ninguém ali era mais larga. Por vezes, inclusive, o gado pastava entre os exércitos. Com menos risco de bombardeamento, os sistemas de trincheiras eram menores, com mais homens concentrados na linha de frente e reservas móveis menores. Contudo, o leste também possuía menos ferrovias, o que tornava o deslocamento de reforços mais lento. Todos esses fatores tornavam mais fácil a ruptura das linhas inimigas, e tanto os alemães em Gorlice-Tarnow quanto Brusilov em Lutsk conseguiram fazer isso, embora em circunstâncias significativamente diferentes. Em Gorlice, os russos haviam baseado sua artilharia de campo em bastiões de terra sobre colinas baixas, de onde comandavam as trincheiras existentes. O setor era forte pelos padrões da Frente Oriental, mas não pelos da Frente Ocidental (sua proteção de arame farpado era rudimentar). O bombardeio dos alemães era o maior já visto no leste, mas sua superioridade de artilharia era inferior à da França e da Grã-Bretanha em 1915 ou no Somme, e suas táticas de infantaria não eram inovadoras.[67] As forças de assalto deslocaram-se na noite anterior, e trincheiras foram cavadas em direção às posições russas, mas, no dia do confronto, as tropas avançaram em grandes linhas para entrar em escaramuças (apoiadas pelo bombardeio aéreo) e sofreram baixas consideráveis, provocadas pelos rifles e pelas metralhadoras. As tropas tiveram a sorte de, na maior parte do setor, a resistência ter sido vencida rapidamente, com os russos se entregando ou sendo rapidamente levados para trás porque seus generais temiam um cerco. Em contraste, por volta de 1916, os austríacos que enfrentavam Brusilov haviam construído três linhas fortificadas, cada qual com três trincheiras, guarnecidas com metralhadoras, abrigos profundos e uma extensa cerca de arame, embora o reconhecimento aéreo russo tivesse informado que os austríacos dispunham de poucas reservas. Os homens de Brusilov contaram com o elemento surpresa, cavando trincheiras até as linhas inimigas e deslanchando um rápido bombardeamento, seguido por um assalto com unidades especialmente selecionadas e treinadas. Em outras palavras, as posições defensivas eram mais elaboradas, e as táticas de ataque, mais sofisticadas que um ano antes.[68] Ao longo de um front mais curto e mais estático que em 1915, as condições aqui também se aproximavam, cada vez mais, da norma da Frente Ocidental. Os obstáculos à mobilidade cresciam em outras frentes, mesmo enquanto os exércitos do oeste procuravam soluções para enfrentá-los. Embora as considerações sobre tática, tecnologia e logística se revelem essenciais para explicar o curso da guerra, se tratadas isoladamente, mostram-se insuficientes. Depois do triunfo de Brusilov, os ataques russos posteriores contra os alemães em torno de Kovno, embora lançados de uma frente estreita e com fogo de barragem mais pesado, resultaram infrutíferos. A Frente Oriental ainda se diferenciava da Ocidental em um aspecto importante. Os exércitos da Grã-Bretanha, da França e da Alemanha não eram igualmente eficientes, e os alemães tendiam constantemente a infligir mais baixas do que sofriam.[69] Mas, até 1917, os três eram comparáveis em sua disposição de persistir na ação, mesmo quando sofriam baixas pesadas. Em compensação, Brusilov, sobrepujado, preparou posições que nenhum dos dois lados teria abandonado tão facilmente na Frente Ocidental, e os alemães romperam a linha aliada em Gorlice com muito menos poderio de fogo e habilidade tática do que teriam precisado na França. Muitas unidades austro-húngaras eram inferiores em termos de coesão, moral e equipamento às russas, as quais, por sua vez, tendiam a ser inferiores às alemãs. Avanços na produção de armas também foram fundamentais para explicar os contrastes entre os palcos da guerra e o modelo geral da luta. A qualidade e a quantidade do material humano militar e os sucessos e fracassos das economias de guerra devem agora ser acrescentados à equação.

Notas

1. Griffith, *Battle Tactics*, p. 30.
2. Ibid.
3. Keegan, *First World War*, pp. 198-202.
4. Falkenhayn, *General Headquarters*, pp. 13, 40-41.
5. Ibid., pp. 36-7; Wynne, *If Germany Attacks*, pp. 13-17.
6. Doyle and Bennett, "Military Geography".
7. Wynne, *If Germany Attacks*, pp. 100-103.
8. Keegan, *First World War*, pp. 197-8.
9. Ashworth, *Trench Warfare*, pp. 3-7; Fussell, *Great War*, cap. 2.
10. Keegan, *First World War*, p. 203; Henniker, *Transportation*, p. xxi.
11. Prior and Wilson, *Command on the Western Front*, pp. 64-5.
12. Sarter, *Deutschen Eisenbahnen*, p. 91; Marchand, *Chemins de fer*, p. 125.
13. Singleton, "Britain's Military Use of Horses".
14. Whalen, *Bitter Wounds*, p. 50.
15. Gudmundsson, *Stormtroop Tactics*, pp. 94-5.
16. Griffith, *Battle Tactics*, p. 38.
17. Wynne, *If Germany Attacks*, p. 76.
18. Ibid., pp. 34, 54.
19. Travers, *Killing Ground*, pp. 155, 157.
20. Wynne, *If Germany Attacks*, pp. 91ss.
21. French, "Military Background to the 'Shell Crisis'", pp. 197-8; memorandos GQG, 30 de maio e 2 jun. 1915, SHA 16.N.1709.
22. Whalen, *Bitter Wounds*, p. 42.
23. Prior and Wilson, *Command on the Western Front*, pp. 36-41.
24. Mosier, *Myth*, p. 149.
25. Stevenson, "French Strategy", pp. 306-307.
26. Prior and Wilson, *Command on the Western Front*, p. 166.
27. Keegan, *Face of Battle*, pp. 235-6.
28. Bidwell e Graham, *Fire-Power*, pp. 8-9.
29. Ibid., p. 141; Hartcup, *War of Invention*, pp. 76-8.
30. Prior and Wilson, *Command on the Western Front*, caps. 16, 17. French, "Shell Crisis", pp. 199-200.
31. Willian, B. P., "South African Native Labour Contingent", p. 61; Robb, *British Culture*, p. 17.
32. Keegan, *Face of Battle*, p. 123; Prior e Wilson, *Command on the Western Front*, p. 156; Henniker, *Transportation*, p. 119; Brown, *British Logistics*, cap. 4.
33. Marchand, *Chemins de fer*, pp. 390, 406.
34. Gudmundsson, *Stormtroop Tactics*, pp. 27-35; Hartcup, *War of Invention*, pp. 62-6.
35. Gudmundsson, *Stormtroop Tactics*, pp. 44-5, 58, 64.
36. Em geral, sobre gás, Haber, *Poisonous Cloud*; Spiers, *Chemical Warfare*, cap. 2; Trumpener, "Road to Ypres".
37. Graves, *Goodbye to All That*, pp. 125ss.

38. Horne, *Price of Glory*, pp. 282-8.
39. Prior and Wilson, *Command on the Western Front*, pp. 234, 239.
40. Mosier, *Myth*, pp. 238-9.
41. Andrews, *Anzac Illusion*, p. 99.
42. Mosier, *Myth*, pp. 274-5.
43. Bidwell and Graham, *Firepower*, pp. 100-103.
44. Griffith, *Battle Tactics*, p. 136.
45. Ferris, "Airbandit", pp. 36-41.
46. Wilson, *Myriad Faces*, pp. 87, 156-7, 389-93.
47. Murray, *War in the Air*, pp. 32-3.
48. Hartcup, *War of Invention*, pp. 145-7; Morrow, *German Air Power*, pp. 48-56.
49. Cooper, *Birth of Independent Air Power*, pp. 71-4.
50. Murray, *War in the Air*, p. 41.
51. Ibid., pp. 74-80.
52. Griffith, *Battle Tactics*, p. 153; Hartcup, *War of Invention*, pp. 70-76.
53. Sheffield, *Somme*, p. 72.
54. Griffith, *Battle Tactics*, pp. 142-6.
55. Gudmundsson, *Stormtroop Tactics*, pp. 83-7; Herwig, *First World War*, p. 253.
56. Greenhalgh, "Why the British", p. 157; Horne, *Price of Glory*, cap. 25.
57. Gudmundsson, *Stormtroop Tactics*, p. 88.
58. Lupfer, "Dynamics", pp. 38-9; Pierrefeu, GQG, v. 1, p. 163.
59. Griffith, *Battle Tactics*, pp. 176-9.
60. Sobre o assunto, Wynne, *If Germany Attacks*, é essencial.
61. Cruttwell, *Great War*, p. 446.
62. De Gondrecourt para Joffre, 19 nov. 1915, SHA 7.N.735.
63. EMA 2nd Bureau, relatório sobre as ofensivas de Isonzo, de agosto-novembro de 1916, SHA 7.N.743.
64. Millett e Murray (eds.), *Military Effectiveness*, v. 1, pp. 171-2, 177.
65. Fuller, "Eastern Front", pp. 61-2.
66. Stone, *Eastern Front*, pp. 93-4.
67. Stone, *Eastern Front*, p. 131; Gudmundsson, *Stormtroop Tactics*, pp. 108-11.
68. Brusilov, *Mémoires*, pp. 197-201, 208-9; Millett e Murray (eds.), *Military Effectiveness*, v. 1, pp. 310-12.
69. Ferguson, *Pity of War*, pp. 300-302.

8
O ELEMENTO HUMANO E O MORAL

A GUERRA EXIGIA O ELEMENTO HUMANO DE MANEIRA VORAZ. As forças armadas da Alemanha tinham, em média, de 6 a 7 milhões de soldados, com cerca de 5 milhões no exército de campo, e durante a guerra foram mobilizados 13,3 milhões de homens – cerca de 85% de sua população masculina com idade entre 17 e 50 anos.[1] A Rússia mobilizou entre 14 e 15,5 milhões;[2] a França, 8,4 milhões (7,74 milhões da França metropolitana e 475 mil de suas colônias);[3] as Ilhas Britânicas, 4,9 milhões para o exército e 500 mil para a marinha e a força aérea, ou um terço da mão de obra masculina anterior à guerra.[4] As marinhas e as forças aéreas eram as maiores recrutadoras, e uma imensa quantidade de mão de obra civil era necessária para assegurar os serviços necessários e os funcionários para as crescentes burocracias dos tempos de guerra, mas eram os exércitos que mais exigiam recursos humanos e provocavam as baixas de maneira esmagadora. Como em outras esferas, nesta os Aliados ampliaram sua vantagem sofre as Potências Centrais no período médio da guerra, mas na primavera de 1917 os dois lados haviam desenvolvido seu esforço máximo. A partir de então, podiam lutar no mesmo nível de intensidade apenas pela substituição do poderio de fogo por homens. Embora nenhuma potência continental tivesse esperado uma provação tão longa e punitiva, seus sistemas de alistamento significavam que elas haviam registrado a maioria de seus homens fisicamente capazes em tempos de paz e dispunham do mecanismo adequado para convocá-los, além de que muitos homens haviam recebido treinamento militar. Mesmo assim, depois do primeiro ano, ficou mais difícil encontrar oficiais e soldados treinados que manejassem armas. Antes de 1914, a França havia alistado cerca de 80% de seus homens em idade militar, contra 56% da Alemanha e 25% da Rússia.[5] Quando a guerra eclodiu, seguindo a lição de 1870 de que tudo deve ser jogado nas primeiras batalhas, os franceses convocaram, em adição às três (1911-13) classes alistadas que já estavam lutando, 24 classes mais velhas, remontando ao ano de 1887.[6] A França acrescentou os sucessivos grupos de soldados à medida que iam chegando à idade do serviço militar e até com menos idade: a classe de 1914 (com quase um soldado em três terminando morto ou desaparecido) em agosto-setembro de 1914;

a classe de 1915, em dezembro; a classe de 1916, em abril de 1915; a classe de 1917, em janeiro de 1916; a classe de 1918, em abril-maio de 1917; e a classe de 1919, em abril de 1918.[7] Em janeiro de 1916, 87% de todos os homens mobilizados pela França haviam sido convocados[8] (como cada nova incorporação tinha em média 250-300 mil homens). A partir de então, os novos recrutas mal compensavam as baixas. No entanto, eram suficientemente numerosos, apesar das enormes perdas em Verdun e no Somme, para manter a França na guerra. Três quartos do total de perdas francesas foram registrados no final da ofensiva de Nivelle.[9] O número de soldados franceses que lutavam na Frente Ocidental atingiu seu pico em julho de 1916, num total de mais de 2.234.000 homens, e em outubro de 1917 havia caído para 1.888.000.[10] Uma crescente proporção dos que serviam no exército era de não combatentes (o que refletia uma tendência mais ampla à expansão dos serviços de apoio) e, em abril de 1917, cerca de 550 mil homens das classes mobilizadas foram dispensados para trabalhar na fabricação de munição, o que muitos oficiais consideraram uma violação do princípio republicano de igualdade de sacrifício. A lei Dalbiez, de agosto de 1915, e a lei Mourier, de agosto de 1917, estabeleciam que os jovens trabalhadores qualificados iriam para o front e apenas os homens mais velhos permaneceriam nas fábricas de armas. Mas nem o governo nem o alto-comando estavam dispostos a obedecer a essas ordens, e as duas leis foram tão radicalmente emendadas que acabaram se tornando ineficientes.[11] O exército, portanto, declinou de preencher suas vagas com a mão de obra da fabricação de munição; ao contrário, seus comandantes queriam ainda mais armas e munições, a fim de compensar os números que caíam. Os recrutas coloniais tampouco compensaram as baixas. Durante a guerra, a França recrutou cerca de 607 mil combatentes em seu império, principalmente na África do Norte e Ocidental. Destes, 134 mil foram para a Europa, onde eram frequentemente usados como tropas de assalto (por exemplo, no Caminho das Damas), e 31 mil ali morreram. Contudo, mesmo em seu número máximo, eles chegavam a pouco mais de 4% de todos os combatentes franceses na Frente Ocidental, apesar das grandes ondas de recrutamento de 1916 e 1918.[12] Depois do desastre de Nivelle, o exército francês simplesmente não mais podia correr o risco de sofrer baixas maciças em futuras ofensivas mais intensas, mesmo que suas tropas estivessem dispostas a empreendê-las.

Se, na primavera de 1917, a França estava perto de seu limite, a Rússia não estava em situação muito melhor. Isso pode parecer surpreendente, dada sua população mais numerosa, mas, devido a uma combinação de motivos financeiros e políticos, o Stavka havia baixado a taxa de alistamento anterior à guerra a níveis muito mais baixos do que aqueles que eram típicos no Ocidente. Em julho de 1914, a Rússia mobilizou cerca de 4,5 milhões de homens, acrescentando ao exército ativo (as classes de 1911, 1912 e 1913) cerca de 3,1 milhões de reservistas da primeira classe (os que haviam servido entre 1904 e 1910), cuja maioria havia continuado a receber treinamento anual. Mas o império perdeu cerca de metade de seus homens treinados no pré-guerra antes mesmo do início da retirada de 1915 e, no final de 1916, as baixas totalizavam 5,5 milhões.[13] Em resposta às baixas, que eram muito maiores que o esperado, as autoridades convocaram os reservistas treinados das classes de 1896--1910, e acrescentaram todas as classes de 1915-1918 (cada uma delas totalizando cerca de 550 mil homens) em 1914-15. Uma lei especial de dezembro de 1915 permitia que a classe de 1919 também fosse convocada.[14] Além de convocar reservistas treinados e os que tinham entre 17 e 18 anos, o exército também convocou homens que haviam participado de sorteios anteriores, escapando, assim, do serviço militar, bem como os mais velhos que haviam passado das reservas para a milícia (os *ratniki*). Na luta por compensar as perdas sofridas durante a Grande Retirada de 1915, o governo apressou-se em promulgar uma lei que permitia convocar os *ratniki* até a idade de 40 anos e fazer maior uso de não russos, ao custo de revoltas de contingentes na Ásia Central.[15]

Esses expedientes acentuaram as características peculiares do exército czarista. Se ele continuasse a depender dos *ratniki*, teria de convocar homens dos quais não possuía nenhum registro administrativo.[16] No entanto, para se equiparar aos alemães, era preciso mais que recrutar homens rudes do interior. Provavelmente, em 1916, a proporção de recrutas urbanos das classes trabalhadoras em suas fileiras era de apenas 2%, ou ainda menos em tempos de paz, devido às baixas e ao fato de os homens serem direcionados para a produção de munição.[17] Além disso, os NCOs e oficiais eram proporcionalmente muito menos numerosos no exército antes da guerra que as forças europeias ocidentais,[18] e durante a guerra os homens com educação formal podiam facilmente encontrar um trabalho administrativo por trás das linhas, embora um corpo de oficiais já superlotado sofresse baixas ainda mais pesadas que os soldados rasos. Em 1915, alguns regimentos contavam apenas com metade de seus oficiais regulares[19] e, no final de 1916, as baixas de oficiais chegavam a 92.500.[20] Nessa emergência, as autoridades treinaram candidatos em massa e, na primavera de 1917, as vagas haviam sido preenchidas, embora menos de um para cada dez dos corpos de oficiais estivesse, então, com seus números regulares.[21] Os homens que assumiam (a maioria muito jovem, recém-saída da escola ou ainda estudante) eram recrutados para fazer cursos rápidos nas escolas militares, que, para a infantaria, duravam apenas quatro meses, ou recebiam instrução mais rudimentar nas chamadas escolas--emblema, cujos alunos eram principalmente camponeses ou gente que provinha das classes trabalhadoras, com apenas quatro anos de educação formal. Esse expediente estreitou a divisão social entre os jovens oficiais e os graduados (sem, necessariamente, melhorar o tratamento destes últimos), mas ampliou a distância entre os produtos aristocráticos da elite das academias militares em posições mais elevadas de comando, bem como no restante do exército. Devido aos esforços industriais da Rússia, o exército estava mais bem equipado no inverno de 1916-17, porém menos confiável e coeso.

Se os russos não estavam em condições de se equiparar aos franceses, na Grã--Bretanha nem os voluntários de 1914-15 nem os alistados a partir dessa data atendiam às necessidades do exército. O modelo de recrutamento britânico era bem diferente do continental. Em primeiro lugar, o império era muito mais importante, com a Índia, sozinha, contribuindo com 1.440.037 voluntários. Em 1915, 138 mil tropas indianas estavam baseadas na Frente Ocidental, onde, temporariamente, preencheram uma parte importante das linhas britânicas; no Oriente Médio, eles serviram em números muito maiores. O Canadá enviou 458 mil homens para o exterior; a Terra Nova (nessa época, um domínio próprio), 8 mil; a Austrália, 332 mil; a Nova Zelândia, 112 mil; e a África do Sul mandou 136 mil brancos como combatentes, além de alistar 75 mil não brancos para servir na Europa e na África, integrando o South African Native Labour Contingent (contingente sul-africano nativo de trabalho). Do Caribe, chegaram 16 mil voluntários; a África Oriental Britânica arregimentou cerca de 34 mil combatentes; as colônias da África Ocidental Britânica, 25 mil; e os africanos convocados para o serviço de carregadores eram ainda mais numerosos.[22] Em geral, essas unidades eram pagas pelos governos que as enviavam – um enorme subsídio para a pátria-mãe. A Grã-Bretanha fez um uso muito maior de voluntários. Havia voluntários também na França e na Alemanha – principalmente jovens educados que se alistavam antes de serem convocados. Mas, no primeiro dia do Somme, a maioria de franceses e alemães presentes era composta por alistados, enquanto todos os britânicos, de uma forma ou de outra, estavam lá por livre e espontânea vontade.[23]

Nas Ilhas Britânicas, apenas um oitavo dos que serviam o exército durante a guerra havia entrado antes de 1914, embora a metade dos que estavam na marinha o tivesse feito. O governo, antes da guerra, não dispunha de planos de contingência para formar um enorme exército ou mandar para o continente mais que seis divisões regulares da BEF; a maioria da Força Territorial (TF) não havia se comprometido a servir no além-mar.[24] A onda de voluntários depois da eclosão da guerra permitiu ao governo liberal projetar poder na Europa e aceitar baixas pesadas sem violar seus princípios ou arriscar o consenso político ao impor o serviço militar sob coação. Contudo, a onda foi muito inesperada e, ao delegar o recrutamento a instituições como as autoridades locais e empregadores, o Gabinete de Guerra perdeu o controle sobre o fenômeno, com mais homens se alistando do que era possível alimentar, equipar, treinar ou mesmo alojar. Em setembro, 478.893 homens haviam se alistado, com o maior número durante as angustiantes semanas entre as batalhas de Mons e Marne. Kitchener não gostava da TF por ser uma organização não profissional e, embora tenha se expandido bastante, a maioria dos recrutas ia para os Novos Exércitos de Kitchener, uma criação nova, distinta da Territorial e da antiga força regular.[25]

Como muitos outros fatos ocorridos em 1914-18, o voluntariado tinha poucos paralelos na história britânica. Durante a guerra, 2,4 milhões de voluntários se alistaram (em comparação com 2,5 milhões de recrutados).[26] Eles vinham de todas as regiões das Ilhas Britânicas; somente no sul da Grã-Bretanha e no sul da Irlanda, regiões agrícolas, o fenômeno foi menos intenso e, mesmo assim, mais de 140 mil irlandeses se apresentaram como voluntários durante a guerra, dos quais cerca de 35 mil morreram.[27] Todos os setores da economia estavam representados, bem como todas as classes sociais, embora os voluntários fossem predominantemente homens mais jovens e amiúde abaixo da idade mínima estipulada de 19 anos, às vezes muito abaixo disso.[28] Na medida em que a generalização é possível, com base em cartas, depoimentos orais e diários (e os motivos variavam de acordo com a classe social), viagem, aventura e a oportunidade de participar de grandes acontecimentos eram todos motivos amplamente relevantes, bem como a campanha propagandista realizada pelo Comitê Parlamentar de Recrutamento, a pressão das classes sociais superiores e o desejo de comprovar sua masculinidade. O desemprego também desempenhou papel relevante, pelo menos nas primeiras semanas, antes de o mercado de trabalho diminuir. E também o patriotismo, como resposta a um apelo das autoridades estatais para a defesa da pátria, e os picos de alistamento que ocorreram imediatamente após as crises militares em Mons, a primeira batalha do Ypres e Loos.[29] Nos Domínios, a corrida ao alistamento foi ainda mais notável, dada a distância geográfica da metrópole: 52.561 australianos, por exemplo, se alistaram no final de 1914. Um em cada cinco australianos, e dois em cada cinco canadenses que serviram haviam nascido na Grã-Bretanha, mas até os imigrantes menos recentes se alistaram em dezenas de milhares, por motivos que (como na própria Grã-Bretanha) incluíam o desemprego, o desejo de aventura e certa inocência com relação à guerra moderna, embora também o desejo autêntico de ajudar a pátria-mãe. Na Índia, o recrutamento proveio principalmente dos tradicionais reservistas do norte, do Nepal e do Punjab, identificados pelos britânicos como as pátrias das "artes marciais", embora, à medida que a guerra avançava, mais voluntários tenham vindo do sul da Índia e de grupos socialmente inferiores.[30] Em contraste, na África do Sul, o levante africâner de outubro de 1914 foi parcialmente direcionado contra o serviço militar para o império, e no Canadá os franco-canadenses compreendiam 35% da população, mas apenas 5% da Força Expedicionária Canadense.[31] Em toda parte, os totais mensais foram caindo acentuadamente depois do entusiasmo inicial,[32] e na própria Grã-Bretanha, depois do verão de 1915, os voluntários não mais conseguiam atender às necessidades do exército, abrindo uma prolongada crise política sobre o que fazer em seguida.

A controvérsia do recrutamento representou o mais importante debate político da Grã-Bretanha durante o ano após a formação do primeiro governo de coalizão de Asquith, em maio de 1915. Todos compreendiam que pouquíssimos homens estavam se alistando e, especialmente depois que Kitchener, na Conferência de Calais, realizada em julho de 1915, aceitou o desafio de compor 70 divisões para a BEF, os Novos Exércitos sofreram suas primeiras baixas pesadas em Loos, e o governo concordou com uma ofensiva maior em 1916, como parte da estratégia de Chantilly. Nesse ínterim, Lloyd George, que havia passado do Ministério da Fazenda para o recém-criado Ministério das Munições, estava determinado a aumentar a produção de bombas e sabia que seu futuro político dependia do êxito da empreitada. Ele passou a ser adepto do recrutamento como medida essencial para garantir os trabalhadores especializados que lhe eram necessários, a fim de *protegê-los* do serviço militar. Portanto, o debate nunca foi uma simples contestação entre a meticulosidade liberal e a necessidade de homens por parte do exército, apesar das críticas de Asquith, que queria o recrutamento, em parte, com bases simbólicas, a fim de descartar os "mandriões", usando a questão (como os críticos de Bethmann na Alemanha faziam com a guerra dos submarinos) como pedra de toque da vontade de vencer do governo. Esse fato ameaçava alienar o Partido Trabalhista e o TUC, que temiam que o recrutamento levasse ao trabalho civil compulsório e limitasse o poder de barganha dos sindicatos. Também ameaçava dividir o Partido Liberal e o gabinete, além de remover Asquith do cargo de primeiro-ministro, exatamente o que muitos unionistas (e provavelmente também Lloyd George) desejavam. Contudo, o líder unionista Andrew Bonar Law hesitava em provocar uma crise que pudesse forçar uma eleição geral divisora, preferindo aquiescer com os estratagemas de Asquith para postergar uma decisão. Portanto, a obrigação ingressou sorrateiramente. O Ato de Registro Nacional, de julho de 1915, exigia que todos os homens e mulheres entre 16 e 65 anos registrassem nome e ocupação. O "esquema Derby" de outubro-dezembro, supervisionado por Lorde Derby, como diretor de Recrutamento, convidava os homens em idade militar a "atestar" sua disposição em servir. Como o esquema falhou – e talvez fosse essa mesma sua intenção – em atingir seus objetivos, o Ato do Serviço Militar de janeiro de 1916 previa o alistamento obrigatório de homens solteiros entre 18 e 41 anos, embora com numerosas exceções (a serem administradas por um sistema de tribunais), que incluíam trabalho de guerra, problemas familiares, de negócios, de saúde e objeção de consciência. Depois de um agitado interlúdio em que alistamentos mensais sob o novo regime recrutaram metade do que o serviço voluntário havia conseguido, um segundo Ato do Serviço Militar, em maio, ampliou a obrigação para homens casados, embora, tal como ocorrera com seu predecessor, isentasse os irlandeses. O premiê provavelmente aceitou que o alistamento era algo inevitável, mas o desejava numa base que o mantivesse unido com seu partido em Downing Street. Portanto, ele esperou até o Registro Nacional e o esquema Derby acomodarem uma fonte de elemento humano que a compulsão, apenas, poderia secar. Apesar disso, o alistamento de homens casados imposto, a pedido de Robertson (recém-instalado como CIGS), foi apoiado por Lloyd George e pelos líderes unionistas, bem como por boa parte da imprensa. Sua autoridade nunca foi recuperada, e o imbróglio apressou o declínio do Partido Liberal, além de confirmar o compromisso da Grã-Bretanha com uma forma de guerra total.[33]

A decisão britânica abriu precedentes para os Domínios, com a Nova Zelândia adotando o serviço militar obrigatório em julho de 1916. No entanto, o Canadá só aderiu à nova tendência no último ano da guerra e, na Austrália, o governo perdeu dois referendos sobre a questão, em outubro de 1916 e dezembro de 1917, o primeiro por uma margem estreita e o segundo por uma margem muito mais ampla. A oposição veio, em parte, da comunidade irlandesa e da hierarquia católica, antagonizadas pela supressão do Levante de Páscoa em Dublin, em 1916. Mesmo na Grã-Bretanha, o alistamento não conseguiu resolver o problema do "elemento humano" (um termo que entrou para o vocabulário político nessa época).[34] Menos soldados foram recrutados em 1916 por meio do alistamento que em 1915, quando ainda não existia.[35] A objeção de consciência, com base na moral e na religião, uma concessão controversa feita por Asquith ao escrúpulo pessoal e a seus críticos liberais, não foi a razão principal.[36] Praticamente todos os 779.936 homens isentos de convocação entre 1º de março de 1916 e 31 de março de 1917 não escaparam por razões de consciência, mas devido à má condição física ou por estarem empregados nas indústrias essenciais. O alistamento significava que atividades como a ferroviária, a mineração e a fabricação de armamentos estavam mais bem protegidas que antes (agora que o voluntariado fora abolido), embora o recrutamento militar tenha atingido mais profundamente outros setores, como, por exemplo, o comércio.[37] Ele não foi de grande ajuda para o exército, cuja necessidade foi exacerbada pelas imensas perdas no Somme.[38] Encurraladas entre o front e a produção de munição, as autoridades dispunham de poucos homens para atender a essas duas coisas. Embora a BEF tenha crescido de 907 mil em 1º de dezembro de 1915 para 1.379.000 em 1º de outubro de 1916 e 1.801.000 em 1º de outubro de 1917, neste último ano ela atingiu seu pico, e sua força de combate começou a declinar.[39] O exército italiano também atingiu seu clímax em 1917 e já dava sinais de apuro similar.[40] A Grã-Bretanha e a Itália estavam atrás da França e da Rússia no ciclo, embora não muito.

Os Aliados embarcaram na estratégia de Chantilly ao pressuporem que as reservas de elemento humano das Potências Centrais estivessem perto da exaustão.[41] A conferência recomendou que os Aliados precisavam infligir perdas na ordem de 200 mil homens por mês aos alemães.[42] Na verdade, os Aliados calcularam corretamente que as reservas das Potências Centrais eram mais limitadas que as deles, embora tenham superestimado sua própria capacidade de absorver baixas e subestimado o poder de recuperação do inimigo – ou, pelo menos, o da Alemanha. Deixando a Bulgária de lado, cujo papel era marginal, provavelmente a Potência Central mais pressionada era o Império Otomano, cujos cristãos e judeus (cerca de um quinto de sua população) podiam ficar isentos do serviço militar pagando uma taxa, da mesma forma que os muçulmanos de maior poder aquisitivo. Os curdos foram amplamente usados como cavalaria irregular. Os 6 milhões de árabes do império (principalmente na Síria e no Iraque) foram cada vez mais convocados à medida que a guerra prosseguia, mas as autoridades os viam como inferiores às tropas turcas. O grosso do fardo do recrutamento, portanto, recaiu sobre os cerca de 10 milhões de camponeses turcos do planalto da Anatólia e, mesmo quando totalmente mobilizado, o exército de 800 mil homens representava apenas 4% da população (enquanto, na França, essa proporção era de 10%). O país perdeu suas melhores unidades prematuramente, nas campanhas do Cáucaso e do Dardanelos, embora seus números tenham alcançado o ápice no início de 1916. Um ano mais tarde, ele fora reduzido para 400 mil e, em março de 1918, para 200 mil.[43] A Áustria-Hungria, embora fosse mais rica e contasse com uma população total de mais de 50 milhões, foi outro império multinacional que, antes de 1915, mantinha seu exército (e, portanto, seus reservistas) pequeno, treinando apenas cerca de um em cada quatro grupos de homens em idade militar. Um bom motivo para o contínuo recrutamento alemão na Frente Oriental foi que os russos ultrapassavam em muito os números de seu aliado. Em 1914, a Áustria-Hungria convocou 3,5 milhões de homens, em sua quase totalidade composta por reservistas treinados e homens não treinados, sofrendo 1,25 milhão de baixas nos primeiros seis meses. Apesar do precoce alistamento da classe de 1915, uma razão para a emergência militar dos Habsburgo na primavera de 1915 foi a falta de homens.[44] A força numérica do exército foi atingida antes que a de outros beligerantes, e a partir de 1915 sua existência era precária. Por exemplo, 48% dos corpos de oficiais foram perdidos ou estavam desaparecidos no início de 1915, em comparação com 25% da Rússia e 16% da Alemanha.[45] Em abril de 1915, os homens de 18 a 20 anos foram alistados pelo dever (territorial) de Landsturm, e o exército continuou a existir em 1916 apenas devido à convocação da classe de 1898, sete meses antes do prazo. Até a classe de 1899 estar disponível, os militares tiveram de se contentar com o que possuíam.[46]

A situação da Alemanha – por ser um bloco quase todo etnicamente homogêneo, composto por 65 milhões de habitantes, que, antes de 1914, havia convocado uma proporção de seu elemento humano só abaixo da francesa – devia ser muito mais favorável. No entanto, mesmo ali, quando Hindenburg e Ludendorff assumiram, a falta de elemento humano estava provocando grande ansiedade. Como os franceses, os alemães tinham um grande número de reservistas treinados, o que lhes possibilitou manter um grande exército de campo desde o início; ao contrário dos franceses, eles apresentavam uma elevada taxa de nascimentos e números muito maiores em cada classe convocada, e não hesitaram em recorrer a elas, convocando duas classes (1895 e 1896) em 1915 e mais duas (1897 e 1898) em 1916.[47] Praticamente todos os homens nascidos entre 1879 e 1899 prestaram serviço militar, com as classes de 1892-95 sofrendo entre 35% e 37% de mortes. Mesmo assim, o exército de campo, embora com uma média de 4,6 milhões de homens de agosto de 1914 a agosto de 1915, 5,3 milhões de agosto de 1915 a agosto de 1916 e 5,8 milhões de agosto de 1916 a agosto de 1917, caiu para 4,9 milhões no período de agosto de 1917 a agosto de 1918. No entanto, continuou a ser um exército muito grande, com extensas reservas de homens para mantê-lo, e os esforços na luta de desgaste dos Aliados em 1916 não detiveram sua expansão, tendo atingido o tamanho máximo em 1917.[48] Ludendorff fez uma espécie de curativo ao convocar mais cedo a classe de 1898 (em setembro de 1916) e também ao se retirar para a Linha Hindenburg, renunciando a uma grande ofensiva em 1917. Além disso, ele e Hindenburg faziam pressão por uma nova lei de Serviço Patriótico Auxiliar, mas esta (como a convocação na Grã-Bretanha) resultou em mais homens sendo retirados do front.* A Alemanha atingiu seu pico de tropas ao mesmo tempo que a Grã-Bretanha e a Itália, e não junto da Rússia e da França, mas, depois de 1916, ela se voltou, como os outros beligerantes, para a reorganização de unidades e adoção de armas poderosas, a fim de compensar a diminuição no número de homens para permanecer em cena.

Em face das extraordinárias taxas de baixas que a guerra infligiu desde as semanas iniciais, pode parecer estranho que a crise do elemento humano que todos os beligerantes sofreram em 1917 não se tenha estabelecido muito mais cedo. Foram encontrados homens suficientes não apenas para manter a luta, mas também para intensificá-la nas batalhas de 1916. Um dos motivos, por mais paradoxal que possa parecer, foi a guerra de trincheiras. A reação instintiva das tropas expostas ao ar livre aos bombardeios era cavar. O exército francês foi o que, de longe, teve os totais mensais mais elevados de mortos em ação de toda a guerra em agosto e setembro de 1914, com o pico mais elevado ocorrendo, mais uma vez, em outro mês de guerra relativamente aberta, em junho de 1918.[49] Na Frente Oriental, o exército alemão sofreu mais durante as operações móveis da ofensiva do inverno de 1914--15 e do verão de 1915. No primeiro ano da guerra, as perdas de suas unidades no leste excederam as do oeste em mais de um quarto.[50] Havia altas taxas de desgaste na Frente Ocidental mesmo quando não havia nenhuma ofensiva em curso, e, sem o aparato de trincheiras, sacos de areia, abrigos e metralhadoras pesadas, elas poderiam ter sido ainda mais altas, pois, surpreendentemente, as granadas eram ineficientes contra elas. Estima-se que, durante o Somme, foram necessárias 30 granadas britânicas para matar um alemão.[51]

---

* Ver cap. 9.

Sem dúvida, o argumento tem duas faces: sem as trincheiras, os dois lados não poderiam ter permanecido próximos de forma tão constante, especialmente por contarem, à medida que a guerra avançava, com armas cada vez mais poderosas.[52] As trincheiras, além de algumas inovações, como as linhas de suprimento por ferrovia e a comida enlatada, permitiram que a matança prosseguisse ao longo de todo o ano, em vez de os exércitos se retirarem, como era usual, para os quartéis durante o inverno. Além disso, comandantes como Falkenhayn e Joffre queriam que as trincheiras liberassem homens para se juntar à reserva móvel, a fim de atacar em outros lugares. Cavar reduzia as baixas entre as batalhas e também a taxa de desgaste, mas não se sabe, ao certo, se isso conseguiu salvar vidas durante a guerra como um todo.

O papel da medicina foi muito mais significativo. As décadas anteriores a 1914 haviam testemunhado avanços espetaculares em anestesia, cirurgia antisséptica e bacteriologia, tendo presenciado ainda o aumento de profissionais na área de medicina, tanto civis quanto militares. Em 1914, a Alemanha, o beligerante mais bem preparado nesse sentido, contava com 33.031 médicos (a maioria empregada pelo Estado), dos quais 80% foram mobilizados.[53] Cerca de 18 mil médicos franceses foram convocados em outubro de 1915,[54] além de metade dos 22 mil médicos britânicos.[55] Muitas vezes, já se observou que a Grande Guerra foi o primeiro grande conflito (além da Guerra Russo-Japonesa) em que as mortes por ferimentos excederam aquelas causadas por doenças. Na Guerra dos Bôeres, por exemplo, dois terços dos soldados britânicos morreram de doenças.[56] No entanto, a generalização é mais verdadeira com relação à Frente Ocidental que a outras partes. Sete vezes mais tropas turcas morreram de doenças a partir de ferimentos;[57] doenças também foram as principais responsáveis por mortes ocorridas na África Oriental; e os Aliados na Macedônia perderam mais homens para a malária que para os búlgaros. O tifo afligiu um quarto do exército sérvio em 1915 e foi uma das principais razões de seu colapso,[58] e, na Frente Oriental, mais de 5 milhões de soldados russos foram hospitalizados por causa de doenças, principalmente escorbuto, mas também tifo, febre tifoide, cólera e disenteria.[59] Não obstante, a maioria sobreviveu e, ao longo da guerra como um todo, cinco vezes esse número de sobreviventes morreram tanto de ferimentos como de doenças.[60] Na Frente Ocidental, até a pandemia de gripe espanhola de 1918, a doença era mais um transtorno que um assassino em massa, o que, dada a imundície das trincheiras, correspondeu a uma notável contribuição do Regimento de Oficiais Médicos (RMOS) da BEF e a seus correspondentes franceses e alemães. As tropas britânicas recebiam, o mais rápido possível, água limpa, além de condições de banho e lavagem de roupa quando não estavam na linha de frente. As tropas alemãs recebiam tratamento contra piolhos em "despiolheiros" móveis pagos por subscrição pública. A varíola havia assolado o exército francês em 1870, mas esteve pouco presente em 1914-18.[61] Na BEF, em 1914, 32% dos feridos contraíram tétano, mas, no final da guerra, as taxas de infecção diminuíram para 0,1%.[62] Um em cada cinco soldados americanos que lutaram na Espanha em 1898 contraiu febre tifoide, mas poucos a contraíram em 1917-18, e 90% da BEF foram vacinados contra a doença no início de 1915.[63] Nada disso significa que as doenças, que iam da sífilis ao "pé de fronteira" (uma condição decorrente do congelamento, provocada pela imersão constante), não tenham ameaçado o poder de luta e a eficiência dos exércitos, mas, graças ao surgimento de um corpo médico profissional antes de 1914 e aos novos avanços na medicina preventiva, proporcionalmente afetaram menos que nas guerras anteriores, e a maioria das vítimas delas puderam voltar ao serviço ativo.

Ainda mais notável foi o sucesso da medicina na reabilitação dos feridos: isso, mais que qualquer outra coisa, foi responsável pela capacidade dos exércitos de manter a luta, a despeito dos números de baixas aparentemente excessivos. A maioria das listas compiladas durante a guerra juntava mortos e feridos, sem indicar que apenas uma minoria desses últimos ficou incapacitada de voltar a servir. O primeiro obstáculo para os soldados feridos na Frente Ocidental era sua retirada, feita por carregadores de macas, para que recebessem cuidados médicos. Mas a natureza estática da campanha significava que o tratamento de emergência estava normalmente disponível em meio à artilharia da linha de frente, e, cada vez mais, no exército britânico as principais cirurgias ocorriam nas áreas de batalha, em postos de recolhimento de feridos. A guerra testemunhou poucos progressos cirúrgicos notáveis, embora tenha havido um especial: principalmente o tratamento da "gangrena de gás" (infecção causada por ferimentos), por meio de uma combinação de remoção de tecidos mortos (desbridamento) e a irrigação contínua com uma leve solução especial. Entre as outras técnicas que tiveram início antes da guerra, mas que se aprimoraram durante o conflito, estava o diagnóstico por raios-X, a cirurgia em equipe e (do lado dos Aliados) a transfusão de sangue. A mortalidade geral (como porcentagem do total de baixas) foi estimada em 8%, em comparação com os 13,3% da Guerra Civil Americana e os 20% da Guerra da Crimeia; as metralhadoras e os explosivos de alta potência infligiam danos muito mais complexos ao corpo humano, mas, até um ponto considerável, os médicos conseguiam contorná-los. No exército francês, a proporção de baixas rotuladas como "curadas" ou "em recuperação" foi de 54%.[64] No exército britânico, segundo a história oficial, 82% dos feridos "acabaram voltando a algum tipo de serviço";[65] dos 4,3 milhões de alemães feridos, três quartos voltaram ao serviço,[66] a despeito de seus recursos que eram bem piores.[67] As tropas indo-britânicas na França achavam equivalente a uma sentença de morte o fato de, mesmo depois de seus homens terem sido feridos, ainda serem enviados de volta ao front,[68] mas centenas de milhares de soldados tiveram de fazê-lo. Curando os doentes e feridos, convocando os rapazes assim que completavam 18 anos e pressionando os homens na casa dos 40 anos ou mais a se alistarem e assumirem responsabilidades em casa e no front, os beligerantes mantiveram e até mesmo aumentaram o número de combatentes até o pico de 1917. Neste e em muitos outros aspectos, a sociedade europeia revelou-se surpreendentemente expedita.

Se a ciência médica se mostrou mais eficiente que em guerras anteriores no tratamento dos mais terríveis ferimentos físicos, teve menos êxito nas mazelas psicológicas. Esse problema recebera pouca atenção antes da guerra, e não apenas as autoridades militares, como também os psiquiatras recém-estabelecidos, ainda estavam tateando nessa área. Os distúrbios de estresse pós-traumáticos – para dar o nome moderno à condição rotulada como "choque de bomba" nos países de língua inglesa – sem dúvida já haviam ocorrido nos conflitos anteriores, mas não foram diagnosticados como tal. Esse estado foi exacerbado pelas condições especiais de guerra estática, em que os soldados suportavam repetidos bombardeios em espaço confinado, com pouco controle sobre seus destinos, convivendo, dia após dia, em extrema proximidade com os cadáveres em decomposição de seus companheiros. Na luta móvel de 1914 e 1918, a incidência desse problema diminuiu. Já em fevereiro de 1915, o médico britânico Charles Myers identificou as características básicas desse choque em um artigo na revista *Lancet*.[69] Para começar, a condição – que na BEF foi muitas vezes registrada sob a forma de paralisia e mutismo entre os soldados comuns e exaustão nervosa entre os oficiais – foi, de maneira imprecisa, atribuída a mudanças da pressão atmosférica sob os bombardeios. Só depois dos inúmeros casos durante o Somme, as autoridades britânicas aceitaram, embora com certa relutância, que estavam diante de um distúrbio essencialmente psicológico, provocado pelas visões, os sons e o estresse da zona de combate. Na Grã-Bretanha, os métodos adotados para tratá-lo variavam com relação aos de outros países, equivalendo ao que hoje reconheceríamos como aconselhamento, hipnose e choques elétricos. Os médicos alemães, contudo, eram menos inclinados a ver o distúrbio com compreensão e, deliberadamente, apelaram para o tratamento com choque e outros procedimentos próximos da tortura física. Nos dois países, esses métodos podem ter tido algum sucesso no alívio dos sintomas, embora talvez por pouco tempo. Assim, 87% dos soldados britânicos com "choque de bomba" voltavam à linha de frente em um mês.[70] Oficialmente, os casos registrados – cerca de 200 mil na Alemanha e 80 mil na Grã-Bretanha – parecem surpreendentemente poucos em relação ao tamanho dos exércitos envolvidos e às condições experimentadas pelos soldados. No entanto, provavelmente representavam apenas a ponta de um iceberg de trauma e penúria, cujos efeitos totais foram sentidos por muitos anos após a guerra.[71]

* * *

A epidemia de "choque de bomba" serve como lembrete de que, embora os homens de 1914 possam ter sido mais resistentes que nós, não eram super-homens, e sua capacidade era finita. O principal problema era qualitativo e quantitativo. Entre as questões mais insistentes levantadas pela guerra, estão as de como os soldados a suportaram e por que lutaram. Um grande número de memórias registradas por veteranos entre as duas grandes guerras fornece um testemunho essencial, mas principalmente do ponto de vista dos jovens oficiais, e não dos soldados rasos, e boa parte delas foi colorida por debates retrospectivos quanto ao fato de o serviço militar ter sido válido e enobrecedor ou fútil e desumanizador. Na Alemanha, em particular, o mito de uma aventura heroica – em que todos os combatentes acreditavam – tornou-se elemento essencial para a ortodoxia nacionalista durante a República de Weimar e, mesmo depois de 1945, ainda era difícil questioná-lo. Só nas duas últimas décadas os historiadores consultaram fontes contemporâneas, tais como cartas de soldados, relatórios de censores militares e "jornais das trincheiras" produzidos por unidades de combate, a fim de restaurar atitudes no front e desvendar um quadro mais complexo, confirmando estereótipos nem patrióticos nem desencantados. A mais importante conclusão a que a nova pesquisa chegou foi a diversidade da experiência de guerra. Houve muitas diferenças não apenas entre os palcos da batalha, mas também entre os setores ativos e tranquilos no mesmo front, e entre as condições do mesmo setor quando uma batalha estava ou não em curso. Da mesma forma, para que a luta continuasse, não era preciso apenas que governos e comandantes emitissem ordens, mas também que oficiais e soldados obedecessem a esses comandos, em vez de desertar, render-se ou fazer uma trégua.

De fato, todas essas três opções estiveram presentes mesmo no período médio da guerra, antes que o moral e a disciplina desmoronassem num exército após o outro em 1917-18. Nem tudo era mero sofrimento e obediência passivos. Mais de 300 mil turcos haviam desertado em novembro de 1917;[72] o exército russo perdeu um milhão de prisioneiros (muitos após pouca resistência) durante a retirada de 1915[73] e 2,1 milhões em dezembro de 1916.[74] Embora depois de 1914 as duas Potências Centrais mantivessem forças de tamanho comparável na Frente Oriental, os russos fizeram cerca de 2 milhões de prisioneiros austro-húngaros durante a guerra, em comparação com os 167 mil alemães, e durante a ofensiva de Brusilov mais de um terço do exército dos Habsburgo se rendeu.[75] Na Frente Ocidental, a deserção e a rendição ocorreram em escala comparativamente reduzida: o total de prisioneiros de guerra respondeu por 11,6% das baixas francesas, 9% das alemãs e apenas 6,7% das britânicas[76] (os números absolutos eram de 500 mil prisioneiros franceses e 180 mil britânicos).[77] Em parte, isso refletia a natureza de impasse da luta, com pouco espaço para cercos em grande escala e pouca oportunidade para que os homens desertassem, dado que a polícia militar estava por trás deles, e ambos os lados sabiam que os cativos podiam ser sacrificados em vez de enviados para a retaguarda.[78] Em vez disso, o que aconteceu no front, durante semanas ou até mais, foram tréguas tácitas, e não apenas na Frente Ocidental, mas também na Oriental, no front italiano e no dos Bálcãs. A confraternização de Natal de 1915 foi parte de um fenômeno muito maior, cuja extensão total permanece incógnita. As tréguas tácitas eram feitas por meio de acertos informais, não verbalizados. Podiam ser quebradas quando uma unidade nova e mais agressiva entrava na linha de combate, ou continuar se a unidade que assumia dela tomasse conhecimento por intermédio da que saía. De maneira típica, elas implicavam manter o fogo no mínimo ou, de qualquer maneira, respeitando momentos como o café da manhã e evitando bombardear as retaguardas, para que os suprimentos pudessem ser trazidos para a frente de batalha, e os feridos, retirados do campo de conflito. Nas patrulhas, deliberadamente os soldados buscavam atirar para cima, evitando fazê-lo uns nos outros. Boa parte da frente britânica estava sempre ativa e se tornou ainda mais ativa depois que o GHQ insistiu em ataques mais frequentes como contribuição à estratégia de desgaste acordada na conferência de Chantilly de 1915. Mesmo assim, estima-se que até um terço dos turnos de vigilância das unidades BEF podem ter sido facilitados por alguma forma do princípio de "viva e deixe viver". Nos fronts italiano e francês, a julgar pelas constatações das tropas britânicas quando tomaram algumas de suas seções, os ataques eram menos frequentes e o "viva e deixe viver" prevalecia. Eram necessários dois lados para jogar esse jogo, mas os britânicos constataram que tropas da Saxônia e do sul da Alemanha (se não da Prússia) muitas vezes se mostravam dispostas a jogá-lo, assim como as forças dos Habsburgo na Polônia e nos Alpes, mas não os turcos em Galípoli.[79]

Nesse ponto, as tréguas de trincheira devem ser levadas em consideração, pois ajudam a explicar o que tornou a guerra suportável (e, portanto, o que a prolongou) e porque sugerem que a intensidade da luta foi, até certo ponto, negociável, com as tropas da linha de frente e seus NCOs e oficiais de linha frequentemente interpretando, de maneira indulgente, as ordens de seus comandantes para que estivessem em atividade constante e matassem a cada oportunidade. Se isso se aplicava a períodos de calmaria, provavelmente também se aplicava à batalha. Depois que começaram as ofensivas na Frente Ocidental, especialmente na primeira metade da guerra, os comandantes pouco podiam fazer para manter ou mesmo monitorar o progresso depois de mandarem a infantaria avançar. Eles confiavam nas unidades individuais ou no que restava delas depois de cruzarem a terra de ninguém, para que avançassem rumo a seus objetivos definidos. Na vasta confusão descentralizada de uma grande ofensiva, em que dezenas de milhares de homens podiam ser engajados ao longo de fronts de muitos quilômetros, o controle pessoal, ainda possível nos dias de Napoleão, não era mais factível. Essas "batalhas" pouco tinham em comum com Waterloo, exceto pelo próprio termo.

Mas isso significava, no exército francês de 1915, por exemplo, que uma ordem de ataque correspondia, na prática, a fazer o que a unidade julgasse possível, o que raramente implicava lutar até o último homem ou avançar se o único resultado fossem baixas inúteis. Governos e altos-comandos criaram as circunstâncias necessárias para que milhares de soldados com armas implacáveis fossem obrigados a matar e mutilar, mas não lhes era possível determinar a velocidade e a escala da carnificina. Assim, ao contrário das guerras anteriores, a situação agora dependia muito mais da motivação individual que do combate. E é verdade, com todas características até aqui mencionadas, que do Marne e Tannenberg ao Somme e ao Caminho das Damas, soldados mataram e mutilaram uns aos outros, frequentemente na proporção de várias centenas por dia, durante semanas a fio. Surgem, então, duas questões que se sobrepõem: o que os capacitava a suportar as condições "comuns" do front e o que os motivava a batalhar, não apenas se arriscando a morrer, mas também a infligir a morte? Como de costume, sabemos muito mais sobre a Frente Ocidental (ou, pelo menos, sobre a experiência dos Aliados) que acerca de qualquer outro, mas as conclusões que podemos tirar disso podem, até certo ponto, ser ampliadas. Elas se distribuem em quatro categorias: em primeiro lugar, as condições básicas em que os soldados serviam; em segundo, a coerção; em terceiro, a dinâmica dos grupos com que os homens se confrontavam no combate; e, em quarto, os fatores ideológicos mais amplos.

O mais importante na primeira categoria era que os soldados não estavam continuamente expostos a risco. Pelo contrário, o ritmo comum dos britânicos era que uma unidade servisse de três a sete dias na trincheira da frente, o mesmo período na trincheira de apoio e, mais uma vez, o mesmo tempo na trincheira de reserva antes de passar uma semana atrás da linha.[80] Muitos relatos enfatizam o valor reconfortante de até mesmo um breve período de descanso. Os jornais e cartas das fronteiras confirmam a preocupação de suprir os soldados com sono, comida quente e conforto material. Para os veteranos, um legado comum de trincheiras era a consciência exacerbada das necessidades físicas e do prazer em satisfazê-las.[81] Os jogos – particularmente o futebol – eram a forma mais imediata de recreação para as exaustas tropas britânicas quando deixavam a linha, suplementados por visitas a cantinas, cafés e clubes, como, por exemplo, o refúgio Toc H em Poperinghe,* e idas a concertos, aliando, assim, o entusiasmo da Inglaterra eduardiana ao *music-hall* à obsessão pelo esporte.[82] Quase tão importante para a satisfação das necessidades emocionais era o contato com a vida doméstica. Um paradoxo na Frente Ocidental, em contraste com as guerras imperiais travadas no século XIX, era que as tropas estavam geograficamente próximas de seus rincões natais, mesmo que, em outros aspectos, pudessem habitar um planeta diferente e precisassem desesperadamente de ligações com

---

* Cidade belga da região de Flandres, principal centro militar das forças britânicas na região. (N.E.)

sua antiga existência. Os oficiais britânicos podiam ler os periódicos de Londres em seus abrigos, e o *Daily Mail* era vendido perto das trincheiras.[83] A BEF entregava, diariamente, 7 mil sacos de correspondência e 60 mil pacotes, e os soldados aguardavam seu conteúdo com ansiedade;[84] as tropas francesas estavam igualmente preocupadas com notícias de suas famílias e, entre a maioria dos que eram agricultores, com o andamento do ano agrícola.[85] Muitos moribundos chamavam por suas mães, e a importância do lar e da família não podia ser ignorada. Era lugar-comum nas cartas e diários a referência à indescritibilidade da experiência do combate para aqueles que a desconheciam, e segundo escritores como Erich Maria Remarque, essa impossibilidade de descrição tornava as visitas ao lar quase intoleráveis.[86] Contudo, essa visão parece ter sido atípica. As poucas visitas ao lar eram exatamente a principal alegação dos motins franceses de 1917.

Este último ponto, contudo, é um lembrete de que, se as necessidades de muitos soldados eram simples, básicas, com frequência não eram atendidas. Em junho e julho de 1917, mais de 400 mil homens do exército britânico não voltavam para suas casas havia mais de 12 meses, para não falar dos australianos e canadenses, que não podiam fazer isso de forma alguma.[87] Os soldados tampouco tinham permissão para se recuperar adequadamente quando estavam fora da linha de combate, sendo frequentemente sujeitos a um regime punitivo de fadiga e esforço físico. O serviço na linha de frente na França e em Flandres amiúde significava falta de sono e comida de má qualidade, com um número de calorias que mal se aproximava do necessário, além da extenuante atividade física que era realizada, com escassa proteção contra os elementos da natureza em todas as estações. Também significava perda de controle sobre a própria existência, devido à sujeição aos rígidos códigos militares de disciplina e a ordens imprevisíveis dos superiores, que, por vezes, tinham pouca familiaridade com a zona de combate.[88] Em muitos aspectos (incluindo comida e atendimento médico), as tropas francesas recebiam um tratamento inferior (incluindo remuneração) ao dispensado às tropas britânicas, o que contribuía para um prolongado senso de descontentamento. Algumas dessas condições, desprovidas de argumentos plausíveis, não eram muito diferentes daquelas da vida civil dos mineiros do sul do País de Gales, dos agricultores da Provença ou dos trabalhadores de Berlim e da Brandemburgo rural. Muitos soldados estavam acostumados à submissão e à privação, embora outros, e não apenas os membros da classe com educação formal que registraram as memórias entre as guerras, não estivessem. Mas as condições do exército russo ou do italiano – para não falar do turco – eram muito piores que as dos britânicos ou dos franceses, e o conforto material, até mesmo onde era proporcionado, era, quando muito, paliativo para reconciliar os homens com uma existência que poucos teriam escolhido voluntariamente. De qualquer modo, outros aspectos da experiência no front iam além de qualquer coisa encontrada na vida civil mesmo naquela época, principalmente a constante presença da morte violenta – algo como viver em um jardim de plantas exóticas e sinistras, como afirmou Ernst Jünger[89] – e a consciência de que, a qualquer instante, um projétil errante e inesperado poderia reduzir os vivos à mesma condição dos cadáveres.[90] Com o tempo, a maioria dos soldados se acostumava com as visões e os cheiros da mortandade e da putrefação, mas era difícil suportar isso por muito tempo. Outras experiências eram normalmente terríveis demais para que alguém pudesse se habituar a elas, principalmente suportar bombardeios e saltar por cima de um parapeito para efetuar um ataque. Segundo Lorde Moran, que foi oficial médico durante a guerra e, mais tarde, médico de Winston Churchill, todo homem reunia um capital limitado de coragem. Quando esse capital se esgotava, vinha a bancarrota.[91]

Ao explicar por que os soldados resistiam, e também lutavam, é importante lembrar como era o "combate" travado durante a Primeira Guerra Mundial. A maior parte da matança era feita a distância por armas como morteiros, metralhadoras, rifles, granadas e (especialmente) artilharia. Os encontros corpo a corpo com facas, baionetas ou revólveres certamente aconteciam, mas eram comparativamente raros, e experiências mais típicas eram a sobrevivência ao fogo inimigo (ou amigo), ocupando terreno debaixo do fogo de metralhadora, ou a limpeza de trincheiras que o inimigo havia evacuado.[92] Não obstante, as autoridades haviam colocado atacantes e defensores numa situação difícil, em que tinham de matar para sobreviver. Se os defensores alemães do dia 1º de julho de 1916 subissem de seus abrigos e montassem suas metralhadoras com demasiada lentidão, ficariam expostos aos bombardeiros enquanto uma cortina de artilharia cortava-lhes a retirada. Pois, para a infantaria de Haig, uma vez localizada numa terra de ninguém, a única esperança de abrigo era ocupar a trincheira em frente ao inimigo. Atrás, de ambos os lados, havia mecanismos de coerção. As tropas alemãs, por vezes, eram forçadas a entrar em ação por oficiais que as ameaçavam com pistolas.[93] Em 1º de julho, cada unidade britânica tinha sua "polícia de combate" para capturar soldados extraviados, e os alemães contavam com o mesmo recurso.[94] Na BEF, a proporção entre a polícia militar e os soldados aumentou dez vezes, de 1:3.306 em 1914 para 1:339 em 1917.[95] No exército italiano, Cadorna acreditava – provavelmente de maneira injusta – que apenas a disciplina severa manteria suas tropas em combate. Ele aterrorizava seus generais (217 foram demitidos por ele em 1915-17) com o objetivo de que fizessem o mesmo com seus subordinados. Entre 1915 e 1918, cerca de 330 mil soldados italianos (1 em cada 17) foram acusados de crimes militares, e 61% foram considerados culpados.[96] As penas capitais no exército italiano totalizaram 4.028, e as execuções de fato foram por volta de 750. No entanto, essas cifras foram significativamente mais altas que as do exército britânico (3.080 e 346, e isso num exército maior), do exército francês (cerca de 2 mil e 700, respectivamente) e do alemão, um exército muito maior (150 e 48).[97] Na realidade, a disciplina alemã foi muito mais rígida na Segunda Guerra Mundial, quando as opiniões céticas, toleradas nas cartas dos soldados em 1914-18, teriam resultado em pena de morte.[98] As estatísticas parecem confirmar o velho ditado que diz que a melhor disciplina é a autodisciplina: se a disciplina de um exército tem de ser imposta, isso significa que já é um exército frágil.

Além do papel da coerção, é necessário, portanto, considerar quais outras forças positivas mantinham os soldados em combate. Todos os exércitos continham um número significativo de homens que simplesmente aproveitava a vida, fosse porque já haviam escolhido a carreira militar antes da guerra, seja porque sentiam prazer em caçar e destruir. Muitos ases dos ares parecem ter pertencido a essa categoria,[99] bem como voluntários do tipo de Ernst Jünger, do exército alemão, e (pelo menos até ter se rebelado em 1917) Siegfried Sassoon no britânico. Outros, como os homens da artilharia, que deixaram pouquíssimos depoimentos pessoais, tinham o escudo do distanciamento das consequências de suas ações (ainda que eles mesmos padecessem com o fogo da artilharia inimiga), enquanto voluntários especializados, como as tropas de assalto alemãs e os corpos de metralhadora em quase todos os exércitos, parecem ter atraído personalidades agressivas. Mesmo na infantaria, unidades de elite autoconscientes eram frequentemente mais ativas quando defendiam a linha e quando estavam em batalha, e muitos escritores enfatizaram a importância da camaradagem masculina – a preocupação em não se perder o respeito ou decepcionar os amigos – na motivação das unidades. As cartas dos soldados indianos enfatizam, acima de tudo, seu desejo por *izzat* (posição, prestígio ou reputação) e revelam intenso medo da vergonha.[100] De maneira similar, de acordo com o filósofo francês (e veterano de 1914-18) Alain, "a honra é o verdadeiro motor da guerra".[101] Contudo, a mesma dinâmica de um pequeno grupo também podia acelerar as revoltas e a deserção se o moral se abatesse de vez, e a liderança dos NCOs e dos oficiais jovens, ao contrário daquela exercida pelo pessoal não combatente e de maior graduação, deve ser levada em consideração. Como as baixas entre os oficiais jovens eram geralmente mais elevadas que em outras graduações, pouquíssimos desses oficiais, em 1916-17, haviam tido experiência como soldados de linha antes da guerra. É verdade que, no exército francês, que não se havia expandido tanto quanto o britânico e já contava com um corpo de oficiais da reserva, a promoção acontecia com menor frequência.[102] Mas, na BEF, poucos oficiais regulares serviram nos Novos Exércitos, mesmo em 1915, e uma notável democratização ocorreu em 1917-18: estimava-se que pelo menos 40% dos oficiais provinham da classe trabalhadora ou das classes inferiores. Esse processo provavelmente beneficiou as relações entre os oficiais e os soldados, relações que alguns relatos contemporâneos sugerem ter sido boas, pelo menos até o Somme.[103] Em contraste, na Áustria-Hungria, que sofreu baixas excepcionalmente pesadas de oficiais, dois terços dos corpos regulares falavam alemão e a maior parte dos demais era composta por magiares, e os oficiais reservistas da classe média que foram trazidos para substituí-los se esforçaram menos e tiveram menos tempo de aprender as línguas de seus subordinados.[104] De maneira similar, o exército russo criou 170 mil novas comissões durante a guerra,[105] e o exército italiano, 160.191.[106] A dinâmica dos pequenos grupos e a liderança eficiente parecem ter sido cruciais em determinados lugares e épocas, mas tiveram mais valor em alguns exércitos que em outros, e, à medida que a guerra avançava, as baixas passaram a ocorrer em todas essas unidades.

Voltemos a considerações mais amplas. Entre elas, a religião organizada parece ter estado visivelmente ausente. Certamente, muitos soldados eram supersticiosos,[107] estranhos em uma paisagem desconhecida e hostil, numa existência em constante proximidade com a natureza e a morte. Em meio à moderna tecnologia, as circunstâncias que os cercavam lembravam as dos europeus medievais, antes do advento do racionalismo científico e da civilização urbana e industrial.[108] No entanto, em geral, qualquer sentimento religioso se expressava pela recorrência a talismãs e imprecações particulares, e não por meio de capelães do exército, e as evidências diretas que sobreviveram – naturalmente com muitas exceções individuais – fazem poucas referências a uma fé oficial.[109] A fé na nação, por outro lado, era muito mais significativa, como ficava claro em sua ausência. O AOK austro-húngaro, justificavelmente, temia que as unidades checas e bósnio-sérvias não fossem confiáveis, e as deserções começaram cedo.[110] A despeito de algumas rendições espetaculares por parte de unidades checas, contudo, parece que a composição étnica da população de prisioneiros de guerra lembra a do exército austro-húngaro como um todo, com o enorme número de capturas confirmando sua desmoralização e ineficiência, e não o separatismo nacional.[111] No exército russo, as autoridades desconfiavam das minorias que não fossem bielorrussas ou ucranianas. Os judeus eram excluídos do corpo de oficiais czaristas; os poloneses, bálticos e asiáticos centrais eram mantidos dispersos e, em geral, não podiam exceder 15% a 25% de um regimento.[112] No exército alemão, as autoridades discriminavam os recrutas alsacianos.[113] No exército otomano, houve conspirações nacionalistas entre oficiais dos contingentes sírio-arábicos, embora com pouco impacto. Mesmo entre as comunidades que, supostamente, compartilhavam a mesma língua, o comando italiano acreditava que os regimentos do sul da Itália eram menos confiáveis que os do norte, e o GQG francês via seus conterrâneos do sul de maneira similar, mas, em ambos os casos, provavelmente houvesse certa justificativa. Em outras palavras, a lealdade nacional e patriótica fazia diferença na manutenção do poder.

Isso não quer dizer que o declarado sentimento nacional desempenhasse forte papel positivo para manter os exércitos lutando. Seria melhor falar, em uma maneira mais geral, de os soldados terem confiança em sua "causa" – um amálgama de crenças que incluía a certeza da vitória e a aceitação de que o propósito da guerra era legítimo, bem como o sentimento patriótico. O patriotismo talvez fosse mais evidente no exército francês, cujos soldados e oficiais, em cartas e jornais da trincheira, frequentemente se referiam à invasão de seu país e à necessidade de prosseguir até o inimigo ter sido expulso e o solo pelo qual seus camaradas haviam morrido fosse libertado. Os soldados não constituíam uma raça à parte, nem se mantinham ignorantes em relação à política nacional, e a evidência da unidade e da determinação domésticas os fortalecia. As tropas franceses sentiam crescente desprezo pelos jornalistas e políticos que reproduziam erroneamente as condições da linha de frente, bem como pelos aproveitadores e trabalhadores das fábricas de munição, que viviam à custa do conflito, enquanto os soldados ganhavam uma miséria. Contudo, também sentiam uma contínua, amiúde exacerbada, afeição pelo lar e pela vida familiar, cuja defesa para muitos parecia ser a justificativa essencial para continuar na luta. A julgar pelo testemunho de cartas, jornais de trincheira e relatórios de censores, eles estavam convencidos, pelo menos até 1917, de que a vitória acabaria por vir.[114] Os soldados turcos em Galípoli estavam confiantes na justiça de sua causa e nas perspectivas de sucesso, com alguns realmente convencidos de que, se morressem, iriam para o paraíso.[115] Até mesmo as tropas britânicas, embora não estivessem em território nacional, escreviam sem ironia, diante do Somme, que estavam lutando pelo rei, pelo país e pelo império.[116] Escritores e memorialistas da BEF concentravam-se num complexo de valores característicos do esporte, como, por exemplo, a punição aos briguentos e a valorização das regras do jogo limpo contra um inimigo que, a menos que fosse banido, poderia ameaçar suas ilhas. É provável que a maioria dos soldados identificasse a pátria com suas famílias, ruas, cidades ou vilas, e não com algo mais abstrato. Até mesmo os aparentemente mais durões frequentemente tinham uma crença teimosa na própria superioridade sobre outros povos (os dos Domínios ainda mais), acreditando, não com menos firmeza que os franceses, em sua vitória certa.[117] Embora unidades dos exércitos francês e britânico observassem tréguas táticas locais, isso não significava que gostassem de um inimigo acusado de agressão e atrocidades, ou que muitos acreditassem na existência de uma comunidade de soldados de linha de frente com interesses comuns contra os capitalistas e os militaristas na retaguarda. Temos menos informações quanto ao exército alemão, e é possível que muitos de seus soldados fossem muito mais céticos, a julgar, pelo menos, pela áspera recepção que davam aos voluntários.[118] Até Verdun, eles se mantiveram por meio de triunfos sucessivos e da esperança de que a vitória traria a paz. No Somme, ao encararem pela primeira vez um adversário quase tão bem equipado, mais unidades alemãs parecem ter visto a guerra essencialmente como uma luta defensiva, travada para garantir os postos avançados do Reno e a pátria.[119] Em contraste com as batalhas de 1915, o Somme durou muito mais e exigiu esforço muito maior, com cerca de 50 divisões (ou 45% daquelas da Frente Ocidental) envolvidas.[120] Possivelmente, ficou mais fácil justificar a guerra quando esta enveredou para uma situação pior, como aconteceu com os italianos no final de 1917, no período em que a Itália foi invadida. Ainda assim, o patriotismo foi provavelmente sentido e expresso de modo mais explícito pelos oficiais que escreveram sobre ele mais tarde em histórias regimentais alemãs que pelos soldados comuns. Contudo, se o orgulho profissional mantinha o moral, os soldados alemães tinham uma razão (pelo menos até o verão de 1916) para acreditar em sua superioridade sobre todos os outros participantes.[121]

Já se afirmou que o enigma da motivação para o combate pode ser abordado por quatro vertentes: as condições materiais, a coerção, a dinâmica dos pequenos grupos e a afiliação ideológica ou patriótica. A "propaganda do front", no sentido dos esforços deliberados para minar o moral do exército inimigo por meio de panfletos e outros recursos, teve menos importância no período médio da guerra, embora mais tarde tornasse a ser tentada numa escala mais ambiciosa.[122] Em 1915-16, a coesão de um exército era determinada mais pelas condições de seu próprio lado que pelas ações do inimigo, e se essas condições fossem de apoio, era possível suportar um número bem elevado de baixas. No entanto, no inverno de 1916-17, havia evidências crescentes de que os fatores que haviam mantido os exércitos em luta com tamanha intensidade estavam perdendo a força. Oficialmente, segundo a estimativa de Haig e dos relatórios do gabinete, o moral da BEF depois do Somme ainda era alto. Os censores militares do Terceiro Exército britânico descobriram, em seu exame de cartas enviadas pelos soldados, que não houve hesitação na disposição de não se deixar iludir ou um grande desejo por selar um compromisso "prematuro" de paz.[123] Contudo, nos estágios mais avançados do conflito, depois de o tempo finalmente ter mudado em outubro, parece ter sido uma experiência exaustiva que abalou a confiança dos envolvidos e começou a aliená-los de seus líderes.[124] Nos outros exércitos aliados, a situação era pior. Os que eram considerados culpados de deserção no exército italiano subiram de 10 mil, no período de junho de 1915 a maio de 1916, para 28 mil, de julho de 1916 a maio de 1917.[125] Os censores das cartas dos soldados no exército francês descobriram evidências de um moral cambaleante nos estágios finais de Verdun[126] e, na 5ª Divisão de Infantaria, durante o inverno de 1916-17, a deserção atingiu níveis surpreendentes.[127] No exército russo, evidências similares sugerem que muitos soldados estavam convencidos, em 1915, de que não poderiam derrotar os alemães, e que, no final de 1916, estavam cheios de desânimo e recriminação contra as autoridades que os haviam mandado para a guerra sem a possibilidade de vencê-la.[128] Indícios de que a vitória parecia mais remota que nunca, apesar dos sucessos iniciais de Brusilov e de outro milhão de baixas, produziram ainda mais abatimento. As cartas dos soldados revelam profunda ansiedade com relação à deteriorante qualidade e quantidade de suas provisões (a ração de pão diária foi reduzida de 1,36 kg para 900 g e depois para 450 g durante o inverno), bem como com relação à raiva diante da disparada da inflação e da falta de víveres que ameaçavam seus entes queridos. Muitos queriam terminar a guerra a qualquer preço, e mais de 20 revoltas parecem ter ocorrido em outubro-dezembro de 1916 (o primeiro motim ocorrido nessa escala, em qualquer exército, durante a guerra), alguns envolvendo regimentos inteiros, e em cada caso assumindo a forma de recusa coletiva à ordem de atacar ou se preparar para o ataque.[129] Os exércitos britânico, francês e italiano ainda podiam ser usados como instrumentos ofensivos, embora nos dois últimos os soldados se mostrassem cada vez mais resistentes. Mas havia muito o exército russo não se encaixava nessa categoria. Contudo, por outro lado, o exército turco estava caminhando para a deserção total, e o austro-húngaro havia demonstrado sua propensão a se render em massa. Exceto contra a Itália, ele só conseguia prosseguir com o apoio de seu aliado. O grande pêndulo cujo movimento sustentava a guerra continuava a ser o exército alemão, cuja autoconfiança havia se deteriorado ao longo de 1916, mas cuja disciplina continuava excepcional; esse exército ainda era muito grande e formidável na defesa e no ataque. Provavelmente já não fosse suficientemente forte para Hindenburg e Ludendorff alcançarem seus objetivos de guerra, mas os Aliados tampouco estavam próximos de derrotá-los, e a campanha romena havia demonstrado que ele ainda era capaz de sustentar seus parceiros. Enquanto sua força permanecesse intacta, havia pouca perspectiva de qualquer resolução para o conflito.

Notas

1. Whalen, *Bitter Wounds*, p. 39.
2. Millett and Murray (eds.), *Military Effectiveness*, v. 1, p. 278; Wildman, *End of the Russian Imperial Army*, v. 1, p. 96.
3. Guinard *et al.* (eds.), *Inventaire*, v. 1, p. 204.
4. Beckett, *First World War*, p. 399; Dewey, "Military Recruiting", p. 199.
5. Jones, "Imperial Russia", p. 278.
6. Guinard *et al.* (eds.), *Inventaire*, v. 1, p. 210.
7. Ibid., p. 204.
8. Smith, *Between Mutiny and Obedience*, p. 126.
9. Guinard *et al.* (eds.), *Inventaire*, v. 1, p. 213.
10. Ibid., p. 206.
11. Horne, "L'Impôt du sang".
12. Michel, "Mythes et réalités du concours colonial", pp. 364-5; Michel, *L'Appel à l'Afrique*, pp. 404-8.
13. Wildman, *End of the Russian Imperial Army*, v. 1, pp. 85, 95.
14. Jones in Millett and Murray (eds.), *Military Effectiveness*, v. 1, pp. 279-80.
15. Ibid., p. 281; Wildman, *End of the Russian Imperial Army*, v. 1, p. 98.
16. Stone, *Eastern Front*, p. 217.
17. Wildman, *End of the Russian Imperial Army*, v. 1, p. 99.

18. Stone, *Eastern Front*, p. 281; Kenez, "Changes in Social Composition", p. 370.
19. Kenez, "Changes in Social Composition", p. 373.
20. Wildman, *End of the Russian Imperial Army*, v. 1, p. 100.
21. Kenez, "Changes in Social Composition", p. 369.
22. Robb, *British Culture*, pp. 16-17, 22-3; Judd, *Empire*, p. 245; Holland, "British Empire", p. 117.
23. Bourne, "British Working Men", p. 339.
24. Spiers, *Haldane*, p. 186.
25. Simkins, *Kitchener's Army*, pp. 49 ss.
26. Beckett, *Great War*, p. 210.
27. Jeffery, *Ireland*, pp. 7, 35.
28. Dewey, "Military Recruiting".
29. Simkins, *Kitchener's Army*, cap. 6; Winter, *Death's Men*, pp. 32 ss.
30. Omissi, *Sepoy and the Raj*, pp. 38-9; cf. Omissi (ed.), *Indian Voices*.
31. Holland, "British Empire", p. 126.
32. Ibid.; Andrews, *Anzac Illusion*, p. 45; Winter, *Death's Men*, p. 27.
33. Adams e Poirier, *Conscription Controversy*, cap. 5-8; Simkins, *Kitchener's Army*, pp. 138 ss. Para o caso do exército, ver memorandos de Roberts, 12 de janeiro e 21 mar. 1916, AC 19/1/15a e 19/1/30.
34. Grieves, *Politics of Manpower*, p. 1.
35. Winter, *Death's Men*, p. 29.
36. Em geral, Rae, *Conscience and Politics*; Kennedy, "Public Opinion and the Conscientious Objector".
37. Dewey, "Military Recruiting", pp. 214-16.
38. Grieves, *Politics of Manpower*, p. 35.
39. Simpson, "British Soldier", p. 136.
40. Melograni, *Storia politica*, p. 238.
41. Memorando do GQG, 1º dez. 1915, LHCMA Robertson MSS 1/9/41a; Grieves, *Politics of Manpower*, p. 35.
42. French, "Meaning of Attrition", p. 397; cf. Mosier, *Myth*, pp. 181-2.
43. Zürcher, "Little Mehmet", p. 232.
44. Stone, *Eastern Front*, pp. 122-7.
45. Herwig, *First World War*, p. 139.
46. Ibid., p. 234.
47. Ibid., p. 168.
48. Whelan, *Bitter Wounds*, pp. 39-41; Bessell, "Mobilization and Demobilization in Germany", p. 218.
49. Guinard et al. (eds.), *Inventaire*, v. 1, pp. 212-13.
50. Liulevicius, *War Land*, p. 22.
51. Bourke, *Intimate History of Killing*, p. 6.
52. Ashworth, *Trench Warfare*, pp. 56 ss.
53. Whelan, *Bitter Wounds*, p. 61.
54. Eckart and Gradmann, (eds.), *Die Medizin*, p. 355.
55. Bosanquet, N., "Health Systems", p. 462.
56. Harrison, "Fight against Disease in the Mesopotamian Campaign", p. 475.
57. Zürcher, "Little Mehmet".
58. Major, *Fatal Partners*, p. 253.

59. Gabriel and Metz, *History of Military Medicine*, v. 2, p. 244.
60. Eckart and Gradmann (eds.), *Die Medizin*, p. 363.
61. Ibid., p. 344.
62. Gabriel and Metz, *History of Military Medicine*, v. 2, p. 243.
63. Ibid., p. 243; Bosanquet, "Health Systems", p. 453.
64. Eckart and Gradmann (eds.), *Die Medizin*, p. 363.
65. Harrison, "Fight against Disease in the Mesopotamian Campaign", p. 459.
66. Whelan, *Bitter Wounds*, p. 40.
67. Wildman, *End of the Russian Imperial Army*, v. 1, p. 95.
68. Omissi, *Sepoy and the Raj*, p. 118.
69. Beckett, *First World War*, p. 228.
70. Winter, *Death's Men*, p. 136.
71. Sobre o "choque da bomba" na BEF, ver Showalter, *Female Malady*, cap. 7; Babington, *Shell-Shock*; Bourke, *Dismembering*, cap. 2; Bogacz, "War Neurosis". Para comparação com o contexto internacional, ver Eckart, "Most Extensive Experiment"; tópicos especiais no *Journal of Contemporary History* (2000) e *14/18*.
72. Zürcher, "Little Mehmet", p. 234.
73. Stone, *Eastern Front*, p. 191.
74. Wildman, *End of the Russian Imperial Army*, v. 1, p. 91.
75. Wawro, "Morale in the Austro-Hungarian Army", p. 402.
76. Ferguson, *Pity of War*, p. 369.
77. Wawro, "Morale in the Austro-Hungarian Army", p. 404.
78. Ferguson, *Pity of War*, pp. 368-88.
79. Ashworth, *Trench Warfare*, pp. 204 ss.
80. Fussell, *Great War and Modern Memory*, p. 96.
81. Prost, *Anciens Combattants*, v. 3, pp. 20-21.
82. Fuller, *Troop Morale*, cap. 8.
83. Fussell, *Great War and Modern Memory*, pp. 65-6.
84. Winter, *Death's Men*, pp. 164-5.
85. Audouin-Rouzeau, *Men at War*, cap. 5.
86. Remarque, *All Quiet*, pp. 113-32.
87. Englander and Osborne, "Jack, Tommy, and Henry Dubb", p. 600.
88. Winter, *Death's Men*, pp. 102-3, 147-8.
89. Jünger, *Storm of Steel*, pp. 2, 3.
90. Prost, *In the Wake of War*, pp. 3-9.
91. Moran, *Anatomy of Courage*, p. x.
92. Norton Cru, *Du témoignage*, pp. 55 ss.
93. Wette (ed.), *Krieg des Kleinen Mannes*, p. 130.
94. Keegan, *Face of Battle*, p. 277.
95. Englander and Osborne, "Jack, Tommy, and Henry Dubb", p. 595.
96. Gooch, "Morale and Discipline", p. 438; cf. Monticone, *Gli Italiani in uniforme*, cap. 6.
97. Englander, in Strachan (ed.), *Oxford Illustrated History*, p. 192.

98. Ullrich and Ziemann (eds.), *Frontalltag*, p. 24.
99. Hynes, *Soldier's Tale*, pp. 81-3.
100. Omissi (ed.), *Indian Voices*, p. 12.
101. Prost, *Les Anciens combattants*, v. 3, p. 17.
102. Englander, "French Soldier", p. 55.
103. Sheffield, "Officer-Man Relations", p. 417; Sheffield, *Leadership in the Trenches*; Keegan, *Face of Battle*, p. 272.
104. Stone, *Eastern Front*, pp. 125-6.
105. Kenez, "Changes in Social Composition", p. 369.
106. Gooch, "Morale and Discipline", pp. 436-7.
107. Fussell, *Great War and Modern Memory*, cap. 4; Winter, *Sites of Memory*, pp. 64-8.
108. Thomas, K., *Religion and the Decline of Magic: Studies in Popular Beliefs in Sixteenth and Seventeenth-Century England* (Harmondsworth, 1973), cap. 22.
109. Audouin-Rouzeau, *Menat War*, pp. 85-90; Fuller, *Troop Morale*, pp. 156-7.
110. Wawro, "Morale in the Austro-Hungarian Army", p. 400; Stone, *Eastern Front*, pp. 126-7.
111. Rachamimov, *POWs*, pp. 31-44.
112. Wildman, *End of the Russian Imperial Army*, v. 1, p. 104.
113. Ullrich and Ziemann (eds.), *Frontalltag*, p. 22.
114. Audouin-Rouzeau, *Men at War*, caps. 5, 6; Cochet, "Les Soldats français".
115. Entrevistas com veteranos turcos, LC TU.01.
116. Liddle, "British Soldier on the Somme", pp. 9, 17, 21.
117. Fuller, *Troop Morale*, cap. 3; Winter, *Death's Men*, pp. 209-11, 229-33.
118. Wette (ed.), *Krieg des Kleinen Mannes*, pp. 110-25; Leed, *No Man's Land*, pp. 80ss.
119. Krumeich, "Le Soldat allemand", pp. 368-72.
120. Ashworth, *Trench Warfare*, p. 55.
121. Parte desse orgulho é expressa pelas memórias de L. Kalepky e K. Lubinski, LC GE.09 and GE.13.
122. Cornwall, M., *Undermining of Austria-Hungary*, cap. 10.
123. MacKenzie, "Morale and the Cause", p. 219.
124. Blunden, *Undertones of War*, caps. 11-13, transmite a mudança de ânimo.
125. Gooch, "Morale and Discipline", p. 439.
126. Pedroncini, *Mutineries*, pp. 38-46.
127. Smith, *Between Mutiny and Obedience*, p. 172.
128. Davidian, I., "Russian Soldier's Morale".
129. Wildman, *End of the Russian Imperial Army*, v. 1, pp. 106-20.

9
ARMAMENTOS E ECONOMIA

A GUERRA ERA CARA. Cada uma de milhões de balas e bombas lançadas tinha um preço. Todo soldado tinha de ser pago (ainda que miseravelmente), vestido e alimentado, transportado ida e volta do front e cuidado se fosse ferido ou estivesse doente. Seu equipamento tinha de ser fabricado e testado e, então, transportado por trens que precisavam de combustível e manutenção, bem como por animais que exigiam forragem e estábulos. As famílias dos soldados recebiam uma pensão de convocação, e os inválidos, viúvas e órfãos precisavam de sustento, assim como milhares de refugiados. Como a maior parte das pessoas da Europa Ocidental e Central, pelo menos, vivia acima do mero nível de subsistência, quantias maiores que nas guerras anteriores podiam ser desviadas de objetivos civis para militares, o que era aceito. O custo total do conflito foi estimado em US$ 208,5 bilhões em preços de guerra, ou US$ 82,4 bilhões em preços de 1913, ou seja, antes de o nível de preço, na maioria dos países, ter dobrado.[1] Os níveis econômicos da mobilização se aproximaram daqueles da Segunda Guerra Mundial. Por exemplo, os gastos públicos alemães (a maior parte na guerra) subiram de 18% para 76% do PIB entre 1914 e 1917;[2] na Grã-Bretanha, os gastos militares com relação ao PIB alcançaram 70% em 1917, em comparação com 20% a 25% em 1814-15, e 54% a 57% em 1943; na França, os gastos militares podem, na verdade, ter excedido o PIB (devido aos empréstimos feitos em 1917).[3] Além disso, o impasse custou mais que as primeiras campanhas. Entre 1914-15, 1915-16 e 1916-17, os gastos da Alemanha variaram de US$ 2.920.000 para US$ 5.836.000 e, depois, para US$ 5.609.000; os da França, de US$ 1.994.000 para US$ 3.827.000 e para US$ 6.277.000; e os da Grã-Bretanha, de US$ 2.493.000 para US$ 7.195.000 e, depois, para US$ 10.303.000.[4] O grande salto ocorreu entre o ano um e o ano três.

Outra razão para o impasse e o aumento de 1915-16 foi que ambos os lados exigiam os recursos necessários para lutar, tanto em termos financeiros quanto em matérias-primas, força de trabalho e equipamentos. Se os alemães tiveram uma vantagem inicial em termos de mobilização industrial, em 1916 os Aliados haviam reduzido tal vantagem, embora esse esforço tenha levado a Rússia à beira do caos, e a Grã-Bretanha a uma crise de comércio exterior. Na primavera de 1917, os problemas financeiros atingiram os dois lados com uma represália, mas, na maior parte de 1915-16, eles foram notavelmente pequenos, apesar dos prognósticos dos comentadores de antes da guerra, como Ivan Bloch, de que as sociedades modernas não podiam patrocinar um conflito longo.[5] Na Itália, durante o primeiro ano, Salandra resistiu aos apelos de Cadorna por recursos e tentou conter os gastos, mas, depois do choque da *Strafexpedition*, as restrições foram postas de lado. O general Alfred Dallolio, o oficial responsável pela produção de munição, reiterou que seu objetivo era a alta produção, "custe o que custar".[6] O Tesouro britânico concordou, em 1914, em abrir mão de seu tradicional direito de veto às compras do exército e da marinha. Karl Helfferich, o ministro alemão das Finanças em 1914-16, tentou, sem sucesso, desafiar o tradicional princípio do exército de que "o dinheiro não desempenha nenhum papel", mas no final acabou por alardear que nunca havia recusado nada que os militares julgassem necessário.[7] Também na Áustria-Hungria e na Rússia, até 1917, os ministros da Guerra tinham liberdade de ação. As legislaturas e os ministérios das Finanças relaxaram seu controle sobre os gastos militares, esperando, inicialmente, uma guerra breve e depois se sentindo incapazes de retomar o controle quando ela mostrou que seria muito longa. Nos colossais bombardeios da Frente Ocidental, os frutos de uma paciente acumulação de capital literalmente viravam fumaça.

Todos os beligerantes só obtiveram uma fração de seus gastos a partir de impostos. Os motivos eram parcialmente técnicos: os aumentos de impostos levavam meses para ser aprovados e implementados, e muitos cobradores de impostos foram mobilizados, forçando maior dependência em relação à boa vontade do povo. Além disso, argumentava-se que, se os governos tomassem emprestado em vez de taxar, a geração seguinte seria obrigada a compartilhar do custo de uma vitória da qual viria a tirar proveito. Pelo menos igualmente importante, contudo, foi a preocupação em preservar as tréguas políticas criadas em 1914. Mesmo na Grã-Bretanha, que dependia principalmente dos impostos, estes cobriam apenas 26,2% dos gastos de guerra. Ao baixar os limites de 160 libras para 130 libras por ano, o imposto de renda foi cobrado pela primeira vez de um vasto número de trabalhadores braçais, e entre 1913 e 1918-1919 a taxa padrão subiu de 5,8% para 30%. O imposto de renda e o imposto sobre lucros extraordinários introduzidos em 1915 (uma tributação sobre produtos que excedia as normas dos tempos de paz e uma medida que seria amplamente imitada) tornaram-se uma das fontes de renda em tempos de guerra. Não obstante, o Tesouro reduziu os limites somente depois de consultar os sindicatos para determinar quais parcelas da classe trabalhadora mais padeceriam, e boa parte da validade do EPD poderia ser postergada, razão pela qual a taxa acabou por ser cancelada.[8] Os trabalhadores especializados e os homens de negócios, os grupos sociais que mais lucraram com a guerra, foram manipulados com cuidado. Na Alemanha, a taxação provavelmente cobriu 16,7% dos gastos de guerra pelo Reich e pelos governos estaduais juntos e 8,2% dos gastos só do Reich. Tradicionalmente, o Reich tinha contas separadas para gastos ordinários e para gastos "extraordinários", em projetos de importância capital. Helfferich tratava a guerra como um item extraordinário, afirmando que os impostos cobririam apenas os gastos civis de rotina e os empréstimos; ele disse ao Reichstag que não desejava tornar mais pesado o fardo do povo, e que os aumentos nos impostos seriam uma gota no oceano. Se o governo elevasse os impostos indiretos, isso aumentaria o custo de vida para as classes trabalhadoras e colocaria em risco o apoio da esquerda à guerra. Mas, para impor impostos diretos, seria preciso contar com o apoio dos Estados, o que (como antes de 1914) não estava acontecendo; como Bethmann estava às turras com os partidos de direita com relação à questão dos objetivos de guerra e à campanha dos U-Boats, hesitava em antagonizá-los ainda mais. O Reich efetivamente introduziu impostos sobre o movimento de vendas e o excesso de lucro em 1916, mas a participação dessas taxas foi pequena.[9]

Em outros países, a contribuição dos impostos tendia a ser ainda menor. Rússia, França e Itália seguiram a Grã-Bretanha na introdução do imposto sobre o lucro, mas isso não passou de um gesto simbólico em favor dos interesses da unidade nacional numa época em que o clamor público contra os exploradores fazia-se ouvir em toda parte.[10] Depois de anos de controvérsia, o legislativo francês concordou, a princípio, com o imposto às vésperas da guerra, mas o então ministro da Fazenda, Alexandre Ribot, era contrário e o postergou até 1916, antes de implementá-lo numa tarifa nominal. Nos dois primeiros anos, a arrecadação do governo francês praticamente não cresceu. Apesar dos protestos dos socialistas, o fardo dos impostos era mais regressivo que em outros lugares, e seus 15% de contribuição para os custos totais da guerra eram mais baixos que os de qualquer outro beligerante importante. Na verdade, essa cifra era suficiente apenas para cobrir os gastos normais do Estado francês, mas nada do custo das operações militares.[11] Os estimados 23% da Itália eram mais altos,[12] assim como os 26% da Rússia, embora, neste último caso, isso se deveu, em parte, porque a Rússia se retirou mais cedo da guerra. O governo czarista começou pela supressão do comércio de vodca (na esperança de que a abstinência melhorasse o rendimento), embora a receita bruta do monopólio de sua comercialização tenha sido de um terço do total dos tempos de paz.[13] Como a França, a Rússia dependia principalmente do imposto sobre bens e serviços, como, por exemplo, correios e ferrovias, e o governo esperou até 1916 para introduzir o imposto de renda. Os Estados liberais e autocráticos, portanto, pouco se diferenciavam em termos de comportamento. Por todo o continente, o recolhimento de impostos cresceu pouco em termos reais até 1916-17, e os gastos foram muito maiores que esse recolhimento. Os Tesouros europeus se viram presos entre os incontidos gastos militares e o imperativo político de não reviver controvérsias dos tempos de paz por meio do aumento dos impostos. Eles tentaram – e aqui, mais uma vez, a "ilusão da guerra breve" fica evidente – cobrir seus déficits emprestando em nível interno e externo, bem como "imprimindo dinheiro", se recebessem créditos do Banco Central sem caução. Nenhum Banco Central conseguiu preservar sua independência nas condições dos tempos de guerra. Até o Banco da Inglaterra, supostamente uma corporação privada, cedeu ao Tesouro sua influência sobre as taxas de juros e o valor de troca da libra esterlina. Em todos os beligerantes de 1914, o padrão-ouro doméstico foi efetivamente suspenso; o papel-moeda não era mais convertível a pedido, nem mesmo a uma mínima porção das reservas de ouro exigida para garantir a impressão de dinheiro. Assim, com o caminho livre, os governos puderam obter fundos ilimitados do Banco Central em troca de compromissos financeiros de curto prazo, como as letras do Tesouro, que, de modo geral, podiam ser resgatadas no prazo de três a seis meses. Na Alemanha, empréstimos bancários especiais (*Darlehenskassen*) desempenharam a mesma função para o Estado e as autoridades locais. A consequência foi um enorme aumento no estoque de dinheiro, que se acelerou à medida que a guerra ia avançando. De 1913 a 1918, as notas em circulação (faltam-nos indicadores monetários mais sofisticados) aumentaram em 1.151% na Grã-Bretanha, 1.141% na Alemanha, 532% na França e 504% na Itália.[14] No entanto, o crescimento monetário não conseguiu gerar correspondente aumento de preços, com o índice de atacado, em 1913-18, quase dobrando na Grã-Bretanha e na Alemanha (100 para 227 e 100 para 217, respectivamente), triplicando na França (100 para 340) e quadruplicando na Itália (96 para 409).[15] Essa disparidade deveu-se, em parte, ao fato de os maiores aumentos de preço na Alemanha terem sido registrados no mercado negro, sendo, portanto, excluídos das estatísticas oficiais. Mas, além disso, os governos absorveram o excesso de liquidez convencendo seus cidadãos a fazerem empréstimos, embora com um nível de dificuldade cada vez maior. Os empréstimos dos Estados se mostraram um dos fenômenos chave da guerra, crucial para sua capacidade de levantar as somas necessárias sem minar a coesão social por meio de um grande aumento de impostos ou mesmo de uma inflação mais acelerada. Isso ficava ainda mais evidente com o crédito mais diminuto da Alemanha e da Áustria-Hungria diante do déficit de Estados muito menores antes de 1914.[16] Centenas de milhares de instituições e pessoas físicas, nos países beligerantes e nos neutros, emprestaram a governos cujos gastos estavam muito à frente da renda e cuja capacidade de pagar o que deviam seria questionável ainda que fossem eles os vencedores. As classes médias europeias mostraram-se dispostas a apostar em sua própria prosperidade e também na vida de seus filhos. Havia diferenças significativas entre os blocos. O Reich alemão lançou nove bônus de guerra (*Kriegsanleihen*) em intervalos de seis meses, de setembro de 1914 a setembro de 1918. Cotados normalmente à generosa taxa de juros de 5% e resgatáveis depois de dez anos, esses bônus formaram um foco de propaganda; os bancos os compravam em blocos e as companhias os vendiam a seus empregados. Um milhão e duzentas mil pessoas subscreveram o primeiro lote, e as subscrições atingiram o pico de 5,2 milhões em março de 1916. Considerando a guerra como um todo, os bônus constituíram a fonte de renda mais significativa, produzindo cerca de 100 bilhões de marcos, ou dois terços dos custos da guerra. Mas, enquanto que até o verão de 1916 os bônus eram mais ou menos equivalentes aos gastos, absorvendo as obrigações do Tesouro de curto prazo e contendo o crescimento da emissão de moeda, o número de subscritores começou a diminuir com a questão do quinto empréstimo em setembro, e a dívida flutuante, o estoque de dinheiro e a taxa de inflação começaram, em escala crescente, a escapar do controle. A maré de adversidades dos militares alemães também enfraqueceu os bônus como risco de crédito.[17] Em contraste, a Áustria-Hungria tinha um público muito menor e, embora também dependesse dos empréstimos de guerra de estilo alemão e oferecesse juros maiores, esses empréstimos só atendiam a 45% dos gastos de guerra austro-húngaros. A circulação de papel-moeda cresceu 15 vezes durante a guerra, e a moeda se desvalorizou com muito mais rapidez.[18]

Na França, Ribot achou que, num país invadido, não poderia esperar que os investidores se mostrassem tão confiantes quanto os da outra margem do Reno. Ele só ofereceu um empréstimo de guerra em novembro de 1915, com a taxa de juros mais alta de 5,73%, livre de impostos. Outros três empréstimos, realizados em outubro de 1916, outubro de 1917 e setembro de 1918, levantaram um total de cerca de 24 bilhões de francos, mas isso representava menos de um terço do rendimento do principal apoio do orçamento francês: os bônus da defesa nacional (*bons de défense nationale*). Essas letras do Tesouro eram resgatáveis em períodos de 3 a 12 meses, a uma taxa de juro anual de 5%. Eram anunciadas na imprensa e encontradas por toda parte, em postos do correio e caixas econômicas. Elas ofereciam um pacote financeiramente atraente, sem o risco maior dos empréstimos de longo prazo. A despeito do perigo de poderem ser todas resgatadas ao mesmo tempo, na prática sempre era possível vender o suficiente para rolar a dívida do Estado.[19] A França criou menos impostos e, além disso, sua dívida era, mais que na Alemanha e na Grã-Bretanha, de curto prazo. Esta última ocupava uma posição média, emitindo grandes parcelas de dívida de médio prazo, dependendo menos de bônus de longo prazo (como a Alemanha) ou de médio prazo (como a França), e tomando menos emprestado que qualquer outro país além dos Estados Unidos. A Itália também teve sucesso relativo na contenção da expansão do dinheiro em circulação e da inflação, emitindo bônus de guerra de longo prazo. Mas, na Rússia, cujos custos de guerra subiram de 2.540.000 de rublos em 1914 para 9.380.000 em 1915 e 15.267.000 em 1916, tanto a emissão de moeda quanto os preços quadruplicaram em janeiro de 1917. Embora o governo czarista emitisse bônus de guerra, estes não passaram de 10 milhões de rublos e deixaram que a maior contribuição fosse feita pelas letras do Tesouro, principalmente através do banco estatal. Na ausência de um grande público investidor, a Rússia expandiu a produção de guerra de maneira impressionante. No entanto, acabou por pagar por isso, com uma desestabilização monetária mais acentuada e acelerada que qualquer outro país. E a inflação, que empobreceu todos aqueles que tinham renda fixa ou que aplicavam dinheiro, foi a taxação mais arbitrária de todas.[20]

Os Aliados tinham de atender a exigências maiores de empréstimo, já que, coletivamente, gastavam muito mais:

QUADRO 1
Gastos de guerra[21]
Em bilhões de dólares atuais

Grã-Bretanha	43,8
Império Britânico (excl. a Grã-Bretanha)	5,8
França	28,2
Rússia	16,3
Itália	14,7
EUA	36,2
Outros	2,0
Total dos Aliados e EUA	147,0
Alemanha	47,0
Áustria-Hungria	13,4
Bulgária e Turquia	1,1
Total das Potências Centrais	61,5
Total	208,5

Por outro lado, eles tiveram mais oportunidade de pedir empréstimos no estrangeiro. É verdade que as Potências Centrais menores podiam tomar emprestado da Alemanha, que, a partir de 1915, garantiu à Áustria-Hungria um subsídio de 100 milhões de marcos por mês, permitindo-se a tomar emprestado de um consórcio de bancos para financiar suas compras (em outubro de 1917, devia a esse consórcio mais de 5 bilhões em marcos de ouro).[22] As duas potências também fizeram empréstimos para Sófia e Constantinopla; na verdade, a Bulgária conseguiu cobrir a maior parte de seus gastos de guerra com empréstimos realizados no exterior. Por outro lado, a própria Alemanha comprou quantidades substanciais de crédito dos países neutros que faziam fronteira com ela, especialmente Holanda, Suíça, Dinamarca e Suécia – embora a pressão aliada gradativamente fizesse essas entregas diminuírem.* No final da guerra, só à Holanda, a Alemanha devia 1,6 bilhão de marcos de ouro, e isso sustentou o valor de mercado sobre as trocas estrangeiras com considerável sucesso.[23] Contudo, nada disso se comparava com as redes de interdependência, que, de 1914 a 1917, se desenvolveram primeiro entre os Aliados, e depois entre eles e os Estados Unidos. Essa rede é mais bem investigada se começarmos com os Aliados mais fracos. Parte do preço dos italianos pela intervenção foi um empréstimo de 50 milhões de libras esterlinas no mercado de capitais de Londres, embora tivessem limitado as solicitações financeiras de modo a não enfraquecer seu poder de negociação de territórios. Contudo, longe de manter a autonomia que desejavam, em alguns meses eles já dependiam da Grã-Bretanha não apenas em termos do consumo e transporte de carvão, mas também do financiamento para importações de trigo e petróleo dos Estados Unidos, que, em tempos de paz, provinham da Romênia e da Rússia, mas que agora estavam bloqueadas pelo fechamento do Dardanelos.

Em agosto de 1915, os britânicos estavam subsidiando a Itália com 2 milhões de libras esterlinas por semana, e insistiam (como faziam com a França e a Rússia) para que ela pagasse com embarques de ouro como garantia. Em parte, provavelmente tenha sido por um aumento do fornecimento de carvão que a Itália finalmente declarou guerra à Alemanha, em agosto de 1916.[24] De maneira similar, a Rússia tomou emprestado da Grã-Bretanha e da França para financiar suas compras nesses países e nos Estados Unidos. A Commission Internationale de Ravitaillement (Comissão Internacional de Suprimentos) permitiu que os Aliados mais fracos importassem dos Estados Unidos em termos financeiros definidos pela Grã-Bretanha e pela França, com suas taxas de crédito superiores. O império czarista contava com pouca confiança entre os investidores americanos, mesmo antes de os ataques aos judeus na Polônia durante a retirada de 1915 terem lhe rendido maior ódio. Em fevereiro de 1915, os governos britânico e francês concordaram em conceder aumento no crédito de Petrogrado no valor de 100 milhões de libras nos mercados de capitais de Londres e Paris. Um acordo firmado em setembro garantiu créditos britânicos no valor de 25 milhões de libras por mês durante o ano seguinte. Mais de 70% dos fundos americanos emprestados à Grã-Bretanha e à França no período de neutralidade foram destinados aos russos.[25] Não obstante, o fardo de financiar seus parceiros, aliado às suas próprias necessidades crescentes, acabou por afundar a França e a Grã-Bretanha. À medida que o déficit francês aumentava, seus

---

*   Ver cap. 10.

empréstimos no exterior cresceram de 2,8 milhões de francos em 1915 para 8,8 milhões em 1916; entre 1914 e 1916, a França tomou emprestado 7,8 milhões da Grã-Bretanha e 3,4 milhões dos Estados Unidos. A Grã-Bretanha realizou e financiou todas as compras russas nos Estados Unidos a partir de 1915, e cada vez mais as da Itália, mas a partir de maio de 1916 também financiou todas as encomendas francesas aos americanos, bem como sustentou o franco nos mercados estrangeiros de divisas. Todo o esforço de guerra dos Aliados ficaria vulnerável se a garantia britânica do crédito americano se deteriorasse. Em outubro, 40% de todas as compras de guerra da Grã-Bretanha, para si mesma e para seus aliados, foram feitas na América do Norte, e esperava-se que o Tesouro desembolsasse mais de US$ 200 milhões por mês.[26] Embora o financiamento do esforço de guerra britânico, em termos domésticos, fosse relativamente fácil nos primeiros dois anos, encontrar dólares para garantir as compras nos Estados Unidos tornou-se seu calcanhar de Aquiles.

O problema apresentava dois aspectos inter-relacionados: pagar as encomendas e manter a taxa de troca libra esterlina-dólar.[27] Os meios normais para solucionar o problema seriam através das exportações. Mas as exportações da França, abalada pela invasão e pela prioridade dos armamentos, caíram pela metade entre 1913 e 1915. As da Rússia sempre foram pequenas e ficaram interrompidas com o restante de seu comércio, e, embora a Grã-Bretanha tivesse superávit em sua balança de pagamentos durante a maior parte da guerra, sofreu com as decisões tomadas pelo gabinete em 1915-16 no que diz respeito ao alistamento e à fabricação de munição à custa das exportações tradicionais como os produtos têxteis. Por outro lado, entre 1913 e 1915, o volume das importações britânicas dos Estados Unidos subiu em quase 68%. As autoridades britânicas tomaram uma decisão fundamental na crise de agosto de 1914 para manter a convertibilidade da libra esterlina, e o Banco da Inglaterra, na verdade, aumentou suas reservas de ouro durante a guerra.[28] Contudo, a moeda começou a deslizar da paridade pré-guerra de uma libra por US$ 4,86, provocando medo quando, em agosto de 1915, caiu para US$ 4,70, e apenas 4 milhões de dólares estavam disponíveis para pagar dívidas de 17 milhões de dólares na semana seguinte. A paridade libra-dólar era uma questão de prestígio, enfatizada pela propaganda aliada para contrastar com a depreciação do marco, e intrínseca à percepção britânica de sua robustez econômica. De maneira mais prática, deixar a libra cair acrescentaria milhões ao custo das importações. É claro que uma resposta possível seria limitar as compras. Em janeiro de 1915, os britânicos apontaram o banco J. P. Morgan & Co., de Nova York, como seu agente de transações comerciais, de modo a minimizar a competição entre departamentos do governo e empreender negociações mais duras com os fornecedores. Eles usaram a crescente dependência da Itália e da Rússia para insistir nos direitos de supervisionar suas compras. Mas esses departamentos do governo britânico, com suas despesas, brigavam com o

Tesouro e suas manobras para restringir as importações americanas. Portanto, outros expedientes precisavam ser encontrados.

Uma das possibilidades era vender ativos. A Grã-Bretanha, a França e a Rússia concordaram, em 1915, em reunir as reservas em ouro de seus Bancos Centrais. Mas o ouro era muito menos vulnerável que os enormes investimentos europeus nos Estados Unidos nos anos anteriores, com os britânicos sozinhos possuindo mais de 835 milhões de libras de títulos americanos em 1914. Depois do medo de agosto de 1915, o governo exigiu que os donos desses títulos os vendessem ao Banco da Inglaterra, que os transformaria em dólares em Nova York. Em 1916, ele impôs uma taxa discriminatória àqueles que não o fizessem, embora os franceses fossem menos rigorosos. Naturalmente, essa entrega do patrimônio familiar significava abdicar de rendimentos de investimento no futuro, comprometendo, assim, as perspectivas de longo prazo dos Aliados, de modo a atender à necessidade de curto prazo, e, no final de 1916, os limites de ampliação desse financiamento estavam à beira da exaustão. Mas o empréstimo não passou de uma solução temporária. Mais uma vez em resposta ao medo de agosto de 1915, o governo britânico e o francês decidiram levantar um empréstimo sem garantia de 500 milhões de dólares, com J. P. Morgan comandando o consórcio de subscritores. Eles tinham de oferecer uma taxa de juros de quase 6%, superior a seus empréstimos de guerra domésticos. Mesmo assim, os compradores foram principalmente banqueiros e industriais da costa leste, muitos, inclusive, já beneficiários de contratos dos Aliados. De outro modo, a emissão de obrigações foi recebida com certa indiferença ou hostilidade, graças à propaganda teuto-americana e ao ceticismo com relação à vitória dos Aliados (a ideia das obrigações só amadureceu em 1920). Longe de o empréstimo atingir o público em geral, como os Aliados esperavam, investidores não institucionais assumiram apenas US$ 33 milhões. Depois dessa decepção, o governo francês deixou para as companhias públicas e as municipalidades francesas os empréstimos nos Estados Unidos, pois seu crédito era melhor que o do Estado francês. O governo britânico resolveu emprestar por conta própria, levantando US$ 250 milhões em agosto de 1916, e US$ 300 milhões em outubro desse mesmo ano, mas em ambas as ocasiões teve de dar garantias pignoratícias, mergulhando em sua diminuta reserva de títulos em dólares.

No outono de 1916, as relações financeiras dos Aliados com os Estados Unidos estavam alcançando um ponto crítico, e não apenas por razões técnicas. Tendo inicialmente julgado que permitir que governos estrangeiros tomassem emprestado seria uma atitude antineutra, Wilson mudou de ideia, a conselho do Tesouro dos Estados Unidos e do Departamento de Estado, com o importante argumento de que representava uma garantia para o *boom* de exportação. Em fevereiro de 1916, 90 mil toneladas de fretes mensais estavam sendo movimentadas nos Estados Unidos para o Ministério das Munições da

Grã-Bretanha, e o tráfego aliado bloqueou o porto de Nova York. Durante um ano, entre maio de 1915 e maio de 1916, Wilson esteve envolvido com a campanha alemã dos U-Boats e controlou sua irritação com o fato de os Aliados infringirem o bloqueio dos direitos marítimos americanos. Mas, depois disso, os alemães se mostraram temporariamente tranquilos, enquanto os atritos com relação ao bloqueio se intensificavam.* A repressão, pelos britânicos, do Levante de Páscoa em Dublin, ocorrida em 1916, provocou o antagonismo dos irlandeses-americanos, assim como o antissemitismo da Rússia havia desagradado aos judeus americanos. Provavelmente, o mais importante foi a irritação de Wilson quanto ao fato de os Aliados estarem bloqueando seus esforços de mediação. Na primavera de 1916, os britânicos decidiram não aceitar a oferta apresentada no Memorando House-Grey,** apostando que o Somme resultaria numa vitória decisiva antes que eles alcançassem seus limites de empréstimos. No outono, a ofensiva havia evidentemente fracassado para que isso acontecesse, e seu custo tornou a Grã-Bretanha ainda mais vulnerável.[29] Em resposta aos boatos de que Wilson planejava outra iniciativa de paz, Lloyd George tentou rechaçá-lo, reafirmando, numa coletiva de imprensa de 28 de setembro, que a Grã-Bretanha prosseguiria sem a interferência externa até que tivesse conseguido desferir "um golpe mortal". Portanto, o presidente não tinha nenhum motivo para fazer favores quando, em novembro, Morgan revelou ao Fundo Federal de Reservas que a Grã-Bretanha planejava efetuar um empréstimo de emergência. O Fundo teve medo de que os bancos americanos ficassem asfixiados com as obrigações de curto prazo que a Grã-Bretanha não conseguiria resgatar; de qualquer modo, desejava frear o *boom* de empréstimos, com receio de que saísse do controle e provocasse uma crise econômica depois da guerra. Com considerações políticas em mente, Wilson endossou o anúncio do Fundo de 28 de novembro, advertindo que os bancos e os cidadãos americanos tomassem cuidado com os títulos estrangeiros. O anúncio acabou com o plano de um novo financiamento dos Aliados, exerceu maior influência na política de empréstimos e forçou os britânicos a suspenderem novos pedidos.

Quando os Estados Unidos entraram na guerra, em abril de 1917, Londres dispunha de ouro e meios suficientes para financiar apenas mais três meses de compras, e só os empréstimos de Morgan permitiram que o Tesouro cumprisse suas obrigações com os Estados Unidos. Embora os britânicos ainda pudessem cobrir suas necessidades em dólares sem a intervenção americana, teriam enormes dificuldades para continuar a financiar seus aliados.[30]

A crise não significava que os esforços de guerra dos Aliados poderiam entrar em colapso sem a intervenção americana. Como a produção de munição dos britânicos e

---

* Ver cap. 10.

** Ver cap. 5.

dos russos começou a aumentar, os contratos com os americanos estavam se tornando cada vez mais dispensáveis. A taxa de câmbio podia baixar de seus US$ 4,76 (já abaixo da paridade do pré-guerra), que tinham prevalecido na maior parte do período de neutralidade, embora tornar as importações mais dispendiosas também pudesse acarretar o bloqueio dos suprimentos. Wilson já se mostrara disposto a ajudar financeiramente os Aliados para garantir o crescimento americano, mas agora consistia interesse econômico dos Estados Unidos restringir a expansão. Diplomaticamente, o Ministério das Relações Exteriores temia que a Grã-Bretanha se tornasse cada vez menos capaz de resistir à pressão de Washington para pôr fim à guerra por meio da negociação. A previsão de maior duração poderia provocar uma paralisia no exato momento em que uma estratégia coordenada e a abundância de artilharia e munições por fim trariam melhores perspectivas. As relações com os Estados Unidos, contudo, não eram o único ponto da preocupação dos Aliados. Na Rússia, no final de 1916, a inflação estava numa espiral ascendente e incontrolável, e isso afetava a economia real (inclusive o suprimento urbano de alimentos), embora fosse verdade que um processo similar estivesse começando a se manifestar entre as Potências Centrais. O poder de recuperação dos beligerantes não era infindável, e ambos os lados pareciam estar se aproximando do limite de seus empréstimos. Até então, eles haviam financiado espetaculares aumentos na produção de guerra apenas com modestos aumentos de impostos e somas em dinheiro. Em grande medida, isso resultou da disposição da minoria de suas populações com substanciais economias em comprar bônus que renderiam bem após o final da luta. O público investidor na Alemanha e na Grã-Bretanha apostou na vitória em um conflito desesperado e de resultados semelhantes para os dois lados. A bem da verdade, havia pouquíssimas alternativas financeiras, e os governos ofereciam incentivos atraentes, ao custo de uma dívida de serviço crescente e de um fardo para os pagantes de impostos do pós-guerra. Mas a disposição de emprestar também testemunhava uma inocência derivada da estabilidade monetária pré-guerra e um resíduo de patriotismo. O financiamento da guerra dependia de valores e pressupostos tradicionais que o próprio conflito estava subvertendo.

***

As finanças eram importantes porque o dinheiro possibilitava a aquisição de recursos reais. O dinheiro podia pagar a mão de obra, os alimentos e as matérias-primas, bem como abrir o comércio de máquinas e as linhas de montagem. Em termos militares, o que contava não era tanto o potencial econômico geral, mas a capacidade de manter e suprir as forças armadas.[31] Tudo bem que os Aliados apelassem para os suprimentos americanos, pois sua vantagem inerente em recursos reais era pequena. É verdade que eles contavam com mais pessoas: o Império Britânico, a França, a Rússia, a Bélgica e a Sérvia somavam, em 1914, 656 milhões contra os 144 milhões das Potências Centrais. Contudo, boa parte da população dos Aliados vivia distante dos centros industriais. A Grã-Bretanha, a França e a Rússia respondiam por cerca de 27,9% da produção industrial mundial, o que era bem mais que os 19,2% da Alemanha e da Áustria-Hungria. Nas indústrias mais relevantes de produção de armas, as Potências Centrais estavam à frente, produzindo, às vésperas da guerra, cerca de 20,2 milhões de toneladas de aço contra os 17,1 milhões dos Aliados, e eram líderes em muitos setores de produtos químicos e engenharia.[32] Com a eclosão da guerra, a produção industrial alemã caiu em estimados 23% em 1914-16, mas, em 1915, as Potências Centrais controlavam a maior parte da Bélgica, boa parte do norte da França e as áreas industriais da Polônia, explorando-as impiedosamente. Por outro lado, a Itália juntou-se aos Aliados, e a produção industrial da Rússia aumentou 17% em 1916, mas boa parte da indústria pesada da França se perdeu, e em 1914-16 a produção industrial britânica caiu 3%, com a expansão dos armamentos não conseguindo compensar a diminuição dos setores civis.[33] Não obstante, o recorde da produção de armamentos (em oposição ao do crescimento econômico como um todo) sugere que, depois de um começo desastroso, a competição industrial inclinou-se em favor dos Aliados.

A forma como isso aconteceu pode ser mais bem estudada se considerarmos os exemplos francês, britânico, italiano e russo separadamente. A França foi o caso mais radical. Como todos, os franceses subestimaram o vasto consumo de munição de armas de fogo rápido que, num estado de guerra estático, podiam simplesmente atirar no inimigo até a munição acabar. Em comparação com o exército da Alemanha ou mesmo o da Rússia, o francês contava com poucas armas pesadas, que eram muito mais difíceis de fabricar que as bombas. As regiões ocupadas respondiam por 58% da produção de aço francesa, 83% de seu minério de ferro, 49% de sua produção de carvão e pelas principais porções de suas indústrias de engenharia, produtos químicos e têxteis. Contudo, a França parece ter se saído melhor que qualquer outro beligerante na conversão do potencial industrial em armas e munições, beneficiando outros exércitos além do seu. Ela exportou para Rússia e Romênia; mais tarde, forneceu boa parte do equipamento da Força Expedicionária Americana.

O feito francês apresenta alguns paralelos com o soviético em 1941-45: regiões anteriormente isoladas, como o sudoeste, entraram para a produção bélica. Contudo, o principal centro de fabricação de armas era a bacia de Paris, a apenas 80 km da linha de combate.[34] E, ao contrário da Rússia de Stálin, os padrões de vida civil caíram apenas ligeiramente, e a força motora por trás da transformação industrial foi o lucro dos particulares, embora alimentado e estimulado por subsídios e contratos estatais. Antes de 1914, a França, como a maioria dos países europeus, possuía uma economia mista de estaleiros e arsenais estatais ao lado de companhias privadas, como a importante Schneider, em Le Creusot. Durante a guerra, o setor estatal expandiu sua capacidade e força de trabalho, com o governo construindo, por exemplo, um enorme novo arsenal em Roanne (que se revelou um dispendioso fracasso). Mas, dos cerca de 1,675 milhões de empregados na produção de armas em 1918 (comparados com 50 mil quatro anos antes), apenas 284 mil (18%) trabalhavam em companhias de propriedade estatal.[35]

Joffre e o GQG decidiam o que era necessário, inicialmente consultando o Ministério da Guerra. Depois de maio de 1915, um subsecretariado para a artilharia e as munições, sob o comando do socialista Albert Thomas, assumiu as decisões de compras, mais tarde se transformando num ministério autônomo. Depois do Marne, a prioridade eram as balas de 75 mm, além de metralhadoras, rifles e cartuchos; depois das ofensivas de 1915, a ênfase deslocou-se para as armas pesadas e as munições.[36] As autoridades passaram a se reunir regularmente com representantes de cada setor industrial, tendo iniciado essas reuniões durante a crise de munição, no outono de 1914. Os ministros preferiam não tratar com companhias individuais, mas com comitês dos principais produtores, para quem deixavam a alocação dos contratos. Assim, a indústria metalúrgica era representada por sua associação comercial, o Comité des Forges, que assumiu a responsabilidade por todo o suprimento de metal destinado às fábricas. Na indústria química, havia uma relação privilegiada similar com uma companhia, a Saint-Gobain, embora as autoridades incentivassem o aumento do círculo de companhias envolvidas na produção de guerra. Em geral (como ocorreu com os outros beligerantes), as fábricas estatais e as companhias de armas estabelecidas concentravam-se nas tarefas manufatureiras mais difíceis, como a artilharia pesada (Schneider) e a de metralhadoras (Hotchkiss). O trabalho mais simples, como, por exemplo, a produção e o preenchimento de balas, era executado por companhias antes dedicadas à produção civil. Os empréstimos estatais (provavelmente totalizando 10 bilhões de francos) e os subsídios auxiliavam as conversões, por exemplo, das futuras gigantes automobilísticas Citroën e Renault, produtoras, respectivamente, de munições e tanques. O governo oferecia preços vantajosos, mas não tinha poderes para verificar as contas das companhias. Em outubro de 1915, Thomas achava que os lucros eram excessivos, mas, quando o governo tentou forçar a baixa dos preços, os industriais ameaçaram suspender a produção e as autoridades retrocederam.[37]

Além da fábrica para serem produzidos, os armamentos necessitavam de matéria-prima e força de trabalho. Devido à perda das jazidas de carvão do norte, boa parte tinha de ser importada (principalmente da Grã-Bretanha), assim como o aço (da Grã-Bretanha e dos Estados Unidos). Além disso, a França teve de expandir a produção de artigos químicos, como ácido sulfúrico, que antes era comprado da Alemanha. Em 1916, o câmbio francês e os cortes nos embarques britânicos começaram a pesar, e as necessidades de matéria-prima tornaram-se mais prementes. A pressão britânica forçou os franceses a introduzir um amplo controle sobre os suprimentos e a produção de matéria-prima. Mas, em geral, a falta de mão de obra era mais séria, visto que a França havia convocado uma proporção maior de seu elemento humano que qualquer outro beligerante. Em agosto de 1915, a Assembleia aprovou a Lei Dalbiez sobre a força de trabalho – um sinal importante de que os franceses estavam se resignando com uma guerra longa. Seu propósito foi, em parte, incluir os civis "folgados" (*embusqués*) no exército, mas também liberou cerca de 350 mil soldados para as indústrias bélicas, nas quais continuaram tecnicamente mobilizados e sujeitos à disciplina militar. Uma segunda fonte importante de mão de obra, geralmente para o trabalho menos especializado, foram as mulheres, amiúde mais velhas e casadas, bem como transferidas da indústria têxtil ou do trabalho doméstico, em vez daquelas empregadas pela primeira vez. Entre janeiro de 1916 e janeiro de 1918, o número de mulheres que trabalhavam no fabrico de munição mais que triplicou.[38] Por fim, os franceses apelaram pesadamente para a mão de obra imigrante, do exterior (particularmente da Espanha e Portugal, mas também da China)[39] ou de suas colônias na África do Norte e da Indochina. Em suma, dos 1,7 milhão de empregados na indústria de armamentos em novembro de 1918, 497 mil eram soldados, 430 mil eram mulheres, 133 mil jovens abaixo de 18 anos, 108 mil estrangeiros, 61 mil das colônias e 40 mil prisioneiros de guerra. O governo permitia longas horas de trabalho e a deterioração dos padrões de saúde e segurança, e essa força de trabalho diversificada e em rápida expansão não estava em condições de protestar. Não obstante, ela cumpria sua parte. Inicialmente, o controle de qualidade era sofrível: a munição defeituosa destruiu mil peças de artilharia em 1915.[40] Mas a grande expansão veio entre o outono de 1914 e a primavera de 1917. A produção diária de balas de 75 mm subiu de 4 mil em outubro de 1914 para 151 mil em junho de 1916; a de projéteis pesados de 155 mm, de 235 para 17 mil; a de rifles, de 400 para 2.565.[41] Em 1917, a França produziu mais projéteis e peças de artilharia por dia que a Grã-Bretanha, e tantos motores aéreos quanto Grã-Bretanha e Alemanha juntas.[42] Em julho de 1915, o Ministério da Guerra estava muito satisfeito com a produção de projéteis de 75 mm e, em agosto de 1916, o GQG estava confiante de contar com munição suficiente de artilharia pesada para lutar no Somme até o inverno e prosseguir com suprimentos ainda melhores na primavera seguinte.[43]

Em comparação, a Grã-Bretanha contava com uma indústria de base ainda maior (que não fora invadida), carvão e minério de ferro suficientes em seu solo e uma importação de matéria-prima que praticamente não encontrava obstáculos. Também contava com maior força especializada de trabalho, embora muito mais maciçamente sindicalizada e mais bem organizada para defender seus próprios interesses. O setor estatal de armamentos era pequeno, mas contava com produtores particulares grandes e eficientes, como a Vicker and Armstrong. Por outro lado, sua maior força estava na construção dos navios de guerra, e enfrentava problemas especiais para equipar uma força expedicionária que, em 1914-16, crescera mais de dez vezes. A resposta veio mais lentamente que na França e atribuiu ao Estado um papel mais intervencionista. As *War Memories* (*Memórias de Guerra*), de Lloyd George, dão a impressão de que a mudança crucial veio com a crise política de maio de 1915, que levou à substituição do gabinete liberal pelo primeiro governo de coalizão. Ele incluiu um novo Ministério das Munições, independente do Gabinete de Guerra, com ele próprio como chefe.[44] De fato, a produção de munição aumentou 19 vezes nos primeiros seis meses da guerra, e o Gabinete de Guerra, sob a liderança de Kitchener, foi intensamente acusado de falhas no suprimento. Como todo mundo, os britânicos demoraram a investir em novo maquinário (boa parte importada dos Estados Unidos), na reciclagem de mão de obra e na intensificação da produção de explosivos, para a qual a impossibilidade de contar com os produtos químicos alemães se revelou um problema crucial, embora tenha sido superado, mais adiante, pela produção de acetona (o agente de gelatinização) a partir de uma mistura de milho e nitratos de salitre do Chile.[45] Entretanto, o Gabinete de Guerra exacerbou a situação, apegando-se principalmente à sua lista de companhias aprovadas e deixando que competissem entre si por matérias-primas, trabalhadores e maquinário. Elas assinaram contratos além de sua capacidade de produção e, em junho de 1915, os déficits eram de 12% para os rifles, 19% para as peças de artilharia, 55% para as metralhadoras e 92% para os cascos usados nos explosivos de alto poder.[46] O problema provocou uma grande tensão entre Kitchener, que se ressentiu da interferência, e Lloyd George, que, em fevereiro de 1915, pediu a total mobilização dos recursos de engenharia. A situação chegou ao ápice com o "escândalo das bombas" que se seguiu ao abjeto fracasso do ataque em Aubers, em maio de 1915. Sir John French disse ao correspondente do *The Times*, Charles Repington, que a derrota resultou da falta de bombas de explosivos de alto poder, responsabilidade que um editorial no mesmo jornal atribuiu a Kitchener. Na verdade, embora o bombardeio inadequado tivesse efetivamente contribuído para a derrota, nesse estágio a artilharia provavelmente não teria sabido como usar mais bombas, mesmo que elas estivessem disponíveis.[47] De qualquer modo, o episódio deu a Lloyd George a oportunidade, com o apoio unionista e a concordância de Asquith, de estabelecer o novo departamento e apostar em seu futuro político na solução do que parecia ser o problema chave da guerra.

Embora o Ministério das Munições não atingisse seus ambiciosos objetivos, sem dúvida houve um aumento impressionante em todas as categorias de produção antes de Lloyd George passar para o Gabinete de Guerra, em julho de 1916, e foram lançadas as bases para outros ainda maiores, antes que o crescimento britânico, a exemplo do francês, se estabilizasse na primavera de 1917. As entregas de bombas subiram de 2.278.105 no semestre de janeiro a junho de 1915 para 13.995.460 em janeiro-junho de 1916, e 35.407.193 em julho-dezembro desse mesmo ano, embora (como na França) totais mais altos tenham resultado em um controle de qualidade medíocre. As entregas de metralhadoras Vickers subiram de 109 em março de 1915 para mil em novembro de 1915, e a produção de artilharia também subiu substancialmente para os calibres mais pesados.[48] Na verdade, a Grã-Bretanha estava à frente da França e da Alemanha ao desviar sua prioridade das armas de campo para armas mais pesadas.[49] Outros armamentos, notoriamente o tanque e o inestimável morteiro Stokes, talvez nunca tivessem entrado na produção em massa sem o patrocínio do ministério. Como a carência de matéria-prima ainda era pequena, exceto na produção de explosivos, os principais problemas consistiam em encontrar fábricas e mão de obra. Quanto a fábricas, a Grã-Bretanha podia contar com a capacidade de seu império. A Austrália supria pequenas quantidades de projéteis de canhões de campo, e a Índia enviava rifles e todo tipo de munição para a Europa e para as tropas indianas na Mesopotâmia, porém o maior provedor era o Canadá. Os fabricantes canadenses não conseguiam produzir itens mais complexos como fuzis e, a princípio, a maioria deixou de cumprir seus contratos, mas em 1917 mais de 250 mil pessoas no Canadá estavam empregadas na fabricação de armamentos sob a supervisão de um ramo do Ministério Britânico de Munições, da Junta Imperial de Munições e, naquele ano, o Canadá entregou entre um quarto e um terço da munição de artilharia usada pelos britânicos na Frente Ocidental.[50] Não obstante, as Ilhas Britânicas continuavam a ser a maior base produtora. O novo ministério de Lloyd George, apoiado fortemente pelos executivos, aumentou em muito o número de compras. Isso incentivou a criação de cerca de 65 mil fábricas e dividiu o país em áreas locais – e, em cada uma delas, os representantes comerciais eram agrupados em conselhos de administração. Mas, contrastando com a maioria dos países continentais, na Grã-Bretanha o Estado também se tornou um importante produtor, expandindo seus arsenais existentes (particularmente Woolwich) e construindo e operando as Fábricas Nacionais de Armas, as Fábricas Nacionais de Projéteis (para as munições mais pesadas) e as Fábricas Nacionais de Preenchimento.[51] Ele controlava diretamente 70 fábricas no final de 1915 e 250 por ocasião do armistício.[52] A fábrica de preenchimento em Barnbow, perto de Leeds, por exemplo, construída num campo verdejante em 1915, preencheu quase 25 milhões de projéteis e sua força de trabalho subiu para mais de 16 mil.[53] Operar suas próprias fábricas ajudava o ministério a obter custos de produção razoáveis, a inspecionar as contas e a pagar apenas o preço de custo, e não o de mercado, por suas encomendas; ele também podia controlar os estabelecimentos privados, algo que frequentemente fazia.[54] Os lucros de guerra no setor privado eram permitidos, porém controlados.

O governo também intervinha para aumentar a disponibilidade e conter o custo da mão de obra.[55] A Grã-Bretanha demorou muito mais que a França a enviar seus jovens para o front e, ao longo de toda a guerra, uma proporção menor de seu potencial humano usava uniforme. Mas o incidente do recrutamento de voluntários foi isolado, levando, muitas vezes, à perda de trabalhadores especializados nas indústrias-chave. Em meados de 1915, a porcentagem de homens da força de trabalho levados para o recrutamento militar era de 21,8% na área da mineração, 19,5% na de engenharia, 16% em manufaturas de pequenas armas e 23,8% na indústria química e na de explosivos. O Departamento de Guerra tampouco impediu o alistamento de trabalhadores especializados.[56] O Ministério de Munições reconvocou soldados do front para trabalhar sob disciplina militar, mas fez muito menos uso que os franceses desse recurso ou da mão de obra estrangeira e colonial. Em vez disso, a resposta básica da Grã-Bretanha foi a "diluição", ou seja, o treinamento rápido de mão de obra não especializada e semiespecializada (principalmente mulheres) para que assumissem tarefas anteriormente reservadas a sindicalistas especializados. A diluição, portanto, exigiu negociação para persuadir os sindicatos a relaxarem suas regras de aprendizado. As primeiras experiências começaram no verão de 1914-15, mas o principal programa de diluição foi a partir de outubro de 1915. A intervenção do governo foi necessária para o treinamento de mulheres, insistindo para que os contratadores estatais as empregassem, bem como para regulamentar seus salários e horas de trabalho, além de garantir que houvesse cantinas, banheiros e creches adequados e suficientes. Como ocorrera na França, o principal influxo de mulheres nas fábricas aconteceu no meio do conflito: 382 mil entraram para o trabalho de julho de 1914 a julho de 1915; 563 mil, de julho de 1915 a julho de 1916; e 511 mil, de julho de 1916 a julho de 1917.[57] O Arsenal de Woolwich aumentou o número de suas empregadas de 195 em junho de 1915 para mais de 25 mil em julho de 1917.[58] Depois que os sindicatos concordaram com o princípio de diluição em 1915, e a resistência dos trabalhadores estabelecidos (principalmente em Clydeside) foi rompida em 1915, esse princípio avançou rapidamente. A força de trabalho para as munições, amplamente aumentada em 1917-18, tinha uma composição muito diferente daquela de 1914 e também era mais disciplinada, com o Ato de Munição de Guerra proibindo greves e paralisações na indústria e instituindo a arbitragem compulsória. Até 1917, também foram restringidos os direitos dos empregados de se deslocarem de uma fábrica para outra, embora como *quid pro quo* o Ato impusesse um teto de lucro nos estabelecimentos "controlados".[59] Entre eles, essas medidas criaram um setor de munições bastante nacionalizado ou regulamentado pelo Estado que prestou serviço até o fim da guerra. Contudo, o BEF havia, nesse ínterim, se expandido tanto que o esforço das armas mal conseguia acompanhá-lo; somente em 1917-18 é que se reuniram os frutos da revolução na produção.

As duas potências aliadas remanescentes – Itália e Rússia – apresentam um contraste. O governo italiano reequipou-se lentamente no período de neutralidade e, mesmo durante as campanhas de 1915, tentou travar uma guerra de compromisso limitada.[60] Em setembro, de acordo com o adido francês, a Itália estava produzindo menos da metade do número de bombas que o governo havia planejado. A indústria do aço ainda estava operando principalmente na base de contratos civis, que o governo – preocupado em manter normais as condições comerciais – não havia substituído. Alguns trabalhadores especializados haviam sido convocados, enquanto outros se mostravam relutantes em servir numa guerra contra a qual o PSI se opusera.[61] Não obstante, em 1917, a produção italiana em algumas categorias de armas tornou-se impressionante. Embora muito atrás da Grã-Bretanha e da França em metralhadoras e bombas, ela produziu 3.681 aeronaves e ficou próxima da Grã-Bretanha em termos de artilharia e rifles.[62] No entanto, em 1914, a produção britânica de aço fora de apenas um terço da francesa em volume e um nono da britânica, e quase todo seu carvão e minério de ferro eram importados.[63] Alfred Dallolio, que se tornou subsecretário no Ministério da Guerra para Armas e Munições em 1915 e ministro independente em 1917, desempenhou papel análogo aos de Lloyd George e Thomas. Depois da ofensiva do Trentino, Dallolio recebeu carta branca para aumentar a produção sem limite de custos, e a expansão foi intensa. Talvez tenha sido sintomático de seu regime o fato de, em 1918, ele haver renunciado devido a acusações de corrupção.[64] Ele criou um "comitê central para a mobilização industrial" e uma rede de comitês regionais, representando os serviços, o comércio e a mão de obra, que dividiam contratos e eram responsáveis pelas relações industriais nas localidades.[65] A produção estatal realmente se expandiu, mas o setor privado realizou a maior parte do trabalho, e Dallolio queria sua parcela de colaboração voluntária, se possível. Embora o governo tivesse poderes para requisitar fábricas, ele não os usou, permitindo grandes lucros pouco taxados. Embora Dallolio se mostrasse simpático a aumentos de salário e tentasse trabalhar com os sindicatos, pressionou a mão de obra com mais intensidade do que o fez em relação à produção. Os trabalhadores estavam proibidos de entrar em greve ou de mudar livremente de emprego, e muitos foram colocados sob disciplina militar: 128 mil em dezembro de 1916 e 322,5 mil em agosto de 1918. Em agosto de 1916, 198 mil mulheres haviam sido levadas para as fábricas de material bélico, embora tenham sido usadas mais tarde, e em menor número que na França, e nas fábricas do sul da Itália mal chegaram a ser utilizadas.[66] No geral, portanto, a mobilização industrial da Itália seguiu o modelo francês, embora tenha começado depois, sendo implementada de maneira menos drástica e, portanto, produzindo resultados menos expressivos.

Em contraste, os russos, depois de um início tardio, esforçaram-se ao máximo em 1916. Sua versão da falta de munição do início da guerra foi particularmente prolongada, afetando também os rifles e as metralhadoras e restringindo suas operações até o inverno de 1915-16. No entanto, a indústria pesada russa, embora fosse pequena em relação ao tamanho e à população do país, era comparável à da França e, embora dependente da importação para itens mais sofisticados, a Rússia produzia (com sucesso) sua própria versão do canhão de campo de 76 mm e da artilharia pesada. O país tinha a tradicional economia mista de armamentos, embora o setor estatal fosse mais forte que em outras partes. Em 1914, contudo, ele perdeu as trocas comerciais marítimas e terrestres com a Europa Central. Assim, não podia importar nem maquinário ou produtos químicos alemães nem o carvão britânico, que era a principal fonte de energia para as fábricas de armamentos concentradas em Petrogrado. Então, a cidade recorreu às jazidas carboníferas dos Donets na Ucrânia, a uma distância de cerca de 1.280 km e ligadas por ferrovias precárias.[67] A política governamental somava-se a esses empecilhos. O regime czarista restringiu sua interação com a indústria privada à definição de contratos, enquanto trabalhadores especializados estavam sendo convocados e a produção doméstica de carvão e minério de ferro caía. Ao contrário das autoridades francesas, as russas não ampliaram suas companhias fornecedoras para além do círculo dos tempos de paz,[68] pois temiam perder o controle sobre a qualidade e os preços.[69] Um decreto passou a exigir que as fábricas dessem prioridade às encomendas navais e militares, mas, em geral, o procedimento foi de *laissez-faire*.[70]

Sukhomlinov duvidava que a indústria russa pudesse produzir um moderno e complexo equipamento de qualidade satisfatória, e preferiu apelar para o exterior. No início de 1915, 14 milhões de bombas foram encomendadas de companhias britânicas e americanas, seguidas por 3,6 milhões de rifles da Winchester, Remington e Westinghouse. Essa política revelou-se um engano dispendioso, já que os fornecedores estrangeiros não eram confiáveis. Em novembro de 1916, 40,5 milhões de bombas haviam sido encomendadas no exterior, mas apenas 7,1 milhões haviam chegado; apenas metade dos rifles encomendados na América foi entregue em março de 1917. Contudo, as encomendas no estrangeiro eram muito dispendiosas, o que se agravou quando, em 1916, o rublo foi desvalorizado para a metade de seu valor antes da guerra.[71] Mesmo quando estavam disponíveis, era difícil transportá-las, visto que a ferrovia Transiberiana tinha uma capacidade muito limitada, apenas uma via incompleta de bitola estreita levava a Archangel (que não estava livre do gelo) e uma linha a Murmansk só foi terminada em março de 1917. Os contratos estrangeiros tornaram-se a principal fonte de ferramentas para máquinas e matérias-primas como o cobre, mas a maioria dos suprimentos de guerra da Rússia foi manufaturada em seu próprio território.[72]

No verão de 1915, a falta de munição provocou uma crise política, com o governo sendo pressionado pelos deputados da Duma, pelas autoridades municipais e provinciais e pelos representantes comerciais. Como resultado, foram criadas as estruturas para uma cooperação entre governo e indústria nos moldes das instituídas por outros beligerantes, principalmente a Alemanha. Sukhomlinov foi substituído como ministro da Guerra por A. A. Polivanov, que estava disposto a expandir os contratos e por quem o comércio e a Duma nutriam grande respeito.[73] O governo criou um "Conselho Especial de Defesa", representando industriais, oficiais e parlamentares, com autoridade sobre todas as agências estatais e as companhias privadas que trabalhavam nos contratos de defesa; ele podia fazer encomendas de armamentos, supervisionar as respectivas distribuição e execução e ajudar as firmas a investir em equipamento. Comissões especiais e comitês de fábricas nas regiões podiam verificar contas, demitir gerentes, ocupar fábricas e insistir até que as ordens do governo fossem cumpridas. Contudo, a predominância de representantes da indústria de Petrogrado no Conselho Especial provocava revolta em suas contrapartidas moscovitas. A principal organização comercial nacional pedia a formação de comitês locais da indústria de guerra (VPKs) e de um comitê central (TSVPK) em Petrogrado. Em fevereiro de 1916, 34 distritos e 192 VPKs locais haviam sido criados, graças à iniciativa de conselhos e empresas locais. Embora não se tratasse de organizações não governamentais, o Conselho Especial trabalhava em associação com o TSVPK, delegando-lhe a responsabilidade de distribuir verbas, contratos e matéria-prima entre seus membros. Como resultado dessas mudanças, as encomendas de itens mais simples como granadas e balas foram distribuídas mais amplamente entre os fabricantes russos, embora muitas das companhias fizessem entregas atrasadas. Provavelmente o fato mais significativo era o governo estar preparado para gastar muito mais em 1916 que em 1915, em resposta à invasão do território russo e ao sentimento de revolta contra os invasores. O reequipamento era generosamente subsidiado, e os contratos ofereciam larga margem de lucros para incentivar novas companhias a participar. Em 1916, a Rússia, caso excepcional entre os beligerantes, estava conhecendo um crescimento regular, com um mercado de capitais em rápida ascensão: em 1914, a produção de carvão aumentou em 30%, a de produtos químicos dobrou e a de maquinários triplicou.[74] Os armamentos estavam na crista da onda: a nova produção de rifles subiu de 132.844 em 1914 para 733.017 em 1915 e 1.301.433 em 1916; a de canhões de 76 mm, de 354 para 1.345 e 3.721 nesses anos; as armas pesadas de 122 mm, de 78 para 361 e 637, e a produção de munição (de todos os tipos), de 104.900 para 9.567.888 e 30.974.678.[75] Ao longo da guerra, a Rússia produziu 20 mil canhões de campo, contra 5.625 importados; e, em 1917, o país estava manufaturando todos os seus *howitzers* e três quartos de sua artilharia pesada.[76] A falta de projéteis não só era algo do passado, como, na primavera de 1917, a Rússia estava adquirindo uma superioridade sem precedentes em homens e equipamentos. O preço desse esforço hercúleo, contudo, foi a desarticulação da economia civil e uma crise no suprimento urbano de alimentos. O próprio empreendimento que deslocou o equilíbrio em favor dos Aliados no verão de 1916 continha as sementes de uma catástrofe posterior.

***

Agora devemos considerar a resposta das Potências Centrais à revolução na produção dos Aliados. A resposta foi principalmente alemã, embora a contribuição dos austro-húngaros não tenha sido pequena. A Monarquia Dupla tinha uma pequena, embora sofisticada, indústria de armamentos, que produzia avançados navios de guerra do tipo *dreadnought* e o morteiro de 305 mm que castigou as fortalezas de Liège e Verdun. Depois que eclodiu a guerra, a Alemanha insistiu para que os austríacos organizassem *zentralen*, ou "centros", para suas indústrias: sociedades anônimas mantidas por empresas de cada setor, que ficavam com o suprimento de matéria-prima, entravam com o capital e alocavam quotas sob a supervisão do governo (embora o sistema se restringisse à metade austríaca da Monarquia).[77] Companhias como a Skoda, a maior produtora de armamentos, dobraram seus lucros, e a produção aumentou o suficiente para atender à maioria das necessidades do exército, ajudada pela apreensão de grandes números de rifles russos. Em setembro de 1915, o AOK estava satisfeito com a provisão de projéteis e rifles,[78] e, na verdade, a produção de rifles e metralhadoras não estava muito atrás da russa.[79] A modernização da artilharia de campo mostrou seus benefícios na campanha do Trentino, e a falta de equipamento não foi o principal motivo do desastre de Brusilov. Mesmo assim, a indústria austríaca padecia de sérios problemas. A falta de mão de obra foi atenuada por medidas similares às tomadas em outras partes, embora menos mulheres tivessem sido recrutadas que nos países aliados. Além disso, na metade austríaca, as autoridades invocavam poderes de emergência para convocar homens não especializados com menos de 50 anos para as indústrias de guerra. Nas fábricas postas sob esse regime, os trabalhadores viviam sob disciplina militar, com salários reduzidos, e a semana de 80 horas de trabalho não era incomum.[80] A falta de matéria-prima era preocupante: a Áustria-Hungria perdera seu principal campo de petróleo (na Galícia) em 1914, e os poços estavam bastante danificados quando foram recuperados.[81] O império dependia, em parte, da Alemanha para o abastecimento de carvão, bem como de minério de ferro sueco. A Alemanha supria seu aliado com máscaras contra gás, granadas de mão, morteiros de trincheira e aeronaves, e em 1916 produzia quatro vezes mais o número de projéteis austríacos. A Áustria-Hungria podia autoequipar-se de maneira relativa, mas foi de pouca ajuda para a economia alemã, que era, de longe, o mais importante fornecedor das Potências Centrais.[82]

A Alemanha era o maior produtor potencial da Europa: seu território estava intacto e desocupado, e ela podia recorrer aos recursos belgas, franceses e poloneses. O país gozava de grande vantagem em termos de indústrias estratégicas decisivas. O exército cometeu o erro tradicional de convocar trabalhadores especializados em 1914, mas a falta de mão de obra foi atenuada por um modesto aumento na força de trabalho feminina, obtida principalmente pelo redirecionamento das mulheres das indústrias têxteis e do trabalho doméstico, em vez de atraí-las para o emprego remunerado pela primeira vez.[83] O problema mais sério da produção parecia ser a escassez de matéria-prima, com o bloqueio aliado impedindo, por exemplo, a vinda de nitratos e cobre do Chile. A falta de nitratos – decisiva para a manufatura de explosivos – foi enfrentada pelo uso do processo Haber-Bosch de fixar o nitrogênio da atmosfera, embora o crescimento lento da produção de explosivos que usavam esse método tenha se tornado o determinante chave que, para os planejadores do Ministério da Guerra em Berlim, regulamentava a taxa de crescimento de todo o resto. Contudo, essa falta também levou a uma maior inovação organizacional, vendida às autoridades em agosto de 1914 por Walther Rathenau, o chefe da empresa elétrica AEG. Rathenau era favorável a uma "seção de matéria-prima de guerra" (*Kriegsrohstoffabteilung*, ou KRA), no Ministério, dirigida apenas por homens de negócio. Ele monitorou e controlou a produção de matéria-prima e incentivou a busca de substitutos para as *commodities* não disponíveis. As principais filiais de cada indústria estabeleciam "companhias de matéria-prima de guerra" (KRGs) – companhias de capital coletivo capacitadas a comprar, armazenar e distribuir matérias-primas a seus membros sob a supervisão do governo. Alguns controles de produção foram delegados a cartéis ou sindicatos existentes, tais como o do carvão.[84] Subsequentemente, o governo concordou em não negociar com empresas individuais, mas com entidades como a *Kriegsmetall*, a KRG da indústria metalúrgica. Em todos os casos, ele dava a palavra final em suas decisões. Por fim, o "comitê de guerra da indústria alemã" (KdI), uma entidade especial estabelecida pelas associações dos principais empregadores, aconselhava o ministério. O sistema, portanto, incluía um grande elemento de autogovernança industrial, baseando-se na iniciativa privada, e as companhias de armas como a Krupp obtinham grandes lucros. Para começar, os contratos de guerra eram distribuídos numa base de custos incluídos, com uma garantia de 5% de margem.[85] Mas, em 1915, o Ministério da Guerra endureceu o controle de custos e o monitoramento das contas, e sua política trabalhista também provocou atrito com o comércio. Sob a lei prussiana do cerco, os DCGs encarregados dos distritos militares da Alemanha eram diretamente responsáveis diante de Guilherme pela "segurança pública" em suas áreas, e seus poderes ampliados por decreto incluíam a autoridade sobre o fornecimento de mão de obra. Muitos DCGs, como o "escritório de exportações e isenções" (AZS) do ministério, que lhes dava orientações, desejavam ter boas relações com os sindicatos. Os AZS resistiram às exigências econômicas para que mais homens fossem dispensados do exército e aconselharam os DCGs a intermediarem as disputas trabalhistas em vez de simplesmente apoiar os empregadores.

Com relação às questões de custo e de relações trabalhistas, o Ministério da Guerra, portanto, tinha relações sofríveis com a comunidade empresarial. A oportunidade de esta última reagir aconteceu quando a Alemanha se viu sob pressão. Embora a falta de munição tivesse impedido as operações no outono de 1915, foi rapidamente superada.[86] A unidade química da Basf, usando o processo de Fritz Haber para a "fixação" de nitrogênio, produzia amônia, e também outros componentes chave para explosivos foram improvisados com sucesso. A despeito da perda de importações devido ao bloqueio dos Aliados, os alemães obtiveram o tungstênio, o níquel e o alumínio necessários para a manufatura de armas de seus próprios depósitos ou dos da Áustria. Após dezembro de 1914, a produção de canhões de campo subiu de 100 para 480 mensalmente e, em 1915, a produção de canhões de campo e de munição para *howitzers* leves excedeu substancialmente o consumo.[87] Reconhecidamente, os alemães foram ajudados por suas principais operações de 1915 contra os russos nas condições mais móveis da Frente Oriental. Mas, mesmo a oeste, quando Falkenhayn voltou-se contra Verdun, a princípio contava com superioridade em termos de artilharia e aeronaves. Contudo, o verão de 1916, em parte por causa da necessidade de ajudar os austríacos, transformou-se em um período de crise para a Alemanha em termos de suprimento de munição e também sob outros aspectos.[88] O Ministério da Guerra havia ampliado a produção de pólvora de 1,2 mil toneladas por mês, em agosto de 1915, para 4 mil em dezembro de 1915 e 6 mil em julho de 1916, e estava planejando outra elevação para 10 mil,[89] com aumentos proporcionais em projéteis e artilharia. Contudo, ele ainda parecia vulnerável depois das inesperadas exigências do Somme, que – por mais catastrófico que seu início pudesse ter parecido para os britânicos – impressionou muito os soldados alemães que nele tomaram parte com a nova capacidade aliada em termos de materiais. A renúncia de Falkenhayn levou ao poder uma nova liderança inexperiente e impaciente do OHL, e um de seus oficiais, o coronel Max Bauer, que tinha bons contatos com Krupp e a indústria pesada, desempenhou papel-chave na formulação da política de Hindenburg e de Ludendorff. Seguindo diligentemente um memorando em que os industriais atacavam o registro do Ministério, em 31 de agosto Hindenburg escreveu ao então ministro da Guerra, Wild von Hohenborn, enfatizando o que ficaria conhecido como o Programa de Hindenburg de expansão de armamentos.

O programa pode ser visto como uma tentativa do OHL de corrigir o equilíbrio estratégico e também como um esforço empresarial de remover as barreiras oficiais.[90] Taticamente, como afirmou Hindenburg, era um esforço para acompanhar os Aliados numa revolução dos materiais bélicos, em que as máquinas estavam substituindo os cavalos e os homens. A produção de munição e de morteiros de trincheira, pediu ele, deveria dobrar na primavera de 1917, e a de metralhadoras e de material de artilharia deveria triplicar. Além disso, a produção de aviões também deveria ser uma prioridade. Obstáculos financeiros deveriam ser desconsiderados. Um supremo esforço dos Aliados podia ser esperado para o ano seguinte, e mais artilharia e destacamentos de morteiros de trincheira e de metralhadoras eram necessários para manter a linha de frente com menos homens e reconstituir uma reserva móvel. Para que mais soldados pudessem ser recrutados, e o aumento da produção, atingido, a legislação precisava ampliar o serviço compulsório (ou a mão de obra relacionada com o esforço de guerra) para todos os homens e mulheres entre 16 e 50 anos, enquanto todas as indústrias não essenciais deveriam ser fechadas.[91] Onde antes os russos haviam copiado os modelos alemães, agora era o Ministério das Munições de Lloyd George e a prática britânica que o OHL desejava copiar. Hindenburg e Ludendorff queriam mais armas, uma nova legislação para disciplinar a mão de obra (e restringir os direitos das mulheres) e segregar o Ministério da Guerra. Seguindo suas contrapartidas aliadas, esse último teria suas asas podadas. Pouco disso aconteceu como seus proponentes desejavam. Wild von Hohenborn, um associado de Falkenhayn, foi substituído por um homem no qual o novo OHL confiava, Herman von Stein. Uma nova agência para assuntos de aquisições, a Wumba, foi criada em setembro. As responsabilidades pelo armamento do Ministério da Guerra, incluindo o KRA, o AZS e as relações com os DCGS, foram transferidas para uma nova agência, o Escritório de Guerra, ou *Kriegsamt*, que foi posto sob as ordens do antigo chefe das ferroviais do GGS, Wilhelm Groener. Ludendorff também o dispensaria em 1917, por ser simpático demais aos sindicatos e também aspirar ao limite dos lucros. Mas o *Kriegsamt* deveria administrar a nova ASL, ou Lei do Serviço Patriótico Auxiliar, que fora submetida ao Reichstag em novembro de 1916. Como Bethmann, Hollweg fazia objeção à convocação de mulheres como algo excessivamente drástico e radical;[92] o projeto de lei exigia que todos os homens de 17 a 60 anos que ainda não estivessem no serviço militar ou nas indústrias de guerra trabalhassem para o esforço de guerra onde fosse necessário. Em sua passagem pelo Reichstag, o projeto sofreu diversas modificações em favor dos sindicatos, que Groener recebeu bem, pois entendia que os sindicatos mais fortes representariam uma garantia contra a revolução em caso de derrota. Os comitês locais, que compreendiam oficiais militares, empregadores e empregados, decidiriam sobre as necessidades da mão de obra de cada atividade de um distrito; os comitês decidiriam se os trabalhadores deveriam mudar seus locais de trabalho e poderiam intermediar as disputas sobre pagamento e condições; e, em todos os estabelecimentos que operavam dentro do sistema e empregavam mais de 50 pessoas, os comitês de trabalhadores seriam eleitos.[93] Em suma, a lei, tal como fora aprovada em dezembro, revelou-se uma carta dos direitos sindicais, e seu valor na implementação dos objetivos do OHL foi pequeno: algumas fábricas de bens de consumo foram fechadas, e 118 mil trabalhadores liberados para o reemprego, mas o grande movimento de mão de obra foi do exército para a indústria. Entre setembro de 1916 e julho de 1917, o número de trabalhadores conscritos subiu de 1,2 para 1,9 milhão, enquanto a forma de combate ficava estagnada.[94]

Essa estagnação tornou mais urgente a existência de uma quantidade maior de armas, porém o Programa Hindenburg demorou a entregá-las. Os austríacos participaram desse programa, mas a produção de projéteis declinou.[95] E os próprios alemães não se saíram muito bem. A data limítrofe era maio de 1917, mas antes disso o programa fora efetivamente suspenso, com todos os seus objetivos longe de terem sido alcançados. Ele pode ter incrementado a rentabilidade industrial, com contratos sendo novamente concedidos numa base de custo-benefício,[96] mas também liberou homens do exército e submeteu o transporte e as matérias-primas a um programa de construção de novas fábricas que se revelou desnecessário e irrealizável: boa parte logo foi abandonada. Suas demandas, colocando-se acima daquelas referentes aos movimentos de tropas para a Romênia e acuadas em um inverno excepcionalmente severo, sobrecarregaram as ferrovias.[97] A situação foi exacerbada por uma crise nas jazidas de carvão, em que a produção do Ruhr, em abril, caiu para dois terços daquela dos tempos de paz. Em fevereiro, a produção de aço não só estava abaixo dos objetivos, como também era menor que seis meses antes, enquanto a produção de pólvora, que deveria alcançar 12 mil toneladas em maio, era de apenas 9,2 mil em julho.[98] O objetivo da construção aérea era de mil novos aeroplanos por mês, mas a falta de carvão e de transporte reduziu o total para 400 em janeiro e, até agosto, não se ultrapassou a quantia de 900.[99] É verdade que objetivos mais ambiciosos foram alcançados na maior parte dos setores designados na metade de 1917, mas os planos anteriores do Ministério da Guerra tinham a intenção de alcançar esse objetivo de qualquer forma, sem os excessos imprevidentes que o programa engendrara. Durante o ano de 1917, o índice de produção entre os dois lados não oscilou em favor das Potências Centrais, e isso se deveu à diminuição da produção dos Aliados (e ao colapso na Rússia), bem como ao aumento da produção alemã, enquanto a austro-húngara caía em absoluto declínio. Nesse ínterim, a crise econômica do inverno e o fracasso do Programa Hindenburg incentivaram o OHL a embarcar na retirada para a Linha Hindenburg e a pressionar uma ação irrestrita dos submarinos, a fim de proteger as forças alemãs, exauridas e mal-equipadas, contra uma nova ofensiva aliada.

O desenvolvimento financeiro e industrial foi, portanto, essencial na definição da evolução da guerra em 1915-17, na medida em que os Aliados, inicialmente despreparados, moveram o equilíbrio de munição a seu favor e retomaram a iniciativa estratégica. O custo superaqueceu desastrosamente a economia russa e levou a Grã-Bretanha a uma crise cambial. Assim, na primavera de 1917, a produção entraria em novo declínio. Mas as

Potências Centrais não estavam em situação muito melhor. Depois da expansão ocorrida sob Helfferich e Wild, Hindenburg e Ludendorff exigiram mais, no momento em que, como veremos,* o fracasso nas colheitas estava em vias de expor os civis alemães a uma perigosa privação. A grande onda de empréstimos desde 1914 havia relaxado temporariamente as exigências materiais sobre os beligerantes, mas agora essas reivindicações estavam começando a ser novamente sentidas. Por essa razão, entre outras, a fase seguinte da luta seria muito diferente de todas as grandes batalhas de 1916.

Notas

1. Hardach, *First World War*, p. 153.
2. Ferguson, *Pity of War*, p. 320.
3. Horn, "Concept of Total War", pp. 6-7.
4. Ibid., p. 323; Balderston, "War Finance", p. 225.
5. Strachan, *First World War: To Arms*, pp. 815-816.
6. Forsyth, *Crisis of Liberal Italy*, p. 84; Tomassini, "Industrial Mobilization", p. 82.
7. Williamson, *Helfferich*, pp. 126-7.
8. Whiting, "Taxation", p. 897; Boswell and Johns, "Patriots or Profiteers?", p. 427.
9. Balderston, "War Finance", pp. 226-8; Williamson, *Helfferich*, pp. 122-6.
10. Robert, "Image of the Profiteer".
11. Strachan, *First World War: To Arms*, p. 883.
12. Forsyth, *Crisis of Liberal Italy*, p. 76.
13. Gatrell, *Government, Industry and Rearmament*, pp. 149-50.
14. Hardach, *First World War*, p. 171.
15. Ibid., p. 172.
16. Ferguson, *Pity of War*, pp. 129-35.
17. Zeidler, "Die deutsche Kriegsfinanzierung", p. 424; Feldman, *Great Disorder*, pp. 39-42; Strachan, *First World War: To Arms*, pp. 912-13.
18. Strachan, *First World War: To Arms*, pp. 914-19.
19. Duroselle, *Grande Guerre*, pp. 159-60. Horn, *Britain, France, and the Financing*, pp. 79-81.
20. Stone, *Eastern Front*, pp. 287-8.
21. Hardach, *First World War*, p. 153.
22. Wegs, *Österreichische Kriegswirtschaft*, pp. 41-3.
23. Strachan, *First World War: To Arms*, pp. 942-5.
24. Forsyth, *Crisis of Liberal Italy*, pp. 152, 162-7.
25. Burk, *Britain, America, and the Sinews of War*, pp. 45-6; Strachan, *First World War: To Arms*, p. 957.
26. Burk, "The Treasury", pp. 90-91.
27. Para o que se segue, ver Burk, *Britain, America, and the Sinews of War*, pp. 61-80.
28. Strachan, *First World War: To Arms*, pp. 823-5.

---

* Ver cap. 11.

29. French, *Strategy and War Aims*, pp. 191-4, 210; Farr, "A Compelling Case for Voluntarism".
30. Burk, *Britain, America, and the Sinews of War*, pp. 80-95; Cooper, "Command of Gold Reversed", p. 227; Horn, *Britain, France, and the Financing*, pp. 163-5; cf. Ferguson, *Pity of War*, pp. 326-9.
31. O melhor relato sobre a mobilização industrial é Strachan, *First World War: To Arms*, cap. 11.
32. Kennedy, *Rise and Fall of the Great Powers*, p. 333.
33. Ferguson, *Pity of War*, p. 250.
34. Bonzon, "Labour Market and Industrial Mobilization", pp. 191, 193.
35. Godfrey, *Capitalism at War*, p. 257.
36. Joffre, *Mémoires*, v. 2, cap. 2.
37. Forsyth, *Crisis of Liberal Italy*, p. 80.
38. Hardach, "Industrial Mobilization"; Horne, "L'Impôt du sang", pp. 204-5; Robert, "Women and Work in France", p. 255.
39. Summerskill, *China on the Western Front*.
40. Wilson, *Myriad Faces*, p. 218.
41. Duroselle, *Grande Guerre*, p. 174.
42. Quadros em SHA 10.N.28; *Review of Allied Munitions Programmes*, 1918, em SHA 10.N.146; Laux, "Gnôme et Rhône", p. 149.
43. Reunião do Ministério da Guerra, 31 jul. 1915, SHA 10.N.29; GQG memorando, 9 ago. 1916, SHA 16.N.1710.
44. Lloyd George, *War Memoirs*, v. 1, pp. 154, 159-61; Wrigley, "Ministry of Munitions", p. 34.
45. Strachan, *First World War: To Arms*, pp. 1.083-4.
46. Trebilcock, "War and the Failure of Industrial Mobilization", pp. 154-6.
47. French, "Military Background to the 'Shell Crisis'", pp. 200-202; Prior and Wilson, *Command on the Western Front*, pp. 84-92.
48. Adams, *Arms and the Wizard*, pp. 241-5.
49. Strachan, *First World War: To Arms*, p. 1.081.
50. Bliss, "War Business as Usual"; Saini, "Economic Aspects of India's Participation"; Strachan, *First World War: To Arms*, pp. 1.086-9.
51. Adams, *Arms and the Wizard*, pp. 65-9.
52. Forsyth, *Crisis of Liberal Italy*, p. 78.
53. Wilson, *Myriad Faces*, p. 237.
54. Boswell and Johns, "Patriots or Profiteers?", p. 430.
55. Wrigley, *Lloyd George and the British Labour Movement*; Rubin, *War, Law, and Labour*.
56. Adams, *Arms and the Wizard*, pp. 72, 74-5.
57. Ibid., pp. 125-6; Thom, "Women and Work", p. 306.
58. Sobre o Arsenal Woolwich, Thom, *Nice Girls*, cap. 7.
59. Adams, *Arms and the Wizard*, p. 84.
60. Forsyth, *Crisis of Liberal Italy*, pp. 64, 84.
61. Relatórios de François, 19 set. 1915 e 20 jan. 1916, SHA 7.N.743 e 5.N.144.
62. Gooch, "Italy in the First World War", p. 163; *Review of Allied Munitions Programmes*, 1918, in SHA 10.N.146.
63. Mitchell (ed.), *International Historical Statistics*, p. 467.

64. Forsyth, *Crisis of Liberal Italy*, pp. 74-86.
65. Gooch, "Italy in the First World War", p. 163; Tomassini, "Industrial Mobilization", p. 61.
66. Tomassini, "Industrial Mobilization", pp. 63-72.
67. Zagorsky, *State Control*, pp. 32-7.
68. Ibid., p. 76; Siegelbaum, *Politics of Industrial Mobilization*, pp. 30-31.
69. Stone, *Eastern Front*, p. 160.
70. Zagorsky, *State Control*, pp. 76-80.
71. Stone, *Eastern Front*, p. 152.
72. Ibid., pp. 157-8.
73. Ibid., p. 197; Siegelbaum, *Politics of Industrial Mobilization*, p. 70.
74. Stone, *Eastern Front*, p. 209.
75. Beskrovnyi, *Armiya i Flot*, pp. 76, 86, 91, 94, 105.
76. Stone, *Eastern Front*, p. 211.
77. Wegs, *Österreichische Kriegswirtschaft*, p. 26.
78. Rauchensteiner, *Tod des Doppeladlers*, p. 160.
79. Compare Beskrovnyi, *Armiya i Flot*, pp. 76, 82, e Wegs, *Österreichische Kriegswirtschaft*, p. 119.
80. Rauchensteiner, *Tod des Doppeladlers*, pp. 139-41.
81. Strachan, *First World War: To Arms*, p. 1.044.
82. Herwig, *First World War*, pp. 236-42.
83. Daniel, "Women's Work", p. 273.
84. Ferguson, *Paper and Iron*, p. 107.
85. Chickering, *Imperial Germany*, pp. 38, 169.
86. Falkenhayn, *General Headquarters*, pp. 43-4.
87. Strachan, *First World War: To Arms*, pp. 1.025-9, 1.036-7.
88. Falkenhayn, *General Headquarters*, p. 46.
89. Feldman, *Army, Industry, and Labour*, p. 152.
90. Geyer, *Deutsche Rüstungspolitik*, pp. 101-4.
91. Cartas de Hindenburg, 31 de agosto, 14 de setembro, 23 de outubro, 1º nov. 1916, in Ludendorff, *The General Staff and Its Problems*, pp. 74-6, 81-3, 92-6, 98-101.
92. Carta de Bethmann, 30 set. 1916, in Ludendorff, *The General Staff and Its Problems*, p. 88.
93. Feldman, *Army, Industry, and Labour*, pp. 533-41.
94. Ibid., p. 301.
95. Wegs, *Österreichische Kriegswirtschaft*, pp. 123-4.
96. Feldman, *Army, Industry, and Labour*, pp. 385-6.
97. Sarter, *Deutschen Eisenbahnen*, pp. 115-19.
98. Chickering, *Imperial Germany*, p. 81; Feldman, *Army, Industry, and Labour*, p. 272; "Hindenburg-Programm und Hilfsdienstgesetz", BA-MA W-10/50397.
99. Morrow, *German Air Power*, pp. 73-93.

10
GUERRA NAVAL E BLOQUEIO

UMA PRECONDIÇÃO ESSENCIAL para o impasse de 1915-17 foi a mobilização econômica. Mas uma precondição para essa mobilização foi que nenhum dos dois lados sufocasse o adversário cortando-lhe os suprimentos. Daí a necessidade de se analisar o bloqueio aliado contra as Potências Centrais e a campanha dos U-Boats contra a navegação aliada. No período intermediário da guerra, embora ambos tivessem se intensificado, continuavam comparativamente ineficientes, mas em 1917-18 os dois lados tornaram a se pressionar. Não obstante, nessa época os Aliados mantiveram o comando das águas na maior parte dos oceanos do mundo, negando-o a seus adversários. Em conjunção com seus impérios espalhados por todo o mundo e com as ligações comerciais, esse comando era-lhes de incalculável vantagem, embora levasse algum tempo para que esses benefícios fossem sentidos.

Depois de 1915, a guerra no mar lembrava a terrestre por causa do impasse, com nenhum dos lados conseguindo destruir as principais forças do outro. Mas esse era um impasse de inatividade, pontuado por ataques e emboscadas, em vez de se constituir em pulverizantes batalhas de atrito. Os navios de guerra das frotas britânica e alemã abriram fogo um contra o outro apenas em dois períodos inferiores a dez minutos cada um em 31 de maio de 1916. Os navios principais, em oposição no Adriático, no Báltico e no Negro, nunca ficaram um ao alcance dos outros. O cuidado dos almirantes se devia, em grande medida, à vulnerabilidade de seus navios às minas e aos torpedos disparados por submarinos, barcos torpedeiros ou destróieres. Os navios de guerra, que haviam levado anos para ser construídos, podiam desaparecer em minutos. Além disso, em cada um dos principais palcos da guerra, um dos lados apresentava uma clara vantagem: a Grã-Bretanha sobre a Alemanha, no mar do Norte; a Alemanha sobre a Rússia, no Báltico; a França e a Itália sobre a Áustria-Hungria, no Adriático; e a Rússia sobre a Turquia, no mar Negro. O lado mais fraco tinha poucos motivos para arriscar o aniquilamento, e o mais forte não queria correr o risco de anular sua liderança. Contudo, contrastando com a situação em terra, a marítima colocava em desvantagem as Potências Centrais. O maior desafio a essa generalização era a difícil situação da Rússia, cujas rotas anteriores à guerra via Dardanelos e Báltico haviam sido cortadas. Mas em outras partes, depois de os cruzadores da Alemanha terem sido varridos e suas bases ultramarinas capturadas, as frotas aliadas dominavam em toda parte. O comando do mar permitia-lhes usá-lo como passagem para suas marinhas, navios mercantes e transportadores de tropas, negando tal privilégio a seus inimigos. Com acesso aos recursos da maior parte do planeta, elas também podiam realizar operações anfíbias e impedir o tráfego marinho de seus inimigos. Estes, com algumas exceções, como, por exemplo, o sucesso da Alemanha em transportar por mar 17 milhões de toneladas de minério de ferro sueco,[1] não podiam fazer o mesmo.

Dessas três vantagens, a mais importante provavelmente era a primeira. Em 1914, os Aliados possuíam 59% da tonelagem marítima do mundo (e só o Império Britânico, 43%) contra os 15% das Potências Centrais.[2] O comando dos mares permitiu que os vapores britânicos transportassem mais de um milhão de soldados de seus domínios através do mundo sem perdas,[3] e a despachar centenas de milhares de homens nos dois sentidos no canal da Mancha. Durante a guerra, os navios britânicos transportaram mais de 23,7 milhões de pessoas, 2,24 milhões de animais e 46,5 milhões de toneladas dos estoques militares britânicos.[4] O comando dos mares permitiu que os franceses trouxessem suas tropas da África, e que a Grã-Bretanha duplicasse suas importações do império, recebendo vasta quantidade de lã australiana e trigo, além de munição canadense.[5] A França, com sua principal jazida carbonífera ocupada, tornou-se dependente do carvão britânico; a Itália sempre foi pobre em recursos naturais e dependia das importações marítimas de alimento e matérias-primas mesmo em tempos de paz. Na segunda metade da guerra, os navios britânicos transportaram quase metade das importações francesas e italianas.[6] Os suprimentos americanos de petróleo, grãos, aço e armas transportados por mar foram ainda mais significativos, mesmo antes de os Estados Unidos entrarem na guerra. A vantagem logística dos Aliados foi crucial para que suas ofensivas do verão de 1916 fossem possíveis.

Em contraste, os Aliados fizeram pouco uso do poder marítimo para as operações anfíbias e, possivelmente, menos ainda do que poderiam ter feito. Reconhecidamente, suas naves resgataram os sérvios em retirada em 1915, os russos atacaram Trebizonda por terra e por mar em 1916, e todas as operações na Salônica, Mesopotâmia e Galípoli começaram com o desembarque de tropas. Mas, das citadas, apenas a última encontrou resistência, e o escopo para operações similares no norte e no oeste da Europa era limitado. Mesmo no Mediterrâneo oriental, Salônica mostrou-se constantemente problemática, devido ao ataque de submarinos, que também afastou os navios de guerra dos Aliados de Galípoli. Cadorna livrou-se deles usando desembarques no Adriático (além de uma breve expedição à Albânia de dezembro de 1915 a fevereiro de 1916),[7] e os alemães não tentaram desembarcar atrás dos russos durante o avanço pela costa do Báltico em 1915. A

Grã-Bretanha enviou fuzileiros navais para a Antuérpia em 1914, mas o gabinete rejeitou os planos de desembarque na Alemanha ou nas ilhas de seu litoral, e os planos de Haig de ataques anfíbios às bases dos U-Boats em Flandres foram abandonados em 1916, em favor do Somme, e em 1917, devido ao lento progresso da Terceira Ofensiva do Ypres. Os obstáculos eram, em parte, tecnológicos, em especial a falta de barcos de desembarque e todos os recursos desenvolvidos na Segunda Guerra Mundial para superar as defesas de praia. Barcos de apoio em águas europeias eram altamente vulneráveis, e o avanço rápido de uma cabeça de ponte costeira era pouco mais provável que uma brecha nas linhas de trincheira. Mas a experiência dos tempos de guerra também moldou a opinião, anterior a 1914, do pensador geopolítico Sir Halford Mackinder de que o transporte terrestre, sob a forma de rodovias e ferrovias modernas, estava suplantando as rotas marinhas como canal mais efetivo para a movimentação de exércitos e suprimentos.[8] Nas principais frentes, as operações anfíbias permaneceram como uma possibilidade.

O bloqueio foi outro instrumento marítimo cujos resultados revelaram-se frustrantes. Tecnicamente, nenhum dos dois lados montou um bloqueio no sentido usado nas Guerras Napoleônicas, ou seja, uma linha de navios atracados fora do porto inimigo para interceptar os navios mercantes e confiscar eventual contrabando (mercadorias relacionadas à guerra). "Guerra econômica" – um termo que se tornou corrente durante o conflito – descrevia apropriadamente as medidas adotadas por ambos os lados. Seu uso contra a Rússia é muitas vezes subestimado. As Potências Centrais detiveram o comércio terrestre do império czarista (que havia sido sua principal fonte de importação antes da guerra),[9] enquanto a Dinamarca (agindo com medo de que os alemães fossem bem-sucedidos e violassem sua soberania) minou as passagens através de suas águas territoriais, que ligam o Báltico ao mar do Norte.[10] Essa ação permitiu que os navios alemães passassem livremente entre esses dois pontos através do canal de Kiel, mas fechou o Báltico à navegação externa, à exceção dos submarinos. Finalmente, em setembro de 1914, os turcos fecharam o Dardanelos. Essas ações impediram, em grande parte, que os russos travassem contato com os outros aliados. Mercadorias enviadas a Vladivostok tinham de viajar 6,5 mil km ao longo da ferrovia Transiberiana; os itens embarcados para os portos do Adriático ficavam à mercê de linhas tão inadequadas para o interior que permaneciam empilhadas nos cais; e o material enviado através da Suécia era usado por Estocolmo para exigir "compensação" – todo transporte concedido aos russos era contrabalançado por outro para as Potências Centrais.[11] Contudo, as dificuldades de transporte não impediram Petrogrado de fazer grandes encomendas nos Estados Unidos e na Grã-Bretanha. Mas as dificuldades manufatureiras do Ocidente, e não os fatores logísticos, representaram o mais sério obstáculo à sua entrega. Até 1916, a economia de guerra da Rússia cresceu mais rapidamente que a da Alemanha.

O efeito do bloqueio aliado contra as Potências Centrais também ficou limitado aos dois primeiros anos, a despeito de ter começado com maiores vantagens. Em 1914, 64% dos navios mercantes da Alemanha ficaram detidos em portos neutros,[12] e a localização geográfica das Ilhas Britânicas permitiu que a Marinha Real fechasse o acesso aos portos alemães operando um bloqueio distante. Um campo de minas lançado no início da guerra obrigava todos os navios no estreito de Dover a usarem uma passagem estreita entre Goodwin Sands e a costa do Kent, onde podiam ser parados e revistados. Os cruzadores das patrulhas do norte vigiavam os mares entre a Escócia e a Noruega,[13] e interceptaram cerca de 3 mil navios Aliados e neutros (a maioria da Escandinávia) em 1915, além de 3.388 em 1916, e pouquíssimos cruzaram a rede.[14] Navios italianos e franceses atracados em Otranto e Corfu podiam monitorar a navegação no Adriático – e fazê-lo de maneira mais precisa. O aspecto naval do bloqueio era quase hermético, e as importações da Alemanha encolheram para 55% do valor anterior à guerra em 1915,[15] e 34% em 1918, o que, em termos de volume, significava apenas um quinto.[16] Contudo, essa contração, embora fosse muito mais drástica que a sofrida pelos Aliados, ficou longe da total supressão do comércio inimigo, e a dependência da Alemanha com relação às importações, de qualquer modo e tradicionalmente, sempre havia sido menor que a da Grã-Bretanha. Em alguns pontos, como a falta de nitratos do Chile (necessários para os fertilizantes e explosivos), a Alemanha rapidamente sentiu o golpe, mas em muitos casos encontrou substitutos e pôde sobreviver sem a importação de alimentos até que a produção agrícola interna começou a decair.[17] A Áustria-Hungria sofreu de maneira mais severa, mas, em parte, porque o governo da metade húngara, predominantemente agrícola, negava suprimentos para as cidades da metade austríaca. Em Viena, em 1915, tiveram início algumas revoltas exigindo alimentos.[18] Na Alemanha, contudo, o serviço de inteligência britânico detectou apenas pequeno declínio no padrão de vida até o outono de 1915, e nenhuma deterioração séria até um ano depois.[19]

O problema crucial para os Aliados era menos marítimo que diplomático: sua relação com o círculo de "neutros do norte" em torno da Alemanha (Suíça, Holanda, Dinamarca, Noruega e Suécia), que estava intimamente ligado ao neutro mais importante, os Estados Unidos. À exceção da Suíça (que tinha a França como responsável),[20] a Grã-Bretanha comandava as relações com esses países, e sua política consistiu em impor os controles mais estritos que os americanos pudessem tolerar. Contudo, a Alemanha contraiu elevados déficits comerciais com seus vizinhos, com o déficit total, durante a guerra, de quase 5,6% do Produto Interno Bruto.[21] As importações de minério de ferro da Suécia, de níquel e cobre da Noruega e de alimentos da Holanda e da Dinamarca, em grande medida financiadas pelo crédito dos bancos neutros, tornaram-se, em escala menor, para as Potências Centrais, o equivalente aos suprimentos americanos para os Aliados. Como a Marinha Real só podia dispor de alguns submarinos para o Báltico, e a marinha russa não se mostrava disposta a operar além do golfo da Finlândia, o poder marítimo pouco pôde fazer para deter diretamente esse vazamento. O problema só poderia ser tratado de maneira indireta, por meio de restrições comerciais impostas aos neutros para limitar sua ajuda ao inimigo.

Agir assim significaria violar a lei internacional e, portanto, arriscar-se a um confronto com os Estados Unidos, embora este fosse um problema menos sério que as próprias negociações com os "neutros do norte". A lei da guerra que comandava o bloqueio e o contrabando havia sido, até certo ponto, consolidada pela Declaração de Paris de 1856 e a Declaração de Londres de 1909. Esta última tentou proteger os neutros dividindo as mercadorias em "contrabando absoluto" (mercadorias relativas à guerra, como, por exemplo, as munições, sujeitas a confisco em qualquer circunstância); "contrabando condicional" (mercadorias de uso militar e não militar, tais como alimentos e combustíveis); e uma "lista livre" de mercadorias, como algodão, petróleo e borracha, que deveriam estar sempre imunes à apreensão.[22] Contudo, a Câmara dos Lordes se recusara a ratificar a Declaração de Londres e, em 1915, a Grã-Bretanha e a França aceitaram respeitá-la desde que com algumas especificações, como, por exemplo, não atribuir demasiado significado à sua adesão. Os dois países desgastaram rapidamente o status do "contrabando condicional" aplicando-lhe a doutrina da "viagem contínua", ou seja, retendo o alimento consignado para um porto neutro se suspeitassem de que seu destino final seria a Alemanha. Embora usassem o pretexto espúrio de que todos os suprimentos de alimento na Alemanha estavam sob controle governamental, seu verdadeiro objetivo era impedir que os alemães estocassem alimento, diante da possibilidade de uma guerra longa e também para satisfazer o clamor público pela derrota do inimigo.[23] Além disso, no dia 2 de novembro de 1915, o Almirantado Britânico proclamou todo o mar do Norte uma "zona de guerra", na qual navios mercantes só podiam navegar com segurança se seguissem instruções específicas. Os britânicos tentaram justificar essa atitude invocando seu direito de retaliação à colocação de minas pelos alemães, mas, ao procederem desse modo, abriram um precedente para uma represália do tipo "olho por olho" que rapidamente subverteria completamente o quadro legal.[24] Em fevereiro de 1915, quando os alemães citaram as ilegalidades dos Aliados para justificar a introdução de uma campanha irrestrita de submarinos, a Grã-Bretanha e a França, mais uma vez, citaram seu direito de retaliação (na legislação do British Order in Council de 11 de março) anunciando a intenção de impedir todos os movimentos de entrada e saída de bens de consumo relativos às Potências Centrais. Portos neutros e inimigos eram agora bloqueados, e as distinções da Declaração de Londres malograram – os Aliados logo declararam que o algodão era contrabando e acabaram por revogar sua adesão aos termos da Declaração. Na realidade, a campanha de submarinos foi simplesmente usada como pretexto para uma política com relação à qual os britânicos mostravam-se determinados, em resposta à pressão da opinião pública e à crescente evidência de que derrotar a Alemanha seria algo longo e custoso.

Os Aliados endureceram a situação, com pouca oposição por parte dos americanos. Ignorando o conselho de seu secretário de Estado, William Jennings Bryan, para que reagisse de maneira mais incisiva, Wilson demorou a reagir às medidas britânicas. Numa série de notas de protesto, ele afirmou que essas medidas eram ilegais e que se reservava o direito de exigir compensação, mas nunca fez ameaças nem exigiu que as medidas fossem revogadas, deixando claro que muita coisa dependeria de como seriam implementadas.[25] Parece que ele temia que a disputa evoluísse para a repetição do confronto quanto aos direitos dos neutros que havia provocado a guerra anglo-americana de 1812. Além disso, Wilson via uma vitória aliada como algo que interessava aos Estados Unidos, esperando cooperar com Londres na mediação pelo fim da guerra e entendendo a importância das compras efetuadas pelos Aliados para a prosperidade americana. Ele tampouco desejava um conflito simultâneo nas duas frentes, o que aconteceu entre maio de 1915 e maio de 1916; a campanha alemã dos submarinos era sua prioridade diplomática. Depois de maio de 1916, ele assumiu um posicionamento mais enérgico, em parte porque o bloqueio parecia estar prejudicando diretamente os interesses dos Estados Unidos. Duas medidas em particular motivaram o público americano: a partir do final de 1915, os britânicos começaram a abrir a mala postal (inclusive a dos americanos) nos navios neutros que interceptavam e, em julho de 1916, publicaram uma "lista negra" de companhias neutras (inclusive algumas americanas) sobre as quais recaía a suspeita de estarem negociando com as Potências Centrais. As empresas britânicas foram proibidas de negociar com elas, bem como foi negado acesso ao carvão e ao transporte marítimo britânico.[26] A indignação do presidente (ele descreveu a lista negra como "a última gota") foi compartilhada pelo Congresso, que, em setembro de 1916, delegou-lhe poderes para negar acesso aos portos americanos dos navios aliados, bem como uma lei marítima com a qual Wilson pretendia dar aos Estados Unidos maior poder diplomático contra os britânicos. Não obstante, ele retrocedeu na invocação dos novos poderes de embargo, evitou um ultimato e ignorou uma proposta dos países neutros da Europa para realizar uma ação conjunta.[27] Os britânicos fizeram algumas concessões com relação à abertura das malas postais neutras, mas, na essência, o protesto americano não teve nenhum impacto.

O mecanismo de bloqueio parecia impressionante no papel, mas, mesmo depois das declarações de março de 1915, permaneceu cheio de lacunas e, por mais dois anos, o comércio alemão com os neutros continuou significativo. Não existia nenhuma agência interaliada para supervisionar o bloqueio, até que um comitê permanente foi estabelecido em junho de 1916; no entanto, acabou se revelando puramente consultivo e de menor importância.[28] Os franceses suspeitavam, com certa justiça, de que os britânicos estivessem sendo mais indulgentes em seu procedimento do que afirmavam. Assim, a legislação britânica (ao contrário da francesa) permitia que os súditos britânicos em países neutros continuassem a comercializar com o inimigo. Alguns interesses financeiros e comerciais dos Aliados militavam contra um bloqueio demasiadamente estrito: os planos franceses para a compra preventiva de carne holandesa e gado suíço foram derrotados pela recusa do ministro das Finanças, em Paris, de pagar por ela,[29] e os comerciantes de Londres opuseram-se, com êxito, às restrições ao fornecimento de café à Alemanha via países neutros. A Câmara de Comércio e o Tesouro, em contraste com a Chancelaria e as forças armadas, favoreciam a continuidade do comércio britânico com os neutros, tanto para a aquisição de moeda estrangeira quanto para salvaguardar os mercados de exportação. Além disso, a Grã-Bretanha precisava da margarina holandesa e do minério sueco, e, a certa altura, 90% dos nitratos destinados à França, matéria-prima vital para a produção de explosivos, vinham da companhia Norsk Hydro, da Noruega.[30] Também havia razões diplomáticas para não pressionar demais os países neutros. Longe de confirmar a alegação dos Aliados de que estavam lutando pelos direitos das pequenas nações, a Suécia podia retaliar bloqueando o fluxo comercial para a Rússia, e a Alemanha podia invadir seus vizinhos se sua neutralidade lhe parecesse unilateral. Embora os Aliados também tivessem cartas na manga – eles controlavam os suprimentos trazidos pelo mar para os países neutros, e as economias escandinavas dependiam do carvão britânico –, seus esforços no sentido de intensificar o bloqueio limitaram-se a acordos negociados com os governos neutros, que deviam responder pela lealdade dividida entre a opinião pública (embora a Noruega e a Dinamarca fossem, em geral, pró-Aliados) e a necessidade de equilíbrio entre os dois blocos.

Apesar desses obstáculos, os empecilhos foram gradativamente eliminados. Nos primeiros meses, as exportações dos Aliados para os países neutros do norte floresceram, com boa parte dos alimentos extras e da matéria-prima repassados para a Alemanha.[31] Numa série de negociações, os Aliados concordaram em não interferir nas importações de contrabando dos neutros se estes se comprometessem a não reexportá-las.[32] O governo holandês aprovou a criação, em janeiro de 1915, do Monopólio Holandês de Além-Mar (MHA), uma agência particular que assumiu todas as importações holandesas, com os britânicos concordando em não restringi-las se o MHA garantisse que seriam consumidas no país.[33] Os britânicos viam o MHA como um grande sucesso. Ele serviu como modelo para a Société Suisse de Surveillance Économique, que cumpriu função similar para a Suíça, bem como para os acordos com a Guilda dos Mercadores Dinamarqueses e a Câmara de Produtores de Copenhague, que assumiram responsabilidades comparáveis no que diz respeito à Dinamarca. Os suecos, por outro lado, resistiam a qualquer arranjo, enquanto as negociações com a Noruega sucumbiram quando o acordo dinamarquês foi criticado na Grã-Bretanha, por ser favorável demais à Alemanha.[34] Esse sistema de "consignação", como era conhecido, inibiu, mas não impediu, os países neutros de reexportar para as Potências Centrais e, menos ainda, não os impediu de vender seus próprios excedentes agrícolas para a Alemanha. Na primavera de 1916, a Holanda era o maior fornecedor estrangeiro de alimentos para a Alemanha e, até a Romênia juntar-se aos Aliados, seu fornecimento de trigo foi crucial para a Áustria-Hungria.[35] Os Aliados responderam limitando os países neutros a uma quantidade de importações que fosse essencial para suas necessidades domésticas. Em outubro de 1916, as importações de mais de 230 categorias de produtos pela Suíça foram restringidas, embora o sistema fosse muito menos abrangente em outras partes.[36] Em segundo lugar, os britânicos fizeram acordos de compra exclusivos, principalmente com a Holanda, em 1916, para adquirir uma parte de produtos neutros a preço garantido. Esses acordos reduziram substancialmente as importações de alimentos pela Alemanha e parecem ter contribuído para sua decisão de renovar uma campanha irrestrita de submarinos em fevereiro de 1917.[37] Por essa época, o bloqueio provavelmente foi tão intensificado quanto as circunstâncias diplomáticas (até os Estados Unidos entrarem na guerra) permitiam, e estava começando a infligir danos reais no momento em que a inflação, as más colheitas e os gastos exagerados com armamentos empurravam a Alemanha para a crise. Como acontecia com a estratégia aliada em terra, na esfera da guerra econômica a persistência estava começando a produzir resultados.

* * *

A Alemanha tinha dois instrumentos para desafiar o comando dos Aliados nos mares: os navios de superfície e os U-Boats. Não era possível fazer uso máximo dos dois simultaneamente, visto que seus principais navios precisavam do acompanhamento de submarinos se quisessem se aventurar pelo mar. Essa foi a razão para, em 1916, haver ocorrido uma fase de intensa atividade da Frota do Alto-Mar, entre dois períodos mais longos e dominados pelas campanhas dos U-Boats. O que motivava os alemães a terem cuidado na superfície era a desvantagem numérica, as desvantagens geográficas e certo complexo de inferioridade, que as batalhas de Heligoland e Dogger Bank reforçaram. Cada vez mais, o propósito da marinha alemã (como antes da guerra) era ter uma "frota em existência", mantida com propósitos políticos contra Londres, e não para entrar em ação. De maneira ainda mais enfática, isso valia para a contrapartida austro-húngara, cujos principais navios bombardearam a costa da Itália na noite em que o país declarou guerra, mas nunca mais tornou a se aproximar dela, e cuja principal utilidade era emperrar os recursos dos Aliados.[38] De forma semelhante, a Frota do Alto-Mar obrigou os britânicos a investirem em ampla infraestrutura para apoiar a Grande Frota, cujos navios poderiam, de outra forma, ter sido liberados para a proteção das rotas comerciais e a campanha de submarinos. A Frota de Alto-Mar ajudou a impedir um bloqueio terrestre e ataques contra a costa alemã, protegendo também as importações alemãs de minério de ferro da Suécia. Mas havia pouca perspectiva de reduzir os britânicos à paridade por meio de atritos ou pelo isolamento e desbaratamento de seus navios de guerra. É bem verdade que, depois do bombardeio das cidades costeiras da Grã-Bretanha, em dezembro de 1915, a recém-formada Frota de Navios de Guerra, sob o comando de Beatty, ficou atracada, como força de intercepção avançada, em Rosyth, enquanto a Frota de Batalha, sob o comando de Jellicoe, permanecia em Scapa. Mas, quando Pohl substituiu Ingenohl como comandante da Frota de Alto-Mar, depois da batalha de Dogger Bank, ele concordou com Guilherme que não se arriscaria a entrar em uma batalha a distância de mais de um dia de navegação a partir do porto,[39] e só durante 1915 os mais modernos navios da marinha foram considerados operacionais.[40] Tampouco parecia possível que Jellicoe proporcionaria alguma vantagem à Alemanha. Totalmente consciente da imprevisibilidade de uma grande batalha naval travada com moderna tecnologia, ele estabeleceu como lema não apostar quando estava em vantagem. Num memorando de 12 de abril de 1916 enviado ao Almirantado, ele reiterou sua antiga doutrina de não arriscar a perda de seus navios-capitais para destruir os do inimigo.[41]

Enquanto os alemães hesitavam, os britânicos emergiram de seu período mais vulnerável nos primeiros meses da guerra e se beneficiaram de duas enormes vantagens novas. A primeira era a habilidade de decifrar as mensagens de rádio da marinha alemã, uma operação baseada na Sala 40 do prédio do Almirantado em Whitehall.[42] Isso se devia às habilidades da equipe da sala 40, mas também a uma incrível boa sorte. Três cadernos de códigos navais alemães haviam sido obtidos nas primeiras semanas do início da guerra de um cruzador abordado pelos russos no Báltico, de um vapor apanhado pelos australianos e de um baú fisgado por uma traineira britânica ao largo da ilha de Texel. A partir de dezembro de 1914, a Sala 40 normalmente avisava com antecedência uma saída alemã (ainda que a Divisão de Operações da marinha britânica nem sempre fizesse o melhor uso dessa informação), enquanto os alemães nunca obtiveram sucesso comparável na decifração das mensagens britânicas. Os britânicos alteravam seus códigos com mais frequência e observavam maior disciplina no uso do rádio, com o Almirantado se comunicando com a Grande Frota por linha terrestre sempre que ela estava no porto.[43] A segunda vantagem provinha da construção naval. Em 1915, a Marinha Real possuía 22 navios de guerra do tipo *dreadnought* e uma margem de superioridade insuperável. Em contraste, quando as duas frotas se encontraram, em maio de 1916, na batalha da Jutlândia, os britânicos tinham 28 *dreadnoughts* contra 16 dos alemães (e nove cruzadores contra cinco).[44] Como seus navios-capitais tinham canhões mais pesados, sua banda de artilharia era duas vezes a dos alemães: 400 mil toneladas contra 200 mil.[45] Até certo ponto, esses fatos tinham origem anterior à guerra. Em 1915, os alemães ainda se beneficiavam de seu pico de construção entre 1908 e 1912, mas, a partir do final de 1915, a construção de navios extras pelos britânicos depois do alarme de 1909-10, incluindo a classe *Queen Elizabeth* de *superdreadnoughts* movidos a óleo e com canhões de 15 polegadas, devolveu-lhes a vantagem.[46] Mas, além disso, durante a guerra a construção alemã de navios de guerra se prolongou, visto que os submarinos tinham prioridade. A mão de obra sofreu drasticamente com a convocação pelo exército, e o bloqueio tornou escassos o níquel e o cobre. A Alemanha terminou a construção de dois navios de guerra em 1916, um cruzador em 1915 e outro em 1917,[47] mas a Grã-Bretanha tinha 13 navios de guerra em construção em 1915 e acrescentou 9 cruzadores durante a guerra, enquanto a frota somava um total de 842 navios de guerra e 571 naves auxiliares. "Distintivos" protegiam os trabalhadores especializados na construção naval do recrutamento militar, e o Almirantado apelou para seus trabalhadores experientes; as fábricas de armamento do exército tinham de recrutar muito mais trabalhadores sem nenhuma formação prévia. A marinha teve precedência sobre o Ministério das Munições na distribuição de aço, e a construção de navios de guerra teve prioridade sobre a de navios mercantes. A falta de tonelagem comercial e os inadequados estoques de munição dos britânicos no Somme resultaram, em parte, da tradicional prioridade atribuída à frota, até um ponto que ministros indulgentes como Churchill consideraram excessivo e que podiam ter refletido a preocupação com tomar precauções preventivas contra a rivalidade entre americanos e japoneses depois da guerra.[48]

Pode parecer surpreendente que um encontro entre as frotas de guerra tenha efetivamente acontecido. Em grande medida, a batalha da Jutlândia resultou de uma mudança no comando naval alemão, com o almirante Reinhard Scheer substituindo Pohl em fevereiro de 1916. Scheer também desejava evitar um choque de titãs, mas tinha a intenção (e conseguiu o apoio de Guilherme para isso) de atacar com submarinos e por via aérea, em investidas contra navios britânicos e a costa leste da Grã-Bretanha, bem como investidas com sua frota inteira, na esperança de atrair uma parte da Marinha Real para a destruição.[49] A partir de fevereiro, a Frota do Alto-Mar saiu para o mar pelo menos uma vez por mês, e os britânicos fizeram a mesma coisa, realizando dois ataques aéreos contra a costa alemã. Um confronto tornou-se cada vez mais provável. Em 31 de maio, Scheer e seu Primeiro Grupo de Batedores de cruzadores, sob o comando de Hipper, começaram uma varredura pelo estreito de Skagerrak contra as patrulhas e os navios mercantes britânicos. Graças a um aviso da Sala 40, Jellicoe e Beatty já estavam no mar, e as frotas desviaram-se para cursos convergentes, embora nenhuma delas tenha percebido que estava fazendo isso. Pelo contrário, devido a um relatório equivocado da Divisão de Operações, os comandantes britânicos acreditaram que a Frota do Alto-Mar ainda estivesse em Wilhelmshaven várias horas depois de ela ter efetivamente deixado o porto. O resultado foi que Jellicoe navegou lentamente para economizar combustível e Beatty ficou perigosamente para trás quando, inesperadamente, avançou primeiro sobre as naves de Hipper e depois contra as de Scheer. Em seguida, levou Scheer a um choque igualmente inesperado contra a principal força de Jellicoe, da qual Scheer se afastou duas vezes antes de escapar durante a noite.[50]

Na fase inicial da luta entre Beatty e Hipper, que teve início às 3h48 – conhecida como a "corrida para o sul" –, os navios de guerra de Beatty foram apoiados apenas tardiamente pelas quatro novas *superdreadnoughts* do Quinto Esquadrão de Batalha de Hugh Evan-Thomas, embora este estivesse destinado à Força de Cruzadores desde maio. Beatty havia navegado com os quatro navios de guerra bem atrás dele, e uma sinalização incompetente de seu oficial sinalizador (em Heligoland e em Dogger Bank) pode ter contribuído para a demora, embora a falta de iniciativa de Evan-Thomas também possa ter contribuído para isso. Mas, além disso, as naves britânicas entraram em combate tarde demais, não conseguindo explorar sua superioridade. Com suas silhuetas recortadas contra o horizonte, elas se tornaram alvos melhores, com seus canhões deficientes e suas bombas contra blindados de má qualidade. Acima de tudo, as portinholas entre seus compartimentos e os torreões dos canhões ficaram abertas para uma recarga mais rápida, e a cordite que fazia os disparos de seus projéteis estava menos protegida que sua contrapartida alemã. Provavelmente, por esses motivos, dois navios de guerra, o *Indefatigable* e o *Queen Mary*, explodiram, perdendo praticamente toda a tripulação. Depois que os navios britânicos sobreviventes foram atraídos pela força principal além, contudo, viraram logo depois das 16h30 e, em seguida, "correram para o norte", até que, por volta das 18h20, Scheer, o perseguidor, ficou sob a mira dos *dreadnoughts* de Jellicoe. Um terceiro navio de guerra britânico, o *Invincible*, foi então perdido, mas Jellicoe, embora inadequadamente informado por Beatty sobre a localização da Frota do Alto-Mar, habilmente dispôs seus navios em formação de linha a leste de Scheer, possibilitando-lhe, assim, examinar os navios do oponente e se interpor entre eles e seus portos. Scheer deu meia-volta quase imediatamente, atrás de uma nuvem de fumaça e de um ataque de destróier com torpedos, e Jellicoe não o perseguiu de perto, mas, meia hora depois, Scheer avançou novamente contra um navio de guerra britânico, de acordo com autores alemães, num esforço deliberado de rechaçar uma perseguição britânica.[51] Ele sofreu grandes danos antes de se voltar uma segunda vez, atrás da cobertura de ataque de um cruzador e de um destróier, aos quais Jellicoe respondeu também fazendo meia-volta. Esta provou ser a última chance de superar as perdas britânicas anteriores, pois durante a noite os alemães conseguiram ficar atrás de Jellicoe enquanto ele navegava para o sul. Eles voltaram através de um canal aberto em meio a um campo de minas perto da costa alemã, deixando os britânicos em um mar livre de minas na manhã de 1º de junho.

Com 150 navios do lado britânico e cerca de 100 do lado alemão, a batalha de Jutlândia foi um dos momentos mais dramáticos da guerra. Em contraste com as ações navais da Segunda Guerra Mundial, os aviões não tiveram nenhum papel nela e os submarinos pouco colaboraram (basicamente influenciando a batalha devido ao medo que Jellicoe sentia deles). Este é o principal exemplo histórico de uma ação entre navios de guerra a vapor, em que a artilharia de longo alcance provocou a maior parte dos danos. Os canhões de 12 polegadas ou de calibre maior disparados pelos navios-capitais eram maiores que qualquer outra coisa usada em terra e, embora ambos os lados lutassem em meio a pouca visibilidade e os problemas de precisão diminuíssem a quantidade de tiros, não foi "a falta de bombas" que os impediu. Os maiores esquadrões de navios de guerra só mantiveram um breve contato, mas a Jutlândia foi suficientemente destrutiva. Em contraste com as batalhas terrestres de 1916, quase todos os feridos morreram, muitos por queimaduras, doenças desconhecidas nos dias de Nelson ou presos em seus cascos naufragados. Quatorze navios britânicos (totalizando 110 mil toneladas) afundaram, inclusive três cruzadores, e 11 navios alemães (totalizando 62 mil toneladas), inclusive um cruzador e um pré-*dreadnought*, também sucumbiram. Em questão de horas, os britânicos tiveram 6.094 mortos, e os alemães, 2.551, de um total de 110 mil homens engajados de ambos os lados.[52]

Scheer cometeu diversos erros, inclusive o de usar um esquadrão de velhos e lentos navios de guerra do tipo pré-*dreadnought*. Mas ficou claro que os alemães saíram-se melhor na luta, expondo algumas sérias fraquezas britânicas. Sua artilharia era mais precisa, devido a um melhor treinamento, telêmetros superiores e bombas penetradoras mais eficientes, com detonadores de ação postergada, enquanto os navios britânicos eram menos armados e tinham menos anteparas estanques. Embora a Grande Frota estivesse pronta para tornar a entrar em ação muito depressa, os alemães obtiveram uma vitória junto à opinião pública devido ao número de navios britânicos que conseguiram afundar. A memória dessa perda ainda incomodava depois da guerra, com Beatty (ou pelo menos os que o cercavam) alegando que Jellicoe havia perdido a oportunidade de aniquilar a força de Scheer. Poucos comentadores hoje questionam a astúcia do deslocamento inicial de Jellicoe ou sua prudência em evitar o combate noturno com um inimigo mais bem equipado e treinado para isso. Contudo, Jellicoe superestimou o perigo dos torpedos e, se tivesse perseguido Scheer mais obstinadamente depois de ele se ter virado pela primeira vez e se não tivesse se afastado quando se virou uma segunda vez, provavelmente teria destruído mais navios alemães antes do cair da noite e poderia ter feito mais para monitorar os movimentos alemães quando sobreveio a escuridão.[53] Evidentemente, é fácil criticar, em retrospecto, um comandante que operava em circunstâncias de grande confusão e contava com um serviço de inteligência inadequado, bem como com a crescente exaustão de seus homens à medida que a noite avançava. Jellicoe tinha plena razão em insistir que a destruição da Frota de Alto-Mar era algo secundário e o imperativo era não perder a batalha,[54] embora isso levante a questão da razão pela qual ele saiu para o mar. O fato central é que Scheer falhou em seu objetivo estratégico de aniquilar os navios de guerra de Beatty e equalizar o equilíbrio entre as duas frotas, terminando, assim, numa posição nada melhor que a anterior ao ataque às Ilhas Britânicas ou à navegação no canal da Mancha, enviando seus cruzadores para atacar navios mercantes ou romper o bloqueio aliado.

A batalha da Jutlândia não marcou exatamente o final da fase mais ativa da guerra de superfície. Scheer tornou a atacar em 18-19 de agosto, com a Sala 40 novamente advertindo os britânicos, Jellicoe e Beatty para que se lançassem ao mar, e as duas frotas não se encontraram, com Jellicoe mostrando-se mais precavido que nunca, pelo medo de sofrer uma emboscada de submarinos. Numa conferência realizada em 13 de setembro, ele e Beatty concordaram, com a aprovação do Almirantado, em não se aventurar outra vez a leste ou sul do mar do Norte, a não ser em circunstâncias excepcionais. Quando Scheer saiu mais uma vez, em 10 de outubro, a Grande Frota não foi a seu encontro. Os líderes britânicos da época viram a Jutlândia menos como uma oportunidade perdida que como uma escapada por pouco de um perigo catastrófico, para o qual a resposta apropriada seria mais a precaução que a audácia, e quando Beatty substituiu Jellicoe como comandante da Frota de Combate, no mês de novembro, não fez nenhuma alteração. Mas Scheer se deu conta de que escapara por pouco, relatando a Guilherme em julho – e com a aceitação do Kaiser – que não era possível que a ação da esquadra eliminasse a superioridade dos britânicos, forçando-os a um acordo num tempo razoável.[55] E sugeriu que tão somente a campanha irrestrita com submarinos obteria esses resultados, e parece que uma fonte da campanha dos U-Boats na primavera seguinte foi sua percepção de que nenhum resultado decisivo seria atingido na guerra de superfície. Em outubro, sua frota perdeu a escolta de submarinos, bem como os 24 destróieres enviados a Zeebrugge para facilitar a passagem dos U-Boats pelo estreito de Dover.[56] Mas ele não se aventurou a sair outra vez até abril de 1918. Entre a ação de superfície e a dos submarinos, a ênfase estava se deslocando decisivamente para a segunda.

* * *

A decisão da Alemanha, em janeiro de 1917, de retomar a ação irrestrita dos submarinos a partir do mês seguinte foi a mais histórica da guerra. Foi uma precondição indispensável para a intervenção americana e, em última instância, para a vitória aliada. Contudo, para o fim de nossa argumentação, a primeira questão é saber por que, até

1917, a campanha de submarinos teve tão *pouco* impacto – menos que o bloqueio aliado das Potências Centrais –, ajudando, portanto, a sustentar o impasse. A segunda questão se refere ao que está por trás disso depois de tal data.

Os U-Boats não foram usados até 1917 mais por motivos técnicos que políticos. Eles eram uma arma muito recente, e o número deles era simplesmente pequeno demais. Os submarinos só haviam sido incorporados às Marinhas na virada do século e, a princípio, a maioria dos almirantados via pouco uso para eles. Antes de 1914, o Almirantado alemão fez planos para atacar os navios mercantes aliados, mas pela superfície. Além disso, o principal objetivo de Tirpitz, desde a década de 1890, havia sido uma frota capaz de combater ou, no mínimo, intimidar a britânica; ele via a marinha dirigida basicamente para o comércio como um conceito estratégico herético e tentou silenciar seus defensores.[57] Em agosto de 1914, a Alemanha tinha 28 U-Boats em serviço, mas muitos deles não se prestavam ao mar. No final de 1915, o país tinha 54 barcos operacionais e, no final de 1916, 133. Os submarinos sofriam menos que os navios de superfície com os percalços da guerra: o número de estaleiros envolvidos estava se ampliando, e a mão de obra neles empregada estava protegida contra a convocação. Navios para o alto-mar podiam ser construídos em cerca de 18 meses, enquanto os menores, adequados para o canal da Mancha ou as águas costeiras, levavam de seis a sete meses. Boa parte da expansão durante a guerra veio das classes mais leves (UB e UC) baseadas em Bruges e na Flandres ocupada pela Alemanha. Mesmo assim, e felizmente para os Aliados, a construção conhecia altos e baixos. Houve um grande aumento de barcos encomendados no outono de 1914 e na primavera de 1915, mas então se seguiu um atraso de um ano,[58] e poucos submarinos encomendados a partir de 1916 entraram no serviço ativo. Além disso, os U-Boats poderiam ser adequadamente descritos como submergíveis, ao invés de verdadeiros submarinos: eles precisavam subir à superfície regularmente e avançavam com diferentes sistemas de propulsão e a velocidades distintas quando estavam na superfície ou abaixo dela. Só em 1915 eles foram equipados com canhões de convés e cargas explosivas para afundar suas vítimas e, embora os modelos maiores introduzidos em fases posteriores da guerra carregassem 12 ou mais torpedos, os menores só possuíam 4. Finalmente, em qualquer momento até dois terços dos U-Boats que alcançavam o alto-mar tinham de ficar no porto ou ir e voltar de seus locais de ação em vez de ficarem em seu posto. Portanto, a campanha dos submarinos nunca conseguiu representar um bloqueio "efetivo" no sentido de um procedimento ordenado e de pleno rendimento exigido pelas leis marítimas. Ela foi aleatória, indiscriminada e calculadamente baseada no terror. Mesmo quando se tornaram mais numerosos, os U-Boats não podiam escoltar navios até o porto, confiscar contrabando ou conduzir navios capturados. Não tendo espaço para carregar mercadorias ou marinheiros dos navios mercantes como prisioneiros, eles só podiam afundar os navios que encontravam. Se subiam para a superfície, não podiam ficar por ali durante muito tempo, pois nessas condições eram extremamente vulneráveis. Seguir "as regras dos cruzadores" significava manter-se na superfície, fazendo-se notar e permitindo que os marinheiros tivessem tempo para se espalhar pelos botes; a campanha "irrestrita" dos submarinos significava afundar sem avisar, ou seja, lançando torpedos enquanto submergiam. Os alemães deram início à sua primeira campanha irrestrita meses depois do início da guerra.[59]

A ação alemã foi o clássico exemplo da existência de uma nova arma que gerava um incentivo para usá-la. Os U-Boats afundaram bem poucos navios mercantes aliados durante 1914, mas, em setembro naquele ano, os U-29 torpedearam espetacularmente o *Aboukir*, o *Cressy* e o *Hogue*.[*] Bauer, o comandante dos U-Boats, começou a apressar a campanha de destruição do comércio, insistindo que tinha navios suficientes para empreendê-la. A ideia foi divulgada pela imprensa e publicamente endossada por Tirpitz em novembro, a despeito da prévia indiferença pelas novas armas. Pohl, como o CAS, duvidava que os resultados viessem a justificar uma violação tão flagrante da lei internacional, mas se permitiu ser voto vencido e, em janeiro de 1915, Guilherme e Bethmann também cederam à pressão. Anunciou-se que todos os navios (de Aliados ou neutros que entrassem numa "zona de guerra" em torno das Ilhas Britânicas) poderiam ser afundados sem aviso prévio.

A marinha argumentou (como tornaria a fazer nos dois invernos seguintes) que a época de atacar era a primavera, a fim de impedir os embarques argentinos e australianos de trigo antes que a colheita britânica fosse armazenada. A retaliação contra Londres forneceu o motivo, com a declaração sendo justificada como uma represália contra as ilegalidades britânicas, como, por exemplo, declarar o mar do Norte como uma "zona de guerra". O ódio contra o "bloqueio da fome" dos Aliados foi um segundo fator, juntamente com a necessidade da marinha de justificar sua existência e seu futuro, dada a inatividade da esquadra de superfície enquanto os soldados alemães morriam aos milhares. Por fim, algumas semanas depois, tal como ocorrera com o uso de gás venenoso, a campanha irrestrita dos submarinos pode ser vista como uma reação contra a perspectiva de uma guerra longa e de impasse. Bethmann e o Ministério das Relações Exteriores nunca questionaram sua legalidade ou moralidade, mas apenas sua conveniência, e, assim, as reações dos neutros contra as violações da lei internacional foram limitadas.[60]

Os Aliados estavam completamente despreparados para os ataques dos submarinos às suas rotas comerciais e não tinham como responder à altura a essas ofensivas. Eles destruíram 46 U-Boats em 1914-16, mas isso representava apenas um terço da média de substituições, contrastando com os 132 de 1917-18 (para não mencionar os 785 durante a Segunda Guerra Mundial).[61] A maioria das perdas deveu-se às minas, embora, naquele momento,

---

* Ver livro 1 ("A deflagração"), cap. 2.

faltasse uma eficiente mina antissubmarino. Mas, pelo menos, a disposição de minas pelos britânicos no canal da Mancha levou à decisão, em abril de 1915, de que, a partir de então, os U-Boats deveriam navegar para o oeste das Ilhas Britânicas, pelo norte da Escócia, o que aumentava o tempo de viagem e diminuía seu tempo de perseguição. O patrulhamento da superfície obteve ainda menos. Os hidrofones eram o único meio de localizar submarinos submersos – e seu alcance era muito limitado. Os destróieres eram duas vezes mais rápidos que os submarinos, mas em 1916 os U-Boats podiam mergulhar em 45 segundos e havia pouquíssimos destróieres disponíveis. Uma carga de profundidade eficiente só apareceu em junho de 1916, e os lançadores de cargas de profundidade só surgiram em julho de 1917. Das 142 operações realizadas entre os destróieres da Marinha Real e os U-Boats até o final de março de 1917, os submarinos foram destruídos em apenas seis ocasiões. Os barcos "Q", ou chamarizes, usados na propaganda britânica, tampouco causaram muitas perdas: sua principal contribuição foi tornar mais arriscado que os U-Boats se ativessem às regras de travessia, embora, a princípio, a maior parte dos afundamentos de navios mercantes fosse causada por fogo de artilharia, e não por torpedos. Os britânicos tiveram a sorte de, quando os alemães cancelaram sua primeira campanha irrestrita em setembro de 1915, sua marinha mercante ainda ser apenas 4% melhor que no começo da guerra.[62]

A campanha foi suspensa não devido às contramedidas dos Aliados, mas devido à falta de U-Boats e, acima de tudo, por causa de um confronto com os Estados Unidos. Bethmann não havia previsto isso. Embora Wilson usasse imediatamente uma linguagem mais dura com relação à campanha de submarinos que com referência ao bloqueio britânico e ameaçasse Berlim de "estrita responsabilidade", o presidente americano respondeu com moderação aos primeiros afundamentos e até mesmo às baixas americanas. Mas, em 7 de maio de 1915, torpedos de um U-20 mandaram para o fundo do mar o navio de carreira *Lusitania*, pertencente às linhas Cunard, na costa da Irlanda, provocando a morte de 1.201 pessoas, incluindo mulheres e crianças, e 128 americanos que estavam a bordo. Embora o comandante do submarino não tivesse dúvida quanto à natureza de seu alvo, o afundamento do navio (que, na verdade, estava transportando munição) não causou nenhum mal-estar na Alemanha. No entanto, representou um grande golpe de propaganda para os Aliados em sua luta pela simpatia americana, levando Wilson a agir de maneira mais drástica. Quase ninguém nos Estados Unidos – e, com certeza, nem mesmo o presidente – era favorável à guerra, mas Wilson rejeitou a opção de advertir seus cidadãos a não embarcarem em navios beligerantes, e exigiu que a Alemanha repudiasse o afundamento e pagasse uma indenização. Não obtendo nenhuma resposta, ele enviou uma segunda nota exigindo que todos os navios mercantes (beligerantes e neutros) fossem tratados de acordo com as regras de navegação, que, a partir daquele momento, representavam a base de sua posição. Ele não era obrigado a assumir essa posição em defesa da lei internacional (não utilizada contra as violações britânicas), mas argumentou que o fato de mostrar fraqueza seria um convite para mais problemas e perigos, e que o dano à credibilidade americana causado pela falta de ação colocaria em risco suas ambições de mediação. Ele não afrontou os dois lados ao mesmo tempo, dando maior importância à ameaça da Alemanha a vidas americanas que à ameaça britânica às propriedades americanas, embora sua indiferença à morte causada pela fome de civis americanos comprometesse sua imparcialidade do ponto de vista de Berlim. Bryan se deu conta desse ponto de vista e quis que Wilson protestasse contra os U-Boats e o bloqueio, mas, depois da segunda nota sobre o *Lusitania*, ele renunciou e foi substituído por Roberto Lansing, decididamente simpático aos Aliados. Wilson nada fez quando os alemães deixaram de se desculpar ou pagar uma indenização, mas seu prestígio agora estava em alta.[63]

A consequência foram 12 meses de conflito com relação à campanha dos submarinos, durante os quais os alemães testaram os limites da tolerância americana antes de ceder com certa relutância. Depois do afundamento do *Lusitania*, abriu-se um hiato entre os chefes navais, que se opunham principalmente às concessões de Wilson, e Bethmann e o ministro das Relações Exteriores, que acreditavam que evitar a beligerância americana deveria ter precedência sobre a campanha dos submarinos. Em junho de 1915, Bethmann ordenou secretamente que os navios de carreira deveriam ser respeitados. A questão chegou ao auge em agosto, depois do torpedeamento de outro navio de carreira britânico, o *Arabic*, mais uma vez com perda de vidas americanas, e os alemães decidiram concordar com a observância às regras de navegação para os navios de carreira e, em seguida, anuíram em dar fim irrestrito à campanha dos submarinos, desviando seus barcos para cumprir missões mais fáceis no Mediterrâneo. Devido à sua intransigência, Tirpitz perdeu seu papel como conselheiro da estratégia naval, e seu então colaborador, Bachmann, foi substituído como CAS por Henning von Holtzendorff, um velho inimigo de Tirpitz e uma pessoa cética com relação aos submarinos.[64] Em 1915, os civis contavam com o apoio de Falkenhayn, que temia que a intervenção americana pudesse provocar a entrada da Holanda no conflito e não queria nenhuma perturbação, pelo menos até haver completado a campanha dos Bálcãs. No entanto, um combate mais acirrado se seguiu na primavera de 1916, depois que o comando naval dobrou Holtzendorff para que apoiasse uma segunda tentativa de fazer a Grã-Bretanha passar por privações ao interromper os suprimentos que vinham do hemisfério sul, e dessa vez foram incentivados por Falkenhayn, pois ele acreditava que uma ofensiva de submarinos ajudaria em seus objetivos em Verdun.[65] Embora Tirpitz finalmente renunciasse à argumentação de que apenas a guerra irrestrita seria suficiente, um Conselho da Coroa em Charleville aprovou o compromisso de uma campanha "intensificada". Navios de carreira e neutros seriam poupados, mas os navios mercantes dos Aliados que estavam em zona de guerra seriam novamente afundados sem que houvesse qualquer advertência, bem como os navios de carga armados. Contudo, no dia 24 de março, um U-29 afundou o vapor francês *Sussex*, e havia americanos entre os feridos. De maneira peremptória, Wilson insistiu que as regras de navegação fossem estendidas aos barcos mercantes na mesma medida que o era para os navios de carreira, ameaçando romper relações diplomáticas. Os alemães concordaram, e seu "compromisso do *Sussex*", firmado em 4 de maio, assumiu que eles observariam as regras de navegação, embora se reservando o direito de reconsiderar o acordo se Wilson não garantisse o relaxamento do bloqueio aliado. Parecia que os Estados Unidos haviam traçado uma linha no oceano, e que a Alemanha decidira não cruzá-la.[66]

A posição de Wilson era radical, pois, embora aplicasse mais pressão sobre os britânicos nos meses que se sucederam, continuou a afirmar que os alemães deveriam respeitar as regras de navegação, independentemente do que os Aliados fizessem. Em outras palavras, ele estava lhes dizendo não só para respeitar os direitos dos neutros, mas também lhes informando a forma de conduzir a guerra contra seus inimigos, resistindo aos pedidos de seu partido no Congresso para que houvesse menos abrandamento. A resposta de Bethmann foi buscar o prosseguimento da campanha dos U-Boats livre ao máximo da beligerância americana, o que, prescientemente, ele antevira que poderia trazer aos Aliados ajuda financeira, armamentos e centenas de milhares de tropas, bem como desmoralizar os parceiros da Alemanha. Ele acreditava que a marinha contava com poucos submarinos para obrigar a Grã-Bretanha a se render e subestimava a vontade que Londres tinha de vencer. Segundo ele, dar prioridade aos U-Boats representaria uma espécie de "jogo para quebrar a banca" com sobrevivência nacional e, de pronto, conseguiu convencer Guilherme.[67] A Alemanha considerou os pedidos de um presidente americano que concedia imensos empréstimos e vendas de armas aos Aliados e concordava com seu bloqueio. Dessa forma, os alemães procederam com ressentimento, mas com muita prudência.

Essa era uma base bem pouco estável para a *détente* e, no final de 1916, a posição de Bethmann havia desmoronado, em parte devido à deterioração das circunstâncias na Alemanha e em parte por causa das mudanças internas de poder, embora os dois fatores se reforçassem mutuamente. Apesar do atrito anglo-americano ocorrido ao longo do ano de 1916, o bloqueio aliado não foi retirado, tornando-se, em vez disso, mais eficaz, notoriamente por meio de um acordo de compras exclusivo com a Holanda. As últimas importações alemãs de alimento diminuíam ao mesmo tempo em que a produção nacional despencava, seguindo o fracasso da colheita de batatas de 1916. As cidades alemãs sofriam sua primeira crise real de subsistência, e as condições da Áustria-Hungria e da Turquia eram ainda piores.[68] Esses acontecimentos, seguindo-se à reviravolta da sorte militar e às ofensivas coordenadas dos Aliados no verão de 1916, significavam que Holtzendorff havia renovado o debate sobre os submarinos depois de agosto num clima mais sombrio que na primavera, e contra a perspectiva de outros ataques coordenados do inimigo no novo ano. Quando Hindenburg e Ludendorff assumiram o OHL, temiam inicialmente que uma campanha irrestrita significasse hostilidades com a Dinamarca e a Holanda em um momento em que o exército já estava agindo no limite. Eles estavam menos preocupados com os Estados Unidos, cujo poderio militar ambos os lados viam como reduzido. Mas, depois que a Romênia caiu, não podiam correr mais riscos, e uma campanha de U-Boats poderia, como Hindenburg havia afirmado, proteger suas tropas de um novo Somme. Como acontece com muitas das primeiras iniciativas de uma aliança entre dois líderes igualmente poderosos, seu apoio à marinha foi uma resposta à emergência do verão de 1916. Suas opiniões foram levadas em consideração, pois, enquanto Guilherme II se mostrava disposto a ignorar e, em última instância, demitir Tirpitz e Falkenhayn, ele temia a bajulação pública direcionada aos vitoriosos de Tannenberg e um confronto com eles. Sua chegada também importava para o Reichstag. Um "movimento pelos U-Boats" de intelectuais, homens de negócios e partidos de direita, sobrepondo-se à campanha por objetivos de guerra anexadores, apoiava a marinha através da imprensa e do parlamento desde 1915, não apenas como resposta aos Aliados e permissão para que os submarinos alemães lutassem com maior segurança, mas também porque via a questão como ideal para ridicularizar Bethmann. Na primavera de 1916, o chanceler ainda era apoiado pela maioria no Reichstag, onde os Conservadores e os Liberais Nacionais apoiavam a campanha dos U-Boats, mas eram suplantados em número pelo SPD, pelos Progressistas e por parte dos Católicos de Centro. Em outubro, contudo, os deputados do Centro aprovaram uma resolução de que as decisões do OHL deveriam ser definitivas. Bethmann estava cada vez mais isolado, tanto fora quanto nos corredores internos do poder, e tinha pouco a oferecer como alternativa à aposta na marinha, além de continuar com os choques de atrito em que os inimigos da Alemanha estavam em vantagem. A diplomacia tampouco prometia muito. Em dezembro, a pressão do OHL contribuiu para a substituição de Jagow como ministro das Relações Exteriores pelo mais belicoso Arthur Zimmermann. Os Aliados não haviam sido divididos e rejeitaram a nota de paz que as Potências Centrais emitiram em 12 de dezembro, enquanto a solicitação de Wilson do dia 18, favorável à definição dos objetivos de guerra, não conseguiu dar início a uma negociação geral – a que Hindenburg e Ludendorff, de qualquer modo, se opunham. O chanceler estava esgotando seus recursos.[69]

Enquanto o poder de Bethmann declinava, a Jutlândia fortalecia a posição de Scheer, assim como Tannenberg havia fortalecido a de Hindenburg, e a liderança da marinha – incluindo o anteriormente moderado chefe do gabinete naval e membro da equipe de Guilherme, Georg von Müller – se unia em apoio a uma campanha irrestrita. O número de submarinos havia dobrado desde o ano anterior, com a construção de 108 embarcações chegando ao término em 1916, muitos deles de longo alcance e com mais torpedos.[70] Em outubro, a marinha previu que 24 U-Boats maiores e dez pequenos estariam disponíveis nos seis meses seguintes.[71] No outono, uma nova campanha teve início observando as regras da navegação, em que as novas embarcações de Flandres figuravam com proeminência, e as perdas dos navios aliados se elevaram para cerca de 350 mil toneladas por mês, mais que o dobro da média anterior.[72] Mesmo numa base restrita, a frota extra estava provocando mais perdas na navegação dos Aliados do que estes conseguiam repor, o que tornava as argumentações da marinha mais plausíveis que em rodadas anteriores de negociação. Sua última investida centrou-se num memorando de 56 páginas enviado por Holtzendorff a Hindenburg em 22 de dezembro.[73] Holtzendorff previu o afundamento de 600 mil toneladas por mês durante os primeiros quatro meses e 400 mil dali em diante, enquanto 40% dos navios neutros seriam aterrorizados em alto-mar. Os navios de guerra disponíveis da Grã-Bretanha diminuiriam em dois quintos, fazendo com que os estoques de alimentos caíssem abaixo do nível de alerta e provocando caos econômico, inúmeras greves e manifestações. Se a campanha começasse imediatamente em fevereiro, os britânicos teriam de pedir a paz em cinco meses. A intervenção dos Estados Unidos era uma consequência esperada, mas nem seu dinheiro nem suas tropas chegariam a tempo. A alternativa sombria era a guerra terminar por "exaustão", o que seria "fatal para nós" (alemães). Contudo, a despeito das inúmeras estatísticas que um grupo de jornalistas, acadêmicos e homens de negócios havia preparado em apoio ao memorando, sua precisão era espúria e se tratava mais de uma iniciativa intuitiva. De maneira precisa, essas estatísticas projetavam a perda de navios, mas subestimavam a adaptabilidade econômica e social da Grã-Bretanha, sua disposição de contradizer os princípios do *laissez-faire* por meio do racionamento de alimentos e o controle da navegação, sua capacidade de ampliar a produção de grãos e a eficiência de seus comboios. O comando da armada, em particular, achava o documento otimista demais,[74] e é provável que os almirantes só acreditassem na metade de suas afirmativas, mas se irritaram com as restrições que lhes eram impostas e às suas tripulações, esperando contribuir de maneira decisiva para a vitória alemã. Na verdade, Ludendorff não estava convencido de que a marinha pudesse ganhar a guerra tão rapidamente, embora acreditasse que agir seria melhor do que não fazer nada, esperando que os U-Boats pudessem facilitar a situação na Frente Ocidental, onde ele previa uma enorme pressão na primavera de 1917.[75] No final, a decisão não se baseou na força dos argumentos. Com a derrota da Romênia, a armadilha estava pronta. Hindenburg e Ludendorff deixaram claro que renunciariam se a marinha não entrasse em ação, e Guilherme cedeu numa reunião preliminar antes da decisiva conferência de Pless, realizada em 9 de janeiro, enquanto Bethmann resolveu aceitar a decisão em vez de tornar pública sua discordância ao renunciar. Helfferich mostrou-se habilidoso em refutar as alegações contra a marinha, mas Bethmann não usou um memorando que seu representante havia preparado para ele.⁷⁶ Em Pless, Helfferich fez a advertência de que "seu plano nos levará à ruína", mas Holtzendorff replicou: "O senhor é que está nos levando à ruína".⁷⁷ Em 1º de fevereiro, ficou acertada a renovação irrestrita da campanha de submarinos.

Bem antes dos cinco meses estimados por Holtzendorff, ficou claro que Pless havia sido um erro. Se os U-Boats tivessem continuado a observar as regras de navegação, seu número, que crescia rapidamente, teria diminuído de forma significativa, resultando em grandes perdas, enquanto a Grã-Bretanha caminhava para uma crise financeira, a Rússia, para a revolução, e a França, para uma revolta militar. Na verdade, a opção não era, de fato, de ruína *versus* ruína, e teria sido melhor, como Bethmann previra, postergá-la. O memorando de Holtzendorff lembrava a estratégia de Nivelle em sua busca desesperada por alternativas de confronto, mas também lembrava o Plano Schlieffen como uma solução técnica para os dilemas políticos da Alemanha. Tal como ocorrera em 1915, Berlim forçou a questão e apostou tudo nesse jogo, em vez de aguardar que a situação melhorasse. Os paralelos são importantes, pois foi precisamente sua disposição em optar por esses expedientes que transformou a Alemanha imperial em tamanha ameaça para seus vizinhos, acabando por provocar sua queda. Pless foi equivalente a uma segunda decisão de ir à guerra, e não foi por acaso que Bethmann sentiu estar revivendo a Crise de Julho.⁷⁸ Se, em 1914, o alvo era a França e a Rússia, e a guerra contra a Grã-Bretanha representava apenas um subproduto, agora o alvo era a Grã-Bretanha, e a guerra contra os Estados Unidos era aceita como o preço a pagar. Contudo, enquanto em 1914 Bethmann havia sido convertido pelos argumentos dos militares, em 1917 ele seguiu mais passivamente um caminho que sabia que era equivocado, pois se sentia fraco demais para resistir.

Dessa vez, as opções foram intensamente debatidas, mas o lado errado prevaleceu. Como os japoneses antes de Pearl Harbor, o partido dominante em Berlim esperava que a rápida ação militar apresentasse ao presidente Wilson um *fait accompli* que ele não teria vontade de reverter. Esse partido subestimou seu antagonismo mas cortejou o risco – e até mesmo a probabilidade – de uma guerra contra os Estados Unidos de olhos bem abertos. Qualquer que fosse a verdade quando da eclosão da guerra em 1914, sua ampliação em 1917 não foi acidental.

Notas

1. Weir, *Rebuilding the Kaiser's Navy*, p. 159.
2. Halpern, *Naval History*, p. 65.
3. Ibid., p. 84.
4. Neilson, "Reinforcements and Supplies", p. 47.
5. Robb, *British Culture*, p. 17.
6. Neilson, "Reinforcements and Supplies", p. 47.

7. Gooch "Italy in the First World War", p. 166.
8. Kennedy, *Rise and Fall of British Naval Mastery*, pp. 183-5, 196.
9. Zagorsky, *State Control*, p. 16.
10. Halpern, *Naval History*, p. 183.
11. Ibid., p. 32; Siney, *Allied Blockade*, p. 109.
12. Herwig, *First World War*, p. 288.
13. Halpern, *Naval History*, pp. 48-9.
14. Ranft, "Royal Navy", p. 57.
15. Ferguson, *Pity of War*, p. 253.
16. Offer, *First World War: an Agrarian Interpretation*, p. 61.
17. Lee, "Administrators and Agriculture", pp. 232, 234.
18. Herwig, *First World War*, pp. 274-7.
19. Stevenson (ed.), *British Documents on Foreign Affairs*, vv. 9, 10: relatórios mensais de W. G. Max Müller.
20. Farrar, *Conflict and Compromise*, p. 2.
21. O da Grã-Bretanha, contudo, foi de 11,6%. Ferguson, *Pity of War*, p. 253.
22. Coogan, *End of Neutrality*, cap. 6.
23. Ibid., pp. 148ss.
24. Devlin, *Too Proud to Fight*, p. 199.
25. Sobre Wilson e o bloqueio, May, *World War*, caps. 1, 3, 15; Devlin, *Too Proud to Fight*, caps. 5-7, 16; Coogan, *End of Neutrality*, passim.
26. Siney, *Allied Blockade*, p. 144.
27. Devlin, *Too Proud to Fight*, pp. 517-18.
28. Farrar, *Conflict and Compromise*, pp. 31-2.
29. Ibid., pp. 135 ss.
30. Consett, *Triumph of Unarmed Forces*, p. 129.
31. Consett, *Triumph of Unarmed Forces*, pp. 211-20; Siney, *Allied Blockade*, p. 261.
32. Farrar, *Conflict and Compromise*, p. 10.
33. Frey, "Bullying the Neutrals", p. 108.
34. Siney, *Allied Blockade*, pp. 94 ss.
35. Torrey, "Rumanian Campaign", p. 29.
36. Farrar, *Conflict and Compromise*, p. 85.
37. Frey, "Bullying the Neutrals", pp. 112-14.
38. Halpern, *Naval History*, p. 141.
39. Ibid., p. 287.
40. Strachan, *First World War: To Arms*, p. 440.
41. Marder, *Dreadnought*, v. 2, p. 447.
42. Beesly, *Room 40*; Andrew, *Secret Service*, cap. 3.
43. Tarrant, *Jutland*, p. 37.
44. Halpern, *Naval History*, pp. 315-16.
45. Keegan, "Jutland", p. 111.
46. Tirpitz, *Memoirs*, v. 2, p. 366n.
47. Weir, *Rebuilding the Kaiser's Navy*, pp. 157, 161, 214.

48. Sumida, "Forging the Trident", pp. 227-8.
49. Tarrant, *Jutland*, p. 50.
50. Sobre a Jutlândia: Gordon, *Rules of the Game*; Marder, *Dreadnought*, v. 3; Campbell, *Jutland*; Tarrant, *Jutland*.
51. Tarrant, *Jutland*, p. 167.
52. Keegan, "Jutland", p. 122.
53. Lyle, "Jutland".
54. Marder, *Dreadnought*, v. 3, p. 185.
55. Ibid., p. 206; Tarrant, *Jutland*, p. 279.
56. Halpern, *Naval History*, p. 335.
57. Weir, *Rebuilding the Kaiser's Navy*; Weir, "Tirpitz, Technology".
58. Herwig, "Total Rhetoric, Limited War", p. 205.
59. Terraine, *Business in Great Waters*, pp. xv-xvi; Stegemann, *Deutsche Marinepolitik*, pp. 26-7.
60. Gemzell, *Organization, Conflict, and Innovation*, pp. 141-4; Halpern, *Naval History*, pp. 287-95.
61. Terraine, *Business in Great Waters*, pp. 34, 772.
62. Ibid., pp. 24-38; Halpern, *Naval History*, p. 303.
63. Devlin, *Too Proud to Fight*, cap. 10; May, *World War*, caps. 7, 8; Link, *Wilson*, v. 3, caps. 12, 13.
64. Gemzell, *Organization, Conflict, and Innovation*, pp. 186 ss.
65. Afflerbach, *Falkenhayn*, cap. 19.
66. Birnbaum, *Peace Moves*, pp. 75-90.
67. Bethmann Hollweg, *Betrachtungen*, v. 2, p. 260.
68. Chickering, *Imperial Germany*, pp. 141-2; Stevenson (ed.), *British Documents on Foreign Affairs*, v. 10, docs. 27, 28: relatórios de W. G. Max Müller para dezembro de 1916.
69. Birnbaum, *Peace Moves*, caps. 6-9.
70. Stegemann, *Deutsche Marinepolitik*, p. 27.
71. Relatório de Admiralstab, 15 out. 1916, BA-MA RMS/905.
72. Terraine, *Business in Great Waters*, p. 768.
73. Herwig, "Total Rhetoric, Limited War", pp. 193-7; Stegemann, *Deutsche Marinepolitik*, pp. 51-62.
74. Stegemann, *Deutsche Marinepolitik*, pp. 48, 75.
75. Goemans, *War and Punishment*, pp. 97-8; relatório do adido de Württemberg, 1º out. 1916, HStA MS 1/2.
76. Birnbaum, *Peace Moves and U-Boat Warfare*, pp. 321-2.
77. Tuchman, *Zimmermann Telegram*, p. 138.
78. Jarausch, *Enigmatic Chancellor*, p. 301.

11
A POLÍTICA DOS FRONTS NACIONAIS

ATÉ ESTE PONTO, A SUPOSIÇÃO é de que as elites governantes da Europa deram início à guerra e a prolongaram. Essas elites tomaram as decisões que provocaram sua eclosão e, depois que ela teve início, mobilizaram homens e armas, rejeitaram os que desejavam a paz e concentraram recursos em fronts cruciais. Contudo, suas ações teriam sido impossíveis sem a cooperação condescendente de amplos setores públicos, menos dos que saudaram a Crise de Julho que daqueles que subscreveram bônus de guerra e se apresentaram como voluntários nas indústrias de armamentos e para a luta. Boa parte dessa resposta à emergência foi generosa e espontânea, e, dado o sofrimento que a guerra infligiu, pode parecer desconcertante. Parte da explicação (como aconteceu com o moral das tropas) é que a solidariedade dos fronts nacionais foi temporária e provisória: em 1917, já havia se desintegrado na Rússia, e boa parte do resto da Europa estava experimentando um grave descontentamento. Além disso, o ressentimento teve pouca oportunidade de ser canalizado em protestos politicamente efetivos. Por mais que os civis tenham se exaurido, a censura restringia a crítica, e todos os partidos políticos, exceto a extrema esquerda, se comprometeram a lutar até a vitória final. Mesmo assim, a Primeira Guerra Mundial não pode ser compreendida sem se reconhecer a aceitação generalizada e contínua de que era uma causa justa e até mesmo nobre. Todo beligerante confiava numa combinação de compulsão estatal com apoio patriótico da sociedade, mesmo que a primeira tenha sido relativamente mais importante nos países da Europa Oriental, e o segundo nos da Europa Ocidental. Entre os beligerantes, essas forças não apenas criaram uma trégua política inicial em 1915, como também mantiveram a coesão nacional quando o conflito se intensificou, com o correspondente aumento em suas demandas.

Uma pletora de relatórios oficiais que chegaram até nós tornou o front nacional francês um dos mais fáceis de pesquisar, despertando muito interesse, por conta de suas revelações de como uma sociedade conhecida pelas divisões políticas conseguiu manter-se unida.[1] As baixas francesas foram maiores com relação à sua população do que as de qualquer outra grande potência, e sua economia foi significativamente direcionada para a guerra. Contudo, poucos desafios à política da luta até a vitória partiram de políticos ou do público. O governo de centro-esquerda de Viviani foi ampliado em 26 de agosto de 1914 para incluir representantes da maior parte dos principais partidos, inclusive os socialistas, bem como parlamentares veteranos como Delcassé, na qualidade de ministro das Relações Exteriores; Millerand, como ministro da Guerra; Ribot, como ministro da Fazenda; e Briand como vice-primeiro-ministro. Em outra reformulação feita em outubro de 1915, Briand e Viviani trocaram de cargos, e, embora Delcassé tivesse renunciado e Millerand, caído, o escopo do Ministério foi ampliado com a chegada de Denys Cochin, um líder da direita católica. Dessa forma, ele sobreviveu, com outras mudanças menores, até Ribot substituir Briand, como premiê e ministro das Relações Exteriores, em março de 1917. Apesar de o parlamento ter permanecido em sessão contínua a partir de fevereiro de 1915, as mudanças do premiê foram mais discretas do que em tempos de paz, e houve grande continuidade de pessoal entre os gabinetes de Viviani, Briand e Ribot, com a inclusão da maioria dos antigos estadistas franceses. As principais exceções foram Georges Clemenceau (que se acreditava ser de temperamento incompatível com o do presidente Poincaré) e Joseph Caillaux, o único político importante de quem se suspeitava, provavelmente com razão, de favorecer um compromisso de paz. Em comparação com a Grã-Bretanha e a Alemanha, poucas questões perturbavam essa unidade. A França não tinha um equivalente à questão irlandesa da Grã-Bretanha, e o alistamento era encarado como algo natural. Os objetivos de guerra podiam ter sido mais divergentes, mas, em janeiro de 1917, Briand uniu seu gabinete em torno de uma política de separação da margem esquerda do Reno da Alemanha sem anexá-la.* Quanto à estratégia, só havia um front no qual a França podia ou deveria lutar seriamente. A pessoa do comandante-chefe, contudo, tornou-se mais controversa depois que Joffre gastou seu capital de prestígio na batalha do Marne. Durante 1915, os deputados pressionaram e conseguiram aprovar o direito de enviar missões de inspeção às trincheiras, concentrando seus ataques em Millerand, que era um alvo mais fácil que Joffre, visto como alguém que o protegia. Uma tempestade se seguiu à demissão de Sarrail por Joffre e, em 1916, os ataques prosseguiram em sessões secretas do parlamento. Assim, em dezembro, Briand finalmente substituiu Joffre por Nivelle, a fim de manter a esquerda no governo.** A partir de então, o governo insistiu no controle político sobre a estratégia e o alto-comando, e as relações entre civis e militares tornou-se menos contenciosa.[2]

A unidade do governo refletia uma acomodação mais ampla na sociedade francesa. Os tradicionais conflitos de classe e locais ficaram em suspenso. Os partidos políticos

---

* Ver cap. 5.

** Ver cap. 6.

suspenderam as eleições e os sindicatos renunciaram às greves. Jouhaux, chefe da CGT, que antes estivera comprometida com uma greve geral revolucionária em caso de guerra, sentou-se com os representantes do governo e da Igreja no Comitê Nacional de Assistência, convocado para aparar as arestas.

O Ministério do Interior, então sob o comando de Louis Malvy, praticava uma "política de confiança" em relação aos sindicatos, instruindo a polícia e os prefeitos a não perturbá-los, na crença de que, com essa atitude, sua cooperação estaria mais assegurada.[3] Insinuações de que as igrejas protestantes simpatizavam com suas contrapartidas alemãs eram infundadas, enquanto a hierarquia católica, a despeito da posição de neutralidade do papa Bento XV, apoiava enfaticamente a guerra.[4]

A primeira e mais importante causa da unidade nacional era o legado dos eventos de 1914. Parecia que a França havia sofrido um ataque gratuito de um vizinho agressivo que já a invadira, uma geração antes. Suas províncias mais ricas estavam sob ocupação e, no final daquele ano, mais de 250 mil de seus jovens estavam mortos. Uma comissão oficial de inquérito para apurar as atrocidades alemãs cometidas foi, então, estabelecida nas primeiras semanas da guerra e, já em janeiro de 1915, o primeiro relatório elaborado documentou as provas da brutalidade do inimigo contra os não combatentes.[5] A imprensa debateu como deveria tratar as centenas de nascimentos esperados por conta de mulheres que haviam sido violentadas pelos invasores.[6] As ameaças à família, à tradição e à nacionalidade eram patentes. No entanto, como dessa vez o ataque havia sido rechaçado e a França contava com aliados, parecia natural perseverar até que a Alemanha estivesse tão completamente derrotada que nenhuma geração futura precisasse enfrentar uma nova invasão. Por intermédio de Poincaré, os políticos reiteravam essa mensagem em seus discursos, que, em 1915, tinham o acréscimo das exigências de devolução da Alsácia-Lorena e de reparação, bem como de segurança contra qualquer recorrência do ataque. Não obstante, sua posição básica era que a guerra lhes havia sido imposta. Os fatos tornavam difícil contestar essa avaliação.

Os líderes franceses, portanto, pouco precisaram fazer, além dos discursos e dos manifestos a que normalmente recorriam, para persuadir o povo da legitimidade de sua causa: as ações dos alemães eram o mais eloquente dos argumentos. O secretário particular de Briand, Philippe Berthelot, organizou uma *Maison de la presse* (serviço de imprensa) no Ministério das Relações Exteriores, embora seus esforços de mídia tenham sido direcionados principalmente para o além-mar.[7] Internamente, o Ministério da Educação insistia que a mensagem fosse transmitida aos alunos por meio de uma reforma radical do currículo. Nas aulas de francês, os alunos redigiam ensaios sobre a guerra; nas de história, aprendiam sobre suas origens; e, nas de geografia, estudavam mapas dos combates.[8] Entre os adultos, o regime de censura foi a mais importante contribuição do governo para a definição da opinião pública. O Ministério da Guerra supria os jornalistas com anódinos boletins diários sobre os acontecimentos no front, com os chefes de departamento monitorando os jornais locais, e a imprensa de Paris não estava proibida apenas de fazer referência a questões militares, mas também de atacar o governo e o alto-comando. Em geral, de acordo com instruções publicadas no final de 1915, a imprensa deveria exercer uma influência "calmante".[9] As más notícias e os totais de baixas foram suprimidos, mas estes últimos não eram a principal influência sobre o sentimento público. Relatórios elaborados pelos chefes de departamento sugeriam que o moral, na verdade, estava em alta quando um baque era esperado, na crença de que, pelo menos, isso poderia tornar a vitória mais próxima.[10] Os civis franceses não haviam renunciado à esperança de um triunfo rápido ou à ilusão de uma guerra breve.

A censura à imprensa abrandou o horror da imagem do conflito. As cartas dos soldados poderiam ter fornecido um antídoto, mas também estavam sujeitas à censura. De qualquer modo, o exame das amostras que sobreviveram sugere que, embora menos propensas que a imprensa a abrandar a realidade, as correspondências compartilhavam amplamente da mesma confiança na vitória.[11] Embora o moral das tropas fosse bom, o que parece ter sido verdade até, pelo menos, 1916, nem suas cartas nem suas visitas à família poderiam pôr em risco a determinação civil. Isso aponta para uma conclusão mais ampla. A censura ocultava o que desagradava ao governo; ele podia deixar o proselitismo para a iniciativa privada. A imprensa tornou-se notória – talvez até mais que em outros países beligerantes – por sua *bourrage du crâne* (ou "preenchimento do crânio"). Ela hiperbolizava a audácia e a bazófia dos franceses, bem como a desumanidade e a devastação dos alemães.[12] Mas outros setores produziam justificativas mais sofisticadas do esforço nacional. O clero declarava amplamente que a França estava lutando uma guerra justa e santa. De fato, padres mais jovens, com menos idade do que a prevista na convocação de 1905 (quando a Igreja e o Estado foram separados), foram convocados não apenas para os corpos médicos, mas também como soldados e oficiais, e mais de 4,5 mil clérigos perderam a vida nas frentes de batalha.[13] Os acadêmicos franceses, divididos antes de 1915 entre conservadores, pensadores clássicos e "modernos", mais abertos às influências progressistas e estrangeiras (inclusive alemãs), concordaram em interpretar a luta como um choque de culturas, opondo a civilização latina ao barbarismo teutônico. Historiadores, filósofos e homens letrados sentiram-se impelidos a assumir essa linha em discursos, livros e panfletos.[14] Quanto aos maiores escritores franceses, alguns, como por exemplo Marcel Proust, permaneceram em silêncio a maior parte do tempo. Outros, contudo – principalmente o conservador nacionalista Maurice Barrès, cujos escritos sobre a guerra preencheram 14 volumes impressos –, expressaram argumentos arrebatados em favor da guerra. Alguns dos muitos jovens escritores que haviam assistido ao combate descreveram-no com um realismo brutal, mas, pelo menos nos dois primeiros anos, poucos advogaram algo que fosse diferente de uma paz vitoriosa.

A mobilização dos homens franceses ocorreu, portanto, em paralelo à mobilização das emoções e do intelecto. Em 1914, o clero registrou um reflorescimento religioso e a lotação das igrejas.[15] Às ações alemãs, deveria ser acrescentada como segundo pilar da solidariedade do front doméstico a unidade das elites francesas e as justificações reproduzidas por professores, prefeitos e sacerdotes. Ambos os fatores permaneceram válidos depois que a guerra começou a "se normalizar" e se estabilizaram num padrão alternado de ofensivas e estagnação. Até a ofensiva de Nivelle ter-se revelado um grande desapontamento, afirmava-se que o moral estava alto mesmo quando os ataques fracassavam. Não obstante, as justificativas ideológicas seriam insuficientes se não contassem com condições materiais toleráveis – e os civis franceses ainda usufruíam dessas condições. No outono de 1915, a mobilização e a invasão provocaram um colapso industrial, com inúmeras falências, alto nível de desemprego e cortes de salário, mas, de 1915 a 1917, a economia experimentou um *boom* inflacionário. A taxa de mortes de civis parece não ter subido até 1918,[16] o que constitui uma evidência *prima facie* de que os padrões de vida foram satisfatoriamente mantidos até que a campanha irrestrita dos submarinos cortou os suprimentos trazidos por mar. De qualquer maneira, havia vencedores e perdedores. Nas áreas urbanas, os últimos incluíam burgueses dependentes da renda de investimentos e empregados em setores não essenciais. Os salários dos trabalhadores especializados da fabricação de munição, por outro lado, acompanharam a inflação, chegando até mesmo a ultrapassá-la. As mulheres dos soldados recebiam pensão por causa da separação, embora menos generosa que as da Grã-Bretanha e da Alemanha e disponíveis apenas para mulheres que estivessem abaixo de certa renda.[17] Como os aluguéis estavam congelados, a falta de alimentos tornou-se a principal ameaça ao bem--estar. O campo sofreu mais privações, mas se beneficiou da combinação dos preços altos dos alimentos com a pensão por separação, o que possibilitava que as famílias pagassem dívidas e comprassem terras. Como observaram os contemporâneos, os cemitérios estavam cheios, mas as vilas nunca tinham estado tão prósperas.[18] A França, escreveu um observador, adaptou-se à guerra como se fosse uma nova casa.[19] A conclusão, talvez perturbadora, é de que, dado o razoável conforto físico, as hostilidades poderiam prolongar-se indefinidamente. Com o passar do tempo, contudo, nem mesmo a trégua política e social francesa – entre as mais firmes dos beligerantes – conseguiu evitar a erosão. Todos os partidos concluíram a "união sagrada" na expectativa de uma breve interrupção e uma compensação política antecipada.[20] Encerrada a emergência de 1914, a normalização da vida francesa incluiu um recrudescimento das tensões dos tempos de paz. Os jornalistas de esquerda acusavam os padres de estarem desertando do serviço militar e (de maneira confusa) a Igreja de ter desejado a guerra, e o papa, a paz.[21] Uma nova imprensa, desafiando a pesada censura imposta, reagiu contra o *bourrage de crâne*, notoriamente o *L'Oeuvre*, que teve início em 1916, e o satírico *Canard enchâiné*, que começou a circular um ano depois. O *Le Feu: jornal d'un escouade* ("O fogo: diário de um esquadrão"), de Henri Barbusse – que apresentou um quadro intransigentemente sombrio da vida e da morte nas trincheiras e concluiu com um apelo aos soldados franceses e alemães para que se unissem numa revolução –, obteve a permissão da censura de circular inicialmente em capítulos e depois, em 1916, como um livro, que se tornou um best-seller.[22] Seu sucesso refletiu uma mudança perceptível no ambiente intelectual depois de Verdun e, nesse contexto, a trégua política foi seriamente testada pela primeira vez quando os *minoritaires* (minoritários) da CGT e da SFIO começaram a desafiar a liderança. A guerra incentivou os reformistas dos partidos de esquerda, os quais sentiam que ela mostrava que a classe trabalhadora podia beneficiar-se da colaboração entre as classes e da intervenção do Estado. Na França, o exemplo notável foi Albert Thomas, o filho de um padeiro socialista que se tornou ministro dos Armamentos.[23] Contudo, de maneira inversa, depois da desorientação inicial causada pelo colapso da Segunda Internacional, em 1914, o conflito também reativou as esperanças de uma radical transformação social. A maioria dos *minoritaires* não era composta por revolucionários, mas eles se opunham às anexações e indenizações, advogavam a busca pela paz através da negociação e questionavam a cooperação do movimento com o governo. Seus núcleos dentro da CGT eram os sindicatos dos metalúrgicos e dos professores; dentro do partido socialista, sua base era a região de Limoges, na zona rural, área distante do front e das regiões ocupadas. Nos sindicatos, eles eram relativamente fracos, mas a divisão na SFIO era mais séria. Em julho de 1916, eles quase conseguiram o controle do Conselho Nacional do partido.[24] No inverno, a falta de carvão e de alimentos ameaçou o padrão de vida pela primeira vez, embora pareça que os soldados e civis ainda tivessem a esperança de a ofensiva da primavera de 1917 trazer uma ruptura das linhas inimigas. Quando isso se revelou uma grande falácia, praticamente extinguindo, no processo, a luz bruxuleante no fim do túnel, a "união sagrada" enfrentou seu teste mais sério.

* * *

A Grã-Bretanha compartilhava muitas das condições que garantiam a unidade da França, inclusive um padrão de vida civil protegido e a mobilização das elites. Contudo, enquanto, na França, desde o início havia um consenso com relação a uma forma de guerra total, na Grã-Bretanha foi preciso moldar esse consenso, em meio a uma feroz controvérsia partidária e a uma busca individual pelas tradições do país de individualismo liberal e antipatia pelo engajamento estratégico com o continente. Esse debate esteve subjacente a duas crises de gabinete, ocorridas em maio de 1915 e dezembro de 1916, resolvendo-se em favor de maior esforço terrestre no continente europeu. O fato é que essa resolução teve um impacto crítico sobre a guerra. Como a França, a Grã-Bretanha começou sob um governo de esquerda moderado. Igualmente, como a França, a intervenção foi seguida, ou assim pareceu, por uma trégua política. Os sindicatos renunciaram às greves, e o Partido Trabalhista e os Nacionalistas Irlandeses, bem como os Liberais, os Unionistas e os clérigos de todas as denominações apoiaram o esforço comum. Ao contrário da França, contudo, a princípio, uma trégua eleitoral não se fez acompanhar por um governo de coalizão, em parte por causa da amargura existente entre Liberais e Unionistas, que vinha das lutas anteriores à guerra, perpassando a Câmara dos Lordes e o Ato Irlandês de Governo Local. Os Liberais tinham evitado uma ruptura no gabinete, em parte, graças à crença comum de que, se uma guerra era realmente necessária, eles teriam de garantir que seria travada segundo seus princípios. Mas, enquanto o desafio para os franceses era conservar radicais e socialistas unidos, na Grã-Bretanha Asquith fez sucessivos acordos com a direita. Assim, a questão de quem deveria comandar a estratégia tornou-se imediatamente controversa. Asquith queria reconduzir Haldane ao Gabinete de Guerra, onde ele havia servido com distinção de 1905 a 1911, mas a imprensa condenou (injustamente) Haldane como germanófilo, e Kitchener foi nomeado em seu lugar. Devido a alegações similares e igualmente espúrias, o príncipe Louis de Battenberg foi destituído como Primeiro Lorde dos Mares, sendo substituído por Sir John Fisher. Embora os colegas do gabinete de Kitchener tivessem considerado difícil trabalhar com ele, sua nomeação foi um golpe bem-sucedido de relações públicas, e por alguns meses blindou os Liberais de seus críticos. Em 1915, contudo, ele estava tão vulnerável para atacar a falta de projéteis quanto Millerand do outro lado do canal da Mancha, e perdia a eficácia como condutor iluminado.[25]

O fato é que os governos liberais anteriores a 1914 intervieram com muita intensidade nas operações do mercado. Se o BEF tinha pouquíssima munição, isso se devia à lenta adaptação industrial e às avaliações equivocadas do Gabinete de Guerra, e não a objeções ao princípio da ação estatal.* De qualquer modo, a falta de munição ajudou a precipitar a crise política de maio de 1915, que foi resolvida pelos Liberais, Unionistas e Trabalhistas depois de se unirem numa coalizão que tinha Asquith como premiê. Outra causa da crise de 1915 foi Galípoli, que fez com que

---

* Ver cap. 9.

Fisher renunciasse, em protesto contra mais navios de guerra enviados para além das águas territoriais, mas também na esperança de remover Churchill do Almirantado e comandar a guerra naval pessoalmente. Entre eles, essas circunstâncias galvanizaram os deputados Unionistas em torno da ameaça de instigar um debate na Câmara dos Comuns sobre as munições e repudiar as restrições de Bonar Law em relação a Asquith. Em vez de seguir nessa direção, Bonar Law preferiu fazer um acordo que trouxesse os Unionistas ao gabinete, embora praticamente todos os principais cargos estivessem nas mãos dos Liberais. A exceção foi o Almirantado, no qual Arthur Balfour substituiu Churchill, que era um anátema para a oposição e foi destituído. Por outro lado, os Unionistas apoiavam os esforços de Lloyd George para tirar proveito da crise criando o novo Ministério das Munições tendo ele próprio como chefe.[26]

A formação da coalizão não pôs fim às lamúrias dos Liberais. Na verdade, foi apenas enquanto Asquith permaneceu como premiê, e não depois que Lloyd George o substituiu, em dezembro de 1916, que foram tomadas as principais decisões para programar o envolvimento da Grã-Bretanha na guerra. O motor externo dessas decisões foi o imperativo de derrotar um inimigo formidável, e o risco de que França e Rússia selassem uma paz em separado, a menos que a Grã-Bretanha fizesse mais no continente. Daí a lógica, em primeiro lugar, de se apressar a produção de armas e, depois, de se introduzir o alistamento, como subsidiário a uma estratégia continental. Mas, no contexto da política interna, a pressão pela escalada partiu de quatro fontes.

A primeira foi, outra vez, os Unionistas, e particularmente seus deputados organizados no Comitê Unionista de Comércio. A segunda, o "grupo de pressão" de MPs Liberais, que tinha opinião similar e apoiava Lloyd George – que, cada vez mais, parecia o protagonista de uma vitória a qualquer preço. O terceiro elemento foi a imprensa, que, nesse período, estava no apogeu de sua influência, em especial o *The Times* e o *Daily Mail,* ambos de propriedade de Lorde Northcliffe. Os jornais ajudaram a derrotar Battenberg e Haldane, detonando o "escândalo das munições" e demolindo a reputação de Asquith.[27] Por fim, o quarto fator, incomum na história britânica, foi o exército. O controle civil sobre a estratégia foi desacreditado pelas debacles de Galípoli e da Mesopotâmia, e quando Robertson tornou-se CIGS, em dezembro de 1915, insistiu em ser designado a única fonte governamental de aconselhamento sobre a estratégia. Kitchener tinha pouca influência como contrapeso mesmo antes de sua morte por afogamento, quando o HMS *Hampshire*, no qual ele viajava em junho de 1916, numa missão à Rússia, bateu em uma mina. Com o apoio dos ministros Unionistas e da imprensa, Robertson representou um peso considerável nas decisões sobre o alistamento e o ataque no Somme.* A coalizão também introduziu tarifas protetoras, restringiu as liberdades civis e reprimiu o

---

*   Ver caps. 4 e 7.

Levante de Páscoa em Dublin com uma força militar em ampla escala, bombardeando os edifícios da cidade e executando a maior parte de seus líderes. Esses acontecimentos levaram os Liberais cercados a sentirem que poucos de seus princípios permaneciam intactos e que havia pouco sentido em apoiar Asquith, cujo declínio no poder de liderança tornou-se patente bem antes do levante de dezembro de 1916.

A crise de dezembro foi desencadeada por outra ameaça da revolta Unionista contra Bonar Law. Subjacentes a ela, estavam a exasperação com Asquith e a dúvida de que seu governo poderia tirar a Grã-Bretanha da crise em que afundava, falta de elemento humano, falta de dólares e fracasso no front. Para começar, Bonar Law e Lloyd George propuseram que Asquith continuasse como um premiê figurativo, transferindo o comando da guerra para um gabinete interno, do qual ele estaria excluído. Quando Asquith recusou, Lloyd George e os Unionistas renunciaram. Assim, sem o apoio dos Trabalhistas e de muitos Liberais, Lloyd George não podia formar um gabinete alternativo e, embora muitos Unionistas desconfiassem dele, preferiam sua liderança a governar sozinhos. No entanto, a reorganização marcou uma nova inclinação para a direita, e mais da metade dos MPs Liberais passaram para os bancos da oposição. Como os seguidores de Asquith incluíam defensores de um compromisso de paz, a política britânica poderia ter-se polarizado entre um grupo pró-guerra e um grupo alternativo que se inclinava para a negociação. Isso, contudo, não aconteceu porque Asquith não apoiava o movimento pacifista, evitando uma oposição sistemática. O sentimento pacifista, portanto, ficou sem um ponto de mobilização. Por outro lado, Lloyd George havia incluído os imperialistas Lordes Milner e Curzon como membros de um Gabinete de Guerra composto por cinco homens, recrutando homens de negócios para comandar novos departamentos voltados à navegação, à mão de obra, às pensões de guerra e aos alimentos. Além disso, uma das condições básicas dos Unionistas era que não deveria haver nenhuma interferência com relação a Robertson e Haig. Embora cético quanto à estratégia do alto-comando, Lloyd George havia feito uma troca semelhante à de Fausto. Além disso, a crise certamente levara um líder vigoroso ao poder, mesmo que estivesse mais determinado a vencer a guerra que a deixar seu método claro. Ele se tornara conhecido como o homem que havia resolvido o problema das munições e defendido uma vitória definitiva como único resultado aceitável. Sua chegada significava que, a despeito dos grandes desapontamentos, não haveria retrocesso.[28]

Observando-se todos os argumentos possíveis sobre como lutar na guerra, os líderes britânicos mostravam-se tão firmes quanto os franceses quanto a prosseguir até conseguir a vitória. Esse consenso de elite refletia e contribuía para um consenso similar na sociedade em geral. Embora o Ato de Defesa do Reino garantisse os poderes totais para intervir por decreto, na prática o governo fez pouco uso desses poderes, e a Grã-Bretanha ficou, ainda mais que a França, "automobilizada" para a guerra.²⁹ O exemplo óbvio é a dependência do alistamento voluntário (e a maneira como o Gabinete de Guerra o manipulou),* mas o sistema de manipulação da opinião pública confirma esse quadro. Na primeira parte da guerra, a única organização oficial de propaganda foi a Agência Secreta de Propaganda de Guerra ou Casa de Wellington, assim batizada por sua localização em Londres. Essa agência operava na clandestinidade, principalmente para promover a simpatia pela Grã-Bretanha no além-mar. Outras tentativas de manipular a opinião pública de maneira positiva na primeira metade da guerra ficaram, em grande parte, confinadas aos bônus de guerra e ao recrutamento. Assim, o Comitê Parlamentar de Recrutamento (PRC), comandado por MPs de todos os partidos, mas gastando fundos governamentais, levou ao que parecia um esforço prodigioso, produzindo, entre outubro de 1914 e outubro de 1915, mais de 5,7 milhões de pôsteres (inclusive vários desenhos famosos) e 14,25 milhões de cópias de livros e panfletos. Contudo, mesmo nesse caso, a onda de voluntariado atingiu seu pico em setembro, antes que tivessem início as despesas do PRC, e a quantidade de folhetos e pôsteres foi comparável à produzida pelos partidos políticos em campanhas eleitorais nos tempos de paz, com seu orçamento para os pôsteres somente sendo ultrapassado pelos gastos da companhia Rowntree com a propaganda de uma marca de chocolate um ano antes da guerra.³⁰

O governo, contudo, contribuiu de maneira efetiva para mobilizar os intelectuais. O diretor da Casa Wellington, o MP Liberal Charles Masterman, travou contato com os principais autores e os instou a escrever em defesa da causa britânica. Escritores como Thomas Hardy, H. G. Wells, Rudyard Kipling, Arnold Bennett e John Galsworthy eram bem conhecidos e seus livros eram amplamente lidos. Assim como acadêmicos, como, por exemplo, os docentes de História Moderna de Oxford, eles declararam que a Alemanha havia cometido crimes imperdoáveis, e que a guerra era a da civilização contra a barbárie.³¹ O público leitor britânico também lia poesia (e prosa) com uma intensidade até então impensável, como confirma um exemplar do *The Times* ou de memórias como as de Vera Brittain.³² A maior parte da poesia publicada durante a guerra na Grã-Bretanha, França e Alemanha foi escrita por civis, e não por soldados, e era patriótica.³³ Sua influência ficou manifesta na característica de "alta dicção" da prosa erudita usada na discussão da guerra, uma sucessão eufemística e empolada de vocabulário que prevaleceu até 1916-17.³⁴ A "alta dicção" emanava de fontes religiosas e também seculares, com a Igreja da Inglaterra e o clero não conformista pregando que a doutrina de um Estado amoral havia desviado os alemães e (segundo as palavras do bispo de Londres) que o conflito era uma "guerra santa" para destruir o militarismo alemão.³⁵ Tal como

---

* Ver cap. 8.

ocorrera na França, as ações dos alemães endureceram os sentimentos contra eles. A invasão da Bélgica tornou-se o centro de atenção da imprensa, do clero e dos homens de letras. Os líderes trabalhistas, que, a princípio, estavam em dúvida, mudaram de opinião quando as tropas inimigas avançaram para oeste da Europa, deixando um rastro de atrocidades em sua passagem. Uma concatenação dos acontecimentos do inverno de 1914 e da primavera de 1915 – o bombardeamento de Scarborough, a campanha irrestrita dos submarinos, o afundamento do *Lusitania*, a nuvem de gás em Ypres – confirmava que a Alemanha não respeitava os civis nem hesitava em fazer uso da mais implacável nova tecnologia. A Alemanha, portanto, ameaçava não apenas a Bélgica, mas também as leis de guerra e (mesmo que essa questão parecesse abstrata) a santidade da família.[36] Isso foi salientado quando as alegadas atrocidades do Relatório Bryce vieram a público em maio de 1915. Parte do quadro que ele pintava era correta, embora tivesse aceitado relatos exagerados de refugiados pouco críticos e sem corroboração.[37] Ao mesmo preço de um jornal diário (e reproduzindo detalhes lascivos do estupro de mulheres belgas e da mutilação de seus filhos), o relatório vendeu sensacionalmente bem. O "estupro" da Bélgica, como ele habitualmente afirmava, agora simbolizava um desafio à ordem social e política, como os pôsteres de recrutamento apressaram-se em enfatizar.[38] Em junho, os Aliados advertiram que os Jovens Turcos deveriam ser responsabilizados pelas atrocidades cometidas contra os armênios, e cresceu a pressão da opinião pública para que a Alemanha fosse julgada por crimes de guerra, especialmente depois da execução em Bruxelas, em novembro de 1915, da freira Edith Cavell, por ter ajudado prisioneiros de guerra aliados a fugirem. Outro protesto se seguiu à execução, em julho de 1916, de Charles Fryatt, um capitão da marinha que os alemães haviam capturado quando detiveram um vapor sem armas no canal da Mancha, mas que, então, foi julgado por ter anteriormente tentado afundar um U-Boat. Asquith, então, anunciou na Câmara dos Comuns que, quando chegasse a hora, o governo levaria os criminosos de guerra à justiça, o que implicava a inclusão do próprio Guilherme II.[39]

A manipulação para que a opinião pública fosse positiva foi acompanhada pela censura. O governo racionava as informações que vinham das frentes de batalha, estabelecendo um Escritório de Imprensa para fornecer informações, mas, a princípio, recusou credenciamento a correspondentes de guerra. Por fim, cinco jornalistas foram associados à BEF em maio de 1915, embora estivessem sujeitos a ter suas reportagens vetadas.[40] Os piores horrores foram ocultados do público, como reconheceu o próprio Lloyd George. Contudo, o sistema dependia da cooperação voluntária e da autocensura dos editores e proprietários. O Escritório de Imprensa mantinha uma lista de 50 editores para os quais disponibilizava informações confidenciais, acompanhadas por diretrizes chamadas de notícias "D" sobre como tratar o material.[41] Os jornais respeitavam os segredos militares e escondiam informações como as listas de mortos, que só vieram a ser publicadas em maio de 1915. Eles exageravam os feitos das forças aliadas e minimizavam os de seus inimigos. Contudo, os proprietários de jornais também resistiram à pressão ministerial para que o regime fosse endurecido, e este, portanto, não se tornou muito rigoroso.[42] Os jornais do interior, menos sujeitos ao escrutínio que os da Fleet Street, não só exibiam uma informação mais sincera, como também imprimiam cartas vindas do front que eram abertas e falavam das condições por lá e das flutuações do moral.[43] Além disso, durante o Somme, muitos jornais publicaram as listas proibidas das baixas sem omitir nenhum nome, e seu impacto foi ampliado pelo registro ao vivo dos eventos de 1º de julho no mais conhecido filme oficial da guerra, *The Battle of the Somme* (A batalha do Some). Em outubro, mais de 2 mil cinemas o exibiram, e é provável que vários milhões de pessoas tenham assistido a essa película. E, ainda que algumas de suas sequências fossem falsas, ele foi notável pela cobertura terrível e realista das mortes, como confirmaram as críticas na imprensa e a reação da plateia.[44] No final de 1916, portanto, boa parte da população civil tinha uma noção da natureza da guerra de trincheiras e do custo da luta. O Somme, como muitos comentadores observaram, apressou o fim da inocência.[45]

No entanto, nada disso resultou em um sentimento de oposição à guerra. O que é ainda mais surpreendente se pensarmos que a política anterior a 1915 fora tão amarga, com o antagonismo entre Unionistas e Liberais em Westminster em contraponto com o movimento das *suffragettes* pela emancipação feminina, com as greves e o "desassossego trabalhista" de 1910-12 e com os preparativos para uma guerra civil entre Unionistas e Nacionalistas Irlandeses. Para os irlandeses, para as líderes das mulheres e para os sindicalistas, a trégua política de 1914 foi apenas uma medida temporária, aceita sem prejudicar seus objetivos maiores. Depois que a guerra resultou num impasse, esperava-se que essa lealdade deixasse de existir.

Os Nacionalistas Irlandeses não estavam preparados para esperar indefinidamente. Um compromisso vago fora acertado com relação ao Governo Local, descrevendo-o como lei, mas postergando sua implementação até o fim da guerra. Uma das surpresas de 1915 foi ver o líder nacionalista John Redmond apoiando a intervenção e centenas de voluntários tanto no norte quanto no sul da Irlanda. Contudo, enquanto os homens dos países protestantes (como em Gales e na Escócia) se apresentavam como voluntários em números comparáveis ou até mesmo maiores que os da Inglaterra,[46] os voluntários nos países católicos eram em número significativamente menor, e o governo isentou a Irlanda da convocação. Superficialmente, o país era próspero e esteve tranquilo nos primeiros dois anos, mas membros da Irmandade Republicana Irlandesa estavam preparando, com apoio alemão muito limitado, o danoso Levante de Páscoa, cuja repressão alterou o cenário político para sempre, minando Redmond e incentivando o surgimento do movimento Sinn Féin, com vistas à independência. A partir de então, a Irlanda forneceu um dos mais claros exemplos da Europa de como as divisões étnicas possibilitaram apoio à guerra.

Na Inglaterra, tanto a ala militante do movimento feminista, a União Social e Política das Mulheres (WSPU, na sigla em inglês) quanto a moderada União Nacional das Sociedades *Suffragettes* Femininas (NUWSS, na sigla em inglês) suspenderam suas campanhas.[47] Emmeline Pankhurst, líder da WSPU, juntou-se a Lloyd George na argumentação de que as mulheres estavam em condições de participar, em termos iguais aos homens, da manufatura de armamentos. Millicent Fawcett, sua contrapartida da NUWSS, calculou que o apoio à guerra beneficiaria o movimento das *suffragettes* no longo prazo, e que naquele momento a agitação deveria esperar. A percepção dos homens como matadores pode ter alterado a direção da geração mais jovem do movimento feminista britânico, no sentido de aceitar um destino diferente para os dois gêneros, em vez de imitar os homens em todas as esferas.[48] Até certo ponto, a guerra pode realmente ser analisada em termos de gêneros: as britânicas (ou algumas delas) instaram os homens de seu país a defender as mulheres belgas contra os alemães, fornecendo-lhes as armas para que fizessem isso. Os pôsteres do Comitê Parlamentar de Recrutamento convocavam as mulheres a exortarem seus homens à luta, e algumas mulheres presenteavam os homens em trajes civis com plumas brancas.[49] As mulheres das classes superiores criavam organizações como o Exército de Mulheres Voluntárias, a princípio para resistir à invasão e depois para ajudar as forças, como funcionárias e motoristas; milhares serviram como enfermeiras nos Destacamentos de Ajuda Voluntária (VADS, em sua sigla inglesa).[50] Para começar, o movimento das mulheres cessou de ser uma força de oposição significativa, embora as vozes alternativas feministas e pacifistas mais tarde se tenham feito ouvir.

Não obstante, o maior desafio para o governo foi conservar o apoio dos trabalhadores urbanos, que eram o elemento dominante da população britânica, como os camponeses eram na França. No todo, o governo conseguiu se sair bem. Parece que os trabalhadores braçais se comportaram de maneira bem semelhante aos do comércio e de outras profissões em termos de alistamento voluntário, e a nova BEF que lutou no Somme era uma força predominantemente composta por trabalhadores.[51] É verdade que a inquietação na indústria, embora menor em tempos de paz, ainda era bastante frequente. Em 1915, 3 milhões de dias de trabalho foram perdidos, e 2,5 milhões, em 1916.[52] Os mineiros do sul de Gales (essenciais como fornecedores de combustível para a marinha) entraram em greve em julho de 1915, mas Lloyd George interveio para lhes garantir um aumento de salário.[53] Na primavera de 1916, o Comitê da Clyde Workers comandou uma revolta nos estaleiros contra a diluição, embora, depois de as autoridades terem deportado seus líderes para Edimburgo, o movimento tenha morrido.[54] Contudo, nenhum dos dois episódios foi motivado pela oposição política à guerra e, até 1917, os sindicatos não continham nenhum movimento *minoritaire* significativo, e o TUC e as conferências trabalhistas apoiaram moções para lutar até a vitória.[55] A prosperidade ajudava. Depois de um grave índice de desemprego no outono de 1914, a economia se caracterizou por um apertado mercado de trabalho e uma inflação baixa. Salários achatados erodiram os ganhos diferenciados dos trabalhadores especializados – embora não muito[56] –, e os ganhos nas indústrias relacionadas com a guerra podiam fazer frente aos preços. Tampouco houve falta de alimentos nos dois primeiros anos. As pensões de separação eram mais generosas que no continente e, em 1916, custavam ao governo tanto quanto os soldos dos combatentes.[57] Em muitos lares de trabalhadores, as taxas de nutrição e mortalidade infantil aparentavam ter melhorado.[58]

Nessas circunstâncias, não é de estranhar que a oposição à guerra ficasse marginalizada, partindo principalmente dos dissidentes Liberais e da ala socialista dos Trabalhistas. Um exemplo notável foi a objeção de consciência, embora os números envolvidos fossem pequenos. Em comparação com os mais de 2,5 milhões de homens alistados na Grã-Bretanha, apenas 16,5 mil solicitaram isenção, e mais de 80% dos que alegavam objeção de consciência e compareceram diante dos tribunais receberam a garantia de alguma forma de isenção, frequentemente trabalhando para a guerra em alguma instituição não militar. A atenção pública centrou-se nos 6 mil que se recusaram a comparecer diante de um tribunal ou que rejeitaram sua decisão, todos sendo privados de liberdade, com alguns punidos com penas de trabalho pesado, dos quais cerca de 70 perderam a vida durante o cumprimento da penalidade. Nem os militares nem o governo sabiam o que fazer com esses "absolutistas" (em sua maioria, socialistas), cujo tratamento foi denunciado por escritores civis libertários, clérigos e advogados que se sentiram incapazes de libertá-los, tanto pelo sentimento público nutrido contra eles quanto pelo receio de abrir um precedente. Contudo, o protesto atingiu o clímax em 1916-17 e, em 1918, muitos absolutistas decidiram que era inútil.[59] Eles tinham menos influência de longo prazo que os radicais da União de Controle Democrático (UDC, na sigla inglesa), entidade que denunciou a diplomacia britânica de equilíbrio de poder anterior à guerra e exigiu o controle democrático da política externa, a segurança coletiva, a autodeterminação nacional e a limitação de armas. Dos 5 mil afiliados em novembro de 1914, a União passou para 300 mil em novembro de 1915 e cerca de 750 mil no final da guerra.[60] Ramsay MacDonald, presidente do Partido Trabalhista em 1914, renunciou quando a guerra eclodiu e juntou-se à UDC, mas, a princípio, faltou-lhe o apoio dos colegas. No entanto, de maneira geral, os líderes trabalhistas e do TUC permaneceram leais ao esforço de guerra, concentrando-se nos interesses econômicos da classe trabalhadora, e não na estratégia e nos objetivos de guerra. No entanto, logo surgiu um núcleo de tendência alternativa, embora tenha sido contido naquele momento.

* * *

A princípio, a Alemanha exibiu uma unidade similar à da França e à da Grã--Bretanha. A opinião pública importava, embora o Reich fosse mais autocrático que as duas potências ocidentais. Os chanceleres, em última instância, respondiam ao imperador e eram nomeados e demitidos por ele, bem como os comandantes em chefe. Contudo, o governo ainda precisava de maioria parlamentar, que (à exceção da questão dos submarinos) Bethmann liderou até 1917. O Reichstag votava créditos de guerra em intervalos de seis meses, e seus subcomitês questionavam os oficiais. Além disso, a Alemanha permaneceu notoriamente descentralizada. Não apenas os Estados em separado retinham suas prerrogativas, como também a lei prussiana de cerco, instituída em 1914, delegava amplos poderes aos DCGs, que assumiam a responsabilidade pela ordem pública, o transporte, a censura e o suprimento de alimentos. Como também respondiam diretamente a Guilherme, a quem faltava apetite pelos detalhes administrativos, passando boa parte do tempo fora de Berlim, o governo central tinha grande dificuldade em coordená-los. Em novembro de 1916, o ministro da Guerra prussiano ganhou autoridade sobre os DCGs em questões econômicas, mas, em outras esferas, ele só desempenhava o papel de supervisor.[61]

A aparência de unanimidade da Alemanha foi, em parte, imposta de cima. Enquanto na Grã-Bretanha, a despeito da reserva de poderes do governos, a censura à imprensa, em boa parte, significava a autocensura da Fleet Street, na Alemanha os DCGs, o Escritório Central de Censura (criado pelo OHL em 1914) e o Escritório de Imprensa de Guerra (criado em 1915, no Ministério da Guerra prussiano) forneciam detalhada orientação, e os jornais em geral a aceitavam. O governo criou a agência de notícias semioficial, a Wolff Telegraph Bureau, canal exclusivo de fornecimento de notícias da guerra, e exigiu que o ministro das Relações Exteriores censurasse previamente todos os itens. A Agência de Notícias de Guerra suplementava o material da Wolff com instruções diárias, e qualquer notícia militar recolhida de maneira independente tinha de ser apurada também pelos DCGs.[62] O monopólio de informações das autoridades deu--lhes poder sobre os jornais menores em particular, muitos dos quais eram vulneráveis porque, embora sua circulação aumentasse, a cota de papel diminuía, bem como seu tamanho real.[63] A partir de 1915, as regulamentações da censura prescreviam o que podia e o que não podia ser discutido, bem como o "tom" apropriado. Em geral, elas refletiam o desejo de Bethmann de desencorajar a controvérsia, preservar a unidade e manter suas mãos livres em relação aos objetivos de guerra e à estratégia. Os editores deviam enfatizar o caráter defensivo da guerra e se abster de fazer eventual menção às anexações. Mas as autoridades também desejavam esconder que nem tudo estava se desenrolando como o planejado. Os totais de baixas foram suprimidos, juntamente com as notícias de falta de alimentos e das demonstrações em prol da paz.[64] As reportagens operacionais só passaram a mencionar derrotas depois do outono de 1918, a retirada do Marne, por exemplo, sendo disfarçada como "reposicionamento".[65] Devido à autonomia dos DCGs, a severidade da censura provavelmente variava mais de distrito para distrito do que ocorria na França ou na Grã-Bretanha. Essa severidade recaía mais pesadamente sobre Berlim e nas áreas com presença das classes trabalhadoras, como o Ruhr, mas sua influência, em geral, era decisiva.

A censura não era aplicada apenas à imprensa, mas também a outros meios de comunicação em massa. Por intermédio da polícia local, os DCGs controlavam o cinema, o teatro, os *music halls*, a ópera, os cabarés, os cartões-postais, as revistas de humor e a ficção popular. Para eventuais publicações e apresentações, era necessário obter aprovação prévia. Em geral, as autoridades, suspeitando da cultura popular, vetavam material obsceno ou antipatriótico. Suprimiam itens jactanciosos que sugerissem que a vitória seria fácil ou que minassem a unidade nacional atacando outros grupos. Mais tarde, silenciaram protestos contra a falta de alimentos.[66] O cinema, como meio de comunicação novo e excepcionalmente poderoso, tinha de merecer atenção. Em 1914, a Alemanha possuía 7,5 mil salas de cinema, e 1,5 milhão de pessoas as frequentavam a cada semana. Com a eclosão da guerra, todas as importações de películas (inclusive as americanas) foram banidas, e o ministro da Guerra só permitia filmes patrióticos e que levantassem o moral. Em janeiro de 1917, o OHL criou sua própria agência fotográfica e de filmes, destacando as supostas realizações do Programa Hindenburg.[67] Contando com a aprovação ministerial, a companhia Messter-Woche produziu noticiários, mas eles só mostravam (em contraste com *A batalha do Somme*) cenas encorajadoras e assépticas.

Em geral, contudo, até 1917 os esforços das autoridades para influenciar a opinião pública de maneira positiva (em oposição à ação negativa da censura) foram poucos e se mostraram ineficientes. O Escritório de Imprensa de Guerra lamentava a inabilidade da Alemanha em gerar equivalentes dos slogans e imagens dos pôsteres britânicos e franceses.[68] O *Livro Branco* oficial da documentação sobre a Bélgica, de maneira não convincente, rechaçava as acusações de atrocidade apresentando execuções de civis como legítima retaliação contra os ataques de nacionalistas da resistência.[69] O governo insistia que tinha ido à guerra em autodefesa, e as circunstâncias de 1914 eram suficientemente ambíguas para que muitos acreditassem nisso, especialmente diante das corridas armamentistas dos anos precedentes. De início, a unanimidade entre os políticos refletia-se nos círculos religiosos e intelectuais e, tal como ocorrera entre os países aliados, houve uma "automobilização" dos formadores de opinião. O apoio ao governo por parte do clero luterano não foi surpresa,[70] mas os católicos alemães também saudaram a guerra como uma oportunidade de romper o isolamento político (da mesma forma que os judeus, com 10 mil se apresentando como voluntários para o serviço militar).[71] Guilherme declarou que a luta era um dever imposto por Deus; a hierarquia católica a caracterizou como uma luta da ordem cristã contra o ateísmo (representado pela França) e o caos.[72] O comparecimento mais frequente às diferentes igrejas foi revigorado em 1914,[73] e os pastores protestantes identificavam a Grã-Bretanha como o principal inimigo, motivados pela ganância e a inveja hipócrita.[74] Nisso, sua posição refletia a de um círculo mais amplo de autores e acadêmicos. Muitos, como Thomas Mann, achavam que o espetáculo da unidade em 1914 revelava que a comunidade nacional não estava nem morta nem solapada por influências alienígenas, e essa crença os acompanhou pelo resto da vida.[75] Os intelectuais seculares uniram-se aos teólogos protestantes e católicos na assinatura, em outubro de 1915, da Declaração dos 93, que acabou por reunir cerca de 4 mil nomes. Esse documento, uma dádiva aos propagandistas aliados, tinha a intenção de rebater a afirmativa destes últimos de que não estavam combatendo a cultura de Kant e Beethoven, mas o militarismo prussiano. Pelo contrário, insistia ele, "não é verdade que a luta contra o nosso alegado militarismo não seja uma luta contra nossa cultura... O exército alemão e o povo alemão são um só".[76]

Os acadêmicos universitários e a comunidade intelectual, portanto, rejeitavam os convites dos Aliados para que repudiassem seus chefes políticos. Muitos interpretaram a guerra como algo que enfatizava a singularidade do mundo germânico com relação ao Ocidente. Como suas contrapartidas no exterior, eles a retratavam como uma luta ideológica, mas uma luta em que a Alemanha travava pelas "ideias de 1914" contra as "ideias de 1789"; por valores culturais e espirituais mais profundos, contra o racionalismo francês e o materialismo inglês.[77] A "ideia alemã de liberdade", em contraste com o hedonismo dos inimigos do país, significa a autocontenção e certo equilíbrio entre a liberdade e a obediência. Em outra justaposição, o sociólogo Werner Sombart contrastou os "mercadores" (*Händler*) britânicos com os "heróis" (*Helden*) alemães, homens que, em vez de simplesmente buscar o lucro comercial, desenvolviam todas as suas potencialidades humanas e mostravam disposição ao sacrifício.[78] Logo depois do início da guerra, a direita passou a retratar Londres, e não Paris ou Petrogrado, como o arqui-inimigo da Alemanha, bem como os manipuladores de um complô que havia envolvido o Reich. Talvez porque a Grã-Bretanha supostamente tivesse traído seu parentesco racial e obstruído as ambições navais e coloniais alemãs antes da guerra, as atitudes contra ela, de Guilherme para baixo, assumiram a característica de um complexo de inferioridade. Os críticos da moderação de Bethmann com relação aos objetivos de guerra e a campanha dos submarinos insinuavam que, secretamente, ele era anglófilo.[79]

Não obstante, nos últimos estágios da guerra, a Alemanha tornou-se mais politicamente polarizada que seus inimigos ocidentais. Suas divisões anteriores a 1914 eram parcialmente responsáveis por isso, mas a luta as exacerbou, provocando controvérsia quanto aos objetivos de guerra e infligindo sofrimento material. A economia alemã encolheu entre 1915 e 1918,[80] e as condições da classe trabalhadora se deterioraram mais drasticamente que na França e na Grã-Bretanha.[81] No entanto, o principal declínio veio na segunda metade do conflito. No centro de armamentos de Düsseldorf, os preços dos alimentos em 1914-16 quase dobraram, mas a média do poder de compra dos metalúrgicos caiu apenas ligeiramente.[82] No mesmo período, o custo de vida em Berlim cresceu tanto quanto em Londres e Paris, mas, a partir de então, começou a subir mais rapidamente.[83] Desde o início, o problema foi a distribuição deficiente de alimentos, com preços que subiam, piora da qualidade e acentuada falta dos produtos básicos. De acordo com o relatório da polícia e dos DCGs, nada contribuiu mais para minar o patriotismo e a unidade.[84] Embora a guerra não tivesse trazido a fome, trouxe doenças relacionadas à desnutrição. Para milhões de civis, a experiência predominante associada a ela seria a fome. A maior causa de sofrimento pode ter sido o ressentimento de que os sacrifícios eram desiguais, mas a Alemanha efetivamente padeceu de um déficit absoluto mais sério que a França e a Grã-Bretanha.[85] Por causa do bloqueio (em especial de fertilizantes importantes) e da mão de obra que era desviada para o exército, a produção agrícola caiu em um quarto, e as compras dos neutros não conseguiram compensar a perda das fontes de além-mar (cerca de 25% do consumo de alimentos da Alemanha antes de 1914 provinha da importação). Enquanto o exército e as áreas rurais conservassem suas cotas, os três quartos remanescentes da população lutavam pela metade da produção anterior à guerra.[86] Nessas circunstâncias, as autoridades só podiam, quando muito, aliviar os problemas, mas, na verdade, suas ações provavelmente os tenham exacerbado, aguçando, assim, a percepção de injustiça. Não havia nenhum plano de contingência para a alimentação da população civil, e a divisão do controle entre os DCGs e as autoridades locais impediu uma resposta combinada. A princípio, as autoridades locais estabeleceram um teto para o preço de algumas mercadorias, o que fez com que os fazendeiros se desviassem para outros produtos, ou os vendessem em outras regiões a preços mais elevados. Na primavera de 1915 (muito mais cedo que a França e a Grã-Bretanha), o governo racionou o pão e, no verão de 1916, a maioria dos alimentos básicos, enquanto corporações especiais de guerra representando os principais fazendeiros e compradores negociavam todo o suprimento dos alimentos essenciais para vender às autoridades públicas. Contudo, como as rações oficiais eram insuficientes para alimentar uma família, os habitantes das cidades cada vez mais recorriam ao mercado negro, com frequência rompendo com toda uma vida de obediência à lei. Em outubro de 1915, "rebeliões da manteiga" começaram entre as mulheres que faziam fila nos bairros das classes trabalhadoras de Berlim. Elas prosseguiram por dias, despertaram a simpatia do público e deram início a meses de agitação.[87] A cada ano, as maiores dificuldades aconteciam a cada inverno, e até que a próxima colheita acontecesse, mas os dois primeiros invernos da guerra não foram nada em comparação com o terceiro. Com os suprimentos de cereais diminuindo, os consumidores se tornaram ainda mais dependentes da batata, e foi exatamente essa cultura que mais sofreu com o outono frio e úmido de 1916 e o longo congelamento que se seguiu. Praticamente metade da safra estava perdida no final do ano, e o consumo *per capita* do vegetal caiu em mais de um terço, enquanto sua disponibilidade como forragem também diminuiu, levando ao corte de suprimentos como ovos, leite e carne. Os racionamentos eram piores nas áreas urbanas e industriais, especialmente (além de Berlim) no Ruhr, dividindo, assim, o oeste do leste, bem como a cidade do campo.[88] Embora as condições nunca voltassem a ser tão ruins quanto na primavera de 1917, os suprimentos jamais recuperaram os níveis anteriores.[89]

A Alemanha também se diferenciava dos Aliados na centralidade dos objetivos de guerra relativos à controvérsia política. O debate público prosseguiu através de petições e panfletagens, e as lacunas na censura lhe permitiram escapar para a mídia. O problema básico era que a trégua política de 1914 (ou *Burgfrieden*)* esperava que a vitória viesse a consolidar a ordem existente. Enquanto os socialistas e os sindicatos não comandaram a expansão econômica e territorial, os objetivos de guerra se mostraram, em geral, menos ambiciosos que os dos Conservadores, dos Liberais Nacionais, do OHL e dos nacionalistas racistas pangermânicos.

À medida que a guerra avançava sem nenhuma resolução rápida à vista, Bethmann considerava cada vez mais desconfortável tentar aproximar esses extremos. Ao longo de 1915, os pangermânicos orquestraram uma campanha em favor dos objetivos de guerra que incorporavam a anexação, principalmente por meio da Petição das Seis Associações Econômicas, em maio, e da Petição dos Intelectuais, em julho.[90] Seus objetivos foram mais longe que os de Bethmann, que temia que sua preferência pela dominação indireta por meio de métodos econômicos fosse sutil demais para seus compatriotas, mostrando-se cada vez mais disposto a rejeitar o *status quo* territorial anterior à guerra e a fazer intervenções na Bélgica que deveriam tornar-se permanentes. Para a direita, ele ainda era suspeito de se mostrar frouxo demais com relação

---

* A alusão (reveladora) era à unidade dentro de uma cidade sitiada.

aos objetivos de guerra e à reforma interna, e seus inimigos usaram a agitação sobre a campanha dos submarinos para solapá-lo.[91] Cercado, em agosto de 1916 ele se voltou para Hindenburg, na esperança de usar o prestígio do general como escudo para selar um compromisso de paz.[92] Para muitos, isso se revelou um erro de cálculo.

Bethmann ficou impressionado com a escalada do movimento trabalhista em 1914 e acreditava que estivesse mais compromissado com a direita. Os líderes sindicalistas renunciaram a agir nas indústrias, mas, tal como ocorrera na Grã-Bretanha, sua lealdade ao governo levou a greves não oficiais mais frequentes e à maior influência dos representantes sindicais.[93] Em 1914, os sindicatos concordaram com os contratos de trabalho existentes enquanto a guerra durasse, mas, em 1916, a inflação os forçou a renegar essa concordância.[94] Quanto aos líderes do SPD, estes ficaram com a *Burgfrieden* até 1917, mas só ao preço de um cisma socialista. A princípio, Karl Liebknecht, que se opunha à guerra e havia votado contra os créditos destinados ao conflito, ficou isolado dentro do partido. Ao longo de 1915, contudo, conseguiu um apoio cada vez maior da ala centro-esquerda do SPD, que não compartilhava de seu anticapitalismo revolucionário ou de sua oposição à luta mesmo como autodefesa, mas suspeitava, com razão, que o governo se tornava cada vez mais anexionista. A prisão de Liebknecht, decorrente de suas inflamadas declarações no Dia do Trabalho de 1916, provocou greves políticas em protesto, e ele acabou por colaborar em muito para galvanizar o surgimento de uma contrapartida alemã dos *minoritaires* franceses, que se abstinham de votar ou votavam contra os créditos militares, opondo-se às restrições a liberdades civis e apoiando apenas um esforço de guerra estritamente defensivo. Em nível local, o SPD começou a se fragmentar. Em março de 1916, a maioria expulsou a oposição de esquerda da delegação do Reichstag do partido e, depois da aprovação da lei auxiliar de serviço (que a maioria aceitou, embora a minoria tenha denunciado), a oposição foi expulsa por completo do partido, vindo a fundar o Partido Social-Democrata Independente (USPD, na sigla alemã) na Páscoa de 1917. Agora, a Alemanha passava a contar com um movimento nacionalmente organizado que se opunha à guerra ou a apoiava apenas sob determinadas condições.[95] Nesse ínterim, uma tendência moderada, pró-Bethmann, surgiu depois de 1915 na comunidade acadêmica alemã e no clero, embora os extremistas fossem em maior número que ela.[96] O país estava se tornando dividido entre o imperialismo agressivo e um movimento democrático emergente. Apesar da previsão econômica sombria no final de 1916, segundo os relatórios do DCG, o povo vibrou com a nomeação de Hindenburg para o OHL, pela derrota da Romênia e pela perspectiva de sucesso dos U-Boats. No entanto, se os submarinos fracassassem, o futuro seria sombrio.[97]

* * *

A Áustria-Hungria, a Itália e a Rússia tendiam a ser mais autoritárias que a França, a Grã-Bretanha e a Alemanha, e as forças de "automobilização" social eram mais fracas. Na Monarquia Dupla, contudo, as condições diferiam nas duas metades, com a porção húngara meio parecida com a Europa Ocidental. A Assembleia Nacional de Budapeste permaneceu em sessão, com os deputados conseguindo a usual trégua política (conhecida como a *Trega Dei*) e votando, à unanimidade, os créditos para a guerra. A igreja católica apoiava o governo (com seu primaz reconhecendo um dever sagrado na ação contra a Sérvia), Tisza silenciava suas dúvidas quanto ao uso da força e a oposição parlamentar, normalmente vociferante, era mais belicosa que ele, oferecendo uma coalizão se ele se demitisse. Ele se recusou, mas acabou havendo um acordo entre eles. O governo suspendeu as liberdades civis e censurou a imprensa, colocando os trabalhadores das indústrias de guerra sob supervisão militar, mas, em geral, os funcionários civis continuaram encarregados dessas indústrias, e a Hungria, ao contrário da Alemanha e da Áustria, evitou um governo militar. Nas terras croatas, os líderes partidários cooperavam com as autoridades, em parte para evitar ser suprimidos, mas também (especialmente depois que a Itália entrou no conflito, com seus objetivos relativos ao território habitado pelos croatas) porque a guerra era relativamente popular. Tisza tentou, a princípio, ser conciliatório com os servos e croatas e renovar as negociações com os romenos da Hungria, já que não tinha nenhum desejo de ser antagônico a eles, embora a atitude da Romênia permanecesse incerta. Mas as áreas da Hungria habitadas por sérvios eram acertadamente vistas como não confiáveis e foram imediatamente colocadas sob lei marcial, levando a prisões e segregações em massa.[98]

A metade austríaca se diferenciava em aspectos fundamentais. Devido à sua composição étnica mais variada, não estava claro o motivo pelo qual seus cidadãos estavam lutando, além da personalidade de Francisco José.[99] O Reichsrat havia sido suspenso antes de a guerra eclodir, e o então premier, Stürgkh, assumiu poder adicional, como, por exemplo, fechar as assembleias provinciais. A maior parte da metade austríaca, à exceção das áreas habitadas por checos e alemães, tornou-se uma "zona de guerra" sob lei marcial. Os jornalistas foram distribuídos por um escritório de imprensa de guerra, longe dos quartéis de Conrad, em Teschen; eles não podiam visitar as frentes livremente nem fazer muito mais que florear os comunicados do AOK. O AOK criou um Escritório de Vigilância da Guerra (*Kriegsüberwachungsamt*: KA) para a metade austríaca e para a Bósnia-Herzegovina, responsável pela censura e o combate à subversão. Ele impedia a publicação de qualquer texto antipatriótico ou pacifista e, sob o pretexto de preservar a harmonia interna, proibiu, de maneira provocativa, qualquer pronunciamento nacionalista, religioso ou socialista. Toda correspondência que cruzava as fronteiras era interceptada e examinada, assim como havia uma seleção da correspondência doméstica, e o KA dedicava especial atenção às cartas enviadas e recebidas pelo crescente número de prisioneiros de guerra.[100] Através desses métodos, as autoridades austríacas reprimiram ou, pelo menos, contiveram a subversão durante os dois primeiros anos, ajudadas por uma mobilização em favor dos Habsburgo e contra a Sérvia. Esse fenômeno foi mais forte nas terras de língua alemã e entre a *intelligentsia*. Os deputados do Reichsrat aceitaram a continuação da suspensão da Assembleia Nacional.[101] Em dezembro de 1915, praticamente metade dos estudantes universitários matriculados na metade austríaca se apresentou como voluntária para o serviço ativo, e seus professores faziam conferências e publicavam panfletos sobre a justiça da causa.[102] Entre a elite cultural, homens como Ludwig Wittgenstein e Oskar Kokoschka também se apresentaram como voluntários e lutaram contra a Rússia.[103] Deve-se dizer que outros, contudo, mostraram-se muito mais avessos a servir e, em geral, o ímpeto patriótico teve curta duração, embora as vitórias de 1915 o tenham feito renascer.

Quando as hostilidades não se mostraram mais propensas a terminar rapidamente, as autoridades encararam uma luta crescente para manter o apoio a uma empreitada que era difícil de retratar como defensiva, comprovava-se custosa e na qual as vitórias dos Habsburgo se deviam, em grande parte, à Alemanha. O governo produziu pouca propaganda interna, embora o Ministério da Guerra tenha montado uma exposição no parque de diversões Prater, em Viena, e o chefe da divisão de filmes do Escritório de Imprensa de Guerra fosse o diretor da Sascha-Film, uma companhia independente que produzia filmes patrióticos.[104] Mas, no todo, os líderes austríacos podiam confiar na mídia não oficial menos que em outros países, e a principal preocupação dos militares era manter um véu sobre o descontentamento. Nas terras de língua alemã, isso foi relativamente fácil, com o grande e moderado Partido Social Democrata assumindo a mesma linha que o alemão. Dos outros grupos nacionais, os poloneses eram os mais cooperativos, com seus líderes apontando que a Rússia era o principal inimigo, e Józef Pisudski recrutando uma legião de voluntários. Outros, contudo, eram menos confiáveis, e a repressão os deixou ainda mais antagônicos. O exército caiu pesadamente sobre os sérvios de imediato, executando muitos deles e prendendo e deportando outros. Muitos rutenos saudaram os invasores russos em 1915. A intervenção da Itália fortaleceu o apoio dos eslovenos, mas enfraqueceu o dos italianos. Com exceção de um, todos os jornais de língua italiana tiveram suas atividades encerradas, o mesmo ocorrendo com os grupos nacionalistas italianos. No entanto, o caso mais delicado foi o dos checos, cujos líderes estavam divididos. Alguns eram leais ao governo, enquanto outros, como Tomás Masaryk e Edward Benes foram exilados, buscando um compromisso dos Aliados com a independência checa; outros, ainda, como Karel Kramár, fundaram uma organização clandestina para sabotar e oferecer resistência passiva dentro da Boêmia, conhecida como a Máfia. Na primavera de 1915, Stürgkh submeteu-se à pressão do exército para reprimi-la: centenas de pessoas foram presas, com Kramár julgado e condenado à morte (embora Francisco José tenha comutado a sentença), e boa parte da imprensa checa foi fechada. Não obstante, a Máfia continuou a existir e manteve contato com os líderes que estavam no exterior.[105]

Cada vez mais a dinastia dos Habsburgo empregava seu capital de boa vontade, e as autoridades pressionavam as nacionalidades dissidentes por pura repressão. Além disso, as condições econômicas da Áustria estavam se deteriorando rapidamente – mais ainda que na Alemanha. As autoridades militares estavam ansiosas por evitar um confronto com o movimento trabalhista e, durante o primeiro ano, as greves foram poucas.[106] Mas, na primavera de 1915, o racionamento de pão foi introduzido na Áustria e, em maio, as primeiras revoltas por alimento atingiram Viena.[107] As terras austríacas pouco haviam sido autossuficientes, mesmo em tempos de paz, e em 1914 os celeiros da Galícia e da Rutênia estavam transbordando. Durante a guerra, a colheita de cereais caiu de 91 para 49 milhões de quintais na Áustria e de 146 para 78 milhões na Hungria.[108] E, embora Tisza concordasse que a Hungria supriria todas as necessidades do exército, teria de entregar à Áustria só os grãos que excedessem as necessidades da Hungria, e isso a preços oficiais. Essa foi a razão para as terras austríacas terem começado a se dividir em unidades autossuficientes, deixando Viena e outras cidades sem abastecimento.[109]

A pressão gerada pelas dificuldades econômicas e pelo descontentamento entre os súditos nacionalistas teve seu ápice depois da emergência militar causada pela ofensiva Brusilov e a entrada da Romênia na guerra. Em julho de 1916, o conde Mihály Károlyi rompeu com o restante da oposição húngara formando um novo partido político que desejava selar a paz sem anexações, reduzindo a ligação com Viena a uma união pessoal. Embora as forças romenas tivessem sido expulsas da Transilvânia, levaram consigo 80 mil pessoas da população local, enquanto os falantes de romeno deixados para trás tiveram o húngaro imposto em suas igrejas e escolas.[110] Em outubro, Friedrich Adler (filho de Viktor, o líder socialista) assassinou Stürgkh em um restaurante de Viena, gritando: "Abaixo o absolutismo! Nós queremos paz!". A proclamação de novembro das Potências Centrais de independência para a antiga Polônia Russa destruiu as esperanças austro-húngaras de um país unificado sob o cetro dos Habsburgo e deixou os poloneses com poucos motivos para permanecerem leais. Por fim, no mesmo mês, Francisco José morreu, sendo substituído pelo jovem e inexperiente imperador Carlos I. Num momento em que o inverno de 1916-17 estava causando terrível privação, Carlos tinha a intenção de obter maior independência da Alemanha no exterior e tentar maiores liberdades civis internas, depois de dois anos de intensa repressão. Para o front nacional austro-húngaro e também para o alemão, esse foi o momento crucial da guerra.

* * *

A política do front nacional italiano lembrava superficialmente a da Grã-Bretanha e a da França, mas, na realidade, ocupava posição intermediária entre o Ocidente e os modelos austríaco e russo. A Itália era a única entre as grandes potências, por ter entrado na guerra posteriormente, cuja intervenção no conflito não podia ser justificada como autodefesa, tendo sido contestada com veemência. Além disso, Salandra, a princípio, esperava, como Asquith, continuar negociando como de costume. Ele não ampliou seu gabinete, e todos os seus ministros recorreram ao movimento intervencionista para justificar o envolvimento do país. Até certo ponto, essa justificativa funcionou. Apesar da maldisfarçada insatisfação do papa Bento VI com relação à beligerância italiana, a maioria dos católicos se mobilizou, e a hierarquia da igreja católica fez pronunciamentos patrióticos.[111] Grupos artísticos, como os Futuristas, viram a oportunidade de modernizar o país e purgá-lo das influências teutônicas. Benedetto Croce, o eminente filósofo, lutou (como os defensores de Kant na França) por reconciliar sua estima pelo pensamento hegeliano com seu apoio à guerra.[112] Depois da crise de junho de 1916, quando os austríacos ameaçaram invadir o Trentino, Paolo Boselli substituiu Salandra na chefia de uma coalizão mais ampla que incluía os progressistas, os liberais conservadores, os radicais e os reformistas socialistas Bissolati e Bonomi, bem como um político católico, Meda, e Colosimo, um adepto de Giolitti. Com a mobilização econômica agora se intensificando, a chegada de Boselli ao poder lembra a formação da coalizão de maio de 1915 na Grã-Bretanha, como marco de um envolvimento maior. Em agosto, o novo ministro declarou guerra à Alemanha e presidiu a primeira vitória substancial da Itália, com a captura de Gorizia. Parecia que os ferimentos causados pela controvérsia da intervenção estavam sendo curados.

No entanto, continuava sendo verdade, muito mais que na Grã-Bretanha e na França, que a Itália fora levada à guerra por elites agressivas, contando com pouco apoio de uma população cuja consciência nacional ainda era fracamente desenvolvida. O grosso do partido socialista permaneceu à parte, operando sob a máxima "Nem apoio, nem sabotagem" e reclamando uma paz rápida. A Itália já tinha pronto seu movimento *minoritaire*. Mas raramente o parlamento era convocado, exceto para aprovar eventual orçamento ou em caso de uma crise ministerial. Tanto Salandra quanto Boselli governaram por decreto a maior parte do tempo, restringindo a liberdade de expressão e de reunião, bem como censurando a imprensa. Os militares podiam abrir as cartas que iam e vinham do front através da "zona de guerra"; em outros locais, funcionários estatais faziam a mesma coisa. A censura e a ordem pública na "zona de guerra" tornaram-se responsabilidade militar, o mesmo ocorrendo com a produção de armas. Com a Mobilização Industrial (*Mobilitazione Industriale*: MI), criada em 1915, a disciplina nas fábricas também passou para o controle dos militares e, nos locais sujeitos a eles, abandonar o local de trabalho equivalia a uma deserção. Em 1916, embora a trégua política ainda existisse no centro, uma profunda agitação estava em curso. Os padrões de vida haviam caído menos que nas Potências Centrais, porém mais que na Grã-Bretanha e na França, embora as pensões de separação da Itália fossem muito pequenas, deixando de ser reajustadas por dois anos consecutivos, de acordo com a inflação. À medida que esta se acelerava e a falta de alimentos tornou-se realidade durante o verão, as manifestações tiveram início. No campo, frequentemente eram lideradas pelas mulheres, inicialmente como uma reação à falta de pão ou aos atrasos nas pensões mensais, mas se transformaram em protestos contra a guerra e em exigência para que os homens retornassem. A agitação também irrompeu nas fábricas, com as mulheres mais uma vez à frente dos movimentos (elas entraram na indústria em grande escala em 1916), abandonando seu trabalho para protestar contra as multas e demissões injustas, bem como expandindo suas ações para uma oposição à guerra. O front nacional italiano estava em crise de maneira menos óbvia que os das Potências Centrais, mas as rachaduras estavam começando a aparecer.[113]

* * *

O descontentamento italiano guardava mais que uma semelhança passageira com o da Rússia. Ali também, em 1916, começava a crescer a resistência popular ao fardo de uma guerra imposta. Com isso, também surgia um movimento nacionalista entre as elites que pretendia, tal como os intervencionistas italianos, conduzir a guerra de maneira mais vigorosa, mas, ao contrário deles, via-se em posição de assumir o governo. Nesse sentido, a Rússia não se parecia tanto com a Itália quanto a Alemanha, mas sua polarização social era muito mais dramática, e em 1917 o governo czarista enfrentou movimentos revolucionários direcionados tanto à intensificação da guerra quanto à sua retirada. A Rússia continuou lutando porque Nicolau rejeitava uma paz em separado. A imperatriz Alexandra compartilhava a opinião do marido, apesar das alegações de que sua origem alemã a tornava antipatriótica. Realmente, para começar, a Rússia manifestava o usual consenso em favor da guerra, embora de maneira mais transitória que em outros lugares. Em julho de 1914, a maioria dos partidos da Duma, incluindo os críticos do governo, propôs a prorrogação do mandato de seus integrantes e o governo por decreto. Apenas a extrema esquerda (os bolcheviques, mencheviques e drudoviques) era composta por dissidentes, ausentando-se ou se abstendo de votar os créditos de guerra, embora seus porta-vozes afirmassem que o proletariado russo defenderia o país.[114] Na verdade, a onda de greves anterior à guerra sofreu uma interrupção abrupta, embora isso talvez tenha acontecido pelo fato de a polícia realizar intensas prisões, proibir a atividade dos sindicatos e fechar os jornais de esquerda.[115] A igreja ortodoxa deu sua bênção, embora devido à sua dependência do Estado russo, isso não tenha sido nenhuma surpresa. Os principais intelectuais eram, em sua maioria, simpáticos, sem defender abertamente a luta da Rússia, como um Kipling, um Barrès ou um Thomas Mann. Máximo Gorky estava entre os artistas e intelectuais que assinaram um manifesto declarando uma luta contra o "jugo alemão", mas depois se voltou contra a guerra, assim como os Simbolistas, a principal escola de poesia russa.[116] Não obstante, os meses iniciais testemunharam uma agitação que os historiadores chamaram de "cultura patriótica". A agência de propaganda financiada pelo Estado, conhecida como Comitê Skobelev, produziu filmes e cartões-postais, mas a iniciativa privada teve seus esforços quase anulados.[117] Entre as formas características de propaganda financiada pelo Estado, estavam cartazes conhecidos como *lubki*, que eram impressos aos milhões, bem como caricaturas e pôsteres. As artes performáticas contribuíam com espetáculos circenses, números de cabaré, operetas e peças. O cinema russo produziu várias dezenas de filmes patrióticos. Boa parte desse material exibia temas comuns: um feroz ódio satírico contra a Alemanha (presente nas caricaturas de Guilherme), as atrocidades cometidas pelo inimigo e as armas do terror como os Zepelins e os U-Boats; e, em contraste, o heroísmo dos soldados russos e a grandeza da alma russa.[118] Depois que teve início a retirada de 1915, contudo, o *boom* em todas essas formas de arte decresceu e, em 1916, prevaleceu uma atitude bem diferente.

A retirada confrontou a Rússia com uma emergência nacional, e não apenas por causa do enorme movimento de refugiados: 3,3 milhões no final de 1915, de acordo com estatísticas oficiais, e, na realidade, possivelmente mais de 6 milhões no início de 1917. Eles vinham do Cáucaso e também das fronteiras ocidentais, e muitos – principalmente os judeus – foram inexoravelmente deportados pelas autoridades czaristas.[119] Além disso, os desastres na Polônia deram início à divisão da sociedade russa em movimentos contra e a favor da guerra, ambos hostis ao regime czarista. Por um lado, a guerra agiu como catalisador para a oposição liberal, e um confronto entre a corte e os políticos da Duma dominou o cenário político em 1915-16. Muitos liberais eram favoráveis aos objetivos de guerra expansionistas e, de alguma forma, mereciam ser comparados com os críticos nacionalistas de Bethmann na Alemanha. Eles apoiavam a guerra, mas, na verdade, estavam profundamente descontentes com a liderança de Nicolau e seus ministros. Seu reaparecimento em resposta à falta de munição e ao desastre militar refletia a convicção de muitos russos educados de que as instituições de modelo ocidental (ou alemão) podiam conduzir a guerra muito melhor que aquilo que eles condenavam como uma autocracia corrupta e incompetente, com ministros reacionários e até mesmo traidores. Eles queriam um governo com representatividade mais ampla, embora estivessem longe de ser um movimento democrático pela representação do povo russo como um todo. E estavam organizados em níveis local e nacional. Os conselhos distritais eleitos da Rússia (*zemstvos*) e as municipalidades, que ajudavam a suprir o exército e forneciam serviços médicos, formaram a União dos Zemstvos e a União das Cidades antes de se fundirem numa instituição conhecida como Zemgor. De 1915 em diante, os homens de negócios se organizaram numa rede nacional de comitês de guerra.* Os dois movimentos compartilharam dos mesmos líderes entre si e com a oposição liberal, que tomou forma na Duma de setembro de 1915 como um Bloco Progressista, incluindo cerca de 400 dos 430 deputados e também muitos membros da Câmara Alta do parlamento. O Bloco não pediu para formar um governo, mas reclamou um ministério que gozasse da "confiança da nação" (o que, na prática, significa a confiança do Bloco), mesmo que o premiê continuasse a ser um burocrata não eleito. Isso certamente não dizia respeito ao governo Goremykin, que Nicolau continuava a apoiar. Ignorando não apenas a Duma, mas também muitos de seus ministros, o imperador rejeitou uma acomodação, e tornou a ignorá-los ao se nomear comandante-chefe no lugar do grão--duque Nicolau. Ele ofereceu algumas migalhas à oposição, mas acreditava que suas concessões constitucionais depois da derrota frente ao Japão haviam desestabilizado a Rússia, e que, se tornasse a fazer concessões, novas exigências se seguiriam.[120] Assim, o governo cooperou com os liberais e com a iniciativa privada na administração local e por meio dos comitês das indústrias de guerra, mas nada com o centro, convocando a Duma apenas brevemente, em intervalos longos, suspendendo-a sempre que seus pedidos se tornavam embaraçosos. Depois que Nicolau partiu para os quartéis do exército, Alexandra e Grigori Rasputin, seu enigmático confidente, tiveram maior controle das nomeações. Eles mudaram ministros e governadores provinciais com uma velocidade surpreendente e demitiram a maior parte dos ministros mais liberais, substituindo-os por outros que a Duma detestava. Homens como Stürmer, premiê e ministro das Relações Exteriores no inverno de 1916-17, foram atacados (embora provavelmente sem fundamento) por manterem contato suspeito com o inimigo.

Mesmo em tempos de paz, essa situação teria levado à formação de um novo governo. Em tempos de guerra, privou o regime de praticamente todos os seus defensores e alienou vários membros, até mesmo da própria dinastia Romanov. Até certo ponto, o sentimento patriótico de 1914-15 foi novamente redirecionado ao inimigo interno. Como o assassinato de Rasputin, em dezembro de 1916, revelou, o desespero estava levando até mesmo os políticos da direita reacionária a considerar uma ação quase

---

* Ver cap. 9.

revolucionária, se isso significasse o desmantelamento da genuína revolução popular que eles temiam.

Um dos motivos para esse medo da revolução popular era que uma Rússia democrática provavelmente não intensificaria o esforço de guerra e, quase com certeza, não se rebelaria contra ela. Cresciam as evidências de que esse desencanto havia avançado muito mais na Rússia que em outras partes. Pôsteres, peças, filmes e shows de cabaré eram produzidos e se ocupavam das agruras da guerra.[121] Desde o verão de 1915, o movimento grevista se reavivara com crescente intensidade depois que a polícia abriu fogo contra trabalhadores têxteis em Kostroma, matando e ferindo muitos. Em novembro, os representantes trabalhistas eleitos para o Comitê das Indústrias de Guerra de Petrogrado, uma das poucas organizações trabalhistas legais, proclamaram que o governo havia lançado a Rússia numa guerra pelos mercados capitalistas e pedido uma paz democrática sem anexações e indenizações.[122] O ano de 1915 também testemunhou intensos protestos contra o alistamento em Petrogrado e nas cidades das províncias, com multidões de mulheres se reunindo nos locais de produção para exigir que a polícia fosse chamada.[123] Dezenas de revoltas em prol da subsistência espalharam-se pela Rússia Europeia, algumas ligadas a greves e só terminando quando as tropas disparavam contra a multidão. Com frequência, essas revoltas eram comandadas por *soltadki* (mulheres de soldados), protestando contra o não pagamento das pensões de separação ou atacando os comerciantes por causa do aumento de preços. Em 1916, cresciam as revoltosas que responsabilizavam o czar por seus problemas e por ter enviado seus homens para o front.[124] Agora, pouco separava o regime do abismo, à exceção da lealdade de seu exército, mas esta também estava sendo questionada mesmo antes dos motins que o abalaram no final do ano.* O chefe da polícia política em Petrogrado advertiu que estava claro para todos os oficiais preocupados com a lei e a ordem que uma "inevitável... catástrofe" estava "se aproximando rapidamente", mas seus superiores se recusavam a reconhecer o perigo.[125]

De forma irônica, de muitas maneiras, o regime era vítima de seus sucessos. Ele reagira de forma enérgica à crise militar de 1915, até certo ponto cooperando com seus críticos. A produção industrial crescia rapidamente, e muitos dos itens que faltavam ao exército foram supridos. Mas o sucesso só fora obtido numa base insustentável de generosos subsídios e contratos para a indústria russa, que o governo não podia tomar emprestado para financiar e que não cobriria o aumento de impostos. Assim, o aumento da emissão de papel-moeda e da inflação foi mais rápido que em qualquer outra potência.[126] A Rússia entrou no conflito com um fraco consenso popular e um aparelho de Estado que dependia pesadamente da coerção. Em 1916, boa parte do campesinato

---

* Ver cap. 8.

e das classes inferiores urbanas esteve envolvida em protestos violentos contra o alistamento, a falta de produtos básicos e o aumento de preços, cada vez mais atribuindo suas agruras aos Romanov. Como a Áustria-Hungria, a Rússia estava vulnerável devido à sua composição multiétnica, e, assim como a Itália, havia sido lenta em cultivar o senso de identidade nacional.

No inverno de 1916-17, ela enfrentou uma crise de subsistência mais aguda que as crises desses outros países. O império estava à beira de uma revolução desencadeada pelas exigências feitas pela guerra a sua população.

* * *

Com a revolução de março de 1917 de Petrogrado, a dinâmica em ascensão que, até então, havia dominado o conflito chegou a seu limite, e uma nova fase de sua história teve início. Contudo, enquanto esteve em operação, a dinâmica surtiu efeitos poderosos. De suas origens na Europa Central, a guerra havia se espalhado de modo a incluir a maior parte das nações do mundo. Novas tecnologias, que iam de submarinos a zepelins e gás venenoso, foram postas em prática. O alistamento em massa e a produção em larga escala de armamentos galvanizaram os fronts nacionais. A extensão, a intensidade e o custo das batalhas de 1916 fizeram parecer pequena qualquer coisa que se imaginasse em 1914. A escalada foi impelida pelo impasse estratégico e a determinação dos líderes de ambos os lados no sentido de intensificar seus esforços em vez de negociar por menos que a vitória. Alguns fatores que contribuíram para esse impasse eram muito permissivos: os Estados se surpreenderam com a própria habilidade de tomar emprestado dos cidadãos e financiar a guerra pela emissão de dinheiro. As técnicas de linha de montagem e a disposição das mulheres de constituírem mão de obra industrial as capacitaram a produzir enorme quantidade de armamentos sem diminuir muito as forças em campo. As descobertas da ciência médica na reabilitação dos feridos e na eliminação de algumas doenças mantiveram a força dos exércitos, assim como a coragem e a resistência dos combatentes. Todas essas coisas eram precondições para a escalada da guerra e, ao tornar essa escalada possível, reduziu-se a pressão sobre os estadistas para que retrocedessem. Por outro lado, o equilíbrio de forças entre os dois lados e os fatores técnicos favoreceram a defensiva para o impasse em terra e no mar. Os almirantes se encolhiam de medo de arriscar seus *dreadnoughts* em batalhas travadas em um ambiente apinhado de minas, torpedos e submarinos. A Alemanha tinha poucos U-Boats para obstruir o comércio aliado, e tanto o bloqueio alemão de submarinos quanto o de superfície dos Aliados foram vítimas da resistência do elemento neutro. As deficiências da artilharia pesada e a inabilidade no uso de novas tecnologias, como o telégrafo, os tanques, o gás venenoso e as aeronaves, deixaram os exércitos atacantes em desvantagem contra os defensores entrincheirados atrás de arame farpado e canhões, metralhadoras e rifles, apoiados por ferrovias e diferentes indústrias no interior do país que podiam fornecer tropas de reserva e suprimentos.

Além disso, a força motora fundamental por trás da continuação e da escalada da guerra (como o fora no início dela) era a política – e política em mais de um sentido. Um elemento era estratégico: a pressuposição de ambos os lados de que poderiam vencer, mesmo que não tivessem certeza de como isso aconteceria. Essa não era uma simples questão de generais ditando ordens para os políticos: a estratégia era decidida por líderes militares e civis em consultas mútuas, que normalmente aumentavam com o passar do tempo. Os Aliados, em 1915, fizeram experiências com operações periféricas, na esperança de que a ofensiva no Dardanelos, a intervenção italiana e a expedição a Salônica pudessem derrotar os países balcânicos e desabilitar os otomanos e os Habsburgo. Em 1916, eles intentaram coordenar seus esforços em ofensivas sustentadas maciças e simultâneas, e na primavera de 1917 ensaiaram outras delas. As Potências Centrais, que haviam tomado a iniciativa do verão de 1915 ao verão de 1916, esperavam atrair um ou outro de seus inimigos à mesa de conferência, primeiro por meio do ataque à Rússia em 1915, depois por meio de Verdun e, finalmente, por meio da campanha irrestrita dos submarinos. Portanto, a estratégia estava interligada com um segundo nível de explicação: a dos objetivos da guerra. As Potências Centrais ofereceram pouco para dividir seus inimigos em termos diplomáticos, e os Aliados não tinham nenhuma intenção de ser divididos. Pelo contrário, em 1916 os dois lados ampliaram seus objetivos e novos líderes chegaram ao poder, notadamente Lloyd George e Ludendorff, que se mostravam menos dispostos a um acordo. Enquanto o abismo de medo e ódio entre eles se ampliava, suas exigências mútuas aumentavam.

Contudo, seria simplório apenas equacionar os dois lados. As Potências Centrais haviam tomado a ofensiva em 1915 e ocupado o norte da França e a Bélgica. Em 1915, acrescentaram a Polônia e a Sérvia. Os governos aliados acharam, com considerável justiça, que estavam lutando contra a agressão. Eles reconheciam a eficiência militar superior da Alemanha, mas acreditavam que, com sua vantagem geográfica e maiores recursos, poderiam impor uma derrota decisiva ao agressor, e que valia a pena suprimir suas divisões internas e fazer os sacrifícios necessários até obterem êxito. Os governantes alemães e austro-húngaros achavam que haviam sido seriamente ameaçados antes de 1914, professando (e, até certo ponto, acreditando com sinceridade) que também haviam respondido a uma agressão. Sua tarefa era dar término à guerra enquanto ainda podiam contar com o máximo possível de seus ganhos. Essas circunstâncias influenciaram a política dos fronts nacionais, o terceiro e, de certa forma, o mais decisivo nível político de explicação para o prolongamento da guerra. Por um lado, para que a guerra prosseguisse, os cidadãos tinham de se mostrar dispostos a comprar bônus de guerra, aceitar a convocação e simplesmente continuar com suas atividades diárias sem se rebelar. Por outro lado, as condições nos fronts nacionais forneciam motivos poderosos para os chefes políticos e militares insistirem em objetivos de guerra amplos e aceitarem estratégias de atrito imensamente custosas, em vez de renunciarem a eles. Não mais que o irromper da guerra, sua escalada pode ser explicada por uma tese de "imperialismo social" grosseiro: os políticos buscavam expansão externa para evitar a revolução interna.[127] Pelo contrário, em 1916 estava se tornando perturbadoramente claro nos impérios da Europa do Leste que a guerra, longe de consolidar o *status quo* interno, o estava destruindo. Contudo, as autoridades foram pegas num dilema insolúvel: Alexandra advertira Nicolau em 1915 que uma paz em separado com a Alemanha significaria "revolução" interna; e, em fevereiro de 1917, apesar da situação interna "muito alarmante", Nicolau acreditava que a Rússia deveria apegar-se à esperança de obter resultados decisivos na próxima ofensiva de primavera.[128] Do lado alemão, muitos, inclusive os próprios líderes alemães, também temiam a revolução em seus países caso se dispusessem a um acordo.[129] Os governos de todos os beligerantes estavam sob intensa pressão interna para não terminar o conflito sem atingir seus objetivos declarados. Até certo ponto, eles eram prisioneiros de sua própria retórica.

O apoio interno era essencial para a continuação da guerra, mas na Itália foi frágil desde o início, e na Áustria-Hungria começou a diminuir rapidamente após os primeiros meses. Na Grã-Bretanha, França e Alemanha, o apoio foi mais resiliente. O período de 1914-17 mostra que apenas as baixas, mesmo as extremamente pesadas, não conseguiram destruir o consenso em favor da guerra, já que outros fatores ainda continuavam proveitosos. Uma sequência de sucessos militares tampouco parecia essencial. Importante era reconhecer a concordância entre as elites políticas e intelectuais de que a guerra era legítima e necessária, a evidência de que acabaria por ser vencida e as toleráveis circunstâncias materiais para a massa da população. Na Grã-Bretanha e na França, até 1917, essas condições existiam. Na Alemanha, também se faziam presentes no começo, mas o consenso das elites se fragmentou lentamente, e as condições materiais se deterioraram profundamente depois de 1916. Depois de um ano de sucessos militares, o suprimento de vitórias se esgotou e, no verão de 1916, a Alemanha enfrentou uma crise moral, embora a campanha irrestrita de submarinos de Hindenburg e Ludendorff e a Revolução Russa tenham acabado por superá-la. Na Itália, em contrapartida, o consenso das elites sempre foi deficiente e, em 1916, também as condições materiais estavam se deteriorando, embora, para os outros países aliados, houvesse esperanças de a vitória estar próxima. Finalmente, a Áustria-Hungria e a Rússia eram as ligações mais vulneráveis nas duas cadeias. Na Áustria-Hungria, o consenso existia entre os alemães, magiares e talvez os croatas, mas em menor escala entre as outras nacionalidades. Em 1916, as circunstâncias materiais na metade austríaca da Monarquia ficaram bastante comprometidas, e era difícil ver como, mesmo com a ajuda alemã, a guerra poderia ser ganha. Na Rússia, as condições eram ainda piores, com o exército tendo feito o possível contra as Potências Centrais e fracassado, e a elite política, embora concordasse com a necessidade de a luta prosseguir, estava amargamente dividida.

Esse quadro levanta questões mais amplas, inclusive a de gênero. Muitas mulheres protestavam contra os custos da guerra, por meio da participação em movimentos pacifistas ou, indiretamente, fazendo protestos contra o aumento de preços, o alistamento, a disciplina nas fábricas e as pensões insuficientes. Contudo, outras mulheres incentivavam os homens a serem voluntários e, no período de 1915-16, elas estavam, em todos os países, nas fábricas de munição para sustentar a si mesmas e suas famílias, mas também por motivos patrióticos, armando seus próprios maridos e filhos contra os maridos e filhos das mulheres do outro lado. Uma segunda questão é a propaganda. Uma das surpresas de 1915-16 é o papel relativamente menor do controle da opinião oficial, em contraste com o imenso esforço não oficial. No entanto, não era possível enganar as pessoas o tempo todo, e a eficiência da propaganda tinha alguma relação com as circunstâncias subjacentes.[130] A unidade interna era mais robusta nos dois países – França e Grã-Bretanha – que tinham os maiores motivos para afirmar que estavam combatendo uma agressão externa à sua segurança. Contudo, a maioria dos alemães parece ter aceitado as declarações de seus líderes de que o mesmo acontecia com eles. Em contraste, o governo italiano não argumentou que estava lutando em autodefesa, embora tanto na Rússia, depois de 1915, quanto na Itália, em 1916, a derrota e a invasão tenham tornado essa circunstância mais plausível. Em geral, o consenso era mais firme em países etnicamente homogêneos ou que, pelo menos, cultivavam uma forte identidade nacional. A qualificação é importante: nas Ilhas Britânicas, os galeses e os escoceses, a julgar pelas eleições suplementares e as estatísticas do voluntariado, identificavam-se com a guerra de maneira tão intensa quanto os britânicos, mas os irlandeses do sul certamente não o faziam. (No Império, de maneira similar, os australianos ou os descendentes de irlandeses comandaram a oposição ao alistamento, os canadenses franceses se apresentaram como voluntários menos prontamente que seus compatriotas anglófonos e os africâneres se rebelaram contra o governo da África do Sul.) No entanto, isso não significa apenas que a força motora por trás da guerra fosse o nacionalismo.[131] Só a Itália e a França, entre as grandes potências beligerantes, estavam lutando por objetivos nacionalistas no sentido estrito de reunir todos os cidadãos em um único Estado; e, mesmo assim, seus governos queriam mais que o Trentino e a Alsácia-Lorena. Como as outras potências, na verdade, esses países eram imperialistas. O patriotismo, por outro lado, como preocupação com a defesa do território de um Estado e uma forma de vida nele instalada, era muito mais fundamental. Mesmo os grupos que se encontravam em desvantagem, como os socialistas franceses e alemães e os católicos, apostaram em seus respectivos Estados porque identificavam seu próprio futuro com o da sobrevivência da nação. Apesar de todas as divisões e desuniões, cada país da Europa Ocidental constituía, para usar um expressivo termo alemão, um *Schicksalsgemeinschaft* – uma comunidade baseada no destino. Mas, nos impérios multinacionais da Europa Oriental, essa percepção era menos compartilhada no geral, e seu colapso na Rússia levou ambos os lados a um divisor de águas na guerra.

Notas

1. Ver Becker, *Great War and the French People*; Flood, *France 1914-1918*; e Smith, Audouin-Rouzeau, e Becker, *France and the Great War*.
2. King, *Generals and Politicians*, pp. 135 ss.
3. Horne, *Labour at War*, pp. 56-7.
4. Bésier, "Les églises protestantes"; Mayeur, "Le Catholicisme français".
5. Horne and Kramer, *German Atrocities*, p. 230.
6. Harris, "Child of the Barbarian".
7. Montant, "L'Organisation centrale".
8. Audouin-Rouzeau, "Children"; Audouin-Rouzeau, *La Guerre des enfants*.
9. Becker, *Great War and the French People*, p. 57.
10. Ibid., pp. 96, 105, 194.
11. Horne, "Soldiers, Civilians, and the Warfare of Attrition".
12. Audouin-Rouzeau, "Bourrage de crâne".
13. Meyeur, "Le Catholicisme français", pp. 380, 395.
14. Hanna, *Mobilization of Intellect*.
15. Becker, *War and Faith*, pp. 105-13.
16. Winter, "Some Paradoxes", p. 20; Winter, "Surviving the War".
17. Lawrence, "Material Pressures"; Manning, "Wages and Purchasing Power", p. 272; Bonzon, "Transfer Payments", p. 292.
18. Flood, *France 1914-1918*, caps. 3, 4; Barral, "La Paysannerie française", p. 237.
19. Becker, *Great War and the French People*, p. 101.
20. Becker, "Union Sacrée".
21. McMillan, "French Catholics".
22. Smith, "Masculinity".
23. Horne, *Labour at War*, pp. 67, 261 ss.; Schaper, *Albert Thomas*.

24. Papagannis, "Collaboration and Pacifism". Generally Wohl, *French Communism*; Kriegel, *Aux Origines du Communisme*.
25. Sobre a Grã-Bretanha: Wilson, *Myriad Faces*; Bourne, *Britain and the Great War*; Turner (ed.), *Britain and the First World War*.
26. Bourne, *Britain and the Great War*, pp. 107-14; Wilson, *Myriad Faces*, cap. 19; Pugh, *Making of Modern British Politics*, pp. 165 ss.
27. McEwen, "'Brass-Hats' and the British Press"; Thompson, *Politicians, the Press, and Propaganda*.
28. Bourne, *Britain and the Great War*, pp. 120-31; Wilson, *Myriad Faces*, cap. 38; Turner, *British Politics*, cap. 3; reveladora é a correspondência de Chamberlain para Chelmsford, 8 dez. 1916, AC 15/3/8.
29. Horne (ed.), *State, Society, and Mobilization*, p. 5.
30. Hiley, "News Media", pp. 176-7.
31. Buitenhuis, *Great War of Words*, caps. 2, 4; Wright, "Great War, Government Propaganda".
32. Bogacz, "Tyranny of Words".
33. Marsland, *Nation's Cause*, cap. 1.
34. Bogacz, "Tyranny of Words"; Fussell, *Great War and Modern Memory*, cap. 5.
35. Hoover, *God, Germany, and Britain*, p. 24.
36. Eksteins, *Rites of Spring*, pp. 183ss.
37. Wilson, "Lord Bryce's Investigation"; Horne and Kramer, *German Atrocities*, pp. 231-7.
38. Gullace, "Sexual Violence and Family Honour".
39. Willis, *Prologue to Nuremberg*, cap. 2.
40. McEwen, "'Brass-Hats' and the British Press", p. 46.
41. Hopkin, "Domestic Censorship", p. 154.
42. Marquis, "Words as Weapons", pp. 472-4, 476-80.
43. Bourne, *Britain and the Great War*, p. 206.
44. Hiley, "News Media", p. 477; Reeves, "Film Propaganda", pp. 467-8, 471, 481.
45. Taylor, *First World War*, p. 140.
46. Ferguson, *Pity of War*, p. 199; cf. Jeffery, *Ireland and the Great War*, p. 6.
47. Pugh, "Politicians and the Woman's Vote", pp. 359-60.
48. Kent, "Love and Death".
49. Gullace, "White Feathers".
50. Watson, "Khaki Girls".
51. Dewey, "Military Recruiting", pp. 205, 220.
52. Ferguson, *Pity of War*, p. 275.
53. Mór-O'Brien, "Patriotism on Trial".
54. McLean, "Popular Protest and Public Order".
55. Horne, *Labour at War*, pp. 46, 220.
56. Reid, "Impact of the First World War".
57. Pedersen, "Gender, Welfare, and Citizenship", p. 984.
58. Winter, "Some Paradoxes", p. 14; *Great War and the British People*, cap. 4, 7.
59. Rae, *Conscience and Politics*; Kennedy, "Public Opinion"; Ceadel, *Pacifism in Britain*, pp. 31-63.
60. Taylor, *Troublemakers*, cap. 5; Hanak, "Union of Democratic Control"; Swartz, *Union of Democratic Control*.

61. Deist, "Censorship and Propaganda", p. 200; Koszyk, *Deutsche Presse*, pp. 14-15.
62. Koszyk, *Deutsche Presse*; Marquis, "Words as Weapons", pp. 472, 474-5.
63. Ferguson, *Pity of War*, p. 245.
64. Marquis, "Words as Weapons", pp. 480-84.
65. Chickering, *Imperial Germany*, p. 48.
66. Stark, "All Quiet on the Home Front".
67. Welch, "Cinema and Society", pp. 28-9, 32-3, 39-40, 42.
68. Marquis, "Words as Weapons", pp. 490-91.
69. Horne and Kramer, *German Atrocities*, pp. 237-47.
70. Hammer, "Deutsche Protestantismus".
71. Sobre a comunidade judaica, ver Picht, "Zwischen Vaterland und Volk".
72. Dülmen, "Deutsche Katholizismus", p. 348.
73. Hammer, "Deutsche Protestantismus", p. 399.
74. Hoover, *God, Germany, and Britain*, pp. 51 ss.
75. Verhey, *Spirit of 1914*, pp. 126 ss.
76. Meier, "Evangelische Kirche", p. 693.
77. Ringer, *Decline of the German Mandarins*, pp. 180 ss.
78. Mommsen, "German Artists", pp. 30-31.
79. Ver Stibbe, *German Anglophobia*, para uma discussão mais ampla.
80. Ferguson, *Pity of War*, p. 250.
81. Kocka, *Facing Total War*, p. 22.
82. Tobin, "War and the Working Class", pp. 267-75.
83. Manning, "Wages and Purchasing Power", p. 260.
84. Kocka, *Facing Total War*, p. 41.
85. Bonzon and Davis, "Feeding the Cities".
86. Chickering, *Imperial Germany*, p. 41.
87. Davis, "Food Scarcity", pp. 297-9.
88. Ver conteúdos mensais dos relatórios do DCG (p. ex., 3 jan. 1917) in BA-MA PH2/62.
89. Chickering, *Imperial Germany*, pp. 141-2.
90. Fischer, *Germany's Aims*, cap. 5; Soutou, "Le Problème du social-impérialisme'", p. 280.
91. May, *World War*, p. 259.
92. Janssen, "Der Wechsel", pp. 339-40.
93. Boll, "Le Problème ouvrier".
94. Schorske, *German Social Democracy*, p. 308.
95. Ibid., pp. 282-315.
96. Ringer, *Decline of the German Mandarins*, pp. 190-92; Hürter, "Die Katholische Kirche", pp. 729-30.
97. Conteúdo de relatórios, 3 de janeiro e 3 mar. 1917, BA-MA PH2/62.
98. Em linhas gerais, Galántai, *Hungary in the First World War*; Cornwall (ed.), *Last Years*, cap. 4.
99. Beller, "Tragic Carnival".
100. Cornwall, "News, Rumour", pp. 52-4.
101. Rauchensteiner, *Tod des Doppeladlers*, p. 150.
102. Hoag, "Students at the University of Vienna", p. 303.

103. Beller, "Tragic Carnival", p. 139.
104. Ibid., p. 132.
105. Macartney, *Habsburg Empire*, pp. 811-12; Perman, "Shaping of the Czechoslovak State", cap. 1; Cornwall, "News, Rumour", pp. 56-8.
106. Rauchensteiner, *Tod des Doppeladlers*, p. 266.
107. Herwig, *First World War*, p. 274.
108. Ibid., p. 275.
109. Macartney, *Habsburg Empire*, p. 817.
110. Galántai, *Hungary in the First World War*, pp. 103-4, 200.
111. Seton-Watson, *Italy from Liberalism to Fascism*, p. 471.
112. Roberts, "Croce and Beyond".
113. Seton-Watson, *Italy from Liberalism to Fascism*, pp. 454-60; Procacci, "A 'Latecomer' in War".
114. Rogger, *Russia in 1914*, pp. 255-6.
115. Zuckerman, "Political Police", p. 36.
116. Stites, "Days and Nights", pp. 10, 12.
117. Ibid., p. 9.
118. Ibid., e Jahn, *Patriotic Culture*.
119. Gatrell, *A Whole Empire Walking*, p. 3.
120. Lieven, *Nicholas II*, pp. 210-17.
121. Jahn, *Patriotic Culture*, pp. 62, 134, 165.
122. Rogger, *Russia in 1914*, p. 265.
123. Wildman, *End of the Russian Imperial Army*, v. 1, pp. 96-7.
124. Engel, "Not by Bread Alone".
125. Zuckerman, "Political Police", p. 50.
126. Stone, *Eastern Front*, p. 288.
127. Soutou, "Le Problème du social-impérialisme".
128. Lieven, *Nicholas II*, pp. 227, 231.
129. Goemans, *War and Punishment*, pp. 107-15.
130. Ferguson, *Pity of War*, p. 247.
131. Farrar, "Nationalism in Wartime", oferece uma crítica útil.

PARTE 3
AS CONSEQUÊNCIAS

12
A TERCEIRA FASE
(PRIMAVERA DE 1917-OUTONO DE 1918)

A PRIMAVERA DE 1917 marcou o segundo divisor de águas na história da guerra. No outono de 1914, a fase do movimento havia terminado no oeste; no outono de 1915 tinha praticamente acabado também no leste. A principal característica do período central do conflito foi um impasse. A intransigência desse impasse levou inexoravelmente a uma segunda característica: a escalada na intensidade e na ferocidade. Contudo, nenhum dos dois lados conseguiu sustentar o pico da mobilização atingido em 1916. As ofensivas sincronizadas dos Aliados e os esforços dos alemães por dividir seus inimigos haviam sobrecarregado os dois lados. Eles precisavam fazer uma pausa. Nesse ponto, a derrubada do czar Nicolau, em março de 1917, e a intervenção americana em abril pareceram revolucionar a constelação política internacional. Contudo, as ondas de choque desses eventos deslocaram-se lentamente. O Governo Provisório russo permaneceu fiel aos Aliados, rejeitou uma paz em separado e lançou uma nova ofensiva. A princípio, seu exército permaneceu quase inteiramente intacto. Só a partir do inverno de 1917-18 é que os alemães ficaram em posição de mover forças maciças na direção oeste, depois que os bolcheviques tomaram o poder em novembro, concluindo um cessar-fogo em dezembro e assinando o tratado de paz de Brest-Litovsk em março de 1918. O envolvimento americano demorou ainda mais a atingir seu impacto máximo. Com certeza, a partir da primavera de 1917 os empréstimos, destróieres e navios mercantes do governo dos Estados Unidos ajudaram os aliados a sobreviver à crise financeira e aos ataques dos U--Boats. Mas a lenta chegada da Força Expedicionária Americana provocou uma amarga decepção em Londres e Paris.[1] Apenas 150 mil de seus soldados chegaram à França em janeiro de 1918,[2] e a tarefa de deter as cinco ofensivas alemãs lançadas entre março de julho recaiu principalmente sobre os exaustos parceiros de batalha. Só nos meses finais da luta é que os americanos se comparavam aos franceses e britânicos em termos de números e nas baixas que sofreram e infligiram, e a essa altura encararam um inimigo derrotado. Isso não equivale a diminuir a contribuição americana, que foi indispensável para a vitória dos aliados, mas para enfatizar que a partida da Rússia e a entrada dos Estados

Unidos não se limitaram a um cancelamento mútuo. Em 1918, a guerra no leste terminou (embora se seguisse quase imediatamente uma guerra civil de que tanto os Aliados quanto as Potências Centrais participaram), mas a guerra no oeste se intensificava.

Contudo, até o último ano, o mecanismo de escalada de 1915-16 foi revertido. Em 1917 todos os três principais exércitos da Frente Ocidental começaram a encolher. Seguindo os alemães, primeiro os franceses e depois os britânicos reduziram o número de batalhões de cada divisão.[3] Embora tentando compensar isso com o aumento do poder de fogo, um exército após o outro passou de uma postura ofensiva para uma postura defensiva em resposta às novas prioridades estratégicas, falta de homens e abatimento do moral. Hindenburg e Ludendorff decidiram, depois da batalha do Somme, permanecer inativos no oeste durante 1917 e deixar que os U-Boats assumissem a iniciativa; depois da Revolução Russa, fizeram isso também no leste, calculando que atacar reacenderia o patriotismo russo.[4] Depois do massacre do exército austro-húngaro por Brusilov, ele foi incapaz de ofensivas sem ajuda, e até o fim de 1917 Hindenburg e Ludendorff negaram-lhe assistência. Do lado dos Aliados, depois da queda de Nicolau, o Stavka postergou as operações agendadas para a primavera e, depois de executar uma tardia ofensiva de verão, a Rússia era incapaz de qualquer outra ação. O exército francês, abalado por motins depois do desastre do Caminho das Damas, só desenvolveu esforços limitados. O exército italiano se desmantelou no Isonzo, mas em outubro o contra-ataque austro-húngaro em Caporetto imobilizou-o por meses. Esses acontecimentos deixaram os britânicos sozinhos na manutenção de suas ofensivas até o final do outono, e logo depois até Haig aceitou que a transferência de tropas alemãs da Rússia agora o obrigaria a rebaixar-se.

O enfraquecimento do ímpeto nos fronts de luta teve um paralelo para além das linhas. Com exceção da americana, as economias de guerra haviam atingido seus picos de produção ou estavam entrando em declínio. A produção francesa de armas, depois de vertiginoso crescimento, estabilizou-se;[5] a indústria alemã ficou muito aquém dos objetivos do Programa Hindenburg.[6] Em todos os beligerantes europeus, surgiram sérios desafios ao consenso em favor da guerra. Só a Rússia se retirou, mas em toda parte os governos reavaliaram seus objetivos de guerra, reduzindo quase todos. Do lado aliado, a derrota de Nivelle, a sublevação de Petrogrado e a demora na assistência americana contribuíram para uma mudança radical de ânimo. Governos e público resignaram-se a lutar até 1919 ou mesmo 1917, e a ilusão de uma guerra longa substituiu a anterior, de uma guerra breve, a ponto de muitos ficarem surpresos quando as Potências Centrais capitularam. A diminuição das expectativas era sintomática de uma transformação mais profunda das atitudes ocidentais com relação ao conflito armado que ficaria entre os legados permanentes da guerra. Não foi acidental que a busca de um compromisso de paz tivesse seu maior apoio entre a primavera e o outono de 1917.

Contudo, as negociações fracassaram, e em 1918 a luta prosseguia mais feroz que nunca. Até os americanos, em apenas dois meses de combate em escala total, sofreram tantas mortes quanto durante seu inteiro envolvimento na Guerra do Vietnã, 50 anos mais tarde. Por trás desse clima no front, havia uma regeneração do fervor patriótico nos países envolvidos. Depois de meses de dúvida e dissensões, a unidade e a confiança do povo alemão reviveram,[7] e a coalizão aliada ganhou uma liderança mais forte e uma coordenação mais efetiva. Mas enquanto as Potências Centrais assumiam a iniciativa na primeira metade de 1918, na segunda metade os destinos foram revertidos. Até certo ponto, o ciclo de 1915-16 se repetiu. No verão de 1917, os Aliados lançaram assaltos não conectados entre si e sem sucesso. Entre o outono de 1917 e o verão de 1918, como entre Gorlice-Tarnow e Verdun, a vantagem passou para seus inimigos. Mas a segunda batalha do Marne, em julho de 1918, como o início das ofensivas de Brusilov e do Somme, em junho-julho de 1916, viu os Aliados retomarem a dianteira, e em setembro-outubro eles lançaram ataques em todos os palcos da luta contra seus oponentes, que agora estavam muito mais fracos que dois anos antes e não tinham mais esperanças.

A análise desse período complexo e agitado será estruturada cronologicamente, e não por tópicos, para reintegrar os temas que, na discussão de 1915-16, foram tratados separadamente. Ela se estende por cinco subdivisões principais. A primeira, o marco da primavera de 1917 e as origens da Revolução Russa e a intervenção americana. A segunda, o moral e a crise política dos beligerantes no verão e outono seguintes. A terceira, a renovação das Potências Centrais e seu triunfo no leste depois da Revolução Bolchevique, associada ao clímax de suas ofensivas. A quarta, a recuperação dos Aliados no verão de 1918 e as fontes de sua regeneração. A quinta e última, o caminho até os armistícios no final de 1918, marcado para os perdedores não apenas pela derrota, mas também pela revolução. Se o problema subjacente discutido na Parte Dois era a prolongação e a intensificação da guerra, o da Parte Três será seu término: o triunfo das Potências Centrais na Frente Oriental, mas a derrota na Frente Ocidental e, portanto, total. A questão-chave é por que os Aliados venceram, coisa que, mesmo depois da entrada dos Estados Unidos, estava longe de ser uma conclusão prevista, não parecendo sê-lo na época.[8] No outono de 1918, os vencedores enfrentaram forças desmoralizadas, exauridas por erros estratégicos e pelo trabalho cumulativo de atrito e bloqueio. Contudo, o triunfo dos Aliados não foi simplesmente entregue a eles por recursos superiores: eles tiveram que lutar para obtê-lo. Além disso, para que a guerra terminasse, os derrotados não só tiveram que desejar um cessar-fogo, mas os vencedores também tiveram que lhes garantir isso, sem se jactar de sua vantagem. No leste, os bolcheviques precisariam de paz se seu regime quisesse sobreviver, mas foram as Potências Centrais que decidiram os termos, recusando-se a negociar com um regime que as desprezava. De maneira similar, em outubro-novembro de 1918, no Ocidente, os dois lados tiveram que se mostrar dispostos a pôr fim ao derramamento de sangue, já que os dois quiseram iniciá-lo. Finalmente, uma pré-condição para o último ato foi uma transformação nas operações militares, já que os dois lados descobriram soluções para o impasse anterior. Se, em termos políticos, 1918 pode ser interpretado como previsão para 1939, militarmente apontou para mais longe, para 1940. Explicar como a guerra terminou na época e da maneira como isso ocorreu é essencial para entendermos seus legados e impactos.

Notas

1. Gilbert, *First World War*, p. 378.
2. Kaspi, *Temps des Américains*, p. 170.
3. Falkenhayn, *General Headquarters*, pp. 43-4; Guinard *et al.* (eds.), *Inventaire*, Vol. 1, pp. 72, 123; Keegan, *First World War*, pp. 424-5.
4. Livesey, *Viking Atlas*, p. 134; cf. Falls, *First World War*, p. 265.
5. Tabelas em SHA 10.N.28.
6. Memorando sem data no Programa de Hindenburg, pp. 127ss., BA-MA W-10/50397.
7. Sumários dos relatórios do DCG, 3 mar. 1918, BA-MA PH2/62.
8. Millman, *Pessimism and British War Policy*.

13
A REVOLUÇÃO DE FEVEREIRO E A INTERVENÇÃO AMERICANA (PRIMAVERA DE 1917)

A TERCEIRA FASE DA GUERRA começou com dois eventos cujas consequências a dominariam. A Revolução de Fevereiro, na Rússia, levaria as Potências Centrais à vitória no leste; a intervenção americana acabaria por derrotá-las no oeste. Os dois acontecimentos tiveram suas origens na segunda fase, pondo em destaque as fraquezas respectivas dos Aliados e das Potências Centrais. A Revolução de Fevereiro resultou, em parte, da estratégia das conferências de Chantilly, destroçadas por seu surgimento. A entrada dos Estados Unidos seguiu-se à conferência de Pless, a mais recente das apostas com que os alemães tentaram derrubar seus oponentes individualmente. Com Chantilly e Pless veio a bancarrota, e nenhum dos lados possuía uma fórmula para a vitória. Os dois lados conheceram um período de reflexão antes que a tomada do poder pelos Bolcheviques desse início ao fim do jogo. Apesar dos contrastes óbvios, o manifesto da abdicação de Nicolau II e a mensagem de guerra de Woodrow Wilson refletiam-se mutuamente em seu impacto sobre a história subsequente do conflito e em suas repercussões no restante do século.

* * *

A Revolução de Fevereiro aconteceu, de acordo com o calendário ocidental, em março.* Ela compreendeu uma sequência de desafios inter-relacionados à autoridade czarista. O primeiro foi uma onda de protestos e greves na capital, com início em 23 de fevereiro e término em 8 de março. O segundo foi um motim da guarnição de Petrogra-

---

* Uma das primeiras ações dos bolcheviques foi substituir o calendário juliano da Rússia czarista pelo calendário gregoriano do Ocidente, com 13 dias à frente. Daí, a Revolução de "Outubro" (ou seja, bolchevique) ocorreu, pelo padrão ocidental, em novembro. Como os títulos de "Fevereiro" e "Outubro" têm sido tradicionalmente usados, também vamos usá-los aqui. Onde se fizer necessário, as datas serão designadas O.S. (*old style* – velho estilo) ou N.S. (*new style* – novo estilo).

do entre 27 de fevereiro e 12 de março, que cresceu e se transformou numa insurreição cobrindo toda a cidade. O terceiro foi a formação entre 27-28 de fevereiro e 12-13 de março de dois centros competitivos de autoridade: o Soviete de Petrogrado, comandado pelos socialistas revolucionários, e o Governo Provisório dos políticos da Duma. O quarto foi que, entre 2 e 15 de março, sob pressão da Duma e do exército, Nicolau renunciou e a Rússia se transformou numa república. As questões básicas a que devemos nos referir são a contribuição da guerra para esses fatos e sua influência no desenvolvimento dele.[1]

O movimento popular começou no Dia Internacional da Mulher, 23 de fevereiro (O.S.), quando milhares de mulheres protestaram contra a falta de alimentos. O governador da cidade achava que os estoques durariam uma semana, mas durante janeiro Petrogrado havia recebido apenas 49 vagões de carga por dia, quando precisava de 89.[2] Rumores de um próximo racionamento causaram pânico nos compradores, e os cidadãos ficaram horas na fila sob temperaturas abaixo de zero (a média de fevereiro foi de -12,1°C), apenas para se decepcionarem com frequência, pois a falta de farinha e combustível forçou o fechamento de muitas padarias. A emergência tinha duas causas fundamentais, ambas relacionadas com a guerra. Uma era a paralisia do transporte. Petrogrado e Moscou ficam a centenas de quilômetros das regiões produtoras de grãos e carvão na Ucrânia. As ferrovias russas eram inadequadas até para os tempos de paz, e durante a guerra o exército havia requisitado boa parte dos trens para atender ao front. As locomotivas que sobraram para os propósitos civis tinham manutenção ruim e muitas haviam se tornado imprestáveis. O congelamento acrescentou-se ao caos.[3] A segunda causa foi um colapso no mercado de grãos. As colheitas na Rússia Europeia (excluindo a Polônia) subiram de 4,304 bilhões de *poods** em 1914 para 4,659 bilhões em 1915, antes de cair para 3,916 bilhões em 1916 e 3,8 bilhões em 1917. Em si mesma, essa não era exatamente uma redução catastrófica, visto que a mesma região havia exportado 640 milhões de *poods* em 1913-14, mas menos de 3 milhões em 1917, o que suplantou o aumento no consumo do exército de 85 milhões de *poods* em 1913-14 para 485 milhões em 1916-17. Mas o total da colheita que foi efetivamente comercializado caiu de cerca de 1,2 bilhão de *poods* em 1913--14 para apenas 794 milhões em 1916, ou c. 15% em vez de c.25%. Como as tropas tinham prioridade, as entregas para as cidades caíram de 390 milhões de *poods* em 1913-14 para 295 milhões em 1916-17, enquanto no mesmo período a população urbana aumentou em um terço.[4] A maioria dos russos vivia em vilas bastante autossuficientes, e a maioria das colheitas não vinha das propriedades senhoriais "chekhovianas", mas de pequenas propriedades camponesas, onde normalmente boa parte delas ficava. Na Rússia dos tempos da guerra, o campo (como em outros países) era próspero. Mas o próprio sucesso do rearmamento de 1916-17 provocou a produção de menos bens de consumo que a venda dos

---

*   1 pood = 16,38 quilos, aproximadamente.

grãos poderia compensar, e a desvalorização do rublo enfraqueceu o incentivo da venda de bônus que estavam ficando sem nenhum valor. O governo czarista (ao contrário dos bolcheviques, seus sucessores) tampouco forçou os agricultores a entregarem seus excedentes, e o ministro da Agricultura demorou a intervir no suprimento urbano. Em junho de 1916, o governo decidiu fixar o preço por atacado dos cereais, mas ficou deliberando durante meses qual seria a quantia adequada. Em novembro, o governo introduziu um plano de confisco, que só foi autorizado em fevereiro, quando começaram os protestos.[5] Daí, uma pequena, porém vital, porção da colheita ter permanecido nas áreas rurais, para ser armazenada, alimentar o gado ou ser comida pelos próprios camponeses, com terríveis consequências. Até os metalúrgicos de Petrogrado, o grupo industrial que obtivera o maior êxito na manutenção de seu padrão de vida até 1916, viram a degradação desse padrão como o de todos os outros trabalhadores.[6]

Os efeitos da guerra sobre Petrogrado assemelhavam-se aos que se estenderam por outras cidades, de Paris a Berlim, Turim, Viena e até Londres. O material social inflamável da capital era de excepcional combustão. Os eventos em Petrogrado ditaram ao resto do país primeiramente a queda dos Romanov e, em seguida, o triunfo dos bolcheviques. Em 1917, com uma população de 2,4 milhões de pessoas, Petrogrado era a maior área urbana da Rússia e seu principal centro industrial. Ela abrigava 392.800 operários (até 242.600 desde o começo da guerra), com 60,4% deles na indústria metalúrgica e 70% em fábricas, empregando mais de mil pessoas, uma concentração em gigantescos estabelecimentos sem paralelo em todo o mundo.[7] O *boom* dos tempos de guerra havia atraído mulheres e migrantes rurais para as fábricas, exacerbando a demanda por comida e moradia. A superlotação dos apartamentos de Petrogrado era duas vezes a de Paris, Berlim e Viena, com a mortalidade infantil duplicando em 1914-16, e em fevereiro de 1917 as mulheres trabalhavam uma média de 40 horas por semana, aguardando em filas para fazer compras depois de dez horas de trabalho diário.[8] Além disso, o influxo de sangue novo não conseguiu vencer o pântano das tradições locais de radicalismo. Muitos rapazes escapavam da convocação por causa de seu trabalho em fábricas de munição ou recebiam permissão para retornar às suas fábricas. Em 1917, mais da metade da classe trabalhadora de Petrogrado já estava na cidade desde antes da guerra.[9] Isto era importante porque sua história era de uma excepcional militância. Entre 1895 e 1916, cerca de um quarto da mão de obra das fábricas russas entrou em greve a cada ano, e nas duas ondas de greve, de 1905-6 e 1912-14, uma média de três quartos – muito mais que na Alemanha, França ou Grã-Bretanha.[10] A partir do verão de 1915, uma terceira onda teve grande força. A princípio, concentrou-se nas questões dos locais de trabalho, especialmente os salários, à medida que os preços subiam mais que os ganhos dos trabalhadores. Contudo, à medida que o movimento se expandia, seu objetivo tornou-se o Estado. O número de trabalhadores da indústria que entrou em greve subiu de 539.528 (28% da força de trabalho) em 1915 para 957.078 (49,8%) em 1916. Um total de 676 mil entrou em greve só em janeiro e fevereiro de 1917, e dessas greves, 86% eram protestos políticos.[11] A guerra provocou a crise de subsistência, mas essa crise disparou o movimento de protesto, em vez de ser sua força motora. Embora os Dias de Fevereiro tivessem começado com demonstrações exigindo pão, eles conheceram a maior greve da história de Petrogrado, e desde a primeira tarde slogans e faixas também denunciaram o czar e a guerra.[12] Dezenas de milhares se espalharam pelas ruas, tentando romper os cordões policiais e alcançar o coração da cidade. Enquanto o bairro revolucionário *par excellence* da Paris da década de 1790, o Faubourg Saint-Antoine, era um núcleo de oficinas de artesãos, o olho da tormenta de 1917 estava em Vyborg, um subúrbio de habitantes da classe trabalhadora e de metalurgias e fábricas de armamentos do outro lado do rio Neva, em oposição aos bairros centrais. Uma revolta nesta escala exigia organização, e empregados experientes das plantas maiores, principalmente os metalúrgicos de Vyborg supriram essa organização.[13] Contudo, se os Dias de Fevereiro foram planejados pelos bolcheviques é algo questionável. Embora os historiadores da antiga União Soviética tenham enfatizado o papel dos membros do partido, os autores ocidentais, até recentemente, enfatizaram a espontaneidade da insurgência.[14] A verdade, provavelmente, está entre essas duas opiniões, com o movimento se tornando cada vez mais organizado à medida que avançava. Contudo, a liderança partiu não apenas dos bolcheviques, mas também de outras organizações socialistas, como os mencheviques e os revolucionários soviéticos, ou mesmo de pessoas pertencentes a qualquer outro grupo. A maioria da liderança bolchevique foi exilada na Sibéria, e os partidos de esquerda não iniciaram o protesto, embora tenham agido rapidamente para garantir o controle dele.

Os que protestavam podiam criar um movimento revolucionário, mas não podiam realizar uma revolução. Para isso, a condição essencial, obtida de maneira notavelmente rápida em fevereiro e depois, foi o motim da guarnição de Petrogrado, depois do qual os soldados colaboraram com os grevistas na tomada dos centros do poder. A princípio, o comandante militar de Petrogrado, o general Khabalov, esperava controlar a situação evitando a violência. Contudo, no dia 25, Nicolau, que estava longe nos quartéis de Mogilev, havia telegrafado dizendo que as desordens eram inaceitáveis diante do inimigo e deviam ser suprimidas. Khabalov havia proibido as reuniões públicas nas ruas e colocou tropas com autorização para abrir fogo. No dia 26 de fevereiro, um domingo, tiros haviam sido disparados em diversos locais, principalmente na praça Znamenskaya, provocando uma centena ou mais de baixas. Na manhã de segunda-feira, 27 de fevereiro, os NCOs do regimento de Volysnkii levaram seus homens a desafiar os oficiais, recusando-se a atirar. Eles espalharam o motim para os regimentos vizinhos e começaram a se apoderar das armas e ocupar os edifícios públicos. Uma ação paralela por parte dos trabalhadores do lado Vyborg, em que a liderança bolchevique foi proeminente, assumiu o controle do local. Depois que os movimentos se juntaram, passaram a controlar um terço da cidade e cortaram o acesso das forças pró-governo às armas e à munição. No dia 28, Khabalov praticamente não contava com nenhuma tropa leal e informou que havia perdido o controle de toda a Petrogrado.[15]

As autoridades contavam com apenas 3,5 mil policiais, que sumiam diante da multidão e da guarnição, composta por 180 mil homens na cidade e mais 150 mil nos subúrbios.[16] A deserção da guarnição foi decisiva, embora pouco se saiba sobre seus motivos. As tropas já haviam se recusado a atirar contra os grevistas em 1916 e, embora no começo dos Dias de Fevereiro a cavalaria e os cossacos tenham colaborado com a polícia, isso em parte se deveu porque eles não tinham que atirar, e a multidão evitou provocá-los. A ordem do czar do dia 25 de fevereiro forçou-se a escolher, depois de terem tido três dias para nutrir sentimentos de solidariedade com os que protestavam. A instrução de atirar em homens, mulheres e crianças parece ter desencadeado a desobediência, e depois de ter começado, a lógica apontava para o desarmamento dos oficiais e a derrubada do regime para evitar a retaliação.

Contudo, é necessário relacionar o motim com a transformação do exército a partir de 1914. O motim se espalhou, supostamente, entre os regimentos das guardas de elite, pessoalmente leais ao imperador e de origem basicamente rural, e não das áreas industriais. Mas muitos membros da guarnição eram veteranos que haviam retornado da guerra depois de terem sido feridos, jovens recrutas crus e *ratniki* de meia-idade que haviam sido convocados em suas vilas tardiamente. Entre os membros mais alienados de uma força desiludida, eles estavam em quartéis provisórios perto do centro da cidade, onde as discussões cruciais da noite de 26/27 de fevereiro ocorreram.[17] Não foi coincidência os NCOs assumirem a liderança, visto que eles pouco se diferenciavam, em termos sociais, de seus homens e dada a escassez de oficiais regulares, dos quais os que ficaram eram principalmente jovens e inexperientes. Portanto, as baixas perturbadoras da Rússia contribuíram para tornar a disciplina tão frágil, assim como a insatisfação com rações inadequadas, a aparente falta de propósito da guerra e a invencibilidade do inimigo.[18] No papel, as atividades do império davam-lhe uma vantagem em número de homens e armas pesadas,[19] mas ao preço de um exército diluído, uma moeda desvalorizada e uma força de trabalho insurgente. No momento em que a estratégia de Chantilly exigiu um golpe decisivo, a Rússia (e, portanto, a coalizão aliada como um todo) estava exausta demais para desfechá-lo. O fato de a guarnição ter se juntado à revolução foi devido, em parte, aos erros táticos das autoridades e também aos efeitos corrosivos da guerra. O mesmo vale para o desmoronamento da velha ordem. Agora chegamos ao seu sucessor ou, mais precisamente, às duas novas fontes de autoridade, o Soviete de Petrogrado e o Governo

Provisório. Se o primeiro motor da revolução foi a insatisfação das massas, representada pelos trabalhadores da indústria e pelos soldados camponeses, o segundo foi a alienação da *intelligentsia* e dos ricos e educados, um fenômeno que acontecia havia décadas e que as condições dos tempos de guerra exacerbaram. A *intelligentsia* constituía uma oposição autoperpetuada ao sistema político, e dentro dela um poderoso elemento estava comprometido com a transformação social violenta. Contudo, desde a virada do século, a oposição tinha se organizado em partidos políticos, alguns dos quais tinham deixado de ser revolucionários depois das reformas constitucionais de 1905-6. Uma linha divisória básica separava liberais como os Cadetes e os Outubristas, que formavam a espinha dorsal do Bloco Progressista da Duma, dos socialistas, dos quais os mais importantes eram os Revolucionários Socialistas (ou RSs), os bolcheviques e os mencheviques. O Governo Provisório representava o primeiro grupo, e o Soviete de Petrogrado, o segundo.

Os organizadores do Soviete (ou Conselho dos Trabalhadores e Representantes dos Soldados) tinham certa vantagem. Uma instituição similar existira em 1905, e em 27 de fevereiro os socialistas o reavivaram. A iniciativa partiu dos representantes dos mencheviques no Grupo da Central dos Trabalhadores no Comitê Central das Indústrias de Guerra, um grupo eleito que os bolcheviques haviam boicotado. Uma reunião estabeleceu um Comitê Executivo Provisório (*Ispolkom*), e fábricas e unidades militares elegeram os representantes do Soviete. A maioria dos membros do *Ispolkom* eram mencheviques, embora, durante o mês de março, os representantes de outros partidos socialistas tenham sido acrescentados. Contudo, cada vez mais, ele agia em nome do Soviete, sem consultar as sessões plenárias.[20] Ele não hesitou em emitir ordens executivas e estabeleceu uma comissão militar que assumiu a responsabilidade pelo comando da guarnição para garantir a lei e a ordem. Como a maioria dos soldados parecia ter aceitado sua autoridade, ele poderia ter assumido a responsabilidade pelo governo da cidade, mas deliberadamente preferiu não fazê-lo. As razões provinham, em parte, da exegese marxista (os mencheviques acreditavam que uma fase de governo burguês-liberal fosse necessária antes que a Rússia estivesse madura para o socialismo), mas havia outras de ordem estritamente prática: faltava-lhe experiência administrativa e ele temia a contrarrevolução e a guerra civil se avançasse rápido demais. Assim, preferiu a cooperação com o emergente Governo Provisório, com o qual, na noite de 1º/2 de março, chegou a um acordo de oito pontos, estabelecendo a autoridade dupla (*dvoevlastie*) que caracterizaria os meses seguintes.

Alguns historiadores argumentaram que Nicolau havia perdido sua última e melhor chance de salvar a monarquia quando se recusou a fazer concessões à Duma, em 1915.[21] A evidência aponta para as duas direções. Por um lado, parece improvável que os liberais pudessem ter feito mais contra os alemães ou mobilizado a economia de guerra mais rapidamente, e se tivessem obtido sucesso quanto a esta segunda ação, teriam intensificado o protesto popular. Uma revolta como a de fevereiro provavelmente teria acontecimento de qualquer modo. É muito provável que a principal diferença tenha sido a resistência mais forte das autoridades e talvez uma divisão no exército, com o aumento do risco de uma guerra civil. Mas Nicolau, incentivado pela esposa, estava paralisado por sua convicção de que devia proteger seus poderes autocráticos para passá-los ao filho, recusando-se a qualquer compromisso. No final de 1916, o Bloco Progressista e até o Stavka encontravam-se numa disposição quase revolucionária. Num sensacional discurso na Duma, em novembro, Pavel Milyukov, dos Cadetes, perguntou retoricamente se os erros do governo eram devidos à estupidez ou à traição, enquanto o outubrista A. I. Guchkov estava em contato com os oficiais mais graduados sobre um possível golpe. Contudo, os liberais estavam indecisos, temendo uma revolta que varresse a elite social totalmente e, portanto, hesitando arriscar atos revolucionários em vez de palavras inflamadas.[22] Além disso, a guerra havia aumentado a cooperação prática entre os liberais dos *zemstvos* e as municipalidades (e os industriários dos comitês de indústrias de guerra) e a burocracia. As concessões de Nicolau não fizeram que a oposição tivesse um interesse pelo sistema a ponto de abandonar sua posição confortável.[23]

Tais considerações ajudam a explicar o cuidado da Duma quando a revolução teve início. No dia 27 de fevereiro, os deputados se viram cercados no palácio Tauride por insurgentes, enquanto o Soviete emergia como rival potencial. Eles se arriscariam ao ataque físico se ficassem do lado do velho regime, ao qual a maioria se mostrava veementemente hostil. Contudo, eles queriam garantir a ordem pública e o esforço de guerra, temendo represálias da autocracia se esmagassem a revolta. Eles estabeleceram um comitê provisório para "restaurar a ordem", sob o comando do presidente da Duma, Rodzianko, que começou a agir como gabinete embrionário. Em 2 de março, mostraram-se dispostos a arriscar o estabelecimento do Governo Provisório segundo seu próprio estilo, com a aquiescência do Soviete. Pelos termos do acordo entre as duas autoridades, todos os prisioneiros políticos seriam anistiados, a liberdade de expressão, as assembleias, as associações e as greves seriam todas garantidas, com as autoridades provinciais eleitas, bem como uma milícia (para substituir a polícia), e as unidades que haviam participado da insurgência conservariam suas armas e não seriam mandadas para o front. Assim, o Governo Provisório ficaria à mercê do Soviete e da guarnição da cidade; ele havia desmantelado o aparelho de coerção e permitido total liberdade política em meio a uma guerra desesperada. Comandado pelo príncipe Lvov e apoiado sem entusiasmo pelo *Ispolkom*, assumiu o poder em circunstâncias que tornaram o efetivo exercício desse poder quase impossível.[24]

O último ponto a ser considerado é o destronamento da dinastia. A princípio, Nicolau tinha esperança de suprimir a insurgência com os leais soldados do front e ordenou que uma expedição sob o comando do general Ivanov avançasse contra a capital. Os ferroviários atrasaram a movimentação dos trens, e a vanguarda de Ivanov confraternizou-se com as unidades amotinadas que encontrou *en route*, mas o principal motivo do fracasso de sua expedição foi que Nicolau lhe deu ordens de retroceder. Sua decisão resultou de uma avaliação do Stavka de que a monarquia não valia a pena ser salva, o que foi crucial para persuadi-lo a abdicar. Alguns membros do Governo Provisório, principalmente o ministro das Relações Exteriores, Milyukov, e Guchkov, o ministro da Guerra, queriam uma monarquia constitucional, e não uma república – mas mesmo eles não eram ligados a Nicolau. Entre os generais, Brasilov há muito defendia um governo aceitável pela Duma, bem como Ruszkii, o comandante do setor norte. Nicolau foi redirecionado para o quartel de Ruszkii, em Pskov, depois de tentar em vão juntar-se a sua família no palácio de Tsarskoye Selo. Ali, sem Alexandra, ele fortificou sua resistência, encarando duas rodadas de pressão. Em 1º de março, Alekseyev, apoiado por Brusilov, Ruszkii e o grão-duque Nicolau, insistiram para que ele aceitasse um governo da Duma. Ele concordou com relutância. Mas, naquela noite, Rodzianko comunicou, de Petrogrado, que só a abdicação seria aceita, e Ruszkii, apoiado por Alekseyev, pelo grão-duque Nicolau e pelos outros comandantes do front, agora pressionava Nicolau.[25] Desta feita, ele aceita a proposta e abdica em favor de seu irmão, o grão-duque Michael, que, por sua vez, se mostrou relutante quando o Governo Provisório advertiu-o de que persistir poderia levar à guerra civil e que não poderia garantir sua segurança. Com a publicação das duas abdicações, em 4 de março, os três séculos de domínio dos Romanov expirou com um sussurro. Nicolau, que sempre fora uma curiosa combinação de retraimento indiferente, descobriu-se quase completamente isolado, com seu absolutismo teórico esfarelando em suas mãos. A soberania que restava à Rússia agora passava nominalmente para o Governo Provisório.

Nicolau manteve sua resistência a um governo responsável diante da Duma até que Alekseyev aconselhou-o a desistir. De maneira similar, ele havia abdicado por ordem de seus comandantes. Brusilov e Ruszkii apoiaram a Duma antes da revolução, mas Alekseyev só mudou de opinião durante ela, aparentemente influenciado pela evidência de que o movimento estava se espalhando (para as cidades ao redor de Petrogrado, para a frota em Kronstadt e para Moscou) e infectando cada vez mais unidades. Ele queria contê-la enquanto o exército estava quase todo intacto e seguiu o conselho de Rodzianko, provavelmente na esperança de que a partida de Nicolau levaria a um sucessor mais patriota e eficiente. Considerações similares tiveram peso para o próprio Nicolau, e ele se referiu a elas como sua proclamação de despedida. Depois que ele desistiu de seus poderes autocráticos, abrir mão de seu título imperial foi comparativamente fácil e pode ter sido um alívio. As multidões em Petrogrado certamente queriam que a monarquia se fosse, e as notícias de que isso havia acontecido provocou celebrações explosivas na capital e no front. Por todo o país, estátuas, águias de duas cabeças e outros emblemas da dinastia foram despedaçados. Contudo, para o alto-comando e Nicolau, cujas decisões nesse levante relativamente sem sangue foram cruciais, as principais preocupações eram preservar o exército e evitar a derrota, cujos imperativos significavam que a monarquia devia ser sacrificada. A guerra tinha dado início à revolução e era básica para seu ato culminante.

Contudo, as esperanças do Stavka e do Governo Provisório de canalizar o impulso da revolução logo se mostraram equivocadas. Elas receberam um golpe mortal antes da abdicação de Nicolau sob a forma da Ordem do Exército Nº 1 do Soviete de Petrogrado em 1º de março. Os membros do *Ispolkom* rascunharam essa ordem com certo envolvimento militar, não se sabe se de soldados rasos ou de oficiais escolhidos a dedo.[26] Parece ter sido uma resposta aos esforços de políticos da Duma por ganhar controle sobre o exército e restaurar o respeito pelos oficiais, já que o *Ispolkom* temia que os militares se tornassem a plataforma para a contrarrevolução e tencionava remover esta ameaça imediatamente e para sempre. A Ordem do Exército Nº 1 afirmava que em todas as questões políticas as forças armadas estavam subordinadas ao Soviete, que podia anular as instruções do Governo Provisório. Ela exigia que todas as unidades, das companhias aos regimentos, elegessem comitês de soldados, que assumiriam o controle das armas e do equipamento. O Soviete agia sem consultar o Governo Provisório, que anuía à ordem, mas a repudiava, com Guchkov lamentando que nada podia fazer com relação ao que o Soviete desaprovava. Ele tampouco consultou o Stavaka, e se o alto-comando tivesse previsto esse fato, ele não teria hesitado em se livrar de Nicolau. A Ordem do Exército Nº 1 declarava as pretensões do Soviete em vez de efetivamente estabelecer seu controle, embora a revolução tenha enfraquecido drasticamente o corpo de oficiais czaristas (muitos dos quais foram presos e substituídos por outros mais populares, enquanto em Kronstadt dezenas de oficiais da marinha eram linchados). Na maior parte do exército, a ordem ficou conhecida em alguns dias, e os diários dos oficiais testificam unanimemente seu efeito desintegrador. A maioria do exército permaneceu em seu local, com as deserções variando entre 100 mil e 150 mil em março, em uma força de 7,5 milhões, mas os comitês de soldados espalharam-se rapidamente e ofuscaram até os comandantes mais graduados. Em meados de março, a pena de morte foi abolida, e os poderes dos oficiais de disciplina sumária foram transferidos para tribunais eleitos, enquanto se proclamava que os soldados estavam livres para se engajar na atividade política.[27] Em especial, dada a continuidade da falta de alimentos no exército, terminar com os poderes coercivos de seus líderes convidava a um rompimento acelerado.

Os acontecimentos no exército foram um microcosmo de processos mais amplos. Segundo os termos do acordo com o Soviete, o Governo Provisório removeu os governadores provinciais, suspendeu toda a censura e substituiu a polícia. A remoção da dinastia, que tencionava ajudar a conter a revolução, provavelmente fez mais que qualquer outra coisa para convencer o campesinato de que eles podiam desafiar a ordem social com impunidade. Ao desmantelar a estrutura da repressão, as novas autoridades esperavam neutralizar o risco de uma contrarrevolução, mas se deixaram ficar expostas a uma maior radicalização. Embora o Stavka e o Governo Provisório tivessem a esperança de manter e até intensificar a contribuição da Rússia à guerra, eles estavam perdendo a capacidade de fazê-lo. Entretanto, os socialistas ainda não haviam solicitado a paz, e as petições enviadas por soldados ao Soviete e ao Governo Provisório em março e abril geralmente não pediam um cessar-fogo imediato, considerando, em vez disso, a democratização e a reforma como prioridades maiores.[28] A guarnição de Petrogrado tampouco se manifestou por um fim do conflito, e seus membros trataram com indiferença os agitadores que o fizeram. Fevereiro, portanto, não foi inicialmente uma revolta contra a guerra. Mesmo assim, o movimento popular foi alimentado pela oposição com os efeitos da guerra, para não mencionar a oposição a todos os tipos de autoridade: dos oficiais da marinha que foram assassinados aos contramestres das fábricas que foram expulsos em carrinhos de mão, assim como Nicolau. Nessa circunstância, as chances de apoio para a guerra continuavam muito pequenas.

* * *

Enquanto um consenso em prol da guerra se fragmentava na Rússia, outro se cristalizava do outro lado do Atlântico. Isso foi algo repentino. Apenas quase dois meses antes de os Estados Unidos declararem guerra à Alemanha, em 6 de abril de 1917, não parecia haver nenhum desejo público ou no Congresso referente à intervenção, e nenhum desejo de Wilson de propô-la. Durante 1916, a entrada dos americanos na guerra ao lado dos Aliados pareceu cada vez mais improvável. Na verdade, no ano entre o afundamento do *Lusitania* e o do *Sussex*, Washington estivera em confronto quase contínuo com Berlim quanto à campanha dos submarinos, e a simpatia de Wilson pelos Aliados estava no auge. Ele permitiu que o governo britânico emitisse bônus de guerra em Wall Street, abrandou sua oposição ao bloqueio e, com o memorando de House-Grey, deu a entender a intervenção para que os objetivos de guerra dos Aliados fossem alcançados. Mas no verão de 1916, a Grã-Bretanha e a França deixaram de lado o memorando, o protesto contra o afundamento do *Sussex* juntava-se à questão dos U-Boats, enquanto Washington se desentendia com Londres sobre a lista negra e a intercepção da correspondência dos neutros. As exportações americanas para os Aliados estavam em questão porque estes se aproximavam do fim de sua capacidade de pagar por elas. Na verdade, as autoridades americanas deram as boas-vindas a uma atenuação do *boom*, como demonstrou a advertência do Fundo de Reservas Federais, em 1916, contra a compra de papéis do Tesouro Britânico.* As eleições presidenciais desse mesmo mês tampouco demonstraram qualquer desejo de beligerância. Os republicanos escolheram Charles Evans Hughes em vez de Theodore Roosevelt, em parte porque este último era um dos poucos políticos americanos importantes que (insistindo que a Alemanha era uma ameaça e que a causa dos Aliados era justa) advogava abertamente a intervenção. Wilson tentou tachar Hughes de belicista, e os democratas projetaram o presidente como "o homem que nos manterá fora da guerra".[29] Entretanto, a diplomacia de Wilson girava em torno de três temas interconectados: comércio e empréstimos, bloqueio e U-Boat, e sua ânsia por funcionar como mediador. Suas tentativas de mediação forçaram-no a elaborar sua visão do acordo de paz e aguçaram seu apetite por se envolver nele. Desde o início do conflito, Wilson pensava em criar uma organização internacional de segurança coletiva, e pressionava os grupos unidos pelo mesmo objetivo. Em um discurso de maio de 1916 ao mais proeminente deles, a Liga pelos Esforços de Paz, ele se declarou favorável ao estabelecimento dessa organização e da filiação dos Estados Unidos a ela. Ele e Hughes reafirmaram esse ponto de vista em suas plataformas eleitorais. Contudo, a despeito da aparente concordância entre democratas e republicanos quanto a este assunto, Wilson tinha assimilado seu internacionalismo do pensamento socialista e progressista.[30] Além da Liga das Nações, ele também abraçou o ideal de uma paz democrática, baseado no consenso dos governados, na autodeterminação nacional e na liberdade dos mares. Este "internacionalismo progressista" contrastava com o "internacionalismo conservador" dos líderes republicanos da costa leste, que pretendiam preservar a paz por meio da cooperação transatlântica.[31] O internacionalismo progressista provavelmente era mais fácil ser conciliado com os objetivos dos Aliados que com os das Potências Centrais, mas Wilson suspeitava dos dois lados, acreditando que ambos deviam ser contidos em seus interesses de um acordo duradouro. Quando o sucessor de Bryan como secretário de Estado, Robert Lansing, sugeriu em 1915 que os Estados Unidos deveriam declarar guerra à Alemanha para derrotar o militarismo alemão, mas também para conter o imperialismo aliado na conferência de paz, Wilson replicou que esse conceito estava de acordo com seu próprio pensamento.[32] A possibilidade de beligerância estava em sua mente desde a crise do *Lusitania*, mas ele se mostrava pouco disposto a arriscá-la e achava que teria pouco apoio da opinião pública se a tentasse.

Não obstante, mesmo em campanha contra Hugues, Wilson sabia que Berlim provavelmente não respeitaria o apelo do *Sussex* por muito mais tempo e que outra crise dos submarinos era iminente. Depois de sua reeleição, ele voltou ao ativismo diplomático, cada vez mais desesperado por ser o corretor da paz antes que tivesse de escolher

---

* Cf. livro 2 ("A escalada"), caps. 3, 7 e 8.

entre a guerra e a humilhação. Mas ele postergou demais as coisas, e quando as Potências Centrais publicaram sua nota de paz, em 12 de setembro, ele se sentiu obrigado a lançar a sua no dia 18, para prevenir uma contestação irada dos Aliados que arruinasse toda perspectiva de acordo. Afirmando que os objetivos dos dois lados até então publicamente declarados pareciam indistinguíveis, ele apelou a eles que especificassem seus objetivos.[33] Contudo, enquanto os alemães educadamente se recusaram a fazê-lo, a resposta dos Aliados, em 10 de janeiro de 1917, estabeleceu seus objetivos com detalhes sem precedentes (ainda que enganadores). Daí a nota não ter aproximado as partes, mas permitiu que os Aliados começassem a reconstruir pontes com Washington, com Wilson reconhecendo sua maior lhaneza em sua próxima importante iniciativa (em 22 de janeiro), seu discurso Paz sem vitória. Nele, Wilson se comprometia, pela primeira vez, não apenas a apoiar a Liga das Nações, mas também a formar uma agenda internacionalista progressista mais ampla. Os Estados Unidos, afirmou ele, só se filiariam à Liga se a paz por ela garantida não tivesse um perdedor ressentido. A paz devia basear-se nas liberdades democráticas para todos os povos, as transferências territoriais só seriam feitas com o consenso de seus habitantes, a liberdade dos mares e limitação dos armamentos. Como ilustração, ele conclamou uma "Polônia unida, independente e autônoma"; uma fórmula que ele esperava que fosse incontestável, mas que provocou a fúria de Berlim. Seus objetivos estavam se tornando mais claros, e ele estava pendendo para o lado dos Aliados, mas a beligerância americana ainda permanecia distante.[34]

A política de Wilson mudou, em grande parte, como resposta às ações da Alemanha, principalmente a retomada da campanha dos submarinos em 1º de fevereiro e o despacho do Telegrama de Zimmermann. Sem esses fatos, os Estados Unidos provavelmente teriam ficado distantes da guerra, e esta teria terminado em termos muito mais favoráveis às Potências Centrais, com a Rússia entrando em colapso de qualquer modo, e a Grã-Bretanha e a França ficando fracas demais para vencer sozinhas. Mas enquanto Wilson buscava a intermediação, os alemães se reuniram em Pless e lançaram a sorte. De maneira característica, Bethmann procurou negociar até o último minuto, na esperança de, de alguma forma, reconciliar a campanha do U-Boat com a neutralidade americana. Em 29 de janeiro, ele persuadiu Guilherme e Hindenburg a concordarem em enviar a Washington uma lista confidencial dos objetivos de guerra da Alemanha, mas este documento sem compromisso meramente enfatizou o abismo entre os dois lados,[35] especialmente da forma como foi comunicado em 31 de janeiro, simultaneamente com o anúncio de que a campanha irrestrita dos submarinos seria retomada no dia seguinte. Com certeza, esse prazo não foi calculado para convencer os americanos da boa fé do chanceler, mas, de qualquer modo, embora Bethmann e Wilson preferissem manter os Estados Unidos neutros, suas prioridades estavam fundamentalmente em conflito. Bethmann tencionava confinar o papel dos Estados Unidos a levar os dois lados para a mesa de conferência, depois da qual os Estados Unidos deviam se retirar enquanto a Alemanha impunha seus desejos, só voltando para ajudar a estabelecer as instituições internacionais que garantiriam o novo *status quo*. Contudo, Wilson desejava se associar à Liga das Nações somente se o tratado de paz respeitasse os princípios liberais. Os líderes alemães estavam certos em suspeitar de que ele teria prevenção contra eles. A rota de escape de um compromisso mediado pelos americanos ocupou muita atenção em Berlim e Washington, mas nunca pareceu levar a algum lugar.[36] Era típico de Ludendorff que, em vez de persistir, ele resolvesse agir. A marinha alemã queria que a "zona de guerra" em torno das Ilhas Britânicas fosse estabelecida sem praticamente nenhuma advertência, de modo a maximizar o efeito de choque, para impedir que os britânicos fizessem estoques e assustar os navios neutros. Wilson ficou a princípio surpreso e desorientado com as notícias, que chegam num momento em que ele achava que, finalmente, estava fazendo progresso no esclarecimento dos objetivos de guerra.[37] Os alemães haviam manifestadamente violado o compromisso do *Sussex* (pelo menos em sua interpretação pelos americanos), e a coerência exigia que ele cumprisse sua ameaça de romper relações. Contudo, o presidente era governado por uma ética do autocontrole e se recusou a ser comandado pela cólera. Ele sabia que o rompimento de relações poderia acabar levando à guerra. Ele considerou a alternativa da aquiescência, mas depois de consultar seu gabinete e os líderes democráticos do Senado, devolveu ao embaixador alemão suas credenciais. A maioria da imprensa aplaudiu sua ação, mas a esta altura as vozes que clamavam pela guerra eram uma diminuta minoria, e se até o presidente tinha que pedir ao Congresso que a declarasse, parecia pouco provável ganhar o apoio dos congressistas. A conversão do presidente e do público à intervenção só ocorreu nos dois meses seguintes, e no tocante ao segundo, o Telegrama Zimmermann representou o acontecimento-chave.

Arthur Zimmermann (o novo ministro alemão das Relações Exteriores) enviou o telegrama no dia 16 de janeiro a seu embaixador em Washington, o conde Bernstorff, para ser repassado ao ministro alemão na Cidade do México, Heinrich von Eckardt. Se os Estados Unidos entrassem na guerra, Eckardt estava autorizado a oferecer ao México uma aliança segundo a qual os dois países lutariam lado a lado, com a Alemanha fornecendo ajuda financeira e permitindo que o México recuperasse o território que havia perdido para os Estados Unidos depois da guerra de 1846-48. Eckardt também devia incentivar o presidente mexicano, Venustiano Carranza, a convidar o Japão a mudar de lado. O documento foi transmitido no código diplomático alemão e por três vias diferentes. A primeira foi uma mensagem de rádio da Alemanha para uma estação receptora em Long Island, que os americanos haviam permitido que continuasse aberta. A segunda foi a "rotatória sueca", ou seja, o ministro sueco das Relações Exteriores permitiu que os telegramas alemães fossem enviados por seus cabos a seus representantes nas Américas. A terceira foi o próprio serviço diplomático telegráfico dos americanos entre a embaixada em Berlim e o Departamento de Estado, uma facilidade especial posta à disposição dos alemães por Wilson, quando estava tentando ser mediador, embora dificilmente para o propósito de organizar uma coalizão contra ele. A inteligência da marinha, em Londres, interceptou a mensagem em todas as suas três direções, já que os cabos suecos e americanos tocavam a terra na Grã-Bretanha. Além disso, os britânicos possuíam o relevante livro de códigos que aparentemente haviam capturado em 1915 na bagagem de Wassmuss, um agente alemão na Pérsia. Finalmente, um de seus agentes conseguiu roubar uma cópia no México, de modo que, se necessário, eles poderiam garantir a autenticidade do texto sem admitir que haviam interceptado um sistema de cabo neutro. Em suma, a saga testemunhou o formidável alcance global do serviço de inteligência britânico. Finalmente, o diretor de inteligência da marinha, Reginald Hall, combinou com a embaixada americana em Londres que Balfour, ex-primeiro-ministro e agora ministro das Relações Exteriores de George Lloyd e um homem em quem os americanos deviam confiar, apresentaria o documento pessoalmente ao embaixador americano. Tudo isso levou tempo, e foi só em 24 de fevereiro que o texto do telegrama chegou a Wilson. Na verdade, parece que ele nunca duvidara de sua autenticidade, e logo decidiu que deveria ser publicado. Ele foi entregue à imprensa em 1º de março, com o governo americano garantindo sua autenticidade, e no dia 3, Zimmermann confirmou que era genuíno.[38]

A história parece bizarra. É necessário que a investiguemos mais a fundo. Desde 1910, uma das maiores guerras civis revolucionárias do século XX estava acontecendo no México, com tropas americanas nela intervindo duas vezes. Na primeira, em 1914-15, Wilson estacionou homens em Veracruz como parte de um bem-sucedido pedido para desalojar Victoriano Huerta, que havia tomado o poder do premiê eleito e reformador Francisco Madero. Na segunda, Carranza e seus seguidores "constitucionalistas" haviam conseguido controlar a maioria do país até que, em março de 1916, tropas sob o comando do líder rebelde do norte (e antiCarranza) Pancho Villa atacassem a cidade americana fronteiriça de Columbus, no Novo México, e uma expedição americana sob o comando do general John Pershing entrasse no México em perseguição a Villa. Supostamente, essa expedição tinha o consentimento de Carranza, mas à medida que Pershing avançava para o sul, entrou em choque com forças constitucionalistas e uma guerra entre os Estados Unidos e o México parecia prestes a eclodir. Wilson acabou por chamar de volta as tropas de Pershing em janeiro e fevereiro de 1917, uma decisão que ele teria tomado de qualquer jeito, para evitar qualquer risco de um novo choque com a Alemanha.[39] Contudo, em novembro de 1916, durante o confronto com Washington, Carranza havia oferecido à

Alemanha entendimento político e uma estação de cabo telegráfico em agradecimento pela ajuda para a reorganização de seu exército e de sua frota.[40] Os alemães só responderam depois de tomar a decisão referente a seus submarinos, e até então Zimmermann instruíra Eckardt a só se aproximar de Carranza quando a guerra contra os Estados Unidos fosse inevitável – embora no telegrama de 5 de fevereiro (também decodificado pelos britânicos) ele pedisse a Eckardt que agisse imediatamente. Os alemães há muito haviam estabelecidos interesses econômicos no México, tendo vendido armas ao país e desde o início da guerra tinham tentado jogar os americanos num conflito com seu vizinho do sul. Eles não tinham meios de ajudar Carranza de maneira séria, mas Zimmermann esperava incentivar um ataque mexicano aos Estados Unidos se Wilson entrasse na guerra. Quanto a Tóquio, em 1916 representantes alemães e japoneses em Estocolmo mantiveram conversas secretas sobre uma possível paz russo-japonesa em separado, embora os contatos logo tenham sido abortados. Todas estas considerações ajudam a explicar a iniciativa original de Zimmermann, que era uma empreitada de alto nível elaborada com a aprovação de Guilherme e do OHL, embora possivelmente não por Bethmann. A subsequente admissão do ministro das Relações Exteriores que o telegrama era genuíno é mais um mistério, mas talvez ele tivesse a esperança de intimidar Washington, subestimasse a reação americana e temesse ser exposto como mentiroso se tentasse esconder a autenticidade do telegrama.[41]

As origens do telegrama importam menos que seus efeitos. Wilson ficou mais uma vez abalado e enfurecido, principalmente pelo uso de um cabo telegráfico que ele havia colocado à disposição de Berlim. O episódio reforçou sua convicção de que não podia confiar nos dirigentes alemães. Mas o principal significado do telegrama foi que, depois de sua publicação, uma grande parte da imprensa americana pediu a guerra pela primeira vez. Depois do afundamento do *Lusitania*, Wilson tinha observado que os americanos tinham um "desejo duplo": ver os interesses nacionais defendidos e, contudo, não dar nenhum passo que pudesse levar a hostilidades.[42] Nem a crise do *Sussex*, nem a retomada da campanha dos submarinos haviam mudado muito esse quadro. Tampouco o tinha mudado a propaganda dos dois lados. É verdade que a propaganda alemã era tacanha e incompetente, além de prejudicada pela invasão da Bélgica, pelas atrocidades dos U-Boats e pelas tentativas de sabotar a produção de munição americana.[43] O esforço britânico (orquestrado pela Wellington House) era muito maior e mais sutil.[44] Mas nenhuma quantidade de publicidade aliada poderia criar um sentimento intervencionista, até que as ações alemãs o incentivassem. A opinião pública americana estava dividida em termos étnicos, partidários e geográficos. As simpatias pelos Aliados e o sentimento contra as questões dos navios mercantes e os ataques dos submarinos eram mais fortes na costa leste. O apoio à neutralidade era mais forte no interior e principalmente no meio-oeste, onde se concentravam os teuto-americanos, dos quais apenas uma ínfima parte apoiava a intervenção ao lado das Potências Centrais.[45] De uma população americana, em 1910, de 92 milhões de habitantes, 2,5 milhões haviam nascido na Alemanha, e 5,78 milhões tinham um ou os dois pais de nacionalidade alemã. Em 1917, 522 jornais e revistas de língua alemã eram publicados nos Estados Unidos, e os teuto-americanos eram o maior grupo étnico em Baltimore, Pittsburgh, Chicago, Detroit, Los Angeles e São Francisco. Contudo, faltava-lhes uma influência proporcional a seu número e poderio econômico. Eles eram mal representados nos dois principais partidos políticos, muitos tinham receio de parecer antiamericanos e estavam divididos entre tendências católicas, protestantes e seculares, bem como entre gerações e partidárias.[46] O sentimento antibritânico entre muitos americanos de origem irlandesa e o sentimento antirrusso entre os judeus americanos não contrabalançavam essas fraquezas, e as simpatias pelos Aliados, pelo menos como era expressa pelos editoriais dos jornais, eram sempre a maioria. Mas, o que é mais importante, os obstáculos à entrada na guerra eram o isolacionismo do interior do país e a oposição ideológica da esquerda, o que significava não apenas o partido socialista (que a essas alturas da história americana era de tamanho considerável), mas também das alas progressistas dos republicanos e dos democratas. O Telegrama Zimmermann, contudo, tornou palpável uma ameaça alemã não apenas na costa leste, mas também no sudoeste e no oeste. Embora os mexicanos não tivessem levado em consideração a oferta de Zimmermann, e os japoneses a tivessem repudiado, uma barreira psicológica havia sido vencida. Os documentos "atlantistas" sobre a costa leste exigiam a guerra, seções importantes da opinião pública do restante do país seguiam suas lideranças e a maior parte da imprensa e líderes teuto-americanos permaneciam em silêncio.[47] Entretanto, vigorosos esforços da esquerda para manter acesa a campanha em favor da guerra prosseguiram até março, e os sentimentos de ultraje despertados por Zimmermann começaram a diminuir. Para atrair os progressistas e completar o consenso intervencionista, o homem que havia conquistado duas vitórias em eleições para os democratas agora tinha que oferecer uma liderança. E ela veio.

Wilson estava longe de ter se convencido sobre a retomada da campanha dos U-Boats. Ele se lembrava dos 19 militares americanos (e muitos mais mexicanos) mortos em Veracruz e não queria mais sangue nas mãos. Ele acreditava no que havia afirmado em seu discurso "Paz sem vitória", que um empate seria o melhor resultado tanto para a Europa quanto para os Estados Unidos. Ele tampouco queria agir, ou acreditar que agiria, sem o apoio da maioria. Não tinha desejos de dar motivos para que Berlim alegasse provocação, e durante fevereiro ele não tomou nenhuma medida militar ou de mobilização. Além disso, Wilson havia abandonado sua anterior insistência de que os U-Boats deviam respeitar as regras de navegação. Quando rompeu relações com a Alemanha, ele se deu tempo ao declarar que não acreditava que os alemães fariam o que ameaçavam, e que aguardaria os "atos declarados". Os primeiros usos de torpedos contra navios mercantes dos Aliados não modificou sua postura ou afetou a opinião pública em demasia, mesmo quando havia americanos a bordo.[48] Mas quando começou a ficar evidente que os alemães visavam realmente à marinha mercante, sua posição ficou insustentável. A ameaça não era apenas para os navios americanos, mas para todos os navios, aliados ou neutros, que entrassem na "zona de guerra". Os navios mercantes americanos hesitavam em sair para o mar, com as mercadorias se empilhando nas docas da costa leste, e revoltas envolvendo os alimentos irromperam nas cidades do leste. Em meados de fevereiro, mesmo antes das notícias sobre o Telegrama Zimmermann, Wilson decidiu buscar autorização do Congresso para colocar canhões e soldados nos navios mercantes americanos; ele sabia que era praticamente certo que essa atitude levaria a um confronto bélico em alto-mar. De qualquer maneira, ele provavelmente obteria a aprovação da maioria, mas o telegrama tornou a maioria absoluta na Câmara dos Deputados. No Senado, tal resultado poderia ter sido o mesmo se não fosse a obstrução de quatro isolacionistas, o que enfureceu o presidente. De qualquer modo, ele achou que podia ir em frente e armar os navios. Logo depois os "atos declarados" começaram: em 16 de março o navio americano *Vigilancia* foi afundado sem advertência, com a perda de 15 vidas. Outros navios logo se seguiram. Berlim e Washington agora estavam em rota de colisão.

A decisão de Wilson de ir à guerra ocorreu por essa época. Ele a havia tomado em definitivo em 21 de março, quando pediu que o Congresso fosse convocado cedo para o que se tornou sua mensagem de guerra de 2 de abril. No dia 20, ele havia consultado seu gabinete, que se manifestou por uma unânime aprovação. Contudo, no dia anterior, quando ele se encontrou com Lansing, ainda parecia hesitante. Seus motivos permaneciam misteriosos, embora saibamos como seus conselheiros o orientaram.[49] Ele havia ignorado House e Lansing no passado, mas desta vez ele parecia tê-los levado em consideração, mesmo que a decisão fosse caracteristicamente solitária e ele tenha escrito sua mensagem de guerra apenas com House. Ele poderia ter considerado por mais tempo a possibilidade de uma neutralidade armada, mas sabia que as hostilidades de fato viriam de qualquer maneira, a menos que ele atropelasse de maneira flagrante os direitos americanos, algo em que ele chegou a pensar, mas rejeitou com coerência. Tampouco, como sugeria a experiência, havia alguma chance de um acordo com a Alemanha – de qualquer modo, um acordo que funcionasse. Além disso, a neutralidade armada, como Lansing afirmou e Wilson reiterou em sua mensagem de guerra, não proporcionaria representatividade na conferência de paz. Essa representatividade havia se tornado uma ambição pessoal para o presidente, e seria crucial para atrair os intelectuais progressistas e os idealistas de seu partido para ele.[50] Por fim, ele sabia que, em março – pela primeira vez –, se ele recomendasse a guerra, o Congresso e o povo provavelmente o seguiriam. No final, as maiorias das duas casas foram esmagadoras.

Isso não significa que Wilson tenha sido forçado a ir à guerra pela opinião pública, e muito menos por seus auxiliares. Pelo contrário, seu comprometimento fez mais que qualquer outra coisa para rebater a oposição remanescente. Se ele tivesse decidido se opor à intervenção, teria enfrentado um Congresso dividido, mas provavelmente teria prevalecido. Ele tampouco se deleitava com a guerra, em contraste com seu arquicrítico Theodore Roosevelt. Ao contrário dos líderes europeus em 1914, o presidente tinha diante de seus olhos a evidência do que significava um conflito moderno. Ele passou noites a fio em angústia e sabia que estava mandando homens para a morte. Tampouco, embora visse isso como parte de seu dever para promover a prosperidade nacional, ele parece ter se preocupado com as exportações e os empréstimos aos beligerantes. Pelo contrário, ele e seus conselheiros esperavam que os Aliados vencessem, embora a ajuda americana pudesse acelerar o processo.[51] Ele desconhecia a profundidade das dificuldades econômicas da Grã-Bretanha e a fragilidade do moral dos franceses, embora, a princípio, esperasse que a Revolução de Fevereiro, da qual as notícias chegaram a Washington em 15 de março, fortalecesse o esforço de guerra da Rússia. Em contrapartida, isso significava que o argumento estratégico (de que uma vitória alemã poria em perigo o hemisfério ocidental), embora pesasse para os republicanos, bem como para Lansing e House, não foi decisivo para Wilson. Como a imprensa, ele saudou a derrubada do czar por tornar mais plausível o fato de que a ajuda aos Aliados promoveria a autodeterminação, e ele considerava que "apressar e fixar" a democratização na Alemanha e na Rússia era um motivo a mais para entrar na guerra.[52] Mas seu ponto de partida era que, dado o desafio aos direitos dos neutros, ele não via alternativa à beligerância. A campanha irrestrita dos submarinos foi um motivo essencial para os americanos entrarem na guerra, e não apenas um pretexto para essa entrada. Mesmo assim, a atração-chave da beligerância acima da neutralidade armada era dar a Wilson influência sobre os dois lados numa conferência de paz.

A crença de Wilson de que os Aliados estavam em vantagem é crucial para entender o que ele estava fazendo, que não era simplesmente se juntar a eles para esmagar a Alemanha, ignorando o princípio da "paz sem vitória". Os fatos o haviam convencido de que a autocracia de Hohenzollern devia ser humilhada, mas ele permaneceu fiel a uma paz sobre princípios liberais, a que os Aliados se opunham de maneira tão veemente quanto seus inimigos. Apesar disso, ele autorizou a ajuda aos Aliados mesmo antes de entrar na guerra. A Reserva Federal anulou sua advertência de novembro de 1916 e incentivou o crédito privado à Grã-Bretanha, enquanto o Departamento de Estado suspendia seus protestos contra o bloqueio.[53] Mas a mensagem de guerra de Wilson visava uma ajuda substancial, mas não irrestrita: os Estados Unidos deviam entregar suprimentos, ampliar os empréstimos, incrementar sua marinha e convocar um milhão de homens. O cálculo implícito – de que os parceiros dos Estados Unidos travariam o combate pesado – lembrava o de Kitchener em 1914. Além disso, ao contrário da Grã-Bretanha, os Estados Unidos declararam guerra apenas à Alemanha, e não às Potências Centrais, e ficaram fora do Pacto de Londres. O país interveio como potência "associada", ciosa de sua independência e se reservando o direito de concluir uma paz em separado. Os americanos entraram na guerra não para salvar os Aliados da derrota, mas para ajudar a cortar as asas da Alemanha e mediar um eventual tratado. Contudo, Wilson e seus assessores, como os britânicos antes deles, subestimaram a Alemanha e superestimaram a Rússia e a França. Os Estados Unidos se atolariam mais do que haviam previsto, até que no outono de 1918 as Potências Centrais acabaram entrando em colapso, e Wilson pôde voltar a seu plano original. Embora a Revolução Russa fosse apenas um fator secundário a influenciar a intervenção americana, suas implicações obscureceriam a história dos 12 meses seguintes. O verão de 1917 seria uma estação de crise para os Aliados, e na primavera de 1918 as Potências Centrais alcançariam seu zênite. Esses eventos devem ser considerados antes de voltarmos à efusão dos recursos americanos que finalmente permitiram que os Aliados, apesar de tudo, triunfassem.

Notas

1. O melhor relato é Hasegawa, *February Revolution*; ver também Pipes, *Russian Revolution*; Figes, *People's Tragedy*; e o comentário de Acton, *Rethinking*.
2. Figes, *People's Tragedy*, p. 307; Stone, *Eastern Front*, p. 296.
3. Ibid., pp, 296-300; Pethybridge, *Spread of the Russian Revolution*, cap. 1.
4. Stone, *Eastern Front*, pp. 295-6.
5. Lih, *Bread and Authority*, pp. 22-55; cf. Struve, *Food Supply*.
6. Smith, *Red Petrograd*, p. 46.
7. Ibid., pp. 9-10.
8. Ibid., p. 13; Figes, *People's Tragedy*, p. 300.
9. Hasegawa, *February Revolution*, p. 570.
10. Koenker and Rosenberg, *Strikes and Revolution*, p. 25.
11. Ibid., pp. 57, 66.
12. Wildman, *End of the Russian Imperial Army*, Vol. 1, p. 123.
13. Hasegawa, *February Revolution*, p. 579.
14. Acton, *Rethinking*, cap. 5.
15. Wildman, *End of the Russian Imperial Army*, Vol. 1, pp. 129-54.

16. Ibid., p. 124.
17. Pipes, *Russian Revolution*, pp. 278-80.
18. Davidian, "Russian Soldier's Morale", pp. 429-32.
19. Stone, *Eastern Front*, p. 210.
20. Pipes, *Russian Revolution*, pp. 290-96.
21. Pipes, *Russian Revolution*, p. 228.
22. Pearson, *Russian Moderates and the Crisis of Tsarism*.
23. Hasegawa, *February Revolution*, p. xiv.
24. Pipes, *Russian Revolution*, pp. 287-9, 297-8.
25. Wildman, *End of the Russian Imperial Army*, Vol. 1, pp. 203-15; Pipes, *Russian Revolution*, pp. 309-13.
26. Pipes, *Russian Revolution*, pp. 304-306; Wildman, *End of the Russian Imperial Army*, Vol. 1, pp. 176-87.
27. Wildman, *End of the Russian Imperial Army*, Vol. 1, pp. 234-5.
28. Ferro, "Le Soldat russe", pp. 17, 20.
29. Cooper, *Warrior and the Priest*, pp. 307-8.
30. Knock, *To End All Wars*, p. VII.
31. Ibid.; Roberts, "Anglo-American Theme", p. 334.
32. *Lansing Papers*, Vol. 1, pp. 470-71.
33. Devlin, *Too Proud to Fight*, cap. 18; Link, *Wilson*, cap. 5; Seymour (ed.), *Intimate Papers of Colonel House*, Vol. 1, cap. 13.
34. Devlin, *Too Proud to Fight*, cap. 19.
35. Seymour, *Intimate Papers of Colonel House*, Vol. 2, pp. 434-5.
36. Fiebig von Hase, "Anfang vom Ende", pp. 151-2.
37. Link, *Wilson*, p. 296.
38. Ver Tuchman, *Zimmermann Telegram* para um relato geral; cf. Andrew, *Secret Service*, pp. 106-14. Sobre o México, ver Katz, *Secret War*, cap. 8, 9.
39. Link, *Wilson*, pp. 330-36.
40. Zimmermann na Comissão de Orçamento do Reichstag, 3 mar. 1917, HStA E130a. 1213.
41. Katz, *Secret War*, p. 362; Tuchman, *Zimmermann Telegram*, p. 182.
42. Stevenson, *First World War and International Politics*, p. 70.
43. Doerries, "Promoting Kaiser and Reich"; Nagler, "German Imperial Propaganda".
44. Buitenhuis, *Great War of Words*, cap. 5.
45. Cooper, *Vanity of Power*, p. 21.
46. Luebke, *Bonds of Loyalty*, pp. 29-45.
47. Tuchman, *Zimmermann Telegram*, pp. 184-7; Link, *Wilson*, pp. 357-8.
48. Link, *Wilson*, pp. 296-309.
49. Cooper, *Warrior and the Priest*, p. 318.
50. Thompson, 'Woodrow Wilson', p. 339.
51. Link, *Wilson*, pp. ix, 410-15.
52. Devlin, *Too Proud to Fight*, cap. 20; Houston, *Eight Years*, p. 243.
53. Link, *Wilson*, pp. 378-82.

14
CAMINHANDO PARA A EXAUSTÃO (VERÃO-OUTONO DE 1917)

O ANO DE 1917 VIU O FIM DA ILUSÃO DE UMA GUERRA BREVE. Mesmo depois de o impasse militar ter se instalado, a esperança de que mais uma arremetida ainda pudesse trazer a vitória havia iludido os dois lados. Mas a irrestrita campanha dos submarinos não conseguiu dobrar os britânicos, e a Revolução de Fevereiro comprometeu os planos aliados de mais uma rodada de ofensivas sincronizadas. O poderio americano precisaria de pelo menos um ano para atingir o efeito pleno, e nesse ínterim a cooperação aliada começou a murchar. A produção de armas atingiu seu pico, os exércitos diminuíram, o consenso do front nacional e o moral das tropas perderam a força, com os dois lados explorando estratégias menos dispendiosas e moderando seus objetivos de guerra. Contudo, apesar de a luta parecer estar perdendo o ímpeto, essa aparência era enganadora. Este capítulo vai examinar a causa disso, abordando quatro temas interligados. Em primeiro lugar, os dois lados encararam o impasse estratégico, mas nenhum deles abriu mão da esperança de vitória. Em segundo lugar, o consenso político doméstico estava em xeque por toda a Europa, mas em nenhum lugar fora da Rússia entrou em colapso. Em terceiro lugar, 1917 viu repetidos esforços por negociações de paz, mas nenhum deles sequer se aproximou do sucesso. Em quarto lugar – o que é essencial para entender as peças restantes do quebra-cabeça –, a política americana não visava a um acordo.

* * *

Hindenburg e Ludendorff recusavam-se a moderar os objetivos alemães, planejando reconfigurar o esforço de guerra das Potências Centrais em busca da vitória total. Eles tinham por objetivo acelerar a produção de armas e convocar o restante dos civis, remodelar as táticas de batalha e melhorar a coordenação com seus parceiros. Mas aceitavam que, em terra, a Alemanha devia ficar na defensiva contra o esperado ataque aliado da primavera, e a Áustria-Hungria não tinha escolha a não ser o que lhe tocava. O elemento central de sua estratégia a oeste era a retirada para a Linha Hindenburg; no leste, depois da abdicação de Nicolau II, permaneceram inativos, com receio de reavivar a resistência russa, chegando a redirecionar algumas tropas para a Frente Ocidental e a Itália.[1] Em contraste, no ar e no mar, tomavam a ofensiva contra a Grã-Bretanha. Embora os ataques de zepelins tivessem provocado poucos danos,* em maio de 1917 os bombardeios a Londres e no sudeste da Inglaterra foram retomados com aviões Gotha com motores de 80 mph, que carregavam até 450 quilos de bombas. O primeiro ataque não atingiu a capital devido às nuvens que a cobriam, mas matou 99 pessoas em Folkestone; o segundo atingiu a estação de Liverpool Street, causando 162 mortes. Os britânicos improvisaram um sistema de postos de observação, sirenes, balões e fogo antiaéreo, bem como aviões de combate repatriados da França. Os Gothas passaram aos ataques noturnos, mas esses também eram contrabalançados por apagões, luzes de busca e aeronaves de combate noturno, e as contínuas perdas persuadiram os alemães a cancelar a campanha em maio de 1918.[2] A essa altura, 24 Gothas haviam sido destruídos e outros 36 perdidos em acidentes, num total de 397 incursões por sobre a Inglaterra, embora enfrentados por mais de 300 aviões de combate. Entre eles, os zepelins e os Gothas mataram 1.413 civis na Grã-Bretanha durante a guerra (e outros 267 em Paris).[3] Os ataques causavam pânico e interrupção da vida normal em Londres, onde cerca de 300 mil pessoas refugiavam-se todas as noites nas estações de metrô; eles ocupavam boa parte do tempo do gabinete.[4] Mesmo assim, eram uma ameaça menor se comparados com os U-Boats, que na primavera de 1917 eram a maior esperança de sucesso da Alemanha.

A partir de 1º de fevereiro, as águas em torno das Ilhas Britânicas foram proclamadas pelos alemães como *Sperrgebiet*, ou área proibida, em que os navios que entravam faziam-no por conta e risco. A maioria do Mediterrâneo (e dos mares em torno dos portos árticos russos) foi igualmente designada. A princípio, os U-Boats não só intimidaram muitos navios neutros, obrigando-os a buscar um porto, mas também atingiram e até excederam as projeções de afundamento de Holtzendorff.

---

* Ver livro 2 ("A escalada"), cap. 5.

Quadro 1
Tonelagem bruta perdida em navios mercantes, janeiro-dezembro de 1917[5]

	Grã-Bretanha	Total mundial
janeiro	153.666	368.201
fevereiro	313.486	540.006
março	353.478	593.841
abril	545.282	881.207
maio	353.289	596.629
junho	417.925	687.505
julho	364.858	557.988
agosto	329.810	511.730
setembro	196.212	351.740
outubro	276.132	458.558
novembro	173.660	289.212
dezembro	253.087	399.111
Total	3.720.785	6.235.878

A maioria dessas perdas ocorreu nas rotas oeste e sudoeste próximas às Ilhas Britânicas, onde os navios mercantes (depois de permanecerem dispersos enquanto cruzavam o Atlântico) eram afunilados em direção a Clyde, Liverpool, Bristol e o canal da Mancha.[6] Na "quinzena negra" de 17 a 30 de abril, quase 400 mil toneladas de mercadorias britânicas foram afundadas. O número de navios britânicos, aliados e neutros afundados subiu de 234 em fevereiro para 281 em março, para 373 em abril e para 287, 290 e 227 em maio, junho e julho.[7] As chances de um navio mercante transatlântico que saía do Reino Unido retornar em segurança caiu para um em cada quatro, com as perdas excedendo em muito as reposições, e nessa proporção a Grã-Bretanha realmente teria que ansiar pela paz antes do término do ano.[8] O almirantado alemão estava tão confiante que não fez maiores encomendas de novos submarinos até junho,[9] enquanto sua contraparte britânica estava quase em pânico. Nesse ínterim, as contramedidas aliadas deram poucos frutos. O total de U-Boats em operação subiu de 105 em 1º de fevereiro para 129 em 1º de junho; de fevereiro a abril apenas nove foram destruídos (a maior parte por minas).[10] Varreduras com navios de superfície – como a Operação BB com 49 destróieres por mais de 111 dias ao longo da costa escocesa – foram um total fracasso.[11]

A salvação dos Aliados foi o sistema de comboio. Embora gradativamente adotado e como um dos elementos de um pacote de medidas, foi seu passo mais decisivo. Fazer um comboio significava despachar navios mercantes em um grupo organizado com uma escolta de navios de guerra. Essa estratégia havia sido bem-sucedida nas Guerras Napoleônicas. Durante o século XIX, o almirantado a abandonara, e em 1914-17 navios mercantes navegavam de maneira independente ao longo de rotas recomendadas, enquanto a marinha realizava operações ofensivas contra os submarinos, tais como o patrulhamento e a colocação de minas. A Divisão de Operação do almirantado (apoiada pelas companhias de navegação) rejeitou os que defendiam o sistema de comboio. Os navios mercantes, insistia ela, não podiam navegar numa velocidade uniforme, devendo seguir o ritmo dos mais lentos; descarregá-los em massa sobrecarregaria os portos; se os U-Boats localizassem um comboio, podiam massacrá-lo; e a marinha dispunha de pouquíssimos navios de escolta. Esses argumentos traíam o "preconceito contra a ofensiva" característico da época. Embora plausíveis, foram um erro. Cinco fatores os desmantelaram. O primeiro foi o sucesso do comboio numa base limitada. Navios transportadores de tropas foram escoltados durante toda a guerra e nenhum afundou. Os comboios regulares para a Holanda começaram em julho de 1916 e os de navios carvoeiros para a França, em fevereiro de 1917, ambos com um número incrivelmente pequeno de baixas. Devido à campanha dos novos U-Boats, seguiram-se os comboios noruegueses. Tais experiências fortaleceram a tentativa com comboios pelo Atlântico, e o segundo fator, a entrada dos Estados Unidos na guerra, tornaram possíveis mais comboios. O almirante William Sims, enviado em abril como oficial naval de contato em Londres, descobriu uma crise muito mais grave do que Washington imaginava. Com sucesso, ele influenciou a marinha americana que compartilhava do ceticismo de sua contrapartida britânica. Ele enviou seis destróieres para Queenstown, na Irlanda, em maio, e 35 em setembro. O terceiro fator foi que o comandante Reginald Henderson computou dados do Ministério da Marinha mostrando que cerca de 20 navios saíam dos portos britânicos e outros 20 chegavam a eles todos os dias, em contraposição ao cálculo anterior do almirantado, de que 300 saíam e 300 chegavam, de todas as categorias e nacionalidades. Dado que um cargueiro carregava, em média, 20 homens, era totalmente possível introduzir o sistema para o transporte de continente a continente. Com os argumentos técnicos contra os comboios se enfraquecendo, o quarto fator foi a "quinzena negra". Diante de uma emergência, Jellicoe (agora deslocado do comando da Grande Frota para se tornar Primeiro Lorde Marítimo) e seus oficiais foram forçados a reconhecer que o comboio não podia ser mais desastroso que o *status quo*. Mas, finalmente, Henderson aparentemente revelou seus números a Hankey, secretário de gabinete, um antigo defensor dos comboios, e, por meio dele, a Lloyd George. O primeiro-ministro reagiu com lentidão, embora posteriormente declarasse ser responsável pela decisão dos comboios.[12] Na verdade, Jellicoe sabia que, a menos que agisse logo, o gabinete provavelmente o forçaria a aceitar os comboios,[13] e ele já havia aprovado o princípio antes da explosão teatral de 30 de abril, quando Lloyd George tomou o comando do almirantado.

O primeiro comboio cruzando o Atlântico Norte zarpou em 10 de maio. A partir de junho, um sistema regular começou a cada oito dias, enquanto os comboios regulares com destino aos Estados Unidos começaram em agosto. O almirantado errou quanto à prudência, tornando os comboios menores que o necessário e insistindo numa velocidade acelerada e em escoltas numerosas.[14] Os resultados foram ainda mais espetaculares. Dos 5.090 navios mercantes em comboio durante 1917, somente 63 foram perdidos.[15] Depois que o comboio se impôs, foi ampliado para o Mediterrâneo e o Atlântico Sul. A razão principal por que ele funcionou parece ser simplesmente o fato de ter esvaziado os mares, pois um comboio era pouco mais fácil de ser encontrado que um navio solitário. O número mais drástico de afundamentos ocorreu nos principais locais de desastre.[16] Além disso, a Sala 40 estava sob o comando do diretor da Inteligência Naval em maio, de modo que o almirantado podia direcionar os comboios para longe dos U-Boats, cujas mensagens de rádio ele havia interceptado. Navios em comboio tinham menos probabilidade de ataque, mas se fossem atingidos, destróieres estariam à mão, bem como outros navios para recolher a tripulação. No outono, os U-Boats estavam, portanto, sendo transferidos para águas costeiras, onde os comboios ainda tinham que ser organizados.

O novo sistema levou meses para ser completado, e o clímax do perigo foi atingido em abril, inicialmente provocado por outros motivos. Um deles foi que os U-Boats estavam indo além dos limites normais. Nas primeiras semanas da campanha, o maior número possível dessas embarcações estava no mar, e entre abril e maio, os estacionados caíram de 50 para 40, embora em junho subissem novamente.[17] Além disso, os planejadores de Holtzendorff calcularam mal outros aspectos da resposta dos Aliados.[18] Os britânicos forçaram as tripulações dos navios mercantes a voltar ao serviço, ameaçando-as de internamento. Os navios alemães detidos nos EUA desde 1915 (e também em países da América Latina que acompanharam Washington em sua declaração de guerra) foram colocados à disposição dos Aliados. O gabinete de Lloyd George agiu com resolução para salvaguardar os suprimentos de alimento até a colheita seguinte. A produção de munição diminuiu, para liberar mão de obra para os estaleiros e reduzir as importações. (Mesmo assim, os estoques de bombas eram altos e 75% a mais de canhões foram produzidos em 1917, em comparação a 1916.) A navegação estava concentrada na crucial rota do Atlântico Norte, e a capacidade economizada foi usada para construir reservas, com os estoques de trigo da Grã-Bretanha caindo de 12 semanas e um quarto em fevereiro para menos de sete semanas em maio, mas se recuperando e subindo para 13 em agosto. A partir de julho, a construção naval se expandiu, embora essa medida levasse mais tempo para produzir efeito.[19] Entre setembro e dezembro, as perdas mensais de U-Boats aproximou-se lentamente de dez, seis, oito e oito,[20] ou, aproximadamente, o equivalente a seu ritmo de construção, principalmente por causa da dispersão mais ampla de melhores minas. Mas atacar os submarinos era algo secundário. O que mais importava era deter a perda de navios. A Grã-Bretanha havia superado um grande perigo depois que os comboios se generalizaram, mas eles eram essenciais para sua segurança de longo prazo. Os U-Boats eram a resposta da Alemanha ao xeque-mate imposto à sua frota de superfície, mas os comboios, por sua vez, colocava-os também em xeque-mate.

* * *

Contudo, se a Alemanha não conseguia vencer no mar, novas oportunidades poderiam surgir em terra. À medida que o fracasso da aposta de Holtzendorff ficava evidente, as Potências Centrais concentraram suas esperanças no leste. No verão de 1917, os Aliados consumiram suas forças em operações isoladas, das quais a russa "ofensiva Kerensky" foi, sem dúvida, a mais desastrosa, pois abalou o Governo Provisório e abriu o caminho para o bolchevismo. Contudo, depois da Revolução de Fevereiro, os comandantes russos desejavam um ataque rápido, temendo que, de outra maneira, os alemães os atacariam,[21] mas também esperando compelir o governo a lidar com a indisciplina.[22] Os comitês de soldados haviam aparecido na maioria das unidades depois da Ordem Nº 1 do Exército do Soviete de Petrogrado, e os oficiais tinham que conviver com eles ou se arriscarem a ser presos. A princípio, os comitês passaram resoluções em favor da defesa do país, mas depois que o Soviete publicou um decreto em favor da paz sem anexações e indenizações, eles ficaram mais hostis à guerra. A Alemanha e a Áustria-Hungria responderam com uma intensa propaganda no front, o protótipo para esforços posteriores dos dois lados.[23] Por ocasião da Páscoa (uma época tradicional de confraternização), incentivaram os soldados a se misturar com o inimigo. Durante várias semanas, as hostilidades praticamente cessaram, e os membros da inteligência alemã e austríaca circularam por trás das linhas russas, dirigindo-se aos comitês de soldados e estimulando seu desejo de paz. Entretanto, essa tática era arriscada, especialmente para os austríacos, para cujas tropas os russos pregavam o socialismo e o separatismo. Em maio, as Potências Centrais perderam a paciência e cancelaram a iniciativa. Em vez dela, puseram espiões entre os militares e chefes políticos russos, mas sem maiores sucessos.

Nessa época, ocorreu uma mudança de governo em Petrogrado. Em 5 de maio (O.S.), Lvov ampliou seu gabinete, incluindo revolucionários socialistas e mencheviques do Soviete, enquanto Alexander Kerensky, um homem de ambições napoleônicas e, pelo menos, notável talento como orador, tornava-se ministro da Guerra, substituindo Alekseyev por Brusilov. O novo governo deseja terminar urgentemente a guerra, mas recusou-se a negociar em separado. Para obter uma paz geral, ele acreditava que deveria persuadir seus aliados a reduzirem seus objetivos de guerra, e isso como pré-condição de restaurar sua credibilidade, provando-lhe que a Rússia era indispensável.[24] Por essas razões, o novo governo russo decidiu-se por uma ofensiva. Atacar em nome da paz era um conceito difícil de comunicar, mas os porta-vozes do governo – principalmente o próprio Kerensky – percorreram o front tentando persuadir as tropas a lutar por uma Rússia livre, temporariamente ganhando-lhes a simpatia. Kerensky também tentou restabelecer a disciplina, revivendo os direitos dos oficiais de impor castigo corporal e nomeando comissários para mediar entre eles e os comitês de soldados. Mas os comitês, ao apoiar o governo, puseram em risco sua autoridade sobre os homens e criaram uma abertura para os bolcheviques, o único partido que, de maneira descompromissada, se opunha à guerra. Durante maio, a "trincheira bolchevique" cresceu rapidamente, e o jornal do partido, o *Soldatskaia Pravda*, alcançou de 50 a 60 mil cópias.[25] Enquanto os preparativos para a ofensiva avançavam durante junho, importantes motins irromperam, com regimentos de um determinado setor recusando-se a avançar até que tivessem se assegurado de que o Soviete aprovava a operação. A maioria das unidades foi convencida a obedecer, ou foram abandonadas, com os homens indo para outros locais, embora, em pelo menos um caso, os rebeldes fossem cercados e atacados a bala. Não obstante, quando foi finalmente lançada, a ofensiva dividiu o exército.

O principal assalto foi marcado para o período entre 18 de junho e 1º de julho contra os austro-húngaros no front sudoeste. O Stavka estimava sua superioridade local na proporção de 84:53 divisões, com os bombardeios mais pesados no leste e, mais uma vez, unidades checas renderam-se em massa; porém, embora os russos avançassem até 30 km, suas tropas da retaguarda recusavam-se a avançar para explorar o sucesso. A continuação dos ataques contra os alemães ficou comprometida quando as tropas se recusaram a pular a parte superior das trincheiras ou fugiram. Cinco dias depois, as Potências Centrais começaram uma contraofensiva há muito planejada. Embora Ludendorff limitasse sua escala, mantendo tropas na França, ela conseguiu surpreender e avançou até 160 km, libertando completamente o território

Habsburgo da ocupação e recapturando não apenas os mais recentes ganhos russos, mas também os obtidos por Brusilov em 1916. Os russos por fim reagiram e até contra-atacaram em conjunto com os romenos, mas como força ofensiva estavam acabados. Em setembro, Ludendorff aproveitou-se de sua vantagem para reabrir uma campanha na extremidade norte do front, liberando reservas para um ataque a Riga.* Como a contraofensiva na Galícia, esta era uma operação limitada, mas os alemães calcularam, de modo correto, que ela intensificaria as dissensões internas da Rússia, ameaçando Petrogrado. As duas batalhas deixaram claro que o equilíbrio no leste estava se deslocando. As Potências Centrais haviam permanecido na defensiva desde 1915, enquanto os alemães estiveram preocupados com o oeste. Mas depois da Revolução de Fevereiro, a Alemanha e a Áustria-Hungria miraram a disposição russa de prosseguir, combinando propaganda no front com insufladores da paz e – cada vez mais – com ação militar. No outono, Ludendorff estava perdendo a paciência e queria apressar o fim, preparando-se para um ataque a oeste em 1918. Pouca coisa, além da falta de homens e transporte, agora o impedia.

* * *

Desde o começo da guerra, as tropas e seus oficiais de linha haviam restringido as operações, recusando-se a se sacrificar até o último homem. Em 1915-16, as tropas francesas mostravam-se menos dispostas a ataques de pressão, e muitos contingentes austríacos e russos renderam-se sem resistência. Durante 1917, unidades de quase todos os exércitos recusavam-se a atacar, ou mesmo a entrar na linha de frente. Pode parecer estranho que o instinto de autopreservação até então tenha ficado tão silencioso. A repressão da polícia militar e as cortes marciais são parte da explicação, juntamente com a falta de oportunidade nos fronts estáticos, tão longe de casa para fugir ou desertar entregando-se ao inimigo. Contudo, a disciplina nunca havia dependido apenas da intimidação, e em 1917 outros elementos combinados que cimentaram as forças beligerantes começaram a se desintegrar. O desagrado com relação ao alimento inadequado, ao descanso e às folgas normalmente tornava-se proeminente depois que os motins começavam, mas raramente os desencadeava. Provavelmente, mais significativa era a impaciência em esperar o fim da guerra e a falta de evidência de que isso aconteceria. Embora houvesse agitação sem precedente em todos os lados, os Aliados sofreram mais porque estavam predominantemente na ofensiva, e repetidas ofensivas sem sucesso catalisaram o descontentamento. Assim, o exército austro-húngaro, que enfrentava crescente falta de alimentos, lançou poucos ataques importantes, sofrendo mais com a crescente deserção que com a indisciplina.[26] Em

---

*   Ver livro 4 ("O legado"), cap. 3.

geral, isso também se aplicava a seu aliado, embora algumas unidades alemãs tivessem conhecido distúrbios durante o verão. As tropas de Saxon e Württemberg foram particularmente afetadas, com incidentes ao longo da Frente Ocidental.[27] A inteligência militar francesa detectou a inquietação, mas esta parece ter terminado rapidamente. Sabe-se mais sobre os motins ocorridos na Frota de Alto-Mar, em cinco encouraçados e um cruzador em Wilhelmshaven em agosto de 1917. O tédio e a falta de atividade deram sua contribuição, mas o ressentimento se concentrava na raridade das folgas, numa dieta de nabos e vegetais desidratados, e nos privilégios e maus-tratos dos oficiais. Quando alguns comandantes se recusaram a implementar uma decisão do governo de estabelecer comissões de alimento nos navios de guerra, várias centenas de marinheiros se retiraram para a terra. As autoridades logo retomaram o controle: cinco amotinados foram condenados por traição, e dois foram executados, mas a insatisfação dos homens não foi atendida e seu ressentimento continuou a se deteriorar, até se chegar à revolta mais grave, em outubro de 1918.[28]

As dificuldades dos Aliados eram mais sérias. Muitos oficiais russos sobreviveram ao sofrimento depois de março, e o treinamento e a manutenção das trincheiras se deterioraram, enquanto a ordem para a ofensiva de Kerensky provocou a desobediência em massa e lutas na retaguarda. De maneira similar, a ofensiva Nivelle – ou mais precisamente a decisão de insistir nela – precipitou os motins franceses de maio e junho. Recusas esparsas de avançar começaram imediatamente a aparecer depois do primeiro dia. A inquietação cresceu depois que Pétain substituiu Nivelle em 15 de maio e ordenou outros assaltos fragmentados (em parte para tornar o terreno conquistado mais defensável). Os incidentes agora afetavam regimentos inteiros, e no início de junho a crise atingiu seu clímax, marcada por crescente violência e uma tentativa de marchar sobre Paris. Os estatísticos contaram 119 revoltas em quase dois terços das divisões do exército, e por volta de 30 mil a 40 mil soldados envolveram-se profundamente nelas. Depois de meados de junho, a inquietação arrefeceu, embora tenha sido reavivada em agosto (de maneira significativa em torno de Verdun, onde Pétain estava preparando um novo ataque) e ela só desapareceu completamente em janeiro de 1918.[29]

Desde os estágios finais de Verdun em 1916, o GQG havia notado que o espírito das tropas estava fraquejando. Joffre e Nivelle culpavam a propaganda pacifista, acusando o governo de lassidão. Algumas das ideias da oposição contrárias à guerra efetivamente chegaram aos homens, mas os registros da corte marcial fornecem pouca evidência de que os amotinados viessem da esquerda. Os condenados não se distinguiam por classe social, região de origem ou mesmo pela idade. O mais surpreendente foi que a maioria das agitações ocorresse em Champanhe, por trás do setor dos ataques de abril e maio. O envolvimento neles era um fator comum, e as cartas de soldados e oficiais confirmam o impacto mortificador sentido quando as esperanças investidas foram destroçadas. A análise dos censores postais sugere que as tropas estavam dispostas a lutar defensivamente, exigindo um acordo sem anexações e indenizações, mas raramente questionam a legitimidade da Terceira República francesa. Ao contrário de muitos de seus semelhantes russos, essas tropas ainda se sentiam parte de uma comunidade nacional. A característica fundamental do descontentamento foi uma recusa em atacar, embora os amotinados expressassem outras queixas, como, por exemplo, quanto à comida e às saídas, cujos pedidos se acumulavam e as permissões eram erráticas. Embora alguns entoassem slogans pacifistas e revolucionários, bem como em favor de sovietes eleitos, os incidentes, em sua maioria, terminavam em alguns dias, e os oficiais eram tratados respeitosamente; na verdade, era a persuasão dos oficiais que normalmente punha fim aos incidentes. As revoltas estavam ligadas à ação industrial. A maioria dos homens ainda mantinha a linha, mas queriam um tratamento melhor e se recusavam a permitir que suas vidas fossem desperdiçadas.[30]

Pétain restaurou a disciplina, em parte, por meio da repressão, principalmente depois que os soldados tinham voltado a seus postos. Cerca de 2.873 foram condenados, 629 à morte, dos quais, como o governo comutava a maioria das penas capitais, pelo menos 43 foram executados – talvez 0,1% do total. A cifra pode parecer pequena, mas as vítimas foram selecionadas arbitrariamente, e sua execução tinha por objetivo criar um exemplo.[31] Pétain tentou enfrentar o pacifismo ordenando aos oficiais que dessem palestras a seus homens sobre as desastrosas consequências de uma paz imediata. Contudo, também fez concessões importantes. As saídas foram ampliadas de sete para dez dias, a cada quatro meses. Foi concedido aos soldados um período completo de descanso depois de saíram da linha, e sua alimentação e alojamento foram melhorados.[32] Acima de tudo, em sua Diretiva Nº 1, de 19 de maio, Pétain aceitou que, de momento, uma investida pelas tropas inimigas era impossível. Ele foi apoiado por Foch, antigo apóstolo da ofensiva que agora se tornou CGS, e pelo ministro da Guerra Paul Painlevé, que declarou no parlamento que, ao longo de 1917, a França não mais lançaria grandes ofensivas.[33] Em vez disso, Pétain propunha ataques-surpresa limitados, seguindo-se rapidamente um após o outro em diferentes setores depois da preparação máxima da artilharia. O primeiro deles foi a operação da floresta de Houthulst na margem esquerda da Flandres britânica, operação que começou em 31 de julho. As unidades não afetadas pelos motins foram usadas, com uma proteção aérea e de artilharia sem precedente, e seus objetivos foram rapidamente alcançados, e a um baixo custo.[34] O segundo foi um ataque em Verdun, de 20 a 25 de agosto, que fez 10 mil prisioneiros e avançou de 2 para 3 km. O terceiro e maior, no fim de outubro, foi em La Malmaison, no próprio Caminho das Damas, com a infantaria fazendo 15 mil prisioneiros e avançando com

60 tanques e com densidade de artilharia até três vezes superior à conseguida por Nivelle. Evidentemente, Pétain queria enterrar o fantasma de abril e restaurar seu exército como força atacante que pudesse sustentar a influência política francesa. Mas um esforço em escala total precisou esperar seus homens estarem mais bem equipados, bem como a chegada da força americana.[35] Nesse ínterim, em contraste com as tentativas de Joffre e Nivelle de eliminar o maciço de Noyon e dirigir-se ao norte, ele planejou, em 1918, atacar a leste e retomar a Alsácia, assim fortalecendo a posição da França se ela concordasse com as negociações de paz. Ele suspeitava que Haig, com sua concentração na Bélgica, já estivesse utilizando essa estratégia. Mas para cada parceiro a busca de seus objetivos territoriais de maneira independente representava um surpreendente desvio da filosofia de Chantilly e aprofundava a discórdia estratégica dos Aliados.[36]

Com a Rússia e a França fora de ação, só a Itália e a Grã-Bretanha buscaram ofensivas sustentadas no verão e no outono. Elas também acabaram exauridas, com suas tropas desesperadas ou pior. A Itália atacou duas vezes no Isonzo e uma vez no Trentino. Para começar, o moral estava oficialmente alto. Tinha havido uma pausa nas principais operações entre novembro de 1916 e maio de 1917, com o alistamento de 1897 fornecendo novos recrutas, e o exército estava maior e mais bem equipado do que nunca. Em vez de sincronizar a 10ª batalha do Isonzo com Nivelle, Cadorna postergou-a até 20-26 de maio e lançou-a com 38 divisões contra 14. Não obstante, foi um fracasso abjeto, com a perda de 127.840 italianos mortos e feridos (o total mensal da Itália em toda a guerra) contra 75 mil baixas austríacas. Enquanto os austríacos tinham anteriormente lutado puramente na defensiva, agora – reforçados por cessões da Rússia – eles estavam revidando. Tornaram a fazê-lo depois que Cadorna atacou sem sucesso no Trentino, em 10-25 de junho. Na 11ª batalha do Isonzo (de 17 agosto até por volta de 20 de setembro), precedidas pelas maiores preparações até então, os italianos avançaram de 7 a 8 km e tomaram parte do planalto de Baisinzza, mas perderam outros 100 mil homens – mais uma vez o dobro dos austríacos – e terminaram com uma frente menos defensável. Agora o exército italiano estava exibindo sintomas alarmantes. Observadores registraram que a 10ª batalha de Isonzo tinha tido um efeito desastroso, com a infantaria retrocedendo aos prantos. Os tribunais militares emitiram muito mais sentenças por indisciplina e insubordinação, e em novembro Cadorna afirmou (embora com exagero) que 100 mil desertores estavam soltos. Os soldados atiravam de trens militares, abusavam dos trabalhadores das ferrovias e tratavam os *carabinieri* como malandros. Em março, as tropas da brigada de Ravena, exaurida por um longo tempo em serviço e sabendo que as licenças haviam sido canceladas, recusou-se a avançar. Embora seus oficiais os persuadissem a fazê-lo, diversos homens foram subsequentemente selecionados e fuzilados. Em julho, dois regimentos da brigada de Cattanzaro se rebelaram quando os *carabinieri* se infiltraram neles e revelaram um plano de motim. As forças leais os cercaram e a revolta foi abortada, com 28 homens sendo sumariamente executados. Mais uma vez, o problema tinha se seguido a um longo período de ação no front e à suspensão das licenças. Contudo, a agitação foi localizada e não parece ter contribuído para a falta de avanço do exército. Pelo contrário, antes da 11ª batalha de Isonzo, os observadores registraram otimismo e a crença de que a guerra devia estar quase terminando. Surpreendentemente, mesmo depois de essas esperanças se mostrarem falsas, os oficiais afirmavam que o ânimo do exército estava mais calmo, oferecendo pouco motivo para preocupação. Essa tranquilidade, no entanto, surgiu em parte do pressuposto de que as operações de inverno haviam se encerrado, o que acabou por se revelar um grave engano.[37]

* * *

Se o impasse em terra devia ser rompido em 1917, parecia que só o exército britânico poderia fazer isso. Agora, ele era, cada vez mais, um exército de alistados, refinado pelo Somme, cuja infantaria não mais cantava enquanto marchava.[38] Mas era maior, tinha mais armas e estava mais hábil no uso delas. Os aspectos da produção como culpada pela falta de armamentos havia sido dissipado: em 1916 o Ministério das Munições aprimorou os controles de qualidade, e em 1917 a produção alcançou novos picos.[39] No tocante à distribuição, no inverno de 1916-17, Sir Eric Geddes reorganizou o sistema ferroviário da BEF, melhorando significativamente o fluxo de suprimentos.[40] Durante o Somme, a artilharia aprimorou o trabalho de contrabateria e introduziu barragens de rastreamento para apoiar a infantaria, e em Arras acrescentou os projetores Livens e 105 fusíveis a sua panóplia, bem como obteve um fogo muito mais denso que em julho de 1916, e com munições muito mais confiáveis.* Algumas dezenas de tanques estavam agora disponíveis, mas a maior eficiência da artilharia foi a chave para os sucessos da BEF em 1917, suplementada por uma nova geração de aviões de combate entregues em números muito maiores – o S.E.F, o Sopwith Camel e o Sopwith Pup –, que lhes possibilitaram, por volta do verão, recuperar e conservar a superioridade aérea.[41] Os britânicos (como os franceses) estavam se tornando mais adeptos de romper posições fortificadas. Contudo, os alemães ainda estavam aprimorando suas medidas defensivas, e o retorno a uma guerra de movimento ficava tão remoto quanto nunca.

Não que Haig e o GHQ estivessem intimidados. Em 1917, a BEF lançou ataques importantes em abril-maio em Arras; em junho em Messines, de julho a novembro em Ypres; e novamente, em novembro, em Cambrai. O custo foi comensurado e o contraste, para uma segunda temporada, entre baixas sem precedentes e ganhos exíguos, marcou a vida britânica durante décadas. A responsabilidade estratégica ficava com o

---

* Ver livro 2 ("A escalada"), caps. 4 e 5.

GHQ, embora o gabinete pudesse, com dificuldade, ter exercido um veto. Os aspectos militares e políticos seriam sucessivamente considerados.

O comprometimento de Haig com a ofensiva derivou de seu treinamento para o alto-comando, bem como seu entendimento de que a vitória viria por meio de uma "luta desgastante" antes de irromper a linha inimiga e explorá-la.[42] Depois da ofensiva de primavera, ele deixou de ser subordinado ao GQG e não mais precisava aceder a seu aliado. Para Haig, isso significava a liberdade de empreender uma grande ofensiva em Flandres, que havia muito desejava e para a qual tinha ordenado preparativos no começo do ano, pois ele esperava que Nivelle fracassasse.[43] Ele pode ter se ligado a Ypres por motivos pessoais, dada sua importância em 1914 para o estabelecimento de sua reputação. Mas, de fato, considerações estratégicas respeitáveis favoreciam Flandres, de maneira mais intensa do que haviam apontado para o Somme. A ponta de Ypres era vigiada pelas cristas de Messines-Menin-Passchendaele que a circundavam, e defendida por canhões alemães escondidos nas encostas reversas. As baixas britânicas lá chegaram a milhares por mês.[44] A oito quilômetros a leste das cristas ficava a junção de Roulers, no tronco ferroviário que corria lateralmente por trás da frente alemã. Portanto, Haig pressupôs que eles teriam que ficar na defensiva. Além disso, Flandres era a base para o ataque Gothas a Londres, e mais além Roulers acenava para a costa belga. Os submarinos leves estacionados perto de Bruges e zarpando de Zeebrugge e Ostend formavam cerca de um terço da frota de U-Boats; os destróieres alemães ali ancorados atacaram o estreito de Dover no inverno de 1916-17 e podiam ameaçar as tropas do canal da Mancha. Haig previa que, uma vez caídas as cristas, uma segunda força avançaria ao longo do mar em direção a Nieuwpoort, e uma terceira desembarcaria perto de Ostend. Limpando a costa, ele ajudaria a marinha em um momento crítico, no mínimo cercando os alemães e forçando-os a recuar para a fronteira holandesa ou para fora completamente dos Países Baixos.[45] O conceito era atrevido e imaginativo.

Haig esperava iniciar antes que Ludendorff recebesse reforços, mas seu primeiro obstáculo estava em Londres.[46] Ali, ele contava com o vigoroso apoio (embora pessoalmente cético) de Robertson. O CIGS geralmente compartilhava a oposição de Haig à remoção de tropas da Frente Ocidental, e também desejava permanecer na ofensiva, pelo menos para negar a iniciativa aos alemães. Mas ele era muito menos otimista que Haig com relação à Rússia, temia que a BEF pudesse estar desgastada e previu que os usuais obstáculos táticos inibiriam o progresso.[47] Ele apoiou os planos de Flandres por falta de alternativa, mas advertiu Haig a não extrapolar, aconselhando o gabinete que o lógico seria manter a pressão sobre os alemães e esmagá-los, em vez de romper suas fileiras. Por vezes, essas diferenças causavam atrito entre os dois homens, mas no todo eles representavam uma frente unida.[48] Mas os civis não. O "grande argumento" com relação à ofensiva não era um simples confronto entre soldados comprometidos com as técnicas de atrito e políticos olhando para outra direção.[49] Lloyd George era quem mais se mostrava em dúvida, mas faltava-lhe apoio, até dos colegas de gabinete, como Curzon e Smuts, que queriam garantir os interesses coloniais fora da Europa em vez de concentrar tudo na Frente Ocidental. Frequentemente faltando-lhe autoconfiança, o premiê hesitava em ignorar os profissionais, e ele já havia se queimado ao apoiar Nivelle. Como seus colegas e uma maioria dos Comuns o consideravam indispensável, ele provavelmente podia ter ignorado Haig,[50] e o fato de não ter feito isso o atormentou o resto de sua carreira. Mas, como sempre, os argumentos dos militares pareciam plausíveis, e a Lloyd George faltava uma alternativa digna de crédito. Ele havia apoiado a expedição a Salônica, mas agora estava começando a perder a fé nessa empreitada. É verdade que, em junho, o rei Constantino aceitou um pedido dos Aliados para que abdicasse, e Venizelos, que já havia formado um governo provisório sob a proteção dos Aliados, voltou como premiê e fez a Grécia entrar na guerra. Mas os U-Boats alemães operando a partir da costa adriática da Áustria-Hungria dificultavam o suprimento para o front dos Bálcãs, e em maio a maior ofensiva aliada até então empreendida não produziu nenhum impacto nos búlgaros e custou 14 mil baixas.[51] Lloyd George preferiu voltar-se para a Itália. No Comitê de Política de Guerra do gabinete, que se reuniu 16 vezes entre 11 de junho e 18 de julho, ele propôs que fossem enviados canhões pesados a Cadorna. Se os italianos pudessem avançar os 12 km até Trieste, a Áustria-Hungria poderia negociar uma paz em separado, cedendo a cidade como penhor, mas conservando os outros territórios prometidos à Itália pelo Tratado de Londres. Contudo, seus colegas temiam que a Alemanha ajudasse os austríacos e duvidavam que os italianos conseguissem chegar a Trieste e que Viena negociaria caso o fizessem. Eles provavelmente estariam certos em todos esses aspectos. A alternativa que restava ao primeiro--ministro era avançar na Palestina, mas ele negligenciou essa opção até o começo da ofensiva de Flandres. Ele queria conservar seus homens, de modo que a Grã-Bretanha pudesse contribuir fortemente para os estágios conclusivos da guerra, e levantar o ânimo do front nacional com sucessos simples. Ele tinha a esperança de isolar a Alemanha de seus parceiros, e subestimou não apenas as dificuldades de operar fora do norte da Europa, mas também a determinação dos austríacos e dos turcos. De qualquer modo, duas considerações provocaram a inação no oeste. Uma era a evidência de que os americanos poderiam não contar com um exército substancial durante dois anos, o que significava que esperar por eles poderia postergar uma ofensiva vencedora do conflito até 1919. A segunda era a ansiedade com relação à França. Foch e Pétain saudavam uma ofensiva britânica, mas não o projeto de Flandres: Foch duvidava de que ele funcionasse, e Pétain suspeitava haver antecedentes para isso. Eles tampouco solicitaram ajuda devido às rebeliões. Pelo contrário, Pétain escondeu-as, e embora o GHQ tivesse uma boa ideia do que estava acontecendo, sonegou informações de seu gabinete. Mas o Comitê de Política de Guerra sabia mais sobre a situação política do outro lado do canal da Mancha, em que as greves e a instabilidade ministerial haviam reavivado o espectro de uma paz em separado. Como antes de Loos e do Somme, eles se convenceram de que a BEF devia entrar em ação.[52] Alguns ministros também se acautelaram diante das advertências de Jellicoe de que, se os U-Boats ficassem em suas bases em Flandres, a Grã-Bretanha se arriscaria à derrota antes do Natal, e que seria um desastre se a Alemanha controlasse a costa belga depois da paz. Contudo, quando o gabinete eventualmente declarou seu "total apoio" à ofensiva, esta bênção não foi nem sincera (Lloyd George não havia abandonado nenhuma de suas restrições) nem incondicional, pois se reservava o direito de revisar e suspender as operações se a batalha se tornasse outro empreendimento longo e custoso, com resultados inconclusivos.[53] Os franceses haviam aprovado a ofensiva de Nivelle em termos similares, e ambos os governos estavam determinados a evitar uma repetição do Somme. Contudo, essa repetição foi, mais ou menos, o que a campanha se revelou.

É verdade que a batalha preliminar de Messines foi um sucesso. Na manhã do dia 7 de junho, em seu segundo maior ataque (seguindo-se ao de Arras) de 1917, os britânicos detonaram 21 minas a 1,80 metro abaixo da superfície das posições avançadas alemãs na cordilheira de Messines-Wytschaete ao sul do Ypres, 19 das quais explodiram. Elas estavam sendo preparadas desde 1915, e a enorme explosão foi ouvida em Londres, mas foi só o clímax de um bombardeio de 17 dias, com 3 milhões de bombas.[54] As duas primeiras linhas alemãs caíram em duas horas. Foi a ordem característica de Haig de avançar até a extremidade da cordilheira que prolongou a luta por uma semana e custou cerca de 25 mil baixas britânicas, bem como (de maneira incomum) um número igualmente elevado de baixas alemãs. Messines afastou as forças opositoras do terreno elevado do qual elas podiam observar as preparações no pontal de Ypres, mas as advertiu de que uma ofensiva mais ampla estava em preparativo. As fontes alemãs indicaram que um ataque britânico na sequência imediata poderia levar o crucial planalto de Gheluvelt, mas foram os alemães que seguiram Messines, colocando centenas de homens no pontal e fortalecendo suas defesas durante seis semanas de bom tempo quase permanente. As declarações do Comitê de Política de Guerra não foram a principal causa da demora. Um dos problemas foi que os britânicos tinham que transportar seus pesados canhões para a nova direção de ataque e precisavam de tempo para vencer a superioridade da artilharia. Mas ainda mais importante foi a decisão de Haig de deslocar a responsabilidade pela ofensiva do Segundo Exército de Sir Herbert Plumer (que havia executado a operação de Messines) para o Quinto Exército de Sir Hubert Gough.

Haig tinha examinado os planos de Plumer e Rawlinson, o comandante do Quarto Exército no Somme, mas parece ter preferido Gough por acreditar que seus objetivos eram mais ambiciosos. O resultado foi um compromisso que, de alguma forma, lembrava o plano para 1º de julho de 1916. Gough não fez do rompimento das linhas inimigas seu objetivo explícito, mas estabeleceu um alvo muito ambicioso para o primeiro dia de avanço da infantaria – de 3 a 4,5 mil km – que levariam os atacantes para além do alcance da proteção da artilharia. No final, no primeiro dia da Terceira Batalha de Ypres, em 31 de julho, nove divisões britânicas (c. 100 mil homens) ganharam cerca de 28 km², com 27 mil baixas, comparados aos 5 km² com o dobro de perdas no primeiro dia do Somme. Mesmo assim, ficaram muito aquém dos objetivos do dia, apesar do avanço sobre uma frente mais curta no ano anterior, com superioridade aérea e 48 tanques, bem como depois de atirar quatro vezes o mesmo número de bombas. O curso subsequente da batalha confirmou que os aprimoramentos técnicos da BEF ainda não eram capazes de dobrar a defesa inimiga. O que havia dado errado?

Os britânicos estavam atacando uma das mais fortes seções da frente alemã, precisamente porque o OHL, assim como o GHQ, havia entendido seu significado. A Terceira Batalha de Ypres foi travada numa planície costeira lamacenta, com um lençol freático elevado, onde as linhas de concreto dos pilares formavam o núcleo do sistema defensivo, apoiado por uma artilharia convergente no planalto de Gheluvelt e na cordilheira de Passchendaele. Depois de Messines, Ludendorff nomeou Lossberg, seu especialista em defesa mais experiente, comandante do Quarto Exército em Flandres. Os alemães já haviam preparado três linhas, mas Lossberg ordenou mais duas e prescreveu novas táticas, similares àquelas usadas pela primeira vez no contra-ataque na ofensiva de Kerensky. Os britânicos deviam ser mantidos o mais à frente possível, a princípio ocupando postos avançados com aberturas para o lançamento de bombas, apoiados por metralhadoras e canhões de campo supridos por ferrovias leves. Mais atrás, aguardavam divisões de contra-ataque (*Eingreif*), armadas com novas metralhadoras leves Mark 08/15 e esquadrões circulares organizados (*Gruppen*) de metralhadoras leves, além de combatentes com rifles que deveriam se infiltrar nas forças inimigas.[55] Os alemães contavam com mais uma nova arma, o lançador de gás mostarda, que os britânicos levaram mais um ano para desenvolver. O gás mostarda era menos letal que o cloro, mas provocava bolhas intensamente dolorosas e cegueira temporária, além de dificultar enormemente o avanço dos atacantes.[56] Mas a vantagem final dos alemães foi a chuva, que dificultou a visibilidade durante a barragem preliminar e caiu pesadamente na primeira tarde, com os 127 mm de agosto quase dobrando a precipitação típica do período.[57] Contra essas formidáveis defesas, os britânicos não viram alternativa além de um bombardeio excepcionalmente intenso, mas seu fogo destruiu o intrincado sistema de drenagem local, e a chuva incessante transformou córregos como o Steenbeek, que corria transversalmente ao eixo principal do avanço, em lodaçais. As consequências foram sombrias. Os aviões não conseguiam observar; os tanques não avançavam e até afundavam completamente; rifles e metralhadoras emperravam; os canhões não conseguiam avançar; e só com extrema dificuldade as bombas puderam ser transportadas e os feridos evacuados. Gough capturou o maciço de Pilckem, mas não conseguiu atingir o planalto de Gheluvelt, e os alemães contra-atacaram com sucesso. O tempo então forçou Gough a suspender as operações até 16 de agosto, quando tentou nova ofensiva geral. Ele conseguiu tomar a vila de Langemark à sua esquerda, mas em outras partes os contra-ataques anularam todas suas conquistas iniciais. No fim do mês, Haig transferiu o planalto de Gheluvelt para a frente do Segundo Exército e mais uma vez encarregou Plumer da principal responsabilidade pelas operações. Este, um prudente soldado com uma equipe competente, levou três semanas para se preparar, durante as quais o terreno melhorou bastante, visto que setembro se mostrou incomumente seco. Ele planejou avanços limitados apoiados por um poder de fogo ainda maior do que sob Gough. Nas três batalhas da estrada de Menin (20 de setembro), do bosque de Polygon (26 de setembro) e Broodseinde (4 de outubro), ele atingiu alvos relativamente pouco ambiciosos e repeliu contra-ataques, enquanto em Broodseinde, onde os defensores concentraram mais tropas nas primeiras linhas, as baixas alemãs foram muito pesadas e incluíram 5 mil prisioneiros: um sinal inegável de desmoralização. Essa mudança tática traía o nervosismo do OHL, sem, na verdade, oferecer resposta aos métodos de Plumer. Haig supôs que os portos do canal da Mancha ainda pudessem ser alcançados, mesmo que a guerra terminasse naquele ano. Mas Plumer, na verdade, havia avançado menos que Gough devido às baixas mais pesadas, e ele também acabou por sucumbir à impaciência. Plumer deixou intervalos mais breves entre cada assalto e menos tempo para relocar seus canhões. Em outubro, a chuva pesada voltou, e dois ataques contra o maciço de Passchendaele, nos dias 9 e 12, resultaram em onerosos fracassos, com os alemães retomando suas táticas anteriores, enquanto as barragens britânicas não conseguiram, pela primeira vez durante a campanha, cortar o arame farpado inimigo. Neste ponto, como concordam todos os comentadores, Haig deveria ter parado. Mas ele insistiu em prosseguir, mesmo quando Gough desejou parar.[58] Na fase final, ele, com efeito, limitou seu objetivo ao maciço.[59] Durante essa fase, o Corpo de Canadenses, sob o comando de Sir Arthur Currie, assumiu o papel principal, insistindo em intervalos mais longos e bombardeios mais completos antes de cada ataque. Em sucessivas ondas, em 26 de outubro, 6 e 10 de novembro, os canadenses tomaram Passchendaele, mas sofreram pelo menos 12 mil baixas. Nesse ponto, o campo de batalha havia se tornado um deserto de enormes crateras abertas pelas bombas, perigosas pranchas sobre a lama, florestas destroçadas e vilas obliteradas que foram reproduzidas em fotografias e pinturas por artistas britânicos em combate para se tornarem emblemáticas da Frente

Ocidental como um todo. Até o Somme, disseram a Guy Chapman quando sua unidade avançava, havia sido, comparativamente, um "piquenique".[60]

Em dezembro, Haig estava se preparando para uma batalha defensiva em 1918, e a ofensiva o havia deixado numa situação pior para travá-la. A captura de Passchendaele deixou os britânicos menos expostos ao fogo alemão e no comando da maioria do maciço, mas o pontal estava mais profundo e mais anguloso que em julho, e Haig admitiu a Robertson que seria inatingível.[61] A BEF não se aproximara em nada de Roulers, e menos ainda da costa. Embora os franceses tivessem obtido um espaço para respirar, sua principal proteção era que os alemães nunca adivinharam a extensão das rebeliões e, de qualquer modo, não tiveram a intenção de lançar uma grande ofensiva. Tampouco é plausível, ao contrário do Somme, argumentar que pelo menos os britânicos tivessem aprendido alguma coisa e aprimorado suas táticas. A eficiência da BEF melhorou consideravelmente ao longo de 1917, mas não em Ypres. Três semanas depois do fim da batalha, novas forças inimigas repeliram a ofensiva britânica em Cambrai, e a evidência com relação às baixas e ao moral sugere que o exército alemão, muito maior, foi menos danificado que o britânico. O "atrito" não era um objetivo oficial da batalha, mas "desgastar" o inimigo certamente havia sido uma das intenções de Haig. Na verdade, ele infligiu muito menos baixas que Charteris, o chefe de seu serviço de inteligência, acreditava necessário para a derrota das Potências Centrais por volta do Natal; e embora Boodseinde abalasse o OHL, durante outubro ele deslocou tropas da Frente Ocidental para a Itália.

A história oficial britânica estabelece as baixas alemãs em 400 mil, mas estimativas modernas avaliam essa cifra em mais da metade desse número, menos que os britânicos, mas não muito. Os mortos e feridos da BEF em Messines e na Terceira Batalha de Ypres foram em menor número que no Somme, mas, ainda assim, podem ter totalizado 275 mil. Sua falta de elemento humano havia sido mais séria no começo de 1917, e no final foi muito pior.[62] Quanto ao moral, a guerra defensiva não era uma opção fácil, e existem muitos testemunhos de que os alemães, mesmo homens duro como Jünger, acharam a Terceira Batalha de Ypres desanimadora.[63] Contudo, o exército britânico não reagiu como reagira o francês, embora, em setembro, uma revolta de uma semana irrompesse no campo em Etaples, comandada por tropas australasianas e escocesas, contra a severidade da polícia militar e o regime de treinamento imposto aos homens durante o afastamento das linhas. Por fim, um destacamento de oficiais restaurou a ordem, com o comandante do campo sendo substituído, e o regime relaxado. A revolta não foi um protesto contra a guerra,[64] mas a censura postal, pela primeira vez, revelou evidências (algumas das quais chegaram ao gabinete) de desalento no exército e perda de confiança na vitória.[65] Em suma, a terceira batalha do Ypres foi um fracasso dispendioso, embora ainda seja incerto como o exército britânico poderia ter sido mais bem empregado. Já se argumentou, de maneira persuasiva, que a melhor alternativa não era nem a Itália nem a Palestina, mas o "método Pétain". Em suma, ofensivas limitadas apoiadas por intenso fogo, segundo o modelo de La Malmaison e Messines, poderiam ter proporcionado menos baixas, embora provocando menos estragos entre os alemães. Contudo, a opção não entrou no debate.[66] Por vezes, fazer algo pode ser pior que não fazer nada.

Permanece o enigma de o gabinete ter falhado em agir de maneira resoluta para impedir uma repetição do Somme. Como em 1916, ele não conseguiu monitorar a carreira de Haig. Lloyd George e Bonar Law, em sua privacidade, pressentiram o horror das experiências das tropas, e o gabinete recebeu cifras razoavelmente corretas das baixas britânicas (embora as dos alemães fossem exageradas). Não parecia algo injustificadamente perturbador, talvez porque tantos haviam sido mortos e feridos no pontal a cada mês. Afinal, era razoável dar tempo aos militares, e Robertson forneceu ao gabinete relatórios equivocadamente otimistas, enquanto Haig estava confiante e insistia para que as operações continuassem. A maioria do gabinete permaneceu relutante em contradizê-los e nunca reavaliou os objetivos da campanha em relação às perdas. Em vez disso, os debates permaneceram enfocados em alternativas na Itália e na Palestina. Durante agosto, os ministros estavam preocupados com as iniciativas de paz e os Gothas. Lloyd George, próximo a um colapso nervoso, passou a maior parte de setembro em Gales. No mesmo mês, Haig finalmente concordou que Pétain transferisse cem canhões para a Itália, mas Codorna restringiu a 11ª batalha do Isonzo antes de usá-los. Embora, no final, tenha sido Haig que pediu uma restrição, em novembro ele estava transferindo unidades de Flandres para mais um novo ataque. A batalha de Cambrai (20 de novembro – 7 de dezembro) é lembrada pelos tanques, da mesma forma que a de Messines é pelas minas, mas, na verdade, a artilharia provavelmente tenha sido mais uma vez a principal fonte do sucesso inicial.[67] Os avanços da artilharia haviam chegado ao ponto em que os ataques de surpresa estavam novamente se tornando possíveis por meio do "registro silencioso": melhores mapas, análises mais detalhadas dos dados meteorológicos (velocidade e direção do vento podiam modificar a trajetória de um projétil) e a calibração das armas individuais estavam tornando possível formar uma precisa barragem de apoio, bem como o fogo das contrabaterias assim que a infantaria chegasse ao topo, sem disparos preliminares de longa distância. A ideia de um ataque surpresa parecia ter emanado do general de brigada H. H. Tudor, um comandante de artilharia do Terceiro Exército, em cujo setor ficava o campo de batalha. A ideia foi ampliada depois de consulta com o tenente-coronel Hugh Elles, o comandante do Corpo de Tanques. Enquanto alguns tanques punham abaixo o arame farpado, outros lançavam "faxinas", ou feixes de ramos, nas trincheiras do inimigo para permitir que os atacantes as cruzassem. Como foi finalmente aprovado, o que teve início como proposta para um grande ataque transformou-se numa ofensiva estendendo-se por uma frente de 9,5 km, com cinco divisões de infantaria e 476 tanques (216 no assalto inicial), quase todos do novo modelo Mark 1. Embora a aprovação tardia de Haig desse ao Terceiro Exército apenas quatro semanas para se preparar, sua base foi meticulosa e ele fez grandes esforços para preservar a invisibilidade, com os tanques escondidos nos bosques e uma aeronave sobrevoando-os e abafando o ruído de seus motores. A cavalaria ficou de prontidão (embora afastada demais), e como o terreno não havia sido tocado previamente, ela pôde entrar em operação. Embora os prisioneiros tivessem advertido os alemães dois dias antes do ataque no dia 20 de novembro, estes últimos não se deram conta do que estava por atingi-los: um bombardeamento surpresa por cerca de mil canhões, seguido por um ataque aéreo pela infantaria e um avanço dos tanques por trás de uma barragem rastejante. Por volta das nove da manhã, a brecha aberta em sua primeira linha tinha a largura de 8 km.[68]

Contudo Cambrai terminou como outro fracasso dos aliados, ou, quando muito, um empate, com 44 mil mortos para a Grã-Bretanha e 51 mil para a Alemanha, com uma posição final situada em locais para além da linha de partida. Os tanques continuavam lentos, não confiáveis e vulneráveis ao fogo de artilharia; 179 foram perdidos (71 devido a falhas mecânicas, e 65, à ação inimiga),[69] e depois do primeiro dia tiveram um impacto muito menor. No dia 20, os britânicos avançaram até 9 km, fazendo mais de 4 mil prisioneiros e capturando 100 canhões, mas a luz do curto dia de novembro deu-lhes pouco tempo para se consolidar, e Ludendorff enviou sete divisões extras em 24 horas. Depois de dois dias, o avanço foi detido, e o governo determinou que se limitasse a ação, advertindo que não enviaria reforços. Como de costume, Haig ordenou mais ataques, objetivando a parte mais elevada em torno do bosque de Bourlon. Contudo, ao contrário de batalhas anteriores, a de Cambrai terminou com um contra-ataque devastador, lançado em 30 de novembro com 20 divisões e constituindo a maior ofensiva alemã contra tropas britânicas desde 1915. Esse contra-ataque foi totalmente de surpresa, chegando quando os britânicos supunham que as operações haviam terminado e estavam reduzindo a guarnição do pontal recentemente criado.* Embora o Terceiro Exército escapasse para uma linha mais defensível, o resultado foi desesperadamente decepcionante para o governo, que, pela primeira vez durante a guerra, havia ordenado que os sinos das igrejas repicassem em comemoração à vitória. Os tanques, a superioridade aérea e o registro silencioso haviam restaurado a possibilidade de surpresa, mas a velocidade com que chegaram os reforços alemães impediu uma campanha aberta, e o contra-ataque mostrou que os

---

* Sobre as táticas alemãs, ver cap. 15.

britânicos também podiam obter o elemento surpresa – embora após a batalha escapasse aos britânicos o significado desse elemento.[70]

Já no final da estação, os britânicos empreenderam mais uma campanha, nos moldes da ofensiva palestina pela Força Expedicionária Egípcia (FEE), sob o comando de Sir Edmund Allenby. No dia 31 de outubro, suas tropas começaram a terceira batalha de Gaza, empurrando os turcos para longe da linha de defesa de Gaza-Beersheba, e, no dia 9 de dezembro, depois de uma difícil luta nas colinas da Judeia, entraram em Jerusalém. As baixas britânicas durante o avanço foram cerca de 18 mil, contra 25 mil baixas turcas,[71] pequenas se comparadas com as de Ypres ou Galípoli, embora muito altas se considerarmos as operações coloniais vitorianas. Como o palco de ações palestino ficasse numa estreita faixa de terra entre o Mediterrâneo e o interior árido, ele reproduzia as proporções força-espaço da Bélgica e da França. O sucesso de Allenby foi, até certo ponto, o triunfo de uma liderança imaginativa, embora também devesse muito ao reforço da EEF, visto que ele já havia substituído Murray depois do fracasso anterior aos ataques em Gaza.* Ele deslocou seu quartel-general para mais próximo do front e tornou sua presença incomumente visível a seus homens. Apesar de seus ataques de irascibilidade, ele era aberto às ideias de seus subordinados, que sugeriram o bem-sucedido plano de cerco aos turcos com a tomada de Beersheba, que os australianos capturaram com um ataque surpresa da infantaria, sem bombardeio, antes que os defensores pudessem destruir seus poços vitais. Ironicamente, os britânicos haviam se tornado tão mais fortes em outubro que outro assalto direto a Gaza, apoiado pelo aqueduto costeiro e pela ferrovia construídos pela EEF, poderia ter inibido ainda mais a luta dos inimigos enquanto batiam em retirada e destruído mais seu exército. Allenby atacou com sete divisões de infantaria e três de cavalaria, com uma superioridade numérica de, pelo menos, dois para um. Ele resistiu à pressão política para começar prematuramente e recebeu a maioria dos reforços que solicitou, incluindo a infantaria de Salônica, canhões pesados e modernas aeronaves, com que estabeleceu a superioridade aérea e escondeu seus preparativos.[72] Ele teve o apoio de Lloyd George, que lhe disse para capturar Jerusalém no Natal, tanto como incentivo moral como para ocupar um território que a Grã-Bretanha desejava controlar de maneira permanente. Robertson, por seu lado, era menos hostil a um desvio para a Palestina da Frente Ocidental que para a Itália. Como CIGS, ele era responsável pela defesa do império e tinha uma visão mais ampla que a de Haig. Ele e o gabinete estavam preocupados com a formação, sob o comando de Falkenhayn, de uma nova força turco-alemã conhecida como Yilderim (Relâmpago), primeiro destinada à Mesopotâmia e, consequentemente, à Palestina. Para proteger o Egito, Allenby precisava receber reforços, e Robertson

---

* Ver livro 1 ("A deflagração"), cap. 2.

parece ter compartilhado das esperanças dos políticos de que, se os turcos fossem derrotados, pediriam formalmente a paz.[73] Na verdade, a fama de formidável da Yilderim devia-se principalmente ao nome. Nenhum de seus três batalhões alemães alcançara a Palestina em outubro, e apenas duas de suas nove divisões turcas lograram fazê-lo. Apenas uma ferrovia inacabada, com 2 mil km de extensão, ligava o front a Constantinopla, alternando bitola padrão e estreita, com os comboios enviados por ela tendo que ser carregados e descarregados cinco vezes. Em 1917, a economia otomana e seu exército estavam sob grande pressão, com cerca de 300 mil desertores vagando por trás do front.[74] Contudo, cada vez mais, à medida que a Rússia também se desintegrava, a fronteira norte estava, mais uma vez, se tornando a principal preocupação de Constantinopla. Havia pouca chance de que, ao derrotar forças turcas de segundo escalão, num palco periférico da guerra como a Palestina, os otomanos se rendessem, enquanto no Cáucaso perspectivas territoriais há muito cobiçadas lhes acenassem.

Então, em 1917, nenhum dos dois lados parecia ter a probabilidade de vencer rapidamente. Depois da primavera, a Rússia e a França não mais conseguiram montar grandes ofensivas, e os austríacos só conseguiriam fazê-lo com ajuda alemã. Cadorna perseverava no Isonzo, mas os reforços austro-húngaros vindos da Rússia tornavam um avanço ainda menos provável. Somente os exércitos alemão e britânico eram suficientemente fortes e coesos para chegar a resultados decisivos. Mas o primeiro estava amplamente distribuído, e os fracassos do Programa Hindenburg impediam-no de compensar a falta de homens com material. Durante a terceira batalha do Ypres, os alemães dispararam um sexto das bombas lançadas pelos inimigos.[75] As novas táticas de artilharia e infantaria obtiveram sucesso na Galícia, em Riga e em Cambrai, mas Ludendorff restringiu deliberadamente essas operações. Para maiores resultados, ele primeiro apelou para os U-Boats e, depois, para uma ofensiva em 1918. Do lado aliado, a diferença básica com relação a 1916, além da exaustão, era a falta de apoio mútuo. Em 1916, Brusilov havia aliviado a pressão no Trentino, e o Somme havia feito o mesmo com relação a Verdun. Em 1917, a ofensiva Kerensky não coincidiu nem com a 10ª nem com a 11ª batalha do Isonzo, e os ataques de Pétain em Verdun e Malmaison não se coordenaram com a luta em Flandres. O exército britânico, apesar de sua melhora depois do Somme, não conseguia romper sem ajuda da linha alemã. É incerto se uma operação britânica iniciada em maio com táticas e forças comparáveis às de Cambrai poderia ter obtido mais do que obteve na terceira batalha do Ypres; a resposta provavelmente seria afirmativa, mas contra um exército alemão determinado e rapidamente reforçado com táticas de defesa em profundidade é improvável que essa operação tivesse sido decisiva. Os erros de comando exacerbavam as dificuldades dos Aliados, mas não alteravam suas bases.

* * *

Se a guerra não podia ser concluída por uma vitória militar, também nos fronts nacionais as forças que haviam apoiado a escalada de 1915-16 haviam se enfraquecido. A expansão da mão de obra na indústria de armamentos estava perto do limite, e o bloqueio e a campanha dos U-Boats forçaram escolhas drásticas entre as prioridades econômicas. A Grã-Bretanha não mais podia financiar as importações dos Aliados sem ajuda americana, e as vendas dos bônus de guerra diminuíam, implicando mais finanças inflacionárias. As tréguas políticas em favor da guerra mostravam-se cada vez mais tensas, e as configurações ideológicas que dominaram a Europa antes da guerra estavam emergindo. As nacionalidades austro-húngaras procuravam a autodeterminação; a opinião pública alemã polarizava-se entre centro-esquerda e extrema direita; a Grã-Bretanha, a França e a Itália estavam divididas entre os governos reconstruídos de centro-direita e uma oposição liberal ou socialista. Na Rússia, em novembro um partido político que desejava o fim da guerra quase a qualquer custo tomara o poder, mas este era um caso isolado. Em outras partes, o compromisso com a vitória, embora contestado com maior veemência, sobrevivia. Os dois lados reconsideravam seus objetivos de guerra, mas os reduziam surpreendentemente pouco. Eles continuavam distanciados, e seus objetivos inflexíveis e incompatíveis obstruíam os desejos dos que ansiavam pela paz e proliferaram durante esses meses. Esses desejos conheceram duas fases. Na primavera e no verão, os parceiros mais fracos das coalizões em oposição – primeiro a Áustria-Hungria e depois a Rússia – sondaram seus inimigos enquanto instavam seus parceiros a negociações de paz. Ambos falharam, mas no outono abriram-se contatos entre as potências mais fortes, com a Alemanha sondando a Grã-Bretanha e a França. Entretanto, essas iniciativas tampouco levaram a algum lugar. Hindenburg e Ludendorff insistiam que a vitória decisiva ainda era possível e que um acordo de paz para esta guerra deveria deixar a Alemanha em posição favorável para a próxima, embora os líderes aliados apostassem que, com ajuda americana, poderiam obter um resultado melhor no futuro que a negociação agora oferecida. Nenhum dos dois lados abandonou a esperança de vencer, ou de conseguir objetivos políticos que compensassem o esforço por vencer.

Ao longo de 1917, os objetivos de guerra e a diplomacia pela paz tornaram-se partes tão integrantes da política dos fronts domésticos que esses temas devem ser tratados em conjunto. Assim, no Império Austro-Húngaro a nova orientação de Carlos envolvia a liberalização interna e intensificados esforços de paz. Embora impetuoso e inexperiente, além de lhe faltar o poder de concentração de Francisco José, Carlos desejava ser dono do próprio nariz. Ele cortou as asas do AOK, deslocando-o de Teschen para Baden (perto de Viena)[76] e nomeando o praticamente desconhecido Arz von Straussenburg como CGS, enquanto deslocava Conrad para o comando das forças dos Habsburgo para o Tirol. Além disso, ele desmantelou parcialmente a estrutura coerciva que o AOK havia estabelecido em terras austríacas. Prisioneiros foram libertados e a censura abrandada, e em maio ele tornou a reunir o Reichsrat. Depois que Tisza renunciou, para não se submeter à pressão para ampliar as concessões na Hungria,[77] uma distensão similar começou a ocorrer nesse país.[78] Contudo, tais gestos bem-intencionados intensificaram as dificuldades domésticas de Carlos. A repressão de 1915-16 alienou os partidos políticos de tal forma que, embora antes da guerra tivessem limitado suas exigências a maior autonomia e direitos linguísticos, agora (pelo menos nos casos dos checos, poloneses e eslavos do sul) eles queriam a quase independência. As circunstâncias econômicas tampouco eram animadoras. Os padrões de vida em Viena caíam mais drasticamente que em Paris ou Londres e se aproximavam das circunstâncias desesperadoras de Petrogrado. Em 1916-17, os salários reais na cidade diminuíram em 64% em relação aos níveis de 1913-14, e em 1917-18, para 37%.[79] Antes de 1914, a metade austríaca da Monarquia importava 32% de seus cereais (65% dessa quantidade da Hungria), mas em 1917 a safra austríaca foi de 40% do nível anterior à guerra, e as importações da Hungria foram só de 2,4%.[80] Durante 1917, a indústria se contraiu drasticamente, com as ferrovias malconservadas deixando de funcionar e os estoques de carvão reduzidos a 40% das quantidades anteriores à guerra. Os altos-fornos eram fechados, e até a produção de armas foi afetada, com a produção de bombas caindo de 50 mil para 18 mil por dia entre março e agosto,[81] e a de balas para metralhadoras reduzidas em três quartos. Nessas circunstâncias desoladoras, o SPD austríaco e os sindicatos democráticos enfrentavam um desafio sério a seu apoio à guerra, particularmente depois da Revolução de Fevereiro e do espetacular julgamento em maio do assassino de Stürgkh, Friedrich Adler, que denunciou a política do partido. No que agora se transformava em regra pela Europa, os meses que antecediam a colheita tornavam-se a época da maior agitação. Em maio, 42 mil metalúrgicas da bacia de Viena entraram em greve, exigindo a eleição dos representantes sindicais, comitês para a distribuição de alimentos e a paz. Os líderes socialistas apelaram com sucesso para um retorno ao trabalho, mas a partir de julho as autoridades colocaram as fábricas sob lei militar (embora também introduzindo o controle dos aluguéis e uma comissão para reclamações das fábricas). Contudo, no longo prazo, as greves de maio levaram os social-democratas de volta a uma linha mais oposicionista, e eles se agarraram a suas convicções de maneira mais bem-sucedida que os moderados na Rússia. Viena tornou-se o centro de um impressionante movimento pela paz da classe trabalhadora, mas isso estava mais para separatismo nacional do que para uma insurreição socialista que conseguisse derrubar os Habsburgo.[82]

Carlos tinha bons motivos para temer que o tempo estivesse se esgotando e nomeou como seu ministro das Relações Exteriores o conde Ottokar Czernin, que compartilhava de sua impaciência e estava disposto a tentar métodos nada ortodoxos para não deixar as coisas à deriva.[83] Isso implicava questionar a solidariedade pétrea de Francisco José com os alemães, a quem Carlos nada disse sobre suas novas e maiores indagações sobre a paz por meio do príncipe Sixtus de Bourbon-Parma. Mas Carlos não informou Czernin completamente sobre este episódio, do qual se ocupou como um exercício de sua diplomacia pessoal. Todas as potências empregavam intermediários não oficiais (que podiam ser repudiados mais facilmente) para conduzir essas iniciativas, e Sixtus estava numa posição excepcionalmente confortável para comandar assuntos confidenciais em Viena e Paris, as capitais que ele percorreu (via Suíça) na primavera de 1917. Descendente da família Bourbon-Parma, ele servia no exército belga e também era irmão de Zita, esposa de Carlos. Por meio de Sixtus, Carlos sugeriu que, se a Sérvia suprimisse suas organizações subversivas anti-Habsburgo, ela poderia reconquistar sua independência. Numa carta assinada oferecendo-se para apoiar a total restauração da Bélgica e as "justas pretensões" da França com relação à Alsácia-Lorena, ele deu a impressão de que poderia romper com Berlim. A mensagem eletrificou os franceses, assim como Lloyd George, quando eles o consultaram. Mas nem a França nem a Grã-Bretanha tinham conflitos diretos com a Áustria-Hungria. A Itália tinha, e quando Ribot (o premiê francês) e Lloyd George reuniram-se com o ministro italiano das Relações Exteriores em um vagão de trem em Saint-Jean-de-Maurienne, em 19 de abril, Sonnino insistiu nas reivindicações territoriais feitas à Itália em 1915. A promessa de uma esfera de influência na Ásia Menor tornou-o mais manejável. Lloyd George e Ribot, embora exasperados, não se sentiam em condições de ignorar Sonnino. Violar o Tratado de Londres minaria suas afirmativas de que estavam lutando para defender empreendimentos internacionais, bem como também invalidaria suas próprias reivindicações territoriais. Além disso, as circunstâncias militares eram desfavoráveis. Lloyd George não conseguiu ir adiante com seu esquema para ajudar Cadorna a chegar a Trieste, e Carlos recusou-se a entregar à Itália o que ela não conseguira conquistar. Os austríacos tampouco, como acabaram demonstrando, se mostravam dispostos a estabelecer uma paz em separado. Muito além da questão de honra, eles precisavam dos subsídios alemães, e os generais alemães comandavam a maior parte de seu exército. Mesmo que Carlos estivesse pensando em se retirar, fazer isso significava pedir a retaliação alemã e o repúdio de seus ministros, podendo lhe custar o trono. De qualquer modo, a lealdade dos Aliados para com a Itália pouco incentivava o imperador a assumir qualquer tipo de risco, e no verão de 1917 Sixtus abriu mão de sua reivindicação.[84] Ao mesmo tempo que Carlos se aproximava dos franceses, Czernin tentava diminuir os obstáculos à paz, amaciando os alemães. As circunstâncias pareciam auspiciosas. Durante os dois primeiros anos, poucas fendas haviam sido abertas no front nacional alemão, mas no "inverno do nabo" de 1916-17, os civis alemães sofreram suas piores privações durante a guerra.* Depois do fracasso da safra de batatas, o frio ártico congelou as ferrovias e as vias fluviais, impedindo que o carvão chegasse às fábricas e aos lares. Nas cidades, milhões padeciam com um frio e uma fome sem precedentes desde os tempos pré-industriais. A crise de subsistência ajudou a concentrar a atenção nas desigualdades de riqueza e poder desencadeadas pela divisão da sociedade prussiana em três classes, e em abril mais de 200 mil trabalhadores das metalurgias e fábricas de armamentos, além de outros (dos quais pelo menos a metade eram mulheres), fizeram greve contra o mau gerenciamento dos suprimentos alimentícios.[85] Por essa época, a revolução de Petrogrado havia galvanizado os socialistas, bem como afastado a ameaça da autocracia czarista que antes os havia motivado a apoiar a guerra. Depois que o USPD se dissolveu em abril, muitos SPD e sindicalistas fiéis temeram estar sendo reprimidos e sentiram estar sendo usados para policiar seus pares. Bethmann aceitou que era preciso fazer concessões e decidiu encarar o problema. Ele havia se decepcionado com os conservadores desde o choque com eles quanto aos objetivos de guerra e os submarinos, e precisava da cooperação da classe trabalhadora para cumprir o Programa de Hindenburg. Sem consultar Hindenburg e Ludendorff, ele concordou com Guilherme quanto a uma Mensagem de Páscoa do soberano, que prometia reformas sociais. Ainda era muito pouco. O Partido de Centro, cuja adesão ao *lobby* dos U-Boats havia minado o chanceler em 1916, tinha se deslocado para a esquerda, forçando um bloco no Reichstag com o SPD, os Progressistas, e os Liberais Nacionais, que haviam sido anexionistas. Entre eles esses quatro grupos comandavam uma maioria, fazendo pressão pela democratização e objetivos de guerra mais moderados.[86]

Nesse quadro, Czernin tentou reduzir os objetivos alemães. Ele advertiu Bethmann, em abril, de que a Áustria-Hungria estava exaurida, e se a guerra prosseguisse, a "maré da revolução" varreria o Ocidente a partir de Petrogrado. Mas o chanceler duvidava de que a revolução estivesse próxima na Alemanha ou na Monarquia Dupla. Além disso, em vez de se conformar com o *status quo* de 1914, Czernin ainda esperava obter ganhos territoriais. Na verdade, convinha a Bethmann desviar Czernin para os Bálcãs, pois o chanceler via o Governo Provisório de Petrogrado como o elo mais fraco da corrente aliada e queria estar livre para negociar com esse governo revolucionário.[87] Mas ele tinha que enfrentar não apenas Czernin e o Reichstag, mas também Hindenburg e Ludendorff, que se sentiu ultrajado pela Mensagem de Páscoa.[88] Provindo da classe média, impetuoso e inseguro, Ludendorff era, de muitos modos, um marginal do corpo de oficiais alemães. Em assuntos estratégicos, ele era relativamente flexível, mas, em termos políticos, via a vitória como essencial para consolidar a ordem política doméstica. Uma promessa de democratização seria tomada pelos Aliados como sinal de fraqueza e os incentivaria a prosseguir.

---

*   Ver livro 2 ("A escalada"), cap. 9.

Ele não queria reduzir os objetivos da Alemanha, e sim expandi-los e concretizá-los. O resultado foi uma nova e devastadora afirmação dos novos objetivos de guerra, o Programa Secreto de Kreuznach de 23 de abril. Esse programa previa que a Alemanha anexaria a Curlândia e a Lituânia, bem como grandes partes da Polônia, com seu restante sendo dominado por métodos indiretos. A Alemanha continuaria a ser um império colonial na África Central, apoiado por uma corrente de bases navais no exterior. No leste, ela anexaria Longwy-Briey e Luxemburgo, conservaria Liège e a costa de Flandres por pelo menos um século e controlaria as ferrovias belgas. Guilherme e o OHL endossaram o programa e, embora Bethmann a princípio protestasse contra ele, acabou por aceitá-lo como guia no caso de a Alemanha ficar em condições de ditar a paz.[89] Assim, uma força opositora ainda mais forte bloqueou Czernin. Diante de uma recusa de concessões com relação aos objetivos de guerra, ele tentou, por pouco tempo, subverter Bethmann por meio da "paradiplomacia", aliando-se ao governo bávaro com Matthias Erzberger, o líder da ala esquerda do Partido de Centro, a quem ele forneceu informações secretas.[90] Após uma conferência de cúpula alemã-austríaca em 17-18 de maio (também realizada em Kreuznach), Czernin abriu mão de suas táticas de pressão. A rejeição de Sixtus como avaliador da paz provavelmente foi um dos motivos, bem como uma reviravolta econômica temporária e a crescente evidência de que a Rússia estava derrotada. Apesar de seus esforços, a influência do OHL sobre a política alemã acabara por crescer. Rechaçada pelos Aliados, Viena contava mais uma vez com a liderança alemã.

* * *

Se a busca de paz pelos austríacos dominou a primavera, durante o verão a Rússia assumiu o centro do palco. Aqui também uma mudança de liderança deu início ao processo, com destaque para a reestruturação do Governo Provisório em maio. Enquanto Milyukov, que havia sido ministro das Relações Exteriores do primeiro gabinete do Príncipe Lvov, garantia aos Aliados que a Rússia se manteria fiel aos tratados referentes aos objetivos secretos de guerra e reiterava as pretensões czaristas quanto a Constantinopla e o Dardanelos, o Soviete de Petrogrado, embora aceitando que a guerra devia prosseguir (também para defender a revolução contra a agressão alemã), desejava modificar seus objetivos. O Soviete incitava os povos do mundo a adotarem a "fórmula de Petrogrado": nada de anexações ou indenizações, e um tratado de paz baseado na autodeterminação. A posição do Soviete tornou-se cada vez mais popular entre os comitês de soldados do exército, e o conflito entre ele e o governo quanto aos objetivos de guerra levou a um constante atrito. As coisas atingiram o clímax no período de 20 de abril a 3 de maio, depois que o Governo Provisório emitiu um memorando sobre os objetivos de guerra para os Aliados junto a uma carta de Milyukov insistindo nas "garantias e sanções". Multidões em passeatas de protesto exigiam sua renúncia, e ele se viu praticamente isolado. Quando o gabinete foi ampliado para a inclusão dos mencheviques e os SRS do Soviete, ele preferiu renunciar a aceitar sua nova plataforma de política externa.[91]

A crise de maio restaurou temporariamente a harmonia política ao unir o gabinete e o Soviete num programa de "defensismo revolucionário", o que significava a solidariedade entre os Aliados com base em objetivos de guerra não imperialistas. O novo governo proclamou que a Rússia não devia deixar que a Alemanha derrotasse os Aliados ocidentais, pois as Potências Centrais então concentrariam suas forças contra a revolução, mas aceitava a fórmula de não anexações e indenizações, prometendo compartilhá-la com os parceiros da Rússia. Por motivos de ordem prática, abria mão de Constantinopla e propunha que a Polônia se tornasse independente, embora dentro de uma "aliança militar livre" com a Rússia e incorporando áreas da Alemanha e da Áustria-Hungria habitadas por poloneses. Assim, o governo russo não abandonava toda ideia de enfraquecer os inimigos da Rússia, e era clara a diferença entre seus objetivos de guerra e os das Potências Centrais, como demonstraram vários contatos entre março e junho. O mais importante deles foram as conversações, em Estocolmo, entre Erzberger (agindo com a aprovação de Bethmann) e um oficial russo, Kolyschko. Ludendorff, furioso por não ter sido inicialmente consultado, interveio para endurecer a posição alemã, insistindo que os russos deviam abandonar a Polônia e que a Alemanha devia se expandir ao longo da costa do Báltico. Termos similares foram comunicados quando o general russo Dragomirov fez contato com os comandantes alemães no front. O Governo Provisório agora sabia que o preço da paz seria a Polônia se tornar um Estado fantoche alemão, e não russo, e que as concessões no Báltico poderiam colocar Petrogrado em perigo. A possibilidade não voltaria a ser discutida.[92]

Os russos ocupavam, no campo aliado, uma posição análoga à de Carlos com relação às Potências Centrais. Estavam dispostos a procurar uma paz em separado, mas seus inimigos pouco os incentivavam a concretizá-la. Tampouco podiam obter uma paz geral moderando os objetivos de seus parceiros. Enquanto Czernin procurava influenciar Bethmann, Tereshchenko (um aliado de Kerensky que substituiu Milyukov como ministro das Relações Exteriores) apresentava a "fórmula de Petrogrado" aos aliados da Rússia e sugeria uma conferência para rever os objetivos de guerra da coalizão. Ele recebeu respostas evasivas e, depois do fracasso da ofensiva de Kerensky, retirou a proposta.[93] Mas, simultaneamente – num reflexo da "paradiplomacia" de Czernin –, os russos adotaram métodos menos convencionais, dos quais o mais notável foi uma campanha por uma reunião em Estocolmo entre os representantes dos partidos socialistas dos países neutros e dos beligerantes. O projeto da conferência de Estocolmo teve origem com o Bureau Socialista Internacional, o secretariado da antiga Segunda Internacional, agora sob o comando dos escandinavos e holandeses. Em maio, o Soviete de Petrogrado aderiu à ideia e lançou um apelo paralelo; em julho, os neutros e os socialistas russos emitiram um convite conjunto.[94] Contudo, a conferência nunca aconteceu, basicamente porque os Aliados a vetaram. Embora tivessem associado a "fórmula de Petrogrado" basicamente à política europeia, os russos não conseguiram impulso suficiente para a revisão dos objetivos de guerra.

O movimento socialista internacional havia se dividido não apenas entre os dois lados, como também em termos ideológicos. O de esquerda consistia principalmente nos bolcheviques e pequenos grupos aqui e ali, sendo declaradamente hostil à guerra. O de direita, que incluía a SFIO e as lideranças do SPD, alguns socialistas italianos e a maioria do Partido Trabalhista Britânico, aprovava o crédito à guerra, entrava no governo sempre que convidado e, por vezes, aprovava os objetivos de guerra imperialistas. Com exceção da Rússia, o grande acontecimento de 1917 foi menos o crescimento da esquerda que o enfraquecimento da centro-direita, que compreendia as *minorias* da SFIO, o USPD alemão, a maior parte dos socialistas italianos e americanos, e os dissidentes do Partido Trabalhista da Grã-Bretanha. As opiniões dos mencheviques e SRs do Soviete de Petrogrado eram similares. Esses grupos aceitavam a legitimidade da autodefesa, mas opunham-se aos créditos de guerra e à participação no governo, exigiam negociações de paz com base na não anexação e a ausência de indenizações, esperando restaurar a Segunda Internacional. Não é de estranhar que deram boas-vindas à iniciativa de Estocolmo, mas era sinal dos tempos que, depois da cautela inicial, a maioria da direita procedesse da mesma forma, unindo-se ao pedido de reconsideração dos objetivos de guerra. Assim, Estocolmo desafiava não apenas a diplomacia dos governos beligerantes, mas também a condução de sua política interna. Contudo, a resposta das Potências Centrais foi notavelmente cortês. Czernin queria uma paz negociada, mostrando-se disposto a permitir que os socialistas austríacos participassem das negociações. Bethmann mostrava-se menos entusiasmado, mas adotou a mesma linha, achando que isso poderia ajudar a manter o SPD com ele. Para evitar que estes últimos parecessem ingênuos, também se dispôs a permitir que o USPD também participasse.[95] Em contrapartida, Woodrow Wilson hesitantemente proibiu a participação do Partido Socialista Americano,[96] da mesma forma que o governo italiano barrou o PSI, mas esses dois partidos já eram totalmente contra a guerra. Na França e na Grã-Bretanha, grandes movimentos operários, anteriormente moderados, voltaram-se para Estocolmo, e nos dois países a questão levou-os a confrontos com os seus governos.

Durante o ano de 1917, em boa parte da Europa, os movimentos trabalhistas e socialistas penderam para a esquerda, e a oposição não socialista à guerra foi reativada.

Além disso, os movimentos de protesto de base ganharam ímpeto, protestos esses que, até certo ponto, eram dirigidos contra as posições socialistas mais patrióticas e sindicais. Na França, entre 1915-1916, o custo de vida se estabilizou, mas na primavera de 1917, o preço dos alimentos tornou a se elevar.[97] A crescente agitação entre os trabalhadores atingiu seu clímax em maio e junho, quando 100 mil pessoas entraram em greve apenas na região de Paris; entre elas, possivelmente três quartos fossem mulheres, outro sinal da radicalização das mulheres trabalhadoras. Suas principais reivindicações envolviam uma semana de trabalho de cinco dias e meio e o aumento do custo de vida. Os empregadores, incentivados pelo ministro do Interior para que resolvessem logo a questão, cederam à maioria das reivindicações, e o trabalho foi logo retomado. Desde a Revolução Francesa, a atividade política havia se intensificado. A tradicional demonstração do Dia do Trabalho, fraca em 1915 e 1916, agora atraía grandes números, e alguns grevistas desfraldavam suas bandeiras vermelhas, exigindo a paz. Além disso, depois do desastre da ofensiva da primavera e dos motins (embora a impressa se calasse com relação a eles), havia abundantes evidências do profundo sentimento de depressão do povo. As esperanças de uma reviravolta há muito tinham sido dissipadas, e um relatório do Ministério do Interior dos departamentos provinciais em junho verificou que só em cerca de metade deles as autoridades locais julgavam o moral adequado. O fracasso de Neville, a má influência dos soldados em licença e, em menor grau, o colapso da Rússia eram responsabilizados pela situação.[98] Ao pessimismo no campo faziam eco as disputas internas e uma perda de confiança entre a elite. O governo de Briand, reformulado em dezembro de 1916, renunciou em março; o de Alexandre Ribot sobreviveu de março a setembro, e o de Paul Painlevé apenas de setembro a novembro, tornando-se a primeira administração francesa em tempo de guerra a renunciar depois de uma derrota parlamentar. Esses gabinetes repousavam sobre uma base parlamentar mais estreita que as coalizões de 1914-1916, e o sinal mais óbvio dos frangalhos de um consenso era a alienação socialista. No início de 1917, o movimento *minoritário* estava perto de se tornar maioria da SFIO. Mesmo assim, os líderes do partido a princípio recusaram o convite do ISB para Estocolmo, mas o reconsideraram depois que os russos se associaram a ele, especialmente quando os até então deputados governistas, Marcel Cachin e Marius Moutet, voltaram de uma visita a Petrogrado com informações secretas sobre o Acordo de Doumergue.* Agora parecia que o partido havia sido enganado e levado a apoiar uma guerra em ampliação, e em maio seu Conselho Nacional votou pela ida a Estocolmo. Ribot considerou a concessão de passaportes, mas voltou atrás quando se viu confrontando, simultaneamente, com uma revolta do gabinete, greves em Paris e uma advertência de Pétain (no auge dos motins) de que, se os socialistas

---

* Ver livro 2 ("A escalada"), cap. 3.

fossem a Estocolmo, ele não responderia pela disciplina no exército. Por outro lado, o premiê foi forçado a esclarecer os objetivos de guerra do governo, e durante três dias de debate parlamentar secreto, ele se distanciou do Acordo de Doumergue – mas não da carta de Cambon, com reivindicações envolvendo a Alsácia-Lorena, o depósito de carvão do Sarre e um Estado fantoche na Renânia. No final da sessão, a Câmara passou a resolução de Dumont de 6 de junho, uma declaração ambígua que parecia confinar as demandas territoriais dos franceses à Alsácia-Lorena, mas deixava aberta a porta para "garantias" de segurança que iam além disso, e Ribot disse ao Senado mais conservador que as salvaguardas na Renânia ainda eram seu objetivo. Embora ele também apoiasse o princípio da Liga das Nações, era difícil reconciliar seu programa com a fórmula de Petrogrado, que repudiava as anexações e as indenizações. A SFIO dividiu-se por causa da resolução Dumont, e quando Painlevé assumiu em setembro, eles deixaram o governo. Não era de surpreender que a decisão de Painlevé de manter Ribot como ministro das Relações Exteriores fosse a gota d'água que provocaria sua renúncia.[99]

Na Grã-Bretanha, Lloyd George contava com uma base parlamentar mais forte que a de Ribot, e a BEF escapou ao motim, embora uma tendência a objetivos de guerra expansionistas ocorressem discretamente no gabinete, em vez de provir (como na Alemanha) de grupos de pressão chauvinistas ou do alto-comando. Depois do Levante de Páscoa, o sul da Irlanda foi praticamente perdido para os esforços de guerra (pelo menos como força de homens para a luta), mas no restante do Reino Unido o principal desafio ao governo vinha da esquerda. Greves na indústria entre março e maio envolveram cerca de 200 mil trabalhadores nos distritos industriais britânicos. A maioria deles era contra os planos de privatização das fábricas estatais por meio da contratação de trabalhadores privados e de abolir o "cartão de comércio", um esquema pelo qual os sindicatos podiam designar quais homens ficariam isentos da convocação.[100] As greves eram organizadas localmente e (como na Alemanha) eram comandadas por representantes dos sindicatos contra a política das lideranças sindicais nacionais. Embora, a princípio, o governo se recusasse a dialogar com os organizadores, acabou por negociar com eles e com os sindicatos simultaneamente, adiando a implementação das medidas propostas, apesar de pressionar pela necessidade de realocar força de trabalho para a indústria naval e o exército. Na verdade, as greves estabeleceram o limite para a militarização do front doméstico britânico, com os trabalhadores especializados se rebelando contra as ameaças às suas funções. Os ministros ficaram profundamente impressionados e estabeleceram comissões regionais para investigar as causas; seus relatórios enfatizavam os preços dos alimentos e os lucros, bem como o alistamento e "certificados de saída" necessários para a mudança de emprego. Winston Churchill, o novo ministro das Munições, decidiu abolir os certificados e evitar quaisquer outras diluições, temendo a inquietação revolucionária. Em julho, o gabinete derrubou a oposição do Tesouro e votou a favor de um subsídio para o pão, concordando que "pela vigorosa continuação da guerra, é indispensável uma classe trabalhadora satisfeita". Os homens não eram mais tirados da lavoura; pelo contrário, o exército teve que dispensar soldados para ajudar nas colheitas. O gabinete estava bem ciente de que o moral dos civis dependia da manutenção dos padrões de vida, e dali por diante era mais importante que nunca responder aos pedidos de munição e homens do alto-comando.[101]

As greves nas fábricas eram principalmente um protesto econômico, embora com importantes implicações políticas. Mas, além disso, a UDC estava expandindo seus associados, sendo cada vez mais ouvida pelos sindicatos por sua oposição aos objetivos de guerra imperialistas.[102] Em Glasgow, 100 mil pessoas manifestaram-se contra a garantia da liberdade da cidade a Lloyd George, e outra manifestação de protesto exigiu fim da prisão do líder socialista John MacLean.[103] Em junho, a Convenção de Leeds dos esquerdistas, autorizada pelo governo com certa agitação, propôs a criação de sovietes britânicos calcados no modelo russo, embora o apelo fosse grandemente ignorado.[104] Contudo, a situação era suficientemente tensa para que o gabinete se preocupasse com o risco de perder o apoio do Partido Trabalhista com relação à conferência de Estocolmo, e Lloyd George estava ainda mais preocupado com as implicações internacionais da proposta. A princípio, ele tendia a permitir que os trabalhistas dela participassem, para se conciliar com os russos e evitar um encontro entre os socialistas russos e alemães sem que nenhum aliado estivesse presente. A esta altura, os líderes trabalhistas (em contraste com MacDonald e a oposição do Partido Trabalhista) não quiseram participar. Em agosto, contudo, o partido reverteu sua decisão e, numa conferência especial, votou três contra um a favor de seguir Arthur Henderson, o membro trabalhista do gabinete de guerra (que, como Cachin e Moutet, ficara balançado ao visitar Petrogrado), apoiando a participação. Henderson acreditava que a conferência fortaleceria o Governo Provisório contra os bolcheviques (que ele detestava) e voltou a se entusiasmar por mais objetivos de guerra socialistas.[105] Contudo, o gabinete também havia reconsiderado, em parte devido à unânime hostilidade contra Estocolmo por parte dos aliados da Grã-Bretanha, mas também porque o próprio governo russo esfriara com relação a Estocolmo, e porque, depois da derrota da ofensiva Kerensky, havia menos necessidade de fazer concessões aos russos. Os colegas de Henderson acreditavam que ele os havia enganado, e sua posição no gabinete tornou-se insustentável, mas depois que ele renunciou, um novo representante dos trabalhistas o substituiu, e a maioria do movimento das classes trabalhadoras continuou a se opor a um compromisso de paz. Embora o cisma tenha-se mostrado menos sério do que Lloyd George temia, a decisão do gabinete de se opor a Estocolmo acabou com qualquer perspectiva de insistir na questão.[106]

As implicações para a Rússia foram graves. Ao se juntarem em maio e endossarem o "defensismo revolucionário", os mencheviques e os SRs haviam se exposto a ser passados para trás pela esquerda, e é improvável que os bolcheviques tomassem o poder não fosse pelas consequências destrutivas da guerra e o fatal compromisso de seus oponentes em continuar nela. Uma das primeiras dessas consequências foi a volta de Lênin do exílio por cortesia dos alemães, que (embora ele não fosse nenhum fantoche de Berlim) viram que poderia servir a seus interesses, assim providenciando o famoso "trem selado" através de seu território, para que ele fosse transportado de Zurique até a Finlândia. De volta a Petrogrado em abril, ele transformou a indiferente liderança bolchevique em um baluarte intransigente contra a guerra. Então, os bolcheviques ficaram fora da coalizão de maio, com Lênin afirmando, em suas *Teses de abril* que os trabalhadores russos não tinham nenhum interesse numa vitória dos Aliados e que o conflito devia se tornar uma guerra civil internacional entre o proletariado e a burguesia. A revolução socialista podia chegar logo à Rússia, sem uma longa fase preliminar de governo burguês, e embora Lênin não pressionasse por uma revolução imediata, afirmava que sua agitação preparatória devia ter início imediatamente.[107] O solo era fértil. A crise econômica que havia precipitado a Revolução de Fevereiro piorou: a emissão de moeda e a inflação se aceleravam, e greves interrompiam o transporte ferroviário. O suprimento de alimentos para as cidades tornou-se mais precário.[108] Greves em prol da manutenção do padrão de vida prosseguiram em boa parte da indústria, inclusive nas fábricas de armamentos. Acima de tudo, o Governo Provisório não conseguiu um cessar-fogo rápido, e a ofensiva de Kerensky enfraqueceu sua autoridade sobre as tropas. Na verdade, mesmo durante o progresso da ofensiva, o governo provocou outra explosão, sob a forma dos Dias de julho, quando ordenou a ida para o front do Primeiro Regimento de Metralhadoras, uma unidade com 10 mil homens que estava estacionada do lado de Vyborg, parecendo constituir uma permanente ameaça ao local. O regimento resolveu que se rebelaria, a menos que a ordem fosse cancelada, e a organização militar bolchevique apoiou-o, embora o Comitê Central do partido achasse que se tratava de uma atitude prematura, pedindo contenção. Não obstante, a insurreição aconteceu de 3 a 16 de julho, com uma multidão de soldados e Guardas Vermelhos (milícias dos trabalhadores) cercando o Soviete e os representantes do governo no Palácio de Tauride. Mas, embora os bolcheviques provavelmente pudessem controlar Petrogrado a essa altura, seus líderes ainda hesitavam. As multidões se dispersaram, as tropas leais chegaram e Lênin tornou a fugir para a Finlândia. Contudo, embora o governo tivesse sobrevivido, a combinação da insurgência com o fracasso da ofensiva comprometeram o fim do projeto iniciado em maio. A Rússia havia perdido seu poder diplomático ainda disponível, e Tereshchenko deixou de pressionar os Aliados quanto aos objetivos de paz, chegando mesmo a incentivar os britânicos a porem fim à iniciativa de Estocolmo. A guerra continuou sendo o grande albatroz no pescoço do Governo Provisório, que não tinha mais uma estratégia para removê-lo.[109]

Depois dos dias de julho, as autoridades fizeram um esforço abortivo para recuperar o controle. Lvov sentiu que não era mais o homem indicado para a repressão e entregou o cargo de primeiro-ministro a Kerensky, que restringiu as reuniões públicas e substituiu Brusilov por Lavr Kornilov, um homem duro que, embora fosse um soldado ingênuo, tinha contatos com homens de negócios e com a direita. A nova equipe restaurou a pena de morte e introduziu os tribunais de campo, que pronunciavam sentenças de morte contra os amotinados (alguns dos quais foram executados). Milhares de desertores foram capturados e devolvidos ao front, unidades rebeldes foram dispersas e bolcheviques foram presos, tendo suas organizações desmanteladas. A repressão obteve certo sucesso, mas em agosto a política russa teve outra reviravolta. Kornilov esperava não apenas restaurar a disciplina militar, mas também instalar um regime autoritário, de preferência em conjunto com Kerensky e o Governo Provisório, porém, se necessário, contra eles. Suas relações com Kerensky foram rompidas, com o CGS aparentemente acreditando que ele tivesse a aprovação do premiê para dar um golpe e enviar tropas sob o comando do general Krymov para derrubar o Governo Provisório e o Soviete. A insurgência fracassou quando os ferroviários bloquearam as linhas, e as tropas leais à revolução confraternizaram-se com as forças de Krymov. Kerensky denunciou Kornilov, substituindo-se por Alekseyev. Mas o "caso Kornilov" espalhou outra onde de choque pelo exército, sugerindo que Kerensky não era confiável. Ele perdeu o pouco crédito que lhe restava, e as tropas provavelmente não o defenderiam outra vez.[110] Em uma atmosfera de caos crescente, a sorte da esquerda reviveu. Durante o verão e o outono, a tomada das terras da pequena nobreza pelos camponeses, amiúde violenta, acelerou-se nas províncias centrais da Rússia; os grevistas exigiam o controle da indústria por meio dos comitês de fábrica; Petrogrado perdeu o controle das administrações provinciais; e Finlândia e Ucrânia declararam-se independentes. Depois do caso Kornilov, os bolcheviques reconquistaram sua liberdade de organização, e entre julho e outubro seus filiados cresceram de 200 mil para 350 mil, seu apoio cresceu nas eleições municipais de Petrogrado e Moscou (onde obtiveram 33% e 51%, respectivamente), e em setembro obtiveram o controle do Soviete de Petrogrado.[111] Pelo menos nas cidades mais importantes, parecia que a mensagem de Lênin referente à paz imediata e a revolução socialista era o que o povo desejava ouvir. Enquanto isso, embora a maioria das tropas ainda permanecesse no front, as resoluções passadas pelos comitês de soldados indicavam uma completa desilusão com o Governo Provisório, e os bolcheviques cada vez mais assumiam também esses comitês. Acima de tudo, à medida que as noites iam ficando mais frias, os relatórios dos oficiais observavam que, em nenhuma circunstância, os homens suportariam outro inverno longe de seus lares.[112]

* * *

Se a pressão austríaca não conseguiu moderar os objetivos de guerra da Alemanha, a pressão russa tampouco conseguiu moderar os da Grã-Bretanha e da França. Se a paz tivesse que acontecer em 1917, o pré-requisito era um acordo entre Paris, Londres e Berlim. Até então, a Áustria-Hungria e a Rússia haviam assumido a iniciativa, mas na terceira fase das sondagens diplomáticas, a iniciativa partiu da Alemanha, seguindo-se a uma importante crise política em julho e uma mudança de chanceler. Desde a primavera, Bethmann viu-se pressionado entre a nova maioria do Reichstag em favor da democratização e da redução dos objetivos de guerra, e a resistência do OHL. O caráter vago da Mensagem de Páscoa não satisfez nenhum dos dois lados. Mas, pelo menos durante a primavera, a ofensiva dos submarinos havia entusiasmado a opinião pública alemã, e, em um de seus aspectos, a crise política de julho resultou da falência da estratégia dos U-Boats. Holtzendorff ainda insistia que ela daria certo, mas não precisava uma data, distanciando-se da previsão anterior de cinco meses.[113] Num sensacional discurso no principal comitê do Reichstag em 6 de julho, Erzberger demonstrou como a campanha não estava conseguindo atingir seu objetivo.[114] Ele não só estava ciente (via Czernin) do desespero da Áustria-Hungria, mas também sabia que a marinha não havia cumprido sua promessa e temia que o SPD desertasse, passando para o campo contrário à guerra. Depois de sua *démarche*, os partidos da nova maioria decidiram aprovar uma resolução enfatizando a disposição alemã pela paz, buscando um chanceler suficientemente forte para torná-la concreta. Hindenburg e Ludendorff, por outro lado, inferiram que Bethmann não podia mais comandar a legislatura. Num ato sem precedente de assertividade, advertiram Guilherme que, a menos que ele dispensasse o chanceler, eles renunciariam. O coronel Bauer, da equipe de Ludendorff, apresentou moções de não confiança em Bethmann por parte dos líderes do partido, e o imperador (que respeitava Bethmann a despeito de sua impaciência com ele) relutantemente decidiu por sua saída. Na verdade, Bethmann havia resolvido renunciar a menos que pudesse pôr em prática uma reforma política imediatamente,[115] de modo que Guilherme viu-se numa posição delicada. Se apoiasse seu chanceler, teria optado pela via das negociações de paz e controlado a democratização na qual a Alemanha embarcara com um ponto de partida favorável em outubro de 1918. Ele se recusou a fazê-lo, preferindo infringir flagrantemente suas prerrogativas. Entretanto, Hindenburg e Ludendorff preferiram exercer seu poder de veto em vez de assumir o governo, e descrever a Alemanha como ditadura militar seria um exagero. Eles haviam considerado e rejeitado a possibilidade de Ludendorff se tornar chanceler e removeram Bethmann sem definir uma alternativa. Seu sucessor foi Georg Michaelis, um oficial prussiano relativamente obscuro que havia servido como controlador de alimentos para Berlim. Hindenburg e Ludendorff concordaram com sua nomeação e pareciam supor que ele fosse maleável. Ele se mostrou mais independente do que eles gostariam que fosse, mas faltavam-lhe as habilidades exigidas pelo cargo. Ninguém na Alemanha – imperador, comandante-geral ou chanceler estava em condições de exercer uma liderança política.[116]

À medida que o poder do imperador e do chanceler se retraía, o do OHL e da legislatura crescia. Bethmann renunciou em 13 de julho; seis dias depois, o Reichstag aprovou a Resolução de Paz por 212 votos contra 126.

Essa resolução clamava por "uma paz de compreensão e reconciliação internacionais", repudiando "aquisições forçadas de território e violações políticas, econômicas e financeiras",[117] mas essa retórica limitava-se a repetir a fórmula de Petrogrado, em vez de repudiar de maneira genuína o expansionismo. As anexações nunca tinham se destacado muito entre os objetivos de guerra alemães, e Erzberger e seus colegas tendiam para o estabelecimento de estados-fantoches independentes.[118] Em 1918, a maioria deles votou a favor do draconiano Tratado de Brest-Litovsk com a Rússia. Em outras palavras, a resolução significava menos do que parecia, mesmo para os partidos que a apoiavam, não conseguindo produzir uma mudança significativa. Antes de desencadear a crise, Erzberger (como Bethmann quando conspirou contra Falkenhayn) parece ter calculado mal que um pacto com Hindenburg e Ludendorff poderia tirar a Alemanha da guerra. Em vez disso, o OHL afastou um homem que consideravam tolerante com relação aos objetivos de guerra, enquanto Erzberger ansiava por um chanceler que buscasse as negociações gerais, mas acabou com uma figura muito mais cautelosa. Por exemplo, Michaelis declarou que só aceitaria a resolução "como a entendo", o que, como comentava ele na intimidade, significava que a Alemanha ainda podia obter a paz que desejasse.[119] Na prática, ele se movimentava entre a pressão da Áustria-Hungria para que os objetivos alemães fossem reduzidos e os do OHL para que resistisse. Tendo pouco conhecimento de política externa, ele assumiu uma posição após uma série de consultas com o OHL e Czernin durante agosto. Apoiou seu novo ministro das Relações Exteriores, Richard von Kühlmann, um diplomata experiente que havia servido na embaixada em Londres antes da guerra e que, como Bethmann, estava disposto a se comprometer com os objetivos de guerra para dividir os Aliados, com a diferença de que Kühlmann via a Grã-Bretanha como a perspectiva mais promissora. Enquanto isso, os objetivos econômicos de guerra da Alemanha haviam sido consideravelmente abatidos: os planos da *Mitteleuropa* de uma união aduaneira centro-europeia agora tinham pouca prioridade, e a principal preocupação da comunidade econômica era garantir que o bloqueio dos Aliados não prosseguisse após a assinatura da paz.[120] Michaelis mostrou-se disposto a apoiar Kühlmann renunciando à anexação da bacia de Briey em troca da garantia de acesso a seu minério de ferro, mas o novo chanceler também expandiu os objetivos da Alemanha acrescendo planos para um novo e enorme Estado fantoche na Ucrânia.[121] Berlim, portanto, reorientou suas ambições de leste para oeste, sem abandonar o objetivo básico do domínio continental. De maneira similar, embora Michaelis desejasse considerar a colocação da Polônia sob a soberania nominal austríaca, o *quid pro quo* era o permanente controle alemão sobre a exportação de grãos e os poços de petróleo da Romênia. As esperanças de uma expansão velada por meio do domínio econômico continuavam bem vivas.

Essa era a situação quando uma nota em favor da paz do papa Bento XV deu início a uma nova rodada de contatos. Antes de torná-la pública, em 1º de agosto, o Vaticano tinha consultado os alemães, mas não os austríacos nem os aliados.[122] Levando em consideração uma advertência da Alemanha de que não aceitaria o predomínio britânico ou francês na Bélgica, a nota pedia que o país recuperasse a total independência e fosse garantido "contra qualquer outra potência". Na essência, contudo, ela visava ao retorno às fronteiras europeias anteriores a 1914, sem anexações ou indenizações, uma solução que perpassasse pelos objetivos de ambos os lados. Assim, os alemães e os austríacos tentaram matar a iniciativa postergando sua resposta. Woodrow Wilson rejeitou um retorno ao *status quo* anterior à guerra, e a França (onde muitos católicos deploraram a nota) e a Itália foram pouco menos hostis. Só a Grã-Bretanha mostrou-se mais disposta a explorar as possibilidades. O gabinete de Lloyd George, talvez devido à evidência de que a ofensiva de Haig em Flandres estava fazendo pouco progresso e agora, com certeza, considerando a nota dos objetivos de guerra dos Aliados a Wilson de 10 de janeiro de 1917 como "áspera", decidiu testar os alemães. O representante britânico no Vaticano observou que as Potências Centrais não haviam conseguido dizer como repariam o estrago que fizeram na Bélgica e também em sua soberania. Isso era um convite à Alemanha e à Áustria-Hungria para que esclarecessem suas intenções, e o Vaticano o encaminhou para Kühlmann. O convite chegou quando ele acabara de se surpreender ao tomar conhecimento de um novo canal de comunicação austro-francês na Suíça, as conversas Armand-Revertera. Armand, representando Painlevé, o ministro da Guerra francês, havia oferecido à Áustria-Hungria toda a Polônia (bem como a Silésia e a Bavária da Alemanha) em troca de uma paz em separado, e Czernin disse a Kühlmann que desejava se reunir com Painlevé. Na verdade, Armand provavelmente representasse mal seu superior, e é improvável que o governo francês consentisse que Painlevé participasse de uma reunião. Mas Kühlmann ficou completamente alarmado e sentiu que devia conter essa tentativa de colocar um calço entre Berlim e Viena, inserindo seu próprio calço entre Paris e Londres. Ele e Michaelis concordaram que um "oceano de ódio" separava a Alemanha da França, e que a Alemanha pouco podia ceder na Alsácia-Lorena. Mas se a Grã-Bretanha pudesse ficar satisfeita com relação à Bélgica, Paris poderia ficar isolada. No Conselho de Bellevue Crown, em 11 de setembro, Kühlmann recebeu um apoio de má vontade para esse plano. Michaelis, Hindenburg e Ludendorff concordaram que a Alemanha devia conservar Liège e garantias militares na Bélgica, pelo menos até esta última ter sido irrevogavelmente ligada à Alemanha por laços econômicos. O OHL ainda desejava um controle estratégico sobre o país que servisse como escudo para o Ruhr e de trampolim para que se ameaçassem os portos da Mancha e Paris, bem como para impedir futura agressão pela Grã-Bretanha e França.[123] Mas a marinha teve que suspender seu pedido de bases permanentes na costa de Flandres, e Guilherme disse a Kühlmann que estava livre para conseguir um acordo por volta do Natal.[124] Kühlmann então entrou em contato com o marquês de Villalobar, o representante espanhol nos Países Baixos, que notificou Londres, por meio do ministro espanhol das Relações Exteriores, de que "um personagem muito exaltado" da Alemanha desejava fazer "uma comunicação relativa à paz".

Kühlmann estava certo ao pressentir que a força de vontade britânica era vacilante. Enquanto Balfour, o secretário do Exterior, desejava informar todos os parceiros da Grã-Bretanha sobre a novidade imediatamente, o gabinete decidiu esperar o resultado da reunião entre Lloyd George e Painlevé (que agora substituíra Ribot como premiê francês) em Boulogne. Lloyd George era tentado com uma paz à custa da Rússia, que permitiria à Alemanha expandir-se na Europa Oriental em troca de renúncias a leste, mas Balfour temia que, se os russos descobrissem que a Grã-Bretanha havia negociado em suas costas, eles poderiam deixar a aliança. Além disso, enquanto os britânicos deliberavam, os franceses estavam discutindo um acordo em separado. O "caso Briand--Lancken" começou com uma sondagem, por meio de intermediários belgas, junto a Briand (agora afastado) pelo barão von der Lancken, chefe do governo de ocupação alemã em Bruxelas. Briand aceitou com prazer a oferta de Lancken de uma reunião na Suíça, e os intermediários lhe garantiram que a Alsácia-Lorena poderia estar disponível. Na realidade, Kühlmann não tinha nenhuma intenção de oferecer além de pequenas alterações de fronteira na Alsácia, vendo o possível interlocutor como inferior ao britânico. A incumbência de Briand provavelmente se mostraria infrutífera mesmo que Ribot (agora ministro das Relações Exteriores de Painlevé) tivesse lhe dado permissão para prosseguir. Mas Ribot acusou a proposta de ser uma armadilha, dando a entender aos Aliados que era uma tentativa de negociar em separado por parte deles, e usou sua aprovação para dissipá-la. Quando Lloyd George encontrou Painlevé em Boulogne, em 25 de setembro, ele achou o colega francês relutante em aprovar a reunião de Lancken, não apenas por medo de que os termos alemães fossem tão generosos que o público francês insistiria em sua aceitação,[125] mas também por suspeita de que os alemães tencionavam fazer publicidade da reunião para afastar os franceses de seus aliados. A atitude britânica com relação à proposta de Villalobar foi similar. Quando Lloyd George voltou de Boulogne, ainda se sentia atraído pelas negociações de paz que ignorassem os russos, mas a maioria do gabinete discordou, autorizando Balfour a notificar todos os embaixadores aliados da abordagem alemã. Os embaixadores aprovaram uma resolução de que a Grã-Bretanha poderia ouvir qualquer tipo de proposta, mas devia consultar seus parceiros: em outras palavras, que ela tampouco realizaria negociações em separado. Os alemães nunca responderam, e em outubro Kühlmann desprezou qualquer conversação ao afirmar ao Reichstag que a Alemanha "nunca" cederia à Alsácia-Lorena. Lloyd George retaliou ao declarar que a Grã-Bretanha lutaria até que a França recuperasse a província perdida. Tal mudança efetivamente fechou a porta à possibilidade de paz no Ocidente.

Os que buscavam negociar a paz haviam tido esperanças irreais. Um dos motivos é que esses mensageiros exageraram a cada um dos lados a disposição do outro de negociar. O que os intermediários belgas fizeram com Briand, Armand fez com Revertera, e Sixtus, com os franceses e os austríacos. E era verdadeira a existência de uma disposição maior de acomodação: Michaelis reduzira os objetivos da Alemanha a oeste, e os britânicos e franceses agora pelo menos se mostravam dispostos a considerar sugestões. Contudo, a Alsácia-Lorena continuava a ser um ponto fundamental da questão entre a França e a Alemanha, assim como a Bélgica entre a Alemanha e a Grã-Bretanha, para não mencionar o desejo britânico de arrebatar todas as colônias da Alemanha e o da França por uma Renânia como zona fantoche. Embora indivíduos como Lloyd George e Briand pudessem vacilar, nem os líderes britânicos nem os franceses, de maneira coletiva, mostravam-se dispostos, nesse estágio, a buscar uma paz em separado. A situação militar, apesar de todos os desapontamentos sofridos pelos dois lados, não parecia permitir ainda que nenhum dos lados considerasse imperativo fazer maiores concessões. O OHL estava convencido de que a Alemanha ainda podia vencer.[126] No dia seguinte à sua reunião com Painlevé em Boulogne, Lloyd George consultou Haig, que, como de costume, era um otimista incorrigível,[127] embora isso provavelmente influenciasse menos o premiê que sua afirmativa de que seria melhor que os Aliados continuassem a resistir.[128] Com certeza, esse tipo de cálculo pesava muito para Ribot, e se mostrou decisivo para o impedimento da reunião Briand-Lancken, quando muitos políticos franceses acenavam com sua realização.[129] Os sondadores da paz deviam seu fracasso não apenas ao continuado impasse militar, mas também à sobrevivência de um consenso em favor da guerra entre os principais beligerantes e o novo fator da intervenção americana. Esses outros elementos da equação agora deviam ser considerados.

Um traço comum das políticas domésticas no final do verão e no outono foi uma contraofensiva contra as forças moderadoras que haviam emergido desde a primavera, embora assumisse uma forma diferente em cada beligerante.* Na Áustria-Hungria, Carlos e Czernin voltaram-se para uma "direção alemã" de cooperação mais íntima com Berlim.[130] Na Alemanha, a iniciativa partiu do OHL, que interpretou sua esfera de interesse de maneira ainda mais ampla. Assim, depois de afastar Bethmann, em agosto Hindenburg e Ludendorff removeram outro oficial: Wilhelm Groener, chefe do Kriegsamt, que havia sido criado em 1916 para supervisionar a política econômica do DCG. Groener havia cooperado com os sindicados na solução das disputas nas fábricas, e o OHL achou que ele não havia conseguido que as greves interrompessem a produção de guerra. Além disso, ele era suspeito de desejar aumentar os impostos de seus aliados da indústria pesada, e sua remoção pressagiou uma maior resistência às exigências econômicas da classe trabalhadora, assim como às políticas.[131] Contudo, eles também viam a necessidade de decisões mais positivas. Na primeira metade da guerra, o governo dependera principalmente dos meios de comunicação e as iniciativas extraoficiais para justificar a guerra internamente. Em 1917, os próprios governos estavam se encarregando disso. Ludendorff contribuiu para essa tendência ao introduzir "instruções patrióticas", ou *Vaterländische Unterricht*, entre as tropas em julho. O objetivo era conter a propaganda aliada e a subversão esquerdista, insistindo que os soldados deviam obedecer aos seus comandantes, que a Alemanha tinha que vencer e que se devia mostrar unidade e determinação para desanimar os inimigos. "Diretores de propaganda" foram introduzidos em todas as unidades para oferecer palestras compulsórias pelo menos duas vezes por semana, apoiadas por filmes e bibliotecas panfletárias circulantes. Uma iniciativa paralela foi o lançamento, em setembro, do Partido Patriótico, comandado por Tirpitz e Wolfgang Kapp, com incentivo do exército e fundos das atividades econômicas. Ele cresceu rapidamente, afirmando possuir 2.500 filiais e 1,25 milhão de membros em julho de 1918.[132] Embora se professando apolítico, era uma resposta direta à resolução de paz: ele se opunha a qualquer reforma doméstica antes do fim da guerra e pressionava por uma "vitória Hindenburg" e grandes anexações. Autoritário e antissemita, é visto com justiça como precursor do Nacional Socialismo. Contudo, esses dois exemplos confirmam que a nova propaganda inspirada pelo Estado estava respondendo à erosão do consenso, em vez de ajudar a preservá-la. É pouco provável que a "instrução patriótica" tenha obtido grande coisa,[133] e o Partido Patriótico chegou a exacerbar a polarização política. Apesar dos melhores esforços dos propagandistas, a sétima campanha em favor dos empréstimos para a guerra, em outubro, foi decepcionante. Michaelis tampouco ficou em seu posto por longo tempo. Em setembro, ele

---

* Ver livro 2 ("A escalada"), cap. 3.

conduziu mal as discussões no Reichstag sobre os amotinados da esquadra, acusando falsamente o USPD de cumplicidade. Ele perdeu não apenas a confiança da legislatura, mas também do OHL, devido a seu fracasso na defesa de uma lei em favor da reforma das isenções. Foi substituído pelo Conde Georg von Hertling, e dessa vez os partidos do Reichstag foram consultados, e alguns de seus membros passaram a fazer parte da nova administração.[134] Hertling era um católico septuagenário do sul que havia sido o preferido para a sucessão de Bethmann. O OHL não lhe era particularmente favorável, e ele defendeu as prerrogativas de seu cargo, discordou com os soldados dos objetivos de guerra e apoiou a diplomacia de Kühlmann. Contudo, apesar do contínuo atrito entre civis e militares, bem como da intensificação da alienação de parte da força de trabalho, a elite alemã permaneceu unida em seu compromisso básico com a expansão.

Do lado dos Aliados, a Grã-Bretanha era o país mais resistente à doença russa, e a Itália, o mais suscetível, com a França ficando numa posição intermediária. Embora Lloyd George estivesse tentado por uma paz à custa da Rússia, quando os que sondavam a paz atingiram seu clímax, os defensores da luta mantiveram o controle. As medidas tomadas contra a ameaça dos U-Boats e em resposta às greves na indústria ajudaram a impedir o prosseguimento da crise, embora, no fim do ano, severas faltas de alimentos surgissem pela primeira vez. O gabinete foi obrigado a dedicar mais atenção ao padrão de vida dos civis e também ao moral público (sempre uma das principais preocupações pessoais de Lloyd George), que ficou bastante abalado durante o ano. Entre as consequências, estavam as tentativas em Cambrai e, na Palestina, uma vitória por volta do Natal, bem como a formação, em agosto, do Comitê Nacional dos Objetivos de Guerra (NWAC, na sigla em inglês) para orquestrar a propaganda doméstica.* Como na Alemanha, somente quando a "automobilização" comprovou ser inadequada, foi que o Estado interferiu. Contudo, a Grã-Bretanha escapou relativamente ilesa da controvérsia da conferência de Estocolmo, cujo legado político mais duradouro foi a reunificação dos trabalhistas, enquanto os liberais permaneciam divididos. Depois de deixar o governo, Henderson restabeleceu suas ligações com MacDonald e começou a realinhar o Partido Trabalhista num programa de reforma progressiva interna e da rejeição dos objetivos de guerra imperialistas. Entretanto, ele nunca se opôs à guerra como tal, tendo a intenção de estabelecer uma alternativa progressiva que negasse o bolchevismo em qualquer posição britânica.[135]

A Itália era mais vulnerável, pois sua entrada na guerra sempre havia sido contestada, e em 1917 os opositores da intervenção ressurgiram ao mesmo tempo em que os socialistas se tornavam mais radicais, com o PSI adotando o slogan "Fora das trincheiras antes do próximo inverno". A nota de paz do papa deplorava a "matança inútil", e

---

* Sobre o NWAC, ver mais no cap. 5.

Giolitti aderiu a ela ao voltar à cena política com um discurso em Cuneo, afirmando que mudanças na política externa seriam necessárias após a guerra. As maneiras autocráticas de Cadorna estavam cristalizando a oposição na Itália, da mesma forma que Joffre fizera na França, e os seguidores de Giolitti (num número superior a 100 deputados) exigiam maior controle parlamentar sobre o exército. A desunião da elite foi acompanhada pela agitação social, pois a inflação seguia a tendência geral de aceleração. Nas pequenas cidades e no campo, ocorriam centenas de distúrbios, com as áreas rurais sendo as mais exigidas pelo alistamento militar e onde as mulheres, amiúde inadequadamente sustentadas por pensão de separação, tinham que lutar sozinhas pela sobrevivência.[136] Mas a ordem se desintegrou de maneira mais espetacular nos levantes de Turim em agosto, cuja semelhança com os eventos da Rússia era surpreendente. O sentimento antiguerra sempre fora forte na cidade, tendo se intensificado devido aos empreendimentos ligados à guerra, notadamente a Fiat. Como em Petrogrado, trabalhadores migrantes se acumulavam na cidade em habitações inadequadas e trabalhavam horas a fio (até 75 por semana)[137] sob rígida disciplina. As autoridades locais haviam advertido que uma explosão era iminente, e, mais uma vez, a fagulha foi a falta de pão, ocorrida logo após a visita de uma delegação do Soviete de Petrogrado. Iniciado como um protesto de mulheres, o movimento foi engrossado por trabalhadores, apesar dos esforços dos líderes socialistas locais para acalmar a multidão, e depois que a polícia abriu fogo, barricadas foram erguidas. Nesse ponto, contudo, termina a analogia com a Revolução de Fevereiro. O exército obedeceu às ordens, usando metralhadoras e carros blindados para pôr fim aos distúrbios depois de cinco dias de desordem, durante os quais 35 manifestantes perderam a vida.[138] A agitação não conseguiu se espalhar para Roma, e as autoridades puderam conter as esparsas explosões no campo. Os revividos desafios da controvérsia política ameaçaram seriamente os objetivos anexionistas da Itália ou a determinação do governo de continuar lutando. É verdade que, no outono, o ministério de Boselli era amplamente criticado como inadequado, e as demonstrações de protesto exigiram sua substituição. Os seguidores de Giolitti desejavam controlar os militares, enquanto os intervencionistas e o alto-comando exigiam uma disciplina mais severa. Uma combinação dos dois extremos derrubou Boselli por 314 a 96 votos em 27 de outubro, mas sua substituição foi uma coalizão mais efetiva comandada pelo antigo ministro do Interior, Vittorio Orlando. A votação coincidiu com uma maciça ofensiva inimiga, que pôs fim a meses de agonia e fez mais que qualquer outra coisa para estabelecer a unidade nacional.

Uma crise similar ocorreu na França. Ali, a SFIO foi mais longe que o Partido Trabalhista e se recusou a participar do governo de Painlevé, embora continuasse a apoiar a guerra. Provavelmente mais séria, a vontade de alcançar a vitória estava fraquejando mesmo entre os não socialistas, apesar do trabalho de uma agência apoiada pelo governo e fundada em março para se opor aos sondadores da paz do inimigo, a Union des Grandes Associations Françaises Contre la Propagande Ennemie, uma das grandes associações contra a propaganda inimiga.* O exemplo mais proeminente foi Briand, que, quando premiê, havia insistido em manter Verdun e aprovado a carta de Cambon e o Acordo de Doumergue, mas depois que deixou o cargo manteve-se em contato com Lancken mesmo depois de o governo vetar uma reunião com o Barão. Painlevé, de maneira similar, pode ter estado em contato secreto com os austríacos, oferecendo-lhes um compromisso de paz baseado na troca da Alsácia-Lorena por colônias francesas. Entretanto, o político mais amplamente suspeito de arranjos com o inimigo foi Joseph Caillaux, que se acreditava firmemente ser alguém que desejava um compromisso de paz, apesar de sua declaração de que a França devia recuperar a Alsácia-Lorena. A maioria dos principais políticos o desprezava, mas ele tinha um grupo de apoiadores no parlamento.[139] Outra importante figura que se tornou suspeita foi Louis Malvy, o ministro do Interior a quem a direita achava indulgente demais para com os socialistas. Ele havia efetivamente recomendado que não se aplicasse o "Carnê B" em 1916 e havia tentado cooperar com a SFIO e os sindicatos.[140] Porém, embora não fosse um traidor, ele demorou a responder à subversão apoiada pelos alemães e, no verão e no outono de 1917, uma série de escândalos emergiu. O mais notório referia-se ao *Bonnet Rouge*, um jornal de esquerda subsidiado a princípio pelo Ministério do Interior e, mais tarde, pelos alemães. Em 1917, um membro de sua equipe foi apanhado com um cheque da Suíça, e o proprietário do jornal, Almereyda, foi preso e posteriormente encontrado morto na prisão. Clemenceau, o presidente da Comissão do Exército para o Senado, atacou Malcy brutalmente, afirmando que sua lassidão havia provocado os motins, e o ministro renunciou. Outros escândalos se seguiram, como o do deputado Turmel, que havia aceitado propina dos alemães, e o do homem de negócios Bolo Pasha, que havia recebido fundos do inimigo para ajudar na compra do principal diário de Paris, *Le Journal*.[141] Em vários desses casos, a polícia havia agido com lentidão, sugerindo cumplicidade não apenas de Malvy, mas até do próprio Painlevé.[142] Em novembro, Poincaré registrou em seu diário que um terço dos deputados queria a paz, embora não ousassem admiti-lo.[143] Contudo, agora as medidas de Pétain estavam recuperando o exército, e os relatórios dos prefeitos sugeriam que o espírito dos civis também estava sendo recuperado. A maioria dos principais políticos permaneceu leal à paz por meio da vitória e da solidariedade com os Aliados. Finalmente, depois que o governo de Painlevé entrou em colapso em novembro, Poincaré encarou o que muitos comentaristas viam como uma escolha entre Caillaux e Clemenceau.[144] Apesar da raivosa animosidade de Clemenceau contra o presidente, Poincaré optou por ele, e

---

*   Sobre a UGACPE, ver mais no cap. 5.

o novo governo apressou-se a analisar a difusão do derrotismo. Esta foi uma decisão crucial, comparável à escolha de Michaelis e Hertling por Guilherme para sucederem a Bethmann em vez de um chanceler comprometido com negociações. O novo ministério, formado em grande parte pelo Partido Radical, técnicos apolíticos e os capangas do primeiro-ministro, não fingiu ser uma coalizão, mas governou de maneira mais efetiva, pois deixou de ser inclusivo. Os políticos franceses, a partir daí, seriam mais divisíveis, com uma grande minoria de esquerda passando para a tonitruante oposição, mas o compromisso com a vitória sobreviveria.

Decisiva para a Grã-Bretanha, a Itália e a França foi a percepção pelos líderes políticos de que, sem a Rússia, eles ainda podiam vencer. Os Estados Unidos eram essenciais para essa percepção, e a política americana foi o elemento final do impasse de 1917. Antes que interviesse, Wilson havia visualizado uma "paz sem vitória" como o resultado mais favorável para a futura estabilidade internacional; posteriormente, seu objetivo tornou-se a paz *por meio da* vitória, com a derrota da Alemanha se tornando essencial para um resultado bem-sucedido. Ele usou sua influência contra as tentativas de compromisso, e prestou suficiente ajuda aos Aliados em seu momento de crise. Contudo, continuou a suspeitar de seus parceiros e racionou a ajuda a eles – ajuda que ele, de qualquer modo, tinha pouco a dar, visto que o crescimento econômico militar dos americanos só começou a dar frutos em meados de 1918. Assim, a entrada americana, a princípio, reforçou o impasse, incentivando os Aliados a persistirem, embora ainda não convencendo as Potências Centrais de que sua causa era perdida.

Os Estados Unidos não entraram na guerra totalmente despreparados, mas num nível muito mais baixo de prontidão que as potências continentais europeias em 1914. Inicialmente, sua contribuição foi basicamente marítima, financeira e diplomática. Sua política de navegação revelou-se uma demonstração de nacionalismo econômico: ao contrário dos britânicos, os americanos não concentraram seus navios mercantes nas rotas do Atlântico ao custo de negócios mais rentáveis em outras partes, e as autoridades requisitaram todos os navios em construção, mesmo os encomendados por seus parceiros.[145] De maneira similar, a marinha americana – que era grande e moderna, com cerca de 300 navios, incluindo 70 destróieres – tinha uma tradição de rivalidade com os britânicos. Não obstante, a assistência americana foi de grande importância, tanto no convencimento da Marinha Real de que o sistema de comboio era viável, quanto na viabilidade de operação do sistema de escola. Além disso, a marinha americana alterou sua programação de construção à luz das novas prioridades, suspendendo seu programa de 1916 de ampliação dos navios-capitais e se concentrando no lançamento de destróieres e de pequenas naves de madeira equipadas com hidrofones e minas de profundidade.[146] Embora os comboios no Atlântico estivessem funcionando antes da plena participação americana, em setembro metade dos destróieres americanos haviam sido transferidos para a Irlanda para tarefas de escolta, e Jellicoe comentou, retrospectivamente, que só a entrada dos Estados Unidos tornou possível adotar o sistema de comboio em 1917.[147] A habilidade dos navios mercantes e suas tripulações de cruzar o oceano a salvo foi decisiva para o esforço dos Aliados.

Os Aliados também precisavam pagar pelas mercadorias, e as finanças foram a segunda área em que a entrada dos americanos teve impacto imediato. O Tesouro dos Estados Unidos começou emprestando diretamente aos governos aliados, começando com um empréstimo aos britânicos de 200 milhões de dólares, a 3% de juros, ou dois pontos menos do que eles estavam pagando pelo financiamento privado.[148] Reconhecidamente, os empréstimos estavam condicionados à compra de produtos americanos (enquanto os empréstimos da Grã-Bretanha a seus parceiros não estavam necessariamente condicionados a compras na Grã-Bretanha).[149] Os britânicos esperavam que Washington financiasse todas as encomendas dos Aliados aos Estados Unidos, mas essa concessão teria impelido McAdoo, o secretário do Tesouro, aos limites do que o Congresso lhe havia permitido emprestar. Isto teria tido menor importância se os créditos do governo americano chegassem com rapidez, mas isso não acontecia. McAdoo era genro de Wilson e um homem ambicioso, com aspirações presidenciais. Ele desejava evitar um atrito com o Congresso, não gostava de J. P. Morgan devido às simpatias republicanas de seus sócios, e tinha esperança de ver o dólar substituir a libra como padrão monetário mundial e que Nova York ultrapassasse Londres como capital financeira global.[150] Esses ressentimentos atingiram um ponto crítico quando o governo britânico tentou fazer um saque a descoberto com Morgan, que ele se recusou a fazer.[151] McAdoo tampouco estava disposto a manter a cotação da libra com relação ao dólar, que os britânicos queriam em $4 – 76:£1,00. No período de junho a agosto, eles quase foram forçados a deixar que a cotação caísse, embora isso significasse que toda compra dos Aliados nos Estados Unidos ficaria mais cara. No final, a insistência dos britânicos nesse ponto parece ter persuadido McAdoo a manter a cotação, mesmo rejeitando os apelos britânicos para garanti-la. Contudo, embora os Aliados obtivessem menos dinheiro do que desejavam, ainda receberam crédito barato sem ter que fazer empréstimos privados, como costumavam, para realizar as compras essenciais (os franceses, por exemplo, comprando trigo e aço).[152] Como na esfera naval, a ajuda americana garantia uma margem de sobrevivência, ainda que não muita.

O modelo se repetiu na esfera da diplomacia. A declaração de guerra dos americanos trouxe grandes vantagens para os Aliados, das quais a primeira foram outras declarações desse tipo. Depois de abril de 1917, dez países latino-americanos romperam relações ou declararam guerra à Alemanha, e os navios inimigos que haviam se refugiado em seus portos ficaram à disposição dos Aliados. Só no Brasil foram 42 embarcações.[153] Com os navios alemães confiscados nos Estados Unidos, o resultado foi que os Aliados e os americanos agora controlavam cinco sextos da tonelagem mercante mundial. A intervenção americana também contribuiu diretamente para a entrada da China na guerra em agosto. A Grã-Bretanha e a França há muito desejavam essa entrada, na esperança de usar trabalhadores chineses; além disso, a campanha dos U-Boats urgia que se apreendessem os navios mercantes alemães nos portos chineses. Os japoneses se opuseram à entrada da China, pois não queriam Pequim na conferência de paz, até que na primavera de 1917 os aliados europeus prometeram secretamente apoiar as reivindicações de territórios alemães pelos japoneses na província de Shandong.* Quando Washington rompeu relações com a Alemanha, convidou outros países neutros a fazerem o mesmo, e a China obedeceu.[154] Os americanos não queriam que a China se tornasse um dos beligerantes, mas, a essa altura, a política interna chinesa interveio, sob a forma de uma luta entre o presidente Li Yuan-Hung, apoiado pelo movimento nacionalista conhecido como Guomindang e o primeiro-ministro Tuan Chi-jui, com o apoio dos governadores militares do norte. Tuan desejava ir à guerra na esperança de garantir ajuda financeira aliada que o ajudasse na luta interna. Ele e seus apoiadores tomaram Pequim em maio e promulgaram uma declaração de guerra, enquanto o Guomindang estabelecia um governo rival em Cantão. A intervenção acelerou o mergulho chinês no caos que perduraria por toda a década seguinte.[155] Entretanto, a intervenção chinesa e a latino-americana, seguidas pela grega, significavam que, no final de 1917, a maior parte do mundo havia, pelo menos nominalmente, se juntado à campanha contra as Potências Centrais. Além disso, a entrada dos Estados Unidos forçou os países neutros remanescentes a cooperar mais completamente com o bloco aliado. Enquanto o medo dos Estados Unidos anteriormente inibira uma política aliada com relação aos holandeses e escandinavos, Washington agora insistia que os neutros do norte da Europa fossem mais severamente racionados e recebessem suprimentos apenas se os Aliados pudessem usar seus navios mercantes.[156] Com os obstáculos diplomáticos ao bloqueio enfraquecidos, ele podia se fechar ainda mais.

Wilson também ajudou a diplomacia dos Aliados opondo-se a um compromisso de paz. Os americanos negaram passaportes para Estocolmo a seus socialistas, aconselhando Balfour a discutir o "pacote" de Villalobar até que uma proposta definitiva fosse feita.[157] Wilson rejeitou a nota de paz do papa, depois que Lansing aconselhou que a situação militar favorecia as Potências Centrais, e a paz devia ser rejeitada até que os Estados Unidos tivessem exercido seu poderio.[158] A belicosidade do presidente decepcionou alguns de seus simpatizantes europeus, para quem a administração mandava,

---

* Ver livro 2 ("A escalada"), cap. 3.

em particular, sinais de encorajamento, com House aconselhando os radicais britânicos de que "quando chegar a hora da ação, eles o encontrarão [Wilson] do lado certo".[159] Wilson certamente desejava ver a Alemanha vencida, e sua resposta ao papa invocava implicitamente uma revolução em Berlim. Mas seu alinhamento com os aliados europeus era tática, e ele previu um posterior confronto com eles. Assim, saudou a crescente dependência financeira da Grã-Bretanha e da França de modo que pudesse "forçá-las a aceitar nossa maneira de pensar" quando chegasse a hora. Mas essa hora não chegara e ele rejeitou uma proposta de McAdoo de conceder empréstimos somente se os objetivos de guerra fossem moderados.[160] De maneira similar, autorizou House a estabelecer "O Inquérito" e uma equipe de especialistas a estudar as prováveis questões da conferência de paz, de modo que os Estados Unidos assumissem uma posição bem-informada para "reunir influência que possamos usar".[161] Não lhe agradava fazer a paz ainda, e ele fazia o jogo da espera. Os Estados Unidos tinham o status de "potência associada", sem assinar o Pacto de Londres e se reservando o direito de fazer uma paz em separado. Os americanos declararam guerra contra a Áustria-Hungria em dezembro, mas não contra a Bulgária e a Turquia. Embora sem apoiar a exigência de Tereshchenko de uma conferência de paz para revisar os objetivos de guerra, eles se distanciaram do que haviam aprendido sobre os objetivos de seus parceiros. Quando Balfour visitou Washington em abril, trouxe detalhes de muitos acordos secretos, inclusive o Sykes-Picot e o Tratado de Londres com a Itália. House lhe disse que esses arranjos eram "muito ruins" e "terreno fértil para uma futura guerra", e que os Estados Unidos deviam evitá-los.[162] De modo similar, a resposta de Wilson ao papa, publicada sem consultar seus parceiros, condenava os planos de "danos punitivos, o desmembramento de impérios, o estabelecimento de ligas econômicas egoístas e exclusivas".[163] Em particular, ele advertiu os britânicos de que os americanos sentiam-se "árbitros, e não colaboradores".[164]

A resposta dos Aliados foi dupla. Uma delas foi a busca do apoio americano para os objetivos existentes. Os italianos nunca discutiram o Tratado de Londres com Wilson, embora tivessem se certificado de que a Grã-Bretanha e a França continuavam comprometidas com ele. Os franceses tentaram seduzir os Estados Unidos, mas fizeram pouco avanço. Wilson evitou um apelo pela transferência da Alsácia-Lorena para a França, pois duvidava que esse fosse o desejo dos habitantes locais. Ele rejeitou as sugestões francesas de uma reunião seguindo-se à conferência econômica de Paris de 1916. Os americanos foram igualmente evasivos quanto a uma proposta de Clémentel de que os Aliados deveriam manter o controle sobre o comércio mundial de alimentos e matérias-primas depois da guerra, de modo que a França pudesse obter o necessário para a reconstrução, e a Alemanha enfrentasse estrangulamento se não se comportasse bem.[165] A única potência aliada que chegou a um acordo com Washington foi o Japão, no Acordo de Lansing-Ishii de novembro de 1917, que proveio da intervenção chinesa, tendo sido negociado para evitar um confronto nipo-americano. Os Estados Unidos e o Japão haviam prosperado a partir do conflito, e ambos haviam aumentado sua influência na Ásia Oriental, onde os europeus agora tinham pouco significado. Quando os americanos entraram na guerra, concentraram sua esquadra no Atlântico, mas pararam de fornecer aço para o Japão (assim impedindo a construção de navios pelo país), afirmando que precisavam desse aço para uso doméstico. Em junho de 1917, os japoneses afirmaram que tinham "imensos interesses" na China, mas Washington não os endossou. Contudo, Lansing e o Barão Ishii chegaram a um *modus vivendi*, que, basicamente, era um acordo para discordar. O conselho que o governo de Tóquio recebeu de seus especialistas era que o país perderia uma guerra com os Estados Unidos e que os americanos não desejavam o controle direto da China. Wilson achou remota a possibilidade de uma ameaça japonesa, e estava disposto a fazer concessões. O acordo Lansing-Ishii reconhecia os "especiais interesses" do Japão na China, mas insistia que a "soberania territorial chinesa... permanecesse intocada". Pequim não foi consultada quanto ao acordo e se recusou a reconhecê-lo. Isso marcou um recuo temporário dos americanos, já que os japoneses continuavam a ampliar seus interesses econômicos e políticos no continente asiático. Não obstante, como na Europa, os americanos tencionavam reabrir a questão numa época mais oportuna.[166]

A segunda resposta dos Aliados ao desafio diplomático americano foi modificar pelo menos a aparência de seus objetivos de guerra, para levar em conta a retórica de Wilson, bem como as demandas da esquerda europeia. O caso mais óbvio foi a Liga das Nações, aprovada na francesa Resolução de Chamber de 6 de junho e incorporada aos objetivos públicos da França e da Grã-Bretanha, a despeito das reservas pessoais de seus líderes. Contudo, se isso significava animar Wilson, a tática falhou, pois ele estava despreparado para discussões detalhadas da Liga e resistia às tentativas dos Aliados de dar início a elas. A célebre Declaração de Balfour, divulgada em 2 de novembro, também pode ser interpretada como uma tentativa de ajustar os objetivos de guerra britânicos às novas condições. Em uma carta aberta do Ministério das Relações Exteriores a Lorde Rothschild, o governo britânico declarou apoio a "um lar nacional para o povo judeu" na Palestina, sem prejuízo dos não judeus ali vivendo ou dos judeus de outros países. Essa declaração veio a público à medida que o avanço de Allenby sobre Jerusalém deu aos britânicos o poder de implementá-la. Durante o verão, eles haviam sondado a Turquia sobre uma paz em separado, mas o compromisso da França e da Itália aos acordos de Sykes-Picot e Saint-Jean-de-Maurienne (e as ambições turcas contra a Rússia) deixou pouco espaço para uma negociação. Se a paz com os turcos era improvável, um apelo público para tirar-lhes a Palestina corria pouco risco. Os imperialistas do gabinete – incluindo o próprio Lloyd George – queria revisar o acordo Sykes-Picot e colocar a Terra Santa sobre controle britânico, e não internacional, para criar uma barreira entre o Canal de Suez e os franceses na Síria. Eles acreditavam que os colonos judeus na Palestina seriam pró-britânicos, temendo que, a menos que endossassem a aspiração sionista a uma pátria nacional, a Alemanha os derrotaria. Além disso, esperavam angariar a simpatia das comunidades judaicas em todo o mundo. O movimento sionista estava aumentando rapidamente sua influência entre os judeus russos e americanos, como na própria Grã-Bretanha. Embora Wilson se mostrasse publicamente circunspecto, o juiz da Suprema Corte e principal sionista americano, Louis Brandeis, parecia ter convertido o presidente à causa e ao favorecimento de um protetorado britânico. O conhecimento da atitude americana ajudou a manifestação do gabinete londrino em favor da declaração semanas depois do debate. Lloyd George e Balfour deram as boas-vindas ao princípio de um estado judeu e parecem ter esperado que esse estado acabaria por se concretizar, mas proclamaram a declaração para servir a seus interesses estratégicos no Oriente Médio e conquistar a boa vontade americana.[167]

Portanto, a intervenção americana trouxe grandes benefícios navais, econômicos e diplomáticos aos Aliados, mas a contribuição americana foi cuidadosamente calculada. Wilson e seus conselheiros tinham em mente os interesses nacionais americanos, quer se tratassem de navegação, empréstimos ou objetivos de guerra. Sua ajuda fez a Grã-Bretanha superar a crise financeira e a dos submarinos, ajudando os governos aliados a resistir ao desafio da esquerda. Sem ela, os aliados europeus provavelmente teriam sido forçados à negociação. Mas foi um pouco acima do mínimo necessário para mantê-los na guerra, por motivo, em parte, da falta de preparo dos americanos, mas também de uma política deliberada, podendo-se afirmar o mesmo com relação à quarta categoria da ajuda americana, a Força Expedicionária Americana (AEF). Nivelle tinha achado que os americanos enviaram apenas 90 mil especialistas em transporte e cuidados médicos, pois presumia que os Aliados ainda podiam vencer sem maior ajuda. Mas depois do desastre do Caminho das Damas, Pétain fez de um grande exército americano algo essencial para sua estratética.[168] De maneira contrária, Wilson decidiu incentivar os franceses a enviarem tropas rapidamente, autorizando um acordo franco-americano em maio.[169] Assim, os americanos ampliaram seu comprometimento com os britânicos antes deles, mas a AEF também serviu aos objetivos de Wilson. O Departamento de Guerra (sob comando do secretário Newton D. Baker) e o Estado-Maior consideraram a França o palco decisivo. O presidente provavelmente concordou, mas para convencer (aparentemente em vista das dúvidas de Lloyd George com relação à Frente Ocidental) seus conselheiros militares, deram-lhe um memorando em outubro que rejeitava sistematicamente todas as alternativas. Ao contrário dos britânicos, os americanos opunham-se a uma estratégia "secundária", como eles tornariam a fazer na Segunda Guerra Mundial. Foi rapidamente acordado que a AEF iria para a Lorena, que em 1917 era um setor tranquilo. A escolha agradou aos franceses, que não queriam tropas estrangeiras guardando as proximidades de sua capital e supunham que, se os americanos ficassem espremidos entre as unidades francesas a leste, teriam menos probabilidade de uma relação íntima com os britânicos. Mas essa escolha agradou também a Pershing, o comandante da AEF, pois lhe permitiria o controle de uma rede ferroviária independente passando pelo sul de Paris para seus portos de suprimento na costa atlântica, podendo servir como trampolim para um avanço no Sarre e na Lorena alemã.[170] Portanto, a estratégia americana era ambiciosa. O fato de Pershing desejar esse papel independente refletia-se tanto em suas opiniões políticas quanto nas de Wilson. O comandante tinha instrução de manter a AEF como "componente separado e distinto", e acreditava que "quando a guerra terminar, nossa posição ficará mais forte se nosso exército, agindo como tal, tiver desempenhado um papel distinto e definitivo".[171] Como os franceses e os britânicos, os líderes americanos acreditavam que sua contribuição para a derrota da Alemanha definiria sua influência na conferência de paz. Eles estavam determinados a manter a AEF institucionalmente separada, ainda que ao custo de choques com a França e a Grã-Bretanha e postergações antes de a força estar pronta. Franceses e britânicos duvidavam que o diminuto corpo americano de oficiais pudesse oferecer comandantes e oficiais competentes para dirigir divisões e exércitos independentes da AEF, e os britânicos queriam inserir tropas americanas em unidades comandadas pelos britânicos.[172] Mas os americanos recusaram, embora concordassem com os franceses treinando seus recrutas, o que os franceses viram, equivocadamente, como algo que lhes daria influência.[173] Os americanos não seriam enviados à Europa simplesmente para virar carne de canhão, e mesmo que a AEF fosse se definindo gradativamente, sua constituição seria suficientemente forte para servir aos objetivos do presidente.

Apenas 77 mil americanos haviam desembarcado na França em novembro de 1917.[174] Sua chegada tardia causou consternação na Europa, depois da euforia quando os primeiros *doughboys* desembarcaram no verão, embora os Estados Unidos, em 1917-18, alcançassem um ritmo de produção mais rápido que o da Grã-Bretanha em 1914-16. Mas como potência militar terrestre, os Estados Unidos estavam virtualmente começando do zero. Durante o período de neutralidade, os contratos aliados haviam ampliado a capacidade de fabricação de munição americana, e o Conselho da Defesa Nacional, criado pelo Ato de Defesa Nacional de 1916, havia estabelecido um plano de mobilização industrial. Durante o período de neutralidade, cerca de 16 mil rapazes (principalmente universitários) foram treinados em campos de verão por iniciativa voluntária como potenciais oficiais. O orçamento do exército era mais que o dobro, tendo sido estabelecidas ambiciosas metas de recrutamento (embora o exército não tenha conseguido atingi-las). Em abril de 1917, ele contava com apenas 5.791 oficiais e 121.797 homens, aos quais seriam acrescentados 181.620 da Guarda Nacional. Os oficiais do Estado-Maior eram menos de 20. O exército tinha-se saído mal no México, e contava com menos de 1.500 metralhadoras, seus rifles eram ultrapassados, seus canhões de campo tinham defeitos e o número de aeronaves era negligenciável.[175]

Wilson aprendeu com a experiência britânica a superar rapidamente sua hostilidade para com o alistamento, com o Ato de Serviço Seletivo entrando em vigor em maio. O voluntariado foi mais fraco do que havia sido na Grã-Bretanha, e o ato teve a intenção de compensar isso parcialmente. Ele também buscou prevenir o embaraço político de uma divisão de voluntários recrutados e comandados por Theodore Roosevelt[176] e impedir que a economia de guerra fosse interrompida por mão de obra qualificada alistada: cerca de 800 mil trabalhadores do campo e da indústria tiveram o alistamento postergado.[177] As juntas locais registraram cerca de 10 milhões de homens em junho, embora todos com dependentes tenham sido isentados, e a maioria das juntas também isentou a maioria dos homens casados. A objeção de consciência foi permitida, com base religiosa e, posteriormente, também secular, embora os 20 mil certificados por essa objeção tenham sido mandados para campos de treinamento e mais de 16 mil decidiram servir como alternativa.[178] Um total de 2.758.000 homens foi registrado pelo exército, que não sofria com a falta de soldados.[179] O que faltava (além dos navios de transporte) eram campos de treinamento (construídos rapidamente e a um altíssimo custo, mas amiúde incompletos quando os recrutas chegavam), oficiais (que estavam sendo treinados em paralelo com seus homens) e armas.

O governo federal tentou controlar a economia de guerra sem recorrer à nacionalização ou a poderes compulsórios. Decidiu-se respeitar os contratos de guerra existentes dos Aliados, de modo que encomendas para a AEF fossem adicionais. Como consequência, a maioria das armas da AEF eram supridas pela indústria aliada, com o exército comprando 10 milhões de toneladas de suprimentos e equipamento na Europa durante a guerra e apenas 7 milhões nos Estados Unidos.[180] Comprar aviões e canhões de campo da França e da Grã-Bretanha aliviou a pressão sobre a capacidade dos Estados Unidos, mas o Departamento de Guerra exacerbou a sobrecarga, embarcando numa febre de gastos, encomendando, nos primeiros seis meses, mais do que a AEF recebera até novembro de 1918.[181] Muitas vezes, o departamento ignorava a Câmara das Indústrias de Guerra (estabelecida para supervisionar o processo de compra) e comercializava diretamente com as companhias individuais. O resultado foi que, no inverno de 1917-18, a América entrou numa crise de produção.* No entanto, a reconversão industrial ocorreu nos Estados Unidos e em outros lugares assim que dinheiro suficiente foi injetado para resolver o problema. Na verdade, o país financiou

---

* Ver cap. 16 para mais informações.

seu esforço de guerra de maneira relativamente fácil, embora principalmente através dos bônus. A Mensagem de Guerra de Wilson afirmou que o custo seria coberto o quanto possível por meio de impostos, e McAdoo estabeleceu um objetivo de 50%. Contudo, como em outras partes, o imposto de renda (introduzido só em 1916) foi politicamente controverso, e um imposto sobre o excesso de lucro foi ainda mais criticado. O Congresso procrastinou os aumentos de impostos, mas autorizou McAdoo a lançar US$ 2 bilhões em bônus, o primeiro Empréstimo da Liberdade, com uma taxa de juros baixa, porém livre de impostos. Os bônus foram extremamente procurados, e McAdoo achou mais fácil cobrir seus custos por empréstimos, com os juros baixos permitindo-lhe conter o fardo do serviço da dívida.[182] Mas para vender os bônus (embora os bancos, e não as pessoas físicas, fossem os maiores compradores), ele precisava mobilizar o patriotismo público, o que fez por meio de publicidade em massa. As autoridades esperavam poder contar com a "automobilização patriótica", o que o público americano por fim ofereceu, embora de maneira mais lenta que na Europa. Mas para consegui-la, o governo usou um surpreendente grau de coerção e manipulação, numa sociedade cuja coesão havia sido desafiada por um tremendo influxo de imigrantes em décadas recentes e que também se dividiu quanto à decisão de intervir na guerra, algo que o Partido Socialista Americano, em grande parte comandado por imigrantes, continuava a se opor. O Ato de Espionagem de 1917 permitiu ao chefe dos correios proibir publicações socialistas nas correspondências interestaduais, e Washington entrou no negócio da propaganda. O Comitê de Informação Pública (CPI, em inglês), comandado por um editor progressista e tradicional seguidor de Wilson, George Creel, lançou um intenso programa multilinguístico, cujo tom se tornava cada vez mais político, em vez de "factual", à medida que se dispunha à missão de "americanizar os imigrantes recentes".* Iniciava-se um processo que mais tarde culminaria numa veemente reação contra o progressismo.

Durante 1917, o poder de gasto americano não produziu nem um exército grande e treinado, nem uma indústria de guerra eficiente. Embora os erros possam ser identificados no gerenciamento do front interno, o motivo básico foi que criar esses recursos exigia tempo. Os recursos disponíveis para ajudar os Aliados foram, portanto, restringidos, e Wilson e as preferências políticas de seus conselheiros tornaram-nos ainda mais restritos. Daí, a intervenção americana, contrabalançada pela paralisia da Rússia, reforçou o impasse de 1917; um impasse num nível de violência inferior ao de 1916, mas que não deixava de ser um impasse. Apesar das táticas de mudança e da tecnologia na terra e no mar, o avanço militar continua algo remoto; apesar da frenética atividade diplomática, um compromisso negociado era igualmente ilusório. O colapso

---

* Ver cap. 16 para mais informações.

do consenso pró-guerra na Rússia falhou em sua transferência para o Ocidente, e nos Estados Unidos a febre da guerra ganhava intensidade. A luta não terminaria de maneira calma. Agora devemos examinar as decisões que provocarão seu ápice.

Notas

1. Hindenburg, *Out of My Life*, p. 271; Wildman, *End of the Russian Imperial Army*, Vol. 1, p. 358.
2. Murray, *War in the Air*, pp. 69, 73-4.
3. Beckett, *Great War*, p. 192.
4. Robb, *British Culture*, p. 200; Ferris, "Airbandit".
5. Terraine, *Business in Great Waters*, p. 766.
6. Ibid., pp. 41-3.
7. Wilson, *Myriad Faces*, p. 429.
8. Marder, *Dreadnought*, Vol. 4, p. 146.
9. Lundberg, "German Naval Critique", p. 113.
10. Halpern, *Naval History*, pp. 338-9, 341.
11. Ibid., p. 336.
12. Lloyd George, *War Memoirs*, Vol. 1, pp. 683-93.
13. Halpern, *Naval History*, pp. 351-60.
14. Terraine, *Business in Great Waters*, p. 64.
15. Ibid., p 90.
16. Marder, *Dreadnought*, Vol. 4, p. 280.
17. Terraine, *Business in Great Waters*, pp. 61, 65.
18. Herwig, "Total Rhetoric, Limited War", pp. 200-204.
19. French, *Strategy of the Lloyd George Coalition*, pp. 76-81.
20. Marder, *Dreadnought*, Vol. 4, p. 278.
21. Wildman, *End of the Russian Imperial Army*, Vol. 2, pp. 5-6.
22. Figes, *People's Tragedy*, p. 408.
23. Cornwall, *Undermining of Austria-Hungary*, cap. 3.
24. Wade, "Why October?", pp. 37-43; Wildman, *End of the Russian Imperial Army*, Vol. 2, cap. 1.
25. Wildman, *End of the Russian Imperial Army*, Vol. 2, p. 43.
26. Cornwall, *Undermining of Austria-Hungary*, pp. 34-5.
27. Strachan, "Morale of the German Army", pp. 388-9.
28. Herwig, *First World War*, pp. 376-7; Woodward, *Collapse of Power*, cap. 3; Horn (ed.), *War, Mutiny, and Revolution*.
29. Pedroncini, *Les Mutineries*, cap. 2, e pp. 308-9.
30. Ibid., pp. 311-12, e Smith, *Between Mutiny and Obedience*, cap. 8.
31. Smith, *Between Mutiny and Obedience*, pp. 207-12.
32. Pedroncini, *Les Mutineries*, p. 254.
33. Pedroncini, *Pétain*, pp. 68-72.
34. Ibid., pp. 90-91; Bernède, "Third Ypres".

35. Pedroncini, *Pétain*, pp. 100-108.
36. GQG 3rd Bureau memos, 17 set. e 27 nov. 1917, SHA 16.N.1712 e 16.N.1690; Pedroncini, *Pétain*, pp. 123, 133-4.
37. Melograni, *Storia politica*, pp. 287, 293-6, 305, 307.
38. Beckett, "Real Unknown Army".
39. French, *Strategy of the Lloyd George Coalition*, p. 78; Prior and Wilson, *Command on the Western Front*, p. 393.
40. Brown, *British Logistics*, cap. 5.
41. Murray, *War in the Air*, pp. 55-61.
42. Travers, *Killing Ground*, cap. 4; diário de Haig, 1º maio 1917, NLS.
43. Winter, *Haig's Command*, cap. 5.
44. Prior and Wilson, *Passchendaele*, p. 186.
45. Conferência com comandantes do exército, diário de Haig, 4 jun. 1917, NLS.
46. Neilson, *Strategy and Supply*, p. 272.
47. Ibid., p. 260; memorando de Robertson, 9 maio 1917, LHCMA Robertson MSS 4/6/1; diário de Haig, 9 jun. 1917, NLS.
48. Woodward, "Britain in a Continental War", p. 56.
49. French, *Strategy of the Lloyd George Coalition*, cap. 4.
50. Prior and Wilson, *Passchendaele*, p. 37.
51. Dutton, *Politics of Diplomacy*, cap. 5.
52. French, "Watching the Allies".
53. French, *Strategy of the Lloyd George Coalition*, cap. 4; Prior and Wilson, *Passchendaele*, cap. 4.
54. Prior and Wilson, *Passchendaele*, cap. 6.
55. Wynne, *If Germany Attacks*, pp. 283-98.
56. Haber, *Poisonous Cloud*, p. 265.
57. Hussey, "Flanders Battleground"; Prior and Wilson, *Passchendaele*, p. 97.
58. Diário de Haig, 26 out. 1917, NLS.
59. Travers, *How the War Was Won*, p. 17.
60. Chapman, *A Passionate Prodigality*, p. 149.
61. Prior and Wilson, *Passchendaele*, p. 179.
62. Beckett, "Operational Command", p. 112; Bond, "Passchendaele: Verdicts", pp. 486-7.
63. Jünger, *Storm of Steel*, pp. 164 ss.; e Werth, "Flanders 1917".
64. Gill e Dallas, "Mutiny at Etaples Base"; Gill and Dallas, *Unknown Army*, caps. 6, 7.
65. MacKenzie, "Morale and the Cause", pp. 220-25.
66. Prior and Wilson, *Passchendaele*, p. 198.
67. Harris, *Men, Ideas, and Tanks*, p. 109.
68. Ibid.; Paschall, *Defeat of Imperial Germany*, pp. 104-11; Winter, *Haig's Command*, cap. 7.
69. Paschall, *Defeat of Imperial Germany*, p. 125.
70. Travers, *How the War Was Won*, p. 31.
71. Falls, *First World War*, p. 308.
72. Newell, "Allenby"; Hughes, *Allenby*, cap. 3.
73. Robertson a Haig, 24 e 27 set. 1917, LHCMA Robertson MSS, 7/7/53, 7/7/54.

74. Hughes, *Allenby*, p. 34.
75. Herwig, *First World War*, p. 332.
76. Rauchensteiner, *Tod des Doppeladlers*, p. 429.
77. Ibid., p. 471.
78. Cornwall, "News, Rumour", pp. 58-61.
79. Hautmann, "Vienna", p. 89.
80. Wargelin, "High Price", p. 76.
81. Rauchensteiner, *Tod des Doppeladlers*, p. 459.
82. Hautmann, "Vienna", pp. 91-3; Herwig, *First World War*, p. 282.
83. Czernin, *In the World War*, pp. 146-50.
84. Sixte, *L'Offre*, pp. 35-105; Ribot, *Journal*, pp. 62-72, 103-25; Lloyd George, *War Memoirs*, Vol. 4, cap. 61.
85. Davis, *Home Fires Burning*, pp. 201-2.
86. Jarausch, *Enigmatic Chancellor*, pp. 329-34.
87. Scherer and Grünewald (eds.), *L'Allemagne*, Vol. 2, docs. 68, 104, 113.
88. Kitchen, *Silent Dictatorship*, pp. 127-30.
89. Fischer, *Germany's Aims*, pp. 346-51.
90. Hopwood, "Czernin and the Fall of Bethmann Hollweg".
91. Wade, *Russian Search for Peace*, cap. 3.
92. Epstein, *Matthias Erzberger*, pp. 168-79.
93. Wade, "Why October?", pp. 41-3.
94. Sobre Estocolmo: Meynell, "Stockholm Conference"; Kirby, "International Socialism... Stockholm Conference"; Kirby, *War, Peace, and Revolution*; Mayer, *Political Origins*.
95. Czernin, *In the World War*, p. 168; Scherer and Grünewald (eds.), *L'Allemagne*, Vol. 2, docs. 95, 102, 215.
96. *Lansing Papers*, Vol. 2, p. 17.
97. Becker, *Great War and the French People*, p. 207.
98. Ibid., caps. 14, 15; SHA 7.N.1538.
99. Stevenson, *French War Aims*, pp. 67-71.
100. Wrigley, *David Lloyd George*, cap. 12.
101. Ibid., pp. 203, 218; French, *Strategy of the Lloyd George Coalition*, pp. 84-92.
102. Hanak, "Union of Democratic Control", pp. 179-80; Swartz, *Union of Democratic Control*, caps. 8, 9.
103. Foster, "Working-Class Mobilization", p. 165.
104. Wrigley, *David Lloyd George*, p. 197.
105. Winter, "Arthur Henderson".
106. Wilson, *Myriad Faces*, pp. 523-5.
107. Figes, *People's Tragedy*, pp. 384-93.
108. Strachan, *First World War: To Arms*, pp. 920-21; Pethybridge, *Spread of the Russian Revolution*, caps. 1, 2.
109. Figes, *People's Tragedy*, pp. 421-37; Wildman, *End of the Russian Imperial Army*, Vol. 2, cap. 4.
110. Wildman, *End of the Russian Imperial Army*, Vol. 2, caps. 6, 7; Figes, *People's Tragedy*, pp. 442-54.
111. Figes, *People's Tragedy*, p. 457.
112. Wildman, *End of the Russian Imperial Army*, Vol. 2, pp. 225-7.

113. Stegemann, *Deutsche Marinepolitik*, pp. 82, 86-7.
114. Epstein, *Matthias Erzberger*, pp. 183-4.
115. Jarausch, *Enigmatic Chancellor*, pp. 343-5.
116. Kitchen, *Silent Dictatorship*, cap. 6; Epstein, *Matthias Erzberger*, pp. 193-201.
117. Texto in Feldman (ed.), *German Imperialism*, doc. 12.
118. Epstein, *Matthias Erzberger*, pp. 202-4.
119. Ibid., p. 206.
120. Soutou, *L'Or et le sang*, pp. 443-5.
121. Scherer and Grünewald (eds.), *L'Allemagne*, Vol. 2, doc. 207.
122. Sobre a nota e suas consequências: Stevenson, *International Politics*, pp. 162-9; Rothwell, *British War Aims*, pp. 102-9; Farrar, "Opening to the West"; Woodward, "David Lloyd George"; Renouvin, "Le Gouvernement français"; Pedroncini, *Négociations secrètes*.
123. Memorando de Wetzell, 30 set. 1917, BA-MA PH 3/267.
124. Steglich, *Friedenspolitik*, Appendix.
125. Stevenson, *French War Aims*, pp. 88-92.
126. Memorando de Ludendorff, 14 set. 1917, Scherer and Grünewald (eds.), *L'Allemagne*, Vol. 2, doc. 251.
127. French, *Strategy of the Lloyd George Coalition*, p. 146.
128. Lloyd George, *War Memoirs*, Vol. 2, pp. 1242-6.
129. Stevenson, *French War Aims*, p. 80.
130. Shanafelt, *Secret Enemy*, cap. 7.
131. Feldman, *Army, Industry, and Labour*, pp. 373-99.
132. Welch, *Germany, Propaganda, and Total War*, p. 199.
133. Ibid., p. 221.
134. Epstein, *Matthias Erzberger*, p. 232.
135. Winter, "Arthur Henderson".
136. Melograni, *Storia politica*, pp. 286, 331-2, 360.
137. Wrigley (ed.), *Challenges of Labour*, p. 109.
138. Melograni, *Storia politica*, pp. 337-342.
139. Duroselle, *France et les français*, p. 295.
140. Horne, "State and the Challenge of Labour", pp. 243-5.
141. Duroselle, *France et les français*, pp. 303-4.
142. Dutton, "Paul Painlevé", pp. 53-5.
143. Poincaré, *Au service de la France*, Vol. 9, p. 365.
144. Smith, Audouin-Rouzeau, e Becker, *France and the Great War*, pp. 141-3.
145. Parsons, "Why the British", pp. 174-8; Kaspi, *Temps des Américains*, p. 67.
146. Nenninger, "American Military Effectiveness", p. 129.
147. Coffman, *War to End All Wars*, p. 96.
148. Kennedy, *Over Here*, p. 100. Kennedy oferece uma excelente visão geral. Para dois novos relatos, ver Keene, *United States and the First World War*; Zieger, *America's Great War*.
149. Kaspi, *Temps des Américains*, p. 70.
150. Burk, "J. M. Keynes and the Exchange Rate Crisis", pp. 408-9.

151. Dayer, "Strange Bedfellows", pp. 134ss.
152. Kaspi, *Temps des Américains*, pp. 58-67.
153. Renouvin, *Crise mondiale*, pp. 456, 473.
154. Lansing, *War Memoirs*, p. 285.
155. La Fargue, *China and the World War*, cap. 4.
156. Renouvin, *Crise mondiale*, p. 456; Hardach, *First World War*, p. 29.
157. Fowler, *British-American Relations*, p. 93.
158. Živojinović, "Robert Lansing's Comments", p. 571.
159. Martin, *Peace without Victory*, p. 139.
160. Ibid., p. 141; Fowler, *British-American Relations*, pp. 43-4.
161. Gelfand, *The Inquiry*, p. 26.
162. Seymour (ed.), *House*, Vol. 3, pp. 47-8.
163. Scott (ed.), *Official Statements*, pp. 133-5.
164. Martin, *Peace without Victory*, p. 141.
165. Stevenson, *French War Aims*, pp. 83-6; Trachtenberg, *Reparation and World Politics*, cap. 1.
166. Sobre Lansing-Ishii: Curry, *Woodrow Wilson*, cap. 6; Chi, *China Diplomacy*.
167. Sobre a Declaração: Stein, *Balfour Declaration*; Friedman, *Palestine*.
168. Kaspi, *Temps des Américains*, pp. 23, 29-30, 38-9.
169. Coffman, *War to End All Wars*, p. 42; Nenninger, "American Military Effectiveness", p. 124; Kaspi, *Temps des Américains*, pp. 44-5.
170. Kaspi, *Temps des Américains*, pp. 91-102.
171. Nenninger, "American Military Effectiveness", pp. 124, 126.
172. Coffman, *War to End All Wars*, p. 5.
173. Kaspi, *Temps des Américains*, pp. 106-15.
174. Ibid., p. 193.
175. Coffman, *War to End All Wars*, pp. 14-18, 23, 38-41.
176. Kennedy, *Over Here*, p. 149.
177. Nenninger, "American Military Effectiveness", p. 122.
178. Kennedy, *Over Here*, pp. 163ss.
179. Coffman, *War to End All Wars*, p. 29.
180. Nenninger, "American Military Effectiveness", p. 121.
181. Ibid., p. 120.
182. Strachan, *First World War: To Arms*, pp. 935-41; Kennedy, *Over Here*, pp. 99 ss.

15
A ÚLTIMA INVESTIDA DAS POTÊNCIAS CENTRAIS (OUTONO DE 1917-VERÃO DE 1918)

NO OUTONO DE 1917, AS POTÊNCIAS CENTRAIS retomaram a iniciativa. Seu contra-ataque contra a ofensiva Kerensky deu início a uma reviravolta nos fatos comparável aos que foram marcados pela Gorlice-Tarnow na primavera de 1915, e pela Brusilov, no verão de 1916. Também assinalou um retorno parcial à guerra de movimento do verão de 1916. Embora os ataques aliados a Isonzo, em Flandres, e contra a Palestina prosseguissem até o outono, a partir daí os alemães enfrentaram todos eles. Depois de expulsarem os russos da Galícia em julho, capturaram Riga em setembro, e, em Caporetto, em outubro, infligiram à Itália uma de suas mais espetaculares derrotas na guerra. A Revolução Bolchevique de 1918 possibilitou-lhes concluir um cessar-fogo na Frente Oriental e impor tratados de paz à Rússia e à Romênia na primavera de 1918, antes de estabelecer uma vasta zona de estados-satélites do Círculo Ártico ao Cáucaso. Finalmente, na Frente Ocidental, onde o contra-ataque de Cambrai já havia feito os britânicos recuarem, os alemães iniciaram cinco grandes ataques entre 21 de março e 15 de julho de 1918, o que confrontou os Aliados com sua crise mais perigosa desde 1914. Contudo, com o fracasso de suas ofensivas, mais uma reviravolta dos eventos militares reestabeleceu a vantagem dos Aliados, e dessa vez em termos definitivos.

As Potências Centrais aproveitaram a oportunidade, já que seus inimigos fraquejaram. No verão de 1917, três anos de massacres tinham levado a Rússia à revolução, e a França, aos motins. Os americanos ofereceram uma ajuda naval e financeira cuidadosamente racionada, mas ainda estavam se voltando para a produção de guerra e, assim, não colocaram nenhuma de suas unidades na linha de fogo. Contudo, a Alemanha e a Áustria-Hungria também estavam próximas da exaustão, embora uma revolução tática tivesse lhes dado uma vantagem operacional. A retirada da Rússia fortaleceu o comprometimento do OHL com uma maciça ofensiva como aposta final da Alemanha na vitória. Voltando as costas à paz por meio da negociação – coisa que os Aliados também efetivamente fizeram –, Berlim e Viena mais uma vez optaram pela ofensiva militar como melhor saída para o impasse. Ao procederem assim, desperdiçaram a maior parte dos recursos de que dispunham e se deixaram ficar expostos a um contra-ataque decisivo.

* * *

Como nos invernos anteriores à guerra, os alemães optaram por uma ofensiva de primavera, na crença de que o tempo estava contra eles. Os sinais de perigo realmente apontavam para o vermelho. Entre seus aliados, a Bulgária, que ainda era comandada pelo rei Ferdinando e pelo primeiro-ministro Radoslavov, havia derrotado os Aliados na Macedônia, mas a oposição interna era crescente.[1] A Áustria-Hungria, depois de seus titubeios após a ascensão de Carlos, agora voltava à ativa, mas sua "orientação alemã" provou ser uma bênção mista. A nova solidariedade entre Berlim e Viena refletia a mudança da sorte militar: com os russos fora da Galícia e os italianos fora de ação, o solo austríaco ficou livre de invasores. Paradoxalmente, em muitos aspectos a guerra da Áustria-Hungria foi vencida, ainda que não por seus próprios esforços, além disso, depois que a Rússia bolchevique publicou os tratos secretos dos Aliados, a extensão do apetite territorial da Itália veio a conhecimento público, e a experiência demonstrara que os outros Aliados não romperiam com Roma. Tampouco Carlos e Czernin mostravam-se dispostos a arriscar uma paz em separado que pudesse pôr em perigo a sobrevivência de seu regime, especialmente se a Alemanha retaliasse invadindo a Dupla Monarquia para manter suas comunicações com Constantinopla, aliando-se aos austro-teutônicos contra seus governantes. Uma paz em separado, afirmava Czernin, pareceria um suicídio por medo da morte.[2] Em dezembro de 1917, ele proclamou que a Áustria-Hungria estava lutando para defender a Alsácia-Lorena, estando fortemente comprometida a manter tanto Estrasburgo quanto Trieste. Ele instruiu seus diplomatas das capitais neutras a enfatizar que Viena permaneceria na aliança.[3] Contudo, também se opôs à reforma doméstica, aconselhando que acalmar uma nacionalidade só antagonizaria as outras. A Dupla Monarquia viu-se encurralada, incapaz de romper com a aliança alemã, mas, devido a essa mesma aliança, antagonizando todos os seus súditos, exceto os de origem alemã e magiar, cujos líderes preferiam ver o império liquidado a compartilhar o poder igualmente com outras nacionalidades. Assim, mesmo depois da renúncia de Tisza como premiê húngaro, seu partido ainda dominava o parlamento de Budapeste e bloqueava a reforma das franquias. Em janeiro de 1918, um novo governo húngaro, sob o comando de Wekerle, exigiu um exército em separado.[4] Até as duas nacionalidades básicas estavam se afastando.

Em termos econômicos, as Potências Centrais estavam em declínio. As ferrovias da Bulgária estavam em decadência,[5] e a Turquia avançava para a hiperinflação. Faltam-nos números confiáveis com relação ao orçamento nacional, mas os gastos do governo otomano devem ter quadruplicado durante a guerra, enquanto a arrecadação mal subiu 20%. As autoridades não conseguiam cobrir o déficit dos empréstimos, e o papel-moeda introduzido em 1915 foi rapidamente desvalorizado. Os preços no atacado em Constantinopla haviam quadruplicado em janeiro de 1917, subindo quase 20 vezes no final da guerra.[6] A administração dos Jovens Turcos, cada vez mais centralizada no papel, estava perdendo o controle das províncias. Partes do Império Otomano, diante do colapso do comércio, do abandono da agricultura devido à circunscrição e dos enormes deslocamentos de refugiados, beiravam a fome.[7] Quanto à Áustria-Hungria, sua economia de guerra conheceu maior sucesso de meados de 1915 ao início de 1917,[8] embora isso implicasse sucesso no suprimento do exército, e não dos civis. Das 3,6 milhões de toneladas de aço produzidas em 1916, por exemplo, 3,1 milhões foram para o exército, que, nas batalhas defensivas de Isonzo de 1917, contava com mais munição do que conseguia usar. A Áustria-Hungria tomou parte do Programa Hindenburg, alocando 454 milhões de coroas para esse fim.[9] Mas, como na Alemanha, o Ministério da Guerra estabelecia planos superambiciosos para o programa num momento em que a produção estava prestes a despencar drasticamente. A inadequada produção de energia era o principal entrave, embora a falta de outros materiais como o cobre também tenha contribuído para essa queda. Durante o outono e o inverno de 1917-18, as indústrias pesadas da monarquia começaram a fechar. A deterioração das ferrovias foi básica para uma série de círculos viciosos. Por causa do número reduzido de vagões, havia pouca movimentação do carvão, o que significava mais trens parados e o impedimento da produção de aço, forçando a uma escolha entre as munições e a estocagem. No último ano da guerra, a produção de carvão caiu pela metade; muitas siderúrgicas tiveram que fechar durante o inverno, e no início de 1918 a falta de aço forçou todas as fábricas, com exceção das grandes produtoras de armas, a cortarem a produção.[10] A produção caiu de 1.900 para 350 peças por mês entre outubro de 1917 e fevereiro de 1918. O exército teve a sorte de as lutas nos fronts russo e dos Bálcãs terem praticamente cessado, deixando ativo apenas o italiano. Mesmo assim, estima-se que suas unidades estavam reduzidas a dois terços da força regular. Mais de 70% dos homens capazes haviam sido convocados, e a maioria dos restantes trabalhava nas indústrias de guerra.[11] Em termos reais, a Áustria-Hungria gastou menos na guerra em 1917-18 que em 1914-15.[12] Como reconhecia Ludendorff, o exército Habsburgo agora pouco podia fazer além de esperar passivamente que o grande conflito terminasse.[13]

A economia alemã também entrara em uma espiral descendente. Para atender ao Programa Hindenburg, ela teve que refrear suas exportações lucrativas para os países neutros. O Reichsbank só sustentava o valor do câmbio do marco por meio do confisco da posse de moeda estrangeira pelos alemães, vendendo-as ou usando-as como parte de empréstimos no exterior, assim acumulando dívidas externas. Internamente, a venda dos bônus de guerra não conseguiu enxugar a liquidez criada pela emissão de letras do tesouro, ou deter o déficit do orçamento, que cada vez mais se ampliava. Impostos periódicos sobre o excesso de lucro eram uma das medidas que não produziu um fluxo contínuo de renda. À medida que a política monetária se enfraquecia, a produção se contraía: o índice da produção industrial caiu de 98 em 1913 para 81 em 1914. O índice de preços no atacado havia saltado de 105 em 1914 para 142 em 1915, e se elevou lentamente para 152 em 1916. Contudo, tornou a subir para 179 em 1917, e 217 em 1918. Os trabalhadores masculinos das indústrias de guerra tiveram seu salário real, em 1917, reduzido a 78,8% do nível anterior à guerra, enquanto que o salário dos trabalhadores das indústrias civis foi reduzido em 52,7%.[14] A combinação da queda da produção com a depreciação monetária criou uma guerra de todos contra todos na disputa pelo que sobrara do bolo, mas nenhum grupo social conseguiu manter seu padrão de vida. Os grupos de profissionais e pequenos negociantes foram os que mais sofreram e mais tendiam a apoiar o Partido Patriota, enquanto os metalúrgicos de Berlim constituíam o apoio básico para o USPD. Embora o alto-comando avaliasse que a situação interna tinha melhorado desde a crise do verão,[15] o quadro permanecia sombrio.

As dificuldades econômicas da Alemanha estenderam-se do setor civil para o militar. O bloqueio dos Aliados ficou mais apertado depois da entrada dos americanos na guerra, e suprimentos reduzidos de petróleo, fertilizantes agrícolas e uma longa lista de matérias-primas necessárias para os armamentos, incluindo metais não ferrosos, algodão, borracha, ácido sulfúrico e glicerina.[16] Em parte por este motivo, em setembro Hindenburg lamentava que, embora os objetivos do Programa Hindenburg tivessem sido duas vezes reduzidos, a indústria ainda não os havia atingido.[17] A produção de pólvora, de 9.200 toneladas em julho de 1917, ficou bem atrás da meta de 12 mil toneladas estabelecida para 18 de maio,[18] e a falta de vagões ferroviários reduziu a produção de aço.[19] Como na Áustria-Hungria, carvão insuficiente era transportado para os locais onde mais se fazia necessário, de modo que havia muito pouco aço para substituir os trilhos das ferrovias e permitir o transporte de mercadorias. Em outubro, as geradoras de energia tiveram que suspender a produção devido à falta de combustível, e em dezembro, a pedido do OHL, a marinha diminuiu seus estoques de carvão. Foi uma sorte que, durante 1917, as novas táticas defensivas, a Linha Hindenburg, e a Revolução Russa tivessem permitido à Alemanha rechaçar os Aliados sem grandes aumentos de poder de fogo. Não obstante, o Programa Hindenburg atingiu resultados tardios. A Alemanha acumulou imensos estoques de munição antes de suas ofensivas de 1918, e não faltaram nem bombas nem armas de infantaria e artilharia até os estágios finais da guerra. No inverno de 1917-18, Hindenburg e Ludendorff encararam uma situação (sobre a qual eram mantidos bem-informados) em que a economia geral estava se deteriorando rapidamente, mas as armas e munições estavam finalmente disponíveis em maiores quantidades.[20] Até certo ponto, essas circunstâncias faziam suas opções estratégicas parecerem mais racionais.

Hindenburg e Ludendorff comandavam um exército que, embora cansado, era ainda bastante sólido. A Instrução Patriótica, introduzida em 1917, parece ter sido ineficiente, e (ao contrário de Pétain) o OHL pouco fez para elevar o moral. No outono, o exército em Flandres estava exausto e se ressentia cada vez mais de seus oficiais; a leste, ele foi afetado pelo fermento dos acontecimentos russos e cerca de 10% dos homens transportados de volta para o oeste tentavam desertar *en route*.[21] Hindenburg temia a subversão no exército, embora a visse como um perigo futuro. Mas o número das tropas já era um problema sério: ele se queixava, em setembro de 1917, de que a falta de soldados treinados estava impedindo seriamente a "liberdade operacional".[22] Desde que a lei do Serviço Auxiliar de 1916 liberou mais recrutas para o front, o número de trabalhadores dispensados subiu de 1,2 para 1,9 milhão entre setembro de 1916 e julho de 1917,[23] e o exército forneceu 100 mil homens para o Programa Hindenburg e a construção dos U-Boats.[24] Hindenburg queria que a mobilidade da força de trabalho fosse restringida, mas o ministro do Interior e o Kriegsamt opunham-se a mudanças na lei, e o governo ignorou o apelo do OHL de que todos os homens de 15 a 60 anos deveriam ficar disponíveis para o serviço militar. Em janeiro de 1918, 2,3 milhões de trabalhadores da economia de guerra continuavam protegidos – uma gritante indicação dos limites da "ditadura" do OHL.[25] Hindenburg e Ludendorff ficaram exasperados com o que viam como um fracasso de Hertling em partir para a ação drástica necessária ao aumento da produção, do número de soldados e para o combate à agitação pacifista. Os soldados liberados pelo colapso da Rússia vieram em boa hora.

O OHL pôde se revigorar com esse colapso devido a uma revolução tática fundamental para a nova sucessão de vitórias das Potências Centrais. Essa revolução tática surgiu a partir de linhas separadas de avanços na artilharia e na infantaria, que – embora sua essência fosse a combinação entre elas – aqui serão tratadas separadamente. Com relação à artilharia, os bombardeios britânicos de uma semana antes do Somme e da Terceira Batalha de Ypres nunca tinham sido o modelo preferido dos alemães. Diante de Gorlice-Tarnow, a barragem preliminar durara apenas quatro horas; diante de Verdun, oito. Na Frente Ocidental, em 1916-17, o tenente-coronel Georg

Bruchmüller, um oficial da lista de reformados antes da guerra que primeiro se destacou na batalha do lago Naroch, aperfeiçoou a artilharia. Ele inventou o tiro previsto, ou seja, bombardeamentos que dispensavam o "registro" prévio, ou tiros a distância, assim facilitando a surpresa. A técnica exigia o reconhecimento aéreo e a fotografia para a cuidadosa determinação do alvo,[26] visto que os canhões estariam mirando coordenadas de um mapa. Durante 1917, a artilharia ampliou sua capacidade de tiro previsto adotando o "método Pulkowski", desenvolvido por um capitão com esse nome, o que permitiu o teste minucioso de cada canhão para verificar o quanto seu alcance variava com a velocidade do vento e o peso do disparo. Além de rigorosa preparação, as novas táticas exigiam um esquema centralizado de controle de fogo (em contraste com a prática britânica)[27] para neutralizar as posições inimigas. A essência do sistema de Bruchmüller não era destruir a defesa, mas "neutralizar" ou incapacitá-la por um súbito bombardeamento devastador que a atingia em profundidade. O inimigo seria incapaz de movimentar reservas, e suas tropas da linha de frente teriam que ficar sob cobertura até que as forças de assalto estivessem sobre elas, com a infantaria avançando protegida por uma barreira rastejante e por "barreiras de caixa" protegendo os flancos do setor de ataque.[28] Dependendo das bombas de gás para neutralizar as baterias e os postos de comando do inimigo, o bombardeio economizaria explosivo de alta potência e teria menos probabilidade de estragar o terreno. A resistência seria paralisada por um ataque em três dimensões avançando profundamente nas linhas inimigas, o que parece antecipar a Blitzkrieg e a Tempestade do Deserto.[29] O ataque a Riga, em 1º de setembro de 1917, viu o maior teste do planejamento de artilharia de Bruchmüller, apoiado por um assalto de 13 divisões do Oitavo Exército do general Oskar von Hutier, subindo o rio Dvina em direção à cidade. Morteiros de trincheira foram usados contra as linhas russas, uma "caixa" selou a zona de ataque, e explosivos de alta potência e gás caíram sobre as comunicações de trincheira e os canhões do inimigo. Os alemães esconderam seus preparativos e desencadearam o bombardeio sem aviso às quatro horas da manhã, com a travessia em barcos às 9h10, atrás de uma barreira móvel. As posições russas ao sul da cidade foram bombardeadas com menor intensidade, com o resultado de que a operação obteve menos do que se esperava. Não obstante, sofrendo baixas leves, os alemães cruzaram o rio e tomaram Riga. O OHL, então, levou Hutier e Bruchmüller a maiores missões a oeste.[30]

Os métodos de Bruchmüller não eram totalmente revolucionários, parecendo-se com muitas inovações dos Aliados, mas assumiram seu total significado quando conjugados com as novas táticas de infantaria. Embora Riga, em termos gerais, tivesse sido um sucesso de artilharia, com a infantaria fazendo pouco uso de métodos inovadores, desde 1915 os alemães vinham fazendo experiências com o que ficou conhecido como "táticas de assalto".

Em dezembro de 1916, os batalhões de assalto foram aprovados em todos os exércitos da Frente Ocidental e em todos os grupos do exército a leste. O princípio consistia em um ataque por uma linha diminuta e aberta, apoiada por esquadrões especialmente treinados, portando não apenas rifles, mas também armas mais pesadas – morteiros de trincheira, lança-chamas e metralhadoras leves e pesadas. Os líderes dos esquadrões eram informados dos objetivos gerais, ou "missões de combate" (*Gefechtsaufträge*), mas ainda lhes era deixado considerável discernimento quanto a como realizá-los e, em geral, deviam avançar o mais profundo e rapidamente pelas linhas inimigas, deixando para trás e isolando postos com que se ocupar mais tarde. O contra-ataque em Cambrai empregou táticas de assalto, embora as unidades envolvidas não tivessem sido treinadas especificamente para isso. O Segundo Exército do general Georg von der Marwitz atacou sem preparativos ostensivos e, depois de um breve bombardeio ao estilo de Riga, conseguiu utilizar o elemento surpresa contra posições britânicas precariamente consolidadas. O avanço contra o sul das posições britânicas até 8 km em poucas horas, os grupos de assalto infiltrando-se nas posições inimigas com lança-chamas e metralhadoras leves, chegando a deslocar canhões enquanto avançavam e sendo apoiados pela aviação e uma barreira de total precisão. Os "blocos de assalto" vinham em seguida, marchando contra os pontos de resistência. Apesar da contraofensiva contra o norte das posições inimigas ter sido menos bem-sucedida (ela usou as tradicionais formações maiores e não conseguiu atingir o elemento surpresa), a operação ajudou a convencer Ludendorff de que as novas táticas podiam obter sucesso nas condições da Frente Ocidental. No início de 1918, ele decidiu disseminá-las pelo exército.[31]

* * *

No outono de 1917, os maiores êxitos das Potências Centrais empregaram as novas táticas de artilharia e de infantaria. A batalha de Caporetto foi a única ocasião em que os alemães intervieram com força no palco de guerra italiano. A intervenção foi decidida de último minuto como operação de fogo cruzado, em resposta a um pedido de ajuda dos austríacos. Ludendorff, depois de Riga, teria preferido acabar com os romenos, que ainda resistiam no que sobrara de seu país e que, depois do fracasso da ofensiva Kerensky, haviam repelido um ataque austro-húngaro em agosto.[32] Mas os austríacos foram fortemente pressionados durante a 11ª batalha de Isonzo, em agosto e setembro, quando 51 divisões italianas, com 5.200 canhões, atacaram 19 divisões austríacas.[33] Como suas contrapartidas alemãs em Flandres, foram desmoralizadas por um interminável combate defensivo, e Krafft von Dellmensingen, um perito em guerras de montanha que visitara o front no verão, informou ao OHL que não suportariam uma 12ª ofensiva.[34] No dia 26 de agosto, Carlos informou Guilherme de que a Áustria-Hungria queria lançar uma ofensiva e solicitou tropas alemãs para substituir as austríacas na

Rússia, a fim de deslocar uma artilharia mais pesada para a Itália. Guilherme ordenou que Ludendorff examinasse o problema, mas este último duvidou de que as tropas dos Habsburgo, desconhecedoras das novas táticas, pudessem lançar uma ofensiva vitoriosa, e temia que uma paz em separado entre austríacos e alemães pudesse ser assinada se essas tropas assim procedessem. Por outro lado, depois de Riga, o OHL tinha tropas disponíveis para uma operação na Itália antes do inverno. Planejava-se um deslocamento temporário com objetivos limitados, inicialmente apoiar os austríacos empurrando os italianos de volta para o rio Tagliamento, privando-os de conquistas obtidas a duras penas. A batalha consistiria simplesmente em um avanço a partir do Isonzo, em vez de um ataque mais incisivo e ambicioso a partir do Isonzo e do Tirol, para o qual Ludendorff avaliava contar com pouquíssimos homens. Em suma, o conceito lembrava o de Falkenhayn para Gorlice-Tarnow dois anos antes.[35]

A partir de setembro, os alemães movimentaram sete divisões para o palco de ação italiano (partindo das Frentes Oriental e Ocidental, embora os ataques de Plumer em Ypres provocassem um adiamento), incorporando-as em um novo 14º Exército alemão, sob o comando germânico. Otto von Below era o comandante e Krafft von Dellmensingen, seu comandante supremo. A Áustria-Hungria moveu cinco divisões para o Isonzo a partir da Frente Oriental e do Tirol.[36] No dia 24 de outubro, a ofensiva do Caporetto foi lançada e rapidamente obteve sucesso surpreendente, capturando ou desviando uma grande parte do exército italiano e avançando mais de 80 km. No palco da guerra como um todo, os alemães e austríacos tinham 33 divisões, contra 41 dos italianos, mas no setor norte do ataque do Isonzo, concentravam 15 contra 6. Foi-lhes difícil conseguir o elemento surpresa, camuflando sua artilharia e movendo a infantaria de assalto à noite.[37] Bruchmüller não comandou a artilharia, mas ela empregou as técnicas usuais. Embora tivesse havido indícios anteriores, não foi possível alertar os italianos para a escala do que estava planejado. O bombardeio usou mil lançadores de gás[38] e mais que o dobro das peças de artilharia empregadas em Riga, com os canhões de um setor com a distância de 4,4 metros entre eles. Começou às duas da manhã e prosseguiu até o assalto, seis horas depois, com a neblina e a chuva tornando difícil para os italianos localizar os canhões e realizar o contra-ataque. Boa parte da luta foi de contrafogo das baterias para neutralizar a artilharia inimiga, enquanto bombas de gás fosgênio (contra as quais as máscaras italianas eram ineficientes) eram lançadas contra as linhas de frente antes de um bombardeio muito efetivo de explosivos e uma barreira que avançava de rastros. O ataque da infantaria concentrou-se ao longo de dois fundos de vale em Plezzo e Tolmino, com cerca de 25 km entre eles. Como os austríacos ainda mantinham cabeças de ponte a oeste do Isonzo, os alemães puderam avançar sem ter que cruzar o rio. Os italianos haviam seguido a prática acadêmica e guarnecido as colinas, assim permitindo que os comandantes de frente avançassem rapidamente até a convergência dos vales, sem esperar que a artilharia os seguisse, mas ultrapassando as posições inimigas.[39] A infantaria alemã estava equipada com a nova metralhadora leve Maxim 08|15, e as *Jäger* (tropas alpinas) também portavam morteiros e canhões de montanha. Muitos já conheciam a guerra de montanha nos Cárpatos e nos Vosges; outros tiveram tempo de treinar e se aclimatar com o ar rarefeito. Avançando de 16 a 24 km no primeiro dia, em 27 de outubro estavam completamente fora das montanhas e avançando pela planície do Vêneto.

O exército italiano estava mal preparado para fazer frente a esse massacre. Seus comandantes não conseguiram reforçar os setores cruciais, e Cadorna parece ter sido complacente. Depois de suspender a 11ª batalha do Isonzo, ele pretendeu retomá-la na primavera, sem levar em consideração os avisos da intervenção alemã. Mesmo depois que o fogo inimigo e o interrogatório de desertores revelaram a localização e a data do ataque, ele tinha dúvida de que aconteceria, confiante de que, se ocorresse, poderia enfrentá-lo. Ele estava determinado a se agarrar a suas conquistas do verão, e os italianos haviam permanecido nas posições conquistadas, com muitos deles avançando demais, deixando suas reservas bem para trás. Ele ordenara que a linha fosse organizada para a defesa em profundidade, mas o general Capello, que comandava o Segundo Exército no setor ameaçado, havia ignorado a ordem, aparentemente na esperança de que poderia enfrentar a ofensiva por um flanco de ataque.[40] Contudo, à sua esquerda, Capello recentemente colocara trabalhadores da indústria de munição que haviam sido convocados, tendo se envolvido na insurreição de agosto em Turim. Quando o golpe foi desfechado, seu exército mostrou-se altamente vulnerável ao bombardeio, e os alemães se infiltraram nele com facilidade.

Embora seja possível explicar o assalto em termos operacionais, Cadorna descreve Caporetto como "um tipo de greve militar" e o atribuiu à "propaganda subversiva".[41] Assim ele se queixou a Orlando, acusando o Segundo Exército de não ter conseguido lutar.[42] Convinha a Cadorna e Capello disseminar essa visão, que se espalhou amplamente. Na verdade, a história tinha certa base, embora a agressiva estratégia de Cadorna e sua indiferença para com o bem-estar dos soldados sejam os maiores culpados pelo acontecido. No dia 24 de outubro e durante a retirada, várias unidades efetivamente lutaram: em poucos dias, o Segundo Exército teve 11.690 mortes e 21.950 feridos, e quando os atacantes se detiveram no rio Piave, os alemães e austríacos haviam tido entre 65 mil e 70 mil baixas.[43] Entretanto, esses números foram eclipsados pela captura, em quatro semanas, de 294 mil prisioneiros italianos (de um exército de cerca de 2 milhões de homens), para não falar dos 3.136 canhões (cerca de metade do total italiano) e enormes quantidades de munição e suprimentos.[44] O choque do bombardeio e a velocidade do ataque deixaram milhares de soldados isolados e sem seus comandantes. Mas os relatos alemães deixam claro que muitos italianos entregaram-se rapidamente e sem resistência, abandonaram seus rifles e uniformes e saudaram os vencedores, enquanto outros insultavam as unidades que avançavam. As rendições começaram imediatamente, com a 12ª Divisão alemã, por exemplo, fazendo 15 mil prisioneiros em apenas um dia. Cadorna não tinha nenhum plano de contingência para uma retirada e demorou a autorizá-la; os italianos tampouco conseguiram controlar o que se tornou um congestionamento sem precedente. Quando a retirada começou, ele ficou sem controle, e as tropas se estendiam na direção sudeste junto com 400 mil refugiados civis, saqueando as fazendas abandonadas. No total, 300 mil soldados "debandados" (*sbandati*) foram postos em jaulas e realocados em novas unidades.[45]

Não obstante, a situação foi controlada, e a linha Piave, conservada. Isto não era a França em 1940 ou o Vietnã do Sul em 1975, embora, em parte, devido à autolimitação dos vitoriosos. Ludendorff originalmente tencionava deslocar as tropas alemãs depois de alcançar o Tagliamento, embora, quando Below decidiu continuar para além desse ponto, ele tivesse mudado de ideia. Mas em 3 de novembro ele recusou um pedido austríaco de reforços, possivelmente devido à contínua pressão britânica em Passchendaele, e insistiu que Piave devia ser o objetivo final. Os atacantes tiveram que enfrentar fatores logísticos – faltava-lhes equipamento, suas ferrovias de apoio eram inadequadas, tinham poucos animais de carga e caminhões com rodas de aço sulcavam as estradas de montanha. Daí, só puderam avançar sua artilharia muito vagarosamente e continuaram a avançar em parte pela captura de milhares de cavalos e carros blindados. Depois que a chuva começou, em 28 de outubro, os soldados (dos quais muitos se detinham para pilhar) ficaram exaustos, e o suprimento de seus distantes terminais ferroviários foi ficando cada vez mais difícil. Conrad lançou um subsidiário ataque tardio a partir do Tirol, mas nunca chegou próximo de cercar os italianos. Quando, em novembro, Ludendorff afinal decidiu lançar uma ofensiva austro-alemã a partir do Trentino, a melhor oportunidade havia passado.[46]

Entretanto, a contenção do avanço não resultou simplesmente das dificuldades das Potências Centrais. Os italianos pediram ajuda a seus aliados, fortalecendo a própria resistência. Em 28 de outubro, a Grã-Bretanha e a França decidiram enviar tropas. Em 10 de novembro, os soldados estavam no front, e, no total, cinco divisões britânicas e seis francesas, bem como esquadrões aéreos, foram deslocadas. Os atacantes britânicos e franceses superavam os alemães e impediram bombardeios diurnos, mas a força aérea italiana havia sido quase removida dos céus. A pressão aliada também colaborou para a retirada (longamente postergada) em 7 de novembro de Cadorna e sua substituição por Armando Diaz. Antes de sua remoção, contudo, Cadorna havia decidido ficar no Piave, uma posição que ele preparara desde 1916. Retroceder ainda mais exporia Veneza, cuja perda seria simbolicamente desastrosa e obrigaria a marinha italiana a se afastar 800 km da costa do Adriático até sua base mais próxima, em Brindisi. Além disso, a linha Piave (que se estendia ao longo do rio e pelas alturas do maciço do Monte Grappa e o planalto de Asiago) só tinha 112 km de comprimento, comparada com uma frente de 270 km diante de Caporetto. Essa redução também pouparia homens aos austríacos, mas a crescente relação força-espaço (que havia sido mais baixa que a da Frente Ocidental) favoreceu os defensores. Ainda bem, pois os italianos eram numericamente muito inferiores, embora, como tivessem convocado a classe de 1899 e reintegrado os *sbandati*, o equilíbrio começou a se equalizar. A luta feroz prosseguiu durante boa parte de novembro, mas no fim do mês os austríacos (que agora estavam privados da ajuda alemã) não fizeram nenhum avanço, enquanto os italianos (com ajuda britânica) realizavam contra-ataques locais. Em dezembro, o AOK diminuiu seu ritmo e prometeu ajudar a projetada ofensiva alemã de primavera a oeste, concordando em não realizar mais nenhuma grande operação na Itália sem o consentimento do OHL.[47]

Assim, uma barreira foi estabelecida, por trás da qual a Itália poderia se recuperar. Mas a campanha havia aliviado suficientemente a pressão sobre a Áustria-Hungria para que Ludendorff concentrasse suas forças em outras partes. Durante dezembro, portanto, ele deslocou as divisões alemãs do front italiano para a Frente Ocidental, de onde a maioria das divisões anglo-francesas mais tarde seguiu. No entanto, o palco italiano agora estava mais intimamente envolvido com a guerra como um todo. Uma indicação disso foi a inclusão da Itália no Supremo Conselho de Guerra (SWC, na sigla em inglês), estabelecido pelos Aliados na conferência de novembro, uma resposta direta à necessidade (incrementada pela derrota) de coordenação estratégica. O SWC foi uma de uma série de novas instituições interaliadas, das quais a Itália passou a fazer parte.* Uma segunda indicação foi a declaração de guerra americana contra a Áustria-Hungria em dezembro, que teve como principal intenção incentivar os italianos, embora Wilson evitasse exortar a destruição da monarquia dos Habsburgo e se distanciasse dos objetivos anexionistas dos italianos. Admitidamente, o próprio governo italiano parecia disposto a reduzir essa monarquia quando, em março de 1918, pediu ao Vaticano que enviasse um sondador secreto à Áustria-Hungria.[48] Mas como Roma se mostrasse cada vez mais disposta a um compromisso, Viena, incentivada pela vitória, mostrava disposição contrária. O confronto no Vêneto ainda não terminaria.

A sorte das Potências Centrais já estava sendo reavivada quando a Revolução Bolchevique deslocou o equilíbrio ainda mais pesadamente em seu favor. Em parte, elas haviam criado sua própria boa sorte por meio da decisão do OHL de facilitar a volta de Lênin a seu país. Se ele tivesse ficado na Suíça, o Governo Provisório ainda poderia

---

*   Sobre o SWC, leia mais ainda neste capítulo.

entrar em colapso, mas provavelmente em favor de um regime socialista moderado que rejeitava uma paz imediata. Contra a feroz resistência de seu próprio partido, Lênin instigou os bolcheviques a se oporem ao governo e se distanciarem dos mencheviques e dos SRs, assim possibilitando-lhes capitalizar a onda de sentimento contra a guerra depois da ofensiva de Kerensky e posar de único baluarte confiável contra a reação ao golpe de Kornilov. Os bolcheviques não chegaram ao poder por meio de processos democráticos, que Lênin, de qualquer modo, desprezava, exceto quando serviam a seus propósitos táticos. Não obstante, entre as duas revoluções, seu apoio popular havia aumentado espetacularmente, como demonstrava seu crescente número de filiados, seus êxitos nas eleições municipais e sua crescente popularidade nos comitês de soldados e nos sovietes.[49]

Se Lênin não era um democrata "burguês", tampouco era um pacifista. Marx e Engels haviam julgado as guerras por seu caráter classista e se eram historicamente progressistas, e Lênin sujeitou a Primeira Guerra Mundial a análise similar em seu ensaio de 1916 *Imperialismo, etapa superior do capitalismo*. Suas "cartas de longe", escritas depois da Revolução de Fevereiro, argumentavam que somente uma tomada do poder por um governo da classe trabalhadora poderia realizar a paz. O novo regime deveria publicar os tratados secretos entre os Aliados e exigir um imediato cessar-fogo e uma guerra revolucionária contra os governos que recusassem uma paz baseada na autodeterminação para as nações oprimidas da Europa e para as colônias ultramarinas.[50] Ele foi incentivado pela inquietação que se espalhava pela Europa e, acima de tudo, pelas greves e motins navais na Alemanha, que todos os bolcheviques reconheciam como uma peça crucial no dominó europeu. Ele afirmava que as chances de insurreição espalhando-se a partir da Rússia tinham "de 99 a 100%" de probabilidade, embora ele provavelmente estivesse disposto a assinar a paz em separado se esse prognóstico estivesse errado. Isto não apenas porque os alemães haviam propiciado seu retorno e provavelmente estivessem subsidiando seu partido,[51] mas porque, se ele tivesse que escolher, sua prioridade seria destruir os inimigos de classe na Rússia pela divulgação do socialismo em todo o mundo.

No outono, os bolcheviques estavam suficientemente fortes para reclamar o poder em nome do Soviete de Petrogrado. No dia 25 de setembro (estilo antigo – O.S.), os bolcheviques obtiveram maioria em seu comitê executivo, e Leon Trotsky, que havia aderido ao partido recentemente, tornou-se seu presidente. Lênin agora planeja dar um golpe, ostensivamente em nome dos sovietes, mas, na prática, em nome de seu partido, antes da reunião que o Congresso dos Sovietes de Toda a Rússia havia marcado para o fim de outubro (O.S.) e apresentá-lo como fato consumado. Ele previu que a guerra civil podia ser a consequência e aceitou-a na crença de que seu lado venceria. Ele também argumentava que a situação internacional era propícia, e que o partido deveria agir antes de o Governo Provisório deixar Petrogrado para as Potências Centrais; nesse sentido, a queda de Riga ajudou efetivamente a desestabilizar a Rússia, pois o OHL tinha a intenção de que isso acontecesse.[52] No dia 10 de outubro (O.S.), o Comitê Bolchevique Central votou pela insurreição, com dez votos a favor e dois contra, embora sem definir uma data.[53] Os preparativos concentraram-se no Comitê Militar Revolucionário (CMR) do Soviete de Petrogrado, com Trotsky como mentor. Kerensky compartilhava da disposição dos bolcheviques a um confronto, subestimando a profundidade de sua impopularidade e na crença de que, se seus inimigos efetuassem um levante, ele poderia esmagá-los como em julho. Depois que a disputa entre Lênin e seus oponentes bolcheviques com relação ao golpe veio a público pela imprensa do partido, Kerensky ordenou as desacertadas medidas preventivas que levaram a situação a um ponto crítico. Seu governo anunciou planos para transferir a guarnição de Petrogrado para o front, com a consequência de que a maioria das tropas transferia sua submissão ao CMR (23 de outubro, O.S.). No dia 245, ele ordenou o fechamento de dois jornais bolcheviques, e o CMR começou a implementar seu plano de defesa.

Os terminais ferroviários, o banco central, as agências dos correios e telégrafo, além do serviço telefônico, logo passaram para suas mãos, e Lênin agora insistia no ataque aos quartéis do Governo Central no Palácio de Inverno, que ocorreu no dia seguinte. Quase nenhum soldado mostrou-se disposto a defender os ministros, e Kerensky já havia deixado a cidade. A Revolução de Outubro, portanto, testemunhou menos mobilização de massa do que ocorrera em fevereiro e menos baixas, embora a luta em Moscou tenha sido muito mais pesada. Com o apoio dos SRs de esquerda, Lênin conquistou o endosso do Congresso dos Soviets, embora os mencheviques e os SRs de direita marchassem em protesto. O apoio dos sovietes era a única alegação do novo regime em favor de sua legitimidade.[54]

O Conselho dos Comissários do Povo, que Lênin presidia e que governava cada vez mais por decreto, não tinha nenhuma experiência de governo, de guerra e de diplomacia, bem como da administração dos assuntos internos. Trotsky, o Comissário do Povo para Assuntos Externos, descobriu que seus funcionários de ministérios se demitiram massivamente; Krylenko, o Comissário do Povo para a Guerra, descobriu que seu comandante-chefe, o general Dukhonin, recusava-se a obedecer a suas ordens. Sem perder o ânimo, os bolcheviques começaram a seguir seu rumo pré-determinado. Seu Decreto sobre a Paz denunciou a diplomacia secreta, propondo negociações imediatas para um acordo "justo e democrático", sem anexações ou indenizações. Em seguida, Trotsky publicou os tratados secretos, inclusive os acordos de partilha da Turquia, o Tratado de Londres com a Itália e o acordo Doumergue. Para o constrangimento dos governos aliados, todo este material caiu no domínio público; na Grã-Bretanha, por exemplo, foi publicado no *Manchester Guardian*.⁵⁵ Os Aliados se recusaram a reconhecer o novo governo ou participar com ele de negociações de paz (embora tivessem efetivamente estabelecido contatos não oficiais com o regime revolucionário). Depois que o decreto de paz se mostrou infrutífero, os bolcheviques buscaram um armistício. Quando Dukhonin desobedeceu às ordens de discuti-lo, Krylenko assumiu seu comando e o general foi assassinado por suas tropas. O novo governo permitiu que os comandantes do exército negociassem tréguas locais, o que cobriu boa parte do front antes de um armistício geral com as Potências Centrais ter sido acertado em 4/15 de dezembro. Nada poderia ter contribuído mais para o apoio aos bolcheviques entre o exército, e no final do ano eles controlavam a maioria dos comitês de soldados. Depois do cessar-fogo, contudo, o grosso das tropas remanescentes partiu em massa de volta a suas casas a fim de participar da revolução agrícola. Tendo, grosso modo, se mantido unido durante os levantes a partir de março, o exército finalmente se desintegrou.⁵⁶

O armistício foi um documento simples, válido, em princípio, por um mês.⁵⁷ Os dois lados ficariam em suas posições existentes. Os russos desejavam a confraternização entre os exércitos, o que foi permitido com restrições. Eles também (possivelmente devido ao conselho extraoficial dos americanos) estipularam que nenhum dos dois lados efetuaria movimentação estratégica de tropas a menos que estivessem em andamento. Esse adendo tinha a intenção de impedir que as tropas alemãs fossem removidas da Frente Oriental, mas como o OHL já havia emitido ordens para a maioria das unidades envolvidas e os russos não podiam policiá-la, a restrição pouco significou.⁵⁸ O impacto no equilíbrio de forças a leste foi, portanto, desastroso, e isto, seguido pela legislação de janeiro repudiando as dívidas do governo czarista com seus parceiros e sequestrando seus investimentos, inflamou o antibolchevismo dos Aliados e sua resistência a um processo geral de paz. Quando Trotsky convidou-os a participar das negociações do armistício, eles o ignoraram. Ainda com poucas evidências de uma revolução na Alemanha ou de concessões por parte dos antigos parceiros da Rússia, os bolcheviques abriram negociações de paz em separado com as Potências Centrais em Brest-Litovsk em dezembro (N.S.). Trotsky ainda tinha esperança de ganhar tempo até que as revoluções se espalhassem ou as negociações de paz se generalizassem. Quando nenhuma das duas coisas se materializou, em fevereiro as Potências Centrais impuseram seus termos por insistência do OHL.

Os alemães e austríacos fingiram colaborar com os russos a fim de ampliar o afastamento entre estes últimos e seus aliados. Mas os motivos dos bolcheviques para entrarem nas negociações eram, em boa medida, propagandistas. Eles insistiram que as reuniões fossem abertas, e publicaram imediatamente cada palavra das transcrições de seus estenógrafos. Lênin instruiu seu principal representante, Adolph Joffe, para que exigisse uma paz sem anexações ou indenizações e baseada na autodeterminação nacional. Na primeira sessão, Joffe, sem maior interesse, estabeleceu seis princípios que incluíam evacuação e nenhuma anexação de territórios tomados durante a guerra, sem indenizações ou tratados de comércio desiguais, independência a ser restaurada para as nacionalidades dela privadas a partir de 1914, além de, para nacionalidades privadas de sua independência antes dessa data, a capacidade de decidir seu futuro por meio de um referendo.[59] Como legatários de um império multinacional, os bolcheviques tinham tentado aplicar esses princípios em seus próprios domínios. Sua Declaração dos Direitos dos Povos da Rússia clamava por "uma união voluntária e honrável" entre as nacionalidades do império. Lênin estava disposto a permitir a secessão da Finlândia, o que, esperava ele, inspiraria movimentos revolucionários em outros locais, e concedeu independência a um governo conservador em Helsinque. A Polônia, que as Potências Centrais controlavam e para a qual o Governo Provisório havia prometido a independência, era outro caso especial. Contudo, Lênin esperava que as nacionalidades remanescentes optariam por uma união continuada com a Rússia. O caso crítico era a Ucrânia, onde a Rada, ou assembleia, anunciou, depois do golpe bolchevique, que estava assumindo o poder. A princípio, Lênin ofereceu-lhe uma federação, mas em dezembro um ultimato foi enviado a Kiev, e os bolcheviques ucranianos estabeleceram um governo rival na Carcóvia. Os plebiscitos tampouco foram realizados em nenhuma região do território soviético ocupado.[60] Na política das nacionalidades, como em outras áreas, os bolcheviques rapidamente abandonaram seus princípios previamente declarados. Eles estavam em situação desconfortável quanto ao princípio de autodeterminação em Bret-Litovsk, e logo seriam vítimas da própria armadilha.

Para que a paz acontecesse, era necessário não apenas que os russos a invocassem, mas também que as Potências Centrais a concedessem. A questão era complicada devido aos desacordos entre Viena e Berlim, e entre o OHL e os civis alemães. Durante 1917, parecera que a Áustria-Hungria e a Alemanha poderiam finalmente chegar a um consenso quanto a seus objetivos de guerra a leste. Como ministro das Relações Exteriores, Kühlmann dava alta prioridade à aliança com Viena e revigorava as negociações da *Mitteleuropa*.[61] Em outubro, ele e Czernin concordaram em princípio que a Polônia devia ficar sob soberania austríaca, mas numa união militar e alfandegária com a Alemanha, enquanto a Áustria-Hungria e Alemanha concordariam com um pacto de assistência mútua, uma convenção militar e cortes tarifários. Viena também devia aceitar a predominância alemã na Romênia, cuja riqueza em petróleo e grãos havia incendiado a imaginação de Guilherme II.[62] Entretanto, embora Kühlmann estivesse impressionado com a virada pró-Alemanha da política austríaca, Hindenburg e Ludendorff viam a monarquia dos Habsburgo como inimigo potencial. Eles só aceitariam a soberania austríaca sobre a Polônia se a Alemanha anexasse uma larga faixa ao longo da fronteira incluindo cerca de dois milhões de poloneses, para proteger a área industrial da Alta Silésia e as comunicações entre a Prússia Oriental e o restante da Alemanha. Kühlmann e Hertling, por outro lado, opunham-se a incorporar grandes números de não alemães, e os austríacos rejeitavam a soberania sobre a Polônia nessas condições. De maneira mais básica, Kühlmann e Hertling esperavam não estranhar a nova Rússia permanentemente, mas transformá-la e à Áustria-Hungria em parceiros dependentes da Alemanha. Daí Kühlmann resistir aos planos do OHL de anexar as províncias costeiras da Lituânia e da Curlândia, a fim de proteger as minorias alemãs desses locais, garantir o acesso à produção de alimento e (como afirmou Hindenburg de maneira característica) controlá-las como terreno de manobra para seu flanco esquerdo na próxima guerra. Kühlmann mostrava-se disposto a devolver a costa báltica à Rússia se a Alemanha nada concedesse a leste. Ele conseguiu evitar um compromisso com relação à região e partiu para as negociações Brest-Litovsk sem instruções claras quanto à Polônia ou ao Báltico. Na verdade, ele disse ao Reichstag que aderiria à fórmula de resolução de paz de julho de 1917 de não anexações ou indenizações, embora esse palavreado ainda permitisse formas sutis de expansão.[63]

Devido à estratégia de negociação de Czernin e Kühlmann, essa imprecisão a princípio não teve importância. Os dois homens estabeleceram diretrizes para as quatro Potências Centrais. Czernin avaliou que, mesmo se o regime bolchevique fosse efêmero (como esperava a maioria dos observadores), um cessar-fogo desligaria Petrogrado dos Aliados e permitiria que os soldados russos voltassem para casa, assim impedindo qualquer retomada do combate. Ao repudiar as anexações e as indenizações, as Potências Centrais podiam atrair os bolcheviques para uma paz em separado, mas poderiam conservar os territórios que haviam ocupado (nenhum dos quais era etnicamente russo) por meio de manipuladas declarações de independência.[64] Kühlmann concordou com esse quadro. A posição da Alemanha já estava salvaguardada por um "Conselho de Regência" na Polônia, enquanto na Curlândia um corpo nominalmente representativo havia apelado para a "proteção" do Kaiser. Portanto, a autodeterminação podia ser manipulada para empurrar de volta as fronteiras da Rússia e criar um cinturão de estados fantoches ostensivamente independentes. Nessa base, Czernin e Kühlmann conseguiram marcar um trunfo propagandístico com sua "Declaração de Natal", em 25 de dezembro de 1917, oferecendo-se para negociar uma paz geral sem anexações e indenizações se os Aliados fizessem a mesma coisa. Eles garantiram aos nervosos turcos e búlgaros que, como os Aliados dificilmente aceitariam essa paz, as Potências Centrais não estariam arriscando nada. Realmente, os Aliados sequer responderam à declaração no limite de tempo, o que fez com que Kühlmann a declarasse sem valor.[65]

De qualquer modo, isso teve graves repercussões. Na Áustria-Hungria, alguns checos, eslovacos e eslavos do sul proclamaram uma "Declaração de Epifania" em 6 de janeiro, comprometendo-se, pela primeira vez, a romper todas as ligações com a Monarquia.[66] Na Alemanha, o OHL não havia sido consultado com antecedência, e Hindenburg e Ludendorff foram previsivelmente incensados. Hertling apoiou seu ministro das Relações Exteriores, insistindo que os políticos eram constitucionalmente responsáveis pelas negociações de paz, mas Hindenburg e Ludendorff insistiam em sua obrigação de consciência, na história e na nação alemã para a definição da paz. Por fim, Guilherme, pelo menos uma vez impondo seus direitos como árbitro, endossou uma declaração de Hertling de que a Declaração de Natal era um "movimento legítimo do jogo político", que as anexações a leste deviam ser minimizadas, e que a cooperação com a Áustria-Hungria era de importância capital.[67]

Quando as negociações de paz foram retomadas (com Trotsky agora à frente da delegação bolchevique), as Potências Centrais deixaram cair a máscara. Elas rejeitaram os pedidos de evacuação dos territórios ocupados antes que os plebiscitos fossem realizados, afirmando que os habitantes já tinham tido seus desejos satisfeitos. Estipularam que a fronteira da Rússia devia se estender de Brest-Litovsk até o Golfo de Riga – em outras palavras, privando-a da maior parte da Polônia, Lituânia e Letônia Ocidental. Além disso, ao sul dessa linha ficava a Ucrânia, cujas reservas de grãos eram cobiçadas pelos dois lados e que se tornou o teste crucial da autodeterminação. Em janeiro, representantes chegaram à conferência de paz vindos da Rada, ou parlamento, em Kiev, cujas forças agora estavam em guerra com o regime bolchevique rival na Carcóvia. A Rada havia votado pela independência da Ucrânia e por uma paz em separado com as Potências Centrais, o que privaria a Rússia de boa parte da base econômica para sua pretensão à condição de grande potência. Enquanto Trotsky tentava apressar as negociações, o OHL queria "clareza" a leste e estava perdendo a paciência – assim como Czernin, que precisava desesperadamente dos cereais da Ucrânia para enfrentar o que ele temia serem condições quase revolucionárias nas cidades da Áustria.[68] Entretanto, a crise enfraqueceu sua posição de barganha com a Alemanha, cujo poderio militar seria vital para defender a Ucrânia se os bolcheviques tentassem controlá-la. Ela também o enfraqueceu em relação à Rada, que exigia a cessão do distrito de Cholm na Polônia Russa, alegando que ali havia uma minoria ucraniana. A questão era crucial, visto que a habilidade dos Habsburgo de governar por consenso na metade austríaca da Monarquia dependia dos partidos políticos do Reichsrat. Mas ceder às exigências ucranianas poderia privar a Monarquia de sua base final de apoio, o que, efetivamente, aconteceu. No dia 9 de fevereiro as Potências Centrais assinaram o tratado de paz com a Ucrânia, que prometeu liberar mais de um milhão de toneladas métricas de grãos em 1º de agosto. A Áustria-Hungria prometeu garantir autonomia à sua minoria ruteniana (i.e. ucraniana), prometendo Cholm à Ucrânia. Imensas demonstrações seguiram-se nas cidades polonesas, e os auxiliares poloneses que serviam as forças Habsburgo se amotinaram. Os poloneses do Reichsrat passaram para a oposição e se declararam a favor da independência. Dispondo de pouca capacidade de repressão maciça (da qual Carlos abrira mão), agora restava pouca chance de manter a Áustria-Hungria unida.[69] O tratado ucraniano também trouxe à tona um confronto entre as Potências Centrais e os bolcheviques. Trotsky recusou-se a reconhecê-lo e, em 10 de fevereiro, abandonou a conferência, declarando uma condição de "sem guerra, sem paz". A Rússia não quis aceitar os termos de paz de anexação e começou a desmobilizar suas forças unilateralmente. A Alemanha e a Áustria-Hungria agora tinham que decidir se isso era o suficiente.

A essas alturas, estava ficando evidente que nenhuma revolução em Viena e Berlim salvaria os bolcheviques. Efetivamente, durante janeiro, as nacionalidades da Dupla Monarquia não só radicalizaram suas exigências, mas também irrompeu um protesto contra a guerra. No dia 15, o governo austríaco anunciou um corte severo nas rações de pão e farinha, provocando uma greve geral em favor da paz que teve início nas obras de Daimler, na Wiener Neustadt, e se espalhou pela maior parte da região de Viena, com a participação de cerca de 750 mil pessoas. Os grevistas queriam melhores rações e o fim da disciplina militar nas fábricas, bem como uma paz rápida em Brest-Litovsk, sem que as negociações fossem perturbadas por exigências excessivas. Os sociais-democratas apoiaram o movimento, mas também o canalizaram ao convocarem os grevistas a formar conselhos de trabalhadores e formular um programa de quatro pontos. Depois que as autoridades concordaram em participar do conselho de trabalhadores de Viena, o partido conclamou a volta ao trabalho, e a greve terminou depois de dez dias.[70] Ela se dissipou diante das concessões do governo e da intercessão socialista, embora tenha ajudado a forçar Czernin a conceder os desejos dos ucranianos. Não foi enfrentada particularmente pela repressão, que não ocorreu porque também as forças armadas estavam inquietas. Mais de 400 mil de volta dos campos de prisioneiros da Rússia foram reintegrados ao exército na primavera de 1918, mas (como quase tudo proveniente do cessar-fogo com a Rússia) eles não se revelaram exatamente uma bênção, contribuindo para uma onda de revoltas nos meses que se seguiram. No início de fevereiro, 4 mil marinheiros se amotinaram em Cattaro, protestando contra as rações inadequadas, a disciplina excessiva e os privilégios dos oficiais, mas também exigindo a autodeterminação nacional e uma paz sem anexações. Contudo, esse movimento logo entrou em colapso, e 40 amotinados foram levados à corte marcial (dos quais quatro foram executados), com os socialistas cooperando para manter secreto o incidente.[71] Mesmo que a Monarquia estivesse perdendo o controle de suas nacionalidades, ainda conseguia manter controlados seus trabalhadores e suas forças armadas.

O mesmo era válido para a Alemanha, embora aqui mais coerção tenha sido usada. O caldeirão alemão atingiu o ponto de fervura logo depois do austríaco, e em parte devido a seu exemplo. Em 28 de janeiro, uma segunda-feira, 200 mil trabalhadores entraram em greve em Berlim, e no fim da semana esse número havia atingido 500 mil na capital e muitos mais em outras partes. Esse era um movimento mais politizado que em Viena, e os grevistas não faziam reivindicações salariais. Ele foi preparado e conduzido nas fábricas pelo movimento dos delegados sindicais comandados por Richard Müller; os sindicatos socialistas opuseram-se a ele e permaneceram neutros. O USPD o apoiou depois de seu início, principalmente porque o partido suspeitava que exigências excessivas estivessem emperrando as negociações Brest-Litovsk. De maneira mais relutante, o SPD também procedeu assim, embora provavelmente mais em protesto contra a recente obstrução de uma lei de equalização no parlamento prussiano. Os dois partidos aderiram ao conselho de trabalhadores eleito pelos grevistas, que pedia uma paz geral sem anexações ou reparações, a democratização da lei de equalização prussiana, comida melhor, anistia para os prisioneiros políticos e o fim dos poderes especiais do exército. Este não era um programa socialista revolucionário, mas democrático e, em contraste com o de Viena, as autoridades recusaram-se a negociar, interrompendo as reuniões, suspendendo o jornal *Vorwärts* do SPD, prendendo líderes, colocando fábricas sob direção militar e alistando 50 mil grevistas para o exército. Os chefes militares viam o SPD como revolucionários e não reconheceram – ou não quiseram reconhecer – o papel do partido na moderação das inquietações.[72] Eles queriam que a greve fosse suspensa e deslocaram tropas para Berlim. Depois de uma semana, o movimento entrou em colapso, sem ter conseguido nada. Sua derrota silenciou o movimento da classe trabalhadora alemã até o outono (ao contrário do que se seguiu em Viena, onde houve outra greve em maio), e matou as esperanças de que os Aliados e os bolcheviques nele se situassem. A resistência das Potências Centrais não impediria nem o tratado de paz Brest-Litovsk nem a ofensiva de março de Ludendorff.[73]

As esperanças dos bolcheviques de atrair os Aliados deram poucos frutos. Os líderes ocidentais refutaram tanto o armistício quanto as negociações de paz. De qualquer modo, depois do Decreto de Paz, da publicação dos tratados secretos e da Declaração de Natal, eles não poderiam ficar indiferentes sem correr o risco de um desastre das relações públicas. O inverno sempre era a estação mais exigente para o moral dos civis, e agora mais do que nunca. Depois da campanha desanimadora de 1917, a Revolução Russa e a primeira falta séria de alimentos em Londres e Paris, a resposta de Clemenceau foi silenciar os defensores do compromisso, perseguir os derrotistas e esquivar-se de todas as discussões dos objetivos de guerra. Entretanto, o gabinete de Lloyd George decidiu que os objetivos de guerra britânicos precisavam de uma redefinição. Sua informação foi de que o apoio aos sindicatos estava se enfraquecendo e era crescente o descontentamento entre as tropas. A campanha oficial de propaganda do Comitê dos Objetivos de Guerra pouco avançava. Em 29 de novembro, Lorde Lansdowne, um líder unionista e antigo secretário do exterior, publicou uma carta no *Daily Telegraph*, convocando a Grã-Bretanha a se limitar ao mínimo de objetivos e a uma nova definição conjunta dos objetivos aliados. Lloyd George acreditava que a carta provocaria uma "profunda impressão".[74] O "Memorando sobre os Objetivos de Guerra" do Partido Trabalhista, aprovado por uma conferência especial em 28 de dezembro, apoiou os objetivos não anexionistas. Mas, além da necessidade de incentivar a opinião pública em favor de um luta que o gabinete agora esperava que se prolongasse até 1919,[75] era necessária uma iniciativa que dividisse o inimigo. Apesar da ação de Czernin com relação aos alemães, a Áustria-Hungria ainda parecia ser a melhor perspectiva, e uma reunião ocorreu na Suíça em dezembro entre Smuts (que havia se tornado membro do gabinete de guerra de Lloyd George) e o antigo embaixador austríaco em Londres, o Conde Mensdorff. As conversas levaram ao costumeiro impasse, com Mensdorff rechaçando uma paz em separado austro-húngara e oferecendo mediação entre os Aliados e a Alemanha, o que Smuts rejeitou. Contudo, Mensdorff pediu que os objetivos de guerra aliados fossem reformulados, e um representante da oposição turca fez ver a Smuts que essa reformulação poderia enfraquecer o governo otomano. Quando Lloyd George pronunciou seu discurso em Caxton Hall sobre os objetivos de guerra, em 5 de janeiro, o premiê, portanto, tinha em mente uma plateia estrangeira e nacional, embora obter o apoio dos sindicatos para seus novos planos referentes à mão de obra fosse sua preocupação imediata. Em particular, ele negou que o discurso fosse uma tomada de compromisso, mas tinha a aprovação do gabinete, e o havia discutido com os líderes dos liberais e dos trabalhistas, bem como com os domínios antes de pronunciá-lo. Seu discurso propunha que, fora da Europa, o Império Otomano se confinasse às regiões etnicamente turcas, e que as colônias alemãs fossem entregues a seus habitantes numa base aceitável – o que significaria que a Alemanha as perderia. Contudo, Lloyd George não fez nenhuma referência ao princípio da autodeterminação quando Hankey observou-lhe que "aquilo traria muitos problemas para o Império Britânico".[76] Na Europa, Lloyd George só garantiu apoio às pretensões territoriais da Itália e às da França com relação à Alsácia-Lorena. A Áustria-Hungria (desde que desse autonomia às nacionalidades que controlava) não seria desmembrada, mas a menos que a Rússia resistisse à "escravização", os aliados ocidentais deveriam abandoná-la à própria sorte. Assim, apesar de a Grã-Bretanha continuar comprometida a tirar a Bélgica da Alemanha, e os turcos da Mesopotâmia e da Palestina, seu apoio à Itália e à França era qualificado, parecendo disposta a abandonar a Rússia ao domínio alemão. Comparada com a declaração dos objetivos de guerra aliados de 10 de janeiro de 1917, a de Caxton Hall marcava uma retirada que abriria espaço para negociações com Viena e possibilitaria à Alemanha escapar grandemente incólume da perda de suas colônias – uma notável medida do pessimismo do gabinete.[77]

Caxton Hall foi logo eclipsada pela declaração, em 8 de janeiro, na qual Woodrow Wilson revelou seus 14 Pontos. Tratava-se muito mais de uma resposta direta aos acontecimentos na Rússia. Internamente, Wilson desejava reafirmar seu apelo a seus tradicionais apoiadores da esquerda progressista, mas suas plateias efetivamente visadas estavam no além-mar: os bolcheviques (para mantê-los na guerra), a oposição nas Potências Centrais e os socialistas e os progressistas na Grã-Bretanha, França e Itália. Além disso, ele estava notificando a seus aliados que retificassem seus objetivos de guerra.[78] O Decreto da Paz e a publicação dos tratados secretos colocaram-no numa posição invejável, dada a discrepância entre as revoluções sobre os objetivos de seus parceiros e os princípios estabelecidos em seus discursos. Inicialmente, ele tentou abordar o problema por meio de consulta, enviando o Coronel House a uma importante conferência internacional dos Aliados que aconteceu em Paris, de 29 de novembro a 3 de dezembro. Seguindo-se à fundação do SWC, a reunião teceu uma rede maior de agências interaliadas, principalmente o Conselho Aliado do Transporte Marítimo (AMTC, em sua sigla em inglês) para alocar navios de carga e o Conselho de Guerra Interaliado para Compras de Guerra e Finanças para coordenar as compras nos Estados Unidos. Mas as tentativas de coordenação diplomática obtiveram menos sucesso. House desejava que os Aliados refutassem as acusações de imperialismo negando que estavam lutando com vistas à agressão e à indenização. Wilson telegrafou para ele, dizendo que o povo americano não desejava lutar pelos "objetivos mesquinhos" de nenhum beligerante. O coronel achou a Grã-Bretanha "passivamente... disposta" a aprovar sua declaração, mas a França "indiferentemente contra ela", e a Itália "ativamente contra ela". Só se conseguiu acordar que os Aliados poderiam reconsiderar os objetivos de guerra quando a Rússia adquirisse um "governo estável". Portanto, as revelações comprometedoras dos bolcheviques permaneceram sem resposta, e diante desse fracasso em conseguir uma posição coletiva, Wilson agiu unilateralmente, não consultando nenhum de seus parceiros antes da divulgação de seus 14 Pontos. Ele tampouco consultou seu gabinete (embora se aconselhasse com Lansing), sendo House seu único confidente com influência.[79]

O discurso do presidente diferenciava-se consideravelmente daquele de Lloyd George, principalmente em seu apelo para que a Rússia fosse evacuada e deixada em paz para se desenvolver livremente. Os Pontos I-IV e XIV reafirmavam princípios gerais que Wilson já havia anunciado: a diplomacia aberta, a liberdade de navegação pelos mares na paz e na guerra, a remoção de barreiras econômicas, a redução dos armamentos "ao nível mais baixo consistente com a segurança interna" e a criação de uma Liga das Nações. A liberdades dos mares foi qualificada pela possibilidade de bloqueios acordados internacionalmente para implementar acordos internacionais, e o terceiro ponto não significava o livre comércio (sendo os Estados Unidos altamente protecionista), mas tarifas mais baixas e não discriminatórias. Mas o que tornava o discurso inovador era seu qualificado compromisso com os objetivos territoriais dos aliados. A Bélgica "devia" ser evacuada e restaurada (Ponto VII), e "deveria" haver uma Polônia independente com acesso seguro ao mar (Ponto XIII). Mas o Ponto IX desafiava o Tratado de Londres ao especificar que a fronteira da Itália devia seguir "linhas de nacionalidade claramente reconhecíveis", e o Ponto VIII silenciava sobre as ambições francesas quanto à Alsácia-Lorena ("o mal feito à França pela Prússia em 1871... devia ser reparado"). Como Lloyd George, contudo, Wilson não mencionava a autodeterminação nacional e mostrava-se cauteloso em aplicá-la. Assim, haveria um "ajuste imparcial em todas as reivindicações coloniais", mas apenas para as colônias da Alemanha, com os impérios dos Aliados permanecendo intactos. Os Pontos X e XII falavam de autonomia, mas não de independência, para os povos subjugados da Áustria-Hungria e do Império Otomano (assim desafiando os acordos de partilha com a Turquia). Em suma, os 14 Pontos deviam deixar as Potências Centrais grandemente intactas, obrigadas a "restaurar" os territórios invadidos, mas sem sofrer penalidades financeiras ou mesmo um desarmamento. Embora não denunciasse explicitamente os tratos secretos interaliados, Wilson foi estritamente limitado quanto ao seu apoio, e como a maioria dos pontos eram prefaciados por um "deveria", ele não estava prometendo que os Estados Unidos lutariam incondicionalmente. Ele ofereceu uma versão mais truncada e higienizada dos objetivos da coalizão.[80]

Os 14 Pontos mais tarde assumiram uma importância histórica como base sobre a qual a Alemanha aceitou um cessar-fogo, mas seu impacto imediato foi decepcionante. Lloyd George e Clemenceau deram-lhes uma acolhida contida, mas nenhum governo aliado revisou seus objetivos de guerra como consequência ou se sentiu impelido pelo programa americano, com os britânicos e os franceses continuando a defender os acordos turcos de partilha, e os italianos, o Tratado de Londres. A esquerda da Europa Ocidental saudou os 14 Pontos de maneira mais entusiasmada, mas as ofensivas alemãs e a Brest-Litovsk fizeram mais que Wilson para reintegrar os movimentos trabalhistas e socialistas em um consenso pró-guerra. Quanto aos bolcheviques, eles afixaram cartazes do discurso nas paredes de Petrogrado, mas isso não convenceu Lênin a continuar lutando. A oratória de Wilson parecia produzir maior efeito nas Potências Centrais, pois mesmo se a onda de greves de janeiro-fevereiro arrefecesse, os pontos tornaram a abrir uma fenda entre Berlim e Viena. Com relutância, Hertling aceitou os 14 Pontos em geral, mas não fez concessões a alguns deles especificamente, enquanto Czernin mostrou-se mais acessível e apelou para que Wilson iniciasse negociações gerais de paz. Num discurso que se seguiu, em 11 de fevereiro, Wilson condenou Hertling e elogiou Czernin enquanto anunciava, em seus "Quatro Princípios", um compromisso cuidadosamente qualificado para a autodeterminação: que as fixações territoriais seriam no interesse das populações envolvidas e "todas as aspirações nacionais bem definidas" deveriam ser satisfeitas o quanto possível, sem gerar conflitos internacionais. Essas prescrições abriram espaço para discussão, e durante fevereiro e março enviados de Carlos tornaram a se reunir com representantes britânicos, franceses e americanos. Porém, mais uma vez, Czernin insistiu que Viena não podia fazer nenhuma paz em separado. Finalmente, durante fevereiro Carlos e Wilson trocaram correspondência diretamente por meio do rei Alfonso XIII da Espanha, mas o diálogo não levou a nada. Wilson procurou saber que autonomia os austríacos ofereceriam a seus grupos nacionais; Viena ainda se recusava a acomodar as exigências da Itália à Áustria-Hungria ou as da França à Alemanha.[81] Na verdade, Czernin e Carlos provavelmente tinham decidido apostar no resultado da ofensiva alemã de primavera como a maior esperança de emergir intacta da guerra.[82] Como sempre, a paz só seria oferecida se a Dupla Monarquia rompesse com a Alemanha e atendesse às exigências dos Aliados. Mais uma vez ela se recusou, e esta foi sua derradeira oportunidade.

No fim de fevereiro, o tumulto provocado pela Revolução Bolchevique estava diminuindo, e uma nova paisagem política surgia. Os Aliados não seriam atraídos para as negociações Brest-Litovsk; Viena não romperia com Berlim; a revolução não se espalharia para as Potências Centrais; a Declaração de Natal era um subterfúgio. A Alemanha e a Áustria-Hungria planejavam usar um disfarce de autodeterminação nacional para criar uma cortina de estados fantoches a leste à custa da Rússia. O mote "sem guerra, sem paz" de Trotsky abriu o caminho para decisões cruciais dos dois lados: para os alemães, ditar um tratado, e para os bolcheviques, submeter-se a ele. A decisão alemã foi apresentada no Conselho Real de Bad Homburg, em 13 de fevereiro. Kühlmann declarou que nada se fizesse, simplesmente aceitando o *fait accompli* russo, citando argumentos que eram plausíveis, mas se revelaram equivocados: uma nova ofensiva solaparia a estabilidade política da Alemanha e criaria antagonismo com Viena. Mesmo que as tropas alemãs chegassem a Petrogrado e os bolcheviques assinassem um acordo, estes últimos poderiam ser derrubados, e o bloqueio do acesso russo ao Báltico inibiria qualquer posterior reconciliação russo-alemã.[83] Ludendorff achava que resolver as coisas a leste liberaria divisões muito necessárias na Frente Ocidental, e não fazer isso seria correr o risco de deixar a Finlândia e a Ucrânia para os bolcheviques, enquanto a Grã-Bretanha se instalava na costa báltica.[84] A vitória a leste era possível, e o regime de Lênin devia ser derrubado. Esta última consideração era feita por Guilherme, que estava furioso com a agitação revolucionária de Trotsky, favorecendo uma "ação policial" contra Petrogrado. Hertling estava preocupado com a reação dentro da Alemanha e da Áustria-Hungria, mas gradativamente mudou de opinião, com a ressalva de que os suprimentos de alimento ucraniano provavelmente fossem a consideração crucial. Kühlmann ficou isolado e desistiu. Como todos os participantes reconheciam, Bad Hamburg foi uma virada que confirmou que a paz seria imposta e um novo domínio alemão, definido pela força das armas. O objetivo dessa jogada não era – ou pelo menos ainda não era – derrubar Lênin e Trotsky, mas forçar os bolcheviques a assinarem a paz.[85] Mas os termos agora seriam mais rigorosos que os rejeitados por Trotsky, e em 18 de fevereiro as colunas alemãs avançaram.

Elas não encontraram nenhuma resistência, pois desde o armistício o velho exército czarista havia se dissolvido. Lênin sabia disso, tendo sido advertido pelos delegados das forças armadas de que elas não conseguiriam nem resistir aos alemães nem defender Petrogrado, e que ele deveria aceitar a paz a qualquer preço. Em suas "21 teses", em 20 de janeiro (N.S.), ele declarou que teria sido errado pôr em perigo a sobrevivência da revolução na Rússia com base na possibilidade de uma revolução na Alemanha, o que era inevitável, mas não iminente. Sem uma revolução na Alemanha, uma "guerra revolucionária" era uma política "romântica" que levaria à derrota da Rússia, à derrubada dos bolcheviques e a uma nova paz em piores termos. Essas inferências tinham o mérito do realismo, mas a maioria dos líderes do partido – e ainda mais a organização do partido no país – preferia resistir a aceitar os termos que Lênin reconhecia serem escandalosos. No Comitê Central do partido, em 8/21 de janeiro, 15 votaram por uma paz em separado, mas 32 preferiram uma guerra revolucionária, e 16 o meio-termo de Trotsky, "sem guerra, sem paz", que apostava na possibilidade de que os alemães não fizessem nada e que, se desse errado, pelo menos deixaria claro que não havia nenhuma cumplicidade entre os bolcheviques e as Potências Centrais. Assegurado por Trotsky de que, se os alemães aceitassem sua proposta, ele não apoiaria a guerra revolucionária, Lênin decidiu apoiar a posição "sem guerra, sem paz", calculando que isso significaria a perda de mais território báltico, mas valia a pena pagar o preço. Mesmo assim, ele não conseguiu obter a maioria para uma paz em separado até que os alemães avançaram, cobrindo 240 km em cinco dias. Quando parecia que as Potências Centrais não estavam mais dispostas a fazer a paz, os líderes bolcheviques estavam preparados *in extremis* para buscar a ajuda dos Aliados, e estes, apesar de toda sua repulsa ideológica, provavelmente a teriam dado; mas assim que os alemães comunicaram seus termos, os russos os aceitaram, não se importando com negociar em detalhes, preferindo engolir o remédio todo. A colaboração com os Aliados, em outras palavras, só teria sido concebível se as Potências Centrais tivessem recusado todo compromisso e se mostrado determinadas a derrubar o regime. Nesse caso, os objetivos da operação *Faustschlag*, ou "golpe de punho", de Ludendorff eram mais limitados e, em 3 de março, o tratado de paz Brest--Litovsk foi assinado.[86]

Contrariamente ao que a análise leninista poderia ter previsto, os termos econômicos do tratado foram moderados.[87] Os dois lados reafirmaram seu tratado comercial de 1904, e a Rússia prometeu ficar fora de qualquer boicote aliado pós-guerra à Alemanha. A Rússia não pagaria reparações, embora cada lado tivesse que reembolsar o outro pela manutenção de prisioneiros de guerra: um arranjo do qual os alemães sairiam como os grandes beneficiários. As cláusulas territoriais eram outro assunto. A Rússia abriu mão de mais de um terço de sua população (cerca de 55 milhões de pessoas, a maioria declaradamente não russa), boa parte de sua indústria pesada e produção de carvão, bem como de suas melhores terras aráveis. No Cáucaso, perdeu os distritos de Kars, Ardahan e Batum para a Turquia, e reconheceu o Rada, evacuando a Ucrânia. Também teve que evacuar a Finlândia e entregar a soberania oeste da linha Brest-Litovsk-Riga, deixando que a Alemanha e a Áustria-Hungria decidissem os destinos da Polônia e das províncias bálticas da Curlândia e da Lituânia "em acordo com suas populações". A leste dessa linha, as tropas alemãs ocupariam a Estônia e a Letônia (mais ao longo da costa) até que "adequadas instituições nacionais" fossem estabelecidas. Como Lênin havia previsto, o preço pago pela adesão ao "sem guerra, sem paz" foi a perda de duas outras províncias bálticas e permitir que o inimigo ficasse mais próximo de Petrogrado.[88]

Portanto, o Brest-Litovsk incorporou o conceito Kühlmann-Czernin de expansão da esfera de influência das Potências Centrais sob o disfarce de autodeterminação. Como o tratado não contivesse anexações ou indenizações, o Reichstag ratificou-o com facilidade, com apenas o USPD votando contra e o SPD dividido e se abstendo. Os outros partidos por trás da resolução de paz de 1917 julgaram o tratado compatível com ele, votando a favor. Daí o colapso da resistência da esquerda parlamentar alemã ter-se seguido ao colapso do movimento grevista um mês antes. Os líderes ocidentais, inclusive Wilson, ficaram desiludidos com a impossibilidade de poderem apelar para a oposição alemã. Contudo, a variável crucial que pôs fim à guerra no leste foi a mudança interna na Rússia. Dos três elementos (militar, diplomático e político) do impasse pós-1914, o último foi o primeiro a fracassar, dando às Potências Centrais a incontestada superioridade necessária para impor suas exigências. O regime bolchevique buscou uma paz geral imediata, mas, ao assinar o armistício, destruiu seu exército, privando-se de todo poder de barganha e sendo forçado a concluir um acordo em separado. Lênin não tinha a mínima intenção de se ater a ele por mais tempo que o necessário; mas nem o OHL nem o Brest-Litovsk haviam conseguido deter as operações militares a leste. Pelo contrário, a expansão alemã pelo antigo território czarista estava apenas começando, enquanto o tratado acelerava a marcha do conflito interno russo em direção ao terror em massa e à guerra civil.

Depois de sua derrota em Bad Homburg, Kühlmann ofereceu menos resistência ao OHL, e Ludendorff não se mostrava disposto a conter-se, embora a expansão estivesse privando desesperadamente seu exército ocidental dos homens necessários. Faltava ao OHL um grande plano geral, mas sua ampliação continuava via dois eixos principais, ao longo do Báltico e em direção ao Mar Negro.[89] O conselho de Bad Homburg concordou em ocupar a Estônia e a Livônia, com as assembleias das duas províncias logo declarando a independência da Rússia e apelando para a proteção alemã. O OHL queria proteger as minorias alemãs locais e via a região como um espaço para a colonização, bem como estrategicamente importante por conter a Rússia e a Polônia. A hegemonia alemã no Báltico ameaçava Petrogrado, que Lênin evacuou em março, levando a capital bolchevique para Moscou. O Bad Homburg também (por ordem do OHL e contra os desejos do ministro do Exterior) aprovou a intervenção na guerra civil que irrompera na Finlândia, em favor dos Brancos com os Vermelhos, apoiados pelos bolcheviques. Hindenburg e Ludendorff viam a Finlândia como fonte de níquel; Guilherme esperava colocar um de seus filhos no trono finlandês. Quando 70 mil tropas alemãs foram enviadas, os Vermelhos foram rapidamente derrotados. Um tratado de amizade obrigou a Finlândia a não fazer nenhuma aliança sem consentimento alemão ou aumentar tarifas referentes às importações alemãs, a aceitar conselheiros alemães e oferecer bases militares e navais. Enquanto isso, o avanço alemão complementar para sudeste começava na Ucrânia, onde as tropas bolcheviques ameaçavam a Rada. Com os austríacos controlados, os alemães apressaram-se em devolver a Rada a Kiev e encontrar comida; em busca de carvão para tocar as ferrovias ucranianas, então ocuparam a bacia do Donets a leste do país e tomaram os portos do Mar Negro.

Quando a Rada os desafiou porque as ordens alemãs contradiziam seu plano de distribuição de terras, eles simplesmente o substituíram pelo general Pavel Skoropadsky. Sob seu comando autoritário, eles obtiveram mais cavalos e comida, mas nunca suficiente para alimentar o meio milhão de tropas empregadas na ocupação, que enfrentavam crescente sabotagem e resistência por parte dos camponeses. Contudo, nem a Ucrânia era o limite. Perseguindo a frota russa no Mar Negro, os alemães entraram na Crimeia, que havia declarado sua independência e que Ludendorff (antecipando Hitler) viu como terreno para a colonização alemã. Em maio, acordos com o recém-independente Estado da Geórgia deu à Alemanha o direito de usar e ocupar seus portos e ferrovias, bem como explorar seu manganês. O eclipse da Rússia deu às Potências Centrais a oportunidade de criar um vasto arco de domínios satélites, estendendo-se por centenas de quilômetros para além do limite Brest-Litovsk.[90] O elemento final da "clarificação" das Potências Centrais da situação no leste foi seu tratado de paz com a Romênia. Depois de perder Bucareste e o sul do país, o governo romeno havia se mudado para Jassy (Iasi), ao norte. Com a Revolução Bolchevique e o isolamento da Rússia com relação aos outros Aliados, e quando as Potências Centrais avançaram para a Ucrânia, ela foi ameaçada de um cerco. Além disso, Bratianu, que continuou como premiê depois de 1916, lembrava a guerra de 1877, em que a Romênia, sob a liderança de seu pai, se juntara aos russos contra a Turquia, mas, depois da paz, teve que ceder a Bessarábia para o czar. Depois da Revolução Bolchevique, ele tirou vantagem de um levante dos nacionalistas romenos numa tentativa de reocupar a província. Além disso, ele temia (e com razão) que os Aliados renegassem as promessas feitas a ele no tratado de 1916, que agora era um obstáculo a sua negociação com Viena. Os discursos de Caxton Hall e dos 14 Pontos, prometendo, no máximo, a autonomia para os povos subjugados pelos Habsburgo, pareciam contradizer os antigos compromissos dos Aliados e confirmavam a disposição de Bratianu de buscar uma paz em separado. Depois de assinar um armistício em dezembro de 1917, ele renunciou em fevereiro, e uma coalizão de todos os partidos, sob o comando do general Averuscu, deu início às conversações.

As Potências Centrais acabaram por permitir que a Romênia conservasse a Bessarábia e cedesse relativamente pouco território em outras partes, em grande parte devido aos desacordos entre elas. Os alemães e austríacos queriam restaurar sua aliança pré-1913 com a Romênia, num equilíbrio com a Bulgária, em quem não confiavam. Daí os apelos húngaros por uma faixa dos Cárpatos acabarem ignorados. Os búlgaros receberam a parte sul da província de Dobruja, que lhes havia sido prometida em 1915, mas eles queriam também a parte norte, a que os turcos se opunham, a menos que os búlgaros devolvessem a terra que a Turquia lhes havia dado como condição para sua entrada na guerra. No fim, a parte norte de Dobruja foi colocada sob um condomínio de quatro potências – um arranjo instável que enfatizava como a vitória estava exacerbando as divisões entre as Potências Centrais. Mas se a Romênia não saiu lesada em termos de território, em termos econômicos, o Tratado de Bucareste, de maio de 1918, foi severo. As Potências Centrais arrogaram-se o direito de comprar compulsoriamente as colheitas romenas, bem como fixar suas tarifas e controlar seu banco central e as reservas de moeda estrangeira. As companhias sob controle alemão monopolizariam a extração e a comercialização de seu petróleo. A Romênia foi o exemplo mais gritante da ação do imperialismo indireto das Potências Centrais, um imperialismo derivado das preocupações estratégicas do OHL, embora também defendendo os interesses dos bancos alemães, que havia investido pesadamente no país. Como o de Brest-Litovsk, o tratado de Bucareste era um documento provisório, mas os dois juntos demonstram qual seria o futuro da Europa Oriental se as Potências Centrais tivessem vencido.[91]

* * *

Agora chegamos a uma das decisões mais significativas da guerra. A ofensiva total de Hindenburg e Ludendorff a oeste na primavera de 1918 deu início ao fim do jogo. Seu fracasso destruiu o exército alemão e tornou possível a vitória dos Aliados que, de outro modo, teria sido adiada por pelo menos mais um ano e poderia não ter acontecido de forma alguma. Contudo, da perspectiva de Berlim, a alternativa de um compromisso permanecia fechada. Os fracassos dos enviados de Kühlmann, em 1917, para sondar as possibilidades de um acordo sugeriam que nem a Grã-Bretanha nem a França se mostravam dispostas a negociar em separado ou abrir mão da Bélgica e da Alsácia-Lorena; Wilson tampouco estaria preparado para as conversações até que a Alemanha tivesse sido democratizada ou, pelo menos, tivesse sofrido uma derrota decisiva. A Alemanha podia ter tentado desbloquear a via diplomática oferecendo concessões unilaterais. Em particular, abrir mão da Bélgica teria oferecido aos britânicos muito mais do que eles desejavam e os forçado a continuar lutando pela Rússia e pela Alsácia-Lorena. Contudo, provavelmente nessas circunstâncias, eles ainda teriam que permanecer com seus parceiros, e essa política de renúncias (similar à de Mikhail Gorbachev no final da Guerra Fria) poderia ter desencadeado um processo incontrolável ao desmoralizar o exército alemão, seu front nacional e seus parceiros – como efetivamente aconteceria no outono de 1918. Mas, de qualquer modo, Hindenburg e Ludendorff acreditavam que uma paz sem ganhos tangíveis minaria a monarquia Hohenzollern internamente e a deixaria vulnerável externamente. Assim, durante as negociações do Brest-Litovsk, Ludendorff disse a Czernin: "Se a Alemanha fizer a paz sem proveito, então a Alemanha terá perdido a guerra!",[92] enquanto Hindenburg advertia Guilherme de que qualquer paz daria à Alemanha fronteiras tão formidáveis que seus inimigos não iniciariam outro conflito durante anos.[93] De maneira similar, a oeste, a Bélgica permanecia indispensável para o conceito de segurança do OHL. Georg Wetzell (chefe das operações do OHL) queria que ela permanecesse como uma base permanente de deslocamento, a partir da qual o exército alemão poderia bloquear Calais, assim impedindo que os aliados ocidentais atacassem a Alemanha, e fossem derrotados se o ataque falhasse.[94] Em 11 de dezembro de 1917, Hindenburg escreveu a Hertling que, como os pesquisadores de Kühlmann na Grã-Bretanha haviam falhado, e a situação militar da Alemanha tinha melhorado, ela deveria renovar sua reivindicação de um *leasing* de 99 anos sobre a costa belga e tomar a área de Liège, mantendo a Bélgica sob controle militar até ela estar pronta para uma aliança com a Alemanha.[95] Agora a negociação estava fora da agenda.

Assim, havia a opção de permanecer na defensiva.[96] A aposta nos U-Boats havia provocado a entrada dos americanos na guerra, embora não conseguisse vencer os britânicos. O OHL dedicava atenção especial à construção dos U-Boats, mas durante 1917 e 1918 a construção entrou em dificuldades, apesar de receber prioridade em termos de mão de obra e matérias-primas, e a frota de submarinos não pôde ser ampliada. Ludendorff e o coronel Bauer, chefe do setor econômico do OHL, duvidavam que os submarinos produziriam resultados decisivos em 1918 ou impedissem que as tropas americanas fossem embarcadas massivamente no verão; na verdade, eles podem ter superestimado em que proporções os americanos chegariam.[97] Depois que as forças americanas já estavam em linha, a perspectiva seria, quando muito, uma prolongada ofensiva que levasse, como afirmou Hindenburg, a "um gradativo estado de exaustão". Provavelmente com razão, ele e Ludendorff acreditavam que seus soldados temiam batalhas defensivas mais longas como a Terceira de Ypres. As reservas de homens estavam se exaurindo, e mesmo depois das vitórias na Rússia e na Itália, os aliados da Alemanha contavam com um contingente menor que o dos inimigos. Se toda esperança de vitória estava perdida, não fazia sentido continuar o conflito. Por outro lado, eles raciocinaram que, mesmo uma ofensiva fracassada incentivaria o exército a tentar novamente na próxima guerra,[98] e Ludendorff mais tarde contou ao Reichstag que estava disposto a perder um milhão de homens nesse esforço.[99] Embora o OHL provavelmente tivesse buscado um avanço a oeste, mesmo se a Rússia tivesse permanecido na guerra, a Revolução Bolchevique fez as perspectivas parecerem inesperadamente brilhantes. Agora a Alemanha podia se vangloriar de uma temporária superioridade de tropas, além de suas táticas superiores e equipamentos satisfatórios. Ela havia fortalecido suas forças orientais para lidar com a ofensiva de Kerensky, elevando-as para o nível mais alto da guerra. Mas a partir de 1º de novembro de 1917 a 21 de março de 1918, de acordo com a história oficial alemã, as divisões da Frente Oriental caíram de 85 para 47, enquanto as do Oeste subiram de 147 para 191. Oito divisões alemãs na Itália também foram transferidas para oeste, e contingentes menores da Macedônia, enquanto uma pequena força austro-húngara chegava à França pela primeira vez.[100] As unidades orientais de alta qualidade foram transportadas, incluindo divisões de guardas, e as que ficaram perderam seus homens com idade inferior a 35 anos, enfraquecendo-se bastante e também sacrificando muitos de seus cavalos. A classe de 1899 também estava disponível para o exército ocidental, tendo chegado às linhas de combate no início de 1918. Como em 21 de março, o exército ocidental contava com 136.618 oficiais, 3.438.288 homens e 710.827 cavalos; o exército oriental tinha 40.095, 1.004.955 e 281.770,[101] respectivamente. Embora medíocre, o segundo permaneceu numericamente maior, mas caiu para menos de 0,59 milhão em julho.[102] Apesar da pressão de Hindenburg e Ludendorff para resolver a situação russa, na verdade, a maioria do movimento em direção oeste precedeu o tratado de Brest-Litovsk, enfraquecendo-se depois disso. Por outro lado, os compromissos políticos da Alemanha a leste se expandiram. O OHL diminuiu sua presença de tropas ali, mas não o suficiente.

Como em 21 de março, 30 das 81 divisões alemãs na Frente Ocidental ao sul do rio Oise haviam sido deslocadas para outros palcos da luta, bem como oito das 33 em Flandres.[103] A transferência do leste igualou-se a mais da metade do tamanho da BEF naquela data. Ao aumentar as divisões alemãs da Frente Ocidental para 191, contra 178 dos Aliados,[104] a Alemanha ficou com superioridade numérica pela primeira vez desde 1914. É verdade que apenas uma de cada seis divisões que tomaram parte do ataque de 21 de março havia sido removida de outras frentes,[105] mas com setores mais tranquilos, as forças orientais liberaram as melhores tropas para as batalhas de primavera, como, mais tarde, os americanos liberaram divisões britânicas e francesas. Os números ilustram, contudo, como as esperanças de avanço do OHL dependiam da superioridade qualitativa de seus exércitos da Frente Ocidental existentes, e não do reforço quantitativo. A maioria das melhores divisões alemãs havia sempre permanecido a oeste, e na primavera de 1918 muitas haviam permanecido em setores tranquilos por mais de um ano. Assim, 68 divisões alemãs da Frente Ocidental desconheceram os rigores da Terceira Batalha do Ypres, contra apenas nove britânicas.[106] O OHL contava com tropas frescas, porém experientes, treinadas segundo as novas táticas e capazes do avanço que frustraria seus inimigos.[107] A escolha dos comandantes por Ludendorff mostrou a importância dos sucessos de 1917. Dos três exércitos que atacaram em 21 de março (do norte para o sul, o 17º, o Segundo e o 18º), o 17º era comandado por Below, o vencedor de Caporetto, e o 18º por Hutier, o vencedor em Riga, com os dois homens conservando seus chefes do Estado-Maior anteriores. O Segundo ficou sob o comando de Marwitz, comandante em Cambrai, cujo novo chefe do Estado-Maior estivera em ação na Galícia. Bruchmüller ficou encarregado da artilharia do 18º Exército, e Behrendt (do Caporetto) da artilharia do 17º, mas nenhum deles tinha autoridade total, o que se comprovou desastroso. O OHL tentou destilar as lições de Caporetto, Cambrai e Riga em seu manual, *O ataque em combate*, publicado em janeiro de 1918 e distribuído dos oficiais aos comandantes de batalhão. Ele propunha "corroer" as defesas aliadas e recuperar o poder de manobra, mantendo o inimigo desequilibrado, pressionando o ataque continuamente e reforçando o sucesso. A artilharia deveria atacar de surpresa, para neutralizar e impedir os ataques, além de lançar uma barreira rastejante, mas a infantaria deveria definir a velocidade do avanço, com as unidades principais forçando o avanço sempre, independentemente das baixas (enquanto a prática britânica e francesa havia sido liberá-las durante a ação). O *Gruppe*, ou seção, de cerca de nove homens portando rifles e metralhadoras leves sob um NCO devia ser a pequena unidade básica, grupos mais especializados com lança-chamas e armas mais pesadas seguindo-se aos grupos avançados.[108] De acordo com o recém-revisado *Manual de treinamento para a infantaria de guerra*, todos os soldados agora deveriam estar acostumados com os métodos de assalto. Entretanto, embora Ludendorff tivesse um grande interesse pessoal no treinamento e nas táticas, tencionando usar os novos métodos numa escala sem precedente, ele reconhecia que os homens mais velhos não podiam ser transformados em tropas de assalto. Ele selecionou cerca de um quarto de sua infantaria como "divisões de ataque", formadas por soldados de 25 a 35 anos, que tinham prioridade de alimento, novos equipamentos e instrução. Os restantes eram designados "divisões posicionais", que incluíam um certo número de unidade de primeira classe, mas cuja qualidade geral era mais pobre. Cerca de 55 divisões foram tiradas das linhas rotativamente para três semanas de intenso treinamento, a princípio com exercícios tradicionais (para restaurar a disciplina) e de pontaria, mas passando progressivamente para marcha rápida de longa distância, luta em movimento e ataques a modelos de trincheiras inimigas sob fogo intenso, enquanto a artilharia (amiúde em conjunção) era treinada em fogo direto e movimentos rápidos de seus canhões.[109]

Acompanhando as novas táticas, vinha o novo equipamento. O exército não tinha falta de coisas básicas, como rifles e munições. Decisivas para as divisões de assalto eram metralhadoras leves do tipo MG08/15 (com relação às quais as metas não tinham sido atingidas) e as pesadas do tipo MG08. Morteiros leves (*Minenwerfer*) tinham que ser carregados durante o avanço para serem usados contra uma resistência determinada, e cada divisão devia incluir uma companhia de morteiros com armas médias.[110] O "Amerika Programma" para a produção de aeronaves havia atrasado, mas agora já estava aumentando o poder de luta. O número total de aeronaves havia mais que dobrado de 1.200 em 1917 para 2.600, das quais cerca de 2 mil estavam disponíveis para o serviço ativo a oeste, com modelos inteiramente de metal e uma só asa substituindo os anteriores modelos de madeira, e os pilotos eram treinados para ataques no solo e também para reconhecimento.[111] Entretanto, embora o exército estivesse bem equipado para romper as posições aliadas, para a guerra móvel estava numa posição apenas um pouco melhor que a de 1914. Os alemães tinham 23 mil caminhões, mas com os mesmos pneus de aço que sulcaram as estradas no Caporetto: os Aliados tinham 100 mil veículos com pneus de borracha.[112] O exército alemão tampouco possuía tanques (embora mesmo os mais rápidos e leves de 1918 estivessem longe das armas de 1940), além de alguns capturados dos Aliados e de seu próprio protótipo, o monstruosamente lento e sem capacidade de manobra A7V. Em suas memórias, Ludendorff foi implacável com relação aos tanques, expressando seu ceticismo quando à sua eficiência e argumentando que produzir mais deles teria significado o sacrifício de outras coisas.[113] Contudo, eles poderiam ter facilitado as operações de ataque com menos baixas, e a falta de homens logo se tornaria a maior preocupação alemã.

O OHL acreditava em seus homens – Hindenburg atribuía à *Vertrauen*, ou confiança, seu maior motivo de crença na vitória[114] – mas, ao contrário de Riga ou Caporetto, eles enfrentariam um inimigo de primeira classe e não gozariam de uma surpreendente vantagem em termos de números ou de equipamentos. Ludendorff considerava que só poderia montar um ataque por vez,[115] e não esperava terminar sua tarefa na primeira tentativa, esperando, em vez disso, uma sucessão de golpes menores. Ele disse a Guilherme que este seria o problema mais colossal já enfrentado por qualquer exército: a ofensiva começaria num ponto, continuaria por outros e duraria um longo tempo.[116] Não obstante, desde pelo menos abril de 1917, ele e Hindenburg haviam previsto uma grande ofensiva a oeste: a primeira (com a discutível exceção de Verdun) desde o Marne.[117] Eles e seus conselheiros descreviam repetidamente essa operação como "última cartada": se ela fracassasse, afirmava Ludendorff, "a Alemanha deve afundar".[118] Em outubro, Wetzell insistiu que Ludendorff desfechasse um ataque no início da primavera para buscar uma decisão a oeste antes da chegada dos americanos, embora, a essas alturas, ele ainda esperava que a Rússia continuasse como beligerante.[119] Ludendorff já tinha isso em mente desde antes da conferência de Mons de 11 de novembro de 1917, ironicamente realizada exatamente um ano antes do fim da guerra. Em Mons, ele e Wetzell conferiram com os comandantes dos dois exércitos do norte na Frente Ocidental, o príncipe-herdeiro Rupprecht da Baviária e o príncipe-herdeiro Guilherme da Prússia, além de seus chefes do Estado-Maior, Kuhl e Schulenburg. Ludendorff disse aos comandantes (que permaneceram céticos) que só a ofensiva podia ser decisiva, que as tropas queriam voltar ao ataque, e que a Áustria-Hungria e Turquia estavam próximas de seu limite. A reunião não chegou a uma concordância quanto aos golpes que deveriam ser desferidos, com Kuhl desejando atacar os britânicos em Flandres, enquanto Schulenburg preferiu um novo ataque a Verdun. Wetzell compartilhava desta última opinião, considerando o exército francês o maior e mais perigoso antagonista, embora também fosse o que tinha uma defesa mais débil de seu front.[120] Ludendorff resumiu a situação apoiando o princípio de uma ofensiva o mais cedo possível, para dar o máximo de tempo antes da chegada dos americanos. Sua preferência era atacar os britânicos, embora não em Flandres, mas perto de St-Quentin, que foi o que realmente aconteceu. Ele acreditava que não fosse suficientemente forte para derrotar os franceses, especialmente porque eles tinham espaço para a retirada, enquanto a BEF era menor e menos hábil (o que não quer dizer que deveria ser subestimada). Ele ordenou estudos para uma série de ataques, em Hazebrouck, Ypres, Arras, St-Quentin, Verdun e os Vosges, mas em janeiro o OHL decidiu-se pela operação St-Quentin (com nome de código "Michael"), que no dia 10 de março Hindenburg ordenou para o dia 21.[121]

Embora Hertling e Guilherme II aprovassem o ataque, só foram consultados num estágio bastante tardio e não parecem ter influenciado a estratégia, da qual o objetivo político era notoriamente vago, com Ludendorff afirmando que o objetivo era forçar Lloyd George e Clemenceau a negociarem antes que os americanos chegassem com toda força.[122] Os objetivos operacionais de St-Quentin tampouco eram particularmente aparentes. Ludendorff estava preocupado com a dificuldade do assalto inicial e, portanto, selecionou a localização em grande parte em termos táticos. Flandres estava mais próxima do mar e dos portos da Mancha, mas seu terreno provavelmente não chegaria a secar adequadamente antes de abril, e ele desejava começar mais cedo. Em torno de Arras, as defesas britânicas eram formidáveis. Assim, ele optou pela seção sul, menos densamente guarnecida, da linha britânica entre Cambrai, St-Quentin e La Fère, onde o terreno era relativamente seco e plano. Um ataque ali não levaria a objetivos importantes de imediato, mas o capacitaria a pinçar, em Flesquières, o que restara da batalha de Cambrai antes de um avanço no sentido norte-oeste, que separaria o exército francês do britânico e empurraria este último para o mar. Até certo ponto, esta ideia refletia a que esteve por trás da batalha do Somme. Seu perigo, dada a limitada superioridade numérica de Ludendorff e a falta de mobilidade de suas forças, era que, como Haig em 1916, ele desse um golpe no vazio, e então seria detido de posse de um terreno sem significado estratégico.[123]

Não obstante, Ludendorff foi favorecido – provavelmente mais do que se deu conta – pelas deficiências de seus oponentes. Os americanos eram em menor número que o esperado, os franceses e os britânicos estavam mal coordenados e (provavelmente o que era mais importante) as medidas de defesa da BEF eram falhas. Entre novembro de 1917 e março de 1918, o número de tropas americanas na França subiu de 78 mil para 220 mil, embora apenas 139 mil fossem combatentes, e desse potencial de aproximadamente seis divisões, uma, no máximo, estava pronta para a ação.[124] O motivo disso incluía o intervalo necessário para convocar e treinar as novas divisões, bem como a falta de navios para o embarque – embora os Aliados pudessem ter devotado mais tonelagem ao transporte de tropas, o que foi feito depois de maio. Além disso, Pershing, o comandante americano, apoiado por Wilson, ainda insistia que suas forças fossem transformadas em um exército independente, e opôs-se até ao amálgama temporário entre os franceses e os britânicos, pois poderia se transformar em algo permanente.¹²⁵ Quando, em dezembro de 1917, Clemenceau se queixou de que a AEF era imprópria para a batalha e Pétain propôs que os regimentos americanos deveriam ser incorporados às divisões francesas para um treinamento de dois meses antes de entrarem em combate, Pershing ainda resistiu, não apenas porque ceder aos franceses abriria um precedente para os britânicos, mas também por temer que eles treinassem seus homens nas técnicas da "guerra de trincheira" quando ele desejava que eles também fossem treinados na "guerra aberta". Eventualmente, concordou-se que os regimentos da AEF passariam um mês com as divisões francesas, até que houvesse suficientes instrutores próprios, mas os americanos manteriam sua independência operacional.¹²⁶ Até maio, os ataques de Ludendorff caíram quase inteiramente sobre os britânicos e os franceses.

O inverno de 1917-1918, as tentativas dos Aliados de chegar a um acordo sobre uma postura estratégica comum foram grandemente abortivas, e seu fracasso contribuiu para uma crise de comando quando a Alemanha atacou. O Supremo Conselho de Guerra, estabelecido depois do Caporetto, assumiu a forma de reuniões mensais dos chefes de governo britânico, francês e italiano, enquanto um comitê dos representantes militares permanentes (PMR, na sigla inglesa) em Versalhes agia como um secretariado, reunia informações e definia planos para discussão. O PMR tinha funções consultivas, mas nenhuma executiva, e as rivalidades políticas complicaram seu funcionamento. Orlando nomeou Cadorna para liberá-lo de sua função de comando; Woodrow Wilson relutava em se comprometer politicamente, e embora tivesse nomeado o general Tasker H. Bliss como seu representante militar, concordou apenas que um diplomata americano agisse como observador nas reuniões dos chefes de governo.¹²⁷ Mas a ideia de que o SWC tinha se originado com os britânicos, e especificamente Sir Henry Wilson, que se tornou o primeiro representante militar britânico, Lloyd George saudou a oportunidade de uma fonte de aconselhamento mais adequada que Robertson. Desde o início, suas decisões foram contenciosas e difíceis de implementar. Quando os chefes de governo pediram ao PMR que examinasse as operações em 1918, este recomendou ficar na defensiva na França e na Itália e atacar na Palestina e na Mesopotâmia, desde que nenhuma tropa fosse desviada da Frente Ocidental. Refletindo o pensamento de Henry Wilson e o de Lloyd George, esta recomendação era um anátema tanto para os franceses quanto para Haig e Robertson. Contudo, Clemenceau relutantemente concordou com as ofensivas no Oriente Médio, desde que a Grã-Bretanha mantivesse seus esforços a oeste.¹²⁸ Esse debate tinha relevância para os objetivos de guerra dos Aliados (o discurso do Caxton Hall também enfatizava o compromisso da Grã-Bretanha com seus objetivos no

Oriente Médio e seu desligamento da Europa) e também para duas outras questões discutidas pelo swc. A primeira era a extensão do setor britânico. A BEF, em maio de 1917, dominava 158 km, com 65 divisões, e os franceses, 580 com 109 divisões.[129] Embora boa parte do front francês provavelmente não seria atacada, em Paris a disparidade parecia excessiva. Os franceses queriam dispensar os convocados mais antigos, e Clemenceau esperava que ampliar a linha perturbasse as atividades do Lloyd George no Oriente Médio, onde a França também tinha interesses, mas faltava-lhe poderio para buscá-los.[130] Lloyd George, na verdade, saudou a ampliação como um teste para outras ofensivas de Haig e endossou o princípio. Um acordo entre Haig e Pétain, portanto, prolongou a linha britânica em 40 km para o sul até Barisis (ao sul do Oise) em janeiro de 1918, mas quando o swc pediu maior extensão, os britânicos recusaram.

Contudo, a proposta mais controversa de todas foi a de uma reserva geral interaliada. No dia 2 de fevereiro, os governos aprovaram um plano para o PMR sob a presidência de Foch ter a autoridade sobre um grupo de 30 divisões como reserva para a Frente Ocidental, o Italiano e o Macedônio. Henry Wilson era a favor da ideia, mas Haig e Pétain opuseram-se a ela, por verem, com razão, que ela estava ligada a um esquema temerário de Foch para contraofensivas contra os alemães, e também porque desejavam eles mesmos controlar suas reservas. Clemenceau, aparentemente relutante em tratar com rudeza os dois comandantes, voltou atrás, mas o que matou o plano foi a luta interna civil-militar na Grã-Bretanha. O lúgubre resultado da Terceira Batalha de Ypres e de Cabrai havia abalado o prestígio do CHQ, reduzindo seu apoio por parte dos unionistas e da imprensa.[131] Na verdade, agora o jornal *The Times* era abertamente crítico. Além disso, Haig e Robertson tinham entrado em atrito, com Haig achando que Robertson não era suficientemente "ocidental". A posição de Haig ficou crítica quando, em fevereiro de 1918, o jornal *Morning Post*, declaradamente conservador, desafiou a censura ao publicar um artigo denunciando o plano de reserva geral e condenando a "incapacidade de Lloyd George de governar a Inglaterra numa grande guerra".[132] O incidente incrementou a tensão civil-militar, e Robertson foi rebaixado de posto. Wilson substituiu-o, porém com poderes muito mais restritos. Na verdade, Wilson parecia-se com Robertson em seu desejo de concentrar forças na Frente Ocidental, embora também fosse simpático às considerações imperiais, mas ele tinha melhores relações com Lloyd George e relações razoáveis com Haig. O preço deste último pelo apoio a Robertson foi a destruição da reserva geral. Ele advertiu Lloyd George de que renunciaria se tivesse que destinar tropas para ela e, ao proceder assim, fez que Pétain seguisse seu exemplo. No início de março, o swc abandonou o esquema (sob violentos protestos de Foch, mas com a aquiescência de Clemenceau) e aprovou um acordo bilateral entre Haig e Pétain. Se o Quinto Exército de Haig, no extremo sul, fosse atacado, os franceses assumiriam parte de sua linha ou o reforçaria com seis divisões, com Haig, reciprocamente, prestando-se a fornecer ajuda se os franceses fossem o alvo.[133] É questionável se o esquema da reserva geral significava uma grande perda, e na primeira fase do ataque alemão, os arranjos bilaterais funcionaram rápida e efetivamente. De qualquer modo, Haig viveu para lamentá-los.

A mais grave fraqueza dos Aliados não foi o colapso da reserva geral, mas a inadequação dos preparativos das autoridades britânicas. Depois que Haig e o GHQ tentaram atribuí-la a fatores externos a seu controle, principalmente a extensão da linha britânica e o fato de o governo tê-la privado de tropas.[134] Havia uma certa justiça em sua atitude: em janeiro, o setor britânico ampliou-se em cerca de um quarto, os franceses parecem ter entregado a linha em condições medíocres, e a BEF não recebeu nenhum aumento compensatório em seu poder de luta, que era mais baixo que um ano antes. As estatísticas se transformaram num futebol político, mas – de acordo com informações do Escritório de Guerra –, apesar de a força total da Força Expedicionária ter aumento, do início de 1917 e o início de 1918, o número de tropas combatentes caiu de 1,07 milhão para 0,969 milhão, ou cerca de 4%.[135] Entre janeiro e novembro de 1917, a BEF havia sofrido cerca de 790 mil baixas, e em outubro o novo Diretor do Serviço Nacional, Auckland Geddes, afirmou que a economia doméstica não podia mais perder homens. Dois debates se seguiram. Um deles indagava se a Grã-Bretanha devia adotar uma guerra tecnológica mais intensa, usando tanques e outros equipamentos para poupar soldados e salvar vidas. Churchill, agora ministro das Munições, advogava novas "táticas": Haig e o GHO eram mais conservadores e reservados quanto à confiabilidade mecânica dos tanques e sua capacidade de substituir a infantaria como meio de conquistar terreno. Em parte, a diferença era apenas de nuance, com operações de objetivo mais ofensivo que defensivo. A defesa de Churchill ganhou o crescente apoio do Escritório de Guerra, mas o GHQ permanecia incrédulo e efetivamente tentou (embora sem sucesso), na primavera de 1918, reduzir o embarque de tanques para a França.[136] A BEF não teve nenhum grande aumento na entrega de armas, mas, de qualquer modo, faltava-lhe pessoal para usar o equipamento, como resultado do segundo debate. No dia 26 de novembro, o gabinete de guerra concordou que a Grã-Bretanha deveria ser capaz de continuar lutando, se necessário, até 1919. Foi criado um comitê para controlar a disponibilidade de homens, o que endossava a ênfase de Lloyd George no "poder de resistência" até a chegada dos americanos. A primeira prioridade em termos de homens devia ser a marinha, seguida pela indústria naval, a força aérea e a produção de aeronaves, seguidas pela agricultura, a produção de madeira e a construção de armazenamento de alimentos, com o exército na base da lista. Os militares queriam 600 mil homens da categoria "A" (mais aptos e mais fortes) extraídos da vida civil em novembro de 1918; o comitê para a disponibilidade de homens decidiu alocar apenas 100 mil.[137] Além dos civis capacitados, cerca de 175 mil soldados treinados foram mantidos no país a partir de janeiro de 1918, em parte como precaução contra uma tentativa de invasão e agitação interna.[138] Mas até a ofensiva alemã, o gabinete suspeitou que, se enviasse os homens, Haig os desperdiçaria em assaltos inúteis, privando a Grã-Bretanha da chance de contribuir decisivamente para as campanhas finais. Além disso, em parte devido ao conselho de Haig, os ministros subestimaram o quão perigoso poderia ser um ataque alemão. Como consequência, não só o aumento da BEF foi medíocre, mas o GHQ teve que efetuar uma reorganização que os alemães e os franceses já haviam implementado e há muito o gabinete considerava, ou seja, evitar reduzir o número de batalhões de cada divisão de 12 para nove. Com exceção das divisões dos Domínios, entre janeiro e março, 47 divisões perderam três batalhões cada, um processo realizado rapidamente e sem aviso prévio. A reorganização provavelmente desconcertou muitos homens que foram deslocados de suas antigas unidades; e também deve ter exacerbado o estresse de guarnecer as trincheiras. Como cada divisão mantinha a mesma extensão no front, a primeira linha teria que ser guarnecida mais fracamente, ou a infantaria teria que ser revezada com menos frequência.[139] Mesmo permitindo as deficiências impostas à BEF a partir do exterior, as novas disposições defensivas do GHQ provavelmente tenham tornado as coisas piores.

Isto não quer dizer que Haig tenha feito tudo errado. O governo havia insistido que o GHQ fosse reformulado depois de Cambrai, com Lawrence substituindo Kigell como chefe do Estado-Maior e o habilíssimo brigadeiro-general Cox substituindo Charteris como chefe da inteligência e mantendo Haig devidamente informado sobre o movimento das divisões alemãs para o oeste. A partir de dezembro, Haig esperava um ataque alemão no Ano Novo e ordenou à BEF que construísse um sistema de defesa em profundidade. Em fevereiro, ele previu corretamente um primeiro ataque no fim de março, entre Lens e o Oise, seguido por um segundo, em abril, perto do Ypres. Ele foi aconselhado, seguindo o exemplo de Riga, a esperar um bombardeio surpresa seguido por táticas de infiltração.[140] Infelizmente, a BEF não estava acostumada ao combate defensivo e particularmente ao sistema ordenado pelo GHQ, que se baseava na incompreensão da prática defensiva alemã de 1917. O sistema compreendia três zonas: a zona de frente, uma área de batalha de quase 3 mil metros, e de uma zona de retaguarda de 8 a 12 km depois dela. A primeira zona, compreendendo "postos avançados" em vez de uma linha contínua de trincheiras, devia ser mantida até o último homem e com uma força maior que a dos alemães, e a zona de batalha devia ser mantida rigidamente. Os contra-ataques seriam menos rápidos e automáticos que sob o regime alemão, menos tropas de resposta estacionadas na retaguarda para desfechá--los e menor liberdade de ação delegada a seus comandantes, atendo-se à prática mais hierárquica da BEF.[141] Na realidade, os Terceiro e Quinto Exércitos mal conseguiram preparar suas retaguardas, e 84% dos batalhões britânicos estavam a uma distância de, mais ou menos, 3 km da linha de frente (e, portanto, mais expostos ao bombardeio) contra um máximo de 50% do sistema alemão, enquanto relativamente poucas tropas ficavam disponíveis para aliviar os "redutos" da zona de batalha.[142] O Quinto Exército de Gough na verdade colocara metade de seus canhões na zona de frente, contrariando as ordens do GHQ. Isto ainda se tornava mais sério devido a um segundo ponto fraco do esquema britânico. Os três exércitos britânicos situados mais ao norte (o Segundo, o Primeiro e o Terceiro) mantiveram todos sua frente mais densa que o Quinto, as oito divisões de reserva de Haig também se situavam ao norte.[143] O Quinto Exército mantinha o recém-conquistado setor situado no extremo sul de maneira mais frouxa, e Haig havia autorizado Gough a empreender, se necessário, uma retirada em direção ao Somme, precisamente porque ficava mais distante da costa e podia oferecer um terreno mais seguro; também foi o exército que Pétain reforçaria devido aos acordos bilaterais. Haig, na verdade, pode ter planejado atingir o avanço alemão pelo flanco, tendo usado a mão de obra que não estava preparando as zonas de batalha para construir ferrovias laterais na retaguarda. Se tiver sido assim, essas disposições mostraram-se quase literalmente desorganizadas quando o ataque de Ludendorff mostrou-se tão forte que, como afirmou um historiador, não se limitou a empurrar uma porta giratória, mas arrancou-a de seus encaixes.[144]

Apesar das apologias retrospectivas, Haig e seus comandantes estavam confiantes, até complacentes, antes do ataque; na verdade, na véspera dele Haig aprovou uma dispensa especial para 88 mil soldados. O alto-comando em Whitehall reteve a chamada "reserva móvel" na Grã-Bretanha devido às garantias de que ele podia suportar qualquer ataque durante 18 dias.[145] Em 7 de janeiro, ele apresentou um relatório otimista ao gabinete de guerra e, em 2 de março, disse aos comandantes de exército (fazendo eco a Joffre antes de Verdun) que seu único medo era que a Alemanha hesitasse em atacar.[146] Gough foi igualmente otimista, negando que os alemães romperiam sua linha.[147] Os Aliados pareciam ter sido vítimas de uma campanha enganadora; Ludendorff lançava ataques e bombardeios ao longo de todo o front, de modo a não deixar claro onde o golpe seria desfechado.[148] Os alemães também esconderam a zona de ataque deslocando a infantaria à noite, cobrindo os depósitos de munição e lutando por manter a superioridade aérea. Os britânicos acharam difícil fazer prisioneiros, e os prisioneiros de nada sabiam. Não obstante, a partir de 9 de março, um milhão de soldados estava convergindo para a área de batalha, e o voos de reconhecimento britânicos começaram a observar sinais denunciadores. No dia 19, o GHQ esperava um ataque nos dois próximos dias. Na véspera, o GHQ e o próprio Haig calcularam o local e a hora de maneira aproximadamente correta, mas previram, inicialmente, um ataque "de desgaste" limitado, similar a seus próprios procedimentos, que lhes daria tempo para reagir.[149] Mas o que caiu sobre eles foi o maior massacre desde 1914.

O bombardeio para a ofensiva "Michael" começou às quatro da manhã do dia 21 de março e prosseguiu durante sete fases sucessivas até 9h40 da manhã. Segundo um operador de metralhadora britânico, "era como se as vísceras da terra tivessem sido arrancadas, como se, por trás da serra, houvesse um clarão longo, contínuo e amarelo. Foi o inesperado da coisa que mais me surpreendeu, sem nenhum bombardeio preliminar, mas apenas um vasto e momentâneo relampeio".[150] Os alemães empregaram metade de seus canhões na Frente Ocidental, de cerca de um total de 6.473 (incluindo 2.435 peças pesadas), mais 2.532 morteiros de trincheira, comparados com os 1.822 canhões do Caporetto e 680 em Riga, ou os 1.437 canhões britânicos no Somme. Na verdade, esta não foi uma enorme densidade ao longo de uma frente de ataque de cerca de 80 km, mas a barreira foi intensa e acurada, disparando cerca de 1,16 milhão de bombas em cinco horas, em comparação com o 1,5 milhão disparadas pelos britânicos durante sete dias em junho de 1916.[151] O ataque concentrou-se primeiro na artilharia e postos de comando; em seguida, na primeira posição britânica antes de levantar uma barreira de rolamento, quando a infantaria atacou, misturando explosivos de alto poder com bombas de fosgênio para atarantar os homens de maneira tão intensa que eles arrancariam as máscaras. O ataque da infantaria foi igualmente prodigioso, tendo Ludendorff reunido 76 de suas 191 divisões ocidentais, 32 delas na primeira onda, com de 28 a 32 outras se seguindo. Apesar da fome, os soldados alemães esperavam o sucesso, para pilhar e dar fim à guerra, com seus comandantes compartilhando essa confiança.[152] Como afirmou Albrecht von Thaer, o ataque avultou-se diante deles como uma "cortina escura".[153] Os exércitos britânicos Terceiro e Quinto que a eles se opunham compreendiam 26 divisões de infantaria (21 das quais haviam lutado na Terceira Batalha do Ypres) e três divisões de cavalaria, enquanto menos da metade dos alemães já haviam enfrentado uma grande batalha em meses recentes. Entre elas, os exércitos britânicos tinham cerca de 2.804 obuses e canhões.[154]

A vantagem numérica dos alemães talvez fosse proporcionalmente menor que aquela de que tiraram proveito os britânicos no início da Terceira do Ypres,[155] mas seus sucessos não tinham precedente desde o início da guerra de trincheiras. Eles avançaram até quase 13 km e tomaram 157 km² em um dia, tanto quanto os Aliados haviam conquistado em 140 dias no Somme. As baixas alemãs foram estimadas em 39.929 (10.851 mortos, 28.778 feridos e 300 prisioneiros de guerra), mas infligiram iguais perdas aos britânicos – 38.512 (7.512 mortos, 10 mil feridos e 21 mil prisioneiros de guerra) –, bem como capturaram cerca 500 canhões britânicos. Estes totais compararam-se aos de 1º de julho de 1916, com 57.470 baixas britânicas e 8 mil alemãs.[156] Em toda parte, os alemães se espalharam pela zona de frente britânica, e ao longo do quarto sul do front, também atravessaram a zona de batalha: um marcante contraste com o desanimador recorde aliado desde 1915. Os alemães tiveram sorte com a densa neblina, que durou até o meio-dia e cegou os defensores britânicos, que, com cerca de 6 mil metralhadoras na zona da frente e na de batalha (em comparação com apenas as 200 com que os alemães haviam provocado o massacre de 1º de julho de 1916), poderiam, de outra forma, ter infligido um dano muito maior.[157] Mas o bombardeio intenso e paralisador e a tática alemã de infiltração também tiveram seu impacto, pulverizando a linha de frente britânica e destruindo os postos de comando por trás dela. O bombardeio tampouco destroçou o solo, que era plano, seco e firme. Os baluartes da zona de frente foram rapidamente superados e, embora resistindo com mais firmeza que os italianos no Caporetto, com a maioria se entregando assim que ficou claro que tinham pouca chance de escapar com vida, muitas unidades simplesmente se desintegraram. A artilharia britânica estava no escuro, dando pouco apoio à zona de frente, e os contra-ataques não podiam ser ordenados. A excelência das táticas alemãs, portanto, enfatizaram a ineficiência do sistema defensivo britânico e os erros dos líderes da BEF. Byng, o comandante do Terceiro Exército, provavelmente esperou demais antes de evacuar a ponta do Flesquières. Gough havia deixado homens demais muito à frente, mas quando ordenou a seus subordinados que batessem em retirada, eles se retiraram para mais longe e com mais rapidez do que ele imaginara; isso não teve tanta importância, pois o território abandonado era dispensável.[158]

Os alemães ficaram muito longe do objetivo de Ludendorff de vencer logo no primeiro dia. Não obstante, na noite de 21 de março, Gough ordenou uma retirada geral para trás do Somme e o canal Crozat. Em contraste, o Terceiro Exército, que era o verdadeiro objetivo de Ludendorff, tinha defesas mais bem preparadas e com menos homens na zona de frente, e deteve o avanço dos exércitos alemães 17º e Segundo, mas com as lacunas entre Byng e Gough, no dia 23 os alemães tinham rasgado um buraco de 60 km no campo aberto. Os Aliados agora viviam dias de aguda ansiedade. A princípio, o acordo bilateral parecia funcionar bem. As anotações do diário de Haig sugerem que ele e Pétain haviam concordado que os dois exércitos deviam se manter juntos, e que Pétain estava ansioso por apoiá-lo e deslocando reforços.[159] Os franceses haviam acumulado uma reserva de cerca de 40 divisões, em contraste com as oito de Haig, mas o serviço de inteligência de Pétain advertiu sobre um segundo possível ataque alemão na Champanhe. Contudo, ele foi além do tratado, oferecendo três divisões no dia 21 e três outras no 22, prometendo outras 14 para o dia 23. Neste último dia, as primeiras tropas francesas chegaram para ajudar os britânicos, e mesmo se a reserva geral tivesse sido criada, é questionável se a assistência poderia ter chegado mais rápido.[160] Por mais dramático que tivesse sido o avanço inicial das tropas de assalto, elas levaram três dias para romper as defesas, e isto deu tempo a Haig e Pétain para deslocar reforços. As 88 mil tropas britânicas em movimento, bem como a reserva móvel, atravessaram a Mancha apressadamente. No dia 23, contudo, Haig queria outras 20 divisões francesas para ajudar a cobrir Amiens, mas Pétain recusou-as.[161]

Os dois comandantes agora temiam que a cooperação fosse interrompida e que seus exércitos se separassem. Pétain emitiu ordens, no dia 24, declarando que sua preocupação "acima de tudo" era manter o exército francês intacto e só então fazer contato com a BEF. No mesmo dia, ele disse a Haig que suas instruções eram cobrir Paris a qualquer custo, mesmo se isso significasse deixar exposto o flanco direito da BEF. Ele temia – e com razão – que Haig pensasse em se retirar para os portos da Mancha.[162] De fato, Haig tinha decidido pedir uma missão da Grã-Bretanha e aceitar subordinação a um generalíssimo francês para obter divisões francesas extras para o norte do Somme. Henry Wilson e Lorde Milner, um membro do gabinete de guerra, foram conferir a situação com os comandantes e Clemenceau. Em Compiègne, no dia 25 de março, e em Doullens, no dia 26, o pessimismo de Pétain provocou uma má impressão nos políticos, em contraste com a insistência de Foch (que não tinha autoridade legislativa) de que moveria todas as tropas disponíveis para manter os dois exércitos unidos. Em Doullens, Milner, Haig e Wilson concordaram com os líderes franceses para entregar a responsabilidade a Foch, agindo por meio de consulta aos comandantes nacionais, para "a coordenação da ação dos exércitos aliados na Frente Ocidental".[163]

Doullens foi um momento de intenso simbolismo, mas não muito mais que isso. Embora Haig se sentisse aliviado, o gabinete de guerra estava furioso com relação a Doullens, com Lloyd George dizendo a Milner que um comandante-chefe francês era impossível.[164] Foch não contava com nenhum apoio e, como coordenador, sua função era mal definida. Não fica claro que diferença sua nomeação significou. Ele disse a Gough que não batesse mais em retirada, mas Gough continuou a fazê-lo. Haig, contudo, foi dissuadido de pensar em uma retirada para os portos da Mancha, e Foch ordenou a Fayolle (que comandava as divisões de reserva francesas) que mantivesse contato com a BEF a qualquer custo. Pétain cancelou sua ordem do dia 24 de março e mais sete divisões francesas foram convocadas no dia 26, com Pétain tendo aparentemente decidido que a ofensiva alemã agora era tão grande que não poderia haver perigo em nenhuma outra parte. Além disso, em outra conferência em Beauvais, em 3 de abril, Foch ganhou responsabilidade pela "direção estratégica das operações militares", e autoridade para ordenar ofensivas, embora Haig e Pétain continuassem com a responsabilidade pela "conduta tática de seus exércitos" e pudessem apelar a seus governos contra ele.[165] Os eventos agora pareciam ter justificado sua nomeação. Mas, na verdade, embora os líderes aliados ainda não pudessem ver, na época de Doullens os alemães estavam perdendo o ímpeto.

O ataque alemão forçou decisões críticas dos dois lados. A intenção de Ludendorff era romper as defesas e avançar na direção noroeste. Mas o maior sucesso viera pelo sul, e não entre Cambrai e St-Quentin, e ele decidiu reforçá-lo suprindo o 18º Exército de Hutier com mais seis divisões.[166] No dia 23 de março, ele deu novas ordens de avançar ao longo de três eixos, com o principal objetivo de dividir os franceses e os britânicos, empurrando estes últimos para o mar e avançando ao longo das duas margens do Somme. Mas no dia 25 ele fragmentou ainda mais seu plano, decidindo, em vez disso, reforçar Hutier para ordenar um ataque ("Marte") contra as fortes posições britânicas em torno de Arras, o que aconteceu no dia 28, e foi detido em algumas horas. Neste ponto, ele perdeu a esperança de um ataque geral e autorizou uma nova tentativa em Flandres no início de abril, mas, nesse ínterim, concentrou-se na tentativa de interromper a ligação ferroviária norte-sul por trás da linha britânica. Isso significava empurrar o 18º Exército para Amiens, ou, pelo menos, capturar o terreno elevado de Villers-Bretonneux, de onde a cidade podia ser bombardeada.[167] Depois de fracassar nas duas tentativas, e dada sua determinação de atacar em outra parte em vez de arriscar outra batalha de atrito, em 4-5 de abril, ele cancelou "Michael". Suas constantes chamadas telefônicas aos subordinados e suas rápidas mudanças de direção testemunharam seu nervosismo e incerteza de objetivo. Se ele tivesse reforçado Hutier antes, Amiens poderia ter caído; ou se continuasse para noroeste, poderia ter ameaçado Arras. No fim, a ofensiva conquistou um enorme novo terreno, mas nenhum objetivo estrategicamente significativo, enfraquecendo os alemães para seu novo ataque. Mas, como sempre, pelo menos tão importantes quanto as ações dos generais e políticos foram as dos soldados e jovens oficiais em terra. Mesmo quando os alemães atingiram terreno aberto, encontraram uma resistência mais organizada que diante do Caporetto, linhas de defesa improvisadas dos Aliados nos bosques e nos cursos de água à medida que retrocediam. Depois do primeiro dia, os homens de Ludendorff haviam trocado a infiltração pelos tradicionais ataques de curto alcance, com objetivos específicos e sofrendo pesadas baixas. A dissipação da neblina favoreceu os britânicos que operavam as metralhadoras enquanto a RAF bombardeava o avanço do inimigo. Os alemães ficaram separados de sua própria artilharia (um terço da qual foi destruída durante a ofensiva), especialmente depois que entraram na terra devastada do campo de batalha da Somme de 1916, onde era difícil construir estradas e ferrovias. Como Moltke quatro anos antes,

Ludendorff foi em parte derrotado pela dificuldade de alimentar e fornecer suprimentos a seus homens depois que estes avançaram mais de 40 km para além dos seus terminais ferroviários. As tropas principais, que carregavam apenas ração para dois dias, estavam ficando exaustas, pois se esperava que elas avançassem e sofressem baixas sem tréguas dia após dia. O exército havia dispensado boa parte de sua cavalaria, contava com poucos cavalos e um mínimo de forragem, e sua frota de caminhões era muito inferior à dos Aliados. Notoriamente, as tropas alemãs foram atraídas pelos depósitos britânicos de comida e bebida, mas, embora isto detivesse o avanço e expusesse a falta de controle dos jovens oficiais sobre seus homens, também pôs em evidência uma fraqueza logística mais profunda.[168] Na época de Doullens, o 17º e o Segundo Exércitos estavam cada vez mais encontrando uma ferrenha resistência, e o exército de Hutier ficou encurralado, com Amiens permanecendo como atrativo para além de seu alcance. Ludendorff poderia ter se saído melhor com um propósito estratégico mais decidido, mas seria improvável que os Aliados mantivessem sua resistência a "Michael".

Apesar disso, quando Ludendorff fechou as operações, havia feito um enorme estrago, capturando 90 mil prisioneiros e 1.300 canhões, matando ou ferindo cerca de 212 mil soldados aliados,[169] embora seus mortos e feridos montassem a 239 mil. Sua nova linha não era particularmente favorável, mas ele se ateve a ela para ameaçar Amiens.[170] No final da batalha, Haig tinha envolvido nela 48 de suas 56 divisões, e os franceses um total de 40; em 3 de abril, Haig estava ficando com apenas uma divisão de reserva.[171] Assim, os Aliados encararam uma segunda emergência quando, depois de menos de uma semana, Ludendorff iniciou uma segunda ofensiva ("Georgette") no rio Lys. Depois de outro bombardeio de Bruchmüller, o Quarto e Sexto Exércitos alemães atacaram nos dias 9 e 10 de abril numa frente de 32 km, em vez de 50, com 12 divisões de assalto de um total de 27 envolvidas (em contraste com 47 divisões de assalto usadas para a "Michael").[172] Eles tinham 2.208 canhões e 492 aeronaves. Devido ao custo da "Michael", a "Georgette" foi menor do que originalmente planejado e empregou tropas de qualidade inferior. Além disso, embora os alemães mostrassem uma impressionante capacidade logística ao atacarem tão rapidamente, dessa vez eles marcharam à luz do dia, e os Aliados estavam mais atentos. De qualquer modo, Haig esperava um avanço maior para o sul, e os britânicos repetiram alguns de seus antigos erros. As melhores unidades de seu Primeiro e Segundo Exércitos haviam sido enviadas para a batalha de "Michael", e o setor de ataque foi frouxamente empreendido por seis divisões britânicas (cinco das quais tinham estado na luta ao sul) e duas portuguesas. O grosso do assalto alemão atingiu uma única divisão portuguesa que controlava 10 km do front, que Horne, o comandante do Primeiro Exército, não havia aliviado ou reforçado a despeito das advertências do serviço de inteligência.[173] A orientação do

GHQ aos comandantes com relação ao sistema de defesa em profundidade continuava inadequada, e algumas unidades a aplicaram, mas outras a ignoraram. Na verdade, um uso tradicional dos postos de metralhadora e uma linha de trincheira em vez de uma "zona de batalha" detiveram o ataque alemão ao sul, mas mais ao norte os portugueses irromperam e, ao se retirarem, as unidades que se juntaram a eles tiveram que fazer o mesmo, com os postos sendo cercados e a cadeia de comando, interrompida.

No dia 12, os alemães estavam novamente prontos para avançar numa frente de 50 km, forçando os britânicos a evacuarem precipitadamente suas prezadas conquistas no Ypres e voltarem para os portões da cidade. Haig emitiu o que se tornou uma famosa ordem, a de que "com nossas costas contra a parede, devemos lutar até o fim", o que impressionou Vera Brittain, uma jovem enfermeira da VAD, embora ela pareça ter simplesmente causado cinismo entre as tropas.[174] Contudo, mais uma vez, no dia 18, os reforços estavam avançando e a linha foi reestabelecida. Ludendorff julgara que, com a primavera branda, o solo ficaria suficientemente seco, mas suas tropas ainda enfrentavam os atolamentos do vale do Lys (infestado de metralhadoras), com dificuldade para avançar e ficando à frente da artilharia. Seus comandantes mais antigos perderam o controle da batalha, e seus subordinados mais uma vez ordenaram ataques em massa dispendiosos, embora as tropas agora se recusassem a realizá-los, outra vez atormentadas por falta de suprimentos.[175] Mas Haig tinha pouquíssimas reservas e achou Foch mais parcimonioso que Pétain com a ajuda, com o generalíssimo temendo que o Lys era um desvio de uma operação alemã mais ampla planejada para outro local. Até 19 de abril, Foch resistiu em enviar reservas para o norte, apesar de Haig exercer seu direito de apelar para seu governo, embora, no final, Foch tenha enviado 12 divisões francesas.[176] Mesmo depois da chegada delas, o Monte Kemmel (um dos poucos pontos dominantes ao redor de Ypres) caiu no dia 25. Contudo, a despeito das recriminações dos britânicos quanto à qualidade dos reforços franceses, estes foram cruciais para repelir o assalto final dos alemães em 29 de abril, lançando vastas quantidades de bombas e rajadas de metralhadora. Depois disto, Ludendorff cancelou a "Georgette", sem atingir os alvos cruciais. Os alemães permaneceram a 8 km da junção ferroviária de Hazebrouck, e não conseguiram conquistar Cassel, de onde seus canhões de longo alcance podiam bombardear Boulogne e Calais. Contudo, eles conseguiram se aproximar de Amiens num segundo ataque a Villers-Bretonneux, e os quilômetros lamacentos dos britânicos por trás das linhas em Flandres agora estavam mais vulneráveis aos bombardeios e ataques aéreos. O custo, mais uma vez, foi alto: cerca de 146 mil aliados mortos e feridos, contra 109 mil alemães. Mas, no final de abril, os dois assaltos furiosos de Ludendorff foram detidos.

Houve uma pausa opressora. O intervalo foi, em si mesmo, um comentário revelador sobre a força frustrada dos alemães, dado conceito estratégico de Hindenburg a respeito de "como o edifício inimigo ficou tão trêmulo por uma sequência de golpes parciais que acabou por... cair".[177] Contudo, em maio e junho um ataque mais ou menos coordenado foi lançado pelos alemães contra os franceses, e pelos austríacos contra os italianos. Desta vez, entretanto, os Aliados finalmente perceberam o escopo das novas táticas. É melhor começar com os austríacos, e o caminho para a batalha do Piave, cujas origens remontam, em parte, à contínua luta entre Carlos e Czernin. Os tratados de paz do leste pareciam justificar a política de cooperação com Berlim, embora tivessem trazido pouca melhora no suprimento de alimentos. Mas no início de 1918, Carlos multiplicou seus sondadores da paz em todos os Aliados, mesmo quando Czernin insistia que a Áustria-Hungria nunca faria uma paz em separado. Homem nervoso, dividido em suas lealdades, Czernin aparentemente esperava que as ofensivas de Ludendorff punissem os Aliados suficientemente para permitir uma acomodação geral. Ele decidiu expulsar os lobistas da paz, conhecidos como o "Meinl Grupo", para longe do imperador. Num discurso de 2 de abril, ele atacou Clemenceau por desejar a anexação da Alsácia-Lorena e aludiu à mais recente rodada de conversações dos contatos austro-franceses. Clemenceau sentia que tinha que retaliar contra a insinuação de que havia iniciado conversações depois de dizer ao povo francês que estava comprometido com a vitória, e fez isso acusando Czernin de mentiroso. Ele ergueu o véu do caso Sixtus publicando a carta ao Príncipe de 31 de março de 1917, em que Carlos se referia às pretensões francesas à Alsácia-Lorena. Ele obteve uma devastadora vitória da propaganda.[178] Czernin obteve uma declaração assinada de Carlos (que os dois homens sabiam ser falsa) de que ele nunca havia enviado a carta, mas o imperador então demitiu seu ministro, substituindo-o pelo Conde Burián. O "incidente Czernin" diminuiu ainda mais a independência diplomática da Áustria-Hungria. No dia 2 de maio, Carlos se reuniu com os líderes alemães em Spa, e Kühlmann insistiu que ele devia aceitar as reivindicações da *Mitteleuropa* de uma aliança, um pacto militar e uma convenção comercial. Além disso, os alemães obtiveram um acordo entre Hindenburg e sua contrapartida austríaca, Arz von Straussenburg, de que os dois países mobilizariam cada homem disponível, coordenariam o treinamento e deslocamento das tropas, padronizariam armas e munições, trocariam oficiais e compartilhariam de planos de guerra.[179] Embora a demissão de Czernin tivesse alarmado os austro-alemães e os magiares, as outras nacionalidades viram Spa como indicação de total subserviência a Berlim, uma visão compartilhada pelos Aliados, que agora duvidavam que existisse qualquer sentido em deixar que a Áustria-Hungria sobrevivesse. Carlos não podia mais saltar da locomotiva alemã antes que ela usasse os freios.[180]

Antes de sua queda, Czernin havia recomendado uma nova ofensiva contra a Itália. Carlos aprovou-a em princípio e, depois do incidente Czernin, ele provavelmente esperava que ela restauraria suas reservas na Alemanha.[181] De fato, os alemães insistiam nela, em troca de embarques de comida, com o OHL saudando a ideia como apoio aos ataques na Frente Ocidental.[182] Os austríacos esperavam que ela capturasse mais suprimentos, fizesse Roma negociar e garantisse para eles a mesma porção do que ainda esperava que se tornasse uma vitória alemã.[183] Os oficiais de Arz tinham observado as ofensivas na Frente Ocidental e tinham a esperança de aplicar métodos similares, bem como sincronizar o ataque com o próximo golpe alemão. A volta de prisioneiros de guerra da Rússia havia devolvido ao exército seu poderio regular, e se ele fosse atacar, era melhor fazê-lo antes que os italianos se recuperassem mais.[184]

Entretanto, os austríacos trabalhavam com muitas desvantagens. Carlos comprometeu-se com os planos de Conrad, que desejava deslanchar a principal ofensiva no planalto de Asiago, e Boroevic, o comandante no Piave, que também desejava desfechar o golpe principal. O imperador autorizou as ofensivas nos dois fronts, com o resultado de que os dois ficaram fracos demais. Enquanto Boroevic tentava romper a linha Piave e avançar sobre Veneza, Conrad atacaria o maciço do Monte Grappa. A Áustria-Hungria tinha 65 divisões de infantaria e 12 divisões de cavalaria no palco italiano, mas desta vez não teria nenhuma ajuda alemã, e contando com uma pequena superioridade com relação às 56 divisões dos Aliados, que incluíam ainda um total de três britânicas e uma francesa. Os Aliados tinham o dobro de aeronaves, 7 mil canhões e 2.400 morteiros, contra 6.830 peças austríacas de artilharia.[185] No papel, a Áustria-Hungria tinha uma grande quantidade de bombas, mas muitas ainda estavam em trânsito pelo sistema ferroviário quando a batalha começou.[186] Alguns dos atacantes recebiam rações diária de apenas 90 gramas de carne e 240 gramas de um pão quase intragável: um incentivo para eles, como para suas contrapartidas alemãs, era simplesmente colocar a mão em comida. Em contraste, o exército italiano experimentara uma melhora errática, mas positiva em termos do moral durante os tranquilos meses de primavera, e a propaganda do front aliado tinha impacto maior no exército austro-húngaro que este sobre os italianos.[187] Além disso, os Aliados sabiam que 15 de junho seria a data de início, conhecida graças aos interrogatórios de desertores e ouvindo conversas pelo telefone de campo. O assalto começou com bombardeio ao estilo de Bruchmüller, que era relativamente impreciso devido à falta de aeronaves e balões de observação, além de ineficiente, pois os italianos agora contavam com excelentes máscaras contra gás britânicas. Não obstante, os austríacos estabeleceram várias cabeças de ponte e conseguiram que 100 mil homens cruzassem o Piave, mas a chuva forte e os bombardeiros britânicos destruíram suas cabeças de ponte – outro exemplo da crescente versatilidade do poderio aéreo –, e depois de um contra-ataque italiano, Boroevic levou seus homens de volta para a margem leste. O ataque de Conrad nos setores de Asiago e de Grappa foi detido pelos franceses e britânicos e repelido por um contra-ataque aliado. Uma semana depois de ter começado, a batalha terminou com 150 mil baixas e prisioneiros austríacos, com as baixas italianas estimadas em cerca de 80 mil.[188] Em julho, Conrad foi dispensado de seu comando. Uma tentativa reconhecidamente desastrosa de aplicar as novas táticas uma segunda vez no front italiano foi detida em seu avanço e, durante os três meses seguintes, a doença e a deserção reduziram o exército Habsburgo em mais de um terço. Hindenburg e Ludendorff ficaram desanimados, reconhecendo corretamente que esta seria a última vez que seu aliado tentaria uma ofensiva.[189]

Nesse ínterim, o exército alemão caiu sobre os Aliados em uma emergência final, quando, entre 27 de maio e 4 de junho, atracou em Champanhe. Durante a batalha de Lys, o OHL e seus comandantes observaram que o moral e a eficiência de suas tropas estavam desaparecendo rapidamente. Thaer, que se deslocou de Flandres para o OHL em abril, acreditava que a infantaria estivesse "mais ou menos devastada": os melhores oficiais e homens haviam sido perdidos na operação "Michael", e os sobreviventes estavam mortificados por ela não ter dado um fim à guerra.[190] As tropas estacionadas perto de Amiens se viram em fronteiras improvisadas e lotadas.[191] Contudo, em maio Thaer encontrou Hindenburg e Ludendorff ainda confiantes e planejando uma longa campanha, numa alternativa no mínimo impensável – os Aliados, dizia Ludendorff, não estavam fazendo nenhuma oferta de paz, e ele rejeitava uma "paz a qualquer preço".[192] Flandres ainda era crucial, e Hindenburg esperava que, tomando a costa, ele se aproximaria da Mancha e usaria canhões de longo alcance contra a costa sul britânica e até Londres.[193] Mas os franceses apoiavam fortemente os britânicos para se conseguir Amiens ou a costa, e, segundo o que pensava Wetzell, era tempo de um ataque surpresa contra o front francês, para um impacto político e retrair as reservas antes de um assalto renovado à Bélgica.[194] Apesar das enormes baixas, o exército alemão ainda estava bem suprido de munições. Estava reincorporando prisioneiros de guerra da Rússia e movendo divisões do leste: cerca de seis em abril, e duas em maio.[195] Depois de Lys, Ludendorff hesitava em permitir o descanso, o retreinamento e o reequipamento, além de novas táticas mais refinadas. A infantaria recebeu mais metralhadoras leves, rifles, granadas e rifles antitanques, recebendo metralhadoras para proteger as colunas de suprimento contra ataques aéreos.[196] O ataque de maio (denominado "Blücher") seguiu a tradicional fórmula básica. O setor selecionado foi o Caminho das Damas, a serra ao norte do rio Aisne, entre Reims e Soissons, e a intenção original era uma breve operação que tomaria a serra e o Aisne antes de se deter depois de cerca de 20 km ao longo do rio Vesle.[197] Tendo repelido o assalto de Nivelle, em abril de 1917, os alemães haviam abandonado o Caminho das Damas depois da ofensiva Malmaison de Pétain em outubro. Eles agora o selecionaram porque retomá-lo ameaçaria Paris, e eles sabiam que era frouxamente defendido. Bruchmüller orquestrou sua mais intensa barreira até então, concentrando 5.263 canhões contra 1.422 dos britânicos e franceses, a mais favorável razão de que os alemães tinham gozado na Frente Ocidental.[198] Os alemães dispararam dois milhões de bombas em pouco menos de quatro horas[199] antes de atacar com 15 divisões seguidas de outras 25: uma força menor que em 21 de março, mas substancialmente maior que no primeiro dia da "Georgette". Mais uma vez dispararam em meio à neblina e mais uma vez encontraram o inimigo despreparado.

Os alemães enfrentaram 16 divisões aliadas: quatro francesas e três britânicas na primeira linha, e sete francesas e duas britânicas na reserva.[200] Os britânicos, no leste do setor, haviam se destacado do remanescente da BEF e lá enviados para descansar. O serviço de inteligência britânico havia previsto um ataque, e os comandantes locais haviam anotado um registro alemão, mas Duchêne, o chefe do Sexto Exército francês, recusou-se a acreditar que uma ofensiva fosse possível. Desconsiderando uma orientação de Pétain para que a primeira linha fosse usada para deter o inimigo, o grosso dos defensores se concentrando na segunda posição, Duchéne insistiu em reforçar sua zona de frente, ao norte do Aisne, com o resultado de que, depois que os alemães avançaram, a principal zona de batalha dos Aliados ficou quase sem defesa. A doutrina defensiva de Pétain havia sido recebida com ceticismo por Clemenceau e Foch, que a achavam cautelosa demais, talvez se mostrando relutantes a abandonar o território francês e, em parte, para evitar um choque com eles, Pétain tenha concordado com as disposições de Duchéne.[201] Daí, diante do bombardeio de Bruchmüller e um assalto pela experiente infantaria, as defesas dos Aliados dissolveram-se na primeira manhã.

Os alemães cruzaram pântanos, escalaram uma serra de 900 metros e atravessaram o Aisne que tinha quase 55 metros de largura, tomando as pontes intactas e passando pela segunda posição até chegar a campo aberto, além de avançar até 20 km e alcançar a linha-alvo à tarde. Até o dia 21 de março, não conseguiram mais que isso. Ludendorff autorizou-os a continuar e, no fim do terceiro dia, haviam avançado 48 km. Avançando contra as tropas britânicas que haviam perdido boa parte de seu equipamento pesado e tinham que resistir com rifles e metralhadoras leves, os alemães lutaram relativamente pouco, mas carregavam morteiros de trincheira móveis, metralhadoras e artilharia de campo em sua primeira linha, por trás de uma cortina avançada de batedores. Inversamente, as divisões de reserva dos Aliados, que haviam detido "Michael" e "Georgette", desta vez estavam mais longe. Durante o intervalo de maio, Foch havia revivido seus planos de contraofensivas, apesar das objeções de Pétain e Haig. Definindo corretamente as reais intenções de Ludendorff, ele manteve a maioria das reservas aliadas por trás do exército britânico. Ele não previu a ofensiva de Champanhe e, a princípio, descartou-a como falsa. Nos dias 27 e 28 de maio, Pétain enviou as 30 divisões sob seu próprio controle, mas Foch recusou-se a liberar as reservas francesas em Flandres, e Clemenceau, embora temendo que Paris fosse o objetivo dos alemães, hesitava em pressioná-lo. No dia 29, os alemães voltaram para o Marne e, em 3 de junho, Paris estava a apenas 90 km de distância.[202]

Os atacantes haviam feito 50 mil prisioneiros e rompido a ferrovia que ia de Paris a Nancy, sofrendo perdas menores que nas primeiras ofensivas. E, como tencionavam, suas ações causaram um nervosismo político. No dia 5 de junho, o gabinete britânico discutiu a evacuação da BEF.[203] Cerca de um milhão de pessoas fugira de Paris, uma cidade que, durante 1918, sofrera não apenas com os ataques aéreos, mas também com o "canhão de Paris" dos alemães, que, de março até os alemães terem sido colocados fora de alcance, em agosto, dispararam 283 bombas contra a cidade, de uma distância de 88 km, matando 256 pessoas.[204] Não obstante, Clemenceau defendeu Foch e Pétain numa agitada Câmara dos Deputados, protegendo-os contra as críticas de seus aliados na sessão do SWC em junho. Quando os alemães chegaram ao Marne, Foch liberou mais tropas de Flandres, e as tropas francesas estabilizaram a linha do rio com significativa ajuda americana. Agora, o avanço estava perdendo ímpeto, e, mais uma vez, os depósitos dos Aliados detiveram os invasores. A estratégia de Pétain era conservar as colinas em torno do Reims e Soissons, como "quebra-mares". Em vez de aumentar os homens em etapas, ele organizou um anel de defesa com Villers-Cotterêts até o Marne e Reims.[205] Em 2 de junho, 25 divisões francesas e duas americanas contra-atacaram, com os americanos desalojando os alemães numa ação celebrada na floresta de Belleau.[206] O avanço da frente foi detido.

Hindenburg e Ludendorff reconheceram, retrospectivamente, que haviam permitido que o avanço fosse longe demais.[207] Enquanto, em março, Ludendorff havia hesitado a reforçar o sucesso de Hutier, desta vez ele enviou unidades extras e, em vez de se contentar com um terreno raso no Vesle, levou seus homens a um beco sem saída de 60 km de profundidade, servido por apenas uma ferrovia perto do flanco oeste e vulnerável nos dois flancos. No entanto, ele se mostrou relutante em desistir, e uma operação com a intenção de desviar as reservas francesas de Flandres terminou por distrair os alemães do que Ludendorff ainda considerava o campo de batalha vital. De maio a julho, Champanhe e os avanços ao norte em direção a Paris continuaram a ser o ponto focal da luta, enquanto a margem de superioridade da Alemanha se desfazia. Ludendorff sabia que as forças americanas estavam chegando à Europa cada vez mais depressa do que ele achara possível; o equivalente a 15 divisões chegou entre abril e junho.[208] Durante junho, até meio milhão de soldados alemães contraíram a gripe, sendo esta a primeira de duas grandes ondas da "espanhola" durante 1918. Os dois lados sofreram, mas os alemães subnutridos sofreram mais severamente. Preso no novo terreno, o OHL foi forçado a postergar sua planejada renovação da ofensiva de Flandres (denominada "Hagen") e, em vez dela, tentaram renovar a ameaça a Paris, ampliando o terreno ocupado e atacando seu canto noroeste. O resultado, de 9 a 11 de junho, foi a quarta ofensiva do tipo martelo, batizada de "Gneisenau" pelos alemães e, pelos franceses, de "a batalha do Matz".

A batalha do Matz seguiu-se com tanta rapidez com relação à operação anterior que as tropas, mais uma vez, tiveram que se deslocar durante o dia, e os aviadores franceses detectaram as preparações. Georges Painvin, um decifrador de códigos a serviço do GQG, decifrou um sinal de rádio alemão convocando aceleradas entregas de munição para o 18º Exército, que possibilitou aos franceses reconhecer com precisão o setor de ataque. Os desertores afirmaram que a data seria 7 de junho, embora, na verdade, tenha sido postergada por dois dias.[209] Mas, desta vez, os alemães não se beneficiaram da surpresa. Foch deslocou divisões francesas do setor britânico e conseguiu cinco divisões americanas que estavam em treinamento com a BEF. Haig ainda temia por Flandres e recusou-se a enviar divisões britânicas, buscando apoio de seu governo, mas efetuou uma redisposição de tropas que permitiu a Pétain conseguir reservas. O Segundo Exército francês havia preparado – ainda que incompletamente – uma defesa em profundidade, e os Aliados começaram um contrabombardeio 15 minutos antes do ataque alemão.[210] Apesar de ser precedido por outra barreira Bruchmüller, e mais uma vez em meio à neblina, o assalto alemão usou apenas nove divisões de pouco poder de ataque, enquanto os defensores tinham sete na linha de frente, cinco na segunda e sete outras à disposição. Não havia rota de fuga, e os alemães foram detidos depois de 10 km. No dia 11 de junho, as tropas francesas sob o comando do general Charles Mangin contra-atacou de três lados, e Ludendorff, surpreso, abandonou a operação. As baixas alemãs foram de 25 mil, e as francesas, de 40 mil.

A de Matz foi uma batalha limitada: Ludendorff mostrou uma disposição maior que antes de cortar suas perdas, e Foch e Pétain detiveram a contraofensiva em 15 de junho para preservar os homens. Mesmo assim, teve um significado comparável ao do Marne em 1914 (ou de Stalingrado e Alam Halfa em 1942), no sentido de que o que parecia uma técnica ofensiva irresistível havia sido detida, usando inteligência superior, convenientemente reforçada sob a égide de um generalíssimo aliado, e táticas apropriadas de defesa. Ludendorff havia fracassado em reduzir a vulnerabilidade do terreno de Champanhe, e seu dilema estratégico continuou sem solução. Ele não podia nem abandoná-lo nem mantê-lo, e o mesmo valia para seus ganhos ao norte. Durante a primavera e o verão, os alemães capturaram dez vezes mais território que os Aliados haviam feito em 1917, ampliando a extensão da frente entre Verdun e a costa belga de 390 para 510 km.[211] Mas suas baixas se aproximaram de um milhão, embora as perdas britânicas e francesas também fossem enormes, os Aliados puderam contar com os reforços americanos. Depois da ofensiva de março, os Aliados abriram as comportas, e mais de 200 mil americanos desembarcaram a cada mês entre maio e outubro. O total de soldados americanos na França subiu de 284 mil, em 30 de março, para 1.027.000, em 20 de julho, e 1.872.000, em 2 de novembro.[212] Os novos terrenos ocupados pelos alemães ameaçavam as comunicações aliadas e a própria Paris, mas não podiam mais ser ampliados. Os meados de junho de 1918 marcaram o final da carreira dos sucessos militares e políticos das Potências Centrais que havia começado no outono anterior. Como boa parte desses sucessos se deveu à superioridade tática e não a recursos maiores, uma vez que a superioridade foi perdida, o equilíbrio se desviaria maciçamente, e as marcantes vantagens dos Aliados entraram plenamente em ação contra um inimigo que, de muitos modos, havia sido enfraquecido pelo triunfo. Era hora de os Aliados retomarem a iniciativa.

Notas

1. Ludendorff, *Kriegserinnerungen*, pp. 432-33.
2. Czernin, *In the World War*, p. 217.
3. Shanafelt, *Secret Enemy*, pp. 149-51.
4. Vermes, "Leap into the Dark", pp. 37-40.
5. Berov, "Bulgarian Economy", p. 171.
6. Emin, *Turkey in the World War*, pp. 144-7.
7. MacFie, *End of the Ottoman Empire*, p. 150.
8. Wegs, "Transportation", p. 101.
9. Wegs, *Österreichische Kriegswirtschaft*, pp. 60, 122-3.
10. Ibid., pp. 62-4, 89, 110-13, 124-5.
11. Herwig, *First World War*, pp. 357, 359.
12. Strachan, *First World War: To Arms*, p. 899.
13. Ludendorff, *Meine Kriegserinnerungen*, p. 432.
14. Feldman, *Great Disorder*, pp. 44-6, 39-40, 77-83; Roeseler, *Finanzpolitik*, pp. 145-9.
15. Memorando de Hindenburg, 10 set. 1917, BA-MA W-10/50397.
16. Bauer, *Grosse Krieg*, p. 169.
17. Memorando de Hindenburg, 10 set. 1917, BA-MA W-10/50397.
18. Feldman, *Army, Industry, and Labour*, p. 272.
19. Memorando de Oberkircher sobre o Programa de Hindenburg, p. 131, BA-MA W-10/50397.
20. Memorando sobre a situação econômica de 1917-1918, BA-MA W-10/50400.
21. Deist, 'Military Collapse', pp. 194-5.
22. Memorando de Hindenburg, 10 set. 1917, BA-MA W-10/50397.
23. Feldman, *Army, Industry, and Labour*, p. 301.
24. Memorando sobre a situação econômica de 1917-1918, p. 6, BA-MA W-10/50397.
25. Feldman, *Army, Industry, and Labour*, pp. 413-17.
26. Herwig, *First World War*, p. 207.
27. Bailey, "Modern Style of Warfare", p. 16.

28. Zabecki, *Steel Wind*, passim.
29. Bailey, "Modern Style of Warfare", pp. 3-5.
30. Gudmundsson, *Stormtroop Tactics*, pp. 114ss.
31. Sobre Cambrai, ibid., cap. 9.
32. Torrey, "Redemption of an Army".
33. Seton-Watson, *Italy from Liberalism to Fascism*, p. 474.
34. Gudmundsson, *Stormtroop Tactics*, p. 126.
35. Falls, *Caporetto*, cap. 2.
36. Asprey, *German High Command*, p. 45.
37. Herwig, *First World War*, p. 339; Seton-Watson, *Italy from Liberalism to Fascism*, p. 477; Melograni, *Storia politica*, p. 404.
38. Gudmundsson, *Stormtroop Tactics*, pp. 131-2.
39. Melograni, *Storia politica*, pp. 404-412.
40. Ibid., pp. 394-5; Cruttwell, *History of the Great War*, p. 458; Falls, *Caporetto*, p. 35.
41. Keegan, *First World War*, p. 375; Falls, *Caporetto*, p. 39.
42. Melograni, *Storia politica*, p. 435.
43. Ibid., p. 423; Herwig, *First World War*, p. 394.
44. Melograni, *Storia politica*, p. 423.
45. Ibid., p. 478.
46. Falls, *Caporetto*, pp. 72, 84.
47. Ibid., p. 93; ver 4-7.
48. Melograni, *Storia politica*, p. 403.
49. Figes, *People's Tragedy*, p. 457; Wildman, *End of the Russian Imperial Army*, Vol. 2, cap. 8.
50. Debo, *Revolution and Survival*, p. 9.
51. Service, *Lenin*, Vol. 2, pp. 241-51.
52. Ibid., p. 252.
53. Figes, *People's Tragedy*, pp. 459-73.
54. Ibid., pp. 475-92.
55. Seymour (ed.), *Intimate Papers of Colonel House*, Vol. 3, p. 326.
56. Wildman, *End of the Russian Imperial Army*, Vol. 2, p. 400.
57. Texto in Ludendorff (ed.), *General Staff*, pp. 517-19; sobre as negociações, Nowak, *Hoffmann*, pp. 190-92.
58. Nowak, *Hoffmann*, p. 192.
59. Wheeler-Bennett, *Brest-Litovsk*, pp. 117-18. Também sobre Brest-Litovsk, ver Debo, *Revolution and Survival*, cap. 3-7.
60. Service, *Lenin*, Vol. 2, pp. 284-8.
61. Kühlmann, *Erinnerungen*, p. 526.
62. Scherer and Grünewald (eds.), *L'Allemagne*, Vol. 2, docs. 299, 300, 302.
63. Ibid., Vol. 3, docs. 45, 62, 71; Wheeler-Bennett, *Brest-Litovsk*, pp. 107-10.
64. Czernin, *In the World War*, pp. 217-18.
65. Kühlmann, *Erinnerungen*, pp. 522-5; Fischer, *Germany's Aims*, cap. 17.
66. Mamatey, "Union of Czech Political Parties", p. 63.

67. Ludendorff (ed.), *General Staff*, pp. 524-39.
68. Wargelin, "High Price", p. 773.
69. Ibid., pp. 784-5.
70. Hautmann, 'Vienna', pp. 93-4; Wegs, *Österreichische Kriegswirtschaft*, pp. 102-3; Plaschke, 'Army and Internal Conflict', pp. 340-3.
71. Plaschke, "Army and Internal Conflict", pp. 345-7.
72. Buse, "Domestic Intelligence", pp. 43-5.
73. Bailey, 'Berlin Strike'; Feldman, *Army, Industry, and Labour*, pp. 442-57.
74. French, *Strategy of the Lloyd George Coalition*, p. 200.
75. Ibid., p. 183.
76. Hankey, *Supreme Command*, Vol. 2, p. 737.
77. Texto discurso Scott (ed.), *Official Statements of War Aims*, pp. 225-33; ver também, Rothwell, *War Aims*, pp. 145-53; French, *Strategy of the Lloyd George Coalition*, pp. 199-205; Lloyd George, *War Memoirs*, Vol. 2, cap. 70.
78. Martin, *Peace Without Victory*, p. 158; Seymour (ed.), *Intimate Papers of Colonel House*, Vol. 3, p. 330.
79. Kaspi, *Temps des Américains*, cap. 7; Trask, *Supreme War Council*, p. 47; Seymour (ed.), *Intimate Papers of Colonel House*, Vol. 3, pp. 284-91.
80. Texto in Scott (ed.), *Official Statements of War Aims*, pp. 234-9; sobre o fundo, Mayer, *Political Origins*, pp. 329-67; Gelfand, *Inquiry*, cap. 5; Seymour (ed.), *Intimate Papers of Colonel House*, Vol. 3, cap. 11; Levin, *Woodrow Wilson*, cap. 2.
81. Text of the Principles in Scott (ed.), *Official Statements of War Aims*, pp. 265-71; ver também Mamatey, *East Central Europe*, pp. 219-32; Snell, 'Wilson's Peace Programme'; Pedroncini, *Négociations secrètes*, pp. 77, 83-91.
82. Shanafelt, *Secret Enemy*, p. 181
83. Baumgart and Repgen (eds.), *Brest-Litovsk*, pp. 50-54.
84. Ludendorff (ed.), *General Staff*, pp. 548-50.
85. Baumgart and Repgen (eds.), *Brest-Litovsk*, pp. 57-62.
86. Wheeler-Bennett, *Brest-Litovsk*, ver 5, 6; Debo, *Revolution and Survival*, ver 4-6; Trotsky, *My Life*, cap. 32.
87. Soutou, *L'Or et le sang*, cap. 16.
88. Texto in Wheeler-Bennett, *Brest-Litovsk*, Appendix V.
89. Baumgart, *Deutsche Ostpolitik*, pp. 375-7.
90. Geralmente ver ibid., and Kitchen, *Silent Dictatorship*, ver 9, 10.
91. Sobre o tratado romeno, Kitchen, *Silent Dictatorship*, cap. 8; Spector, *Rumania*, pp. 45-56; Fischer, *Germany's Aims*, pp. 515-23.
92. Shanafelt, *Secret Enemy*, p. 174.
93. Lutz (ed.), *Causes of the German Collapse*, p. 25.
94. Memorando de Wetzell, 30 set. 1917, BA-MA PH 3/267.
95. Lutz (ed.), *Causes of the German Collapse*, pp. 88-9.
96. Hindenburg, *Aus Meinem Leben*, p. 248.
97. Ludendorff, *Meine Kriegserinnerungen*, p. 430; Bauer, *Grosse Krieg*, p.175; Lutz (ed.), *Causes of the German Collapse*, pp. 60-64.

98. Hindenburg, *Aus Meinem Leben*, pp. 235, 249.
99. Cruttwell, *History of the First World War*, p. 486.
100. Para uma discussão, ver Hussey, "Movement"; Travers, "Reply to John Hussey"; Fong, "Movement".
101. Lutz (ed.), *Causes of the German Collapse*, pp. 53-4.
102. Deist, "Military Collapse", p. 190.
103. Fong, "Movement", p. 232.
104. Keegan, *First World War*, p. 421. Middlebrook, in *Kaiser's Battle*, p. 20, dá 169 divisões aliadas: francesas, 98; britânicas, 57; US, 6; belgas, 6; portuguesas, 2.
105. Travers, "Reply to John Hussey", p. 369.
106. Middlebrook, *Kaiser's Battle*, p. 43.
107. Bauer, *Grosse Krieg*, p. 177.
108. Samuels, *Command or Control?*, pp. 244-6; Lupfer, *Dynamics*, pp. 41-4; Gudmundsson, *Stormtroop Tactics*, pp. 145-51.
109. Gudmundsson, *Stormtroop Tactics*, pp. 146-7, 151; Samuels, *Command or Control?*, pp. 246-7.
110. Ludendorff, *Meine Kriegserinnerungen*, p. 460.
111. Herwig, *First World War*, p. 397.
112. Ibid., p. 401.
113. Ludendorff, *Meine Kriegserinnerungen*, p. 463.
114. Hindenburg, *Aus Meinem Leben*, p. 234.
115. Barnett, *Swordbearers*, p. 283.
116. Ludendorff (ed.), *General Staff*, p. 548.
117. Fong, 'Movement' p. 227.
118. Herwig, *First World War*, p. 392; Asprey, *German High Command*, p. 367.
119. Memorando de Wetzell, 23 out. 1917, BA-MA PH 3/27.
120. Memorando de Wetzell, 5 nov. 1917, BA-MA PH 3/27.
121. Barnett, *Swordbearers*, pp. 283-5; Herwig, *First World War*, p. 394.
122. Ludendorff, *Meine Kriegserinnerungen*, pp. 476-7.
123. Ibid., pp. 473-4.
124. Pedroncini, *Pétain*, p. 179.
125. Ibid., p 180; Coffman, *War to End All Wars*, pp. 178-80.
126. Kaspi, *Temps des Américains*, pp. 169-80; Pedroncini, *Pétain*, pp. 180-82.
127. Trask, *Supreme War Council*, pp. 47, 174.
128. French, *Strategy of the Lloyd George Coalition*, pp. 188-92.
129. Pedroncini, *Pétain*, p. 141.
130. Watson, *Clemenceau*, pp. 293-7.
131. Guinn, *British Strategy and Politics*, pp. 269-74
132. Ibid., pp. 290-300; French, *Strategy of the Lloyd George Coalition*, pp. 218-219.
133. Pedroncini, *Pétain*, pp. 271-5; French, *Strategy of the Lloyd George Coalition*, pp. 215-22.
134. "Notes on the Operations on the Western Front", NLS, Haig MSS, 213a; Travers, *How the War Was Won*, p. 50.
135. Travers, *How the War Was Won*, p. 36; Woodward, 'Did Lloyd George Starve the British Army?', p. 244.
136. Travers, *How the War was Won*, pp. 35-46.

137. Woodward, "Did Lloyd George Starve the British Army?", p. 248.
138. Millman, "British Home Defence Planning", p. 205.
139. Middlebrook, *Kaiser's Battle*, pp. 85-9.
140. Winter, *Haig's Command*, pp. 177-8.
141. Samuels, *Command or Control?*, cap. 7.
142. Ibid., pp. 217-18; Travers, *How the War Was Won*, pp. 55-65.
143. Middlebrook, *Kaiser's Battle*, p. 71; French, 'Failures of Intelligence'.
144. Winter, *Haig's Command*, pp. 180-82.
145. Woodward, "Did Lloyd George Starve the British Army?", p. 251.
146. French, *Strategy of the Lloyd George Coalition*, p. 223.
147. Middlebrook, *Kaiser's Battle*, p. 121.
148. French, *Strategy of the Lloyd George Coalition*, p. 222.
149. Travers, *How the War Was Won*, p. 54.
150. Middlebrook, *Kaiser's Battle*, p. 151.
151. Ibid., p. 52.
152. Ibid., p. 63; Bauer, *Grosse Krieg*, p. 177; diário de 20 mar. 1918 BA-MA W-10/50640.
153. Thaer, *Generalstabsdienst*, p. 163.
154. Middlebrook, *Kaiser's Battle*, p. 25.
155. Travers, *How the War Was Won*, p. 53.
156. Middlebrook, *Kaiser's Battle*, pp. 308-22.
157. Ibid., pp. 330-31.
158. Travers, *How the War Was Won*, pp. 76-82.
159. Diário de Haig, 21, 22, 23 mar. 1918, NLS Haig MSS.
160. Pedroncini, *Pétain*, pp. 295-300.
161. French, *Strategy of the Lloyd George Coalition*, p. 225.
162. Pedroncini, *Pétain*, pp. 307-11; Travers, *How the War Was Won*, pp. 66-70; Winter, *Haig's Command*, p. 186.
163. King, *Generals and Politicians*, pp. 216-18.
164. Guinn, *British Strategy and Politics*, pp. 301ss.
165. Pedroncini, *Pétain*, pp. 319-35, 343.
166. Barnett, *Swordbearers*, p. 311.
167. Ibid., pp. 315-18, 322, 327; Hindenburg, *Aus Meinem Leben*, p. 250.
168. Travers, *How the War Was Won*, pp. 86-9; Gudmundsson, *Stormtroop Tactics*, pp. 166-7.
169. Gudmundsson, *Stormtroop Tactics*, p. 168, embora estimativas, como de costume, variem.
170. Ludendorff, *Meine Kriegserinnerungen*, p. 483.
171. Paschall, *Defeat of Imperial Germany*, p. 146; Pedroncini, *Pétain*, p. 324; Falls, *First World War*, p. 320.
172. Barnett, *Swordbearers*, pp. 330-31.
173. Asprey, *German High Command*, p. 394.
174. Brittain, *Testament of Youth*, pp. 419-20. Taylor, *Illustrated History*, p. 223.
175. Paschall, *Defeat of Imperial Germany*, p. 148.
176. Pedroncini, *Pétain*, p. 351.
177. Hindenburg, *Aus Meinem Leben*, p. 256.

178. Scott (ed.), *Official Statements of War Aims*, pp. 298-322.
179. Herwig, *First World War*, p. 370.
180. Shanafelt, *Secret Enemy*, pp. 183-90.
181. Ibid., p. 184; Herwig, *First World War*, p. 370.
182. Ludendorff, *Meine Kriegserinnerungen*, p. 497.
183. Shanafelt, *Secret Enemy*, p. 197.
184. Falls, *Caporetto*, pp. 140-52.
185. Ibid., pp. 152-3.
186. Wegs, "Transportation", p. 130.
187. Melograni, *Storia politica*, pp. 484, 500; Cornwall, *Undermining Austria-Hungary*, ver 5, 6.
188. Tucker, *Great War*, p. 168.
189. Hindenburg, *Aus Meinem Leben*, p. 262.
190. Thaer, *Generalstabsdienst*, pp. 182, 187.
191. Diário de Hutier, 11 abr. 1918, BA-MA W-10/50640.
192. Thaer, *Generalstabsdienst*, pp. 194-8.
193. Hindenburg, *Aus Meinem Leben*, p. 256.
194. Memorandos de Wetzell, 19 and 28 April 1918, BA-MA W-10/50640.
195. Fong, "Movement", p. 232.
196. Ludendorff, *Meine Kriegserinnerungen*, pp. 494-6.
197. Hindenburg, *Aus Meinem Leben*, pp. 257-8.
198. Robson, *First World War*, p. 167.
199. Keegan, *First World War*, p. 436.
200. Falls, *First World War*, p. 326.
201. Pedroncini, *Pétain*, pp. 215-25.
202. Asprey, *German High Command*, p. 419.
203. Winter, *Haig's Command*, p. 193.
204. Asprey, *German High Command*, p. 383; Beckett, *Great War*, p. 192.
205. Travers, *How the War Was Won*, p. 107; Barnett, *Swordbearers*, p. 335.
206. Coffman, *War to End All Wars*, pp. 217-21.
207. Hindenburg, *Aus Meinem Leben*, p. 260; Falls, *First World War*, p. 328.
208. Ludendorff, *Meine Kriegserinnerungen*, p. 512.
209. Kahn, *Codebreakers*, pp. 346-7.
210. Pedroncini, *Pétain*, pp. 380-82.
211. Paschall, *Defeat of Imperial Germany*, p. 160; Deist, 'Military Collapse', p. 199.
212. Kaspi, *Temps des Américains*, p. 238.

A REVIRAVOLTA
(VERÃO-OUTONO DE 1918)

NO VERÃO DE 1918, A LONGA SÉRIE DE DERROTAS DOS ALIADOS e as ações na retaguarda estavam terminadas. Como as Potências Centrais em 1917, os Aliados começaram seu restabelecimento com contra-ataques, no Matz, em 22 de junho, e no Marne, em 18 de julho. Mas continuaram a lançar ofensivas, começando a leste de Amiens em 8 de agosto e, em seguida, com uma sucessão de operações durante agosto e setembro, incluindo, na saliência de Saint-Mihiel, a primeira grande ação do exército americano. Finalmente, em 26-28 de setembro, lançaram assaltos convergentes ao longo de boa parte da Frente Ocidental, de Flandres ao Argonne, um exercício tentado em setembro de 1915 e abril de 1917, mas agora repetido numa escala muito maior e muito mais bem-sucedida. Outras ofensivas começaram na Macedônia e na Palestina no dia 15; em 19 de setembro derrotaram os búlgaros e os turcos, e, em outubro, uma derrota austríaca na Itália. No mar, os U-Boats foram batidos e, nos ares, os Aliados consolidaram sua superioridade em todos os palcos da luta. Essa transformação foi repentina. Enquanto, em junho, a Rússia estava perdida, Paris em perigo e muitos líderes aliados temiam que a derrota fosse iminente, no final de setembro seus inimigos caíram, primeiro a Bulgária e, em seguida, as outras Potências Centrais pediram um cessar-fogo. O paralelo mais próximo desses eventos foram as ofensivas coordenadas do verão de 1916, mas o desgaste imposto por esse esforço mergulhou os Aliados em meses de crise. Dessa vez, em contrapartida, as Potências Centrais afundaram totalmente. Seu eclipse resultou, em parte, de seu autoesgotamento exacerbado. Mas também confirmou a crescente eficiência militar dos Aliados, que se desenvolveu desde os meados da guerra, embora obscurecida durante os longos meses dos massacres de Ludendorff. Para analisar esses acontecimentos, é necessário começar com a Frente Ocidental, que, agora mais que nunca e de maneira mais evidente, era o palco decisivo das ações, antes de considerarmos o que está por trás da surpreendente recuperação dos Aliados. O capítulo anterior relatou a história até o quarto ataque de Ludendorff. Passou-se mais de um mês até ele atacar outra vez, em 15 de julho, quando o equilíbrio numérico se voltou contra ele. Contudo, nesse ínterim, tudo parecia normal para os alemães. No Conselho de Spa, em 2 de julho, apenas quatro meses antes de sua derrota, Hindenburg, Ludendorff e Hertling concordaram com um programa de objetivos de nova guerra secreta na Europa Ocidental, similares aos de 1917, e rejeitaram uma "solução austríaca" para a Polônia em favor da preferência do OHL, a "solução candidata". A Polônia optaria por sua soberania, mas a Alemanha comandaria seu exército e controlaria suas ferrovias, além de anexar uma ampla zona fronteiriça.[1] Ausente de Spa esteve a *bête noire* do OHL, o ministro das Relações Exteriores Kühlmann, que havia intensificado a desconfiança em relação a ele quando, numa conferência realizada em Haia, no início de junho, para discutir uma troca de prisioneiros de guerra, autorizou seu representante a sinalizar aos britânicos que a Alemanha aceitaria uma paz *status quo* a oeste. Tal iniciativa não levou a nada, mas bateu de frente com a contínua determinação de Ludendorff de manter a Bélgica sob controle econômico e político,[2] e o rompimento veio quando Kühlmann disse ao Reichstag, no dia 24 de junho, que a guerra não podia ser resolvida só por meios militares. Os líderes do Partido Conservador e do Liberal Nacional condenaram o comentário como sinal de fraqueza, e Hindenburg e Ludendorff obtiveram novo êxito, insistindo com Guilherme que, a menos que o ministro das Relações Exteriores saísse, eles sairiam. O sucessor de Kühlmann, Paul von Hintze, não era um diplomata de carreira, mas um oficial da marinha meio desgastado, em quem Hindenburg confiava para funcionar como ministro das Relações Exteriores,[3] e Ludendorff garantiu-lhe que o assalto seguinte seria decisivo.

Se o OHL insistia em sua posição quanto aos objetivos de guerra, sua estratégia era cada vez mais contestada. Depois de Matz, a maioria dos comandantes do exército queria esperar antes de atacar outra vez, mas Ludendorff rejeitava ficar na defensiva, o que, segundo ele, desanimaria os aliados da Alemanha e deixaria as tropas ainda mais nervosas. Em vez disso, ele planejava mais um grande ataque na extremidade do terreno de Champanhe conquistado em maio, o que dispersaria as divisões aliadas, com o estabelecimento de cabeças de ponte através do Marne, ameaçando Paris e interrompendo a ferrovia Paris-Nancy. Duas semanas depois (e a expectativa exibia uma notável confiança em sua flexibilidade logística), o segundo ataque a partir de Flandres, por tanto tempo postergado, contra os britânicos finalmente forçaria os Aliados a ceder.[4] Foch, por outro lado, havia concluído, a partir de Matz, que a resposta para as táticas alemãs compreendia melhor serviço de inteligência (para evitar surpresas), forças adequadas na primeira e na segunda posição e reservas para garantir os dois lados de qualquer vantagem conseguida e contra-atacar assim que possível.[5] Durante junho, seu problema foi a falta de informações. Ele achava que o ataque seguinte viria do setor britânico, e pediu a Pétain que enviasse a artilharia para Flandres, mas o segundo resistiu e apelou para seu governo, embora Clemenceau se recusasse a apoiá-lo.[6] Contudo, Foch concordou com a volta das forças enviadas ao norte do front, em troca da devolução, por Pétain, das quatro divisões britânicas a Haig. Além disso, ele pediu que Pétain preparasse uma contraofensiva para capturar o terreno elevado a oeste de Soissons, que possibilitaria aos Aliados bombardear a principal artéria de comunicação com Champanhe. Essas medidas ganharam relevância quando ficou claro, no início de julho, que o ataque seguinte (que o OHL pouco fez para esconder) cairia sobre o Marne, mas que os alemães também estavam preparando um ataque contra o setor britânico. Assim, como antes da batalha do Matz, os Aliados tiveram tempo para movimentar a artilharia, a força aérea e a infantaria. Pétain acumulou 35 divisões francesas na reserva; além disso, entre abril e julho, o número dos aviões de combate do exército francês subiu de 797 para 1.070 e foram recebidos mais de 500 tanques leves Renault.[7] Daí os franceses terem planejado enfrentar diretamente o ataque alemão e atacar o flanco desse ataque, com seus preparativos para a segunda batalha do Marne fazendo eco aos da primeira, quatro anos antes.

Quando o *Friedenssturm* (ou "assalto da paz") de Ludendorff começou em 15 de julho, os franceses tornaram a surpreender os alemães com um contrabombardeio. O ataque alemão foi muito maior que em Matz, utilizando 52 divisões contra 34. Contudo, a leste de Reims, onde Gourau, o comandante local, havia seguido as instruções de Pétain e adotado a defesa em profundidade, mesmo um assalto dessa escala pôde ser detido no primeiro dia: a artilharia francesa disparou 4 milhões de bombas de 75 mm durante a batalha e destruiu 20 dos tanques (capturados dos Aliados) que os alemães usaram como apoio. A oeste de Reims, contudo, onde tropas francesas em excesso estavam concentradas na linha de frente, os alemães cruzaram o Marne. Pétain lançou mão de todos os homens a seu dispor e os mantinha ao longo do rio em 17 de julho, mas quis cancelar ou postergar o contra-ataque planejado. Entretanto, Foch insistiu que ele fosse levado adiante. Portanto, no dia 18 de julho, Mangin tornou a atacar com 18 divisões (inclusive a Primeira e a Segunda Divisões dos americanos) que haviam se movimentado secretamente, escondendo-se na floresta de Villers-Cotterêts. Não havia nenhum registro prévio, e as tropas avançaram através dos milharais por trás de uma barreira rastejante e com mais de 300 tanques, e os modelos Renault revelando-se muito superiores aos Saint-Chamond que haviam falhado sob Nivelle.[8] Os alemães só contavam com defesas rasas e foram suplantados em número de canhões e poder de ataque, tendo sido tomados completamente de surpresa, e Ludendorff já havia começado a retirar artilharia para seu ataque de Flandres. Para começar, quase não ofereceram resistência, e os americanos avançaram mais de 8 km. Subsequentemente, à medida que os tanques avançavam e as metralhadoras retardavam as forças de Mangin, Ludendorff suspendeu os movimentos de tropa para Flandres e seus comandantes organizaram uma retirada. Quando a batalha terminou, em 4 de agosto, os Aliados haviam capturado 30 mil alemães e mais de 600 canhões, além de restabelecerem a ligação ferroviária transversal entre Paris e Châlons-sur-Marne, embora suas baixas atingissem 160 mil, contra 110 mil dos alemães.[9] Eles haviam não só detido, mas também revertido uma ofensiva lançada com toda a força sob o comando do OHL. A ameaça a Paris diminuiu em muito, e o dilema de Ludendorff com relação ao terreno Champanhe foi resolvido pela saída apressada de suas tropas ali estacionadas, deixando boa parte de seu equipamento para trás. Na verdade, ele foi confundido pelo contra-ataque de Villers-Cotterêts, reagindo, em 18 de julho, com uma discussão furiosa e pública com Hindenburg. Segundo seus subordinados, Ludendorff ficou nervoso e agitado, perdendo o autocontrole, culpando todos à sua volta, imerso nos detalhes e incapaz de tomar grandes decisões. Loosberg, o autor intelectual dos sucessos defensivos a partir de setembro de 1915 ao Somme e ao Passchendaele, queria se retirar para a Linha Hindenburg e preparar uma posição de retirada de Antuérpia ao Mosa, mas Ludendorff rejeitou esse projeto por achá-lo politicamente impossível, pois desencorajaria o exército e o público, ao mesmo tempo em que alentaria os Aliados. Apesar de abandonar o terreno de Champanhe, ele se recusou a fazer uma retirada mais geral, embora, em 22 de julho, tenha efetivamente cancelado a ofensiva de Flandres, redistribuindo as tropas envolvidas para fortalecer sua linha em outras partes.[10] No dia 2 de agosto, ele ordenou que seus comandantes adotassem a defensiva estratégica, e embora esperasse logo voltar a atacar, não podia fazê-lo.[11] Ele nunca se recuperou completamente de sua quase bancarrota, e dois meses depois seus sintomas retornaram com desastrosas consequências. Os Aliados agora tinham a vantagem de seu serviço de inteligência, combinado com superioridade em termos de artilharia, tanques e aviões, bem como dos reforços americanos, estando, por fim, posicionados para obter grandes ganhos territoriais.

No dia 24 de julho, Foch reuniu-se com Haig, Pétain e Pershing em seu quartel. Ele fez circular um memorando (em boa parte obra de seu comandante-chefe, Maxime Weygand) que demonstrava uma considerável presciência. Os Aliados, afirmava ele, tinham que atingir uma "virada": eles agora tinham vantagem e deveriam conservá-la. Em primeiro lugar, isso significava uma rápida sequência de golpes limitados para livrar a rodovia transversal que saía do leste de Paris em direção a Avricourt e, para o norte, em direção a Amiens, bem como tomar a saliência de Saint-Mihiel na Lorena; outras operações poderiam empurrar os alemães para longe dos portos do canal da Mancha e avançar em direção às jazidas de ferro de Briey e as de carvão do Sarre. O contraste com a estratégia do Somme e com o antigo pensamento de Foch era evidente: os Aliados desferiram certeiros ataques de surpresa com vistas a objetivos concretos, suspendendo-as antes que o inimigo apelasse para suas reservas e as baixas aumentassem, embora os sucessos nessa fase inicial possibilitassem posteriores operações mais ambiciosas. Foch mudou o tom de sua preferência doutrinária para a ofensiva no momento em que, por fim, a realidade começava a justificá-la.[12] Ele não esperava a vitória antes de, pelo menos, 1919, mas acreditava que, quanto mais cedo viesse, a França estaria em melhor situação, portanto ele estava com pressa; também estavam com pressa os comandantes nacionais, que achavam o memorando de 24 de julho arriscado demais, embora concordassem com ele.[13] De fato, embora Pétain duvidasse que o exército francês pudesse dar conta de muitas outras ofensivas, Haig acabara de apresentar uma proposta para o que se tornaria a batalha de Amiens de 8 a 12 de agosto. Se as operações do Marne, entre 18 de julho e 4 de agosto, livraram a linha Paris-Avricourt, essa nova batalha livraria a linha de Paris a Amiens, e, no processo, destruiria as últimas esperanças de vitória de Ludendorff.

A operação Michael havia criado uma saliência alemã nas perigosas proximidades da ferrovia que ligava Paris aos portos do canal da Mancha e servia como a principal ligação transversal por trás do front britânico. Os alemães levaram sua ameaça até o entroncamento de Amiens, quando um ataque, em abril, capturou Villers-Bretonneux, e eles estavam então a menos de 6 km da linha.[14] Outros dados dos serviços de inteligência revelaram que o Segundo Exército alemão de Marwitz estava exausto, e suas defesas, incompletas. Haig perguntou a Rawlinson, o comandante no Somme, quem havia assumido o Quarto Exército (o sucessor do aziago Quinto Exército de Gough), para começar a planejar. Quando Rawlinson apresentou suas propostas, em 17 de julho, Haig insistiu, como em 1916, num objetivo mais ambicioso (um avanço de 69 km, em vez de 17) e – mais uma vez como em 1916 – Foch obteve apoio para um ataque francês paralelo antes de dar sua bênção ao esquema.[15] Contudo, pouco do esquema lembrava a batalha de 1916. Rawlinson e Sir John Monash, o comandante australiano, souberam do contra-ataque francês em Villers-Cotterêts no dia 18 de julho, bem como da tradição britânica de inovação tática que havia levado à batalha de Cambrai e à de Hamel em 4 de julho de 1918. Esta última havia sido contra um setor alemão enfraquecido ao sul do Somme, terminando em duas horas e alcançando todos os seus objetivos, com mil baixas dos Aliados e o dobro desse número do lado alemão, metade das quais eram de prisioneiros. Como Cambrai, começara com um bombardeio surpresa por cerca de 600 canhões, com a artilharia alemã silenciada por bombas de gás, enquanto uma barreira rastejante protegia o avanço da infantaria canadense e australiana (pesadamente armadas com canhões Lewis e equipadas com rifles lança-granadas contra os ninhos de metralhadoras), além de 60 tanques Mark V, que eram um pouco mais rápidos, tinham melhor blindagem e eram mais confiáveis que seus predecessores. Uma barreira de gás e explosivos de alto poder para além da zona de ataque havia se interposto a um contra-ataque. A batalha de Hamel ajudou a convencer Monash, um cuidadoso comandante que acreditava na proteção de seus homens, do valor dos tanques no apoio à infantaria. Além disso, essa batalha foi um laboratório para ideias que seriam repetidas numa escala muito maior no ataque de Amiens.[16]

A batalha de Amiens foi uma espetacular e maciça operação com tanques, ainda maior que a de Cambrai e a maior de sua espécie durante a guerra. Swinton e os autores intelectuais da nova arma sempre tiveram a intenção de usá-la dessa forma, e Rawlinson estava convencido de que deveria assumir o comando do corpo de tanques inteiro, que contava com cerca de 552 veículos, incluindo não apenas os Mark Vs, mas também os novos e mais leves tanques Whippet (capazes de atingir até 13 km/h) e carros armados. Como em Hamel, foram movimentados secretamente, com aviões sobrevoando-os para abafar o ruído dos motores. Com uma superioridade local de quatro aviões para um (muitos aviões alemães ainda estavam em Champanhe), os pilotos britânicos e franceses podiam impedir os sobrevoos e garantir o elemento surpresa, bem como apoiar o avanço em terra. Não obstante, armas tradicionais revitalizadas formavam o grosso da força aliada. Como Bruchmüller, a artilharia britânica agora procurava "neutralizar" o inimigo e mantê-lo de moral baixo, em vez de destruir suas defesas. Os britânicos tinham muito mais canhões pesados que em 1916, seu fogo era mais preciso e tinham mais munição do que precisavam. Enquanto a artilharia pesada silenciava as baterias inimigas com fosgênio e explosivos de alto poder, os canhões de campo cercavam a infantaria com uma barreira rastejante. Dez divisões atacaram ao longo de uma amplitude similar do front de 1º de julho de 1916, mas as divisões haviam encolhido tanto desde então que a força de assalto provavelmente totalizasse 50 mil, em vez de 100 mil. Contudo, o déficit de homens foi compensado por maior poder de fogo, com cada batalhão carregando 30 canhões Lewis, em vez de 4; 8 morteiros de trincheira, em vez de um ou dois, e 16 rifles lança-granadas.[17] Eles enfrentaram unidades alemãs desanimadas que haviam chegado recentemente às linhas, mal sabiam qual era sua posição e eram superadas na proporção de dois para um.

Quando o ataque começou, às 4h20 da manhã no dia 8 de agosto, sem um bombardeio preliminar, pelo chão seco e debaixo da neblina, foram obtidos resultados ainda mais notáveis que os do contra-ataque francês de julho. No meio da tarde, os Aliados tinham avançado até 13 km, sofrendo 9 mil baixas, mas infligido três vezes esse número aos inimigos e capturado 12 mil prisioneiros e mais de 400 canhões. Mesmo depois da barreira rastejante, os atacantes puderam avançar, suprimindo as metralhadoras com tanques, embora a maior parte deles tivesse quebrado ou sido atingida pela artilharia à medida que o dia avançava. Em 9 de agosto, embora os canadenses tivessem avançado mais 6,5 km, tiveram que operar com muito menos tanques, e os canhões pesados não podiam ser movidos até que pudessem garantir um fogo preciso de contrabateria, enquanto os alemães reforçavam suas forças no ar e no solo. Quase tão significativa quanto o ataque, contudo, foi sua suspensão, pois em 11 de agosto Rawlinson, ciente, como Monash e Currie, o comandante canadense, das crescentes dificuldades, pediu uma parada. Foch desejava retomar o assalto em alguns dias, mas Currie persuadiu Rawlinson a protestar, e Haig rejeitou o pedido de Foch. Os Aliados não mais insistiram em atacar o mesmo setor além do ponto em que os ganhos começassem a diminuir. O segredo do sucesso estava não apenas na nova tecnologia e na boa preparação, mas também numa disposição de se deter enquanto as coisas iam bem antes de reiniciar em outra parte. O elevado gasto com o transporte e o equipamento resultaram em economia de vidas.[18]

A batalha de Amiens destruiu seis divisões alemãs e salvaguardou a cidade e a ferrovia. As baixas finais de britânicos e franceses foram de 22 mil cada; as alemãs, em torno de 75 mil, das quais 50 mil eram prisioneiros.[19] Contudo, essa foi uma ação mais breve e menor que a segunda batalha do Marne, e boa parte de seu significado está em seu impacto sobre o OHL. A história oficial do exército alemão chamou-a de pior derrota desde o início da guerra; Ludendorff, numa passagem bastante citada em suas memórias, afirmou que os dias que seguiram ao 8 de agosto foram os piores que ele experimentou até o colapso final.[20] Ele foi pego de surpresa, assim como seus homens, e ficou abalado pela evidência de sua rendição em massa. Partes do exército resistiram com a usual tenacidade, mas se o resto havia perdido a vontade de prosseguir, o jogo estava terminado.[21] Abandonando a esperança de retomar a iniciativa, no dia 13 de agosto Ludendorff contou a Hindenburg que agora a única coisa a fazer era uma estratégia defensiva com ataques limitados e ocasionais para desgastar os Aliados e gradativamente forçá-los a um acordo.

Isso não significava, contudo, que o OHL havia desistido de um resultado favorável ou, pelo menos, de um empate. Hindenburg e Ludendorff revelaram seu pessimismo a seus subordinados e não a Hertling e Guilherme, e o efeito na política alemã como um todo permaneceu negligenciável. Ludendorff confessou ao imperador que a guerra havia se tornado um inaceitável jogo de azar e devia ser encerrada, mas uma nova reunião de cúpula em Spa, nos dias 13 e 14 de agosto, decidiu apenas para uma sondagem de paz depois do "próximo... sucesso a oeste".[22] Os alemães tampouco estavam preparados para abrir mão da Bélgica, e Ludendorff ainda rejeitava qualquer conselho para retroceder até a Linha Hindenburg e insistia numa obstinada defesa cautelosa. Mas recentes batalhas haviam demonstrado que tal atitude não era mais sustentável. Apostando tudo em sua opção ofensiva, Ludendorff havia sacrificado a defensiva, pois agora isso estava por demais evidente.

A fase seguinte foi de avanços graduais dos Aliados até meados de setembro, o que expulsou os alemães dos territórios remanescentes por eles ocupados desde março. Em 1916, esses ganhos teriam parecido excepcionais conquistas pelas armas. Agora, as retomadas de cidades históricas e a recaptura de complexos de fortificação tornaram-se itens obtidos toda semana. O temor de Foch – que ele tentava evitar mantendo-se em contato com os alemães – era que o inimigo se retirasse para uma linha mais curta, recuperando as densidades de tropas necessárias para se garantirem até o inverno e reconstituindo uma reserva para um contra-ataque.[23] Dada a recusa de Haig de permanecer em Amiens, Foch autorizou operações britânicas mais ao norte. No dia 21 de agosto, o Terceiro Exército de Byng abriu a batalha de Albert: uma operação menor que a de 8 de agosto, com apenas um terço do número de tanques. Dois dias depois, o Quarto Exército atacou nas duas margens do Somme, rompendo as velhas fortificações alemãs de 1916 e empurrando o inimigo de volta para a Linha de Inverno, que Ludendorff havia planejado manter o restante do ano. No dia 26, o Primeiro Exército e os canadenses deram início a mais um ataque mais ao norte, e a Linha de Inverno foi flanqueada. No dia 2 de setembro, os canadenses esmagaram uma das mais fortes defesas alemãs, o "desvio de Drocourt-Quéant", e o OHL acabou por se retirar relutantemente para a Linha Hindenburg, sua última posição mais importante.[24] Embora os britânicos assumissem o papel mais importante durante agosto, os franceses atacaram ao sul do Somme, em direção ao Oise, e Mangin renovou o avanço detido em 4 de agosto em direção ao Aisne. Também em Champanhe os alemães perderam seus últimos ganhos de 1918 e retiraram-se para a linha de colinas de onde haviam desafiado todos os esforços por desalojá-los desde 1914. Realmente, no leste eles bateram em retirada para mais longe como resultado da batalha de Saint-Mihiel, a primeira grande operação amplamente planejada e executada pelo recém-constituído Primeiro Exército americano. A saliência de Saint-Mihiel era um triângulo de 320 km² coberto por uma floresta, em que os alemães dominavam o terreno alto. Desde o fracasso de uma tentativa francesa contra o local em 1915, a área se mantinha tranquila. Foch já o tinha escolhido como alvo, bem como Pershing, que via a planície de Woëvre, para além dele, como terreno propício para a guerra de manobra que ele planejara, ameaçando a principal ferrovia lateral alemã e o carvão e o aço do norte da Lorena. No fim de agosto, contudo, Foch pediu aos americanos que se concentrassem no setor do Mosa-Argonne. A operação Saint-Mihiel podia prosseguir, mas como operação preliminar limitada a pressionar o saliente. Assim, ela avançou cuidadosamente e com o dobro de força. O lado sul do saliente foi assaltado em 12 de setembro às cinco da manhã (seguindo-se a um bombardeio de quatro horas com quase 3 mil canhões), além de 110 mil tropas francesas, 1.500 aeronaves e 267 tanques leves franceses. As forças alemãs, muito menores, haviam negligenciado suas defesas e já estavam removendo sua artilharia pesada. E ofereceram pouca resistência. Depois da primeira manhã, os alemães ordenaram a evacuação e a maioria de seus soldados escapou, embora com a perda de 17 mil homens (principalmente feitos prisioneiros) e 450 canhões, contra 7 mil baixas do lado americano.[25] Contudo, depois de o saliente ter sido eliminado, o ataque cedeu, o que foi, quase com certeza, um erro da parte de Foch, mas que, a essa altura, tinha relativamente pouca importância.

O rápido e inesperado sucesso das limitadas ofensivas incentivou Foch a tentar um assalto orquestrado a oeste pela primeira vez desde abril de 1917. Agora, seu objetivo virou ruptura: furar a última linha alemã de defesa e entrar em campo aberto, cortando o núcleo de Noyon e dirigindo-se para a ferrovia entre Cambrai, Saint-Quentin, Mézières e Sedan.[26] Inicialmente, Foch parece (como Pershing) ter visto o centro da operação como um rápido avanço norte-leste através de Saint-Mihiel e o Woëvre em direção à ferrovia e à fronteira alemã. Haig, por outro lado, propôs, no dia 27 de agosto, um avanço mais concêntrico, com os diferentes ataques convergindo, em vez de divergir (e, portanto, dando melhor apoio um ao outro), e venceu a rodada francesa. De maneira mais clara que Foch, Haig previu que a guerra podia terminar naquele outono, embora essa convicção pudesse simplesmente ser resultado de seu habitual otimismo, e praticamente ninguém compartilhava de sua confiança em Londres. Em 31 de agosto, Henry Wilson advertiu-o de que o gabinete ficaria "ansioso" se ele incorresse em perdas pesadas e fúteis contra a Linha Hindenburg,[27] ou, como disse Milner, de maneira mais contundente, se Haig "esmagasse" esse exército britânico, não poderia contar com outro. Não obstante, Rawlinson disse a Haig que a Linha Hindenburg podia ser forçada, e uma diretiva de Foch, em 3 de setembro, previa a realização de um ataque geral no fim do mês. O que aconteceu, depois de mais consultas, foi uma ofensiva conduzida pelos americanos no setor do Mosa-Argonne, começando em 26 de setembro; um ataque pelos Primeiro e Terceiro Exércitos britânicos em direção a Cambrai no dia 27; outro ataque pelos belgas e os britânicos em Flandres no dia 28; e uma ofensiva pelo Quarto Exército britânico, com apoio americano e francês, contra Busigny no dia 29.[28] Agora, os Aliados tinham em torno de 217 divisões contra as 197 dos alemães,[29] embora, pelos cálculos dos Aliados, menos que 50 destas últimas estavam totalmente preparadas para a ação.[30] Coletivamente, a ofensiva geral seria a maior – e decisiva – batalha da guerra.

O destino das armas convergentes foi muito variado. Em particular, forças alemãs muito menores levaram a operação do Mosa-Argonne a um impasse. A razão remontava à mudança de plano de Foch por sugestão de Haig. Pershing reconheceu a eficiência, em princípio, de um ataque convergente contra Mézières, em vez de um ataque divergente em direção ao Metz, e estava disposto a empreendê-lo se seu exército permanecesse independente, e não sob o comando francês. De modo inverso, o pessoal de Foch pode ter favorecido a mudança de plano como meio de manter mais controle sobre os americanos. Eles deram a Pershing a opção de cancelar Saint-Mihiel, mas foi em frente com ele para proteger seu flanco e servir como impulsionador do moral. Eles também deixaram que ele escolhesse entre atacar o oeste ou o leste de Argonne, e ele preferiu esta última opção porque abastecer suas tropas seria mais fácil, embora o terreno fosse mais difícil. O campo de batalha de Mosa-Argonne era, realmente, muito mais formidável que a planície de Woëvre, que ficava para além da saliência de Saint-Mihiel. Os americanos avançariam entre o inacessível Mosa e os cumes cobertos de floresta do Argonne, através de um terreno interrompido por florestas e ravinas. Os alemães podiam submetê-los a fogo de enfiada com artilharia dos dois flancos, tendo construído linhas de defesas profundas cruzando seu caminho, principalmente o Kriemhilde Stellung (parte da Linha Hindenburg) numa serra a 16 km do ponto de partida. Pershing apostou em tomar essa posição no segundo dia, antes que os alemães pudessem reforçá-la. Mas a súbita mudança de planos deu ao comandante do Primeiro Exército, George C. Marshall, pouco tempo para se preparar e começar o ataque quando mal fazia duas semanas depois de Saint-Mihiel comprovou ser algo ambicioso demais. Só três estradas carcomidas cruzavam 96 km entre os dois campos de batalha, pelas quais 400 mil homens tinham que se movimentar. Todas as viagens ocorriam à noite e contra o cenário sinistro dos terrenos mortíferos de Verdun. Além disso, e para ganhar tempo, muitas tropas mal treinadas e completamente sem experiência participariam. Pershing esperava vencer pelo peso dos números, gozando de uma superioridade de quase oito para um no primeiro dia; mas, embora ele tivesse convocado 600 mil homens, eles contavam com menos tanques que em Saint-Mihiel e a metade do número de aviões. A princípio, os americanos contaram com o elemento surpresa e a vantagem da neblina, enfrentando cada vez mais o fogo de metralhadoras, incapaz de vencer as alturas de Montfaucon que bloqueavam seu caminho. Os suprimentos não conseguiam chegar aos soldados da linha de frente, alguns dos quais estavam sem comida. Em 30 de setembro, o ataque foi detido, em boa parte por causa de falhas na logística e na estrutura de comando da AEF, embora também graças aos reforços alemães. Mesmo depois de fazerem uma pausa para se reagrupar, os americanos levaram mais duas semanas para atingir a Kriemhilde Stellung.[31] O ataque a leste, em que Foch depositara tantas esperanças, mostrou-se estrategicamente questionável e um fiasco operacional.

Felizmente para os Aliados, as coisas estavam melhores em outras partes, embora, em Flandres, o ataque mais ao norte também estivesse com problema. No primeiro dia, 28 divisões fizeram 10 mil prisioneiros e avançaram 12,5 km através de um terreno que, um ano antes, detivera os britânicos por três meses, incluindo a maior parte da serra a leste de Ypres. Mas, então, mais uma vez a lama restringiu o transporte, e a operação foi suspensa por uma quinzena.[32] Em contrapartida, o ataque deslanchado em 27 de setembro numa frente de 14,5 km na direção de Cambrai teve que superar as formidáveis barreiras representadas pelo canal do Norte, que tinha 4,5 metros de profundidade e era fortemente cercado de arame farpado. Os canadenses, lutando com o Primeiro Exército britânico, implementaram um plano arriscado de atravessar uma estreita seção seca do canal, cruzando com a artilharia na primeira noite e usando-a para repelir contra-ataques. Eles avançaram com a operação com um reconhecimento detalhado, usaram tanques e bombas de fumaça, sendo ajudados pela falta de munição dos canhoneiros alemães e seu sistema de defesa baseado em abrigos interligados, porém, fáceis de isolar.[33] Entretanto, as baixas foram pesadas e, no dia seguinte, os canadenses foram detidos no combate em torno de Cambrai, que só caiu no dia 9 de outubro, com o ataque inicial mostrando-se mais bem-sucedido que os que se seguiram. Foi, portanto, o assalto final do Quarto Exército britânico, no dia 29 de setembro, o mais devastador dos quatro, acabando por conseguir o rompimento da Linha Hindenburg e suas posições reservas.

Nessa seção, a linha tinha sido construída como uma defesa contínua, mais fácil de penetrar que os sistemas de caixas de Passchendaele. Além disso, havia sido negligenciada e era grande demais para sua reduzida guarnição. Durante a batalha de Amiens, os australianos haviam capturado planos detalhados do sistema. Sua seção sul centrava-se no canal de Saint-Quentin, protegida por arame farpado e bordas íngremes, enquanto, no setor norte, o canal corria através de um túnel, usado pelos alemães para abrigar seus homens. Diante do canal ficava um espinhaço, que os britânicos capturaram num ataque preliminar, de modo que passaram a controlar o curso d'água. Como havia pouca possibilidade de um ataque surpresa, Monash (a quem Rawlinson mais uma vez confiou os preparativos) adotou a abordagem mais convencional de destruir o quanto possível das defesas num bombardeio preliminar. O peso desse bombardeio – cerca de 750 mil bombas lançadas em quatro dias – foi superficialmente comparável ao de junho de 1916, mas agora poucas bombas falharam, e o fogo contra as baterias inimigas foi muito mais preciso (com os britânicos usando bombas de gás mostarda pela primeira vez), assim como contra as proteções de arame farpado. O sucesso decisivo veio no próprio canal, onde os alemães não esperavam um ataque, com os britânicos ajudados pelo nevoeiro, bem como por um bombardeio que despejou 126 bombas de campo durante oito horas ao longo dos 450 km das posições alemãs. Depois de 29 de setembro, o avanço tornou-se mais lento na maneira tradicional por maior apoio da artilharia e de tanques, para não mencionar a chuva forte, mas em 5 de outubro os britânicos romperam as últimas defesas e, logo depois, já puderam avançar, ainda que lentamente, por terreno desprotegido.[34]

Mesmo antes desses dramáticos acontecimentos, Ludendorff havia tido um colapso nervoso na noite de 28 de setembro, decidindo fazer pressão por um armistício imediato. Ele estava respondendo não apenas a esses eventos no leste, mas também às notícias de que a Bulgária estava em busca de paz. De fato, em setembro de 1918, uma combinação de sucessos militares dos Aliados na Frente Ocidental e outras partes finalmente ofereciam a perspectiva de vitória. Os Alemães não enfrentaram apenas a crise no oeste, mas também o colapso de seus parceiros, e o ressurgimento dos Aliados estendeu-se para todos os palcos do conflito. Isso incluía a Rússia, onde a intervenção aliada na Guerra Civil reconstituía uma Frente Oriental, dirigida não apenas contra as Potências Centrais, mas também contra os bolcheviques como seus cúmplices de fato. Embora, no verão, a expansão alemã pelo antigo império czarista estivesse diminuindo, a sobrevivência dos bolcheviques era o que agora estava em questão. Depois de tomar o poder na capital, eles ampliaram sua autoridade ao longo das ferrovias que se irradiavam do trecho Petrogrado-Moscou. Mas as eleições de novembro de 1917 para a Assembleia Constituinte indicaram que seu apoio limitava-se a apenas um quarto do eleitorado, e ao dissolver a Assembleia em janeiro, Lênin provocou uma guerra civil com os outros partidos socialistas. Essa luta entre Vermelhos (bolcheviques) e Verdes foi característica de 1918, embora a guerra civil mais conhecida entre Vermelhos e Brancos (não socialistas) logo a tenha engolfado.[35] O próprio Tratado de Brest-Litovsk foi um segundo provocador do conflito, visto que rompeu a aliança bolchevique com os SRs de esquerda, que haviam optado pela resistência. Em julho, eles assassinaram o embaixador alemão e tentaram uma revolta, depois do que os bolcheviques os expulsaram dos Sovietes, e a Rússia tornou-se efetivamente um estado unipartidário.[36] O brutal assassinato do ex-czar e sua família no mesmo mês foi outro sinal da radicalização do regime. Contudo, embora o alinhamento pró-alemão de Lênin intensificasse a polarização política da Rússia, a guerra civil era algo que ele tinha previsto há muito e até saudado. Em contraste, os alemães estavam se cansando da conexão bolchevique. Guilherme queria suprimir o regime revolucionário, Ludendorff preferia substituí-los pelos Brancos se estes aceitassem Brest-Litovsk e o OHL e o alto-comando da marinha tinham em mente a Operação Pedra de Toque, um plano para tomar Petrogrado e Kronstadt como bases para um avanço em direção ao Mar de Barents.[37] Lênin tentou se proteger contra esse perigo intensificando o apaziguamento. Ele ofereceu aos alemães um acordo no qual ele esperava fixar as fronteiras da Rússia, combinado com concessões econômicas para mobilizar os capitalistas inimigos em favor de um compromisso. Seu objetivo era simplesmente ganhar mais fôlego, não tendo nenhum desejo de se ater aos termos além do tempo necessário. Do lado alemão, Hintze, embora indicado por Hindenburg e Ludendorff para buscar uma linha mais severa que a de Kühlmann, continuava a favor de uma acomodação com os bolcheviques. Mantendo a Rússia no caos, afirmava Hintze, eles atendiam aos interesses alemães melhor que qualquer alternativa concebível. Daí, os acordos suplementares de 27 de agosto entre Berlim e Moscou terem sido assinados de má-fé pelos dois lados. Os bolcheviques aceitaram perder a soberania sobre a Livônia, a Estônia e a Geórgia, prometendo entregar mais de 6 bilhões de marcos em reparação, mais um quarto da produção de petróleo do campo de Baku. Os alemães prometeram dar apoio aos movimentos separatistas, e aos bolcheviques expulsar as forças aliadas, não deixando que os alemães fizessem isso – duas providências que implicavam cooperação militar contra o Ocidente.[38]

Pela mesma razão, a intervenção aliada na Rússia tinha fortes implicações antialemãs, embora, posteriormente, tenha se tornado mais ideologicamente antibolchevique. Foi numa escala muito menor que a intervenção das Potências Centrais. Comparado com o meio milhão de forças de ocupação alemãs e austríacas, o maior contingente aliado – os japoneses – contava com 70 mil homens na Sibéria Oriental em novembro de 1918, onde eram acompanhados por 9 mil americanos e 6 mil britânicos e canadenses. As forças britânicas, francesas e americanas em Archangel totalizavam cerca de 13 mil na mesma data, enquanto cerca de mil soldados britânicos eram deslocados em Murmansk. Outros mil soldados do Império Britânico operavam ao norte da fronteira persa em Asgabate a partir de setembro de 1918, e a Dunsterforce, um destacamento britânico de cerca de 1.400 soldados, sob o comando do major general Dunsterville, ocupou Baku entre agosto e setembro. Não obstante, as forças aliadas tiveram um impacto desproporcional a seu tamanho, e sua presença ajudou a intensificar uma guerra civil russa, cuja eventual avaliação de entre 7 e 10 milhões de mortos devido à luta e à fome foi quase tão grande quanto a da própria Guerra Mundial.[39]

O Ártico e a Sibéria eram os focos de conflito entre Aliados e soviéticos. Nenhum governo aliado considerava os bolcheviques como autoridade legítima ou representativa, e em dezembro de 1917 os britânicos e franceses concordaram secretamente em ajudar os partidos antibolcheviques, embora tivessem se mostrado dispostos a cooperar com Lênin e Trotsky se estes tivessem ficado na guerra. De fato, quando na primavera de 1918 parecia possível que os alemães esmagassem o novo regime em vez de fazer a paz com ele, um Trotsky em pânico autorizou o Soviete de Murmansk a buscar ajuda aliada, com fuzileiros britânicos efetivamente desembarcando no local em março. Depois de assinar o Brest-Litovsk, Moscou quis que os fuzileiros fossem expulsos, mas Murmansk se recusou, pois desejava mantê-los como fornecedores de comida e protetores de sua frota de pesca, enquanto os britânicos desejavam guardar as munições que haviam impedido que o porto caísse em mãos hostis.[40] Nesse ínterim, a partir do início de 1918, os britânicos e franceses começaram a pressionar pela intervenção japonesa na Sibéria, pois o Japão, o único entre os Aliados, ainda possuía grandes reservas treinadas.[41] Eles esperavam manter uma frente oriental, não apenas para imobilizar as tropas alemãs e austríacas, mas também para impedir que as Potências Centrais evitassem o bloqueio aliado. Além disso, no verão, à medida que os alemães se deslocavam para o Cáucaso, os britânicos previram a criação de um bloco hostil alemão-soviético que ameaçaria seus interesses no Oriente Médio e na Índia.[42] Essas preocupações pareciam mais urgentes que o risco de os japoneses estabelecerem uma dependência com relação a seu país. Em Tóquio, contudo, o governo de Terauchi estava dividido. O premiê, o ministro das Relações Exteriores e os chefes do exército temiam que a revolução bolchevique criasse um centro de poder hostil no continente, ameaçando sua segurança e seus interesses econômicos, desafiando seus esforços por dominar a China. Eles queriam estabelecer um regime fantoche na bacia de Amur. Figuras mais internacionalistas, incluindo Saionji, um velho estadista, e Hara, o líder do partido Seiyukai, temiam um confronto com o Ocidente e só agiriam de acordo com os americanos. Mas Wilson se mostrou relutante em responder aos urgentes apelos anglo-franceses. Ele tinha pouca simpatia pelos bolcheviques, mas se opôs, por princípio, à intervenção em um país soberano, também tendo em mente as desagradáveis memórias do envolvimento americano no México. Seus conselheiros estavam muito mais preocupados que os britânicos quanto aos perigos de uma expansão japonesa, e sua prioridade estratégica era a Europa, com os militares americanos opondo-se a um compromisso na Sibéria. Contudo, o presidente e o coronel House mostravam-se relutantes em desapontar seus parceiros no auge das ofensivas de Ludendorff, com os Aliados insistindo na questão. No final da primavera, a oposição inicial de Wilson ao envolvimento na Rússia começava a diminuir, mas um levante da Legião Checa finalmente rompeu o impasse.[43]

A Legião era composta por antigos soldados austro-húngaros que haviam desertado ou sido capturados, tendo se juntado ao exército russo. Eles eram cerca de 40 mil homens. Tiveram o extremo bom senso de evitar se render às Potências Centrais, que poderiam puni-los por traição. Em março, os bolcheviques decidiram deixá-los sair da Rússia pela ferrovia Transiberiana, mas, mais tarde, cederam a uma solicitação dos Aliados de que os checos mais a oeste fossem evacuados pelos portos do Ártico. Os checos se sentiram sitiados no coração de uma massa de terra caótica e hostil, e os boatos de que seriam divididos provocou tensões entre eles e os Vermelhos. No dia 14 de maio, quando alguns de seus companheiros foram presos, depois de uma luta eles tomaram a cidade de Cheliabinsk, nos Urais. Trotsky, agora Comissário do Povo para a Guerra, teve uma reação exagerada, ordenando que todos os checos armados fossem fuzilados. A revolta dos checos parece não ter sido coordenada com os Aliados ou com os oponentes russos dos bolcheviques, mas com a mais forte força armada local eles conseguiram, em um mês, destruir a autoridade bolchevique ao longo de toda a ferrovia Transiberiana. Em julho, apoiaram a criação de um governo dominado pelo SR, o Komuch, em Samara.[44] Num momento em que os Aliados estavam meio imobilizados e os bolcheviques se aproximavam cada vez mais dos alemães, a Frente Oriental estava providencialmente sendo reinstalada, facilitando a intervenção japonesa e dando a Wilson uma justificativa plausível para se envolver. O presidente concordou que era necessário agir para ajudar os checos de Vladivostok a se ligar aos do interior. Ele propôs uma expedição conjunta nipo-americana, com os dois governos pedindo que se respeitasse a soberania russa. Contudo, apesar dessa pretendida salvaguarda, o convite dava ao exército japonês o pretexto de que precisava para intervir com força. Como resultado do convite de Wilson, os japoneses ocuparam a bacia de Amur, mas pouco se esforçaram para avançar pelo interior para ajudar os checos. Não obstante, a ajuda dos Aliados à Legião Checa quase os levou às hostilidades com os bolcheviques e também tornou crítica a situação no Ártico. Moscou exigiu que os britânicos se retirassem de Murmansk, o que foi rejeitado. Em agosto, os Aliados desembarcaram em Archangel, onde um golpe havia deposto as autoridades bolcheviques locais. O terreno devastado entre Murmansk, Archangel e Petrogrado tornou-se um novo palco de guerra.[45]

Uma guerra civil na Rússia sempre foi provável depois da Revolução Bolchevique, dado o incompleto controle do país por parte de Lênin e seu desprezo pelos oponentes. A revolta checa permitiu que os Aliados interviessem e lhes deu um motivo para isso, levando a guerra civil a um estágio maior e mais selvagem. Contudo, é improvável que a intervenção aliada tenha empurrado os bolcheviques para os braços de Berlim. Em maio, Lênin já havia decidido negociar com Berlim, calculando que poderia suportar melhor uma guerra contra os japoneses que contra os alemães.[46] De maneira similar, mesmo antes da revolta checa, as Potências Centrais haviam entrado na Ucrânia. Mas a intervenção aliada na Sibéria criou um motivo extra para que lá permanecessem, e o temor do envolvimento aliado no Ártico era um dos principais motivos para o compromisso alemão na Finlândia.[47] O atoleiro russo sugou centenas de milhares de tropas austro-alemãs que poderiam estar lutando em outras partes.

Não só os alemães se tornaram vítimas de seu sucesso contra a Rússia. O mesmo aconteceu com os otomanos que, durante 1918, invadiram a Transcaucásia. Com exceção da cidade petrolífera de Baku, no mar Cáspio, os bolcheviques estavam muito mais fracos na região que os grupos separatistas nacionais e os mencheviques. Depois da tomada de Petrogrado pelos bolcheviques, os partidos locais estabeleceram uma frágil República Transcaucasiana, unindo a Geórgia, a Armênia e o Azerbaijão.[48] A nova república não esteve representada nas negociações do Brest-Litovsk, em que os turcos reclamaram os distritos armênios de Batum, Ardahan e Kars, que haviam perdido para a Rússia em 1877-78. Com relutância, os alemães aceitaram a exigência, os bolcheviques lavaram as mãos diante da situação e os transcaucasianos foram deixados sozinhos. Eles eram fracos demais para resistir aos turcos, que invadiram os três distritos e os anexaram em agosto, o que dissolveu a República Transcaucasiana, e seus três componentes assinaram tratados de paz em separado com Constantinopla. A ambição dos turcos, contudo, foi mais longe. Enver Pasha tinha a esperança de dominar o Cáucaso e pôr um pé no mar Cáspio, controlando seu petróleo e estabelecendo estados fantoches contra a Rússia.[49] Em julho, os turcos tinham chegado a Baku, que capturaram dois meses depois, expulsando a Dunsterforce britânica da cidade. Entretanto, a empreitada no Cáucaso de Enver levou-o a um confronto com os alemães, que também tinham planos para o petróleo e os minerais transcaucasianos, e apoiavam a Geórgia com um tratado de ajuda e tropas.[50] Eles se recusaram a reconhecer os tratados de paz da Turquia com os estados transcaucasianos, ameaçando retirar sua ajuda militar. Num protocolo secreto aos acordos suplementares de agosto com Lênin, eles prometeram não ajudar os otomanos se estes entrassem em choque com os bolcheviques.[51] Agora, a aproximação de Berlim com Moscou estava minando a amizade com Constantinopla, a ponto de uma guerra fria mal disfarçada surgir entre os dois aliados.

Outro motivo para a consternação alemã com relação à Transcaucásia era que, em setembro, os otomanos haviam enviado mais da metade de suas forças para a região. Essas unidades incluíam algumas de suas melhores divisões, que haviam sido retiradas da Europa para mandá-las em 1916 para ajudar os austríacos na Romênia e na Galícia. Os turcos ficaram expostos contra os britânicos na Mesopotâmia e na Palestina, sem deixar escapar a oportunidade de retaliar enquanto Allenby estava vulnerável. Depois de capturar Jerusalém em dezembro de 1917, Allenby foi detido pelas chuvas de inverno e, em fevereiro de 1918, o front palestino estendia-se por uma linha de Ramallah a Jericó.[52] O gabinete britânico queria uma ofensiva contra Damasco e Alepo, mas Allenby retrocedeu até poder lançar novas redes de inteligência e completar uma ferrovia costeira de duas vias. Sua preocupação revelou-se providencial, pois as ofensivas de Ludendorff a oeste forçaram o Escritório de Guerra a tirar-lhe tropas. Seis de suas divisões perderam nove de seus 12 batalhões, que foram substituídos por recrutas indianos sem treinamento.[53] Enquanto as novas tropas estavam sendo treinadas, Allenby autorizou dois grandes ataques através do Jordão em março-abril e abril-maio de 1918, mas os dois foram fragorosos desastres. Seu objetivo básico era cortar a ferrovia de Hejaz, que corria a leste de seus exércitos, da Síria até os lugares santos árabes de Medina e Meca. Foi sob o ataque de guerrilha do Exército Árabe do Norte, comandado por Faisal, o filho de Sharif Hussein, do qual o coronel T. E. Lawrence atuou como oficial de ligação, ajudando a definir a estratégia seguida pelos rebeldes e a conseguir apoio e ajuda dos britânicos para esse ataque.[54] Ajudados pelo equipamento britânico e um subsídio mensal, os árabes capturaram cerca de 25 mil turcos na Transjordânia, bem como sitiaram uma guarnição de 4 mil homens em Medina.[55] Eles eram um aliado barato e útil para Allenby, mas eram fracos demais para controlar permanentemente a ferrovia, e os turcos a repararam com bastante facilidade depois de suas tentativas de sabotagem. Allenby queria poder supri-los diretamente da Transjordânia, na esperança de que a revolta árabe se espalhasse para a Síria, mas o primeiro ataque jordaniano foi incapaz de transportar sua artilharia por estradas encharcadas pela chuva até Amã e bateram em retirada sem tomar a cidade. O segundo foi detido quando um contra-ataque turco ameaçou sua linha de retirada.[56] Assim, Allenby teve que passar o verão trabalhando numa ofensiva planejada para o outono.

Mas enquanto fazia isso, seus inimigos se dissiparam. No verão de 1918, mais de 500 mil soldados otomanos podem ter desertado desde o início da guerra, e como eram considerados infratores e não podiam voltar para suas vilas, muitos se juntaram a bandos armados que viviam de roubos.[57] A força de Yilderim não tinha tropas para o Cáucaso. Ajudados pela superioridade aérea, os britânicos elaboraram um detalhado quadro fotográfico das posições inimigas, enquanto escondiam seus próprios preparativos. Eles souberam que o túnel ferroviário para a Palestina, através dos montes Taurus, seria fechado por duas semanas para reparos e cronometraram o ataque de acordo com esse prazo. Além disso, ao atacar o extremo leste das linhas turcas, Allenby os fez acreditar que, em 1917, ele tentaria flanqueá-los atacando no interior. Mas, na verdade, desta feita, ele tencionava atacar pela costa e infiltrar-se com a cavalaria para bloquear as vias de retirada, com a vantagem secundária de fechar os cruzamentos do Jordão. Ele atacou em 19 de setembro com 57 mil soldados de infantaria, 12 mil de cavalaria e 550 canhões, contra forças turcas de 32 mil, 2 mil e 400, respectivamente. Depois de um bombardeio devastador, uma brecha foi rapidamente estabelecida, e a cavalaria pôde passar por ela. Os turcos, castigados pela aviação britânica, ofereceram pouca resistência, e Allenby ordenou um avanço sobre Damasco, que caiu em 1º de outubro, e Beirute, que caiu um dia depois. Ele fez 75 mil prisioneiros (3.700 dos quais alemães e austríacos), contra baixas britânicas de 5.666.[58] Essa campanha, à qual usualmente nos referimos pelo título bíblico de batalha de Megido, pôs fim à campanha palestina, mas não destruiu o principal exército turco nem ameaçou seu território na Ásia Menor. É duvidoso que tenha contribuído de maneira significativa para as decisões de Ludendorff ou dos turcos de buscar um armistício. Mais influentes, nos dois casos, foram as derrotas da Alemanha na Frente Ocidental e outra ofensiva aliada em setembro: um assalto aos Bálcãs.

Como a Turquia, a Bulgária era um parceiro cada vez mais inquieto das Potências Centrais em 1918, também estando por demais insatisfeita com os tratados de paz a leste. O público búlgaro queria toda a província de Dobruja da Romênia, mas os Turcos exigiram compensação por sua antiga ajuda aos búlgaros. Como medida provisória, o norte de Dobruja ficou sob a ocupação de quatro potências, embora Ludendorff não disfarçasse sua hostilidade quanto às exigências búlgaras.* O primeiro-ministro Radoslavov não deu conta da questão, e o rei Ferdinando o substituiu pelo menos germanófilo Molinov. Nesse ínterim, o exército búlgaro estava ficando desanimado em seu front quase em silêncio, e muitos de seus soldados-camponeses estavam desertando: por três anos, eles tinham sido obrigados a deixar suas famílias trabalhando nos campos, não estavam lutando eu seu solo pátrio, faltava-lhes comida e roupas, e os Aliados e a propaganda pacifista avançavam.[59] O

---

*   Ver cap. 15.

OHL tinha diminuído sua ajuda, e no outono de 1918 só sobravam três batalhões alemães por lá, junto com 14 divisões búlgaras e duas austro-húngaras.[60] Contra isso, forças regulares gregas haviam reforçado os Aliados, cuja unidade de comando beneficiou-se em muito quando Clemenceau afastou Sarrail, substituindo-o primeiro pelo general Guillaumat e, depois, em junho, por Franchet d'Espèrey, um dos vencedores de Marne em 1914. Clemenceau havia criticado a campanha de Salônica quando ainda estava na oposição, mas, uma vez no governo, resistiu aos esforços de Lloyd George de afastar as tropas aliadas.[61] Franchet planejava uma operação maior que destruísse o exército búlgaro e permitisse aos sérvios reconquistar sua terra natal, mas ele tinha que conseguir muita persuasão prévia. Os especialistas militares do SWC concordaram, com a condição de que nenhuma unidade fosse removida da Frente Ocidental; Lloyd George teria preferido a diplomacia contra os búlgaros, mas acabou por ceder.[62] Os números totais dos dois lados no palco da guerra eram quase iguais, mas os franceses e os sérvios conseguiram uma superioridade de três para um no momento decisivo, e Franchet aceitou uma proposta ousada dos sérvios de atacar pelas montanhas que os separavam do Kosovo, arrastando artilharia pesada por alturas de quase 2.400 metros. A operação foi lançada em 15 de setembro, e depois que chegou à segunda linha dos búlgaros, seu exército entrou em colapso. No dia 26, os sérvios estavam quase empurrando seus inimigos para além do vale de Vardar, tendo-os dividido em dois. Ludendorff ordenou que quatro divisões se deslocassem da Frente Oriental, e Arz ordenou que duas se deslocassem do Piave, mas antes que pudessem chegar, os búlgaros clamavam por um armistício. Seus representantes reuniram-se com Franchet e assinaram um cessar-fogo nos Bálcãs em 29 de setembro, o que, numa curiosa inversão da cadeia de eventos de 1914, levara a um cessar-fogo na Europa como um todo.[63]

* * *

Os Aliados muito deveram à desintegração de seus inimigos. Os turcos haviam lutado bravamente na Palestina em 1917, mas quando Allenby atacou em 1918, a maioria se rendeu na primeira oportunidade. O exército búlgaro teve declínio similar durante os meses de inatividade, enquanto seus suprimentos secavam, e a disputa de Dobruja enlameava os objetivos políticos da guerra, e depois da batalha do Piave, a desintegração do exército dos Habsburgo se acelerou. Quanto à Alemanha, as ofensivas de Ludendorff custaram a seu exército 1,1 milhão de baixas entre março e julho (seguidas por outros 430 mil mortos e feridos, e 340 mil prisioneiros entre julho e novembro). Nos últimos meses da guerra, o número de ausentes, que se mantinham longe da luta nos fronts ou se recusavam a se juntar a sua unidade, era estimado entre 750 mil e 1 milhão.[64] O exército alemão encarava uma crise insolúvel de efetivos, e nos meses finais da guerra, também padecia, pela primeira vez desde 1916, de falta de armas e munições. Mas, acima de tudo, coisa de que Ludendorff estava plenamente consciente, seu ânimo se fora. A partir de julho, o número de alemães que se rendiam deu um salto,[65] o que resultou, em parte, do fato de a guerra ter-se tornado mais móvel, e os Aliados estarem na ofensiva (afinal, milhares de tropas britânicas haviam se rendido no primeiro dia da operação Michael). Mas, além de boa parte do exército não estar mais lutando até o último homem, mesmo que algumas unidades – principalmente as de metralhadoras – resistissem bravamente. O contraste entre a defesa tenaz de Passchendaele e a facilidade com que a Linha Hindenburg caiu um ano depois sublinha o fato de os Aliados não estarem mais lutando com o mesmo exército. O moral e a disciplina dos alemães haviam dado sinais de enfraquecimento desde 1916, mas a enorme decepção depois das ofensivas de março-julho acelerou o processo de maneira crítica. O colapso dos russos, por mais intimidadores que suas consequências parecessem aos Aliados, comprovou ser um cálice de veneno para as Potências Centrais. Prisioneiros de guerra reincorporados e taciturnos veteranos do leste minaram a coesão dos exércitos alemães e austríacos em outros palcos da guerra, e discussões sobre o espólio de russos e romenos dividiram os líderes das Potências Centrais e desestabilizaram os fronts nacionais. As tropas alemãs que eram necessárias a oeste estavam atoladas na Ucrânia (em números muito maiores que as forças de intervenção aliadas na Rússia), enquanto os turcos ficavam preocupados com o Cáucaso.[66] A explosão de energia das Potências Centrais entre outubro de 1917 e julho de 1918 contribuiu pesadamente para sua subsequente queda.

Se for verdade que, numa medida considerável, as Potências Centrais provocaram sua própria derrota, os Aliados tinham efetivamente se tornado mais poderosos. Isso pode ser considerado em seus aspectos militares, econômicos e políticos. A superioridade militar dos Aliados provinha, em parte, de seus números mais elevados, mas também de seu melhor equipamento e da habilidade com que foi usado.[67] No final da guerra eles superavam os oponentes numericamente na Frente Ocidental, na Itália e na Palestina, mas este foi um fato recente. Somente em junho e julho os dois lados da Frente Ocidental reconheceram que o equilíbrio havia se desestabilizado, embora, a partir disso, a vantagem dos Aliados ampliou-se rapidamente. Enquanto os números alemães caíam de 5,2 para 4,1 milhões, os franceses convocaram a classe de 1919 (cerca de 300 mil homens) em abril de 1918 e alistaram outros 120 mil homens de suas colônias africanas.[68] Os britânicos enviaram 351.824 homens à França entre 21 de março e 13 de julho, diminuindo gradativamente o exército nacional e despachando rapazes com menos de 18 anos, homens convalescentes e jovens trabalhadores da indústria, embora depois da diminuição da crise as necessidades industriais tornassem a ser prioridade.[69] A legislação de emergência ampliou o limite de idade para a circunscrição e permitiu que o governo a aplicasse na Irlanda, embora a tentativa tenha provocado outra onda de protesto e intensificado a atração dos condados do sul pelo Sinn Féin.[70] Entre os

Domínios, seguindo-se à Nova Zelândia em 1916, o Canadá introduziu o alistamento na virada de 1917/18 para sustentar seus níveis de recrutamento.[71] Apesar disso, em si mesmos esses esforços se limitariam a permitir que os exércitos aliados encolhessem mais lentamente que o da Alemanha. O que permitiu que os exércitos aumentassem foram as enormes levas de soldados vindos dos Estados Unidos.

A expansão da Força Expedicionária Americana não foi conseguida sem uma luta política, sobre as quais as ofensivas alemãs tiveram um impacto decisivo. Em junho, Lloyd George descreveu a FEA como a "pior decepção da guerra",[72] mas os americanos foram mais rápidos que os britânicos no treinamento de suas tropas e em seu embarque para a Frente Ocidental. Ademais, o moral dos homens estava mais elevado. Apesar de um movimento pacifista sem reservas, houve pouca literatura antirromântica de desilusão antes de abril de 1917. Pelo contrário, escritores como Alan Seeger, o poeta de Harvard que se apresentou como voluntário da Legião Estrangeira Francesa e foi morto no serviço ativo, impregnado de uma visão cavalheiresca do conflito, e suas cartas e diário tornaram-se *best-sellers*. Políticos como Theodore Roosevelt – embora não Wilson – evocaram visões tradicionais do combate como um teste de fibra moral e masculinidade, lembrando a Guerra Civil Americana com um entusiasmo surpreendente.[73] Para muitos que serviam na FEA, a experiência foi efetivamente menos alienante que a dos franceses e britânicos. Os negros americanos, que constituíam cerca de 13% dos efetivos, podem ter constituído uma exceção. Apenas um em cinco dos que foram enviados à França entrou em ação, e a maioria serviu como estivador e trabalhador; os oficiais mais velhos de uma divisão de combate só de negros (a 92ª) eram brancos. Dois regimentos da divisão fugiram no primeiro dia em Mosa-Argonne, embora os regimentos de negros americanos sob o comando francês obtivessem registros notáveis.[74] Dos americanos brancos que serviram na FEA, cerca de 2 milhões foram para a França, e 1,3 milhão entrou em luta, quase todos depois de julho de 1918. Um total de 193.611 foram feridos e 50.476 mortos, mais da metade deles em Mosa-Argonne (e outros 57 mil morreram de gripe espanhola), mas a grande maioria permaneceu ilesa. Sua experiência de combate foi breve e ocorreu em campo relativamente intocado, depois de longas jornadas por mar e ar. Daí muitos diários de soldados conterem informações turísticas, além das de combates, e seu idealismo ter tido pouca oportunidade de se desgastar. Uma vez chegados ao campo de batalha, observadores alemães e aliados os acharam de uma bravura suicida.[75]

Não obstante, durante o primeiro ano após a entrada americana na guerra, a FEA permaneceu, do ponto de vista dos aliados europeus, desanimadoramente pequena. A causa estava, em parte, no imbróglio da "fusão", pela qual Londres e Paris eram culpados.*

---

* Ver cap. 15.

Britânicos e franceses queriam os soldados americanos como bucha de canhão para preencher as lacunas de seus próprios exércitos; Pershing e Wilson queriam uma força independente. Os dois lados viam as implicações como políticas e operacionais. Pershing avaliava que seus aliados podiam aguentar até que os Estados Unidos contassem com um exército independente, cuja criação precisava de equipamento de transporte e administradores, como de tropas de linha de frente. A proporção de não combatentes da FEA, na verdade, subiu de 20% para 32,5% nos cinco meses anteriores às ofensivas de Ludendorff.[76] Entretanto, 51% dos americanos cruzaram o oceano em navios britânicos ou sob *leasing* britânico (contra 46% em navios americanos),[77] e a emergência de março de 1918 possibilitou que os britânicos conseguissem uma pechincha: colocar mais navios à disposição (favorecendo suas próprias necessidades de importação) para transportar 120 mil pessoas por mês, mas com a condição de que fossem homens da infantaria e operadores de metralhadoras. Os americanos deviam estar se perguntando por que esses navios não estiveram à disposição anteriormente, e os britânicos realmente os usaram como mercadoria de barganha, mas suspeitaram, com razão, de que os americanos estivessem usando seus próprios navios mercantes para captar o comércio do hemisfério ocidental e o do Pacífico, em vez de empregá-los no esforço comum. Depois de agosto, a disponibilidade dos navios britânicos e os contingentes americanos diminuíram, provavelmente porque, depois da passagem de um pico de perigo, as duas partes deram preferência a seus interesses mais urgentes.[78] Não obstante, já se tinha feito muito para permitir o dramático aumento das forças americanas que se seguiu a abril de 1918:

QUADRO 4
Tropas americanas
desembarcadas na França,
março-outubro 1918[79]

março	64.000
abril	121.000
maio	214.000
junho	238.000
julho	247.000
agosto	280.000
setembro	263.000
outubro	227.000

A contribuição decisiva dos americanos foi, na verdade, o grande número de tropas, o que convenceu Ludendorff e seus soldados de que não mais conseguiriam vencer.[80] A avaliação qualitativa do OHL, mesmo antes de Mosa-Argonne, era que os americanos lutavam com bravura, mas eram mal treinados e comandados de maneira ineficiente. As primeiras unidades aprenderam rapidamente, mas tantos soldados crus chegaram depois delas que o padrão médio não conseguia melhorar.[81] As concessões à Grã-Bretanha e à França também podem ter prejudicado a FEA. Trazer tropas extras de linha de frente sem apoio não combatente possivelmente contribuiu para o caos logístico em Mosa-Argonne, e a velocidade com que a batalha foi planejada para atender aos desejos de Foch e Haig também foi outro fator agravante. Ademais, o conceito operacional de Pershing pode ter falhado. Um dos motivos por ele resistir à fusão foi que temia que suas tropas fossem levadas a aprender as cautelosas técnicas de combate em trincheira. Apóstolo da ofensiva, ele imaginava uma ruptura das linhas inimigas pela FEA, seguida pela guerra aberta. O enorme número das divisões americanas – aproximadamente 28 mil homens em cada uma delas, ou mais que o triplo de suas contrapartidas alemãs – objetivava economizar os poucos oficiais existentes, bem como sustentar as baixas esperadas no caso de um ataque, permanecendo em linha. Pershing insistia que seus homens fossem treinados para exceder em perícia no tiro, embora os rifles raramente figurassem nas lutas de trincheira. A artilharia estava equipada com canhões de campo leves e médios, e não com *howitzers*, mostrando-se ineficientes em estabelecer uma barreira rastejante.[82] Em termos de doutrina e armamento, os americanos eram menos apropriados que os britânicos e os franceses para uma guerra semiaberta.

O que destruiu os alemães, além de seus próprios erros, foi uma combinação do número de americanos com a eficiência de combate anglo-francesa, que detiveram as ofensivas de março-julho com enormes baixas, e a batalha ofensiva foi perdida, bem como a defensiva. Nessa avaliação, o exército francês é amiúde negligenciado, embora, durante 1918, tivesse capturado 139 mil prisioneiros e 1.880 canhões, comparados com os 188.700 e 2.840 da BEF, os 43.300 e 1.421 da AEF, e os 14.500 e 474 dos belgas.[83] Em novembro, a BEF compreendia aproximadamente 1,75 milhão de homens; os americanos eram em número de 2 milhões, e os franceses, 2,5 milhões; a BEF controlava 18% da Frente Ocidental, e os franceses, 55%.[84] As baixas francesas, entre 1º de julho e 15 de setembro, foram de 279 mil,[85] comparadas com as 297.765[86] da BEF, entre 7 de agosto e 11 de novembro. Mesmo depois da chegada dos americanos, em termos de força, os franceses e britânicos ainda provocaram mais danos ao exército alemão, arcando com o maior custo da luta. Os franceses parecem ter usado uma combinação similar de nova tecnologia e tática que os britânicos, embora seu papel, em 1918, não tenha sido devidamente estudado.[87] Seu contra-ataque no Marne foi maior que a batalha de Amiens, ainda que, na batalha climática do fim de setembro, tenham tido um papel de apoio. Desde 1917, sua artilharia tinha sido reequipada. Quando do armistício, ela contava com 13 mil peças, dois terços das quais modernizadas, e durante o verão lançou 280 mil bombas de canhões de campo de 77 mm todos os dias.[88] Como os britânicos e os alemães, os franceses tinham desenvolvido o uso de bombardeios curtos e intensos, destinados a neutralizar o inimigo e obter o elemento surpresa. Ademais, eles contavam com uma grande frota de tanques: 467 pesados modelos Schneider e Saint-Chamond em março de 1918, a maioria dos quais foram mais tarde postos fora de combate. Contudo, para substituí-los, o exército recebeu 2.653 tanques leves Renault durante 1918, que lideraram a contraofensiva de 18 de julho. Finalmente, no final da guerra, a França possuía a maior força aérea do mundo.[89] O GQG de Pétain incentivava os comandantes do exército a usar a defesa em profundidade (o que eles por fim fizeram, pelo menos até certo ponto), e a tentar novos métodos de ataque, centrados em avanços limitados da infantaria em íntima ligação com a artilharia e os tanques, constantemente se desviando para as linhas de base em vez de avançar além do ponto dos ganhos menores.[90] Como em outros exércitos, havia um lapso entre a doutrina e a prática, mas parece que os franceses participaram completamente da transformação que restaurou a mobilidade.

A história da BEF durante seu avanço dos Cem Dias, de agosto a novembro, hoje é muito mais conhecida. O primeiro ponto a considerar é que não se tratava apenas de uma força do Reino Unido. Das 60 divisões ativas da BEF no período, uma vinha da Nova Zelândia, quatro do Canadá e cinco da Austrália, enquanto a África do Sul contava com uma brigada. Seus ataques tiveram um índice médio de sucesso mais alto que o das divisões do Reino Unido, e elas comandaram operações como as batalhas de Hamel e Amiens, e o rompimento da Linha Hindenburg.[91] Elas foram largamente poupadas das lutas defensivas da primavera, mas, além disso, os canadenses eram armados de maneira mais completa com armas como as metralhadoras leves,[92] e contrariamente às divisões das Ilhas Britânicas, haviam mantido sua organização em 12 batalhões. Em junho de 1917, um oficial canadense profissional, o tenente-general Sir Arthur Currie, assumiu o comando da Força Expedicionária Canadense (que antes era comandada pelos britânicos) e depois de Passchendaele, ele supervisionou uma retomada do treinamento e da tática da ofensiva.[93] As divisões australianas na França foram agrupadas, em 1917, como Corpo Australiano, e, a partir de maio de 1918 e de maneira similar, passaram para um comandante australiano, Sir John Monash. Além de todos esses fatores, contudo, como o próprio GHQ reconheceu, os oficiais e homens individuais das forças dos Domínios simplesmente demonstraram alta eficiência de combate.[94]

As forças britânicas e dos Domínios aplicaram uma combinação de tecnologia e tática que haviam progredido bastante desde o Somme. O contraste mais evidente entre a batalha de Amiens e essa última foi o enorme deslocamento de tanques.

Essas armas foram um acréscimo valioso, mas não a principal razão do sucesso. Era verdade que a Alemanha não tinha nenhuma vantagem desse tipo, assim enfraquecendo sua capacidade para uma contraofensiva. Ludendorff havia, anteriormente, dado aos tanques uma baixa prioridade de suprimento, pois não estava convencido de seu valor militar, mas em agosto ele encomendou tardiamente 900 deles para a primavera de 1919. Os tanques podiam esmagar o arame farpado do inimigo sem um bombardeio da artilharia que esburacasse o chão e também podiam silenciar os ninhos de metralhadoras, assim possibilitando avanços para além do alcance da barreira rastejante. Em suma, eles poupavam vidas, mas também precisavam da infantaria para proteção contra a artilharia inimiga. Os novos modelos Mark V ainda se moviam um pouco mais que a velocidade do caminhar humano, tinham uma duração máxima de duas a três horas de poder de batalha e eram tão quentes e cheios de monóxido de carbono que seus tripulantes frequentemente desmaiavam. Eles eram alvos fáceis, e os atiradores alemães atingiram centenas de tanques aliados durante 1918. Embora as máquinas avariadas amiúde pudessem ser recuperadas e reequipadas (visto que os Aliados estavam avançando), havia poucas peças de reposição e os consertos exigiam muito tempo. Quando os tanques eram usados intensamente, o número de suas unidades úteis caía com rapidez – por exemplo, de 430 para 38 entre 8 e 11 de agosto[95] –, mas, apesar de 120 terem sido perdidos permanentemente na batalha de Amiens, o número disponível aos britânicos variou de 200 a 300 no restante da guerra.[96] A BEF não planejou mais nenhum outro ataque na escala do dia 8 de agosto (e os franceses tampouco o fizeram depois de 18 de julho), mas eles parecem ter usado tanques tanto quanto permitiam sua confiabilidade mecânica e outras limitações. Um total de 181 deles foi usado no assalto de 29 de setembro à Linha Hindenburg.[97] Mas para essa última operação, um ataque surpresa era menos praticável que o do dia 8 de agosto, pois um bombardeio prévio era necessário, embora na campanha mais aberta do último mês os tanques tivessem sido ineficientes porque não conseguiam cruzar grandes distâncias por si mesmos, precisando de canhões ou trens para serem transportados. Eles podiam ser uma contribuição importante como parte de uma combinação de sistemas de armamentos, mas não eram máquinas que pudessem vencer uma guerra sozinhas.[98]

Quase o mesmo pode ser dito sobre os aviões, embora durante 1918 a luta para comandar o espaço aéreo fosse sem precedentes em termos de ferocidade, e os dois lados estivessem fazendo experiências com o bombardeio de alvos para bem atrás das linhas. Os bombardeios alemães sobre Londres prosseguiram até maio (e contra Paris, até setembro, embora estes últimos fossem mais leves – pois era mais difícil se aproximar de Paris sem ser detectado que atingir Londres voando pelo mar do Norte). No outono, Ludendorff deixou de acreditar que os ataques às cidades levassem o pânico a seus inimigos. Contudo, os bombardeios estratégicos dos Aliados eram igualmente ineficientes. Ataques contra a Alemanha eram, em grande parte, realizados pelos britânicos, com os franceses dando prioridade à liberação de seu território e hesitantes em se deixar atrair pela retaliação. Entretanto, o governo de Lloyd George autorizou bombardeios ofensivos em resposta aos ataques Gotha, e (depois de um relatório de Smuts ao Gabinete de Guerra) criou a Força Aérea Real (RAF, na sigla em inglês) e o Ministério da Aviação em abril de 1918 precisamente com esse esforço em mente, também estabelecendo uma Força Independente com a especial responsabilidade pela missão.[99] Bombardeiros DH4 e DH9 eram os principais suportes da campanha, que tinha como alvo as cidades da Renânia e sítios industriais, principalmente durante o dia. Ela sofreu uma cerrada oposição da artilharia antiaérea, dos holofotes e (no final da guerra) cerca de 300 aviões de combate e 140 bombardeiros foram perdidos.[100] Isso, portanto, implicou gastos dos recursos alemães, provavelmente maiores que os dos britânicos na empreitada, pois na época do armistício apenas 140 dos 1.799 aviões da RAF na Frente Ocidental estavam envolvidos nela. Neste e em outros aspectos, tratou-se de um singular precursor da Segunda Guerra Mundial, e se as hostilidades tivessem durado até 1919, as perdas teriam sido muito maiores, com o Handly Page V-1500 (de quatro motores e que conseguia alcançar Berlim) que só ficou disponível depois do armistício. Mas as siderúrgicas atacadas só sofreram danos superficiais, e as fábricas da BASF em Mannheim (o principal alvo da indústria química) nunca chegou a interromper a produção.[101] Os bombardeios estratégicos mataram 746 civis na Alemanha durante a guerra, comparados com 1.414 na Grã-Bretanha.[102] É duvidoso que eles tenham contribuído para encurtar o conflito, e a batalha aérea decisiva ocorreu em outro local.

A maioria dos líderes da RAF foi recrutada do RFC e aceitou sua doutrina de que a principal função do poder aéreo era apoiar o exército. Sir Hugh Trenchard, que se tornou o primeiro comandante da Força Independente, era um dos grandes defensores dessa visão, devotando muito de seus esforços contra os aeródromos e ferrovias por trás das linhas, em vez de alvos mais distantes. Em novembro de 1918, a Grã-Bretanha tinha 3.300 aeronaves de linha de frente, e a Alemanha, 2.600, enquanto a força americana, muito menor, totalizava 740, a maioria de fabricação francesa.[103] Os dois lados tinham muito mais aviões (e de alto desempenho) em 1918 que nos anos anteriores, lutando numa intensa batalha de atrito em esquadrões muito maiores, e as baixas estavam diminuindo.[104] Os britânicos tinham 1.232 aviões em 21 de março, mas tinham perdido 1.302 em 29 de abril, e mais 2.692 entre 1º de agosto e 11 de novembro.[105] A indústria mal tinha tempo para entregar novas aeronaves, e a RAF, por incrível que pareça, conseguiu novos pilotos, embora tivesse pouco tempo para treiná-los. A pressão sobre os Aliados foi maior durante as ofensivas de primavera, mas a força aérea alemã continuou grande e perigosa até o fim. Por exemplo, em agosto ela recebeu mais de 800 Fokker D7s, o melhor avião de combate da guerra. Só nos últimos meses é que a falta de combustível e de pilotos começou a incomodar, mas a superioridade qualitativa dos aviões alemães compensava a vantagem numérica dos Aliados. Assim, estes últimos tinham pouco a gastar nos bombardeios estratégicos, e até suas funções básicas os esgotava. Armado com duas metralhadoras e capaz de carregar poucas centenas de quilos de bombas, o avião da Primeira Guerra Mundial tinha um alcance limitado para ataque ao solo. O tiro das metralhadoras ajudou a retardar os avanços em março e abril, mas a aviação aliada obteve menos sucesso nas operações ofensivas. Ela destruiu as pontes do Marne em julho, mas, durante a batalha de Amiens, apesar de perder 243 aeronaves em quatro dias, não conseguiu destruir as pontes do Somme pelas quais os alemães estavam enviando reforços.[106] O principal papel das aeronaves continuava sendo impedir que o inimigo tivesse acesso ao espaço aéreo (antes de Megido e também de Amiens) e recolher dados para o serviço de inteligência. Este também era reforçado por outras fontes de informação.

Durante o ano de 1918, britânicos e franceses passaram à frente na transmissão de sinais de rádio. Enquanto antes de Caporetto e da ofensiva Michael, os alemães usaram falsas mensagens de rádio para confundir seus antagonistas, criando exércitos fantasmas, antes da batalha de Amiens os britânicos levaram os alemães a acreditar que o ataque seria em Flandres. No verão, os Aliados estavam interceptando e decodificando centenas de mensagens de rádio alemãs por semana, inclusive as que revelavam o ataque de Matz. Em contrapartida, as ofensivas aliadas de 18 de julho e 8 de agosto surgiram como do nada, contribuindo poderosamente não apenas para seu sucesso mas também deixando os nervos de Ludendorff em frangalhos. A superioridade dos serviços de inteligência de Allenby em Megido foi ainda mais notável.[107] Contudo, a mais importante contribuição tecnológica isolada para os britânicos foi a da artilharia. Muitos dos aprimoramentos para sua eficiência durante a guerra haviam surgido antes, inclusive a barreira rastejante e o fogo sem registro. Em 1917, 90% da observação da contrabateria já usava reconhecimento aéreo.[108] A revolução na artilharia, como demonstrou a carreira de Bruchmüller, não foi um fenômeno puramente britânico. De qualquer modo, 1918 viu importantes novos aprimoramentos, inclusive na produção. O Ministério das Munições entregou 6.500 canhões e *howitzers* em 1917, mas 10,7 mil em 1918, com as pesadas baixas das ofensivas de primavera sendo rapidamente substituídas por estoques.[109] Os canhões britânicos tinham mais munição do que podiam usar, e um número muito maior de bombas de gás estava disponível. Embora as nuvens de gás de Ypres e Loos continuassem a ser os exemplos mais notórios da guerra química de

1914-18, a quantidade de gás empregada cresceu a cada ano da luta. Em 195, 3.870 toneladas foram usadas, mas este número subiu para 16.535 em 1916, 38.635 em 1917, e 65.160 em 1918.[110] As baixas por gás na Frente Ocidental, em 1915-1917, atingiram 129 mil. Em 1918, foram 367 mil, das quais 2,5% resultaram em morte.[111] O gás era menos letal que os explosivos de alta potência, mas a Frente Ocidental, em 1918, era um campo de batalha químico, de um tipo nunca visto até a guerra no golfo Pérsico na década de 1980, com muitos tipos diferentes de gás e vários modos de lançá-los, embora as bombas de gás fossem predominantes e responsáveis por até 50% das munições disparadas nos bombardeios britânicos. Por exemplo, mais de 25 mil foram lançadas em Hamel, e o gás foi particularmente eficiente no trabalho de contrabateria, penetrando nos abrigos que ofereciam proteção contra explosivos e forçando os homens a colocar suas máscaras.[112] Nas lutas mais móveis depois de setembro, o uso de gás diminuiu, para não contaminar o solo e o ar pelos quais a infantaria tinha que avançar. Também decisiva para neutralizar as baterias do inimigo, contudo, foi a habilidade britânica em localizá-las, por meio de reconhecimento por fotos aéreas, localização de luzes e detecção de som (usando microfones que detectavam canhões a partir das "ondas de ar" geradas quando eram acionados).[113] Em Amiens, 95% dos canhões alemães foram identificados antes do início da batalha, e no canal do Norte, em 27 de setembro, o fogo de contrabateria obteve 80% de sucesso.[114]

Tais resultados exigiam tempo e preparativos, para não mencionar o pré-posicionamento dos canhões (testando-os e corrigindo para o uso). Além disso, embora o rádio estivesse começando a ser introduzido durante os Cem Dias, a comunicação entre infantaria e artilharia durante a ação continuava difícil. Não obstante, os franceses e os britânicos encontraram meios para neutralizar ou destruir todo sistema de defesa alemão por meio de bombardeios do tipo furacão, prosseguindo com infantaria bem equipada, vencendo a resistência remanescente com a ajuda de uma barreira rastejante, tanques e aviões. Nenhum fator isolado foi responsável pelo dramático aumento dos sucessos dos Aliados. Em vez disso, esses sucessos surgiram de uma combinação de novas tecnologias e procedimentos operacionais, amadurecidos durante algum tempo, mas se comprovaram plenamente vantajosos quando aplicados a uma oposição hesitante. Certo crédito é devido aos homens que tomavam as decisões. Pétain, não obstante seu negativismo em março de 1918, havia ampliado as inovações em seu exército a despeito da resistência de subordinados e de choques com Foch e Clemenceau.[115] Haig e seu GHQ, comandado por um pessoal novo e mais competente, permitiram ampla liberdade de ação a comandantes como Rawlinson, Currie e Monash, mostrando uma nova disposição para terminar os ataques rapidamente. Além disso, Haig percebeu, no verão de 1918, a oportunidade de terminar a guerra rapidamente, ao custo de baixas mais altas em curto prazo, mas provavelmente menores em longo prazo.[116] Assim fez Foch, embora provavelmente ambos estivessem errados em deslocar a linha de ataque dos americanos de Saint-Mihiel para Mosa-Argonne. Os poderes formais de Foch haviam sido gradativamente ampliados, e em junho o governo francês tirou de Pétain o direito de apelar contra ele. Até Pershing mostrou-se surpreendentemente disposto a lhe ser condescendente. Haig se mostrou menos disposto a isso, recusando-se a reforçar os franceses antes da batalha do Matz ou a prolongar a batalha de Amiens. Contudo, Foch (que, em agosto, foi nomeado Marechal de França) via seu papel como algo que repousava sobre a exortação e consenso, e não no poder de comando, e seu controle sobre as reservas dos aliados passou a contar menos depois que eles passaram para a ofensiva. Ele havia amadurecido e ficado mais sensato, e seu comando (minúsculo em comparação com o de Eisenhower em 1944-45) ajudou a coordenar a estratégia aliada de maneira mais efetiva do que teria sido possível por meio de arranjos laterais, por fim deslanchando a primeira ofensiva geral combinada em dois anos.[117]

Três pré-condições para o modelo móvel e intensamente tecnológico do avanço aliado foi a logística flexível, o comando dos mares e uma poderosa base industrial. A BEF havia reorganizado sua logística no inverno de 1916-17, empregando pessoal ferroviário civil e profissional, construindo mais linhas e transportando material ferroviário para o outro lado do canal da Mancha.[118] Testado no caos da retirada de primavera, o sistema funcionou de modo excelente. Quase tantos trens de suprimento chegaram ao front em abril de 1918 quanto todos os que o fizeram durante os cinco meses do Somme. Durante o avanço dos Cem Dias, de agosto a novembro, a BEF continuou adequadamente suprida, embora com mais dificuldade à medida que avançava de seus terminais ferroviários através da terra devastada pelo inimigo que batia em retirada.[119] Os franceses também mantiveram suas ferrovias funcionando, ajudados pelo material que chegava da Grã-Bretanha e dos Estados Unidos. Embora saturado, seu sistema ferroviário não se comparava com o que os russos haviam feito com suas ferrovias e com que os austríacos e os alemães estavam em via de fazê-lo também. Os americanos melhoraram as linhas abandonadas que iam de seus portos no Atlântico a Lorena, embora nem em Saint-Mihiel nem no Mosa-Armone seu esquema de suprimentos tenha acontecido com a mesma precisão dos seus parceiros.

A segunda pré-condição foi o comando dos mares, de modo que homens e armamentos pudessem alcançar o Atlântico e os portos da Mancha (para não mencionar portos na Itália, Egito, Grécia e Rússia). Os Aliados podiam não apenas trazer tropas americanas, mas também importar alimentos, matérias-primas e mão de obra de todo o mundo. Além das tropas dos Domínios e da África Ocidental, que preenchiam as falhas do exército francês, os franceses importaram milhares de trabalhadores da Indochina, e em 1917-18 cerca de 95 mil chineses chegaram da província de Shandong para trabalhar para a BEF.[120] Enquanto isso, na superfície, embora a margem de superioridade da Grã-Bretanha se ampliasse em 1914-16, em 1917-18 tornou a diminuir, mesmo com a ajuda dos americanos (cinco *dreadnoughts* americanos dirigiram-se à Escócia em 1917-18, enquanto os americanos forneciam 27% das forças protetoras de comboios no Atlântico).[121] A obrigação de fornecer essas escoltas desfalcou a Marinha Real de seu conjunto de cruzadores e destróieres, e os principais navios de guerra ajudavam a proteger os comboios escandinavos. Embora os navios de guerra e os cruzadores britânicos estivessem concentrados em Rosyth depois de abril de 1918, de certa forma os U-Boats conseguiram o antigo objetivo alemão de dispersar a Grande Esquadra. Em janeiro, o Almirantado aprovou uma recomendação de Beatty (que, depois da Jutlândia, havia substituído Jellicoe como comandante-chefe) de que "a estratégia correta para a Grande Frota não é mais forçar o inimigo à ação a qualquer preço, mas contê-lo em suas bases até a situação geral se tornar mais favorável a nós".[122] O novo comandante havia aprendido as dolorosas lições da Jutlândia quase bem demais. Ele achava que as bombas de sua marinha continuavam inadequadas, e que só três de seus cruzadores estavam habilitados a lutar em linha contra o inimigo. Quase até o fim o Almirantado ficou na expectativa, temendo que os alemães capturassem a Frota Russa do Báltico ou tomassem os portos do canal da Mancha.[123] No final, a Frota de Alto Mar saiu apenas uma vez durante 1918, entre 22 e 25 de abril, para atacar um comboio escandinavo, que não conseguiu localizar. Mantendo o silêncio do rádio, contudo, os alemães tinham saído para o mar sem serem detectados, embora rompessem o silêncio em sua volta (assim possibilitando que a Grande Frota os perseguisse tardiamente). Se a estratégia da Grande Frota era a contenção, e não a destruição, o que mais manteve os alemães ilesos foi sua autocontenção. Mesmo depois da Jutlândia, a Frota do Alto Mar continuou intimidada por seu adversário.[124]

Na campanha contra os submarinos, as medidas ofensivas funcionaram menos que os comboios para manter abertas as rotas marinhas. É verdade que as perdas dos U-Boats totalizaram 69 em 1918, comparadas com as 63 perdas em 1917 e as 46 em 1914-16. Quatorze foram perdidos em Mayalone, um recorde para a guerra. Contudo, 22 das 69 perdas foram devidas a minas, em que os Aliados puseram grande empenho.[125] A barreira de Dover, refeita como um novo campo profundo de minas no fim de 1917, com holofotes e traineiras com luzes para forçar os U-Boats a mergulhar pouco à noite, provavelmente destruiu sete deles entre dezembro de 1917 e abril de 1918. Os destróieres alemães a danificaram em um ataque noturno de 14-15 de fevereiro, afundando uma traineira e sete caça-minas, mas nunca mais tornaram a repetir a operação – como temia Beatty – com grandes navios de guerra. Aqui, mais uma vez, a Frota do Alto-Mar permaneceu impassível para que o tempo dos alemães se esgotasse. A barreira de Dover efetivamente deteve a passagem dos U-Boats. Submarinos menores, da flotilha de Flandres, continuavam a evitá-la, mas depois de fevereiro todos os navios da Frota do Alto-Mar usavam a rota norte, muito mais longa; para barrar essa rota, os Aliados lançaram minas da Escócia à Noruega, entre março e outubro de 1918. A barreira do norte foi uma iniciativa americana, e foi lançada principalmente por navios americanos, usando minas americanas de confiabilidade dúbia. A barreira afundou seis ou sete U-Boats, mas não era hermética e pode não ter justificado o investimento. Uma questão similar ronda outra operação espetacular (e excepcionalmente corajosa), o ataque britânico a Ostende e Zeebrugge em 23 de abril, que tentou negar acesso marítimo para Flandres aos U-Boats, afundando navios como bloqueio nos dois canais existentes, mas não conseguiu seu objetivo, apesar das 635 baixas que provocou.[126]

O sistema de comboio continuava a ser a grande cartada dos Aliados, e durante 1918 foi ampliado para cobrir as águas costeiras da Grã-Bretanha, onde os submarinos estavam agora concentrando sua atenção. No Mediterrâneo, o sistema foi menos eficiente por ser menos completo e porque os comboios tinham menos forças de escolta, embora tentativas de encurralar submarinos alemães e austríacos por meio de uma barreira através do estreito de Otranto parecem ter empatado os navios aliados em algo de efeito negligenciável. Por esse motivo, a rota de suprimentos aos palcos de luta da Salônica e da Palestina continuou precária. Contudo, nas águas do norte a nova tecnologia estava dando frutos: os navios de uma escolta típica podiam carregar até 30 cargas explosivas de profundidade (contra as quatro de 1917), e estas afundaram 21 U-Boats, comparados com os seis no ano anterior.[127] Os U-Boats usavam o rádio frequentemente e a Sala 40 interceptava suas mensagens, possibilitando ao Almirantado ordenar ao comboio para evitar o inimigo.[128] Acima de tudo, o poder aéreo dos Aliados atacava os comboios mais perigosos, não apenas porque os aviões podiam afundar submarinos, mas também porque os detectava. Durante 1918, a RAF expandiu suas bases aéreas dedicadas à luta contra os submarinos de 22 para 223, e as Marinhas americana e francesa também organizaram serviços aéreos consideráveis, cujos pilotos passaram, cada vez mais, a carregar rádios. Embora os U-Boats não diminuíssem em número, pelo menos seu crescimento de unidades ficara comprometido, com o total disponível oscilando entre 128 em janeiro e 125 em abril, 112 em junho e 128 em setembro. Os alemães se empenhavam em sua construção, dos 95 U-Boats encomendados em 1917, apenas cinco foram entregues.[129] O Programa Scheer, no outono de 1918, tardiamente previa uma enorme expansão para 333 submarinos, que provavelmente não teriam sido construídos por falta de recursos, mesmo se a guerra tivesse prosseguido.[130] Ademais, embora seu número estivesse estagnado, a eficiência dos U-Boats declinava. Em março de 1917, a Frota do Alto-Mar destruía uma média de 0,55 navios por dia, mas, em junho de 1918, esse número era de 0,07.[131] As contramedidas aliadas significavam que os U-Boats tinham que viajar mais para alcançar as zonas de ataque que objetivavam, ali encontrando menos vítimas, e podiam até se manter afastados dos comboios, mesmo quando os localizavam. Tendo em mente as circunstâncias quase inimagináveis dentro de um submarino agonizante, não é de surpreender que as tripulações mais jovens e dispostas ou as mais antigas e exauridas hesitassem em correr riscos. Os comandantes experientes e agressivos rareavam, muitos daqueles 5% que anteriormente tinham sido responsáveis por 60% dos afundamentos agora estavam mortos.[132] O resultado foi que as perdas navais dos Aliados subiram nos três primeiros meses de 1918, mas caíram em abril e nunca mais voltaram a exceder 300 mil toneladas por mês (embora, em setembro, tivessem permanecido nos níveis de 1915). Além disso, depois de abril os novos navios que entravam em serviço excediam os destruídos; e no outono isso ainda se intensificou. Depois de junho, as perdas no Mediterrâneo também caíram drástica e permanentemente. Menos dramáticos que o triunfo dos Aliados na batalha do Atlântico em maio de 1943, os meses de abril e maio de 1918 marcaram uma reviravolta.

Como na terra, os alemães provavelmente falharam em aproveitar suas vantagens. Por exemplo, as táticas de ataque em massa do tipo "matilha" por submarinos subindo à tona à noite, que se demonstrou devastadora na Segunda Guerra Mundial, foram tentadas uma única vez, quando uma dúzia de U-Boats se concentrou nos ataques a oeste, em maio de 1918. Cinco navios mercantes foram afundados ou avariados durante as duas semanas da operação, mas 293 foram escoltados em segurança através da zona de perigo, com os U-Boats não dispondo de adequadas comunicações por rádio para convergirem com sucesso, e a Sala 40 detectando suas localizações. Outra possível oportunidade perdida foi a de operar em águas costeiras americanas com navios de longo alcance, o que foi tentado depois de maio de 1918, mas seguindo as regras dos cruzadores. Os U-Boats afundaram 93 navios e perturbaram o público americano; a cidade de Nova York sofreu apagões por 13 noites ao longo de junho por medo dos hidroaviões. Contudo, embora os americanos tivessem introduzido os comboios costeiros, as vias de navegação do Atlântico continuavam a ser sua prioridade e eles não deslocaram navios de guerra de volta a suas águas territoriais.[133] Guilherme II insistia em prosseguir com essas operações americanas, e os comandantes dos U-Boats duvidavam de sua validade.[134] Por fim, os U-Boats ocasionalmente atacaram os comboios de tropas americanas (a maioria dos quais estava sob escolta naval americana), mas, com mais frequência, eram atacados os navios de carga que os acompanhavam em vez dos navios transportando tropas, e muitas vezes os destróieres os destruíam. Um navio alemão que foi confiscado, o *Vaterland*, rebatizado de *Leviathan*, transportou

96.804 soldados em dez viagens, navegando tão rápido que muitas vezes viajava sem escolta. Ao todo, três navios transportadores de tropas foram afundados na viagem de volta aos Estados Unidos, e um navio britânico desse tipo foi a pique em fevereiro, matando 166 soldados e 44 membros da tripulação.[135] Contudo, a despeito da previsão de Holtzendorff de que nenhuma tropa americana chegaria à Europa, os U-Boats continuaram a se concentrar nos navios de carga, mais lentos e mais vulneráveis.

Embora os Aliados diminuíssem a ameaça dos submarinos, suas perdas de tonelagem continuaram altas até 1918, e o impacto cumulativo das enormes incursões anteriores a seus navios não se dissipou. Os navios de transporte de tropas americanas exacerbaram a escassez resultante, e não é de surpreender que os Aliados tivessem que racionar suas importações. Individualmente, já faziam isso pelo menos desde 1916, mas agora tentaram coordenar seus esforços com a criação, na conferência de Paris de novembro-dezembro de 1917, do Conselho Aliado de Transporte Marinho. Seus membros compreendiam os ministros da Marinha da Grã-Bretanha, França e Itália, além de um representante americano, e o Executivo do Transporte Marítimo Aliado (com pessoal permanente em Londres) compreendia os altos funcionários dos departamentos dos ministérios. Assim, foram criados os Comitês de Programa para cada tipo de mercadoria. Embora o CATM não fosse supranacional, mas operando por unanimidade e controlando diretamente apenas cerca de 500 mil toneladas de navios neutros fretados, suas deliberações tiveram crescente influência. Entre suas preocupações constavam encontrar espaço para embarcar alimentos para a França e a Itália – com o carvão para a Itália sendo enviado pelas ferrovias francesas para economizar tonelagem – e suprir alimento para aliviar a situação da Bélgica, bem como, em geral, maximizar o uso do espaço nos navios e restringir as importações.[136] Essa agenda é reveladora das prioridades da coalizão. No inverno de 1917-18, as necessidades cruciais eram de comida e carvão; no verão de 1918, de tropas americanas. Os armamentos poderiam ter aumentado a lista se a guerra tivesse se prolongado, mas em 1918 as reivindicações foram deixadas de lado.

Segue-se um ponto muito importante. Se a segunda condição para o sucesso dos Aliados foi o domínio dos mares, a terceira foi sua base industrial. Suas armas provinham basicamente da Grã-Bretanha e da França, embora os Estados Unidos tivessem um papel de apoio essencial. Poderia parecer que, com a entrada dos americanos, os Aliados não teriam mais preocupações. Se avaliados pela produção manufatureira de antes da guerra e pela de aço, a Grã-Bretanha, a França e os Estados Unidos eram 2,5 vezes mais fortes que a Alemanha e a Áustria-Hungria.[137] Entretanto, os Estados Unidos mostraram-se mais lentos na transformação de potencial industrial em armamentos do que de seus rapazes em soldados. Estima-se que seu PIB tenha aumentado em 20% entre 1914 e 1917, mas caído 4% em 1917-18,[138] e sua conversão de uma economia civil para uma economia de guerra não foi particularmente rápida nem particularmente bem-sucedida. O inverno de 1917-18 viu uma crise na produção, em parte provocada por um tempo rigoroso que congelou os portos da costa leste e impediu a mineração de carvão e o transporte rodoviário. A Grã-Bretanha e a França haviam enfrentado os mesmos problemas de uma conversão similar em 1915, entregando o controle da procura de armamentos a ministérios com enérgicos chefes civis. Em contraste, nos Estados Unidos, a procura e o controle dos contratos continuavam com os Departamentos da Marinha e de Guerra. A Diretoria das Indústrias de Guerra (fundada em abril de 1917) não dispunha dos poderes necessários para coordenar o processo, e durante a crise do inverno dois de seus presidentes renunciaram. Ela se recuperou sob a liderança de Bernard Baruch, a quem Wilson nomeou em março de 1918, um banqueiro que usou sua influência para diminuir a produção civil de automóveis. Ao mesmo tempo, o Departamento da Guerra, comandado pelo general Peyton C. March no Estado-Maior, reorganizou suas compras e cooperou de maneira mais íntima com Baruch.[139] Não obstante, a produção americana entrou em funcionamento tarde demais. Na aviação, por exemplo, Wilson autorizou uma investigação secreta do "truste das aeronaves" porque a indústria aérea não atingiu seus objetivos. Só um quinto dos aviões de combate da AEF provinha dos Estados Unidos. A indústria americana copiava os modelos dos Aliados (principalmente o bombardeiro britânico DH4), mas com deficiente controle de qualidade. Sua produção de motores de avião Liberty subiu de 69 em janeiro para 3.878 em outubro e poderia ter sido enorme em 1919, mas durante 1918 a França, com 44.563 motores, era a líder mundial.[140] De maneira similar, a produção americana de canhões de campo de 75 mm (seguindo um modelo francês) quadruplicou entre abril e outubro, mas sem a indústria francesa a AEF nunca teria entrado em cena. Na época do armistício, mais de dois terços de seus aviões eram franceses, bem como todos os seus canhões de campo, todos os seus tanques e quase todas as suas bombas.[141] A indústria francesa conseguiu esse feito, além de renovar todo o exército da França e o equipamento da força aérea sob o comando de Pétain. Mas também a Grã-Bretanha, reconhecidamente com maior capacidade produtora e sem ter perdido suas principais regiões industriais, supria seu exército com todas (e mais) as bombas necessárias à artilharia, e entregou 30.671 aeronaves em 1918, contra 14.832 em 1917,[142] bem como manteve um enorme complexo de engenharia para a construção naval e o reparo de navios. A produção de guerra italiana atingiu seu pico em 1918, e em agosto havia compensado as enormes perdas de equipamento em Caporetto.[143] Seu exército recebeu 3 milhões de máscaras britânicas contra gás e maiores quantidades de armas de todos os tipos, inclusive enorme número de bombas. O país usou mais munição de janeiro a outubro de 1918 que durante todo o período de 1915 a 1917: cerca de 14 milhões de projéteis, essencialmente em duas batalhas.[144] Em 1918, a Grã-Bretanha e a França devolveram trabalhadores da indústria para o front, em contraste com as decisões anteriores de priorizar a indústria. Os aliados da Europa Ocidental agora estavam lucrando com os investimentos na infraestrutura armamentista que os Estados Unidos ainda tinham que conseguir.

Suprimento e finanças, em vez de armas acabadas, foram as áreas em que os Estados Unidos fizeram sua maior contribuição econômica. Foi só graças aos estaleiros americanos que a coalizão construiu mais navios do que perdeu em 1918, visto que a frota mercante britânica continuava a declinar. Os Estados Unidos construíram mais de 3 milhões de toneladas durante o ano, tanto quanto a produção mundial total anterior a 1914.[145] O país também fez grandes entregas de mercadorias. Em 1918, as compras francesas de aço dos Estados Unidos estavam 30 vezes maiores que as de 1913, e as compras de petróleo, dez vezes maiores.[146] As entregas americanas de alimento à França e à Itália livraram-nas de uma crise de subsistência que preocupava muito seus governos no início de 1918.[147] Tudo isso tinha que ser pago, e os Aliados europeus tinham comprometido tanto suas indústrias de exportação que não podiam fazer aquilo sozinhos. Mas depois de um começo tumultuado, os britânicos viram o Tesouro americano razoavelmente se acomodando, embora sob pressão do Departamento de Estado e do presidente. Depois da crise da libra esterlina no verão de 1917,* McAdoo concordou em fazer entregas mensais mais ou menos regulares, permitindo que os créditos americanos mantivessem a taxa de câmbio da libra e até cobrissem os saques a descoberto do governo britânico na J. P. Morgan.[148] O governo francês não ficou tão limitado em suas compras americanas,[149] e a cooperação entre os Aliados segurou a cotação do franco até o armistício, embora em julho de 1918 os Estados Unidos e a Grã-Bretanha tenham prometido mais ajuda para segurar a lira italiana.[150] Entretanto, dada a posição decisiva da Grã-Bretanha, como compradora nos Estados Unidos em nome da aliança, a liquidez da coalizão dependia das relações financeiras anglo-americanas, e Londres e Washington trabalhavam juntos o suficiente para criar um bloco monetário aliado. Wilson e McAdoo, de momento, não desejavam fazer exigências políticas em troca, mas insistiam no controle das comissões de compra aliadas, de modo que, depois de 1917, os Aliados não podiam comprar quase nada nos Estados Unidos sem aprovação do governo. Finalmente, McAdoo exigiu, e na conferência de Paris de novembro-dezembro de 1917 os Aliados aceitaram, a criação do Conselho Interaliado sobre as Compras e a Finança de Guerra, para estabelecer uma ordem de prioridade de suas compras.[151] Eles perderam a capacidade de representar diferentes fornecedores e tiveram que se adaptar às demandas feitas à indústria americana que o Conselho das Indústrias de Guerra estava tentando coordenar.

---

*   Ver cap. 14.

Se os Estados Unidos não foram o "arsenal da democracia" na Primeira Guerra Mundial, o país prestou uma ajuda inestimável a seus parceiros ao aliviar suas dificuldades de câmbio, ajudando-os a alimentar suas populações enquanto eles se concentravam na produção militar e recrutamento para seus efetivos de luta. Ademais, com os Estados Unidos na guerra, os Aliados puderam apertar o bloqueio. Os americanos queriam que ele fosse o mais rígido possível e aplicaram uma pressão extra nos países neutros ao anunciarem um embargo de suas exportações para Holanda, Dinamarca e Suécia, em 1917-18, que caíram para menos de 10% dos níveis de 1915-16.[152] Além disso, como o colapso da Rússia significava que o tráfego comercial pela Suécia não mais importava, Estocolmo perdeu um balcão de barganhas. A diplomacia ainda era lenta, mas em abril de 1918 os Aliados e americanos chegaram a um novo acordo com a Noruega, em maio com a Suécia, e em setembro com a Dinamarca, em cada caso restringindo ainda mais os fornecimentos à Alemanha.[153] Em março, a Grã-Bretanha e os Estados Unidos requisitaram cerca de 130 navios holandeses ancorados em seus portos. Os alemães retaliaram exigindo e obtendo o direito de transportar mercadorias através do território holandês, mas durante o ano de 1918 as entregas holandesas de alimentos à Alemanha foram quase nulas.[154] Em 1918, as importações da Alemanha podem ter sido de apenas um quinto do volume anterior à guerra:[155] o país ficou virtualmente isolado do resto do mundo, e as terras por ele ocupadas foram de pouca compensação. A perspectiva dos estoques de alimento era a pior desde o "inverno dos nabos" de 1916-17.

Em contrapartida, os Aliados mantiveram os suprimentos de alimentos para seus civis e soldados e chegaram até a melhorá-los. As previsões de Holtzendorff foram invalidadas não apenas pelo sistema de comboio, mas também por uma variedade de outras medidas. Em 1917, as importações de madeira, incluindo as de construção da Grã-Bretanha, estavam a um quarto do nível anterior à guerra. Suas importações de alimentos por tonelagem, em 1918, foram 37% menores que em 1913; uma diferença suficientemente grande, como já se avaliou, para possibilitar o transporte de 1,3 milhão de tropas americanas.[156] Contudo, apesar de importar menos, a Grã-Bretanha mantinha sua produção de munição, e o consumo de caloria *per capita* de seus cidadãos pode ter sido um pouco mais baixo em 1918 que em 1914.[157] O incentivo do governo para que os agricultores arassem os pastos provavelmente contribuiu para restaurar a produção de alimentos aos níveis anteriores à guerra em 1918, depois de uma queda em 1916. Contudo, parece que o principal crédito pelos níveis promissores de consumo provinha do "controle de alimento", por exemplo, descartar menos trigo no processamento da farinha e acrescentar outros cereais a ela.[158] O racionamento, que foi introduzido para algumas mercadorias em 1917-18, igualou a distribuição de alimentos em vez de reduzir o volume de consumo. Sérios racionamentos ocorreram em Londres no início de 1918, e a dieta das classes trabalhadoras tornou-se menos variada e atraente, mas a situação da Grã-Bretanha era muito melhor que a da Alemanha. A da França, com sua menor população urbana e agricultura maior, também era favorável.[159]

Os Aliados também obtiveram maior estabilidade financeira e menores níveis de inflação que a Alemanha e a Áustria-Hungria, assim reduzindo ou, pelo menos, adiando o perigo de um colapso ao estilo da Rússia. Essa conquista foi mais fácil para os Estados Unidos, embora, depois de entrar na guerra, seus gastos diários com ela tenham sido maiores que os da Grã-Bretanha, França ou Alemanha. Os gastos excederam em muito as estimativas de McAdoo, e sua Lei de Receitas de Guerra, de 1917, ficou parada no Congresso por seis meses, enquanto a Lei de 1918 só foi aprovada depois do armistício.[160] Mesmo assim, os Estados Unidos cobriram uma proporção maior de seus gastos militares por meio de impostos que a de qualquer outro beligerante (reconhecidamente só 23%), e obtinham empréstimos a uma taxa de juros mais baixa.[161] As prescrições dos Liberty Loans de 1917 e 1918 permitiram que Wilson e McAdoo fossem bastante generosos com os parceiros dos Estados Unidos, e a principal razão para que as pressões inflacionárias nos países aliados fossem mais baixas que na Alemanha estava na sua maior capacidade de tomar empréstimos no exterior. Um segundo motivo, no caso da Grã-Bretanha, foi sua maior capacidade de desconto no mercado de Londres, que absorvia as letras do Tesouro, que na Alemanha eram controladas pelo Reichsbank e podiam ser usadas para sustentar a emissão de moeda.[162] Mas todos os Aliados foram cautelosos em seus aumentos de impostos, por medo das repercussões políticas. Embora os britânicos baixassem o limite do imposto de renda, os subsídios introduzidos depois de 1916 significavam que a maioria dos trabalhadores manuais qualificados escapava dos encargos financeiros.[163] Entretanto, a taxa de excesso de lucro foi fixada em 36% da arrecadação do governo central em 1918-19, e no final da guerra as atividades econômicas e o movimento trabalhista estavam ficando agitados.[164] Na Itália, o ministro das Finanças de Orlando, Francesco Nitti, barateou os alimentos importados efetuando uma revalorização da lira e enfrentou um sério déficit orçamentário com o quinto empréstimo de guerra da Itália na primavera de 1918. Isso representou uma injeção de recursos nos cofres do governo, mas como os bancos ficaram com a maior parte da emissão de títulos, também se acrescentou o perigo de uma explosão pós-guerra do crédito e da inflação. De maneira similar, na França, o ministro das Finanças de Clemenceau, Louis-Lucien Klotz, relaxou a disciplina fiscal e a inflação tomou impulso.[165] Os Aliados financiaram um compromisso cada vez mais custoso sem hiperinflação ou falência, mas achavam a tarefa cada vez mais difícil.

Alimentação adequada e inflação baixa, por sua vez, contribuíram para a estabilidade política. O consenso básico em favor da guerra sobreviveu, e as ofensivas inimigas o revigoraram. Os vencedores também se beneficiaram de uma liderança superior. Lloyd George, Clemenceau e Wilson (e, em menor proporção, Orlando) tinham capacidades excepcionais como dirigentes, articulando de maneira eloquente uma justificativa liberal e patriótica para o prosseguimento da luta. Lloyd George e Orlando eram os dirigentes de coalizões relativamente amplas de pesos-pesados políticos. A atitude de Clemenceau era o inverso disso; ele excluiu seu gabinete da diplomacia e da estratégia, assumiu o Ministério da Guerra e atribuiu as Relações Exteriores a um leal subordinado, Stephen Pichon, assim dirigindo a guerra em conjunto com um círculo de pessoas íntimas. O estilo de Wilson era similar. Os dois modelos eram eficientes, e ambos superiores aos arranjos da Alemanha, em que nem Hertling nem Ludendorff se comunicavam bem com o público em geral, e Guilherme não conseguia garantir uma política de conciliação. Assim, discussões anteriores às ofensivas de Ludendorff parecem ter se restringido aos técnicos, com as considerações políticas mais amplas sendo ainda mais marginalizadas que em julho de 1914 e antes da irrestrita decisão pela campanha dos submarinos. Até setembro de 1918, os alemães tampouco reconheceram que a guerra estava perdida. Possivelmente, os políticos tivessem sido condescendentes com o OHL por tanto tempo que lhes faltava capacidade da iniciativa, pelo menos até Hintze se tornar ministro das Relações Exteriores. Depois da segunda batalha do Marne, Berlim se comportava como se estivesse paralisada, não adotando nem uma nova estratégia nem um novo rumo político. O contraste com as medidas vigorosas tomadas pelos Aliados para enfrentar suas próprias emergências durante a primavera é gritante.

Orlando, Clemenceau e Lloyd George governavam sociedades cuja unidade política estava sendo desafiada, e em que os sindicatos e a esquerda eram parcialmente alienados. Mas as ofensivas austro-alemãs reviveram, em parte, à disposição de 1915. Orlando tornou-se premiê pouco antes do Caporetto, e ao substituir Cadorna, eliminou uma grande fonte de atrito político. Diaz estabeleceu relações de trabalho muito melhores com seus subordinados e com o governo. Com o território italiano invadido, os anti-intervencionistas se enfraqueceram; o clero e os moderados socialistas insistiram no dever da resistência, e Giolitti deu ao governo um apoio cauteloso. Entretanto, como os líderes da principal ala do PSI ainda se opunham à guerra, as autoridades prenderam o secretário do partido e o editor de seu jornal *Avanti!*, e processaram os líderes do partido de Turim por causar os levantes de 1917. Assim, a unidade se baseava na repressão, bem como no ataque à coalizão de Orlando e às medidas de estabilização econômica de Nitti.

Todas essas considerações, mais os níveis muito menores de baixas durante 1918, ajudaram a sustentar a Itália o restante da guerra.[166]

Na França, Clemenceau comandava um ministério com base mais restrita que os de seus predecessores, do qual veteranos políticos como Briand e Ribot, além da SFIO, foram excluídos. Durante o inverno de 1917-18, ele enfrentou uma oposição vigorosa da esquerda a sua política russa e suas ambiguidades quanto aos objetivos de guerra, mas tinha maioria assegurada e em matérias econômicas passou a governar por decreto. Como os socialistas não estavam mais no governo, ele não precisava mais conciliá-los, e então pôs fim à pratica de realizar sessões parlamentares secretas, o que havia enfraquecido seus predecessores. Ao mesmo tempo, como ministro da Guerra, ele supervisionava Pétain de perto e manteve uma boa relação de trabalho com Foch até o armistício. Seu governo era constitucional, porém firme, e, como na Itália, teve um componente repressor.[167] Assim, ele pediu que a imunidade parlamentar de Caillaux fosse suspensa e o aprisionou. Os ativistas contra a guerra, como Hélène Brion, foram processados; os traidores convictos, como Bolo Pasha, foram executados. As ações de Clemenceau reduziram os desafios parlamentares ao governo e derrubaram os derrotistas, embora a oposição pacifista e socialista à guerra continuasse e provavelmente fosse mais influente no movimento trabalhista. Maio de 1918 foi um mês de greves em Paris e muitas capitais de províncias, inclusive as fábricas de armamentos de Saint-Etienne. As greves eram provocadas principalmente pela convocação de trabalhadores, e sua exigência mais frequente era uma paz negociada (embora não a qualquer preço). Assim, esse foi um movimento político, embora não revolucionário. Faltava-lhe apoio da maior parte do público, dada a emergência militar; o CGT o renegou, e as greves terminaram rapidamente.[168] Depois que os Aliados superaram a crise do avanço alemão no Caminho das Damas, a posição de Clemenceau no país e no parlamento estava assegurada.

Sob Lloyd George, o Império Britânico estava assumindo as características próprias de uma coalizão. Ele preencheu seu gabinete e seu secretariado de Downing Street com defensores visionários da expansão imperial e laços mais estreitos entre a mãe pátria e seus filhos. Enquanto Asquith tinha evitado convocar uma Conferência Imperial de Guerra, Lloyd George convocou uma em março-abril de 1917, com os primeiros-ministros dos domínios autogovernados vindo a Londres e participando em sessões especialmente aumentadas do gabinete (renomeado, nesse sentido, de Gabinete Imperial de Guerra), do qual Smuts tornou-se membro permanente. Portanto, os Domínios foram um tanto melhor informados e consultados que anteriormente (embora o massacre de suas tropas na Terceira Batalha de Ypres tivesse provocado uma reação furiosa de seus líderes contra os objetivos britânicos na

África e no Pacífico, mas a Conferência Imperial de Guerra também prometeu uma consulta contínua e espaço para a manifestação dos Domínios na política externa imperial depois da guerra. A promessa incluía a Índia, cujos dirigentes britânicos e príncipes locais também assistiram à Conferência; e a Declaração de Montague, de agosto de 1917, prometeu um "governo responsável". Embora essas ofertas de concessões no futuro objetivassem aumentar a contribuição presente do Império, a guerra sem dúvida acelerou os processos de longo prazo de descentralização e devolução.[169]

As concessões eram necessárias porque a política, nos Domínios, se tornara mais polarizada que na segunda metade do conflito, com o alistamento como questão catalizadora. Na Austrália, o Partido Trabalhista no poder dividiu-se quanto a ela, e, a partir daí, o primeiro-ministro William Hughes comandou uma coalizão "nacional", confrontando os oponentes pacifistas, trabalhadores, irlandeses e católicos. No Canadá, o governo de Sir Robert Borden introduziu o serviço militar obrigatório, com muitas isenções, em boa parte devido ao cansaço de ter que se confrontar com o Canadá francês, onde levantes contra o recrutamento estouraram na cidade de Quebec em 1918. Por fim, na África do Sul um movimento africâner nacionalista, republicano e anti-imperial se desenvolveu sob a liderança de James Hertzog. Embora Hughes, Borden e Smuts (e o premiê neozelandês William Massey) se unissem cada vez mais em seu apoio aos esforços imperiais de guerra, antigas feridas reabriram em seus países.[170]

Nas Ilhas Britânicas, esse último exemplo repetiu-se no sul da Irlanda. Como resultado da emergência de 1918, o governo apressou-se por meio de um Ato de Convocação, que elevou a idade de alistamento de 41 para 50 anos e tornou a Irlanda sujeita, pela primeira vez, ao serviço militar compulsório (embora não combatente). A medida nunca foi posta em prática – por medo de resistência quando o exército estivesse totalmente completo –, mas resultou na substituição do moderado nacionalismo irlandês pela variante republicana mais radical. Contudo, no restante do país, Lloyd George em geral teve um controle político mais fácil que o de Clemenceau, apesar do quase colapso da BEF sob os ataques de Ludendorff, o que levou ao mais sério desafio de seu ministério no parlamento e poderia ter sido altamente prejudicial. O major general Sir Frederick Maurice, Diretor das Operações Militares até abril de 1918, alegou, pela imprensa, que o governo havia mantido a BEF com poucos homens e deixado tropas na Palestina que poderiam ter sido deslocadas para a França. A implicação era que as declarações do governo eram enganosas e que ele era responsável pela derrota. Mas no "debate Maurice", na Câmara dos Comuns, no dia 9 de maio, Asquith apresentou mal a questão, e Lloyd George tentou se explicar com evasivas. Ele advertiu que, se fosse derrotado, renunciaria e convocaria eleições, e uma moção por um comitê de inquérito perdeu por 239 votos a 106.[171] O primeiro-ministro teve sorte de não enfrentar uma oposição sistemática de Asquith, que havia perdido crédito como líder em tempo de guerra; metade de seu partido apoiava o governo. Lloyd George fortaleceu sua posição relativa ao alto-comando depois de Passchendaele, com a saída de Robertson e a crise de março, o que provavelmente prejudicou mais os líderes militares que o governo. Por fim, a inquietação na indústria estava se acalmando devido ao racionamento de comida e ao aumento de salário para os trabalhadores qualificados, e possivelmente por causa da inquietação provocada pelas negociações de paz dos bolcheviques.[172] Na Grã-Bretanha e na França, o regime doméstico tornou-se cada vez mais repressivo em 1917-18, com as autoridades usando a censura e ameaçando de convocação os dissidentes silenciosos.[173] Não obstante, durante os meses de emergência militar, a resistência dos sindicatos à política do governo virtualmente cessou, e a atividade grevista só retornou depois da mudança de rumo das coisas. Mesmo então se limitou, em grande parte, às agruras econômicas, e o monitoramento da opinião pública pelas autoridades sugeria (como na França), no outono de 1918, que ela era a favor de prosseguir até que os alemães fossem decisivamente derrotados.

Recente pesquisa histórica esclareceu a "remobilização" do apoio político aos esforços de guerra nos beligerantes em 1917-18, seguindo a onda inicial de patriotismo de 1914-15.[174] Na França, o esforço foi a iniciativa vanguardista da União das Grandes Associações contra a Propaganda Inimiga (UGACPE, na sigla em francês), fundada em março de 1917, e na Grã-Bretanha, pelo Comitê Nacional dos Objetivos de Guerra (NWAC, na sigla em inglês), fundado em agosto. Ambos eram sintomas de um crescente estado de preocupação em apoiar o moral dos civis: a "automobilização" de 1914-15 não era mais adequada. Ademais, a UGACPE foi inicialmente dirigida contra os sondadores da paz alemães; o NWAC foi uma resposta às greves britânicas de maio de 1917. Em contraste com as campanhas propagandistas anteriores, ambos se concentraram menos em tarefas específicas, como o recrutamento e a venda de bônus de guerra, e mais na manutenção de uma consciência patriótica geral e no apoio à guerra. Assim, ambos se concentraram na necessidade da paz por meio da vitória e na rejeição a um compromisso com um inimigo implacavelmente militarista. Ambos tinham ministros em seus comitês dirigentes e serviam a propósitos oficiais, embora ambos professassem ser independentes. A UGACPE concentrava-se nas redes locais de professores e associações patrióticas; o NWAC, nas organizações eleitorais dos partidos Conservador e Liberal que, em 1914-15, comandaram a campanha de parlamentar de recrutamento. Portanto, cada um representava um esforço conjunto do governo e das elites sociais, e sua gama era impressionante. A UGACPE representava 30 mil sociedades com mais de 11 milhões de membros;[175] ela distribuiu 5 milhões de panfletos e organizou mais de 3 mil reuniões em 1917 e ainda mais em 1918; em 1918, o NWAC realizou 10 mil reuniões.[176] Contudo, nenhum das duas atraiu muito apoio da esquerda – uma indicação do enfraquecimento do consenso. É verdade que o NWAC fazia reuniões bastante frequentadas em áreas da classe trabalhadora e obteve algum sucesso contra a agitação pacifista. Mas a UGACPE teve pouco impacto nas atitudes dos trabalhadores franceses, às quais parece que as ofensivas de Ludendorff fizeram mais que qualquer outra coisa para endurecer a opinião pública. Nos Estados Unidos, o Comitê de Informação Pública foi ainda mais ambicioso: 75 mil palestras ministradas por "homens de quatro minutos", 6 mil *press releases*, exposições visitadas por mais de 10 milhões de pessoas, e 75 milhões de cópias em várias línguas de mais de 30 panfletos sobre os Estados Unidos e a guerra.[177] Seu diretor, George Creel, e os publicitários por ele reunidos tinham um favor evangélico na comunicação da justiça da causa americana, mas a mobilização ideológica dos Estados Unidos tinha um lado obscuro. O Ato de Sedição, passado em maio de 1918, proibia linguagem abusiva ou desleal com relação à Constituição, à bandeira, ao governo e aos uniformes do exército e da marinha, com Wilson endossando-o para prevenir algo ainda mais extremado. A Liga Americana de Proteção, uma organização particular com fundos do governo federal, inscreveu 250 mil cidadãos para espionarem seus vizinhos e colegas de trabalho. Ela abria correspondências, interceptava telegramas e realizava ataques contra os que fugiam do alistamento, preparando o terreno para o "medo vermelho" do pós-guerra.[178] A guerra tornou-se um desastre para os movimentos progressistas e pacifistas americanos, e ao incentivar o crescimento da xenofobia nacionalista (por exemplo, em discursos que condenavam as minorias étnicas desleais), o presidente brincou de aprendiz de feiticeiro, enfraquecendo os que apoiavam seus objetivos diplomáticos. Suas políticas interna e externa pouco combinavam entre si, e embora ele previsse o perigo, suas próprias ações o ampliavam. No final da guerra, quando seus ideais pareciam triunfar no exterior, ele foi politicamente humilhado em casa.

Essencial para reacender o apoio ao esforço de guerra era a questão dos objetivos de guerra. Em resposta ao desgaste da guerra, a pressão americana, a radicalização da esquerda e a Revolução Russa, os governos aliados tinham começado a revisar seus declarados objetivos de guerra durante 1917, como demonstra a Resolução Dumont, a Declaração de Belfour e o apoio a uma Liga das Nações. O discurso de Lloyd George em Caston Hall e os 14 Pontos de Wilson culminaram o processo. Em resposta ao Brest-Litovsk e aos golpes de martelo de Ludendorff, a coalizão conseguiu maior solidariedade diplomática e partiu para a ofensiva ideológica. Com os 14 Pontos, Wilson havia tentado atrair os alemães e a esquerda dos aliados contra seus governos, mas ele perdeu a crença nos socialistas alemães e, em seu discurso de Baltimore em 6 de abril, proclamou que deveriam "forçar, forçar ao extremo, agora devemos decidir a questão".[179] Ele suspendeu sua campanha contra os objetivos de guerra de seus parceiros, e os britânicos mostraram maior apoio às reivindicações da França quanto à Alsácia-Lorena e seus objetivos econômicos do pós-guerra.

De maneira mais dramática, os Aliados e os americanos, pela primeira vez, fizeram da destruição da Áustria-Hungria um objetivo público. Anteriormente, eles haviam prometido o território Habsburgo à Itália, Sérvia e Romênia, e incentivaram as organizações nacionalistas como fonte de homens para a luta. Assim, um exército polonês foi formado na França em junho de 1917, e, ainda no mesmo ano, as potências ocidentais reconheceram o Comitê Nacional Polonês como representante oficial dos poloneses no exterior. Sua contrapartida, o Conselho Nacional Checo, beneficiou-se de sua autoridade sobre a Legião Checa na Rússia, enquanto o Comitê Iugoslavo (dos eslavos do sul exilados) foi cerceado pela relutância da Itália em permitir-lhe autoridade similar sobre os prisioneiros de guerra servo-croatas.[180] Contudo, os Aliados ainda tinham esperança em uma paz em separado com a Áustria-Hungria, com os discursos de Lloyd George e Wilson de 1918 contemplando apenas a autonomia para seus povos, embora a Itália não tivesse nenhum desejo de ver a ameaça austríaca substituída pela de um estado dos eslavos do sul. Tal situação mudou depois de Brest-Litovsk, o incidente Czernin e a crise causada pelos ataques de Ludendorff. A Alemanha parecia estar construindo um vasto e invulnerável domínio na Europa Oriental, e a Áustria-Hungria recusava-se a romper com ela. Assim, os Aliados aprofundaram seu apoio às nacionalidades Habsburgo como a única cartada restante, e não porque elas particularmente desejassem romper com a Monarquia.

Os franceses puseram-se à frente, com os americanos e britânicos não muito atrás. As alegações da Polônia receberam o maior apoio, com uma declaração aliada, em junho de 1918, aprovando uma Polônia unida e independente com livre acesso ao mar. Os Aliados esperavam conquistar os poloneses e minar a Alemanha e a Áustria, e agora podiam ignorar o tradicional obstáculo russo às aspirações dos poloneses.[181] Os italianos não podiam ser igualmente ignorados, mas o Caporetto os enfraqueceu, e agora eles se mostravam menos preocupados que um estado iugoslavo significasse uma base naval russa no Adriático. Os intermediários britânicos abriram um diálogo entre o governo de Orlando e os políticos croatas no exílio, e o Congresso das Nacionalidades Oprimidas, realizado em Roma em abril de 1918, sugeriu que os italianos agora se viam – e aos eslavos do sul – como combatentes fraternos contra a tirania dos Habsburgo e se mostravam dispostos a resolver as diferenças territoriais aplicando a autodeterminação. Na realidade, eles estavam seguindo uma política dupla, com Sonnino ainda como ministro das Relações Exteriores e ainda comprometido com as promessas do Tratado de Londres de 1915. Não obstante, eles amoleceram o suficiente para permitir que os Aliados, em junho de 1918, expressassem "sincera simpatia" pelos iugoslavos e checoslovacos em "sua luta pela liberdade e a realização de suas aspirações nacionais".[182] Este segundo desejo era o crucial, pois uma Checoslováquia independente (o que os líderes checos agora exigiam) sinalizaria de maneira inequívoca não apenas a mutilação da Dupla Monarquia, mas também sua destruição. A revolta da Legião Checa na Rússia aumentou a influência dos lobistas checos, e uma declaração dos americanos, em 28 de junho, afirmava que "todos os ramos da raça eslava deveriam ficar completamente livres do domínio alemão e russo",[183] o que significava que a autonomia visada pelos 14 Pontos não era mais suficiente. De qualquer modo, a essa altura dos acontecimentos, a derrota na batalha do Piave e o crescimento do separatismo entre os líderes nacionais sob a Dupla Monarquia significava que sua destruição mal podia ser evitada.

Esses pronunciamentos, seguindo-se à declaração dos Aliados no inverno de 1917-18, indicavam que a guerra estava se tornando mais agressivamente ideológica. Sempre se justificou a guerra como uma luta em defesa da democracia, da lei e da autodeterminação contra autocracias opressoras e militaristas; cada vez mais, ela se tornando uma cruzada para destruir os regimes que a haviam provocado. Essa reformulação – especialmente por parte de Wilson, uma figura que parecia distante do imperialismo tradicional – ajudou a reconciliar a esquerda moderada para que apoiasse os Aliados e a causa americana, e também tinha a ver com o último tópico a ser considerado aqui, o do moral das tropas. Sob as ordens de Diaz, um comandante relativamente humano que estava ansioso por melhorar o moral e o treinamento, o exército italiano passou por um processo de recuperação comparável ao francês sob as ordens de Pétain. Suas rações melhoraram, as licenças quase dobraram, e as notórias execuções sumárias de Cadorna praticamente cessaram.[184] Na Frente Ocidental, o moral parece não ter sido um problema entre a maioria dos americanos, mesmo se ocasionalmente a disciplina se mostrasse problemática: nenhum soldado da AEF foi executado por deserção, embora 33 tenham sido executados por assassinato ou estupro.[185] O exército francês, embora os observadores britânicos e americanos vissem seus soldados com cautela, sofreu e infligiu pesadas baixas durante 1918, sem nenhum reaparecimento de motins. O mesmo se aplicava à BEF, ainda que o GHQ removesse os australianos da linha de combate em outubro, depois de uma séria agitação provocada por sua justificada suspeita de que estavam sendo usados como tropas de choque com demasiada frequência. Não obstante o contraste com os problemas dos búlgaros e turcos em setembro e com a desintegração das forças alemãs e austro-húngaras fosse evidente.

Entre os fatores que favoreceram os Aliados contavam-se suprimentos muito melhores de comida e equipamentos, uma disciplina menos opressora que no começo da guerra e confiança nascida do sucesso visível e da aproximação da vitória. Além disso, contudo, os Aliados embarcaram, ao longo do ano de 1918, em uma agressiva propaganda contra os exércitos inimigos nas frentes de batalha. A AEF estabeleceu uma agência de "propaganda do front" em conjunção com a CPI, e a inteligência militar americana distribuiu mais de três milhões de panfletos nas linhas alemãs na época do armistício.[186] A contribuição dos Aliados europeus foi ainda mais impressionante. Em março de 1918, os franceses estabeleceram um novo Centre d'Action de Propagande Contre l'Ennemi para fazer propaganda contra o povo alemão e seu exército,[187] e os britânicos intensificaram seus esforços ao mesmo tempo. Sua propaganda de além-mar mais significativa, antes de 1917, havia sido nos Estados Unidos, conduzida discretamente pela agência de Wellington House. Esses métodos não eram possíveis entre as Potências Centrais, e Lloyd George, um homem impaciente que conhecia homens similares em Fleet Street, queria que se fizesse alguma coisa. O resultado, depois de várias reorganizações, foi a indicação, em março, de Lorde Northcliffe como Diretor de Propaganda em Países Inimigos e de Lorde Beaverbrook como ministro da Informação.[188] As responsabilidades de Beaverbrook incluíam o Império Otomano, mas a Áustria-Hungria e Alemanha ficaram para Northcliffe. Sua tarefa era agir diretamente sobre a opinião pública através de todos os meios disponíveis, e ele primeiro se concentrou na Dupla Monarquia como alvo mais vulnerável. Em fevereiro, o gabinete autorizou-o a incentivar as nacionalidades específicas, com a condição de prometer autonomia em vez de independência.[189] Para esse propósito, ele convocou o editor de assuntos estrangeiros de *The Times*, Wickham Steed, e um acadêmico especialista, R. W. Seton-Watson. Os dois homens incentivaram os italianos a se engajarem no Congresso de Roma, ajudando a estabelecer a comissão de Pádua, uma agência de propaganda interaliada e ligada ao GHQ italiano.[190] Depois da batalha do Piave, as derrotadas tropas austro-húngaras eram presas fáceis. Contudo, depois de maio, Lloyd George pediu a Northcliffe que dedicasse atenção similar aos alemães.[191] Northcliffe e seus agentes haviam insistido que os Aliados se comprometessem com a autodeterminação como arma contra a Áustria-Hungria, e agora queriam que usassem a democratização contra a Alemanha. Quando as novas agências civis foram acrescentadas aos tradicionais esforços dos serviços de inteligência francês e britânico, o efeito foi a inundação dos exércitos alemão e austro-húngaro com propaganda, como as Potências Centrais haviam inundado o exército russo em 1917. Boa parte do material foi lançada de balões. Os aviões também foram usados contra os austríacos, mas não contra os alemães, que ameaçavam julgar os pilotos capturados. Os franceses atiravam bombas com panfletos e subsidiavam jornais dirigidos por alemães dissidentes na Suíça e na Holanda, que eram contrabandeados para o Reich. Na primavera de 1918, o serviço britânico de inteligência produziu 1 milhão de panfletos por mês e até 250 mil cópias por dia de um jornal de trincheira em alemão; entre 1 e 2 milhões de panfletos foram lançados aos alemães em 12 e 13 de julho, na véspera de sua ofensiva final.[192] Os temas incluíam militarismo, falta de alimento, a tensão entre a Prússia e os estados menores, e a acusação de que aquela não era a guerra do povo alemão. Contudo, muitos fatores contribuíram para o colapso dos exércitos das Potências Centrais, e a propaganda foi só a cereja do bolo. Embora Ludendorff e Hitler posteriormente enfatizassem a contribuição da propaganda aliada para o colapso da Alemanha, eles tinham seus motivos próprios para exagerá-la,[193] e um estudo moderno questionou a eficácia da propaganda até contra a Áustria-Hungria.[194] Milhões de panfletos só podiam cumprir sua tarefa quando acompanhados por milhões de bombas.

De qualquer modo, a palavra "propaganda" assumiu sua conotação moderna durante a guerra.[195] Seu rápido crescimento nos meses finais foi outro sinal de que o conflito estava entrando em um novo estágio, assumindo muitas características compartilhadas pelas maiores guerras até então. No verão e no outono de 1918, uma tremenda explosão de energia dos Aliados caiu sobre inimigos enfraquecidos. Os Aliados criaram um novo conjunto de instituições coordenadas: o comando de Foch, o SWC, o Conselho Interaliado para Compras e Finança de Guerra, o AMTC e os comitês de propaganda e bloqueio. Eles tinham se tornado mais coesos, como uma combinação de democracias unidas por seu comando dos mares. Seu sistema de alimentação de suas populações era melhor que o do inimigo, e suas moedas mantinham-se mais estáveis. Compreensivelmente, venceram a batalha da produção de implementos-chave da nova atividade de guerra: metralhadoras leves, artilharia pesada, tanques e aviões. Combinaram as tropas anglo-francesas e as italianas com as americanas, descansadas e rapidamente transportadas. Seus sistemas logísticos se recuperavam prontamente e eles tinham desenvolvido combinações de táticas para as quais as Potências Centrais não tinham resposta. Seus fronts domésticos haviam se recuperado parcialmente do tumulto de 1917, e seus chefes políticos, apesar de todas as suas falhas, eram símbolos eficientes de união e forças aglutinadoras para seus governos. Seus objetivos de guerra eram mais bem divulgados e estavam ligados a princípios gerais persuasivos. Sua coalizão dispunha de numerosos recursos inerentes. Contudo, muitos desses recursos só foram postos plenamente em prática devido ao massacre das Potências Centrais entre o Caporetto e a segunda batalha do Marne. Foi essa emergência que permitiu o aparecimento dos 14 Pontos, o enorme aumento no fluxo de tropas americanas, o comando de Foch e a recuperação da coesão política interna e a solidariedade diplomática. E como é amiúde tão comum nesse tipo de luta equilibrada e travada com empenho, a época crítica de um lado continha nela as sementes de seu fim.

Notas

1. Fischer, *Germany's Aims*, pp. 622-3.

2. Renouvin, *Crise européenne*, pp. 670-72.
3. Hürter (ed.), *Paul von Hintze*.
4. Barnett, *Swordbearers*, p. 336; Ludendorff, *Meine Kriegserinnerungen*, p. 518.
5. Foch, *Mémoires*, Vol. 2, p. 112.
6. Ibid., pp. 115-18.
7. Pedroncini, *Pétain*, pp. 401-2.
8. Coffman, *War to End All Wars*, p. 239; Travers, in Strachan (ed.), *Oxford Illustrated History*, pp. 274-5.
9. Foch, *Mémoires*, pp. 145-60; Asprey, *German High Command*, p. 441.
10. Barnett, *Swordbearers*, pp. 349-57.
11. Asprey, *German High Command*, p. 443.
12. Liddell Hart, *Foch*, p. 343.
13. Foch, *Mémoires*, Vol. 2, pp. 162-9.
14. Falls, *First World War*, p. 354.
15. Prior and Wilson, *Command on the Western Front*, cap. 26.
16. Ibid., pp. 295-300.
17. Ibid., cap. 27.
18. Ibid., cap. 28, 29.
19. Asprey, *German High Command*, p. 61.
20. Terraine, *Douglas Haig*, p. 458.
21. Ferguson, *Pity of War*, pp. 386-7.
22. Asprey, *German High Command*, p. 432.
23. Foch, *Mémoires*, Vol. 2, pp. 185-7.
24. Prior and Wilson, *Command on the Western Front*, cap. 30.
25. Coffman, *War to End All Wars*, pp. 273-82.
26. Foch, *Mémoires*, Vol. 2, pp. 205-15.
27. Wilson a Haig, 31 ago. 1918, NLS Haig MSS 213a (apêndice).
28. Travers, *How the War Was Won*, p. 157.
29. Falls, *First World War*, p. 387.
30. Travers, *How the War Was Won*, p. 154.
31. Paschall, *Defeat of Imperial Germany*, pp. 181-4.
32. Falls, *First World War*, p. 378; Liddell Hart, *Foch*, p. 368.
33. Brown, "Not Glamorous", pp. 437-40; Travers, *How the War Was Won*, pp. 160-64.
34. Travers, *How the War Was Won*, pp. 157-8, 166-9; Prior and Wilson, *Command on the Western Front*, ver 31-33.
35. Ver Swain, *Origins of the Russian Civil War*, e Mawdsley, *Russian Civil War*, para relatos gerais.
36. Mawdsley, *Russian Civil War*, pp. 40-41.
37. Herwig, "German Policy in the Eastern Baltic Sea".
38. Fischer, *Germany's Aims*, pp. 571-3; Debo, *Revolution and Survival*, cap. 12.
39. Ullman, *Anglo-Soviet Relations*, Vol. 1, pp. 152, 309, 320, 332, Vol. 2, pp. 20, 28; Mawdsley, *Russian Civil War*, pp. 285-7.
40. Debo, *Revolution and Survival*, pp. 154-5, 266-70.
41. Woodward, "British Government and Japanese Intervention".

42. Schwartz, 'Divided Attention'.
43. Morley, *Japanese Thrust*, passim; Dickinson, *War and National Reinvention*, cap. 5; Seymour (ed.), *Intimate Papers of Colonel House*, Vol. 3, pp. 398-408; Unterberger, "President Wilson"; Lasch, "American Intervention".
44. Debo, *Revolution and Survival*, cap. 11; Bradley, *Allied Intervention*, cap. 4.
45. Long, "American Intervention"; Morley, *Japanese Thrust*, pp. 260-89.
46. Debo, *Revolution and Survival*, p. 259.
47. Kitchen, *Silent Dictatorship*, pp. 223-6.
48. Kazamzadeh, *Struggle for Transcaucasia*, pp. 56-7.
49. Ibid., pp. 81ss.; MacFie, *End of the Ottoman Empire*, pp. 154, 158.
50. Trumpener, *Germany and the Ottoman Empire*, cap. 6.
51. MacFie, *End of the Ottoman Empire*, p. 156.
52. Sheffy, *British Military Intelligence*, pp. 300, 346.
53. Hughes, *Allenby*, p. 69.
54. Dawn, "Influence of T. E. Lawrence", pp. 71-9.
55. Falls, *First World War*, p. 376.
56. Hughes, *Allenby*, cap. 5.
57. Emin, *Turkey*, p. 262.
58. Falls, *First World War*, pp. 376-9; Renouvin, *Crise européenne*, p. 600.
59. Renouvin, *Crise européenne*, pp. 533-4, 605-6.
60. Hamard, "Quand la victoire", p. 30.
61. Dutton, *Politics of Diplomacy*, pp. 167-76.
62. Renouvin, *Crise européenne*, p. 594.
63. Ibid., p. 599; Hamard, "Quand la victoire", p. 31.
64. Herwig, *First World War*, p. 425.
65. Ferguson, *Pity of War*, p. 370.
66. Travers, *How the War Was Won*, pp. 149-50.
67. Travers in Strachan (ed.), *Oxford Illustrated History*, pp. 288-90.
68. Herwig, *First World War*, p. 420; Guinard et al. (eds.), *Inventaire*, Vol. 1, p. 205; Andrew and Kanya-Forstner, "France, Africa, and the First World War", pp. 15-16.
69. Grieves, *Politics of Manpower*, pp. 195-6.
70. Wilson, *Myriad Faces*, pp. 566, 645.
71. Kennedy, "Strategy and Supply", p. 57.
72. Ibid., p. 59.
73. Kennedy, *Over Here*, pp. 178-85; Meigs, *Optimism at Armageddon*, cap. 1.
74. Kennedy, *Over Here*, pp. 159-62; Coffman, *War to End All Wars*, pp. 231-3; Barbeau and Florette, *Unknown Soldiers*.
75. Meigs, *Optimism at Armageddon*, cap. 2; Martin, "German Strategy", pp. 181, 189-90.
76. Kaspi, *Temps des Américains*, p. 193.
77. Halpern, *Naval History*, p. 435.
78. Parsons, "Why the British".
79. Kaspi, *Temps des Américains*, p. 237.

80. Ludendorff, *Meine Kriegserinnerungen*, pp. 512, 514.
81. Martin, "German Strategy", pp. 181-92.
82. Kennedy, *Over Here*, pp. 173-4; Nenninger, "American Military Effectiveness", p. 143.
83. Travers, in Strachan (ed.), *Oxford Illustrated History*, p. 290.
84. Harris and Barr, *Amiens to the Armistice*, p. 191.
85. Travers, in Strachan (ed.), *Oxford Illustrated History*, p. 280.
86. Travers, *How the War Was Won*, p. 145.
87. Pedroncini, *Pétain*, pp. 199-230.
88. Ibid., pp. 401-2; Travers, in Strachan (ed.), *Oxford Illustrated History*, p. 289.
89. Morrow, *Great War in the Air*, p. 282.
90. Suinard, *Inventaire*, Vol. 1, p. 129.
91. Simkins, "Co-Stars or Supporting Cast?", p. 53.
92. Winter, *Haig's Command*, p. 148.
93. Morton, "Junior but Sovereign Allies"; Brown, "Not Glamorous", pp. 429-31; Rawling, *Surviving Trench Warfare*, p. 189.
94. Andrews, *Anzac Illusion*, pp. 147-8.
95. Harris, *Men, Ideas, and Tanks*, p. 179.
96. Travers, "Tanks of 1918", p. 394.
97. Harris, *Men, Ideas, and Tanks*, pp. 182-3.
98. Childs, *A Peripheral Weapon?*
99. Cooper, *Birth of Independent Air Power*, cap. 10; Jones, *Origins of Strategic Bombing*, p. 178; Sweetman, "Smuts Report of 1917".
100. Sweetman, "Smuts Report of 1917", p. 198.
101. Cooper, *Birth of Independent Air Power*, pp. 135-6.
102. Falls, *First World War*, pp. 348-9.
103. Ibid., p. 353; Coffman, *War to End All Wars*, p. 210.
104. Morrow, in Strachan (ed.), *Oxford Illustrated History*, p. 272.
105. Morrow, *Great War in the Air*, pp. 311-12.
106. Cooper, *Birth of Independent Air Power*, p. 149.
107. Ferris (ed.), *British Army and Signals Intelligence*, pp. 19-21; Andrew, *Secret Service*, pp. 172-3; Sheffy, *British Military Intelligence*, pp. 315-19.
108. Bidwell and Graham, *Fire-Power*, p. 143.
109. Prior and Wilson, *Command on the Western Front*, p. 393.
110. Spiers, *Chemical Warfare*, p. 13.
111. Haber, *Poisonous Cloud*, pp. 241-2.
112. Palazzo, *Verking Victory*, pp. 167-76.
113. Prior and Wilson, *Command on the Western Front*, pp. 293-5.
114. Travers, in Strachan (ed.), *Oxford Illustrated History*, pp. 281-4.
115. Pedroncini, *Pétain*; Porch, "French Army", pp. 210-25.
116. Travers, *How the War Was Won*, pp. 176-8.
117. Ver Philpott, "Foch", para uma reavaliação recente.
118. Brown, *British Logistics*, cap. 5.

119. Ibid., cap. 7.
120. Summerskill, *China on the Western Front*.
121. Herwig and Trask, "Failure of Imperial Germany's Undersea Offensive", p.634.
122. Halpern, *Naval History*, p. 404.
123. Marder, *Dreadnought*, Vol. 5, pp. 138, 158.
124. Ibid., p. 334.
125. Ibid., p. 120; Grant, *U-Boats Destroyed*.
126. Halpern, *Naval History*, cap. 13.
127. Marder, *Dreadnought*, Vol. 5, p. 119.
128. Terraine, *Business in Great Waters*, p. 120; cap. 15.
129. Beesly, *Room 40*, p. 118; Halpern, *Naval History*, p. 424.
130. Halpern, *Naval History*, pp. 421-3.
131. Terraine, *Business in Great Waters*, p. 131.
132. Marder, *Dreadnought*, Vol. 5, p. 83.
133. Terraine, *Business in Great Waters*, pp. 120-23; Halpern, *Naval History*, pp. 430-35.
134. Herwig and Trask, "Failure of Imperial Germany's Undersea Offensive", pp. 626-7.
135. Halpern, *Naval History*, pp. 435-7.
136. Salter, *Allied Shipping Control*; Safford, *Wilsonian Maritime Diplomacy*, p. 149.
137. Kennedy, *Rise and Fall of the Great Powers*, p. 350.
138. Gilbert, *American Financing of World War I*, p. 205.
139. Coffman, *War to End All Wars*, pp. 162-5.
140. Morrow, *Great War in the Air*, pp. 294, 342.
141. Kaspi, *Temps des Américains*, pp. 244-5
142. Morrow, *Great War in the Air*, p. 329.
143. Curami, "L'Industria bellica", p. 557; Rochat, "Il Comando Supreme di Diaz", p. 265.
144. Seton-Watson, *Italy from Liberalism to Fascism*, p. 497.
145. Safford, *Wilsonian Maritime Diplomacy*, p. 153.
146. Kaspi, *Temps des Américains*, pp. 266-7.
147. Burk, *Britain, America, and the Sinews of War*, pp. 186-7.
148. Ibid., pp. 203, 206, 220.
149. Kaspi, *Temps des Américains*, p. 333
150. Forsyth, *Crisis of Liberal Italy*, pp. 183, 186.
151. Burk, *Britain, America, and the Sinews of War*, pp. 137, 148-9.
152. Frey, "Bullying the Neutrals", p. 238.
153. Salmon, *Scandinavia*, pp. 143-5.
154. Frey, "Bullying the Neutrals", pp. 240-41.
155. Offer, *First World War: an Agrarian Interpretation*, p. 62.
156. Olson, *Economics of the Wartime Shortage*, pp. 109-111.
157. Dewey, "Food Production", p. 72.
158. Ibid., pp. 82-8.
159. Bonzon and Davis, "Feeding the Cities", pp. 309, 314, 326, 330.
160. Kennedy, *Over Here*, p. 112.

161. Gilbert, *American Financing of World War I*, pp. 221-4.
162. Balderston, "War Finance", pp. 237ss.
163. Whiting, "Taxation and the Working Class", pp. 898-9.
164. Daunton, "How to Pay for the War", pp. 888 ss.
165. Strachan, *First World War: To Arms*, p. 858.
166. Seton-Watson, *Italy from Liberalism to Fascism*, pp. 480-91.
167. Duroselle, *Grande Guerre des français*, cap. 15.
168. Becker, *Great War and the French People*, pp. 251 ss.
169. Lloyd George, *War Memoirs*, Vol. 1, cap. 55; Holland, "British Empire and the Great War".
170. Holland, "British Empire and the Great War"; Andrews, *Anzac Illusion*, cap. 5; Garson, "South Africa".
171. Gooch, "Maurice Debate"; Wilson, *Myriad Faces*, pp. 573-5.
172. Wilson, *Myriad Faces*, pp. 654-5.
173. Millman, *Managing Domestic Dissent*, cap. 7, 10.
174. Horne (ed.), *State, Society and Mobilization*, p. 15.
175. Bruntz, *Allied Propaganda*, p. 13.
176. Horne (ed.), *State, Society, and Mobilization*, p. 207. Sobre a NWAC, ver também Millman, *Managing Domestic Dissent*, cap. 9.
177. Kennedy, *Over Here*, p. 61.
178. Ibid., pp. 81-3.
179. Scott (ed.), *Official Statements of War Aims*, pp. 309-12.
180. Calder, *Britain and the Origins of the New Europe*, pp. 190-91.
181. Stevenson, *French War Aims*, pp. 106-7.
182. Calder, *Britain and the Origins of the New Europe*, pp. 190-91, 201-3; Mamatey, *East Central Europe*, pp. 239-45, 273-4, 314-15; Lederer, *Yugoslavia*, pp. 25-40.
183. Calder, *Britain and the Origins of the New Europe*, pp. 191-4, 204-11; Mamatey, *East Central Europe*, pp. 252-73, 300-311; Perman, *Shaping of the Czechoslovak State*, cap. 11.
184. Rochat, "Il Comando Supremo di Diaz", pp. 266-7.
185. Meigs, *Optimism at Armageddon*, pp. 60, 232n.
186. Bruntz, *Allied Propaganda*, pp. 30-39.
187. Ibid., pp. 16 ss.
188. Taylor, "Foreign Office and British Propaganda", pp. 886-92.
189. Calder, *Britain and the Origins of the New Europe*, pp. 176-7.
190. Cornwall, *Undermining of Austria-Hungary*, pp. 176, 201-2.
191. Bruntz, *Allied Propaganda*, p. 26.
192. Ibid., pp. 41-57.
193. Ferguson, *Pity of War*, pp. 212-13; Lasswell, *Propaganda Technique*, p. 3.
194. Cornwall, *Undermining of Austria-Hungary*, pp. 442-3.
195. Bruntz, *Allied Propaganda*, p. v.

17
O CESSAR-FOGO

OS ALIADOS TINHAM SOBREVIVIDO à crise de 1917, e as Potências Centrais tinham jogado sua cartada final, o que trouxe os dois lados à linha divisória do verão de 1918. Essas mudanças no equilíbrio da campanha, contudo, haviam ocorrido antes, e em julho e agosto quase ninguém com autoridade esperaria que a luta terminasse rapidamente. A "ilusão da guerra breve" de 1914 havia se tornado a "ilusão da guerra longa", de modo que, quando o cessar-fogo veio, foi também uma surpresa, e – ou tantos outros retrospectivamente desejados – um cessar-fogo prematuro. A abrupta conclusão da guerra oferece uma lição objetiva sobre o término de uma guerra em geral, em parte porque o conflito tinha sido tão obstinado até então.[1] Porque, a despeito das mudanças no campo de batalha, o mesmo triplo impasse subjacente havia permanecido em seu lugar: os dois lados achavam a vitória possível, os governos comprometidos com ela estavam em seus postos, e seus objetivos de guerra eram por demais divergentes para um acordo negociado. Verdade era que as hostilidades na Frente Oriental haviam terminado e que, durante a maior parte de 1918, os fronts italiano e dos Bálcãs estavam quietos. Mas essa diminuição de violência nos palcos de ação menores foi eclipsada pelo paroxismo a oeste depois que Ludendorff deu início a suas ofensivas. Além disso, para que o massacre cessasse, *os dois* lados precisavam concordar que não conseguiam mais resolver suas diferenças pela luta. Se as Potências Centrais tivessem que pedir um armistício, os Aliados e os americanos teriam que concedê-lo, no momento em que os ventos finalmente sopravam em favor a eles. Como as decisões de começar a guerra, as destinadas a cessá-la tinham que ser analisadas como sendo, em primeira instância, devidas a uma avaliação racional, apesar de haver evidências de que os dois lados haviam feitos cálculos equivocados. Dado o poder de veto de Ludendorff à política alemã, o ponto de partida só poderia ser uma reavaliação pelo OHL, o que levou, em 4 de outubro, a um pedido de Berlim de cessar-fogo e um acordo baseado no programa de paz de Wilson. Quando os alemães publicaram esse apelo, contudo, Ludendorff esperava uma punição menor que a esperada ou, pelo menos, um espaço para respirar. Só mais tarde as Potências

Centrais resolveram aceitar termos muito mais rigorosos que os inicialmente esperados. A primeira questão a considerar aqui, portanto, é a aplicação do armistício, e a segunda, a resposta aliada e americana a ela. A terceira é a aceitação pelas Potências Centrais das condições de seus inimigos, e os motivos dessa aceitação foram as revoluções que derrubaram Guilherme II e desintegraram a Áustria-Hungria. Depois da segunda batalha do Marne, Ludendorff ainda supunha que pudesse desgastar os Aliados com uma teimosa ação que limitasse os contra-ataques.[2] Entretanto, a batalha de Amiens mostrou (como afirmou Hindenburg) que o exército falhara tanto nas ações defensivas quanto nas ofensivas.[3] Mas na conferência de Spa, em 13-14 de agosto, ele e Ludendorff ainda achavam que as operações defensivas ainda poderiam paralisar a disposição de luta dos Aliados, e quando Hertling ressaltou o cansaço dos civis alemães com a guerra, Ludendorff disse que a resposta era mais disciplina e repressão. Hintze, o novo ministro das Relações Exteriores, duvidava que a determinação dos Aliados falhasse, e avisou que a Áustria-Hungria não conseguiria sobreviver a outro inverno, e que os turcos estavam sozinhos no Cáucaso. Mas se concordou que a Alemanha devia buscar a paz após os sucessos seguintes a oeste, em vez de imediatamente. Quando Carlos chegou para pedir conversações de paz imediatas, descobriu que os alemães ainda eram contra elas.[4] Hindenburg e Ludendorff disseram a Arz von Straussenburg que, diminuindo a linha e chamando reservas, eles esperavam equalizar a luta, embora concordassem com ele que as Potências Centrais deviam conservar seus exércitos suficientemente intactos para manter a ordem interna.[5] De momento, a Alemanha se mantinha observadora do Tratado de Brest-Litovsk, e pelos acordos suplementares de agosto expandiu sua influência na Rússia. Os planos de estreitar as relações com a Áustria-Hungria também prosseguiam, resultando, em outubro, em um acordo para incrementar o livre comércio.[6] Como vice-chanceler, Payer deu a entender, num discurso em 10 de setembro, que os alemães esperavam manter seu predomínio na Europa Oriental e Central, em troca do sacrifício de suas colônias e aceitando o *status quo* de 1914 no Ocidente. Mas ainda resistiam em ceder mais que uma fração da Alsácia-Lorena e abandonar a Bélgica. O máximo que Hintze pôde tirar do OHL foi um acordo segundo o qual a Bélgica podia recuperar sua independência com a garantia de que nenhum outro país pudesse nela gozar de um status preferencial com relação aos alemães.[7] Os Aliados mostravam-se igualmente inflexíveis, como os austríacos descobriram em 14 de setembro, em seu desafio aos desejos de Berlim quando apelaram publicamente que não houvesse nenhuma discussão a esse respeito entre os dois lados. Depois da batalha de Amiens, os austríacos perderam a fé na invencibilidade alemã e buscaram a paz desesperadamente antes do inverno, mas os líderes aliados rejeitaram plenamente seus contatos.[8] Parecia que a reviravolta dos destinos militares não havia conseguido abrandar os objetivos de guerra dos alemães, embora fortalecesse os de seus inimigos, e Viena estava paralisada entre as duas cargas pesadas.

A mudança decisiva começou no OHL (a esta altura baseado em Spa, na Bélgica), onde Ludendorff sofreu algo parecido com um colapso nervoso. A partir de meados de julho, depois de dois anos de responsabilidade primária pelo destino de seu país, sua personalidade tensa, viciada em trabalho, havia dado sinais de desintegração. Seu temperamento era irascível, suas relações com os subordinados e com Hindenburg estavam tensas, ele não conseguia dormir e bebia em excesso. O conselho que ele recebera, no início de setembro, do Dr. Hochheimer, um psiquiatra e velho amigo, para que fizesse caminhas e descansasse mais, só trouxe um alívio temporário. Na noite do dia 28, ele entrou em colapso e decidiu que a Alemanha devia buscar um cessar-fogo imediatamente.[9]

Como em 1914, os eventos nos Bálcãs provocaram uma avalanche. As notícias sobre o dia 28 de setembro de que a Bulgária havia solicitado um armistício indignou Ludendorff mesmo antes de ele conhecer os termos finais. Como foi assinado no dia 29, exigia-se que os búlgaros se desmobilizassem, evacuassem a Grécia e a Sérvia, além de permitir que os Aliados ocupassem seu território como base para outras operações.[10] Um avanço aliado agora podia desfazer os triunfos das Potências Centrais de 1915, cortar as comunicações por terra com o Império Otomano e reviver a ameaça à fronteira sul da Áustria-Hungria. Se os Aliados entrassem na Romênia, as consequências seriam ainda mais graves. Devido a uma colheita decepcionante, a Romênia tinha se tornado menos decisiva como fornecedor de grão, mas (assim aconselhava Ludendorff a seu governo) a frota aérea do exército alemão dependia inteiramente do petróleo romeno e, em sua ausência, os estoques estariam esgotados depois de dois meses. Metade dos caminhões da Alemanha e um terço dos U-Boats eram igualmente dependentes, e a indústria corria o risco de perder sua principal fonte de lubrificante de boa qualidade.[11] Dessa vez, em contraste com a crise provocada pela intervenção da Romênia em 1916, era impossível vencer o obstáculo dos Bálcãs. Desavenças com relação aos tratados de paz a leste haviam rompido a solidariedade das Potências Centrais, e elas contavam com poucas forças disponíveis. Portanto, a rendição da Bulgária era algo importante, e seu impacto em Ludendorff pareceria defender argumentos de que os esforços dos Aliados nos palcos "secundários" contavam mais que os desenvolvidos na França e na Bélgica. Mas, na realidade, a ofensiva dos Bálcãs desfechou o *coup de grâce* apenas porque foi combinada com uma pressão sem precedente no palco principal. No final de setembro, o OHL enfrentou ofensivas coordenadas ao longo de toda a Frente Ocidental, apoiadas por superioridade numérica e maciça capacidade de artilharia. Ludendorff sabia havia dias que os búlgaros estavam em fuga, e ele podia ter usado seu pedido de cessar-fogo como pretexto para uma iniciativa que já decidira ser necessária. Embora dissesse a seus conselheiros mais próximos que a defecção da Bulgária significava que a guerra estava perdida,[12] ele também estava extremamente preocupado com as batalhas a oeste. A ofensiva do Mosa-Argonne havia começado na alvorada do dia 26, com um ataque britânico a Cambrai no dia 27, e um ataque britânico-belga em Flandres no dia 28, enquanto, no mesmo dia, o mais intenso bombardeio da guerra estava em curso antes do assalto do Quarto Exército britânico à Linha Hindenburg. Uma a uma, os Aliados estavam derrubando as melhores posições alemãs.[13] A força das unidades alemãs haviam caído drasticamente devido às baixas por batalha, deserção, captura e doenças, e Ludendorff e sua equipe quase não dispunham mais de forças reservas.[14] Relatórios dos censores da correspondência dos soldados alemães deixavam claro o desalento das tropas, especialmente na retaguarda, aos comandantes do exército e ao OHL.[15] Ludendorff também estava bem informado sobre o front doméstico, no qual pesquisas tinham revelado haver um aprofundamento do pessimismo dos civis e da ansiedade desde julho,[16] e o suprimento de alimentos continuava precário.[17] Não obstante, o que quebrou o OHL foi menos a gradativa deterioração das circunstâncias domésticas do que a emergência nas frentes de batalha.

Na manhã do dia 28 de setembro, Ludendorff concluiu que a Alemanha devia procurar a paz e formar um governo parlamentarista para esse propósito; à noite, ele decidiu que o país devia provar sua seriedade pedindo a Wilson um armistício imediato.[18] Ele descobriu que Hindenburg compartilhava de sua opinião, e os dois homens concordavam que, mesmo se a Frente Ocidental se sustentasse, o colapso nos Bálcãs significava que a situação militar só podia piorar.[19] Em toda parte, as tropas alemãs ainda estavam em território inimigo, mas a diferença básica com relação às reivindicações anteriores é que não havia mais trunfos para o jogo. Até as esperanças de exaurir o inimigo pela teimosa defensiva agora eram irreais. Contudo, este não era nem um simples julgamento tático nem uma decisão de cessar-fogo sob quaisquer termos. Uma das preocupações básicas, como disse Ludendorff a seu Estado-Maior numa emotiva conferência posterior, era proteger o exército de uma fuga desordenada que o tornaria inútil contra a revolução. Ele já estava envenenado pelas ideias socialistas, com unidades não confiáveis saindo das linhas, e "*nenhuma* confiança nas tropas era possível". Os Aliados estavam perto de um avanço "por atacado" que devia ser evitado. Ele desejava trazer para o governo os políticos de esquerda cuja atitude ele responsabilizava pela debacle, para que eles se alimentassem do caldo que haviam preparado. Em particular, ele comentava que aceitar o programa de Wilson poderia ser tranquilo, pois os 14 Pontos eram vagos e abertos à interpretação: além disso, se as exigências do inimigo se comprovassem excessivas, a Alemanha poderia retomar a luta depois dessa pausa. Essa suposição era ingênua, não apenas porque – apesar das advertências – Ludendorff subestimasse o perigo de que pedir um armistício poderia provocar o colapso da disciplina e da ordem que ele temia.[20]

A mudança de atitude do OHL havia criado uma abertura, mas eram Hintze e o ministro das Relações Exteriores que viam com maior clareza como explorá-la. O significado de Hintze era maior do que poderia sugerir seu curto mandato no cargo. Ele provavelmente reconheceu antes de Ludendorff que a Alemanha precisava cortar suas perdas. Suas fontes diplomáticas sugeriam que Berlim e Washington tinham interesses comuns, como o livre comércio e a liberdade dos mares, e que seria possível manipular os Estados Unidos contra a Grã-Bretanha e a França. Mesmo que os americanos se afastassem de seu próprio programa, ele previa que aceitá-lo forneceria uma base para, mais tarde, revisar o tratado de paz. Suas fontes também sugeriam que a Alemanha poderia conseguir termos melhores se mudasse seu sistema político, e ele acreditava que a melhor maneira de amortecer o choque político a seguir seria uma democratização controlada: uma "revolução a partir de cima" para evitar uma que partisse de baixo.[21] De fato, mesmo antes do colapso da Bulgária, a derrota e os cortes no fornecimento tinham revivido a inquieta atmosfera política de julho de 1917. Guilherme estava sendo publicamente criticado, bem como Hertling, cuja lei de reforma social havia sido bloqueada na Câmara Alta prussiana. As condições estavam maduras para uma mudança de ministério e que os socialistas compartilhassem da responsabilidade pela derrota. Entretanto, o SPD não entraria para o governo sem emendas constitucionais que permitissem que os ministros fossem representantes no Reichstag, o que Hertling rejeitava.[22] Hintze então resolveu ignorar o chanceler. No dia 28 de setembro, independentemente dos acontecimentos no OHL, um memorando de seus oficiais pedia um amplo governo nacional, formado por consulta com os líderes dos partidos do Reichstag; "no momento oportuno", este último secretamente diria a Wilson que aceitava os 14 Pontos e lhe pediria que providenciasse a paz. No mesmo dia, o Estado-Maior de Ludendorff, sem consultar seu chefe, convidou Hintze para Spa. O plano de Hintze não visava à busca de um armistício ou agir imediatamente; Ludendorff temia que uma mudança de governo provocasse um atraso. Mas com Hintze em Spa (e na ausência de Hertling), os dois conceitos podiam se fundir. Na manhã do dia 29, Hindenburg e Ludendorff convenceram Hintze da urgência da situação militar; ele os convenceu sobre sua "revolução a partir de cima", e os três homens persuadiram Guilherme, provavelmente convencendo-o de que, apesar de sua desconfiança com relação a Wilson, esta era a melhor maneira de salvar seu trono. Todos os envolvidos rejeitaram a alternativa de uma ditadura.[23] Assim, a Alemanha imperial tentaria, simultaneamente, democratizar-se e dissociar-se da derrota. Ela embarcaria em sua última e mais perigosa iniciativa, com base em infundadas expectativas com relação aos Estados Unidos e de um fracasso em prever que o apelo por um armistício público dissolveria suas alianças e o que ainda restava de coesão nacional.

Antes que o plano pudesse ser implementado, a mudança de governo provocou um atraso. Hertling chegou a Spa naquela tarde para descobrir que as decisões críticas haviam sido tomadas sem ele. Como em 1914, Guilherme estava fazendo política impulsivamente em conclaves *ad hoc*, em vez de permitir a deliberação coletiva. No dia 30, o príncipe Max de Baden foi escolhido como sucessor de Hertling, um homem aceitável para Ludendorff como herdeiro do trono do Grã-Ducado, mas também como liberal com reputação de moderado com relação aos objetivos de guerra. Até então, os políticos e o imperador haviam simplesmente aceitado o programa de Ludendorff sem questioná-lo sobre sua avaliação militar. Max, em contraste, previa os riscos de admitir a derrota publicamente e não estava convencido de que as perspectivas fossem tão sombrias quanto as pintadas pelo OHL. Ele queria mais tempo para preparar uma sondagem da paz. No dia 2 de outubro, contudo, dois novos acontecimentos o persuadiram.[24] O primeiro foi um relatório dos líderes do partido pelo major von dem Bussche em nome do OHL. Bussche explicou que o colapso da Bulgária ameaçava o suprimento de alimentos pelo Danúbio e o contato com a Turquia, enquanto, no oeste, a Alemanha enfrenta intensos ataques apoiados por tanques e pelas tropas americanas, e seu número de tropas estava quase se exaurindo. Em breve ela teria que abandonar extensos territórios, e quanto mais fraca se tornava piores seriam os termos da rendição. O relatório deixou os ouvintes de Bussche atordoados. Anteriormente, o OHL havia afirmado que um resultado favorável ainda era possível, mas agora parecia que a luta estava irremediavelmente perdida.[25] O segundo fato surgiu naquela noite, quando Guilherme disse a Max que ele não havia sido nomeado para dificultar as coisas para o alto-comando. Max ainda temia que um pedido de armistício exacerbasse o jacobinismo e enfraquecesse Wilson, mas defrontado com a contínua insistência de Ludendorff, o gabinete finalmente decidiu enviar a nota, o que aconteceu na noite de 4/5 de outubro. Era uma nota breve e simples, solicitando a Wilson que providenciasse um armistício imediato e o necessário para as negociações de paz em que a Alemanha aceitaria como base os 14 Pontos e as formulações em seus discursos subsequentes.[26]

A iniciativa parecia não emanar do OHL, mas de um novo governo que representava o SPD, o Centro Católico e os partidos liberais que formavam a maioria no Reichstag, e estava comprometida com uma reforma democrática.[27] Como pretendia Ludendorff, a oposição parlamentar podia ser sobrecarregada com a responsabilidade da admissão da derrota. De fato, agora Ludendorff estava assumindo uma visão mais calma das condições a oeste e prevendo uma retirada ordenada e não um caos, embora ainda acreditasse que um armistício era urgente.[28] Esta nova visão fortalecia a evidência de que, no dia 28 de setembro, seus nervos haviam entrado em colapso, embora ele mais tarde negasse isso. Mas o OHL tinha aberto o caminho para o plano de Hintze, com Guilherme concordando com ele com poucas questões, e o novo e inexperiente governo se pôs em ordem. No outono de 1918, as Potências Centrais seriam derrotadas de qualquer modo, mas, inicialmente, sua iniciativa determinou o tempo e as circunstâncias do final do conflito. Contudo, só pôde fazer isso em conjunção com uma resposta do outro lado.

* * *

O pedido dos alemães por um armistício foi mais um numa longa linha de esforços para dividir seus antagonistas, desta vez reconhecidamente por meio de um cessar-fogo geral (se possível temporário) e não uma paz em separado. Ele pressupunha que, ao apelar para o presidente americano, e não para os Aliados coletivamente, e ao aceitar, em princípio, seu programa de paz, as Potências Centrais podiam se proteger de outras exigências mais extremas. O OHL só fez um estudo detalhado dos 14 Pontos em 5 de outubro,[29] com Ludendorff por fim pressupondo que eles estavam sujeitos à reinterpretação e que Berlim poderia voltar atrás se as condições do inimigo fossem por demais draconianas.[30] Entretanto, os políticos alemães dedicaram a mais cuidadosa atenção ao problema. O comitê coordenador dos partidos de maioria do Reichstag havia concordado, em fevereiro, que os 14 Pontos ofereciam uma base tolerável para a paz, desde que a Alemanha não perdesse nenhum território (e Wilson havia realmente deixado espaço para a discussão sobre a Alsácia-Lorena).[31] Enquanto Max desejava tirar proveito dos Pontos, Erzberger e Philip Scheidemann (os principais representantes do Centro Católico e do SPD no novo governo) insistiam em aceitá-los de maneira inequívoca.[32] Como o presidente apresentara seus termos, um apelo a ele fora um óbvio início de conversa, e no outono de 1918 ele mais uma vez distanciou-se publicamente de seus parceiros beligerantes. House aconselhou-o a atar as mãos dos "reacionários exercendo autoridade" nos países europeus aliados antes que o sucesso militar os tornasse menos conciliatórios,[33] e Wilson tentou fazê-lo em seu discurso do dia 27 de setembro em Nova York, em que clamava por uma paz baseada na justiça imparcial, condenando as "combinações especiais, economicamente egoístas" fora da Liga das Nações – assim reconhecendo os temores da Alemanha de ser excluída dos mercados mundiais depois da guerra.[34] Ele estivera procurando uma oportunidade de unir seus parceiros mesmo antes da chegada do pedido alemão.

De 4 a 23 de outubro, portanto, o mundo testemunhou o espetáculo de uma troca pública de mensagens entre Berlim e Washington, embora a luta continuasse, e os

Aliados europeus tivessem sido deixados de lado. Wilson enviou três notas à Alemanha, em 8, 14 e 23 de outubro, e a Alemanha respondeu nos dias 12, 20 e 27. O resultado foi que Wilson tratou de buscar um armistício e uma paz baseados nos 14 Pontos, e, tendo aparentemente chegado a um acordo em separado com a Alemanha, ele se voltou para a Grã-Bretanha, a França e a Itália. Ele combinou os papéis de beligerante e árbitro. Entretanto, sua conduta foi menos imparcial do que sugere este sumário, e em comparação com os conceitos de Ludendorff/Hintze, os alemães tiveram que ceder muito terreno. Para começar, contudo, Wilson estava incerto quanto a como responder e tendia a agir de seu modo. Ele pouco sabia sobre as intenções da Alemanha, seus funcionários davam-lhe conselhos conflitantes[35] e boa parte da imprensa e do Congresso queriam que ele rejeitasse o procedimento. Não obstante, ele decidiu levá-lo adiante, provavelmente porque percebesse uma oportunidade de fazer os dois lados se submeterem aos seus termos. Sem consultar seus parceiros, enviou uma resposta exploratória em 8 de outubro que tentava fazer com que os alemães fossem claros. Eles aceitavam os princípios expostos em seus discursos, perguntava ele, e por quem o governo de Max falava? A única condição militar por ele mencionada era a evacuação do território Aliado, sem estipular um prazo, e sua linguagem tentativa sugeria aos alemães que eles poderiam se retirar para suas fronteiras em seu próprio ritmo, sem mesmo abandonar a Alsácia-Lorena.

Em contraste, a segunda nota de Wilson, no dia 14, efetivamente aumentou suas condições e abriu a fase decisiva. Um motivo que contribuiu para isso foi a questão dos submarinos depois que o torpedo de um U-Boat afundou um navio de linha britânico, o *Leinster*, no dia 12 de outubro, com a perda de 450 vidas, inclusive a de 135 mulheres e crianças.[36] A época não podia ter sido pior, e a nova nota exigia o fim das "práticas ilegais e desumanas". Mas outros fatores também contribuíram para endurecer a linha do presidente. As eleições americanas de meio de mandato estavam se aproximando e boa parte da oposição republicana exigia uma rendição incondicional. Em um intransigente debate no Senado, no dia 7 de outubro, até os senadores democratas insistiram em pressionar Berlim, e o presidente da Comissão para as Relações Estrangeiras havia dito que seria "absolutamente lamentável" parar agora. Wilson ficou chocado pelo "quanto nosso povo ficou enlouquecido pela guerra" e aceitou as recomendações de seus conselheiros contra a paz com os homens responsáveis pela guerra e contra oferecer à Alemanha qualquer vantagem estratégica. Além disso, quando os primeiros-ministros aliados advertiram que evacuar o território aliado era inadequado e que as condições do armistício deviam reconhecer as opiniões de seus especialistas militares, ele garantiu que concordava. Assim, a nota do dia 14 de outubro estipulava que o cessar-fogo devia garantir "a presente superioridade militar" dos Aliados, e que o "poder arbitrário" que governava a Alemanha devia ser destruído ou tornado impotente. Mais que a primeira nota, esta refletia a verdadeira posição de Wilson: ele estava disposto à paz se os alemães aceitassem suas condições, mas não deixaria que eles usassem o armistício para obter benefício militar, e ele queria uma verdadeira mudança constitucional.

A resposta alemã, em 20 de outubro, aparentemente satisfazia estes pontos: prometia parar os ataques com torpedo contra navios de passageiros, insistia que os futuros governos teriam que obedecer ao Reichstag e aceitava que conselheiros militares dos Aliados decidissem os termos do cessar-fogo. Mas agora, em um episódio que lembrava o telegrama de Zimmermann, os britânicos mostraram a Wilson um telegrama interceptado do ministro das Relações Exteriores alemão a seu consulado, na Geórgia, para que fossem feitos falsos apelos locais para que a guarnição alemã ali permanecesse. Wilson viu nisso outra evidência de "embuste e dissimulação", e sua terceira nota, de 23 de outubro, concordava em encaminhar a solicitação de armistício de Berlim a seus aliados, mas reiterava que o cessar-fogo devia tornar a Alemanha incapaz de resistir a qualquer eventual tratado de paz e (se não exatamente com estas palavras) que ele devia exigir o fim do controle político de Guilherme. Suas exigências mínimas eram uma monarquia completamente constitucional e o controle parlamentar do alto--comando. O presidente, na privacidade, desejava que Guilherme mantivesse apenas o título, chegando a ver nele uma salvaguarda contra a possibilidade de a Alemanha se tornar bolchevique, mas ele continuou cauteloso, e os seus cabos eleitorais do Partido Democrata advertiram-no para que não se expusesse à acusação de ser tolerante com o inimigo. Contudo, a essa altura, a maioria de seu gabinete e a imprensa empenhavam--se em apoiá-lo, e desde que o armistício contivesse as adequadas salvaguardas, eles agora se mostravam dispostos a aceitá-lo.[37]

Os alemães haviam se submetido à interferência americana em seus assuntos internos e aceitado que os conselheiros militares aliados decidissem os termos do armistício. Este último ponto era crucial, pois significava que o cessar-fogo confirmaria a superioridade dos Aliados e tornaria impossível a renovação da guerra, e Berlim só concordou com isso depois de uma crise civil-militar. Ludendorff havia se recuperado de seu pânico e, no dia 9 de outubro, disse a Max que o exército podia ainda defender as fronteiras "por um longo tempo". Contudo, a primeira nota de Wilson sugeria que a Alemanha podia se redimir evacuando o solo Aliado (e não necessariamente abandonando o leste), e o OHL desejava preservar o exército intacto como instrumento de pressão nas negociações de paz.[38] Em contraste, a nota de 14 de outubro punha fim ao falso senso de segurança, provocando exigências da direita de um *levée en masse*: interromper as negociações e convocar todos os homens disponíveis segundo o modelo da Revolução Francesa. Contudo, Max e seus ministros, cientes do desejo de paz das cidades alemãs, temeram que, se eles não conseguissem obtê-la, a revolução os engolfaria como havia feito com os liberais russos. Eles não acreditavam que a guerra devesse prosseguir, ou obter apoio popular, devido à questão da irrestrita campanha dos submarinos.[39] Antes que o gabinete se decidisse, contudo, ele reviu todos os aspectos da situação da Alemanha numa sessão-maratona em 17 de outubro. A decisão de pôr fim à guerra, na verdade, foi avaliada mais profissionalmente que a decisão de iniciá-la.

Ludendorff agora aconselhava que, se eles pudessem conseguir alguma coisa nas semanas seguintes, a pressão a oeste se abrandaria à medida que o inverno se aproximasse. Um ataque total dos Aliados era mais "possível" que "provável". Tanto ele quanto (mais enfaticamente) Scheer, sua contrapartida naval, acreditavam que, se a Alemanha continuasse até 1919, ela poderia conseguir termos melhores. Na verdade, dizia ele, nenhuma condição poderia ser pior que as atuais – ao que Max acrescentou que a invasão e a devastação seriam piores, mas Ludendorff negava que as coisas tivessem chegado a esse ponto. O sucessor de Hintze como ministro das Relações Exteriores, Wilhelm Solf, comentou que o OHL havia coagido Max a pedir o armistício, mas assim que decisões difíceis se tornaram necessárias, afirmou-se que a Alemanha conseguiria resistir apesar de tudo. Na verdade, havia motivos sólidos para se afirmar que, com o fim da campanha e a retirada do exército em boa ordem, Ludendorff havia superestimado o perigo, e sua nova opinião era mais realista, embora por seu próprio testemunho fosse difícil ver como as coisas poderiam melhorar na primavera, caso em que a lógica original seria parar antes que maior deterioração continuasse a acontecer. Contudo, a inferência crítica para o gabinete era que Ludendorff era um oportunista cuja avaliação não era expressa de boa fé. Max havia perdido a confiança nele e acreditava que, em alguns meses, a situação da Alemanha ficaria desesperadora, e não apenas devido à perda do petróleo romeno. O governo resolveu que as negociações deviam prosseguir e que isso significava fazer concessões: foram suspensos os ataques a navios de passageiros e (depois que a marinha protestou ser impossível ater-se às leis da navegação) foi secretamente ordenado que as operações com U-Boats terminassem completamente. Mas essa decisão reviveu a velha coalização de 1916, com o OHL apoiando a insistência de Scheer de que a campanha irrestrita dos submarinos devia prosseguir, e que a Alemanha devia interromper as negociações em vez de se submeter a exigências. Provavelmente Ludendorff estava procurando um pretexto para se distanciar de uma aventura que resultaria de maneira diferente das suas expectativas, mas um dos comandantes do Exército da Frente Ocidental, Rupprecht da Baviera, advertia o chanceler de que as tropas estavam exaustas, e que as negociações deviam prosseguir. Assim, Max decidiu aceitar as condições de Wilson, convencendo Guilherme (que se opunha a abandonar a campanha dos submarinos) por meio da ameaça de renunciar.

Ao proceder assim, ele abriu uma brecha entre o Kaiser e o alto-comando, embora as relações de Guilherme com Ludendorff sempre tivessem sido tensas, agora atingiam o ponto de ruptura.[40]

A terceira nota de Wilson completou o processo. Como antes, o gabinete alemão temia que recrutar soldados entre a classe trabalhadora para uma resistência final levaria à revolução, e percebeu que não havia necessidade de deter o processo de armistício; de maneira correta, o gabinete não viu Wilson como alguém que insistisse na remoção de Guilherme. Hindenburg e Ludendorff, em contraste, chegaram a Berlim sem permissão e, de maneira unilateral, avisaram o exército que a nota era inaceitável. Max agora tinha a flagrante insubordinação de que precisava para insistir numa mudança do alto-comando, e Guilherme estava suficientemente zangado para superar seu medo de Ludendorff. Depois de um furioso confronto com o soberano em 26 de outubro, Ludendorff pediu que o demitissem, e Guilherme concordou, embora ordenando que Hindenburg ficasse, abrindo assim uma brecha permanente entre os dois generais. O sucessor de Ludendorff, Wilhelm Groener, tinha sido afastado em 1917 de sua posição como chefe da Kriegsamt porque Ludendorff achava-o simpático demais às solicitações da classe trabalhadora. Ele era muito mais sutil e politicamente astuto que seu predecessor, e 26 de outubro marcou o final do veto do OHL à política. Além disso, o novo governo estava introduzindo a legislação para permitir que os ministros tivessem assento no Reichstag e para que o chanceler gozasse de sua confiança. No futuro, o chanceler ou o ministro da Guerra (e não a *entourage* de Guilherme) nomearia os oficiais, e uma declaração de guerra precisaria de aprovação parlamentar. Juntas, essas mudanças muito fariam para a subordinação dos militares e a transformação de Guilherme em um monarca constitucional.[41] Se Wilson estava preparado para garantir uma paz baseada nos 14 Pontos, as autoridades alemãs agora se mostravam dispostas e capazes de aceitar suas condições.

Assim, as negociações haviam sido, em grande parte, um diálogo entre Washington e Berlim. Restava introduzir o terceiro elemento da equação. A Grã-Bretanha, a França e a Itália estavam na guerra havia muito mais tempo e haviam sofrido baixas muito mais pesadas que os americanos, e tinham suportado o impacto da luta até 1918. Elas agora enfrentavam o risco de um fato consumado e de um compromisso pela implicação de um programa de paz sobre o qual seus governos nunca tinham sido consultados e, secretamente, viam com suspeita. Wilson, com o discurso de Nova York, tivera a intenção de uni-los em torno de seus objetivos e tinha tratado a correspondência do armistício com o mesmo objetivo em mente, dizendo a seu gabinete, em 20 de outubro, que poderia coagir seus parceiros se eles se mostrassem difíceis.[42] Na mesma reunião, McAdoo advertiu sobre as implicações financeiras de prosseguir até 1919, mesmo para uma economia forte como a dos Estados Unidos. Para o presidente, contudo, provavelmente o prolongamento do conflito poderia minar seu objetivo político, fortalecendo a xenofobia e enfraquecendo o apoio americano a um programa moderado de paz, enquanto uma vitória completa demais diminuiria sua influência sobre os Aliados europeus.[43] Por outro lado, a França e a Grã-Bretanha estavam dispostas a pedir um fim do conflito antes que os Estados Unidos dominassem a coalizão de maneira ainda mais completa, dando-lhe a voz decisiva na conferência de paz. As diferenças entre os vencedores explicam o paradoxo de que um enfraquecimento dos objetivos de guerra da Alemanha fosse contrabalançado por um fortalecimento dos objetivos dos Aliados, e por que existia suficiente espaço comum para a restauração da paz.

Os líderes aliados discutiram as condições do armistício em duas conferências em Paris, de 6 a 9 de outubro e de 29 de outubro a 4 de novembro. Na primeira – na qual os americanos não estavam representados – foram discutidas as consequências do armistício búlgaro, mas a notícia sobre a nota de Max de 4 de outubro levou os premiês europeus aliados a considerar dois conjuntos de condições do cessar-fogo para a Alemanha esboçados por Foch e pelos representantes militares permanentes do SWC. Eles não chegaram a nenhuma conclusão, embora tivessem conseguido convencer Wilson de que deveria consultar seus conselheiros militares. Apesar de aborrecidos pelo unilateralismo americano, os governos de Londres e Paris mostravam-se desejosos de que a guerra terminasse, caso as condições fossem adequadas, embora acreditassem que seria impossível renovar a luta e, portanto, agora precisavam de garantias de tudo que desejavam.[44] Poincaré duvidava do princípio de um cessar-fogo, mas Clemenceau estava furioso com sua interferência e o excluiu de maior envolvimento. Em contrapartida, nem Foch nem Pétain insistiam em continuar lutando, mas Foch aconselhou o governo a ocupar todo o território – inclusive a margem esquerda do Reno – que pudesse controlar no tratado de paz, e Clemenceau aceitou essa recomendação. Além disso, no final de outubro, estava evidente para Paris que a Alemanha aceitaria praticamente quaisquer termos. As cláusulas militares preparadas por Foch em consulta com Clemenceau, portanto, visavam a que os alemães evacuassem, e os Aliados ocupassem, não apenas toda a França, a Bélgica, a Alsácia-Lorena e o Sarre, mas também a margem esquerda e três cabeças de ponte na margem direita do Reno, expondo as concentrações industriais em torno do Ruhr e de Frankfurt, e posicionando tropas aliadas em todas as áreas para as quais a França pudesse ter algum projeto.[45]

Na Grã-Bretanha, o clima era de maior precaução. Ironicamente, Lloyd George questionava se um armistício agora poderia levar os alemães a sentir que não tinham sido derrotados, encorajando-os a começar de novo em 20 anos,[46] mas ele não insistiu nisso e, em geral, os líderes britânicos ficaram impressionados pela continuada resistência da

Alemanha e o risco de perder uma oportunidade de obter a paz estabelecendo condições desnecessariamente rigorosas. Já no verão, eles esperavam entrar em 1919 ou mesmo 1920 lutando, e a súbita evidência do colapso pegou-os desprevenidos.[47] Haig acreditava que os alemães podiam se retirar para o Reno e conservá-lo por todo o inverno, enquanto seu próprio exército estava prejudicado pela falta de homens e crescentes dificuldades logísticas.[48] Henry Wilson estimava que, em 1919, as divisões da BEF cairiam de 59 para 44 ou mesmo 39, aumentando a influência do exército francês sobre o campo de batalha e a do governo francês na conferência de paz. Se a guerra prosseguisse, também os Estados Unidos, como temiam os britânicos, ficariam em melhor posição para impor suas opiniões sobre a liberdade dos mares, do comércio e as colônias alemãs. A Grã-Bretanha, segundo Smuts, estava no máximo de suas forças, e postergar um cessar-fogo para 1919 significaria uma "paz americana", bem como ameaçar uma tomada de poder bolchevique na Alemanha.[49] Os ministros acreditavam que os 14 Pontos seriam aceitáveis se a Grã-Bretanha pudesse realizar a interpretação que fazia deles, e a opinião pública britânica agora parecia, em sua maioria, disposta a entrar em acordo. A grande exceção era a marinha, com Beatty (ao contrário de Haig) desejando rejeitar um armistício, ou, de qualquer modo, que a Alemanha entregasse todos os seus submarinos e muitos de seus navios de superfície. Em 26 de outubro, o gabinete manifestou-se por "uma boa paz se ela agora for possível", deixando que Lloyd George assistisse à segunda conferência de Paris com a mão virtualmente livre, com sua contrapartida francesa propondo posição similar a Clemenceau.[50]

A conferência de Paris de 29 de outubro a 4 de novembro estabeleceu os termos do cessar-fogo alemão e trouxe os Aliados europeus para o consenso Berlim-Washington. Embora as condições políticas e militares tenham sido negociadas em conjunto, em nome da clareza aqui serão discutidas separadamente. A base do acordo político era que os Aliados europeus aceitavam os 14 Pontos como base do acordo de paz, mas com importantes reservas, das quais nem todas foram informadas aos alemães. Os americanos reconheciam que os Pontos eram ambíguos, e no dia 16 de outubro Wilson explicou ao representante francês que a França devia reconquistar a Alsácia-Lorena, e que ele ficaria feliz se a Grã-Bretanha se apossasse das colônias da Alemanha, embora, preferivelmente, com uma Liga das Nações como fiduciária. Assim, enquanto os alemães supunham que os Pontos podiam ser ampliados para seu benefício, na verdade eles estavam sendo interpretados em favor dos Aliados. Esse processo prosseguiu no memorando de Cobb-Lippmann, um comentário aos Pontos que House tinha preparado assim que chegou a Paris como representante de Wilson, e para o qual o presidente emprestara seu endosso geral. Contudo, o memorando também continha advertências aos parceiros de Wilson. O uso do bloqueio deveria ser grandemente restringido;

a França poderia retomar a Alsácia-Lorena, mas não o Sarre; e a Itália só receberia terra com uma população que fosse etnicamente italiana.[51] Assim, as primeiras sessões da conferência foram preocupantes. Lloyd George rejeitou o segundo Ponto (a liberdade dos mares), com a alegação de que ele comprometeria o direito de bloqueio da Grã-Bretanha. House advertiu que os Estados Unidos poderiam fazer uma paz em separado, e Lloyd George replicou (com o apoio de Clemenceau) que, nesse caso, os Aliados continuariam a lutar. A ameaça de House se esvaziou, pois era extremamente improvável que o Congresso americano permitisse uma paz em separado (e os britânicos pressentiam isso), mas Wilson certamente podia restringir os empréstimos e o embarque de tropas, e House aconselhou-o a fazê-lo. Contudo, antes que as coisas se exaltassem, um acordo foi obtido em 30 de outubro. Lloyd George apresentou uma nota aceitando os 14 Pontos, mas com uma absoluta reserva quanto à liberdade dos mares e um esclarecimento de que os Aliados poderiam solicitar reparos por danos às suas populações civis e suas propriedades resultantes da agressão alemã por terra, mar e ar. Embora essa nota tivesse sido concebida do ponto de vista britânico, Clemenceau a adotou, deixando os italianos isolados. Wilson ainda quis insistir no Segundo Ponto, mas Lloyd George concordou apenas que ele poderia ser discutido na conferência de paz (na verdade, isso nunca ocorreu) sem aceitar o princípio. A nota britânica formou a base da "Lansing Note", enviada pelo Secretário de Estado americano aos alemães em 5 de novembro, comunicando que os Aliados tinham concordado com os 14 Pontos com duas reservas de Lloyd George. House apresentou esse resultado a Wilson como um triunfo diplomático, embora fosse mais teórico. Com efeito, os britânicos foram a primeira voz discordante antes que os Aliados europeus fossem capazes de formar uma frente unida. Lloyd George e Clemenceau entenderam os argumentos para a dissensão antes que a preponderância americana aumentasse e seus países sofressem perdas maiores. Os dois acreditavam que os Pontos fossem flexíveis; e cada um deles não só suspeitava do outro, mas tampouco tinha a intenção de romper com os Estados Unidos em favor da Itália.[52] House não precisava insistir nesse ponto. Mas, além dos aspectos políticos do acordo do armistício deviam ser considerados os aspectos militares, e estes últimos davam aos Aliados uma compensação muito substancial por sua hipocrisia com relação aos princípios de Wilson.

Enquanto House dava ao acordo político a prioridade total e tinha um texto inicial com base nos 14 Pontos, com relação às cláusulas técnicas do armistício nenhuma das circunstâncias se aplicava. Wilson havia concordado que os conselheiros militares dos Aliados elaborassem os termos, não apresentando nenhuma condição própria. Ele deu a House um mínimo de orientação, enviando-o precipitadamente sem instruções escritas "porque acho que você saberá o que fazer".[53] Os telegramas que ele enviou durante a conferência amiúde eram deturpados na decodificação, incluindo uma mensagem crucial de que segurança em demasia para os Aliados complicaria as negociações da conferência de paz. Isso acabou sendo interpretado como uma instrução para apoiar as condições de Foch.[54] Embora Wilson aconselhasse que ele deveria se opor a uma ocupação aliada da Alsácia-Lorena, da margem esquerda do Reno e das cabeças de ponte da margem direita, e desejasse limitar as condições navais ao confinamento dos U-Boats num porto neutro,[55] os termos finais demonstraram ser mais severos, negando suas opiniões em grande parte.

House dispensou o conselho militar, e nas negociações técnicas respondeu às sugestões dos Aliados. Dada a ausência de uma alternativa americana, os textos britânico e francês tornaram-se a base para as cláusulas navais e militares. O Almirantado britânico se ocupou das primeiras, obtendo o apoio de outros chefes navais em seu pedido de rendição de 160 U-Boats (o que, na prática, significava todos eles), dois navios de guerra, seis cruzadores de batalha, oito cruzadores e 50 destróieres (em outras palavras, a maior parte da Frota do Alto-Mar). O Primeiro Lorde dos Mares, Wester Wemyss, queria controlar esses navios para que a Alemanha não pudesse usá-los (como Guilherme há muito pretendia) como material de barganha na conferência de paz; o almirante americano William Benson (que compartilhava dos temores de Wilson de que a Grã-Bretanha se tornasse poderosa demais) ficou isolado por favorecer a detenção e não a entrega dos navios. A aceitação pelos alemães era secundária para os almirantes, embora não para Foch, que não estava preparado para prolongar a guerra a partir das exigências navais. Lloyd George foi mais moderado que sua marinha, mas estava sob pressão dos unionistas de seu governo, a quem estava tentando persuadir a prosseguir com a coalizão depois do armistício. Por fim, os líderes aliados exigiram que os navios de superfície especificados pelos almirantes não deviam ser entregues, mas confinados em um porto neutro sob supervisão dos Aliados. Um acréscimo de última hora permitia que esses navios fossem para os Aliados se nenhum porto neutro fosse encontrado, e como a Espanha (o único país com um porto suficientemente grande) se recusou, os navios acabaram indo para Scapa Flow.* Quanto às cláusulas navais, os americanos demonstraram certa satisfação, ainda que, em grande parte, formal. Como todos concordassem que os U-Boats deveriam ser entregues e que o bloqueio dos Aliados devia prosseguir depois do armistício, os alemães desistiram de seu material naval mais poderoso com toda a pressão imposta a eles.[56]

As cláusulas terrestres conflitaram de maneira ainda mais notável com o que Wilson tinha em mente. Aqui, o ponto de partida foi o esboço de Foch. Como fora apresentado aos comandantes aliados em Senlis em 25 de outubro, esse esboço objetivava não apenas a

---

* Braço de mar localizado nas Ilhas Orkney, Escócia, e um dos maiores portos naturais do mundo. (N. T.)

ocupação da Alsácia-Lorena, a margem esquerda e as cabeças de ponte da margem direita, mas também uma rápida evacuação que forçasse os alemães a abandonar boa parte de seus equipamentos pesados. Os termos propostos por Foch e Clemenceau incluíam a ocupação do máximo de território por motivos políticos inconfessos, mas suficientemente óbvios para seus críticos britânicos. Em Senlis, Haig havia expressado seu pessimismo quanto à exaustão dos Aliados e sua crença de que a Alemanha ainda podia se colocar numa posição defensiva eficiente. Ele acreditava que reocupar os territórios invadidos e tomar pontos fortes na Alsácia-Lorena seria o suficiente. Mas Pershing estava mais perto da posição de Foch – outro exemplo da falta de coordenação americana –, e Foch ignorou as opiniões de Haig em suas recomendações à conferência de Paris, que previam que os Aliados ocupassem uma área se estendendo até as cabeças de ponte do Reno, em Mainz, Koblenz e Colônia, bem como uma faixa desmilitarizada de 40 km de largura a leste do rio. Os alemães deveriam entregar 5 mil peças de artilharia, 36 mil metralhadoras e 2 mil aeronaves, assim desorganizando inteiramente seu exército e destruindo seu poder de resistência. Em Paris, Lloyd George questionou a necessidade de ir além da Alsácia-Lorena, pois os Aliados ocuparam apenas o território que queriam (assim implicando que Foch estivesse disposto a prolongar a luta pelos objetivos franceses na Renânia). Mas House não apoiou as objeções de Lloyd George, e este acabou cedendo. Com quase certeza, Clemenceau obteve o apoio de House para as cláusulas militares em troca da aceitação francesa dos 14 Pontos, assim prevenindo uma frente anglo-americana contra ele numa questão que ele considerava muito mais significativa que os princípios de Wilson; embora House, confuso com as intenções do presidente, subestimasse o significado do que estava fazendo. É verdade que Clemenceau prometeu que as tropas partiriam assim que as condições de paz fossem implantadas, mas isso poderia levar anos. Além disso, à medida que a conferência avançava, mais cláusulas militares iam sendo acrescentadas. Os franceses se reservaram o direito de exigir reparação pelos danos causados e fazer outras reivindicações financeiras: uma questão que estava aumentando a agenda política, pois os alemães em retirada inundavam as minas de carvão e espoliavam fazendas e plantações. Além disso, os Aliados reservavam-se o direito de insistir numa retirada alemã para suas fronteiras de 1914 a leste, o que significava que algumas tropas ficariam para conter o bolchevismo, mas essencialmente que o acordo Brest-Litovsk e o de Bucareste entrariam em colapso. Assim, o armistício destruiria o *imperium* alemão a leste, começando a transferência da Alsácia-Lorena e se preparando para uma prolongada presença dos aliados na Renânia. A Alemanha perderia a capacidade de renovar as hostilidades ou resistir aos termos de paz dos Aliados, e seu destino dependeria da habilidade de Wilson em conservar seus parceiros no âmbito do programa de paz americano. Os termos eram tão restritivos que Foch, como os líderes britânicos, duvidava que Berlim os aceitasse. Os Aliados esperavam vencer logo, mas não que o derramamento de sangue fosse terminar em seguida. Não obstante, todos os lados fizeram concessões para chegar a um acordo, o que resultou num pacote que entregaram à Alemanha para que pegasse ou largasse. Para a surpresa de muitos dos vencedores, seu inimigo até recentemente tão formidável o aceitou, e a guerra chegou ao fim.[57]

As Potências Centrais aceitaram condições muito menos favoráveis que as que Ludendorff e Hintze tinham em mente. O que havia começado como um exercício de limitação de danos, destinado a desembaraçar a Alemanha de pelo menos alguns de seus ganhos externos e a amortecer o impacto sobre seu sistema político, terminou por não protegê-la nem da derrota nem da revolução. Três acontecimentos depois de 4 de outubro invalidaram os cálculos iniciais. Numa ordem ascendente de importância, a primeira era continuar o avanço dos Aliados a oeste, a segunda, a perda dos aliados da Alemanha, e a terceira uma revolta na própria Alemanha. O pedido de cessar-fogo não foi a causa primeira desses acontecimentos, mas acelerou todos eles.

Mais de meio milhão de soldados foram mortos ou feridos durante as semanas de regateio do armistício.[58] A maioria deles, inclusive Wilfred Owen, o poeta da guerra inglês, tombou na Frente Ocidental. Contudo, os eventos nesse front influenciaram a decisão inicial da Alemanha de buscar um armistício mais que sua decisão posterior de efetivamente assiná-lo. O maior otimismo de Ludendorff, em meados de outubro, não era inteiramente devido ao oportunismo, mas também refletia sua anterior estimativa exagerada do perigo. O assalto coordenado dos Aliados ficou detido em Mosa-Argonne e em Flandres; os canadenses foram forçados a se deter depois da travessia do canal du Nord; e embora o Quarto Exército britânico tivesse penetrado nas principais defesas da Linha Hindenburg em 29 de setembro, levou outra semana para limpar os setores da retaguarda.[59] Contudo, a partir desse ponto, a BEF só encontrou posições improvisadas, que sua artilharia desbaratou. Contra a linha do rio Selle, onde os alemães estavam em seguida, os britânicos atiraram mais de 57 mil toneladas de bombas de 1.320 canhões antes de completar a tarefa em 17 de outubro. Nos dias 23 e 24 de outubro, o avanço em Flandres foi retomado e os britânicos cruzaram o Scheldt; em 4 de novembro, depois de outro enorme bombardeio, vadearam o Sambre e o canal de Oise. A partir desse ponto, a luta pesada cessou no front britânico, e os alemães puseram-se numa retirada geral. Não obstante, a BEF teve que abrir caminho através de um terreno cheio de armadilhas, sem estradas ou trilhas; no dia 5 de novembro, o Quarto Exército estava 50 km para além de seus terminais ferroviários e precisou parar, mas já havia parado antes, durante a campanha dos Cem Dias e, portanto, o avanço provavelmente tivesse continuado até quanto o tempo permitisse.[60] Os franceses também estavam avançando, e a única resistência alemã bem-sucedida durante outubro foi em Mosa-Argonne. Ali, os americanos, cujo primeiro assalto fora completamente detido, só conseguiram tomar a Kriemhilde

Stellung no dia 14, e ficaram ali detidos por mais duas semanas. De qualquer modo, aprenderam com rapidez e tornaram a avançar para o norte em 1º de novembro, depois de uma preparação completamente logística e com um fogo antibateria muito mais intenso e barreira rastejantes. Durante a batalha de Mosa-Argonne como um todo, a AEF usou um número muito maior de munição daquele que a União havia utilizado em toda a Guerra Civil Americana.[61] Nos últimos dias, eles avançaram com extrema rapidez contra os inimigos que batiam em retirada, capturaram Sedan e ameaçaram a principal ferrovia lateral dos alemães. A essa altura, os alemães mal conseguiam realizar uma retirada ordenada. Eles haviam debandado 32 divisões desde abril e só tinham uma divisão de reserva.[62] Suas divisões "em plena forma" a oeste caíram de 98 em 1º de abril para 47 em 1º de setembro, 14 em 4 de outubro e 4 em 11 de novembro, apesar da convocação da classe de 1919.[63] Isso dito, os alemães haviam decidido aceitar um armistício sob virtualmente quaisquer termos depois da decisiva reunião de gabinete em 17 de outubro, quando uma retirada para as novas defesas na fronteira ainda parecia uma opção plausível. O acelerado avanço dos Aliados no começo de novembro provavelmente refletiu, em parte, a decisão de Groener de retroceder para a linha Antuérpia-Mosa. Permaneceu uma situação de rápida deterioração, embora controlada, e não uma fuga desordenada, e os alemães infligiram pesadas baixas a seus perseguidores até o fim.[64] Não havia perspectiva de as coisas melhorarem, mas eles tampouco estavam suficientemente desesperados para explicar uma decisão de capitular.

O segundo acontecimento nesse período, e ainda mais ominoso, foi o racha da coalizão das Potências Centrais, deixando a Alemanha sozinha. Depois do armistício búlgaro, o rei Ferdinando abdicou. No mês seguinte, as forças aliadas avançaram 800 km, com os sérvios liberando Belgrado diante do front estabilizado ao longo do Danúbio.[65] O efeito do racha sobre a Turquia foi rápido. A situação do Império Otomano, tanto em termos militares quando da situação interna era ruim, mas não suficientemente crítica para pedir um armistício imediato até o colapso da Bulgária. Ademais, a Turquia estava experimentando uma combinação peculiar de sucesso e grande extensão no Cáucaso com desastre em todas as outras partes. Entre 1,5 e 2,5 milhões de turcos podem ter morrido por causa da guerra, sendo a maioria de civis ou soldados que sucumbiram à fome e à doença, e não devido a ferimentos.[66] Os números sugerem perdas comparáveis às da França, numa população que era a metade da francesa. No outono de 1918, apesar de ter convocado cerca 2,85 milhões de homens durante a guerra, o exército tinha apenas 560 mil homens lutando, e não havia reservistas a ser chamados. Mas suas melhores divisões, reequipadas com armas capturadas da Rússia, estavam concentradas no Cáucaso para o ataque a Baku, enquanto reforços para a Palestina e a Mesopotâmia eram negados. Quatro subdivisões, menos poderosas, guardavam Constantinopla e o estreito de Dardanelos, e apenas alguns batalhões estavam na fronteira búlgara. Os alemães tinham advertido os otomanos do perigo que corriam, mas Enver parece ter planejado usar as forças do Cáucaso para uma defesa final no reduto da Anatólia turca. Ele enganou o gabinete quanto à precariedade da posição, e outros ministros (principalmente Talat, que era grão-vizir desde 1916) permaneciam complacentes e se recusavam a considerar uma paz em separado. Assim, a rendição da Bulgária abriu o caminho para Constantinopla, ao mesmo tempo em que Allenby fazia o exército otomano recuar na Palestina. O governo retirou quatro divisões do Cáucaso, mais de 1.600 km de Constantinopla, mas só um regimento havia chegado quando a Turquia assinou um armistício um mês depois. Quando chegaram as notícias do pedido de cessar-fogo da Alemanha, o governo (como em Berlim) renunciou, na esperança de que as mudanças domésticas pudessem garantir um tratamento mais leniente.[67]

Em resposta aos 14 Pontos, as autoridades otomanas já haviam indicado que aceitariam a autonomia para as partes não turcas do império; no verão de 1918, provavelmente para elevar o moral e na esperança de demonstrar apoio público para suas reivindicações territoriais, cancelaram a censura à imprensa e permitiram que os exilados políticos voltassem ao país. A crítica dos Jovens Turcos aumentava, mas foram as notícias do exterior que puseram fim a seu regime. O gabinete de Talat abdicou no dia 7 de outubro, e o novo governo de Izzet Pasha só continha uma minoria de membros do CUP, com o partido subsequentemente se dissolvendo.[68] Izzet era soldado e antigo ministro da Guerra, tendo representado a Turquia nas negociações de Brest-Litovsk; ele havia servido aos Jovens Turcos, mas distanciou-se deles rapidamente. A leitura que seus ministros faziam da situação era que Constantinopla estava aberta ao ataque dos Aliados, o Tesouro estava falido, boa parte do país estava fora do controle governamental e maior resistência era impossível. Para se defender, a Turquia precisava de dinheiro e armamentos da Alemanha, mas no dia 12 de outubro os exércitos de Franchet d'Espèrey cortaram a ligação ferroviária. Embora o principal avanço de Franchet fosse para o norte, em direção à Sérvia, o general Milne, comandante das forças britânicas de Salônica, estava juntando sete divisões para um ataque em separado a Constantinopla. Ele foi incapaz de começá-lo durante algumas semanas e teria que enfrentar um terreno difícil, com o inverno se aproximando, mas os Aliados começaram a reforçar imediatamente seus esquadrões no Dardanelos. Assim, no dia 16 de outubro, os turcos decidiram buscar uma paz em separado, e o general Townshend, que havia sido capturado com seus soldados em Kut (mas que havia sido tratado muito melhor que eles) foi escolhido como intermediário para fazer contato com os navios de guerra britânicos. Os turcos mostravam-se dispostos a aceitar os 14 Pontos para desmobilizar e abrir o Dardanelos. Devido aos erros de negociação e seu desespero em obter a paz, eles acabaram por conceder muito mais.[69]

Os Aliados, por seu lado, haviam começado a definir os termos da paz para o Império Otomano em seus tratados de guerra secretos, embora agora esses fossem difíceis de reconciliar com o compromisso feito nos discursos de Caxton Hall e dos 14 Pontos de que, mesmo se as áreas não turcas fossem separadas, a soberania das regiões habitadas por turcos seriam respeitadas. Eles ainda não tinham discutido os termos do armistício, em parte porque ninguém esperava que a guerra no Oriente Médio terminasse tão rapidamente; e foi só depois do cessar-fogo búlgaro que o governo britânico estabeleceu condições, que Lloyd George discutiu em Paris em 6-8 de outubro. Os britânicos estavam dispostos a se mostrar lenientes para abrir o Dardanelos e liberar suas forças para uso em outras partes. Mas os franceses e os italianos aumentaram em muito a lista, e esse conjunto ampliado de condições tornou-se a base do eventual acordo. Os britânicos propuseram ocupar os fortes do Dardanelos, que os turcos deviam entregar à sua marinha e deixar que Constantinopla fosse usada como base, que os Aliados controlassem as ferrovias turcas e que as tropas turcas se retirassem para trás das fronteiras de 1914, enquanto as que estavam na península Arábica deveriam se render. E a essas demandas a conferência de Paris acrescentou a ocupação pelos Aliados de Baku e Batum, a rendição das guarnições turcas na Mesopotâmia e na Síria, e a desmobilização do restante do exército turco. Além disso, a Turquia permitiria que os Aliados ocupassem "pontos estratégicos" – uma provisão inserida pelos italianos para que pudessem controlar as áreas por eles reclamadas, e que permitiria aos Aliados apossar-se de quase todos os territórios que eles queriam. Os ministros de Lloyd George estavam tão ansiosos por terminar o acordo com a Turquia que estavam dispostos a aceitar muito menos e, assim, instruíram seu representante no Egeu, o almirante Calthorpe, que negociava o armistício com uma delegação comandada pelo novo ministro turco das Relações Exteriores, Rauf Bery. Mas quando os turcos chegaram, em 27 de outubro, a Áustria-Hungria estava entrando em colapso e o acerto com a Turquia ficou menos urgente, embora Rauf estivesse preparado para fazer concessões para resolver tudo rapidamente, pois confiava na boa vontade dos britânicos. Calthorpe leu os termos um por um, com o resultado de que os turcos não apreciaram seu significado coletivo e perderam a oportunidade de negociar outro acordo. Tendo perdido temporariamente o contato por rádio com seu governo, eles assinaram, em 30 de outubro, obtendo como única concessão que somente tropas britânicas e francesas (e não gregas ou italianas) ocupariam os fortes do Dardanelos. Os termos prepararam o caminho para o desmembramento do império, excedendo muito o que o governo turco inicialmente desejava e o que os britânicos viam como um mínimo. Os principais motivos, do lado dos Aliados, para essa rigidez eram a necessidade de satisfazer França e Itália, tornando possível implementar os tratados secretos e o desejo de adquirir pontos que servissem de trampolim para novas operações contra as Potências Centrais e a Rússia.[70] O armistício encerrou uma porção importante da guerra e deixou mais forças britânicas navais e terrestres disponíveis se a luta na Europa tivesse que prosseguir até 1919. As notícias de que a Turquia estava buscando a paz, que chegaram a Berlim em 18 de outubro, foram outro golpe pesado para o governo do príncipe Max, e deixava claro como a decisão de Ludendorff de buscar um armistício tinha ajudado a despedaçar a coalizão comandada pela Alemanha. Militar e politicamente, contudo, foi menos crucial que a desintegração final da Áustria-Hungria.

A Dupla Monarquia foi destruída, como seus líderes há muito temiam, por uma combinação de levantes nacionalistas com pressão do exterior. Quando ela se desintegrou nem sua burocracia nem seu exército tinham a disposição ou a capacidade de controlar as nacionalidades insatisfeitas, e Carlos preferiu perder o trono pacificamente a embarcar numa guerra civil. De fato, a derrota e a debandada de sua principal força na batalha de Vittorio Veneto, no fim de outubro, tornou a repressão militar pouco exequível. Paradoxalmente, em 1918, a guerra da Áustria-Hungria parecia praticamente terminada e, em grande parte, um sucesso, apesar de ganha principalmente com a ajuda alemã. A Sérvia, Montenegro e a Romênia tinham ficado prostrados, e a Rússia, reduzida ao caos. Enquanto as baixas da Alemanha, em 1918, eram enormes, as da Áustria-Hungria foram menos da metade daquelas que a Dupla Monarquia havia suportado em 1914. Como em 15 de outubro, cerca de 400 mil soldados austro-húngaros estavam servindo no front italiano, 50 mil no front dos Bálcãs, 150 mil na Rússia e os Bálcãs como tropas de ocupação, e 18 mil na Frente Ocidental (ou seja, cerca 600 mil no total), enquanto mais de 1 milhão estava em casa ou em licença médica.[71] Embora as forças na Itália tivessem diminuído de 650 mil desde 1º de julho, principalmente devido a doenças (malária, disenteria e gripe) e deserção. Os que ficaram não se amotinaram, mas faltava-lhes comida, roupas e munição, estando eles sujeitos a uma intensa campanha de propaganda que tripudiava seus problemas nacionais. Em esforço final, a partir de setembro, a Comissão de Pádua produziu 15 milhões de folhetos, ou 30 para cada homem das forças Habsburgo, embora seja difícil definir o impacto desses folhetos quando tantas outras coisas – a batalha de Piave, as derrotas da Alemanha, as circunstâncias materiais precárias do exército – conspiravam para reforçar sua mensagem.[72] O exército mantinha uma frente de combate, mas ela estava se deteriorando a partir de seu interior. Embora os italianos também tivessem o problema de falta de homens (e nenhuma AEF para compensar), quando eles finalmente atacaram, seu número era muito maior que o do inimigo. Diaz ainda hesitava, mas em outubro Orlando insistiu em uma ofensiva antes que a contribuição italiana perdesse valor político. Depois de um maciço bombardeio preliminar, eles avançaram no dia 24. Durante dois dias encontraram resistência, mas revoltas em algumas das unidades Habsburgo haviam tido início antes que a batalha começasse. Em alguns dias, até 500 mil homens renderam-se aos italianos, para quem a campanha foi um sucesso para ocupar, antes do armistício, os territórios prometidos pelo Tratado de Londres. Como o serviço de inteligência de Diaz havia previsto, o exército Habsburgo havia se tornado uma bomba, que implodiu quando sua casca foi rompida.[73]

A dissolução do exército tornou impossível que Carlos mantivesse seu império unido pela força mesmo se ele quisesse fazê-lo (e faltavam trens e carvão para o deslocamento de tropas).[74] O estágio final de sua desintegração começou antes de Vittorio Veneto. Embora iniciado pelas negociações do armistício, foi completado por movimentos domésticos de insurgência que as autoridades não queriam – e não conseguiam – suprimir. A pré-condição para esse processo foi a radicalização dos movimentos nacionalistas dentro da Áustria-Hungria, um acontecimento ainda mal compreendido, mas para o qual a guerra foi decisiva. Em 1914, praticamente nenhum político da Dupla Monarquia estava exigindo a independência. O movimento Jovem Bósnia de Princip era um fenômeno minoritário, cujas atividades cessaram depois que o conflito começou. Em vez dos principais focos de separatismo radical, na primeira metade da guerra havia pequenos grupos de exilados poloneses, checos e eslavos do sul nos países aliados e nos Estados Unidos, com seus compatriotas que haviam ficado em casa vivendo com cuidado. Só em 1917-18 estes últimos ficaram mais intransigentes, depois da morte de Francisco José e a ascensão de Carlos, que relaxou o controle sobre a atividade política depois de dois anos de repressão. Mas, ao mesmo tempo, o governo da metade austríaca parecia estar se alinhando com os alemães austríacos, e isto, acoplado com a lealdade da Monarquia a Berlim, enfraqueceu-a como ponto de aglutinação para as nacionalidades não alemãs. Em janeiro de 1918, os líderes checos e dos eslavos do sul dentro da Monarquia apoiavam a independência, e depois do tratado de paz com a Ucrânia, os poloneses seguiram seu exemplo.* A metade austríaca do império agora podia ser governada como uma ditadura (pela qual Carlos não tinha nenhum entusiasmo), ou como um regime federal que provavelmente se desfaria, mas o governo dinástico baseado no consenso não era mais viável. Durante 1918, na metade austríaca – e nas terras croatas da metade húngara –, os movimentos de independência atraíam milhares de seguidores, enquanto as autoridades aquiesciam e a possível sanção das forças armadas secava em suas mãos. Em setembro, os desertores somavam 400 mil, e na Croácia eles formavam bandos armados no campo, os quais as autoridades eram fracas demais para enfrentar.[75] Finalmente, depois de Vittorio Veneto, quase todas as tropas remanescentes no palco italiano entregaram-se ou se rebelaram e voltaram para suas casas.[76]

Os movimentos nacionalistas constituíam boa parte do mais importante desafio ao domínio Habsburgo. Depois da primavera de 1918, o movimento grevista das classes trabalhadoras que tanto assustara as autoridades reapareceu. Em 1918, a economia austríaca

---

* Ver cap. 15.

apresentava muitos dos sintomas da Rússia em 1917 – paralisia das ferrovias, produção estagnada, inflação acelerada e uma crise no suprimento urbano de alimentos (em junho, a ração diária caiu para pouco mais de 225 gramas de pão e 85 de carne)[77] –, porém, quando o regime entrou em colapso, os movimentos revolucionários visavam basicamente à independência política. O protesto social desempenhou papel pouco expressivo, exceto nas áreas alemãs e magiares, e mesmo nelas a esquerda era mais fraca que na Rússia ou na Alemanha. Portanto, é difícil ligar a crise econômica da Dupla Monarquia ao crescimento dos movimentos nacionalistas que a destruíram, embora o medo de serem suplantados pelo bolchevismo incentivou os líderes checos, por exemplo, a partir para a ação. Em contrapartida, os Aliados europeus e os Estados Unidos certamente ajudaram a desintegração da Dupla Monarquia por meio da guerra ideológica, embora isso não implique que eles pudessem tê-la impedido. Depois do verão de 1918, eles radicalizaram sua posição pedindo não apenas autonomia para as nacionalidades da Monarquia mas também sua independência,* e provavelmente também ajudaram os exilados (principalmente os checos) a persuadir suas contrapartidas dentro da Áustria-Hungria a rejeitar qualquer compromisso com a dinastia.[78] Só uma vitória alemã agora podia salvar o regime.

Depois que a Alemanha pediu o armistício, os acontecimentos se precipitaram. Carlos (que não havia sido consultado sobre ele) seguiu a tática dos alemães de apelar para os americanos e empreender uma liberalização interna, mas ainda com menos sucesso. Enquanto Wilson buscava seu diálogo com Max de Baden, o pedido austro-húngaro de um cessar-fogo feito a ele em 4 de outubro e de uma paz baseada nos 14 Pontos tiveram o silêncio como resposta. No dia 16, tentando satisfazer ao Ponto Dez de Wilson, Carlos lançou um manifesto estabelecendo um Estado federal na metade austríaca, enquanto o governo húngaro ainda rejeitava o mesmo tipo de Estado em seu território. Até o fim, os líderes magiares rejeitaram a democratização, e o fim realmente veio quando Wilson finalmente respondeu, em uma nota de 18 de outubro, retirando o Décimo Ponto e dizendo que cabia às nacionalidades locais decidir seu destino: um apelo mal disfarçado à revolução.[79] A interrupção da Monarquia não foi basicamente devida à diplomacia dos Aliados, mas, a essa altura, eles certamente a desejavam. Na verdade, os poloneses, há muito um suporte dos Habsburgo, já estavam se distanciando. No dia 10 de outubro, um comitê nacional foi formado em Cracóvia, representando a maior parte dos partidos poloneses; tanto eles quanto os poloneses representados no Conselho dos Regentes, criado pelos alemães em Varsóvia, concordaram em buscar uma Polônia independente formada pelas três partes do país. Em 24 de outubro, os poloneses decidiram se retirar do Reichsrat e assumir a administração das áreas da Áustria habitadas por poloneses, o que terminaram de fazer no fim do mês.[80]

---

*   Ver cap. 16.

Embora a Áustria-Hungria pudesse sobreviver a uma separação polonesa, não conseguiria sobreviver a uma secessão por parte dos checos, e a revolução em Praga foi decisiva. O governo pediu ajuda aos comitês nacionais, que surgiam em diferentes partes do império para implementar seu decreto de 16 de outubro, mas como o decreto excluía a metade húngara, isso não facilitava a unidade checa e eslovaca, sendo, portanto, inaceitável para os líderes checos, cujo comitê nacional já estava preparando um controle de poder pacífico. Perdido numa busca irreal de soluções, o novo governo de Viena (o último indicado por Carlos) decidiu aceitar todas as condições de Wilson e pediu um cessar-fogo imediato, assim concedendo o direito de autodeterminação e abandonando a aliança alemã. Mas quando essa nota foi publicada em 27 outubro, simplesmente serviu como sinal para que o comitê nacional de Praga começasse a assumir a administração local, afirmando estar implementando o manifesto de 16 de outubro, embora, na verdade, seu objetivo era uma república checoslovaca independente. Os oficiais Habsburgo não resistiram, e o comandante do exército local (que estava perdendo o controle sobre seus homens) permitiu que o comitê nacional criasse forças voluntárias, sendo as tropas não checas evacuadas.[81] A transferência de poder foi ordeira, sem sangue e rápida, lembrando bastante os eventos da Eslovênia, que proclamou sua independência em 1º de novembro.

Também no reino da Hungria, o governo de Wekerle estava perdendo o controle sobre sua periferia. Os deputados romenos retiraram-se do parlamento húngaro, e no início de novembro o rei Ferdinando da Romênia formou um governo pró-Aliados e tornou a entrar na guerra, enviando tropas para ocupar a Transilvânia, enquanto forças checas avançavam para a Eslováquia. Na Croácia, o controle húngaro estava agonizando havia meses, devido à declarada agitação nacionalista. O conselho nacional de Zagreb desempenhou um papel similar para o comitê nacional de Praga, proclamando, em 24 de outubro, a independência dos sérvios, croatas e eslovenos da Áustria-Hungria e sua pretendida união com a Sérvia e Montenegro. Depois de formar uma guarda cívica, ele invadiu a Bósnia-Herzegovina, embora a fusão com a Sérvia e Montenegro no Reino dos Sérvios, Croatas e Eslovenos (rebatizado de Iugoslávia em 1929) só acontecesse em dezembro. Aqui, mais uma vez, a lei, a ordem e a continuidade foram as tônicas, com os comandantes militares locais se associando ao comitê para assegurar uma transição tranquila.[82]

O padrão, portanto, foi o poder passar para comitês dos partidos nas nacionalidades locais, acompanhado por demonstrações patrióticas e contra os Habsburgo, mas sem violência ou desordem generalizadas. Carlos liberou seus oficiais de seu voto de submissão e permitiu-lhes juntar-se aos exércitos dos novos Estados, e muitos foram proeminentes no processo de transição.[83] As revoluções em Viena e em Budapeste confirmaram o rompimento, segundo um modelo similar, embora com maior conteúdo social. Até na Áustria, entretanto, o movimento revolucionário ficou praticamente confinado a Viena e às capitais provinciais, evitando a área rural conservadora. O Partido Socialista não havia se dividido como seu correspondente alemão, e a liderança do partido estava mais próxima dos sindicatos e menos pressionada pela esquerda. Ao contrário do SPD alemão, não era o maior partido, sendo suplantado em números pelos Sociais Cristãos, com os quais (bem como os nacionalistas alemães) seus representantes do Reichsrat formaram uma Assembleia Nacional Provisória de um Estado austríaco germânico independente em 21 de outubro.[84] No dia 30, maciças demonstrações em favor de uma república tiveram início em Viena, e as insígnias Habsburgo foram rasgadas (um traço comum das revoluções de 1918, como a remoção dos símbolos comunistas seria 71 anos depois). A Assembleia Nacional provisória assumiu poderes legislativos e estabeleceu um conselho executivo estatal, com a política e a burocracia imperiais continuando a servir o novo governo, a lei, a ordem e o suprimento de alimentos (como estava) foram mantidos, e as tropas que voltavam da Itália foram rapidamente desmobilizadas. Contudo, os novos líderes austro-germânicos, inclusive os Sociais-Democratas, tinham uma agenda nacional mais ampla. Eles afirmavam representar todos os alemães da Monarquia, inclusive os que viviam nas montanhas dos Sudetos (que haviam sido previamente uma parte administrativa da Boêmia), mas quando as forças checas invadiram os Sudetos, eles não conseguiram retaliar. Uma maioria dos líderes austro-germânicos também desejava a união com a Alemanha, ou *Anschluss*, e durante outubro Guilherme e Ludendorff estavam analisando esse projeto como uma possível compensação por terem perdido a guerra,[85] mas os alemães não ousaram pôr em perigo as negociações do armistício buscando essa compensação. Contudo, a queda dos Habsburgo na Áustria removeu um obstáculo a ela, e a dinastia estava prestes a perder também a Hungria.

Aqui, também foi decisiva a desintegração do exército húngaro, cujas unidades de eslavos do sul já haviam se rebelado antes da batalha de Vittorio Veneto. Oficiais de Budapeste fizeram demonstrações pela paz e pelo novo ministério comandado pelo crítico mais persistente do governo, Mihály Károlyi. Os partidos de oposição formaram um conselho nacional, ao qual a guarnição da cidade jurou lealdade. No dia 31, as autoridades imperiais nomearam Károlyi primeiro-ministro, com o apoio dos socialistas; no mesmo dia, soldados do destacamento ocuparam os prédios públicos. Os políticos da velha guarda que haviam governado a Hungria durante a guerra foram afastados, e Tisza foi assassinado por um bando de marinheiros saqueadores que o acusou de responsabilidade pelo conflito. Os partidos que haviam se oposto à guerra (Radicais, Independentes e Sociais-Democratas) tinham poucos seguidores fora de Budapeste e assumiram o governo com o apoio das tropas rebeldes e a concordância de Carlos. Eles esperavam manter a unidade das velhas terras húngaras, mas se desiludiram rapidamente: os romenos ocuparam a Transilvânia, os checos invadiram a Eslováquia e os eslavos do sul se desligaram.[86] Mesmo antes de Carlos se retirar da arena política em 11 de novembro, a autoridade Habsburgo havia desaparecido em toda a antiga Dupla Monarquia. Assim, quando dos acordos de cessar-fogo na Itália e nos Bálcãs, os Aliados não estavam mais lidando com uma unidade. Eles assinaram o armistício para o front italiano em 3 de novembro em Villa Giusti, perto de Pádua, seguido por um armistício em separado com o novo governo húngaro (a Convenção de Belgrado) em 13 de novembro.[87] Os Aliados concordaram com os termos do armistício de Villa Giusti em sua conferência de Paris em 31 de outubro. Exigiram que o exército Habsburgo fosse desmobilizado e entregasse metade de sua artilharia e equipamentos, também exigindo a rendição da maior parte da esquadra. As tropas alemãs deviam partir, e os Aliados ficariam livres para ocupar pontos estratégicos. House concordou (como no caso da ocupação da Renânia) que os italianos podiam ocupar até a linha que lhes fora prometida pelo Tratado de Londres de 1915, o que eles fizeram prontamente: outro caso de sua negligência com relação às implicações políticas das decisões militares. Apesar dos protestos dos eslavos do sul, os Aliados resolveram não reconhecer um Estado iugoslavo de momento. E embora endossassem a decisão de Carlos de transferir a esquadra para o conselho nacional croata, quando a marinha italiana apreendeu os navios, eles aceitaram essa apreensão como *fait accompli*.[88] Portanto, em termos políticos, o armistício privou o nascente estado da Iugoslávia de uma marinha e de uma fronteira étnica ao norte. Militarmente, ele tornou possível um avanço dos Aliados até as fronteiras sul da Alemanha, criando um novo palco de guerra quando os alemães já haviam alcançado seu limite. Os planejadores aliados começaram a trabalhar numa invasão da Baviária em duas frentes, a partir da Itália, via Innsbruck ao sul, e ao longo do Danúbio, de Linz e Salzburgo. Com a aproximação do inverno e dadas as condições das ferrovias austríacas, era duvidoso que tal operação pudesse ser montada rapidamente, mas os bávaros ficaram alarmados, e o OHL transferiu suas forças remanescentes para conter a ameaça.[89]

No início de novembro, os alemães haviam perdido seus aliados e encaravam uma nova ameaça ao sul, enquanto o objetivo de conservar a Áustria-Hungria (pelo qual eles tinham ido à guerra em primeiro lugar) foi irremediavelmente derrotado. Agora era a vez de a Alemanha encarar a inquietação revolucionária que a obrigaria a aceitar quaisquer termos que lhe fossem oferecidos. Enquanto as revoluções austro-húngaras tinham levado a comitês nacionais pré-formados, a agitação alemã surpreendeu até os partidos de esquerda, lembrando mais a Revolução Russa de Fevereiro que a de Outubro. Ela se originou de um motim na esquadra, provocado por planos secretos de uma ofensiva naval, ou *Flottenvorstoss*, contra a Grã-Bretanha. Mais uma vez, uma iniciativa militar equivocada tornou a situação da Alemanha pior do que se nenhuma ação tivesse sido empreendida, e desta vez o dano foi fatal.

A estrutura do comando naval tinha sido reorganizada em agosto, com a criação de uma *Seekriegsleitung* (SKL) ou Diretório Naval de Guerra, com o OHL como modelo. Scheer o assumiu, com seu comando da Frota de Alto-Mar sendo assumido por Hipper, embora os dois homens confiassem cegamente em seus respectivos chefes do Estado-Maior, o capitão Magnus von Levetzow e o almirante von Trotha, ambos conservadores declarados – para não dizer reacionários – em suas opiniões políticas. Embora Guilherme endossasse a mudança, seus iniciadores pretendiam que ela reduzisse seus poderes de comando.[90] Essa mudança também dividiu o corpo de oficiais, antagonizando os seguidores de Holtzendorff, cujo posto como chefe do almirantado foi abolido, e de Capelle, que perdeu seu posto como secretário da Marinha. Seguindo-se à reorganização, quase metade dos capitães e primeiros oficiais dos esquadrões de primeira linha da marinha foram mudados (com alguns navios perdendo os dois oficiais simultaneamente), depois que muitos dos melhores oficiais já tinham se apresentado como voluntários para o destacamento dos U-Boats.[91] Na verdade, o SKL acentuou a restrição da política naval aos submarinos como arma. Seu Programa Scheer, concebido por analogia com o Programa Hindenburg, propunha o aumento da produção de U-Boats de 7 para 12 por mês, completada no fim de 1918, para 36 em outubro de 1919, uma clara indicação da falta de realismo da marinha.[92] Na opinião do SKL, ele não precisava de um armistício e ignorou o conselho do OHL de que evitasse o afundamento de navios de passageiros. Contudo, quando o *Leinster* foi a pique e Wilson insistiu que os ataques de submarinos fossem suspensos, o SKL opôs relativamente pouca resistência, pois agora ele buscava uma alternativa.

A proposta do SKL de um último assalto contra a Marinha Real foi uma reação à evidência de que a Alemanha havia perdido a guerra. Sua estratégia estava associada a uma base política e emocional, provinda das previsões dos oficiais para o futuro de seu serviço se o país se rendesse aos britânicos sem ter se engajado completamente na batalha pelo menos uma vez. Isto não seria apenas uma desonra, mas Trotha também temia que desencorajasse a Alemanha de reconstruir sua marinha num futuro pós-derrota (o que, como Hintze e Ludendorff, ele agora previa). Ele preferia uma "luta de morte" – em outras palavras, um massacre – à inação. Levetzow concordava: para os oficiais e homens da marinha, jazer "em fama imortal no fundo do mar" seria melhor que a desgraça do internamento. E Scheer, embora acreditasse que havia alguma chance de sucesso operacional, também descrevia a questão como sendo de "honra e existência".[93] Scheer e Levetzow, portanto, aprovaram o princípio de um ataque de superfície se a campanha dos submarinos fosse suspensa, mas agiu assim sem consultar Max ou Guilherme (embora eles tenham notificado Ludendorff). Ao proceder assim, eles estavam violando as instruções de Guilherme e provavelmente agindo de forma inconstitucional. Se eles esperavam sabotar as negociações do armistício é algo que não se pode comprovar (embora pareça possível), mas, de qualquer modo, não tinham nenhum respeito pelo chanceler ou pelo governo parlamentar, e se revelassem suas intenções, seriam punidos. Portanto, o pessoal de Hipper preparou secretamente uma ordem para que a Frota de Alto-Mar entrasse no estuário do Tâmisa enquanto navios mais leves bombardeavam a costa de Flandres e atacavam o estreito de Dover, com o objetivo de atrair a Marinha Real para uma emboscada de submarinos e uma batalha naval ao largo da ilha de Terschelling. No dia 27 de outubro, Scheer estabeleceu o dia 30 como data de início.[94]

Os iniciadores do plano haviam ignorado os 80 mil marinheiros e foguistas com cujas vidas estariam jogando. Contudo, a informação que chegou ao alto-comando foi de que os oficiais ficaram inquietos devido às mudanças de pessoal, e entre os homens a hostilidade à guerra e a disposição de agir contra ela estavam crescendo. No dia 18 de outubro, Hipper advertiu que a resolução poderia estourar na armada a qualquer momento, mas ele e Trotha acharam que suas ordens, em última instância, não seriam desafiadas. No tocante aos submarinos e navios de superfície menores, essa suposição se justificava, mas a inquietação nas Marinhas da Primeira Guerra Mundial sempre estava centrada nos navios de guerra. Ali, as condições se aproximavam daquelas de uma grande indústria, com homens fazendo trabalho pesado e repetitivo, comendo comida ruim e monótona, sempre segregados de seus oficiais, que eram mais bem alimentados que seus subordinados, não se preocupando nem se misturando com eles – em contraste com os oficiais de submarino e os capitães da infantaria. Essas injustiças haviam provocado os motins navais de agosto de 1917 e não tinham sido corrigidas, embora as memórias da repressão desses motins ainda estivessem vivas. O estilo de controle da marinha, combinado com meses de inação e o contato regular com civis desiludidos em terra, predispunha até os marujos patrióticos para a rebelião. Notícias do pedido de armistício e o retorno de marinheiros e trabalhadores de estaleiros dos portos evacuados de Flandres só acentuavam essa disposição.[95]

Quando, nessas circunstâncias, a marinha começou a colocar os navios em prontidão e Hipper informou seus comandantes, os boatos circulavam rapidamente, dando conta de que a frota estava destinada a uma missão suicida com a intenção de subverter o governo e arruinar o armistício. A partir de 27 de outubro, a desobediência alastrou-se pelos cruzadores e grandes navios de guerra, com os homens se recusando a voltar a seus navios ou levantar âncora e acender as caldeiras, mas apagando as luzes dos navios. Hipper recebeu orientações conflitantes em favor da coerção e da conciliação, e as autoridades optaram por uma desastrosa combinação das duas. No dia 29,

Hipper postergou as ordens a seus marinheiros, pois, apesar das prisões em massa, seus subordinados não punham seus navios em movimento. Ele enviou o Terceiro Esquadrão de navios de guerra para Kiel, na esperança de que, se os marinheiros fossem visitar suas famílias, seu moral melhoraria. Mas quando o Terceiro Esquadrão chegou no 1º de novembro, seu comandante (renegando promessas anteriores de uma anistia) prendeu mais de 200 de seus homens, permitindo que os outros fossem para terra, onde formaram um comitê para exigir a liberação dos prisioneiros. Kiel era um centro radical que havia apoiado a greve de janeiro de 1918, e as demonstrações ganharam impulso até que, na noite de 3 de novembro, tropas abriram fogo e mataram vários dos que protestavam. Este foi um momento similar à ordem de Nicolau II, em fevereiro de 1917, para se usar a força, provocando uma resposta análoga. No dia 4 (Segunda-Feira Vermelha), marinheiros invadiram os arsenais de rifles e se apoderaram de seus navios, estabelecendo um conselho de marinheiros; em terra, os que protestavam montaram barricadas, e a guarnição de Kiel se amotinou. O governo tinha perdido o controle da cidade, e a revolução havia começado.[96]

Enquanto na Rússia a revolução foi impulsionada pela falta de pão na capital, na Alemanha começou nas províncias como protesto contra uma inútil continuação da luta. Não obstante, a situação alimentar da Alemanha era extremamente ameaçadora. Os suprimentos da Romênia haviam ajudado em 1917, mas estavam para ser cortados. As entregas da Ucrânia estavam bem abaixo das expectativas, e as outras regiões ocupadas não tinham mais nada a oferecer.[97] Tampouco havia muita possibilidade de comprar dos neutros, visto que o bloqueio dos Aliados agora estava praticamente hermético. Sérios cortes ocorreram entre maio e julho, e a colheita de 1918 foi apenas um alívio temporário. Embora a colheita de trigo tivesse sido melhor que a de 1917, a de batata foi pior.[98] Em 1917-18, o índice de mortes de civis estava bem acima dos níveis anteriores à guerra e continuava a crescer: mesmo deixando de lado as vítimas da Gripe Espanhola, entre 424 mil e 478.500 pessoas morreram (de tuberculose e outras doenças) como resultado das dificuldades causadas pela guerra.[99] A imprensa era notavelmente livre para apresentar detalhes sobre o abastecimento de alimentos, não escondendo nem a crescente taxa de mortalidade nem as perspectivas sombrias.[100] Ainda assim, segundo relatórios alemães internos e observadores aliados, a reviravolta da sorte dos militares, e nem tanto a crise de abastecimento, foi o que abalou o moral público. Como não havia mais chance de vencer, as contínuas dificuldades tornaram-se intoleráveis e incrementaram a impaciência pela paz.[101] Além disso, apesar das reformas constitucionais de Max de Baden, pouca coisa no registro passado de Guilherme sugeria que ele poderia funcionar como monarca ao estilo britânico, e no fim de outubro seu futuro estava firmemente na agenda política. Wilson não insistiu na abdicação, mas na terceira nota americana podia ser lido algo que a advogava, e os diplomatas americanos em contato com os alemães na Suíça e na Dinamarca diziam que era isso que o presidente queria. Solf aconselhou o chanceler, dizendo que a partida de Guilherme poderia significar termos mais simples, e o SPD e sua imprensa entenderam o conselho. A maioria do gabinete era a favor da abdicação voluntária do imperador, mas Guilherme – que, no dia 29, foi sem a aprovação do governo para o OHL em Spa – ainda resistia.[102] Neste ponto, a revolução interveio.

No clima amargurado da República de Weimar, o motim naval e a revolta de Kiel tornaram-se o fulcro da acusação da direita de que uma "punhalada nas costas" havia provocado a derrota. Eles estavam no julgamento Dolchstoss em Munique em 1925 e foram investigados durante três anos pela comissão de inquérito do Reichstag sobre o colapso da Alemanha. Enquanto as testemunhas de esquerda centraram-se na distância que separava os oficiais e seus homens, bem como nos abusos de autoridade pela marinha, Levetzow e outros culpavam os agitadores pelos motins. De fato, embora as simpatias pelo USPD e o sentimento contra a guerra tivessem aumentado desde 1917, as demandas dos amotinados do Terceiro Esquadrão inicialmente se limitaram a rações iguais às dos oficiais para os homens e liberdades civis para estes. As do conselho dos soldados e trabalhadores de Kiel eram similares: alguns elementos do movimento dos marinheiros queriam a abdicação de Guilherme, a paz imediata e a democratização do sistema social, mas o socialismo – e menos ainda o bolchevismo ao estilo russo – não figurava entre elas.[103] O movimento tampouco foi particularmente violento: três oficiais navais foram mortos, mas o conselho dos marinheiros concordou em pagar uma compensação por danos à propriedade. Por outro lado, no início de outubro, uma tendência à extrema esquerda apareceu dentro do movimento socialista sob a forma dos *Spartakists*, que estavam mais comprometidos com o regime soviético que com o parlamentarismo e a nacionalização da terra e a propriedade, mas que permaneceram como uma organização pequena e secreta. O USPD era muito maior e queria uma república socialista, mas estava dividido em suas atitudes com a revolução e os bolcheviques. Seus aliados dos sindicatos, a "camarilha revolucionária" dos representantes sindicais centrados nos metalúrgicos de Berlim, estavam planejando uma greve geral revolucionária, mas o USPD aconselhou-os a postergá-la. Os chefes do SPD, em contrapartida, embora teoricamente republicanos, desejavam trabalhar dentro de uma monarquia constitucional e permaneceram fiéis a Max o quanto puderam, embora, como ele, desejassem afastar Guilherme. A revolução de Kiel, contudo, acrescentou uma nova dinâmica à situação, ameaçando o SPD com sua superação. O partido respondeu enviando um de seus líderes, Gustav Noske, que foi bem-vindo, eleito presidente do conselho dos marinheiros e se tornou governador da cidade, com a consequência de conseguir pôr um fim à luta rapidamente. Por um momento, parecia que a revolução seria sufocada pela ação socialista.

Apesar do sucesso de Noske, contudo, o movimento espalhou-se durante dias seguidos, à medida que grupos de amotinados se espalhavam, com Lübeck e sua guarnição se rendendo em 5 de novembro, quando marinheiros chegaram de Kiel; outros alcançaram Hamburgo e juntaram-se aos soldados e trabalhadores para desarmar os oficiais, ocupar a estação e os estaleiros e criar um soviete. Em 6 de novembro, um conselho de marinheiros foi estabelecido em Wilhelmshaven, com ainda menos resistência que em Kiel. Enquanto as cidades costeiras saíam do controle do governo, em 7 de novembro marinheiros chegaram a Colônia, estabelecendo o controle da cidade em algumas horas. A revolução espalhou-se rapidamente pelo norte da Alemanha e pela Renânia, encontrando mínima resistência das autoridades e das tropas locais, caracterizando-se pela preocupação dos conselhos de evitar o derramamento de sangue e manter a ordem. Houve poucos saques ou violências, e os oficiais foram humilhados, mas não feridos. A polícia confraternizou com os rebeldes, e a burocracia imperial permaneceu intacta. Depois que os rebeldes passaram a controlar as pontes do Reno, contudo, ficou mais difícil para o exército marchar e reprimi-los. Em contraste com a Rússia, marinheiros e soldados estavam à frente da insurreição, embora os conselhos de trabalhadores fossem formados junto com os militares.[104] O fenômeno de soldados revolucionários em sua pátria foi crucial e tem sido pouco estudado, embora relatórios às autoridades sugerissem que as derrotas haviam abalado a confiança das tropas, e elas queriam uma paz imediata, uma república e plenos direitos civis, com o ressentimento nos corpos de oficiais sendo menor que na marinha.[105] Daí os conselhos de soldados pedirem paz, democracia e o afastamento de Guilherme. Essas generalizações aplicam-se, em sua maioria, mais radicais às revoluções nas províncias alemãs que em Munique. Ali, a situação revolucionária resultou diretamente do pedido de armistício da Alemanha e à ameaça de invasão depois do colapso da Áustria-Hungria. O líder local do USPD, Kurt Eisner, um intelectual e jornalista judeu de Berlim, planejava uma insurreição e fez contato com sindicalistas e líderes de soldados antes de entrar em ação em 7 de novembro. Ele conduziu seus seguidores, que formavam uma grande massa, para um quartel das vizinhanças e assumiu o controle das armas, enquanto os soldados desertavam e o rei da Baviera fugia, permitindo que os insurgentes declarassem uma república em outro golpe sem derramamento de sangue. Entretanto, em contraste com esses eventos no norte, a revolta de Munique foi planejada e comandada pelos Socialistas Independentes, embora o líder do SPD local tenha se juntado com relutância ao novo governo.[106]

Alguns dias depois da revolta de Kiel, a maioria das capitais provinciais estava em mãos de revolucionários e a maré começava a cercar Berlim. O desenlace chegou com a assinatura do armistício e a queda da dinastia dos Hohenzollern. Decisivo para os dois eventos foi o medo de que, sem a ação drástica, a Alemanha seguiria o caminho da Rússia, uma perspectiva tão abominável para os líderes do SPD quanto para os partidos de classe média e a liderança do exército. Quando os Aliados estabeleceram as exigências de seu armistício, contudo, não conseguiram perceber que a revolução na Alemanha era iminente. Wilson nada soube sobre os motins navais até 6 de novembro, e Lloyd George só foi persuadido no dia 8 de que a Alemanha não tinha outra escolha além de assinar o armistício.[107] Os alemães, por outro lado, estavam desconcertados pela pausa para as deliberações dos Aliados que se seguiu a sua resposta de 27 de outubro a Wilson e ficaram bastante aliviados quando a Nota Lansing ofereceu-lhes um armistício com base na maior parte dos 14 Pontos. Em 6 de novembro, Max foi aconselhado por Groener, que anteriormente havia proposto uma retirada ordenada para uma linha mais curta, que a Alemanha devia buscar um cessar-fogo imediatamente, em vista da ameaça à fronteira sul e dos acontecimentos em Kiel. Assim, Max instruiu a delegação governamental do armistício, comandada por Erzberger, a buscar um armistício a qualquer preço. Dessa forma, a combinação do colapso austro-húngaro com o espocar da revolução finalmente dobrou a resistência alemã. Erzberger e a comissão foram escoltados através das linhas francesas e, numa viagem surreal, até um vagão ferroviário numa floresta perto de Compiègne, onde Foch apresentou-lhes as condições dos Aliados, recusando-se ostensivamente a negociar. Contudo, Foch decidiu fazer algumas concessões, evidentemente ligadas às preocupações contrarrevolucionárias. Como os delegados alemães queriam manter uma força disciplinada para usar contra o bolchevismo, ele reduziu o número de caminhões, aviões e metralhadoras a ser entregues, bem como um prolongamento do período de evacuação de 25 para 31 dias, estreitando a zona desmilitarizada da margem direita para 10 km e não mais exigindo a retirada imediata da Rússia. Erzberger, que tinha aceitado sua tarefa com grande relutância (o que mais tarde levou a seu assassinato), considerou esses ganhos significativos e aconselhou Berlim a aceitá-los.[108]

Contudo, quando o mensageiro de Erzberger chegou, o governo de Max havia caído. O papel dos líderes do SPD era crucial, e como a revolução se espalhava, eles temiam que, a menos que respondessem a ela, perderiam todo o controle para o USPD. No dia 7 de novembro, disseram a Max que, a menos que Guilherme abdicasse, haveria uma revolução social: ele devia sair, e a constituição ser completamente democratizada, ou eles deixariam o governo. Max concluiu que ele havia perdido sua maioria no Reichstag e ofereceu sua renúncia, mas Guilherme recusou-se a aceitá-la ou a renunciar ao trono. Na manhã do dia 9 de novembro, enquanto os sociais-democratas reuniam-se em enormes demonstrações na própria Berlim e a guarnição da cidade começava a desertar, Max anunciou, por iniciativa própria, que Guilherme havia abdicado, e entregou a chancelaria para um governo dominado pelos socialistas e comandado por

Friedrich Ebert. Para impedir uma proclamação Spartakista de um regime soviético, outro líder do SPD, Scheidemann, declarou do edifício do Reichstag que a Alemanha era uma república.[109] Contudo, o SPD poderia não ter conseguido dominar os extremistas se Guilherme não tivesse renunciado, e até o dia 8, distanciado da capital em Spa, ele insistia que restauraria a ordem à frente de seu exército. O que acabou com ele, como havia acontecido com Nicolau II, foi a deserção de seus generais.

Dos 39 generais e comandantes regimentais na Frente Ocidental contatados pelo OHL, apenas um achava que o exército podia reconquistar a Alemanha, 15 estavam na dúvida e 23 disseram que a tarefa era impossível; só oito acreditavam que as tropas lutariam mesmo contra o bolchevismo. Hindenburg e Groener decidiram que, com as grandes cidades e entroncamentos ferroviários sob controle rebelde e pouquíssimas unidades disponíveis, eles não mais poderiam suprimir o movimento revolucionário. Quando confrontaram Guilherme no dia 9, ele – para seu crédito tardio – recusou-se a travar uma guerra civil. Hindenburg avisou seu mestre que não podia garantir sua segurança e recomendou que ele partisse para a Holanda, o que Guilherme fez no dia 10, com a rainha e o gabinete do país concordando em lhe conceder asilo.[110] Sua partida removeu um primeiro grande obstáculo à estabilização da revolução; no mesmo dia Ebert removeu um segundo, ao concordar com as condições de armistício de Foch. O novo governo estava numa posição constitucional incômoda, tendo sido investido de seu poder por Max em sua posição de último chanceler imperial, mas eclipsado por um conselho executivo recém-formado a partir dos sovietes de trabalhadores e soldados de Berlim. Embora o USPD se juntasse ao governo, Ebert desde o início pretendeu governar só um período interino, até que uma assembleia constituinte eleita estabelecesse uma democracia parlamentar. Nesse ínterim, ele queria manter a ordem pública, garantir o suprimento de alimentos e deixar a burocracia imperial intacta. Portanto, em 10 de novembro ele também abriu conversações secretas com Groener, em que o governo encarregou-se de combater o bolchevismo e respeitar os direitos de comando dos oficiais (em contraste com o assalto da Ordem Nº 1 à autoridade militar na Rússia).[111] A revolução de novembro foi necessária para a saída de Guilherme, sem a qual as perspectivas de uma democratização bem-sucedida teriam sido ainda mais precárias. Mas desde o início da revolução os líderes do SPD mostraram-se determinados a contê-la, e os auspícios eram favoráveis para que assim fizessem, embora seu sucesso eventualmente abrisse o caminho para a reação.

Contudo, a possibilidade ainda era remota às 11h00 do dia 11 de novembro, quando os canhões ao longo da Frente Ocidental – que continuaram a atirar até o fim – por fim silenciaram. Foi um momento excepcional, embora celebrado com menos entusiasmo pelos soldados dos Aliados em campo que pelas multidões febris em Paris e Londres.[112] Contudo, dois portadores da morte em massa estavam em ação em 1918, e o segundo em seu pico de virulência. No final de outubro, a pandemia da Gripe Espanhola matava 7 mil pessoas por semana na Grã-Bretanha, e, no total, dizimou 500 mil vidas americanas, excedendo as mortes dos Estados Unidos em batalha nas duas Guerras Mundiais, na Coreia e no Vietnã, consideradas como um todo. No mundo todo o número de fatalidades excedeu as mortes em combate na guerra e pode ter atingido 30 milhões. Não havia defesa médica contra a doença, e suas vítimas morriam em meio a dores e amiúde à imundície. Sua incidência não estava diretamente ligada ao conflito ou à má nutrição causada pelo bloqueio, embora ela tenha afetado desproporcionalmente jovens adultos, e sua disseminação foi facilitada pela proximidade forçada de centenas de milhares de homens em serviço nas trincheiras, hospitais, trens e navios de passageiros. Alguns de seus estragos mais concentrados ocorreram nos navios americanos de transporte de tropas para a Europa, um preço que Wilson e seu Departamento de Guerra aceitaram com relutância devido ao imperativo de despachar homens rapidamente para o Mosa-Argonne.[113] Contudo, a pandemia foi eclipsada pela guerra na época, pois ela talvez fosse uma calamidade natural, e não produzida pelo homem, talvez porque a maior parte das mortes não fosse no Ocidente, e talvez porque o mundo tivesse ficado indiferente. Novembro de 1918 foi uma época estranha, triste, outro momento de histeria em massa, mas muito diferente daquela de julho de 1914. Para os derrotados, quaisquer que fossem as migalhas de mitigação oferecidas pela perspectiva de uma paz à Wilson, era época de prognósticos. Contudo, pelo menos na Frente Ocidental e no front italiano, nos Bálcãs e no Oriente Próximo, bem como na África Oriental, a matança agora cessaria, e isso parecia razão suficiente para celebrar, assim como, talvez, a súbita democratização da Europa Central e Oriental, fazendo surgir esperanças não mais vistas desde 1848 e novamente até 1989.

Não obstante, logo se começou a questionar nos países aliados se o armistício não teria vindo cedo demais – e na Alemanha se ele não teria sido desnecessário, se as forças armadas não tivessem sido apunhaladas pelas costas. Ambas as visões estavam equivocadas. A revolução alemã modificou o conselho de Groener ao governo e influenciou a decisão de Max, em 6 de novembro, para que buscasse um armistício imediatamente. Mas o motim naval que explodiu tinha sido, por sua vez, provocado pela *Flottenvorstoss*, uma reação contra as negociações do armistício. Outra preocupação básica de Goener em 6 de novembro – a ameaça às fronteiras no sul da Alemanha – surgiu da desintegração da Áustria-Hungria, que foi, da mesma forma, precipitada pelo pedido de armistício da Alemanha. A chave para todo o processo foi o colapso de Ludendorff em 28 de setembro, que foi uma resposta não aos acontecimentos no front doméstico, mas à combinação da rendição da Bulgária com a ofensiva geral dos Aliados, ligada à desintegração do exército alemão por seus ataques. A revolução foi uma consequência, e não uma causa, da derrota da Alemanha, e os líderes do SPD fizeram o que puderam para moderá-la. Contudo, também é verdade que, se Ludendorff tivesse mantido o controle, a resistência alemã poderia ter se prolongado até o começo de 1919, embora provavelmente não muito mais que isso. Suas ações determinaram o modo, e não o fato, da vitória dos Aliados.

Vários líderes americanos e aliados questionavam se tinha sido a hora certa de parar, inclusive os republicanos no Congresso, Pershing, Poincaré e Lloyd George. Assim que a escala da debacle da Alemanha ficou aparente, contudo, o premiê britânico aceitou que a decisão tinha sido acertada, e só quando a Alemanha começou a desafiar os Aliados nos anos 1920 é que as dúvidas ressurgiram. Lloyd George e Henry Wilson ficaram aliviados porque suas tropas não tiveram que invadir o coração de um país infestado de bolcheviques,[114] e ninguém advogou a ocupação do território muito mais além, a leste do Reno. Reconhecidamente, a restrição dos Aliados significava que Ebert podia saudar as tropas alemãs de volta a Berlim declarando-as não derrotadas, alimentando a lenda de que elas, de alguma forma, haviam sido enganadas. Contudo, em 1870-71, um cerco alemão e o bombardeio de Paris, seguido por uma marcha vitoriosa pela cidade, não haviam conseguido erradicar os sentimentos franceses de vingança. É verdade que, depois de 1945, a ideia de uma Alemanha completamente derrotada e devastada realmente provocou mudanças, mas a transformação levou anos, e sua pré-condição não foi apenas a conquista de Berlim, mas também prosseguir com a ocupação soviética e aliada, bem como a concordância dos vencedores da guerra de que o país nunca mais tornaria a ser uma potência militar de primeira classe e independente. Avançar até Berlim, em 1919, provavelmente não teria ajudado muito os aliados, a menos que eles tivessem o desejo de lá permanecer, arriscando a instabilidade revolucionária em suas próprias sociedades no processo. Mesmo sem ter feito isso, havia o suficiente no armistício para lhes possibilitar a imposição de um tratado de paz severo e amargamente ressentido oito meses depois, um tratado suficientemente repressivo para tornar impossível para a Alemanha iniciar outro grande conflito, se os vencedores o tivessem preservado com a unidade de propósito que eventualmente lhes havia garantido a vitória na guerra. A paz duradoura (ou, pelo menos, a ausência de hostilidades) tornou-se possível para a área do Atlântico Norte pelos sacrifícios de 1914-18, e para isso houve um motivo genuíno para celebrações naquele novembro cinzento. O mundo ocidental não estava predestinado a seguir a desastrosa trajetória que buscou nas décadas seguintes. Contudo, o próprio custo da vitória, minando a estabilidade política e social, trabalhou contra um futuro pacífico. Nenhum relato do impacto e do significado do conflito pode estar completo sem a abordagem do que se seguiu a ele e de seu legado envenenado.

Notas

1. Goemans, *War and Punishment*, cap. 2.
2. Renouvin, *L'Armistice*, pp. 23-6.
3. Hindenburg, *Out of My Life*, p. 394.
4. Rudin, *Armistice*, pp. 21-7; Hürter, *Paul von Hintze*, p. 100.
5. Minutas da reunião de Spa, 14 ago. 1918, BA-MA W-10/50290.
6. Meyer, *Mitteleuropa*, p. 285.
7. Rudin, *Armistice*, p. 28.
8. Shanafelt, *Secret Enemy*, pp. 202-3.
9. Asprey, *German High Command*, p. 404.
10. Lowry, *Armistice*, p. 7.
11. Circular de Ludendorff, 19 out. 1918, BA-MA W-10/50400, app. 35.
12. Thaer, *Generalstabsdienst*, p. 233.
13. Hughes, "Battle for the Hindenburg Line", p. 57.
14. Memorando de Ludendorff, 18 jun., e discussão 1º jul. 1918, BA-MA W-10/50287.
15. Ziemann, "Enttäuschte Erwartung", pp. 175-6; relatórios de comandantes de unidades, jul.-set. 1918, in BA-MA W-10/51833.
16. Sumários de relatórios do DCG, 3 ago. 1918, BA-MA PH2/62.
17. Memorando de Mehrens sobre a situação alimentar em 1918, BA-MA W-10/50434; Stevenson (ed.), *British Documents*, Vol. 12, p. 360.
18. Renouvin, *L'Armistice*, pp. 66-7.
19. Rudin, *Armistice*, p. 49.
20. Thaer, *Generalstabsdienst*, pp. 234-6.
21. Ibid., p. 237; Hürter, *Paul von Hintze*, pp. 103-6; Schwabe, *Woodrow Wilson*, p. 31.
22. Rudin, *Armistice*, pp. 42-4.
23. Ibid., pp. 50-52; Hürter, *Paul von Hintze*, p. 105; Ludendorff, *My War Memories*, Vol. 2, p. 722.
24. Max of Baden, *Memoirs*, Vol. 2, pp. 10-22.
25. Rudin, *Armistice*, pp. 66-72.
26. A correspondência sobre o armistício encontra-se em Scott (ed.), *Official Statements of War Aims*, pp. 415 ss.
27. Epstein, *Matthias Erzberger*, pp. 262-3.
28. Rudin, *Armistice*, pp. 110-14.
29. Schwabe, *Woodrow Wilson*, p. 33.
30. Thaer, *Generalstabsdienst*, p. 236.
31. Schwabe, *Woodrow Wilson*, p. 23.
32. Epstein, *Matthias Erzberger*, p. 264.
33. Seymour (ed.), *Intimate Papers of Colonel House*, Vol. 4, pp. 67-73.
34. Scott (ed.), *Official Statements of War Aims*, pp. 399-405.
35. Schwabe, *Woodrow Wilson*, pp. 39-42.
36. Rudin, *Armistice*, p. 121.
37. Schwabe, *Woodrow Wilson*, pp. 50-55, 58-71; Renouvin, *L'Armistice*, pp. 133-6.

38. Max of Baden, *Memoirs*, Vol. 2, pp. 67-70.
39. Ibid., pp. 89-98.
40. Max of Baden, *Memoirs*, Vol. 2, pp. 99-157; Rudin, *Armistice*, pp. 141 ss.
41. Max of Baden, *Memoirs*, Vol. 2, pp. 167-204; Ryder, *German Revolution*, p. 124; Asprey, *German High Command*, pp. 480-84.
42. Schwabe, *Woodrow Wilson*, p. 66.
43. Lowry, *Armistice*, p. 39.
44. Ibid., pp. 17-24.
45. Stevenson, *French War Aims*, pp. 118-25.
46. French, "Had We Known", p. 72.
47. Millman, "Counsel of Despair", p. 259; French, *Lloyd George Coalition*, pp. 253-8.
48. French, "Had We Known", pp. 72-3.
49. Ibid., pp. 74-9.
50. Lowry, *Armistice*, pp. 57-8; Stevenson, *French War Aims*, p. 125.
51. Snell, "Wilson on Germany", pp. 364-9; Seymour (ed.), *Intimate Papers of Colonel House*, Vol. 4, pp. 156-8, 198-209.
52. Floto, *Colonel House*, pp. 49-60; Lowry, *Armistice*, cap. 5.
53. Seymour (ed.), *Intimate Papers of Colonel House*, Vol. 4, p. 88.
54. Schwabe, *Woodrow Wilson*, p. 88.
55. Lowry, *Armistice*, p. 96.
56. Ibid., pp. 53-4, 89-91, 135-7.
57. Ibid., cap. 7; Stevenson, *French War Aims*, pp. 125-8.
58. Cruttwell, *Great War*, pp. 577.
59. Travers, *How the War Was Won*, p. 164; Prior and Wilson, *Command on the Western Front*, p. 379.
60. Harris, *Amiens to the Armistice*, pp. 287-91.
61. Crosby, *Epidemic and Peace*, p. 156.
62. Cruttwell, *Great War*, p. 583
63. Travers, *How the War Was Won*, p. 154.
64. Ibid., p. 143; Ferguson, *Pity of War*, p. 300.
65. Hamard, "Quand la victoire", p. 33.
66. Emin, *Turkey in the World War*, p. 253.
67. Dyer, "Turkish Armistice", pp. 143-52.
68. Emin, *Turkey in the World War*, pp. 264-7.
69. Dyer, "Turkish Armistice", pp. 152-69.
70. Ibid., pp. 313-47; Rothwell, *British War Aims*, pp. 236-44.
71. Deák, "Habsburg Army", p. 308.
72. Cornwall, *Undermining of Austria-Hungary*, pp. 406-7, 422.
73. Rochat, "Il Comando Supremo di Diaz", pp. 270-2; Cruttwell, *Great War*, pp. 602-4.
74. Deák, "Habsburg Army", p. 309.
75. Galántai, *Hungary in the First World War*, p.299; Cornwall, "Dissolution", p.135.
76. Deák, "Habsburg Army", p. 309.
77. Plaschke, "Army and Internal Conflict", p. 341.

78. Zeman, *Break-Up of the Habsburg Empire*, p. 248.
79. Krizmann, "Austro-Hungarian Diplomacy", pp. 100-109.
80. Zeman, *Break-Up of the Habsburg Empire*, pp. 237-40.
81. Ibid., pp. 227-30; Carsten, *Revolution in Central Europe*, pp. 49-52.
82. Zeman, *Break-Up of the Habsburg Empire*, pp. 242-3; Spector, *Rumania*, pp. 62-3.
83. Rothenberg, "Habsburg Army", p. 82; Plaschke, "Army and Internal Conflict", p. 348.
84. Carsten, *Revolution in Central Europe*, pp. 21ss.
85. Koralka, "Germany's Attitude", pp. 93-4.
86. Zeman, *Break-Up of the Habsburg Empire*, pp. 241-4.
87. Lederer, *Yugoslavia*, pp. 56-7.
88. Ibid., p. 59; Lowry, *Armistice*, pp. 106-12.
89. Lowry, *Armistice*, pp. 113-14; Hamard, "Quand la victoire", p. 41.
90. Deist, "Politik der Verkriegsleitung", pp. 342-6.
91. Woodward, *Collapse of Power*, pp. 130-31.
92. Deist, "Politik der Verkriegsleitung", p. 346.
93. Ibid., pp. 352-5.
94. Ibid., pp. 357-61; Woodward, *Collapse of Power*, p. 9.
95. Horn (ed.), *War, Mutiny and Revolution*, pp. 11-14; Deist, "Politik der Verkriegsleitung", p. 363.
96. Rudin, *Armistice*, pp. 248-55.
97. Memorando de Mehrens sobre estoque de alimentos em 1918, BA-MA W-10/50434.
98. Stevenson (ed.), *British Documents*, Vol. 12, p. 375.
99. Offer, *First World War: Agrarian Interpretation*, p. 54; Winter, "Surviving the War", p. 517.
100. Stevenson (ed.), *British Documents*, Vol. 12, pp. 360-61.
101. Resumo dos relatórios do DCG sobre a opinião pública, 3 August 1918, BA-MA PH2/62.; Stevenson (ed.), *British Documents*, Vol. 12, pp. 316-17.
102. Schwabe, *Woodrow Wilson*, pp. 100, 104-6.
103. Horn, *Mutiny on the High Seas*, pp. 231-2, 251-2.
104. Kluge, *Die Deutsche Revolution*, p. 54.
105. Ziemann, "Enttäuschte Erwartung", pp. 177-81.
106. Michell, *Revolution in Bavaria*, pp. 94-106.
107. Schwabe, *Woodrow Wilson*, p. 111; French, "Had We Known", p. 85.
108. Rudin, *Armistice*, pp. 263-4, 321; Lowry, *Armistice*, pp. 156-60.
109. Ryder, *German Revolution*, pp. 149-53.
110. Rudin, *Armistice*, p. 362; Ashton, "Hanging the Kaiser".
111. Ryder, *German Revolution*, pp. 160-63.
112. Cecil and Liddle (eds.), *At the Eleventh Hour*.
113. Crosby, *Epidemic and Peace*, pp. 55-8, 124-5.
114. Lowry, *Armistice*, p. 160.

PARTE 4
O LEGADO

18
A PAZ, 1919-1920

A PRIMEIRA GUERRA MUNDIAL foi o maior evento de sua época, não apenas pelo que aconteceu durante ela, mas também por seu impacto subsequente. Suas repercussões globais estenderam-se até 1945, e provavelmente até o colapso do comunismo soviético e o fim da Guerra Fria, para não mencionar o que ainda veio depois. Tornou-se costume vê-la como a abertura de uma era de catástrofes ou como o começo de um "breve século XX que durou até 1988, depois do que (e especialmente depois do 11 de setembro de 2001) o mundo inteiro entrou numa era diferente".[1] Também para os combatentes individuais e suas famílias, a guerra não os deixou em novembro de 1918. Mais da metade dos soldados do exército britânico na Frente Ocidental em 1918 tinha menos de 19 anos de idade;[2] o último participante do assalto de novembro de 1917 ao Passchendaele morreu em 1998, e em 2003 37 veteranos da BEF ainda estavam vivos.* Para muitos deles, a guerra continuava bem vívida.

De qualquer modo, à medida que os anos passaram – e particularmente desde uma segunda e ainda maior guerra mundial – a guerra de 1914-18 tornou-se um marco menos predominantemente imaginativo e político. Como as ondas de seu impacto se espalharam muito, sua força diminuiu. A história de seu legado não é apenas a da destruição com que suas repercussões atormentaram as sociedades ocidentais nos anos que se seguiram a ela, mas também dos processos pelos quais as feridas foram curadas e a dor, atenuada. No fim da década de 1920, esses processos ainda estavam em ação, e uma recuperação postergada, porém tangível, estava em curso. Foi uma calamidade que um líder alemão então chegasse ao poder sem estar comprometido com liquidar a guerra, mas a reativá-la, deslanchando um novo conflito cujas consequências sombrearam a história internacional depois de 1945, como as do primeiro a tinham dominado depois de 1918. Contudo, se é verdade que a Segunda Guerra Mundial teria sido inconcebível sem a Primeira, esta não levou inevitavelmente àquela. Os fatos da década de 1930 não tiveram que se

---

* Recepção organizada pela BBC a que nove veteranos compareceram, em 8 de abril de 2003.

desdobrar como efetivamente ocorreu, e é vital fazer uma distinção entre as consequências diretas da guerra de 1914-18 e os acontecimentos para os quais ela foi mera pré-condição. Em cada década sucessiva depois de 1918, mais eventos caíram na segunda categoria. Para esclarecer como as ondas de choque da guerra se espalharam e depois se diluíram, o que se segue será organizado em quatro seções cronológicas: a primeira, a negociação dos tratados de paz em 1919-20; a segunda, a recuperação abortada de 1919-29; a terceira, o colapso do acordo pós-guerra, o surgimento do Nazismo, e a aproximação da Segunda Guerra Mundial; e a quarta e última, a continuada influência da memória da guerra, em grande parte no domínio cultural, e não político, na segunda metade do século XX e entrando no novo milênio.

Os tratados de paz foram o proeminente legado político do conflito. A luta para impô-los foi a questão essencial na política internacional do pós-guerra e quase igualmente fundamental para os acontecimentos domésticos. O eventual fracasso do tratado decisivo – o assinado em Versalhes com a Alemanha – levantou questões fundamentais quanto à eficácia do uso da força nas relações entre os Estados. Contudo, depois de 52 meses de massacre, que custaram, apenas aos Aliados ocidentais, cerca de US$ 130 bilhões e 3,6 milhões de vidas, seus líderes acharam que tinham o direito e o dever de pôr em ação um novo corpo de leis públicas, pelas quais tanto eles quanto seus antigos inimigos seriam regidos. Como Foch afirmou antes do armistício, faz-se a guerra para obter resultados: se os vencedores fossem suficientemente fortes para impor suas condições, futuros massacres seriam desnecessários. Por pouco espetacular que possa ter sido o triunfo dos Aliados, na verdade foi suficiente para esse propósito. Embora eles começassem a se desmobilizar depois do armistício, mantiveram o maquinário do bloqueio em seu lugar e conservaram forças substanciais de prontidão até assinarem o tratado de paz com a Alemanha. O exército austro-húngaro havia se desintegrado, e nem o búlgaro e nem o otomano estavam em condições de lutar. Boa parte da Europa estava desesperada por suprimentos de alimento que só os Estados Unidos e a Grã-Bretanha podiam entregar. Era verdade que, na Rússia e em parte da Europa Oriental, os vencedores tinham pouca influência e haviam perdido o controle sobre a Ásia Menor depois que o movimento nacionalista turco de Mustafá Kemal lá surgiu durante 1919. Mas na Alemanha, no Adriático, nos Bálcãs e no Mediterrâneo Oriental – para não mencionar a África e a Ásia Oriental –, se os Estados Unidos e os Aliados europeus conseguissem se entender poderiam determinar o formato do acordo. A Conferência de Paz de Paris foi aberta em janeiro de 1919 e prosseguiu até janeiro de 1920, depois do que uma conferência permanente de embaixadores dos Aliados a substituiu.[3] Ela produziu cinco tratados de paz: com a Alemanha, em Versalhes, em 28 de junho de 1919; com a

Áustria, em Saint-Germain-em-Laye, em 10 de setembro; com a Bélgica, em Neuilly, em 27 de novembro; com a Hungria, no Tiranon, em 4 de junho de 1920; e com a Turquia, em Sèvres, em 10 de agosto de 1920. As dificuldades da conferência não foram devidas simplesmente à incoerência administrativa, mas também refletiram desacordos mais profundos. Assim, os Aliados europeus continuaram relutantes em aceitar como ligação o acordo político de armistício e os 14 Pontos, com o resultado de que os vencedores foram a Paris sem unanimidade quanto a seus termos de referência. Além disso, o caos que afligia boa parte da Europa tornou a feitura da paz inerentemente intratável. Embora os ministérios das Relações Exteriores da Grã--Bretanha e da França comissionassem estudos do Congresso de Viena de 1814-15, os líderes políticos deram-lhes pouca atenção. Não havia precedente para a escala e a complexidade da tarefa que havia pela frente, e os líderes improvisaram os procedimentos da conferência de Paris à medida que avançavam. Representantes de todos os Aliados assistiam às sessões plenárias, mas, para começar, as cinco grandes potências realizaram transações comerciais no Conselho dos Dez, compreendendo os chefes de governo americano, britânico, francês, italiano e japonês, assim como ministros das Relações Exteriores e seus delegados. Suas sessões eram divagantes e inconclusivas. Em fevereiro de 1919, Wilson e Lloyd George se ausentaram para prolongadas visitas a seus países, e uma tentativa de assassinato deixou Clemenceau temporariamente incapaz de participar. Portanto, a partir do fim de março, quase nada ainda havia sido decidido, exceto o Pacto (o documento fundador da Liga das Nações). Os três homens começaram a se reunir diariamente com Orlando como o Conselho dos Quatro, e estabeleceram as linhas do tratado alemão em um mês. Eles transmitiram bastante material técnico a seus funcionários, e todas as delegações da conferência de paz acharam difícil a coordenação de seus múltiplos subcomitês. Além disso, os diplomatas aliados trabalharam com um equívoco, ou seja, eles supunham que estivessem rascunhando termos "preliminares" sujeitos a renegociação, mas que, na verdade, tornaram-se condições definitivas. Quando o rascunho do tratado foi apresentado aos alemães no dia 7 de maio, muitos membros das delegações britânica e americana ficaram assustados com sua severidade, mas a essa altura, depois de meses de exaustivas deliberações, seus líderes preferiram impor o produto em sua integridade, em vez de revisá-lo. Não obstante, Wilson, Clemenceau e Lloyd George eram plenamente sabedores dos principais termos do documento, e sugerir que as potências tropeçaram na paz é tão enganador quando afirmar que elas haviam tropeçado na guerra.

Talvez a mais notável das características do acordo resultante tenha sido a fragilidade. O Tratado de Sèvres com a Turquia nunca foi implementado ou mesmo ratificado, enquanto a tinta do Tratado de Versalhes mal tinha acabado de secar quando os alemães começaram a questioná-lo, e nas duas décadas seguintes ele foi continuamente modificado em seu favor. Contudo, do surgimento no final de 1919 do best-seller do economista britânico (e delegado da conferência) John Maynard Keynes, *As consequências econômicas da paz*, o tom de boa parte dos comentários contemporâneos ao tratado – e logo à própria guerra – era de desilusão. Ficou claro quase que de imediato que os alemães não cumpririam voluntariamente as prescrições do tratado, e que os Aliados estavam diante da perspectiva de continuar a vigilância e o confronto numa época em que a maioria de seus soldados desmobilizados queria desesperadamente voltar à normalidade e às suas vidas particulares. De qualquer modo, durante a década de 1920, embora o mundo do pós-guerra fosse um lugar turbulento, pelo menos havia pouco risco de outro grande conflito armado. Na década de 1930, nem isso era mais válido, e as esperanças de que os sacrifícios de 1914-18 pudessem "dar fim à guerra" – de que eles pudessem eliminar a insegurança internacional que havia causado a calamidade – foram cruelmente frustradas. Foi provavelmente mais por este motivo que por qualquer outro que muitos, não apenas nos países derrotados, mas até nos vitoriosos, começaram a ver toda a empreitada como fútil, e esta percepção modificou o modo pelo qual a guerra era lembrada e influenciou os políticos ocidentais em favor do apaziguamento. Contudo, se não era verdade que os termos do armistício tornaram uma segunda guerra inevitável, tampouco a evitaram os do tratado de paz, e os construtores da paz tinham sofrido imerecida pressão. Como os generais antes deles, eles sentiam que estavam em circunstâncias sem precedentes, mas o acordo que haviam construído era mais flexível que o que seus críticos reconheciam, e podia ter acomodado uma reconciliação duradoura com o novo regime republicano na Alemanha ou assegurar que ela continuaria militarmente inofensiva. A real tragédia dos anos de guerra foi que o tratado não conseguiu nenhuma das duas coisas, com o resultado que, em 1939, a Grã-Bretanha e a França tiveram que assumir a tarefa que haviam abandonado em 1918, e em circunstâncias muito menos favoráveis.

A principal razão para essa tragédia não foi que os termos do tratado eram impraticáveis ou injustos. Tampouco faltava aos Aliados a adequada força militar. O problema fundamental era sua desunião, que já estava evidente durante o processo de definição da paz e que os desacordos quanto aos termos do tratado exacerbaram. A Rússia, o Japão e a Itália tornaram-se mais ou menos distantes das potências do Atlântico, e os Estados Unidos, a França e a Grã-Bretanha atingiram os limites de cooperação. Um modelo de desunião que surgiu contrastava nitidamente com a coesão dos tempos de guerra da coalizão contra a Alemanha, e essa desunião deu a Hitler sua grande oportunidade.

A Rússia, o Japão e a Itália deviam ser considerados, em primeiro lugar, pois seu relativo desligamento significava que os Estados Unidos, a França e a Grã-Bretanha dominavam o processo de paz. Os legados da guerra na Rússia incluíam tanto o regime bolchevique quanto a intervenção dos Aliados. Esta última começou como uma extensão da luta contra Berlim, mas prosseguiu muito depois dos armistícios e depois que a Alemanha tinha evacuado os antigos territórios czaristas. Os vitoriosos avançaram em parte porque ainda temiam uma aliança entre Alemanha e Rússia, embora, na verdade, o governo revolucionário alemão rejeitasse as investidas de Moscou, voltando-se para Washington em busca de alimentos e ajuda diplomática. Contudo, outras considerações também entraram em ação. O exército japonês queria ficar com o controle do leste da Sibéria. Lloyd George queria retirar as forças britânicas, mas estava impedido por seu gabinete antibolchevique e por seu senso de obrigação para com os oponentes de Lênin, os Brancos. Além disso, os britânicos esperavam enfraquecer a Rússia permanentemente como potencial rival, desligando-a de suas províncias na Europa Oriental, no Báltico e no Cáucaso. Finalmente, Clemenceau, o maior oponente ideológico dos líderes Aliados ao regime soviético, enviou uma expedição a Odessa, na esperança de salvaguardar os investimentos franceses na Ucrânia e substituir os alemães como potência protetora na região. A essa altura, estava mais que óbvio que os bolcheviques venceriam a guerra civil russa, com os avanços dos Vermelhos na campanha de inverno sendo compensados pelos sucessos dos Brancos a cada verão. Durante a conferência de paz, os Aliados, portanto, tentaram, sem muita convicção, negociar com Moscou, mas então apostaram na vitória dos Brancos, deslocando-se de uma posição ostensivamente imparcial para a de explicitamente antibolchevique.[4] Em janeiro de 1919, propuseram uma conferência na ilha de Prinkipo, no mar de Mármara, entre todas as facções russas. Os soviéticos concordaram em participar, oferecendo-se para lidar com as dívidas externas da Rússia e reprimir a subversão nos países aliados, mas os Brancos, discretamente incentivados pelos franceses, rejeitaram o convite. Em março, os bolcheviques tornaram a se oferecer para negociar se os Aliados retirassem suas forças e parassem de auxiliar os Brancos, mas, em vez disso, o Conselho dos Quatro endossou um plano americano para uma comissão neutra sob a presidência do explorador norueguês Fridtjof Nansen, que distribuiria alimentos com a condição de que um cessar-fogo fosse observado, e que os americanos controlassem as ferrovias russas, o que foi rejeitado pelos bolcheviques. Por fim, os líderes aliados deram, em maio, reconhecimento condicional ao governo Branco do almirante Kolchak, baseado em Omsk, prometendo ajudá-lo a estabelecer um regime totalmente russo. Apesar da enorme contribuição da Rússia para a derrota da Alemanha, ela seria excluída da paz.

A impressão de uma oportunidade perdida não devia ser exagerada. Os líderes dos Aliados teriam que enfrentar enormes dificuldades para conseguir ratificação parlamentar para um tratado de paz com o regime bolchevique, que amplos setores de sua opinião pública condenavam por ter assinado o Tratado de Brest-Litovsk, expropriado investimentos estrangeiros, atropelado as liberdades civis e assassinado o czar. Além disso, a disposição de Lênin para conversar era puramente tática. Ele se opunha a um cessar-fogo permanente, tencionando acertar contas com os Brancos. Ele via vantagens num "segundo Brest" – uma trégua com os Aliados enquanto vencia a guerra civil –, mas permanecia comprometido com a revolução mundial. Até meados da década de 1920, os bolcheviques viam a exportação do socialismo para a Europa Central como a melhor salvaguarda para sua sobrevivência e queriam estabelecer partidos comunistas nos países ocidentais e fomentar a revolução em suas colônias. Pouco provável que os líderes soviéticos fossem atraídos para um novo cerco da Alemanha. Mas tampouco seria provável que eles fossem derrotados, embora Sonnino, Foch e Churchill, entre outros, defendessem a tentativa de fazê-lo. Durante 1919, o Exército Vermelho expandiu-se para mais de 3 milhões de homens, e os obstáculos logísticos e políticos a uma operação contra ele eram imensos. As tropas britânicas em Folkestone se amotinaram contra serem enviadas à Rússia, e depois que os marinheiros franceses da Frota do Mar Negro igualmente se amotinaram, Clemenceau teve que cancelar a operação Odessa. Os conscritos que se mostraram dispostos a lutar contra a Alemanha, e mesmo a permanecerem mobilizados até que a paz fosse assinada, não tinham a menor intenção de serem despachados a um novo e remoto palco de ação, e de qualquer modo os governos aliados estavam com dificuldades financeiras para enviá-los. Assim, os Aliados limitaram-se a enviar a Kolchak voluntários, treinadores e munições, ao custo de aprofundar seu estranhamento com Moscou. Finalmente, no inverno de 1919-20, quando a guerra civil inclinou-se decisivamente em favor de Lênin, os Aliados desligaram-se dos Brancos e restringiram sua ajuda aos Estados recém-independentes nas bordas da Rússia. Os soviéticos reconquistaram o Cáucaso e a maior parte da Ucrânia, mas os estados bálticos e a Finlândia mantiveram sua independência, da mesma forma que a Polônia, que, com ajuda francesa, repeliu a invasão e tomou extensos territórios russos na guerra soviético-polonesa de 1919-21. Nesse ínterim, a Romênia invadiu a província russa da Bessarábia. Com os soviéticos detidos na Europa, mas tendo que reconquistar, em outras partes, os territórios czaristas anteriores a 1914, suas fronteiras foram estabelecidas durante o restante dos anos entre as duas grandes guerras. A União Soviética permaneceu uma potência insatisfeita, não mais compartilhando a fronteira com a Alemanha; em vez disso, o novo estado da Polônia se punha entre os dois países, e a hostilidade contra ela uniu os dois.

* * *

As decisões da conferência de paz também impediram a cooperação entre os países ocidentais e Tóquio. Talvez ainda mais que os Estados Unidos, o Japão lucrou com sua entrada na guerra. O país conseguiu um superávit de pagamentos e se tornou um credor internacional. Os japoneses haviam capturado as ilhas alemãs do Pacífico Norte e a base de Qingdao na província de Shandong, enquanto os europeus se preocupavam em fortalecer sua posição na China. No começo da conferência de paz, o Japão recebeu igual representatividade como grande potência. Contudo, não foi incluído no Conselho dos Quatro, e sua influência confinou-se a partes da Ásia e do Pacífico. Reconhecidamente, o governo japonês aspirava a pouco mais que isso. Ele via como seu interesse primário consolidar sua predominância regional, e instruiu seus delegados a tomar a iniciativa apenas em assuntos diretamente ligados aos interesses do Japão.[5] Havia uma exceção a essa generalização, sob a forma da proposta japonesa de uma chamada "cláusula da igualdade racial" no acordo da Liga das Nações; uma provisão não discriminatória que aprovava o "princípio de igualdade das nações e o justo tratamento de seus cidadãos". Na verdade, os japoneses estavam apenas pedindo uma declaração geral, e não medidas completas. Mesmo assim, na conferência da comissão da Liga das Nações, 11 dos 16 países representados votaram pela emenda, mas a Grã-Bretanha e os Estados Unidos se abstiveram, e Wilson, como presidente, decretou que, na ausência de unanimidade, a emenda estava anulada. As manifestações mais exaltadas vieram de Hugues, o premiê australiano, mas Lloyd George e Wilson deixaram que ele tomasse a iniciativa porque a unidade imperial britânica poderia estar ameaçada a menos que a Austrália e a Nova Zelândia mantivessem o direito de excluir os imigrantes japoneses, e porque o Senado americano poderia rejeitar o acordo se os Estados da costa do Pacífico fossem proibidos de discriminação contra eles. O episódio criou a impressão de que o Japão era suficientemente bom para que se lhe fosse pedida ajuda, embora não suficiente bom para ser reconhecido como igual. Além disso, embora o país fosse autorizado a manter o controle sobre as ilhas alemãs do Pacífico Norte, assim agiria como "mandatário" da Liga, sob supervisão internacional nominal, ficando proibido de fortificá-las. Os ostensivos parceiros do Japão evidentemente procuravam contê-lo.

Contudo, a maior discórdia com Tóquio na conferência dizia respeito a Shandong. Os japoneses queriam que os direitos dos alemães sobre Shandong fossem incondicionalmente transferidos para eles, afirmando que pretendiam devolvê-lo à China, mas por meio de negociações bilaterais (em que teriam uma posição muito mais forte). Os chineses queriam reconquistar a completa soberania sobre a província imediatamente. Os britânicos, franceses e italianos haviam endossado as pretensões do Japão em acordos secretos concluídos em 1917, e Wilson se viu sozinho em sua oposição a eles.

Quando a questão foi levantada, em abril de 1919, ele julgou que os japoneses sairiam em sinal de protesto, em vez de abdicar. A pressão econômica sobre eles seria ineficiente, e ele avaliou – corretamente – que a opinião pública americana não apoiaria uma guerra. Lloyd George opôs-se a uma renúncia geral de todas as esferas estrangeiras de interesse na China, de modo que esta alternativa foi ignorada. Para manter os japoneses na conferência de paz e na Liga das Nações, Wilson concordou, depois de muita reflexão, com um compromisso que, na essência, dava-lhes o que eles queriam, transferindo-lhes os direitos da Alemanha, com o acerto de que eles devolveriam o território arrendado à China quando os Estados Unidos desejassem. A imprensa americana denunciou o acordo, o que eventualmente se tornou motivo pelo qual o Senado depois se recusou a ratificar o Tratado de Versalhes, e os Estados Unidos ficaram fora da Liga. Para o Japão o acordo tampouco significou sucesso: os chineses também se recusaram a aprová-lo, e quando os termos foram publicados na China, desencadearam o Movimento de Quatro de Maio, um protesto comandado por estudantes que fizeram demonstrações e boicotaram produtos japoneses. O ressentimento revigorou o orgulho nacional dos chineses que, durante a década de 1920, resistiram ferozmente aos enclaves imperialistas. Contudo, inicialmente o efeito da guerra na Ásia Oriental foi consolidar a posição do Japão e deixar que ele precisasse ainda menos de aliados.

* * *

Os paralelos entre a situação do Japão e a da Itália foram reconhecidos na época.[6] Um dos motivos da atitude conciliatória de Wilson com Tóquio foi que, em abril de 1919, ele enfrentou, simultaneamente, um confronto com Roma. Como os japoneses, os italianos terminaram a guerra numa posição regional mais forte, com a militarmente superior Áustria-Hungria, de mais de 50 milhões de pessoas, sendo substituída em sua fronteira norte por uma residual Áustria germânica e o internamente dividido Reino dos Eslavos do Sul, com 12 milhões de habitantes. A guerra havia eliminado seu velho pesadelo de segurança de maneira mais permanente do que quebrou a ameaça alemã às fronteiras orientais da França e a ameaça russa às da Alemanha. Também como os japoneses, os italianos tiveram o apoio britânico e francês às suas exigências (no Tratado de Londres de 1915), e embora ainda precisassem de ajuda econômica, não eram mais militarmente dependentes de seus parceiros. De qualquer modo, Orlando não gerenciou bem o que devia ter sido uma posição favorável de negociação, essencialmente tentando abranger uma vasta gama de posições domésticas. Quando seus ministros discutiram suas exigências antes da conferência de paz, Sonnino desejou se ater ao tratado de 1915. Ele via os eslavos do sul como a principal ameaça, com a França vindo em segundo lugar. Em contraste, Diaz estava disposto a abrir mão da Dalmácia, que ele via como uma responsabilidade indefensável, mas a marinha ainda insistia nisso. Nesse ínterim, o conselho da cidade de Fiume, na costa ístria, que tinha uma pequena maioria italiana (mas não se seus subúrbios fossem incluídos), tinha votado pela união com a Itália. O Tratado de Londres não destinara Fiume à Itália, mas o apoio à sua anexação uniu a opinião pública italiana, dos progressistas aos nacionalistas antieslavos. Orlando estava determinado a manter seu governo intato e a evitar as renúncias unilaterais, com o resultado de que, na conferência de paz, os italianos reclamaram Fiume em adição à linha do Tratado de Londres no Trentino, Ístria e Dalmácia, assim incluindo não apenas 230 mil austríacos de fala alemã, mas um número ainda maior de eslovacos e croatas. Ao basear suas demandas em uma combinação inconsistente de autodeterminação, necessidade de segurança e direitos de tratados, os italianos criaram desnecessariamente uma frente unida contra eles.

Os britânicos e os franceses aceitaram que estavam atados ao Tratado de Londres. Entretanto, quando Orlando exigiu também Fiume, Lloyd George e Clemenceau se alinharam com Wilson. Nos 14 Pontos, Wilson havia dito que os italianos só receberiam território etnicamente italiano. Ele estava disposto a aceitar seu pedido com base na estratégia para uma fronteira norte no Passo de Brenner. Também estava disposto a desmilitarizar a Dalmácia, internacionalizar Fiume e oferecer-lhes um pacto de garantia. Mas ele não assinara o Tratado de Londres e não cederia Fiume de pronto, enquanto, apesar de Orlando poder considerar concessões quanto à Dalmácia, ele corria o risco (pelo menos, era o que afirmava) de revolução se voltasse sem Fiume. Como Lloyd George mais tarde comentou, era absurdo que a cidade tivesse provocado uma disputa tão amarga, mas Wilson a via como um teste para a autodeterminação. A justificativa dos italianos era medíocre, eles estavam diplomaticamente isolados, ele não incentivava empréstimos americanos a eles e recebera a informação de que a opinião pública italiana não apoiava o governo. Assim, ele lançou um manifesto público em 23 de abril, e os italianos, que se sentiram lesados, abandonaram Paris. Mas, embora sua recepção em Roma fosse entusiasmada, o gesto não resultou em nada e prejudicou seus interesses na negociação. Em sua ausência, foram excluídos de um compartilhamento das colônias alemãs, e os Aliados permitiram que a Grécia ocupasse o distrito de Esmirna (Izmir), na Ásia Menor, que o acordo de Saint-Jean-de-Maurienne, de 1917, havia destinado à Itália. Em maio, Orlando voltou, mas o impasse persistia. Em setembro, um exército particular, sob o comando do poeta e agitador nacionalista Gabriele d'Annunzio, ocupou Fiume e ali ficou por um ano. Por fim, por dois tratados assinados com o novo Reino dos Eslavos do Sul, em 1920 e 1924, a Itália anexou a cidade, enquanto o restante da Ístria foi repartido mais ou menos ao longo da fronteira estabelecida pelo Tratado de Londres. Entretanto, o tumulto com relação a Fiume obscureceu os reais acontecimentos da finalização de sua unificação nacional e de sua segurança estratégica, provocando a queixa de que sua vitória tinha, segundo d'Annunzio, sido "mutilada". Embora seja exagero afirmar que a disputa levou Mussolini ao poder em 1922, ela certamente o ajudou e reforçou as desconfianças da Itália com relação à França e à Grã-Bretanha como inimigos potenciais. Mesmo sob Mussolini, a Itália não foi perdida com o parceiro na contenção da Alemanha e na imposição do Tratado de Versalhes, mas não foi um parceiro consistente ou confiável.

* * *

A Rússia soviética foi excluída dos conselhos dos Aliados, com o Japão se confinando cada vez mais a seus interesses regionais, no que foi seguido pela Itália, bem como se ausentando num momento crucial. O acordo de Versalhes com a Alemanha na Europa foi, portanto, um produto francês, britânico e americano. Embora as relações entre Clemenceau, Lloyd George e Wilson estivessem próximas de um rompimento durante a conferência de paz, os três estadistas sentiam-se compelidos a manter a unidade mesmo ao preço de dolorosas concessões. Contudo, quase no momento em que o tratado foi assinado, seus países se afastaram. Seus termos, na Alemanha e nos países anglo-saxônicos, foram vistos como severos demais, e na França, como demasiado lenientes. Na verdade, era uma acomodação entre conceitos profundamente opostos. O espaço para a controvérsia existia não apenas devido às contrastantes experiências históricas e às localizações geográficas de Paris, Londres e Washington, mas também por causa da imprevisibilidade das condições políticas pela Europa e não menos na própria Alemanha. Pelo menos temporariamente, o país estava prostrado. Seu exército estava quase desmobilizado em janeiro[7] e o país entregou vastas quantidades de equipamento, enquanto a marinha – seguindo a previsão do armistício de que iria para um porto aliado se nenhum porto neutro pudesse ser encontrado – estava em custódia em Scapa Flow. O bloqueio foi mantido estritamente até março, mostrando-se mais indulgente até julho, talvez provocando a morte de um quarto de milhão de civis. As tropas aliadas tomaram as cabeças de ponte do Reno, e Frankfurt e o Ruhr ficaram sem defesa. Contudo, a revolução de 1918 havia sido detida no meio, removendo Ludendorff e Guilherme II, mas deixando intatos o corpo de oficiais da Alemanha Imperial, bem como sua burocracia, seu judiciário e as elites acadêmica e econômica. Enquanto o governo dominado pelo SPD temia um golpe extremista como na Rússia, a extrema esquerda queria que a revolução se radicalizasse. Em janeiro, as eleições fizeram voltar uma assembleia constituinte, que rascunhou a constituição do que se tornou a República de Weimar, mas, no mesmo mês, o governo recrutou forças paramilitares, os Freikorps, e esmagou um levante da esquerda em Berlim, e em março um governo comunista assumiu brevemente o controle em Munique. Parecia possível tanto uma volta a um governo militarista autoritário quanto uma tomada de poder pró-bolchevique, enquanto as agitações separatistas na Baviera e na Renânia punham em dúvida a unidade nacional alemã. Assim, enquanto Clemenceau insistia que a Alemanha continuava a ser uma ameaça potencial a despeito da criação de um regime republicano, Lloyd George advertia que a excessiva severidade poderia levá-la a uma revolução vermelha.

A questão fundamental para os construtores da paz era o equilíbrio entre coerção e conciliação. Contudo, Wilson e Lloyd George afirmavam que o tratado de paz não deveria se ocupar simplesmente da "questão alemã", mas também conseguir a "justiça" num sentido mais universal. Ele deveria garantir a restituição e a compensação pelos crimes de guerra do inimigo e limitar os ganhos dos vencedores ao que uma opinião progressiva e humanitária considerasse razoável.

Orientar o debate nesse sentido significou abrir a caixa de Pandora e expor o tratado a um ataque dos alemães e dos liberais anglo-americanos do qual sua reputação nunca se recuperou. Comentaristas entre guerras, como Keynes e Harold Nicolson, na Grã-Bretanha, e Ray Stannard Baker (provavelmente o mais íntimo confidente de Wilson em Paris), nos Estados Unidos, descreveram a conferência de paz como uma luta cósmica entre as cínicas tradições europeias de política de poder e a promessa de uma ordem internacional mais iluminada. Segundo esse raciocínio, a derrota de Wilson nas negociações foi o principal motivo dos defeitos do Tratado de Versalhes, os alemães, da mesma forma, contestavam que os 14 Pontos e o "contrato do armistício" haviam sido traídos.[8]

Sem dúvida, é verdade que Wilson se comprometeu com seu programa de paz, embora acreditar que isso enfraqueceu o tratado seja questionável. O acordo político que acompanhou o armistício tinha sido um tremendo sucesso para ele, mas o presidente estava em má posição para prosseguir com ele, em parte devido à sua vulnerabilidade nos Estados Unidos. Ele travou uma campanha desnecessariamente partidária nas eleições de meio de mandato no outono de 1918, o que, longe de endossar sua liderança (como ele solicitara), resultou em uma maioria no Senado para seus oponentes republicanos. Henry Cabot Lodge, um inveterado crítico do presidente, assumiu a presidência do Comitê de Relações Exteriores do Senado e, portanto, ficou responsável pela supervisão do escrutínio congressista dos tratados de paz. Wilson sabia que a opinião pública americana estava ficando mais nacionalista, mas ele desejava desafiar o espírito prevalecente e argumentar que o interesse dos Estados Unidos estava num mundo mais pacífico, por meio do ativo engajamento político e da participação como membro da Liga das Nações. Contudo, ele subestimou os obstáculos que encontraria internamente, como subestimou os da conferência de paz. De fato, durante a viagem de

Wilson à Europa, seus companheiros perceberam que ele tinha apenas uma vaga ideia do que queria. Com certeza a Liga das Nações era de suma importância: ele insistia que ela fosse tratada com prioridade e estivesse inserida no tratado com a Alemanha, para impedir o Senado (coisa que nunca falhara na ratificação de um tratado de paz) de rejeitá-la. Depois que se aceitou a Liga, ele esperava que o senso de insegurança na Europa diminuísse, permitindo que as disputas territoriais fossem discutidas sem paixão. Porém, até no referente à Liga, suas propostas eram contraditórias e vagas, e nas questões remanescentes na conferência ele imaginava que o papel dos Estados Unidos, como "a nação mais desinteressada do mundo", seria julgar as pretensões dos outros. Por implicação, ele ficaria dependente em muito dos especialistas acadêmicos e técnicos que trouxera com ele, aspirando a uma paz "científica" baseada em "fatos".[9] Com certeza, o presidente tinha seus discursos como mapa rodoviário, mas eles pouco podiam ajudá-lo nos detalhes. Em assuntos econômicos, ele visava ao rápido abandono dos controles governamentais sobre o comércio internacional e a uma reconstrução europeia baseada principalmente na iniciada privada; quanto à Alemanha, cujas credenciais democráticas o deixavam cético, ele procurou um intervalo penitencial de restrições a seu comportamento, para testar sua boa-fé antes de ser readmitida na comunidade mundial. A princípio, ela não poderia entrar na Liga.[10] Sua abordagem era empírica, e ele visava a posteriores ajustes no tratado sob os auspícios da Liga. Contudo, ele era claro em seu desejo de manter distância dos governos dos Aliados europeus, que, dizia ele a seus especialistas, não representavam seus povos. Se necessário, ele apelaria para sua opinião pública e aplicaria pressão econômica para dobrá-los segundo sua vontade.

Dito isso, o presidente americano foi indiscutivelmente o mais bem-sucedido na primeira fase da conferência, quando formou parceria com a Grã-Bretanha para estabelecer a Liga.[11] Embora Wilson não confiasse na Grã-Bretanha – bem como nos outros Aliados –, Lloyd George e a maioria do gabinete britânico preferiam trabalhar com os americanos, e não com os franceses, na esperança de que, cooperando com a Liga das Nações, a Grã-Bretanha conseguiria defender seus interesses em outros assuntos. Assim, os britânicos concordaram que a Liga deveria liderar a agenda da conferência e apoiaram Wilson contra a cláusula japonesa de igualdade racial e contra as propostas francesas de uma Liga que daria continuidade de fato à aliança dos tempos de guerra, equipada com maquinário para policiar o desarmamento alemão e comitês de estados-maiores para definir planos militares. O acordo resultante (e que se apresenta nos artigos de abertura de cada tratado de paz) incorporava um princípio wilsoniano chave: uma garantia geral da independência e integridade de todos os membros. Mas da delegação do Império Britânico na conferência (principalmente

Jan Christian Smuts e Lorde Robert Cecil) Wilson tomou emprestado a estrutura de assembleia para a Liga, um conselho (dominado pelas grandes potências) e um secretariado; a ideia de que os Aliados administrariam as antigas colônias do inimigo como "mandatos" da Liga; e os procedimentos da Liga para o acerto pacífico de disputas. Pelos Artigos XII-XVI do acordo, membros em disputa aceitariam um período de recesso, submeteriam suas diferenças à arbitragem, um acordo judicial ou investigação por parte do Conselho, sem partir para a guerra até três meses depois da divulgação do julgamento ou da recomendação. Se todas as partes do Conselho (que não o contestante) fossem unânimes, os membros não poderiam iniciar as hostilidades; se uma parte ignorasse esses procedimentos, o Conselho poderia solicitar a todos os membros que aplicassem sanções econômicas e, se necessário, recomendar-lhes o uso da força. A pressuposição subjacente, emprestada por Wilson e pelos entusiastas britânicos da Liga de um pensamento da época da guerra de grupos internacionalistas, era que a opinião pública poderia impedir que os governos fossem à guerra – e se o ataque rápido e secreto fosse prescrito, a guerra só seria possível em circunstâncias que tornassem muito improvável que uma potência embarcasse nela. Contudo, essa pressuposição era difícil de conciliar com a evidência (reconhecida em outra parte do Tratado de Versalhes) de que a guerra de 1914 tinha sido causada pela deliberada agressão das Potências Centrais. Ela colocava muita fé na democracia e nas sanções econômicas, bem como nos Estados aceitando de boa vontade um período de reflexão. Além disso, o acordo incorporava um potencial conflito entre a preocupação britânica de reforçar os procedimentos da resolução de disputas do Concerto da Europa, datado de antes de 1914, (que permitia a mudança não violenta) e a insistência de Wilson de uma garantia geral do *status quo*, um *status quo* que a conferência estava modificando para vantagem dos Aliados. A Liga pode parecer, retrospectivamente, um dos mais surpreendentes legados da guerra, mas seus fundadores tinham ideias conflitantes sobre como ela deveria operar, e seu propósito era, em parte, meramente instrumental: Wilson esperava que ela criasse um clima construtivo para a negociação, e os britânicos a exploraram na esperança de manipulá-lo.[12]

O governo britânico também precisava da Liga para satisfazer ao clamor público em favor desse tipo de instituição. Todos os principais partidos políticos e a maioria da imprensa apoiavam a ideia, bem como o principal grupo de pressão internacional, a União da Liga das Nações. Contudo, em outros aspectos a pressão doméstica sobre Lloyd George era bem menos idealista. Antes da eleição geral de dezembro de 1918, o primeiro-ministro e os membros liberais do parlamento que o apoiaram concordaram com os unionistas em fazer campanha sobre uma plataforma comum, assim possibilitando que o governo de coalizão continuasse sob sua liderança e deixando os liberais de Asquith na geladeira. O acordo aprofundou o abismo liberal, mas a coalizão ganhou maciça maioria, com os trabalhistas se tornando a maior força de oposição. Contudo, contra o desejo de Lloyd George, mas atiçada pela imprensa de Northcliffe, a campanha se transformou na mais xenófoba da história política britânica, e a principal questão da política externa não era a Liga das Nações, mas a obtenção dos reparos e a punição dos criminosos de guerra. De volta ao governo com um partido unionista fortalecido por trás dele, Lloyd George teve que se ocupar desses aspectos do acordo com a Alemanha cautelosamente, embora tivesse mais liberdade de movimento para tratar das questões territoriais e de segurança.

Na verdade, o armistício já tinha satisfeito muitos dos principais objetivos britânicos: a Alemanha fora expulsa da Bélgica; boa parte da Frota do Alto-Mar e todos os U-Boats estavam apreendidos; a maioria das colônias da Alemanha, a Palestina e a Mesopotâmia estavam sob ocupação britânica. Embora, na época do armistício, Wilson tivesse se reservado o direito de reabrir seu desafio ao direito britânico ao bloqueio, na verdade ele esqueceu o assunto. Além disso, o permanente controle aliado das ex-colônias da Alemanha foi logo assegurado pelas negociações de Paris, sob as prescrições mandatárias do acordo. Os territórios envolvidos seriam governados diretamente por mandatários, sujeitos apenas a relatórios periódicos à Liga, a restrições sobre a militarização (sendo o alistamento permitido apenas em caso de defesa) e a outros países gozando de igual acesso ao comércio. Um acordo de implementação confirmou os acertos dos tempos de guerra de que as ilhas alemãs do Pacífico Norte ficariam sob as ordens do Japão, e as do Pacífico Sul, da Austrália e da Nova Zelândia. A África Ocidental Alemã (ou seja, as colônias alemãs no sudoeste da África) ficou com a África do Sul; a África Oriental Alemã foi dividida entre a Grã-Bretanha (com esta última assumindo o mandato de Ruanda-Urundi); e a Grã-Bretanha e a França dividiram Togo e Camarões. Wilson queria que a Alemanha perdesse suas colônias, e embora proibisse sua anexação formal pelos Aliados, acabou por determinar algo muito similar.[13] Entre os remanescentes pontos de discórdia entre a Grã-Bretanha e os Estados Unidos, dois foram resolvidos em abril. A essa altura, Wilson tinha voltado de sua visita a Washington em fevereiro, onde ele havia encontrado uma crescente oposição. Um Round Robin assinado por 39 senadores (suficientes para o exercício do veto) declarou o rascunho do acordo inaceitável. Para convencê-los, Wilson conseguiu o apoio britânico para uma emenda ao acordo, especificando que a Liga respeitaria a tradicional exclusão dos Estados Unidos de outras potências da América Latina sob a Doutrina Monroe do século XIX. Em troca disso, explícita ou implicitamente, o presidente fez duas concessões. Uma foi o julgamento dos criminosos de guerra, sobre o qual Lloyd George e Clemenceau haviam insistido, mas que os americanos protelaram, em parte porque hesitavam em estabelecer um precedente legal para essa intrusão na soberania. Contudo, finalmente Wilson concordou com o que se transformou nos Artigos 227 a 230 do tratado, providenciando para que os suspeitos fossem julgados por tribunais militares, e que o próprio Guilherme fosse acusado diante de um painel de juízes dos Aliados se os holandeses o liberassem.[14] Segundo, Wilson concordou com um acordo naval, abandonando um novo programa de construção que ele havia submetido ao Congresso em 1918. Entretanto, era improvável que o Congresso aprovasse a verba para ele, e a administração pretendia implementar seu antigo programa de 1916, dando assim aos Estados Unidos uma esquadra comparável em qualidade e tamanho à da Grã-Bretanha. O que era sinal de que a rivalidade anglo-americana, que havia persistido até durante a guerra, agora estava voltando à tona.[15] Wilson pouco se dava com Lloyd George pessoalmente, e depois que o acordo foi finalizado, as duas delegações não mais coordenaram táticas. Sua desunião permitiu que Clemenceau assumisse a liderança.

Na verdade, com relação às cláusulas financeiras do tratado, os britânicos se viram mais próximos dos franceses que dos americanos. Nenhuma seção do tratado provocaria maior controvérsia e mais críticas que seu capítulo sobre as reparações. Contudo, ele se notabilizou por suas omissões e por ficar em aberto. O Artigo 231, que ficou famoso como a "cláusula da culpa da guerra", afirmava a responsabilidade das Potências Centrais por todas as perdas e danos causados por sua agressão contra os Estados Unidos e os Aliados. O artigo 232, contudo, imediatamente o qualificava, aceitando que elas não podiam pagar todo o custo da guerra e limitando efetivamente sua responsabilidade à reparação por dano à propriedade e reembolso das pensões de guerra. Nesse ínterim, a Alemanha devia pagar o equivalente a 20 bilhões de marcos em ouro (valores de 1914), em espécie, mas nem a total responsabilidade nem a distribuição de rateios entre os Aliados foram especificados, sendo deixados para uma especificação antes de 1º de maio de 1921 por uma Comissão de Reparação interaliada.[16]

As forças condutoras por trás das cláusulas de reparações eram emocionais e também financeiras. Havia precedentes para a imposição de pagamentos aos derrotados (principalmente a indenização paga pela França à Alemanha depois de 1871), mas nunca antes as somas haviam sido tão elevadas. A França e a Grã-Bretanha, os principais reclamantes, terminaram a guerra com enormes déficits em seus orçamentos e empréstimos a serem pagos a seus cidadãos e ao estrangeiro. Elas também enfrentavam os custos das pensões de guerra e (no caso da França) gastos gigantescos com a reconstrução. Como ambas entendessem que esses custos haviam sido impostos pela agressão inimiga, a questão não era apenas evitar drásticos aumentos de impostos ou cortes nos gastos públicos; era também simples justiça que a Alemanha pagasse pelo dano que havia feito. Realmente, de acordo com a maneira de pensar dos britânicos, as reparações (como o julgamento dos criminosos de guerra) evitariam essas aventuras no futuro. Além disso, sem as reparações, a Alemanha poderia gozar de uma vantagem injusta. Como foi dito à delegação do Império Britânico na conferência de Paris, a Alemanha *devia* pagar, ou o que aconteceria com a França? Apesar dessas considerações, durante a guerra, a Câmara de Comércio Britânica e o ministro do Comércio francês tinham pensado em fazer exigências moderadas. Os funcionários britânicos queriam proteger a Alemanha como parceiro comercial; Clémentel e seus conselheiros previram que grandes transferências de dinheiro podiam acelerar a inflação e tornar os produtos franceses pouco competitivos. Contudo, depois do armistício, a atmosfera quente da eleição de dezembro levou Lloyd George a assumir uma posição mais intransigente, bem como a pressão dos Domínios (e particularmente de Hughes) por extravagantes exigências para garantir que recebessem uma soma substancial. Além disso, tanto os britânicos quanto os franceses tinham esperança de que os americanos perdoassem seus empréstimos dos tempos de guerra. Mas Wilson e seus conselheiros (embora favoráveis a uma moratória dos pagamentos) descartaram o cancelamento, devido às preocupações de que o Congresso objetasse e devido aos fardos fiscais dos próprios Estados Unidos.[17] Eles também insistiram no desmantelamento dos controles dos tempos de guerra sobre os embarques entre os Aliados e sobre os produtos importados, para a tristeza dos franceses, que haviam esperado, por meio desse mecanismo, manter a Alemanha em rédea curta e garantir matéria-prima barata para a reconstrução. Assim, Clemenceau autorizou seu ministro das Finanças, Louis-Lucien Klotz, a exigir não apenas reparações, mas também os custos totais da guerra, e até o reembolso com juros da indenização de 1871. Essa era uma atitude de negociação destinada a impressionar os americanos, e não para ser levada a sério. Mas mesmo se Washington tivesse sido mais conciliador, a França e a Grã-Bretanha ainda teriam exigido reparações. Não havia outra questão – nem mesmo a segurança militar – que pusesse Lloyd George e Clemenceau sob maior pressão de seus fronts domésticos.

Em contrapartida, os conselheiros econômicos de Wilson (que incluíam advogados e financistas de Wall Street) queriam que a Alemanha pagasse uma soma modesta, que seria prontamente determinada e declarada no tratado. Eles assumiram esta linha não apenas porque os pedidos de reparação dos Estados Unidos eram pequenos, mas também porque tinham em vista uma reconstrução da Europa financiada por empréstimos privados americanos, o que era impraticável enquanto os compromissos da Alemanha (e, portanto, dos Aliados) permanecessem incertos. Os discursos de Wilson durante a guerra haviam condenado as "indenizações", e o acordo do armistício havia limitado as reparações ao dano físico nos territórios invadidos. Assim, os americanos acreditavam que tinham uma sólida base moral, legal e prática para resistir às exigências de que a

Alemanha devia compensar os gastos de guerra dos Aliados. Como os franceses e os britânicos provavelmente soubessem que essas exigências eram irrealistas, eles rapidamente abriram mão delas no compromisso incorporado pelos artigos 231 e 232, que asseveravam o princípio do total compromisso da Alemanha, mas o qualificavam imediatamente. Embora os líderes aliados estivessem convencidos de que a Alemanha tivesse sido culpada pela agressão, eles não tinham a intenção de que essa inserção fosse provocativa: ela se tornou contenciosa apenas quando o esboço do tratado foi entregue, e os alemães o questionaram de imediato. Contudo, fora este sucesso quanto aos custos da guerra, os americanos pouco avançaram. Em discussões especializadas sobre a capacidade de pagamento da Alemanha, os franceses estavam mais próximos dos americanos que dos britânicos, cujos representantes, Lordes Summer e Cunliffe, exigiam muito mais do que Lloyd George achava factível. Mas o primeiro-ministro, embora rejeitasse os extremistas na Câmara dos Comuns, dando a impressão de ser moderado, aumentou a obrigação da Alemanha para aproximadamente o dobro do que era previsto nos 14 Pontos, insistindo em incluir as pensões de guerra – com o que Wilson consentiu, contra o conselho dos especialistas e em um de seus afastamentos mais flagrantes do acordo do armistício. Não apenas isso, mas o coronel House (quando substituía seu chefe doente) concordou que não haveria limite de tempo para o pagamento de reparações, e que a unanimidade na Comissão de Reparação seria necessária para reduzir a obrigação da Alemanha. Assim, a questão poderia se arrastar por uma geração. Lloyd George provavelmente usou sua influência para acrescentar as pensões para aumentar a porção da Grã-Bretanha do que fosse eventualmente pago; Clemenceau, por outro lado, tinha percebido que uma reparação grande e não especificada poderia se transformar em pretexto para uma prolongada ocupação da Renânia. Por este mecanismo, as providências financeiras, de segurança e territoriais do acordo poderiam se tornar interligadas.

As principais prescrições de segurança do Tratado de Versalhes, além do Acordo da Liga, eram cláusulas que previam o limite de armamentos na Alemanha e a desmilitarização da Renânia, bem como permitiam temporariamente que os Aliados ocupassem a margem esquerda (ocidental) e as cabeças de ponte a leste do rio. Tratados de garantia em separado, nos quais a Grã-Bretanha e os Estados Unidos comprometiam-se a ajudar a França imediatamente contra agressão não provocada, suplementaram essas salvaguardas. Pelas cláusulas territoriais do tratado, a Alemanha devolvia a Alsácia-Lorena à França e cedia Eupen, Malmédy e parte de Moresnet à Bélgica. A França ocuparia o campo carbonífero do Sarre, apossando-se de suas minas e incorporando-o à zona monetária e alfandegária francesa, mas sob supervisão da Liga e realizando um plebiscito depois de 15 anos para definir seu futuro. A Áustria ficava proibida de se unir à Alemanha, e os falantes de alemão dos Sudetos, antes parte da Áustria, foram incorporados ao novo Estado da Checoslováquia. Um "corredor" territorial foi criado para dar acesso ao Báltico à Polônia, dividindo a Prússia Oriental do restante da Alemanha, embora plebiscitos reduzissem a área que a Alemanha cedera à Polônia, como o de 1921 na Alta Silésia, cujo resultado foi que a maior parte da região carbonífera permaneceu alemã. Na costa báltica, o antigo porto alemão de Danzig tornou-se uma cidade livre sob controle da Liga, mas a Polônia controlava suas docas e ferrovias; a Alemanha cedeu Memel à Lituânia, e, depois de outro plebiscito, perdeu Schleswig, ao norte, para a Dinamarca. No todo, a Alemanha perdeu cerca de 13% de sua área e 10% de sua população na Europa[18] (embora os transferidos não fossem etnicamente alemães), além de todas suas possessões no além-mar. As cláusulas de segurança e territoriais baseavam-se num compromisso entre americanos, britânicos e franceses, mas estes últimos assumiram a maior parte da iniciativa das negociações.[19] O pensamento de Wilson não avançara muito além dos 14 Pontos, como ficou claro no memorando Cobb-Lippmann de outubro de 1918.* Como os Estados Unidos não faziam exigências na Europa, ele via seu papel como árbitro entre as outras potências. Em Londres, o Ministério do Exterior compartilhava de parte do idealismo de Wilson com relação à autodeterminação e reconhecia que uma paz que satisfizesse às aspirações nacionais poderia ser mais duradoura. Buscava-se um acordo que não incentivasse nem a xenofobia nem a agitação de inspiração comunista, garantisse um quadro estável para o comércio e tornasse óbvia a necessidade de compromissos militares e de segurança diplomática por parte dos britânicos no continente. Como afirmou Lloyd George, ele não queria criar novas fontes de descontentamento como a Alsácia-Lorena.[20] Mas assim que a Bélgica foi liberada, e a Alemanha foi eliminada como rival colonial e naval, a delegação britânica, como a americana, não tinha um programa de negociações para os arranjos territoriais europeus. As discussões dos tempos de guerra, em Londres, sobre o futuro da Alemanha ficaram inconclusas e vistas com suspeita pelos aliados da Grã-Bretanha. Agora que a Rússia estava no caos e a Alemanha vencida, a tradicional animosidade anglo-francesa rapidamente ressurgiu como influência difusa – e perniciosa – na política britânica. Os franceses não só eram vistos como rivais colonialistas, mas também europeus, com boa parte da delegação britânica, de Lloyd George para baixo, suspeitando de suas ambições imperialistas que pudessem minar uma paz estável e ameaçar a Grã-Bretanha diretamente. Tais considerações colocaram a Grã-Bretanha contra boa parte do programa francês territorial e de segurança. Contudo, Clemenceau, por seu lado, estava determinado a manter a aliança dos tempos de guerra, embora apresentasse exigências similares (e provavelmente influenciado por elas) aos objetivos de guerra do governo Briand, expressas na carta de Cambon e no acordo de Doumergue da pri-

---

*   Ver livro 3 ("As consequências"), cap. 6.

mavera de 1917. A principal pressão doméstica sobre ele vinha do centro e da direita, e o público exigia reparação e segurança, em vez de vingança. Se falhasse, ele corria o risco de um choque com Foch e Poincaré. Contudo, seu prestígio pessoal e seu apoio parlamentar eram tão fortes que ele gozava de considerável discrição e tinha o apoio geral da elite política por seus pedidos de abertura.

André Tardieu, o alto comissário dos tempos de guerra em Washington, alinhavou o programa de paz francês. Os franceses não pediam que a Alemanha ficasse quebrada. Contudo, pediam seu desarmamento e que toda a margem esquerda do Reno fosse separada como estados fantoches, sob ocupação dos Aliados e em união alfandegária com a França. Uma presença militar permanente no Reno protegeria Paris e os Países Baixos contra um ataque surpresa. Os franceses também queriam reconquistar a Alsácia-Lorena com fronteiras expandidas que incluíssem a parte sul do campo carbonífero do Sarre, cujo remanescente se tornaria outro estado satélite francês. Além disso, a França propunha que a Bélgica, a Holanda, a Dinamarca e especialmente a Polônia também recebessem território alemão. Visto em conjunção com as demandas comerciais, financeiras e coloniais da França, o programa representava um esforço concentrado para enfraquecer a Alemanha e reestabelecer o equilíbrio de poder na Europa Ocidental. Assim, como os franceses teriam moderado suas exigências de reparação se os americanos tivessem sido mais acessíveis quanto às dívidas de guerra, em termos de segurança o objetivo-chave de Clemenceau era manter válida a aliança dos tempos de guerra. Quando ele apresentou suas exigências à coletiva de imprensa, não tinha nenhuma garantia do apoio anglo-americano exceto o acordo, que não tinha exequibilidade prática. Ele enfrentou a perspectiva de uma continuação do confronto, privado da aliança russa czarista, com uma Alemanha que lhe parecia continuar agressiva e que ultrapassava a França em população e produção industrial. É claro que ele e seus conselheiros gostaram da retribuição por 1870, esperando ampliar o território e a influência da França, mas suas demandas foram além das necessidades econômicas e de segurança, cuja legitimidade Wilson e Lloyd George reconheciam. Não obstante, nenhum dos dois líderes podia concordar com tudo que Clemenceau pedia. As exigências francesas iam muito além do previsto pelos 14 Pontos. Lloyd George temia que elas tornassem a França desconfortavelmente forte, gerassem constante inquietude e tensão, e incentivassem a Alemanha a se voltar para o bolchevismo. Ele manifestou algumas dessas preocupações em seu Memorando de Fontainebleau em março, um documento que Tardieu refutou com o justificado comentário de que propunha concessões à custa de todos, menos da Grã-Bretanha. Lloyd George e Wilson precisavam de uma concordância com Clemenceau (para integrar a França à Liga das Nações e obter um acordo de paz) tanto quanto ele, mas o processo de acomodação foi árduo.

A base de um eventual compromisso era uma série permanente e drástica de restrições à soberania alemã. Os precedentes do século XIX existiam no tratamento da China e do Império Otomano, mas a Alemanha era uma grande potência europeia. Todos os vencedores concordavam em limitar os armamentos da Alemanha. Por ordem dos britânicos, a Alemanha ficaria proibida de construir submarinos ou possuir mais que seis navios de guerra; os franceses especificaram que ela não teria um Estado-Maior, uma força aérea, gás venenoso ou tanques, e que seu exército se limitaria a uma força conscrita de 200 mil homens. Lloyd George e Wilson concordaram, em vez disso, com uma força voluntária de 100 mil homens, o que significava que a população militarmente treinada acabaria gradativamente, enquanto uma comissão de desarmamento interaliada monitoraria essa aquiescência.[21] Também houve muita disputa quanto à Alsácia-Lorena, cuja restauração – que os franceses insistiam ser realizada sem plebiscito – daria à França mais de 1 milhão de cidadãos extras, além de minério de ferro, metalurgias e uma fronteira parcial com a Renânia. A fronteira norte da Lorena foi onde começou a disputa. Wilson tratava o Sarre como outro caso teste de sua resistência às exigências que excediam os 14 Pontos e violavam a autodeterminação. No início de abril, ele ameaçou abandonar a conferência se tivesse que se submeter a essas exigências. Mas Lloyd George se mostrou menos intransigente e, moderando suas exigências, os franceses amorteceram as diferenças entre os dois homens. Wilson reconheceu a justiça da demanda de Clemenceau pelo carvão, em vista da sabotagem dos alemães às minas do norte da França, e, com relutância, concordou com o controle francês do Sarre sob a supervisão da Liga das Nações. Ele insistiu que o Sarre permanecesse nominalmente na Alemanha, mas Clemenceau e seus conselheiros acreditavam ter conseguido força suficiente para vencer um plebiscito local no prazo de 15 anos.

Em contrapartida, com referência à margem esquerda do Reno, Lloyd George foi tão enfático quanto Wilson na resistência às propostas francesas de estados fantoches independentes, e ainda mais enfáticos ao resistirem a uma ocupação permanente. Desmilitarizar a Renânia (com os alemães proibidos de guarnecê-la, fortificá-la ou conscrever seus habitantes) não foi problemático para ele, mas separá-la da Alemanha foi. Wilson e Lloyd George, portanto, apresentaram, em 14 de março, sua histórica oferta de salvaguarda da França, o que fez com que Clemenceau retirasse seu pedido de estados fantoches. Contudo, Wilson não levou essa garantia particularmente a sério, e Lloyd George a via como um estratagema para romper o impasse.[22] Clemenceau tinha suspeitas justificadas disso e continuou a buscar salvaguardas adicionais. Trabalhando com Wilson e isolando o premiê britânico, ele obteve um acordo de ocupação da

Renânia por 15 anos, com evacuação em intervalos de cinco anos das zonas norte, central e sul, se a Alemanha cumprisse o tratado, mas com a França tendo o direito de prorrogá-lo e até a reocupar a região se a Alemanha resistisse a aquiescer ou se a segurança da França estivesse inadequadamente assegurada. Foi esta cláusula que ligou a segurança às cláusulas financeiras, como Clemenceau confiou a seu gabinete que os alemães não conseguiriam cumprir suas obrigações de reparação, e a França poderia ficar na região indefinidamente, talvez persuadindo os habitantes da Renânia a se unir a ela. Já as autoridades militares francesas estavam isolando as áreas ocupadas do restante da Alemanha e fazendo contato com o movimento autonomista da Renânia. Portanto, Clemenceau tinha uma agenda secreta quando negociou seu projeto de Estado fantoche para uma ocupação temporária e uma garantia anglo-americana, mas ele corretamente previu que o Congresso americano poderia não ratificar a garantia, e por esta razão obteve o direito de uma ocupação mais longa. Dado o afastamento geográfico e a baixa velocidade de mobilização das forças anglo-americanas, insistia ele, e a possibilidade de a Alemanha se esquivar das cláusulas do desarmamento, a França devia temer uma proteção antecipada contra o ataque, bem como a garantia psicológica necessária para reparar seus nervos e confiança. Embora todas as três partes tivessem aberto espaço para a negociação quanto às fronteiras ocidentais da Alemanha, a ausência de uma frente comum anglo-americana permitiu que Clemenceau garantisse muito do que desejava.

De maneira similar, os franceses assumiram a liderança com relação às outras fronteiras da Alemanha. A Grã-Bretanha e os Estados Unidos recusaram as propostas de Tardieu de dar à Holanda algum território em troca de ceder terra à Bélgica, mas as duas potências mostravam-se dispostas a proibir uma união austro-húngara, embora os governos alemão e austríaco favorecessem essa possibilidade. Esta foi uma das mais claras violações da autodeterminação pelos construtores da paz, mas ceder teria isolado a Checoslováquia e aumentado a população alemã em cerca de 7 milhões de pessoas. O tratado permitia que o Conselho da Liga reconsiderasse a proibição, mas isso significava que a França conservaria um direito de veto. Quanto aos Sudetos, todos os aliados reconheciam sua indispensabilidade estratégica e econômica para a Checoslováquia e ninguém desejava entregá-los à Alemanha, embora os alemães se sentissem menos fortemente ligados aos falantes de alemão que não faziam parte da Alemanha antes de 1914. Nesse sentido, a situação da Checoslováquia contrastava com a da Polônia, que ultrajava a opinião pública alemã mais que qualquer outra mudança territorial. Enquanto os franceses apoiavam grandes ganhos territoriais para a Polônia, Lloyd George temia futuras dificuldades e queria transferir o menor número possível de falantes de alemão, mas Wilson era mais simpático que Lloyd George aos poloneses, e mais uma vez Clemenceau dividiu a oposição. Os Aliados inicialmente destinaram as jazidas carboníferas da Alta Silésia à Polônia e concordaram com um corredor Polonês (que Lloyd tentava estreitar). Danzig, o porto da foz do rio Vístula e, em termos étnicos, esmagadoramente alemão, não ficou com a Polônia, mas sob o controle da Liga. Os Aliados sabiam que esses arranjos criariam uma fonte de ressentimento alemã, mas haviam prometido acesso ao mar à Polônia, e Clemenceau contestou que esse ressentimento seria inevitável, independentemente do que eles fizessem.[23] O pacote do tratado obtido com tanta dificuldade foi apresentado aos alemães em 7 de maio, e assinado, depois de semanas de tensão, em 28 de junho. Foi permitido aos alemães que apresentassem seus pedidos por escrito, mas não houve uma mesa-redonda para discuti-los, e eles não foram admitidos como iguais. Os alemães protestaram contra essa "ordem" (particularmente porque eles haviam se reunido com os russos em Brest-Litovsk), mas não haveria sentido na vitória dos Aliados se eles apenas fizessem seguir a ela um acordo livremente negociado, e eles provavelmente reabrissem suas divisões para que seu inimigo as explorasse. De fato, a delegação alemã não exigiu um simples retorno a 1914 e estava disposta a aceitar o desarmamento, mas afirmou que outros termos eram impossíveis de executar e afrontavam o acordo de armistício. A delegação queria que fossem feitos plebiscitos na Alsácia-Lorena, na Áustria e nos Sudetos e desejava que a Alemanha mantivesse o corredor polonês, Danzig e a Alta Silésia, além de reconquistar suas colônias de além-mar. Em troca, os alemães ofereceram 20 bilhões de marcos em ouro em reparações em 1926 e outros 80 bilhões posteriormente. Contudo, eles também queriam um imediato lugar como membros da Liga das Nações e uma ocupação da Renânia que durasse apenas seis meses. Com essas propostas, a Alemanha provavelmente continuaria a perder a Alsácia-Lorena, mas ganhando a Áustria ela surgiria maior que em 1914. Os próprios Aliados teriam pagado pela maior parte de sua reconstrução, e a segurança francesa só estaria protegida pelo desarmamento alemão, embora a soma de 100 bilhões significasse consideravelmente menos do que parecia. Nenhum dos vencedores viu esta resposta como adequada. Mesmo assim, ela provocou uma revolta britânica contra a preparação dos termos da paz, e Lloyd George ameaçou que, a menos que eles fossem moderados, a Grã-Bretanha não cooperaria no uso da força para implementá-las. Contudo, Clemenceau e Wilson resistiram, em parte porque Lloyd George mais uma vez achava que a França e a Polônia deviam fazer sacrifícios, e não a Grã-Bretanha. A única grande concessão finalmente feita à Alemanha foi um plebiscito na Alta Silésia, mais uma comissão civil interaliada para supervisionar a ocupação da Renânia. A delegação alemã na conferência recomendou a rejeição, e o governo alemão renunciou, mas seu sucessor ganhou aprovação parlamentar para assinar tudo, menos a cláusula de culpa pela guerra e o julgamento de Guilherme II. Advertido por Groener de que a resistência militar era impossível e enfrentando a invasão iminente, o novo governo finalmente concordou também com esses pontos. Contudo, embora fossem os britânicos que estavam fora de forma, a estratégia alemã na conferência de paz fora de contar com os americanos, investindo na revolução de novembro de 1918 para distanciar a República de Weimar da responsabilidade pelas ações de seu predecessor, embora a Alemanha não tivesse feito essa indulgência aos bolcheviques. Contudo, Wilson não estava convencido de que a democratização alemã fosse permanente, acreditando que uma "geração de reflexões" estaria em ordem antes que o país conseguisse se reabilitar. Além disso, depois de seus choques com o Japão, a Itália e a França, ele estava determinado a preservar a união entre os Aliados como base para o trabalho da Liga. Assim, desta vez as expectativas dos alemães com relação aos Estados Unidos não se concretizaram. Seus esforços – desde que apelaram para o armistício – por salvaguardar sua condição de grande potência aproximando-se de Washington acabaram por se demonstrar infrutíferos.[24]

Os construtores da paz tiveram que se ocupar não apenas com o colapso dos impérios dos Romanov e dos Hohenzollern, mas também com o dos domínios dos Habsburgo e dos otomanos. De fato, com o Tratado de Versalhes, os líderes dos Aliados geraram um modelo padronizado que, em grande parte, eles simplesmente reproduziram ao lidar com as outras Potências Centrais. Além disso, os tratados menores foram trabalhados depois que Wilson e Lloyd George deixaram Paris, e como a saúde do presidente americano declinava e ele se envolvia na luta pela ratificação pelo Senado do acordo alemão, ele perdeu influência sobre o processo de paz. Na medida em que os vencedores podiam impor suas opiniões, a Grã-Bretanha, a França e a Itália tiveram a maior influência no sudeste da Europa. Apesar de suas diferenças – os italianos eram hostis aos eslavos do sul e aos gregos, e, portanto, mais simpáticos à Hungria e à Bulgária –, havia uma concordância substancial entre elas. A desintegração da Áustria-Hungria foi o acontecimento crucial na região, que os Aliados haviam incentivado e estavam dispostos a aceitar, mas não foi o resultado dos tratados de paz, e a crítica de que os construtores da paz provocaram o caos ao destruir a Dupla Monarquia é equivocada. O vaso quebrado tampouco podia ser rejuntado, mesmo se eles quisessem, dado o número de tropas muito limitado (exceto para a Itália no Adriático). Apesar disso, eles exerceram certa influência no traçado das novas fronteiras, a maioria das quais se mostraria notavelmente estável. Com relação à Áustria, a decisão básica do Conselho dos Quatro foi que o país deveria permanecer independente. Ela teria que pagar reparações e seu exército seria limitado a 30 mil homens. Suas fronteiras com a Hungria no Burgenland foi alterada em seu favor, e um plebiscito em 1920 confirmou que a Áustria conservaria a bacia do Klagenfurt, que os eslavos do sul haviam ocupado. A Bulgária foi tratada com mais rigor. Seu exército ficaria menor, o país teve que ceder território ao novo Reino dos Eslavos do Sul e perdeu sua faixa de terra no Egeu para a Grécia. Por fim, o futuro da Hungria ficou complicado quando, em março de 1919, um ministério socialista-comunista, sob o comando de Béla Kun, derrubou o governo republicano mais moderado de Mihály Károlyi em Budapeste. O resultado foi uma ordem dos Aliados para que a Hungria deixasse a Romênia ocupar boa parte da Transilvânia, e Kun declarou que defenderia a fronteira pela força. A resposta dos Aliados lembrou seu tratamento aos bolcheviques: enviaram Smuts numa missão para apresentar suas exigências, mas se recusaram a negociar com Kun ou enviar tropas. Em vez disso, bloquearam a Hungria e supriram os romenos, que, em agosto, derrubaram o regime comunista. Por causa do caso Kun, a Hungria perdeu mais território, com o Tratado de Trianon amputando dois terços do reino da Hungria anterior a 1914, além de especificar reparações e limitar o tamanho do exército. Embora os falantes de húngaro não habitassem a maioria dos territórios perdidos, mais de 3 milhões deles foram transferidos para o Reino dos Eslavos do Sul, Checoslováquia e especialmente para a Romênia. Os romenos agora governavam os magiares na Transilvânia, e não o contrário.[25]

* * *

No Oriente Médio, as rivalidades entre os Aliados eram muito mais sérias, mas não havia falta de apoio militar. Além de possuir a supremacia naval, o Império Britânico havia arregimentado mais de 1 milhão de homens da região na época do armistício. Suas tropas haviam suportado o impacto da luta, atravessado a Mesopotâmia e a Palestina, e em outubro de 1918, entrado na Síria. Em contraste, os americanos nunca declararam guerra à Turquia e pouco podiam reclamar em termos de influência. Assim, embora os Aliados concordassem em se apossar de seus territórios árabes como mandatários "A" da Liga das Nações, que deviam ser alocados de acordo com os desejos da população, o relatório da Comissão King-Crane (composta por dois americanos que expressavam a opinião local) não foi levado em consideração. King e Crane preveniram que a Síria poderia se tornar uma monarquia constitucional sob o comando de Faisal, filho de Sharif Hussein, com os Estados Unidos ou a Grã-Bretanha como potência mandatária; e que a opinião pública árabe se opunha à imigração judaica para a Palestina. Contudo, a Síria acabou sob o controle francês, e durante as duas décadas seguintes, o número de judeus na Palestina foi multiplicado por nove.

Na ausência de envolvimento americano, as decisões básicas ficavam com a Grã-Bretanha. Lloyd George há muito estava insatisfeito com o Acordo Sykes-Picot, e depois que a Turquia se rendeu, ele estava em posição de mudá-lo. Em uma negociação informal com ele em dezembro de 1918, Clemenceau concordou em transferir Mosul para a zona britânica da Mesopotâmia e colocar a Palestina sob controle britânico, e não internacional. Em troca, Clemenceau provavelmente esperava apoio britânico para a Renânia na conferência de paz, e ficou furioso quando esse apoio não se materializou. Pior, depois de ocupar Damasco, os britânicos ali estabeleceram uma administração árabe sob o comando de Faisal, assim desafiando as pretensões francesas com relação à Síria. Lloyd George e seus ministros achavam que a Grã-Bretanha devia ganhar espólios proporcionais à sua contribuição para a vitória, e temiam que, se a França tomasse a Síria, um confronto com o nacionalismo árabe se seguiria, pondo em perigo os interesses ocidentais de maneira mais geral. Entretanto, Clemenceau enfrentou a agitação de colonialistas franceses que queriam a Síria, e embora eles não lhe fossem simpático, sentia que tinha sido traído. Nenhuma questão causou maior mal-estar entre ele e Lloyd George. Em setembro de 1919, contudo, Londres reconsiderou a questão. Aqui também, com a desmobilização, as forças britânicas estavam ficando ultrapassadas, e o Estado-Maior via como prioridades a Índia, a Mesopotâmia, o Egito, a Irlanda e a potencial agitação interna. Lloyd George temia um dano permanente nas relações com a França, de cuja amizade ele ainda precisava, e decidiu se retirar da Síria, deixando que Faisal se entendesse com Clemenceau. Isso significava um protetorado francês de fato, e depois de uma revolta em 1920, a França invadiu e tomou o país. Simultaneamente, os britânicos esmagaram uma rebelião na Mesopotâmia, que incorporaram com Mosul ao novo reino do Iraque, escolhendo Faisal como primeiro soberano. T. E. Lawrence, que tinha esperança de expulsar os franceses da Síria e achava que os árabes tinham sido traídos, acabou, não obstante, por ajudar a persuadir Faisal a aceitar esse prêmio de consolação.[26] Portanto, enquanto a Síria e o Líbano se tornavam mandatos franceses, o Iraque e a Palestina tornavam-se britânicos, com esta última dividida entre Terra Santa propriamente dita, aberta à imigração judaica, e outro novo reino, a Transjordânia (governado por Abdullah, irmão de Faisal), fechado a essa imigração. No final de 1923, o acerto pós-guerra estava mais ou menos completo. Através da criação do Iraque – que nunca formou uma unidade administrativa sob os otomanos e que compreendia uma combinação instável de curdos ao norte, com muçulmanos sunitas e xiitas no centro e no sul –, e facilitando objetivos sionistas, esse acerto deu origem a repercussões que durariam décadas.[27]

Na Ásia Menor, os vencedores tinham muito menos a afirmar. Embora assinassem um tratado de paz com o sultão turco em Sèvres em agosto de 1920, limitando o exército otomano a 50.700 homens e colocando as finanças do governo completamente sob o controle aliado, esse tratado nunca foi ratificado ou implementado, em boa medida por causa da decisão do Conselho dos Quatro, em maio de 1919, de autorizar os gregos a ocuparem Esmirna.[28] Os falantes de grego que habitavam a região de Esmirna praticamente equivaliam aos falantes de turco em número, mas a decisão não se baseou primeiramente na autodeterminação. Os britânicos queriam a Grécia como aliada no Mediterrâneo Oriental, e desejavam fortalecer o governo de Venizelos em Atenas contra os oponentes menos anglófilos. Os franceses e americanos temiam que a Itália se apossasse de Esmirna, a menos que essa ação fosse evitada. A decisão foi rápida e mal calculada, e teve amplas consequências. Antes do acordo de Esmirna, o desarmamento turco havia sido feito com pouca oposição, mas logo depois um novo movimento de resistência nacionalista, comandado por Mustafá Kemal, surgiu no interior da Anatólia. Embora ele estivesse preparado para cooperar com a Rússia Soviética, o verdadeiro objetivo de Kemal era um novo acordo com o Ocidente, a menos que pudesse estabelecer um moderno Estado completamente independente. Ele estava disposto a abandonar as terras árabes (e também do Curdistão), mas insistiu que a Turquia devia ter absoluta soberania sobre seus próprios territórios, sem perturbação da interferência externa. Quando os Aliados começaram a discutir seriamente o futuro da Turquia, no inverno de 1919-20, Kemal controlava a maior parte da Anatólia, e os exércitos aliados haviam, em quase sua totalidade, voltado para casa.

Os britânicos tinham o maior número de coisas em jogo e acharam os ajustes difíceis. Seus líderes desdenhavam os turcos e se lembravam das atrocidades que os últimos haviam cometido durante a guerra, inclusive contra prisioneiros britânicos. Seus sacrifícios em Galípoli tornaram ainda mais difícil abandonar suas tradicionais preocupações com o Oriente Próximo. Contudo, a essa altura, seus exércitos estavam praticamente desmobilizados, e eles temiam que a ação militar pudesse levar Kemal para os braços de Lênin. Por motivos semelhantes, nem os franceses nem os italianos queriam lutar com a Grã-Bretanha para impor o tratado de Sèvres. Em vez disso, os Aliados autorizaram que os gregos avançassem a partir de Esmirna para forçar os turcos a se renderem. Depois que os kemalistas derrotaram os invasores, o jogo terminou. Kemal expulsou os gregos de Esmirna em 1922 e, depois de um impasse entre as forças turcas e britânicas perto do estreito de Chanak, as negociações na Suíça levaram ao Tratado de Lausanne em julho de 1923. Só neste caso, a negociação entre aproximadamente iguais consolidou o acordo. A Grécia e a Turquia trocaram populações por atacado; o Dardanelos foi aberto a toda navegação em tempos de paz, e ficaria fechado em caso de guerra se a Turquia permanecesse neutra;

mas a Turquia recuperou sua total independência e os controles aliados foram abolidos. Além de outra modificação no regime do Dardanelos, pelo tratado de Montreux em 1936, os novos arranjos se mostrariam notavelmente duradouros.

* * *

Uma acomodação estável foi possível com Kemal, cujos objetivos eram consistentes e modestos, dado que os principais interesses dos Aliados no Oriente Médio, de qualquer modo, estavam em terras árabes, e não turcas. Contudo, Lausanne não ofereceu necessariamente um modelo superior para tratar com a Alemanha, visto que na Europa os dois lados estavam ainda mais distanciados e as consequências tinham sido muito maiores. Assim mesmo, os alemães marcaram pontos com muitas pessoas na Grã-Bretanha e nos Estados Unidos quando acusaram o Tratado de Versalhes de ser um *Diktat* hipócrita, uma paz ditada, imposta pela ameaça da força, violando o acordo de armistício e aplicando os princípios de Wilson unilateralmente. A Alemanha estava desarmada, mas não os Aliados (embora eles tivessem prometido que considerariam o desarmamento). A Alemanha perdeu suas colônias, mas os Aliados conservavam as suas, apossando-se de antigas possessões alemãs e otomanas. A autodeterminação foi aplicada onde prejudicaria a Alemanha, mas ignorada onde isso não acontecia. Versalhes excedeu consideravelmente uma leitura estrita dos 14 Pontos (por exemplo, no Sarre e na Renânia, bem como quanto às pensões de guerra), e os Aliados deram pouco ou quase nenhum crédito à Alemanha pelo afastamento da autocracia de Guilherme II. Contudo, esses pontos não estabeleciam que o tratado fosse injusto. A França arquivou seus planos de Estado fantoche, e a Alemanha perdeu pouco território habitado por alemães étnicos antes de 1915. Os austro-alemães e Danzig não foram unificados com a Alemanha, mas nenhum dos dois foi posto sob soberania estrangeira. Os que moravam no corredor polonês foram postos sob essa soberania, mas o acesso polonês ao mar estava incluso nos 14 Pontos, e o corredor não podia ter sido traçado sem alguma injustiça, que os Aliados suavizaram permitindo os plebiscitos e exigindo que os poloneses assinassem um tratado de direitos das minorias. Além disso, os alemães reconheceram o direito dos aliados a substanciais reparações, embora provavelmente estivessem em sua mais segura posição para questionar o valor prático dessa transferência financeira tão grande e tão longa. O desarmamento, a culpa pela guerra e os crimes de guerra estavam nos fatos das agressões e das atrocidades alemãs, e os Aliados tinham bons motivos para o seu ceticismo quanto até que ponto a revolução de novembro marcava uma mudança de disposição. Quanto à ocupação da Renânia, apesar das justificadas suspeitas de Lloyd George de que os franceses tinham secretos motivos pró-separatistas, Clemenceau estava certo ao vê-la como crucial para a imposição do tratado. O problema básico era que se recebessem paridade de tratamento, os alemães obteriam uma superioridade *de facto*.[29] Em vista de sua maior população e capacidade econômica, se eles não se contivessem, continuariam a pôr seus vizinhos em perigo, a menos que fossem contidos a partir do exterior. O premiê francês provavelmente estava correto em seu sombrio prognóstico de que, a menos que a Alemanha mudasse de maneira muito mais radical, o tratado nunca obteria concordância voluntária, e quaisquer termos suficientemente lenientes para incentivar essa concordância tornaria os sacrifícios dos Aliados sem sentido.

Contudo, o Tratado de Versalhes não tornou outra guerra inevitável. Pelo contrário, o desarmamento e a ocupação da Renânia tornaram impossível para os alemães travar uma guerra. Embora, durante a década de 1920, eles tentassem contornar essas cláusulas, quando Hitler chegou ao poder, os gastos com a defesa continuavam a ser menos de 1% da receita nacional,[30] tornando suas forças armadas incapazes de atacar até a Polônia, quanto mais a Rússia, a Grã-Bretanha ou a França. O tratado podia ter impedido outro banho de sangue se tivesse sido preservado. Mais difícil é saber se ele selou o fato da democracia alemã e garantiu o retorno de um regime militarista. Por um lado, a democratização do país ficou incompleta antes mesmo de o tratado ser assinado, e as elites herdadas de antes da revolução alemã não tinham abandonado sua luta contra os Aliados. Por outro lado, contudo, embora o tratado certamente tenha inflamado o nacionalismo alemão, deliberadamente continha cláusulas que permitiam o relaxamento e a reconciliação se o comportamento mudasse. As cláusulas comerciais discriminatórias (que garantiam unilateralmente o status de nações mais favorecidas para os Aliados) terminariam depois de cinco anos. A ocupação da Renânia e a presença da França no Sarre podiam igualmente ser temporárias. A Liga das Nações poderia rever a questão da Áustria, e a Alemanha não ficaria indefinidamente excluída como membro da Liga. Em suma, embora os alemães pudessem protestar contra uma falta de fé, os termos protegiam as legítimas necessidades econômicas e de segurança dos Aliados, não predeterminando um segundo turno de conflito e deixando uma variedade de futuros em aberto. "O tratado", disse Clemenceau aos parlamentares franceses, "será o que vocês determinaram".[31]

Notas

1. Hobsbawm, *Age of Extremes*, pp. 4-6; Winter and Baggett, *1914-18*, p. 10.
2. Fussell, *Great War and Modern Memory*, p. 18.
3. Esta seção não apresentará notas detalhadas, mas para relatos gerais da conferência de paz, ver Sharp, *Versailles Settlement*; Boemeke et al. (eds.), *Treaty of Versailles*.
4. Relatos completos das relações com os bolcheviques são encontrados em Mayer, *Politics and Diplomacy*; Thompson, *Russia, Bolshevism, and the Versailles Peace*.

5. Sobre o Japão na conferência, ver Fifield, *Woodrow Wilson and the Far East*; Kajima, *Diplomacy of Japan*; Nish, *Japanese Foreign Policy*; Dickinson, *War and National Reinvention*.
6. Sobre a Itália, ver Albrecht-Carrié, *Italy*; Burgwyn, *Legend of the Mutilated Victory*.
7. Bessell, *Germany*, p. 228.
8. Keynes, *Economic Consequences*; Nicolson, *Peacemaking*; Baker, *Woodrow Wilson*.
9. Seymour (ed.), *Intimate Papers of Colonel House*, Vol. 4, p. 291; Baker, *Woodrow Wilson*, Vol. 1, pp. 184-5.
10. Schulze, *Woodrow Wilson*, p. 398.
11. Tillman, *Anglo-American Relations*, para esta seção.
12. Egerton, *Great Britain and... League of Nations*, ver 5, 6.
13. Tillman, *Anglo-American Relations*, cap. 3; Louis, *Lost Colonies*, cap. 4.
14. Willis, *Prologue to Nuremberg*, cap. 5.
15. Marder, *Dreadnought*, Vol. 5, ver 9, 10.
16. Sobre as reparações, ver Burnett (ed.), *Reparation*; Trachtenberg, *Reparation and World Politics*, cap. 2; Kent, *Spoils of War*, cap. 2; Marks, in Boemeke (ed.), *Treaty of Versailles*, cap. 14.
17. Artaud, "Le Gouvernement américain".
18. Marks, *Ebbing of European Ascendancy*, p. 94.
19. Para mais detalhes sobre as negociações territoriais, ver Schuker, in Boemeke (ed.), *Treaty of Versailles*, cap. 12; Stevenson, *French War Aims*, cap. 6; McDougall, *France's Rhineland Diplomacy*, cap. 2; Nelson, *Land and Power*, pp. 192-281.
20. Riddell, *Intimate Diary*, p. 43.
21. Jaffe, *Decision to Disarm Germany*.
22. Lentin, "Treaty that Never Was".
23. Perman, *Shaping of the Czechoslovak State*, ver 6, 7; Lundgreen-Nielsen, *Polish Problem*.
24. Sobre os alemães na conferência, ver Luckau, *German Delegation*; Schwabe, *Woodrow Wilson*.
25. Low, "Soviet Hungarian Republic", é o melhor relato.
26. Dawn, "Influence of T. E. Lawrence", pp. 83-5.
27. Andrew and Kanya-Forstner, *France Overseas*, cap. 8; Dockrill and Goold, *Peace without Promise*, cap. 4.
28. Generalidades, Dockrill and Goold, *Peace without Promise*, cap. 5, and Helmreich, *Paris to Sèvres*.
29. Taylor, *Origins of the Second World War*, p. 54.
30. Carroll, B. E., *Design for Total War: Arms and Economics in the Third Reich* (The Hague and Paris, 1968) p. 184.
31. Watson, *Clemenceau*, pp. 352, 361.

A RECONSTRUÇÃO, 1920-1929

O IMPACTO GLOBAL DA GUERRA estava em seu maior potencial na primeira década que se seguiu a 1918. A mais importante das consequências da vitória dos Aliados foram os tratados de paz, que definiram a agenda para as relações internacionais. Mas, enquanto os estadistas aguardavam o pós-guerra político, suas sociedades tinham que chorar os mortos e cuidar dos sobreviventes. Também tinham que reconstruir as ruínas e pagar a conta. Depois de um período inicial de grande turbulência, o mundo, de meados para o fim da década de 1920, parecia estar se recuperando do trauma e readquirindo equilíbrio à medida que a tensão internacional diminuía e as pressões internas da extrema direita e da extrema esquerda subsistiam. Entretanto, os espectros das trincheiras não seriam facilmente banidos, e a nova estabilidade demonstrou ser fugidia.

Os acontecimentos internacionais deram o melhor ponto de partida, embora tivessem se tornado inextricavelmente ligados aos nacionais. Na Europa, o tema condutor da política internacional tornou-se a continuidade da luta dos tempos de guerra por outros meios, e as mais sérias ameaças de longo termo à paz provinham da determinação dos alemães de desafiarem o acordo de Versalhes e do fracasso dos vencedores em manter uma frente unida em apoio a esse acordo. Como depois da Segunda Guerra Mundial, o triunfo removeu o incentivo à cooperação entre uma coalizão esfacelada cujos membros tinham longas histórias de antagonismo mútuo antes que um inimigo comum os forçasse a se unir, e sua vitória continha as sementes de sua própria dissolução. Em alguns aspectos, realmente, a cooperação forçada dos Aliados tinha aprofundado seus temores e aversão mútuos. Fendas em sua unidade já haviam se tornado visíveis durante a conferência de paz, e depois essas fissuras se ampliaram. Enquanto antes de 1914 e durante a guerra a coalizão que cercou a Alemanha tivesse sido impressionante por sua solidariedade, depois de 1918 ela se notabilizou pela velocidade com que se desfez.

Parte da explicação foi que os vitoriosos haviam excluído a Rússia soviética da definição do pós-guerra, e que a Itália e o Japão, até certo ponto, se excluíram dessa definição. A luta com relação aos tratados de paz a princípio não envolveu o mundo todo, e várias potências permaneceram semidesligadas deles. A França, a Grã-Bretanha e a Itália não reconheceram o novo regime russo até 1924, e os Estados Unidos só uma década depois. As potências ocidentais tinham queixas contra Berlim devido às reparações e contra Moscou devido à compensação por empréstimos repudiados e bens expropriados. Portanto, não foi surpresa que a Alemanha e a Rússia embarcassem numa cooperação militar secreta, e que no Tratado de Rapallo, de 1922, renunciassem às suas mútuas disputas financeiras. O regime soviético denunciou o Tratado de Versalhes como imperialista e que nada faria para implementá-lo.[1] De maneira similar, durante a primeira década de Mussolini após sua tomada de poder na Itália em 1922, ele permaneceu hostil aos iugoslavos e ao novo *status quo* nos Bálcãs. Ele também tinha ambições, se a oportunidade surgisse, de lançar uma ofensiva contra a Grã-Bretanha e a França para controlar o Mediterrâneo. Quanto ao Japão, seu mais provável inimigo potencial agora parecia ser os Estados Unidos. Depois dos conflitos na conferência de paz, o Senado americano recusou-se a aprovar o compromisso de Wilson com relação a Shandong, e Tóquio e Washington se lançaram a uma corrida armamentista no Pacífico. É verdade que a conferência de Washington no inverno de 1921-22 temporariamente desativou a situação e impôs restrições gerais à construção de navios de guerra pelas potências. Os Estados Unidos, a Grã-Bretanha, o Japão, a França e a Itália aceitaram congelar novos navios capitais, adotando as tonelagens navais de 5, 5, 4, 1,75 e 1,75, respectivamente. Também prometeram (embora sem providências de execução) respeitar a independência e a integridade da China, com os japoneses abandonando seus direitos em Shandong e evacuando a Sibéria. Ameaçado internamente por uma recessão e uma competição de construção naval que não poderia vencer, o Japão freou sua expansão e aceitou rateios que revelavam sua inferioridade (embora ele continuasse a ser a mais forte potência naval em suas águas regionais). Por outro lado, em grande parte devido à pressão americana, a aliança do Japão com a Grã-Bretanha foi substituída por um arranjo mais frouxo pelo qual a Grã-Bretanha, os Estados Unidos, a França e o Japão comprometiam-se a respeitar as possessões uns dos outros e a resolver disputas pacificamente. A mais forte ligação diplomática entre Tóquio e seus parceiros dos tempos de guerra havia sido rompida. Na época, isso pouco importou, pois, durante a década de 1920, políticos civis buscavam cooperação com as relações exteriores de Tóquio, dominadas pelo Ocidente, mas o Tratado de Versalhes-Washington alimentou o crescimento do nacionalismo nas forças armadas japonesas e aumentou o risco de que, a longo prazo, o país agiria sozinho.[2]

Contudo, a evidência mais patente da desunião entre os vencedores foi o fato de os Estados Unidos não conseguirem ratificar o Tratado de Versalhes. Os opositores republicanos de Wilson no Senado, em sua maioria, apoiavam as provisões do tratado com relação à Europa. A preocupação deles centrou-se no Artigo x do acordo, que eles temiam possibilitar um compromisso ilimitado com a intervenção no além-mar, embora Wilson lhes garantisse que o Congresso preservaria seu direito constitucional para decidir caso a caso o envolvimento das forças americanas. Os republicanos queriam acrescentar "reservas" à ratificação do documento, que ele rejeitou afirmando que eles o obrigariam a renegociar o tratado. O Senado demonstrou-se incapaz de reunir a maioria de dois terços exigida para a retificação, com ou sem as reservas. Enquanto fazia campanha em favor do tratado, Wilson exigiu demais de sua saúde. Na eleição de 1920, o republicano Warren Harding foi eleito e concluiu tratados de paz em separado com a Alemanha, Áustria e Hungria, ainda se mantendo fora da Liga. De fato, os poderes da Liga eram tão limitados que a ausência dos Estados Unidos provavelmente fosse o menos importante para a paz mundial, mas a perda das garantias para a França foi mais séria. Lloyd George usou a não ratificação americana das garantias como pretexto para também excluir a Grã-Bretanha do acordo, deixando Paris sem nenhum apoio, e o resultado foi que Clemenceau fez concessões a sua conferência de paz sem receber um *quid pro quo*, e seu país permaneceu desprotegido por um aliado poderoso. Além disso, os Estados Unidos retiraram sua força de ocupação da Renânia em 1923, e sua tarifa protecionista Fordney-McCumber e a nova legislação restringindo a imigração eram outras indicações de que o país estava se atendo à sua própria linha. Os republicanos continuavam querendo usar a influência financeira americana, mesmo na Europa, mas depois de defenderem o intervencionismo de 1917-19, agora se desligavam do engajamento global.

A tarefa de impor o tratado, portanto, recairia principalmente sobre a Grã--Bretanha e a França. Mas sua cooperação também havia se baseado principalmente no medo da Alemanha, e enquanto na França esse medo logo tornou a se acentuar, na Grã-Bretanha ele rapidamente arrefeceu. Já em 1920, Lloyd George e seus conselheiros viam o ressurgimento econômico alemão como necessário para tirar as indústrias exportadoras britânicas da depressão, e percebiam a França como inimigo potencial.[3] Na conferência de Washington, eles quiseram superar a força naval francesa, enquanto os franceses tentavam isentar os submarinos do limite de tonelagem naval devido a seu valor como ameaça ao comando britânico dos mares.[4] Em 1922, o governo britânico aprovou um programa de construção de bombardeiros como forma de intimidação contra uma ameaça aérea francesa a Londres.[5] Depois da dissolução da garantia anglo--americana à França, sucessivos governos britânicos recusaram-se a assinar qualquer outra garantia de segurança.[6] Tampouco renovariam a garantia à Bélgica, que eles gostariam de ter cancelado em 1914.[7] A estada de quatro anos, em Flandres e na França, de milhões de britânicos pouco fizeram para aplacar as animosidades históricas: pelo contrário, lembranças de veteranos da BEF eram revividas com antipatia pelos seus aliados. Washington e Londres voltaram ao isolacionismo.

Tais condições minaram os tratados de paz desde o começo, e os vencedores tiveram a sorte de os antigos aliados da Alemanha pouco poderem fazer contra eles. A Áustria teve que aceitar um plano internacional de resgate financeiro sob os auspícios da Liga das Nações em 1922. Como resultado, ela renovou seu compromisso de preservar sua independência com relação à Alemanha. Contra a Hungria, onde Carlos havia tentado voltar ao trono em 1921, uma frente unida foi estabelecida. Em 1920-21, a Checoslováquia e a Iugoslávia assinaram uma aliança defensiva contra ela, e a Romênia juntou-se a elas. Os franceses apoiaram esta "pequena *détente*" assinando pactos com seus membros. Entretanto, essa demonstração de solidariedade foi excepcional. Com relação à Turquia, longe de apoiar a Grã-Bretanha reforçando o tratado de Sèvres, a França e a Itália fizeram acordos de paz em separado com Ancara em 1921, abrindo assim um precedente para que a Grã-Bretanha se afastasse delas na Europa. Nessas circunstâncias, os franceses, que haviam assumido a maior parte da definição do acordo com a Alemanha, foram sobrecarregados com a responsabilidade básica de sua execução, sem ter a certeza de poder contar com qualquer outra potência.[8] Contra a Alemanha, a desunião entre os vencedores impediu o sucesso tanto da coerção quanto da conciliação. Em termos amplos, 1919-23 foi uma era de confronto e de esforços para a aplicação do Tratado de Versalhes, culminando com a ocupação do Ruhr pela França e a Bélgica. Em contraste, 1924-29 foi um período de negociação do desmantelamento do tratado. Entretanto, as relações franco-alemãs evoluíram da Guerra Fria para a *détente*, e o principal tema perpassando a década foi que nem Paris nem Berlim sentiram que a luta entre eles havia cessado.

A Alemanha havia aceitado o tratado de paz sob protesto, e só quando ameaçada pela ação militar. Isto não significava que os Aliados estivessem errados em deter a guerra em 1918, mas significava que eles precisavam mostrar uma continuada solidariedade e firmeza. De fato, só intermitentemente eles as exibiram, e como dependiam, para a implementação do tratado, da voluntária cooperação do governo alemão, seus esforços nesse sentido tiveram problemas quase imediatamente. Os partidos políticos moderados alemães que assinaram o Tratado de Versalhes tiveram fraco desempenho nas eleições de 1920 para o Reichstag, e sua tentativa de cumprir o tratado provocou um golpe fracassado da direita (com aquiescência dos militares), o Kapp Putsch. Não demorou muito tempo, e o recém-reorganizado exército alemão, o Reichswehr, tentou contornar as cláusulas do desarmamento. O conflito também ocorreu com relação aos pagamentos das reparações a serem feitos antes 1921, e principalmente quanto às entregas de carvão, que a Alemanha, mais uma vez, deixou de cumprir. Os britânicos, sensíveis às suas próprias necessidades econômicas, aconselharam a moderação, e as quotas foram revisadas para baixo. Enquanto isso, as siderúrgicas alemãs diversificavam seus fornecedores, passando das jazidas de ferro da Lorena (agora devolvidas à França) a jazidas na Espanha e na Suécia, usando mais refugo, enquanto a inflação as ajudava a liquidar suas dívidas e construir novas siderurgias. Em 1923, em parte por causa da falta de carvão, a indústria do aço francesa estava operando com um terço de sua capacidade, mas sua contrapartida alemã estava em pleno vapor. Na batalha entre as indústrias pesadas, a França estava sendo vencida.[9] Finalmente, quando no início de 1920 os Aliados publicaram uma lista de centenas de criminosos de guerra procurados, incluindo Hindenburg, Ludendorff e Bethmann Hollweg, a grita na Alemanha foi tão alta que os britânicos e os franceses temeram um golpe comunista ou nacionalista no país. No final, chegaram a um acordo pelo qual a corte suprema dos alemães em Leipzig julgaria os acusados, embora, na verdade, ela só tenha expedido poucas e levíssimas sentenças.[10]

Possivelmente, um acontecimento ainda mais inquietante tenha sido a decisiva campanha empreendida pelo ministro das Relações Exteriores da Alemanha contra a acusação de "culpa pela guerra" e a legitimidade do tratado de paz.[11] Quarenta volumes de documentos diplomáticos tendenciosamente editados sobre as origens da guerra foram publicados como *Die grosse politik der europäischen Kabinette 1871-1914* (J. Lepsius et al., eds., Berlim, 1922-27), na esperança de incitar os Aliados a publicarem seus próprios documentos e provando que eles compartilhavam a responsabilidade pelo conflito. O *Kriegsschuldreferat* (Departamento de Culpa pela Guerra) do ministro estabeleceu um instituto dedicado a estudos ostensivamente independentes e ligado a empresas e outras organizações, que oferecia material para locutores, comícios, panfletos e artigos para a imprensa. A campanha da "culpa pela guerra" foi levada tão a sério pela maioria dos professores das escolas e universidades alemãs, que eles cooperaram com ela, também se espalhando no exterior, notoriamente nos Estados Unidos, onde obras de historiadores "revisionistas" (contra Versalhes) como Harry Elmer Barnes e Sidney Broadshaw Tay foram subsidiadas e traduzidas às custas da Alemanha. Contudo, os maiores seguidores do revisionismo estavam na própria Alemanha. Os políticos de Weimar esperavam que os movimentos de protesto consolidassem a república, mas o confiaram a burocratas em sua maioria remanescentes da época de Guilherme, e seu efeito provavelmente tenha sido minar o novo regime.[12] Foi a mais clara indicação de que muitos alemães resistiam ao desarmamento moral e militar, afirmando, como tinham feito durante a guerra, que não estavam comprometidos nem com a agressão nem com as atrocidades, e que as acusações dos Aliados contra eles eram hipócritas e sem fundamento.

O ataque contra a "mentira da culpa pela guerra" foi uma questão de segunda ordem para os diplomatas alemães. Eles declaravam que queriam uma comissão internacional de inquérito (que os vencedores rejeitaram), mas é duvidoso se estavam sendo sinceros, já que o total esclarecimento dos fatos de 1914 poderia ter sido embaraçoso para os dois lados.[13] Mas a cláusula de culpa pela guerra que constava do tratado também era a base legal para o pedido de reparação dos Aliados, sendo a mais controversa prescrição do Tratado de Versalhes no confronto que levou à crise da ocupação do Ruhr. Como fora estabelecido pelo tratado de paz, em maio de 1921 os Aliados fixaram o total das reparações e concordaram com um esquema de pagamento a prazo, o Esquema de Pagamentos de Londres, que os alemães mais uma vez aceitaram com um revólver apontado para eles depois que as tropas aliadas ocuparam Düsseldorf, Duisburg e Ruhrort. O esquema estabelecia a total responsabilidade das Potências Centrais pelo pagamento de 132 bilhões de marcos-ouro, mas o único total para o qual especificaram um prazo foi o primeiro, de 50 bilhões, a ser pago em 36 anos. Esta última soma era moderada, se comparada com os totais discutidos na conferência de paz, embora os Aliados se reservassem o direito de pedir mais. Na verdade, os alemães não pagaram nada depois do verão de 1921, alegando incapacidade de fazê-lo; e parece provável que eles deixaram a inflação se acelerar deliberadamente, em vez de aumentar os impostos para o pagamento das reparações.[14] Ao mesmo tempo, a questão da dívida da guerra – outro assunto incompleto que sobrou das hostilidades – também se tornou mais aguda, com o novo Congresso de Washington dominado pelos republicanos estabelecendo uma comissão da dívida externa e insistindo que os esquemas de pagamento fossem negociados, assim apertando o cerco a Paris. Numa série de complexas conferências internacionais, os britânicos tentaram em vão mediar. Finalmente, Poincaré, que voltara ao cargo de premiê francês e estava determinado a ver o tratado de paz implementado, enviou tropas ao Ruhr em janeiro de 1923, usando o pretexto de falhas dos alemães na entrega de madeira.[15] Embora os belgas tivessem se juntado a eles, os britânicos e os italianos ficaram longe, evidenciando a antiga desordem da coalizão. Os mineiros do Ruhr continuaram em greve e seu governo os subsidiava (numa tática conhecida como "resistência passiva"). Esse confronto sem sangue tornou-se um novo confronto franco-alemão: um reverso de Verdun.

A crise de ocupação foi uma reviravolta. Os objetivos de Poincaré inicialmente eram modestos e centrados na renovação dos pagamentos de reparação. Contudo, à medida que a crise se intensificava, a pressão sobre as finanças do governo levou a Alemanha à hiperinflação, e os franceses se tornaram mais ambiciosos. O caos econômico incentivou uma tentativa de golpe fracassada por Ludendorff e Adolf Hitler em Munique, bem como levantes comunistas e um reaparecimento do separatismo da Renânia. No outono, Poincaré havia obtido uma vitória técnica, no sentido de que as empresas do Ruhr concordaram em suprir a França com carvão, e um novo governo alemão sob Gustav Stresemann anulou a resistência passiva. Mas ao apoiar um movimento separatista frustrado na

Renânia, o premiê francês passou da conta. Além disso, ele recusou uma oferta de Stresemann de realizar negociações bilaterais, concordando, em vez disso, com uma proposta americana de se formar um comitê internacional de especialistas para informar a respeito da questão da reparação, comandado por Charles Dawes, o banqueiro de Chicago. Enquanto deliberava, a França perdeu a iniciativa. No inverno e na primavera de 1923- -24, Stresemann introduziu uma nova moeda alemã estável, o Rentenmark. Houve uma corrida ao franco (estabilizado por um empréstimo de J. P. Morgan), e nas novas eleições francesas Poincaré perdeu o cargo para uma coalizão de esquerda comandada pelo inexperiente Edouard Herriot, que foi manipulado quando a conferência de julho-agosto de 1921 aceitou um acordo baseado nas recomendações do comitê de especialistas, o Plano Dawes. O governo alemão recebeu um empréstimo internacional, principalmente de fontes americanas privadas, e retomou os pagamentos em dinheiro num esquema mais moderado. Os franceses perderam o poder de usar a Comissão de Reparação para declarar a Alemanha em falta, concordando em evacuar o Ruhr. A partir daí, com Aristide Briand como ministro das Relações Exteriores de 1925 a 1932 e com incentivo britânico e americano, os franceses embarcaram numa política de conciliação, pela primeira vez negociando com os inimigos em pé de igualdade.[16]

A verdadeira questão na crise do Ruhr era se o tratado de paz seria reforçado, e se as restrições e sanções que os Aliados haviam lutado para impor à Alemanha seriam confirmadas. O resultado demonstrou essencialmente – como havia sido repetidamente mostrado desde 1919 – que, diante da não condescendência, os Aliados transigiriam. As reparações eram uma questão difícil, já que os interesses econômicos dos vencedores eram variados: os britânicos queriam ver a recuperação econômica da Alemanha, e os americanos não tinham interesses compensatórios muito significativos. Entretanto, a lição aprendida pelos franceses era que a ação unilateral não funcionaria, e eles mais tarde apegaram-se a este princípio mesmo quando se viram diante dos desafios mais radicais. Mas, nesse ínterim, buscavam uma política de cooperação, simbolizada pela amizade desconfortável entre Briand e Streseman, seu oposto alemão de 1923 a 1929. Briand tinha sido o primeiro-ministro que aprovara a carta de Cambon e o acordo de Doumergue em 1917 (e Streseman havia, da mesma forma, apoiado os objetivos de guerra anexionistas), mas agora ele pregava a boa vontade e supervisionou uma reaproximação, que, na verdade, procurava proteger os interesses franceses. A peça central da política era o Pacto da Renânia, datado de 1925 e assinado em Locarno, na Suíça. A França, a Alemanha e a Bélgica comprometiam-se a respeitar as fronteiras mútuas e submeter suas disputas à arbitragem, o que significava que os franceses garantiam um acordo de não invasão, embora, como o acordo fosse recíproco, também tornava quase impossível que se tornasse a invadir a Alemanha. A Itália e a Grã-Bretanha comprometerem-se a garantir o que foi acertado, mas com uma garantia que estava longe de ser automática e podia facilmente ser contornada. Além disso, novas concessões aos alemães se seguiram. Elas incluíam a evacuação, em 1927, da comissão internacional que monitorava o desarmamento alemão, e um acordo dos Aliados (na Conferência de Haia de 1929) para a retirada completa da Renânia cinco anos antes (em 1930), em troca de um esquema de novas reparações conhecido como Plano Young. Juntos, esses arranjos foram atomisticamente rotulados de Liquidação Final da Guerra. Na verdade, abandonar a Renânia tornava quase impossível reagir prontamente a qualquer futuro desafio militar alemão, e ainda se estava longe de concluir o processo pelo qual a paz da Europa se tornava dependente da boa vontade alemã.

Duas iniciativas espetaculares marcaram o auge do processo de reconciliação, e ambas, cada qual à sua maneira, enfatizaram as mudanças que a guerra tinha provocado na linguagem e no simbolismo – se não na substância – da política europeia. A primeira foi o Pacto Kellogg-Briand de 1928, uma iniciativa franco-americana pela qual todas as principais potências comprometiam-se a somente ir à guerra em caso de autodefesa. Antes de 1914, esse gesto seria inconcebível, embora fosse de pouco consolo para Briand, que esperava uma participação americana mais concreta. A segunda foi uma proposta de Briand, em 1929--30, de uma União Europeia baseada numa assembleia consultiva permanente, uma rede continental de tratados de arbitragem ao estilo de Locarno e um mercado comum. Antes de 1914, algumas vozes isoladas haviam insistido na necessidade de instituições europeias, mas nunca houve um movimento continuamente organizado em favor delas. Esse movimento surgiu no início da década de 1920, com vários grupos pleiteando uma união aduaneira europeia, e uma organização Pan-Europa comandada pelo conde Richard Coudenhove--Kalergi – da qual Briand se tornou presidente honorário – e pleiteando maior unidade política. Também com relação a esse acontecimento, a Primeira Guerra Mundial pode ser vista como pré-condição essencial, persuadindo políticos, homens de negócio e intelectuais da Europa Central e Ocidental (embora poucos na Grã-Bretanha) de que o continente precisava de maior integração para fazer frente ao desafio econômico e cultural dos Estados Unidos, bem como para reduzir os perigos da revolução e da guerra. Contudo, Briand era atraído pela ideia como meio de inibir a Alemanha de recorrer novamente à violência num momento em que a vantagem militar da França estava em declínio; e os alemães torpedearam sua iniciativa exatamente porque temiam que ela restringisse sua liberdade de ação, além de não desejarem nenhum reforço extra de suas fronteiras com a Polônia e a Checoslováquia a leste.[17] O fracasso do Plano Briand de uma União Europeia, portanto, deixou claro que o relaxamento da tensão no final da década de 1920 era enganoso. Era verdade que os empréstimos privados americanos estavam fluindo para a Alemanha, facilitando os pagamentos de reparações, enquanto em Locarno a Grã-Bretanha incentivava uma reconciliação franco-alemã por meio de uma garantia recíproca dos dois lados. Com Washington e Londres voltando ao envolvimento limitado na Europa continental, e ambos pressionando pela moderação do Tratado de Versalhes, as relações franco-alemãs tornaram-se menos que um jogo de soma zero. Contudo, os franceses só optaram pela reaproximação porque tinham tentado a coerção sem resultados, enquanto os alemães continuavam fracos demais para obter uma revisão do tratado, a menos que fosse pela cooperação. Uma vez que Paris não podia conceder mais sem pôr em risco interesses vitais, o processo de *détente* não iria adiante. Contudo, seria possível justificá-lo se pensarmos que poderia fortalecer os moderados em Berlim e marginalizar os extremistas, existindo sinais de ambos os lados, no final da década de 1920, de uma desmobilização cultural e um afastamento dos ódios dos tempos de guerra. Tragicamente, essas mudanças foram apenas superficiais. Fundamentalmente, a guerra ainda continuava por outros meios, e a política internacional do período não podia ser entendida isolada dos acontecimentos domésticos.

Durante a guerra, os fronts nacionais dos dois lados tinham muitos traços em comum, não apenas porque nenhum dos dois sabia quem venceria. Depois de 1918, as circunstâncias domésticas entre vitoriosos e perdedores diferiam de maneira muito mais significativa. Durante a década de 1920, todos os antigos beligerantes reconquistaram certa estabilidade interna, mas o processo continuava sobre bases muito mais sólidas nos países aliados que na Alemanha. A revolta causada por anos de luta levantou duas questões fundamentais: primeiro, o descrédito das estruturas de autoridade estabelecidas e o crescimento dos desafios radicais a elas na segunda metade da guerra; e segundo, a necessidade de desenvolver novos mecanismos coletivos de competitividade diante da incapacidade e da privação em massa. Esses temas serão examinados primeiro com referência à Grã-Bretanha, França e Estados Unidos. No final de 1918, parecia que o conflito havia fortalecido as forças radicais e democráticas locais. A esquerda tomara o poder na Rússia e na Alemanha, a Áustria-Hungria e o Império Otomano haviam se desintegrado, e os sindicatos e partidos socialistas em todo o mundo encontravam novo apelo e militância. Contudo, fora da Rússia os sucessos da esquerda mostraram-se limitados, e em meados da década de 1920, as políticas do mundo ocidental estavam sendo consolidadas sobre bases conservadoras.[18] No longo prazo, a guerra provavelmente beneficiou a direita. Os movimentos progressistas nas maiores potências tinham sido fracos ou patrióticos demais para impedir que ela se desintegrasse, ou para forçar a redução dos objetivos de guerra e as negociações para um compromisso de paz. Depois de 1918, elas continuaram incapazes ou não desejosas de provocar uma mudança fundamental no sistema político internacional. A guerra tinha sido um teste de autoridade e de estabelecidas hierarquias raciais, de classe e gênero, já que os governos beligerantes haviam exigido pesadas contribuições de suas colônias de ultramar, da classe trabalhadora e das mulheres. Contudo, as consequências permanentes foram surpreendentemente pequenas.

Como Lênin observara, em certo nível a guerra mundial foi uma luta pela redistribuição imperialista.[19] Os alemães e os turcos perderam suas possessões coloniais, principalmente para a Grã-Bretanha, a França e o Japão. Os mais envolvidos tinham pouco direito de expressão. Os franceses enfrentaram a maior oposição na Síria, onde, em 1925-27, tiveram que reprimir uma rebelião. Os indo-chineses que haviam trabalhado para eles em 1914-18 (e os africanos que haviam lutado por eles) receberam parca compensação. O ministro colonial Alberto introduziu os conselhos consultivos nos territórios de ultramar em 1919-20, mas sua função era puramente econômica, e os representantes das populações indígenas que os serviam não constituíam a maioria nem podiam ser eleitos.[20] Embora dentro da França a guerra tenha tornado as colônias um objetivo do entusiasmo de massa como nunca antes havia acontecido, a natureza do governo francês mostrou muita continuidade com relação ao que havia acontecido previamente.[21]

Em contraste, no Império Britânico, quatro grandes acontecimentos podem ser vistos como resultados do conflito. O primeiro foi a guerra anglo-irlandesa de 1919-21, seguida da tomada pelo Sinn Féin da liderança do movimento nacionalista depois do Levante de Páscoa de 1916, e a crise de alistamento de 1918, que foi confirmada quando obteve sucesso total na eleição geral de dezembro de 1918 nos condados do sul e do oeste da Irlanda. O governo de Lloyd George foi incapaz de reprimir a campanha de guerrilha do IRA, mas forçou os líderes do Sinn Féin a aceitarem uma independência não total pelo tratado anglo-irlandês de dezembro de 1921. A Irlanda foi dividida, e os britânicos mantiveram, pelo tratado, três portos na costa oeste do novo Estado Livre da Irlanda, que permaneceu dentro do império como Domínio; mas nessa condição os irlandeses exerceram uma pressão ainda maior que levou à segunda maior mudança, ou seja, a concessão aos Domínios Britânicos do controle de fato de sua política externa. Automaticamente envolvidos na guerra em 1914 por uma decisão de Londres, prometeu-se aos Domínios maior representatividade e consulta na Conferência Imperial de Guerra de 1917. Eles foram representados separadamente (como parte da delegação do Império Britânico) na Conferência de Paz de Paris, assinaram os tratados de paz em seus próprios nomes (como o do marajá de Bikaner em nome dos estados principescos indianos), e, como a Índia, receberam assentos separados na Liga das Nações, a conferência imperial de 1926 e o Estatuto de Westminster de 1931 confirmando que, no futuro, eles tomariam suas decisões em questões de guerra e paz. Já em 1922, quando Lloyd George havia apelado por socorro em seu confronto com os turcos em Chanak, o Canadá e a África do Sul se esquivaram, e nas crises de conciliação da década de 1930 suas amargas experiências na guerra impeliram os Domínios a pedir cautela.[22]

O terceiro grande evento ocorreu no Egito (que a Grã-Bretanha tinha administrado desde 1882, mas que havia declarado ser um protetorado depois do começo da guerra), onde uma violenta revolta irrompeu em 1919. A causa foi, em parte, o fardo dos racionamentos, requisições e inflação provocados pelo papel do Egito como base militar, embora a decisão de exilar o líder nacionalista Saad Zeghlul fosse a última gota. O general Allenby reestabeleceu a ordem, mas recomendou o fim do protetorado, com os britânicos concedendo ao Egito uma independência bastante restrita que manteve seu controle sobre a política externa do país, seu direito de nele estacionar tropas e seu controle sobre o Canal de Suez.[23] Finalmente, a Índia também testemunhou uma agitação por todo seu território em 1919-21. O país também experimentara pressões econômicas similares às do Egito durante a guerra e, em 1917, Londres prometeu um processo por estágios até um governo responsável. Contudo, o Ato de Governo da Índia introduziu apenas um governo local eleito e certa autoridade para as províncias, com a administração britânica retendo as funções-chave (da mesma forma que reservara poderes decisivos na Irlanda e no Egito). O desapontamento com a medida (e com as novas restrições às liberdades civis) levou ao protesto que culminou no famoso massacre de Amritsar em abril de 1919, em que as tropas abriram fogo e mataram 379 pessoas que participavam do protesto, dando força à primeira campanha nacional de desobediência civil de Mohandas Gandhi. Embora os britânicos contivessem a oposição, a partir daí sua autoridade dependia cada vez mais da tácita concordância do Congresso Nacional Indiano. Além disso, a guerra levou o governo do Raj britânico a uma perigosa crise financeira, e Londres prometeu que, no futuro, se as tropas indianas fossem usadas no além-mar, os pagadores de impostos indianos não teriam que pagar a conta, embora Delhi tivesse recebido a permissão de impor tarifas às importações de algodão de Lancashire.[24] Os britânicos persistiram, embora o bastião indiano de seu império tivesse um valor econômico e estratégico decrescente para eles.[25] Na verdade, eles enfrentavam um desafio global a seus interesses no início do período pós-guerra, pois também o Iraque se rebelou em 1920, rebelião que, para ser reprimida, custou mais que todas as operações britânicas durante a guerra no Oriente Médio. Apesar disso, em meados da década de 1920, os britânicos haviam derrotado as pressões globais mais perturbadoras contra sua posição global, e os outros impérios aliados foram muito menos expandidos. Em geral, a predominância colonial europeia sobre boa parte do restante do mundo continuou intacta.

Conclusões similares podem ser tiradas do impacto da guerra sobre a estrutura social dos países metropolitanos. Na Grã-Bretanha ele provavelmente provocou uma menor redistribuição de renda, principalmente devido à taxação progressiva, mas também porque os baixos aumentos de salário dos trabalhadores braçais estreitavam algumas disparidades salariais.[26] Depois de 1921, as desigualdades tornaram a se ampliar, mas não aos níveis anteriores à guerra, e os pesquisadores sociais do pós-guerra descobriram que em famílias em que o assalariado estava desempregado, a incidência de pobreza havia diminuído notavelmente. A maioria dos salários dos trabalhadores braçais manteve-se paralela à inflação e, em 1919-20, as horas de trabalho foram cortadas substancialmente, enquanto o imposto de renda e o imposto suplementar consumiam quase metade das rendas mais altas em 1925, contra um 12 avos em 1914.[27] Mesmo para os que estavam sem trabalho, o seguro-desemprego foi ampliado para cobrir dois terços da mão de obra masculina em 1920. Entre 1914 e 1921, o número de filiados aos sindicatos dobrou, e entre 1918 e 1924, o Partido Trabalhista ultrapassou os liberais como maior partido anticonservador, como consequência da divisão entre Asquith e Lloyd George, da ampliação das concessões em 1918 e da maior consciência de classe dos trabalhadores britânicos – todos fatores que podiam ser atribuídos à guerra. Contudo, em termo mais longo, a guinada para a esquerda foi menos impressionante. A filiação aos sindicatos tornou a entrar em colapso com a chegada da depressão em 1920, e o desemprego manteve-se em 10% ou mais da força de trabalho por duas décadas. O controle estatal sobre as minas e ferrovias terminou três anos depois do armistício, bem como os controles de preço e o racionamento, e o formidável sindicato dos mineiros, o MFGB, foi derrotado em dois prolongados locautes, em 1921-22 e 1926.[28] No poder em 1924 e de 1929 a 1931, o Partido Trabalhista pouco fez para ajudar seus seguidores além do aumento do seguro-desemprego. Apesar dos avanços obtidos pelo movimento das classes trabalhadoras, sua principal realização foi melhorar os salários e a carga horária mais curta, possivelmente à custa de mais desemprego.

Nos Estados Unidos, o quadro era similar. Embora, em 1919, um em cada cinco trabalhadores americanos estivesse em greve, as esperanças dos sindicados de conquistar direitos coletivos de negociação, de reconhecimento e de organização nas novas indústrias de produção em série foram desfeitas quando fracassou uma greve nacional das siderúrgicas. O controle estatal dos tempos de guerra sobre as ferrovias terminou, nenhuma legislação significativa pró-labore foi aprovada, e os cortes de salário foram impostos. Seis mil pessoas suspeitas de serem simpatizantes do comunismo foram presas só no dia de Ano Novo de 1920. Outro sinal dos tempos foi a reação contra os afro-americanos, dos quais mais de 300 mil mudaram-se dos estados do sul para os do norte de 1916 a 1920. A Ku Klux Klan foi reestabelecida – e agora numa base nacional, não mais se limitando ao Sul – e a incidência de linchamentos no sul mais que duplicou no período de 1917 a 1919, enquanto no verão de 1919 revoltas raciais irromperam em Chicago e em outras cidades do norte. Wilson, de origem sulista, não era simpático às demandas dos afro-americanos e nada fez para ajudá-los. Simultaneamente, sua administração incentivou a histeria anticomunista do período levando à invasão dos escritórios soviéticos em Nova York e deportando trabalhadores de origem russa.[29] Se durante a guerra o movimento trabalhista americano foi beneficiado, depois do armistício ele sofreu um revés.

Finalmente, a França também sofreu com a inflação e uma agitação nas indústrias depois da guerra, culminando com uma greve nacional das ferrovias malsucedida em 1919. Entretanto, os novos governos que se seguiram à partida de Clemenceau no final daquele ano rapidamente desmantelaram os controles de preços e da produção, com o movimento trabalhista ganhando uma jornada semanal de trabalho com menos horas, mas não muito mais que isto. Em 1920, a SFIO e o CGT se separaram em ala socialista e ala comunista, forçando os socialistas a se recusarem a fazer parte do governo por medo de perder seus seguidores. Portanto, os governos de direita predominaram durante a maior parte da década de 1920, com o Cartel des Gauches, ou "bloco de esquerda" de Herriot, de 1924 (um ministério radical com o apoio, mas não a participação, dos socialistas), durando pouco mais que o primeiro governo trabalhista na Grã-Bretanha. Depois de seu colapso, Briand conduziu sua política de reaproximação com o apoio da coalizão de centro-direita, e entre 1926 e 1929, com Poincaré mais uma vez como primeiro-ministro. Por todo o mundo ocidental a agitação do ativismo da consciência de classe, durante a guerra e no pós-guerra, foi reprimida, levantando dúvidas em muitas mentes sobre por que se travara o combate.

Essa discussão enfatizou os limites dos ganhos da classe trabalhadora e dos movimentos trabalhistas, e uma ênfase similar se faz necessário ao considerarmos os avanços feitos pelas mulheres, independentemente de sua posição de classe. É verdade que elas obtiveram alguns ganhos de longa duração. Durante a guerra, roupas mais práticas e a redução de convenções, como as damas de companhia, aumentaram a liberdade das mulheres na vida diária e, no fim da guerra, elas conquistaram o direito de voto nas eleições federais americanas, com Wilson tendo apoiado a reforma como "vital para se vencer a guerra".[30] De maneira similar, na Grã-Bretanha a reforma eleitoral de 1918 estendeu o direito às mulheres com mais de 30 anos (com os autores da medida não desejando que as mulheres constituíssem a maioria do eleitorado),[31] mas na França, onde a Câmara dos Deputados aprovou uma lei para emancipar as francesas, o Senado – temendo a influência clerical sobre as eleitoras – rejeitou-a, e a reforma teve que esperar outra geração.[32] Além disso, as mulheres de classe média e trabalhadoras aumentavam permanentemente sua presença na força de trabalho. Na Grã-Bretanha, as oportunidades de empregos de colarinho-branco para elas foram maiores depois da guerra,[33] e elas se beneficiaram do Ato de Desqualificação (Remoção) de Sexo de 1919, que abriu profissões como de advogada e arquiteta, bem como no próprio parlamento.[34] Também na França, houve empregos para mulheres nas áreas das finanças e do comércio, e essas profissões cresceram durante a guerra e continuaram a crescer depois dela.[35] Mas, com essas exceções, o aumento do poder econômico das mulheres que caracterizou os anos de guerra foi temporário, e depois de 1918 elas foram expulsas sem cerimônia do mercado de trabalho.

Embora alguns autores tenham argumentado que o trabalho durante a guerra constituiu uma forma de emancipação feminina, outros questionam se trabalhar longas horas e receber pagamento desigual em fábricas insalubres (contra um fundo de filas e racionamentos, além da ausência dos amados) realmente mereça esse rótulo.[36] Contudo, muitas mulheres britânicas, pelo menos, acharam o trabalho de guerra realizador e gostariam de ter continuado em empregos semelhantes depois do armistício.[37] Foi-lhes negada a escolha. O Ato de Restituição das Práticas Pré-Guerra, passado durante a guerra, obrigou as britânicas a aceitarem trabalhos na indústria e abrirem mão deles assim que o conflito terminou. A força de trabalho e a maioria dos sindicatos aceitaram a visão do governo de que os homens que voltavam do serviço militar (que eram vistos como o arrimo normal de família) deviam ter prioridade. As mulheres foram demitidas em massa, em maio de 1919 elas constituíam três quartos dos desempregados. Elas receberam uma "doação de desemprego" durante seis meses (de menor valor que a dos homens) e só podiam se candidatar a empregos nas "tradicionais ocupações femininas", como a indústria têxtil. Depois de 1922, todas as mulheres casadas foram automaticamente excluídas do seguro-desemprego, na suposição de que era responsabilidade de seus maridos sustentá-las. Muitas foram forçadas a voltar ao trabalho doméstico, do qual tinham tido esperança de escapar, ou sair completamente do mercado de trabalho, enquanto a imprensa, que as tinha louvado durante a guerra, agora as condenava por negar emprego aos ex-soldados. Em 1921, a porcentagem de mulheres "em trabalho remunerado" voltou a cair (30,8%) com relação a 1911 (32,3%). Além dos valores intangíveis do companheirismo e da autoconfiança, para a maioria das mulheres o trabalho de guerra ofereceu poucos benefícios duradouros.[38] Nos Estados Unidos, cerca de 1 milhão de mulheres trabalhava durante a guerra, apesar da feroz hostilidade dos sindicatos; a maioria era solteira e vinha de empregos com salários mais baixos, para os quais depois retornaram. Em 1920, as mulheres constituíam uma porcentagem menor da força de trabalho que em 1910.[39] A França diferia disso, uma vez que uma proporção mais elevada de mulheres (especialmente as casadas) do que na Grã-Bretanha estava empregada antes da guerra, mas também nesse caso o impacto duradouro do conflito foi leve. Na metalurgia, 5,5% da força de trabalho em 1911 era de mulheres, e em 1918 era de 25%, mas em 1921, de 9,5%, patamar em que permaneceu no restante do período entre as guerras. Pensões e uma nova legislação contra a contracepção e o aborto destinaram-se a incentivar a mulher a voltar aos trabalhos domésticos e reviver a debilitada taxa de nascimentos, o que agora era mais urgente que nunca.[40] Embora as mulheres de classe média tivessem maior oportunidade de permanecer na força de trabalho, o contraste geral entre seu destino e o das mulheres e dos homens da classe trabalhadora resumia na restauração mais ampla das hierarquias anteriores à guerra.

* * *

No final da década de 1920, a guerra parecia estar perdendo sua força não apenas como fonte de conflito internacional, mas também como fonte de desafio à ordem social. Além disso, o estabelecimento de um culto generalizado de celebração da guerra tinha o potencial de agir como força conservadora, patriótica e integrativa, e os governos deliberadamente incentivavam-no com essa intenção. O fenômeno da "lembrança" era uma das mais surpreendentes novidades da década, e trazia consigo uma especial carga emotiva devido ao balanço humano do conflito.

QUADRO 5
Mortos na guerra[41]

Reino Unido	723.000
Império Britânico (excluindo o RU)	198.000
França	1.398.000
Rússia	1.811.000
Itália	578.000
EUA	114.000
Outros Aliados	599.000
Total dos Aliados e EUA	5.421.000
Alemanha	2.037.000
Áustria-Hungria	1.100.000
Bulgária e Turquia	892.000
Total das Potências Centrais	4.029.000
Total geral	9.450.000

O número de civis mortos é mais difícil de precisar que o de militares, mas os que morreram de doenças e fome associadas à guerra ou por bombardeios e invasões podem ter chegado a meio milhão na Alemanha e um número mais alto na Áustria-Hungria e Itália, enquanto na Sérvia e Montenegro as baixas relativas à população total foram as piores de todas. Incluindo as estimativas de bebês nunca concebidos devido à mobilização de seus pais (possivelmente 3,6 milhões na Áustria-Hungria, mais de 3 milhões na Alemanha, 1,5 milhão na França e na Itália, e mais de 0,7 milhão na Grã-Bretanha), bem como os que morreram na guerra civil russa e na pandemia de Gripe Espanhola, o déficit total de população da Europa entre 1914 e 1921 pode ter excedido 60 milhões.[42] O precedente mais próximo na história europeia foram os 3,1 milhões de mortos nas Guerras Napoleônicas (pelo menos metade deles franceses), mas essas mortes ocorreram durante 15 anos de campanhas intermitentes. Listas mais recentes de mortos, como os 190 mil da Guerra Franco-Prussiana, haviam sugerido as perdas que o moderno poder de fogo podiam infligir, mas em nenhum conflito anterior, com exceção da Guerra Civil Americana, as sociedades ocidentais haviam combatido umas às outras com exércitos monstruosos e armamentos modernos por mais de um ano. Dada a concentração de mortos entre jovens de 20 a 30 anos, em 1918 poucas famílias dos beligerantes europeus não tinham sido afetadas. Só na Grã-Bretanha, cerca de 3 milhões de pessoas perderam um parente próximo.[43] A Europa do pós-guerra foi obscurecida pelo que Stephen Graham chamou de "o desafio dos mortos".

A primeira parte desse desafio foi recuperar, identificar e enterrar os corpos. Ficou claro para os contemporâneos das campanhas iniciais que essa guerra era a maior da história, e eles acreditavam que sua memória devia ser mantida viva, não apenas em honra dos tombados, mas também para impedir que eles se tornassem uma questão indiferente para as gerações futuras, que poderiam não entender nunca o que a da guerra havia suportado. Os nomes dos desaparecidos devem ser preservados,[44] e já durante a guerra os beligerantes prepararam-se para comemorá-los. A elegia "Aos tombados", de Laurence Binyon, cujo refrão "Haveremos de lembrá-los" tornou-se parte integrante dos rituais do Dia Britânico do Armistício, foi escrita em setembro de 1914. Os beligerantes da Europa Ocidental rapidamente estabeleceram que todos os soldados mortos, de qualquer graduação, seriam enterrados em cemitérios especiais. A legislação americana durante a Guerra Civil fornecera o precedente, mas não havia nenhum na Europa, onde os mortos das Guerras Napoleônicas foram atirados na vala comum (e seus restos mortais até reutilizados como fertilizante agrícola). Contudo, durante o século XIX, tremendas mudanças românticas e humanitárias recusaram as atitudes das sociedades ocidentais para com os mortos, e os exércitos de cidadãos democráticos, voluntários ou convocados, evocaram sentimentos diferentes daqueles das forças mercenárias de conflitos anteriores.

Os franceses promulgaram uma legislação em 1914 criando cemitérios militares; no fim de 1915, já reuniam seus mortos para o sepultamento,[45] e o Ministério da Guerra publicou um regulamento para o permanente cuidado com os túmulos. Em 1916-17 surgiram propostas de um mausoléu nacional em Verdun.[46] Outros países seguiram o exemplo. Na Grã-Bretanha, um indivíduo notável, Fabian Ware, iniciou o trabalho do registro dos mortos. A subsequente Comissão de Registro dos Túmulos foi renomeada Comissão Imperial dos Túmulos de Guerra (IWGC, na sigla em inglês) em 1917. Relicários de rua tinham aparecido no East End de Londres no ano anterior, listando os mortos de cada bairro;⁴⁷ a Associação das Artes Cívicas realizou uma conferência amplamente divulgada sobre o projeto do memorial, e a Real Academia de Artes criou um comitê de arquitetos e escultores. Antes do fim da Guerra, a IWGC já havia indicado os homens – Sir Edwin Lutyens, Sir Herbert Baker e Sir Reginald Blomfield – que projetariam os principais monumentos na França e na Bélgica, determinariam as características dos cemitérios do Império Britânico. Lápides uniformes marcariam os túmulos, independentemente da graduação. As famílias podiam acrescentar suas próprias inscrições, mas não podiam construir memoriais particulares. Cada cemitério incluía uma Pedra da Lembrança, projetada por Lutyens, com uma inscrição bíblica: "Seus nomes viverão para sempre", selecionada por Rudyard Kipling, e a "Cruz do Sacrifício", mais explicitamente cristã. Seu desenho representaria um compromisso entre a imagística convencional da religião e elementos mais abstratos.⁴⁸ Assim que os canhões silenciaram, as primeiras tarefas nos campos de batalha eram remover o detrito do combate, explodir as minas e bombas, recuperar o solo e reconstruir cidades e vilas. Ao longo da Frente Ocidental, essas tarefas foram quase finalizadas em cinco anos, mas monumentos como a catedral e o prédio medieval conhecido como Salão dos Tecidos de Ypres estavam sendo perfeitamente reconstruídas e só ficariam completos entre 1930-32. Dos cadáveres, muitos dos quais tinham sido enterrados (quando acontecia) em valas comuns ou sem indicações, dezenas de milhares estavam condenados a permanecer anônimos. O governo americano embarcou de volta os corpos identificáveis que suas famílias desejavam: eventualmente, cerca da metade do total.⁴⁹ Os 30 mil que ficaram foram reunidos em oito cemitérios militares (o maior deles nas encostas do Mosa-Argonne em Romagne), que estabeleceram os altos padrões de projeto e manutenção copiados por outros países. O governo britânico enterrou os mortos próximo de onde tombaram, em parte por motivo de custo, mas também para equidade entre os que tinham e não tinham sido identificados. A decisão tornou a visita ao local de descanso dos entes queridos muito difícil para a maioria dos britânicos e proibitiva para as famílias dos Domínios. Finalmente, as autoridades francesas também ordenaram inicialmente que os corpos dos soldados ficassem no local onde tombaram ou perto dele, mas depois que muitos foram exumados particularmente, essa ordem foi abrandada. Os restos mortais de cerca de 300 mil dos 700 mil franceses identificados afinal voltaram para casa.⁵⁰

Embora as buscas oficiais por corpos da BEF terminassem em 1921, em 1939 outros 38 mil foram descobertos. No início da década de 1930, a IWGC havia terminado cerca de 918 cemitérios na Frente Ocidental, com 580 mil corpos identificados e 180 mil não identificados; outros cemitérios foram abertos na Itália, nos Bálcãs, em Galípoli, no Iraque e na Palestina. O clímax de seu trabalho foi o descerramento de grandes arcos listando os nomes dos desaparecidos: o Portal Menin de Bloomfield, em Ypres, com 54.896 nomes, terminado em 1927 (com outros 34.888 sendo inscritos nas paredes do cemitério de Tyne Cot, em Passchendaele); o Arco Thiepval de Lutyens, em 1932, portando os nomes de 75.357 mortos no Somme e sem túmulo conhecido. Os dois arquitetos usaram versões modificadas das formas tradicionais: o arco e o portão da vitória remetem aos tempos clássicos do início da Europa moderna, embora essas novas estruturas homenageassem o sacrifício de soldados comuns, e não os triunfos dos generais e imperadores, uma inovação que, na Grã-Bretanha, por exemplo, só datou da Guerra Sul-Africana.[51] Os arquitetos dos Domínios que acrescentaram seus memoriais em separado (contra as preferências do governo imperial) foram mais ousados, particularmente no caso do Memorial Nacional de Guerra do Canadá em Vimy Ridge, que, com seus dois pilares em forma de obelisco e figuras simbólicas, só foi inaugurado em 1936.[52] O esforço francês ainda maior na construção de cemitérios foi principalmente uma empreitada estatal, embora seus componentes mais impressionantes – quatro ossários com status de memoriais nacionais em Douaumont (Verdun), Dormans, Notre-Dame-de-Lorette e Hartmannsweilerkopf – tenham sido construídos pela iniciativa privada, em que a Igreja esteve grandemente envolvida.[53] Por esse motivo, todos eram capelas e também repositórios de milhares de ossos anônimos. O ossuário de Douaumont, inaugurado em 1932, foi, devido a seu tamanho e associações, o mais significativo, contendo um total estimado de 32 mil soldados franceses. Entretanto, enquanto Notre-Dame-de-Lorette assumia a forma abertamente católica de uma basílica românica, Douaumont era mais modernista, para não dizer um frio edifício industrial, colocado sobre uma base como a muralha de uma fortaleza, mas encimado por um enorme pedestal sobre o qual uma cruz foi inscrita.[54]

    Os monumentos dos campos de batalha representavam apenas uma parte do esforço de construção. Os memoriais de alguns países deixaram uma marca arquitetônica em todo o mundo ocidental. Cerca de 54 mil foram construídos nas Ilhas Britânicas, 38 mil na França e pelo menos 1.500 na Austrália – um para cada 40 soldados mortos e para cada 3 mil pessoas da população.[55] Na Nova Zelândia, mais de 500 foram construídos.[56] A maioria foi erigida no início da década de 1920, mas alguns só surgiram dez anos depois. Na França, o governo forneceu um pequeno subsídio, mas não se obrigou a construir, e a iniciativa partiu, como no Império Britânico, das comunidades locais. Por esse motivo, foi possível maior variedade de cemitérios oficiais, e os memoriais revelavam mais sobre a resposta das cidades e vilas do massacre em massa. O que nos países anglo-saxônicos normalmente era chamado de memorial de guerra, na França se tornou "monumento aos mortos" (*monuments aux morts*). Sua função básica, na França ou na Grã-Bretanha, era listar os mortos; na Austrália, que havia rejeitado o alistamento obrigatório, tinha o propósito potencialmente mais divisor de registrar todos os voluntários, mortos ou retornados. Os monumentos franceses foram descritos como morada dos que "morreram pela França", enquanto a maioria dos memoriais britânicos eram menos abertamente patrióticos. Os monumentos franceses raramente eram de uma religiosidade explícita, e a maioria em geral assumia a forma de obeliscos, urnas funerárias e estátuas de soldados da infantaria.[57] Na Grã-Bretanha, os soldados eram raramente representados, com cruzes celtas rivalizando com colunas e obeliscos, e os temas redentores cristãos eram comuns na estatuária e nas inscrições.[58] Nos Estados Unidos, esses memoriais eram em menor número e quase sempre assumiam formas utilitárias, tais como bibliotecas ou salas de reuniões. Em geral, os monumentos locais eram conservadores no tratamento, evitando deliberadamente o modernismo artístico e recorrendo à imagística familiar e evocativa da tradição clássica, bíblica e romântica para expressar a dor de suas comunidades e materializar alguma forma de significado para seu sacrifício.

O desenho dos memoriais nacionais de guerra servia aos propósitos do Estado, e não à família e à comunidade, sendo mais sujeitos à contestação. Assim, embora um memorial nacional irlandês já estivesse pronto em 1928, sua localização era bem fora de Dublin, para evitar que recebesse proeminência política.[59] Na Grã-Bretanha, os planos para um novo bulevar em Londres e um imenso salão da memória nunca se realizaram, embora o Museu Imperial da Guerra tenha sido estabelecido com apoio oficial em 1917.[60] Um museu também ocupava o centro do Memorial Australiano da Guerra em Camberra, que só foi terminado em 1941.[61] Um memorial sul-africano foi construído em Delville Wood, no Somme, usando uma estátua de Castor e Pólux de mãos dadas, para simbolizar a colaboração entre sul-africanos brancos de descendência bôer ou britânica.* Os nomes dos 64.449 indianos mortos na guerra foram inscritos no arco do Portal da Índia, em Nova Déli, e outro monumento a eles, num estilo característico, foi construído no campo de batalha de Neuve Chapelle, o local de sua batalha mais custosa na Frente Ocidental. Contudo, as mais características criações do período (e outra inovação) foram as tumbas dos Soldados Desconhecidos. Até certo ponto, um precursor da ideia na Grã-Bretanha foi o cenotáfio, ou seja, um túmulo literalmente vazio, que Lutyens desenhou como destaque temporário para a parada da vitória de Whitehall que celebrava o tratado de paz. O cenotáfio ficou tão popular que uma substituição permanente foi inaugurada em 11 de novembro de 1920, quando o Soldado Desconhecido (para mencionar o título correto) foi enterrado na Abadia de Westminster. A ideia para esse túmulo parece ter se originado separadamente na França e na Grã-Bretanha. Ele tinha um significado especial depois de um conflito que simplesmente havia obliterado sem traço enormes números de combatentes. Em Paris, um soldado foi

---

*   Seiscentos e oito sul-africanos negros membros do Contingente Trabalhista Nativo Sul-Africano que se afogaram quando o SS *Mendi* afundou no canal da Mancha são anualmente lembrados em Atteridgeville, perto de Pretória. Agradeço a J. L. Keene for esta informação.

enterrado no mesmo dia sob o Arco do Triunfo, em meio a um elaborado – para não dizer macabro – ritual, e outros foram enterrados em Bruxelas e nos Estados Unidos.[62] Tendo despejado recursos sem precedentes na guerra, a nova civilização industrial agora a celebrava da mesma forma, numa arquitetura comemorativa sem paralelo desde o antigo Egito. Contudo, os monumentos não eram simples representações estáticas: transformaram-se em pontos focais para atos públicos de luto, e neles modelos de rituais foram pioneiros do que, desde então, se tornaram comemorações fixas do calendário.

Na Grã-Bretanha, o ponto inicial era uma observação de silêncio. Na Cidade do Cabo, um silêncio diário tinha sido observado durante a guerra, e o antigo Alto Comissariado da África do Sul apresentou a ideia ao gabinete de Lloyd George, com o objetivo, como ele escreveu, não de lamentar, mas de saudar os mortos e presentear com um lembrete as gerações futuras. Anunciados por foguetes, tiros de canhão e toques de sino, o impacto dos dois minutos de silêncio no meio de um dia de trabalho, às 11 da manhã, no dia 11 de novembro de 1919, foi inesperadamente surpreendente, e começaram os pedidos imediatamente para que se tornasse um evento anual. As lojas paravam de funcionar, os homens tiravam o chapéu e se inclinavam nas praças do mercado, as usinas de algodão de Lancashire e a bolsa de Londres suspenderam o trabalho, e os trens permaneceram em seus trilhos. Em novembro de 1920, o Silêncio (normalmente com letra maiúscula) acompanhava a dedicação do cenotáfio e o enterro do Soldado Desconhecido. Cerca de 1 milhão de visitantes renderam-lhe homenagens em sua tumba em uma semana, 100 mil coroas foram depositadas no Cenotáfio, e dias depois havia uma fila de 11 km para depositar flores. Em anos posteriores, os memoriais de guerra (frequentemente inaugurados em 11 de novembro) tornaram-se a cena de rituais locais fazendo eco aos da capital. No Domingo da Lembrança, o domingo mais próximo do Dia do Armistício, as principais denominações religiosas britânicas realizavam serviços especiais, normalmente incorporando uma procissão ao memorial com veteranos em posição de destaque. A venda de papoulas para o Fundo Haig para os inválidos começou em 1921 e, mais uma vez, teve uma resposta maciça e inesperada: usar papoulas logo se tornou um hábito quase universal. O acréscimo do Festival da Lembrança da Legião Britânica no Albert Hall em 1927, centrado na comunidade entoando canções do tempo da guerra e 1 milhão de papoulas caindo do teto para celebrar aqueles que passaram normalmente a ser denominados "o milhão de mortos", praticamente completou o complexo da lembrança. A partir do fim da década de 1920, tiveram início as "peregrinações" aos campos de batalha, organizadas pela Sociedade St Barnabas e a Legião Britânica, e a partir dessa época, o Toque de Recolher soava toda noite em Menin Gate. Na década de 1930, os serviços do Cenotáfio no Dia do Armistício eram transmitidos em rede nacional, e o Festival da Lembrança para todo o império. Contudo, na Austrália, o Dia de Anzac, uma celebração dos desembarques em Galípoli, em 25 de abril de 1915, transformou-se, já durante a guerra, numa ocasião maior que a lembrança de novembro, e entre os protestantes da Irlanda do Norte, a data de 1º de julho – quando a Divisão do Ulster, no aniversário da Batalha do Boyne, de 1690, havia atacado no Somme e perdido um terço de suas forças – tinha um significado excepcional.[63]

O mais próximo paralelo a esses acontecimentos no Império Britânico ocorreu na França. Ali, as cerimônias de novembro não foram eventos estatais como na Grã-Bretanha, mas organizados por associações de veteranos, que, em 1922, foram responsáveis por uma lei que tornava o 11 de novembro um feriado público. O ossário de Douaumont serviu como foco alternativo para Paris; a partir de 1927, ele testemunhou uma vigília e uma deposição de flores anuais para comemorar o início da batalha de Verdun em fevereiro de 1916, bem como uma celebração pela vitória sobre o último ataque alemão em junho. Embora o clero participasse da celebração e a celebração do Dia do Armistício (que ocorria perto da homenagem aos mortos no dia de Todos os Santos) devesse muito à liturgia católica, os veteranos e seus estandartes eram sua característica mais marcante.[64] Contudo, como na Grã-Bretanha, a observação do silêncio era o centro de tudo.

Com o passar do tempo, tornou-se mais difícil apreender o significado dessas cerimônias. Os dois minutos de silêncio (um minuto na França), o enterro de soldados desconhecidos, a construção dos cemitérios, tudo isso resultava de atos oficiais, cuja intenção pôde ser reconstruída a partir das minutas do gabinete e dos debates parlamentares. O que os rituais do Armistício, Anzac e Verdun significavam intimamente para centenas de milhares de pessoas que participavam é algo mais indefinível. Na Grã-Bretanha, os "bailes da vitória", com que, todo novembro, os veteranos celebravam sua sobrevivência, foram criticados pela imprensa e o clero como algo impróprio, tendo sido por fim abandonados. Discursos e sermões assumiram uma nota de seriedade, para não dizer de imprecação: a família e os amigos dos mortos deveriam se sentir orgulhosos, o sacrifício não tinha sido em vão, os mortos haviam tombado por uma causa justa e nobre, bem como para estabelecer a paz duradoura, e o destino da Inglaterra era servir a humanidade.[65] O tom era patriótico, mas raramente chauvinista. De maneira similar, as cerimônias de 11 de novembro na França incluíam bandeiras, toques de clarim e a entoação da Marselhesa, mas eram menos celebrativas do que o governo gostaria. Além disso, as associações de veteranos rejeitavam as conotações religiosas no fato de essas celebrações caírem no domingo mais próximo, e para evitar a aparência de militarismo, recusavam-se a marchar compassadamente.[66] O coração da cerimônia era a leitura em voz alta dos nomes e a colocação de coroas; as homilias que se seguiam não mencionavam nem vingança por 1870 nem a Alsácia-Lorena, mas enfatizavam que a França tinha lutado pelo direito e a liberdade, tendo repelido a agressão. O esforço não fora em vão, mas a vitória era mencionada só em conjunção com o horror e os custos.[67] Como a própria guerra havia sido um aprendizado sobre os modernos conflitos, no período que se seguiu a ela os países ocidentais desenvolveram novos modos de lamento, mas se voltando decididamente para os motivos cívicos e religiosos estabelecidos. O Soldado Desconhecido britânico foi enterrado com uma espada de cruzado para denotar o caráter cavalheiresco de sua causa. Em sociedades que eram só parcialmente descristianizadas, esses símbolos tinham um potencial evocativo e tranquilizador que faltavam às alternativas abstratas e modernistas.[68] Contudo, os organizadores dos rituais do Dia do Armistício também desejavam comunicar uma mensagem para o presente: o governo britânico esperava desviar as atenções do conflito social do pós-guerra, e, na França, os discursos dos veteranos insistiam na necessidade de unidade nacional. Os rituais de comemoração podem efetivamente ter ajudado a servir esses propósitos, mas apenas porque a Grã-Bretanha e a França eram sociedades relativamente homogêneas com incontestadas identidades nacionais. Na Austrália, as comemorações do Dia de Anzac inevitavelmente celebravam os que haviam sido voluntários, mais que os que haviam sido convocados, e, por extensão, os mais protestantes e anglo-saxões que os elementos católicos e irlandeses da população do país.[69] A comemoração da guerra podia não ser consolidadora, mas, na verdade, era subversiva.

* * *

As sociedades feridas dos anos que seguiram a 1918 não tinham apenas que enterrar seus mortos, mas também se ocupar dos vivos – os veteranos inválidos e saudáveis, as viúvas e os órfãos. A França metropolitana havia mobilizado 7.893.000 homens, dos quais 6.492.000 sobreviveram. De cada cem homens com mais de 20 anos em 1930, 45 eram veteranos. Na década de 1930, o governo pagava quase 1,1 milhão de pensões aos que haviam sido vítimas de ferimentos ou doenças durante a guerra.[70] Na Grã-Bretanha cerca de meio milhão de soldados haviam ficado seriamente inválidos, dos quais mais de 240 mil eram de amputados, 60 mil de perturbados mentais devido à luta e 10 mil de cegos.[71] A obrigação era de longo prazo: pouco antes da Segunda Guerra Mundial, 222 mil oficiais e mais de 419 mil de outras patentes ainda estavam recebendo pensão por invalidez.[72] Em 1942, mais da metade dos 68 mil homens em tratamento nos hospitais americanos para veteranos sofria de problemas psiquiátricos provocados pela Primeira Guerra Mundial.[73] A reintegração dos saudáveis era um problema potencialmente tão grande quando o cuidado com os mortos e os inválidos. Durante a guerra, a ansiedade atormentava os milhões de rapazes que haviam passado anos longe da família e do local de trabalho e que haviam sido armados e treinados para matar. Em vez de um reajuste agradecido à longa insignificância da vida dos tempos de paz, eles podiam vagar por suas margens, voltando-se para a violência e o extremismo.[74]

Como ficou comprovado, a grande maioria dos homens que voltava da guerra provavelmente queria apenas voltar à rotina da vida civil,[75] mas uma significativa minoria não conseguiu se reajustar. Os governos do pós-guerra arriscariam ir à falência se fossem generosos para com os sobreviventes, e à agitação civil se fossem frugais. Todos os países enfrentaram o desafio durante a desmobilização, mas o problema mais persistente da lealdade dos veteranos ao *status quo* atingiu o clímax na década de 1930. Uma distinção básica se fazia entre a Grã-Bretanha, a França e os Estados Unidos, todos eles tendo lidado com sucesso com o problema, e a Itália e a Alemanha, que não obtiveram o mesmo sucesso.

Dois outros legados da guerra foram, portanto, um novo aparato de provisão do bem-estar social nos antigos países beligerantes e uma rede de associações de veteranos. A Grã-Bretanha tinha tradicionalmente dedicado atenção a seus ex--combatentes, em grande parte por instituições particulares de caridade, e teve que fazer um ajuste maior que no continente. Entretanto, as pensões por separação dos tempos da guerra estabeleceram um precedente para as pensões de viúvas e órfãos, com um Ministério das Pensões (que era essencialmente um ministério de pensões de guerra) sendo estabelecido em 1916-17.[76] Em 1915, quando os prováveis números permaneciam pequenos, a legislação ofereceu um treinamento para os inválidos, e o governo anunciou que todos os ex-combatentes receberiam seguro-desemprego por 12 meses.[77] A relutância do Tesouro em assinar um cheque em branco estabeleceu os limites para essas preparações, e o descontentamento era suficientemente forte para criar um movimento dos veteranos que, por certo tempo, ameaçou se tornar amargurado e alienado. Enquanto a guerra prosseguia, os soldados liberados conseguiam empregos que não exigiam habilidade específica, porém maior treinamento, e suas pensões caíam abaixo da inflação. Em 1916, a Associação Blackburn (mais tarde, Associação Nacional de Soldados e Marinheiros Dispensados – NADSS, em sua sigla inglesa) levantou-se em protesto contra a maneira como muitos deles eram tratados; e a legislação que, em 1917, promulgou que os feridos e dispensados podiam ser reconvocados para a luta provocou grande indignação e levou ao surgimento da Federação Nacional dos Soldados e Marinheiros Dispensados e Desmobilizados (NFDDSS, na sigla em inglês). Como essas duas entidades fossem politicamente de esquerda, Lorde Derby (o arquiteto do esquema Derby) criou um rival mais respeitoso, os Camaradas da Grande Guerra (CGW, na sigla em inglês). Em 1919, a NADSS tinha cerca de 50 mil membros, a NFDDSS talvez 100 mil, e a CGW mais que as duas.[78]

Não obstante o sucesso de Derby, 1919 foi um ano de grande inquietação, numa época de agudo conflito industrial e protesto da polícia e das tropas em serviço, e os grupos de veteranos ficaram sob a supervisão de uma Divisão Especial. Uma nova organização, o Sindicato dos Soldados, Marinheiros e Homens do Mar, tentou organizar as tropas em serviço; uma demonstração da NFDDSS no Hyde Park terminou em choque com a polícia;

os veteranos se revoltaram em Luton e queimaram a prefeitura. Os memoriais de guerra consumiam recursos que poderiam ter ajudado os sobreviventes, como insistiram os protestos de novembro de 1920. Durante 1919-20, o aumento do desemprego era um problema, mas os representantes dos soldados queriam pensões por invalidez mais altas, um processo mais sensível das solicitações de pensão, melhor reabilitação e treinamento, e "justiça, e não caridade". Até certo ponto, as autoridades desmontaram o movimento satisfazendo às suas queixas mais prementes. As reformas do fim de 1919 estabeleceram um direito ao treinamento estatal e preferência para ex-combatentes nas trocas de emprego. O Ato das Pensões de Guerra, de maneira similar, estabeleceu que as pensões não eram mais uma generosidade real, mas um direito estatutário, com as provisões para apelos com relação ao direito à pensão e a escalas de pagamento em número crescente.[79] O governo usou os veteranos, em 1919-21, como Auxiliares e Blacks and Tans ("Escuros e Claros")* contra a guerrilha republicana na campanha da Irlanda,[80] na qual alguns deles ganharam má reputação, mas as associações de ex-combatentes não conseguiram emergir como força política independente. Eles inscreveram 29 candidatos na eleição de dezembro de 1918, mas apenas um foi eleito. Além disso, embora o retreinamento tivesse sido eliminado e os ex-combatentes fossem bastante afetados com o desemprego em massa que surgiu após 1920, suas organizações moveram-se para o centro, a NFDDSS, a NADSS e os CGW se fundindo para formar a Legião Britânica em 1921.

Esse foi o preeminente corpo de veteranos a partir daí, e notavelmente moderado, votando para Haig (com algumas dissensões) como seu primeiro presidente e Jellicoe como segundo. O corpo lutou tenazmente, e com considerável sucesso, em favor dos direitos de emprego para os veteranos e dos benefícios das pensões. Além disso, ele integrou os veteranos às cerimônias de lembrança, por meio do apelo da papoula, do Festival da Lembrança e das peregrinações aos campos de batalha. Se alguma vez houve a oportunidade de a extrema esquerda ou a direita reunir os ex-combatentes por trás da mudança política, ela agora deixou de existir.

O movimento dos veteranos franceses seguiu uma trajetória similar, também surgindo durante a guerra e sendo, a princípio, fragmentado e polarizado. No início da década de 1930, era o maior desses movimentos, com cerca de 3 milhões de membros, ou quase metade dos combatentes do país que sobreviveu.[81] Uma primeira onda de

---

*   Os Blacks and Tans foram uma força de combate de elite composta principalmente por veteranos britânicos da Primeira Guerra Mundial, empregados pela Royal Irish Constabulary (a Real Polícia Irlandesa) como força especial entre os anos de 1920 e 1921 para reprimir as rebeliões na Irlanda. Apesar de ter sido formado com a intenção de combater os membros do Exército Republicano Irlandês (IRA), foram frequentemente empregados na repressão de outros movimentos populares. O nome da força é devido a um tradicional coquetel feito de uma mistura de cerveja clara e escura. (N.T.)

organizações apareceu em 1915-17 para lutar pelos direitos dos inválidos descartados a melhores pensões e oportunidades de emprego. A Union Fédérale (UF) surgiu nesse período e se tornou o maior grupo único. Uma segunda onda surgiu depois do armistício, com 1919 marcando o auge do descontentamento na França e na Grã-Bretanha. Muitos soldados tiveram que permanecer mobilizados por meses até que a Alemanha assinasse o tratado de paz. Amiúde eles eram desmobilizados em circunstâncias aviltantes, sendo levados de volta em vagões de mercadorias e descobriam que o exército havia perdido os pertences que eles haviam entregado em 1914, e que tudo o que receberiam para retomar a vida civil era um terno barato. Supunha-se que seus antigos empregos estivessem reservados para eles, mas eles tinham que solicitá-lo no curto prazo de 14 dias ou arriscar-se a ficar desempregados. Contudo, como na Grã-Bretanha, o governo respondeu às demonstrações dos veteranos com concessões, isentando os soldados mais pobres de impostos retroativos e fornecendo somas em dinheiro e subsídios. Além disso, a Union Nationale des Combattants (UNC, na sigla em francês) foi criada como uma contrapartida aproximada dos CGW: ela tinha o apoio de Clemenceau, do exército e da Igreja, sendo financiada pelo mundo dos negócios, com quem cooperou no desmantelamento da greve ferroviária de 1919. Contudo, ela cresceu muito rapidamente, rivalizando com a UF, com as organizações revolucionárias e pacifistas sempre falhando em atrair muitos membros. A despeito de suas diferentes origens, a UF e a UNC cooperaram na campanha (e na obtenção) dos aumentos das pensões nas eleições de 1924, e a partir de 1927 as duas se afiliaram a uma confederação, a Conférence Internationale des Association des Mutilés de guerre et Anciens Combattants (CIAMAC). A partir daí, o movimento francês ficou sob o comando de líderes da centro-esquerda e da centro-direita como defensor patriótico (embora não nacionalista ou fascista) da Terceira República, enquanto os mortos fossem honrados e as necessidades materiais dos sobreviventes fossem adequadamente atendidas.[82]

Os acontecimentos nos Estados Unidos foram comparáveis, embora a Legião Americana fosse maior e mais vociferante que a britânica. Fundada em 1919, com incentivo do alto-comando, contava com 1,153 milhão de membros em 1931 (cerca de um em cada quatro mobilizados). Em 1927, 25 mil legionários e suas famílias embarcaram em cinco navios de careira numa "sagrada peregrinação" à França. Além de ser uma organização social, de ajuda mútua e comemorativa, com um elaborado culto à bandeira, era um formidável lobista. Em 1924 o Congresso aprovou (com o veto do presidente Coolidge) uma "lei de bônus" para indenizar os veteranos pela diferença entre seu pagamento de serviço e o que eles poderiam ter ganhado como trabalhadores civis durante a guerra; em 1932, os gastos com os veteranos americanos excediam os da Grã-Bretanha, França e Alemanha combinados. Além disso, a Legião assumiu uma posição declaradamente politizada. Sua ideologia era o

"Americanismo", sobre o qual publicou um manual. Ela fez campanha contra a imigração e identificou um conjunto de influências antiamericanas: de modo preeminente o bolchevismo, mas também o radicalismo, o socialismo e o pacifismo. Sua maior preocupação era proteger os jovens dessas influências, estabelecendo um grande movimento jovem e de professores monitores. Criado durante o "medo vermelho" de 1919, continuou marcada pelas circunstâncias de seu nascimento.[83] De maneira ampla, em todas as três democracias do Atlântico, as principais organizações de veteranos, não obstante, suportavam mais o *status quo* político que a direita e a esquerda revolucionárias.

* * *

Até este ponto, o argumento foi que a estabilização da política internacional no final da década de 1920 foi seguida pela estabilização doméstica nos antigos beligerantes. A guerra tinha incentivado tanto o socialismo radical quando o nacionalismo radical, mas em meados da década de 1920, os conservadores moderados ficaram com o governo na Grã-Bretanha, na França e nos Estados Unidos, e os desafios às tradicionais hierarquias de classe e gênero haviam sido rechaçados, enquanto investimentos em massa na arquitetura comemorativa e nos sistemas de bem-estar público ajudavam a garantir à sociedade que a guerra tinha sido por um motivo válido, que seus sacrifícios seriam celebrados e que os sobreviventes seriam cuidados. Contudo, se este era um modelo para o modo como os países beligerantes conseguiam conviver com o pós-guerra, estava longe de ser o único, e as principais potências envolvidas no conflito exibiam um arsenal de diferentes respostas. No Japão, por exemplo, também houve uma tendência para a esquerda no pós-guerra, e em 1919 o primeiro gabinete japonês que compreendia predominantemente políticos partidários, em vez de membros não eleitos, assumiu o governo. Uma década de governo parlamentarista se passou até a volta do governo militar e burocrático em 1932. Mas a guerra, em que o Japão teve menos de 2 mil mortos (celebrados de maneira nacionalista no santuário de Yasukuni, em Tóquio), era muito mais periférica em seu impacto que na Europa, e o 11 de novembro nunca se transformou em feriado nacional.[84] Na Rússia soviética, em contrapartida, onde a guerra contra as Potências Centrais tinha sido devastadora, mas eclipsada pela experiência ainda mais terrível da guerra civil e anatematizada pelos bolcheviques, nenhum monumento nacional foi construído, as organizações de veteranos eram prescritas e os cidadãos tiveram que conviver com a experiência de maneira isolada e fragmentária, sem um quadro público de comemorações.[85] Contudo, do outro lado da fronteira da Letônia, que havia pertencido ao antigo império czarista e tinha sido palco de pesados combates em 1916, a panóplia normal de monumentos e museus foi estabelecida.

Boa parte do restante da Europa continental participou de um padrão mais amplo de levantes radicais em 1919-20 e uma contraofensiva de direita em 1921-23, seguidos pela estabilização, embora em bases políticas amplamente variadas, em meados da década de 1920. Até certo ponto, a guerra sincronizou o ciclo político da Califórnia à Baviera e à Lombardia, embora, mais tarde, divergências tenham surgido. Ela também introduziu o novo fator da Revolução Bolchevique e os contínuos esforços de Lênin por ampliá-la, simbolizados pela fundação, em 1919, da Terceira Internacional (ou *Comintern*) para os partidos comunistas recém-formados, enquanto os socialistas permaneciam leais à Segunda Internacional. Na Grã-Bretanha e nos Estados Unidos, contudo, a militância do partido comunista era diminuta, embora na Alemanha e Itália (e também na França) a competição com os socialistas fosse mais acirrada. Em suma, a divulgação do comunismo fora da Rússia enfraqueceu o restante da esquerda, primeiro pelo fortalecimento da direita reacionária e a disposição dos governos de tolerar procedimentos extraconstitucionais e, segundo, pela divisão do campo progressista. De fato, em toda parte, a guerra pareceu enfraquecer o centro liberal, beneficiando o extremismo, e em muitos países contribuiu para um novo e feio estilo político paramilitar.

A Itália e a Alemanha diferenciaram-se profundamente das três democracias atlânticas, no sentido de que, na Itália, a vitória na guerra foi desdenhada como "mutilada", e na Alemanha não houve vitória nenhuma (embora muitos alemães questionassem a realidade da derrota). Apesar das controvérsias da conferência de paz, o governo italiano liberal enterrou seu Soldado Desconhecido (aos pés do grandioso monumento do Risorgimento, em Roma) e deu início à construção de imensos memoriais nas montanhas, dos quais o mais impressionante era ao Terceiro Exército em Redipuglia, local de mais de 100 mil sepulturas. O monumento de Redipuglia foi iniciado por associações de veteranos em 1920-23 e em discreto estilo clássico, mas quando o regime fascista terminou a obra na década de 1930, a ênfase recaiu na condição heroica dos soldados.[86] A diferença simbolizava uma intenção maior. A maioria dos veteranos italianos parece ter sido moderada como os veteranos de outros países, e a maior organização (a Associazione Nacionale di Combattenti) foi reformista em sua perspectiva e mais forte entre os camponeses e jovens oficiais do sul e das ilhas do Mediterrâneo, onde seus comitês locais desafiavam os donos de terra. Contudo, a crise italiana do pós-guerra criou uma oportunidade especial para uma minoria militante. O surgimento do fascismo italiano foi o primeiro de uma sucessão de desastres entre as guerras, e é difícil imaginá-lo sem os eventos de 1914-18. O conflito contribuiu para o triunfo fascista em pelo menos quatro grandes acontecimentos, o primeiro dos quais foi a conversão do próprio Mussolini de radical socialista para um intervencionista que foi soldado da linha de frente. O segundo foi o estímulo ao nacionalismo xenófobo propiciado pela controvérsia quanto à intervenção italiana e pela decepção com o acordo de paz. Em terceiro lugar, o triunfo do movimento fascista veio com a agitação social em todo o país de 1919-21, que tinha precedentes anteriores à guerra, mas nunca tinha ocorrido em tamanha escala. As eleições de 1919, as tradicionais facções liberais do governo perderam sua maioria parlamentar e, no meio de uma delicada transição para a democracia de massa, a Itália teve que lidar com as distorções econômicas causadas pela guerra e com os medos provocados pelo espectro do bolchevismo, que a retórica intransigente do PSI nada fez para aliviar. No outono de 1920, as autoridades locais controladas pelo socialismo apoiaram as ocupações das fábricas urbanas e as greves dos trabalhadores rurais e os protestos no vale do Pó, enfatizando a aparente semelhança com as condições da Rússia. O quarto e último acontecimento foi a formação dos "esquadrões" fascistas, ou Fasci di Combattimento. Eles se concentravam nas cidades do norte, principalmente Milão. Os veteranos amiúde os comandavam e treinavam, e seus primeiros seguidores incluíam os equivalentes italianos das tropas de assalto do exército alemão, os Arditi (que forneceram os guarda-costas de Mussolini), e também pintores futuristas, socialistas a favor da guerra e professores universitários e do ensino médio que não tinham lutado no front.[87] Embora afirmassem que incorporavam a geração da guerra, eles, na verdade, representavam apenas uma porção dela e era um movimento político radical, organizado com base na linha paramilitar, e não num genuíno canal para as preocupações dos veteranos. Os interesses nacionais italianos e suas reivindicações na conferência de paz estavam entre as questões que os galvanizavam, mas sua hostilidade para com o socialismo era a principal causa de seu explosivo crescimento (com apoio da burguesia) como força violentamente repressora e desmanteladora das greves. Depois que conseguiu fechar a imprensa e as municipalidades socialistas, assumindo o controle em nível local, Mussolini pôde lançar sua Marcha sobre Roma em 1922, que intimidou os liberais e obrigou o rei a aceitá-lo como premiê, levando-o, antes de 1925, a completar o estabelecimento do governo autoritário. Mesmo assim, seu controle da Itália sempre ficou incompleto, e ele não viu como aliados confiáveis nem Vítor Emanuel, nem a Igreja, nem o exército, o que ajuda a explicar sua cautelosa abordagem inicial da política externa.

À primeira vista, a Alemanha parecia mais próxima da norma democrática europeia, enquanto a revolução de 1918-19 movia-se rapidamente de volta ao centro. Assim, as alemãs tiveram direito ao voto sob a República de Weimar, embora, ao mesmo tempo, fossem implacavelmente afastadas da força de trabalho. A Bosch, de Stuttgart, por exemplo, empregava 580 mulheres em 1914 e 5.245 na época do armistício, das quais prontamente dispensou 3.500.[88] Contudo, sua saída facilitou a reabsorção das tropas desmobilizadas, cujo potencial de descontentamento preocupava muito mais as autoridades.

As mulheres que continuaram a trabalhar foram forçadas a voltar para setores como o serviço doméstico e a agricultura, enquanto outras abandonaram completamente seu local de trabalho, e as taxas de casamento e nascimento (como em outros países europeus) aumentaram temporariamente no final do conflito.[89] Mas a partir do momento em que Ebert e o SPD assumiram o governo, os novos líderes tencionavam evitar o destino de Kerensky. Embora o governo prometesse a Groener que respeitaria a disciplina do exército e suprimiria a desordem,* os sindicatos concluíram o acordo de Stinnes-Legien com os empregadores, estabelecendo direitos de negociação coletiva e a jornada de trabalho diária de oito horas. O USPD renunciou ao governo interno em dezembro de 1918, e os conselhos de trabalhadores e soldados criados durante a revolução desapareceram em alguns meses. Finamente, depois de sair muito mal nas eleições de 1920 (e perder terreno para os comunistas), o próprio SPD abandonou o governo até 1928, juntando-se ao Partido Trabalhista da Grã-Bretanha e à SFIO da França na oposição. No início da década de 1920, os ganhos da classe trabalhadora com a revolução, além do acordo Stinnes-Legien, foram os conselhos dos locais de trabalho e não muito mais. Embora Stresemann, de 1923 até sua morte, quando ainda estava no posto de ministro das Relações Exteriores em 1929, insistisse em sua política externa de revisar os tratados de paz por meio da cooperação com os antigos inimigos da Alemanha, seu apoio doméstico normalmente baseava-se numa coalizão instável entre partidos de centro e de esquerda, muitos não comprometidos, em princípio, nem com a reconciliação com o exterior nem com a democracia internamente. Mesmo no período em que a República de Weimar parecia mais segura, Hindenburg foi eleito presidente da República em 1925 (em parte por causa das divisões da esquerda) – outra indicação de até que ponto o público alemão não tinha nem esquecido nem condenado a guerra.

A Alemanha de Weimar enfrentou dificuldades excepcionais ao usar o culto da memória da guerra para consolidar as instituições democráticas, já que a guerra tinha sido perdida e porque, no fim do verão de 1918, ela parecia tão próxima de ser ganha, assim dando apoio às insinuações da direita de que uma facada nas costas pelos inimigos internos havia humilhado um exército não derrotado. Ela também enfrentou problemas mais práticos. Em boa parte da Frente Oriental, os alemães não tinham acesso aos campos de batalha, e mesmo a oeste os franceses relutantemente facilitavam o acesso, e os invasores foram obrigados a abandonar seus mortos insepultos onde estavam. Os governos das antigas Potências Centrais tampouco podiam gastar muito na construção de memoriais, e os túmulos de seus soldados eram cuidados por organizações particulares: o Volksbund Deutsche Kriegsgräberfürsorge (VDK) na Alemanha e a Cruz Negra na Áustria. Como os franceses e os britânicos, os alemães usaram marcadores uniformes e o simbolismo

---

* Ver livro 3 ("As consequências"), cap. 6.

cristão, embora seus túmulos fossem marcados por uma pedra ou cruzes de ferro, e nenhuma inscrição individual era permitida – a construção de seus cemitérios parece mais regimentada e austera que suas contrapartidas dos Aliados. Quanto aos memoriais, significativamente conhecidos como "memoriais do soldado" (*Kriegerdenkmäler*),[90] em vez de memoriais da guerra ou aos mortos como na Inglaterra e na França, ferozes controvérsias quanto a seu projeto e instalação testemunhavam os contínuos debates iniciados em 1917 quanto ao significado e valor do esforço de guerra. De maneira distinta, a Alemanha era o *Heldenheim*, ou "bosque dos heróis", compreendendo um cadáver centrado sobre um carvalho e coberto com pedregulhos como símbolo da força primeva (*Urkraft*) de uma nação que continuava viva.[91] Assim também era o *Totenburg*, ou cidadela dos mortos. Um enorme foi inaugurado em Tannenberg em 1927 em torno dos túmulos de 20 soldados desconhecidos da Frente Oriental e cercado por muralhas semelhantes às de uma fortaleza, com Hindenburg usando a cerimônia para pronunciar um discurso belicoso.[92] Mas, apesar de um memorial nacional ter sido planejado, nunca foi construído devido às rivalidades regionais a respeito de onde deveria ser localizado, com a ocupação da Renânia pelos Aliados sendo citada como justificativa para o adiamento. Um túmulo nacional do Soldado Desconhecido tampouco existia, até que, em 1931, o governo do estado prussiano (e não o governo do Reich) dedicou um túmulo no posto de guarda da Neue Wache em Berlim. Ao contrário de suas contrapartidas ocidentais, essa abóbada permaneceu vazia.

Na amargurada paisagem política da Alemanha de Weimar, a comemoração da guerra foi motivo de ainda mais divisões. O VDK introduziu um dia nacional de luto, mas durante um serviço organizado pelo governo pelos mortos da guerra em Berlim, em 1924, o silêncio foi quebrado quando grupos rivais da multidão entoaram a "Internacional" e "A vigília sobre o Reno".[93] Um culto patriótico rival a esse patrocinado pelas autoridades centrou-se na batalha de Langemark, supostamente uma investida de estudantes voluntários cantando hinos patrióticos durante a Primeira Batalha de Ypres. Na verdade, quase tudo a respeito dessa história foi fabricado: a ação (que foi um fracasso retumbante) não foi em Langemark, a maioria das tropas era de conscritos e não se confirmou nem o que foi cantado. Mas a organização nacional dos estudantes alemães celebrou, anualmente, um Dia de Langemark, a partir de 10 de novembro de 1919. Em 1928-32, ela supervisionou a construção de um cemitério fora de Langemark, e um simpatizante nazista falou na cerimônia de inauguração. Um panfleto amplamente distribuído em 1928 contrastava os ideais de Langemark com os da República de Weimar e das democracias ocidentais.[94]

Além de construir memoriais e ter montado cerimônias de recordação, a Alemanha, como os vitoriosos, tinha que se ocupar dos sobreviventes. Aqui, mais uma vez, suas dificuldades foram excepcionais. Seis milhões de alemães eram veteranos inválidos, membros de suas famílias ou sobreviventes dependentes dos mortos; 2,7 milhões tinham algum tipo de invalidez permanente; 533 mil eram viúvas; e 1.192.000 eram órfãos. O elemento pensões do orçamento nacional subiu oito vezes entre 1919 e 1922, e entre 1924 e 1928 cerca de 30% das despesas do Reich (depois de deduzir os pagamentos das reparações e as transferências para os governos estaduais). Realmente, no final da década de 1920, os gastos com compensações de guerra como porcentagem do orçamento nacional eram mais que o dobro dos da Grã-Bretanha. Contudo, apesar dessa generosidade – que muito fez para levar o país à crise fiscal depois de 1929 –, Weimar terminou com uma população de veteranos insatisfeitos.[95]

A Alemanha já tinha uma enorme organização de ex-combatentes, a Kyffhäuserbund der Deutschen Landeskriegerverbände (KDL), que, antes da guerra, tinha cooperado com o exército no recrutamento e treinamento, tendo feito campanha contra o SPD, recusando-se a admitir socialistas como membros. Ela ergueu essa bandeira em 1915, embora subsequentemente excluísse os comunistas. Depois de 1918, Hindenburg tornou-se seu presidente honorário e ela fez uma campanha agressiva por uma "guerra de retificação", condenando a França e a Polônia pelo roubo de território alemão. Ela continuou muito grande (com 2,2 milhões de membros em 1922), e as autoridades toleraram seu caráter nacionalista, mas suspeitando de suas inclinações monarquistas, o que incentivou o surgimento de numerosos competidores.[96] Além disso, tinha uma tradição de ser altamente politizada, embora professando ser apartidária, o que foi continuado pelos novos corpos que passaram a existir em 1916-19, com os veteranos mais jovens querendo organizações diferentes daquelas de seus avós. Como nos países Aliados, os candidatos queriam pensões generosas para os inválidos e emprego garantido para os fisicamente capazes, na atmosfera divisora de 1917-19, também desenvolveram visões políticas mais ambiciosas.

O maior dos novos grupos era o Reichsbund der Kriegsbeschädigten und ehemaligen Kriegsteilnehmer (RKK), fundado em 1917. Comandado pelos socialistas, ele queria melhores pensões para viúvas e inválidos, a democratização da cidadania e uma "paz de compreensão". Em dezembro de 1918, o grupo organizou uma demonstração de 10 mil inválidos e parentes de soldados mortos, um sombrio espetáculo que impressionou profundamente vários artistas da Weimar. Em 1924, cerca de 1,1 milhão (pouco mais da metade) dos inválidos estava organizado: 640 mil no RKK, 255 mil no KDL e 209 mil no Einheitsbund, de orientação liberal. Em resposta aos descontentes, o governo publicou decretos para assegurar vagas para os inválidos no serviço público e aceitou a responsabilidade nacional por seu bem-estar. Nesse ínterim, a legislação de 1920 criou um sistema único de pensões, empregos e treinamento profissional, sob a supervisão do Ministério do Trabalho. A medida foi apressada, e nas difíceis circunstâncias econômicas da Alemanha, foi administrada sem generosidade. Mas, como os veteranos a viam, a administração foi lenta no processamento de suas reivindicações (ainda em 1925, milhares de pessoas não sabiam qual seria sua pensão), estabelecendo baixas taxas iniciais e não conseguindo ajustá-las de acordo com a inflação; além disso, cortes em 1923 excluíram centenas de milhares de pessoas com pequenos defeitos físicos. Embora a RKK apoiasse a República de Weimar, não conseguiu derrubar sua administração das pensões, e em comparação com a França, Grã-Bretanha e Estados Unidos, as divididas organizações alemãs eram lobistas menos eficientes e com fraco desempenho na satisfação das queixas dos veteranos.[97]

A Alemanha diferenciava-se dos Aliados na medida em que tinha menos espaço para a manobra fiscal e na incapacidade de cooperação de seus veteranos. Além disso, muitos de seus ex-combatentes aderiram a organizações paramilitares de massa. Como os esquadrões fascistas da Itália, essas organizações deviam agir como forças políticas de direita em vez de simplesmente defender os interesses dos veteranos, e várias delas estão abertas a não veteranos. A primeira delas foi a notória Freikorps, empregada contra os levantes de esquerda de 1919.[98] Como os Fasci di Combattimento, a Freikorps incluía muitos veteranos, mas também civis de direita, principalmente estudantes, totalizando cerca de 400 mil homens na primavera de 1919, organizados em brigadas locais sob a liderança de ex-oficiais. A Einwohnerwehren (guarda cívica), funcionando em meio período e em ação desde antes de 1915, tinha filiados mais velhos e mais variados, mas representava a classe média alemã assustada pelas manifestações da classe trabalhadora em novembro de 1918. A violência política e o assassinato (que tinham sido extremamente raros na Alemanha antes de 1914) tornaram-se marcas regulares da vida na República de Weimar, e se provinham da direita, os tribunais mostravam-se complacentes. Tendo primeiro aprovado essas organizações, o governo perdeu o controle sobre elas e, em 1920, proibiu-as, sob pressão dos Aliados e seus próprios seguidores. Mas as organizações clandestinas continuaram, e em meados da década de 1920, a Alemanha viu ressurgir as ligas paramilitares legais e abertas (*Wehrverbände*), compostas por veteranos da guerra e jovens que haviam servido em organizações pós-guerra. Os novos grupos clamavam por um governo autoritário e uma guerra de libertação contra a França, depois que os inimigos "internos" com ela negociaram. O melhor exemplo dessas organizações é o Stahlhelm (elmo de aço), cujo fundador, Franz Seldte, havia perdido o braço no Somme. O Stahlhelm excluía os judeus e os esquerdistas, e provavelmente tinha cerca de 400 mil membros em meados da década de 1920, embora fosse tomado pelos Nazi SA (os camisas-pardas ou milícia partidária) no final da década. Contudo, a maior das "ligas de combate político" foi a Reichsbanner, criada em 1924 como resposta republicana ao Stahlhelm e recrutando 1 milhão de membros ativos. O SPD, o DDP, o Centro Católico e os sindicatos apoiavam os veteranos que a comandavam, e ela estava aberta a todos que compartilhavam do objetivo de defender a República, por meios que incluíam o uso de uniformes, marchar e passar por treinamento militar. (A menor organização comunista, a Rote Frontkämpferbund, com 100 mil membros, era consideravelmente mais violenta). Mesmo na Alemanha, a Reichsbanner, como uma das maiores organizações de veteranos, não advogava nem um governo autoritário nem uma guerra de vingança, embora muitas outras o fizessem.[99]

* * *

A perniciosa influência da guerra sobre a Alemanha de Weimar é essencial para se compreender a política desse período. Na diplomacia internacional, o Plano Briand e o Pacto Kellogg-Briand podem ser vistos como respostas à memória de 1914-18, e antes da guerra nenhum dos dois teria sido concebido como política oficial, mas como visões de idealistas. A revelação do que a guerra moderna podia significar estimulou os esforços para que ela fosse prescrita, bem como transcender o velho sistema de Estados. Depois de cinco anos de reaproximação franco-alemã, a partir de 1924, e acoplada à recuperação econômica e à diminuição do extremismo político, poderia parecer que as hostilidades dos tempos de guerra estavam perdendo força. Forças poderosas estavam em ação para curar as feridas. Cemitérios, memoriais e um ciclo de rituais confortavam os parentes dos mortos e criavam uma oportunidade para se considerar o significado do sacrifício; programas de bem-estar social cuidavam das vítimas, e as novas associações de veteranos forneciam companheirismo e ajuda mútua. O controle europeu sobre os impérios coloniais havia sido reafirmado; as mulheres eram, em sua maioria, levadas de volta às suas antigas ocupações, embora em muitos países recebessem concessões políticas; os trabalhadores recebiam alguns benefícios, como a jornada de trabalho de oito horas, mas os sindicatos foram reprimidos, e mesmo quando o partido socialista ou o trabalhista chegaram ao poder, poucas mudanças foram feitas. A estabilização nos planos doméstico e internacional atuou em conjunção. Contudo, os países ocidentais haviam apostado, depois de 1924, que, relaxando as pressões do Tratado de Versalhes, poderiam conciliar e moderar a Alemanha, quando, na verdade, a evidência sugeria que, embora a Alemanha estivesse dividida, muitos de sua população e seus líderes não esqueciam suas tradições militares nem se conformavam com a derrota. O poder dos mitos e das memórias dos tempos de guerra de estimular o sentimento nacionalista continuava perigosamente relevante. Além disso, a recuperação econômica que ajudou a tranquilizar a Europa no final da década de 1920 tinha bases instáveis, o que provou ser um erro fatal de todo o edifício da estabilização. Superficialmente, uma década depois da guerra, a maior parte do Tratado de Versalhes permanecia intacta, com a Alemanha ainda confinada às fronteiras e níveis de força militar definidos em 1919, e entre 1924 e 1931 pagou as reparações de acordo com o esquema estabelecido. Mas desde 1923 a capacidade da França de impor o acordo havia se atrofiado, e isto ficou brutalmente claro quando o clima internacional tornou a mudar para pior.

Notas

1. "Preliminary Draft of Theses on the National and Colonial Question", in J. E. Connor (ed.), *Lenin on Politics and Revolution* (Indianapolis e Nova York, 1968), p. 316.
2. Em geral, Goldstein and Maurer (eds.), *Washington Conference*.
3. Trachtenberg, *Reparation and World Politics*, pp. 194-5.
4. Goldstein and Maurer (eds.), *Washington Conference*, cap. 6.
5. Howard, M. E., *The Continental Commitment: the Dilemmas of British Defence Policy in the Era of the Two World Wars* (Londres, 1972), pp. 182-5.
6. Orde, A., *Great Britain and International Security, 1920-1926* (Londres, 1978).
7. Stevenson, "Belgium, Luxemburg, and the Defense of Western Europe".
8. Em geral, sobre a política francesa do pós-guerra, ver Adamthwaite, A., *Grandeur and Misery: France's Bid for Power in Europe, 1914-1940* (Londres, 1995).
9. Poidevin and Bariéty, *Les Relations franco-allemandes*, cap. 15.
10. Willis, *Prologue to Nuremberg*, ver 7, 8.
11. Para as contas gerais, ver Heinemann, *Die Verdrängte Niederlage*; Herwig, "Clio Deceived".
12. Herwig, "Clio Deceived", pp. 99-107, 120.
13. Heinemann, *Die Verdrängte Niederlage*, pp. 220-21.
14. Ferguson, *Pity of War*, p. 411; Marks, in Boemeke *et al.* (ed.), *Treaty of Versailles*, pp. 359-67.
15. Para recentes elogios dos motivos franceses, ver Keiger, *Raymond Poincaré*; Adamthwaite, *Grandeur and Misery*.
16. Schuker, *End of French Predominance*, oferece o relato mais completo.
17. Pegg, C. H., *The Evolution of the European Idea, 1914-1932* (Chapel Hill e Londres, 1983); Lipgens, "Europäische Einigungsidee".
18. Ver Maier, *Recasting Bourgeois Europe*, para uma visão geral.
19. Kanya-Forstner, "War, Imperialism, and Decolonization", pp. 231ss.
20. Marks, *Ebbing of European Ascendancy*, p. 141.
21. Andrew and Kanya-Forstner, *France Overseas*, cap. 10.
22. Clayton in Brown and Louis (eds.), *Oxford History of the British Empire*, Vol. 4, pp. 281-6.
23. Darwin, J., *Britain, Egypt, and the Middle East: Imperial Policy in the Aftermath of War, 1918-1922* (Londres, 1981).
24. Tomlinson, "India and the British Empire, 1880-1935", *Indian Economic and Social History Review* (1975).
25. Em geral sobre a crise do pós-guerra, Porter, *Lion's Share*, pp. 247-57; Jeffery, K., *The British Army and the Crisis of Empire, 1918-1922* (Manchester, 1984).
26. Waites, "Effect of the First World War".
27. Bowley, *Some Economic Consequences*, cap. 6.

28. Tawney, R. H., "The Abolition of Economic Controls, 1918-1921", *Economic History Review* (1943).
29. Kennedy, *Over Here*, pp. 270-83.
30. Ibid., p. 284.
31. Pugh, "Politicians and the Woman's Vote", p. 364.
32. Macmillan, *Housewife or Harlot?*, pp. 178-9.
33. Braybon, *Women Workers*, p. 221.
34. Hynes, *A War Remembered*, p. 361.
35. Robert, "Women and Work in France", p. 264.
36. Daniel, *War from Within*, ver 1, 6.
37. Thom, "Women and Work", p. 315.
38. Braybon, *Women Workers*, cap. 7.
39. Kennedy, *Over Here*, pp. 284-7.
40. Pedersen, *Family, Dependence*, pp. 128-30.
41. Ferguson, *Pity of War*, p. 337.
42. Aldcroft, *From Versailles to Wall Street*, p. 17.
43. Gregory, *Silence of Memory*, p. 43.
44. Dyer, *Missing of the Somme*, p. 7; cf. Barbusse, *Under Fire*, pp. 328-9.
45. Mosse, *Fallen Soldiers*, p. 81.
46. Prost, "Verdun", p. 123.
47. Bushaway, "Name upon Name", p. 140.
48. Winter, *Sites of Memory*, p. 107.
49. Inglis, "War Memorials", p. 9.
50. Winter, *Sites of Memory*, pp. 26-7.
51. Borg, *War Memorials*, cap. 7.
52. Ibid., p. 89.
53. Sherman, "Bodies and Names", pp. 748ss.
54. Inglis, "World War One Memorials in Australia", p. 58.
55. Para a Austrália: ibid., p. 55. Para a França, Prost, "Monuments to the Dead", p. 307.
56. http://www/nzhistory.net.nz/Gallery/Anzac/memorial.
57. Prost, "Monuments to the Dead", pp. 310-16.
58. Borg, *War Memorials*, cap. 6.
59. Jeffery, *Ireland and the Great War*, pp. 114-18.
60. Kavanagh, "Museum as Memorial".
61. http://www.awm.gov.au/aboutus/origins.htm.
62. Gregory, *Silence of Memory*, pp. 24-8; Mosse, *Fallen Soldiers*, pp. 95-6.
63. Andrews, *Anzac Illusion*, pp. 84-91; Jeffery, *Ireland and the Great War*, pp. 55-9.
64. Prost, "Monuments to the Dead", pp. 317-25.
65. Gregory, *Silence of Memory*, pp. 34-7.
66. Dalisson, "La Célébration du 11 novembre".
67. Prost, 'Monuments to the Dead', pp. 325-30.
68. Winter, *Sites of Memory*, p. 115.
69. Inglis, "World War One Memorials in Australia", p. 54.

70. Prost, *In the Wake of War*, pp. 43-4.
71. Gregory, *Silence of Memory*, p. 52.
72. Bourke, *Dismembering the Male*, p. 33.
73. Leed, *No Man's Land*, p. 183.
74. Ibid., cap. 6; Ward, "Intelligence Surveillance", p. 188.
75. Bessell, *Germany after the First World War*, p. 257; Bourke, *Dismembering the Male*, pp. 22-3; Englander, "Demobilmachung", p. 209.
76. Leese, "Problems Returning Home", p. 1055.
77. Englander, "Demobilmachung", p. 196.
78. Ward, "Intelligence Surveillance", pp. 180-81.
79. Wootton, *Politics of Influence*, p. 109.
80. Townshend, C., *The British Campaign in Ireland: the Development of Political and Military Policies* (Oxford, 1975), p. 46.
81. Prost, *In the Wake of War*, p. 43.
82. Ibid., cap.2; Prost, "Demobilmachung", pp. 178ss.
83. Kennedy, *Over Here*, p. 363; Rémond, "Les Anciens Combattants", pp. 281-8.
84. Dickinson, *War and National Reinvention*, p. 1.
85. Merridale, *Night of Stone*, pp. 125-6.
86. Dogliani, "Monuments aux morts".
87. Morgan, P., *Italian Fascism, 1919-1945* (Basingstoke, 1995), pp. 13-16.
88. Bessell, *Germany after the First World War*, p. 141.
89. Ibid., p. 229.
90. Inglis, "War Memorials", p. 11.
91. Mosse, *Fallen Soldiers*, pp. 87-90.
92. Ibid., p. 97; Showalter, *Tannenberg*, p. 348.
93. Mosse, *Fallen Soldiers*, p. 83; Whalen, *Bitter Wounds*, p. 32.
94. Hüppauf, "Langemark, Verdun", pp. 77-81.
95. Cohen, *War Come Home*, p. 194.
96. Elliott, "Kriegervereine".
97. Whalen, *Bitter Wounds*, cap. 7-12.
98. Informativo é Diehl, J. M., *Paramilitary Politics in Weimar Germany* (Bloomington, IN, e Londres, 1977).
99. Ibid., and Berghahn, V. R., *Der Stahlhelm: Bund der Frontsoldaten, 1918-1935* (Düsseldorf, 1966).

20
A DEMOLIÇÃO, 1929-1945

DEPOIS DE 1929, TRÊS EVENTOS CONCENTRAVAM a atenção do mundo: a grande depressão, o surgimento dos nazistas e o apaziguamento do Terceiro Reich. Reunidos, esses eventos levaram ao poder um líder comprometido com outra grande guerra e davam a entender que os antigos Aliados não conseguiriam impedi-lo de iniciá-la. A essa altura, a Primeira Guerra Mundial já ficara uma década para trás. Embora ela não tivesse tornado as catástrofes da década de 1930 inevitáveis, era, contudo, mais uma pré-condição indispensável delas, tendo complicado imensamente a tarefa dos estadistas ocidentais de responder aos desafios que os confrontavam.

O primeiro ponto a ser considerado é o impacto econômico da Grande Guerra. Ela arruinou não apenas vidas, mas também a propriedade, a um ponto quase impossível de ser avaliado. Em 1930, o estatístico britânico A. L. Bowley calculou a destruição física em 2 bilhões de libras esterlinas, com base nos preços do pré-guerra, em comparação com um capital agregado de 55 bilhões de libras para todos os países europeus, incluindo a Rússia. Ele inferiu que o estoque de capital do mundo em 1919 voltou aos níveis de 1911, e, além disso, padeceu de uma década de negligência.[1] A pior destruição ocorreu na Bélgica, França, Polônia, Romênia, Sérvia e Itália, embora o caráter estático de boa parte da luta tivesse tornado a devastação menos generalizada que em 1945. A Bélgica perdeu 6% de suas moradias, dois terços de suas ferrovias e metade de suas siderúrgicas. A França perdeu uma porção menor de sua riqueza, embora muito mais em termos absolutos. A Polônia perdeu boa parte de seu gado e da infra-estrutura ferroviária, e a Grã-Bretanha, quase 8 milhões de toneladas de sua frota, mas a maioria dos afundamentos marítimos e a destruição da zona de batalha foram recuperadas em alguns anos. As consequências mais duradouras da guerra foram menos tangíveis, centrando-se no comércio e nas finanças. À primeira vista, a recuperação econômica foi bastante rápida. A produção industrial na maioria dos países neutros, na Grã-Bretanha e na Itália, em 1920, voltou ao nível de 1913; depois de uma queda brusca em 1921, tornou a crescer; e na Grã-Bretanha, Itália, Bélgica e França, em 1924, estava bem acima do nível do pré-guerra. Mas na Alemanha e na Áustria permaneceu abaixo dos números do pré-guerra nessa data e não o excedeu antes do fim da década. De maneira geral, os neutros sofreram o mínimo, e as Potências Centrais, o máximo, com os Aliados no meio.[2] Os Estados Unidos excederam a taxa média europeia de crescimento na década de 1920, e o Japão quase a igualou, mas em todos esses países a agricultura reviveu mais lentamente que a indústria. No total, o crescimento econômico na Europa capitalista foi mais lento entre as Guerras Mundiais que em qualquer período do século XX. Em 1913-50, o produto interno bruto *per capita* em 15 países do Ocidente e da Europa Central cresceu, em média, apenas 0,9% ao ano, comparado com 1,4% em 1890-1914 e 4% em 1950-73.[3] Os padrões de vida só subiram lentamente, a despeito de a mudança tecnológica continuar a ser rápida (e em áreas como veículos, aeronaves e produtos químicos tendo sido aceleradas por exigências militares). A economia da Europa estava crescendo abaixo do que sua capacidade teria permitido, e a alta taxa de desemprego e o equipamento inativo eram dolorosamente visíveis em vários países bem antes da queda de 1929. E se o crescimento da produção foi decepcionante, o do comércio também o foi. Durante a guerra, o mundo deu vários passos atrás da economia global anterior a 1914, aberta e rapidamente integrativa, e na década de 1920 o esforço por obter a autossuficiência foi apenas parcialmente revertido antes de a grande depressão o intensificar.

Houve vários motivos para o lento crescimento do comércio internacional, do qual padeceram de maneira especial os países que exportavam uma elevada proporção de sua produção (como a Grã-Bretanha e a Alemanha). Um dos motivos mais comumente citado é a criação de novos países. Entre 1914 e os tratados de paz de 1919-20, o número de Estados independentes da Europa subiu de 26 para 38, e a extensão total das fronteiras políticas, para 20 mil km.[4] Sob o domínio dos Habsburgo, o sudeste da Europa havia formado uma união alfandegária, mas agora estava crivado de barreiras tarifárias, e mesmo na Europa Ocidental as tarifas subiram em cerca de 50%.[5] A Rússia soviética estava praticamente isolada do comércio exterior até meados da década de 1920 devido à sua desordem interna e pela recusa de outros governos de lhe estender o reconhecimento diplomático. Até 1924, a Alemanha, de maneira semelhante, era um grande redemoinho político para poder retomar sua proeminência de antes da guerra.

A recuperação do comércio foi também prejudicada pela capacidade produtiva excedente gerada durante a guerra. A transição pós-armistício poderia ter sido mais suave se a intervenção estatal dos tempos da guerra tivesse continuado por mais tempo, mas as agências dos Aliados que controlavam a navegação, o trigo e outras mercadorias, em sua maioria, deixaram de funcionar durante 1919. Isso pode ajudar a explicar a violenta alternância entre uma explosão inflacionária mundial em 1919-20 e uma súbita queda em 1921-22. A capacidade de navegação mundial havia quase dobrado desde 1914, e a capacidade de produção de ferro e aço no Reino Unido e na Europa Central foi 50%

mais elevada em meados da década de 1920 do que havia sido antes da guerra. Para se emancipar da importação da Alemanha de corantes artificiais, os Aliados haviam aumentado sua produção de produtos químicos, com o resultado de que, entre 1914 e 1924, a participação da Alemanha nesse mercado caiu pela metade.[6] O Japão e a Índia haviam aumentado sua produção de algodão têxtil, em parte devido à falta de suprimento por parte da Grã-Bretanha, e agora eles eram competidores dos britânicos no atendimento à demanda asiática. A produção de borracha e estanho, estimulada na Malásia e na Bolívia por ordem dos militares, caiu quando a procura por esses produtos diminuiu. Quanto aos alimentos, os Estados Unidos, o Canadá, a Austrália e a Argentina aumentaram sua produção de trigo em cerca de 50% entre 1909/13 e meados da década de 1920, levando a enormes estoques não vendidos, fazendo os preços caírem no mercado mundial e aumentando as tarifas protecionistas na Europa. De maneira similar, no referente ao açúcar, Cuba e Java expandiram sua produção de cana-de-açúcar, quando a produção europeia de açúcar de beterraba caiu devido à guerra, com o resultado de que os preços oscilaram em 1924-25 e as bonificações e os subsídios foram introduzidos.[7]

Além das novas fronteiras políticas e dos superávits de produção, os motivos da estagnação do comércio internacional foram basicamente financeiros. O custo monetário do conflito é um pouco mais fácil de entender que o dano físico por ele causado, e as estimativas variam consideravelmente, embora os totais frequentemente citados sejam de 61,5 bilhões de dólares em termos atuais para as Potências Centrais e 147 bilhões de dólares para seus inimigos, perfazendo o grande total de 208,5 bilhões de dólares. Em preços constantes (1913), os totais respectivos foram de 27,7 bilhões e 82,4 bilhões de dólares.[8] A questão importante para o futuro era como esses gastos seriam pagos.* Durante a guerra, a maioria dos beligerantes europeus suspendeu sua ligação com o padrão ouro e acumularam enormes déficits no orçamento, com os impostos, em toda parte, cobrindo apenas uma pequena porção das despesas governamentais. Os empréstimos de longo prazo (através da emissão de bônus de guerra interna e externamente) preenchiam a maior parte da lacuna, e as letras do Tesouro ou os empréstimos não segurados dos bancos centrais cobriam o restante. Não obstante, o estoque de dinheiro cresceu mais que a produção, assim criando uma potencial "saliência" inflacionária, pois os preços no varejo haviam subido menos que o total de dinheiro em circulação. Esse problema também foi um legado direto do conflito, e foi mais complicado no final da cooperação financeira interaliada, com a libra esterlina e o franco francês sendo desvalorizado em 1919, depois que os Estados Unidos deixaram de apoiá-los. Diversas respostas eram possíveis. A Grã--Bretanha manteve baixas as taxas de juro ("dinheiro barato") durante 1919, para garantir um alto nível de atividade econômica até a desmobilização estar completa. Então, as au-

---

*   Ver livro 2 ("A escalada"), cap. 7.

toridades elevaram acentuadamente o custo dos empréstimos, assim contribuindo para uma severa recessão e um alto nível de desemprego, mas também baixando os preços. Os acontecimentos nos Estados Unidos foram similares. Na França e na Alemanha, em contraste, a estabilização do orçamento encontrou mais resistência, especialmente depois de 1921, quando ela se complicou devido à disputa quando às reparações. Como os britânicos, os franceses enfrentaram um crescente fardo de gastos com a reconstrução, as pensões e a administração da inchada dívida nacional, mas Klotz, o ministro das Finanças de Clemenceau, prometeu não aumentar os impostos até ficar claro quanto a Alemanha pagaria, e as autoridades postergaram os aumentos até 1924. Elas não conseguiram reduzir o dinheiro em circulação, e a pressão inflacionária persistiu. Enquanto na Grã-Bretanha, em 1924, a libra foi temporariamente restaurada com a cotação do pré-guerra de £ 1 = US$ 4,86 (outra tentativa notavelmente simbólica de tentar recapturar um mundo agora perdido), enquanto para o franco isso foi impossível, e os investidores franceses aceitaram uma permanente desvalorização de seus investimentos financeiros anteriores à guerra.[9] Inversamente, na Alemanha, as tentativas de cortar os gastos ou aumentar os impostos para equilibrar o orçamento foram atacadas como destinadas a ajudar a pagar os inimigos. Os problemas fiscais da Alemanha do pós-guerra foram mais agudos que os dos países Aliados, mas, na França, a questão das reparações fortaleceu os oponentes da estabilização.[10] A volatilidade financeira tornou-se inextricavelmente ligada às lutas políticas internas e entre os antigos beligerantes que se seguiram à guerra.

Não obstante, no final de década de 1920, parecia que econômica e politicamente a Europa tinha passado pelo pior. As áreas devastadas haviam sido reconstruídas, a produção (embora não o comércio) havia se recuperado e excedido os níveis do pré-guerra, e as moedas nacionais estavam fixas. Seguindo o marco em 1924 e a libra esterlina em 1924, o franco, a lira e o iene ficaram atrelados ao ouro e ao dólar. Embora a participação europeia nas exportações globais houvesse caído durante o conflito, em 1929 ela havia recuperado muito do que perdera. Mas a nova depressão que agora se instalava era mais que apenas um declínio cíclico como o de 1920: o dano por ele causado era de longa duração. Aberto por uma crise financeira pan-europeia em 1931, um aumento geral das tarifas e um renovado colapso da estabilidade das moedas, a década de 1930 foi de terríveis retrocessos. Política e economicamente, a queda começou com o que um historiador chamou de "a era da demolição".[11] A queda não veio do nada. Na época da quebra da bolsa de Nova York, em outubro de 1929, que deu início à crise, os problemas criados pela guerra haviam sido aliviados, mas não resolvidos. Os preços das mercadorias caíam, e os países que as exportavam estavam em dificuldades. A libra tinha sido supervalorizada em cerca de 10% desde a restauração do padrão ouro, e o desemprego crônico persistia nas atividades de exportação da Grã-Bretanha. A recuperação da Alemanha depois de 1924 havia se nivelado, e a produção do país estava estagnada. O desastre nos Estados Unidos intensificou esses problemas, primeiro porque um colapso na demanda americana (exacerbado pela feroz tarifa de importação Hawley-Smoot de 1920) tornava ainda mais difícil para o resto do mundo vender ali, e ganhar dólares, e segundo porque essa tarifa segurara as principais exportações americanas. Durante a década de 1920, os Estados Unidos haviam ultrapassado a Grã-Bretanha como o maior investidor internacional. Depois do empréstimo previsto pelo Plano Dawes americano, dinheiro privado fluiu para a Alemanha em quantidades muito maiores que as pagas pelos alemães em reparações, ou que as transferidas pelos Aliados para os Estados Unidos para pagamento das dívidas de guerra.[12] Realmente, no final da década de 1920, os franceses receberam parte do que haviam buscado na conferência de paz: o financiamento americano (apesar de suprir a Alemanha, e não a França) facilitou a recuperação europeia, e os britânicos forneceram uma garantia de segurança qualificada em Locarno. O envolvimento anglo-americano criou um clima em que os franceses podiam fazer concessões à Alemanha com mais confiança. Mas os empréstimos americanos tornaram a Alemanha perigosamente dependente. Quando a grande especulação da bolsa em Wall Street, na década de 1920, atingiu o clímax, os empréstimos americanos ao exterior secaram, e depois da quebra importantes créditos foram cobrados. Em parte, como resultado, em 1931 uma sucessão de inadimplências se espalhou pela Europa. O maior banco austríaco, o Creditanstalt, faliu em maio; depois de uma crise bancária alemã em julho, as autoridades de Weimar efetivamente abandonaram o padrão ouro; e em setembro, a Grã-Bretanha fez a mesma coisa. Os britânicos introduziram tarifas sobre a maioria das importações em 1932, por meio do Ato das Taxas de Importação, e uma das primeiras ações de Franklin Roosevelt como presidente americano, em 1933, desvalorizou o dólar unilateralmente. Agora, o controle do câmbio e do comércio estava em operação na maior parte do mundo.

A questão-chave para esta análise refere-se às conexões entre a guerra e a depressão, e entre a depressão e o nazismo. Em primeiro lugar, o legado da guerra não foi relevante para as origens americanas da queda, mas facilitou sua transmissão para a Europa. A guerra ajuda a explicar por que o declínio na atividade comercial teve essas repercussões drásticas e por que a recuperação foi tão difícil. Em particular, ela foi em parte responsável pela supercapacidade dos principais países produtores (incluindo a Europa Oriental) que os deixou vulnerável quando o mercado americano e o da Europa Ocidental se contraíram e os fluxos de capital secaram. Em segundo lugar, a guerra foi a fonte da controvérsia das reparações, e foi parcialmente para aliviar essa controvérsia que as autoridades americanas haviam incentivado o empréstimo de 1924 que deu início ao fluxo de dinheiro americano para a Alemanha. Em terceiro lugar, ele contribuiu para a crise financeira de 1931. Em 1930, por motivos que serão discutidos abaixo, a política externa alemã ficou mais assertivamente nacionalista, e na primavera de 1931 o governo de Henrich Brüning anunciou ter planejado uma união aduaneira com a Áustria e que não mais pagaria as reparações programadas pelo Plano Young. A "liquidação final da guerra" proclamada em 1929 tinha durado menos de dois anos. A França retaliou explorando a crise do Creditanstalt e oferecendo ajuda à Áustria com a condição de que este país submetesse o projeto de união aduaneira ao Tribunal de Haia (que se pronunciou contra ele). Os franceses então protelaram uma proposta do presidente americano Herbert Hoover de moratória das dívidas de guerra e dos pagamentos de reparações. O legado da guerra – materializado na rivalidade franco-alemã e nas cláusulas referentes à Áustria do Tratado de Versalhes – inibiu a cooperação contra uma tormenta econômica que ameaçava todos os regimes democráticos ocidentais.[13] Além disso, os orçamentos dos governos ainda estavam comprometidos não apenas pelas reparações e dívidas externas referentes à guerra, mas também pelo fardo dos bônus de guerra (empréstimos internos) de 1914-18. Esse problema provavelmente tenha sido mais grave na Grã-Bretanha, pois a inflação do país tinha sido menos severa, e seus bônus de guerra tinham mantido seu valor. Mas as pensões de guerra também eram uma carga pesada para o governo alemão, que, no início de 1929, ficou sem dinheiro para pagá-las. Assim, a Grã-Bretanha e Alemanha entraram na crise pesadamente endividadas e com menos escopo para enfrentar o declínio econômico administrando um déficit no orçamento; e na França, assim que a recessão chegou, o governo também se descobriu em déficit. As repercussões tampouco terminaram no país. Na Grã-Bretanha e nos Estados Unidos, as desvalorizações e cortes nas taxas de juros ajudaram eventualmente a contornar a crise. Em contraste, depois que o marco desligou-se do padrão ouro em 1931, Brüning insistiu com as políticas de redução de despesas e deflação, aparentemente para mostrar, de uma vez por todas, que a Alemanha não podia pagar a conta das reparações.[14]

Havia, portanto, muitas ligações entre a guerra e a depressão, e à primeira vista a ligação entre a depressão e o nazismo parece ainda mais óbvia. O partido de Hitler ganhou amplo apoio pela primeira vez (embora apenas no sul da Alemanha) durante a crise da hiperinflação de 1923. Nas eleições para o Reichstag de 1928 – disputadas depois de quatro anos de prosperidade – seus seguidores declinaram. Contudo, seu desempenho reviveu, em nível local, em 1929, e em nível nacional, em 1930, nas eleições para o Reichstag (quando se tornou o segundo maior partido) e ainda mais nas eleições para o Reichstag e presidenciais de 1932. Parecia que, à medida que as filas de desempregados aumentavam, crescia o voto nos nazistas. Na realidade, embora alguns dos desempregados votassem em Hitler e se juntassem aos camisas-pardas da SA, os eleitores da classe trabalhadora eram mais inclinados a se deslocarem dos socialistas para os comunistas, cuja votação também aumentava à medida que a depressão crescia. Para explicar o sucesso dos nazistas, portanto, precisamos incorporar fatores não econômicos. O triunfo do partido depois de 1929 partiu dos eleitores de classe média no norte e no leste, duas regiões protestantes, e especialmente nas áreas rurais, pequenas cidades e subúrbios. Esse triunfo ocorreu não apenas entre os jovens que votavam pela primeira vez, mas também entre os tradicionais eleitores do partido conservador (DNVP) e dos liberais (DVP e DDP), cuja popularidade encolheu como consequência.[15] Com certeza, Hitler oferecia soluções para uma crise econômica que ameaçava fazendeiros e negociantes com a falência e os colarinhos-brancos com a proletarização, e a SA parecia um baluarte contra a revolução de esquerda. Mas ele também se beneficiou (e contribuiu para ele) de um desvio cultural, em cujo centro estava uma mudança de atitude com relação à guerra.

O pacifismo na Alemanha de Weimar foi mais forte que antes de 1914, mas nunca teve muita influência política. Os grandes pintores da era Weimar, como Otto Dix, Georg Grosz e Max Beckmann, foram implacáveis em sua representação da guerra e do período que se seguiu a ela,[16] e é verdade que, em 1918, boa parte do exército alemão só queria voltar para casa.[17] No início e nos meados da década de 1920, os editores alemães descobriram apenas um limitado mercado popular para livros sobre o conflito, e o cinema evitava o assunto. Mas mesmo nesse período a culpa pela guerra e as controvérsias do tipo "punhalada pelas costas" sobre os eventos de 1914 e 1918 mostraram que muitos alemães não tinham nem abandonado as atitudes dos tempos de guerra nem se reconciliado com a derrota, assim como os acontecimentos políticos, como a fundação do Stahlhelm e a eleição de Hindenburg para presidente. Já em 1928, no auge da prosperidade econômica, a direita radical renovou sua ofensiva contra a república. Os líderes do Stahlhelm declaravam francamente seu ódio por um regime que impedira a Alemanha de se rearmar, e Hitler decidiu buscar o poder por meio do processo eleitoral, juntando-se ao Stahlhelm e ao DNVP numa campanha contra o Plano Young em um referendo realizado em 1929. Embora tivessem perdido, o número de votos por eles conseguido surpreendeu os contemporâneos e marcou o início da volta dos nazistas às urnas, ao mesmo tempo que a SA iniciava a fenomenal ascensão que lhe permitiria dominar o Stahlhelm como a maior organização paramilitar de direita, crescendo de 50 mil membros em 1929 para mais de 500 mil em janeiro de 1933.[18] As tendências políticas e culturais estavam se movimentando paralelamente, pois 1929-30 também foram os anos de explosão dos "livros de guerra". De importância central para esse fenômeno foi o sucesso arrebatador de *Im Westen Nichts Neues* (*Nada de novo no front*), de Erich Maria Remarque, um campeão de vendas considerado o melhor romance sobre a guerra e o maior sucesso editorial que se conhece. Um ano depois de seu aparecimento, em 1929, o livro vendeu quase 1 milhão de cópias na Alemanha e 1 milhão no exterior, onde, em 1930, tornou-se a base para um filme de Hollywood de igual sucesso. Contudo, o tom de empatia pelo elegíaco era atípico dos livros alemães sobre a guerra.[19] Individualmente, ultrapassou em vendas os escritores nacionalistas que competiam com ele, mas os leitores desses autores também eram em grande número. Entre eles, destacava-se Ernst Jünger, bem como Friedrich, o irmão de Jünger, além de outros como Franz Schauwecker e Ernst von Salomon. Ao contrário de Remarque, eles glorificavam o combate como a mais nobre das artes e como parte da ordem natural, com Jünger comparando a guerra com "as pinturas da crucificação dos velhos mestres... uma grande ideia estimulando a visão e o sangue".[20] Escrevendo originalmente no diário de Stahlhelm, eles exigiam uma liderança dos soldados da linha de frente, endurecidos pelas trincheiras, para remover os políticos democráticos e preparar a Alemanha para uma renovada expansão. O número de livros publicados na Alemanha sobre a guerra subiu de 200 em 1926 para mais de 400 em 1930, e mais de 500 depois que Hitler tomou o poder em 1933.[21] Se o livro de Remarque foi o grande sucesso de 1929, a partir daí os autores nacionalistas assumiram seu lugar, e uma onda similar era evidente no cinema, em que o filme americano *Nada de novo no front* foi proibido, aparentemente porque ofendia a reputação da Alemanha, mas, na verdade, porque a ordem interna ficou ameaçada depois que os nazistas arrebentaram os cinemas que exibiam o filme em Belim.[22]

A mudança da disposição interna ajudou a radicalizar a política externa alemã bem antes de Hitler assumir o poder, dando início a um círculo vicioso. Em outubro de 1929, Stresemann morreu, e em 1930 um novo governo, comandado por Heinrich Brüning, do Partido Católico de Centro, assumiu o comando. Sendo também um veterano, ele apoiou a proibição da versão cinematográfica de *Nada de novo no front*, e apresentou seu governo como um "gabinete de soldados de linha de frente". Rejeitou o Plano Briand por ser muito restritivo com relação às ambições alemãs,[23] e depois que os franceses evacuaram a Renânia, em 3 de junho, ele promulgou uma declaração nacionalista para celebrar o fato. Depois do triunfo nazista nas eleições de setembro de 1930, Brüning foi ainda mais longe em sua ofensiva na política externa, numa tentativa de interceptar o crescimento dos nazistas, suspender os pagamentos de reparação e tentar sua união aduaneira com a Áustria. No início da década de 1930, realmente, as concessões dos Aliados com relação aos termos do tratado de Versalhes pareciam nada ter feito para deter o avanço dos extremistas alemães. Embora as reparações tivessem terminado, pelo menos nominalmente, na conferência de Lausanne de 1932, e os antigos Aliados aceitassem o princípio da paridade em armamentos na conferência de Genebra de 1931-33, o apoio aos nazistas continuou a aumentar, levando os últimos governos de Weimar ao autoritarismo interno e à assertividade no exterior. Os líderes do exército haviam retomado secretamente o planejamento estratégico depois de 1924, e em 1932, o sucessor de Brüning, Franz von Papen, adotou um grande programa de rearmamento. O crescimento do nacionalismo, não apenas entre o público, mas também entre as lideranças do país, é essencial para explicar por que Hitler foi escolhido chanceler, a convite de Hindenburg e com aprovação do exército em janeiro de 1933.[24]

Em suma, a guerra era essencial para a tomada de poder nazista não apenas por meio de sua contribuição para a crise econômica, mas também por seu papel no reavivamento do nacionalismo alemão como memória de 1914-18 ter sido reavaliado. Isso não significa que os veteranos fossem o maior componente do apoio aos nazistas. Depois que Brüning impôs cortes às pensões dos veteranos de guerra em 1930, os nazistas lançaram uma campanha para ganhar a simpatia dos deficientes,[25] mas quantos votaram neles é algo difícil de determinar. Quanto às tropas de ataque, a maioria delas era simplesmente jovem demais, e os membros "ativos" da SA geralmente tinham menos de 25 anos de idade. Embora a SA recrutasse homens entre antigos oficiais do exército e do Freikorps, tomando algumas unidades deste último *en bloc* e mais tarde assimilando elementos dos Stahlhelm, provavelmente um número bem abaixo de um quarto dos que entraram para o movimento dos camisas-pardas entre 1929 e 1933 era de ex-combatentes.[26] Aqui, é preciso ter cuidado ao ver a memória da experiência da guerra como uma variável causal independente. Na Alemanha, como em outros lugares, houve muitas experiências de guerra, e existiam muitas opiniões sobre o significado do conflito. Mas dez anos depois de seu fim, mudanças nas circunstâncias internas e externas do país criaram uma nova receptividade para a mensagem da direita radical. Embora Hitler tivesse abrandado seus comentários públicos sobre a política externa, não advogando uma nova guerra abertamente, ele efetivamente denunciou Versalhes e os "criminosos" que haviam traído a Alemanha em novembro de 1918, oferecendo uma transformação total e redentora do país, em vez de apenas uma solução para seus problemas materiais.[27] Além disso – o que era um ponto crucial –, o abominável antissemitismo característico dos líderes nazistas havia se tornado muito mais difundido entre a direita alemã em 1917-18, e especialmente entre os radicais expansionistas da Liga Pangermânica e o Partido da Pátria, que, em muitos sentidos, foram precursores de Hitler. Depois de 1916, os judeus não mais receberam encomendas do exército prussiano, segundo alegações absurdas que poucos deles serviam desproporcionalmente no front. A falta de alimentos, a Revolução Russa e o desastre militar contribuíram todos para uma atmosfera estranha e virulenta em que a agitação racista ganhou um lugar que nunca mais perdeu.[28] Esta foi uma das muitas razões pelas quais, para os líderes nazistas, cuja maioria havia servido na guerra, sua influência era fundamental. De acordo com Rudolf Hess, "o Terceiro Reich provém das trincheiras", e Hitler descreveu os anos de 1914-18 como "a época maior e mais inesquecível de minha experiência terrena".[29] Como Brüning – e Mussolini –, eles se apresentavam como a geração do front no poder e eram muito generosos com os veteranos. O novo regime celebrava o dia anual da memória dos heróis com uma pompa característica e deu início a um novo dia de comemoração pela suposta insurgência da unidade nacional em julho de 1914.[30] Contudo, as verdadeiras preocupações de Hitler estavam em outra parte. Seu *Mein Kampf*, escrito em 1924, oferecia um projeto para se evitar os erros de Guilherme II. Da próxima vez, argumentava o livro, a Alemanha deve evitar o cerco e – buscando a amizade da Itália e da Grã-Bretanha e se concentrando num "acerto de contas" com a França a ser seguido por um avanço sobre a Ucrânia – pode ser capaz de fazê-lo. Depois de alguns dias como chanceler, Hitler disse a seus generais que, depois de ganhar o controle interno, sua primeira prioridade seria o rearmamento com vistas a "conquistar o espaço vital a leste e sua implacável germanização".[31] Embora veterano da Frente Ocidental, o que ele realmente desejava novamente encenar era o conflito que a Alemanha tinha vencido: a guerra contra a Rússia.

* * *

A única chance que o mundo tinha de conter Hitler sem um terrível banho de sangue era agir antes que ele se rearmasse e enquanto as restrições remanescentes do Tratado de Versalhes estivessem em ação. Mas na atmosfera política no início e meados da década de 1930, ele teve pouca dificuldade em prevenir um novo bloqueio. A vitória tinha dividido os Aliados de 1914-18, e durante a depressão suas divisões se intensificaram.[32] Os planejadores do Estado-Maior de Tóquio haviam concluído da derrota da Alemanha em 1918 que o Japão devia ser autossuficiente, e a depressão, que levou ao colapso da exportação de seda para os Estados Unidos e à pobreza nas áreas rurais do norte do país, de onde o exército tradicionalmente recrutava seus homens, sublinha a mensagem.[33] Em busca de maior independência econômica, os oficiais jovens organizaram o "incidente" da Manchúria de 1931-33, durante o qual a Manchúria se tornou satélite sob controle militar, e o próprio Japão começou sua evolução em direção a um regime autoritário. Em 1936, o Japão estava começando uma cooperação diplomática com Hitler pelo Pacto Anti-Comintern (anticomunista). Mussolini também ficou mais radical durante a depressão. Ele explorou o renascimento da Alemanha para buscar uma forma mais agressiva de política externa, e em 1935-36 lançou sua conquista da Abissínia. No fim da operação, ele havia destruído suas ligações com as potências ocidentais, passando a gravitar em um alinhamento com Hitler que ele provavelmente gostaria de evitar. Por outro lado, a União Soviética reagiu ao avanço de Hitler mostrando novo interesse (pelo menos como opção alternativa) em cooperação com o Ocidente, entrando para a Liga das Nações em 1934 e assinando pactos de segurança com a França e a Checoslováquia em 1935, enquanto o Comintern suspendia sua linha revolucionária. Mas, tragicamente, foi então – possivelmente mais que na década de 1920 – que a memória da Primeira Guerra Mundial influenciou a política externa das democracias atlânticas de maneira mais poderosa. A França, os Estados Unidos e a Grã-Bretanha serão tratados individualmente.

A França era a potência que ameaçava Hitler de maneira mais imediata, e devido a suas grandes forças armadas e sua localização junto à fronteira alemã, seu consenso era essencial para qualquer ação preventiva. Aqui, o final da década de 1920 parece ter marcado menos uma mudança de atitude aqui do que na Alemanha e na Grã--Bretanha, embora houvesse uma intensificação de interesse pela experiência de guerra. Remarque vendeu bem em tradução; os livros sobre Verdun proliferaram; o ossário de Douaumont foi inaugurado parcialmente em 1927, e totalmente em 1932, e vigílias regulares ali tiveram início.[34] Alguns dos romances franceses mais duradouros sobre a guerra apareceram na década de 1930 e as organizações francesas de veteranos alcançaram sua influência máxima no início da década, quando seus membros excederam 3 milhões, representando quase um quarto do eleitorado.[35] O secretário-geral da CIAMAC foi o ministro das Pensões de 1933 a 1935, cortando quase 3% do pagamento aos quase 1,1 milhão de pensionistas franceses numa época de aguda crise fiscal. De maneira mais flagrante, nas agitações em Paris de 6 de fevereiro de 1934, membros da UNC e paramilitares de direita entraram em choque com a polícia, e o governo de esquerda renunciou em favor de outro mais conservador sob Gaston Doumergue, o signatário do acordo de objetivos de guerra de 1917 com Nicolau II. As agitações ajudaram a convencer muitos membros da esquerda de uma ameaça fascista à democracia francesa e promoveram a formação da aliança socialista-comunista-radical conhecida como Frente Popular que, nas eleições seguintes, realizadas em 1936, foi capaz de conquistar uma maioria.

Havia alguma base para as suspeitas da esquerda. A Cruz de Fogo, fundada em 1928, tinha semelhanças com o Stahlhelm. Originalmente não política e confinada aos veteranos, sob o comando de um novo líder (o coronel de la Rocque), depois de 1931 ela denunciou o sistema político como corrupto, e entre 6 e 7 mil de seus membros participaram das demonstrações de fevereiro de 1934.[36] Contudo, a maioria das organizações de veteranos apoiavam mudanças mais moderadas e destinadas a fortalecer a estabilidade do governo, sem destruir o sistema democrático, e todas apoiavam as reformas sociais do governo da Frente Popular.[37] Embora a Cruz de Fogo ficasse sob o comando de la Rocque, e seus membros marchassem e usassem uniforme, as principais organizações não eram nem regimentadas nem belicosas. Elas elegiam seus líderes, que raramente eram oficiais regulares, e ainda culpavam o alto-comando de 1914-18 por provocar mortes desnecessárias. Elas persuadiram tenazmente a reabilitação das vítimas das cortes marciais dos tempos de guerra e conseguiram uma revisão do código da justiça militar. As principais organizações de veteranos tampouco glorificavam a guerra, reagindo veementemente quando outros, como Mussolini, faziam isso. Elas se opunham ao desarmamento unilateral, mas durante a década de 1920 endossaram as políticas de reaproximação da Liga das Nações e de Briand. Na década de 1930, embora não simpatizassem com Hitler, apoiaram a conciliação, e a UNC e a UF chegaram próximo de desejar a paz a qualquer preço. Muitos veteranos achavam que a luta nada obtivera (como argumentava o filósofo e veterano Alain) e que render-se à crença de que a guerra era inevitável realmente faria que ela assim fosse.[38] Eles participaram de demonstrações internacionais e em federações que incluíam veteranos italianos e alemães; em 1934, mais de 400 reuniram-se com Mussolini e, no mesmo ano, o presidente da UF, Pichat, encontrou-se com Hitler. Pichat também assistiu à conferência de Munique de 1938 e, depois dela, fez uma declaração de apoio. Contudo, o movimento não estava unido neste sentido, e na primavera de 1939 as organizações de veteranos mostraram-se favoráveis ao desarmamento, assim refletindo uma tendência da opinião pública francesa como um todo.[39] Não obstante, a relativa unidade e firmeza com que a França entrou na Segunda Guerra Mundial foi rapidamente erodida durante os meses de espera que precederam ao ataque da Alemanha em 1940, e a rapidez do colapso subsequente fortalecia a impressão de que as feridas deixadas pela crise do moral em 1917 na verdade nunca haviam sido curadas.[40]

A influência da memória da guerra sobre a opinião pública francesa acabou por levá-la a ser favorável a um apaziguamento precisamente na época em que Hitler poderia ter sido detido a um custo relativamente baixo. Mas outros fatores relacionados à guerra estavam em ação da mesma forma, e provavelmente mais poderosamente. O número de homens disponíveis para os planejadores franceses diminuiu a partir de 1935, como resultado do declínio da taxa de nascimento em 1914-18. A França teve que pagar mais por sua reconstrução (só uma pequena porção das reparações alemãs chegou a ser recebida), e boa parte de seu orçamento estava comprometido com o pagamento dos empréstimos de guerra e os cuidados com as famílias dos mortos e os inválidos. Ao contrário da Alemanha, a França também tinha que pagar dívidas de guerra com os Estados Unidos, até o país se declarar inadimplente com relação aos americanos. Todos esses fatores reduziram as somas disponíveis para o pronto rearmamento. Mas, de qualquer modo, boa parte do dinheiro disponível não foi para os tanques e aeronaves, mas para o aço e o concreto da Linha Maginot. Com projeto definido em 1929 (e batizada com o nome de um veterano inválido que serviu como ministro da Guerra), a Linha Maginot foi projetada para proteger as áreas industriais fronteiriças contra uma nova invasão. Temendo que outra primeira ofensiva precipitada ceifasse vidas preciosas, os chefes militares franceses deram preferência a uma estratégia de espera e por um longo período, o que, por sua vez, enfatizava o caráter indispensável da Grã-Bretanha para bloquear a Alemanha e suprir financiamentos, navios e matérias-primas.[41] Na estratégia e na diplomacia francesas oficiais, as "lições" de 1914-18 tinham sido muito bem aprendidas. Muitos desses eventos culminaram com a crise da Renânia em 1936, quando Hitler reocupou a zona desmilitarizada num momento em que um ministério fraco e temporário assumiu o poder em

Paris durante a preparação para as eleições, com o franco vulnerável e o governo tendo acabado de contrair um empréstimo do tesouro britânico. O exército enfrentava falta de homens e, contudo, tinha que reiniciar um sério rearmamento. Embora a inteligência militar francesa avaliasse corretamente as intenções de Hitler, ela superestimou a força dele e supôs que um golpe retaliatório levaria a outra longa guerra de atritos.[42] Assim, o apoio dos britânicos parecia essencial, mas Londres preferiu aceitar o *fait accompli* alemão. A partir daí, os governos franceses foram obrigados a seguir uma liderança britânica (assim perdendo qualquer vantagem militar que pudessem ter tido no início da década), e até 1939 essa liderança era a favor da reconciliação.

Parte do motivo da posição da Grã-Bretanha era que a política do país era decidida num contexto global, em vez de puramente europeu, e que muita importância era atribuída aos Estados Unidos. Apesar de rejeitar o Tratado de Versalhes, durante a década de 1920 os Estados Unidos intervieram bastante na Europa, usando seu poder financeiro para incentivar uma revisão do tratado em favor da Alemanha. Nos anos de depressão, os americanos se tornaram mais introvertidos. Seu país também deu outro rumo em sua política para evitar os erros do passado, o que significava tentar por meio dos chamados Atos de Neutralidade impedir qualquer possível repetição do caminho da beligerância de 1914-17. O processo começou no final dos anos 1920, quando os Estados Unidos conheceram seu equivalente das reavaliações literárias da guerra ocorridas na Europa. Escritores como John dos Passos, E. E. Cummings e Ernest Hemingway pintaram um quadro desiludido do conflito, movidos pelo ceticismo com relação à autoridade e por uma desconfiança dos ideais de uma geração mais velha. Contudo, esses escritores eram mais radicais que pacifistas, sendo suas visões provavelmente atípicas com relação às dos veteranos da AEF, e uma literatura convencionalmente patriótica continuou a ser publicada. Um levantamento dos americanos que foram voluntários como motoristas de ambulância mostra que a maioria deles estava convencida da validade e da necessidade de sua conduta.[43] Mais politicamente significativo foi o debate crescente da neutralidade americana. A partir do início dos anos 1930, juristas e historiadores internacionais, bem como as sociedades pacifistas dos Estados Unidos, perguntavam que futura política devia ser adotada menos para prevenir as guerras que ficar fora delas.[44]

O senador Gerald Nye, de Dakota do Norte, capitalizou essa tendência. Progressista originário do interior dos Estados Unidos, ele não confiava no *establishment* da costa leste e culpava os banqueiros e fabricantes de munição pela guerra. Em 1934, surgiu uma enxurrada de livros sobre o comércio de armas, e Nye aproveitou a oportunidade para garantir aprovação para um comitê especial de investigação do Senado, sob sua presidência. Ele usou poderes *subpoena* para passar um pente fino nos arquivos das companhias de armamentos, e os depoimentos por ele ouvidos deixaram claras suas atividades lobistas, suas ligações com os departamentos da Guerra e da Marinha, e seus enormes lucros em tempos de guerra. Ao mesmo tempo, enormes demonstrações pacifistas ocorreram entre os estudantes universitários, e *Road to War: America, 1914-1917* (Boston, 1934), de Walter Millis, inferia que a intervenção tinha sido contra o interesse nacional dos Estados Unidos, e suas exportações para os Aliados tinham sido uma das principais causas dela: o livro vendeu mais de 20 mil cópias. O presidente Roosevelt testemunhou nos depoimentos do comitê de Nye que ele acreditava que Bryan tinha tido razão em defender o não envolvimento em 1915 e pediu ao comitê que preparasse uma legislação. Embora acreditando mais que Nye numa política externa mais ativista, Roosevelt saudou as medidas que impediriam os Estados Unidos de serem arrastados a outra guerra, com maior entusiasmo que o que expressou pela questão, para ele secundária, dos direitos de neutralidade. Mesmo assim, ele prosseguiu com os Atos de Neutralidade de 1935, 1936 e 1937, embora acabassem por atar suas mãos mais do que ele desejaria. O Ato de 1937 especificava que, numa guerra ou guerra civil que ameaçasse a paz dos Estados Unidos, o presidente devia proibir as vendas de armas e munições e os empréstimos aos beligerantes, bem como proibir cidadãos americanos de viajar em seus navios. Ele ganhou apoio para impor condições "pague e leve" na compra de mercadorias que não fossem armas: o comprador deve pagar pelas mercadorias e transportá-las em seus próprios navios, o que, na prática, beneficiaria a Grã-Bretanha e a França, prejudicando a Alemanha. É difícil não ver esta legislação como a mais notável tentativa de fechar a porta da estabilidade para evitar os supostos erros cometidos nos 20 anos anteriores. Em 1937, as pesquisas Gallup mostravam um surpreendente apoio público para que os Estados Unidos se mantivessem fora de um conflito europeu.[45] A depressão, a crise da Manchúria e a crescente tensão europeia podem ter contribuído para essa maneira de pensar, da qual o próprio Roosevelt – que, durante a Primeira Guerra Mundial, tinha sido secretário-assistente da Marinha, mas que agora, de muitas formas, era um wilsoniano desiludido – não estava imune.

O isolacionismo americano tinha sua contrapartida na Grã-Bretanha, onde uma contracorrente crítica havia existido mesmo durante a guerra, e continuado a existir depois do armistício. Assim, homens como Paul Nash, C. R. W. Nevinson e Sir William Orpen pintavam telas de protesto em 1918-19, apesar de serem oficialmente comissionados como artistas da guerra. A obra *Economic Consequences of the Peace* (Consequências econômicas da paz), de Keynes, enfocava o tratado de paz, e não a guerra, mas questionava o valor da vitória dos Aliados e a sinceridade de seus motivos, e *Disenchantment* (Desencanto), obra de C. E. Montague de 1922, um jornalista do *Manchester Guardian* que servira como voluntário em 1914, também condenava o tratado e comparava um mundo estável anterior à guerra com um presente oco e apático.[46] Em contraste, os principais representantes do movimento modernista na literatura nem participaram da luta nem se referiram diretamente à guerra, mas um oficial com trauma de guerra que comete suicídio em *Mrs. Dalloway*, obra de Virginia Woolf de 1925, e a sombria imagem de *A terra devastada*, poema de T. S. Eliot de 1922, aludem inequivocamente ao conflito. Mesmo assim, dada a alta obliquidade do modernismo e sua limitada disseminação, sua influência é questionável, e os romances mais amplamente lidos e considerados pouco intelectualizados tendiam a ser antigermânicos e patrióticos.[47] Rupert Brooke, cujo *1914 and Other Poems* (1914 e outros poemas) chegou a vender 300 mil cópias em 1930,[48] continuou a ser o poeta da guerra mais conhecido, embora boa parte do que se publicava sobre a guerra assumisse a forma de histórias oficiais e de memórias de políticos e generais. Durante a década de 1920, os sermões e discursos do Dia do Armistício insistiam que a derrota da Alemanha, apesar de seu custo, não tinha sido nem desnecessária nem em vão.[49] Só no fim da década uma mudança fundamental nas atitudes com relação à guerra se tornou discernível, e aqui, mais uma vez, tomou a direção da aversão e do desengajamento.

Em 1914-18, virou lugar comum entre os críticos que a grande arte da guerra viria mais tarde. De fato, as mais duradouras comemorações literárias vieram depois de uma década, e de escritores habilidosos, mas não de primeira linha. Assim, na Grã-Bretanha também houve uma explosão de "livros da guerra" de, mais ou menos, 1928 a 1931. Começou mais cedo e continuou mais tarde que na Alemanha, compreendendo poesia e drama, bem como romances e autobiografias. Como correspondente na Frente Ocidental para o *Daily Chronicle*, Philip Gibbs havia escrito constantemente despachos otimistas. Em 1928, contudo, seu *The Politics of War* (A política da guerra), publicado nos Estados Unidos como *Now It Can Be Told* (Agora pode ser contado) foi um amargo ataque aos patriotas e aproveitadores do front doméstico e da diplomacia secreta dos velhos que haviam provocado o massacre de jovens. Em janeiro de 1929, *Journey's End* (O fim da jornada), de R. C. Sherriff, inaugurou o teatro Savoy. O West End de Londres já havia evitado temas da guerra, mas esta peça foi a de maior sucesso ali produzida, com 593 apresentações e provavelmente vista por meio milhão de espectadores, enquanto o texto vendeu mais de 175 mil cópias e fez o nome da editora Gollancz. Embora não articulando uma mensagem antiguerra, a peça mostrava soldados britânicos lutando contra a embriaguez e a covardia às vésperas do ataque alemão de março de 1918, e muitos veteranos atestaram sua autenticidade.[50] Quase igualmente surpreendente foi o aparecimento em tradução, em março, do *Sem novidade no front*, de Remarque, que vendeu 25 mil cópias em uma quinzena.[51] Na verdade, o *boom* das autobiografias havia começado na Grã-Bretanha, com o aparecimento, em 1927, de *Revolt in the Desert* (Revolta no deserto), de T. E. Lawrence, que mais tarde ficou conhecido como *Seven Pillars of Wisdom* (Sete pilares da sabedoria), e em 1927, de *Undertones of War* (Sugestões da guerra), de Edmund Blunden, e *Memoirs of a Fox-Hunting Man* (Memórias de um caçador de raposas), de Siegfried Sassoon; seguiram-se, em 1929, *Goodbye to All That* (Adeus a todos), de Robert Grave, que vendeu tanto que permitiu ao autor viver em Majorca, *Death of a Hero* (Morte de um herói), de Richard Aldington, e *A Subaltern's War* (Guerra de um subalterno), de Charles Carrington. Em 1930, a linha prosseguiu com *Memoirs of an Infantry Officer* (Memórias de um oficial da infantaria), de Sassoon, e *Her Privates We* (Nós, os soldados dela), de Frederick Manning, e em 1933 com *Testament of Youth* (Testamento de jovem), de Vera Brittain. Comentando os livros de guerra de 1930, o crítico H. M. Tomlinson referiu-se ao conflito como "a maior perturbação da humanidade desde quando as geleiras empurraram nossos ancestrais para o sul".[52] Os romances de guerra de pouco valor literário de 1929-30, como os de dez anos antes, pregavam a fraternidade internacional e denunciavam a guerra como uma desperdício.[53] *War Memoirs* (Memórias da guerra), de Lloyd George, outro *best-seller* surgido em 1933-36, atribuía a guerra a um acidente, e não à agressão alemã, abrindo uma polêmica acirrada contra Haig.[54] Em *The Real War* (A verdadeira guerra), de 1934, o ex-conselheiro militar do primeiro-ministro, Sir Basil Liddell Hart, ampliou o caso com uma acusação contra a estratégia da Frente Ocidental e o alto-comando, afirmando que o principal fator da vitória final havia sido o bloqueio.[55] O fenômeno expandiu-se para o cinema: a versão americana de *Sem novidade no front* foi um imenso sucesso em Londres, sendo seguido por uma representação cinematográfica de *Journey's End*. Esses filmes romperam com o tom comemorativo dos documentários de guerra produzidos (às vezes com ajuda governamental) na década de 1920, e provavelmente alcançaram mais pessoas que todas as outras manifestações do *boom* da guerra juntas.[56]

Muitos dos principais livros de guerra surgiram de um grupo de oficiais (poucos foram escritos por soldados rasos) que se conheceram durante o conflito. Graves ajudou a levar Sassoon para o hospital Craiglockhart devido ao trauma de 1917, depois de este último ter pedido o fim da guerra em uma carta ao *The Times*. Em Craiglockhart, Sassoon conheceu Wilfred Owen e apresentou-lhe *Under Fire* (Sob fogo), de Barbusse, que impressionou muito os dois homens. Blunden, um dos principais memorialistas, publicou, em 1931, a primeira edição completa dos poemas de Wilfred Owen (embora, durante a década de 1930, a obra de Owen ainda vendesse lentamente). A nova literatura britânica (como a de Barbusse, Remarque e Hemingway) concentrava-se na experiência de guerra individual. Como gênero, essas obras tinham precedentes, mas as guerras do século XIX haviam gerado exemplos em menor número. Elas ignoravam as altas políticas da estratégia e da democracia, dando relevância a episódios de horror, emoção, confusão e farsa,[57] como a chocante descrição que Graves faz do ataque com gás de Loos. Isto não quer dizer que autores dos livros de guerra fossem pacifistas. Depois do gesto de protesto de Sassoon, ele retornou a seu regimento. Owen juntou o sofrimento no front com a complacência e o jingoísmo que encontrou em casa, mas a argumentação fundamental de seu famoso "Prefácio" foi sobre a linguagem apropriada para descrever a guerra, que deveria rejeitar o romantismo e o bombástico. Não obstante, os escritores de autobiografias estavam dolorosamente conscientes do preço da guerra para os combatentes, escrevendo com a autoridade que provinha do testemunho pessoal. Além disso, escreveram de maneira autoconsciente, como parte de um movimento internacional – um dos principais comentários nas críticas de Remarque, por exemplo, observava sua demonstração dos traços compartilhados na experiência de soldados da Alemanha e dos Aliados.[58] Lugar comum das memórias era a ligação entre soldados de todas as nações criadas por reminiscências incomunicáveis, exceto entre eles mesmos, e o hiato que os separava dos outros. Contudo, os novos escritores agora tentavam cobrir esse hiato, tendo feito isso com considerável efeito.

Graves e Sassoon observaram que um longo intervalo se fazia necessário antes que pudessem escrever com suficiente desprendimento, dado que a maior parte de seu objetivo era autoterapêutico. A comparação com o hiato similar que precedeu as explorações artísticas do envolvimento militar americano tardio no Vietnã é óbvia, embora reveladora. Contudo, não foram apenas os escritores que preferiram esperar. As explosões anteriores de construção de memoriais e de rituais comemorativos haviam testemunhado o constante interesse público pela guerra, e o Portal Menin e o Arco Thiepval foram completados durante o *boom* dos livros. Cem mil pessoas assinaram o livro de visitantes do Portal Menin em 1930, num período de apenas três meses.[59] Contudo, de maneira paradoxal, antes do fim da década de 1920 os editores tinham pouco mercado para os desiludidos testemunhos pessoais, e diretores de filmes haviam se comportado de maneira segura com os temas aventurosos e patrióticos. O fim da década viu uma mudança de atitudes e uma abordagem diferentes. A Greve Geral de 1926 tem sido vista como um dos motivos. Sua linguagem conflitual e a interrupção da vida comum fizeram ressurgir um pouco do clima dos tempos da guerra. A derrota dos sindicatos pode ter simbolizado o fim da transição pós-guerra e o começo de alguma coisa nova.[60] Em 1929, a eleição de um governo trabalhista, comandado por pacifistas dos tempos da guerra (incluindo Ramsay MacDonald como premiê), os começos do desemprego e o ressurgimento do nacionalismo alemão podem ter contribuído para a impressão de que a guerra tinha sido travada por nada, e que a Europa estava entrando em outro período de pré-conflito.[61] A sensação geral, que não era lugar-comum antes da década de 1930, mas que nisso se tornou desde então, era de que os sacrifícios de 1914-17 haviam sido fúteis. Na Grã-Bretanha como na Alemanha, a memória da guerra moldou os anos entre as duas guerras e, contudo, também foi reavaliada à luz da experiência subsequente. Na verdade, os desvios culturais mais ou menos simultâneos que ocorreram nos dois países no fim da década de 1920 acelerou um deles em direção ao nacionalismo beligerante, e o outro em uma direção pacifista.

Ao contrário da Alemanha, houve pouca reação patriótica na Grã-Bretanha contra a nova tendência literária, embora alguns oficiais do exército e críticos literários mais velhos fossem contundentemente críticos, e os comentários, em duas obras de 1930 de dois historiadores, *The Lie about the War* (A mentira sobre a guerra), de D. Jerrold, e *War Books* (Livros de guerra), de Cyril Falls, enfatizassem os altos motivos da guerra e insistissem em suas realizações. Nenhuma delas, contudo, romantizava o conflito armado como realização individual e purificação da sociedade, como fez Jünger. Além disso, havia sinais, no final da década de 1920 e início da de 1930, de uma reavaliação política e também cultural do papel da Grã-Bretanha, e o *boom* dos livros de guerra deve ser visto como parte de algo maior. O governo trabalhista foi, em alguns aspectos, uma lufada de ar fresco, por exemplo, ao responder positivamente à longa campanha para abolir a Punição de Campo Nº 1, que permitia disciplinar os soldados amarrando-os a uma roda da artilharia. Em 1929, houve pedidos na Câmara dos Comuns para se pôr fim ao Dia do Armistício, mas os trabalhistas decidiram continuar com a cerimônia, embora com reduzida presença militar. Nas comemorações do 11 de novembro na década de 1930, os discursos e comentários da imprensa, mesmo da direita, enfatizavam ainda mais que antes que 1914-18 devia ser uma guerra para pôr fim às guerras, e que nunca haveria outra conflagração como ela.[62] De maneira similar, a Legião Britânica apoiava a Liga das Nações e o desarmamento, e durante a crise checoslovaca de 1938, seu presidente, Frederick Maurice, voou para a Alemanha para se reunir com Hitler.[63] Como nos Estados Unidos, contudo, enquanto grupos mais velhos, como a Legião, a União da Liga das Nações e a UDC apoiavam a segurança coletiva, a partir do início dos anos 1930 um movimento pacifista mais radical e unilateral entrou em cena. Os membros da União da Promessa de Paz, fundada em 1935 pelo reverendo Dick Sheppard, comprometiam-se a, em nenhuma circunstância, não lutar em outra guerra (em 1939, 150 mil membros haviam feito essa promessa), e em 1933 a Guilda da Cooperativa das Mulheres começou a vender papoulas brancas no Dia do Armistício para celebrar os mortos das Potências Centrais e também os dos aliados. No mesmo ano, os estudantes da Sociedade da União de Oxford votaram em favor de uma resolução de nunca lutar pelo rei e pelo país, e a conferência de Hastings do Partido Trabalhista apoiou uma greve geral no caso de uma guerra. Embora não tivesse nenhum comitê Nye, a Grã-Bretanha também conheceu a agitação contra o comércio de armas, e uma Comissão Real averiguou a manufatura e a venda de armamentos, com o Partido Trabalhista votando no Parlamento contra os orçamentos da defesa até 1937.

Portanto, o público britânico, como o americano, estava em seu maior ponto de isolacionismo precisamente no momento em que uma rápida ação preventiva se fazia necessária se Hitler tivesse que ser detido antes que pudesse desferir uma guerra maior. A oportunidade foi breve, pois ele começou seu rearmamento secreto em 1933, anunciou a reintrodução do alistamento obrigatório e de uma força aérea em 1935, reocupando a Renânia em 1936. Assim mesmo, devemos ser cautelosos antes de atribuir a passividade britânica simplesmente à memória do conflito de 1914-18. Muitos outros fatores incentivaram o desligamento do continente, incluindo o colapso do mundo dos negócios e a nova inquietação no império. Na década de 1930, o horror da guerra foi resumido não apenas pelo Somme e o Passchendaele, mas também por novos pesadelos, particularmente o do ataque aéreo. Além disso, os políticos exageraram até que ponto a nova disposição do público atava-lhes as mãos. Um bom exemplo é a eleição suplementar de East Fulham em 1933, em que um candidato trabalhista derrotou o candidato da coalizão governamental nacional. Mais tarde, o primeiro-ministro citou o resultado como motivo para a demora em embarcar no rearmamento. Na verdade, o candidato trabalhista era um veterano condecorado que apoiava a segurança coletiva e a Liga, e a principal questão da campanha foi a habitação.[64] Contudo, depois de tudo analisado, é difícil não ver a repulsa pública por 1914-18 (e a hostilidade dos Domínios a qualquer tipo de realistamento) como poderoso fator em prol do apaziguamento até, pelo menos, 1938. Na verdade, políticos e oficiais compartilhavam da disposição popular, e um fator principal de sua política e estratégia era a preocupação de evitar o que era visto como antigos erros. Assim, eles resistiram a ter conversas secretas de Estado-Maior com os franceses, que ocorreram pela primeira vez depois de Hitler ter reocupado a Renânia, e mesmo assim só durante dois dias. Maiores planejamentos conjuntos tiveram que esperar até a primavera de 1939. Na década de 1930, a BEF era menor e tinha um equipamento antiquado, que em 1914, e até 1937, estava treinando basicamente para defender o Egito (além de, cada vez mais, preocupar--se com a observação da situação na Palestina, onde uma revolta árabe havia irrompido contra a imigração judaica), enquanto o Tesouro, cioso das dificuldades financeiras da Grã-Bretanha em 1917 e dos Atos de Neutralidade americanos, advertia contra o rearmamento prematuro e as dúbias perspectivas em um conflito longo. Assim mesmo, no final a maré virou. A Guerra Civil Espanhola enfraqueceu o sentimento pacifista da esquerda, e quando da crise de Munique de 1938, as pesquisas de opinião sugeriam que a opinião pública estava dividida e que uma minoria substancial simpatizava com a Checoslováquia, criticando a política de apaziguamento de Neville Chamberlain.[65] Finalmente, em agosto de 1939, uma maioria de 75% contra 19% afirmava estar disposta a combater a Alemanha se ela atacasse a Polônia ou Danzig.[66] Por mais terrível que fosse a lembrança da Primeira Guerra Mundial, ela não impediu o público britânico de aceitar um segundo turno.

    Essa conclusão reforça o ponto fundamental. Não havia uma memória única ou uniforme da experiência da guerra, e o fenômeno não pode ser reduzido a uma força determinante unificada. Pelo contrário, havia muitas memórias variando de país para país, dentro de cada um deles e com o passar do tempo. Tanto na Alemanha como no Ocidente, o significado da guerra era interpretado de maneira diferente nos anos 1930, com relação aos anos 1920, e derrotados e vitoriosos chegavam a conclusões contrastantes. Além disso, com o estourar da Segunda Guerra Mundial na Europa em 1939, e sua expansão para uma guerra global em 1941, as lembranças do conflito anterior perderam muito de seu significado político. Para a maioria dos países participantes, o impacto do novo conflito em termos do número de baixas e da descontinuidade da vida comum foi imensamente maior. Mesmo na Grã-Bretanha, onde o impacto foi discutivelmente menor, o Dia do Armistício foi cancelado de 1939 a 1945, embora as vendas de papoulas prosseguissem e o Domingo da Lembrança ainda fosse honrado.[67] No nível do comando militar e da diplomacia, contudo, as "lições" do conflito anterior ainda tiveram perceptível influência sobre os líderes da Segunda Guerra Mundial, muito dos quais haviam tido seu aprendizado nela e desta vez queriam administrar melhor as coisas. A primeira guerra não foi apenas uma pré-condição essencial para a segunda, mas também determinou o modo como ela foi lutada – e não lutada. Em grande parte, essa generalização se aplica tanto ao Eixo quanto aos Aliados.

O precedente de 1914-18 foi menos relevante para os japoneses e italianos, que estavam lutando contra seus antigos parceiros, em diferentes palcos e em condições muito diferentes. Em 1940, Mussolini provavelmente tentou replicar o gambito de Salandra e Sonnino em 1915, na esperança de uma operação rápida e fácil que o fortalecesse domesticamente e protegesse a independência da Itália, assegurando-lhe uma participação no espólio da vitória. Ele calculou mal e de maneira mais ainda séria que antes eles haviam feito, não apenas com relação à duração e o custo da guerra, mas também a quem a ganharia, e mais uma vez esses cálculos errados derrubaram um regime italiano. Na Alemanha, em contraste, tanto o exército quanto a recém-criada força área na década de 1930 deram grande atenção às lições táticas da Primeira Guerra Mundial, incluindo (no caso do exército) a importância dos soldados e oficiais jovens agindo por sua própria conta, e (no caso da Luftwaffe) a necessidade de concentrar forças e obter a superioridade aérea no apoio às operações do exército.[68] Quando a guerra estourou, a marinha exigiu recursos imediatos para uma irrestrita campanha de submarinos e um emprego ativo dos navios de guerra de superfície para evitar a desmoralização de suas tripulações.[69] Estrategicamente, o exército, durante a República de Weimar (quando Groener era ministro da Defesa), voltou-se para os princípios de Schlieffen: uso da moderna tecnologia para garantir o elemento surpresa, o cerco e vitórias decisivas, evitando outra guerra de atrito[70] (Apesar dessas considerações, o planejamento para a ofensiva de maio de 1940 a oeste não foi inicialmente uma reprise de 1914, mas para um ataque nos Países Baixos dirigido contra os britânicos.[71]) No nível mais elevado, o próprio Hitler, que ponderou amplamente sobre como teria lutado a primeira guerra de maneira diferente (e constantemente pensava nela durante a segunda), tencionava avançar – pelo menos no primeiro caso – por meio de golpes rápidos e repentinos contra vítimas isoladas e mantendo seus inimigos potenciais divididos. Se a guerra de 1914 havia começado por causa de um acidente nos Bálcãs e no que Hitler considerava o ano errado, as futuras guerras começariam em épocas e circunstâncias de sua escolha, se necessário pela manipulação de assassinatos como pretextos.[72] Ele acreditava que a Alemanha de Guilherme havia errado ao tentar fazer tudo pela metade, e havia se posto contra a Grã-Bretanha sem necessidade. Assim, sua esperança, pelo menos no início, de conseguir o favor de Londres se abstendo de uma expansão naval e colonial, com a prioridade de recriar o domínio da Europa Oriental que havia sido estabelecido em 1918. Depois que o armistício de 1940 foi assinado com a França (por ordem de Hitler) no mesmo vagão ferroviário de 1918, ele foi tomado pela sensação de vingança, e Goebbels falava de "um sentimento que renascia", enquanto Guilherme, de seu exílio holandês, telegrafava congratulando pela realização em poucas semanas do que antes havia se mostrado impossível em quatro anos. Mais uma vez, Hitler escolheu o aniversário do armistício de 1918 para completar a ocupação da França em 11 de novembro de 1942.[73] Por outro lado, reconheceu a importância de prevenir uma nova "facada nas costas" mantendo altos os padrões da vida civil.[74] Os estoques de alimento e matérias-primas eram maiores em 1939 que em 1914, e os salários e o controle de preços restringiam a inflação de maneira mais bem-sucedida. Em parte porque a Alemanha podia saquear o restante da Europa e explorar a mão de obra, seus padrões de vida eram mais bem protegidos que no primeiro conflito, embora a repressão fosse muito mais severa tanto no exército quanto em casa.[75] Na verdade, o medo de novas acusações de facada nas costas inibia os líderes conservadores de se oporem a Hitler.[76] O Führer também extraiu lições ainda mais sinistras do conflito anterior, culpando os judeus pela desmoralização do front nacional alemão e comentando, em *Mein Kampf*, que, se 12 a 15 mil deles tivessem sido eliminados, os sacrifícios no front poderiam não ter sido em vão.[77] Por outro lado, sua atribuição da debacle de 1918 à fraqueza doméstica combinava com um menosprezo pela contribuição dos Estados Unidos e pelo potencial militar dos americanos, o que o encorajou a declarar guerra contra eles em 1941.[78] Ele também pode simplesmente ter dado menos atenção às lições prévias, pois a Segunda Guerra Mundial desenvolveu seu próprio caráter distinto, e ele foi ficando mais impaciente. Assim, quando a Grã-Bretanha não conseguiu, depois da queda da França, responder a suas aberturas de paz, ele se voltou para a Rússia, apesar dos perigos de um conflito em duas frentes. A princípio, tentando evitar a megalomania de Guilherme, ele desenvolveu ilusões próprias e muito piores.

Do lado Aliado, a influência do complexo da Primeira Guerra Mundial provavelmente tenha sido ainda maior. Dos principais líderes, sabemos menos a respeito de Stálin, embora sua relutância em tomar precauções contra um ataque em 1941 possa ter sido influenciada pela preocupação de que a mobilização russa de 1914 tivesse precipitado o conflito desnecessariamente. A intervenção aliada de 1918 e a guerra polaco-soviética de 1919-21 também estavam em sua mente, mesmo que ele tivesse muitos outros motivos para desconfiar do Ocidente e dos poloneses. Num momento de descontração com Churchill, ele admitiu que seus objetivos de guerra (que incluíam um Estado fantoche polonês, a passagem mais livre pelo Dardanelos e ganhos territoriais da Turquia) tinham muito em comum com os dos czares. Contudo, sabemos muito mais sobre os parceiros atlânticos de Stálin. A Grã-Bretanha e a França começaram com extrema cautela, prevenindo a Polônia, na crise de 1939, que evitasse a mobilização prematura por medo de iniciar uma reação em cadeia e uma guerra acidental, embora também assinando uma aliança com a Varsóvia em agosto, na esperança de evitar a repetição da incerteza quanto à posição de Londres que, como se pensava, teria incentivado a atitude temerária dos alemães em julho de 1914.[79] Durante o falso período de guerra, eles evitaram grandes ofensivas iniciais segundo o modelo de 1915 e, na verdade, qualquer outro tipo de ação. Talvez influenciados pelas argumentações de Liddell Hart, os britânicos apostaram no bloqueio e num possível colapso da economia de guerra alemã ou mesmo uma revolução antinazista; uma confiança sem garantia nessas possibilidades havia sustentado sua disposição de arriscar uma guerra e implicava uma séria e equivocada leitura do que havia acontecido em 1918.[80] Lições mais positivas também foram tiradas do conflito anterior, como, por exemplo, a definição de planos franceses para a mobilização econômica[81] e a pronta reinstituição, por parte da Grã-Bretanha, dos comboios (na verdade, a Marinha Real foi complacente com relação aos U-Boats),[82] mas a maior preocupação não era o risco de um desastre estratégico e de arruinar o moral dos civis pela repetição de batalhas como a do Somme. A menos que o otimismo exagerado dos Aliados com relação à fraqueza da Alemanha se revelasse justificado, esta doutrina não deixava claro como eles poderiam vencer antes de ficar sem fundos.

Depois da campanha de 1940 e a saída da França sob a liderança de Pétain – o herói de Verdun, mas um homem que conhecia o verdadeiro custo da guerra e havia revelado suas tendências derrotistas em março de 1918 –, a liderança do campo ocidental passou, a princípio, para Londres, mas, em seguida, cada vez mais para Washington. Roosevelt tinha sido simpático aos Atos de Neutralidade, na medida em que eles o impediam de arriscar o prestígio nacional ao defender os direitos dos neutros. Ele não excluía de antemão a intervenção, mas apenas em nome dos interesses nacionais fundamentais. Na verdade, ele não achava que fosse necessário declarar o estado de guerra, preferindo agir de maneira flexível e a seu critério. Os Atos de Neutralidade foram revisados em 1939 para permitir vendas à vista de armas aos beligerantes (o que, na prática, significava os Aliados), mas mesmo assim a Grã-Bretanha ficou sem divisas estrangeiras no inverno de 1940-41, e, a partir daí, se viu novamente lutando apenas com a ajuda amcricana, desta feita não sob a forma de empréstimos, mas por meio da ação do Ato de Arrendamento e Empréstimo de março de 1941. Assim que os Estados Unidos entraram na guerra, a reação contra a diplomacia da Primeira Guerra Mundial prosseguiu. Não houve novos 14 Pontos, entre outras razões porque Roosevelt queria negar a Hitler qualquer chance de tirar proveito das negociações antes de ser derrotado – uma atitude que confirmou a doutrina da Rendição Incondicional que ele e Churchill anunciaram em Casablanca em 1943.[83] O inimigo precisava ser batido completamente, e observando os acordos do pós-guerra, Roosevelt viu como perigo principal a desunião entre os vencedores, que permitiria que seus inimigos se recuperassem mais uma vez. Daí seu conceito de Quatro Policiais, ou seja, os Estados Unidos, a Grã-Bretanha, a União Soviética e a China policiando o mundo do pós-guerra. Este princípio se materializaria na responsabilidade básica pela paz e a segurança internacionais do Conselho de Segurança das Nações Unidas, que devia funcionar, a despeito das semelhanças superficiais, de maneira muito diferente da Liga.[84] Roosevelt, em contraste com Wilson, também estava determinado a manter o apoio bipartidário no Congresso (por exemplo, excluindo os republicanos da delegação americana na conferência de fundação da ONU, em São Francisco). Os Estados Unidos tampouco insistiriam (como depois de 1918) no pagamento dos empréstimos de guerra, com o Tratado do Arrendamento-Empréstimo totalmente cancelado. Os EUA procurariam manter aberta a economia mundial por meio de sua condição de membro fundador do Banco Mundial e do Fundo Monetário Internacional, e, mais tarde, do Acordo Geral sobre as Tarifas e o Comércio. Os americanos manteriam poderosas forças militares, e uma cadeia mundial de bases e de direitos de sobrevoo. Em suma, sua política externa seria ativa e intervencionista, embora, desta vez, com o apoio bipartidário.

Contudo, até certo ponto, os objetivos americanos eram contraditórios. Roosevelt não queria nenhum tratado secreto entre os Aliados que antecipassem os acordos de pós-guerra, tendo detido um tratado britânico-soviético em 1942 que teria garantido a Stálin suas fronteiras de 1941. Outro obstáculo importante para um entendimento com Stálin foi a demora do Ocidente em organizar uma "segunda frente" no noroeste da Europa, mas um dos motivos principais para essa demora foi a hesitação britânica, em parte provocada pelo medo de Churchill de que a Grã-Bretanha sofresse baixas como as de 1916-18.[85] Ao concordar com uma estratégia mediterrânea e postergando uma segunda frente até 1944, Roosevelt essencialmente cooperou para que Londres tivesse preferência sobre Moscou. Sua política até com relação à própria Alemanha foi esquizofrênica. Por um lado, ele se inclinava a uma dureza muito maior que depois da Primeira Guerra Mundial, como demonstrou seu apoio, em 1944, ao Plano Morgenthau, idealizado por seu secretário do Tesouro, para a divisão da Alemanha e o desmonte de sua economia. Por outro lado, os planejadores do Departamento de Estado ansiavam por uma Alemanha próspera e democratizada que pudesse eventualmente ser reintegrada à comunidade atlântica. Essas posições tiraram lições divergentes de 1914-18 e das experiências entre as duas guerras, e no fim uma combinação baseada nas duas seria implementada.

Até certo ponto, o planejamento do tempo de guerra foi seguindo até bem depois de 1945. Os Estados Unidos ofereceram alívio à Alemanha e à Europa ocupada de maneira muito mais generosa que depois de 1919. A Alemanha e o Japão foram ocupados, desmilitarizados e democratizados a partir de cima, e suas economias controladas enquanto seu futuro era decidido. A partir de 1947-48, contudo, com o lançamento do Plano Marshall para a Europa e sua contrapartida, o Curso Reverso para o Japão, a preocupação básica da diplomacia americana se tornaram as tensões dentro da aliança da Segunda Guerra, e os derrotados inimigos do Eixo foram contidos, em maior parte, por arranjos no campo ocidental, e não pela colaboração com Moscou. A Guerra Fria soviético-americana aumentou numa proporção sem paralelo pelas tensões franco--britânicas-americanas da década de 1920, e a política internacional entrou numa nova era, em que as lições de 1919 se tornaram menos relevantes – embora uma reaproximação soviético-alemã nas linhas de Rapallo continuasse a ser um pesadelo para os ocidentais nos anos seguintes. Não obstante, à medida que os arranjos pós-guerra evoluíam por meio de linhas imprevistas para uma redefinição do mundo por um conflito ainda mais devastador, o legado e as lembranças de 1914-18 finalmente recuaram da posição frontal nos eventos contemporâneos.

Notas

1. Bowley, *Some Economic Consequences*, p. 87.
2. Feinstein *et al.*, *European Economy*, p. 60.
3. Ibid., pp. 9, 13.
4. Aldcroft, *From Versailles to Wall Street*, p. 22.
5. Strikwerda, "Troubled Origins", p. 1110.
6. Aldcroft, *From Versailles to Wall Street*, pp. 47-9.
7. Feinstein *et al.*, *European Economy*, pp. 71-6.
8. Hardach, *First World War*, p. 153.
9. Schuker, *End of French Predominance*, ver 2-4.
10. Ferguson, "Constraints and Room for Manoeuvre".
11. Thomson, D., *Europe since Napoleon* (Londres, 1966) p. 649.
12. Schuker, S. A., *American 'Reparations' to Germany, 1919-33: Implications for the Third-World Debt Crisis* (Princeton, NJ, 1988).
13. Bennett, E. W., *Germany and the Diplomacy of the Financial Crisis, 1931* (Cambridge, MA, 1962).
14. Sobre estes pontos, ver Eichengreen, *Golden Fetters*.
15. Childers, T., *The Nazi Voter: the Social Foundation of Nazism in Germany, 1919-1933* (Chapel Hill, 1983).

16. Eberle, *World War I and the Weimar Artists*.
17. Bessell, *Germany after the First World War*, p. 228.
18. Fischer, *Stormtroopers*, p. 25.
19. Eksteins, *Rites of Spring*, cap. 9.
20. Ibid., p. 410.
21. Wette, "Kellogg to Hitler".
22. Eksteins, *Rites of Spring*, p. 397.
23. Lipgens, "Europäische Einigungsidee".
24. Cf. Wette, "Kellogg to Hitler".
25. Diehl, "Victors or Victims?", p. 700.
26. Fischer, *Stormtroopers*, pp. 49-54.
27. Kershaw, *Hitler*, Vol. 1, p. 331.
28. Ibid., p. 100.
29. Ibid., p. 87.
30. Diehl, "Victors or Victims?", p. 726; Verhey, *Spirit of 1914*, pp. 223-8.
31. Adamthwaite, A. P. (ed.), *The Making of the Second World War* (Londres, 1979), doc. 4.
32. Boyce, R., and Robertson, E. M. (eds.), *Paths to War: New Essays on the Origins of the Second World War* (Basingstoke e Londres, 1989), cap. 2.
33. Barnhart, M., *Japan Prepares for Total War: the Search for Economic Security, 1919-1941* (Ithaca, NY, 1987).
34. Prost, "Verdun", pp. 129-30.
35. Prost, *In the Wake of War*, cap. 2.
36. Rémond, "Les Anciens Combattants", pp. 272-5.
37. Prost, *In the Wake of War*, p. 42.
38. Ibid., pp. 75-6.
39. Gorman, "Anciens Combattants and Appeasement".
40. Becker, *Great War and the French People*, p. 327.
41. Young, R. J., *In Command of France: French Foreign Policy and Military Planning, 1933-1940* (Cambridge e Londres, 1978).
42. Schuker, S. A., "France and the Remilitarization of the Rhineland, 1936", *French Historical Studies* (1986); Emmerson, J. T., *The Rhineland Crisis, 7 March 1936: a Study in Multilateral Diplomacy* (Londres, 1977).
43. Kennedy, *Over Here*, pp. 222-30.
44. Divine, *Illusion of Neutrality*, cap. 3.
45. Ibid., p. 181.
46. Grieves, 'C. E. Montague'.
47. Bracco, *Merchants of Hope*, pp. 1, 12.
48. Beckett, *Great War*, p. 445.
49. Gregory, *Silence of Memory*, pp. 35-40.
50. Bracco, *Merchants of Hope*, cap. 5.
51. Ibid., p. 145.
52. Cruickshank, *Variations on Catastrophe*, p. 40.

53. Bracco, *Merchants of Hope*, p. 15.
54. Bond, *Unquiet Western Front*, pp. 46-9.
55. Liddell Hart, *History of the First World War*, p. 460.
56. Hynes, *War Imagined*, pp. 446-8.
57. Fussell, *Great War and Modern Memory*, ver 6, 7.
58. Eksteins, *Rites of Spring*, pp. 394-5.
59. Dyer, *Missing of the Somme*, p. 104.
60. Hynes, *War Imagined*, cap. 20.
61. Gregory, *Silence of Memory*, pp. 118-19.
62. Ibid., pp. 121-3.
63. Wootton, *Politics of Influence*, p. 119.
64. Stannage, C. T., "The East Fulham By-election", *Historical Journal* (1971).
65. Adamthwaite, A. P., "The British Government and the Media, 1938-9", *Journal of Contemporary History* (1983).
66. Thorne, C., *The Approach of War, 1938-1939* (Londres, 1967), p. 220.
67. Gregory, *Silence of Memory*, pp. 174-6.
68. Messerschmidt, M., in Millett and Murray (eds.), *Military Effectiveness*, Vol. 3, pp. 244-6.
69. Weinberg, G. L., *A World at Arms: a Global History of the Second World War* (Cambridge e Nova York, 1994), pp. 86, 235.
70. Messerschmidt, M., in Millett and Murray (eds.), *Military Effectiveness*, Vol. 3, p. 227.
71. Weinberg, G. L., *World at Arms*, pp. 108-9.
72. Ibid., pp. 21-2.
73. Kershaw, *Hitler*, Vol. 2, pp. 298-9, 542.
74. Ibid., p. 563.
75. Burchardt, "Impact of the War Economy", pp. 59-62.
76. Kershaw, *Hitler*, Vol. 2, pp. 657-8.
77. Ibid., Vol. 1, p. 244.
78. Weinberg, *World at Arms*, pp. 83, 153, 262.
79. Ibid., pp. 41, 50.
80. Ibid., pp. 66, 72.
81. Beckett, *Great War*, p. 279.
82. Weinberg, *World at Arms*, p. 70.
83. Ibid., p. 439.
84. May, E. R., *'Lessons' of the Past: the Use and Misuse of History in American Foreign Policy* (Londres, 1973), cap. 1.
85. Weinberg, *World at Arms*, pp. 612, 660-61; Beckett, *Great War*, pp. 462-3.

21
CONCLUSÃO: A GUERRA SE TRANSFORMA EM HISTÓRIA

EM MEADOS DO SÉCULO XX, a humanidade havia completado um segundo ciclo por meio da investida, curso e liquidação de uma grande guerra mundial. Com o fim da Segunda Guerra Mundial e a reconstrução pós-guerra, o significado da Primeira Guerra Mundial como precedente desapareceu. Nas novas crises, como as da Coreia e de Suez, os líderes ocidentais procuraram lições para a experiência dos anos 1930, da Manchúria à Renânia e Munique. Na crise dos mísseis cubanos de 1962, dizem que o presidente Kennedy foi influenciado por sua leitura do best-seller *Os canhões de agosto*, um relato da crise de 1914, de autoria de Barbara Tuchman, mas as analogias que ele discutiu com o Comitê Executivo de seu Conselho Nacional de Segurança foram Munique, Pearl Harbor, Suez e a Hungria, e à medida que a crise se desenvolvia, os paralelos históricos foram completamente dispensados.[1] Na medida em que os líderes da superpotência contemplavam as operações militares, as lições de Stalingrado, Normandia e Hiroshima pareciam muito mais relevantes que as de Tannenberg ou Ypres. Os momentos de tensão do período entre as guerras, tais como as reparações, não importavam mais; as transferências de população definiram mais ou menos as fronteiras orientais da Alemanha; a Alsácia-Lorena (reincorporada por Hitler em 1940) voltou definitivamente para a França; e o Sarre (depois de uma década de, por vezes, acirrada disputa) para a Alemanha Ocidental. É verdade que em outras partes a redistribuição imperial depois de 1918 havia criado uma série de bombas-relógio, várias das quais levaram décadas para explodir. A Checoslováquia e a Iugoslávia se desintegraram na década de 1990; a primeira pacificamente, a segunda, não. Outras entidades criadas após a Primeira Guerra Mundial foram fustigadas pela violência intercomunal, incluindo Ruanda (formada a partir do território colonial transferido da África Oriental Alemã para a Bélgica); o Líbano (ampliado pelos franceses em 1920 para incorporar mais muçulmanos e contendo uma maioria de cristãos maronitas não muito significativa); e a Irlanda do Norte, estabelecida depois do Tratado Anglo-Irlandês de 1921. Outros

CONCLUSÃO

foram mantidos unidos por meio de governos autoritários, principalmente o Iraque, que os britânicos formaram a partir de três províncias otomanas, compreendendo uma instável combinação de curdos ao norte e muçulmanos sunitas ao norte e xiitas no centro e ao sul, onde os administradores coloniais desenharam uma fronteira arbitrária com o Kuwait. Finalmente, na Palestina, onde o mandato britânico foi confirmado em 1920, e a imigração judaica aumentou em muito devido à depressão e à perseguição antissemita na década de 1930, um novo conflito étnico surgiu, cujas consequências reverberariam de maneira ainda mais poderosa. Contudo, muitos dos dentes de dragão semeados durante a guerra continuaram enterrados até bem mais tarde. Ao se destruírem os impérios Austro-Húngaro, Alemão e Otomano, criou-se a possibilidade para uma corrente de disputas de sucessão por seus antigos territórios, mas as ligações eram muito menos diretas que as que ligaram a Grande Guerra com o fascismo e o nazismo, a depressão de 1929 e as origens da Segunda Guerra Mundial.

Daí por diante, os legados de 1914-18 desapareceram da agenda política internacional. Os campos de batalha da guerra conservaram um potencial simbólico como pano de fundo dos gestos de reconciliação, como quando Charles de Gaulle e Konrad Adenauer visitaram o Caminho das Damas antes de assinarem o tratado de amizade franco-alemão de 1963, ou quando, em 1984, François Mitterrand e Helmut Kohl apertaram as mãos em Verdun. Para os indivíduos, em termos pessoais, seu impacto permaneceu muito real. Quase 3 mil sobreviventes britânicos que perderam membros ainda recebiam a atenção do governo na década de 1970.[2] Contudo, na Grã-Bretanha, o total mais leve de baixas provocado pela Segunda Guerra Mundial – embora as baixas proporcionais, em 1944, na batalha da Normandia, por exemplo, tenham sido piores que as da terceira batalha de Ypres[3] – possa ter anestesiado a ferida da memória coletiva infligida pelo conflito anterior. Embora, depois de 1945, o ciclo ritual de comemorações fosse retomado, o Dia do Silêncio, em 11 de novembro, foi substituído pelo Domingo do Armistício, perdendo muito de sua carga emocional. Na União Soviética, inversamente, o sacrifício realizado na segunda guerra foi extremamente mais pesado, a infraestrutura monumental e cerimonial criada no Ocidente na década de 1920 foi agora imitada na Rússia numa escala muito mais ampla. Também na maioria dos outros países participantes, a Segunda Guerra Mundial foi mais traumática e destruidora que a Primeira, e pode parecer aos que não foram pessoalmente envolvidos que esta última agora podia, em todo sentido, ser consignada à história.

A historização da guerra havia começado muito antes; na verdade, os planos para escrever histórias oficiais foram lançados quando ela ainda estava em progresso; por exemplo, na Grã-Bretanha pela seção histórica do Comitê da Defesa Imperial do gabinete. Boa parte da obra sobre o conflito, no período entre as guerras, assumiu a forma de testemunho pessoal em autobiografias e memórias, mas histórias mais gerais também apareceram, e estas eram frequentemente escritas por participantes. Além disso, enorme quantidade de material entrou para o domínio público incrivelmente cedo. Um primeiro fornecedor de informações foi a série multinacional sobre a dimensão econômica e social da guerra publicado pelo Carnegie Endowment for Internacional Peace nas décadas de 1920 e 1930. Um segundo fornecedor foi a montanha de documentos diplomáticos anteriores a 1914 e publicados devido à controvérsia da culpa pela guerra,* embora a diplomacia dos tempos da guerra e a conferência de paz permanecessem *terra incógnita* por muito mais tempo. Um terceiro foram as histórias oficiais de operações militares e navais produzidas (entre outros) pela Áustria-Hungria, a Grã-Bretanha, os Domínios, a França, a Alemanha, a Itália e a Turquia. Até certo ponto elas traziam as marcas de sua proveniência. O principal autor da história oficial britânica da Frente Ocidental, Sir James Edmonds, compreendia uma narração que podia ser usada nas academias militares. Ele cruzou seus escritos com comentários de comandantes sobreviventes, suprimiu suas reservas pessoais sobre o GHQ, especialmente depois do ataque violento contra Haig desferido pelas memórias de Lloyd George, tentou reabilitar a reputação póstuma do comandante-chefe.[4] A história oficial do bloqueio, em contrapartida, foi tida como tão reveladora que permaneceu fechada até 1961.[5] Na Alemanha, por outro lado, os ex-oficiais responsáveis pela história oficial das operações em terra buscaram salvaguardar a reputação do GGS, argumentando que o Plano Schlieffen tinha sido uma "receita de vitória" que o jovem Moltke havia adulterado e aplicado mal.[6] Apesar desses empecilhos, as publicações oficiais do intervalo entre as guerras forneceram aos escritores que vieram depois uma inestimável fonte de matéria-prima e um quadro para a interpretação e o debate.

Eles só fizeram isso depois de uma pausa. Durante a Segunda Guerra Mundial e – de maneira mais surpreendente – por uma década depois dela, pouca coisa digna de nota foi publicada sobre sua predecessora. Mesmo entre os historiadores acadêmicos, a Primeira Guerra Mundial parecia eclipsada e negligenciada. Só por volta de 1960 é que teve início uma segunda onda de obras, que, de maneira discutível, conseguiu manter seu ímpeto desde então. Se as edições documentárias do período entre as guerras constituíram uma primeira revolução de evidências, a abertura dos principais arquivos ocidentais (os da Grã-Bretanha a partir de 1958, os da Áustria e França logo depois) marcou uma segunda expansão, ainda mais significativa, da matéria-prima disponível. Contudo, a intensificação do interesse pela guerra precedeu a disponibilidade dos arquivos, que sustentou um fenômeno que já tinha começado. O final da década de 1950 e início da de 1960 testemunharam uma redescoberta da guerra de forma que

---

* Ver cap. 19.

CONCLUSÃO

replicavam a de 30 anos antes, e mais uma vez a Alemanha e a Grã-Bretanha eram seus principais focos, com ambos os países testemunhando novas controvérsias que reverberavam fora da comunidade acadêmica. Além disso, nos dois países, o que pretendia ser discussões sobre 1914-18 devia algo de sua perspicácia ao fato de ser implicitamente sobre a Segunda Guerra Mundial e também a Guerra Fria.[7]

O debate alemão centrou-se, mais uma vez, na culpa pela guerra, e subverteu o novo consenso que pareceu ter substituído a polêmica dos anos 1920. Depois de 1945, a maioria dos historiadores da Alemanha ocidental ainda negava a responsabilidade básica de Berlim em 1914, culpando fatores sistêmicos e afirmando que nenhuma das potências havia desejado a guerra. Em 1950 (o ano do Plano Schuman para um *pool* de carvão e aço para a Europa Ocidental), uma reunião dos principais historiadores franceses e alemães declarou que "os documentos não permitem atribuir [sic] um desejo premeditado pela guerra europeia por parte de qualquer governo ou povo em 1914", e os livros escolares dos dois países precisaram assim ser revisados.[8] Este acordo atendeu às necessidades da época para a integração da Alemanha Ocidental na aliança atlântica e as comunidades europeias emergentes. Mais uma vez, a guerra (ou, pelo menos, suas origens) estava sendo reinterpretada à luz de imperativos correntes. E, contudo, um quadro muito diferente surgia do relato em três volumes de *The Origins of the War of 1914* (As origens da guerra de 1914), de Luigi Albertini, o jornalista italiano liberal (e intervencionista em 1915), que continua a ser o mais completo exame dos antecedentes diplomáticos da guerra até hoje escrito. Embora comparativamente desconhecido quando publicado pela primeira vez na Itália durante a Segunda Guerra Mundial, a obra apareceu em tradução inglesa em 1952-57. Suas conclusões enfatizavam não apenas os erros de cálculo, mas também a responsabilidade da Alemanha, aproximando-se da análise da crise de julho mais tarde exposta no *Griff nach der Weltmacht: die Kriegszielpolitik des kaiserlichen Deutschland 1914-18* (A posse do poder mundial: a política dos objetivos de guerra da Alemanha), de Fritz Fischer, cujo aparecimento causou furor na República Federal em 1961 e se transformou num evento histórico. Em 1914, argumentava Fischer, os líderes de Berlim não apenas queriam uma guerra local nos Bálcãs, mas também arriscar deliberadamente uma guerra continental, que não fora nenhum acidente ou subproduto de um sistema internacional anárquico para o qual nenhum país podia ser culpado isoladamente. Esta afirmação extraiu sua validade da documentação de Fischer sobre os objetivos de guerra alemães com base em uma intensa pesquisa nos arquivos sobreviventes, muitos deles (incluindo o Programa de Setembro de Bethmann Hollweg) localizados na Alemanha Oriental e, portanto, fechados para os pesquisadores ocidentais. Ele afirmava que tanto os líderes militares quanto os civis da Alemanha imperial, apoiados pelas elites comerciais e intelectuais do país, tinham endossado objetivos agressivos cujo propósito não era apenas consolidar o regime internamente, mas também estabelecer uma posição global de poder pelo domínio do continente e a expansão no além-mar. Esses objetivos, sugeria ele, estavam numa linha de continuidade que se remetia à *Weltpolitik* dos anos 1890 até o imperialismo racista dos nazistas. Escrevendo no ano da construção do Muro de Berlim, ele sugeria que a Alemanha tinha sido responsável não apenas pela guerra de 1939 (que muitos historiadores alemães atribuíram prontamente a Hitler, tratando-a como uma aberração entre as tradições nacionais), mas também pela de 1914, em cujo caso os vizinhos do país podiam invocar todas as justificativas para mantê-lo dividido.[9]

Apesar de *Griff nach der Weltmacht* ter aparecido como volume desagradavelmente erudito, Fischer entendeu bem suas implicações. Ele queria forçar sua nação a confrontar o passado. Seu livro foi ferozmente atacado pelos acadêmicos alemães, com velado incentivo do governo, tornando-se uma *cause célebre*. À medida que a tormenta aumentava, suas teses ficavam mais contundentes, e em 1969 seu segundo grande estudo, *Krieg der Illusionen: die Deutsche Politik von 1911 bis 1914* (Guerra de ilusões: política alemã de 1911 a 1914), identifica um desígnio para a guerra que datava do Conselho de Guerra de 8 de dezembro de 1912. Essa argumentação não se sustentava em sua forma mais extrema, e o próprio Fischer mais tarde se retratou.[10] Embora seu primeiro livro tenha uma crítica desafiadora melhor, ele exagerou a unanimidade entre a elite de Berlim e minimizou as semelhanças entre os objetivos de guerra da Alemanha e os dos Aliados. Não obstante, a maioria dos historiadores alemães mudou de parecer em vista de sua visão mais matizada do papel da Alemanha na Crise de Julho, e (apesar de algumas importantes ressalvas de escritores subsequentes) boa parte de sua análise do escopo das ambições da Alemanha dos tempos da guerra sobreviveu inquestionada.* A "controvérsia Fischer" quebrou o consenso "revisionista" anterior, e nenhuma ortodoxia conseguiu suplantá-la. Em vez disso, os historiadores alemães se dividiram em diversas escolas, das quais Fischer e seus discípulos eram apenas uma. A consequência, como ele mostrou retrospectivamente, foi promover o pluralismo intelectual nas universidades da Alemanha Ocidental e possivelmente na sociedade de forma mais ampla, assim ajudando a normalizar o país e tornar mais fácil a obtenção da aquiescência de seus vizinhos em sua reunificação quando a oportunidade surgisse.[11]

A obra de Fischer foi parte de um fenômeno mais amplo. Durante a década de 1960, os escritores radicais desafiaram as interpretações existentes de uma série de tópicos importantes na história das relações internacionais, incluindo o imperialismo pré-1914,[12] o apaziguamento[13] e as origens da Guerra Fria.[14] Nos Estados Unidos, que parecia ter posto de lado a acrimônia dos anos 1920 e se acomodado em uma política

---

* Ver livro 2 ("A escalada"), cap. 3.

CONCLUSÃO

externa intervencionista, eles revisitaram a presidência de Wilson, retratando os 14 Pontos e a Conferência de Paz de Paris como primeiras tentativas de contenção antissoviética.[15] Enquanto a maioria dos estudos anteriores das origens da guerra havia se concentrado na inter-relação diplomática entre todas as potências, Fischer explorou as novas fontes de arquivo para esclarecer as conexões entre a política doméstica e a externa em um país. Ele inspirou uma sucessão de assuntos comparáveis da política externa pré-1914 e dos objetivos da guerra em outras potências. Assim, durante as décadas de 1970 e 1980, a história das origens da guerra, de seu curso e do período que se seguiu a ela foi substancialmente reescrita, enquanto a intensificação da corrida armamentista das superpotências na era dos Euromísseis e da Iniciativa da Defesa Estratégica estimulava o interesse entre os cientistas políticos pelas analogias de 1914.[16] A nova pesquisa revelou mais evidências de um planejamento de contingência pré-guerra para um conflito europeu, mas poucas de qualquer decisão premeditada de lançar esse conflito, sugerindo que os objetivos de guerra dos países Aliados eram mais experimentais, defensivos e desligados dos conflitos domésticos que os da Alemanha. Contudo, todos os governos beligerantes dedicaram muita atenção a seus objetivos políticos, e o exame das outras potências reforça a visão essencial de Fischer de que a matança começou e se prolongou por meio de uma deliberada vontade política.

Na Grã-Bretanha, o segundo foco da renascença dos anos 1960, a controvérsia centrou-se menos na política da guerra que em sua estratégia. Se Fischer pode ser visto como alguém no topo de uma reação global contra o conservadorismo da Guerra Fria, na Grã-Bretanha, de maneira similar, o início dos anos 1960, com o 50º aniversário de Sarajevo em 1964, foi uma época de fermentação, propiciada pela estagnação econômica, a descolonização, a incerteza quanto ao futuro papel internacional do país e a sórdida decadência do governo Macmillan, bem como os presságios (principalmente os que foram articulados pela Campanha pelo Desarmamento Nuclear) quanto à possibilidade de uma Terceira Guerra Mundial. As crises de Berlim e Cuba, além do crescente envolvimento americano no Vietnã, levaram os contemporâneos a olhar para além da "boa" guerra de 1939-45 e redescobrir a anterior guerra "ruim".[17] Nesse clima, uma contrapartida à estreia no West End de *Journey's End* (Fim de jornada) em 1929 foi a sátira *Oh! What a Lovely War* (Oh, que delícia de guerra), de 1963, com versão filmada de 1969; os "livros de guerra" tiveram sua contrapartida pelos novos estudos da campanha, como *In Flanders Fields* (Nos campos de Flandres), de Leon Wolff, 1958, e *The Donkeys* (Os jumentos), de Alan Clark, 1961; a contrapartida do filme *Sem novidade no front* foi a angustiante série de documentários de televisão da BBC em 26 partes com o título de *The Great War* (A grande guerra), visto por uma média de 8 milhões de pessoas em 1964-65;[18] já a contrapartida de *The Real War* (A verdadeira guerra), de Liddell Hart, foi *The First World War:*

an Illustrated History (A Primeira Guerra Mundial: uma história ilustrada), obra de A. J. P. Taylor de 1963, que Liddell Hart recomendou e que se tornou o relato mais influente do conflito, vendendo 250 mil cópias em 1989. A poesia de Wilfred Owen, em parte porque foi usada por Benjamin Britten em seu *War Requiem* (Réquiem de guerra), composição de 1961, e também por suas qualidades aparentemente proféticas, foi celebrada como nunca, tornando-se presença indispensável nos livros para a escola secundária. Portanto, boa parte da produção britânica foi politicamente radical em sua inspiração. Contudo, em contraste com Fischer, em vez de se concentrar em Lloyd George e a direção política da guerra, ela se ateve à classe dos comandantes insensíveis e incompetentes, com Haig à frente. Sua agenda implícita foi acusar uma elite privilegiada que, depois de sua reabilitação em 1940-45, agora estava falhando mais uma vez. Mesmo a apresentação de Taylor – embora, em contraste com *Oh! What a Lovely War*, reconhecesse completamente a importância dos políticos – diferia da de Fischer ao registrar a história do conflito como cheia de cálculos errôneos e tropeços, culminando numa chacina cega e sem sentido. Escrevendo como membro fundador (embora, mais tarde, desencantado) da CND, ele achava que, se a intimidação não conseguiu deter 1914, erros similares poderiam causar uma catástrofe na era nuclear. Contudo, os anos 1960 viram o início de uma divergência não apenas entre interpretações tayloristas e uma nova pesquisa com relação à política e à diplomacia do conflito, mas também entre a compreensão popular da história militar da guerra e as novas investigações de sua estratégia. Esta dicotomia já estava evidente na série da BBC, que deveu seu memorável impacto artístico à sua combinação de imagens perturbadoras, música plangente e narração sóbria, mas cujo roteiro, em boa parte escrito por John Terraine e Correlli Barnett, tentava mostrar que a luta tinha sido necessária, que a concentração da Frente Ocidental tinha sido inevitável, que o oficialato britânico havia reagido ao desafio de circunstâncias desafiadoras. Temas similares apareceram em *Douglas Haig: the Educated Soldier* (Douglas Haig: o soldado educado), obra de Terraine de 1963, e numa sucessão de obras posteriores do mesmo autor, que na época foram contra o caráter de boa parte dos livros sobre a guerra, mas que cresceram em termos de influência durante as décadas de 1980 e 1990, quando uma geração posterior de pesquisadores concentrou-se nos recém-abertos arquivos do Escritório da Guerra, do gabinete e de documentos particulares.[19] Algumas dessas obras ainda criticavam o alto-comando britânico, por vezes de forma severa, mas também afirmavam que a BEF e as forças dos Domínios haviam aprendido com seus erros, aumentando sua eficiência e desempenhando um papel importante – talvez o mais importante – no desmantelamento do exército alemão. Apesar de seu enfoque nacional, essas obras ofereceram revelações essenciais da história operacional da guerra como um todo, semelhantes às de estudos mais isolados sobre o comando e a estratégia nos países continentais.

CONCLUSÃO

Entretanto, na década de 1990, algumas das pesquisas mais inovadores da história da guerra estavam tomando um rumo diferente. A essa altura, havia sinais de outra redescoberta popular do interesse pela luta, seguindo-se às das décadas de 1930 e 1960. Essa redescoberta foi plausivelmente associada a uma virada de geração, com os netos e bisnetos dos pouquíssimos veteranos remanescentes alcançando a maturidade e revisitando os sofrimentos e realizações de seus antepassados como os filhos e as filhas haviam feito antes.[20] Talvez, como a redescoberta dos anos 1930, a dos anos 1960 devia algo aos medos revividos de um conflito global, e a dos anos 1960 às armas nucleares e ao Vietnã; já a dos anos 1990 estava ligada às inseguranças do pós-Guerra Fria e ao renovado espetáculo (como o de Sarajevo) das campanhas e atrocidades em solo europeu. Talvez também o 50º aniversário de 1945 e a crescente distância mesmo com relação à Segunda Guerra Mundial revivessem o interesse pelos conflitos da metade do século XX como fenômeno geral. Na Grã-Bretanha, o testemunho dos sobreviventes foi registrado para a posteridade nos arquivos orais da história e nas edições baratas dos livros; como resultado da campanha dos tabloides, os dois minutos de silêncio do dia 11 de novembro foram informalmente restaurados. Na França, uma antologia de cartas de soldados tornou-se o maior *best-seller* de sua espécie desde a década de 1930. Novos grupos de estudo fizeram seu aparecimento, amiúde incluindo muitos veteranos da Segunda Guerra Mundial, como a Associação da Frente Ocidental (1980) na Grã-Bretanha e a Sociedade da Grande Guerra (1987) nos Estados Unidos, bem como novos museus, principalmente o Historial de la Grande Guerre (1992) em Péronne. À medida que as últimas testemunhas oculares desapareciam, e a guerra ia ficando mais remota – e a arqueologia das trincheiras se desenvolvia como novo ramo de investigação –, sua memória raramente havia sido tão laboriosamente cultivada.[21]

Enquanto a pesquisa acadêmica da história da guerra resultou em uma avalanche de novos títulos (revivida depois de 1991, por exemplo, na Rússia), a mais significativa nova tendência intelectual do período foi o interesse por sua história cultural. Escritores franceses e americanos muito fizeram a deslanchar o novo *boom*, mas outros na Grã-Bretanha, Alemanha e Itália logo se seguiram e, como a anterior renascença da história diplomática, tornou-se um fenômeno genuinamente internacional. Esse fenômeno também refletia tendências mais amplas, fazendo paralelo com outros campos da história e da ciência social, assim como o fim da Guerra Fria e o colapso da União Soviética incentivaram estudos da memória coletiva, do nacionalismo e da etnia. Contudo, nenhum outro escritor dominou esta abordagem como Fischer fizera antes (embora Paul Fussell provavelmente seja o pioneiro mais amplamente reconhecido), e ela não foi caracterizada por uma "tese" preponderante: pelo contrário, seus principais protagonistas amiúde se mostravam divididos.[22] Além disso, o discurso entre eles tornou-se confuso, não apenas por causa da amplitude da associação e a versatilidade de significado do próprio termo "cultura", um dos mais complexos da língua inglesa.[23] Não obstante, três principais conjuntos de descobertas da nova literatura podem ser ressaltados.

Em primeiro lugar, a nova pesquisa esclareceu a ligação entre a guerra e o surgimento do movimento artístico mais característico do século XX, o Modernismo – uma revolta iconoclasta contra a forma narrativa convencional, o "realismo" representativo na pintura, o historicismo do século XIX na arquitetura e o romantismo na música. De fato, entre a vanguarda europeia, a revolução modernista já estava a caminho bem antes do início da guerra, como fica evidente pelo surgimento, a partir de 1908, do Cubismo, Futurismo e Expressionismo na pintura, o balé de Stravinsky *A sagração da primavera* em 1913, e a funcionalidade da "Casa com sobrancelhas" (1910), de Adolph Loos, na Michaelerplatz de Viena. A guerra acrescentou pouco ímpeto a essas realizações. O único movimento novo e importante durante ela foi o surgimento do Dadaísmo, na Suíça e na Alemanha depois de 1916. De alguma forma, ela pode ter causado uma reação, visto que pintores como Picasso, por exemplo, voltaram para formas mais tradicionais, em parte por motivos patrióticos.[24] Surpreendentemente, a arte e a arquitetura da celebração da guerra evocaram temas de fontes clássicas, românticas e cristãs, e até os pintores e os escritores "antiguerra" como Nevinson e Owen usaram técnicas relativamente tradicionais, possivelmente para se comunicar de modo mais efetivo.[25] À medida que a década de 1920 avançava, as tendências modernistas na literatura e na pintura emergiam com vigor, mas a influência da guerra sobre elas foi mínima. Em contraste, seu impacto nas atitudes mais amplas da cultura ocidental para com o conflito armado foi muito mais profundo, embora se diferenciasse de sociedade para sociedade e de década para década. Assim, durante a própria guerra, e mesmo nos anos de construção de monumentos e de criação de rituais na década de 1920, ainda era aceitável, na Grã-Bretanha e na França, usar palavras e imagens sentimentais, arcaicas e eufemísticas para se referir ao conflito e seu custo.[26] A reação contra essas práticas manifestou-se com força total na década de 1930, mas não levou a um pacifismo universal e incondicional. Pelo contrário, a segunda guerra foi eventualmente aceita de maneira quase tão dócil quanto a primeira, e depois de 1945 sua memória estimulou o apoio à preparação militar e uma política externa assertiva na Grã-Bretanha, Estados Unidos e mesmo na França *gaullista,* ao passo que a lembrança da primeira tenha tido efeito contrário. Contudo, o que mudou para sempre foi o tom da linguagem usada para descrever a carnificina. Como afirmou Barbusse: "O ato da mortandade é sempre ignóbil: às vezes necessário, mas sempre ignóbil".[27] Ainda – em terceiro e último lugar –, se boa parte da nova história cultural centrava-se em como a guerra era representada e lembrada, ela também iluminou os motivos de soldados e governos para o consenso da mobilização

CONCLUSÃO

e da remobilização. Primeiro entre revelações resultantes foi até que ponto um conflito normalmente percebido como menos ideológico que a Segunda Guerra Mundial ou a Guerra Fria foi racionalizado pelos contemporâneos como choque de civilizações e verdades morais absolutas: na Alemanha, como luta até a morte contra o materialismo ocidental e o infortunado despotismo eslavo; no Ocidente, como cruzada para banir a autocracia, as atrocidades e o militarismo.[28] Parece provável que, nos limites entre a história cultural e a política, as revelações mais importantes a partir das principais fontes do conflito continuarão a ser encontradas.

Desde a década de 1960, ondas de investigação modificaram profundamente nossa compreensão das faces política, operacional e cultural da guerra; somente sua história econômica permanece comparativamente pouco explorada.[29] Que luz essa imensa tarefa lançou sobre as questões com que este livro começou? Básicos para toda a história foram os acontecimentos na Alemanha: um "mar sublime, mas glauco", segundo o encapsulamento de De Gaulle, "onde a rede dos pescadores pesca monstros e tesouros". Até certo ponto, como argumentaram os revisionistas do período entre as guerras, a guerra foi, realmente, filha do medo e da insegurança, nascida de um sistema internacional baseado em estados armados e soberanos, em que as forças em desenvolvimento do século XIX da democratização e integração econômica não conseguiram eclipsar o equilíbrio do sistema de poder. Todas as potências europeias contribuíram para o crescimento da tensão na década que precedeu 1914. Apesar disso, a alegação fundamental do artigo "culpa pela guerra" do Tratado de Versalhes foi justificada, e a obra de escritores como Albertini e Fischer o confirmou. Os dirigentes da Áustria-Hungria e da Alemanha não predeterminaram, antes de 1914, sua decisão de recorrer à força, mas na crise de julho-agosto eles tomaram a decisão de começar uma guerra nos Bálcãs e aceitar o risco de que ela se transformaria num conflito europeu. Com certeza, os dois governos se sentiram ameaçados, mas para nenhum deles isso não foi uma circunstância atenuante. Embora os austríacos estivessem exasperados com a Sérvia, eles superestimaram em muito a ameaça contra eles, e ter aceitado sua aquiescência qualificada em seu ultimato teria sido uma resposta mais que adequada ao desafio que os assassinatos de Sarajevo indubitavelmente representaram. Quanto aos alemães, embora estivessem diplomaticamente isolados e potencialmente vulneráveis pela evolução da corrida armamentista, não existe nenhuma evidência de que a Rússia, a França ou a Grã-Bretanha tivesse a intenção de atacá-los, mesmo se o equilíbrio militar se encaminhasse ainda mais em favor da Entente. Se os alemães tivessem mantido adequadas forças de defesa de terra e mar, não haveria nenhum risco para seu território, e as alternativas à guerra como solução para sua situação não teriam se esgotado. Mas a qualidade das tomadas de decisão de Berlim era execrável: o Plano Schlieffen-Moltke parecia oferecer uma possível solução técnica para os problemas políticos do Reich, e a lembrança de 1870, ainda alimentada por comemorações anuais e pelo culto a Bismarck, tinha viciado alemães no estrídulo dos sabres e nos riscos militares, que já os tinham inflamado e poderia tornar a fazê-lo. Dessa forma, a guerra de 1870 contribuiu para provocar a de 1914, assim como a de 1914 provocou a de 1939; e se a Alemanha tivesse novamente vencido rapidamente (como provavelmente teria acontecido se a Grã-Bretanha tivesse ficado de fora), a tentação de novos riscos teria sido mais forte que nunca. A consequência mais provável teria sido uma Europa Ocidental dominada pelos alemães e engajada num constante atrito com a Grã-Bretanha e, mais cedo ou mais tarde, uma guerra acalorada entre as duas potências. Quase com certeza, os líderes britânicos estavam certos quanto à ameaça que uma vitória alemã representaria para eles, e desta feita acreditando que não podiam se dar ao luxo de ficar alheios – mesmo que subestimassem em muito o preço da intervenção.

Na raiz de tudo que se seguiu estava a decisão alemã de fazer marchar 2 milhões de homens para o oeste através de áreas industriais e rurais que haviam conhecido décadas de paz. O choque dessa decisão em outros países não foi menor do que poderia ser hoje. Quando o Plano Schlieffen-Moltke falhou, centenas de milhares de rapazes haviam sido mortos ou feridos, e as forças alemães haviam se colocado em posições formidavelmente bem fortificadas em solo francês e belga. Para expulsá-las, os aliados não possuíam nem bombas inteligentes nem mísseis terra e ar, apenas exércitos de cidadãos não protegidos por uma armadura e apoiados pelo fogo da artilharia leve quase cego e com poucas e inadequadas bombas. No fim de 1915, as Potências Centrais haviam penetrado ainda mais fundo na Rússia, e às atrocidades ligadas à invasão outras foram acrescentadas – gás, submarinos, zepelins –, que convenceram seus vizinhos de que nenhum acordo de paz estável seria possível, a menos que os alemães fossem derrotados. Em 1917, seguindo uma decisão de arriscar em uma campanha irrestrita de submarinos que reproduziu as características daquela de 1914, eles fizeram com que o governo americano tivesse a mesma opinião. Contudo, tendo ocupado territórios na Europa Ocidental e Oriental a tamanho custo, Berlim não tinha a intenção de abrir mão do controle (mesmo rejeitando a anexação), e um compromisso de paz era inaceitável por causa do impacto doméstico sobre o sistema autocrático dos Hohenzollern e devido aos riscos da segurança externa da Alemanha num ambiente internacional que suas próprias ações haviam tornado cada vez mais ameaçador.

Três outros fatores foram cruciais para a fase de escalada da guerra. No nível da estratégia em terra, os Aliados não conseguiram traduzir sua superioridade de recursos numa eficiência comparável no campo de batalha, pelo menos até 1916; no nível técnico, nenhum dos dois lados ainda possuía a tecnologia (principalmente nas esferas da mecanização e do poder aéreo) que possibilitasse decisões muito mais rápidas em futuros conflitos; e os governos dos dois lados eram capazes de dominar seus soldados e civis e

CONCLUSÃO

obrigá-los a aceitar não apenas a guerra, mas suportá-la e dela participar ativamente. Se os Aliados foram incapazes de reunir uma força avassaladora para fazer frente à Alemanha e à Áustria-Hungria, os alemães tampouco, apesar de concentrarem contra a Rússia em 1915, contra a França em 1916 e contra a Grã-Bretanha em 1917, tiveram a capacidade de romper os laços que uniam seus oponentes. A fase média do inverno para a primavera de 1917 foi um terrível aprendizado em termos do conflito moderno, com uma luta internacional e geral (como a Guerra Civil Americana, a Guerra Franco-Prussiana e a Guerra Russo-Japonesa não tinham sido) entre duas coalizões altamente industrializadas e de força comparável. Nada igual tinha sido visto antes, como os contemporâneos sabiam muito bem, e quando das imensas batalhas de atrito de 1916, o conflito mergulhou em profundezas inimagináveis de horror e destruição. Também era verdade que ninguém tinha o controle total, no sentido básico de Clausewitz de que nenhum dos dois lados conseguia prever as respostas do outro, e os dois jogavam um jogo insano. Contudo, é enganoso ver a guerra como acidental ou não desejada em suas origens, da mesma forma que é enganoso ver seu prolongamento e escalada como um fenômeno independente da ação humana. Pelo contrário, as campanhas e batalhas que exigiram tantas vidas foram postas em movimento pelas decisões deliberadas de comandantes que gozavam principalmente de consentimento político, e a alternativa da paz negociada foi repetidamente rejeitada; e à medida que o número de mortes aumentava tanto, ficava mais difícil liquidar o conflito sem ganhos comensuráveis que compensassem o sacrifício. Como observou um caricaturista contemporâneo, os líderes em oposição descobriram-se numa situação igual à de Macbeth: "Mergulhei tanto no sangue que, mesmo que eu não desejasse mais avançar, retroceder seria tão tedioso quanto ir em frente".*

Em 1917, contudo, com a Revolução Russa e a intervenção americana, a guerra passara para uma terceira fase, embora seu caráter não estivesse totalmente transformado antes de 1918. Estrategicamente, o Ocidente e os fronts italianos tornaram-se um único palco central da luta; politicamente, a luta tornou-se mais polarizada; operacionalmente, começou-se a usufruir de uma série de revoluções táticas e técnicas. Já se argumentou de maneira convincente que a chave para a derrota das Potências Centrais foi o desmantelamento do exército alemão,[30] mas esse desmantelamento estava ligado a uma combinação de fatores anteriores, inclusive os próprios erros do OHL. Depois da loucura da Alemanha em dar início à guerra, seu segundo ato mais desastroso foi o erro da campanha irrestrita dos submarinos, sem a qual os alemães com certeza poderiam ter-se desligado da luta em termos muito mais favoráveis. Mas as ofensivas de Ludendorff também os condenaram a piores condições, que poderiam ter sido evitadas

---

* William Shakespeare, *Macbeth*, ato 3, cena IV. Macbeth é um general escocês que, para conseguir o trono do país, não hesita em matar o rei de direito e todos os que possam questionar sua usurpação. (N.T.)

por uma oferta aos Aliados de um retorno ao *status quo ante* no outono de 1917. O fracasso das ofensivas fez mais que qualquer outra coisa para alquebrar o espírito do exército alemão (e a mergulhá-lo numa crise incontornável de falta de homens), e não fosse a proeza incontestável dos Aliados, uma derrota alemã poderia ter demorado pelo menos mais um ano. Contudo, a decisão da campanha dos submarinos e o ataque Michael foram respostas ao lento aperto estratégico dos Aliados – e, particularmente no primeiro caso, às ofensivas coordenadas do verão de 1916 e, no segundo, à perspectiva iminente de uma maciça intervenção americana. No final, o atrito de campanhas anteriores, o embarque de tropas da AEF, os sucessos militares de britânicos e franceses, o bloqueio e o avanço contra a Bulgária, todos contribuíram para a destruição do moral e da disciplina dos alemães, bem como ao ataque de pânico de Ludendorff que fez com que a casa caísse. Contudo, fatores militares e políticos devem se entrelaçar para compreendermos a causa e a cronometragem do colapso das Potências Centrais. A intervenção dos Estados Unidos como "potência associada" tornou mais fácil contornar o impasse entre os objetivos de guerra dos dois lados, pela aparente redução dos objetivos dos Aliados e pelo oferecimento à Alemanha de uma ponte de ouro para sua saída do conflito, mesmo que suas esperanças de usar Washington para diminuir suas perdas fossem eventualmente frustradas.

Quanto à questão final do legado de longo prazo da guerra, ela ficou mais óbvia na primeira década após 1918. Agora é difícil avaliar como o conflito deve ter parecido impressionante e tão esmagador no período que se seguiu a ele. A luta com relação aos tratados de paz dominou a política e a diplomacia europeias por duas décadas, mas a guerra – e a guerra fria franco-alemã que se seguiu – levou ao caos financeiro e monetário, bem como a uma interrupção do comércio, da produção e dos empregos. Num nível mais geral, vencedores e vencidos emergiram com sociedades feridas, com o fardo de centenas de milhares de mutilados e órfãos, bem como com os ruinosos compromissos com a reconstrução e a reabilitação. Mesmo assim, a década que se seguiu à guerra eventualmente testemunhou os poderes recuperativos da Europa, até que, no início dos anos 1930, uma trágica concatenação de circunstâncias provocou uma nova crise, à medida que a catástrofe econômica e o surgimento do movimento nazista coincidiram com a retirada dos antigos vitoriosos para uma desunião, um isolacionismo e um pacifismo cada vez mais profundos. Assim, eles perderam a chance de agir no breve intervalo em que Hitler poderia ter sido contido sem uma grande guerra, antes de se colocarem tardiamente firmes contra ele. Nada disto significa que a Primeira Guerra Mundial foi uma causa completa e suficiente para a Segunda, sem ser uma necessária pré-condição para esta última, mas suas repercussões jogaram contra uma paz duradoura, e uma combinação de boa sorte

CONCLUSÃO

com estadistas excepcionais foi necessária para garantir essa paz. Nenhuma dessas condições se materializou.

O conflito de 1914-18 há muito possui reputação de horror e futilidade, comparado, no Ocidente, apenas pela intervenção americana no Vietnã. Na verdade, apesar de os acréscimos imperialistas da causa central dos Aliados não terem sido nem triviais nem injustificados. A expulsão das forças alemãs foi uma genuína liberação para os territórios ocupados, e a destruição da autocracia de Guilherme II criou uma oportunidade, ainda que fugidia, de uma paz mais firmemente enraizada do que havia existido antes de 1914. Além disso, no final os vencedores tinham usado, ainda que penosamente devagar, muitos dos ingredientes indispensáveis – mobilização industrial, coordenação estratégica, comando dos mares e do ar – que lhes traria o sucesso em conflitos posteriores. Embora estas não fossem realizações menores, em retrospectiva pareciam eclipsadas pelo custo, especialmente porque a guerra para pôr fim às guerras provou não ter, afinal, eliminado a insegurança internacional. Contudo, agora que décadas de pesquisa histórica removeram as incrustações de percepções tardias e nos permitiram ver melhor a luta como ela pareceu aos contemporâneos que a travaram, os governos parecem mais propositados, as formas armadas mais adaptáveis e os soldados e civis comuns como participantes mais concordes e informados do que já se pensou. Essas mudanças de perspectiva tornaram mais fácil entender como o massacre pôde acontecer e por que foi tão difícil detê-lo. O perigo dessas mudanças é que elas podem obscurecer a percepção mais profunda de que a guerra ainda era uma tragédia, um desperdício vasto e evitável que Woodrow Wilson, apesar de todas as suas limitações, acertadamente condenou, acusando as estruturas políticas que o produziram. Mesmo assim, agora pode parecer que o ciclo de décadas de confrontação e violência que o conflito iniciou finalmente chegou ao fim. As lutas entre os enormes exércitos que se estenderam do fim do século XIX ao fim do século XX, e das quais a Primeira Guerra Mundial foi um exemplo supremo, parecem ter se tornado coisa do passado. Em outra década, quando nos aproximarmos do centenário desses eventos, eles estarão tão distantes de nós – em 1914 – quanto as guerras napoleônicas, cujos centenários haviam sido comemorados.[31] Contudo, desde o final da Guerra Fria entre soviéticos e americanos, o espetáculo da guerra real, destruidora e quente não se tornou menos, mas muito mais frequente e familiar, forçando a presente geração a revisitar velhos argumentos sobre a legitimidade de se usar a força na política internacional. Poderia parecer mais fácil adotar a absoluta posição pacifista – a de que, em nenhuma circunstância a força pode ser justificada –, não fosse pela evidência de que a inação pode levar a males ainda maiores. Contudo, qualquer decisão em favor da guerra deve confrontar a evidência histórica de que ela é um instrumento temivelmente embotado, cujas repercussões do uso não podem ser confiavelmente previstas, podendo tornar as coisas ainda piores.

Intrínseco a todos os empreendimentos militares, por mais legítimos que sejam seus motivos, é o risco que violará o princípio da proporcionalidade entre os fins e os meios, e que também levará a uma guerra e a uma paz ruins. O conflito de 1914-18 e os acordos que se seguiram a ele continuarão a ser arquétipos de ambos, e os esclarecimentos que se pode obter por meio de seu estudo têm aplicabilidade universal, mesmo que seja como uma advertência distante porém enfática. Ainda é cedo demais para nos livrarmos do nó na garganta e do frio na espinha provocados pelas cornetas de Wilfred Owen chamando de tristes condados ou por sua ressonância ao crepúsculo junto ao Portal Menin.

Notas

1. May, E. R., and Zelikow, P. (eds.), *The Kennedy Tapes: Inside the White House during the Cuban Missile Crisis* (Cambridge, MA, e Londres, 1997), p. 1;
Turner, *Origins*, p. 118.
2. Bourke, *Dismembering the Male*, p. 33.
3. Sheffield, "Shadow of the Sun", p. 35.
4. French, in Bond (ed.), *First World War and British Military History*, cap. 3.
5. Bell, *History of the Blockade*.
6. Zuber, "Schlieffen Plan Reconsidered", pp. 262-7.
7. Bosworth, R. J. B., *Rethinking Auschwitz and Hiroshima: History Writing and the Second World War, 1945-1990* (Londres, 1993).
8. Lee (ed.), *Outbreak of the First World War*, p. 64.
9. Para visões gerais sobre o detabe de Fischer, ver Langdon, *July 1914*; Mombauer, *Origins of the First World War*.
10. Fischer, "Twenty-Five Years Later", p. 24.
11. Ibid., p. 223.
12. Gallagher, J., and Robinson, R., *Africa and the Victorians* (Londres e Basingstoke, 1961).
13. Taylor, A. J. P., *The Origins of the Second World War* (Harmondsworth, 1964).
14. Alperowitz, G., *Atomic Diplomacy: Hiroshima and Potsdam* (Nova York, 1965).
15. Mayer, *Political Origins*; *Politics and Diplomacy*; Levin, *Woodrow Wilson*.
16. Miller *et al.* (eds.), *Military Strategy*.
17. Bond, *Unquiet Western Front*, cap. 3.
18. Ibid., p. 68.
19. Cf. Bond and Cave (eds.), *Haig: a Reappraisal*.
20. Audouin-Rouzeau and Becker, *14-18*, p. 11; cf. Faulks, S., *Birdsong* (Londres, 1995).
21. Sobre a arqueologia, ver o número especial de *14/18*, No. 2 (1999); cf. Saunders, *Trench Art*.

BIBLIOGRAFIA

Esta bibliografia não tem a pretensão de ser completa. Por razões de espaço, seu principal objetivo é especificar as fontes mencionadas nas notas finais, embora algumas outras obras padrão tenham sido incluídas. Portanto, as referências remetem à edição consultada, e não à primeira edição. Para obras em língua que não o inglês, em que existe uma tradução inglesa, a citação foi preferencialmente no original.

Esta bibliografia não tem a pretensão de ser completa. Por razões de espaço, seu principal objetivo é especificar as fontes mencionadas nas notas finais, embora algumas outras obras padrão tenham sido incluídas. Portanto, as referências remetem à edição consultada, e não à primeira edição. Para obras em língua que não o inglês, em que existe uma tradução inglesa, a citação foi preferencialmente no original.

Acton, E. *Rethinking the Russian Revolution*. Londres, 1990.
Adams, R. J. Q. *Arms and the Wizard: Lloyd George and the Ministry of Munitions, 1915-1916*. Londres, 1978.
Adams, R. J. Q., and Poirier, P., *The Conscription Controversy in Great Britain, 1900-1918*. Basingstoke e Londres, 1987.
Afflerbach, H., *Falkenhayn: Politisches Denken und Handeln im Kasiserreich*. Munique, 1996.
_____. "Planning Total War? Falkenhayn and the Battle of Verdun", in Chickering and Förster (eds.), *Great War, Total War*.
Afflerbach, H., and Stevenson, D. (eds.), *An Improbable War? The Great War and European Political Culture*. Nova York e Oxford, 2007.
Aksakal, M., *The Ottoman Road to War in 1914*. Cambridge, 2008.
Albert, A., *Latin America and the First World War: the Impact of the War on Brazil, Argentina, Peru, and Chile*. Cambridge, 1988.
Albertini, L., *The Origins of the War of 1914*. Londres, 1952-7, 3v.
Albrecht-Carrié, R., *Italy at the Paris Peace Conference*. Nova York, 1938.
Aldcroft, D. H., *From Versailles to Wall Street, 1919-1929*. Londres, 1977.
Allain, J.-C., *Agadir 1911: une crise impérialiste en Europe pour la conquéte du Maroc*. Paris, 1976.
_____. *Joseph Caillaux*. Paris, 1981, v. 2.

Andrew, C. M., *Secret Service: the Making of the British Intelligence Community*. Londres, 1985.
_____. *The Defence of the Realm: The Authorized History of MI5*. Londres, 2009.
Andrew, C. M., and Kanya-Forstner, A. S., "France, Africa, and the First World War", *Journal of African History*, 1978.
_____. *France Overseas: the Great War and the Climax of French Imperial Expansion*. Londres, 1981.
Andrews, E. M., *The Anzac Illusion: Anglo-Australian Relations during World War I*. Cambridge, 1993.
Angell, N., *The Great Illusion: a Study of the Relation of Military Power in Nations to their Economic and Social Advantage*. Londres, 1914.
Artaud, D., "Le Gouvernement américain et la question des dettes de guerre au lendemain de l'armistice de Rethondes (1919-1920)", *Revue d'histoire moderne et contemporaine*, 1973.
Ashton, N. J., "Hanging the Kaiser: Anglo-Dutch Relations and the Fate of Wilhelm II, 1918-1920", *Diplomacy and Statecraft*, 2000.
Ashworth, T., *Trench Warfare, 1914-1918: the Live and Let Live System*. Londres e Basingstoke, 1980.
Aspinall-Oglander, C. F., *Military Operations: Gallipoli*. Londres, 1937, v. 2.
Asprey, R., *The German High Command at War: Hindenburg and Ludendorff and the First World War*. Londres, 1994.
Asquith, H. H., *Memories and Reflections, 1852-1927*. Londres, 1928, 2v.
Audouin-Rouzeau, S., "Bourrage de crâne et information en France en 1914-18", in Becker and Audouin-Rouzeau (eds.). *Les sociétés européennes*.
_____. *Men at War, 1914-1918: National Sentiment and Trench Journalism in France during the First World War*. Providence, RI, e Oxford, 1992.
_____. *La Guerre des enfants, 1914-1918*. Paris, 1993.
_____. "Children and the Primary Schools of France, 1914-1918", in Horne (ed.), *State, Society, and Mobilization*.
Audouin-Rouzeau, S., and Becker, A., *14-18, Retrouver la guerre* (Paris, 2000).
_____. *14-18: Understanding the Great War*. Nova York, 2002.
Babington, A., *Shell-Shock: A History of the Changing Attitudes towards War Neurosis*. Londres, 1997.
Bailey, J., "The First World War and the Birth of the Modern Style of Warfare", *Occasional Paper*, Camberley, 1996.
Bailey, S., "The Berlim Strike of January 1918", *Central European History*, 1980.
Baker, R. S., *Woodrow Wilson and World Settlement*. Londres, 1923, 3vv.
Balderston, T., "War Finance and Inflation in Britain and Germany, 1914-1918", *Economic History Review*, 1989.
Barbeau, A., and Florette, H., *The Unknown Soldiers: Black American Troops in World War I*. Filadélfia, 1974.
Barbusse, H. *Under Fire*. Londres, 1965.
Barker, A. J., *The Neglected War: Mesopotamia, 1914-1918*. Londres, 1967.
Barnett, C., *The Swordbearers: Supreme Command in the First World War*. Londres, 2000.
Barnhart, M. A., *Japan and the World since 1868*. Londres, 1995.
Barraclough, G., *From Agadir to Armageddon: Anatomy of a Crisis*. Londres, 1982.
Barral, P., "La paysannerie française à l'arrière", in Becker and Audouin-Rouzeau (eds.), *Les sociétés européennes*.

Barth, B., *Dolchstosslegende und politische Desintegration: Das Trauma der deutschen Niederlage im Ersten Weltkrieg 1914-1933*. Düsseldorf, 2003.
Bauer, M., *Der Grosse Krieg im Feld und Heimat: Erinnerungen und Betrachtungen*. Tübingen, 1921.
Baumgart, W., *Deutsche Ostpolitik, 1918: Von Brest-Litovsk bis zum Ende des Ersten Weltkrieges*. Viena e Munique, 1966.
Baumgart, W., and Repgen, K. (eds.), *Brest-Litovsk*. Göttingen, 1969.
Becker, A., *War and Faith: the Religious Imagination in France, 1914-1930*. Oxford e Nova York, 1998.
Becker, J.-J., *1914: Comment les Français sont entrés dans la guerre*. Paris, 1977.
_____. "Union sacrée et idéologie bourgeoise", *Revue historique*, 1980.
_____. *The Great War and the French People*. Leamington Spa, Heidelberg, and Dover, NH, 1985.
Becker, J.-J., and Audouin-Rouzeau, S. (eds.), *Les Sociétés européennes et la guerre de 1914-1918*. Paris, 1990.
Beckett, I. F. W., "The Real Unknown Army: British Conscripts, 1916-1919", in Becker and Audouin--Rouzeau (eds.), *Les Sociétés européennes*.
_____. "Operational Command: the Plans and the Conduct of Battle", in Liddle (ed.), *Passchendaele in Perspective*.
_____. *The Great War, 1914-1918*. Harlow, 2001.
_____. *Ypres: the First Battle, 1914*. Harlow, 2004.
Beesly, P., *Room 40: British Naval Intelligence, 1914-18*. Londres, 1982.
Bell, A. C., *A History of the Blockade of Germany and of the Countries Associated with Her in the Great War, Austria-Hungary, Bulgaria, and Turkey*. Londres, 1937: publicado em 1961.
Beller, S., "The Tragic Carnival: Austrian Culture in the First World War" in Roshwald and Stites (eds.), *European Culture*.
Ben-Moshe, T., "Churchill's Strategic Conception during the First World War", *Journal of Strategic Studies*, 1989.
Berghahn, V. R., *Germany and the Approach of War in 1914*. Basingstoke, 1995.
Bernède, A., "Third Ypres and the Restoration of Confidence in the Ranks of the French Army", in Liddle (ed.), *Passchendaele in Perspective*.
Berov, L., "The Bulgarian Economy during World War I", in Király and Dreisziger (eds.), *East Central European Society*.
Berti, G., and del Negra, P. (eds.), *Al di qua e al di là del Piave: l'Ultimo Anno della Grande Guerra*. Milão, 2001.
Bésier, G., "Les Églises protestantes en Allemagne, en Grande-Bretagne, en France, et le front intérieur (1914-1918)" in Becker and Audouin-Rouzeau (eds.), *Les sociétés européennes*.
Beskrovnyi, L. G., *Armiya i Flot Rossii v Nachale XX V: Ocherki Voenno-Ekonomicheskovo Potentsiala*. Moscou, 1986.
Bessell, R., *Germany after the First World War*. Oxford, 1993.
_____. "Mobilization and Demobilization in Germany", in Horne (ed.), *State, Society, and Mobilization*.
Best, G. F. A., *Humanity in Warfare: The Modern History of the International Law of Armed Conflicts*. Londres, 1980.
Bethmann Hollweg, T. von, *Betrachtungenzum Weltkriege*. Berlim, 1919, 2vv.

Bidwell, S., and Graham, D., *Fire-Power: British Army Weapons and Theories of War, 1904-1945*. Londres, 1982.

Birnbaum, K. E., *Peace Moves and U-Boat Warfare: A Study of Imperial Germany's Policy towards the United States, April 18 1916-January 9 1917*. Uppsala, 1958.

Bliss, M., "War Business as Usual: Canadian Munitions Production, 1914-1918" in Dreisziger (ed.), *Mobilization for Total War*.

Bloch, I., *The Future of War in its Technical, Economic, and Political Relations*. Boston, 1899.

Bloxham, D., *The Great Game of Genocide: Imperialism, Nationalism, and the Destruction of the Ottoman Armenians*. Oxford, 2007.

Blunden, E., *Undertones of War*. Londres, 1982.

Bobroff, R., "Devolution in Wartime: Sergei D. Sazonov and the Future of Poland, 1910-1916", *International History Review*, 2000.

Boemeke, M., et al. (eds.), *The Treaty of Versailles: a Reassessment after 75 Years*. Washington e Cambridge, 1998.

Bogacz, T., "A Tyranny of Words: Language, Poetry, and Antimodernism in England in the First World War", *Journal of Modern History*, 1986.

_____. "War Neurosis and Cultural Change in England: the Work of the War Office Committee of Enquiry into 'Shell-Shock', *Journal of Contemporary History*, 1989.

Boll, F., "Le Problème ouvrier et les grèves: l'Allemagne, 1914-1918", in Becker and Audouin-Rouzeau (eds.), *Les sociétés européennes*.

Bond, B. (ed.), *The First World War and British Military History*. Oxford, 1991.

_____. "Passchendaele: Verdicts Past and Present", in Liddle (ed.), *Passchendaele in Perspective*.

_____. *The Unquiet Western Front: Britain's Role in Literature and History*. Cambridge, 2002.

Bond, B., and Cave, N. (eds.), *Haig: a Reappraisal 70 Years On*. Barnsley, 1999.

Bonwetsch, B., *Kriegsallianz und Wirtschaftsinteressen: Russland in den Wirstschaftsplänen Englands und Frankreichs, 1914-1917*. Düsseldorf, 1973.

Bonzon, T., "The Labour Market and Industrialization", in Winter and Robert (eds.), *Capital Cities at War*.

_____. "Transfer Payments and Social Policy", in Winter and Robert (eds.), *Capital Cities at War*.

Bonzon, T., and Davis, B., "Feeding the Cities", in Winter and Robert (eds.), *Capital Cities at War*.

Borg, A., *War Memorials: from Antiquity to the Present*. Londres, 1991.

Bosanquet, N., "Health Systems in Khaki: the British and American Medical Experience", in Cecil and Liddle (eds.), *Facing Armageddon*.

Boswell, J., and Johns, B., "Patriots or Profiteers? British Businessmen and the First World War", *Journal of European Economic History*, 1992.

Bosworth, R. J. B., *Italy the Least of the Great Powers: Italian Foreign Policy before the First World War*. Cambridge, 1979.

Bourbon, S. de, *L'Offre de paix séparée de l'Autriche (5 décembre 1916-12 octobre 1917)*. Paris, 1920.

Bourke, J., *Dismembering the Male: Men's Bodies, Britain, and the Great War*. Londres, 1996.

_____. *An Intimate History of Killing: Face-to-Face Killing in Twentieth-Century Warfare*. Londres, 1999.

Bourne, J. M., *Britain and the Great War, 1914-1918*. Londres, 1989.

_____. "The British Working Men in Arms", in Cecil and Liddle (eds.), *Facing Armagedon*.

Bowley, A. L., *Some Economic Consequences of the Great War*. Londres, 1930.
Bracco, R. M., *Merchants of Hope: British Middlebrow Writers and the First World War, 1919-1939*. Providence, RI, e Oxford, 1993.
Bradley, J., *Allied Intervention in Russia*. Londres, 1968.
Braybon, G., *Women Workers in the First World War: the British Experience*. Londres, 1981.
_____ (ed.), *Evidence, History, and the Great War: Historians and the Impact of 1914-18*. Nova York, 2003.
Bridge, F. R., *From Sadowa to Sarajevo: the Foreign Policy of Austria-Hungary, 1866-1914*. Londres, 1972.
_____. *The Habsburg Monarchy among the Great Powers, 1815-1918*. Leamington, Spa, 1990.
Brittain, V., *Testament of Youth: an Autobiographical Study of the Years 1900-1925*. Londres, 1978.
Broadberry, S., and Harrison, M. (eds.), *The Economics of World War I*. Cambridge, 2005.
Brock, M. and E. (eds.). *H. H. Asquith: Letters to Venetia Stanley*. Oxford, 1985.
Brose, E. D., *The Kaiser's Army: the Politics of Military Technology in Germany during the Machine Age, 1870-1918*. Oxford, 2001.
Brown, I. M., "Not Glamorous but Effective: the Canadian Corps and the Set-Piece Attack, 1917-1918", *Journal of Military History*, 1994.
_____. *British Logistics on the Western Front, 1914-1919*. Westport, CT, e Londres, 1998.
Brown, J. M., and Louis, W. R. (eds.), *The Oxford History of the British Empire. The Twentieth Century*. Oxford e Nova York, 1999.
Brown, M., and Seaton, S., *Christmas Truce: the Western Front, December 1914*. Londres, 1999.
Bruntz, G. G., *Allied Propaganda and the Collapse of the German Empire in 1918*. Stanford, 1938.
Brusilov, A. A., *Mémoires du Général Brusilov: Guerre 1914-1918*. Paris, 1929.
Bucholz, A., *Moltke, Schlieffen, and Prussian War Planning*. Nova York, 1991.
Buitenhuis, P., *The Great War of Words: Literature as Propaganda 1914-18 and After*. Londres, 1989.
Bunselmeyer, R. E., *The Cost of the War, 1914-1919: British Economic War Aims and the Origins of Reparation*. Hamden, CT, 1975.
Burchardt, L., "The Impact of the War Economy on the Civilian Population of Germany during the First and Second World Wars", in Deist (ed.), *German Military*.
Burgwyn, J. H., *The Legend of the Mutilated Victory: Italy, the Great War, and the Paris Peace Conference, 1915-1919*. Chapel Hill, 1976.
Burk, K., "J. M. Keynes and the Exchange Rate Crisis of July 1917", *Economic History Review*, 1979.
_____. "The Mobilization of Anglo-American Finance during World War I", in Dreisziger (ed.), *Mobilization for Total War*.
_____. (ed.), *War and the State: the Transformation of British Government, 1914-1919*. Londres, 1982.
_____. "The Treasury: from Impotence to Power", in Burk (ed.), *War and the State*.
_____. *Britain, America, and the Sinews of War, 1914-1918*. Boston, Londres e Sidney, 1985.
Burke, E., "Moroccan Resistance, Pan-Islam, and German War Strategy, 1914-1918", *Francia*, 1975.
Burkhardt, J., et al. (eds.), *Lange und Kurze Wege in den Ersten Weltkrieg*. Munique, 1996.
Burnett, P. M., *Reparation at the Paris Peace Conference (from the Standpoint of the American Delegation*. Nova York, 1940, 2vv.
Buse, D. K., "Domestic Intelligence and German Military Leaders, 1914-18", *Intelligence and National Security*, 2000.

Bushaway, B., "Name upon Name: the Great War and Remembrance", in Porter (ed.), *Myths of the English*. Cambridge, 1992.
Calder, K. J., *Britain and the Origins of the New Europe, 1914-1918*. Cambridge, 1976.
Campbell, N. J. M., *Jutland: an Analysis of the Fighting*. Annapolis, 1986.
Carsten, F. L., *Revolution in Central Europe, 1918-1919*. Londres, 1972.
Cassar, G. H., *The French and the Dardanelles: a Study of Failure in the Conduct of War*. Londres, 1971.
_____. *The Tragedy of Sir John French*. Newark, NJ, 1985.
Ceadel, M., *Pacifism in Britain, 1914-1945: the Defining of a Faith*. Oxford, 1980.
Cecco, M. de, *Money and Empire: the International Gold Standard*. Londres, 1984.
Cecil, H., and Liddle, P. H. (eds.), *Facing Armageddon: The First World War Experienced*. Londres, 1996.
_____. (eds.), *At the Eleventh Hour: Reflections, Hopes, and Anxieties at the Closing of the Great War, 1918*. Barnsley, 1998.
Chapman, G., *A Passionate Prodigality: Fragments of Autobiography*. Greenwich, CT, 1967.
Charmley, J., *Splendid Isolation? Britain, the Balance of Power, and the Origins of the First World War*. Londres, 1999.
Chi, M., *China Diplomacy, 1914-1918*. Cambridge, MA, 1970.
Chickering, R., *Imperial Germany and the Great War, 1914-1918*. Cambridge, 1998.
Chickering, R., and Förster, S. (eds.), *Great War, Total War: Combat and Mobilization on the Western Front, 1914-1918*. Cambridge, 2000.
Childs, D. J., *A Peripheral Weapon? The Production and Employment of British Tanks in the First World War*. Westport, CT, e Londres, 1999.
Churchill, W. S. L., *The World Crisis*. Londres, 1923-31, 6vv.
Clark, A., *The Donkeys*. Londres, 1991.
Clark, C., *Kaiser Wilhelm II*. Harlow, 2000.
Clarke, I. F., *Voices Prophesying War, 1763-1984*. Londres, 1966.
Clausewitz, C. von, *On War*, M. E. Howard and P. Paret (eds.). Princeton, NJ, 1976.
Cochet, A., "Les Soldats français", in Becker and Audouin-Rouzeau (eds.), *Les Sociétés européennes*.
Coetzee, F., and Shevin-Coetzee, M. (eds.), *Authority, Identity, and the Social History of the Great War*. Providence, RI, e Oxford, 1995.
Coffman, E. M., *The War to End All Wars: the American Military Experience in World War I*. Lexington, KY, 1998.
Cohen, D., *The War Come Home: Disabled Veterans in Britain and Germany, 1914-1939*. Berkeley, Los Angeles e Londres, 2001.
Cohen, S. A., "The Genesis of the British Campaign in Mesopotamia, 1914", *Middle Eastern Studies*, 1976.
Consett, M. W. P., *The Triumph of Unarmed Forces (1914-1918)*. Londres, 1923.
Contarmine, H., *La Victoire de la Marne: 9 septembre 1914*. Paris, 1970.
Coogan, J. W., *The End of Neutrality: the United States, Britain, and Maritime Rights, 1899-1915*. Ithaca, NY, e Londres, 1981.
Coogan, J. W. and P. F., "The British Cabinet and the Anglo-French Staff Talks, 1905-1914: Who Knew What and When did He Know It?", *Journal of British Studies*, 1985.
Cooper, J. M., Jr., *The Vanity of Power: American Isolationism and the First World War, 1914-1917*. Westport, CT, 1969.

_____. "The Command of Gold Reversed: American Loans to Britain, 1915-1917", *Pacific Historical Review*, 1976.

_____. *The Warrior and the Priest: Woodrow Wilson and Theodore Roosevelt*. Cambridge, MA, e Londres, 1983.

_____. *Woodrow Wilson: A Biography*, 2011.

Cooper, M., *The Birth of Independent Air Power: British Air Policy in the First World War*. Londres, Boston e Sidney, 1986.

Cornish, P., *Machine Guns and the Great War*. Barnsley, 2009.

Cornwall, M. (ed.), *The Last Years of Austria-Hungary: Essays in Political and Military History, 1908-1918*. Exeter, 1990.

_____. "The Dissolution of Austria-Hungary" in Cornwall (ed.), *Last Years*.

_____. "News, Rumour, and the Control of Information in Austria-Hungary, 1914-1918", *History*, 1992.

_____. *The Undermining of Austria-Hungary: the Battle for Hearts and Minds*. Basingstoke, 2000.

Craig, G. A., *Germany, 1866-1945*. Oxford, 1978.

Craig, L. A., and Fisher, D. F., *The Integration of the European Economy, 1850-1913*. Nova York, 1996.

Crampton, R. J., *The Hollow Détente: Anglo-German Relations in the Balkans, 1911-1914*. Londres, 1979.

_____. *Bulgaria, 1878-1918: a History*. Nova York, 1983.

Crosby, A. W., Jr., *Epidemic and Peace, 1918*. Westport, CT, and Londres, 1976.

Cruickshank, J., *Variations on Catastrophe: Some French Responses to the Great War*. Oxford, 1982.

Cruttwell, C. R. M. F., *A History of the Great War, 1914-1918*. Londres, 1982.

Curami, A., "L'Industria bellica italiana dopo Caporetto", in Berti and del Negra (eds.), *Piave*.

Curry, R. W., *Woodrow Wilson and Far Eastern Policy, 1913-1921*. Nova York, 1968.

Czernin, O., *In the World War*. Londres, 1919.

Dalisson, R., "La Célébration du 11 novembre ou l'enjeu de la mémoire combattante dans l'entre-deux-guerres (1918-1939)", *Guerres mondiales et conflits contemporains* (1998).

Dallin, A., et al., *Russian Diplomacy and Eastern Europe, 1914-1917*. Nova York, 1963.

Daniel, U., "Women's Work in Industry and Family: Germany, 1914-1918", in Wall and Winter (eds.), *The Upheaval of War*.

_____. *The War from Within: German Working-Class Women in the First World War*. Oxford e Nova York, 1997.

Das, S. (ed.), *Race, Empire, and First World War Writing*. Cambridge, 2011.

Daunton, M., "How to Pay for the War: State, Society, and Taxation in Britain, 1917-1929", *English Historical Review*, 1996.

Davidian, I., "The Russian Soldier's Morale from the Evidence of Military Censorship", in Cecil and Liddle (eds.), *Facing Armageddon*.

Davis, B., "Food Scarcity and the Empowerment of the Female Consumer in World War I Berlim", in de Grazia and Furlough (eds.), *The Sex of Things: Gender and Consumption in Historical Perspective*. Berkeley, Los Angeles e Londres, 1996.

_____. *Home Fires Burning: Food, Politics and Everyday Life in World War One Berlim*. Chapel Hill, 2000.

Dawn, C. Ernest, "The Influence of T. E. Lawrence on the Middle East", in Meyers (ed.), *T. E. Lawrence*.

Dawson, G., "Preventing 'a great moral evil': Jean de Bloch's *The Future of War* as Anti-Revolutionary Pacifism", *Journal of Contemporary History*, 2002.

Dayer, R. A., "Strange Bedfellows: J. P. Morgan & Co., Whitehall, and the Wilson Administration during World War I", *Business History Review*, 1976.

Deák, I., "The Habsburg Army in the First and Last Days of World War I: a Comparative Analysis", in Király and Dreisziger (eds.), *East Central European Society*.

Deakin, W., "Imperial Germany and the 'Holy War' in Africa, 1914-1918", Leeds University pamphlet (n.d.).

Debo, R. K., *Revolution and Survival: the Foreign Policy of Soviet Russia, 1917-1918*. Toronto, 1979.

Dedijer, V., *The Road to Sarajevo*. Nova York, 1966.

Deist, W. (ed.), *The German Military in the Age of Total War*. Leamington Spa and Dover, NH, 1985.

_____. "Die Politik der Seekriegsleitung und die Rebellion der Flotte Ende Oktober 1918", *Vierteljahrshefte für Zeitgeschichte*, 1966.

_____. "Censorship and Propaganda in Germany during the First World War", in Becker and Audouin-Rouzeau (eds.), *Les Sociétés européennes*.

_____. "The Military Collapse of the German Empire", *War in History*, 1996.

Devlin, P. A., *Too Proud to Fight: Woodrow Wilson's Neutrality*. Londres, 1974.

Dewey P. E., "Food Production and Policy in the United Kingdom, 1914-1918", *Transactions of the Royal Historical Society*, 1980.

_____. "Military Recruiting and the British Labour Force during the First World War", *Historical Journal*, 1984.

Dickinson, F. R., *War and National Reinvention: Japan in the Great War*. Cambridge, MA, 1999.

Diehl, J. M., "Victors or Victims? Disabled Veterans in the Third Reich", *Journal of Modern History*, 1987.

Divine, R. A., *The Illusion of Neutrality*. Chicago e Londres, 1962.

Djordjevic, D., "Vojvoda Putnik, the Servian High Command, and Strategy in 1914", in Király and Dreisziger (eds.), *East Central European Society*.

Dockrill, M. L., and French, D. (eds.), *Strategy and Intelligence: British Policy during the First World War*. Londres e Rio Grande, OH, 1996.

Dockrill, M. L., and Goold, D. J., *Peace Without Promise: Britain and the Peace Conferences, 1919-1923*. Londres, 1981.

Doerries, R. R., "Promoting Kaiser and Reich: Imperial German Propaganda in the United States during World War I", in Schroeder (ed.), *Confrontation and Cooperation*.

Dogliani, M., "Les Monuments aux morts de la Grande guerre en Italie", *Guerres mondiales et conflits contemporains*, 1992.

Doise, J., and Vaisse, M., *Diplomatie et outil militaire*. Paris, 1987.

Doughty, R. A., *Pyrrhic Victory: French Strategy and Operations in the Great War*. Cambridge, MA, and Londres, 2005.

Doyle, P., and Bennett, M. R., "Military Geography: Terrain Evaluation and the British Western Front, 1914-1918", *Geographical Journal*, 1997.

_____. "Military Geography: the Influence of Terrain in the Outcome of the Gallipoli Campaign, 1915", *Geographical Journal*, 1999.

Dreisziger, N. F., *Mobilization for Total War: the Canadian, American, and British Experience, 1914--1918, 1939-1945*. Waterloo, Ontario, 1981.

Dülffer, J., *Regeln gegen den Krieg? Die Haager Friedenskonferenzen von 1899 und 1907 in der internationalen Politik*. Frankfurt, 1981.

Dülffer, J., and Holl, K. (eds.), *Bereit zum Krieg: Kriegsmentalität in Wilhelmischen Deutschland, 1890--1914*. Göttingen, 1986.

Dülffer, J., et al. (ed.), *Vermiedene Kriege: Deeskalation von Konflikten der Grossmächte zwischen Krimkrieg und Erstem Weltkrieg (1856-1914)*. Munique, 1997.

Dülmen, R. von, "Der Deutsche Katholizismus und der Erste Weltkrieg", *Francia*, 1974.

Duppler, J., and Gross, G. P. (eds.), *Kriegsende 1918: Ereignis, Wirkung, Nachwirkung*. Munique, 1994.

Duroselle, J.-B., *La France et les Français, 1914-1920*. Paris, 1972.

_____. *La Grande Guerre des français, 1914-1918: l'incompréhensible*. Paris, 1994.

Dutton, D., "Paul Painlevé and the End of the Sacred Union in Wartime France", *Journal of Strategic Studies*, 1981.

_____. *The Politics of Diplomacy: Britain and France in the Balkans in the First World War*. Londres e Nova York, 1998.

Dyer, C., *The Missing of the Somme*. Londres, 1994.

Dyer, G., "The Turkish Armistice of 1918", *Middle Eastern Studies*, 1972.

_____. "Turkish 'Falsifiers' and Armenian 'Deceivers': the Historiography of the Armenian Massacres", *Middle Eastern Studies*, 1976.

Eberle, M., *World War I and the Weimar Artists: Dix, Grosz, Beckmann, Schlemmer*. New Haven, 1985.

Eckart, W. U., "The Most Extensive Experiment That the Imagination Can Conceive: War, Emotional Stress, and German Medicine, 1914-1918", in Chickering and Förster (eds.), *Great War, Total War*.

Eckart, W. U., and Gradmann, C. (eds.), *Die Medizin und der Erste Weltkrieg*. Pfaffferweiler, 1996.

Egerton, G. W., *Great Britain and the Creation of the League of Nations: Strategy, Politics, and International Organization, 1914-1919*. Chapel Hill, 1978.

Ehlert, M., Epkenhans, M., and Gross, G. P. (eds.), *Der Schlieffenplan: Analysen und Dokumente*. Paderborn, 2007.

Eichengreen, B., *Golden Fetters: the Gold Standard and the Great Depression, 1919-1939*. Nova York e Oxford, 1992.

Eichengreen, B., and Flandreau, M. (eds.), *The Gold Standard in Theory and History*. Nova York, 1997.

Eksteins, M., *Rites of Spring: The Great War and the Birth of the Modern Age*. Londres, 1990.

Ellinwood, D. C., and Pradham, S. D. (eds.), *India and World War I*. New Delhi, 1978.

Elliott, C. J., "The *Kriegervereine* and the Weimar Republic", *Journal of Contemporary History*, 1975.

Emin, A., *Turkey in the World War*. New Haven e Londres, 1930.

Engel, B. A., "Not by Bread Alone: Subsistence Riots in Russia during World War I", *Journal of Modern History*, 1997.

Englander, D., "Die Demobilmachung in Grossbritannien nach dem Ersten Weltkrieg", *Geschichte und Gesellschaft*, 1983.

_____. "The French Soldier, 1914-1918", *French History*, 1987.

Englander, D., and Osborne, J., "Jack, Tommy, and Henry Dubb", *Historical Journal*, 1978.

Epkenhans, M., *Die Wilhelminischen Flottenrüstung, 1908-1914: Weltmachtstrehen, industrieller Fortschritt, soziale Integration*. Munique, 1991.

Epstein, K., *Matthias Erzberger and the Dilemma of German Democracy*. Princeton, NJ, 1959.

Erickson, E. J., *Ottoman Army Effectiveness in World War I: A Comparative Study*. Abingdon e Nova York, 2007.
Evans, R. J. W., and Pogge von Strandman, H. (eds.), *The Coming of the First World War*. Oxford, 1986.
Falkenhayn, E. von, *General Headquarters 1914-16 and its Critical Decisions*. Londres, 1919.
_____. *Caporetto 1917*. Londres, 1965.
Farr, M., "A Compelling Case for Voluntarism: Britain's Alternative Strategy, 1915-1916", *War in History*, 2001.
Farrar, L. L., Jr., *The Short-War Illusion: German Policy, Strategy, and Domestic Affairs, August--December 1914*. Santa Barbara, CA, 1973.
_____. "Opening to the West: German Efforts to Conclude a Separate Peace with England, July 1917-March 1918", *Canadian Journal of History*, 1975.
_____. *Divide and Conquer: German Efforts to Conclude a Separate Peace, 1914-1918*. Nova York, 1978.
_____. "Nationalism in Wartime: Critiquing the Conventional Wisdom", in Coetzee and Shevin-Coetzee (eds.), *Authority, Identity, and the Social History of the Great War*.
Farrar, M. M., *Conflict and Compromise: the Strategy, Politics, and Diplomacy of the French Blockade, 1914-1918*. The Hague, 1974.
Farwell, B., *The Great War in Africa, 1914-1918*. Londres, 1987.
Feinstein, C. H., Temin, P., and Toniolo, G., *The European Economy between the Wars*. Oxford, 1997.
Feldman, G. D., *Army, Industry, and Labour in Germany, 1914-1918*. Princeton, NJ, 1966.
_____. *German Imperialism, 1914-1918: the Development of a Historical Debate*. Nova York, 1972.
_____. *The Great Disorder: Politics, Economy, and Society in the German Inflation, 1914-1924*. Nova York e Oxford, 1993.
Ferguson, N., "Public Finance and National Security: the Domestic Origins of the First World War Revisited", *Past & Present*, 1994.
_____. *Paper and Iron: Hamburg Business and German Politics in the Era of Inflation, 1897-1927*. Cambridge, 1995.
_____. "Constraints and Room for Manoeuvre in the German Inflation of the Early 1920s", *Economic History Review*, 1996.
_____. *The Pity of War*. Londres, 1998.
_____. *Empire: How Britain Made the Modern World*. Londres, 2003.
Ferris, J. (ed.), *The British Army and Signals Intelligence during the First World War*. Stroud, 1992.
_____. "Airbandit: C3I and Strategic Air Defence during the First Battle of Britain, 1915-18", in Dockrill and French (eds.), *Strategy and Intelligence*.
Ferro, M., "Le Soldat russe en 1917: indiscipline, patriotisme, pacifisme et révolution", *Annales*, 1971.
_____. *The Great War, 1914-1918*. Londres, 1973.
Fiebig von Hase, R., "Der Anfang vom Ende des Krieges: Deutschland, die USA, und die Hintergründe des Amerikanischen Kriegseintritts am 6. April 1917", in Michalka (ed.), *Erste Weltkrieg*.
Fieldhouse, D. K., *Economics and Empire, 1830-1914*. Londres, 1973.
Fifield, R. H., *Woodrow Wilson and the Far East: the Diplomacy of the Shantung Question*. Nova York, 1952.
Figes, O., *A People's Tragedy: the Russian Revolution, 1891-1924*. Londres, 1997.
Fischer, C., *Stormtroopers: A Social, Economic and Ideological Analysis, 1919-35*. Londres, 1983.
Fischer, F., *Germany's Aims in the First World War*. Londres, 1967.

_____. *War of Illusions: German Policies from 1911 to 1914*. Londres, 1975.
_____. "Twenty-Five Years Later: Looking Back at the 'Fischer Controversy' and its Consequences", *Central European History*, 1988.
Flood, P. J., *France, 1914-1918: Public Opinion and the War Effort*. Basingstoke, 1990.
Floto, I., *Colonel House in Paris: a Study of American Policy at the Paris Peace Conference, 1919*. Aarhus, 1973.
Foch, F., *Mémoires pour servir à l'histoire de la guerre de 1914-1918*. Paris, 1931, v. 2.
Fogarty, R. S., *Race and War in France: Colonial Subjects in the French Army, 1914-1918*. Baltimore, 2008.
Foley, R., "East or West? Erich von Falkenhayn and German Strategy, 1914-15", in Hughes and Seligman (eds.), *Leadership in Conflict*.
_____. "The Origins of the Schlieffen Plan", *War in History*, 2003.
_____. *German Strategy and the Path to Verdun: Erich von Falkenhayn and the Development of Attrition, 1870-1916*. Cambridge, 2005.
Fong, G., "The Movement of German Divisions to the Western Front, Winter 1917-1918", *War in History*, 2000.
Förster, J., "Der deutsche Generalstab und die Illusion des kurzen Krieges, 1871-1914: Metakritik eines Mythos", *Militärgeschichtliche Mitteilungen*, 1995.
Förster, S., *Der Doppelte Militarismus: die Deutsche Heeresrüstung zwischen Status-Quo Sicherung und Aggression, 1890-1913*. Stuttgart, 1985.
_____. "Facing 'People's War': Moltke the Elder and Germany's Military Options after 1871", *Journal of Strategic Studies*, 1987.
Forsyth, D. J., *The Crisis of Liberal Italy: Monetary and Financial Policy, 1914-1922*. Cambridge, 1993.
Foster, J., "Working-Class Mobilization on the Clyde, 1917-1920", in Wrigley (ed.), *Challenges of Labour*.
Fowler, W. B., *British-American Relations, 1917/1918: the Role of Sir William Wiseman*. Princeton, NJ, 1969.
Fraser, T. G., "Germany and Indian Revolution, 1914-18", *Journal of Contemporary History*, 1977.
French, D., "Spy Fever in Britain, 1900-1915", *Historical Journal*, 1978.
_____. "The Military Background to the 'Shell Crisis' of May 1915", *Journal of Strategic Studies*, 1979.
_____. "The Origins of the Dardanelles Campaign Reconsidered", *History*, 1983.
_____. *British Strategy and War Aims, 1914-1916*, Londres, 1986.
_____. "The Dardanelles, Mecca, and Kut: Prestige as a Factor in British Eastern Strategy, 1914-1916", *War and Society*, 1987.
_____. "The Meaning of Attrition, 1914-1916", *English Historical Review*, 1988.
_____. "Watching the Allies: British Intelligence and the French Mutinies of 1917", *Intelligence and National Security*, 1991.
_____. *The Strategy of the Lloyd George Coalition, 1916-1918*. Oxford, 1995.
_____. "Failures of Intelligence: the Retreat to the Hindenburg Line and the March 1918 Offensive", in Dockrill and French (eds.), *Strategy and Intelligence*.
_____. "Had We Known How Bad Things Were in Germany, We Might Have Got Stiffer Terms: Great Britain and the Armistice", in Boemeke *et al.* (eds.), *Treaty of Versailles*.
Frey, M., "Bullying the Neutrals: the Case of the Netherlands", in Chickering and Förster (eds.), *Great War, Total War*.
Fridenson, P. (ed.), *The French Home Front, 1914-1918*. Providence, RI, e Oxford, 1992.

Friedman, I., *The Question of Palestine, 1914-1918: British-Jewish-Arab Relations*. Londres, 1973.
_____. *Palestine: a Twice-Promised Land? The British, the Arabs, and Zionism, 1915-1920*. New Brunswick, NJ, e Londres, 2000.
Fuller, J. G., *Troop Morale and Popular Culture in the British and Dominion Armies, 1914-1918*. Oxford, 1990.
Fuller, W. C., *Civil-Military Conflict in Imperial Russia, 1881-1914*. Princeton, NJ, 1985.
_____. "The Eastern Front", in Winter, Parker, and Habeck (eds.), *Great War*.
Fussell, P., *The Great War and Modern Memory*. Nova York e Londres, 1975.
Gabriel, R. A., and Metz, K. S., *A History of Military Medicine*. Westport, CT, e Londres, 1992, 2vv.
Galántai, J., *Hungary in the First World War*. Budapeste, 1989.
Galbraith, J. S., "No Man's Child: the Campaign in Mesopotamia, 1914-1918", *International History Review*, 1984.
Garson, N. G., "South Africa and World War One", *Journal of Imperial and Commonwealth History*, 1979.
Gatrell, P., *Government, Industry, and Rearmament in Russia, 1900-1914: the Last Argument of Tsarism*. Cambridge, 1994.
_____. *A Whole Empire Walking: Refugees in Russia during World War I*. Bloomington e Indianópolis, IN, 1999.
_____. *Russia's First World War: A Social and Economic History*, 2005.
Gatzke, H. W., *Germany's Drive to the West: A Study of Western War Aims during the First World War*. Baltimore, 1950.
Geiss, I., *Der Polnische Grenzstreifen, 1914-1918: ein Beitrag zur Deutschen Kriegszielpolitik im Ersten Weltkrieg*. Lübeck e Hamburgo, 1960.
_____ (ed.), *July 1914: the Outbreak of the First World War*. Londres, 1967.
Gelfand, L. E., *The Inquiry: American Preparations for Peace, 1917-1919*. New Haven, 1963.
Gemzell, C.-A., *Organization, Conflict, and Innovation: a Study of German Naval Strategic Planning, 1880-1940*. Lund, 1973.
Gerwarth, R., "The Central European Counter-Revolution: Paramilitary Violence in Germany, Austria, and Hungary after the Great War", *Past & Present*, 2008.
Geyer, D., *Russian Imperialism: the Interaction of Domestic and Foreign Policy, 1860-1914*. Leamington Spa, 1987.
Geyer, M., *Deutsche Rüstungspolitik, 1866-1980*. Frankfurt, 1984.
_____. "Insurrectionary Warfare: The German Debate about a levée en masse in October 1918", *Journal of Modern History*, 2001.
Gilbert, B. B., "Pacifist to Interventionist: David Lloyd George in 1911 and 1914. Was Belgium an Issue?", *Historical Journal*, 1985.
Gilbert, C., *American Financing of World War I*. Westport, CT, 1970.
Gilbert, M., *The First World War*. Londres, 1995.
Gill, D., and Dallas, G., "Mutiny at Etaples Base in 1917", *Past & Present*, 1975.
_____. *The Unknown Army: Mutinies in the British Army in World War I*. Londres, 1985.
Glover, J., and Silkin, J. (eds.), *The Penguin Book of First World War Prose*. Harmondsworth, 1990.
Godfrey, J. D., *Capitalism at War: Industrial Policy and Bureaucracy in France, 1914-1918*. Leamington Spa, Hamburgo e Nova York, 1987.

Goebel, S., *The Great War and Medieval Memory: War and Remembrance in Britain and Germany, 1900-1940*. Cambridge, 2006.

Goemans, H. E., *War and Punishment: The Causes of War Termination and the First World War*. Princeton, NJ, 2000.

Goldberg, J., "The Origins of British-Saudi Relations: the 1915 Anglo-Saudi Treaty Revisited", *Historical Journal*, 1985.

Goldrick, J., *The King's Ships Were at Sea: the War in the North Sea, August 1914-February 1915*, Annapolis, 1984.

Goldstein, E., and Maurer, J. (eds.), *The Washington Conference, 1921-22: Naval Rivalry, East Asian Stability, and the Road to Pearl Harbor*. Londres e Portland, OR, 1994.

Gooch, J., "The Maurice Debate, 1918", *Journal of Contemporary History*, 1968.

———. *The Prospect of War: Studies in British Defence Policy, 1847-1942*. Londres, 1981.

———. "Italy in the First World War", in Millett and Murray (eds.), *Military Effectiveness*.

———. "Morale and Discipline in the Italian Army, 1915-1918", in Cecil and Liddle (eds.), *Facing Armageddon*.

Goold, D. J., "Lord Hardinge and the Mesopotamian Expedition and Inquiry, 1914-1917", *Historical Journal*, 1976.

Gorce, P.-M. de la, *La République et son armée*. Paris, 1963.

Gordon, A., *The Rules of the Game: Jutland and British Naval Command*. Londres, 1996.

Gorman, L., "The Anciens Combattants and Appeasement: from Munich to War", *War and Society*, 1992.

Gottlieb, W. W., *Studies in Secret Diplomacy during the First World War*. Londres, 1957.

Goya, M., *Le Chair et l'acier: l'invention de la guerre moderne (1914-1918)*. Paris, 2004.

Grant, R. M., *U-Boats Destroyed: The Effects of Anti-Submarine Warfare, 1914-1918*. Londres, 1964.

Graves, R., *Goodbye to All That*. Londres, 1960.

Grayzel, S. R., *Women's Identities at War: Gender, Motherhood, and Politics in Britain and France during the First World War*. Chapel Hill, 1999.

———. *Women and the First World War*. Harlow, 2002.

Gregory, A., *The Silence of Memory: Armistice Day, 1919-1946*. Providence, RI, e Oxford, 1994.

———. *The Last Great War: British Society and the First World War*. Cambridge, 2008.

Greenhalgh, E., "Why the British were on the Somme in 1916", *War in History*, 1999.

———. "Flames over the Somme: a Retort to William Philpott", *War in History*, 2003.

———. *Victory through Coalition: Britain and France during the First World War*. Cambridge, 2005.

Grieves, K., *The Politics of Manpower, 1914-1918*. Manchester, 1988.

———. "C. E. Montague and the Making of Disenchantment, 1914-1921", *War and History*, 1997.

Griffith, P., *Battle Tactics of the Western Front: the British Army's Art of Attack, 1916-18*. New Haven e Londres, 1994.

——— (ed.), *British Fighting Methods in the Great War* (Londres e Portland, OR, 1996).

Grigg, J., *Lloyd George: War Leader*. Londres, 2001.

———. *Lloyd George: From Peace to War, 1912-1916*. Londres, 2002.

———. *Lloyd George: War Leader*. Londres, 2001.

Groh, D., "The 'Unpatriotic Socialists' and the State", *Journal of Contemporary History*, 1966.

Groot, G. de, *Douglas Haig, 1868-1928*. Londres, 1980.

_____. *The First World War*. Nova York, 2001.

Grotelueschen, M. E., *The AEF Way of War: The American Army and Combat in World War I*. Cambridge, 2007.

Gudmundsson, B. I., *Stormtroop Tactics: Innovation in the German Army, 1914-1918*. Westport, CT, e Londres, 1989.

Guinard, P., Devos, J.-C., and Nicot, J., *Inventaire sommaire des Archives de la Guerre, Série N: 1872-1919*. Troyes, 1975, v. 1.

Guinn, P., *British Strategy and Politics, 1914-1918*. Oxford, 1965.

Gullace, N., "Sexual Violence and Family Honour: British Propaganda and International Law during the First World War", *American Historical Review*, 1997.

_____. "White Feathers and Wounded Men: Female Patriotism and the Memory of the Great War", *Journal of British Studies*, 1997.

_____. *Blood of Our Sons: Men, Women, and the Renegotiation of British Citizenship during the Great War*. Basingstoke, 2002.

Haber, L. F., *The Poisonous Cloud: Chemical Warfare in the First World War*. Oxford, 1986.

Hall, R. C., *The Balkan Wars, 1912-1913: Prelude to the First World War*. Londres, 2000.

Halpern, P. G., *A Naval History of World War I*. Londres, 1994.

Hamard, B., "Quand la victoire s'est gagnée aux Balkans: l'assaut de l'armée alliée d'orient de septembre à novembre 1918", *Guerres mondiales et confl its contemporains*, 1996.

Hamilton, I., *Gallipoli Diary*. Londres, 1920, 2vv.

Hamilton, R. F., and Herwig, H. H. (eds.), *The Origins of World War*. Cambridge, 2003.

_____. *War Planning, 1914*. Cambridge, 2009.

Hammer, K., "Der Deutsche Protestantismus und der Erste Weltkrieg", *Francia*, 1974.

Hanak, H., "The Union of Democratic Control during the First World War", *Bulletin of the Institute of Historical Research*, 1963.

Hankey, M. P. A. H., *The Supreme Command, 1914-1918*. Londres, 1961, 2vv.

Hanna, M., *The Mobilization of Intellect: French Scholars and Writers during the Great War*. Cambridge, MA, 1996.

Hanson, N., *First Blitz*. Londres, 2008.

Hardach, G., *The First World War, 1914-1918*. Londres, 1977.

_____. "Industrial Mobilization in 1914-1918: Production, Planning, and Ideology", in Fridenson (ed.), *French Home Front*.

Harris, J. P., *Men, Ideas, and Tanks: British Military Thought and Armed Forces, 1903-1939*. Manchester e Nova York, 1995.

_____. *Douglas Haig and the First World War*. Cambridge, 2008.

Harris, J. P., and Barr, N., *Amiens to the Armistice: the BEF in the Hundred Days' Campaign, 8 August-11 November 1918*. Londres e Washington, 1998.

Harris, R., "The 'Child of the Barbarian': Rape, Race, and Nationalism in France during the First World War", *Past & Present*, 1993.

Harrison, M., "The Fight against Disease in the Mesopotamian Campaign", in Cecil and Liddle (eds.), *Facing Armageddon*.

_____ (ed.), *The Economics of World War II: Six Great Powers in International Comparison*. Cambridge, 1998.

Hartcup, G., *The War of Invention: Scientific Developments, 1914-18*. Londres, 1988.

Harvey, A. D., *A Muse of Fire: Literature, Art, and War*. Londres e Rio Grande, OH, 1998.

Hasegawa, T., *The February Revolution: Petrograd 1917*. Seattle e Londres, 1981.

Haupt, G., *Socialism and the Great War: the Collapse of the Second International*. Oxford, 1972.

Hautmann, H., "Vienna: a City in the Years of Radical Change, 1917-20', in Wrigley (ed.), *Challenges of Labour*.

Hayne, M. B., *The French Foreign Office and the Origins of the First World War, 1898-1914*. Oxford, 1993.

Hazelhurst, C., *Politicians at War, July 1914 to May 1915: a Prologue to the Triumph of Lloyd George*. Londres, 1971.

Healy, M., *Vienna and the fall of the Habsburg Empire: Total War and Everyday Life in World War I*. Cambridge, 2004.

Heinemann, U., *Die Verdrängte Niederlage: Politische Öffentlichkeit und Kriegsschuldfrage in der Weimarer Republik*. Göttingen, 1983.

Heller, J., "Sir Louis Mallet and the Ottoman Empire: the Road to War", *Middle Eastern Studies*, 1976.

Helmreich, E. C., *The Diplomacy of the Balkan Wars, 1912-1913*. Nova York, 1969.

Helmreich, J. E., *Belgium and Europe: a Study in Small Power Diplomacy*. The Hague, 1976.

Helmreich, P. C., *From Paris to Sèvres: the Partition of the Ottoman Empire at the Peace Conference of 1919-1920*. Columbus, OH, 1974.

Henniker, A. M., *Transportation on the Western Front, 1914-1918*. Londres, 1937.

Herrmann, D. G., *The Arming of Europe and the Making of the First World War*. Princeton, NJ, 1996.

Herwig, H. H., "German Policy in the Eastern Baltic Sea in 1918: Expansion or Anti-Bolshevik Crusade?", *Slavic Review*, 1973.

_____. "The Dynamics of Necessity: German Military Policy during the First World War", in Millett and Murray (eds.), *Military Effectiveness*.

_____. *The First World War: Germany and Austria-Hungary, 1914-1918*. Londres e Nova York, 1997.

_____. "Clio Deceived: Patriotic Self-Censorship in Germany after the First World War", in Wilson (ed.), *Forging the Collective Memory*.

_____. "Total Rhetoric, Limited War: Germany's U-Boat Campaign, 1917-1918", in Chickering and Förster (eds.), *Great War, Total War*.

Herwig, H. H., and Trask, D. F., "The Failure of Imperial Germany's Undersea Offensive against World Shipping, February 1917-October 1918", *The Historian*, 1970-1971.

Heuser, B., *Reading Clausewitz*, Londres, 2002.

Hewitson, M., "Germany and France before the First World War: a Reassessment of German Foreign Policy", *English Historical Review*, 2000.

_____. *Germany and the Causes of the First World War*. Oxford e Nova York, 2004.

Hiley, N., "The News Media and British Propaganda, 1914-18", in Becker and Audouin-Rouzeau (eds.), *Les sociétés européennes*.

Hindenburg, P. von, *Aus Meinem Leben* (Leipzig, 1920)/*Out of My Life*. Londres, 1933.

Hinsley, F. H., *Power and the Pursuit of Peace: Theory and Practice in the History of Relations between States*. Cambridge, 1963.

Hoag, J., "Students at the University of Vienna in the First World War", *Central European History*, 1984.
Hobsbawm, E. J., *Age of Extremes: the Short Twentieth Century, 1914-1991*. Londres, 1995.
Holland, R., "The British Empire and the Great War, 1914-1918", in Brown and Louis (eds.), *The Oxford History of the British Empire. The Twentieth Century*. Oxford e Nova York, 1999, v. 4.
Holmes, R., *The Little Field Marshal: Sir John French*. Londres, 1981.
_____. "The Last Hurrah: Cavalry on the Western Front, August-September 1914", in Cecil and Liddle (eds.), *Facing Armageddon*.
_____. *Tommy: the British Soldier on the Western Front, 1914-1918*. Londres, 2004.
Holmes, T., "The Reluctant March on Paris", *War in History*, 2001.
Hoover, A. J., *God, Germany, and Britain in the Great War: a Study in Clerical Nationalism*. Westport, CT, e Londres, 1989.
Hopkin, D., "Domestic Censorship in the First World War", *Journal of Contemporary History*, 1970.
Hopwood, R. F., "Czernin and the Fall of Bethmann Hollweg", *Canadian Journal of History*, 1967.
Horn, D. (ed.), *War, Mutiny, and Revolution in the German Navy: the World War I Diary of Seaman Richard Stumpf*. New Brunswick, NJ, 1967.
_____. *Mutiny on the High Seas: the Imperial German Naval Mutinies of World War I*. Londres, 1973.
Horn, M., "The Concept of Total War: National Effort and Taxation in Britain and France during the First World War", *War and Society*, 2000.
_____. *Britain, France, and the Financing of the First World War*. Montreal e Kingston, Ont., 2002.
Horne, A., *The Price of Glory: Verdun, 1916*. Harmondsworth, 1978.
Horne, J., "L'Impôt du sang: Republican Rhetoric and Industrial Warfare in France, 1914-18", *Social History*, 1989.
_____. *Labour at War: France and Britain, 1914-1918*. Oxford, 1991.
_____. "The State and the Challenge of Labour in France, 1917-20", in Wrigley (ed.), *Challenges of Labour*.
_____. "Soldiers, Civilians, and the Warfare of Attrition: Representations of Combat in France, 1914--1918", in Coetzee and Shevin-Coetzee (eds.), *Authority, Identity, and the Social History of the Great War, State, Society, and Mobilization in Europe during the First World War*. Cambridge, 1997.
Horne, J., and Kramer, A., "German 'Atrocities' and Franco-German Opinion, 1914: the Evidence of German Soldiers' Diaries", *Journal of Modern History*, 1994.
_____. *German Atrocities, 1914: A History of Denial*. New Haven e Londres, 2001.
Houston, D. F., *Eight Years with Wilson's Cabinet (1913-1920)*. Londres, 1926, 2vv.
Hovanissian, R. G., *Armenia on the Road to Independence, 1918*. Berkeley e Los Angeles, 1967.
_____ (ed.), *The Armenian Genocide: History, Politics, Ethics*. Basingstoke e Londres, 1992.
Howard, M. E., "Men against Fire: Expectations of War in 1914", *International Security*, 1984.
_____. *The Invention of Peace: Reflections on War and International Order*. Londres, 2001.
_____. *The First World War*. Oxford, 2002.
Howorth, J., "French Workers and German Workers: the Impossibility of Internationalism, 1900--1914", *European History Quarterly*, 1985.
Hughes, J., "The Battle for the Hindenburg Line", *War and Society*, 1999.
Hughes, M., *Nationalism and Society: Germany, 1800-1945*. Londres, 1988.
_____. *Allenby and British Strategy in the Middle East, 1917-1919*. Londres e Portland, OR, 1999.
Hughes, M., and Seligman, M. (eds.), *Leadership in Conflict, 1914-1918*. Barnsley, 2000.

Hull, I., *Absolute Destruction: Military Culture and the Practices of War in Imperial Germany*. Cambridge, 2005.

Hüppauf, B., "Langemark, Verdun, and the Myth of a New Man in Germany after the First World War", *War and Society*, 1988.

Hurewitz, J. C. (ed.), *Diplomacy in the Near and Middle East: a Documentary Record*. Princeton, NJ, 1956, 2vv.

Hürter, H., "Die Katholische Kirche im Ersten Weltkrieg", in Michalka (ed.), *Erste Weltkrieg*.

Hürter, J., *Paul von Hintze: Marineoffizier, Diplomat, Staatssekretär. Dokumenteeiner Karriere zwischen Militär und Politik, 1903-1918*. Munique, 1998.

Hussey, J., "The Movement of German Divisions to the Western Front, Winter 1917-1918", *War in History*, 1997.

———. "The Flanders Battleground and the Weather in 1917", in Liddle (ed.), *Passchendaele in Perspective*.

Hynes, S., *A War Imagined: the First World War and English Culture*, Londres, 1990.

———. *The Soldier's Tale: Bearing Witness to Modern War*. Londres, 1998.

Inglis, K. S., "War Memorials: Ten Questions for Historians", *Guerres mondiales et conflits contemporains*, 1992.

———. "World War One Memorials in Australia", *Guerres mondiales et conflits contemporains*.

Jaffe, L. S., *The Decision to Disarm Germany: British Policy towards Post-war German Disarmament, 1914-1919*. Londres, 1985.

Jahn, H. F., *Patriotic Culture in Russia during World War I*. Ithaca, NY, e Londres, 1995.

Jansen, M. B., *The Japanese and Sun Yat-sen*. Cambridge, MA, 1954.

Janssen, K. H., "Der Wechsel in der Obersten Heeresleitung 1916", *Vierteljahrshefte für Zeitgeschichte*, 1959.

———. *Macht und Verblendung: Kriegszielpolitik der deutschen Bundesstaaten, 1914/18*. Göttingen, 1963.

———. *Der Kanzler und der General. Die Führungskrise um Bethmann und Falkenhayn (1914-1916)*. Göttingen, 1967.

Jarausch, K. H., *The Enigmatic Chancellor: Bethmann Hollweg and the Hubris of Imperial Germany*. New Haven, 1973.

Jäschke, G., "Zum Problem der Marne-Schlacht von 1914", *Historische Zeitschrift*, 1960.

Jeffery, K., *Ireland and the Great War*. Cambridge, 2000.

———. *Field Marshal Sir Henry Wilson: A Political Soldier*. Oxford, 2006.

———. *MI6: The History of the Secret Intelligence Service, 1909-1949*. Londres, 2010.

Jelavich, B., *Russia's Balkan Entanglements, 1806-1914*. Cambridge, 1991.

Joffre, J-J. C., *Mémoires du Maréchal Joffre, 1910-1917*. Paris, 1932, 2vv.

Joll, J., *The Second International, 1889-1914*. Londres, 1955.

———. *The Origins of the First World War*. Londres, 1984.

Joly, B., "La France et la revanche (1870-1914)", *Revue d'histoire modern et contemporaine*, 1999.

Jones, D. R., "Imperial Russia's Forces at War", in Millett and Murray (eds.), *Military Effectiveness*.

Jones, H. S., *Violence against Prisoners of War: Britain, France, and Germany, 1914-1920*. Cambridge, 2011.

Jones, H. S., O'Brien, J., and Schmidt-Supprian, C. (eds.), *Untold War: New Perspectives in First World War Studies*. Leiden, 2008.

Jones, N., *The Origins of Strategic Bombing: a Study of the Development of British Air Strategic Thought and Practice up to 1918*. Londres, 1973.
Jones, S., "Antonio Salandra and the Politics of Italian Intervention in the First World War", *European History Quarterly*, 1985.
Judah, T., *The Serbs: History, Myth, and the Destruction of Yugoslavia*. New Haven e Londres, 1997.
Judd, J., *Empire: the British Imperial Experience, 1765 to the Present*. Londres, 1996.
Jünger, E., *Storm of Steel*. Nova York, 1985.
Kahn, D., *The Codebreakers: the Story of Secret Writing*. Londres, 1966.
Kaiser, D. E., "Germany and the Origins of the First World War", *Journal of Modern History*, 1983.
Kajima, M., *The Diplomacy of Japan, 1894-1922*. Tóquio, 1980, v. 3.
Kann, R. A., Király, B. K., and Fichtner, P. S. (eds.), *The Habsburg Empire in World War I: Essays on the Intellectual, Military, Political, and Economic Aspects of the Habsburg War Effort*. Nova York, 1977.
Kanya-Forstner, A. S., "The War, Imperialism, and Decolonization", in Winter, Parker, and Habeck (eds.), *Great War*.
Karsh, E. and I., "Myth in the Desert, or Not the Great Arab Revolt", *Middle Eastern Studies*, 1997.
Kaspi, A., *Le Temps des Américains: le concours américain à la France en 1917-1918*. Paris, 1976.
Katz, F., *The Secret War in Mexico: Europe, the United States, and the Mexican Revolution*. Chicago e Londres, 1981.
Kavanagh, G., "Museum as Memorial: the Origins of the Imperial War Museum", *Journal of Contemporary History*, 1988.
Kazamzadeh, F., *The Struggle for Transcaucasia (1917-1921)*. Nova York e Oxford, 1951.
Kedourie, E., *In the Anglo-Arab Labyrinth: the McMahon-Husayn Correspondence and its Interpretations, 1914-1939*. Cambridge, 1976.
Keegan, J., *The Price of Admiralty*. Londres, 1988.
_____. "Jutland", *MHQ: the Quarterly Journal of Military History*, 1989.
_____. *The Face of Battle: a Study of Agincourt, Waterloo, and the Somme*. Londres, 1991.
_____. *The First World War*. Londres, 1998.
Keene, J. D., *The United States and the First World War*. Harlow, 2000.
Keiger, J. F. V., *France and the Origins of the First World War*. Londres, 1983.
_____. "Britain's 'Union sacrée'in 1914", in Becker and Audouin-Rouzeau (eds.), *Les Sociétés européennes*.
_____. *Raymond Poincaré*. Cambridge, 1997.
Kenez, P., "Changes in the Social Composition of the Officer Corps during World War I", *Russian Review*, 1972.
Kennedy, D. M., *Over Here: the First World War and American Society*. Nova York e Oxford, 1980.
Kennedy, G. C., "Strategy and Supply in the North Atlantic Triangle, 1914-1918", in McKercher and Aronson (eds.), *The North Atlantic Triangle in a Changing World: Anglo-American Relations, 1902-1956*. Toronto, 1996.
_____ (ed.). *The Merchant Marine in International Affairs, 1850-1950*. Londres e Portland, OR, 2000.
Kennedy, P. M. (ed.), *The War Plans of the Great Powers*. Londres, 1979.
_____. *The Rise of the Anglo-German Antagonism, 1860-1914*. Londres, 1982.
_____. "Britain in the First World War", in Millett and Murray (eds.), *Military Effectiveness*.
_____. "Military Effectiveness in the First World War", in Millett and Murray (eds.), *Military Effectiveness*.

_____. *The Rise and Fall of the Great Powers: Economic Change and Military Conflict from 1500 to 2000*. Londres, 1989.

_____. *The Rise and Fall of British Naval Mastery*. Londres, 1991.

Kennedy, T. C., "Public Opinion and the Conscientious Objector, 1915-1919", *The Journal of British Studies*, 1973.

Kennedy, R. A., *The Will to Believe: Woodrow Wilson, World War I, and American Strategy for Peace and Security*. Kent, OH, 2009.

Kent, B., *The Spoils of War: the Politics, Economics, and Diplomacy of Reparations, 1918-1932*. Oxford, 1989.

Kent, M. (ed.), *The Great Powers and the End of the Ottoman Empire*. Londres, 1984.

Kent, S. K., "Love and Death: War and Gender in Britain, 1914-1918", in Coetzee and Shevin-Coetzee (eds.), *Authority, Identity, and the Social History of the Great War*.

Kenwood, A. G., and Lougheed, A. L., *The Growth of the International Economy, 1820-2000*. Londres, 1999.

Kenyon, D., *Horsemen in No Man's Land: British Cavalry and Trench Warfare, 1914-1918*. Barnsley, 2011.

Kernek, S. J., "The British Government's Reaction to President Wilson's 'Peace Note' of December 1916", *Historical Journal*, 1970.

Kerner, R. J., "Russia, the Straits, and Constantinople, 1914-1915", *Journal of Modern History*, 1929.

Kershaw, I., *Hitler, 1889-1936*, v. 2; *Hubris, 1936-1945*, v. 2; *Nemesis*, Londres, 1998 e 2000.

Keynes, J. M., *The Economic Consequences of the Peace*. Londres, 1920.

King, J. C., *Generals and Politicians: Conflict between France's Command, Parliament, and Government, 1914-1918*. Berkeley e Los Angeles, 1951.

Király, B. K., and Dreisziger, N. F. (eds.), *East Central European Society in World War I*. Nova York, 1985.

Kirby, D., "International Socialism and the Question of Peace: the Stockholm Conference of 1917", *Historical Journal*, 1967.

_____. *War, Peace, and Revolution: International Socialism at the Crossroads, 1914-1918*. Londres, 1986.

Kitchen, M., *The Silent Dictatorship: The Politics of the German High Command under Hindenburg and Ludendorff*. Londres, 1976.

_____. *The German Offensives of 1918*. Stroud, 2001.

Kluge, U., *Die Deutsche Revolution 1918/1919: Staat, Politik, und Gesellschaft zwischen Weltkrieg und Kapp-Putsch*. Frankfurt, 1985.

Knock, T. J., *To End All Wars: Woodrow Wilson and the Quest for a New World Order*. Nova York e Oxford, 1992.

Knox, M. *To the Threshold of Power 1922/33: Origins and Dynamics of the Fascist and National Socialist Dictatorships*, v. 1, 2007.

Koch, H. W. (ed.), *The Origins of the First World War*. Londres, 1972.

Kocka, J., *Facing Total War: German Society, 1914-1918*. Leamington Spa, 1984.

Koenker, D. P., and Rosenberg, W. G., *Strikes and Revolution in Russia, 1917*. Princeton, NJ, 1989.

Komjáthy, M. (ed.), *Protokolle des Gemeinsamen Ministerrates der österreichischen-Ungarischen Monarchie (1914-1918)*. Budapeste, 1966.

Koralka, J., "Germany's Attitude to the National Disintegration of Cisleithania (April-October, 1918)", *Journal of Contemporary History*, 1969.

Koszyk, K., *Deutsche Presse, 1914-1945*. Berlim, 1972.

Kramer, A., *Dynamic of Destruction: Culture and Mass Killing in the First World War*. Oxford e Nova York, 2007.

Kriegel, A., *Aux Origines du Communisme français*, 1914-1920. Paris e The Hague, 1964.

Krizmann, B., "Austro-Hungarian Diplomacy before the Collapse of the Empire", *Journal of Contemporary History*, 1969.

Krumeich, G., "Le Soldat allemand sur la Somme", in Becker and Audouin-Rouzeau (eds.), *Les Sociétés européennes*.

_____. "Saigner la France? Mythes et réalité de la stratégie allemande de la bataille de Verdun", *Guerres mondiales et conflits contemporains*, 1996.

Kuhlmann, R. von, *Erinnerungen*. Heidelberg, 1948.

Kurat, Y. T., "How Turkey Drifted into World War I", in Bourne and Cameron Watt (eds.), *Studies in International History*. Londres, 1967.

Kuznets, S., "Quantitative Aspects of the Growth of Nations", *Economic Development and Cultural Change*, 1967.

La Fargue, T. E., *China and the World War*. Stanford, 1937.

Lambert, N., *Sir John Fisher's Naval Revolution*. Colúmbia, SC, 1999.

Lambi, I. N., *The Navy and German Power Politics, 1862-1914*. Boston, 1984.

Langdon, J. W., *July 1914: the Long Debate, 1914-1990*. Nova York e Oxford, 1991.

Lange, K., *Marneschlacht und Deutsche Öffentlichkeit, 1914-1939: eine verdrängte Niederlage und ihre Folgen*. Düsseldorf, 1974.

Langhorne, R. T. B., *The Collapse of the Concert of Europe: International Politics, 1890-1914*. Londres, 1981.

Lansing Papers, The. 1914-1920. Washington, 1939, 2vv.

Lasch, C., "American Intervention in Siberia: a Reinterpretation", *Political Science Quarterly*, 1962.

Lasswell, H. D., *Propaganda Technique in the World War*. Londres e Nova York, 1927.

Lautenschläger, K., "Technology and the Evolution of Naval Warfare", *International Security*, 1983.

Laux, J. M., "Gnôme et Rhône – an Aviation Engine Firm in the First World War", in Fridenson, (ed.), *The French Home Front*.

Lawrence, J., "Material Pressures on the Middle Classes", in Winter and Robert (eds.), *Capital Cities at War*.

Lawrence, J., Dean, M., and Robert, J.-L., "The Outbreak of War and the Urban Economy: Paris, Berlim e Londres in 1914", *Economic History Review*, 1992.

Lebow, R. N., "Agency versus Structure in A. J. P. Taylor's Origins of the First World War", *International History Review*, 2001.

Lederer, I. J., *Yugoslavia at the Paris Peace Conference: a Study in Frontier-Making*. New Haven e Londres, 1963.

Lee, D. E. (ed.), *The Outbreak of the First World War: Who Was Responsible?* Boston, 1966.

Lee, J., "Administrators and Agriculture: Aspects of German Agricultural Policy in the First World War", in Winter (ed.), *War and Economic Development*.

Leed, E. J., *No Man's Land: Combat and Identity in World War I*. Cambridge, 1979.

Leese, P., "Problems Returning Home: The British Psychological Casualties of the Great War", *Historical Journal*, 1997.

Lenin, V. I., *Imperialism the Highest Stage of Capitalism*. Pequim, 1975.

Lentin, A., "The Treaty that Never Was: Lloyd George and the Abortive Anglo-French Alliance of 1919", in Loades (ed.), *The Life and Times of David Lloyd George*, Bangor, 1991.

_____. "Several Types of Ambiguity: Lloyd George at the Paris Peace Conference", *Diplomacy and Statecraft*, 1995.

Leslie, J., "The Antecedents of Austria-Hungary's War Aims: Policies and Policy-Makers in Vienna and Budapest before and during 1914", *Wiener Beiträge zur Geschichte der Neuzeit*, 1993.

Levin, N. G., Jr., *Woodrow Wilson and World Politics: America's Response to War and Revolution*. Nova York, 1968.

Levy, J., "Preferences, Constraints, and Choices in July 1914", *International Security*, 1990-91.

_____. "The Causes of War and the Conditions of Peace", *Annual Review of Political Science*, 1998.

Liddell Hart, B., *Foch: the Man of Orléans*. Londres, 1931.

_____. *History of the First World War*. Londres, 1972.

Liddle, P. H., *Men of Gallipoli: the Dardanelles and Gallipoli Experience, August 1914 to January 1916*. Londres, 1976.

_____. *The British Soldier on the Somme, 1916*. Strategic and Combat Studies Institute: Occasional Paper, nº 23, 1996.

_____ (ed.), *Passchendaele in Perspective: the Third Battle of Ypres*. Londres, 1997.

Lieven, D. C. B., *Russia and the Origins of the First World War*. Basingstoke, 1983.

_____. *Nicholas II: Emperor of all the Russias*. Londres, 1993.

Lih, L. T., *Bread and Authority in Russia, 1914-1921*. Berkeley, Los Angeles e Oxford, 1990.

Link, A. S, *Wilson: Campaigns for Progressivism and Peace, 1916-1917*. Princeton, NJ, 1965.

Linke, H. E., *Das Zarische Russland und der Erste Weltkrieg: Diplomatie und Kriegsziele, 1914-1917*. Munique, 1982.

Lipgens, W., "Europäische Einigungsidee 1923-1930 und Briands Europaplan im Urteil der deutschen Akten", *Historische Zeitschrift*, 1966.

Liulevicius, V. G., *War Land on the Eastern Front: Culture, National Identity, and German Occupation in World War I*. Cambridge, 2000.

Livesey, A., *The Viking Atlas of World War I*. Nova York, 1994.

Lloyd George, D., *War Memoirs*. Londres, 1938, 2vv.

Long, J. W., "American Intervention in Russia: the North Russian Expedition, 1918-1919", *Diplomatic History*, 1982.

Louis, W. R., *Great Britain and Germany's Lost Colonies, 1914-1919*. Oxford, 1967.

Low, A. D., "The Soviet Hungarian Republic and the Paris Peace Conference", *Transactions of the American Philosophical Society*, 1963.

Lowe, C. J., and Dockrill, M. L., *The Mirage of Power: British Foreign Policy, 1914-1922*. Londres, 1972, 3vv.

Lowe, C. J., and Marzari, F., *Italian Foreign Policy, 1870-1940*. Londres, 1975.

Lowe, P., *Great Britain and Japan, 1911-1915: a Study of British Far Eastern Policy*. Londres, 1969.

Lowry, B., *Armistice 1918*. Kent, OH, e Londres, 1996.

Luckau, A., *The German Delegation at the Paris Peace Conference*. Nova York, 1941.

Ludendorff, E., *My War Memories, 1914-1918*. Londres, 1919/ *Meine Kriegserinnerungen, 1914-1918*. Berlim, 1919.

_____. *The General Staff and Its Problems*. Londres, 1920, 2vv.

Luebke, F. C., *Bonds of Loyalty: German-Americans and World War I*. DeKalb, IL, 1974.
Lundberg, P. K., "The German Naval Critique of the U-Boat Campaign, 1915-1918", *Military Affairs*, 1963.
Lundgreen-Nielsen, K., *The Polish Problem at the Paris Peace Conference: a Study of the Great Powers and the Poles*. Odense, 1979.
Lupfer, T. T., "The Dynamics of Doctrine: the Changes in German Tactical Doctrine during the First World War". Fort Leavenworth Paper, Fort Leavenworth, KS, 1981.
Lutz, R. H. (ed.), *The Causes of the German Collapse in 1918*. Stanford, 1934.
Lyle, C., "Jutland, or a Second 'Glorious First of June'", *The Mariner's Mirror*, 1996.
Lynn, J. A. (ed.), *Feeding Mars: Logistics in Western Europe from the Middle Ages to the Present*. Boulder, San Francisco e Oxford, 1993.
Lyon, M. B., "A 'Peasant Mob': the Servian Army on the Eve of the Great War", *Journal of Military History*, 1997.
Lyons, F. S. L., *Internationalism in Europe, 1815-1914*. Leyden, 1963.
Macartney, C. A., *The Habsburg Empire, 1790-1918*. Londres, 1968.
MacDonald, L., *1914: the Days of Hope*. Londres, 1989.
_____. *Somme*. Londres, 1993.
_____. *They Called It Passchendaele: the Story of the Battle of Ypres and of the Men Who Fought in It*. Londres, 1993.
_____. *1915: the Death of Innocence*. Londres, 1997.
_____. *Spring 1918: to the Last Man*. Londres, 1999.
MacFie, A. L., *The End of the Ottoman Empire, 1908-1923*. Londres e Nova York, 1998.
MacKenzie, S. P., "Morale and the Cause: the Campaign to Change the Outlook of Soldiers in the British Expeditionary Force, 1914-1918", *Canadian Journal of History*, 1990.
Maier, C. S., *Recasting Bourgeois Europe: Stabilization in France, Germany, and Italy in the Decade after World War I*. Princeton, NJ, 1988.
Major, R. H., *Fatal Partners: War and Disease*. Garden City, NY, 1941.
Malcolm, N., *Bosnia: a Short History*. Londres e Basingstoke, 1994.
Mamatey, V. S., *The United States and East Central Europe, 1914-1918: a Study in Wilsonian Diplomacy and Propaganda*. Princeton, NJ, 1957.
_____. "The Union of Czech Political Parties in the Reichsrat, 1916-1918", in Kann, Király, and Fichtner (eds.), *Habsburg Empire*.
Manela, E., *The Wilsonian Moment: Self-Determination and the International Origins of Anticolonial Nationalism*. Oxford, 2007.
Manning, A., "Wages and Purchasing Power", in Winter and Robert, (eds.), *Capital Cities at War*.
Marchand, A., *Les Chemins de fer de l'Est et la Guerre de 1914-1918*. Paris, 1924.
Marder, A. J., *From the Dreadnought to Scapa Flow: the Royal Navy in the Fisher Era, 1904-1919*. Londres, 1961-70, 5vv.
_____. "The Dardanelles Reconsidered: Further Thoughts on the Naval Prelude", in *From the Dardanelles to Oran: Studies of the Royal Navy in War and Peace, 1915-1940*. Londres, 1974.
Marks, S., *The Ebbing of European Ascendancy: an International History of the World, 1914-1945*. Londres, 2002.

Marquis, A. G., "Words as Weapons: Propaganda in Britain and Germany during the First World War", *Journal of Contemporary History*, 1978.
Marsland, E., *The Nation's Cause: French, English, and German Poetry of the First World War*. Londres e Nova York, 1991.
Martin, G., "German Strategy and Military Assessments of the American Expeditionary Force (AEF), 1917-8", *War in History*, 1994.
Martin, L. W., *Peace Without Victory: Woodrow Wilson and the British Liberals*. New Haven, 1959.
Mawdsley, E., *The Russian Civil War*. Edinburgh, 2000.
Max of Baden, Prince, *Memoirs*. Londres, 1928, 2vv.
May, E. R., *The World War and American Isolation, 1914-1917*. New Haven, 1959.
―――. (ed.), *Knowing One's Enemies: Intelligence Assessment before the Two World Wars*. Princeton, NJ, 1984.
Mayer, A. J., *Political Origins of the New Diplomacy, 1917-1918*. New Haven, 1959.
―――. "Domestic Causes of the First World War", in L. Krieger and F. Stern (eds.), *The Responsibility of Power: Historical Essays in Honor of Hajo Holborn*. Nova York, 1967.
―――. *Politics and Diplomacy of Peacemaking. Containment and Counter-Revolution at Versailles, 1918-1919*. Londres, 1968.
―――. *The Persistence of the Old Regime: Europe to the Great War*. Londres, 1981.
Mayeur, J.-M., "Le Catholicisme français et la première guerre mondiale", *Francia*, 1974.
McDonald, D. M., *United Government and Foreign Policy in Russia, 1900-1914*. Cambridge, MA, 1992.
McDougall, W. A., *France's Rhineland Diplomacy, 1914-1924: the Last Bid for a Balance of Power in Europe*. Princeton, NJ, 1978.
McEwen, J. M., "Brass-Hats and the British Press during the First World War", *Canadian Journal of History*, 1983.
McLean, D., "Popular Protest and Public Order: Red Clydeside, 1915-1919", in Quinault and Stevenson (eds.), *Popular Protest and Public Order: Six Studies in British History, 1790-1920*. Londres, 1974.
McLean, R. R., *Royalty and Diplomacy in Europe, 1890-1914*. Cambridge, 2001.
McMeekin, S., *The Russian Origins of the First World War*. Cambridge, MA, 2011.
McMillan, J. F., *Housewife or Harlot? The Place of Women in French Society, 1870-1940*. Brighton, 1981.
―――. "French Catholics: *Rumeurs infames* and the *Union sacrée*, 1914-1918", in Coetzee and Shevin--Coetzee (eds.), *Authority, Identity, and the Social History of the Great War*.
Mead, G., *Doughboys: America and the First World War*. Londres, 2000.
Meier, K., "Evangelische Kirche und Erster Weltkrieg", in Michalka (ed.), *Erste Weltkrieg*.
Meigs, M., *Optimism at Armageddon: Voices of American Participants in the First World War*. Basingstoke, 1997.
Melograni, P., *Storia politica della Grande Guerra, 1915-1918*. Bari, 1969.
Merridale, C., *Night of Stone: Death and Memory in Russia*. Londres, 2000.
Messenger, C., *Call to Arms: The British Army, 1914-1918*. Londres, 2005.
Meyer, H. C., *Mitteleuropa in German Thought and Action, 1815-1945*. The Hague, 1955.
Meyers, J. (ed.), *T. E. Lawrence: Soldier, Writer, Legend. New Essays*. Basingstoke e Londres, 1989.
―――. *Men of War: Masculinity and the First World War in Britain*. Basingstoke, 2008.
Meynell, H., "The Stockholm Conference of 1917", *International Review of Social History*, 1960.

Michalka, W. (ed.), *Der Erste Weltkrieg: Wirkung, Wahrnehmung, Analyse*. Munique, 1994.
Michel, B., "L'Autriche et l'entrée dans la guerre en 1914", *Guerres mondiales et conflits contemporains*, 1995.
Michel, M., *L'Appel à l'Afrique: contributions et reactions à l'effort de guerre en A.O.F. (1914-1919)*. Paris, 1982.
_____. "Mythes et réalités du concours colonial", in Becker and Audouin-Rouzeau (eds.), *Les Sociétés européennes*.
Middlebrook, M., *The First Day on the Somme*. Londres, 1971.
_____. *The Kaiser's Battle*. Londres, 2000.
Miller, S. M., et al. (eds.), *Military Strategy and the Origins of the First World War*. Princeton, NJ, 1991.
Millett, A. R., and Murray, W. (eds.), *Military Effectiveness*. Winchester, MA, 1988, 3vv.
Millman, B., "British Home Defence Planning and Civil Dissent, 1917-1918", *War in History*, 1998.
_____. *Managing Domestic Dissent in First World War Britain*. Londres e Portland, OR, 2000.
_____. "A Counsel of Despair: British Strategy and War Aims, 1917-18", *Journal of Contemporary History*, 2001.
_____. *Pessimism and British War Policy, 1916-1918*. Londres e Portland, OR, 2001.
Milner, S., *The Dilemmas of Internationalism: French Syndicalism and the International Labour Movement, 1900-1914*. Nova York, Oxford e Munique, 1990.
Miquel, P., *Le Chemin des Dames: Enquéte sur la plus effroyable hécatombe de la Grande Guerre*. Paris, 1997.
Mitchell, A., *Revolution in Bavaria, 1918-1919: the Eisner Regime and the Soviet Republic*. Princeton, NJ, 1965.
Mitchell, B. R. (ed.), *International Historical Statistics: Europe, 1750-1993*. 4ª ed., Londres e Basingstoke, 1998.
Mitrović, A. *Servia's Great War*. Londres, 2007.
Mombauer, A., *Helmuth von Moltke and the Origins of the First World War*. Cambridge, 2001.
_____. *The Origins of the First World War: Controversies and Consensus*. Harlow, 2002.
Mommsen, W. J., "The Topos of Inevitable War in Germany before 1914", in Berghahn and Kitchen (eds.), *Germany in the Age of Total War*. Londres, 1981.
_____. "German Artists, Writers, and Intellectuals and the Meaning of War, 1914-1918", in Horne (ed.), *State, Society, and Mobilization*.
Montant, J.-C., "L'organisation centrale des services d' informations et de propagande du Quai d'Orsay pendant la Grande Guerre", in Becker and Audouin-Rouzeau (eds.), *Les Sociétés européennes*.
Monticone, A., *Gli Italiani in uniforme 1915/1918: intelletuali, borghesi, i desertori*. Bari, 1972.
Mór-O' Brien, A., "Patriotism on Trial: the Strike of the South Wales Miners, July 1915", *Welsh History Review*, 1984.
Moran, Lord, *The Anatomy of Courage*. Londres, 1945.
Morley, J. W., *The Japanese Thrust into Siberia, 1918*. Nova York, 1957.
Morrow, J. H., Jr., *German Air Power in World War I*. Lincoln, NE, e Londres, 1982.
_____. *The Great War in the Air: Military Aviation from 1909 to 1921*. Washington e Londres, 1993.
Morton, D., "Junior but Sovereign Allies: the Transformation of the Canadian Expeditionary Force, 1914-1918", *Journal of Imperial and Commonwealth History*, 1979.
Mosier, J., *The Myth of the Great War: a New Military History of World War One*. Londres, 2001.
Mosse, G. E., *Fallen Soldiers: Reshaping the Memory of the World Wars*. Nova York e Oxford, 1990.
Mulligan, W., *The Origins of the First World War*. Cambridge, 2010.

Murray, W., *War in the Air, 1914-45*. Londres, 1999.
Nagler, J., "German Imperial Propaganda and the American Homefront in World War I: a Response to Reinhard R Doerries", in Schroeder (ed.), *Confrontation and Cooperation*.
Neiberg, M. S., *The Second Battle of the Marne*. Bloomington, Ind., 2008.
Neilson, K., "Kitchener: a Reputation Refurbished?", *Canadian Journal of History*, 1980.
_____. *Strategy and Supply: the Anglo-Russian Alliance, 1914-1917*. Londres, 1984.
_____. "Reinforcements and Supplies from Overseas: British Strategic Sealift in the First World War", in Kennedy (ed.), *Merchant Marine*.
Nelson, H. I., *Land and Power: British and Allied Policy on Germany's Frontiers, 1916-1919*. Londres, 1963.
Nenninger, T. K., "American Military Effectiveness in the First World War", in Millett and Murray (eds.), *Military Effectiveness*.
Nevakivi, J., *Britain, France, and the Arab Middle East, 1914-1920*. Londres, 1969.
Newell, J., "Learning the Hard Way: Allenby in Egypt and Palestine, 1917-1919", *Journal of Strategic Studies*, 1991.
Nicolson, H., *Peacemaking, 1919*. Londres, 1937.
Nish, I. H., *Alliance in Decline: a Study in Anglo-Japanese Relations, 1908-1923*. Londres, 1972.
_____. *Japanese Foreign Policy, 1869-1942: Kasumigaseki to Miyakezaku*. Londres, 1977.
Norton Cru, J., *Du Témoignage*. Paris, 1997.
Nowak, K. F. (ed.), *Die Aufzeichnungen des Generalmajors Max Hoffmann*. Berlim, 1930, 2vv.
Offer, A., *The First World War: an Agrarian Interpretation*. Oxford, 1989.
_____. "Going to War in 1914: a Matter of Honour?", *Politics and Society*, 1995.
Olson, M., Jr., *The Economics of the Wartime Shortage: a History of British Food Supplies in the Napoleonic Wars and in World Wars I and II*. Durham, NC, 1963.
Omissi, D., *The Sepoy and the Raj: the Indian Army, 1860-1940*. Basingstoke e Londres, 1994.
_____ (ed.), *Indian Voices of the Great War: Soldiers' Letters, 1914-18*. Basingstoke, 1999.
Oncken, E., *Panthersprung nach Agadir: die Deutsche Politik während der Zweiten Marokkokrise 1911*. Düsseldorf, 1981.
Overy, R. J., *Why the Allies Won*. Londres, 1995.
Page, M. E. (ed.), *Africa and the First World War*. Basingstoke, 1987.
Palazzo, A., *Seeking Victory on the Western Front: the British Army and Chemical Warfare in World War I*. Lincoln, NE, e Londres, 2000.
Papagannis, N., "Collaboration and Pacifism in France during World War I", *Francia*, 1977.
Parsons, E. B., "Why the British Reduced the Flow of American Troops to Europe in August-October 1918", *Canadian Journal of History*, 1977.
Paschall, R., *The Defeat of Imperial Germany, 1917-1918*. Nova York, 1994.
Patterson, A., Temple, *Jellicoe: a Biography*. Londres, 1969.
Pearson, R., *The Russian Moderates and the Crisis of Tsarism, 1914-1917*, Londres, 1977.
Pedersen, S., "Gender, Welfare, and Citizenship in Britain during the Great War", *American Historical Review*, 1990.
_____. *Family, Dependence, and the Origins of the Welfare State: Britain and France, 1914-1945*. Cambridge, 1993.
Pedroncini, G., *Les Mutineries de 1917*. Paris, 1967.

_____. *Les Négociations secrètes pendant la Grande Guerre*. Paris, 1969.

_____. *Pétain: Général en chef, 1917-1918*. Paris, 1974.

Pennell, C., *A Kingdom United: Popular Responses to the Outbreak of the First World War in Britain and Ireland*. Oxford, 2012.

Perman, D., *The Shaping of the Czechoslovak State: Diplomatic History of the Boundaries of Czechoslovakia, 1914-1920*. Leiden, 1962.

Peschaud, M., *Politique et fonctionnement des transports par chemin de fer pendant la guerre*. Paris, 1926.

Pethybridge, R., *The Spread of the Russian Revolution: Essays on 1917*. Londres, 1972.

Petrovich, M. B., *A History of Modern Sérvia, 1804-1918*. Nova York e Londres, 1976, 2vv.

Philpott, W., "Britain and France go to War: Anglo-French Relations on the Western Front, 1914-1918", *War in History*, 1995.

_____. *Anglo-French Relations and Strategy on the Western Front, 1914-1918*. Londres, 1996.

_____. "Squaring the Circle: the Higher Co-ordination of the Entente in the Winter of 1915-16", *English Historical Review*, 1999.

_____. "Marshal Ferdinand Foch and Allied Victory", in Hughes and Seligman (eds.), *Leadership in Conflict*.

_____. "Why the British were Really on the Somme: a Reply to Elizabeth Greenhalgh", *War in History*, 2001.

_____. *Bloody Victory: The Sacrifice on the Somme and the Making of the Twentieth Century*. Londres, 2009.

Picht, C., "Zwischen Vaterland und Volk. Das Deutsche Judentum im Ersten Weltkrieg", in Michalka (ed.), *Erste Weltkrieg*.

Pick, D., *War Machine: the Rationalisation of Slaughter in the Modern Age*, New Haven, 1993.

Pierrefeu, J. de, GQG *Secteur 1: trois ans au Grand Quartier Général; par le rédacteur du 'communiqué'*. Paris, 1920, 2vv.

Pipes, R., *The Russian Revolution, 1899-1919*. Londres, 1999.

Plaschke, R. G., "The Army and Internal Conflict in the Austro-Hungarian Empire, 1918", in Király and Dreisziger (eds.), *East Central European Society*.

Poidevin, R., and Bariéty, J., *Les Relations franco-allemandes, 1815-1975*. Paris, 1977.

Poincaré, R. N. L., *Au Service de la France. Neuf années de souvenirs*. Paris, 1926-33, 10vv.

Pope, S., and Wheal, E.-A., *The Macmillan Dictionary of the First World War*. Londres e Basingstoke, 1995.

Porch, D., "The Marne and After: a Reappraisal of French Strategy in the First World War", *Journal of Military History*, 1989.

_____. "The French Army in the First World War", in Millett and Murray (eds.), *Military Effectiveness*.

Porter, B., *The Lion's Share: a Short History of British Imperialism, 1850-1955*. Londres, 1996.

Prete, R. A., "*Imbroglio par excellence*: Mounting the Salonika Campaign, September-October 1915", *War and Society*, 2001.

Prior, R., and Wilson, T., *Command on the Western Front: the Military Career of Sir Henry Rawlinson, 1914-1918*. Oxford, 1992.

_____. *Passchendaele: the Untold Story*. New Haven e Londres, 1996.

_____. *The Somme*. New Haven, 2005.

Procacci, G., "A 'Latecomer'in War: the Case of Italy", in Coetzee and Shevin-Coetzee (eds.), *Authority, Identity, and the Social History of the Great War*.

Prost, A., *Les Anciens combattants et la société française, 1914-1939*. Paris, 1977, 3vv.

_____. "Die Demobilmachung, der Staat, und die Kriegsteilnehmer in Frankreich", *Geschichte und Gesellschaft*, 1983.

_____. "Verdun", in Nora, P. (ed.), *Les Lieux de la mémoire*. Paris, 1986, v. 2.

_____. *In the Wake of War: "Les anciens combattants" and French Society, 1914-1939*. Providence, RI, e Oxford, 1992.

_____. "Monuments to the Dead", in Kritzmann, L. de, *Realms of Memory: the Construction of the French Past*. Nova York, 1997, v. I.

Pugh, M., "Politicians and the Woman's Vote, 1914-1918", *History*, 1974.

_____. *The Making of Modern British Politics, 1867-1939*. Cambridge, MA, e Oxford, 1993.

Purseigle, P. (ed.), *Warfare and Belligerence: Perspectives in First World Studies*. Leiden, 2005.

Rachamimov, A., *POWs and the Great War: Captivity on the Eastern Front*. Oxford e Nova York, 2002.

Rae, J., *Conscience and Politics*. Londres, 1970.

Raithel, T., *Das 'Wunder' des inneren Einheit: Studien zur deutschen und französischen Öffentlichkeit bei Beginn des Ersten Weltkrieges*. Bonn, 1996.

Ranft, B., "The Royal Navy and the War at Sea", in Turner (ed.), *Britain and the First World War*.

Rauchensteiner, M., *Der Tod des Doppeladlers: Österreich-Ungarn und der Erste Weltkrieg*. Graz, 1993.

Rawling, B., *Surviving Trench Warfare: Technology and the Canadian Corps, 1914-1918*. Toronto, Búfalo e Londres, 1992.

Reeves, N., "Film Propaganda and its Audience: the Example of Britain's Official Films during the First World War", *Journal of Contemporary History*, 1983.

_____. *Official British Film Propaganda during the First World War*. Londres, 1986.

Reid, A., "The Impact of the First World War on British Workers", in Wall and Winter (eds.), *The Upheaval of War*.

Remarque, E. M., *All Quiet on the Western Front*. Londres, 1996.

Rémond, R., "Les Anciens combattants et la politique", *Revue française de science politique*, 1955.

Renouvin, P., *The Forms of War Government in France*. New Haven, 1927.

_____. "Le Gouvernement français et les tentatives de paix en 1917", *La Revue des Deux Mondes*, 1964.

_____. *L'Armistice de Rethondes, 11 novembre 1918*. Paris, 1968.

_____. *La Crise européenne et la première guerre mondiale (1904-1918)*. Paris, 1969.

Renzi, W. A., "Who Composed Sazonov's 'Thirteen Points'? A Re-examination of Russia's War Aims of 1914", *American Historical Review*, 1983.

_____. *In the Shadow of the Sword: Italy's Neutrality and Entrance into the Great War, 1914-1915*. Nova York, 1987.

Reynolds, M. A., *Shattering Empires: The Clash and Collapse of the Ottoman and Russian Empires, 1908-1918*. Cambridge, 2010.

Reynolds, D. J., "The Origins of the Two 'World Wars': Historical Discourse and International Politics", *Journal of Contemporary History*, 2003.

Rhodes James, R., *Gallipoli*. Londres, 1965.

Ribot, A. (ed.), *Journal d'Alexandre Ribot et correspondances inédites, 1914-1922*. Paris, 1936.

Riddell, Lord, *Intimate Diary of the Peace Conference and After, 1918-1925*. Londres, 1953.

Ringer, F. K., *The Decline of the German Mandarins: the German Academic Community, 1890-1933*. Cambridge, MA, 1969.

Ritter, G. A., *The Schlieffen Plan: Critique of a Myth*. Londres, 1958.

_____. *The Sword and the Sceptre: the Problem of Militarism in Germany*. Londres, 1969-73, 4vv.

Robb, G., *British Culture and the First World War*. Basingstoke e Nova York, 2002.

Robbins, K., "British Diplomacy and Bulgaria, 1914-1915", *Slavonic and East European Review*, 1971.

Robert, J.-L., "Women and Work in France during the First World War", in Wall and Winter (eds.), *Upheaval of War*.

_____. "The Image of the Profiteer", in Winter and Robert (eds.), *Capital Cities at War*.

Roberts, D. D., "Croce and Beyond: Italian Intellectuals and the First World War", *International History Review*, 1981.

Roberts, P., "The Anglo-American Theme: American Visions of an Atlantic Alliance, 1914-1933", *Diplomatic History*, 1997.

Robertson, W., *Soldiers and Statesmen, 1914-1918*. Londres, 1926, 2vv.

Robson, S., *The First World War*. Londres e Nova York, 1998.

Rochat, G., "Il Comando supremo di Diaz", in Berti and del Negra (eds.), *Piave*.

Roeseler, K., *Die Finanzpolitik des Deutschen Reiches im Ersten Weltkrieg*. Berlim, 1967.

Rogger, H., "Russia in 1914", *Journal of Contemporary History*, 1966.

_____. *Russia in the Age of Modernization and Revolution, 1881-1917*. Londres e Nova York, 1983.

Röhl, J. C. G., "Admiral von Müller and the Approach of War, 1911-1914", *Historical Journal*, 1969.

_____. "An der Schwelle zum Weltkrieg: eine Dokumentation über den 'Kriegsrat' vom 8. Dezember 1912", *Militärgeschichtliche Mitteilungen*, 1977.

_____. *Wilhelm II. Der Aufbau der Persönlidnen Monarchie, 1888-1900*. Munique, 2001.

_____. *Wilhelm II. Der Weg in den Abgrund 1900-1941*, 2008.

Roshwald, A., *Ethnic Nationalism and the Fall of Empires: Central Europe, Russia, and the Middle East, 1914-19*. Londres, 2001.

Roshwald, A., and Stites, R. (eds.), *European Culture and the Great War: the Arts, Entertainment, and Propaganda, 1914-1918*. Cambridge, 1999.

Rothenberg, G. E., *The Army of Francis Joseph*. West Lafayette, IN, 1976.

_____. "The Austro-Hungarian Campaign against Serbia in 1914", *Journal of Military History*, 1989.

_____. "The Habsburg Army in the First World War, 1914-1918", in Kann *et al.* (eds.), *Habsburg Empire*.

Rothwell, V. H., *British War Aims and Peace Diplomacy, 1914-1918*. Oxford, 1971.

Rubin, G. R., *War, Law, and Labour: the Munitions Acts, State Regulation, and the Unions, 1915-1921*. Oxford, 1987.

Rudin, H., *Armistice 1918*. New Haven, 1944.

Ryder, A. J., *The German Revolution of 1918: a Study of German Socialism in War and Revolt*. Cambridge, 1967.

Safford, J. J., *Wilsonian Maritime Diplomacy, 1913-1921*. New Brunswick, NJ, 1978.

Saini, K. G., "The Economic Aspects of India's Participation in the First World War", in Ellinwood and Pradham (eds.), *India and World War I*. Nova Déli, 1978.

Salandra, A., *Italy and the Great War*. Londres, 1932.

Salmon, P., *Scandinavia and the Great Powers, 1890-1940*. Cambridge, 1997.

Salter, A., *Allied Shipping Control: an Experiment in International Administration*. Oxford, 1921.

Samuels, M., *Command or Control? Command, Training, and Tactics in the British and German Armies, 1888-1918*. Londres, 1995.

Sanborn, J., "The Mobilization of 1914 and the Question of the Russian Nation: a Reexamination", *Slavic Review*, 2000.

Sarter, A., *Die Deutschen Eisenbahnen im Kriege*. Stuttgart, 1930.

Saunders, N. J., *Trench Art: A Brief History and Guide, 1914-1939*. Barnsley, 2001.

Sazonov, S., *Fateful Years, 1909-1916*. Londres, 1928.

Scarry, E., *The Body in Pain: the Making and Unmaking of the World* Nova York, 1985.

Schaper, B. W., *Albert Thomas: trente ans de réformisme social*. Paris, c. 1960.

Scherer, A., and Grünewald, J. (eds.), *L'Allemagne et les problèmes de la paix pendant la Première Guerre Mondiale*. Paris, 1966-78, 4vv.

Schindler, J. R., "Disaster on the Drina: the Austro-Hungarian Army in Serbia, 1914", *War in History*, 2001.

Schivelbusch, W., *The Culture of Defeat: On National Trauma, Mourning, and Recovery*. Londres, 2004.

Schorske, C. E., *German Social Democracy, 1905-1917: the Development of the Great Schism*. Cambridge, MA, 1955.

Schroeder, H.-J. (ed.), *Confrontation and Cooperation: Germany and the United States in the Era of World War I, 1900-1924*. Oxford, 1993.

Schuker, S. A., *The End of French Predominance in Europe: the Financial Crisis of 1924 and the Adoption of the Dawes Plan*. Chapel Hill, 1976.

Schwabe, K., *Woodrow Wilson, Revolutionary Germany, and Peacemaking, 1918-1919: Missionary Diplomacy and the Realities of Power*. Chapel Hill e Londres, 1985.

Schwarz, B., "Divided Attention: Britain's Perception of a German Threat to Her Eastern Position in 1918", *Journal of Contemporary History*, 1993.

Scott, J. B. (ed.), *Official Statements of War Aims and Peace Proposals, December 1916-November 1918*. Washington, 1921.

Service, R., *Lenin: A Political Life. Volume 2: Worlds in Collision*. Basingstoke, 1991.

Seton-Watson, C., *Italy from Liberalism to Fascism, 1870-1925*. Londres, 1967. Seymour, C. M. (ed.), *The Intimate Papers of Colonel House*. Londres, 1926-8, 4vv.

Shanafelt, G. W., *The Secret Enemy: Austria-Hungary and the German Alliance, 1914-1918*. Nova York, 1985.

Sharp, A., *The Versailles Settlement: Peacemaking in Paris, 1919*. Londres, 1991.

Sheffield, G. D. "Officer-Man Relations, Discipline, and Morale in the British Army of the Great War", in Cecil and Liddle (eds.), *Facing Armageddon*.

_____. "The Shadow of the Somme: the Influence of the First World War on British Soldiers' Perceptions and Behaviour in the Second World War", in Addison and Calder (eds.), *Time To Kill: the Soldier's Experience of War in the West, 1939-1945*. Londres, 1997.

_____. *Leadership in the Trenches: Officer-Man Relations, Morale, and Discipline in the British Army in the Era of the First World War*. Basingstoke, 2000.

_____. *Forgotten Victory. The First World War: Myths and Realities*. Londres, 2001.

_____. *The Somme*. Londres, 2003.

Sheffield, G. D, and Bourne, J. M. (eds.)., *Douglas Haig: War Diaries and Letters, 1914-1918*. Londres, 2005.
Sheffy, Y., *British Military Intelligence in the Palestine Campaign, 1914-1918*. Londres e Portland, OR, 1998.
Sherman, D. J., "Bodies and Names: the Emergence of Commemoration in Inter-War France", *American Historical Review*, 1998.
Showalter, D. E., "Even Generals Wet their Pants: The First Three Weeks in East Prussia, 1914", *War and Society*, 1984.
_____. *Tannenberg: Clash of Empires*. Hamden, CT, 1991.
_____. *The Female Malady: Women, Madness, and English Culture, 1830-1980*. Nova York, 1985.
Siegelbaum, L. H., *The Politics of Industrial Mobilization in Russia, 1914-17: a Study of the War-Industries Committees*. Londres e Basingstoke, 1983.
Silberstein, G. E., *The Troubled Alliance: German-Austrian Relations, 1914 to 1917*. Lexington, KY, 1970.
Silver, K. E., *Esprit de Corps: the Art of the Parisian Avant-Garde and the First World War, 1914-1925*. Princeton, NJ, 1989.
Simkins, P., *Kitchener's Army: the Raising of the New Armies, 1914-16*. Manchester e Nova York, 1988.
_____. "Co-Stars or Supporting Cast? British Divisions in the 'Hundred Days, 1918", in Griffith (ed.), *British Fighting Methods*.
Simpson, K., "The British Soldier on the Western Front", in Liddle (ed.), *Home Fires and Foreign Fields: British Social and Military Experience in the First World War*. Londres, 1985.
Sims, R. L., *A Political History of Modern Japan, 1869-1952*. Nova Déli, 1991.
Siney, M. C., *The Allied Blockade of Germany, 1914-1916*. Ann Arbor, 1957.
Singleton, J., "Britain's Military Use of Horses, 1914-1918", *Past & Present*, 1993.
Sixte de Bourbon, Prince, *L'Offre de paix séparée de l'Autriche (5 décembre 1916-12 octobre 1917)*. Paris, 1920.
Sked, A., *The Decline and Fall of the Habsburg Empire, 1815-1918*. Londres e Nova York, 1989.
Smith, C. J., *The Russian Struggle for Power, 1914-1917: a Study of Russian Foreign Policy during the First World War*. Nova York, 1956.
Smith, L. V., *Between Mutiny and Obedience: the Case of the Fifth French Infantry Division during World War I*. Princeton, NJ, 1994.
_____. "Masculinity, Memory, and the French World War I Novel: Henri Barbusse and Roland Dorgelès", in Coetzee and Shevin-Coetzee (eds.), *Authority, Identity, and the Social History of the Great War*.
Smith, L. V., Audouin-Rouzeau, S., and Becker, A., *France and the Great War, 1914-1918*. Cambridge, 2003.
_____. *France and the Great War, 1914-1918*. Cambridge, 2003.
Smith, S. A., *Red Petrograd: Revolution in the Factories, 1917-1918*. Cambridge, 1983.
Smythe, D., *Pershing: General of the Armies*. Bloomington, Ind., 2007.
Snell, J. L., "Wilson's Peace Programme and German Socialism, January-March 1918", *Mississippi Valley Historical Review*, 1951.
_____. "Wilson on Germany and the Fourteen Points", *Journal of Modern History*, 1954.
Snyder, J., *The Ideology of the Offensive: Military Decision Making and the Disasters of 1914*. Ithaca, NY, 1984.
Soutou, G.-H., "La France et les marches de l'est, 1914-1919", *Revue historique*, 1978.
_____. *L'Or et le sang: les buts de guerre économiques de la Premiére Guerre mondiale*. Paris, 1989.

_____. "Le Problème du social-impérialisme en Allemagne et en Angleterre pendant la Grande guerre", in Becker and Audouin-Rouzeau (eds.), *Les sociétés européennes*.

_____. "Die Kriegsziele des Deutschen Reiches, Frankreichs, Grossbritanniens, und den Vereinigten Staaten während des Ersten Weltkrieges", in Michalka (ed.), *Erste Weltkrieg*.

Spears, E. L., *Liaison 1914: a Narrative of the Great Retreat*. Londres, 1930.

_____. *Prelude to Victory*. Londres, 1939.

Spector, S. D., *Rumania at the Paris Peace Conference: a Study in the Diplomacy of Ion I. C. Bratianu*. Nova York, 1962.

Spiers, E. M., *Haldane: an Army Reformer*. Edinburgh, 1980.

_____. *Chemical Warfare*. Basingstoke, 1986.

Stargardt, N., *The German Idea of Militarism: Radical and Socialist Critics*. Cambridge, 1994.

Stark, G., "All Quiet on the Home Front: Popular Entertainments, Censorship, and Civilian Morale in Germany, 1914-1918", in Coetzee and Shevin-Coetzee (eds.), *Authority, Identity, and the Social History of the Great War*.

Stegemann, B., *Die Deutsche Marinepolitik, 1916-1918*. Berlim, 1970.

Steglich, W., *Die Friedenspolitik der Mittelmächte, 1917-1918*. Wiesbaden, 1964, v. I.

Stein, L., *The Balfour Declaration*. Londres, 1961.

Steinberg, J., *Yesterday's Deterrent: Tirpitz and the Birth of the German Battle Fleet*. Nova York, 1965.

_____. "Diplomatie als Wille und Vorstellung: die Berliner Mission Lord Haldanes im Februar 1912", in Schottelius and Deist (eds.), *Marine und Marinepolitik im Kaiserlichen Deutschland, 1871-1914*. Düsseldorf, 1972.

Steiner, Z. S., *The Lights that Failed: European International History, 1919-1933*. Oxford, 2005.

Steiner, Z. S., and Neilson, K., *Britain and the Origins of the First World War*. Basingstoke, 2003.

Stephenson, S., *The Final Battle: Soldiers of the Western Front and the German Revolution of 1918*. Cambridge, 2009.

Stevenson, D., *French War Aims against Germany, 1914-1919*. Oxford, 1982.

_____. "Belgium, Luxemburg, and the Defence of Western Europe, 1914-1920", *International History Review*, 1982.

_____. *The First World War and International Politics*. Oxford, 1988.

_____ (ed.), *British Documents on Foreign Affairs: The First World War, 1914-1918*. Frederick, MD, 1989, 12vv.

_____. *Armaments and the Coming of War: Europe, 1904-1914*. Oxford, 1996.

_____. *The Outbreak of the First World War: 1914 in Perspective*. Basingstoke, 1997.

_____. "War by Timetable? The Railway Race before 1914", *Past & Present*, 1999.

_____. "French Strategy on the Western Front, 1914-1918", in Chickering and Förster (eds.), *Great War, Total War*.

_____. *With Our Backs to the Wall: Victory and Defeat in 1918*. Londres, 2011.

Stibbe, M., *German Anglophobia and the Great War, 1914-1918*. Cambridge, 2001.

Stites, R., "Days and Nights in Wartime Russia: Cultural Life, 1914-1917", in Roshwald and Stites (eds.), *European Culture*.

Stone, N., "Army and Society in the Habsburg Monarchy, 1900-1914", *Past & Present*, 1966.

_____. "Die Mobilmachung der Österreichisch-Ungarischen Armee 1914", *Militärgeschichtlichen Mitteilungen*, 1974.

_____. *The Eastern Front 1914-1917*. Londres, 1975.

_____. "Moltke and Conrad: Relations between the Austro-Hungarian and German General Staffs, 1909-1914", in Kennedy (ed.), *The War Plans*.

_____. *World War I: A Short History*. Londres, 2007.

Strachan, H. F. A., "The Morale of the German Army, 1917-18", in Cecil and Liddle (eds.), *Facing Armageddon*.

_____ (ed.), *The Oxford Illustrated History of the First World War*. Oxford, 1998.

_____. *The First World War. To Arms*. Oxford, 2001, v. 1.

Strikwerda, C., "The Troubled Origins of European Economic Integration: International Iron and Steel and Labor Migration in the Era of World War I", *American Historical Review*, 1993.

Struve, P. B., *Food Supply in Russia during the World War*. New Haven, 1930.

Sumida, J. T., *In Defence of Naval Supremacy: Finance, Technology, and British Naval Policy, 1889-1914*. Boston, 1989.

_____. "Forging the Trident: British Naval Industrial Logistics, 1914-1918", in Lynn (ed.), *Feeding Mars*.

Summerskill, M., *China on the Western Front: Britain's Chinese Workforce in the First World War*. Londres, 1982.

Swain, G. R., *The Origins of the Russian Civil War*. Londres, 1996.

Swartz, M., *The Union of Democratic Control in British Politics during the First World War*. Oxford, 1971.

Sweet, P. R., "Leaders and Policies: Germany in the Winter of 1914-15", *Journal of Central European Affairs*, 1956.

Sweetman, J., "The Smuts Report of 1917: Merely Political Window-Dressing?", *Journal of Strategic Studies*, 1981.

Tanenbaum, J. K., *General Maurice Sarrail, 1856-1919: The French Army and Left-wing Politics*. Chapel Hill, 1974.

Tarrant, V. E., *Jutland: the German Perspective*. Londres, 1995.

Taylor, A. J. P., *The Troublemakers: Dissent over Foreign Policy, 1792-1939*. Londres, 1957.

_____. *The First World War: an Illustrated History*. Harmondsworth, 1966.

_____. *War by Timetable: How the First World War Began*. Londres, 1969.

Taylor, P. M., "The Foreign Office and British Propaganda during the First World War", *Historical Journal*, 1980.

Terraine, J., *Douglas Haig the Educated Soldier*. Londres, 1963.

_____. *Business in Great Waters: the U-Boat Wars, 1916-1945*. Ware, 1999.

Thaer, A. von, *Generalstabsdienst an der Front und in der* OHL. Göttingen, 1958.

Thom, D., "Women and Work in Wartime Britain", in Wall and Winter (eds.), *Upheaval of War*.

_____. *Nice Girls and Rude Girls: Women Workers in World War I*. Londres e Nova York, 2000.

Thomas, D. H., *The Guarantee of Belgian Independence and Neutrality in European Diplomacy, 1830s--1930s*. Kingston, RI, 1983.

Thompson, J. A., "Woodrow Wilson and World War I: a Reappraisal", *Journal of American Studies*, 1985.

Thompson, J. L., *Politicians, the Press, and Propaganda: Lord Northcliffe and the Great War, 1914-1919*. Kent, OH, e Londres, 1999.

Thompson, J. M., *Russia, Bolshevism, and the Versailles Peace*. Princeton, NJ, 1966.
Thompson, M., *The White War: Life and Death on the Italian Front, 1915-1919*. Londres, 2008.
Thompson, W. C., "The September Program: Reflections on the Evidence", *Central European History*, 1978.
Tillman, S. P., *Anglo-American Relations at the Paris Peace Conference of 1919*. Princeton, NJ, 1961.
Tirpitz, A. von, *My Memoirs*. Londres, 1919.
Tobin, E. H., "War and the Working Class: the Case of Düsseldorf, 1914-1918", *Central European History* (1985).
Todman, D., *The First World War: Myth and Memory*. Londres, 2005.
Tomassini, L., "Industrial Mobilization and the Labour Market in Italy during the First World War", *Social History*, 1991.
Torrey, G. E., "Rumania and the Belligerents, 1914-1916", *Journal of Contemporary History*, 1966.
_____. "The Rumanian Campaign of 1916: its Impact on the Belligerents", *Slavic Review*, 1980.
_____. "The Redemption of an Army: the Romanian Campaign of 1917", *War And Society*, 1994.
Townshend, C., *When God Created Hell: The British Invasion of Mesopotamia and the Creation of Iraq, 1914-1921*. Londres, 2010.
Trachtenberg, M., "A New Economic Order: Etienne Clémentel and French Economic Diplomacy during the First World War", *French Historical Studies*, 1977.
_____. *Reparation and World Politics: France and European Economic Diplomacy, 1916-1923*. Nova York, 1980.
_____. *History and Strategy*. Princeton, NJ, 1991.
Trask, D. F., *The United States in the Supreme War Council: American War Aims and Inter-Allied Strategy, 1917-1918*. Westport, CT, 1961.
Travers, T., "A Particular Style of Command: Haig and GHQ, 1916-1918", *Journal of Strategic Studies*, 1987.
_____. *The Killing Ground: The British Army, the Western Front, and the Emergence of Modern Warfare, 1900-1918*. Londres, 1987.
_____. "Could the Tanks of 1918 Have Been War-Winners for the British Expeditionary Force?", *Journal of Contemporary History*, 1992.
_____. *How the War Was Won: Command and Technology in the British Army on the Western Front, 1917-1918*. Londres e Nova York, 1992.
_____. "Command and Leadership Styles in the British Army: The 1915 Gallipoli Model", *Journal of Contemporary History*, 1994.
_____. "Reply to John Hussey: The Movement of German Divisions to the Western Front, Winter 1917-1918", *War in History*, 1998.
_____. "The Ottoman Crisis of May 1915 at Gallipoli", *War in History*, 2001.
_____. *Gallipoli, 1915*. Stroud, 2001.
Trebilcock, R. C., "War and the Failure of Industrial Mobilization, 1899 and 1914", in Winter (ed.), *War and Economic Development*.
Trotsky, L., *My Life: the Rise and Fall of a Dictator*. Londres, 1930.
Trumpener, U., *Germany and the Ottoman Empire, 1914-1918*. Princeton, NJ, 1968.
_____. "The Road to Ypres: the Beginnings of Gas Warfare in World War I", *Journal of Modern History*, 1975.

_____. "War Premeditated? German Intelligence Operations in July 1914", *Central European History*, 1976.

Tuchman, B., *The Zimmermann Telegram*. Nova York, 1966.

Tucker, S., *The Great War, 1914-18*. Londres, 1998.

Turner, J. (ed.), *Britain and the First World War*. Londres, 1980.

_____. *British Politics and the Great War: Coalition and Conflict, 1915-1918*. New Haven e Londres, 1992.

Turner, L. C. F., *Origins of the First World War*. Londres, 1970.

Tyng, S., *The Campaign of the Marne 1914*. Londres, 1935.

Ullman, R. H., *Anglo-Soviet Relations, 1917-1921*. Princeton, NJ, 1962-73, 3vv.

Ullrich, B., and Ziemann, B. (eds.), *Frontalltag im Ersten Weltkrieg: Wahn und Wirklichkeit. Quellen und Dokumente*. Frankfurt, 1994.

Unruh, K., *Langemark: Legende und Wirklichkeit*. Koblenz, 1986.

Unterberger, B. E., "President Wilson and the Decision to Send American Troops to Siberia", *Pacific Historical Review*, 1955.

Valiani, L., *The End of Austria-Hungary*. Londres, 1973.

Valone, S. J., "There Must Be Some Misunderstanding: Sir Edward Grey's Diplomacy of August 1, 1914", *Journal of British Studies*, 1988.

Van Creveld, M., *Supplying War: Logistics from Wallenstein to Patton*. Cambridge, 1977.

Verhey, J., *The Spirit of 1914: Militarism, Myth, and Mobilization in Germany*. Cambridge, 2000.

Vermes, G., "Leap into the Dark: the Issue of Suffrage in Hungary during World War I", in Kann *et al.* (eds.), *Habsburg Empire*.

Vinogradov, V. N., "Romania in the First World War: the Years of Neutrality, 1914-1916", *International History Review*, 1992.

Vogel, J., *Nationen im Gleichschritt: der Kult der 'Nation im Waffen' in Deutschland und Frankreich, 1871-1914*. Göttingen, 1997.

Wade, R. A., "Why October? The Search for Peace in 1917", *Soviet Studies*, 1968.

_____. *The Russian Search for Peace, February-October 1917*. Stanford, 1969.

Waites, B., "The Effect of the First World War on Class and Status in England, 1910-1920", *Journal of Contemporary History*, 1976.

Walker, C. J., "World War I and the Armenian Genocide", in Hovanissian (ed.), *The Armenian People from Ancient to Modern Times*. Basingstoke e Londres, 1997, 2vv.

Wall, R., and Winter, J. M. (eds.), *The Upheaval of War: Family, Work, and Welfare in Europe, 1914--1918*. Cambridge, 1988.

Ward, S. R., "Intelligence Surveillance of British Ex-Servicemen, 1918-1920", *Historical Journal*, 1973.

Wargelin, C. F., "A High Price for Bread: the First Treaty of Brest-Litovsk and the Break-up of Austria--Hungary, 1917-1918", *International History Review*, 1997.

Watson, A., *Enduring the Great War: Combat, Morale, and Collapse in the German and British Armies, 1914-1918*. Cambridge, 2008.

Watson, D. R., *Georges Clemenceau: a Political Biography*. Londres, 1974.

Watson, J. S. K., "Khaki Girls, VADs, and Tommy's Sisters: Gender and Class in First World War Britain", *International History Review*, 1997.

_____. *Fighting Different Wars: Experience, Memory, and the First World War in Britain*, 2004.

Wawro, G., "Morale in the Austro-Hungarian Army: the Evidence of Habsburg Army Campaign Reports and Allied Intelligence Officers", in Cecil and Liddle (eds.), *Facing Armageddon*.

Weber, T., *Hitler's First War: Adolf Hitler, the Men of the List Regiment, and the First World War*. Oxford, 2011.

Wegs, R., *Die Österreichische Kriegswirtschaft, 1914-1918*. Viena, 1979.

_____. "Transportation: the Achilles Heel of the Habsburg War Effort", in Kann *et al.* (eds.), *Habsburg Empire*.

Weir, G. E., "Tirpitz, Technology, and Building U-Boats, 1897-1916", *International History Review*, 1984.

_____. *Rebuilding the Kaiser's Navy: the Imperial Navy and German Industry in the Tirpitz Era, 1890--1919*. Annapolis, 1992.

Welch, D. A., "Cinema and Society in Imperial Germany, 1905-1918", *German History*, 1990.

_____. *Germany, Propaganda, and Total War, 1914-1918*. Londres, 2000.

Werth, G., "Flanders 1917 and the German Soldier'", in Liddle (ed.), *Passchendaele in Perspective*.

Wette, W., "From Kellogg to Hitler (1928-1933): German Public Opinion Concerning the Rejection or Glorification of War", in Deist (ed.), *German Military*.

_____ (ed.), *Der Krieg des Kleinen Mannes: eine Militärgeschichte von Unten*. Munique e Zurique, 1992.

Whalen, R., *Bitter Wounds: German Victims of the Great War, 1914-1939*. Ithaca, NY, e Londres, 1984.

Wheeler-Bennett, J. W., *Brest-Litovsk: the Forgotten Peace, March 1918*. Londres, 1938.

Whiting, R. C., "Taxation and the Working Class, 1915-24", *Historical Journal*, 1990.

Wildman, A. K., *The End of the Russian Imperial Army*. Princeton, NJ, 1980, 1987, 2vv.

Willan, B. P., "The South African Native Labour Contingent, 1916-1918", *Journal of African History*, 1978.

Williams, M. J., "The Treatment of the German Losses on the Somme in the British Official History", *Journal of the Royal United Services Institution*, 1966.

Williamson, J. G., *Karl Helfferich, 1872-1924: Economist, Financier, Politician*. Princeton, NJ, 1971.

Williamson, S. R., *The Politics of Grand Strategy: Britain and France Prepare for War, 1904-1914*. Cambridge, MA, 1969.

_____. *Austria-Hungary and the Origins of the First World War*. Basingstoke, 1991.

Williamson, S. R., Jr, and May, E. R., "An Identity of Opinion: Historians and July 1914", *Journal of Modern History*, 2007.

Willis, J. F., *Prologue to Nuremberg: the Politics and Diplomacy of Punishing War Criminals of the First World War*. Westport, CT, e Londres, 1982.

Wilson, K. M., "Imperial Interests in the British Decision for War: the Defence of India in Central Asia", *Review of International Studies*, 1984.

_____. *The Policy of the Entente: Essays on the Determinants of British Foreign Policy, 1904-1914*. Cambridge, 1985.

_____ (ed.), *Decisions for War, 1914*. Londres, 1995.

_____ (ed.), *Forging the Collective Memory: Government and International Historians through Two World Wars*. Providence, RI, e Oxford, 1996.

Wilson, T., "Britain's 'Moral Commitment' to France in August 1914", *History*, 1979.

_____. "Lord Bryce's Investigation into Alleged German Atrocities in Belgium, 1914-1915", *Journal of Contemporary History*, 1979.

_____. *The Myriad Faces of War: Britain and the Great War, 1914-1918*. Cambridge, 1986.

Winter, D., *Death's Men: Soldiers of the Great War*. Harmondsworth, 1979.

_____. *Haig's Command: a Reassessment*. Londres, 1991.

Winter, J. M., "Arthur Henderson, the Russian Revolution, and the Reconstruction of the Labour Party", *Historical Journal*, 1972.

_____ (ed.), *War and Economic Development: Essays in Honour of David Joslin*. Cambridge, 1975.

_____. *The Great War and the British People*. Basingstoke, 1986.

_____. "Some Paradoxes of the First World War", in Wall and Winter (eds.), *Upheaval of War*.

_____. *The Experience of World War I*. Londres, 1988.

_____. *Sites of Memory, Sites of Mourning: the Great War in European Cultural History*. Cambridge, 1995.

_____. "Surviving the War: Life Expectation, Illness, and Mortality Rates in Paris, Londres, and Berlim, 1914-1919", in Winter and Robert (eds.), *Capital Cities at War*.

Winter, J. M., and Baggett, B., *1914-18: the Great War and the Shaping of the 20th Century*. Londres, 1996.

Winter, J. M., and Robert, J.-L. (eds.), *Capital Cities at War: Londres, Paris, Berlim, 1914-1919*. Cambridge, 1997.

Winter, J. M., and Prost, A., *The Great War in History: Debates and Controversies, 1914 to the Present*. Cambridge, 2005.

Winter, J. M., and Robert, J.-L. (eds.), *Capital Cities at War: Paris, Londres, Berlim, 1914-1919*, 1997 e 2007, 2vv.

Winter, J., Parker, G., and Habeck, M. R. (eds.), *The Great War and the Twentieth Century*. New Haven e Londres, 2000.

Winter, J., *Remembering War: The Great War between Memory and History in the Twentieth Century*. New Haven, 2006.

Wohl, R., *French Communism in the Making, 1914-1924*. Stanford, 1966.

Woodward, D. R., "David Lloyd George, a Negotiated Peace with Germany, and the Kühlmann Peace Kite of September 1917", *Canadian Journal of History*, 1971.

_____. *The Collapse of Power: Mutiny in the High Seas Fleet*. Londres, 1973.

_____. "The British Government and Japanese Intervention in Russia during World War I", *Journal of Modern History*, 1974.

_____. "Britain in a Continental War", *Albion*, 1980.

_____. *Lloyd George and the Generals*. Newark, NJ, e Londres, 1983.

_____. "Did Lloyd George Starve the British Army of Men Prior to the German Offensive of 21 March 1918?", *Historical Journal*, 1984.

_____. *Forgotten Soldiers of the First World War*, 2007.

Wootton, G., *The Politics of Influence: British Ex-Servicemen, Cabinet Decisions, and Cultural Change (1917-57)*. Cambridge, MA, 1963.

Wright, D. G., "The Great War, Government Propaganda, and English 'Men of Letters', 1914-1916", *Literature and History*, 1978.

Wrigley, C., *David Lloyd George and the British Labour Movement: Peace and War*. Hassocks e Nova York, 1976.

_____. "The Ministry of Munitions: an Innovatory Department", in Burk (ed.), *War and the State*.

_____ (ed.), *Challenges of Labour: Central and Western Europe, 1917-1920*. Londres e Nova York, 1993.

Wynne, G. C., *If Germany Attacks: the Battle in Depth in the West*. Londres, 1940.

Yapp, M. E., *The Making of the Modern Near East, 1792-1923*. Londres, 1987.
Young, H. F., "The Misunderstanding of August 1, 1914", *Journal of Modern History*, 1976.
Zabecki, D. T., *Steel Wind: Colonel Georg Bruchmüller and the Birth of Modern Artillery*. Westport, CT, 1994.
_____. *The German 1918 Offensives: A Case Study in the Operational Level of War*. Londres e Nova York, 2006.
Zagorsky, S. O., *State Control of Industry in Russia during the War*. New Haven, 1928.
Zeidler, M., "Die Deutsche Kriegsfi nanzierung 1914 bis 1918", in Michalka (ed.), *Erste Weltkrieg*.
Zeman, Z. A. B., *The Break-Up of the Habsburg Empire, 1914-1918: a Study in National and Social Revolution*. Londres, Nova York e Toronto, 1961.
Zieger, R. H., *America's Great War: World War I and the American Experience*. Lanham, MD, e Oxford, 2000.
Ziemann, B., "Enttäuschte Erwartung und kollektive Erschöpfung: die Deutschen Soldaten an der Westfront 1918 auf dem Weg zur Revolution", in Duppler and Gross (eds.), *Kriegsende 1918*.
_____. *War Experiences in Rural Germany 1914-1923*. Oxford e Nova York, 2007.
Živojinović, D., "Robert Lansing's Comments on the Pontifical Peace Note of August 1, 1917", *Journal of American History*, 1960.
Zuber, T., "The Schlieffen Plan Reconsidered", *War in History*, 1999.
_____. "Terence Holmes Reinvents the Schlieffen Plan", *War in History*, 2001.
_____. *Inventing the Schlieffen Plan: German War Planning, 1871-1914*. Oxford, 2002.
_____. "Terence Holmes Reinvents the Schlieffen Plan – Again", *War in History*, 2003.
Zuckerman, F., "The Political Police, War, and Society in Russia, 1914-1917", in Coetzee and Shevin--Coetzee (eds.), *Authority, Identity, and the Social History of the Great War*.
Zürcher, E., "Little Mehmet in the Desert: the Ottoman Soldier's Experience", in Cecil and Liddle (eds.), *Facing Armageddon*.

grupo novo século

Compartilhando propósitos e conectando pessoas
Visite nosso site e fique por dentro dos nossos lançamentos:
www.novoseculo.com.br

ns

(f) facebook/novoseculoeditora
(○) @novoseculoeditora
(y) @NovoSeculo
(▶) novo século editora

gruponovoseculo
.com.br

Edição: 1
Fonte: Minion Pro